T0281257

FOM-Edition

FOM Hochschule für Oekonomie & Management

Reihenherausgeber

FOM Hochschule für Oekonomie & Management, Essen, Deutschland

Dieses Werk erscheint in der FOM-Edition, herausgegeben von der FOM Hochschule für Oekonomie & Management.

Weitere Bände in dieser Reihe
http://www.springer.com/series/12753

David Matusiewicz · Linda Kaiser
(Hrsg.)

Digitales Betriebliches Gesundheitsmanagement

Theorie und Praxis

Herausgeber
David Matusiewicz
FOM Hochschule für Oekonomie & Management
Essen, Deutschland

Linda Kaiser
FOM Hochschule für Oekonomie & Management
Essen, Deutschland

FOM-Edition
ISBN 978-3-658-14549-1   ISBN 978-3-658-14550-7 (eBook)
https://doi.org/10.1007/978-3-658-14550-7

Die Deutsche Nationalbibliothek verzeichnet diese Publikation in der Deutschen Nationalbibliografie; detaillierte bibliografische Daten sind im Internet über http://dnb.d-nb.de abrufbar.

Springer Gabler
© Springer Fachmedien Wiesbaden GmbH 2018
Das Werk einschließlich aller seiner Teile ist urheberrechtlich geschützt. Jede Verwertung, die nicht ausdrücklich vom Urheberrechtsgesetz zugelassen ist, bedarf der vorherigen Zustimmung des Verlags. Das gilt insbesondere für Vervielfältigungen, Bearbeitungen, Übersetzungen, Mikroverfilmungen und die Einspeicherung und Verarbeitung in elektronischen Systemen.
Die Wiedergabe von Gebrauchsnamen, Handelsnamen, Warenbezeichnungen usw. in diesem Werk berechtigt auch ohne besondere Kennzeichnung nicht zu der Annahme, dass solche Namen im Sinne der Warenzeichen- und Markenschutz-Gesetzgebung als frei zu betrachten wären und daher von jedermann benutzt werden dürften. Der Verlag, die Autoren und die Herausgeber gehen davon aus, dass die Angaben und Informationen in diesem Werk zum Zeitpunkt der Veröffentlichung vollständig und korrekt sind. Weder der Verlag noch die Autoren oder die Herausgeber übernehmen, ausdrücklich oder implizit, Gewähr für den Inhalt des Werkes, etwaige Fehler oder Äußerungen. Der Verlag bleibt im Hinblick auf geografische Zuordnungen und Gebietsbezeichnungen in veröffentlichten Karten und Institutionsadressen neutral.

Lektorat: Margit Schlomski

Gedruckt auf säurefreiem und chlorfrei gebleichtem Papier.

Springer Gabler ist Teil von Springer Nature
Die eingetragene Gesellschaft ist Springer Fachmedien Wiesbaden GmbH
Die Anschrift der Gesellschaft ist: Abraham-Lincoln-Str. 46, 65189 Wiesbaden, Germany

Vorwort

Entwicklungen in der Arbeitswelt werden heute zumeist mit der Alterung der Belegschaften, mit Globalisierung und Digitalisierung in Verbindung gebracht. Technikopti-
misten erwarten deutliche Wachstumseffekte durch eine Digitalisierung all dessen, was
sich digitalisieren lässt. Technikpessimisten erwarten zunehmende Arbeitslosigkeit, pre-
käre Arbeitsverhältnisse und eine weiter zunehmende Einkommensspreizung. Darüber
hinaus ist Vieles noch offen und schwer vorhersehbar. Sicher scheint, dass die Digitalisierung den Trend zu einer selbstorganisierten Kopfarbeitergesellschaft weiter verstärken und beschleunigen und die Anpassungsfähigkeit von Wirtschaft und Gesellschaft
auf eine harte Probe stellen wird. Dass in diesem Kontext auch die Frage aufgeworfen
wird – wie das in der vorliegenden Publikation der Fall ist – wie weit sich Digitalisierung auch zur Bewältigung der gesundheitlichen Herausforderungen der Digitalisierung
verwenden lässt, liegt mehr als nahe, ja drängt sich geradezu auf. Um hier zu wissenschaftlich begründeten und auf ihre Wirksamkeit und Bedarfsgerechtigkeit geprüften Projekten
zu kommen, scheint mir zweierlei wichtig: 1. Ein begründetes Verständnis der durch
den Wandel der Arbeitswelt hervorgerufenen Chancen und Risiken für die Gesundheit;
2. ein praxisgerechtes Verständnis von Betrieblichem Gesundheitsmanagement. Arbeit
im 21. Jahrhundert bedeutet zunehmenden Verbrauch an Energie für Problemlösung, Ge-
fühlsregulierung und gelingende Kooperation. Nicht nur die physischen Kräfte des Menschen sind begrenzt, auch seine psychischen Kräfte. **Die Gesundheitsberichterstattung
belegt für Deutschland verbreitete Müdigkeit und Erschöpfung, verbreitete Ängste,
Hilflosigkeitsgefühle, Schlafstörungen, verbreitete Fehlernährung und Bewegungsmangel.** Auch wenn diesen Beeinträchtigungen kein Krankheitswert zugesprochen wird,
sind sie – das ist gut belegt – Risikofaktoren für produktive Kopfarbeit und mögliche
Vorboten ernsthafter Erkrankungen. Die **psychische Gesundheit** wird immer wertvol-
ler und sollte deshalb verstärkt geschützt und gefördert werden. Praktisch realisiert wird
Betriebliches Gesundheitsmanagement durch die sorgfältige Planung, Durchführung und
Evaluation einzelner Projekte. W. Edwards Deming gilt als einer der Begründer modernen
Qualitätsmanagements (Deming 1986). Der nach ihm benannte Deming-Cycle beinhal-
tet vier Stadien des Gesundheitsmanagements. Am Beginn steht eine datengestützte Ist-
Analyse von Arbeit, Organisation und Gesundheit, insbesondere mit Hilfe von Fehlzeiten-
statistiken und Befragungsdaten zur verlässlichen Organisationsdiagnose. Darauf folgen

die Einschätzung des Handlungsbedarfs, die Prioritätensetzung und Festlegung von Zielen für Maßnahmen und deren Planung. Als Nächstes folgt die konkrete Durchführung einzelner Projekte sowie schließlich die Evaluation ihrer Ergebnisse mithilfe vorab definierter Indikatoren.

März 2017   Bernhard Badura

Inhaltsverzeichnis

Die Herausgeber

David Matusiewicz ist Professor für Allgemeine Betriebswirtschaftslehre, insbesondere Gesundheitsmanagement an der FOM Hochschule – der größten Privathochschule in Deutschland. Seit 2015 verantwortet er als Dekan den Hochschulbereich Gesundheit & Soziales und leitet als Direktor das Forschungsinstitut für Gesundheit & Soziales (ifgs). Darüber hinaus ist er Gründungsgesellschafter des Essener Forschungsinstituts für Medizinmanagement (EsFoMed GmbH) und unterstützt als Gründer bzw. Business Angel punktuell Start-ups im Gesundheitswesen (bspw. Health Innovation GmbH). Vor seiner Professur arbeitete er mehrere Jahre als wissenschaftlicher Mitarbeiter bei Prof. Dr. Jürgen Wasem am Alfried Krupp von Bohlen und Halbach-Stiftungslehrstuhl für Medizinmanagement der Universität Duisburg-Essen in den Arbeitsgruppen „Gesundheitsökonomische Evaluation und Versorgungsforschung" sowie „Gesundheitssystem, Gesundheitspolitik und Arzneimittelsteuerung". Berufserfahrung sammelte Matusiewicz bis 2017 zudem in der Stabsstelle Leistungscontrolling einer gesetzlichen Krankenversicherung (Betriebskrankenkasse u.a. von Thyssen Krupp) und bis 2014 als Geschäftsführer bei der Forschungsnahen Beratungsgesellschaft im Gesundheitswesen (ForBiG GmbH) – einem Spin-Off des Lehrstuhls für Medizinmanagement.

Linda Kaiser arbeitet als Research Fellow am Institut für Gesundheit & Soziales (ifgs) der FOM Hochschule in der Arbeitsgruppe Betriebliches Gesundheitsmanagement. Außerdem führt sie Beratungstätigkeiten für Gesundheitsunternehmen durch und arbeitet als Lektorin und Autorin für Gesundheitsthemen. Parallel zum Studium hat sie als kaufmännische Assistentin der Geschäftsführung im Bereich Risiko- und Qualitätsmanagement für Gesundheitsorganisationen gearbeitet und ist zudem seit mehreren Jahren als Physiotherapeutin in einem Krankenhaus auf einer Station für neurologische Frührehabilitation und Parkinson-Komplextherapie tätig.

Effekte der Digitalisierung auf das Betriebliche Gesundheitsmanagement (BGM)

Linda Kaiser und David Matusiewicz

Zusammenfassung

Auf Basis einer Literaturrecherche, von Expertenbefragung und einer empirischen Befragung mit n = 353 Teilnehmern im Jahr 2016 ist ein Übersichtsbeitrag zu den Effekten der Digitalisierung auf das BGM entstanden. Zunächst wurde deutlich, dass es an Erkenntnissen im Hinblick auf die Verwendung von digitalen BGM (dBGM)-Instrumenten mangelt. Zudem ging hervor, dass derzeit sehr wenige Ansätze zum digitalen BGM durch die befragten Teilnehmer vorhanden sind. Dennoch sind die befragten Akteure durchaus bereit, digitale Instrumente als neue Möglichkeit für die Gesundheitsförderung einzusetzen und sehen Potenziale durch Gesundheits-Apps, Wearables oder digitalen Employee Assistance Programs (EAP). Insgesamt wird deutlich, dass digitale Instrumente das BGM durch beispielsweise eine bessere Messbarkeit oder den simultanen Einsatz an überregionalen Standorten verbessern und weiterentwickeln können. Aber auch Herausforderungen sind deutlich geworden, wie der Widerstand der Belegschaft und dem Thema Datenschutz und Datensicherheit. Grundsätzlich sind Vor- und Nachteile abzuwägen, um ein BGM-Konzept bedarfsgerecht und zielgruppenorientiert zu entwickeln. Da die Digitalisierung im Gesundheitswesen kein Trend, sondern ein Dauerzustand wird, wird ein modernes Unternehmen sich in den nächsten Jahren hinsichtlich der Mitarbeitergesundheit von klassischem BGM hin zu dBGM weiterentwickeln. Es ist somit anzunehmen, dass in den nächsten Jahren dBGM-Instrumente in der beruflichen Realität ankommen werden, wobei von einem Mix analoger und dBGM-Maßnahmen den Bedürfnissen verschiedener Zielgruppen ausgegangen werden kann.

L. Kaiser (✉) · D. Matusiewicz (✉)
FOM Hochschule für Oekonomie & Management
Essen, Deutschland
E-Mail: linda.kaiser@fom-net.de

D. Matusiewicz
E-Mail: david.matusiewicz@fom.de

© Springer Fachmedien Wiesbaden GmbH 2018
D. Matusiewicz und L. Kaiser (Hrsg.), *Digitales Betriebliches Gesundheitsmanagement*,
FOM-Edition, https://doi.org/10.1007/978-3-658-14550-7_1

1.1 Einleitung

1.1.1 Hintergrund

Die heutige Arbeitswelt wird durch die Globalisierung, Technisierung und den demografischen Wandel beeinflusst, wodurch die Zunahme von psychischen und körperlichen Erkrankungen begünstigt wird (BAuA 2007). Vor diesem Hintergrund hat sich die Gesundheit in der Gesellschaft zu einem Trendthema im 21. Jahrhundert entwickelt. Durch den Einfluss der technologischen Entwicklung wird ein Wandel von analogen zu digitalen Vorgehensweisen im Gesundheitswesen erkennbar. Auch in der Gesundheitsförderung ermöglicht die Digitalisierung eine „tragbare Gesundheitsförderung", die das Bewusstsein von gesundheitlichen Verhaltensweisen verändert (WHO 2014). Der Absatz an Wearables liegt derzeit bereits bei 88,4 % und soll bis auf 123,5 % im Jahr 2019 ansteigen. Unternehmen sehen darin eine Chance für das Betriebliche Gesundheitsmanagement (BGM), indem digitale Instrumente für die Unternehmensgesundheit eingesetzt werden (ABI Research 2013). Mit der Fehltagezahl von 14,7 % der Arbeitsunfähigkeitstage (AU-Tage) im Jahr 2015 (Grobe 2014), dem Anstieg des Fachkräftemangels sowie dem Präventionsgesetz (PrävG) zur Gesundheitsverbesserung ist BGM aktuell für alle Gesundheitsakteure von hoher Bedeutung (DAK 2014). Daher werden Innovationen eingesetzt, die eine Verbesserung, eine Angebotserweiterung sowie eine Bewältigungsmöglichkeit von Herausforderungen im BGM darstellen (BAuA 2015). Folglich ergeben sich Effekte für Gesundheitsakteure, die hinsichtlich ihrer Chancen und Risiken beleuchtet werden müssen.

Aufgrund der fehlenden Definition, wird an dieser Stelle ein eigener Definitionsvorschlag auf Basis der vorzufindenden Literatur vorgenommen (vgl. ausführlich in Abschn. 1.1.2):

▶ Unter digitalem Betrieblichen Gesundheitsmanagement (dBGM) wird der Einsatz von digitalen Methoden und Instrumenten im Betrieblichen Gesundheitsmanagement verstanden. Hierzu werden verschiedene Methoden und Instrumente (wie beispielsweise Online-Coaching, Gesundheitsplattformen, Employee Assistance Programs (EAP), BGM-Komplettsysteme, Gesundheits-Apps und Wearables) zur Unterstützung des klassischen Betrieblichen Gesundheitsmanagements eingesetzt.

1.1.2 Wesentliche Instrumente

Es erfolgt eine schnelle und einfache Informationsverfügbarkeit von Gesundheitsförderung durch die Wandlung analoger Maßnahmen in digitale Maßnahmen. Dabei kann eine Transformation der Vitaldaten auf mobile Endgeräte wie Tablet, Smartphone, Wearables sowie Computern ermöglicht oder manuell digitalisiert werden. Die Verfügbarkeit der persönlichen Daten obliegt der Eingabe und Übertragungseinwilligung der Arbeitnehmer. Es

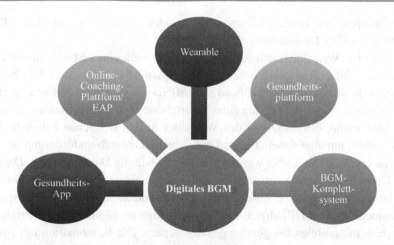

Abb. 1.1 Wesentliche dBGM-Instrumente. (Quelle: Eigene Darstellung)

werden eine Personalisierung der Gesundheitsförderung sowie eine zeit- und ortunabhängige Angebotsnutzung ermöglicht. Ebenso erfolgt eine kostengünstige bedarfsgerechte Maßnahmenplanung. Zusätzlich werden Ansätze von Gamification zur Bildung von Gruppendynamik angeboten, sodass die Unternehmenskultur gefördert wird. Die verschiedenen Sensoriken und Technologien erzielen eine nachhaltige Motivation sowie langfristige Verhaltensänderung der gesundheitlichen Lebenseinstellung der Arbeitnehmer. Des Weiteren bietet dBGM eine Steuerungs- und Verwaltungsfunktionalität, was zur Kostenreduzierung führt. Zusätzlich profitieren Arbeitnehmer durch vielfältige Angebote zur Gesundheitsförderung. Digitale Instrumente im BGM ermöglichen Unternehmen, die Verbindung von privater und beruflicher Gesundheitsförderung der Arbeitnehmer zu gewährleisten.

Es gibt verschiedene digitale Instrumente, die BGM unterstützen können. Wesentliche dBGM-Instrumente sind Wearables, Online-Coaching-Plattformen, Gesundheitsplattformen, BGM-Komplettsysteme und Gesundheits-Apps (Abb. 1.1).

Gesundheits-App: Eine Gesundheits-App (analog: Health-App, Fitness-App) umfasst Bereiche wie Lifestyle, Ernährung, Psyche und Fitness. Die Applikationen sind online auf mobilen Endgeräten wie einem Smartphone oder Tablet abrufbar. Die Funktionalitäten beinhalten die Vitaldatenerfassung, -speicherung und -auswertung für z. B. zurückgelegte Schritte, Schlafphasen oder andere Vitaldaten. Diese Datenauswertung ermöglicht eine individuelle Unterstützung zum gesundheitsförderlichen Verhalten durch nutzerorientierte Informationen wie Gesundheitstipps. Darüber hinaus können Gesundheits-Apps die Motivation anregen, indem Erinnerungsmeldungen auf mobilen Endgeräten erscheinen. Zudem werden spielerische Anreize, wie virtuelle Wettbewerbe und Vergleiche mit anderen App-Nutzern zur Motivationsanregung verwendet. Ebenso dient die Visualisierung der Gesundheitsdaten dazu, dass die Wahrnehmung für gesundheitsförderliches Verhalten geschult wird. Hierbei ist allerdings strikt eine Abgrenzung zu Medizin-Apps wie beispielsweise Apps zur Steuerung einer Insulinpumpe abzugrenzen. Einige Beispiele für

Gesundheits-Apps – die eher als Lifestyle-Apps zählen – sind „Men's Health", „Burnout Test", „Runtastic GPS Laufen, Walken und Joggen."

Wearable: Ein Wearable (Gadget/Fitness-Tracker) stellt einen Minicomputer dar, der in Form einer intelligenten Brille, einer Uhr, eines Armbands oder eines Schuhs benutzt werden kann. In den Wearables befinden sich Micro-Chips, kleine Akkus und eine besondere Software, sodass Funktionen eines Smartphones und Fitnessfunktionen in einem Gerät enthalten sind. Eingesetzt werden Wearables in den Bereichen Lifestyle, Fitness oder Gesundheit, um eine dauerhafte und individuelle Gesundheitsförderung und -überwachung zu ermöglichen. Dabei werden Funktionen wie die Datenmessung, Datenübertragung, Datenvisualisierung, Erinnerung und Kommunikation geleistet in Form einer Mensch-Maschine-Interaktion. Zu den erfassten Gesundheitsdaten zählen beispielsweise Herzfrequenz, Puls und Blutdruck. Ein Wearable kann als alleinstehendes Produkt oder in Verbindung mit mobilen Endgeräten genutzt werden. Die Kombination mit Apps und Gesundheitsplattformen ermöglicht, dass eine Datenübertragung auf andere mobile Endgeräte erfolgen kann. Dabei können die Daten ausgewertet und kommuniziert werden, sodass auch virtuelle Wettbewerbe ausgerichtet werden können. Ebenso können Nachrichten vom Smartphone auf dem Display eines Wearables wie einer Uhr oder eines Armbands angezeigt werden. Beispiele für Wearables sind die „Apple Watch", „Samsung Gear 2" oder „Jawbone Up".

Gesundheitsplattform: Eine Gesundheitsplattform, z. B. in Form eines Intranets oder Wikis, beinhaltet Informationen, Angebote und ermöglicht den Beginn und die Führung einer Diskussion zu verschiedenen Gesundheitsthemen. Die Funktionalität umfasst einen flexiblen orts- und zeitunabhängigen Informationserwerb der Nutzer sowie einen interaktiven Austausch über Gesundheitsthemen durch Diskussionsforen. Zusätzlich wird eine Datensammlung sowie eine Datenauswertung ermöglicht, um eine zielorientierte Gesundheitsförderung mit individuellen Angeboten zu gewährleisten. Die Plattform kann unternehmensintern oder auch extern durch Drittanbieter wie Krankenkassen erstellt werden. Eine Gesundheitsplattform kann Webinare, Onlinekurse und Selbsttests anbieten. Beispiele für Gesundheitsplattformen sind POLEA oder healthBOX.

Online-Coaching-Plattform/EAP: Online-Coaching-Plattformen bzw. Employee Assistance Programs (EAP) sind Angebote, die zur externen Mitarbeiterberatung und zur Beratung bei beruflichen sowie privaten Problemen genutzt werden können. Dazu werden im Sprachgebrauch Begrifflichkeiten wie virtuelles/mobiles Coaching, E-Monitoring, Tele Coaching, E-Tutoring, Distance Learning zur Anwendung kommen. Die Möglichkeiten können onlinebasierend oder offlinebasierend verwendet werden, indem verschiedene Kommunikationsformen synchron oder asynchron angewendet werden. Online-Coaching kann durch Videotelefonie, Chataustausch oder durch E-Mail-Austausch erfolgen, sodass zwischen einer anonymen oder persönlichen Ebene gewählt werden kann. Externe Fachexperten stehen Mitarbeitern beratend in Echtzeit oder auch zeitversetzt zur Verfügung. Diese Art von Beratung ist orts- und zeitunabhängig und kann sowohl von zu Hause als auch vom Arbeitsplatz angewendet werden. Somit wird die Selbsthilfe gefördert und die Beratung von gesundheitlichen Belastungsfaktoren angenommen, weil eine Anonymisierung und schnelle Verfügbarkeit gewährleistet wird. Beispiele für Online-Coachings sind „CAI World" und „Ceus".

BGM-Komplettsystem: Ein BGM-Komplettsystem beinhaltet sämtliche zuvor genannten digitalen Instrumente bzw. Anwendungstools als Managementplattform („Dach") der Einzelmaßnahmen. Ziel eines BGM-Komplettsystems ist es, das vielseitige Angebot für Gesundheitsmaßnahmen zur Verfügung zu stellen, um ein ganzheitliches BGM-System zu leisten. Es bietet ein online unterstütztes Gesundheitsmanagement für Unternehmen, das alle Bereiche des BGMs implementiert (BGF, Arbeitssicherheit/Arbeitsschutz und Betriebliches Eingliederungsmanagement (BEM)). Dabei werden vielseitige Informationen und Angebote zu Gesundheitsthemen wie beispielsweise Stress, Rauchen, Bewegung und Ernährung jederzeit und an jedem Ort bereitgestellt, um eine individuelle Verbesserung der Gesundheitskompetenz zu ermöglichen. Ein BGM-Komplettsystem wird meist von einem externen Dienstleister zur Verbesserung der Unternehmensgesundheit angeboten, weshalb sich BGM-Komplettsysteme in ihren Anwendungsmöglichkeiten je nach Anbieter unterscheiden können. Beispielanbieter für solche Komplettsysteme sind unter anderem EXPARO, machtfit, fitbase, vitaliberty und Europa (GCC).

Durch das dBGM erfolgt eine schnelle und einfache Informationsverfügbarkeit von Gesundheitsförderung. Dabei kann eine Transformation der Vitaldaten auf mobile Endgeräte wie Tablet, Smartphone, Wearables sowie Computern ermöglicht oder manuell digitalisiert werden. Die Verfügbarkeit der persönlichen Daten obliegt der Eingabe und Übertragungseinwilligung der Arbeitnehmer. Es werden eine Personalisierung der Gesundheitsförderung sowie eine zeit- und ortsunabhängige Angebotsnutzung ermöglicht. Ebenso erfolgt eine kostengünstige bedarfsgerechte Maßnahmenplanung. Zusätzlich werden Ansätze von Gamification zur Bildung von Gruppendynamik angeboten, sodass die Unternehmenskultur gefördert wird. Die verschiedenen Sensoriken und Technologien erzielen eine nachhaltige Motivation sowie langfristige Verhaltensänderung der gesundheitlichen Lebenseinstellung der Arbeitnehmer. Des Weiteren bietet dBGM eine Steuerungs- und Verwaltungsfunktionalität, was zur Kostenreduzierung führt. Zusätzlich profitieren Arbeitnehmer durch vielfältige Angebote zur Gesundheitsförderung. Digitale Instrumente im BGM ermöglichen Unternehmen, die Verbindung von privater und beruflicher Gesundheitsförderung der Arbeitnehmer zu gewährleisten.

1.2 Methodik und Ergebnisse

1.2.1 Literaturrecherche

Die Literaturrecherche mit eingeschlossenen n = 8 deutschsprachigen Publikationen macht den Mangel an wissenschaftlichen Forschungsarbeiten, Studien sowie dafür notwendiger Evaluierungsinstrumente von dBGM-Instrumenten deutlich. Allerdings geht aus der Literatur hervor, dass zukünftig der Einsatz von dBGM-Instrumenten zu Kosten-

Tab. 1.1 Verwendete Literatur 2015–2016. (Quelle: Eigene Darstellung)

Jahr	Publikation	Autor
2015	Mit digitalem BGM neue Wege gehen. Motivationstool digitales BGM – Individualität zählt mehr denn je	Holzer, H.
2015	Intelligent vernetzt: Das digitale BGM	Grießer, T.
2015	Virtuelle Gesundheitshelfer	Walter, U., Mess, F.
2015	Digitales BGM	Walle, O.
2015	Mit eHealth – Lösungen zu mehr Gesundheit	Sarköyz, S.
2016	Digitale Lösungen sorgen für gesunde Mitarbeiter. Corporate Health Management	Backofen, S., Sentürk, C.
2016	Digitale Gesundheitsförderung: Chancen und Herausforderungen	Weber, S.
2016	Betriebliches Gesundheitsmanagement mit Wearables	Urgancioglu, K.
2016	Health Applications for Corporate Health Management	Steigner G., Doarn C., Schütte M., Matusiewicz D., Thielscher C.

einsparungen, eine höheren Flexibilität und einer Steigerung der Motivation im Vergleich zu klassischen BGM-Maßnahmen führen wird.

Die identifizierten Publikationen werden in der Tab. 1.1 abgebildet, wobei der Titel der Publikation erste Hinweise auf den Inhalt gibt. Die Publikationen wurden vorwiegend in Fachzeitschriften wie „das Personalmagazin", „der Mittelstand", „das Magazin für Betriebliches Vorsorge- und Gesundheitsmanagement", „Online-Arbeitsschutz Haufe" und „Detecon Management Report" aufgefunden. Die Publikationen von Holzer und Grießer wurden in einem Sammelwerk von Foitzik mit dem Titel „Gesundheit", veröffentlicht. Hinzu kommen Internetveröffentlichungen.

Folgende Aspekte wurden in den identifizierten Publikationen vorgefunden (Listung absteigend nach Häufigkeit):

- Motivation
- Datenschutz/Datensicherheit
- Mangelnde Forschungsarbeit
- Zielgruppenerweiterung
- Attraktivitätsfaktor

Ebenso finden sich in der Literatur verschiedene BGM-Projekte unter Einsatz digitaler Instrumente, wodurch neue Möglichkeiten im BGM aufgezeigt werden.

Hinsichtlich der qualitativen Analyse ergeben sich folgende Ergebnisse. Im Jahr 2015 veröffentlichte Holzer (2015) einen Beitrag über dBGM, in dem er darstellt, dass eine Erreichung von BGM durch vielseitige Angebote angepasst an individuelle Ansprüche des Arbeitnehmers möglich sei. Arbeitnehmer können durch Gesundheitsplattformen oder

Apps individuell gefördert werden, was zur Motivationssteigerung beitrage (unter anderem virtuelle Wettkämpfe, virtuelle Preisverleihungen). Apps in Verbindung mit Fitness-Trackern visualisieren Gesundheitsparameter (unter anderem Schlaf, Ernährung und Bewegung) sowie Trainingserfolge und werden das Verständnis vom eigenen Körper schulen, um eine nachhaltige Veränderung des gesundheitsförderlichen Verhaltens zu erreichen. Auch werden Arbeitgeber von zielgerichteten Maßnahmen für ihre Arbeitnehmer profitieren, weil dadurch die Kosten für das BGM reduziert werden können. Hier sind z. B. Webinare, Onlinebefragungen oder Onlineschulungen zu nennen, durch die einerseits zeit- und personeller Aufwand gemindert, andererseits nicht zielführende Maßnahmen vermieden werden können.

Ein weiterer Beitrag in diesem Sammelband wurde von Grießer verfasst, der eine intelligente Vernetzung für ein dBGM diskutiert. Daraus geht hervor, dass Arbeitnehmer durch eine zeit- und ortsunabhängige Nutzung dBGM-Angebote, die eine größere Flexibilität und flächendeckende Erreichbarkeit ermöglichen, um das Gesundheitsbewusstsein nachhaltig zu fördern – im privaten Umfeld sowie im Arbeitskontext, profitieren können. Er führt an, dass Gütesiegel und Qualitätskriterien sowie Studienergebnisse zu einer schnelleren Implementierung digitaler Instrumente beitragen können, da das Angebot an Instrumenten groß ist und sich somit als unüberschaubar für die Interessenten darstellt. Ebenso führt er den Datenschutz als mögliche Hemmschwelle für die Einführung dieser Instrumente in kleine und mittlere Unternehmen (KMU) an.

Im gleichen Jahr berichten Mess und Walter von dBGM-Instrumenten, die als virtuelle Gesundheitshelfer eingesetzt werden können. Diese sind zwar gegenwärtig erhältlich und einsatzbereit, jedoch stellen Datenschutzaspekte und fehlende Wirksamkeitsprüfungen wichtige Kriterien für die Investition in diese Instrumente dar. Allerdings sind mit den digitalen Gesundheitsinstrumenten auch Vorteile verbunden. Dazu zählen die Förderung der Arbeitgeberattraktivität, ein Gesundheitscontrolling und eine verbesserte Gesundheitsförderung. Zudem dienen diese Instrumente einer Zielgruppenerweiterung, Sensibilisierung und Motivation, sodass durch spielerische Anreize auch Gesundheitsdesinteressierte sowie junge Arbeitnehmer zur Gesundheitsförderung angeregt werden. Bedacht werden muss dabei, dass dennoch eine Überforderung der digitalen Verbindung entstehen kann.

Im gleichen Jahr veröffentlicht Walter einen Beitrag, in dem der Datenmissbrauch bei digitalen Gesundheitsinstrumenten beleuchtet wird. Arbeitgeber müssen das Vertrauen in die digitalen Instrumente stärken, weil sonst Widerstände und Ängste in Bezug auf die digitale Datenerfassung entstehen können wie z. B. Konsequenzen für den Arbeitgeber und Sanktionen durch Weitergabe an Krankenkassen.

In einem weiteren Artikel beschreibt Sarközy den Nutzen digitaler Instrumente für das BGM. Ähnlich wie die vorherigen Autoren stellt er dar, dass digitale Gesundheitsangebote die Unternehmensattraktivität steigern und eine Erweiterung der Zielgruppen bewirken können. Zudem können Motivation und Sensibilisierung hinsichtlich gesundheitsrelevanter Themen erhöht werden, wodurch die Gesundheitsverantwortung seitens der Arbeitnehmer gesteigert werden kann.

Der Beitrag von Backofen und Sentürk in dem Detecon Management Report aus dem Jahr 2016 legt einen Fokus auf die gezielte Gesundheitsförderung der Arbeitnehmer, welche durch die Personalisierung und Individualisierung von Gesundheitsangeboten mittels Digitalisierung erreicht werden kann. Es wird aufgezeigt, dass eine individuelle Gesundheitsförderung zur Prävention beitragen kann, denn durch Datenerfassungen und Analysen werden frühzeitig Risikofaktoren ermittelt. Zudem verbessern digitale Instrumente die individuelle Gesundheitsförderung und zeigen bedarfsorientierte Angebote auf, wodurch zusätzlich eine Produktions- und Leistungsverbesserung und die Reduzierung von Krankheitsausfällen erreicht werden. Die Verbesserung der Arbeitgeberattraktivität führt zu einer geringeren Fluktuation, sodass Kosten in Recruiting und Marketing gesenkt werden.

Weber stellt in seinem Beitrag aus dem Jahr 2016 die Chancen der digitalen Gesundheitsförderung dar. Dazu gehören die Erweiterung der Zielgruppen, die Steigerung von Motivation, die Sensibilisierung für Gesundheitsthemen und die ständige Verfügbarkeit der Angebote. Weiterhin können schnelle Auswertungen von gesundheitsrelevanten Daten mögliche Schwachstellen und Risikopotenziale aufdecken. Zudem führt er an, dass der Erfolg eines BGMs durch die verbesserte Kommunikation aufgrund der Verbindung von traditionellen Maßnahmen und digitalen Instrumenten erreicht werden kann.

Der Internetbeitrag für den Wissenserwerb von aktuellem Wirtschaftsrecht beleuchtet die rechtlichen Bestimmungen von BGM für Arbeitgeber. Zusätzlich werden, zu den zuvor genannten Effekten, die datenschutzrechtlichen Anforderungen aufgezeigt. Erforderlich ist eine schriftlich fixierte Einwilligung des Arbeitnehmers, um persönliche Datenerhebungen mit digitalen Instrumenten durchführen zu können. Zudem sind zertifizierte Fachkräfte notwendig, um die Beachtung datenschutzrechtlicher Bestimmungen zu gewährleisten. Wenn die Bestimmungen erfüllt werden, können digitale Instrumente durch Motivation und Teamentwicklung einen Mehrwert für die Unternehmensgesundheit aufzeigen.

Aus den vorherigen Ausführungen wird deutlich, dass die gegenwärtige Literatur wenig und lediglich einseitige Informationen zum Thema dBGM bietet. In Tab. 1.1 ist die identifizierte Literatur aufgelistet.

Hier ist zu erkennen, dass die Wissenschaft und Forschung geringfügig im dBGM vertreten ist. Ein Großteil der identifizierten Publikationen aus dem deutschsprachigen Raum wurde in Fach- und Managementzeitschriften gefunden. Es wurden acht Beiträge zum dBGM aus den Jahren 2015 und 2016 gefunden, die eine theoretische Einschätzung der Chancen und Herausforderungen einzelner digitaler Instrumente ansatzweise beschreiben. Darüber hinaus gibt es keine Übersichtsarbeiten, die sich mit dem Prozess einer Implementierung des dBGM befassen. Weiterhin existiert keine Marktübersicht über die Anzahl und Qualität der Dienstleister sowie der resultierenden Effekte und Wirksamkeit der digitalen Instrumente, die interessierten Unternehmen weiterhelfen könnten. Daher werden im weiteren Verlauf die wesentlichen dBGM-Instrumente beschrieben und anschließend im Rahmen von ausgewählten Projekten veranschaulicht.

1.2.2 Expertenbefragung

Die Expertenbefragung mit n = 22 Teilnehmern stellt den Mangel an Erfahrungswerten zu dBGM-Instrumenten sowie deren Einsatzmöglichkeiten dar.
   Das Interview wurde mit folgenden Fragen geführt:

1. Ist das Präventionsgesetz ein Anstoß für die Implementierung von digitalen Instrumenten?
2. Wie und in welchen Bereichen des Präventionsgesetzes können digitale Instrumente eingesetzt werden?
3. Welchen Nutzen haben Krankenkassen, wenn digitale Instrumente angeboten werden? Welche digitalen Produkte für das BGM kennen Sie?
4. Welche digitalen Produkte für das BGM kennen Sie?
5. Welche Veränderungen ergeben sich für Arbeitgeber unter dem Einsatz digitaler Instrumente?
6. Welche Veränderungen werden bei Arbeitnehmern erkennbar durch die Anwendung von digitalen Instrumenten?
7. Was muss beachtet werden?

Forschung und Wissenschaft erläutern denkbare Potenziale, wobei aus Sicht der Krankenkassen vermutete Potenziale geäußert werden, wie z. B. Orts- und Zeitunabhängigkeit, Steuerungs- und Verwaltungsfunktion, Motivationssteigerung, Zielgruppenerweiterung und Individualität. Als Herausforderungen werden der Mangel an Qualitätskriterien, Probleme der Akzeptanz und Bereitstellung sowie Datenschutz und Datensicherheit genannt. Verschiedene Anbieter externer Dienstleistungen von dBGM-Instrumenten führen ausschließlich deren Potenziale für unterschiedliche berufliche Bereiche auf. Neue Möglichkeiten digitaler Instrumente werden in den Vordergrund gestellt, wobei z. B. die Bewältigung von Herausforderungen aufgezeigt wird, die bei klassischen BGM-Maßnahmen auftreten können.
   Die Interviews mit Experten von Krankenkassen verdeutlichen, dass das PrävG einen Impuls für die Zunahme an Aktivitäten im BGM, speziell auch im dBGM, darstellt. Dabei legt das PrävG eine verbesserte Vernetzung und Zusammenarbeit von Unternehmen, Berufsgenossenschaften, Unfallversicherungsträgern und Krankenkassen fest, die durch digitale Instrumente unterstützt werden kann. Die Zusammenarbeit soll zur gemeinsamen Erarbeitung von Lösungen für ganzheitliche Prävention führen. Denn ebenso kann durch den Einsatz digitaler Instrumente die Wettbewerbsfähigkeit gewährleistet sowie Kundenbindung und Kundengewinnung gefördert werden.
   Zusätzlich umfassen digitale Instrumente eine Steuerungs- und Verwaltungsfunktion, die bei dem Einsatz von Bonusprogrammen der Krankenkassen zu einer zeitlichen und personellen Aufwandsreduzierung führen kann. Eine Verbesserung durch den Einsatz digitaler Instrumente kann Systematisierung, Strukturierung und Organisation verschiedener Aufgabenbereiche ist ebenfalls denkbar. Zudem werden die Prozesse durch digitale

Unterstützung erleichtert, beschleunigt und koordinierbar. Die meisten Krankenkassen sind der Meinung, dass digitale Produkte zunehmenden Einfluss im BGM haben werden, denn BGM-Maßnahmen müssen an verschiedene Zielgruppen anpassbar sein und verschiedene Anforderungen der Arbeitswelt 4.0 erfüllen. Beachtenswert ist, dass nur eine Krankenkasse bei digitalen Angeboten, neben Kundenorientierung und Datenschutz, sehr darauf bedacht ist, fundierte Qualitätsnachweise zu ermitteln, bis der Einsatz von Wearables und anderen digitalen Instrumenten auch wirklich in der Realität gefördert wird. Alle befragten Krankenkassen gehen davon aus, dass die Bereitstellung von dBGM-Instrumenten wie Wearables einen Mitnahmeeffekt auslösen könnte, ohne einen beiderseitigen Nutzen aufzuzeigen.

Digitale Instrumente im BGM ermöglichen den Einsatz von bedarfsorientierten Maßnahmen, sodass Kosten, wie die Bereitstellung von Ersatzpersonal oder Kurstrainern reduziert werden. Durch digitale Lösungen können Gesundheits- und Gefährdungsanalysen schnell und ohne personellen Aufwand durchgeführt werden. Die Ergebnisse decken so Schwachstellen und Gesundheitsgefahren im Unternehmen auf, um eine Prävention zu ermöglichen. Ursache-Wirkungs-Zusammenhänge lassen sich ableiten, um Maßnahmen, speziell auf einzelne Abteilungen oder Standorte bezogen, zu erarbeiten.

Weiterhin hat die Vergangenheit gezeigt, dass Arbeitgeber punktuell analoge Maßnahmen eingesetzt, aber den langfristigen Erfolg außer Acht gelassen haben und die Bereitschaft nach gemeinsamen Lösungen zu suchen gering war. Arbeitgeber zeigen die Sichtweise auf, dass BGF keiner gesetzlichen Vorgabe unterliegt. Ebenso ist es unproduktiv und nicht nachhaltig, dass die Umsetzung für Maßnahmen zum Arbeitsschutz und Arbeitssicherheit sowie BEM punktuell und unabhängig voneinander angeboten werden. Die Sicht, dass ein ganzheitliches Konzept von BGM zur Bewältigung der anstehenden Folgen des demografischen Wandels und somit zur Existenzsicherung beiträgt, ist bei einigen Arbeitgebern noch nicht ausreichend vorhanden. Auch mangelt es einigen Arbeitgebern an einem tief greifenden Interesse und Verständnis von BGM. Es ist wichtig, dass die einzelnen Maßnahmen von BGF, Arbeitssicherheit/Arbeitsschutz und BEM weitgehend ineinander übergehen und eine Verbindung zwischen diesen erarbeitet wird. Um also bedarfsorientierte Maßnahmen anzubieten, müssen einerseits die Herausforderungen von klassischem BGM vermieden und andererseits die ganzheitliche Betrachtung zur Entwicklung von Lösungen beabsichtigt werden. Durch Abhängigkeit der Kooperationen mit Drittanbietern können entstehende Kosten durch Personalzusatz und klassische, nicht nachhaltige Maßnahmen, reduziert werden. Das Vorgehen der Krankenkassen ist an dieser Stelle oft identisch. Zuerst werden Projektphasen durchgeführt, um dann ein standardisiertes Angebot zu gewährleisten. Zu den digitalen Instrumenten zählen beispielsweise MediMouse, Online-Coaching-Plattformen, CardioScan, Biofeedback, Stress-Pilot und BIA-Analysen. Diese digitalen Instrumente dienen einer genauen Messbarkeit von Vitaldaten, die dazu verwendet werden, um weitere Maßnahmen von Krankenkassen zielorientiert anzubieten und somit die Prävention zu fördern und Folgekosten von chronischen Krankheiten zu vermeiden.

Die befragten Experten aus dem Bereich Wissenschaft und Forschung sind sich darüber einig, dass die Digitalisierung Veränderungen in sämtlichen Branchen sowie Arbeits- und Tätigkeitsbereichen bewirken wird. Zum einen werden neue Anforderungen an Arbeitnehmer gestellt und zum anderen werden neue Herausforderungen auf die Unternehmen zukommen. Die Digitalisierung bietet dBGM-Instrumente, die eine Verbesserung der Unternehmensgesundheit begünstigen.

Digitale Instrumente können vielseitige und zielorientierte Gesundheitsangebote bereitstellen, die eine zeitliche und ortsunabhängige Nutzung ermöglichen. Beispielsweise haben sich Wearables an die dynamischen Anforderungen angepasst und ermöglichen ein individuelles Gesundheitscontrolling.

Krankenkassen können den Einsatz digitaler Technologien insofern nutzen, um den Anforderungen des PrävG gerecht zu werden. Denn digitale Instrumente fördern und verbessern die Zusammenarbeit der unterschiedlichen Gesundheitsakteure. Dabei beeinflussen digitale Instrumente die erhöhte finanzielle Mittelausgabe, indem eine schnelle und zielgerichtete Maßnahmenentwicklung möglich wird. Dabei bewirkt die innovative Angebotserweiterung von digitalen Instrumenten eine verbesserte Wettbewerbsfähigkeit, weil bestehende Kunden gebunden und neue gewonnen werden können. In diesem Zusammenhang ist anzumerken, dass digitale Instrumente wie Wearables virtuelle Teamwettkämpfe ermöglichen. Daraus ergeben sich eine Verbesserung der Unternehmensidentifikation, der Teamgeistentwicklung sowie der Unternehmensintegration. Somit erweisen sich dBGM-Instrumente als Faktor der Wettbewerbsfähigkeit und des Employer Brandings, weil dieser Einsatz als mitarbeiterorientiert und innovativ gilt und das Interesse und die Attraktivität steigert.

Daraus ergibt sich die Frage, wer die Kosten von digitalen Instrumenten trägt oder in welcher Anteilshöhe ein Akteur Kosten übernehmen soll, sodass die Frage der Kostenübernahme Nachholbedarf aufweist.

Der Arbeitgeber kann durch den Einsatz digitaler Instrumente das BGM verbessern, weil viele Zielgruppen erreicht werden können. Digitale Instrumente weisen einen motivierenden Anreiz für junge und technikaffine Arbeitnehmer auf, wodurch eine Teilnahme an virtuellen Wettbewerben ermöglicht wird. Zusätzlich wird auch die Zielgruppe der älteren Arbeitnehmer aktiviert, weil eine leichte Bedienung und Anwendung von Gesundheitsmaßnahmen geboten wird. Informationen und Übungen sind dabei online abrufbar und durch Videos leicht erlernbar.

Somit bieten digitale Instrumente eine schnellere Verbreitung von Informationen und erleichtern bzw. verbessern den Kompetenzerwerb der Arbeitnehmer. Weiterhin ermöglichen digitale Instrumente wie Gesundheitsanalysen eine schnelle und detaillierte Datenauswertung, sodass zielgerichtete Maßnahmen und vor allem präventive Maßnahmen durchgeführt werden können. Daraus kann sich auch eine Kostenreduzierung ergeben.

Anzumerken ist, dass die einzelnen Bereiche von BGM in einem dBGM-Komplettsystem integriert werden können, sodass Insellösungen vermieden werden. Dadurch entsteht eine Prozessoptimierung, die wiederum eine Kostenreduzierung im Unternehmen bedingt. Weiterhin tragen digitale Instrumente dazu bei, dass BGM in KMU implementiert werden kann, denn diese Maßnahmen sind langfristig kostengünstiger und der Aufwand leichter als bei klassischen Maßnahmen.

Des Weiteren können digitale Instrumente die Arbeits- und Beschäftigungsfähigkeit fördern. Beispielsweise wird durch den Einsatz eines Quadrocopter den älteren Arbeitnehmern eine Erleichterung der Arbeitsgestaltung und Arbeitsbereichserweiterung geboten.

Eine Bereitstellung von Wearables durch das Unternehmen kann zwei Effekte mit sich bringen: Zum einen kann die Wertschätzung gegenüber dem Arbeitnehmer gesteigert werden und zum anderen kann der Arbeitnehmer eine Kontrollfunktion darin sehen und Widerstand entwickeln. Datenschutz und Datensicherheit sind in der Digitalisierung schwer zu gewährleisten, sodass Arbeitnehmer die Angst und Demotivation entwickeln können, einer ständigen Kontrolle und Überwachung des Arbeitgebers oder auch eines Dritten unterzogen zu werden. Dabei sind die Folgen von Datenmissbrauch nicht einschätzbar und steigern die Angst der Arbeitnehmer. Wenn beispielsweise Krankenkassen Zugriff auf die sensiblen Daten hätten, wäre eine Anpassung der Mitgliedsbeiträge in Bezug auf ein gesundheitsförderliches Verhalten möglich. Arbeitgeber müssen die Akzeptanz der Nutzung von digitalen Instrumenten erarbeiten und einen Ansatz finden, wie sie den Arbeitnehmern den Nutzen erklären können.

Im Hinblick auf die Arbeitnehmer ist einzuschätzen, dass diese gegenwärtig und zukünftig vom Arbeitgeber erwarten, dass diese den digitalen Trend aufgreifen und entsprechende Angebote ermöglichen.

Auf der anderen Seite ist es erforderlich, einem Arbeitnehmer die digitale Nutzung zu ermöglichen. Das bedeutet die materielle Verfügbarkeit sowie die technischen Gegebenheiten anzupassen, wie beispielspielweise die Netzverfügbarkeit. Dabei ist zu beachten, dass Kosten für die Geräte wie beispielsweise Wearables anfallen. Zudem können Arbeitnehmer im Bereich Chemie, Produktion und Labors weniger im Beruf zur Gesundheitsförderung unter digitalen Einsatz angeregt werden, weil viele Rahmenbedingungen eine digitale Nutzung wie Wearables nicht ermöglichen. Ebenso entstehen dadurch Kosten für technische Erneuerungen.

Weiterhin ist durch flexible Nutzung der digitalen Instrumente keine Verbindlichkeit gegeben, wodurch unter Umständen keine Nutzung der Angebote erfolgt.

Außerdem kann das Sozialwesen darunter leiden, indem die Nutzer in eine virtuelle Welt abgleiten.

Erkennbar ist zwar die steigende Bereitschaft zur digital unterstützten Gesundheitsförderung, aber es mangelt an Studien, um die Nachhaltigkeit sowie die Effektivität zu belegen. Dabei ist der Markt der digitalen Instrumente jung und kann dazu führen, dass der wirtschaftliche Erfolg im Fokus steht und nicht die Gesundheitsförderung der Arbeitnehmer. Zudem ist der Qualitätsnachweis der einzelnen Produkte ebenso nicht gegeben, sodass die Konsumenten blindes Vertrauen in die Instrumente haben müssen.

Des Weiteren zeigt sich, dass ohne Studien der Nachweis über eine nachhaltige Gesundheitsförderung fehlt und somit die Frage offenbleibt, ob Tracking-Angebote durch Gamification eine langfristige Gesundheitsförderung erzielen. Es kann kein ganzheitliches BGM durch einzelne digitale Angebote erreicht werden, sondern nur durch Kombinationen und gesamtheitliche Themenabdeckung, wie beispielsweise bei dBGM-Komplettsystemen. Die Nutzung von Wearables allein führt nicht zu einem ganzheitlichen BGM.

Die Befragungen von Anbietern und Beratern dBGM-Instrumente bilden die Perspektive der externen Dienstleister, die zu folgenden Ergebnissen führen.

Anbieter von digitalen Gesundheitsinstrumenten sind in der Entwicklung der BGM-Produkte zukunfts- sowie zielgruppenorientiert vorgegangen. Dabei wird der Fokus verfolgt, das Gesundheitswesen durch digitale Produkte zu verbessern, zu erweitern und die Zusammenarbeit zu ermöglichen, sowie auch die individuelle Gesundheit kontrollierbar zu gestalten und zu verbessern.

Es wird angenommen, dass der Gesundheitsakteur Krankenkasse durch digitale Instrumente die Wettbewerbsfähigkeit erhöhen und die zielorientierte Gesundheitsförderung ermöglichen kann. Nach dem PrävG sind Krankenkassen zu einer besseren Vernetzung sowie zur erhöhten Mittelausgabe für BGM und BGF verpflichtet worden. Seit Mitte 2015 suchen verschiedene Krankenkassen zunehmend eine Kooperationsmöglichkeit mit Anbietern von digitalen Instrumenten einzugehen, denn digitale Instrumente können das Angebotsportfolio erweitern und so neue Kunden auf sich aufmerksam machen sowie Kunden binden. In Zeiten des Wettbewerbs unter den verschiedenen Krankenkassen, bedingt durch vielseitige Umsetzungsmöglichkeiten des Gesetzes, können solche Innovationen zu Wettbewerbsvorteilen führen.

Zusätzlich werden Veränderungen für Arbeitgeber durch dBGM-Instrumente erkennbar. Ein Arbeitgeber kann die Wettbewerbsfähigkeit genau wie die Krankenkassen durch digitale Instrumente verbessern. Sowohl zukünftige als auch gegenwärtige Arbeitnehmer wachsen in einer digitalen Welt auf und setzen vermehrt ein innovatives Unternehmen voraus, das mitarbeiterorientierte Unternehmensstrategien aufweist. Außerdem wird die Bereitstellung von Wearables als Wertschätzung der Arbeitnehmer angesehen, was die Unternehmensattraktivität fördert. Ebenso wird dabei die Verantwortung für die Gesundheitsförderung auf den Arbeitnehmer übertragen, indem dieser vorgeschriebenen Maßnahmen des Arbeitgebers Folge leisten muss. Dies wird beispielsweise durch Wearables, Online-Coaching, Gesundheitsplattformen und Onlinekurse ermöglicht. Diese Verantwortungsübertragung fördert ebenso die Wertschätzung der Arbeitnehmer und unterstützt somit die Unternehmensidentifikation.

Weiterhin bieten Wearables einen spielerischen Anreiz in einer virtuellen Welt, sodass die Unternehmenskommunikation und die Gesundheitsmotivation gesteigert werden. Dabei werden Arbeitnehmer durch Motivationsanreize angeregt, BGF-Maßnahme häufiger durchzuführen. Die gesundheitliche Aktivität beeinflusst ein gesünderes Lebensverhalten, was zur Produktions- und Leistungssteigerung der Arbeitnehmer führt. Zusätzlich werden eine Verbesserung des Teamgeistes und der Unternehmensidentifikation durch virtuelle Wettkämpfe ermöglicht.

Ein weiterer Effekt ist, dass Wearables in Kombination mit Gesundheitsplattformen eine Anzeige über den Gesundheitszustand ermöglichen. Das Gesundheitscontrolling unterstützt und motiviert die Arbeitnehmer in der Zielerreichung.

Darüber hinaus kann der Arbeitgeber verschiedene Kosten reduzieren, indem beispielsweise BGM-Komplettsysteme eingesetzt werden. Diese erweisen sich hier als kostengünstiger und aufwandsgeringer im Vergleich zu klassischen Gesundheitsmaßnahem. Beispielsweise ist ein Gesundheitstag durch verschiedene Rahmenbedingungen teuer und weniger nachhaltig als die flexiblen Onlineangebote. Außerdem weisen BGM-Komplettsysteme ein vielseitiges Angebot an gesundheitsförderlichen Maßnahmen auf, die alle drei BGM-Bereiche (BGF, Arbeitsschutz/Arbeitssicherheit und BEM) abdecken und somit günstiger sind als Insellösungen. Kosten, wie beispielsweise personelle und räumliche Ressourcen, die bei der Umsetzung von klassischen BGM-Maßnahmen anfallen, werden somit vermieden. Das gebotene Angebotsportfolio versorgt eine höhere Erreichbarkeit und Bedarfsorientierung der Arbeitnehmer zu kostengünstigeren Preisen, als es mit analogen BGM-Maßnahmen möglich wäre.

Außerdem beeinflussen digitale Produkte den Return on Investment des Unternehmens und reduzieren den zeitlichen sowie personellen Aufwand von analogen Gesundheitsmaßnahmen. In diesem Zusammenhang ist zu erwähnen, dass zielorientierte Maßnahmen, die durch digitale Instrumente gewährleistet werden, Kosten von Ersatzpersonal reduzieren und die Produktions- und Leistungsfähigkeit der Arbeitnehmer durch die Work-Life-Balance erstrebt wird, was einen Mehrwert im Unternehmen erzeugt.

In diesem Zusammenhang ist auch die Gewährleistung von gesetzlichen Rahmenbedingungen anzumerken, denn Arbeitgeber übertragen beim Einsatz von BGM-Komplettsystemen die Verantwortung zur Einhaltung von Datenschutz und Datensicherheit gegenüber den Arbeitnehmern auf die Anbieter.

Außerdem kann ein Arbeitgeber Zielgruppen zur Gesundheitsförderung erweitern, indem beispielsweise Wearables junge und technikaffine Mitarbeiter zur Gesundheitsförderung motivieren. Ältere Arbeitnehmer werden angeregt, indem individuelle altersbezogene Maßnahmen angeboten werden. Beispielsweise wird das Interesse durch Online-Coaching sowie Onlineselbsttests gesteigert, weil Risikopotenziale altersspezifisch entdeckt werden oder hilfebedürftige Arbeitnehmer anonym über Probleme informiert und beraten werden können. So können Zielgruppen erreicht werden, die sonst durch zeitliche oder örtliche Einschränkungen bedingt, nicht an gesundheitsfördernden Maßnahmen teilnehmen können, dazu zählen beispielsweise Vertriebler, Lieferanten oder anderen Außendiensttätigkeiten. Das vielseitige digitale Angebot zur Gesundheitsförderung weist zudem geringe Kosten auf, obwohl es einen individuellen gesundheitsfördernden Ansatz bietet. Ebenso sind Onlineangebote ressourcenschonend und bieten, durch das vielseitige Angebotsportfolio, eine Individualisierung für bedarfsorientierte Gesundheitsförderung.

In digitalen Instrumenten werden verschiedenen Faktoren zur Beeinflussung der Motivation erkennbar. Wearables beispielsweise basieren auf einer leichten Bedienbarkeit, weisen somit eine niedrige Hemmschwelle in Bezug auf die Gesundheitsförderung auf und steigern die Motivation zu BGF. Dabei unterstützen beispielsweise Wearables durch eine Benachrichtigungsfunktion die Motivation, indem Kennzahlen oder Meldungen über sportliche Betätigungen anderer Teammitglieder abgebildet werden. Weiterhin wird die Motivation gesteigert, weil Trainingseinheiten, wie Online-Rückenschulen oder Online-

Antistresskurse, in kurzen Trainingseinheiten durchgeführt werden können. Die flexible und kurzzeitige Durchführung der gesundheitsfördernden Angebote steigert die Motivation.

Ebenso werden die Sensibilisierung und die Steigerung der Gesundheitskompetenz beispielsweise durch Gesundheitsplattformen beeinflusst. Denn vielseitige Gesundheitsinformationen sind schnell und leicht online abrufbar. Wearables beeinflussen die Sensibilisierung zur Gesundheitsförderung, weil der spielerische Ansatz das Interesse an Gesundheitsdaten bei verschiedenen Zielgruppen aktiviert. In diesem Zusammenhang kann ebenfalls die Anonymität durch digitale Instrumente angeführt werden, weil so die Motivation beeinflusst wird und eine Zielgruppenerweiterung entsteht. Die Nutzung von Online-Coaching ermöglicht eine persönliche sowie anonyme Beratungsstelle, die jederzeit verfügbar ist. Somit kann die Gesundheitsförderung individuell und bedarfsorientiert verbessert werden. In einer Onlineberatung wird eine Zunahme der Inanspruchnahme von Beratungs- und Hilfeleistung erwartet. Anonym können Problemthemen wie beispielsweise Sucht, Stress und Mobbing analysiert und identifiziert werden, sodass eine präventive Maßnahme geboten wird. Ebenso nimmt die Anonymität Einfluss auf die Durchführung von sportlichen Aktivitäten, weil Kurse im Team für Arbeitnehmer eine Herausforderung darstellen können. Es wird erwartet, dass die motivationalen Anreize, die durch digitale Instrumente geboten werden, eine langfristige Gesundheitsförderung bewirken.

Neben diesen Effekten wird aber seitens der Berater angemerkt, dass bislang kein Nachweis der Effektivität von dBGM-Instrumenten vorliegt. Dadurch, dass der Nutzer keine wissenschaftlichen Belege für eine Gesundheitsverbesserung durch digitale Instrumente hat, wird eine verminderte Kaufhaltung erwartet. Ebenso ist auch die Qualität der unterschiedlichen Angebote von digitalen Instrumenten noch nicht messbar oder vergleichbar. Somit zeigt sich, dass Wissenschaft und Forschung noch einen großen Nachholbedarf in dBGM haben, was auf den Mangel an Evaluierungsinstrumenten und -methoden zurückzuführen ist.

Weiterhin sollte beachtet werden, dass die langfristigen Folgen von digitalen Instrumenten noch nicht erforscht worden sind, sodass sich psychische Belastungen oder gesundheitliche Veränderungen entwickeln könnten. Dabei würden Langzeitstudien Nachweise darüber aufzeigen, ob die Benutzung digitaler Instrumente und eine Verlagerung in die virtuelle Welt gesundheitliche Schäden entwickeln können. Erwartet wird, dass die Sehschwäche durch die Nutzung von Wearables, Smartphones sowie Computern beeinträchtigt werden kann. Zudem wäre eine Desozialisierung möglich, wenn die Nutzer die virtuelle Welt nicht verlassen und den sozialen Umgang meiden. Außerdem kann der Einsatz dBGM-Instrumente eine Entgrenzung der körperlichen Wahrnehmung bedingen, indem die individuelle Tagesvitalität nicht beachtet wird, sondern einzig die digitalen Anzeigen zur Gesundheitsaufforderung berücksichtigt werden.

Somit gehen die Forscher und Wissenschaftler davon aus, das digitale Instrumente die Arbeitnehmer in der individuellen Gesundheit unterstützen können, aber analoge und digitale Maßnahmen miteinander verbunden werden sollten. Um ein ganzheitliches BGM-Konzept zu verfolgen, ist diese Kombination erforderlich, weil nicht alle Arbeitnehmer digital erreicht werden können. Ebenso ist ein BGM-Konzept ganzheitlich zu betrachten, weshalb der Einsatz von Wearables für ein BGM nicht alleine ausreicht, sodass eine Verbindung zu anderen Maßnahmen geschaffen werden muss. Ferner sollte der individuelle Mensch, der situationsbedingt und emotional beeinflussbar ist, fokussiert werden, was digitale Instrumente nicht vollständig gewährleisten können. Dabei muss eine menschliche Ebene aufgezeigt werden, um Empfindungen und Emotionen bedarfsorientiert an die Gesundheitsmaßnahmen anzupassen.

Um die Arbeitnehmer für digitale Instrumente zu gewinnen, ist es von Nutzen, dass eine Kommunikation zwischen Arbeitnehmer und Anbieter über das Datenschutzkonstrukt durchgeführt und die Vorteile der Arbeitnehmer in den Fokus gestellt wird.

1.2.3 Primärdatenerhebung

Allgemeine Daten
An der Befragung haben n = 353 Teilnehmer aus unterschiedlichen Unternehmen teilgenommen. Dabei zeigt sich eine fast gleiche Anzahl an weiblichen (n = 177) sowie männlichen (n = 176) Teilnehmern. Das durchschnittliche Alter der Teilnehmer beträgt 38,0 Jahre (Abb. 1.2).

Die Befragung ist vorwiegend von Erwerbstätigen aus den Unternehmensbereichen wie Dienstleistung (176) Beratung (55), Industrie (41), und Forschung (17) bearbeitet worden. Dabei sind 219 der Teilnehmer im Gesundheitswesen tätig, während 124 eine Verbindung zum Bereich BGM aufzeigen. Die Umfrage ist sowohl von Arbeitgebern (75), als auch Arbeitnehmern (278) durchgeführt worden. Die Befragten weisen eine durchschnittliche sportliche Aktivität von einmal pro Woche auf.

Wissensstand BGM
Gesundheitsthemen sind für die Durchführung von BGF-Maßnahmen unterschiedlich gewichtet worden, was auf das vielfältige Gesundheitsinteresse hindeutet (Abb. 1.3).

Die befragten Unternehmen haben sämtliche acht Antwortmöglichkeiten ausgewählt und durch die Freitextmöglichkeit weitere Themeninteressen aufgezeigt (42). Folgende

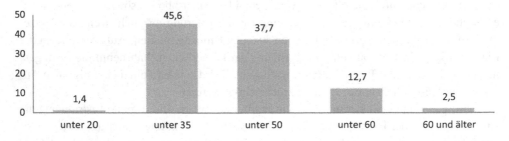

Abb. 1.2 Alter der Teilnehmer in % (n = 353)

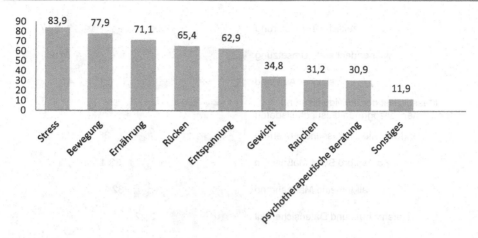

Abb. 1.3 Interessante Themen für BGF in % (n = 353)

Themen werden von den befragten Unternehmen als wichtig für BGF empfunden: Stress (296), Bewegung (275), Ernährung (251), Rücken (231), Entspannung (222), Gewicht (123), Rauchen (110) und psychotherapeutische Beratung (109). Ein Gegensatz zeigt sich, weil Stress als wichtigster Faktor, aber die psychotherapeutische Beratung als unwichtigstes Thema bewertet wird. Denn Stress kann verschiedene Stressoren aufweisen, die durch Beratungen vermieden oder reduziert werden könnten.

Zu den Herausforderungen von klassischen BGF-Maßnahmen haben die befragten Unternehmen angegeben, dass zeitliche Terminierung (179), flächendeckende Erreichbarkeit (169) und zeitlicher Aufwand (166) als wichtigste Herausforderungen empfunden werden (Abb. 1.4).

In Bezug auf die persönlichen Daten haben die Unternehmen angegeben, dass die persönlichen gesundheitlichen Daten aus den nachfolgenden Gründen an andere Personen oder Institute weitergeleitet werden: Als erster Grund für die Datenweitergabe ist das Angebot von Bonusprogrammen der Krankenkassen angegeben worden (38,6 %). Des Weiteren können sich Unternehmen vorstellen, die Gesundheitsdaten weiterzuleiten, um die Verfügbarkeit von individueller Beratung und Maßnahmenangebote (36,4 %), individuelle Leistungssteigerung (34,1 %) und Bonusprogramme des Unternehmens (33,5 %) zu gewährleisten. Unter Sonstiges haben sich 27,3 % dazu geäußert, dass es keinen Anreiz zur Zustimmung der Weiterleitung von gesundheitlichen Daten geben wird. Die befragten Unternehmen haben angegeben, dass der Geschäftsführer als Hauptverantwortlicher für die Unternehmensgesundheit gesehen wird (73,4 %). Auch die Personalabteilung (51,3 %) und der Mitarbeiter selber (45 %) werden für die Unternehmensgesundheit als verantwortliche Personen eingeordnet. Interessanterweise wird die Krankenkasse als unwichtigster Akteur für die BGF genannt.

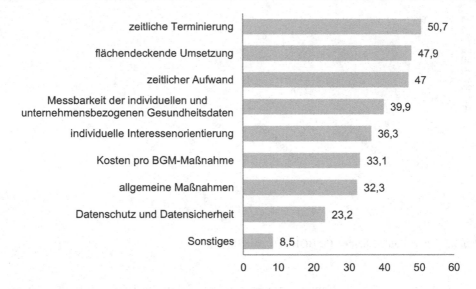

Abb. 1.4 Herausforderung klassischer BGM-Maßnahmen (n = 353)

Wissenstand über Digitalisierung im BGM

Welche dBGM-Instrumente von den Befragten akzeptiert würden, ergibt sich aus der nachfolgenden Frage, welche digitalen Instrumente sich die Befragten in ihrem Unternehmen vorstellen können (Abb. 1.5).

Die Ergebnisse zeigen, dass Gesundheitsplattformen (46,6 %) und Wearables (43,8 %) als digitale Instrumente für die Unternehmensgesundheit vorstellbar sind. Weiterhin sind Gesundheitsanalysen (34,1 %), Webinare (33,2 %), Apps (33 %) und Online-Coachings (28,1 %) in Unternehmen denkbar. Es zeigt sich ein Gegensatz, indem die befragten Unternehmen ein BGM-Komplettsystem als unvorstellbarstes Instrument bewertet haben, obwohl alle vorher aufgezeigten Instrumente in einem Komplettsystem enthalten sind

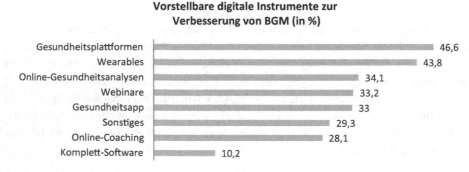

Abb. 1.5 Vorstellbare dBGM-Instrumente (n = 353)

(10,2 %). Dieses kann auf Unwissenheit und mangelnde Erfahrung im Umgang mit digitalen Instrumenten zurückgeführt werden. Unter Sonstiges wurde kein neues Instrument angegeben, sondern das Feld nur ausgewählt (29,3 %). Somit sind fast 30 % der Meinung, dass andere digitale Instrumente für BGM existieren, wobei die Befragten aber keinen Kenntnisstand zur Identifikation oder Beschreibung anderer Instrumente aufweisen. Bis auf drei identifizierte Aussagen, die keinen Einsatz der dBGM-Instrumente wünschen, können sich 350 Teilnehmer die Nutzung digitaler Instrumente für BGM vorstellen. Aus der Frage, welche digitalen Instrumente aus dem Einsatz im Unternehmen bekannt sind, lässt sich folgern, dass die Digitalisierung noch nicht weitläufig zur Unterstützung der Unternehmensgesundheit eingesetzt wird (Abb. 1.6).

Ein Großteil der Unternehmen hat angegeben, dass ein Mangel an dBGM-Instrumenten besteht und keine digitalen Angebote existieren (64,3 %). Dabei werden Gesundheitsforen geringfügig eingesetzt (14,2 %) sowie Webinare angeboten (13,3 %). Auch Employee Assistance Programs (10,5 %), Gesundheitsanalysen (8,8 %), Apps (5,7 %), Wearables (4,5 %) und Komplettsysteme (2,8 %) sind kaum in den Unternehmen im Einsatz. Durch die Möglichkeit der Nennung weiterer Angebote sind identische Antwortmöglichkeiten wie individuelle Online-Gesundheitstests angegeben worden (20,1 %), die auf eine geringfügige Digitalisierung hinweisen. Zudem zeigen die Ergebnisse der Onlineumfrage, dass Unternehmen die größten Chancen von dBGM-Instrumenten in der individuellen Maßnahmengestaltung und der flexiblen Maßnahmennutzung (55,1 %) sowie der Erreichbarkeit der Mitarbeiter (44,6 %) annehmen. Diese Antworten dienen als Gegenstück für die Ergebnisse zu den Herausforderungen, die in klassischen Maßnahmen erkennbar sind (Abb. 1.7).

Als weitere Vorteile digitaler Instrumente werden Kompetenzerwerb zur Gesundheitsförderung (40,6 %), geringere Kosten (40,1 %), Kostensenkung für Krankenstände (36,1 %), Wettbewerbsanreize zur Motivation (32,4 %), Corporate Identity (29 %) und unternehmensbezogene Imageförderung (27,6 %) angeführt. Den geringsten Nutzen se-

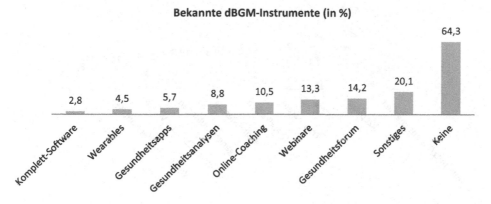

Bekannte dBGM-Instrumente (in %)

Abb. 1.6 Bekannte dBGM-Instrumente (n = 353)

Abb. 1.7 Potenziale der dBGM-Instrumente (n = 353)

hen die Befragten in der Einhaltung von gesetzlichen Anforderungen (11,6 %) sowie der Transparenz der Datensammlung (8 %). 58,1 % der Befragten sind dazu bereit, sensible Daten in einem vertrauenswürdigen BGM-Portal zu übertragen, um so individuelle gesundheitsfördernde Maßnahmen geboten zu bekommen. Neben dem Nutzen werden auch Gefahren und Herausforderungen von den Unternehmen erfragt und bewertet. Die größte Herausforderung wird in der Gewährleistung von Datenschutz und Datensicherheit gesehen (75,9 %) (Abb. 1.8).

Als zweite Herausforderung benennen die befragten Unternehmen die Akzeptanz der Arbeitnehmer im Umgang mit digitalen Instrumenten (52,4 %). Außerdem werden als

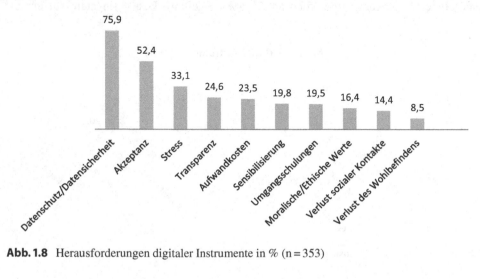

Abb. 1.8 Herausforderungen digitaler Instrumente in % (n = 353)

weitere Herausforderungen digitaler Instrumente aufkommender Stress bei Arbeitnehmern (33,1 %), Mobbingaktionen durch Transparenz (24,6 %), Aufwandkosten (23,5 %),
Sensibilisierung der Arbeitnehmer (19,8 %), Umgangsschulungen (19,5 %), Verletzung
von moralisch/ethischen Werten (16,4 %), Verlust der sozialen Kontakte (14,4 %) und
Verlust des persönlichen Wohlbefindens (8,5 %) angegeben. Die befragten Unternehmen
sind der Meinung, dass der Umgang mit dBGM-Instrumenten keine negativen Folgen
für die Gesundheit bewirken wird (86,3 %). Die Befragten, die eine Verbindung zwischen digitalen Instrumenten und dem Gesundheitszustand erwarten, können sich eine
Verschlechterung des Sozialwesens (35,5 %) oder eine Abhängigkeit digitaler Instrumente (32 %) als langfristige Folge vorstellen. Ebenso nennen sie als mögliche Folgeschäden:
Strahleneinwirkung (15,5 %), Kopfschmerzen (14,7 %), psychische Probleme (13,8 %),
Haltungsprobleme (13,2 %) und Verlust der Sehkraft (6,7 %). In der freien Antwortmög-
lichkeit wurde die vorherige Frage von den Unternehmen bestätigt, indem keine erwarteten Schäden als Antwort angegeben wurden (32,6 %). Abschließend wird eine positive
Prognose für die weitere Entwicklung dBGM-Instrumente aufgezeigt. Fast 80 % der Befragten teilen die Meinung, dass digitale Instrumente eine zunehmende Bedeutung im
BGM haben werden. Dabei sind die Unternehmen der Ansicht, dass dBGM-Instrumente
als Chance eingeordnet werden müssen. Es wird angenommen, dass dBGM-Instrumente die Bewältigung heutiger beruflicher Anforderungen unterstützen können (76,5 %).
Ebenso vermuten die befragten Unternehmen, dass eine langfristige gesundheitsfördernde Verhaltensänderung der Erwerbstätigen durch digitale Instrumente erzielt werden kann
(63,5 %) (Abb. 1.9).

Die Onlinebefragung weist auf ein großes Potenzial in digitaler Unterstützung (79,9 %)
hin. Insgesamt 76,5 % der Befragten sehen in digitalen Instrumenten eine Lösung für
Herausforderungen der heutigen Arbeitswelt. Zudem wird von 63,5 % der Befragten angenommen, dass digitale Instrumente die Nachhaltigkeit der Gesundheitsförderung zukünftig unterstützen werden. Ebenso erwarten die Unternehmen eine Verbesserung der
Gesundheitsförderung durch die digital ermöglichte Flexibilität, Individualität, Erreichbarkeit, Vielfältigkeit sowie dem schnellen und einfachen Informationserwerb. Allerdings
zeigt die Umfrage auch, dass 64,3 % der Befragten derzeit keine dBGM-Instrumente im
Unternehmen einsetzen.

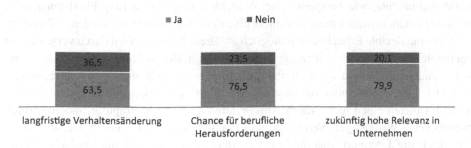

Abb. 1.9 Prognose zur dBGM-Entwicklung in % (n = 353)

1.3   Diskussion

1.3.1   Wesentliche Potenziale des dBGMs

Steigerung der Motivation

Der Faktor Motivation ist für die langfristige Verhaltensänderung entscheidend. Digitale Instrumente beeinflussen die Motivation der Arbeitnehmer und können somit als ein wesentliches Potenzial eingeordnet werden. Der Einsatz dBGM-Instrumente erzielt durch virtuelle Anreize in Form von Gamification eine Motivationssteigerung der Arbeitnehmer, da in virtuellen Welten durch interne sowie externe Wettkämpfe Prämien erworben oder Meilensteine erreicht werden können. Ebenso werden unternehmensbezogene Bonusprogramme durch Wearables ermöglicht. Ein weiterer Motivationsfaktor ist eine flexibel zu nutzende Vielfalt an Angeboten, die den verschiedenen Interessen der Arbeitnehmer gerecht werden. Dieser Einfluss wird von den befragten Unternehmen als höchster Nutzen angesehen (55,1 %). Wearables bieten zudem eine Erinnerungs- und Benachrichtigungsfunktion, sodass Motivationsnachrichten, Zielvorgaben oder Gesundheitstipps auf mobilen Endgeräten oder einem Arbeitscomputer erscheinen, wovon ebenso die Motivation beeinflusst wird. Des Weiteren übertragen Wearables und andere digitale Instrumente die Verantwortung zur Gesundheitsförderung auf den Arbeitnehmer. Dabei wird das Gefühl der Wertschätzung und des Verantwortungsbewusstseins gestärkt, sodass die intrinsische Motivation entwickelt wird. Auch das Gefühl der Wertschätzung wird beeinflusst und kann die Motivation erhöhen. Ein weiterer Aspekt ist die bildliche Darstellung der Gesundheitsdaten, sodass jederzeit eine Erfolgskontrolle stattfinden kann, wovon die Motivation abhängt. In den Ergebnissen zeigt sich, dass die Literatur alle Faktoren zur Motivation beleuchtet, ebenso wie die Experten aus den Bereichen Wissenschaft und Dienstleistungen. Wohingegen aber die Krankenkassen keinen besonderen Mehrwert in der Motivationsförderung durch digitale Instrumente erwarten. Auch wird der spielerische Anreiz durch Wettbewerbe von den befragten Unternehmen nicht so hoch gewichtet, wie beispielsweise die Individualität.

Zielgruppenerweiterung

Zu den weiteren Potenzialen gehört auch die Erweiterung von Zielgruppen. Der Einsatz dBGM-Instrumente, wie beispielsweise Wearables, Online-Coaching-Plattformen oder Online-Gesundheitsplattformen ermöglicht eine Erweiterung der verschiedenen Zielgruppen, weil eine flexible Erreichbarkeit möglich ist. Diese Meinung wird durch verschiedene Argumente aus den drei Methodenergebnissen bestätigt. Beispielsweise bewirkt der Trend zur Gesundheitsförderung sowie digitaler Instrumente, dass Zielgruppen wie technikaffine und junge Arbeitnehmer zur Gesundheitsförderung aktiviert und motiviert werden. Wearables bieten einen technischen Anreiz durch spielerische Impulse, indem virtuell beispielsweise Wettkämpfe, Vergleiche und Prämien angeboten werden. Diese Ansicht wird durch die Literaturrecherche, die Expertenbefragung sowie die Onlinebefragung (147 Stimmen für die Nutzung von Wearables sowie 111 für eine allgemeine Motivationssteigerung durch virtuelle Wettbewerbe) geteilt. Ein weiteres Beispiel für die Zielgruppenerweiterung liefert die Erkenntnis darüber, dass Online-Coaching-Plattformen oder EAP die Gesundheitsförderung unterstützt, indem die Hemmschwelle durch eine gewährleistete Anonymität gesenkt wird. Dadurch werden die Kommunikationsbereitschaft sowie Hilfeannahme von bedürftigen Arbeitnehmern gefördert. Dieser Aspekt wird besonders von den Anbietern dBGM-Instrumente betont. Dabei führen die Experten aus Wissenschaft und Forschung an, dass die Zielgruppe der älteren Arbeitnehmer durch die Niedrigschwelligkeit zur Gesundheitsförderung mit einbezogen werden kann. Ebenso kann in diesem Zusammenhang der Aspekt der Flexibilisierung angemerkt werden, weil eine Ziel- und Ortsunabhängigkeit digitaler Instrumente Zielgruppen mit einbindet, die durch Überbelastung nicht in der Lage sind, an angebotenen Seminaren und Kursen für gesundheitliche Förderung teilzunehmen. Dieses Argument wird von allen drei Perspektiven bestätigt. Denn in der Onlinebefragung sind 194 Teilnehmer der Meinung, dass die Werte zur Nutzenerwartung in Flexibilität und 157 Stimmen der Teilnehmer zeigen, dass die Erreichbarkeit der Mitarbeiter eine wichtige Rolle spielen. Gleichzeitig werden diese auch als höchste Herausforderung der klassischen BGM-Maßnahmen eingeordnet.

Kostenreduktion
Digitale Instrumente tragen dazu bei, anfallende Personalkosten für BGM-Maßnahmen zu reduzieren, beispielsweise ermöglichen Plattformen wie Online-Coaching oder EAP eine virtuelle Verfügbarkeit von Beratungspersonal. Ebenso unterstützt die flexible Nutzung digitaler Instrumente wie Wearables, Gesundheitsanalysen und Webinare die Gesundheitsförderung, sodass die Anzahl der Krankenstände im Unternehmen gesenkt wird. Als Resultat ergeben sich zum einen eine Kostensenkung durch Verminderung von Ersatzpersonal und zum anderen eine Gewinnsteigerung des Unternehmens durch die Leistungs- und Produktionsverbesserung der Arbeitnehmer. Zusätzlich werden Kosten, die durch Marketing, Bewerbungsgespräche und Verwaltungsaufgaben anfallen, reduziert, weil eine geringe Fluktuationsrate erzielt wird. Digitale Instrumente binden und gewinnen Arbeitnehmer, indem sie durch diese Innovationen und die Mitarbeiterorientierung eine positive Außenwirkung erzielen. Diese Meinung zeigt sich in der Literatur und in der Expertenbefragung. Bestätigt wird dies zudem durch die Onlinebefragung, denn die befragten Unternehmen zeigen hohes Interesse an dBGM-Instrumenten und schätzen sie ebenso wichtig ein. Ein weiterer Bereich, der zur Kostenreduzierung führt, stellt das Management dar. Denn digitale Instrumente unterstützen die Prozesse der Steuerung, Organisation und Weiterleitung von gesundheitsfördernden Maßnahmen. Digitale Instrumente können Informationen schnell und problemlos an viele Akteure kommunizieren sowie die Unternehmensgesundheit ohne Aufwand analysieren und aufzeigen. Informations- und Kommunikationstechnologien (IKT) ermöglichen eine transparente und enge Zusammenarbeit ohne limitierende Faktoren wie räumliche Verfügbarkeit oder zeitliche Abstimmung, sodass Kosten von organisatorischem Aufwand vermieden werden. Zudem wird der Effekt erkennbar, dass digitale Instrumente eine flächendeckende Erreichbarkeit von BGM-Angeboten leisten. Mobilitätsbereitschaft, terminliche Vorgaben sowie vorgesetzte Maßnah-

men für BGM werden vermieden, sodass eine größere Bereitschaft der Mitarbeiter zu Gesundheitsförderung erreicht wird. Dieses Potenzial wird in allen durch alle drei Ergebnisse bestätigt. Beispielsweise sehen die Unternehmen eine Herausforderung der klassischen BGM-Maßnahmen in zeitlicher (50,7 %) und örtlicher Abhängigkeit (47 %), sodass Angebote eingekauft, aber nicht benutzt werden, was zu einer unnötigen Kostenausgabe des Unternehmens beiträgt. Klassische Maßnahmen werden teurer eingeschätzt als digitale Maßnahmen (40,1 %). Erwähnenswert ist auch der Aspekt, dass die digitalen Instrumente wie Wearables ein individuelles Gesundheitscontrolling ermöglichen, ohne zusätzliche Kosten von Personal, Material und Zeitaufwand aufkommen zu lassen. Ein Gesundheitscontrolling ermöglicht die Vermeidung von Folgekosten, indem Risikofaktoren frühzeitig erkannt und behandelt werden können. Zusätzlich erweisen sich digitale Instrumente als zielorientierte BGM-Maßnahmen, was die Kosten für BGM beeinflusst. Digitale Instrumente wie Wearables in Kombination mit Gesundheitsplattformen ermöglichen umfassende Auswertungen von Gesundheitsdaten, sodass ein bedarfsgerechtes Maßnahmenangebot zur Verfügung gestellt werden kann. Folglich werden Insellösungen für BGM-Maßnahmen und Maßnahmenangebote, die nicht bedarfsorientiert sind, vermieden. Dies wird auch in der Onlinebefragung deutlich, weil ein großer Nutzen in der individuellen Förderung erwartet wird. Verschiedene Zielgruppen und Standorte werden bedarfsgerecht in die Gesundheitsförderung integriert, weil der aktuelle Gesundheitszustand einzelner Bereiche betrachtet werden kann (47,9 %). So kann jedem Arbeitnehmer ein zielorientiertes Leistungsportfolio bereitgestellt werden, wodurch Kosten für nicht zielorientierte Maßnahmen vermieden werden. Ebenso sind BGM-Komplettsysteme oder Wearables in Verbindung mit Gesundheitsplattformen langfristig als Maßnahmenangebot kostengünstiger als klassische Einheiten von BGM-Maßnahmen, was durch verschiedene Anbieter wie EXPARO belegbar ist und von Wissenschaft und Literatur ebenso eingeschätzt wird. Zusätzlich bieten digitale Instrumente wie eine Gesundheitsplattform oder ein BGM-Komplettsystem verschiedene Angebote an, die auf die verschiedenen Bedürfnisse der Arbeitnehmer eingehen. Eine Frage der Onlinebefragung beleuchtet, welche Themenbereiche als wichtig empfunden werden. Dabei zeigen sich verschiedene Interessenbereiche von Unternehmen auf. Um den Anforderungen gerecht zu werden, würden klassische Maßnahmen hohe Kosten bereiten und organisatorischer Aufwand entstehen. Somit ermöglicht die Digitalisierung ein vielseitigeres Gesundheitsangebot und eine größere Arbeitnehmererreichbarkeit zu niedrigeren Kosten als klassisches BGM. Des Weiteren beeinflussen digitale Instrumente die verbesserte Gesundheitsförderung und die Kompetenzerweiterung von gesundheitsbewusstem Verhalten. Daraus resultiert ein reduzierter Krankenstand im Unternehmen, wodurch krankheitsbedingte Kosten wie Kosten für Ersatzpersonal vermieden werden und dadurch ein verbesserter Return on Investment (ROI) von Gesundheitsmaßnahmen ermittelt wird. Somit steigt auch der Mehrwert des Unternehmens an.

Erhöhung der Wettbewerbsfähigkeit
Auch die Wettbewerbsfähigkeit wird als Potenzial der dBGM-Instrumente bewertet, denn diese steht stellvertretend für die Existenzsicherung eines Unternehmens. Attraktivität,

Produktions- und Leistungsfähigkeit des Unternehmens beeinflussen die Wettbewerbsfähigkeit. Die befragten Interviewpartner aus allen drei Bereichen erwarten, dass die Wettbewerbsfähigkeit von Unternehmen sowie Krankenkassen durch dBGM-Angebote gesteigert werden. Digitale Instrumente, die einen neuen Trend im Gesundheitswesen darstellen, unterstützen ein Unternehmen in einer innovativen und mitarbeiterorientierten Außendarstellung. Dadurch werden eine Imageverbesserung und Attraktivitätssteigerung erwartet, was dazu beiträgt, dass eine geringe Fluktuationsrate sowie ein erhöhtes Bewerbungspotenzial erzielt werden. Dabei unterstützen virtuelle Wettkämpfe den Zusammenhalt der Arbeitnehmer und steigern die Unternehmensidentifikation sowie Unternehmenskultur. Ebenso können Krankenkassen ihre Versicherten an sich binden und neue Kunden gewinnen, weil sie durch ein großes Angebotsportfolio die Außendarstellung beeinflussen und sich im Wettbewerb von anderen Krankenkassen unterscheiden können. Forscher, Krankenkassen und Anbieter schätzen dieses Potenzial als sehr hoch ein, was sich durch die Übereinstimmung der verschiedenen Befragungsergebnisse erkennen lässt. Die befragten Unternehmen weisen gegenüber den anderen zwei Methodenergebnissen, die digitale Produkte als Wettbewerbssteigerung einschätzen, eine schwächere Bedeutung von diesem Potenzial auf. Erst an sechster Stelle wird die Wettbewerbsfähigkeit als Potenzial eingeordnet (32,4 %). Dabei kann ein Zusammenhang angenommen werden, weil Literatur- und Interviewergebnisse darauf hinweisen, dass Unternehmen die Bedeutung und die zielorientierte Umsetzung von BGM noch nicht verinnerlicht haben.

Gesundheitsförderung
Digitale Instrumente erweisen sich als Potenzial in Bezug auf die Gesundheitsverbesserung. Literaturrecherche, Expertenbefragung sowie Onlinebefragung stimmen darin überein, dass digitale Instrumente im BGM zu einer Gesundheitsverbesserung führen und ein hohes Potenzial für die Nachhaltigkeit aufzeigen. Es wird angenommen, dass digitale Instrumente zu einer langfristigen Gesundheitsförderung verhelfen (63,5 %).

Durch die ständige Verfügbarkeit von Gesundheitsangeboten durch beispielsweise Online-Coaching oder Gesundheitsplattformen werden Nutzer zu einem besseren Gesundheitsbewusstsein animiert. Ebenso erweisen sich digitale Instrumente als Verbindung der privaten und beruflichen Gesundheitsförderung. Hürden wie die flexible Durchführung zur Gesundheitsförderung ohne Beobachtung und ohne Druck vom Arbeitgeber werden dabei vermieden. Dadurch zeigt sich eine Verbesserung der Erreichbarkeit, der Sensibilisierung und der Akzeptanz zu gesundheitsförderlichem Verhalten. Neben der Orts- und Zeitunabhängigkeit bieten die Gesundheitsangebote digitaler Instrumente auf einen hohen Grad an Personalisierung auf. Individuelle Gesundheitsangebote werden zur Verfügung gestellt und durch Analysen bedarfsorientierte Maßnahmen gewährleistet. Somit wird einerseits die individuelle Verbesserung der Gesundheit erzielt sowie andererseits die präventive Versorgung ermöglicht. Wearables erfassen Vitaldaten, die zu einem präventiven Maßnahmenkonzept beitragen. Denn die visuelle Darstellung ermöglicht eine frühzeitige Erkennung von Risikofaktoren, sodass Maßnahmen vorsorglich und bedarfsgerecht aufgezeigt werden können. Dabei wird das Krankheitsaufkommen beeinflusst, sodass es vermieden

oder zeitlich verändert werden kann. Digitale Instrumente können das Gesundheitsbewusstsein steuern, sensibilisieren, verbessern und langfristig verändern, denn die Nutzer
werden individuell analysiert und bedarfsorientiert mit Angeboten versorgt. Wearables
erweisen sich als tragbare Gesundheitsförderung, indem Erinnerungs-, Motivations- und
Informationsfunktionen jederzeit und an jedem Ort geboten werden, wodurch eine Kompetenzerweiterung von gesundheitlichem Verhalten geboten wird. Zusätzlich bietet das
jederzeit verfügbare Gesundheitscontrolling einen Motivationsanreiz zur Gesundheitsverbesserung, indem Wearables auf Daten wie Meilensteine oder Ernährungstipps hinweisen
und die Visualisierung die Wahrnehmung beeinflusst. Weiter erschafft die virtuelle Welt
Teambildungen und Zielvorgaben, sodass der Druck zur Durchführung von Gesundheitsmaßnahmen angeregt und der Nutzer durch Benachrichtigungen unterstützt sowie erinnert
wird. Somit ist das Potenzial von digitalen Instrumenten zur Nachhaltigkeit der Gesundheitsförderung durch Nachrichten auf mobilen Endgeräten, visualisierte Gesundheitsparameter und ihre flexible Nutzungsmöglichkeit erkennbar. Ebenso wird das Potenzial der
Prävention durch die Visualisierung der Gesundheitsparameter, den frühzeitig erkannten Risikofaktoren und folglich der frühzeitigen bedarfsorientierten Maßnahmenangebote,
identifiziert.

1.3.2 Wesentliche Herausforderungen des dBGMs

Datenschutz und Datensicherheit
Datenschutz und Datensicherheit sind Begriffe, die als Herausforderungen digitaler BGM-
Instrumente einzuordnen sind. Diese Herausforderung kann als Bedeutendste identifiziert
werden, weil alle drei Ergebnisse diese Gefahren thematisieren. Digitale Instrumente,
wie Wearables oder Gesundheitsplattformen speichern und verwalten sensible Daten des
Nutzers. Es gibt aber keine gesetzlichen Vorgaben, wer die gesammelten Daten einsehen und verwenden kann, sodass der Schutz der sensiblen Daten ungeklärt ist. Lediglich
sind vom Gesetzgeber eine Anonymisierung und eine Nichtweiterleitung an den Arbeitgeber festgelegt, die aber durch die Digitalisierung eine Kontrolle erschweren. Ebenso
gibt es mangelhafte gesetzliche Rahmenbedingungen, die viele Möglichkeiten des Datenmissbrauchs bieten. Der Mangel an Rahmenbedingungen begünstigt Datenmissbrauch,
der zu Sanktionen führen kann, sodass seitens der Arbeitnehmer Ängste und Widerstand
entwickelt werden können. Zudem können Datenmissbrauch, Transparenz und virtuelle
Vergleiche zu Mobbingvorfällen führen, die den Widerstand fördern (24,5 %). Gesetzliche
Anforderungen und Bestimmungen mit dem Umgang sensibler Daten sind notwendig, um
die Gefahren zu vermeiden. Neben den Arbeitnehmern bedingt die Unsicherheit Widerstände seitens der Arbeitgeber sowie Krankenkassen, weil diese die Gewährleistung von
Datenschutz und Datensicherheit ermöglichen müssen. Somit ist die Kontrolle bzw. die
Gewährleistung von Datenschutz und Datensicherheit eine Hürde, wie ebenso auch der
Mangel an gesetzlichen Rahmenbedingungen dafür eine Herausforderung darstellt. Dagegen werben die Anbieter mit der Gewährleistung von Datensicherheit und Datenschutz,

aber bislang ist keine wissenschaftliche Forschungsarbeit in dem Bereich durchgeführt worden.

Effektivitätsnachweis

Bei den weiteren Herausforderungen im Zusammenhang mit dBGM-Instrumenten gehört der mangelnde Nachweis der Effektivität digitaler Instrumente. Eine nachgewiesene Wirkung würde eine Zunahme der Implementierung dBGM-Instrumenten begünstigen. Seitens der Krankenkassen könnten dBGM-Instrumente vermehrt eingesetzt sowie angeboten werden, sobald Wirksamkeitsüberprüfungen durchgeführt und der Nutzen solcher Instrumente für Versicherte sowie Versicherer nachgewiesen wären. In der identifizierten Literatur wird der Mangel bezüglich der Wirksamkeitsprüfung und der damit verbundenen Validität erkennbar. Technische Geräte können auch ungenaue Messergebnisse ermitteln und somit den Nutzer verunsichern, denn es gibt keine Gütesiegel oder Qualitätskriterien für dBGM-Instrumente, sodass die Effektivitätskontrolle zusätzlich erschwert wird. Ebenso führen die Forscher aus der Expertenbefragung an, dass Arbeitgeber eine Gesundheitsförderung als Begründung für die Einführung digitaler Instrumente darstellen müssen, um die Akzeptanz der Arbeitnehmer zu gewährleisten. Laut der Angaben aus der Literatur und Wissenschaft sowie der Krankenkasse fehlen für den Nutzennachweis die speziellen Instrumente für Evaluierungen und damit auch Metaanalysen und Forschungsergebnisse. Demgegenüber argumentieren die Anbieter, dass durch festgelegte Kennzahlen eine Effektivitätskontrolle möglich ist. Gerade die Digitalisierung bietet die Möglichkeit einer großen Datenerfassung und -speicherung, sodass eine umfangreiche Analyse realisiert werden kann. Bestätigend weist die Onlineumfrage darauf hin, dass Unternehmen bislang keinen Effektivitätsnachweis fordern oder sie dadurch bedingt eine Herausforderung für die Einführung der dBGM-Instrumente erwarten. Im Gegenteil wird durch das Ergebnis der Onlinebefragung in der Frage, ob Unternehmen eine langfristige Gesundheitsförderung durch dBGM-Instrumente erwarten, signalisiert, dass Unternehmen von einer Effektivität dBGM-Instrumente ausgehen. Denn 63,5 % sind der Meinung, dass digitale Instrumente zu einer langfristigen Gesundheitsförderung verhelfen. Dieses kann aber damit zusammenhängen, dass ein mangelnder Wissensstand vorliegt, weil keine digitalen Instrumente (64,3 %) oder nur geringfügig Instrumente eingesetzt werden. Es wird seitens der Wissenschaft darauf hingewiesen, dass die Anbieter digitaler Instrumente den wirtschaftlichen Erfolg fokussieren, sodass die gesundheitliche Verbesserung zweitrangig betrachtet wird. Zusätzlich ist in der Literatur aufgezeigt worden, dass ein Zweifel an der validen Messung der Instrumente existiert und ebenso einen Widerstand für die Implementierung dBGM-Instrumente für Unternehmen darstellt.

Gesundheitliche Risiken

Ein weiterer Faktor, der den Herausforderungen dBGM-Instrumente zugeordnet werden kann, sind gesundheitliche Schäden. Digitale Instrumente können gesundheitliche Schäden bewirken, diese Meinung bestätigen die Literatur sowie die Experten aus Forschung und Beratung. Dabei geht die Literatur darauf ein, dass eine Überforderung durch die Nutzung digitaler Instrumente entstehen kann, weil diese eine ständige Erreichbarkeit und Vergleichbarkeit mit anderen Nutzern aufweisen und somit eine psychische Belastung entwickelt werden kann. Die Forscher verweisen dabei auf die langfristigen Folgen wie Sehschwäche, Verlust der körperlichen Wahrnehmung, Abhängigkeit und Verschlechterung des Sozialwesens, wohingegen aber die Teilnehmer aus der Onlinebefragung nur zu 13,7 % von einer gesundheitlichen Gefährdung ausgehen. Die geringe Anzahl der Teilnehmer sieht dabei einen Bezug zum Einfluss auf die Abhängigkeit und die Verschlechterung des Sozialwesens. Es kann angenommen werden, dass die Experten aus Wissenschaft, Forschung und Beratung eine Kompetenz aufweisen, um eine Bewertung des Effektes vorzunehmen. Denn diese können die Kategorisierung zur Herausforderung durch gesundheitliche Schäden aus Erfahrungswerten aufbringen. Befragte Unternehmen, die keine Fachkenntnisse und Erfahrungen mit digitalen Instrumenten besitzen, erwarten zu 86,3 % keine Gefährdung durch digitale Instrumente. Somit sind Forschungsarbeiten hinsichtlich Potenziale und Herausforderungen notwendig, um digitale Instrumente des BGMs wissenschaftlich zu durchleuchten.

Nutzungs- und Akzeptanzprobleme

Digitale Instrumente im BGM unterliegen verschiedenen Anforderungen, um eine problemlose Nutzung zu ermöglichen. Somit werden einerseits Nutzung sowie andererseits Akzeptanz als Herausforderung der dBGM-Instrumente eingeordnet. Beispielsweise können Einrichtungen wie Produktion, Chemie oder Labore Einschränkungen in technischen Rahmenbedingungen aufweisen und die Nutzung dBGM-Instrumente verhindern. Technische, räumliche und materielle Anforderungen wie schnelle und verfügbare Internetverbindung, Bereitstellung von Login-Zugängen im Unternehmen, Bereitstellung von Büroräumen zur Einzelnutzung für Online-Coachings sowie Kleidung in Form von Ganzkörperanzügen reduzieren die Nutzungsmöglichkeit in einigen Berufsbereichen. Um diese Anforderungen zu gewährleisten, werden hohe Kosten und hoher Aufwand angenommen. Dies belegt die Forschung sowie die Onlinebefragung (23,5 %). Zudem nimmt die Onlinebefragung Bezug auf die Herausforderung von Akzeptanz, die zur Nutzung gewährleistet werden muss (52,4 %). Ebenso weisen die Krankenkassen sowie die Literaturergebnisse darauf hin, dass der Arbeitgeber die digitalen Produkte wie Wearables kaufen und bereitstellen muss, um keine Benachteiligungen der unterschiedlichen gesellschaftlichen Schichten entstehen zu lassen bzw. für diese keine Hemmschwelle darzustellen. Dabei ist die Frage der Kostenübernahme für Bereitstellung und Rahmenbedingungen offen, was gleichzeitig einen weiteren Faktor dieser Herausforderungen offenbart. Insbesondere die Krankenkassen haben den Hinweis gegeben, dass es an einer Klärung von verschieden anfallenden Kosten mangelt. Die Akzeptanz digitaler Instrumente wird als Herausforderung von Krankenkassen und Arbeitgebern bewertet. Diese kann gefördert werden, indem der Nutzen nicht nur technisch und materiell, sondern auch die Anwendbarkeit gewährleistet wird. Dafür müssen Schulungen digitaler Instrumente angeboten werden, um auch die nicht technikaffinen Arbeitnehmer zu unterstützen. Somit ist eine Voraussetzung die Schulung zum Umgang, was auch die Onlinebefragung bestätigt (19,5 %).

Qualitätsmangel

Eine weitere Herausforderung von dBGM-Instrumenten stellt der Mangel an Qualität dar. Literatur und Wissenschaft geben an, dass neben dem fehlenden Nachweis der Effektivität von dBGM-Instrumenten auch die Qualität Mängel aufweist. Weder Gütesiegel, Qualitätskriterien noch Evaluierungsmethoden sind für digitale Instrumente vorhanden.

Die Krankenkassen sind sich einig, dass erst die Qualität eine Einführung digitaler Instrumente begünstigt. Diese Hürde wird auch von den Experten aus Wissenschaft und Forschung erwartet, wohingegen die Onlinebefragung keine Hinweise auf diese Herausforderung aufzeigt. Es kann ein Zusammenhang mit dem Mangel von Fachwissen angenommen werden. Der Mangel an Qualitätskriterien und Bewertungsinformationen stellt die Nachfrager vor eine Überforderung der zur Verfügung stehenden Angebote. Denn ohne erkennbare Qualitätsmerkmale können die Nachfrager nicht bewerten, welche Instrumente die richtige Unterstützung für das BGM darstellt. In Bezug auf die identifizierten digitalen Instrumente ist erkennbar, dass verschiedene Möglichkeiten angeboten werden und diese verschiedene Funktionen aufweisen. Die Analyse für ein bedarfsorientiertes Instrument bedingt neben einem hohen zeitlichen und personellen Aufwand auch die Kompetenzfähigkeit, was die Implementierung digitaler Instrumente im BGM verzögern kann.

Dadurch, dass die Effekte vielseitig sind, zeigen sich unterschiedliche Folgen für die Gesundheitsakteure. In der Abbildung (Tab. 1.2) sind abschließend noch einmal alle positiven und negativen Effekte übersichtlich dargestellt. Es zeigt sich, dass die positiven Effekte digitaler Instrumente – aufgrund rein quantitativer Nennungen überwiegen. Allerdings ist diese Abbildung nicht repräsentativ.

Tab. 1.2 Wesentliche Vor- und Nachteile von dBGM. (Quelle: Eigene Darstellung)

Vorteile	Nachteile
Flächendeckende Erreichbarkeit, Ganzheitlichkeit, Unternehmenskultur, Identifikation, Nachhaltigkeit, geringer Aufwand, Produktions- und Leistungssteigerung, Prävention, Ergebnisorientierung, Wohlbefinden, tragbare Gesundheitsförderung, Wertschätzung, Arbeitsentlastung, Niederschwelligkeit, Mehrwert, Krankenstandsenkung, BGM-Konzept, Kostensenkung, Verwaltungsfunktion, Steuerungsfunktion, Bonussystem, Prävention, Motivation, Unterstützung, Unternehmensgesundheit, Transparenz, Controlling, Individualität, Wettbewerbsfähigkeit, Attraktivitätsfaktor, Teambildung, Zielgruppenerweiterung, Selbsthilfe, Gamification	Datenschutz, Datensicherheit, Überforderung, Sanktion, Akzeptanz, Nutzung, Effektivitätsnachweis, Gütesiegel, Schulungen, Validität, Druck, Angst, materielle/technische Rahmenbedingungen, Mobbing, Verlust der Selbstwahrnehmung, Qualitätskriterien, Einwilligung, Überwachung, Gesundheitsrisiken

1.4   Fazit und aktuelle Entwicklungen

Durch die vorliegende Untersuchung wird deutlich, dass die Zukunft des dBGM vermutlich eine Vermischung von analogen und digitalen Maßnahmen umfassen wird. Denn digitale Instrumente können die Gesundheitsförderung unterstützen und nachhaltig beeinflussen. Dennoch sollte der menschliche Kontakt durch kontrollierte Trainingseinheiten sowie die Wahrnehmung von Emotionen durch eine Interaktion mit dem Menschen gewährleistet werden. Zudem ist die Durchführung der Aktivitäten vom Individuum in der realen Welt zu leisten, sodass die virtuelle Welt zwar vielseitige Motivationsmöglichkeiten aufzeigt, aber die Durchführung real erfolgen muss. Außerdem werden durch die Kombination aus analogen und digitalen Angeboten alle Zielgruppen berücksichtigt. Auch die wenigen bereits vorzufindenden Projekte zeigen auf, dass die Digitalisierung Einfluss auf das BGM haben kann. So können ebenso das BGF, BEM und der Arbeitsschutz/Arbeitssicherheit von digitalen Möglichkeiten profitieren. BEM kann durch die Digitalisierung eine Steuerungs- und Verwaltungsfunktion zur Arbeitsentlastung nutzen. BGF kann durch Wearables in spielerische Anreize und die flexible, individuelle und bedarfsgerechte Gesundheitsförderung unterstützt werden. Arbeitsschutz und Arbeitssicherheit hingegen können durch neue technische Geräte und die Transformationsmöglichkeiten gewährleistet und ebenso die Prävention durch ein umfangreiches Gesundheitscontrolling ermöglicht werden.

Offen bleibt die Frage an die Gesetzgeber, inwieweit persönliche Daten zur Förderung der Gesundheit verwendet werden dürfen. Dabei umfasst die Frage die inhaltlichen Aspekte wie: Wer darf in gespeicherte persönliche Daten einsehen, diese speichern und auch analysieren? Ebenso ist zu diskutieren, wer mit wem über die Daten kommunizieren darf und ob persönliche Daten für medizinische Präventionskonzepte verwendet werden dürfen. Außerdem müssen rechtliche Rahmenbedingungen Informationen darüber geben, ob ermittelte Gesundheitsdaten Auswirkungen haben sollten und wenn ja, wie diese ausgestaltet werden können und wem die Verantwortlichkeit zugesprochen werden darf. Dabei muss zudem die Funktionalität der einzelnen digitalen Instrumente für das BGM gegenübergestellt werden, um das Angebotsportfolio für den Nachfrager bewertbar zu gestalten. Weiterhin ist die Frage an Wissenschaft und Forschung gerichtet, inwieweit eine Effektivität der Gesundheitsförderung durch digitale Instrumente beeinflusst werden kann. Zudem müssen wissenschaftliche Analysen über die digitale Nutzung informieren, ob gesundheitliche Risiken entwickelt werden können. Ebenso muss der Forschungsaspekt beleuchtet werden, ob Zusammenhänge zwischen Potenzialen sowie Herausforderungen in bestimmten Bereichen wie Arbeitsfelder, Branchen, gesellschaftliche Schichten, verschiedene Altersgruppen und unterschiedliche Vernetzung der Akteure bestehen. Durch die verschiedenen Effekte der dBGM-Instrumente und unterschiedlichen Auswirkungen auf die einzelnen Gesundheitsakteure ist es zudem wichtig, dass die Forschung einen Leitfaden entwickelt. In diesem Leitfaden sollte dargestellt werden, welche Besonderheiten das dBGM aufzeigt und zudem, wie eine Implementierung zielorientiert durchgeführt werden kann.

Es ist notwendig, wissenschaftliche Nachweise darlegen zu können, damit die Akteure des BGMs bedarfs-, kosten- und strategieorientiert handeln. Zukünftige wissenschaftliche Studien auf einer breiteren empirischen Basis sind notwendig, um die bisherigen Erkenntnisse zur Digitalisierung auf das BGM weiter zu vertiefen.

Einen ersten Ansatz gibt die veröffentlichte Studie „Chancen und Risiken von Gesundheits-Apps – CHARISMHA", die am Peter L. Reichertz Institut für medizinische Informatik erarbeitet wurde (Albrecht 2016). Diese Studie wurde vom Bundesministerium für Gesundheit gefördert, damit die ersten Evaluationen „Licht ins Dunkle" bringen oder auch eine adäquate „Bewertungsmöglichkeit des digitalen Gesundheitsdschungels von Gesundheitsanbietern" bieten. Zu den prägnantesten Studienergebnissen zählen folgende Aspekte:

- Eine Marktanalyse stellte dar, dass in den Kategorien „Medizin" und „Gesundheit und Wellness" Produkte gegenwärtig angebotener Apps mit diagnostischem oder therapeutischem Anspruch bisher eher selten sind.
- Anwendungsmöglichkeiten werden durch medizinische App geboten, z. B. für Selbstmanagement und Therapietreue sowie Prävention und Gesundheitsförderung und dennoch fehlt jede Form eines Nutzenbelegs. Einzig sind Hinweise zu erkennen, dass Apps eine positive Auswirkung auf die Zunahme der körperlichen Aktivität, die Anpassung der Ernährung und die Gewichtskontrolle haben können. Somit deutet die Studie an, dass es eine Förderung der wissenschaftlichen Evaluation von Präventions-Apps sowie Apps zur Diagnostik und Therapie entstehen muss, um mehr Evidenz zu schaffen.
- Vertieft werden muss die ethische Diskussion. Dabei betrachtet werden sollte, welche Folgen der neuen technologischen Möglichkeiten im Gesundheitsbereich, z. B. zur Abwägung von Privatheit und Transparenz, Autonomie und Kontrolle, entstehen könnten. Entwickelt werden sollten dazu ethische Richtlinien für die Entwicklung, Empfehlung und Nutzung von Gesundheits-Apps sowie Vorgaben, damit Nicht-Nutzern keine Nachteile entstehen.
- Datenschutzrechtliche Anforderungen der Gesundheits-Apps werden häufig nicht gewährleistet. Es fehlt an Transparenz für den Nutzer bei der Datenschutzerklärung und der Einholung von Einwilligungen. Weiterentwicklung der Datenschutzstandards und die Aufklärungspflicht muss aktiv thematisiert werden.
- Orientierungshilfen für Nutzer haben unterschiedliche Zielsetzungen und Konzepte, sodass zum Nachweis von Qualität und Vertrauenswürdigkeit kein Standardrezept existiert.
- Leitlinien oder Empfehlungen für professionelle Nutzer müssen veröffentlicht werden.
- Für den gesamten Bereich der Gesundheits-Apps müssen weitere Informationen zur qualitätsgesicherten Entwicklung und zum Zulassungsverfahren gewährleistet werden, um den Herstellern eine Orientierungshilfe zu geben.
- Theorie und Praxis stimmen in der Abgrenzung, welche Apps dem Medizinprodukterecht unterliegen und welche nicht, nicht überein. Es muss eine Ausarbeitung der

Abgrenzungskriterien und eine Verpflichtung der Hersteller zur deutlichen Herausstellung der Zweckbestimmung einer App erfolgen.

• Die Aufnahme von Apps in die Regelversorgung der gesetzlichen Krankenversicherung muss diskutiert werden, damit eine Einigung in der Qualitätssicherung gewährleistet wird und für jeden Akteur ein Nutzen gezogen werden kann. Fraglich ist, ob die Wirksamkeit von Apps in den heute üblichen klinischen Studien evaluiert werden kann oder auch, ob spezielle Anforderungen für Apps und andere digitale Instrumente formuliert werden sollen und müssen.

Literatur

ABI research (2013): Corporate Wellness is a 13 Mio. Unit Wearable Wireless Device Opportunity, 2013, URL: https://www.abiresearch.com/press/corporate-wellness-is-a-13-million-unit-wearable-w, Stand 2013, Abruf am 14.04.2016.

Albrecht, U.-V. (2016): Chancen und Risiken von Gesundheits-Apps – CHARISMHA (2016), in: Chancen und Risiken von Gesundheits-Apps – CHARISMHA (2016), Medizinische Hochschule Hannover, 2016.

Andelfinger, V. P., Hänisch, T. (2016): eHealth, wie Smartphones, Apps und Wearables die Gesundheitsversorgung verändern werden, in: Springer Fachmedien, Wiesbaden 2016, S. 1 ff.

BAuA (2007): Neue Arbeitswelt mit neuen Chancen, in: Mit Sicherheit mehr Gewinn. Wirtschaftlichkeit von Gesundheit und Sicherheit bei der Arbeit, Bundesanstalt für Arbeitsschutz und Arbeitsmedizin, Auflage 3, 2007, S. 9 ff.

BAuA (2015): BAuA beschäftigt sich mit vier Kernthemen Arbeiten in der digitalen Welt, in: baua: Aktuell Ausgabe 4 15. Schwerpunkt: Arbeiten in der digitalen Welt, Bundesanstalt für Arbeitsschutz und Arbeitsmedizin (BAuA), Ausgabe 4, Dortmund 2015, S. 2 ff.

Backofen, S., Sentürk, C. (2016): Digitale Lösungen sorgen für gesunde Mitarbeiter. Corporate Health Management, in: Detecon Management Report DMR (Hrsg.), Ausgabe 1, 2016, S. 57–58.

Becker, W., Ulrich, P., Botzkowski, T., Hilmer, C., Vogt, M., Zimmermann, L. (2013): Bamberger Betriebswirtschaftlichen Beiträge (BBB), insbesondere BBB-Band 193: Digitalisierung im Mittelstand, in: Megatrend Digitalisierung – im Mittelstand angekommen?, Deloitte & Touche GmbH Wirtschaftsprüfungsgesellschaft, 2013, S. 8.

BKK Dachverband e. V. (2015): Gesunde Mitarbeiter – gesundes Unternehmen – Eine Handlungshilfe für Betriebliches Gesundheitsmanagement im Intranet, Initiative Neue Qualität der Arbeit (Hrsg.), Berlin 2015.

DAK (2014): Betriebliches Gesundheitsmanagement. Jetzt die Zukunft sichern, URL: https://www.dak.de/dak/download/Betriebliches_Gesundheitsmanagement_pdf_6_MB-1076234.pdf, Stand 2014, Abruf am 14.04.2016.

Deloitte (2014): Digitalisierung im Mittelstand Perspektive eHealth Consumer-Lösungen als Schlüssel zum Erfolg? Studienreihe „intelligente Netze", in: Deloitte & Touche GmbH Wirtschaftsprüfungsgesellschaft (Hrsg.), 2014, S. 4–6.

Elmer, A. (2015): Safe and Smart das Gesundheitswesen vernetzen, in: Gesellschaft für Versicherungswissenschaft und -gestaltung e. V. (Hrsg.), Versorgung 2030 – eHealth, mHealth, Telemedizin, Köln 2015, S. 136.

Grießer, T. (2015): Intelligent vernetzt: Das digitale BGM, in: Foitzik, O. (Hrsg.), Wirtschaftsfaktor Gesundheit. Wie Ihr Unternehmen durch Corporate Health gesünder und leistungsfähiger wird, Fomaco, Augsburg, 2015, S. 124–138.

Grobe, T. (2014): Gesundheitsreport 2014. Risiko Rücken, in: Techniker Krankenkasse (Hrsg.), Gesundheitsreport – Veröffentlichung zum Betrieblichen Gesundheitsmanagement der TK, Hamburg 2014, Band 29, S. 76.

Holzer, H. (2015): Mit digitalem BGM neue Wege gehen. Motivationstool digitales BGM – Individualität zählt mehr denn je, in: Foitzik, O. (Hrsg.), Wirtschaftsfaktor Gesundheit. Wie Ihr Unternehmen durch Corporate Health gesünder und leistungsfähiger wird, Fomaco, Augsburg 2015, S. 107–123.

Marschall, J., Hildebrandt, S., Sydow, H., Nolting, H. (2016): Gesundheitsreport 2016. Analyse der Arbeitsunfähigkeitsdaten, in: Rebscher, H. (Hrsg.), Beiträge zur Gesundheitsökonomie und Versorgungsforschung, Band 13, Heidelberg 2016, S. 19 ff.

Mess, F., Walter, U. (2015): Virtuelle Gesundheitshelfer. EINBLICK. Internet und mobile Technologien prägen auch das Gesundheitsmanagement. Doch längst nicht alles ist für den Unternehmenseinsatz schon ausgereift, in: Personalmagazin (Hrsg.), Organisation Gesundheitsmanagement, 2015, S. 48–50.

Sarközy, S. (2015): Mit eHealth-Lösungen zu mehr Gesundheit, in: Der Mittelstand (Hrsg.), Die Last der Bürokratie, Ausgabe 6, 2015, S. 64.

Schenkel, J., Butz, N., Dr. Bartmann, F. J. (2015): eHealth und telemedizinische Patientenversorgung – die ärztliche Perspektive, in: Gesellschaft für Versicherungswissenschaftler und -gestaltung e. V. (Hrsg.), Versorgung 2030 – eHealth, mHealth, Telemedizin. Bedeutung, Perspektiven und Entwicklungsstand, Köln 2015, S. 77.

Steigner G, Doarn C, Schütte M, Matusiewicz D, Thielscher C (2016): Health Applications for Corporate Health Management, in: telemedicine and e-Health, Vol. 23, No. 5, p. 1-5.

Urgancioglu, K. (2016): Betriebliches Gesundheitsmanagement mit Wearables, in: aktuelles Wirtschaftsrecht, 2016, siehe URL: http://www.wirtschaftsrecht-news.de/2016/01/betriebliches-gesundheitsmanagement-mit-wearables/, Stand 2016, Abruf am 14.04.2016.

Walle, O. (2015): Digitales BGM, in: Haufe Online-Arbeitsschutz Office (Hrsg.), 2015.

Weber, S. (2016): Digitale Gesundheitsförderung: Chancen und Herausforderungen, in M.A.R.K.U.S – Magazin für Betriebliches Vorsorge- und Gesundheitsmanagement, Ausgabe 1, 2016, S. 25–25.

Weltgesundheitsorganisation (2014): mHealth – New horizons for health through mobile technologies, in: Global Observatory for eHealth series – Volume 3, (mHealth – Neue Gesundheitsperspektiven dank Mobiltechnik, in: Veröffentlichung des Global Observatory for eHealth, Band 3), 2014.

Zypries, B., (2015) eHealth, mHealth und Teledmedizin – ein Wirtschaftsfaktor?, in: Gesellschaft für Versicherungswissenschaftler und -gestaltung e. V. (Hrsg.), Versorgung 2030 – eHealth, mHealth, Telemedizin. Bedeutung, Perspektiven und Entwicklungsstand, Köln 2015, S. 29.

Linda Kaiser arbeitet als Research Fellow am Institut für Gesundheit & Soziales (ifgs) der FOM Hochschule in der Arbeitsgruppe Betriebliches Gesundheitsmanagement. Außerdem führt sie Beratungstätigkeiten für Gesundheitsunternehmen durch und arbeitet als Lektorin und Autorin für Gesundheitsthemen. Parallel zum Studium hat sie als kaufmännische Assistentin der Geschäftsführung im Bereich Risiko- und Qualitätsmanagement für Gesundheitsorganisationen gearbeitet und ist zudem seit mehreren Jahren als Physiotherapeutin in einem Krankenhaus auf einer Station für neurologische Frührehabilitation und Parkinson-Komplextherapie tätig.

David Matusiewicz ist Professor für Allgemeine Betriebswirtschaftslehre, insbesondere Gesundheitsmanagement an der FOM Hochschule – der größten Privathochschule in Deutschland. Seit 2015 verantwortet er als Dekan den Hochschulbereich Gesundheit & Soziales und leitet als Direktor das Forschungsinstitut für Gesundheit & Soziales (ifgs). Darüber hinaus ist er Gründungsgesellschafter des Essener Forschungsinstituts für Medizinmanagement (EsFoMed GmbH) und unterstützt als Gründer bzw. Business Angel punktuell Start-ups im Gesundheitswesen (bspw. Health Innovation GmbH). Vor seiner Professur arbeitete er mehrere Jahre als wissenschaftlicher Mitarbeiter bei Prof. Dr. Jürgen Wasem am Alfried Krupp von Bohlen und Halbach-Stiftungslehrstuhl für Medizinmanagement der Universität Duisburg-Essen in den Arbeitsgruppen „Gesundheitsökonomische Evaluation und Versorgungsforschung" sowie „Gesundheitssystem, Gesundheitspolitik und Arzneimittelsteuerung". Berufserfahrung sammelte Matusiewicz bis 2017 zudem in der Stabsstelle Leistungscontrolling einer gesetzlichen Krankenversicherung (Betriebskrankenkasse u. a. von Thyssen Krupp) und bis 2014 als Geschäftsführer bei der Forschungsnahen Beratungsgesellschaft im Gesundheitswesen (ForBiG GmbH) – einem Spin-Off des Lehrstuhls für Medizinmanagement.

Teil I
Theoretische Grundlagen

Einfluss globaler Megatrends auf das digitale Betriebliche Gesundheitsmanagement

Digital Natives und Zukunftstrends als Treiber und Co-Creator für ein digitales, personalisiertes und vernetztes Betriebliches Gesundheitsmanagement (BGM)

Steffi Burkhart und Felix Hanser

Ein treibender Faktor auf das digitale BGM ist der wachsende Druck durch Akteure, vor allem vonseiten junger Menschen.

Zusammenfassung

Die Wissensgesellschaft unterliegt verschiedenen Megatrends sozialen Wandels. Allen voran die Digitalisierung, die einerseits zu Innovationen und ökonomischen Effizienzsteigerungen durch alltäglich gewordene Informations- und Kommunikationstechnik führt, andererseits auch zu gesamtgesellschaftlichen Phänomenen sozialer Beschleunigung und damit einhergehenden Überlastungsreaktionen. Diese kulturellen Spannungen sind gesellschaftlich wie gesundheitlich kritisch zu betrachten und verlangen auch nach neuen Strategien zur Gesundheitsvorsorge in Unternehmen. Dafür bietet insbesondere der Umgang mit der jüngsten Arbeitnehmergeneration deutliche Hinweise, die im Kontext soziotechnischer Debatten auch als Digital Natives bezeichnet werden.

Der vorliegende Artikel reflektiert diese gesellschaftlichen Zusammenhänge im Kontext des Betrieblichen Gesundheitsmanagements in Deutschland. Ausgehend von der Grundannahme zur generellen Zunahme an Wissensarbeit thematisieren die Autoren die dahingehend besonderen Merkmale von Digital Natives, um sie den Konzepten der „Personalized Health" und „Connected Health", als zentrale Ansätze zur Digitalisierung im Gesundheitswesen, gegenüberzustellen. Die Einbeziehung und Ermächtigung von Patienten, die sich aktiv und systematisch an der Aufrechterhaltung ihrer Gesundheit und der Datenerhebung zur Diagnostik beteiligen, steht dabei im

S. Burkhart (✉)
Köln, Deutschland
E-Mail: hallo@steffiburkhart.de

F. Hanser
Königsbach-Stein, Deutschland

© Springer Fachmedien Wiesbaden GmbH 2018
D. Matusiewicz und L. Kaiser (Hrsg.), *Digitales Betriebliches Gesundheitsmanagement*, FOM-Edition, https://doi.org/10.1007/978-3-658-14550-7_2

Mittelpunkt. Dabei wird der Status quo des deutschen Gesundheitswesens aufgrund mangelnder informationstechnischer Infrastruktur für eine nachhaltige Vernetzung problematisiert und diskutiert. Erste Ansätze zur Implementierung digitaler Angebote werden anhand der Verabschiedung des E-Health-Gesetzes und an Beispielen für digitale Gesundheitsdienstleistungen erläutert. Daraufhin wird die Lage in Deutschland international verglichen. Abschließend wird die Bedeutung sämtlicher Entwicklungen für ein digitales Betriebliches Gesundheitsmanagement diskutiert.

2.1 Einleitung

„Megatrends sind Tiefenströmungen des Wandels in sämtlichen Gesellschaftsbereichen." (Matthias Horx, Zukunftsinstitut o. J.) Dort wo sie in Form neuer Praktiken eine funktionale Effizienzsteigerung versprechen, werden sie im Hinblick auf Innovationsannahmen geprüft und stellen damit bereits den Status quo der Arbeitswelt infrage. Ihre Macht ist groß: Ob die **Globalisierung** oder **Digitalisierung, die Verschiebung der Altersstruktur,** der Wandel hin zu einer **Wissensgesellschaft** und dem Trend des **Neuen Lernens**, der Wunsch nach **Konnektivität** oder der **Individualisierung**, sie alle haben Schnittmengen zum Megatrend der **Ganzheitlichen Gesundheitsversorgung** und somit auch zum Betrieblichen Gesundheitsmanagement (BGM). Ziel des Artikels ist es, Schnittmengen der Megatrends zum BGM aufzuzeigen, um daraus mögliche Ansätze zur Gestaltung eines nachhaltigen, digitalen BGM abzuleiten (s. Abschn. 2.3), mit Fokus auf präventive und unterstützende Maßnahmen zur Förderung und Regulierung der mentalen Gesundheit der Mitarbeiter.

2.1.1 Die Arbeitswelt von morgen

Durch Einflussfaktoren wie die Digitalisierung, Globalisierung, Technologisierung oder Automatisierung verändert sich die Arbeitswelt grundlegend. Die Globalisierung und Öffnung der Märkte führt zu einer **Internationalisierung und Expansion vieler Unternehmen**, erhöht die Anzahl der Wettbewerber und damit den Druck, kosteneffizienter zu produzieren und neue Dienstleistungen und Produkte schneller auf den Markt zu bringen als die Konkurrenz. Der Kampf zwischen Wettbewerbern steigt enorm an, organisches und anorganisches (akquisitionsbasiertes Wachstum durch Fusion und Übernahmen; z. B. Übernahme von Monsanto durch Bayer in 2016) Wachstum führt zu einem steigenden Anspruch, die grenzüberschreitende Zusammenarbeit dieser Teams im „virtuellen Raum", dem sogenannten „Barlovian Cyberspace" zu optimieren (Featherstone und Burrows 1995; Ryan 2014).

Teamarbeit findet zunehmend online und in virtuellen Arbeitsverhältnissen statt. Ermöglicht durch das Semantic Web, welches zunehmend eine Bereicherung für das Wissensmanagement in Unternehmen ist, und durch neue Entwicklungen der Informations-

und Kommunikations-Technologie (IKT), die den kollaborativen und somit den sozialen Charakter der Arbeit partiell in den Vordergrund gerückt haben und es Unternehmen ermöglichen, standortübergreifend komplexe Aufgaben zu bewältigen, über Ländergrenzen hinweg zu lernen und Experten internationaler Standorte in Projektteams zusammenzubringen. Andererseits erhöht virtuelle Zusammen-/Arbeit den Anspruch an die Selbstorganisation und soziale Kompetenz jedes Einzelnen, wenn Arbeit zunehmend flexibilisiert und entgrenzt stattfindet.

Ein zentraler Treiber der zunehmend **zeit- und ortsflexibel organisierten Arbeit** ist das Internet in seiner Funktion als Kommunikationsmedium. In einem stark mediatisierten und digital geprägten Lebensstil sind Mitarbeiter vermehrt mit der Erwartung konfrontiert, permanent online und permanent vernetzt zu sein (Moser et al. 2014; Vorderer 2015). Dabei können IKT wie der E-Mail-Verkehr oder mit einer Flut von Statusmeldungen wie beispielsweise sogenannte *Awareness Cues* ausgestattete Messenger-Anwendungen (Facebook-Nachrichten, WhatsApp und andere) zu einem zentralen Auslöser für Stress werden (Mai und Wilhelm 2015; Mai et al. 2015). Eine Umfrage mit über 1.500 deutschen Internetnutzern zeigt, dass IKT-Multitasking wahrgenommenen Stress erhöht und mit Krankheitsbildern wie Burn-out, Angst und Depressionen in Zusammenhang steht (Reinecke et al. 2016), was auch mit der Zunahme an Überstunden zusammenhängt. Laut einer Erhebung des Instituts für Arbeitsmarkt- und Berufsforschung (IAB) haben in 2015 die Deutschen über 1,8 Mrd. Überstunden gemacht. Betroffen sind dabei vor allem Hochqualifizierte und Führungskräfte. Von Arbeitnehmern wird zunehmend erwartet, auch außerhalb regulärer Arbeitszeiten zur Verfügung zu stehen. Ein weiterer Stressor ist die steigende Arbeitsintensität. Der Soziologe Hartmut Rosa definiert diese Veränderung als **Steigerungsphänomen in unserer Beschleunigungsgesellschaft**. Dabei differenziert Rosa drei Formen der Beschleunigung: Technische Beschleunigung zielgerichteter Prozesse, Beschleunigung des sozialen Wandels und die Beschleunigung des Lebenstempos. Die Beschleunigung des Lebenstempos bezieht Rosa auf die Steigerung der Zahl an Handlungs- und Erlebnisepisoden pro Zeiteinheit und nennt drei kombinierbare Strategien, die Menschen hierfür zur Verfügung stehen: 1. Das Handeln selbst wird beschleunigt, 2. Erholungsphasen werden verkürzt oder abgeschafft und 3. werden mehrere Handlungen gleichzeitig durchgeführt (Multitasking) (Rosa 2005).

Schon heute stellen **Wissensarbeiter** mit über 40 % die größte Bevölkerungsgruppe in Deutschland dar. Der Erfolg ihrer Arbeit ist vermehrt von geistiger und weniger von physischer Leistung abhängig. Was mit der zunehmenden Automatisierung von Routineaufgaben zusammenhängt (Technische Beschleunigung nach Rosa). Forschungsergebnisse deuten darauf hin, dass bei steigender Reduktion von Routineaufgaben **der Anspruch an Wissensarbeit und individuelle Jobs kontinuierlich steigt** (Bonin et al. 2015). Technische Engpässe sind in folgenden drei Bereichen zu erwarten: 1. Wahrnehmungs- und Manipulationstätigkeiten, 2. kreativ-intelligente Tätigkeiten und 3. sozialintelligente Tätigkeiten (Frey und Osborne 2013).

Im **Zeitalter der Wissensarbeit** ist **Zeit- und Leistungsdruck** einer der zentralen psychischen Belastungsfaktoren in der modernen Arbeitswelt. Vor allem bei jungen Erwerbstätigen (Alter: 20 bis 34) ist auffällig, dass der Anteil der **psychosozialen Störungen** im Vergleich zu 2009 um 20 % gestiegen ist. Bei der Diagnose psychischer Störungen liegen Depressionen an erster Stelle, gefolgt von Angststörungen und somatoforme Störungen (Techniker Krankenkassen 2015). Dadurch entstehen neue Herausforderungen, vor allem für die psychosoziale Gesundheit jedes Einzelnen, und somit auch neue Ansprüche an das BGM jeder Organisation. Vor allem bei jungen Erwerbstätigen konnte beobachtet werden, dass im Zeitraum von 2009 bis 2013 eine Zunahme der Häufigkeit von Diagnosen psychischer Störungen um mehr als zwölf Prozent gestiegen ist.

2.1.2 Digital Natives, die Wissensarbeiter von morgen

Auch der Wandel zu einer alternden Gesellschaft hat Auswirkungen auf die strategische und inhaltliche Ausrichtung eines zukunftsgerichteten digitalen BGM. 2020 werden die **Digital Natives**, die in Kinder- und Jugendzeit mit dem Internet aufgewachsen sind (die heute unter 35-Jährigen), die weltweit die Hälfte der Belegschaft ausmachen. Digital Natives haben heute, bevor sie die Hochschule verlassen, über 10.000 h Videogames gespielt, über 200.000 E-Mails und Instant Messages gesendet und erhalten, über 10.000 h mit dem Smartphone telefoniert und 20.000 h TV geschaut (Prensky 2001b). Der häufigste Internetzugang bei Digital Natives erfolgt via Smartphone. Aufgrund des neuen Medienverhaltens sind junge Menschen heute anders sozialisiert als ihre Elterngeneration, die „**Digital Immigrants**" (Prensky 2001a).

Das Aufwachsen in einer digitalen Welt und mit einem anderen Medienverhalten beeinflusst die **Physiologie des Gehirns, Emotionen und Verhalten junger Menschen**. „**[We are] in the midst of a generational shift in cognitive styles that poses challenges to education at all levels (...)**." (Hayles 2007, S. 187) Hayles definiert diesen „Shift" im Denken hin zu einer „**Hyper Attention**", der vor allem bei Digital Natives zu beobachten ist: „Hyper attention excels at negotiating rapidly changing environments in which multiple foci compete for attention; its disadvantage is impatience with focusing for long periods on a noninteractive object such as a Victorian novel or complicated math problem." (Hayles, S. 188)

Microlearning als Unterform des **Blended Learnings** zielt in Zeiten eines veränderten Lernverhaltens genau auf diese Veränderungen ab (Robes 2009). Lernen findet zunehmend online und verkürzt statt, wodurch Lernen **individualisiert** und vor allem auch **ent-institutionalisiert** wird. Darüber hinaus ermöglichen IKT eine aktive Beteiligung, wodurch **kollaborative und soziale Lernformen** an Bedeutung gewinnen (Hollinderbäumer et al. 2013). Hart interpretiert die Vielfalt der digital einsetzbaren Tools als Konturen eines „**Professionellen Ökosystems**", einem „Mix von organisatorischen und persönlichen, miteinander verbundenen und zusammenspielenden Elementen – Inhalt, Personen, Software, Dienstleistungen, Apps etc. – die Individuen helfen, ihren Job zu tun, Leistungsprobleme zu lösen, mit anderen zusammenzuarbeiten und zu kommunizieren, sich selbst zu verbessern (...)" (Hart 2016).

Im **digitalen Zeitalter** haben sich Anforderungen von Mitarbeitern an die Wissensaufnahme und -weitergabe verändert. Die nachlassende Aufmerksamkeitsspanne in Kombination mit zunehmender Zeitknappheit gilt es, bei zukunftsorientierten digitalen BGM-Maßnahmen zu berücksichtigen. Darüber hinaus werden digitalisierte, individualisierte und kollaborative Angebote immer mehr an Attraktivität gewinnen.

2.1.3 Auswirkungen auf das Betriebliche Gesundheitsmanagement

Aus den treibenden Megatrends und den daraus resultierenden Veränderungen lässt sich die Frage für jede BGM-Abteilung ableiten: „Tun wir vor dem Hintergrund der strategischen Anforderungen die richtigen Dinge, um die Gesundheit und Leistungsfähigkeit und -bereitschaft der Mitarbeiter langfristig zu fördern?" (Frauenhofer IAO). In welchen gesundheitlichen Handlungsbereichen/auf welchen Gesundheitsebenen muss zukünftig die Aktivität erhöht werden? Wie werden die Aktivitäten aufbereitet, um auch zur Anwendung zu kommen? Werden die Erwartungen der Wissensarbeiter von morgen abgedeckt?

Zentrale Treiber des **zukunftsorientierten digitalen BGMs sind die Megatrends: Digitalisierung, Individualisierung, Konnektivität,** auf die im nachfolgenden Abschn. 2.2 detailliert eingegangen wird, um darauf aufbauend in Abschn. 2.3 Ansätze und Empfehlungen für ein digitales BGM anzuleiten.

2.2 Vorstellung des digitalen Ansatzes

2.2.1 Digitalisierung im Gesundheitsbereich: p-Health und c-Health

Im Zuge der Diskurse zur Digitalisierung des Gesundheitssystems werden bisher hauptsächlich die Bereiche Telemedizin, E-Health und mHealth unterschieden. Unter **Telemedizin** versteht man die Überwindung räumlicher und zeitlicher Distanz bei medizinischer Diagnostik, Therapie oder Konsultation durch den Einsatz von IKT. So wird Telemedizin vor allem als Oberbegriff für audiovisuelle Kommunikationstechnologien verwendet wie spezielle Video-Telefonie-Anwendungen zur Unterstützung der Ferndiagnose und Kommunikation zwischen Arzt und Patient, Anwendungen zur Fernüberwachung von Körperwerten oder Anwendungen zum Austausch geschützter und extrem hochauflösender Bilddaten für den fachlichen Austausch in der Radiologie (s. auch: Tele-Radiologie): „Je nach Definition von „Telemedizin", von medizinbezogenen Onlineanwendungen bis hin zu „Consumer Health Informatics", werden diverse Anwendungsfelder berücksichtigt." (Eysenbach 2005; Ferguson 1995 und 2002; Albrecht 2016, S. 51).

E-Health bzw. eHealth (engl.: Electronic Health) dagegen beschreibt den gesamten Einsatz elektronischer Geräte in der medizinischen Versorgung (Albrecht 2016): „Der Begriff ‚eHealth' steht hier für den **gesundheitsbezogenen Einsatz von IKT** und dient zugleich als Oberbegriff weiterer Definitionen (z. B. Gesundheitstelematik, Telemedizin,

AAL mit Gesundheitsbezug)." (Blachetta et al. 2016, S. 15). Die Definition von „eHealth" und den zugehörigen Themenkomplexen variieren jedoch. Die Weltgesundheitsorganisation (WHO) definierte eHealth 2005 im Rahmen der 58. World Health Assembly als die „kosteneffiziente und sichere Nutzung von Informations- und Kommunikationstechnologien zur Unterstützung der Gesundheit und gesundheitsnaher Bereiche, worunter unter anderem Gesundheitsdienstleistungen, Gesundheitsüberwachung (...) Gesundheitsaufklärung (...) sowie Forschung fallen" (Albrecht 2016, S. 51). Dabei schaffen E-Health-Stiftungsmaßnahmen ein Umfeld für die Nutzung der IKT im Kontext Gesundheit. Dazu gehören nicht zuletzt E-Health-Compliance-Unternehmensregeln sowie eine angemessene Finanzierung, Infrastrukturentwicklung und die Qualifikation von Mitarbeitern im Gesundheitswesen (Kay et al. 2011).

Demgegenüber wird **mHealth** (engl. Mobile Health) spezifizierend definiert als der **Einsatz drahtloser Geräte** wie **Mobiltelefone, Phablets, Tablets, Patientenmonitore** oder **Personal Digital Assistants** (PDA) bis hin zu **Wearables** und anderen **tragbaren Geräte** im Zusammenhang mit medizinischer Vorsorge und Versorgung (Kay et al. 2011; Elmer 2016) **„mHealth kann [dementsprechend] als eHealth über jegliche Art mobiler Endgeräte verstanden werden."** (Albrecht 2016, S. 51). Dazu zählen beispielsweise auch Autos im Sinne von **„Connected Cars".** Sie können aufgrund integrierter Systeme unterschiedliche Applikationen und Dienste nutzen, um den Gesundheitszustand eines Fahrers überprüfen zu können oder bei Übermüdung zu warnen (Wächter 2016; Viereckl et al. 2015; Anm. d. Verf.: BMW sucht Start-ups, die Gesundheit-Apps fürs Auto entwickeln). Das heißt, **„mHealth-Anwendungen unterscheiden sich von reinen eHealth-Lösungen durch den wesentlich größeren Patientenbezug"** (Albrecht 2016, S. 51). So können Patienten bei mHealth-Lösungen gesundheitsrelevante Informationen recherchieren, gesundheitsbezogene Daten verwalten oder selbst aktiv an der eigenen Versorgung teilnehmen. Auf mobile und ortsungebundene Weise. Patienten erhalten immer mehr die Möglichkeit, zum Teil aktiv Verantwortung für ihre Gesundheit zu übernehmen, was **zu „Empowerment" beiträgt.** „Mit **mHealth kann ein Paradigmenwechsel von rein empfangenden gesundheitlichen Modellen zu mitzugestaltenden Modellen vollzogen** werden" (Albrecht 2016, S. 52).

Im Sinne dieses **Selbstständigkeitsgewinns der Patienten („Empowerment")** werden die bisher dargestellten Grundkonzepte digitaler Gesundheitsanwendungen schließlich ergänzt bzw. begünstigend komplementiert durch Aspekte individueller Mediennutzung, in Form spezieller **Anwendungen zur persönlichen Gesundheitsbeobachtung (Personal Health Recording), für den persönlichen Gewinn der Nutzer.** Diese mittels kleinster (Bewegungs-)Sensoren (siehe Smartphones und Wearables) technische Möglichkeit zum **Self-Tracking** hat nicht nur die soziale Bewegung des **Quantifying Self Movements** hervorgebracht (Lupton 2013), sondern auch neuartige Gesundheitsdienstleistungen, beispielsweise bereits erprobt durch das Militär (Lai und Friedl 2009), ermöglicht. Damit einher geht das Phänomen, dass zunehmend viele Menschen freiwillig bereit dazu sind, ihre **persönlichen Daten öffentlich zu teilen.** Dabei erscheint die Kombination von (a) mobilen Endgeräten zur Datenerhebung wie Smartphones und Wearables

(Pulsuhr, Fitnessbänder, Smartwatch, Smart textiles), (b) Sozial-Media-Plattformen zum Austausch, und (c) die Aufbereitung persönlicher Daten in Form eines persönlichen Gesundheitsberichts als besonders vielversprechend.

Diese Aspekte werden in der Definition eines weiteren Forschungskonzepts mit dem Begriff pHealth zusammengefasst: „pHealth is a combination of (digital) health and care services delivered independent of time and location of actors and ressources aimed **at a particular patient, with an active participation of the patient concerned"** (Bos 2012, S. 3 ff.). „pHealth" adressiert also die aktive Beteiligung des Patienten („Empowerment") auf Basis seiner persönlichen Daten, die z. B. durch Self-Tracking mittels Wearables eigenständig erhoben wurden. Ebenso ist damit gemeint, dass der Patient und dessen individuelle wie lebenslange Gesundheitsgeschichte, orientiert rund um seine persönlichen Daten, im Zentrum aller Bemühungen steht: „Personalized Health is about providing personalized interventions focused on the individual needs of the patient. This personalization provides the user with a sense of control over their healthcare" (McCallum 2012, S. 85; Megatrend der Individualisierung). Schließlich lassen sich die hier **vorangehenden Konzepte in ihrer vernetzten Gesamtheit** als ganzheitliches und gleichzeitig persönliches Gesundheitsnetzwerk aus kooperierenden Diensten, Anwendungen und persönlichen Datenpaketen mit dem Konzept der **Connected Health (cHealth)** zusammenfassen. Dabei umfasst **Connected Health** drahtlose, digitale, elektronische, mobile und Telemedizin-Dienste und diese beziehen sich auf ein Begriffsmodell für das Gesundheitsmanagement, in dem Geräte, Dienstleistungen oder Interventionen auf die Bedürfnisse des Patienten abgestimmt sind. Dazu werden gesundheitsrelevante Daten mit allen relevanten Akteuren so geteilt, dass der Patient eine individualisierte und somit effiziente und proaktive Fürsorge erhalten kann (Maglaveras et al. 2016; Megatrend der Konnektivität).

2.2.2   Status quo in Deutschland

Was den Status Quo zur Digitalisierung im deutschen Gesundheitswesen anbelangt, kann momentan noch nicht von einer flächendeckenden Nutzung der an Digitalisierungsansätzen mittels verschiedener Softwarelösungen zur Verfügung stehenden Möglichkeiten gesprochen werden (Elmer 2016). Jedoch ist davon auszugehen, dass dem Einsatz innovativer Lösungen in anderen Branchen und Wirtschaftsbereichen entsprechend (siehe Industrie 4.0) schließlich auch der technische Wandel im Gesundheitsmarkt kurz bevorsteht (Megatrend der Digitalisierung). Genauer gesagt, sind einerseits im Laufe der Zeit, unter anderem aufgrund politischer und infrastruktureller Hemmnisse, viele Insellösungen entstanden, was dem gemeinschaftlichen Ziel zur Entwicklung und Einführung einer flächendeckenden Lösung widerspricht (Elmer 2016). Andererseits befinden sich momentan viele technische Innovationen in diesem Bereich in den Startlöchern (Biesdorf et al. 2016).

Ein treibender Faktor ist der **wachsende Druck durch Akteure**, vor allem vonseiten junger Menschen, der Digital Natives, die nun auch immer mehr als Arbeitnehmer in das Gesundheitssystem eintreten (Megatrend demografischer Wandel). So ist festzustellen, dass junge Ärzte in ihrem Berufsleben ähnliche Softwareunterstützung und Services erwarten, wie sie es in ihrem privaten Alltag gewohnt sind (Biesdorf et al. 2016; Elmer 2016). Denn der Alltag in Kliniken und Gesundheitseinrichtungen ist demgegenüber **noch immer bestimmt von Papier und Fax**, und orientiert sich an technischen Spezifikationen von Computersystemen bzw. Systemlandschaften, die häufig über 15 Jahre alt sind: „Während es in vielen anderen Branchen die Möglichkeit gibt, Daten in verteilten Netzwerksystemen online zu speichern (siehe: Cloud) und orts- und zeitunabhängig darauf zuzugreifen, sind im deutschen Gesundheitsmarkt nicht einmal alle relevanten Institutionen mit einfachen digitalen IT-Strukturen ausgestattet" (Elmer 2016).

Für die Patienten bedeutet das, dass digitale Dienstleistungen wie Gesundheits-Apps, sofern sie verfügbar sind, größtenteils aus eigener Tasche finanziert werden müssen (Biesdorf et al. 2016). Dadurch wird eine flächendeckende **Versorgung nach dem Solidaritätsprinzip** ausgeschlossen. Dies widerspricht dem Grundsatz der gesetzlichen Krankenversicherung (GKV), nach dem jeder Versicherte, unabhängig von Herkunft, Alter, Geschlecht und Einkommen, das Recht hat auf Zugang zur bestmöglichen medizinischen Versorgung und Teilhabe am medizinisch-technischen Fortschritt (Jordan 2006; Rosenbrock und Gerlinger 2014).

Nach einer Befragung von **2031 Branchenvertretern und Softwareentwicklern** aus dem Jahr 2014 werden **folgende übergeordneten Hürden bei der Marktentwicklung** von mHealth-Apps genannt: Offene Fragen zum Datenschutz und Datensicherheit, fehlende Standards, Unübersichtlichkeit des Marktes, Widerstände von etablierten Marktplayern (research2guidance 2014). Eine andere Studie von 2015 mit **4471 befragten mHealth-Experten** identifizierte die folgenden sechs Themen, die einen Erfolg von mHealth-Produkten behindern: Restriktive Gesetze, Mangel an Wissen, niedrige Zahlungsbereitschaft von Patienten, geringes Digitalisierungsniveau in Krankenhäusern und Widerstand seitens der Ärzte (research2guidance 2016).

Konkrete Anwendungen finden dementsprechend bisher noch voneinander getrennt und teilweise sogar nur in Absprache mit dem eigenen Arzt des Vertrauens statt, der proaktiv und eigenständig eine **spezielle IKT-Anwendung im Rahmen der Kommunikation** mit seinen Patienten verwendet, beispielsweise für Onlinesprechstunden. Insbesondere in ländlichen, potenziell versorgungschwächeren Regionen werden zunehmend derart telemedizinische Projekte initiiert (Blachetta et al. 2016).

Damit kommt momentan den **gesetzlichen Krankenkassen in Deutschland** die entscheidende Rolle zu, eine Zwei-Klassen-Versorgung für die Entwicklung digitaler Lösungen zu vermeiden (BDI 2013; Elmer 2016). Beispiele für erste Lösungsansätze der Krankenkassen sind die Unterstützung von Start-ups, die Bezuschussung von Fitness-Trackern oder Angebote eigener Gesundheits-Apps, von rein informativen Anwendungen zum Arzt- oder Apothekenbesuch, über Diagnoseauskunft, sowie erste interaktive Angebote wie Diabetes-Tagebücher (Biesdorf et al. 2016; Elmer 2016).

Auch wurden einige gute Lösungen entwickelt, die in kleinerem Rahmen umgesetzt wurden. Beispielhaft sind hier die **elektronische Fall- und Patientenakten**, die den niederschwelligen Zugang zu patientenbezogenen Daten für alle an der Behandlung Beteiligten sowie zum Patienten selbst ermöglichen, sowie **elektronische Rezepte und Verordnungen**, die insbesondere die Patientensicherheit und Effizienz erhöhen und Basis sind für Arzneimitteltherapiesicherheitssysteme (Elmer 2016). Bei e-Rezepten ist die Vernetzung mit relevanten Akteuren, wie Apotheken für direkte elektronische Arzneimittelbestellungen oder Krankenkassen zur schnellen Abrechnung durch elektronische Belegeinreichung aber auch Patienten für den unmittelbaren elektronischen Versand der Rezepte längst im Alltag angekommen (Elmer 2016).

- Darüber hinaus wurden schließlich **2016 auch die politischen Weichen** für die nachhaltige Digitalisierung und Vernetzung aller Akteure im Gesundheitswesen gestellt. Das „Gesetz für sichere digitale Kommunikation und Anwendung im Gesundheitswesen" (kurz: E-Health-Gesetz), wurde 2015 vorgestellt und ist 2016 in Kraft getreten. Darin wurde unter anderem die interoperable Umsetzung telematischer Strukturen bis Ende 2018 beschlossen. Zuvor wurde eine groß angelegte Studie zur Infrastruktur (Interoperabilität) des BMG in Kooperation mit dem Fraunhofer FOKUS durchgeführt.
- Jedoch **mangelt es noch an der grundlegenden Vernetzung**. So sind laut einer Umfrage über 60 % der Ärzte weder mit anderen Arztpraxen noch mit umliegenden Kliniken vernetzt und stehen darüber hinaus dem E-Health-Gesetz auch noch relativ kritisch gegenüber. Demgegenüber ist die Akzeptanz neuartiger technischer (Software-)Lösungen unter Ärzten laut einer Umfrage mit 4471 Experten der Gesundheitsbranche die wichtigste Marktbedingung für den Erfolg von mHealth-Produkten, gefolgt von einem hohen Digitalisierungsniveau in Krankenhäusern (research2guidance 2016). Beides ist in Deutschland noch die Seltenheit.
- Aber auch das soll sich in den kommenden Jahren ändern, indem digitale Leistungen gefördert werden. Der sogenannte **Innovationsfonds** soll wirtschaftliche Hürden überwinden, indem 2016 bis 2019 jährlich 300 Mio. Euro für die Förderung neuer Versorgungsformen zur Verfügung gestellt werden und in Pilotprojekten sollen sektorenübergreifende Versorgungsformen getestet und evaluiert werden – mit dem Ziel einer **Überführung in die Regelversorgung** bei entsprechender Qualität und Akzeptanz der Ergebnisse (Neumann und Wolfschütz 2015; Elmer 2016).

Wie in anderen Branchen längst üblich werden nun zunehmend die **Trends aus den Technologien und Techniken aus den konsumentenorientierten Teilbereichen der IKT-Branche konsolidiert** und die zuvor beschriebene Perspektive zu einer **Connected Health Systematik** mit modernen technischen Gesamtlösungen in Einklang gebracht. Eine aktuelle Studie des Bundesministeriums für Gesundheit zur Erweiterung der E-Health-Strategie thematisiert die Konsolidierung der bisherigen E-Health-Konzipierung mit Aspekten von pHealth und cHealth, indem nun auch die theoretische Interdependenz, bzw. Interkonnektivität im technischen Sinne, der einerseits überkomplexen, andererseits

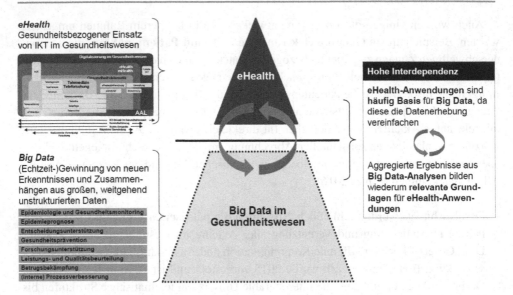

Abb. 2.1 Anwendungsfelder und Wechselwirkung von E-Health und Big Data im Gesundheitswesen. (Blachetta et al. 2016)

für derartige Anwendungen notwendigen Datenstrukturen im Rahmen von **Big-Data-Lösungen und Cloud-Diensten** berücksichtigt werden (s. Abb. 2.1; Blachetta et al. 2016). Erst in dieser Kombination lassen sich die mit E-Health- und mHealth-Anwendungen erhobenen Daten aggregieren, analysieren und auswerten, sodass sie in entscheidungsrelevante Informationen im Sinne intelligenter **cHealth-Lösungen** überführt und schließlich Patienten wie Organisationen in Form von damit synchronisierten **pHealth-Anwendungen** zur Verfügung gestellt werden können. Bisher liegt hierfür in Deutschland jedoch noch kein Ansatz für eine staatlich geregelte kollektivvertragliche Versorgung vor. Demgegenüber wächst der öffentliche Druck nun auch durch die Investitionen internationaler Unternehmen im Bereich digitaler Gesundheitslösungen (unter anderem Bosch).

Hinsichtlich der zu schaffenden Voraussetzungen für die Einführung einer Kombination aus E-Health und Big Data, auch im Kontext BGM, sollte ein versorgungsorientiertes Leitbild auch die Vorbeugung und Reduktion psychosozialer Belastungen von Arbeitnehmern beinhalten. Damit einher geht auch die Erhöhung der Versorgungsqualität und -effizienz. Da die meisten Organisationen und Unternehmen wie bereits erwähnt im internationalen Wettbewerb stehen und ihre Standorte und Mitarbeiter entsprechend global verstreut sind und global agieren, ist es nur logisch, dass ein digitales BGM in diesem Kontext auch ein globales Agieren ermöglicht. Darüber hinaus ist es wichtig, die Akzeptanz und Adoption eines digitalen BGMs in der Belegschaft zu erhöhen, wobei die Digital Natives als Initiatoren für Veränderungen (auch: „Change Agents") fungieren können (Blachetta et al. 2016).

2.2.3 Deutschland im internationalen Vergleich

Deutschland liegt beim Thema Digitalisierung des Gesundheitssystems im Vergleich zu anderen Ländern zurück. Denn andere Länder haben in den vergangenen Jahren bereits nationale Lösungen realisiert, die zu einer nachweisbaren Verbesserung der Gesundheitsversorgung geführt haben (Elmer 2016). Basierend auf einer quantitativ ökonomischen Einordnung der deutschen digitalen Gesundheitswirtschaft (DGW) ergibt sich kein einheitliches Bild. So hat sich der Anteil der DGW an der Gesundheitswirtschaft im Verlauf von 2004–2014 lediglich im einstelligen Prozentbereich bewegt. Im Verhältnis zur Gesundheitswirtschaft und Gesamtwirtschaft allerdings liegt für die DGW ein stärkeres Wachstum vor (BMWi 2016).

Im internationalen Vergleich laufen die Entwicklungen digitaler Anwendungen in Deutschland zeitversetzt. Wobei Rahmenbedingungen des jeweiligen Gesundheitswesens den Vergleich erschwert. Nichtsdestotrotz können schon heute viele internationale Initiativen zur Nutzung von Digitalisierungspotenzialen beobachtet werden. Beispielsweise die Einführung des eRezepts in Norwegen, die flächendeckende Umsetzung einer elektronischen Gesundheitsakte in Österreich, der Aufbau einer E-Health-Behörde in Dänemark oder die Entwicklung einer umfassenden ID-Karte inklusive Gesundheitsinformationen in Estland (Blachetta et al. 2016).

Ein weiterführender internationaler Vergleich gestaltet sich außerdem schwierig. Denn es gibt zwar eine Vielzahl an Studien, beispielsweise die „European Hospital Survey" (EU Kommission 2014) oder das „OECD Health IT Benchmarking" (OECD 2014), diese sind aber laut einer Potenzialanalyse des Bundesministeriums für Wirtschaft und Energie aus Unternehmenssicht nur bedingt hilfreich, da sie nicht praxisrelevant seien (BMWi 2016).

So lassen sich nach bestem Wissen der Autoren lediglich oberflächliche oder anwendungsspezifische Vergleiche zwischen Ländern identifizieren. Eines der eindeutigsten Studienergebnisse stammt dabei von der Münch-Stiftung, welche den Stand der Implementierung zur elektronischen Patientenakte zwischen EU-Ländern vergleicht (Münch-Stiftung 2016). Dazu wurde erstmalig eine „European Score Card entwickelt". Deutschland liegt demnach auf Platz zehn im europäischen Vergleich. Die vorderen Plätze belegen Dänemark, Schweden und Estland.

Ein völlig anderes Bild zeichnet eine Befragung aus dem **Jahr 2015 von 4471 Branchenexperten** nach den zehn Ländern mit den besten Marktbedingungen für digitale Gesundheitsangebote (research2guidance 2016). Hier liegt **Deutschland auf Platz** zwei hinter Großbritannien und vor Schweden, Holland und Dänemark.

Im direkten Vergleich zu den USA wirken Versuche, neue Versorgungs- und Vergütungssysteme zu testen, eher zaghaft, wobei erfolgsversprechende Ansätze in den USA schneller in den Regelbetrieb implementiert und weiter erprobt werden. Ebenso werden hier unter anderem die Befreiung von Vorschriften, ein flexibleres System (unter anderem die Kopplung von Vergütung und Qualität), die kontinuierliche Messung und Kommunikation von Qualität, das Setzen finanzieller Anreize für Electronic Health Records, regionale Vernetzung als positive Impulse genannt.

An anderer Stelle wird betont, dass die „Systemgetriebenen eHealth-Aktivitäten in Deutschland (Telematikinfrastruktur, sowie die elektronische Gesundheitskarte)" (BMWi 2016, S. 52) zwar einen Innovationsvorsprung hervorrufen sollten, aber nicht im ausreichenden Maße zum Tragen kommen. Hier fördert insbesondere der US-Markt (fragmentiertes Gesundheitssystem, dessen Konsumentenverhalten, Innovationsklima) innovativere Lösungen im Wettbewerb zwischen den Anbietern (BMWi 2016).

2.3 Auswirkungen auf das BGM

Der **Strukturwandel hin zu einer Wissensgesellschaft** mit all seinen Facetten (Technologisierung, Automatisierung, Globalisierung etc.) stellt das Betriebliche Gesundheitsmanagement (BGM) eines Unternehmens vor neue Herausforderungen. Dazu zählt **(1)** der Trend zu individualisierten Gesundheitsangeboten (s. Abschn. 2.3.1), **(2)** eine stärkere Konzentration auf digitale BGM-Angebote, die in vergleichbarer Qualität über Ländergrenzen hinaus zur Verfügung stehen (s. Abschn. 2.3.2) und **(3)** die Vorsorge und Reduktion zunehmender psychosozialer Überlastungsreaktionen von Wissensarbeitern (s. Abschn. 2.3.3).

2.3.1 Personalisiertes Gesundheitsangebot

Es ist ein **Trend zu individualisierten Gesundheitsangeboten** zu beobachten. Der *one-size-fits-all*-Ansatz wird hingegen zunehmend unbeliebt (s. Abschn. 2.2.1). Der Wunsch nach Selbstverantwortung und individueller Lebensplanung in Kombination mit der wachsenden Selbstständigkeit durch den zunehmend kompetenten Umgang mit digitaler Techniken (auch als „Empowerment" bezeichnet) hat in unserer Gesellschaft deutlich zugenommen. Vor allem bei der nachrückenden Generation und ihrer Affinität zur Erfassung eigener Gesundheitsdaten („Self-Tracking"). Digital Natives sind weniger bereit, der Anweisung von Ärzten zu folgen, als die Generationen zuvor. Sie hinterfragen viel häufiger Handlungs- und Gesundheitsempfehlungen und tendieren eher zur Selbstdiagnose. Die 18- bis 34-Jährigen wollen mehr die Kontrolle über Maßnahmen und Ausgaben bei sich behalten – und wollen dazu die Technologie verwenden, wie sie sie auch in allen anderen Lebensbereichen tun. Und laut einer Umfrage in den USA wünschen sich nahezu drei Viertel der befragten Digital Natives mobile Applikationen, um sich aktiv und präventiv um die eigene Gesundheit zu kümmern (Garnier 2016). Eine **präventive Haltung** hat Einzug in unsere Gesellschaft genommen. Menschen wollen aktiv in ihre Gesundheit investieren. Mobile Endgeräte und digitale Gesundheits-Apps unterstützen dabei, selbst Verantwortung für die eigene Gesundheit zu übernehmen. Somit wird das traditionelle Modell des unmündigen und unwissenden Patienten von einem **selbstbestimmten und mündigen Gesundheitskonsumenten** abgelöst. Im Kontext Gesundheit wurden im letzten Jahr 675 Jugendliche (Altersdurchschnitt 23) nach deren **mHealth-App** Nutzungsverhalten befragt. Jeder zweite Jugendliche gab an, mHealth-Applikationen zu verwenden. Ein Drittel der Befragten nutzt gesundheitsbezogene Apps auf dem Smartphone, 26 % davon täglich entweder zum Sammeln und Verwalten von Gesundheitsdaten, der Überwachung von Gesundheitsverhalten oder der Bereitstellung von Gesundheitsinformationen. Die Hauptinformationsquelle ist dabei das Internet (60,9 %), gefolgt von Freunden und Familien (43,8 %), sowie Fernsehen und Radio (26,7 %) (Dockweiler et al. 2015). Hinzu kommt der zunehmende Wunsch nach Konnektivität, auch im Kontext Gesundheit. Und in einer zunehmend digital vernetzten Realität kann **Connected Health** (technisch, organisatorisch, semantisch) eine neue Chance bieten, sich einerseits als Organisation die Kraft der Gemeinschaft für das Wohlbefinden, die Zufriedenheit und Gesundheit in einer Organisation zunutze zu machen und andererseits über die Vernetzung aller relevanter Akteure (beispielsweise Krankenkasse, Ärzte, Betriebsarzt, Therapeuten, Ökotrophologen, Psychologen, Sportwissenschaftler, Apotheker etc.) mithilfe einer IT-Infrastruktur, Dienstleistungen und Interventionen passgenau auf die Bedürfnisse jedes einzelnen Mitarbeiters auszurichten.

2.3.2 Qualitativ vergleichbare BGM-Maßnahmen über Ländergrenzen hinaus

Eine weitere Herausforderung ist das Wachstum von Unternehmen über Ländergrenzen hinaus, wodurch es für das BGM schwierig wird, **allen Mitarbeitern in vergleichbarer Qualität und Quantität Maßnahmen anzubieten**. Der Einzug der Digitalisierung in den Gesundheitssektor (die Digitalisierung wirkt hier als Ermöglichungsbedingung) schafft neue Möglichkeiten für ein **digital** ausgerichtetes und **global** fungierendes **BGM**, mit einer länderübergreifenden IT-Infrastruktur. Das neue E-Health-Gesetz sollte hierzu einen zentralen Anreiz bieten. Dazu ist es notwendig, eine **grundlegende Vernetzung**, eine sogenannte Interoperabilität zu ermöglichen. Das Institute of Electrical and Electronics Engineers (IEEE) definiert Interoperabilität als „die Fähigkeit zweier oder mehrerer Systeme oder Komponenten, Informationen auszutauschen und die ausgetauschten Informationen auch sinnvoll nutzen zu können" (IEEE 1990; s. Abschn. 2.2.2). In der Praxis bedeutet das, sämtliche Softwareapplikationen (zwischen individuellem Computer, App, Webservice, Firmenserver usw.), in Wechselwirkung mit Big-Data-Lösungen (die die Aggregation, Analyse und Auswertung von E-Health generierten Daten in relevante Informationen ermöglichen) (s. Abschn. 2.2.2) und im Dienste von p- und c-Health-Lösungen (s. Abschn. 2.2.1) zu ermöglichen (vor allem basierend auf dem Wechselspiel zwischen E-Health und Big-Data-Analysen). Daraus wird deutlich, dass ein modernes Gesundheitssystem als Ganzes sowie der ökonomische Auftrag eines betrieblichen Gesundheitsmanagements insbesondere, von der Selbstverständlichkeit alltäglicher Softwareanwendung her gedacht werden muss. **Digitale Gesundheit wird also nicht „gemanaged", sondern kontinuierlich kollaborativ konstruiert.** Denn der betriebliche Alltag, zumindest von Wissensarbeitern, die zunehmend in virtuellen Räumen zusammenarbeiten, ist bestimmt von Softwareanwendungen und Mitarbeiter sind längst immer auch Akteure im Rahmen der kollaborativen Nutzung von Unternehmenssoftware. Ein zukunftsfähiges BGM, das also im Sinne eines **umfassenden „Connectet Health Paradigmas"** operiert, wird – denkbar im Rahmen einer mit dem einzelnen Mitarbeiter getroffenen Präventionsvereinbarung – nicht nur versuchen, kontinuierlich eine Grundgesamtheit an personenbezogenen Daten zu erheben und in Form von Gesundheitsinformationen aufzubereiten, sondern dafür bzw. dabei immer auch die Produktakzeptanz und Gebrauchstauglichkeit (Usability) als einen für die Organisation ökologisch kritischen Faktor in der Einführung und gewinnbringenden Verwendung von Softwarelösungen für ein ganzheitliches (cHealth) und personalisiertes (pHealth) BGM betrachten (Scholtz et al. 2016). Es bringt nichts, 100 unterschiedliche Features anzubieten, wenn Mitarbeiter nur drei davon täglich benötigen und die dann leider auch noch schwer zu bedienen gestaltet sind. Die mangelnde Gebrauchs- und Alltagstauglichkeit kann auch eine Ursache für die hohe Abbruchquote von E-Health-Maßnahmen sein (Eysenbach 2005). Bei der Implementierung eines digitalen BGM wäre es deshalb eine logische Konsequenz in Erfahrung zu bringen, welche Determinanten einen vorzeitigen Ausstieg der Mitarbeiter verursachen („Gesetz der Abbruchquote", s. Eysenbach 2005). Um die Abbruchquote zu reduzieren, scheint eine Hybrid-Service-Lösung erfolgversprechend zu sein, bestehend aus einem Gesundheits-App-Quiz (basierend auf dem Microlearning-Ansatz), analoge und digitale Face-to-Face-Interaktionen sowie weitere digitale Dienste wie Analyseverfahren mit Feedbackschleifen oder E-Mail-Material. Basierend auf einer solchen Hyprid-Lösung konnte die Abbruchrate bei mehr als der Hälfte der Teilnehmer einer Studie auf bis zu zehn Monate Teilnahmezeit hinausgezögert werden. Was im Vergleich zu üblichen Abbruchquoten zwischen dem ersten und dritten Monat der Intervention einer auffälligen Steigerung entspricht (Simons et al. 2015). Damit wären dann nämlich nicht nur Probleme der Interoperabilität, sondern auch die Hindernisse bei der Ansprache junger Mitarbeiter (Digital Natives) adressiert.

2.3.3 Vorsorge und Reduktion zunehmender psychosozialer Überlastungsreaktionen von Wissensarbeitern

Als dritte Herausforderung sei hier der zunehmende Anspruch an die Wissensarbeit genannt, die vermehrt zu **psychosozialen Belastungen und Störungen bei Arbeitnehmern führen**. Ein zentraler Treiber dessen ist die Digitalisierung, die zwar einerseits durch längst alltäglich gewordenen IKT zu einer ökonomischen Effizienzsteigerung führt, andererseits aber auch zu sozialer Beschleunigung und die, damit einhergehend, zu Überlastungsreaktionen bei den Mitarbeitern führen kann. Weber und Autorenteam haben 2006 diese Entwicklung mit einer Epidemie des 21. Jahrhunderts gleichgesetzt (Weber und Hörmann 2006). Auffällig ist die **steigende Prävalenz psychischen Störungen bei jungen Erwerbstägigen im Alter von 20 bis 34 Jahren** (s. Abschn. 2.1.2). Dabei zeigen diverse Studien, beispielsweise aus der positiven Psychologie, dass Mitarbeiter mit guter psychosozialer Gesundheit zufriedener, engagierter und produktiver arbeiten (Youssef und Luthans 2007). Interventionen, die also auf die mentale Gesundheit der Mitarbeiter ausgerichtet sind, führen oftmals zu einer signifikanten Verbesserung der Arbeitszufriedenheit (Meyers et al. 2013). Deshalb sollten mit Blick auf konkrete BGM-Maßnahmen weniger die bereits verbreiteten Interventionen wie Arbeitssicherheit im Fokus stehen, sondern viel mehr Weiterbildungen zur Stressbewältigung und Psychoedukation, sowie Freiräume für individuelle Arbeitsphasen und häufigere Mitarbeitergespräche (Berset et al. 2015). Dabei ist es auch wichtig, die Maßnahmen alltagstauglich aufzubereiten, weil die Priorität des Tagesgeschäfts häufig die Teilnahme an Interventionen ausbremst. **Microlearning bietet hierzu einen vielversprechenden Ansatz.** Microlearning sind kleine „Wissenshäppchen" oder „Learning Nuggets" von drei bis 15 Minuten, die schonend mit den Ressourcen Zeit und Aufmerksamkeit, umgehen.

2.4 Zusammenfassung und Ausblick

Die Wissensgesellschaft unterliegt verschiedenen Megatrends sozialen Wandels. Allen voran führt die Digitalisierung zu Innovationen und ökonomischen Effizienzsteigerungen durch alltäglich gewordene IKT führt. Zukunftsorientierte IKT-Ansätze zur Digitalisierung im Gesundheitswesen sind die beiden Konzepte „Personalized Health" und „Connected Health". Während pHealth die Einbeziehung und Ermutigung von Mitarbeitern, die sich aktiv und systematisch an der Prävention und Aufrechterhaltung ihrer Gesundheit beteiligen wollen, ermöglicht, lässt sich mithilfe eines cHealth-Ansatzes ein ganzheitliches und gleichzeitig persönliches Gesundheitsnetzwerk aus kooperierenden Diensten, Anwendungen und persönlichen Datenpaketen aufbauen. Dadurch könnten erstmalig Dienstleistungen und Interventionen basierend auf den Bedürfnissen eines Mitarbeiters entwickelt werden, statt weiterhin dem *One-size-fits-all*-Ansatz zu folgen. Zwar haben bisher infrastrukturelle Hemmnisse die digitale Transformation im deutschen Gesundheitswesen ausgebremst, das in 2016 in Kraft getretene E-Health-Gesetz scheint jedoch ein zusätzlicher Treiber für die Einführung einer digitalen Infrastruktur zu sein.

Ein weiterer treibender Faktor der zunehmenden Digitalisierung im Gesundheitswesen ist der wachsende Druck der Akteure, vor allem vonseiten der der jungen Generation, die mit IKT-Technik aufgewachsen sind („Digital Natives") , die nun auch immer mehr als Arbeitnehmer und Anwender digitaler Techniken per se in das Gesundheitssystem des digitalen BGM eintreten. Aufgrund ihres veränderten Medienverhaltens, ihrer „Hyper Attention" und mangelnden Aufmerksamkeitsspanne entwickeln sie ein neues Lernverhalten, das neue Ansprüche an Methodik und Didaktik von Weiterbildungsmaßnahmen stellt. Erfolgsversprechend scheinen hierfür maßgeschneiderte Microlearning-Konzepte zu sein, die es Arbeitnehmern ermöglichen, sich über kleine „Wissenshäppchen" neues Wissen anzueignen.

1. **Megatrends wirken** auch auf den Gesundheitssektor und damit **auch auf das Betriebliche Gesundheitsmanagement**. Weshalb die Neuausrichtung eines zukunftsorientierten digitalen BGM aus diesen Tiefenströmungen des Wandels heraus gedacht werden muss.
2. Menschen wollen aktiv in ihre Gesundheit investieren. Das Modell des unmündigen und unwissenden Patienten wird von einem selbstbestimmten und mündigen Gesundheitskonsumenten abgelöst. Der **personalized Health-Ansatz wird demnach zu einem zentralen Attraktor eines digitalen BGM.**
3. **Es ist ein zunehmender Wunsch nach Konnektivität zu beobachten**, auch im Kontext Gesundheit. In einer zunehmend digital vernetzten Welt kann **Connected Health** eine vernetzte IT-Infrastruktur und somit ein ganzheitliches und gleichzeitig persönliches Gesundheitsnetzwerk ermöglichen.

Literatur

Albrecht, U.-V. (2016) Chancen und Risiken von Gesundheits-Apps (CHARISMHA). Hannover: Medizinische Hochschule Hannover. S. 48–58. urn:nbn:de:gbv:084-16040811153. http://www. digibib.tu-bs.de/?docid=00060000

Berset M, Krause A, Straub L (2015) Wie KMU mit Gesundheitsschutz umgehen. KMU-Magazin, 11:94–97.

BDI (Bundesverband der Deutschen Industrie) (2013) Die Gesundheitswirtschaft – ein stabiler Wachstumsfaktor für Deutschlands Zukunft. Strategisches Programm des BDI-Ausschusses für Gesundheitswirtschaft. Berlin: BDI e.V.

Biesdorf S, Deetjen U, Möller M (2016) Eine Vision für ein digitales Gesundheitssystem in Deutschland. McKinsey & Company, Business Technology Office. https://www.mckinsey.de/ files/2016_vision_digitales_gesundheitswesen_in_deutschland.pdf. Zugegriffen: 15. Dezember 2016

Blachetta F, Bauer M, Poerschke K, Bieber N, Solbach T, Leppert F, Greiner W, Bernnat R (2016) Weiterentwicklung der eHealth-Strategie: Studie im Auftrag des Bundesministeriums für Gesundheit (BMG). Strategie& & PwC https://www.bundesgesundheitsministerium.de/ fileadmin/Dateien/3_Downloads/E/eHealth/BMG-Weiterentwicklung_der_eHealth-Strategie-Abschlussfassung.pdf. Zugegriffen: 15. Dezember 2016

BMWi (2016) Ökonomische Bestandsaufnahme und Potenzialanalyse der digitalen Gesundheitswirtschaft. Studie im Auftrag des Bundesministeriums für Wirtschaft und Energie. Strategy&, PwC, Universität Bielefeld, WifOR http://www.bmwi.de/BMWi/Redaktion/ PDF/Publikationen/Studien/potenzialanalyse-digitale-gesundheitswirtschaft,property=pdf, bereich=bmwi2012,sprache=de,rwb=true.pdf. Zugegriffen: 15. Dezember 2016

Bonin H, Gregory T, Zierahn U (2015) Übertragung der Studie von Frey/Osborne (2013) auf Deutschland, Kurzexpertise Nr. 57 im Auftrag des Bundesministeriums für Arbeit und Soziales (Endbericht), Zentrum für Europäische Wirtschaftsforschung (Hrsg), Mannheim ftp://ftp.zew. de/pub/zew-docs/gutachten/Kurzexpertise_BMAS_ZEW2015.pdf. Zugegriffen: 25. November 2016

Bos L (2012) pHealth. In: Blobel B, Pharow P, Sousa F (Hrsg), pHealth. Amsterdam: IOS Press, S. 3–13 doi:10.3233/978-1-61499-069-7-3

Dockweiler C, Boketta R, Schnecke J H, Hornberg C (2015) Nutzungsverhalten und Akzeptanz von smartphonebasierten mHealth-Applikationen bei jungen Erwachsenen in Deutschland. Berlin: TELEMED

Elmer A (2016) eHealth in Deutschland – Probleme, Projekte, Perspektiven. Magazin des Wissenschaftlichen Instituts der AOK, 16(3):7–13. http://www.wido.de/fileadmin/wido/downloads/pdf_ggw/wido_ggw_0316_elmer_0816.pdf. Zugegriffen: 10. Dezember 2016

EU Kommission (2014): European Hospital Survey: Benchmarking Delployment of e-Health Services (2012-2013). JRC Scientific and Policy Reports. Zugegriffen: 16. Dezember 2016 http://ipts.jrc.ec.europa.eu/publications/pub.cfm?id=7060

Eysenbach G (2005) The Law of Attrition (Or: Why Do eHealth Users Discontinue Usage?). J Med Internet Res, 7(1):e11

Featherstone M, Burrows R (1995) Cultures of Technological Embodiment: An Introduction, in: dies (Hrsg) Cyberspace, Cyberbodies, Cyberpunk. Cultures of Technological Embodiment. London, Thousand Oaks. New Delhi

Ferguson, T. (1995), Consumer health informatics., in The Healthcare Forum journal, pp. 28.

Ferguson, T. (2002), From patients to end users., BMJ 324(7337), 555–556.

Frey C B, Osborne M A (2013) The Future of Employment: How Susceptible are Jobs to Computerziation?, Oxford Martin School (OMS) working paper, University of Oxford, Oxford http://www.oxfordmartin.ox.ac.uk/downloads/academic/The_Future_of_Employment.pdf. Zugegriffen: 25. November 2016

Garnier A (2016) Millennials Set Pace for Healthcare and Revenue Cycle Management. Revenue Cycle Strategist, 13(1):7

Gesundheitsreport 2015: Gesundheit von Studierenden. Techniker Krankenkasse. https://www.tk.de/centaurus/servlet/contentblob/718612/Datei/85090/Gesundheitsreport-2015.pdf. Zugegriffen: 18. Dezember 2016.

Hart J (2016) The Future of Work and Learning 1: The Professional Ecosystem. http://www.c4lpt.co.uk/blog/2016/05/08/the-professional-ecosystem-the-future-of-work-and-learning/. Zugegriffen: 11. Dezember 2016.

Hayles N K (2007) Hyper and Deep Attention: The Generational Divide in Cognitive Modes. Profession, S. 187–199.

Hollinderbäumer A, Hartz T, Ückert F (2013) Lehre 2.0 – Wie werden Social Media und Web 2.0 in die medizinische Ausbildung eingebunden? Ein systematischer Literaturüberblick. GMS ZMA., 30(1)

Horx M, Zukunftsinstitut. https://www.zukunftsinstitut.de/dossier/megatrends/. Zugegriffen: 15. Dezember 2016

IEEE (1990) IEEE standard computer dictionary: A Compilation of IEEE Standard Computer Glossaries. New York, USA: Institute of Electrical and Electronics Engineers

Jordan C (2006) Wettbewerb der Krankenkassen – Brauchen wir den Risikostrukturausgleich? München: GRIN Verlag

Kay M, Santos J, Takane M (2011) mHealth: New horizons for health through mobile technologies. World Health Organization, 64(7):66–71

Lai E, Friedl K E (2009) Digital soldiers: Transforming personalized health in challenging and changing environments. In: Wearable Micro and Nano Technologies for Personalied Health (pHealth), 6th International Workshop on. IEEE, S. 5–8

Lupton D (2013) Quantifying the body: monitoring and measuring health in the age of mHealth technologies. Critical Public Health, 23(4), 393–403.

Maglaveras N, Kilintzis V, Koutkias V, Chouvarda I (2016) Integrated Care and Connected Health Approaches Leveraging Personalised Health through Big Data Analytics. Stud Health Technol Inform. 224,117–122

Mai L, Wilhelm J (2015) Ich weiß, wann du online warst Schatz. Die Bedeutung der WhatsApp-Statusanzeigen für die Paarkommunikation in Nah- und Fernbeziehungen. Marburg: Tectum Wissenschaftsverlag

Mai L M, Freudenthaler R, Schneider F M, Vorderer P (2015) „I know you´ve sen it!" Individual and social factors for users' chatting behavior on Facebook. Computers in Human Behavior, 49, 296–302

McCallum S (2012) Gamification and Serious Games for Personalized Health. In: Blobel B, Pharow P, Sousa F (Hrsg) pHealth. Amsterdam: IOS Press, S. 85–96 doi:10.3233/978-1-61499-069-7-85

Meyers M, Van Woerkom A, Bakker A (2013) The added value of the positive: A literature review of positive psychology interventions in organizations. European Journal of Work and Organizational Psychology, 22(5):618–632

Moser H, Scheuble W, Kammerl R (2014) „Digitale Lebensstile" als Folge gesellschaftlicher Mediatisierung. In: Jahrbuch Medienpädagogik 11, Wiesbaden: Springer Fachmedien, S. 77–100

Münch-Stiftung (2016) Studie zur elektronischen Patientenakte im Ausland: Klare Vorgaben des Gesetzgebers sind Voraussetzung für erfolgreiche Implementierung. http://www.stiftung-muench.org/studie-zur-elektronischen-patientenakte-im-ausland-klare-vorgaben-des-gesetzgebers-sind-voraussetzung-fuer-erfolgreiche-implementierung/. Zugegriffen: 18. Dezember 2016

Neumann K, Wolfschütz A (2015) Rahmenbedingungen im Innovationsfonds. Welche Projekte und Förderverfahren helfen, Innovationsdefizite zu überwinden? Berlin: IGES Institut

OECD (2014): Benchmarking health IT among OECD countries: Better data for better policy. Journal of the American Medical Informatics Association – Volume 21.

Prensky M (2001a) Digital natives, digital immigrants part 1. On the horizon 9(5):1–6

Prensky M (2001b) Digital Natives, Digital Immigrants Part II: Do they really think different? Retrieved 14 May 2008

Reinecke L, Aufenanger S, Beutel M E, Dreier M, Quiring O, Stark B, Wölfing K, Müller K W (2016) Digital stress over the life span: The effects of communication load and internet multitasking on perceived stress and psychological health impairments in a German probability sample. Media Psychology, S.1–26

research2guidance (2014) mHealth App Developer Economics. http://research2guidance.com/product/mhealth-app-developer-economics-2014/. Zugegriffen: 15. Dezember 2016

research2guidance (2016) mHealth App Developer Economics. http://research2guidance.com/product/mhealth-app-developer-economics-2016/. Zugegriffen: 15. Dezember 2016

Robes J (2009) Microlearning und Microtraining: Flexible Kurzformate in der Weiterbildung. In: Wilbers K, Hohenstein A (Hrsg), Handbuch E-Learning, Loseblattsammlung, 30. Erg-Lfg., Köln: Deutscher Wirtschaftsdienst. http://www.weiterbildungsblog.de/wp-content/uploads/2009/10/hel30_436_robes.pdf. Zugegriffen: 05. Dezember 2016

Rosa H (2005) Beschleunigung. Die Veränderung der Zeitstrukturen in der Moderne. Frankfurt a.M. Suhrkamp

Rosenbrock R, Gerlinger T (2014) Gesundheitspolitik. Eine systematische Einführung. Bern: Hans Huber

Ryan M (2014) Cyberspace. In: Ryan M, Emerson L, Robertson B J (Hrsg), The Johns Hopkins Guide to Digital Media. Baltimore: Johns Hopkins University Press, S. 118–121

Simons L, Foerster F, Bruck P A, Motiwalla L, Jonker C M (2015) Microlearning mApp raises health competence: hybrid service design. Health and technology, 5(1):35–43

Scholtz B, Mahmud I, Ramayah T (2016) Does usability matter? An analysis of the Impact of Usability on Technology Acceptance in ERP Settings. Interdisciplinary Journal of Information, Knowledge, and Management, 11.

Viereckl R, Ahlemann D, Koster A, Jursch S (2015) Racing Ahead with Autonomous Cars and Digital Innovation. Auto Tech Review, 4(12):18–23

Vorderer P (2015) Der mediatisierte Lebenswandel. Publizistik, 60(3): 259–276

Wächter M (2016) Mobile Internet, In: Wächter M (Hrsg), Mobile Strategy. Marken- und Unternehmensführung im Angesicht des Mobile Tsunami. Wiesbaden: Springer Fachmedien, S. 93–139

Weber A, Hörmann G (2006) Psychosoziale Gesundheit im Beruf. Mensch, Arbeit, Gesellschaft. 2, Aufl. Stuttgart: Gentner

Youssef C, Luthans F (2007) Positive organizational behaviour in the workplace. The impact of hope, optimism, and resilience. Journal of management, 33(5):774–800

Dr. Steffi Burkhart, geboren 1985, studierte Sportwissenschaften an der Deutschen Sporthochschule in Köln und hat in Gesundheitspsychologie promoviert. Parallel zu ihrer Promotion hat sie bei einem Tochterunternehmen eines Großkonzerns das Betriebliche Gesundheitsmanagement mit aufgebaut. Von 2013 bis 2015 ist sie zu einem Start-up gewechselt und hat dort eine Führungskräfte-Akademie geleitet. Seit 2015 ist sie als Top-Speakerin und Botschafterin ihrer Generation (*1980–1995) zum Wandel der Arbeitswelt in der gesamten deutschen Wirtschaft aktiv und gern gesehener Gast bei TV Formaten (ZDF, ARD) sowie im Radio (SWR1, WDR2). Darüber hinaus ist sie Lehrbeauftragte an der Hochschule FOM.

Felix Hanser ist Wissenschaftlicher Mitarbeiter am Fraunhofer Institut für Produktionstechnik und Automatisierung im Bereich der Medizin- und Biotechnologie in Mannheim. Dort erforscht und konzipiert er neuartige Bedienschnittstellen für zukünftige Krankenhaus- und Laborinformationssysteme. Herr Hanser hat zuvor Medienwissenschaft, Kommunikationswissenschaft und Soziologie studiert und sich dabei mit den psychologischen und sozialen Auswirkungen neuer Medien beschäftigt.

Digitales BGM für die Arbeitswelt 4.0

3

Optionen für das Betriebliche Gesundheitsmanagement

Oliver Hasselmann

Zusammenfassung

Wie Geschäftsmodelle und Organisationsprozesse unterliegen auch die Arbeitsbedingungen in der digitalen Transformation starken Veränderungen, die sich auf nahezu alle Bereiche von der Arbeitsgestaltung, der Arbeitsumgebung und dem Umfeld über die Arbeitsorganisation, die Führung und die Unternehmenskultur bis zur Kommunikation auswirken. BGM (Betriebliches Gesundheitsmanagement) muss sich mit den wandelnden Arbeitsbedingungen auseinandersetzen und zeitgemäße Lösungen finden. Welche gesundheitsgefährdenden Belastungen und Anforderungen entstehen in einer sich digitalisierenden Arbeitswelt und welche gesundheitsförderlichen Ressourcen wird es geben? Um ein zukunftsweisendes BGM zu entwickeln, ist es notwendig, die Handlungsfelder zu identifizieren und detailliert zu betrachten. Soweit es möglich ist, sollten Handlungsoptionen und Empfehlungen aufgezeigt werden und betriebliche, gesellschaftliche sowie politische Akteure für die zukünftige Gestaltung guter und gesunder Arbeitsbedingungen sensibilisiert werden. Zu den wichtigsten Handlungsfeldern, die unter den digitalen Bedingungen im BGM besondere Berücksichtigung finden sollten, gehören die digitalen Assistenzsysteme, Mobilität, Flexibilität, Kommunikation und Führung sowie alters- und alternsgerechte Arbeitsgestaltung.

O. Hasselmann (✉)
BGF-Institut
Köln, Deutschland
E-Mail: Oliver.Hasselmann@bgf-institut.de

© Springer Fachmedien Wiesbaden GmbH 2018   57
D. Matusiewicz und L. Kaiser (Hrsg.), *Digitales Betriebliches Gesundheitsmanagement*,
FOM-Edition, https://doi.org/10.1007/978-3-658-14550-7_3

3.1 Technische und soziale Innovationen

Die Welt wird sich grundlegend verändern. Das ist nichts Neues, denn das tat sie immer schon. Neu an der digitalen Transformation sind jedoch die Geschwindigkeit, die Allgegenwärtigkeit und die Reichweite der Veränderungen. Es ist auch nicht neu, dass der Wandel von Skeptikern, Kritikern und von Ängsten begleitet wird, obwohl die Fortschritte in der Vergangenheit oftmals zur Steigerung des Realeinkommens, zur Verkürzung der Arbeitszeiten, zu einem Anstieg des Lebensstandards und der Lebenserwartung geführt haben (Gäde-Butzlaff 2015, S. 12). Wenn wir aber gute und gesunde Arbeit in den Fokus nehmen, ist es insbesondere für die Akteure der Prävention ratsam, sich die technologischen und organisatorischen Digitalisierungsprozesse sehr differenziert und kritisch anzuschauen und die Themen Betriebliches Gesundheitsmanagement (BGM), betriebliche Gesundheitsförderung (BGF) sowie Arbeits- und Gesundheitsschutz von Beginn an mitzudenken und mitzugestalten. Während Computerarbeit, E-Mails, Suchmaschinen und Internet bereits seit geraumer Zeit für viele Beschäftigte zum Arbeitsstandard gehören, geht es in der aktuellen Debatte über die digitale Transformation und 4.0-Prozesse um weitreichendere technologische Entwicklungen. In der Vision „Industrie 4.0" werden die Produktionsprozesse individualisiert bis hin zu Losgröße 1, gleichzeitig wird der gesamte Wertschöpfungsprozess überbetrieblich vernetzt und steuert sich autonom. Mittels Sensoren und Aktoren kommunizieren Gegenstände und Maschinen mit Robotern, Systemen oder Menschen. Systeme treffen in Echtzeit optimierte Entscheidungen. Agieren diese Elemente vernetzt miteinander, spricht man von Cyber-Physical-Systems (CPS), deren autonomen Handlungen auf dem virtuellen Echtzeitabbild der Realität basieren. 4.0-Prozesse finden nicht nur in der Industrie statt. In nahezu allen Branchen werden unterschiedlichste Möglichkeiten entdeckt, wie die neuen Technologien effizient und gewinnbringend einsetzbar sind (Geisberger 2012, S. 20 ff.). Dies hat teilweise gravierende Auswirkungen auf die Arbeitsgestaltung und die Arbeitsorganisation. Zwangsläufig werden die technischen Veränderungen von sozialen Innovationen im Betrieb, in einer Branche oder in der Gesellschaft begleitet. Z. B. entstehen dank moderner Kommunikationsmedien völlig neue Umgangsformen via SMS oder WhatsApp. Das heißt, mit der technologischen Entwicklung gehen immer soziale Innovationen und ein kultureller Wandel einher. Der vorliegende Artikel beschäftigt sich mit der Fragestellung, welche Auswirkungen diese Entwicklung auf das Betriebliche Gesundheitsmanagement (BGM) und die Beschäftigtengesundheit haben. Dies erfordert die Betrachtung zweier Perspektiven. Es geht einerseits darum, sich als BGM-Anbieter die digitalen Tools selbst zunutze zu machen, zu entwickeln und für ein qualitativ hochwertiges modernes BGM einzusetzen. Gleichzeitig gilt es, Konzepte zu entwickeln, die die Effekte der digitalen Transformation auf Arbeitsorganisation und Arbeitsgestaltung auf Unternehmenskultur und Führung identifizieren und verstehen, um daraus Präventionsstrategien abzuleiten, die auf die digitalen Herausforderungen der Arbeitswelt Antworten finden (siehe Abb. 3.1).

Abb. 3.1 Schematische
Darstellung: Digitale Transformation, Arbeitsbedingungen
und BGM

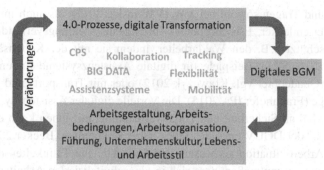

3.2 Arbeitsbedingungen in der digitalen Transformation

Wie Geschäftsmodelle und Organisationsprozesse unterliegen auch die Arbeitsbedingungen in der digitalen Transformation starken Veränderungen, die sich auf nahezu alle Bereiche von der Arbeitsgestaltung, der Arbeitsumgebung und dem Umfeld über die Arbeitsorganisation, die Führung und die Unternehmenskultur bis zur Kommunikation auswirken. BGM muss sich mit den wandelnden Arbeitsbedingungen auseinandersetzen und
zeitgemäße Lösungen finden. Welche gesundheitsgefährdenden Belastungen und Anforderungen entstehen in einer sich digitalisierenden Arbeitswelt und welche gesundheitsförderlichen Ressourcen wird es geben? Um ein zukunftsweisendes BGM zu entwickeln, ist
es notwendig, die Handlungsfelder zu identifizieren und detailliert zu betrachten. Soweit
es möglich ist, sollten Handlungsoptionen und Empfehlungen aufgezeigt werden und betriebliche, gesellschaftliche sowie politische Akteure für die zukünftige Gestaltung guter
und gesunder Arbeitsbedingungen sensibilisiert werden. Zu den wichtigsten Handlungsfeldern, die unter den digitalen Bedingungen in der BGM besondere Berücksichtigung
finden sollten, gehören die digitalen Assistenzsysteme, Mobilität, Flexibilität, Kommunikation und Führung sowie alters- und alternsgerechte Arbeitsgestaltung.

3.2.1 Digitale Assistenzsysteme und BGM

Digitale Assistenzsysteme sind vielfältig. Der flächendeckende Einsatz von Smartphones
und Laptops oder zukünftig von Datenbrillen und Smart-Devices erlaubt die ortsunabhängige Unterstützung von Arbeitsprozessen durch Informationen und Anleitungen, beispielsweise für Elektrotechniker. Digitalisierte Arbeitsplätze in Büro, Logistik oder Produktion (BMWi 2016, S. 20 ff.) richten sich automatisch ergonomisch optimal aus, orientieren sich an Geschwindigkeit, Eigenarten und Sprache der Beschäftigten. Intelligente
Werkzeuge und Exoskelette arbeiten kraftunterstützend und fehlervermeidend. Verschiedene Arten von Robotern übernehmen Arbeiten in Zwangshaltungen und schweres Heben

und Tragen sowohl bei VW (VW inside 2017), als auch im Handwerk (Quadcopter für Dachdecker, Estrichroboter). Intelligente Kleidung verhindert Unfälle. Latzhose Horst schützt z. B. den Waldarbeiter, indem sie mit der Kettensäge kommuniziert[1] (Ashour 2015, S. 1); Beispiele für digitale Assistenzsysteme finden sich ebenso im Handwerk (Quadcopter vgl. Krawczyk 2012) oder mit Transport- und Servicerobotern in der Pflege (Fraunhofer IPA 2015). Die Vorteile digitaler Assistenzsysteme ermöglichen ein hohes Maß an Sicherheit und Unfallvermeidung, mit ihnen kann es gelingen, der „Vision Zero" der DGUV ein gutes Stück näher zu kommen (Becker 2015, S. 8). Die ergonomische Arbeitssituation verbessert sich für zahlreiche Tätigkeiten deutlich. Es ist nicht verwegen, zu mutmaßen, dass sich in einer digitalisierten Arbeitswelt die Fehlzeiten aufgrund von Unfällen und Muskel-Skelett-Erkrankungen deutlich reduzieren werden. Auch 2015 verursachten sie mit 21,8 % aller Fehltage die häufigsten Arbeitsausfälle. Es folgten die Atemwegserkrankungen mit 13 %, die Unfälle mit 10,8 % und die psychischen Erkrankungen mit 10,5 % (Meyer und Meschde 2016, S. 251). Damit die Digitalisierung ihre gesundheitsförderlichen Potenziale entfalten kann, ist es aus Perspektive des BGMs entscheidend, dass die präventiven Aspekte der Arbeitsplätze von Anfang an mitgedacht und systematisch geplant werden. Konsequenterweise bedeutet dies die Beteiligung von BGM- und Gesundheitsexperten an der Entwicklung von digitalen Arbeitsplätzen und Prozessen.

Mit den digitalen Assistenzsystemen gehen auch weitreichende soziale Innovationen und organisatorische Veränderungen in die Arbeitsprozesse ein, die sich auf die Gesundheit und das Wohlbefinden der Beschäftigten auswirken. Die Interaktion zwischen Mensch und Roboter ist eines der bedeutendsten Themen. Es wird unterschieden zwischen Ko-Existenz, Kooperation und Kollaboration zwischen Mensch und Roboter als direkte Zusammenarbeit mit voneinander abhängigen Aufgaben (Onnasch et al. 2016, S. 5). Es ist bis heute ungeklärt, wie sich die Rollenverteilung bei der Kollaboration zwischen Menschen und humanoiden Robotern mit künstlicher Intelligenz (KI) gestalten wird. Wer ist entscheidungsbefugt, wer gibt den Takt vor, wie können Roboter sozial agieren. In kaum einem anderen Bereich wird die Ambivalenz der Technik so deutlich. Ein Roboter könnte ebenso tonangebender Befehlsgeber sein wie unterstützender Hilfsassistent. Die Kohärenz – Handlungsspielraum, Sinnhaftigkeit und Fassbarkeit (Antonovsky 1979) der Aufgabe würde sich für den Menschen entsprechend positiv oder negativ gestalten. Zwar stellen die Protagonisten der Industrie 4.0[2] stets den Menschen in den Mittelpunkt, jedoch ist es denkbar, dass in der Realität auch weniger humanzentrierte Formen der Digitalisierung umgesetzt werden. Bereits heute gibt es gute wie schlechte Arbeitgeber. Es ist daher eine dringende Notwendigkeit, rechtliche und normative Rahmenbedingungen zu schaffen, die sich am Prinzip der guten Arbeit orientieren.

---

[1] DGUV, https://praevention-aktuell.de/latzhose-horst-denkt-mit/ – Zugriff am 28.07.2017.
[2] www.plattform-i40.de.

3.2.2 Führung, IKT und BGM

Die neuen Informations- und Kommunikationstechnologien (IKT) haben bereits heute viele Branchen, Berufe und Tätigkeitsfelder weitreichend verändert. Die Arbeitswelt ist mobiler, flexibler sowie orts- und zeitunabhängig geworden. Viele Beschäftigte sind gefordert, ständig erreichbar zu sein. Die Grenzen zwischen Arbeits- und Privatleben verschwimmen. Wie sich flexiblere Arbeitszeiten Zufriedenheit, Work-Life-Balance und Gesundheit der Beschäftigten auswirken, steht in starkem Zusammenhang mit den Handlungs- und Entscheidungsspielräumen der Mitarbeiter. Werden sie ausgeweitet, wurden positive Effekte nachgewiesen, werden sie eingeengt und unterliegen dem Diktat des Arbeitgebers, belasten sie Motivation und Gesundheit (Wöhrmann et al. 2016, S. 133). Mit der Entwicklung weiterer Technologien wie z. B. der Virtual Reality (VR) wird sich dieser Trend in Zukunft fortsetzen. Beispielsweise könnten Meetings mit Hilfe von Avataren in virtuellen Räumen stattfinden, völlig unabhängig von dem realen Aufenthaltsort. Teilnehmer werden trotzdem das Gefühl haben, ihrem Gegenüber persönlich zu begegnen, denn die virtuelle Realität täuscht unserem Gehirn eine „Place Illusion" und eine „Illusion of Embodiment"[3] vor (Abb. 3.2).

Laut dem DGB-Index Gute Arbeit (2016) sind 60 % aller Befragten in hohem bis sehr hohem Maße von der Digitalisierung betroffen. 46 % empfinden eine höhere Arbeitsbelastung, für 54 % ist die Arbeitsmenge angestiegen, 56 % sehen sich mit zunehmenden Multitasking-Anforderungen konfrontiert und knapp 50 % spüren eine zunehmende Kontrolle und Überwachung ihrer Arbeitsleistung. 75 % der Beschäftigten haben keinen oder geringen Einfluss auf die eingesetzte Technik und werden nicht in die Gestaltung eingebunden (Institut DGB-Index 2016). Genau diese Faktoren verursachen Stress bei der Arbeit. Werden Arbeitsverdichtung, Zeit- und Termindruck, Multitasking, häufige Unterbrechungen und ständige Erreichbarkeit zum Dauerzustand, ist die psychische Gesundheit der Beschäftigten in Gefahr (Lohman-Haislah 2012, S. 34 ff.). Die Arbeitsunfähigkeitsdaten der Krankenkassen belegen einen deutlichen Anstieg der Fehltage aufgrund psychischer Erkrankungen[4]. Während Muskel-Skelett-Erkrankungen und das Unfallgeschehen sich seit Anfang der 2000er-Jahre nur geringfügig verändert haben, sind die psychischen Erkrankungen in diesem Zeitraum um 172 % angestiegen (Meyer und Meschde 2016, S. 279). Die Ursachen für die psychischen Erkrankungen sind in der Regel multikausal, weswegen ein direkter Zusammenhang mit den Arbeitsbedingungen nur bedingt nachgewiesen werden kann. Dennoch zeugen Zahlen aus Studien und Beschäftigtenbefragungen zur Digitalisierung der Arbeitswelt (Arnold et al. 2016, S. 10 ff.; Wohler 2016, S. 24 ff.) von einer Korrelation der Faktoren.

---

[3] Das Gefühl an sich an einem anderen Ort zu befinden und einen anderen Körper einzunehmen – (Madary 2013); Project „Virtual Embodiment and Robotic Re-Embodiment" – http://www.vereproject.eu/.
[4] Darin ist das Burn-Out-Syndrom nicht enthalten, da es lediglich als Zweitdiagnose gestellt wird und keine eigene ICD-10 Kategorisierung hat (BPtK 2013, S. 3).

Abb. 3.2 Schematische Darstellung: Handlungsfelder
BGM in der digitalen Arbeitswelt

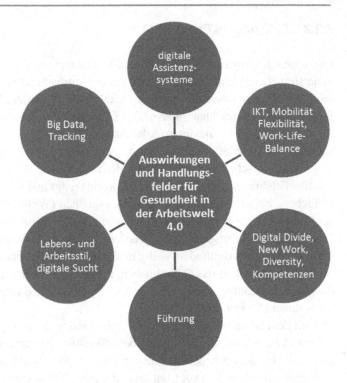

Erheblichen Einfluss auf die psychische Gesundheit der Beschäftigten haben die Führungskräfte, die in einer digitalisierten Arbeitswelt ebenfalls neuen Herausforderungen gegenüberstehen. Entscheidende Faktoren für gesundheitsorientierte Führung sind Vertrauen
und Wertschätzung. In der digitalen Arbeitswelt erfordert dies vielfältige Kompetenzen[5],
die Führungskräfte einsetzen, um ein gesundheitsförderliches Arbeits- und Teamklima zu
entwickeln.

Es konnte gezeigt werden, dass die digitale Transformation auf vielfältige Weise
die Arbeitsbedingungen verändert. Schwerpunkte bilden die ergonomischen Ressourcen
durch die Digitalisierung. Gleichzeitig sind die psychischen Erkrankungen sehr ernst
zu nehmen. Mit Hilfe von psychischen Gefährdungsbeurteilungen sind hier Ansätze zu
entwickeln, die Anforderungen und den Umgang damit thematisieren. Zusätzlich zu den
hier umrissenen Handlungsfeldern sind Themen wie Big Data, Digital Divide, Generatio-
nendialog, New Work, Kompetenzen oder digitale Sucht wichtige Aufgabenbereiche für
die Zukunft des BGMs (Abb. 3.2). Um ein zukunftsfähiges BGM zu entwickeln, ist es
notwendig, ganzheitliche Ansätze zu erproben, die den neuen Anforderungen an Beschäftigte und Führungskräfte gerecht werden, die den Wandel durch Digitalisierung frühzeitig
berücksichtigen und die vorausschauend funktionieren. Damit dies gelingen kann, muss

---

[5] Interkulturelle Kompetenz, Zukunftsorientierung, Offenheit für das Neue, Innovationsfähigkeit,
digitale und Medienkompetenz, virtuelle Führung, (schriftliche) Kommunikation, Feedbackkompe-
tenz, Kulturgestaltung, Wertevermittlung, Networking, unter anderem (Franken 2016, S. 244).

sich das BGM die Digitalisierung selber zu eigen machen und mit digitalen Möglichkeiten moderne und attraktive Angebote kreieren, die Unternehmen und Menschen erreichen.

3.3 BGM und Digitalisierung

Es ist kein Geheimnis mehr, dass motivierte, zufriedene und gesunde Beschäftigte leistungsbereiter und innovativer sind. BGM wird für viele Unternehmen zum Wettbewerbsfaktor. Die Jobfitness wird gefördert, die Produktivität steigt und das Unternehmen steigert seine Attraktivität auf dem Arbeitnehmermarkt (Winter und Grunewald 2016, S. 230). Nicht nur die Arbeitsbedingungen verändern sich in der digitalen Transformation, auch BGM und BGF werden digital. Um qualitativ hochwertige und moderne Dienstleistungen anbieten zu können, werden im BGM zunehmend digitale Angebote entwickelt und eingesetzt (Abb. 3.3).

BGM umfasst die Verankerung von Gesundheit als betriebliches Ziel in der Unternehmensstrategie, die systematische Gestaltung gesundheitsförderlicher Strukturen und Prozesse, die Befähigung zu einem gesundheitsorientiertem Lebens- und Arbeitsstil sowie die Koordinierung der betriebsinternen und externen Akteure. Das BGM kombiniert und verknüpft den Arbeits- und Gesundheitsschutz, die Betriebliche Gesundheitsförderung

Abb. 3.3 BGM. (Eigene Darstellung nach Handschuh)

sowie das Betriebliche Eingliederungsmanagement (BEM) sinnvoll miteinander (Hand-schuh 2014, S. 78 ff.). Mit dem Präventionsgesetz sind die Krankenkassen aufgefordert unter Beteiligung der Beschäftigten, der Führungskräfte, der Betriebsärzte, der Fachkräfte für Arbeitssicherheit sowie weiterer Akteure, gesundheitsförderliche Strukturen in Betrie-ben zu schaffen. Dazu analysieren sie die gesundheitliche Situation im Betrieb, entwickeln Maßnahmen zur Stärkung der gesundheitlichen Ressourcen sowie zur Minimierung der Belastungen und führen diese durch (Bundestag 2015 PrävG Art. 1, Abs. 6). Zusätzlich sollten BGF-Maßnahmen verhaltens- wie verhältnispräventive Maßnahmen kombinieren, um zielführend und erfolgreich zu sein (ENWHP 1997). Im Bereich der Arbeitsgestal-tung werden Arbeitstätigkeit, Arbeitsbedingungen, gesundheitsgerechte Führung sowie die betrieblichen Rahmenbedingungen für Bewegung, Ernährung und Suchtprävention als zentrale Handlungsfelder definiert. Verhaltenspräventive Maßnahmen für einen ge-sundheitsorientierten Lebens- und Arbeitsstil verfolgen die Stärkung der individuellen Ressourcen, Stressbewältigungsstrategien, bewegungsförderliches Arbeiten und gesun-de Ernährung für die Beschäftigten. Ein weiteres Handlungsfeld ist die überbetriebliche Vernetzung mit Dienstleistern, Experten und weiteren ergänzenden Akteuren (Handschuh 2014, S. 83). Ganzheitliche und nachhaltige BGM-Prozesse folgen dem PDCA-Zyklus[6] und sind darauf bedacht, die Ansätze und Maßnahmen kontinuierlich zu verbessern.

Wie die Aufgaben und Handlungsfelder des BGMs digital unterstützt und ergänzt wer-den, wird im Folgenden aufgezeigt.

3.3.1 Digitales BGM – Tools und Prozesse

Die aktuelle Debatte um digitales BGM konzentriert sich in weiten Teilen auf Gesund-heits-Apps oder Online-Gesundheitsportale. In den vergangenen Jahren hat sich ein un-überschaubarer Markt von bis zu 250.000 Apps[7] weltweit zum Thema „Fitness und Ge-sundheit" sowie „Medizin" entwickelt. Die angebotene Themenvielfalt ist immens (siehe Abb. 3.4).

Von Bewegungs- und Ernährungs-Apps reicht das Angebot über Blutdruck- und Herz-frequenzmessung bis hin zum Mood-Tracking, über das Emotionen und Gefühle ermittelt werden sollen. Die Qualität ist bei einem großen Prozentsatz der Angebote mindestens fragwürdig, mitunter sogar gefährlich. Beispielsweise können z. B. fehlerhafte Hautscree-nings, die mit ärztlichen Leistungen verknüpft sind, zu riskanten Fehleinschätzungen für den Nutzer führen. Oftmals bleiben Entwickler und Quellen der Apps unbekannt und Qua-

---

[6] Plan-Do-Check-Act-Zyklus nach Deming: „*In der Plan-Phase werden die Probleme gesichtet und Lösungsmaßnahmen erarbeitet. Die Do-Phase ist die Phase der Umsetzungen bzw. Ausführungen der zuvor gefundenen Lösungen. In der Check-Phase wird bewertet, ob die Maßnahmen zum Erfolg geführt haben. Innerhalb der nachfolgenden Act-Phase findet eine Standardisierung der erfolgrei-chen Maßnahmen statt, die fortan als Basis für weitere Verbesserungen dient*" (Brüggemann und Bremer 2015, S. 16).

[7] https://www.healthon.de/health-app_dashboard – Zugriff am 15.11.2016.

Abb. 3.4 Thematische Vielfalt

Alkohol (14) | Angst (7) | Atemwege (6) | Bewegung (94) |
Bipolare Störung (1) | Blutdruck (45) | Brustkrebs (3) |
Depressionen (1) | Diabetes (65) |
Digitale Patientenakte (5) | Entspannung (82) |
Epilepsie (2) | Ernährung (88) | Frauengesundheit (75) |
Hypnose (3) | Impfen (23) | keine Gesundheits-App (3) |
Krankheit allgemein (81) | Meditation (25) |
Mentale Gesundheit (9) | Migräne/Kopfschmerz (11) |
Multiple Sklerose (MS) (7) | Männergesundheit (2) |
Neurologie (14) | Notfall und Erste Hilfe (14) | Parkinson (1) |
Pflege (12) | Pollenallergie (24) | Rauchen (35) |
Rheuma (3) | Rückenschmerzen (8) |
Schmerz allgemein (8) | Schwangerschaft (14) |
Tinnitus (4) | Vorsorge (80) |

litätssiegel bzw. Kontrollen existieren bisher nicht (Albrecht 2016, S. 5 ff.). Der Markt entwickelt sich schneller, als dass die Gesundheitsakteure in Deutschland und der EU Leitplanken für Datenschutz, Qualitätssicherung und Klassifizierung entwickeln und verabschieden können (Gregor 2016, S. 249). Bis dies gelingt, entsteht der Eindruck einer Experimentierphase nach Wild-West-Manier. Neben den Apps und Gesundheitsportalen erobern zunehmend Wearables den Markt. Hierbei handelt es sich um am Körper tragbare Sensoren, die sich mit dem Internet verbinden, z. B. Vitaldaten erfassen und diese an eine App oder Software senden. Es gibt sie bereits in allen erdenklichen Formen – Smartwatch, Smart Glasses, Gürtel, Ohrringe oder in Schuhe und Kleidung integriert. Gesundheit und Fitness sind ein Lifestyle-Trend, der auch den digitalen Markt beflügelt. Doch was privat als Selftracking an Daten gesammelt wird und über Social Media an Freunde gepostet wird, erhält im Unternehmen einen anderen Charakter. Gegenüber dem selbstbestimmten Life-Logging, ist eine betriebliche Datenerfassung fremdbestimmt und extern als „Work-Logging" (Schröter 2016, S. 194) zu bezeichnen. Datenhoheit, rechtlichen Bedingungen, Akzeptanz und Datenverfügbarkeit im Bereich der Digitalisierung sind sensible Fragestellungen, die sorgfältig mit der Mitarbeitervertretung abgestimmt werden müssen. Der Einsatz digitaler BGM-Tools erfordert ebenfalls die Einbindung der Beschäftigten. Die hat nicht nur rechtliche Gründe, sondern ist Voraussetzung für die Akzeptanz bei den Mitarbeitern. Für das BGM sind digitale Tools interessante Hilfsmittel, die Prozesse, Interventionen und Ziele unterstützen. Sie werden auf verschiedenen Ebenen und in differenzierten Schritten eingesetzt.

Information, Sensibilisierung, Kompetenzerwerb: Per Smartphone und online lassen sich Informationen zum betriebsinternen BGM-Prozess, zu Aktivitäten und Veranstaltungen zeit- und ortsunabhängig verbreiten, womit sich die Reichweite der Angebote erhöhen lässt. Über multimediale Kanäle lassen sich Inhalte vermitteln, die der Sensibilisierung für Gesundheitsthemen und dem Erwerb von Gesundheitskompetenz dienen (Peters et al. 2016, S. 118). Die Inhalte können sich auch ins Umfeld und die Familien der Teilnehmer verbreiten. Neben Bewegung, Ernährung, Stress, Suchtprävention (Brodersen und Lück

2016, S. 17) und Resilienz geht es auch um Fähigkeiten wie Selbstwirksamkeit und Adhärenz[8] (Knöppler et al. 2016, S. 65). Darüber hinaus werden bereits weitere Formate wie Präsens-Webinare und E-Learning-Module in BGM-Prozessen eingesetzt.

Organisation und Planung: Mobile Apps und Onlineplattformen werden genutzt, um z. B. Veranstaltungsmanagement und Seminarplanungen mit automatisierten Anmeldeverfahren abzuwickeln. Dies ist gegenüber händischen Methoden äußerst effizient und ressourcenschonend. Besonders in überbetrieblichen Unternehmensnetzwerken, wie z. B. in Betriebsnachbarschaften (siehe Projekt: Gesunder Mittelstand Deutschland – GeMit; www.gemit-deutschland.de) eröffnen die digitalen Medien große Einsparpotenziale.

Erfassung und Analyse: Im Bereich der Analyse und Selbsteinschätzung für Unternehmen existiert eine große Fülle verschiedener Tools. Oftmals bleiben Quellen und Autoren unklar. Auf einer breiten Basis von gesellschaftlichen und wirtschaftlichen Akteuren wurden die INQA-Instrumente (Initiative Neue Qualität der Arbeit) entwickelt. Der „INQA-Check-Gesundheit"[9] z. B. ist ein Selbstbewertungstool für Unternehmer zum Thema Gesundheit, der modular, online und mobil durchführbar ist. Mitarbeiterumfragen werden zunehmend online durchgeführt. Die Vorteile liegen auf der Hand – ressourceneffizient, hohe Reichweite, automatisierte und zeitnahe Auswertung der Ergebnisse und Umsetzung von Maßnahmen sind möglich. Dies fördert die Glaubwürdigkeit und Effektivität des BGM-Prozesses (Walle und Hunsicker 2016, S. 62). Die Umfragen können öfter ohne großen Aufwand in kürzeren Intervallen durchgeführt werden. Damit lassen sich Verlauf und Veränderungen besser abbilden und zielgenaue Maßnahmen ableiten. Zur Erfassung und Analyse gehört auch das *Datentracking,* über das sich unter anderem Vital-, Leistungs- und Ortsdaten der Beschäftigten erfassen und analysieren lassen. Diese ermöglichen es, die individuellen Bedarfe eines Beschäftigten zu ermitteln und spezifische gesundheitsförderliche Aktivitäten und Maßnahmen einzuleiten und durchzuführen.

Motivation, Zielgruppen: Mit Hilfe digitaler Tools lassen sich Wettbewerbe und *Gamification*-Elemente in das BGM integrieren und so die Motivation an der Teilnahme erhöhen. Hierzu zählen unter anderem Schrittzählerwettbewerbe für Unternehmen, in denen Teams mit- und gegeneinander laufen (www.schritt4fit.de). Dies hat verschiedene Effekte. Teilnehmer werden für das Thema Gesundheit sensibilisiert, durch den Wettbewerb motiviert und es entwickelt sich oftmals ein Gemeinschaftsgefühl, das dem Betriebsklima und der Unternehmenskultur zugutekommt. Darüber hinaus lassen sich über digitale Medien unterschiedliche Zielgruppen spezifisch ansprechen, es können Sprache, kulturelle und religiöse Eigenarten ebenso berücksichtigt werden wie soziodemografische Merkmale. Auch dies erhöht die Reichweite der BGM-Aktivitäten (Peters et al. 2016, S. 119). Auch im Rahmen von Gesundheitsaktionstagen sind digitale Medien einsetzbar, insbesondere um junge Zielgruppen wie Auszubildende oder Studenten anzusprechen. Der Stresspilot gibt ein digitales Biofeedback, digitale und controllerlose Videospiele zur Fitness und Kognition oder Virtual-Reality-Module z. B. zur Entspannung sind nur einige Beispiele.

---

[8] Selbstwirksamkeit als Vertrauen in die eigene Leistungsfähigkeit und Adhärenz als Kontinuität in der Einhaltung des Gesundheitsverhaltens (Knöppler et al. 2016, S. 67).
[9] www.inqa-check-gesundheit.de.

Social Media: Mit einer Verknüpfung und Vernetzung der BGM-Aktivitäten mit Social Media, Blogs und Foren lassen sich Inhalte interaktiv steuern und Dialoge initiieren der Teilnehmer untereinander oder mit Experten (Brodersen und Lück 2016, S. 28 ff.).

Die Skizzierung der aktuellen Trends im digitalen BGM leitet über zu der Frage, welche Mehrwerte durch die Digitalisierung generiert werden können und wo deren Grenzen liegen.

3.3.2 Digitaler Mehrwert – Digitale Grenzen

Die Digitalisierung bietet viele Möglichkeiten und Ansatzpunkte, BGM-Prozesse effizienter und attraktiver zu gestalten, die Reichweite zu erhöhen sowie zusätzliche Aspekte zu integrieren. Allerdings werden die digitalen Tools in absehbarer Zeit kein BGM vor Ort und Face-to-Face-Aktivitäten ersetzen können. Erfolge können auch in digitalen Zeiten nur durch eine Kombination von verhältnis- und verhaltenspräventiven Maßnahmen im Betrieb erzielt werden. Die Verantwortung liegt sowohl beim Arbeitgeber, als auch individuell bei den Beschäftigten, sich um einen gesundheitsförderlichen Lebens- und Arbeitsstil zu kümmern (Rump 2016, S. 95).

Die vorgestellten Funktionen sind marktfähig und im Einsatz. In der Regel allerdings als einzelne Tools, die den BGM-Prozess punktuell unterstützen. Große Potenziale der Digitalisierung liegen damit brach. Eine ganzheitliche Verknüpfung und Kombination der einzelnen Elemente in einem BGM-Steuerungsportal mit gemeinsamen Qualitätsstandards wäre deutlich effizienter und hochwertiger. Die aktuell eingesetzten Tools bieten neue Möglichkeiten gegenüber analogen Methoden, es sind aber auch Risiken zu beachten:

- Die Module sind *omnipräsent*, orts- und zeitunabhängig. Besonders Unternehmen, die dezentrale Strukturen haben und international tätig sind, können davon profitieren, indem alle Beschäftigten die Möglichkeit haben, an dem BGM-Programm teilzuhaben. Individuelle Steuerung von Zeit, Umfang, Tempo.
- Die digitalen Ansätze erleichtern vielen KMU, denen oftmals Ressourcen und Knowhow für ein eigenes BGM fehlen, die *Vernetzung* mit anderen Unternehmen, mit Gesundheitsexperten in der Region oder mit Krankenkassen und Berufsgenossenschaften, die sich gemeinsam zu einer Nachbarschaft zusammenschließen können und etwas für die Gesundheit tun. Als *Querschnittsthema*, das branchenunabhängig alle Beteiligten betrifft und nicht konkurrenzrelevant ist, eignet sich „*Gesundheit*" besonders gut für betriebliche Vernetzungen.
- Vereinfachte *Gesundheitskommunikation* und *Evaluierung*, die kontinuierlich, dauerhaft und integrativ angelegt ist. Die digitale Messbarkeit und Analyse von Big Data, auch getrackter personenbezogener Daten, erlauben eine zielgenaue und individuelle Planung und Umsetzung. Sie kann aber auch genutzt werden, um Aktivitätsprofile der Beschäftigten zu erstellen, diese zu vergleichen und personalpolitische Konsequenzen daraus zu ziehen (Walle und Hunsicker 2016, S. 62; Bodie et al. 2016).

- Durch die Erfassung völlig neuer Daten und Kennzahlen in großem Umfang – Big Data –, ergeben sich in Zukunft Möglichkeiten, BGM-Effekte mit ökonomischen Kriterien zu koppeln und tatsächliche wirtschaftliche Effekte von gesundheitsförderlichen Maßnahmen sichtbar zu machen. Mit dem Business Health Cultural Index (BHCI) gelingt SAP dies bereits (Lotzmann 2015). Eine Ökonomisierung des BGMs und eine zuverlässige Berechnung des Return of Investments im Kontext betrieblicher Gesundheitsförderung (ROI) (Kramer 2008, S. 5 ff.) würden dem BGM in der gesamten Wirtschaft eine neue Priorität einräumen.

- *Gamification* und *Wettbewerbe* erhöhen, richtig angewendet, die Motivation und Leistungsfähigkeit und erlauben es, Zielgruppen zu erreichen, die für BGM sonst weniger empfänglich sind (Sailer 2016, S. 6), aber wie nachhaltig funktioniert das. Es mangelt bislang an evidenzbasierten Erkenntnissen, dass Gamification-Elemente dauerhaft Wirkung zeigen und den Lebens- und Arbeitsstil ändern. Aus Sicht des Autors können Wettbewerbselemente als Impuls genutzt werden. Der allerdings, bliebe es dabei, sehr schnell wirkungslos verpufft. Entscheidend ist es aus BGM-Sicht, den Impuls und die Begeisterung für das Thema Gesundheit zu nutzen und flankierend mit zielgruppengerechten BGF-Maßnahmen zu begleiten.

- Während der zweite *Gesundheitsmarkt* ausufert und nahezu explodiert, hinkt der erste Gesundheitsmarkt den Möglichkeiten der digitalen Welt hinterher und entwickelt sich aufgrund von Reglementierungen nur langsam. Es wird darauf ankommen, die beiden „Welten" zu vernetzen und sich gegenseitig sinnvoll zu ergänzen. Dies erfordert vom ersten Gesundheitsmarkt mehr Öffnung, vom zweiten Gesundheitsmarkt Qualitätssiegel und Standards.

Die digitalen Methoden im BGM werden in den nächsten Jahren an Bedeutung gewinnen und zunehmend professionalisiert werden. Insbesondere eine plausible Berechnung der ökonomischen Effekte von BGM wird dem Feld in Zukunft eine neue Priorisierung.

3.4   Fazit

Die Ziele des BGMs sind auch in Zeiten der digitalen Transformation dieselben geblieben, aber die Rahmenbedingungen, die Methoden und die Instrumente ändern sich. Die Arbeitsbedingungen unterliegen großen Ambivalenzen. Neue Technologien können ebenso gesundheitsförderlich genutzt werden, wie kontrollierend-restriktiv sein. Es kommt auf die Gestaltung an. Das BGM der Zukunft muss verstärkt Programme und Konzepte für den Erhalt der psychischen Gesundheit entwickeln und etablieren, da diese immer mehr in den Mittelpunkt des Arbeitsunfähigkeitsgeschehens rücken. Das BGM muss Verantwortung für die ergonomische Gestaltung der Arbeitsplätze tragen und frühestmöglich in die Entwicklung eingebunden werden. So könnte es gelingen, die Muskel-Skelett-Erkrankungen mittel- bis langfristig zu reduzieren.

Die Digitalisierung bietet dem BGM viele erfolgversprechende Ansätze, an Bedeutung, an Reichweite, an Qualität und an Effizienz zu gewinnen. In Zukunft werden diejenigen BGM-Dienstleister Wettbewerbsvorteile haben, die es verstehen, die digitalen Tools zu kombinieren und ganzheitlich zu steuern. Digitale können das BGM ergänzen und bereichern, jedoch nicht ersetzen. Aktuell stehen wir am Anfang dieser Entwicklung. Während die technischen Innovationen mit rasantem Tempo immer neue Möglichkeiten eröffnen und in vielen Bereichen „Tatsachen" schaffen, hinken die rechtlichen Rahmenbedingungen, Standards und Normen hinterher. Im Sinne guter und gesunder Arbeit ist Vorsicht geboten, sich nicht von Marktmächten überrollen zu lassen und die Datenhoheit aus den Händen zu geben. Vielmehr sollten die Akteure und Experten der Prävention sich bemühen, bereits in der Programmierung und der Entwicklung neuer Software sowie der Gestaltung zukünftiger Arbeitsplätze Einfluss zu nehmen und diese gesundheitsförderlich mitzugestalten.

Literatur

Albrecht Urs-Vito (2016). *Chancen und Risiken von Gesundheits-Apps: CHARISMHA.*

Antonovsky, A. (1979). *Health, stress and coping.* San-Francisco: Jossey-Bass Publishers.

Arnold Daniel, Butschek Sebastian, Steffes Sabine, Müller Dana (2016). *Digitalisierung am Arbeitsplatz* (Forschungsbericht No. 468). Berlin: Institut für Arbeitsmarkt- und Berufsforschung, Zentrum für Europäische Wirtschaftsforschung.

Ashour Hannah (2015). Latzhose Horst denkt mit: Intelligente PSA. *Arbeit & Gesundheit*, (04/2015), from http://www.dguv-aug.de/2/2555.

Becker Miriam (2015). Vision Zero als Strategie der Prävention: Null Unfälle – gesund arbeiten. DGUV Forum, (06/2015), 8–14, from http://www.dguv-forum.de/files/594/6_2015_Standard.pdf.

Bodie M.T., Cherry M.A., McCormick M.L., Tang J. (2016). *The Law and policy of people analytics* (Legal Studies Research Paper Series). Saint Louis University – School of Law.

Brodersen Sören, L. P. (2016). *Apps, Blogs und Co. – Neue Wege in der betrieblichen Gesundheitsförderung* (iga.Wegweiser). Berlin.

Brüggemann, H., & Bremer, P. (2015). *Grundlagen Qualitätsmanagement: Von den Werkzeugen über Methoden zum TQM* (2nd ed.). Wiesbaden: Springer Fachmedien Wiesbaden.

Bundesministerium für Wirtschaft – BMWi (Ed.) (2016). *Arbeiten in der digitalen Welt: Mensch, Organisation, Technik.* Berlin: BMAS.

Bundespsychotherapeutenkammer (BpTK) (2013): BPtK-Studie zur Arbeitsunfähigkeit, Psychische Erkrankungen und Burnout. 2012. Berlin. http://www.bptk.de/uploads/media/20120606_AU-Studie-2012.pdf – Zugriff 27.07.2017.

Bundestag (2015). Präventionsgesetz: PrävG. *Bundesgesetzblatt*, (31). 1368–1379.

ENWHP – European Network of Workplace Health Promotion (Ed.) (1997). *Luxemburger Deklaration zur Betrieblichen Gesundheitsförderung.* Berlin.

Franken, S. (2016). *Führen in der Arbeitswelt der Zukunft: Instrumente, Techniken und Best-Practice-Beispiele. SpringerLink : Bücher.* Wiesbaden: Gabler.

Fraunhofer IPA (2015). *Produktblatt: Serviceroboter – Technologien für die stationäre Pflege,* from http://www.ipa.fraunhofer.de/fileadmin/user_upload/Kompetenzen/Roboter-_und_ Assistenzsysteme/Haushaltsroboter/Produktblatt_Serviceroboter-Technologien_stationaere_ Pflege.pdf.

Gäde-Butzlaff Vera. Arbeiten in der digitalen Welt. In *Schlick Chistopher M. (Hg.) 2015 – Arbeit in der digitalisierten Welt* (pp. 11–20).

Geisberger Eva, B. M. (2012). *agenda CPS: Integrierte Forschungsagenda Cyber-Physical Systems.* acatech Studie. München: acatech – Deutsche Akademie der Technikwissenschaften.

Gregor Johanna, Schmidt Marina (2016). Health-Apps – Handlungsbedarf und Regulierungsansätze auf EU-Ebene. *Welt der Krankenversicherung,* (2016/10), 247–250.

Handschuh Mandy, Schreiner-Kürten Karin, Wanek Volker (2014). *Leitfaden Prävention: Handlungsfelder und Kriterien des GKV-Spitzenverbandes zur Umsetzung der §§ 20 und 20a SGB V vom 21. Juni 2000 in der Fassung vom 10. Dezember 2014.* Berlin.

Institut DGB-Index Gute Arbeit (Ed.) (2016). *DGB-Index Gute Arbeit. Der Report 2016: Wie die Beschäftigten die Arbeitsbedingungen in Deutschland beurteilen.* Die Digitalisierung der Arbeitswelt – eine Zwischenbilanz aus Sicht der Beschäftigten. Berlin.

Knöppler Karsten, Neisecke Tobias, Nölke Laura (2016). *Digital-Health-Anwendungen für Bürger: Kontext, Typologie und Relevanz aus Public-Health-Perspektive.* Entwicklung und Erprobung eines Klassifikationsverfahrens. Gütersloh.

Kramer Ines, Bödeker Wolfgang (2008). *Return on Investment im Kontext der betrieblichen Gesundheitsförderung und Prävention: Die Berechnung des prospektiven Return on Investment: eine Analyse von ökonomischen Modellen* (IGA-Report No. 16). Berlin.

Krawczyk, K.-H. (2012). Drohnen über Dächern. *DDH, Das Dachdecker Handwerk,* from http:// www.ddh.de/drohnen-ueber-daechern/150/23639/.

Lohman-Haislah Andrea (2012). *Stressreport Deutschland 2012: Psychische Anforderungen, Ressourcen und Befinden.* Berlin/Dortmund/Dresden.

Lotzmann Natalie (2015). *Organizational Health: Measuring The Impact Of Employee Value.* Retrieved November 25, 2016, from https://www.linkedin.com/pulse/organizational-health-measuring-impact-employee-value-lotzmann?articleId=8869276135168931616.

Madary, M. (2013). Anticipation and variation in visual content. *Philosophical Studies, 165*(2), 335–347.

Meyer Markus, Meschede Miriam (2016). Krankheitsbedingte Fehlzeiten in der deutschen Wirtschaft im Jahr 2015. In Badura B., Ducki A., Schröder H., Klose J., Meyer M. (Hrsg.), *Fehlzeiten-Report 2016. Unternehmenskultur und Gesundheit* (pp. 251–306). Berlin, Heidelberg: Springer.

Onnasch Linda, Maier Xenia, Jürgensohn Thomas (2016). *Mensch-Roboter-Interaktion – Eine Taxonomie für alle Anwendungsfälle* (BAuA: fokus). Berlin: BAuA.

Peters Theo, Klenke Benjamin (2016). eHealth und mHealth in der Gesundheitsförderung. In A. Ghadiri, A. Ternès, & T. Peters (Eds.), *SpringerLink: Bücher. Trends im Betrieblichen Gesundheitsmanagement. Ansätze aus Forschung und Praxis* (pp. 111–120). Wiesbaden: Gabler.

Rump Jutta, Schiedhelm Melanie, Eilers Silke (2016). Gesundheit anordnen? Die Rolle der Führungskultur im Rahmen des Betrieblichen Gesundheitsmanagements. In Bernhard Badura (Ed.), A. Ducki, H. Schröder, J. Klose, M. Meyer, *Fehlzeiten-report 2016. Unternehmenskultur und gesundheit* (pp. 95–103). [S. l.]: Springer.

Sailer, M. *Die Wirkung von Gamification auf Motivation und Leistung: Empirische Studien im Kontext manueller Arbeitsprozesse. SpringerLink : Bücher.*

Schröter Welf (2016). Virtuelle Realitäten im Worklogging. In S. Selke (Ed.), *Lifelogging. Digitale Selbstvermessung und Lebensprotokollierung zwischen disruptiver Technologie und kulturellem Wandel* (pp. 193–215). Wiesbaden: Springer Fachmedien.

vw inside (2017): Innovationen - Der Roboter, dein Freund und Helfer. Das Mitarbeitermagazin der Marke Volkswagen. http://inside.volkswagen.de/Roboter-Freund-und-Helfer.html - Zugriff am 28.07.2017.

Walle Oliver, Hunsicker Christin (2016). Wie digital kann BGM sein? *Personalmagazin*, (4), 62–64.

Winter Werner, Grünewald Carina (2016). BGM als Stellschraube von Arbeitgeberattraktivität. In Bernhard Badura(Ed.), A. Ducki, H. Schröder, J. Klose, M. Meyer, *Fehlzeiten-report 2016. Unternehmenskultur und gesundheit* (pp. 225–235). [S. l.]: Springer.

Wohler Katja, Hombrecher Michaela (2016). *TK Stressstudie 2016.* Hamburg.

Wöhrmann Anne, M. G. S., Hünefeld, L. P. F., Reeske-Behrens, A., Brenscheidt, F., & Beermann, B. (2016). *Arbeitszeitreport Deutschland 2016.* Bönen: Verlag Kettler GmbH.

Oliver Hasselmann ist Referent Forschungsprojekte Team Forschung und Entwicklung am BGF-Institut. Das Institut für Betriebliche Gesundheitsförderung ist eine 100-%ige Tochter der AOK Rheinland/Hamburg. Interdisziplinär setzen u. a. Sportwissenschaftler, Ergonomen, Psychologen, Ökotrophologen und Sozialwissenschaftler BGF und BGM in über 700 Unternehmen aller Branchen professionell um. Als An-Institut der Deutschen Sporthochschule verknüpft das BGF-Institut wissenschaftliche Forschung mit der praktischen betrieblichen Umsetzung.

Digitale Lösungen für die Betriebliche Gesundheitsförderung – ein Überblick

4

Utz Niklas Walter und Filip Mess

Zusammenfassung

Digitale Technologien erobern zunehmend den Gesundheitsmarkt. Auch Personal-
und Gesundheitsverantwortliche in Unternehmen und Behörden sind immer häufiger
mit der Frage konfrontiert, welche dieser technologischen Entwicklungen sich für
die Betriebliche Gesundheitsförderung (BGF) tatsächlich eignen: Gesundheits-Apps,
Wearables oder doch eher Gesundheitsportale? Der nachfolgende Beitrag soll einen
Überblick über aktuelle E-Health-Lösungen für die Arbeitswelt geben und wie diese
strategisch in das Betriebliche Gesundheitsmanagement (BGM) eingebunden werden
können. Im Mittelpunkt steht dabei auch die Frage, welche Risiken beim Einsatz digitaler Technologien entstehen können und wie man ihnen gegebenenfalls entgegentritt.

4.1 Einleitung

Die Entwicklungen im Themenbereich „E-Health" haben in den letzten Jahren rasant zugenommen. Neben Pharmakonzernen, Krankenkassen und Medizingeräteherstellern sind
es vor allem zahlreiche Konzerne wie Apple, Google oder Nike sowie Technologie-Start-
ups, die den Gesundheitsmarkt mit ihren digitalen Angeboten erobern. Die Beweggründe

U. N. Walter (✉)
Institut für Betriebliche Gesundheitsberatung (IFBG)
Konstanz, Deutschland
E-Mail: utz.walter@uni-konstanz.de

F. Mess
Fakultät für Sport- und Gesundheitswissenschaften, Technische Universität München
München, Deutschland
E-Mail: filip.mess@tum.de

© Springer Fachmedien Wiesbaden GmbH 2018
D. Matusiewicz und L. Kaiser (Hrsg.), *Digitales Betriebliches Gesundheitsmanagement*,
FOM-Edition, https://doi.org/10.1007/978-3-658-14550-7_4

für das intensive Engagement dieser Unternehmen liegen dabei weniger in einer besseren Gesundheitsförderung der Gesellschaft, sondern sind vielmehr ökonomisch motiviert. Nach Schätzung der Unternehmensberatung A. D. Little (2014) wird der Umsatz im E-Health-Markt im Jahr 2020 etwa 233 Mrd. US-Dollar pro Jahr betragen. Im Jahr 2013 lag dieser noch bei etwa 61 Mrd. US-Dollar.

Besonders auffällig ist bei dieser rasanten Entwicklung, dass die ausschlaggebenden Impulse nicht ausschließlich von Anbieterseite ausgehen, sondern zunehmend auch von Konsumentenseite. Zentrale Markteinflussfaktoren werden nach einer umfassenden Analyse von Deloitte (2014) dabei auf gesellschaftlicher – unter anderem durch ein steigendes Gesundheitsbewusstsein der Bevölkerung und durch die Digitalisierung der Gesellschaft – sowie auf technologischer Ebene – beispielsweise durch die Allverfügbarkeit von Netzen und durch eine Zunahme spielerischer Elemente auf Endgeräten (Gamification) – gesehen. Insofern orientieren sich die Entwicklung und der Bedarf nach E-Health-Lösungen auch stark an den Wünschen und Interessen der Konsumenten (Deloitte 2014).

Die dritte Interessensgruppe, die die Entwicklung des E-Health-Marktes genau im Blick hat, ist die Politik. In Deutschland hat dabei insbesondere das Bundesministerium für Gesundheit ein großes Interesse am Thema. Dessen primäres Ziel ist seit der Gründung der E-Health-Initiative im Jahr 2010 – neben der gesetzlichen Reglementierung dieser Entwicklung – unter anderem auch der Schutz der teilweise hoch sensiblen Daten der Konsumenten. Im „Gesetz für sichere digitale Kommunikation und Anwendungen im Gesundheitswesen (E-Health-Gesetz)" ist ein Fahrplan für die Einführung einer digitalen Infrastruktur mit höchsten Sicherheitsstandards enthalten (Bundesministerium für Gesundheit 2015). Weil immer mehr Menschen Smartphones und andere mobile Endgeräte für Gesundheitsanwendungen nutzen, soll bis Ende 2016 zudem geprüft werden, ob die Versicherten solche Geräte etwa zur Wahrnehmung ihrer Zugriffsrechte und für die Kommunikation im Gesundheitswesen einsetzen können. Man darf gespannt sein, wie diese Entwicklung voranschreitet, da sie auch einen erheblichen Einfluss auf die Anwendungsmöglichkeiten digitaler Lösungen im Rahmen der BGF hat.

Schon jetzt kommen zunehmend Personal- und Gesundheitsverantwortliche in Unternehmen und Behörden zu dem Schluss, dass E-Health-Lösungen zahlreiche Chancen bieten, um ihre Belegschaften stärker für das Thema Gesundheit zu sensibilisieren – insbesondere die bislang weniger gesundheitsbewussten Beschäftigten. Dabei werden die Verantwortlichen mit zwei zentralen Fragestellungen konfrontiert: 1. Welche digitalen Lösungen existieren derzeit auf dem Gesundheitsmarkt und gibt es Erkenntnisse zu ihrem gesundheitsbezogenen Nutzen? 2. Welche Chancen und Risiken bieten digitale Lösungen für die BGF?

4.2 Welche digitalen Lösungen existieren derzeit auf dem Gesundheitsmarkt und gibt es Erkenntnisse zu ihrem gesundheitsbezogenen Nutzen?

In Anlehnung an das Klassifizierungssystem von Deloitte (2014) lassen sich digitale Technologien aus dem Bereich E-Health in drei Kategorien zusammenfassen:

1. Gesundheits-Apps
2. Tragbare Sensoren (Wearables)
3. Gesundheitsportale

4.2.1 Gesundheits-Apps

Nach einer Studie des Universitätsklinikums Freiburg aus dem Jahr 2015, die im Auftrag der Techniker Krankenkasse durchgeführt wurde, existieren bereits über 65.000 Apps, die sich mit den Themen „Fitness und Gesundheit" auseinandersetzen sowie über 41.000 Apps zu „Medizin" (Universitätsklinikum Freiburg Studienzentrum 2015). Von Hautscreening- über Nährstoff- und Stubenhocker-Apps bis hin zu Anwendungen, die – je nach gesundheitsförderlichem Verhalten – eine Belohnung oder Bestrafung vorsehen, gibt es scheinbar alles. Unternehmen wie Apple platzieren seit 2014 auf ihren Endgeräten eine spezielle Health-App, in der man die eigenen Gesundheitsdaten zusammenfassen kann. Gleichzeitig erleichtern sie es damit potenziellen Entwicklern, neue Gesundheits-Apps zu entwickeln.

Auch der Anteil der Personen, die Gesundheits-Apps nutzen, wird weiter steigen. Die Beratungsfirma research2guidance geht davon aus, dass im Jahr 2018 weltweit mehr als 3,4 Mrd. Smartphones im Einsatz sein werden. 50 % der Nutzer dieser Smartphones werden dann bereits Gesundheits-Apps heruntergeladen haben, so die Prognose von research2guidance (2013).

Die entscheidende Frage für Personal- und Gesundheitsverantwortliche in Unternehmen wird sein, wie dieses Potenzial sinnvoll für die BGF genutzt werden kann. Bislang ist der Nutzen aufgrund fehlender Wirksamkeitsüberprüfung solcher Apps eingeschränkt. Sollte die Qualität der Angebote jedoch steigen und sollten Datenschutzprobleme gelöst werden, dann kann von einem echten Mehrwert für Organisationen und Beschäftigte ausgegangen werden.

Hierzu zählt insbesondere die Annahme, dass durch Gesundheits-Apps vor allem junge und männliche Beschäftigte besser erreicht werden können. Zudem bieten viele Apps auch Möglichkeiten für betriebsinterne Gesundheitswettbewerbe oder Abteilungsvergleiche, was die Bindung an gesundheitsförderliche Verhaltensweisen bei den Beschäftigten erhöhen kann.

Doch wie sieht die Anwendung solcher Gesundheits-Apps in der betrieblichen Praxis konkret aus? Einige Unternehmen in Deutschland verwirklichen derzeit bereits Gesundheitsförderungsprojekte mit Hilfe von Aktivitäts- oder Schlaftracking-Apps – häufig in Kombination mit Wearables und/oder einem Gesundheitsportal, auf dem die Daten zusammenfließen. In enger Zusammenarbeit mit Betriebsrat, Datenschutzbeauftragten und gegebenenfalls App-Entwicklern werden in diesen Projekten zunächst die entsprechenden Voraussetzungen für eine praktische Anwendung geschaffen. Danach können sich die Beschäftigten freiwillig anmelden, an unternehmensinternen Wettbewerben teilnehmen und sogar Communities beitreten. Neben der Aktivierung und Sensibilisierung der Beschäftigten verfolgen viele Unternehmensverantwortliche mit der Anwendung von Gesundheits-Apps auch ein weiteres Ziel: gezielte Information. So werden im Rahmen einiger Projekte auch Zusatzinformationen zu Gesundheitsthemen wie etwa Ernährung, Sucht oder Stressbewältigung gestreut. Auch eine gezielte Bekanntmachung der sonstigen BGF-Angebote geht hiermit häufig einher.

In der Regel handelt es sich bei all diesen bisherigen Ansätzen um Pilotprojekte, die nach einer bestimmten Testphase an einem Standort oder in einer Abteilung bewertet werden. Eine fundierte wissenschaftliche Wirksamkeitsüberprüfung von Gesundheits-Apps im Setting-Betrieb steht allerdings noch aus.

4.2.2 Tragbare Sensoren (Wearables)

Wie bereits verdeutlicht, zählen auch tragbare Sensoren, sogenannte Wearables, zu digitalen Lösungen, die sich grundsätzlich im Rahmen der BGF nutzen lassen. Darunter werden Tools wie Fitnessarmbänder, Smartwatches, Messsensoren oder neuerdings sogar T-Shirts verstanden, die beispielsweise Aktivitäts- oder Schlafverhalten messen können. Meistens ist man dabei nicht auf ein Smartphone angewiesen. Eine Kombination mit Smartphone, Apps oder Social Media kann jedoch sinnvoll sein, da die Daten so umfassender und spielerischer genutzt werden können. Insbesondere Elemente aus dem Bereich Gamification (Ranglisten, Fortschrittsbalken, Highscores etc.) werden hier häufig mit dem Ziel einer Motivationssteigerung bezogen auf das Gesundheitsverhalten der Nutzer eingesetzt. Die AOK Nordost zählt zu den ersten gesetzlichen Krankenkassen, die ihren Versicherten die Möglichkeit bietet, sich bis zu 50 € beim Kauf eines Wearables erstatten zu lassen; dies gilt beispielsweise auch für die Apple Watch. Und die Techniker Krankenkasse (TK) hat erst im Sommer 2016 verkündet, dass sie darüber nachdenkt, die Nutzung von Wearables in ihr Bonusprogramm zu integrieren.

Ähnlich wie bei den Gesundheits-Apps gibt es jedoch auch hinsichtlich der Wirksamkeit von Wearables bislang wenig verlässliche Erkenntnisse. Zu den wenigen Untersuchungen in diesem Bereich zählt die Studie von Fukuoka et al. aus dem Jahr 2012. Die Autoren konnten zeigen, dass durch den Einsatz von Schrittzählern und Smartphone vor allem bei Teilnehmern mit sitzender Lebensweise die Motivation stieg, körperlich aktiv zu sein. So fingen einige Teilnehmer beispielsweise an, Strecken zu persönlichen Terminen zu Fuß zurückzulegen, anstatt das Auto oder den Bus zu nehmen. Die Autoren schlussfolgern daher, dass den Teilnehmern durch den Umfang des Feedbacks zu ihrem Aktivitätsverhalten und die täglichen Erinnerungsnachrichten per Smartphone erst bewusst wurde, wie sehr ihr Lebensstil durch sitzende Tätigkeiten geprägt ist, was wiederum zu Verhaltensänderungen führte (Fukuoka et al. 2012). Allerdings war der Erhebungszeitraum von drei Wochen deutlich zu kurz, um zuverlässige Aussagen – insbesondere in Bezug auf die Aufrechterhaltung der Verhaltensänderung – treffen zu können.

Zu einer eher negativen Bewertung des Nutzens von Wearables kommt die Deutsche Krankenversicherung (DKV) im Anschluss an ihre in Auftrag gegebene Studie „Wie gesund lebt Deutschland?". Der Anbieter privater Krankenversicherungen ließ mehr als 2800 Personen befragen, um unter anderem mehr über die Akzeptanz und Anwendungshäufigkeit von Wearables zu erfahren. Rund sechs Prozent der Befragten besitzen demnach ein Wearable, doch etwa die Hälfte dieser Personen nutzt dieses nicht oder nicht mehr. Als häufigste Gründe hierfür gaben die Befragten an, die Nutzung sei ihnen zu anstrengend, das Gerät gehe ihnen auf die Nerven oder sie fühlten sich von dem Armband nicht motiviert bzw. fänden es überflüssig. Die DKV kommt daher zu der Schlussfolgerung: Für gesunde Menschen mit nur durchschnittlichem sportlichen Ehrgeiz seien die heutigen Wearables auf Dauer nicht sehr spannend. Wer aber unter Übergewicht oder zu hohem Blutdruck leide, dem könne ein Wearable im Rahmen einer Lebensstilumstellung helfen.

Ein weiteres Fragezeichen steht zurzeit noch hinter der Validität vieler Wearables. In den meisten Fällen ist nicht geklärt, ob die tragbaren Sensoren auch wirklich das messen, was sie vorgeben zu messen. Ähnlich wie bei den Gesundheits-Apps bedarf es daher umfassender Wirksamkeitsüberprüfungen, bevor sie zur Gesundheitsförderung in Betrieben oder Behörden eingesetzt werden. Lediglich einzelne Lösungen, z. B. aus dem Bereich des Vitalmonitorings, sind an Hochschulen oder Forschungseinrichtungen wie dem Fraunhofer-Institut entwickelt und damit wissenschaftlich evaluiert worden. Bei diesen Sensoren und sogar T-Shirts, die direkt auf der Haut getragen werden, kann davon ausgegangen werden, dass sie das Aktivitäts- und Schlafverhalten auch wirklich valide messen. Hier ist ein Einsatz im Kontext der BGF eher zu empfehlen, da sie ein sinnvolles Sensibilisierungsinstrument für die Beschäftigten darstellen können.

4.2.3 Gesundheitsportale

Bei den Gesundheitsportalen kann zwischen *unternehmensexternen* und *unternehmensinternen* Angeboten unterschieden werden. Bei den *unternehmensexternen* Angeboten sind vor allem die Gesundheitsportale der Krankenkassen zu nennen, die es Gesundheitsinteressierten ermöglichen, sich zu Themen wie Rückenbeschwerden, Ernährung oder Stress zu informieren. Viele Informationsseiten der Krankenkassen (z. B. TK, Barmer) unterliegen auch einer systematischen Qualitätskontrolle durch Anbieter wie beispielsweise der Stiftung Health on the Net (HON) aus der Schweiz oder dem Aktionsforum Gesundheitsinformationssysteme (afgis) e. V. aus Deutschland. Diese Institutionen vergeben ein zeitlich befristetes Gütesiegel, das durchaus als Qualitätsmerkmal herangezogen werden kann. Der Nutzen solcher öffentlichen Portale für die BGF ist aber bislang begrenzt, wenngleich es erste Ansätze der Krankenkassen gibt, den Mehrwert speziell für Betriebe und Behörden deutlich zu erhöhen.

Unternehmensinterne Gesundheitsportale bieten hier bereits mehr Chancen (Walter und Mess 2015). Sie verfolgen in der Regel nicht nur das Ziel, allgemein über das Thema Gesundheit zu informieren, sondern dienen meist auch als Informations- und Kommunikationsplattform für BGF-Angebote. Dabei kann wiederum zwischen unternehmenseigenen Portalen unterschieden werden, die häufig intranetbasiert sind und somit von den Unternehmen selbst betrieben werden, und Angeboten von externen Dienstleistern, die sich als Full-Service-Anbieter verstehen. Sie kümmern sich nicht nur um die Pflege der informativen Inhalte, sondern integrieren teilweise auch gesundheitsbezogene Selbsttests für die Nutzer in ihre Plattform oder ermöglichen das direkte Buchen von Gesundheitsangeboten – teilweise sogar in Wohnortnähe der Beschäftigten. Zu diesen Portalen zählen auch Internetplattformen, die virtuelle Schrittzählerwettbewerbe zwischen Abteilungen eines Unternehmens oder unterschiedlicher Unternehmen ermöglichen und damit speziell motivieren wollen. Da diese extern betreuten Gesundheitsportale in der Regel internetbasiert sind, also auch von zu Hause aus oder von unterwegs mit dem Smartphone aufgerufen werden können, bieten sie ein hohes Maß an Flexibilität, was für die Akzeptanz solcher Angebote wichtig ist.

Erste wissenschaftliche Evaluationen hierzu deuten an (Nürnberg 2015), dass mit Hilfe eines Online-Gesundheitsportals die gesundheitsbezogene Lebensqualität von Beschäftigten verbessert werden kann. Bei einer Interventionsstudie der Technischen Universität München hatten 100 Beschäftige eines Unternehmens in einem Zeitraum von drei Monaten Zugriff auf eine Online-Gesundheitsplattform mit fünf verschiedenen Themenschwerpunkten: Stressmanagement, Schlaf, Rückengesundheit, Bewegung und Ernährung. Durch E-Learning-Programme, Videobotschaften oder Selbsttests sollten die Beschäftigten für ihre eigene Gesundheit sensibilisiert und für den Aufbau eines gesunden Lebensstils motiviert werden. Überprüft wurde dabei der Einfluss auf die gesundheitsbezogene Lebensqualität, die körperliche, psychische und soziale Dimensionen umfasst. Die Ergebnisse zeigen, dass in sieben von acht Subskalen Verbesserungen eintraten und dass die Studienteilnehmer durchschnittlich höhere Werte als die Normpopulation erzielten. Allerdings kann nur bei der Subskala „psychisches Wohlbefinden" auch sicher gesagt werden, dass die positive Veränderung nicht auf den statistischen Zufall zurückzuführen ist (Nürnberg 2015).

Trotz dieser ersten Studienerkenntnisse bestehen im Bereich der Wirksamkeitsüberprüfung weiterhin große Defizite und es gilt, den Nutzen von *unternehmensexternen* und *unternehmensinternen* Gesundheitsportalen in weiteren wissenschaftlichen Untersuchungen nachzuweisen.

4.3   Welche Chancen und Risiken bieten digitale Lösungen für die BGF?

Kaum ein Thema in der betrieblichen Gesundheitsforschung polarisiert derzeit so stark wie die digitale BGF. Kritiker und Befürworter dieser Entwicklung stehen sich fast schon konfrontativ gegenüber und beharren häufig auf ihren Meinungen. Daher ist es wichtig, sich die Risiken und Chancen digitaler Lösungen differenziert anzuschauen, um entscheiden zu können, ob digitale Gesundheitslösungen für den Einsatz in der betrieblichen Praxis geeignet sind – und wenn ja, in welcher Form.

4.3.1   Risiken

Zu den derzeit größten Herausforderungen der digitalen BGF zählt sicher der häufig ungeklärte Datenschutz bzw. ein möglicher Datenmissbrauch. Die Daten, die im Zuge digitaler Gesundheitsprojekte erfasst werden, sollten daher auf jeden Fall beim Anbieter bleiben und nur im Rahmen des entsprechenden Projekts genutzt werden. Schon gar nicht sollten die Daten an Arbeitgeber oder Krankenkassen weitergereicht werden. Es sollte im Vorfeld geklärt werden, wo die Informationen hinfließen und gespeichert werden. Deutsche Anbieter können hier zudem Vertrauen schaffen, wenn die erhobenen Daten auf einem vom Bundesamt für Sicherheit in der Informationstechnik (BSI) zertifizierten Server liegen, die zuverlässig gegen externe Zugriffe geschützt sind.

Des Weiteren ist es sinnvoll, frühzeitig den Betriebsrat in die Planungsprozesse mit einzubinden und somit Vertrauen bei den Beschäftigten zu schaffen. Wenn Unternehmen eigenständig Gesundheitsportale und -Apps entwickeln, sollte dies zudem in Zusammenarbeit mit dem Datenschutzbeauftragen geschehen. Bundesdatenschutzbeauftrage Andrea Voßhoff sieht unzählige Missbrauchsszenarien. Heikel sei das Thema z. B. bei Kündigungswellen und der Frage, auf wen das Unternehmen am ehesten verzichten kann. Des Weiteren locken immer mehr Krankenkassen mit attraktiven geldwerten Vorteilen, wenn man seine Gesundheitsdaten preisgibt. Voßhoff rät daher allen Versicherten, nicht unbedacht mit ihren sensiblen Gesundheitsdaten umzugehen und die kurzfristigen finanziellen Vorteile, die die Datenoffenbarung mit sich bringt, gegen die Nachteile abzuwägen.

Ein weiteres Risiko beim Einsatz digitaler Gesundheitslösungen besteht in der Überforderung der Nutzer mit der Technik und dem Umgang mit den Gesundheitsdaten. Eine regelmäßige Rücksprache mit dem Arzt, beispielsweise über aufgezeichnete Daten, kann bei dauerhafter Nutzung digitaler Lösungen sinnvoll sein. Eigene Diagnosen auf der Basis von Gesundheits-Apps oder Wearables sind keineswegs zu empfehlen.

Und letztlich bedarf es dringend einer systematischen Qualitätskontrolle aller digitalen Anwendungen, die es Betrieben ermöglicht, zwischen professionellen und weniger professionellen Angeboten zu unterscheiden. Im Bereich der *unternehmensexternen* Gesundheitsportale existiert ein solches Qualitätssicherungssystem bereits (Fukuoka et al. 2012).

4.3.2 Chancen

Digitale Gesundheitstools stellen im betrieblichen Kontext aber auch eine gute Möglichkeit dar, neue Zielgruppen zu erschließen. Hierzu zählen vor allem die häufig vernachlässigten Außendienstler oder Beschäftigte an kleinen Standorten. Zudem ist davon auszugehen, dass insbesondere junge und weniger gesundheitsaffine Beschäftigte auf spielerische Weise eher für das Thema Gesundheit sensibilisiert und motiviert werden können. So stoßen beispielsweise Maßnahmen, die einen Wettbewerb unter Abteilungen, Standorten oder Unternehmen anregen, auf gute Resonanz. Sie stellen einen Anreiz dar, sich stärker mit der eigenen Gesundheit auseinanderzusetzen (auch in der Freizeit), und können sogar mit einem persönlichen Gesundheitsbericht verbunden werden.

Hier steht man jedoch vor der Herausforderung, die zahlreichen Angebote sinnvoll in die strategischen Ziele eines Betrieblichen Gesundheitsmanagements (BGM) einzugliedern, um Nachhaltigkeit zu gewährleisten. Gelingt es Unternehmen, eine Vernetzung aus individueller und unternehmerischer Gesundheitsförderung unter Berücksichtigung des Datenschutzes herzustellen, kann das zu einer Art Gesundheitsmonitoring verschmelzen. Dies kann wiederum als Controllinginstrument verwendet werden, andererseits die Arbeitgeberattraktivität steigern.

Zusammenfassend betrachtet, wird man den Trend der digitalen BGF nicht aufhalten können, da es die Nutzer selbst sind, die diese rasante Entwicklung vorantreiben. Für den Einsatz im betrieblichen Kontext wäre es daher wichtig, sich der Risiken bewusst zu werden und proaktiv mit ihnen umzugehen, beispielsweise durch hohe Datenschutzbestimmungen. Personal- und Gesundheitsverantwortliche sollten darüber hinaus stets im Auge behalten, wie digitale Lösungen die anderen gesundheitsfördernden Angebote im Unternehmen sinnvoll ergänzen können und wie sie strategisch ins BGM passen. Nicht zuletzt sollte die Auswahl und der Einsatz nach gewissen Qualitätskriterien erfolgen (sofern möglich) und nicht vom Aktionismus getrieben sein. Ratsam ist auch eine begleitende Evaluation beim Einsatz digitaler Technologien, um Anpassungen vornehmen zu können sowie sicherzustellen, dass die im Vorfeld definierten Ziele auch wirklich erreicht werden.

Bei letztgenanntem Punkt ist insbesondere auch die Wissenschaft gefordert. Es ist ihre Aufgabe, zukünftig gemeinsam mit Unternehmen und Behörden weitere Studien zu Wirksamkeit, Nutzen und Akzeptanz digitaler BGF zu entwickeln und durchzuführen.

Literatur

Bundesministerium für Gesundheit (2015). Gesetz für sichere digitale Kommunikation und Anwendungen im Gesundheitswesen. Letzter Zugriff am 05.09.2016 unter: http://www.bmg.bund.de/ministerium/meldungen/2015/e-health-bundestag.html

Deloitte (2014). Perspektive E-Health – Consumer-Lösungen als Schlüssel zum Erfolg? Veröffentlichung im Rahmen der Studienreihe „Intelligente Netze". München

Fukuoka, Y., Lindgren, T. & Long, S. J. (2012). Qualitative Exploration of the Acceptability of a Mobile Phone and Pedometer Based Physical Activity Program in a Diverse Sample of Sedentary Women. Public Health Nursing, 29(3), 232–240

Little, A. D. (2014). Succeeding with Digital Health. Winning Offerings and Digital Transformation. Letzter Zugriff am 05.09.2016 unter: http://www.adlittle.com/viewpoints.html?&view=667

Nürnberg, V. (2015). Gemessen und gesundet? Personalmagazin, 9(7), 51–53

research2guidance (2013). Mobile health market report 2013–2017. Berlin

Universitätsklinikum Freiburg Studienzentrum (2015). Gesundheits- und Versorgungs-Apps. Hintergründe zu deren Entwicklung und Einsatz. Freiburg

Walter, U. N. & Mess, F. (2015). Virtuelle Gesundheitshelfer. Personalmagazin, 9(7), 48–50

Dr. Utz Niklas Walter war wissenschaftlicher Mitarbeiter an der Universität Konstanz und am Karlsruher Institut für Technologie (KIT). Seit 2013 ist er Geschäftsführer des Instituts für Betriebliche Gesundheitsberatung (IFBG), einer Ausgründung von Wissenschaftlern der Universitäten Konstanz, München (TU) und des KIT. Zu seinen Arbeitsschwerpunkten im Bereich der Betrieblichen Gesundheitsförderung zählen unter anderem die Themen Digitale BGF, Betriebliche Gesundheitskommunikation sowie Schlaf und Erholung (www.ifbg.eu).

Prof. Dr. Filip Mess ist Professor für Sport- und Gesundheitsdidaktik an der Technischen Universität München und zudem wissenschaftlicher Leiter des Instituts für Betriebliche Gesundheitsberatung (IFBG), einer Ausgründung von Wissenschaftlern der Universitäten Konstanz, München (TU) und des Karlsruher Instituts für Technologie (KIT). Zu seinen Arbeitsschwerpunkten im Bereich der Betrieblichen Gesundheitsförderung zählen unter anderem die Themen Digitale BGF und Kennzahlenmanagement (www.ifbg.eu).

Der Einsatz digitaler Lösungen zum Erreichen und zur Motivation von Beschäftigten in einem BGM

5

Oliver Walle

Zusammenfassung

Die Bedeutung eines Betrieblichen Gesundheitsmanagements (BGM) nimmt vor dem Hintergrund des demografischen Wandels, steigender Krankenstände und des Employer Brandings stetig zu. Einem typischen Managementzyklus folgend, erfordert der Ablauf eines BGM an unterschiedlichen Stellen eine adressatengerechte Kommunikation und Information mit dem Ziel, die Beschäftigten zu erreichen und zur Teilnahme zu motivieren. Aufgrund der zunehmenden Digitalisierung in der Gesellschaft und der Arbeitswelt existieren immer mehr digitale Lösungen, die auch in einem BGM eingesetzt werden können. Hierbei ist unter Beachtung der Datenschutzanforderungen zu prüfen, welche dieser Lösungen primär zur Information über den Status quo des BGM und anstehende Maßnahmen eingesetzt werden können, und welche gerade bei den Generationen Y und Z ein wichtiges Motivationsinstrument darstellen.

5.1 Bedeutung, Ziele und Gestaltung eines BGM

Mitarbeiter gesund, leistungsfähig und motiviert bis zur Rente halten, wird vor dem Hintergrund des demografischen Wandels zunehmend zur Herausforderung von Unternehmen. Nach langer Zeit des Rückgangs der Krankenstände in Deutschland zeigt sich seit 2006 wieder eine stetige Zunahme, was durchaus auch mit dem steigenden Durchschnittsalter in den Betrieben zu erklären ist. In den Gesundheitsreporten der gesetzlichen Krankenkassen lassen sich die Ursachen der Arbeitsunfähigkeit (AU) nachlesen. Demnach dominieren in den AU-Fällen oftmals die Atemwegserkrankungen, gefolgt von Muskel-

O. Walle (✉)
Deutsche Hochschule für Prävention und Gesundheitsmanagement GmbH
Saarbrücken, Deutschland
E-Mail: o-walle@dhfpg-bsa.de

© Springer Fachmedien Wiesbaden GmbH 2018
D. Matusiewicz und L. Kaiser (Hrsg.), *Digitales Betriebliches Gesundheitsmanagement*,
FOM-Edition, https://doi.org/10.1007/978-3-658-14550-7_5

Skelett-Erkrankungen und Verletzungen bzw. Erkrankungen des Verdauungssystems. Bei den AU-Tagen stehen die Muskel-Skelett-Erkrankungen an der Spitze, dann folgen die psychischen Erkrankungen und Atemwegserkrankungen bzw. Verletzungen. Ein Trend, der sich zudem in allen Gesundheitsreporten zeigt, ist die Zunahme der psychischen Erkrankungen. Welche Gründe sich allerdings für diesen Anstieg verantwortlich zeigen, ist bis dato noch nicht abschließend geklärt. Für Unternehmen bedeuten die steigenden Krankenstände in erster Linie Kosten aufgrund der Lohnfortzahlung, weiter besteht bei besonders betroffenen Mitarbeitern das Risiko länger andauernder Ausfälle bis hin zur Erwerbsminderung und damit zum frühzeitigen Ausstieg aus dem Erwerbsleben. Hierbei können dem Unternehmen Kosten für Ersatzkräfte während der Erkrankungszeit entstehen, im Falle des Ausscheidens eines Kollegen auch für die Rekrutierung eines ähnlich qualifizierten Mitarbeiters. Nicht zuletzt aufgrund der demografischen Entwicklung gestaltet sich die Suche schwieriger, da in bestimmten Branchen ein Fachkräftemangel vorherrscht. Hinzu kommt dann noch, dass Bewerber der Generationen Y und Z bereits bei Berufseintritt Forderungen nach Work-Life-Balance und Gesundheitsmaßnahmen stellen, woraus sich für das Personalmanagement völlig neue Aufgabenstellungen entwickeln und BGM zu einem wichtigen Teil des Employer Brandings wird. Immer mehr Unternehmen sehen in Angeboten zur betrieblichen Gesundheitsförderung (BGF) oder sogar in dem Aufbau eines betrieblichen Gesundheitsmanagements (BGM) eine Chance, diesen Herausforderungen entgegen zu wirken. Kann ein BGM dies überhaupt leisten? Die DIN Spezifikation 91020 definiert BGM als „… systematische sowie nachhaltige Schaffung und Gestaltung von gesundheitsförderlichen Strukturen und Prozessen einschließlich der Befähigung der Organisationsmitglieder zu einem eigenverantwortlichen, gesundheitsbewussten Verhalten" (DIN 2012, S. 7). In der Fachwelt und Literatur schon länger definiert, seit 2014 nun auch im GKV-Leitfaden Prävention dargestellt, wird BGM als Dach über dem gesetzlich verpflichtend durchzuführenden Arbeitsschutz und dem betrieblichen Eingliederungsmanagement sowie der betrieblichen Gesundheitsförderung verstanden.

Dieses Verständnis wird jedoch bei der Einführung eines BGM nicht immer von den innerbetrieblichen Akteuren so gesehen, da der Arbeits- und Gesundheitsschutz bereits vorhanden ist und das BGM auch nur als Angebot zur Gesundheitsförderung mit Elementen wie Gesundheitstag, Präventionsprogrammen, Teilnahme an Laufevents oder dem wöchentlichen Obstkorb verstanden wird. Für den Einstieg in ein BGM gibt es keinen Königsweg. In offiziellen Empfehlungen wird ein idealtypischer Aufbau empfohlen, welcher prozessorientiert gestaltet werden soll, sich an Zielen orientiert und nach einer Analysephase zielgerichtete Maßnahmen beinhalten sollte. Einen solchen, an dem Bedarf und den Zielen eines Unternehmens orientierten Weg, zeigt das in Abb. 5.1 dargestellten 6-Phasen-Modell der DHfPG. Dieses folgt dem PDCA-Zyklus von Managementsystemen, wobei die ersten fünf Phasen den Einstieg in das BGM in Projektform darstellen und ab der sechsten Phase, der Nachhaltigkeit, ein klassischer Zyklus mit dem Ziel der kontinuierlichen Verbesserung stattfindet.

Die Herausforderung in einem BGM besteht demnach nicht nur darin, die damit verbundenen Ziele, wie z. B. eine Krankenstandsenkung, auch umzusetzen, sondern alle im

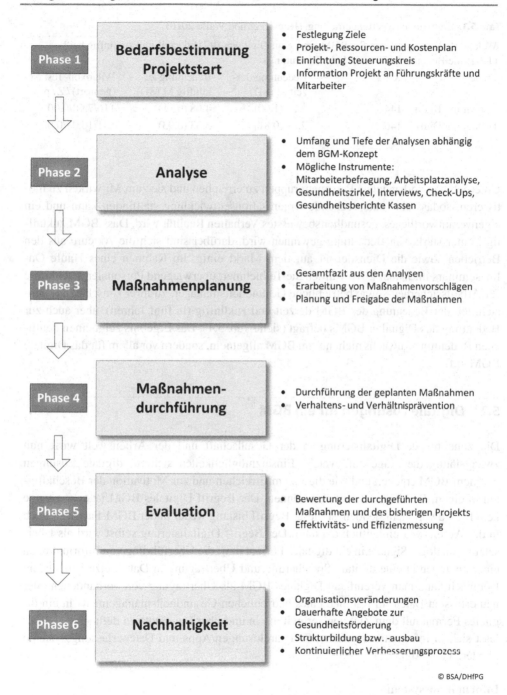

Phase 1 — **Bedarfsbestimmung Projektstart**
- Festlegung Ziele
- Projekt-, Ressourcen- und Kostenplan
- Einrichtung Steuerungskreis
- Information Projekt an Führungskräfte und Mitarbeiter

Phase 2 — **Analyse**
- Umfang und Tiefe der Analysen abhängig dem BGM-Konzept
- Mögliche Instrumente: Mitarbeiterbefragung, Arbeitsplatzanalyse, Gesundheitszirkel, Interviews, Check-Ups, Gesundheitsberichte Kassen

Phase 3 — **Maßnahmenplanung**
- Gesamtfazit aus den Analysen
- Erarbeitung von Maßnahmenvorschlägen
- Planung und Freigabe der Maßnahmen

Phase 4 — **Maßnahmen-durchführung**
- Durchführung der geplanten Maßnahmen
- Verhaltens- und Verhältnisprävention

Phase 5 — **Evaluation**
- Bewertung der durchgeführten Maßnahmen und des bisherigen Projekts
- Effektivitäts- und Effizienzmessung

Phase 6 — **Nachhaltigkeit**
- Organisationsveränderungen
- Dauerhafte Angebote zur Gesundheitsförderung
- Strukturbildung bzw. -ausbau
- Kontinuierlicher Verbesserungsprozess

© BSA/DHfPG

Abb. 5.1 Einstieg in ein BGM nach dem 6-Phasen-Modell der DHfPG

Tab. 5.1 Ergebnisse Expertenbefragung. (Hunsicker und Walle 2016)

Welche Bedeutung messen Sie BGM bzw. dem Digitalen BGM derzeit und zukünftig bei? (1 = keine Bedeutung; 5 = sehr hohe Bedeutung)				
Frage	N	Bedeutung derzeit M (SD)	Bedeutung zukünftig M (SD)	Wilcoxon-Test N (gepaart) / Z / p
Bedeutung BGM	144	3,21 (1,00)	4,08 (0,91)	116/7,60/0,00
Bedeutung Digitales BGM	146	2,01 (0,81)	3,53 (0,93)	141/10,03/0,00

Unternehmen vorhandenen Personengruppen zu erreichen und sie zum Mitwirken zu motivieren, sodass eine entsprechende Organisationsentwicklung stattfinden kann und ein eigenverantwortliches, gesundheitsbewusstes Verhalten Realität wird. Dass BGM zukünftig immer stärker an Bedeutung gewinnen wird, darüber sind sich die Akteure aus den Betrieben sowie die Dienstleister auf dem Markt einig. Im Rahmen eines Haufe Onlineseminars im Januar 2016 wurden die Teilnehmer, überwiegend Personaler, Fachkräfte für Arbeitssicherheit sowie betriebliche Gesundheitsmanager, zu ihrer Einschätzung hinsichtlich der Bedeutung des BGM derzeit und zukünftig (in fünf Jahren), aber auch zur Bedeutung des Digitalen BGMs befragt (siehe Tab. 5.1). Das Ergebnis zeigt einen deutlichen Bedeutungszuwachs nicht nur im BGM allgemein, sondern vor allem für das Digitale BGM auf.

5.2 Digitale Lösungen für ein BGM

Die zunehmende Digitalisierung in der Gesellschaft und der Arbeitswelt wirft nun zwangsläufig die Frage auf, welche Einsatzmöglichkeiten sich für digitale Lösungen in einem BGM ergeben und wie diese zum Erreichen und zur Motivation der Beschäftigten in einem BGM genutzt werden können. Der Begriff Digitales BGM ist schon lange kein Fremdwort mehr, jedoch ist dieser Begriff bislang weder in der BGM-Fachwelt noch in der Arbeitswelt einheitlich definiert. Der Begriff Digitalisierung selbst wird als Übersetzung analoger Signale in ein digitales Format bzw. die Überführung von Informationen einer analogen in eine digitale Speicherung und Übertragung in Datennetze verstanden. Demnach kann man vereinfacht Digitales BGM als Übertragung von vorhandenen oder neu erfassten Daten im Rahmen eines betrieblichen Gesundheitsmanagements in ein digitales Format mit dem Ziel der Verbreitung in und über Datennetze/n definieren. Dieses lässt sich in Informationssysteme, Softwarelösungen/Apps und Datenerfassungssysteme gliedern (vgl. Abb. 5.2).

Informationssysteme
Die Anfänge von digitalen Lösungen sowohl im Arbeitsschutz als auch im BGM bezogen sich ausschließlich auf die Zurverfügungstellung von vormals Printdokumenten in digitalen Medien. In Form von abrufbaren PDF-Dokumenten oder durch direkte Darstellung auf

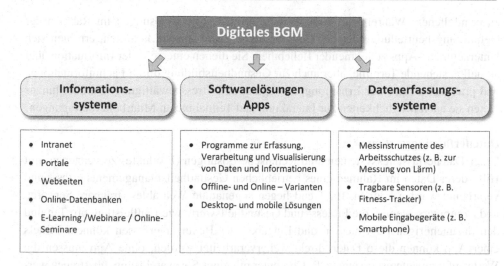

Abb. 5.2 Gliederung Digitales BGM. (Walle 2015)

Webseiten lassen sich bis heute unzählige Informationen im Internet finden oder werden für spezielle Benutzergruppen über Portale und Onlinedatenbanken bereitgestellt. Zunehmend werden Webinare, Onlineseminare bis hin zu E-Learning-Systemen zur Vermittlung von Wissen genutzt, um Vorteile wie Kundenorientierung, vertiefende Erläuterung der Informationen sowie Interaktivität nutzen zu können. Im Rahmen eines BGM werden derzeit primär Intranetlösungen eingesetzt, um Mitarbeiter über Maßnahmen zu informieren und Tipps zur Gesundheitsförderung zu geben. Interaktion findet hierbei nur bedingt statt, je nach System können Mitarbeiter auch Feedback zum BGM oder zu einzelnen Maßnahmen senden.

Softwarelösungen/Apps

Softwarelösungen auf Desktop-PCs und Notebooks ermöglichen nicht nur den Abruf von Daten und Informationen, sondern auch die Erfassung neuer Daten, Auswertung dieser sowie deren Weiterverarbeitung. Während in der Vergangenheit vorrangig Offlinelösungen existierten, geht der Trend zur mobilen Nutzung und Nutzung von Speichermöglichkeiten über das Internet oder auch direkt in Onlinespeicher der Softwarehersteller. Die zunehmende Nutzung von Smartphones und Tablets ermöglicht eine permanente Nutzung von Informationen, die Datenerfassung, Auswertung und Speicherung über sogenannte mobile Apps (Application software: Anwendungssoftware im Bereich mobiler Betriebssysteme) sowohl am Arbeitsplatz als auch in der Freizeit. Zudem ist auch eine Interaktion mit anderen Nutzern oder den Systemherstellern möglich. Durch die große Verbreitung von Smartphones und Tablets bieten Apps die Möglichkeit, eine große Masse zu erreichen, um mit ihnen im Rahmen eines BGM zu kommunizieren, sie zu analysieren/zu befragen und ihnen über den gleichen Weg auch Beratung und den Zugang zu Maßnahmen zu ermöglichen. Während im Arbeitsschutz primär Softwarelösungen im Rahmen der Gefährdungsbeurteilung oder bei Unterweisungen zum Einsatz kommen, erfreuen sich Unternehmens-Apps zunehmender Beliebtheit. Sie dienen einerseits der Information über aktuell anstehende Termine, aber auch zur Gesundheitsbildung durch Fachinformationen und praktische Tipps zur Ernährung, Bewegung und Stressbewältigung. Darüber hinaus bieten sie auch Möglichkeiten zur Interaktion und Teilnahme an Mitarbeiterbefragungen.

Datenerfassungssysteme
Unter Datenerfassungssystemen sind technische Lösungen (Produkte) zu verstehen, mit Hilfe derer Daten im Rahmen eines betrieblichen Gesundheitsmanagements erfasst und verarbeitet werden können. Im Trend liegen sogenannte Wearables (tragbare Sensoren und Computersysteme), die Fitness- und Gesundheitswerte wie Laufleistung pro Tag und den dazugehörigen Puls messen und Eingaben der Benutzer erfassen können. Mittels einer App können diese Daten direkt weiterverarbeitet werden, ohne App müssen die Werte auf ein weiteres System, z. B. Computer mit einer Softwarelösung, übertragen werden. Im Arbeitsschutz werden Datenerfassungssysteme in Form von Messinstrumenten zur Prüfung der Arbeitsumgebungsbedingungen (Lärm, Beleuchtungsstärke, Temperatur, Zugluft) oder von Dämpfen, oder Ähnlichem verwendet. Im Rahmen eines BGMs sind Wearables durchaus in Kombination mit Softwarelösungen und Apps einsetzbar. Während technisch vieles möglich ist, zeigen sich aber in der praktischen Anwendung derzeit noch Bedenken hinsichtlich des Datenschutzes und der Angst der Beschäftigten, sensible Daten dem Arbeitgeber mitzuteilen.

5.3 Kommunikations- und Informationsanforderungen in einem BGM

Beschäftigte müssen für die Realisierung ihrer Arbeitsanforderungen ausreichend über die Tätigkeit („Was muss ich tun?") und die Ziele („Was ist das Ergebnis meiner Arbeit, und in welcher Zeit muss ich dieses erreicht haben?") informiert werden. Hinzu kommen dann noch Berichtsanforderungen („Wen muss ich in welchen wie Abständen und in welcher Art und Weise informieren?") und gegebenenfalls auch eine zeitweise oder sogar dauerhafte Zusammenarbeit mit anderen Beschäftigten. Über all diese Basisinformationen wird der Mitarbeiter in der Regel zu Beginn seiner Beschäftigung im Rahmen der Einarbeitung von seiner zuständigen Führungskraft informiert, im weiteren Verlauf dann nur noch bei Änderungen in den zuvor genannten Bereichen. Aber auch im Tagesgeschäft ist eine fortlaufende Kommunikation erforderlich. So gehört es unter anderem zu den Aufgaben einer Führungskraft, Ziele zu setzen, Entscheidungen zu treffen, zu steuern, zu kontrollieren und Mitarbeitern ein Feedback zu geben. Für all diese Aufgaben ist eine entsprechende Kommunikation zwischen der Führungskraft und den ihr zugeordneten Mitarbeitern notwendig. Kommunikationsfähigkeit gehört damit zu den wesentlichen Business Skills und sollte demnach auch im BGM kein Fremdwort sein. Bei der Einführung eines BGMs sind daher nicht nur die prozessorientierte Vorgehensweise, sondern auch eine gute und ausreichende Information zu berücksichtigen. Hierbei ist zu beachten, dass die jeweiligen Personengruppen wie Geschäftsführung, BGM-Steuerungskreis, Führungskräfte und Mitarbeiter sowie der Betriebsrat unterschiedlich über die Gestaltung und Erkenntnisse des BGMs informiert werden, und mit diesen auch in der jeweilig passenden Art und Weise kommuniziert wird. Am Beispiel des in Abb. 5.1 dargestellten 6-Phasen-Modells der DHfPG zeigen die nachfolgenden Darstellungen auf, welche Kommunikations- und Informationsanforderungen in einem BGM bestehen.

Phase 1: Bedarfsbestimmung und Projektstart
In Phase 1 des 6-Phasen-Modells der DHfPG steht die Klärung des Bedarfs, die Festlegung der Ziele sowie die Einrichtung eines Steuerungskreis BGM im Vordergrund. Bereits hier kommt dem Thema Kommunikation und Information eine hohe Bedeutung zu. So sollten alle Projektbeteiligen, aber auch die Geschäftsführung, eine kurze Einführung und Fachinformation zum BGM erhalten, um den Sinn und Nutzen eines BGM nachvollziehen zu können. Im nächsten Schritt sollten die Führungskräfte über den Ablauf und die Inhalte informiert werden, stets mit dem Hinweis auf den Nutzen auch für ihre eigene Führungsrolle. Anschließend erfolgt eine Projektinformation an die Beschäftigten, bei der die Ziele und Inhalte des BGMs transparent vorgestellt werden. Dies muss einen motivierenden Charakter haben, um das Vertrauen der Mitarbeiter in das Projekt zu gewinnen.

Phase 2: Analyse
Im Rahmen der Analysephase wird das Mitwirken der Beschäftigten erforderlich. Hierbei gilt es, Vertrauen aufzubauen und die Mitarbeiter zu motivieren, im Rahmen von Gesundheitszirkeln Praxisbeispiele zu Problemen zu äußern, aber auch bei der Entwicklung von Lösungsvorschlägen mitzuwirken. Dies gelingt umso mehr, je transparenter die damit verbundenen Ziele, der Ablauf und die Ausgestaltung der jeweiligen Analyseinstrumente sowie der Datenschutz sind. Letzterer stellt einen kritischen Erfolgsfaktor für das BGM dar. Kann dem Betriebsrat und den Beschäftigten nicht glaubhaft dargestellt werden, dass die Anonymität eingehalten und die geäußerte Kritik konstruktiv behandelt wird, wird sich dies in einer geringen Teilnahmequote oder in Form von absichtlich falschen Antworten, z. B. in einer Mitarbeiterbefragung, zeigen. Nach einer erfolgten Befragung, Arbeitsplatzanalyse oder Gesundheitszirkeln ist es wichtig, den Beschäftigten ein erstes Feedback zu den Ergebnissen und dem weiteren Verlauf zu geben.

Phase 3: Maßnahmenplanung
Auf Basis der Analyseergebnisse wird ein Gesamtfazit erstellt sowie Maßnahmenvorschläge abgeleitet und entwickelt. Diese müssen der Geschäftsführung auf einfache und nachvollziehbare Weise schlüssig präsentiert und argumentiert werden, um schließlich deren Freigabe zu erhalten. In diesem Zusammenhang muss insbesondere die Kosten-Nutzen-Betrachtung der Maßnahmen kommuniziert werden. Sind die Maßnahmen freigegeben worden, erfolgt eine erneute Information an alle Mitarbeiter und Führungskräfte.

Darin sollen die Maßnahmen umfassend angekündigt werden, um das Interesse der Mitarbeiter zu wecken und sie so zur Teilnahme zu motivieren.

Phase 4: Maßnahmendurchführung
Während die Mitarbeiterinteressen bereits bei der Planung der Maßnahmen mit einfließen sollten, steht in der Phase der Maßnahmendurchführung die Kommunikation mit den Mitarbeitern vor allem in Bezug auf Rückmeldung und Feedback zu den laufenden Maßnahmen im Vordergrund. Durch den aktiven Dialog mit Mitarbeitern und Führungskräften sollen Optimierungs- bzw. Verbesserungsvorschläge gesammelt und das Maßnahmenangebot in regelmäßigen Abständen angepasst werden. Da Vorgesetzte eine Schlüsselrolle einnehmen, sollten im Rahmen der Maßnahmen auch deren Kommunikationskompetenzen geschult und ihnen der Umgang mit Themen wie Belastungen, Gefährdungen, Stress etc. am Arbeitsplatz nähergebracht werden. Nur so können sie ihre Vorbildfunktion entsprechend wahrnehmen.

Phase 5: Evaluation
Im Rahmen der Evaluation werden die durchgeführten Maßnahmen sowie das bisherige Projekt auf Basis einer Effektivitäts- und Effizienzmessung kritisch betrachtet und bewertet. Die Ergebnisse sollten auch in dieser Phase in jedem Fall rückgemeldet werden – sowohl an den Steuerungskreis, das Projektteam und die Geschäftsführung, als auch an die Mitarbeiter und Führungskräfte. Bei der Maßnahmendurchführung, wie in Phase 5 dargestellt, kann bereits direkt im Anschluss eine Evaluation zur Zufriedenheit mit der Durchführung, zum Trainer und auch zum Bezug auf die Anwendbarkeit für die betriebliche Praxis erhoben werden. Nach erfolgter Bewertung des gesamten Projektes (Phase 1 bis 5) wird das Ergebnis der Geschäftsführung präsentiert. Hier muss insbesondere auf eine nachvollziehbare Kosten-Nutzen-Darstellung geachtet werden, da im Anschluss die Entscheidung über die Weiterführung des BGM oder aber auch die Beendigung entschieden wird.

Phase 6: Nachhaltigkeit
Im Sinne des kontinuierlichen Verbesserungsprozesses (KVP) sollten Maßnahmen der Gesundheitsförderung dauerhaft im Unternehmen angeboten und langfristig entsprechende Strukturen für eine gesunde Unternehmenskultur gebildet bzw. ausgebaut werden. Um eine solche Organisationsveränderung zu erreichen, muss das Commitment der Geschäftsführung sowie der gesamten Belegschaft für die Weiterführung des BGMs erarbeitet und vor allem auch aufrechterhalten werden. Durch regelmäßige Informationen und Reportings zu bereits durchgeführten und geplanten Maßnahmen muss in dieser Phase die Motivation zur Verhaltensänderung immer wieder gestärkt und gleichzeitig das Verständnis für verhältnispräventive Maßnahmen und die entsprechende Strukturbildung geschaffen werden. Gleichzeitig gilt es aber auch darüber zu sprechen, wenn gewisse Themen in näherer Zukunft nicht oder gegebenenfalls erst zu einem späteren Zeitpunkt angegangen werden können. Gerade im letztgenannten Fall sollte die Belegschaft ausreichend informiert und über mögliche Gründe aufgeklärt werden.

Fazit

In jeder Phase des 6-Phasen-Modells spielt eine adressatengerechte, zeitnahe und transparente Information eine zentrale Rolle und trägt wesentlich zum Erfolg des BGMs bei. Während die Geschäftsführung nur über die wesentlichen Informationen für die Freigabe des Projektes und später über Maßnahmen und das Ergebnis informiert werden muss, sollte der Steuerungskreis über alle Aktivitäten informiert sein, die Führungskräfte und Mitarbeiter wiederum über die Punkte, die für sie relevant sind. Der Betriebsrat ist nicht nur im Rahmen der Mitbestimmungsrechte zu informieren und einzubinden, er sollte auch als Multiplikator und Motivator eingebunden werden. Bereits heute, erst recht aber zukünftig, sind dabei vor allem die veränderten Kommunikationsanforderungen hinsichtlich der Generationen zu beachten. Aktuell befinden sich vier Generationen in den Unternehmen: Babyboomer: ab 1950, Generation X: ab 1965, Generation Y: ab 1980 und Generation Z: ab 1995 Geborene, wobei die Jahrgänge nur einen groben Anhaltspunkt darstellen. Hinsichtlich des Kommunikationsverhaltens zeigen sich jedoch entscheidende Unterschiede. Die Generationen Y und Z sind deutlich technologieaffiner, die Generation Z ist mit dem Internet und Smartphone aufgewachsen. Sie tauschen sich über digitale Medien und soziale Netzwerke aus, während die Generation der Babyboomer nach wie vor Informationen und Ankündigungen über Aushänge am schwarzen Brett sowie die persönliche Ansprache oder per E-Mail bevorzugen.

Zusammenfassend lassen sich die Kommunikations- und Informationsanforderungen in einem BGM wie folgt darstellen:

- Adressatengerechte Information über die Ziele, Inhalte und Ablauf eines BGMs.
- Initiale Darstellung über die Kosten und den zu erwartenden Nutzen eines BGMs.
- Transparentes und zeitnahes Feedback von Analyseergebnissen.
- Gesundheitsförderliche Kommunikation der Führungskräfte.
- Frühzeitige und adressatengerechte Information der Beschäftigten über anstehende Maßnahmen.
- Fortlaufende und der jeweiligen Situation angemessene Information zum Status quo des BGMs und zu anstehenden Organisationsentwicklungsprozessen.
- Fortlaufende Information zum Status quo und zur Kosten-Nutzen-Relation für Geschäftsführung und Führungskräfte.

5.4 Motivation der Beschäftigten zur Teilnahme an Gesundheitsmaßnahmen

Durch eine ausreichende Information und entsprechende Güte der Kommunikation lassen sich Ängste für ein BGM beseitigen und Mitarbeiter für die Teilnahme an den angebotenen Maßnahmen gewinnen. Obwohl BGM im Grunde eine positive Maßnahme für die Beschäftigten darstellt, verbinden einige damit auch die Angst, als schwach und krank identifiziert zu werden. Zudem steigt auch auf Mitarbeiter mit Risikofaktoren, wie

z. B. Rauchen, Übergewicht und Bewegungsmangel, der Druck zur Verhaltensänderung und Leistungssteigerung. Aus Sicht der Unternehmen ist dies durchaus auch so gewollt, schließlich möchte man durch Angebote zur Gesundheitsförderung und Prävention krankheitsbedingte Fehlzeiten verhindern. Dass in Bezug auf das Gesundheitsverhalten auch dringend Handlungsbedarf besteht, zeigt das Ergebnis des bundesweiten Gesundheitsberichts des Robert Koch-Instituts und des Statistischen Bundesamtes. Zwar sind zwei Drittel der Erwachsenen in Deutschland sportlich aktiv, jedoch erreicht nur jeder Fünfte das empfohlene Aktivitätsniveau von 2,5 h pro Woche. Die Folgen werden zunehmend sichtbar: Der Anteil Übergewichtiger ist auf einem hohen Level, der Anteil Adipöser steigt. Auf Basis von Studiendaten schätzt man, dass rund ein Drittel aller Erwachsenen in Deutschland von Bluthochdruck betroffen sind (Robert Koch-Institut 2015). Zu einer ähnlich negativen Bewertung des Aktivitätsverhaltens kommt der DKV Report „Wie gesund lebt Deutschland" 2016. Die bereits zum vierten Mal durchgeführte Studie weist das Fazit auf, dass viele sich für gesund halten, das Bewusstsein für ausgewogene Ernährung steigt, ein Trend zum Nichtrauchen festzustellen ist, dass die körperliche Aktivität jedoch sinkt (Froböse und Wallmann-Sperlich 2016).

Wie motiviert man nun Beschäftigte zur Teilnahme an Gesundheitsmaßnahmen, und wie kann ein gesundheitsförderliches Verhalten aufgebaut und aufrecht gehalten werden?

Ein noch neues Konzept, das sogenannte Motivations-Volitions-Konzept der Freiburger Psychologen Wiebke Göhner und Reinhard Fuchs beinhaltet ein Prozessmodell, welches fünf psychologische Faktoren als wesentlich für den Aufbau und die Aufrechterhaltung eines gesundheitsförderlichen Verhaltens betrachtet (Göhner und Fuchs 2007):

1. Die Stärke einer Zielintention.
2. Die Selbstkonkordanz der Zielintention.
3. Eine realistische Implementierungsintention.
4. Eine wirksame Strategie der Handlungskontrolle.
5. Die Existenz positiver Konsequenzerfahrungen.

Initial muss eine Motivation vorhanden sein, eine Handlung, wie z. B. nicht mehr zu rauchen oder regelmäßig Sport zu treiben, beginnen zu wollen. Die Stärke dieser Zielintention hängt im Wesentlichen von zwei Faktoren ab: 1. von den erwarteten Vor- und Nachteilen des Verhaltens (Konsequenzerwartung) und 2. von der der wahrgenommenen Verhaltenskontrolle (Selbstwirksamkeitserwartung) (Göhner und Fuchs 2007). Das Konzept zur Selbstwirksamkeitserwartung wurde von Albert Bandura in den 70er-Jahren entwickelt. Selbstwirksamkeit wird nach Bandura als individuell unterschiedlich ausgeprägte Überzeugung betrachtet, in einer bestimmten Situation die angemessene Leistung erbringen zu können. Dies führt dazu, dass Personen noch nicht einmal erwägen, etwas zu tun oder zu riskieren, wenn sie erwarten, dass sie nichts damit bewirken. Sie meiden Menschen und Situationen, wenn diese Anforderungen stellen, denen sie sich nicht ge-

Tab. 5.2 Modi Selbstkonkordanz, Erläuterung und Beispiele. (Sheldon und Elliot 1999; Seelig und Fuchs 2006; Göhner und Fuchs 2007)

Modus der Selbstkonkordanz	Erläuterung	Beispiel
Externaler Modus	Es liegen externe Gründe vor	Beitragsrückerstattung der Krankenkasse für die Teilnahme an Sportprogrammen
Introjizierter Modus	Gewähltes Ziel hat nur geringen Selbstbezug	Sporttreiben, weil es der Arzt gesagt hat
Identifizierter Modus	Resultat bewusster Bewertungsprozesse	Sporttreiben, weil es der Gesundheit gut tut
Intrinsischer Modus	Handlung um ihrer selbst willen	Sporttreiben aus Spaß

wachsen fühlen (Bandura 1986, 1992). Der zweite Aspekt, die Selbstkonkordanz, wurde als Modell von Sheldon und Elliot (1999) eingeführt. Sie definiert das Ausmaß, in dem eine Zielintention mit den persönlichen Interessen und Werten der Person übereinstimmt. Sheldon und Elliot (1999) haben vier Modi definiert, die in Tab. 5.2 mit Beispielen und Erläuterungen von Seelig und Fuchs (2006; Göhner und Fuchs 2007) dargestellt sind.

Im intrinsischen Modus ist die Selbstkonkordanz am höchsten, im extrinsischen am niedrigsten (Sheldon und Elliot 1999). In Studien konnte gezeigt werden, dass Personen mit hoher Selbstkonkordanz bei der Erreichung ihrer Zielintention erfolgreicher sind. Begründet wird dies damit, dass bei Vorhandensein von selbstkonkordanten Zielen eine größere Anstrengungsbereitschaft aufgebracht wird und es gleichzeitig leichter fällt, sich gegenüber konkurrierenden Zielen abzuschirmen (Göhner und Fuchs 2007).

Möchte man nun Mitarbeiter zur Teilnahme an Gesundheitsförderungs- und Präventionsmaßnahmen motivieren, so lassen sich folgende motivationsfördernde Aspekte ableiten:

- Adressatengerechte, frühzeitige und transparente Kommunikation über die Aktivitäten in einem BGM.
- Schaffung einer gesundheitsförderlichen Unternehmenskultur, innerhalb derer die Teilnahme an Maßnahmen zur Gesundheitsförderung und Prävention nicht aus Loyalitätsverpflichtung dem Arbeitgeber gegenüber, aus Angst vor Sanktionen oder nur aufgrund von Anreizsystemen erfolgt.
- Schaffung einer Führungskultur, in der die Führungskraft die Rolle Ressource, Motivator und Vorbild hat und sich aktiv in das Gesundheitsmanagement einbringt.
- Einführung einer Gesundheitskommunikation und -bildung.
- Einbindung der Mitarbeiter in die Auswahl und Gestaltung der Maßnahmen, sodass die Stufen identifizierter und intrinsischer Modus der Selbstkonkordanz erreicht werden können.

5.5 Einsatzszenarien digitaler Lösungen und Hürden bei der Einführung und Umsetzung

In den vorangegangenen Abschnitten wurde neben der Bedeutung, den Zielen und dem Ablauf eines BGMs insbesondere dargestellt, welche Kommunikations- und Informationsanforderungen in einem BGM relevant sind und wie Mitarbeiter zur Teilnahme motiviert werden können. Lassen sich Beschäftigte durch den Einsatz digitaler Lösungen nun besser erreichen und für die Teilnahme an einem BGM motivieren? Betrachtet man die Kommunikations- und Informationsanforderungen in einem BGM (Abschn. 5.3) sowie die Empfehlungen zur Motivation der Beschäftigten für die Teilnahme in einem BGM (vgl. Abschn. 5.4), so können digitale Lösungen ein BGM wie folgt unterstützen bzw. darin eingebunden werden (Tab. 5.3 und 5.4).

Tab. 5.3 Kommunikations- und Informationsanforderungen mit Beispielen Einsatz digitaler Lösungen

Kommunikations- und Informations-anforderungen	Beispiele Einsatz digitaler Lösungen
Adressatengerechte Information über die Ziele, Inhalte und Ablauf eines BGM	Intranet E-Mail (Unternehmens-)App
Initiale Darstellung der Kosten und des zu erwartenden Nutzen eines BGM	Software/Excel-Tool zur Berechnung eines möglichen ROI
Transparentes und zeitnahes Feedback von Analyseergebnissen	Intranet (nur lesen, nicht downloaden) bei Fragebogenergebnissen Abteilung/Unternehmen Internet & App (geschützter Zugang) bei individueller Rückmeldung von Fragebogenergebnissen App bei Einsatz Wearables z. B. bei Laufevents, oder Ähnlichem
Gesundheitsförderliche Kommunikation der Führungskräfte	(Digitale Lösungen nicht sinnvoll – persönliche Ansprache geeigneter)
Frühzeitige und adressatengerechte Information der Beschäftigten über anstehende Maßnahmen	(Unternehmens-)App Nutzung der sozialen Netzwerke (z. B. Facebook) und Instand-Messaging-Dienste (z. B. WhatsApp) Intranet E-Mail
Fortlaufende und der jeweiligen Situation angemessene Information zum Status quo des BGM und bei anstehenden Organisationsentwicklungsprozessen	Intranet (Unternehmens-)App E-Mail
Fortlaufende Information zum Status quo und zur Kosten-Nutzen-Relation für Geschäftsführung und Führungskräfte	Software/Excel-Tool zur Darstellung eines Kennzahlensystems

Tab. 5.4 Motivationale Aspekte mit Beispielen Einsatz digitaler Lösungen

Motivationsfördernde Aspekte	Beispiele Einsatz digitaler Lösungen
Adressatengerechte, frühzeitige und transparente Kommunikation über die Aktivitäten in einem BGM	Intranet (Unternehmens-)App E-Mail Je nach Aktivität auch über sozialen Netzwerke (z. B. Facebook) und Messenger (z. B. WhatsApp)
Schaffung einer gesundheitsförderlichen Unternehmenskultur, innerhalb derer die Teilnahme an Maßnahmen zur Gesundheitsförderung und Prävention nicht aus Loyalitätsverpflichtung dem Arbeitgeber gegenüber, aus Angst vor Sanktionen oder nur aufgrund von Anreizsystemen erfolgt	Nutzung eines Intranets und/oder einer Unternehmens-App zur Schaffung eines Forums zum Dialog, für Anregungen und Kritik
Schaffung einer Führungskultur, in der die Führungskraft die Rolle Ressource, Motivator und Vorbild hat und sich aktiv in das Gesundheitsmanagement einbringt	(Digitale Lösungen nicht sinnvoll)
Einführung einer Gesundheitskommunikation und -bildung	Intranet (Unternehmens-)App Frei zugängige Gesundheitswebseite
Einbindung der Mitarbeiter in die Auswahl und Gestaltung der Maßnahmen	Intranet Unternehmens-App

Die Beispiele für den Einsatz digitaler Lösungen zum Erreichen und Motivieren zeigen auf, dass primär ein Intranet, eine Unternehmens-App, aber auch eine App eines Anbieters zum Einsatz kommen können. Diese können grundsätzlich zum Abrufen von Informationen genutzt werden und ergänzen somit die bisherigen Kommunikations- und Informationsformen wie persönliche Ansprache, schwarzes Brett, Flyer, Plakate sowie E-Mail. Während E-Mail nur die Übermittlung einer Nachricht ermöglicht, bieten Intranet und Unternehmens-App die Möglichkeit einer umfangreicheren Darstellung von Informationen und darüber hinaus auch eine komfortable Archivfunktion. Beide Lösungen können auch erweitert werden, so z. B. für das Einstellen von Informationen und Rückmeldungen seitens der Beschäftigten sowie eine Interaktion zwischen Organisationsmitgliedern eines Unternehmens, vergleichbar eines Diskussionsforums. Die Kombination von bisherigen Kommunikations- und Informationsformen mit digitalen Lösungen ermöglicht zudem das Erreichen aller im Unternehmen vertretenen Generationen – von Babyboomer über die Generation X bis hin zu Y und Z. Letztere verwendet kaum noch E-Mail, wenn dies nicht zwangsläufig erforderlich ist. Sie wollen die Informationen primär durch soziale Netzwerke und Apps erhalten, und diese dann auch mit anderen teilen. Sie für BGM-Maßnahmen motivieren bedeutet auch, sie über diesen Weg anzusprechen. Zudem bieten Apps auch eine gute Möglichkeit des sogenannten Gamification, das heißt, die Nutzung der App durch spielerische Elemente zu forcieren und mittels Rankings oder anderen Anreizen ein erwünschtes Verhalten anzunehmen, z. B. sich mehr zu bewegen. Es wird sicherlich nicht möglich sein, alle Generationen mit gleichem Medium (z. B. E-Mail oder App) zu erreichen, vielmehr müssen gleiche Botschaften auf unterschiedliche Art und Weise kommuniziert werden. Die Bereiche gesundheitsgerechte Mitarbeiterführung und Schaffung einer gesundheitsförderlichen Unternehmenskultur stellen die Basis für eine erfolgreiche Kommunikation und Motivation dar, und eignen sich deshalb auch nicht für den Einsatz digitaler Lösungen.

Hürde Datenschutz

Der Einsatz von digitalen Lösungen hat aber auch eine Schwachstelle: den Datenschutz. Die zunehmende Digitalisierung führt auch zu einer erhöhten Datensammlung mit der Gefahr des Missbrauchs der Daten. Im betrieblichen Umfeld hegen Beschäftigte daher auch die Befürchtung, dass Informationen zu ihrer Gesundheitssituation, zur Bewertung der Arbeitsbedingungen und zur Führungsbewertung nicht anonym erfasst und gespeichert werden, und sie mit negativen Konsequenzen rechnen müssen. Zwar existiert ein Datenschutzgesetz, und Betriebs- und Personalräte werden über die Einhaltung des Datenschutzes wachen, jedoch bedarf es hier des Vertrauens der Beschäftigten gegenüber dem Arbeitgeber. Zahlreiche Datenschutzskandale sowie oftmals fehlende Transparenz sorgen derzeit noch dafür, dass viele Mitarbeiter skeptisch sind gegenüber der Nutzung von digitalen Lösungen am Arbeitsplatz, obwohl sie in ihrer Freizeit sehr offen mit privaten Details in sozialen Netzwerken umgehen. Daher nutzen Stand heute nur wenige Unternehmen und/oder Beschäftigte die bereits vorhandenen digitalen Möglichkeiten im Rahmen eines BGM. Dies bestätigten auch die Teilnehmer, überwiegend Personaler, Fachkräfte für Arbeitssicherheit sowie betriebliche Gesundheitsmanager, während eines Onlineseminars des Haufe Arbeitsschutz und BGM Office im Januar 2016 (Hunsicker und Walle 2016). Primär sehen die Befragungsteilnehmer (N = 178) die Nutzung des digitalen BGMs zum Zwecke der Information über anstehende Maßnahmen (63 %), gefolgt von der Gesundheitsbildung der Mitarbeiter durch Fachinformation und Schulungen (57 %), dem Zugang zu BGM-Leistungen via Internet oder Apps (54 %) und der Befragung über das Internet (49 %). Damit wird deutlich, dass Kommunikation und Erreichbarkeit der Mitarbeiter sowie die Transformation der schriftlichen in die Onlinebefragung als wesentliche Inhalte eines digitalen BGMs betrachtet werden. Der Einsatz einer App für monatliche Kurzbefragungen wird eher skeptisch eingeschätzt. So glauben in Summe knapp 34 % der Befragten, dass die Umsetzbarkeit Stand heute nicht möglich ist. Davon geben sechs Prozent an, dass eine solche Anwendung weder tauglich noch umsetzbar ist, 28 % glauben, dass die Unternehmen derzeit noch nicht so weit sind. Immerhin bewerten knapp 29 % den Einsatz einer BGM-Unternehmens-App für monatliche Kurzbefragungen als umsetzbar, wenn auch nur unter bestimmten Voraussetzungen (27 %).

Literatur

Bandura, A. (1986). Social foundation of thought and action: A social cognitive theory. Englewood Cliffs: Prentice Hall.

Bandura, A. (1992). Exercise of personal agency through the self-efficacy mechanism. In R. Schwarzer (Hrsg.), Self-Efficacy: Thought control of action (S. 3–38). Washington, D.C.: Hemisphere.

DIN Deutsches Institut für Normung e.V. (2012). DIN SPEC 91020:2012-07, Betriebliches Gesundheitsmanagement. Berlin: Beuth.

Froböse, I. & Wallmann-Sperlich, B. (2016). Der DKV Report „Wie gesund lebt Deutschland?". 2016. Düsseldorf: DKV Deutsche Krankenversicherung AG.

Göhner, W. & Fuchs, R. (2007). Änderung des Gesundheitsverhaltens. MoVo-Gruppenprogramme für körperliche Aktivität und gesunde Ernährung. Göttingen: Hogrefe.

Hunsicker, K. & Walle, O. (21.01.16). Erst Industrie 4.0 und jetzt BGM 4.0? Wie digital kann Gesundheitsmanagement sein? Haufe Onlineseminar.

Robert Koch-Institut (Hrsg) (2015). Gesundheit in Deutschland. Gesundheitsberichterstattung des Bundes. Gemeinsam getragen von RKI und Destatis. RKI, Berlin.

Sheldon, K. M. & Elliot, A. J. (1999). Goal Striving, Need Satisfaction, and Longitudinal Well-Being: The Self-Concordance Model. Journal of Personality and Social Psychology, 76 (3), 482–497.

Seelig, H. & Fuchs, R. (2006). Messung der sport- und bewegungsbezogenen Selbstkonkordanz. Zeitschrift für Sportpsychologie, 13 (4), 121–139.

Walle, O. (2015). Digitales BGM. Lexikonbeitrag. Haufe Arbeitsschutz Office Professional Online.

Oliver Walle ist Dozent an der Deutschen Hochschule für Prävention und Gesundheitsmanagement und der BSA-Akademie sowie Geschäftsführer der Health 4 Business GmbH, einem Beratungsunternehmen für BGM. Er ist Fachautor im BGM, Autor von Studien- und Lehrbriefen und Koordinator der bundesweiten Initiative „Gesundheit im Betrieb selbst gestalten". Darüber hinaus ist Oliver Walle Mitglied im Vorstand des Bundesverbandes Betriebliches Gesundheitsmanagement (BBGM).

Gesunde Führung – der Erfolgsfaktor für ein Betriebliches Gesundheitsmanagement in einer digitalisierten Arbeitswelt

6

Bernd Siegemund

Zusammenfassung

„Gesunde Führung" ist eine wesentliche Grundvoraussetzung für eine „Gesunde Organisation". Sie ist ein wesentliches Element für ein wirksames Betriebliches Gesundheitsmanagement und umgekehrt kann ein Betriebliches Gesundheitsmanagementsystem sehr gut genutzt werden, um genau diese Fähigkeiten und Charakteristika der gesunden Führung in einem Unternehmen gezielt zu entwickeln. Dezentralisierung, reduzierte Face-to-Face-Kontakte, neue und andere Formen der Kommunikation sowie Instrumente zur Steuerung der Zusammenarbeit stellen große Herausforderungen an die Führung in Unternehmen. Sie hat nicht nur eine wichtige Multiplikatorfunktion, sondern prägt über Vorbildfunktion, Vertrauens- und Feedbackkultur auch die Akzeptanz und das Engagement für das Thema „Gesundheit".

6.1 Einleitung

Ein betriebliches Gesundheitsmanagementsystem dient dazu, die Zielsetzungen der betrieblichen Gesundheitspolitik in systematischer Form, nachhaltig ausgerichtet und mit einem kontinuierlichen Verbesserungsprozess (PDCA-Zyklus) versehen, in die Praxis, das heißt Prozesse und Strukturen einer Organisation, zu übertragen (DIN SPEC 91020 2012). Zwar nutzt das betriebliche Gesundheitsmanagement dabei primär den Betrieb als Plattform, verfolgt jedoch das Ziel über den Betrieb hinaus, das heißt ganzheitlich, die Verhaltens- und Verhältnisprävention positiv zu beeinflussen. Gerade die „klassische Plattform" Betrieb unterliegt jedoch im Rahmen einer digitalisierten Arbeitswelt massiven Veränderungsprozessen. Dezentralisierung, reduzierte Face-to-Face-Kontakte, neue

B. Siegemund (✉)
Bonn, Deutschland
E-Mail: bernd.siegemund@bad-gmbh.de

© Springer Fachmedien Wiesbaden GmbH 2018
D. Matusiewicz und L. Kaiser (Hrsg.), *Digitales Betriebliches Gesundheitsmanagement*,
FOM-Edition, https://doi.org/10.1007/978-3-658-14550-7_6

und andere Formen der Kommunikation sowie Instrumente zur Steuerung der Zusammenarbeit stellen große Herausforderungen an die Führung in Unternehmen und damit auch an die Wirksamkeit bei der Umsetzung von Maßnahmen zur zielgerichteten Umsetzung eines Betrieblichen Gesundheitsmanagements dar.

6.2   Vorstellung des digitalen Ansatzes

Um die Sinnhaftigkeit und Wertigkeit eines Betrieblichen Gesundheitsmanagementsystems zu vermitteln und in einem Betrieb mit Leben zu füllen, spielt die Qualität der Führung eine ganz zentrale Rolle. Die Führung hat nicht nur eine wichtige Multiplikatorfunktion, sondern ihre Qualität prägt über Vorbildfunktion, Vertrauens- und Feedbackkultur auch Akzeptanz und Engagement für das Thema „Gesundheit".

Über persönliche Präsenz bzw. den persönlichen Kontakt lassen sich die Eindrücke eines Vorbilds, Authentizität sowie Haltungen und Einstellungen leichter und überzeugender vermitteln, als bei einer „Führung auf Distanz". Eine Zusammenarbeit bzw. Führung, die auf der Zuhilfenahme unserer modernen Kommunikationsmittel (E-Mail, Telefon, Chat usw.) basiert, zeigt immer nur einen Teil des Gesamtbildes und kann beim „Empfänger" nicht nur zu einem eingeschränkten, sondern leicht auch zu einem falschen Bild oder Eindruck führen. Der gewünschte Effekt, ein positives Vorbild zu vermitteln, um so Haltungen und Einstellungen beim Empfänger zu bewirken, ist deshalb mit Sicherheit zumindest schwerer zu erzielen.

Gleiches gilt für die Entwicklung von Vertrauen zwischen den Beteiligten – Führungskraft und Geführtem. Vertrauen stellt eine wesentliche Grundlage für eine offene, ehrliche, wertschätzende und konstruktive Zusammenarbeit dar. In den Prozess der Vertrauensbildung zahlen jedoch die unterschiedlichsten Signale ein: Stimme, Betonung, Gesichtsausdruck, Formulierung, Haltung usw. Nur schwer ist die Summe dieser Signalwirkungen mit den oft wenig dimensionalen modernen Kommunikationsmitteln für den jeweiligen Empfänger erkenn- und verarbeitbar.

Gerade diese Führungsqualitäten, die man im Gegensatz zu Managementqualitäten der Führungsform des Leaderships zuordnet, sind unter den Randbedingungen einer zunehmenden Digitalisierung und einer damit einhergehenden Zunahme von „Führung auf Distanz" in unserer Arbeitswelt noch schwerer zu realisieren.

Beim Leadership liegt der Fokus auf dem Menschen. Die Führungskraft schreitet mit gutem Beispiel voran, ermutigt und unterstützt die Mitarbeiter, legt den Fokus auf die Menschen und scheut das Risiko nicht. Beim Management liegt der Fokus eher auf der Arbeit. Typische Kennzeichen des Führungsstils sind: Die Führungskraft konzentriert sich auf das Erledigen der Arbeit, plant und kontrolliert die Mitarbeiter, setzt die Arbeit in den Fokus und versucht Konflikte zu vermeiden. Natürlich gibt es keine scharfe Grenze zwischen Leadership und Management oder dem Leader und dem Manager. Meistens wird eine gute Mischung von beidem angestrebt und häufig ist auch die Art der Arbeit mitentscheidend, worauf der Fokus gelegt werden sollte.

Wie eine Studie der Saaman AG, bei der 513 Personen, davon 254 Führungskräfte, befragt wurden, zeigt, lassen allerdings gerade die dem Leadership zuzuordnenden Fähigkeiten und Qualitäten schon in unserer heutigen Arbeitswelt eher zu wünschen übrig. Ziele und Richtungen klarzumachen – eine wesentliche Komponente des Leaderships – erfüllen aus Sicht der Befragten nur 23 % der Unternehmensleiter, Werte leben nur 20 % vor. 27 % können Begeisterung stiften und nur 18 % erzeugen nach dieser Studie Vertrauen (Saaman 2013). In der Konsequenz heißt das, dass hier noch ein großes Potenzial besteht, in den Unternehmen mehr „organisationale Energie" (Bruch und Vogel 2008) freizusetzen und damit deren Wettbewerbsfähigkeit zu steigern.

In einer digitalisierten Arbeitswelt, die geprägt wird von einer zunehmenden Individualisierung der Arbeit, flexiblen Arbeitszeiten, Homeoffice oder Desk Sharing sowie virtuellen und fluiden Teams wird es sicherlich nicht einfacher werden, die gerade für die „organisationale Energie" so wichtigen Einflussfaktoren wie eine Führung mit Vision und Inspiration zu vermitteln bzw. eine Vertrauenskultur zu entwickeln.

Im Rahmen einer vom Institut für Führung und Personalmanagement der Universität St. Gallen durchgeführten TOP JOB-Trendstudie (Bruch et al. 2016), bei der über 19.000 Führungskräfte und Mitarbeiter in 92 deutschen Unternehmen befragt wurden, konnte festgestellt werden, dass rund 25 % der Unternehmen erste Schritte in eine digitalisierte Arbeitswelt machen.

Während flexible Arbeitszeiten schon von den meisten beteiligten Unternehmen in unterschiedlicher Ausprägung genutzt werden, sind Themen wie Desk Sharing oder Fluide Teams nur im niedrigen Prozentbereich vertreten.

In einer weiteren Studie dieser Arbeitsgruppe wurden 264 Geschäftsführungsmitglieder sowie 15.544 Mitarbeiter in 96 Unternehmen zum Thema „Gesunde Führung" befragt und der Zusammenhang zwischen einer gesunden Führung der Performance der Unternehmen ermittelt. Kriterien wie z. B. das Wohlbefinden und Engagement der Mitarbeiter, deren Kündigungsabsicht, destruktives Engagement oder deren Resignation sowie die Unternehmensleistung wurden bei verschiedenen Führungsarten im Hinblick auf ihre Auswirkungen, insbesondere der psychischen Gesundheit des Unternehmens und der Mitarbeiter betrachtet. Bei den Führungsarten wurde dabei zwischen einer ergebnisorientierten, einer inspirierenden, einer Kombination aus ergebnisorientierter und inspirierender Führung sowie gesunder Führung unterschieden. Ergebnisorientierte bzw. inspirierende Führung waren in den betrachteten Unternehmen mit jeweils über 70 % am häufigsten anzutreffen, gesunde Führung wurde lediglich bei 24 % der befragten Unternehmen festgestellt. Allerdings zeigte sich, dass sich die gesunde Führung gegenüber den anderen Führungsarten um 14 % positiver auf die psychische Gesundheit in den Unternehmen auswirkt (Bruch und Kowalevski 2016).

„Gesunde Führung" verfolgt das Ziel, Arbeitsplätze und die Arbeitsbedingungen gesund zu gestalten, um genau so eine hohe Akzeptanz, ein positives Engagement sowie hohes Maß an Identifikation jedes Einzelnen mit den Zielen des Unternehmens zu erreichen.

In der Konsequenz kann „Gesunde Führung" viel dazu beitragen, dass Arbeit nicht als Belastung wahrgenommen wird, sondern Spaß und Freude macht.

Die Studie weist auch auf die bedeutende Rolle eines Betrieblichen Gesundheitsmanagements in diesem Zusammenhang hin, zeigt aber auch auf, wie wichtig es ist, die damit einhergehenden Maßnahmen systematisch, bedarfs- und zielorientiert sowie miteinander verzahnt umzusetzen. Sie müssen auf das Unternehmen und die Mitarbeiter im Unternehmen bzw. Teilen des Unternehmens zugeschnitten sein.

Gesunde Führung und Betriebliches Gesundheitsmanagement ergänzen sich sehr gut und entfalten eine maximale Wirksamkeit, wenn sie gut miteinander verzahnt sind.

6.3 Auswirkungen auf das BGM: Betriebliches Gesundheitsmanagement im Zusammenspiel mit gesunder Führung

Man spricht zwar von einem „Betrieblichen Gesundheitsmanagementsystem", was aber keinesfalls heißt, dass gerade dem Aspekt „Management" im Zusammenhang mit Führung hier die ausschlaggebende Rolle zukommt. Da Vertrauen, Vorbild, Wertschätzung und ähnliche Werte für eine hohe Akzeptanz, ein positives Engagement und ein hohes Maß an Identifikation für den erfolgreichen Betrieb eines solchen Systems ausschlaggebend sind, ist eine Führungsform, die diese Aspekte unterstützt und fördert, gefragt.

„Gesunde Führung" ist eine wesentliche Grundvoraussetzung für eine „Gesunde Organisation", die auch im Wettbewerb ihre Stärken entsprechend zum Tragen bringt. Sie ist ein wesentliches Element für ein wirksames Betriebliches Gesundheitsmanagement und umgekehrt kann ein Betriebliches Gesundheitsmanagementsystem sehr gut genutzt werden, um genau diese Fähigkeiten und Charakteristika der gesunden Führung in einem Unternehmen gezielt zu entwickeln.

Einerseits sind für die Wirksamkeit eines Betrieblichen Gesundheitsmanagements Aspekte wie Sinnerkennung, klare Ausrichtung und Zielsetzung, eine breite Akzeptanz sowie aktive Mitwirkung und Mitgestaltung notwendig.

Andererseits ist es unerlässlich, ein betriebliches Gesundheitsmanagement in einem richtigen Managementsystem zu verankern, um ein systematisches, abgestimmtes, zielorientiertes und nachhaltig ausgerichtetes Vorgehen sicherzustellen, das sowohl über Kennzahlen verfügt, die eine Wirksamkeit bewertbar machen, und einem kontinuierlichen Verbesserungsprozess unterliegt.

Hilfreich kann hier die Anwendung eines Organisationskompasses sein (Abb. 6.1; Williams 2010).

Das Commitment für den Sinn einer Maßnahme, einer Organisationseinheit oder eines Unternehmens hilft, spätere Reibungsverluste an Schnittstellen klein zu halten. Ist ein solch gemeinsamer Sinn gefunden und von den Beteiligten akzeptiert, sind auch gemeinsame Werte zu vereinbaren. Sind diese ersten Schritte gesetzt, lassen sich auf dieser Basis auch Vision, Mission und eine Strategie für das weitere Vorgehen deutlich leichter ablei-

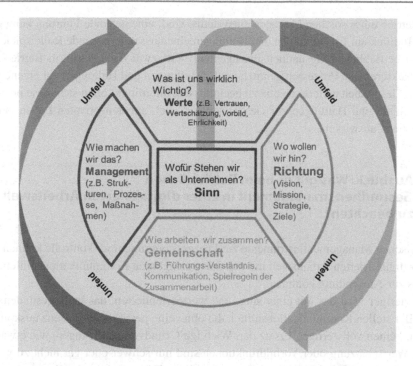

Abb. 6.1 Organisationskompass B·A·D GmbH. (In Anlehnung an Williams)

ten. Fehlt das gemeinsame Commitment zum Sinn und den gemeinsamen Werten, werden die Diskussionen über Vision, Mission und Strategie wesentlich aufwendiger und weniger zielführend sein.

Viele Unternehmen beginnen mit Überlegungen zu Vision und Mission, leiten daraus dann Maßnahmen ab und steuern deren Umsetzung mit Hilfe von dafür geeigneten Prozessen und Strukturen (Management), die dann oft zu isoliert bedacht und betrachtet werden, was unweigerlich zu Reibungsverlusten an Schnittstellen führt. Ist allen Beteiligten der Sinn eines Unternehmens oder eines Vorhabens bewusst und präsent, besteht ein Commitment zu gemeinsamen Werten und Führungsgrundsätzen (Spielregeln). Daraus entwickelt sich eine Eigen- oder Selbstverantwortung des Einzelnen zur Erreichung der gemeinsamen Ziele, was wiederum Reibungsverluste an Schnittstellen deutlich reduziert.

Unter solchen Bedingungen sind für ein erfolgreiches Betriebliches Gesundheitsmanagement beste Grundvoraussetzungen geschaffen.

Trotzdem sollte einem nachhaltig angelegten Betrieblichen Gesundheitsmanagement ein Managementsystem, wie z. B. in der DIN SPEC 91020 beschrieben (Becker et al. 2014), zugrunde gelegt sein, um gezielt gesteuert, weiterentwickelt und im Hinblick auf seine Wirksamkeit bewertbar zu sein. Die Qualität der Führung wiederum spielt eine entscheidende Rolle für die Akzeptanz und die Performance bei der Implementierung und beim Betrieb eines solchen Managementsystems. Und, eine gesunde Führung kann gerade im Hinblick auf Einstellungen und Haltungen eine ausschlaggebende Rolle spielen.

Beim betrieblichen Gesundheitsmanagement wird zwar die „Plattform Betrieb" mit ihren Strukturen und Prozessen genutzt, um Einstellungen und Haltungen zur eigenen und auch zur Gesundheit anderer positiv zu beeinflussen, allerdings sollen sich diese positiven Einstellungen und Haltungen zur Gesundheit natürlich auf den privaten Lebensbereich entsprechend auswirken.

6.4   Ausblick: Was gilt es beim Betrieblichen Gesundheitsmanagement in einer digitalisierten Arbeitswelt zu beachten?

Die typischen Managementinstrumente zur Prozesssteuerung und -kontrolle können auch in einer digitalisierten Arbeitswelt mit den dort verfügbaren Kommunikationsmitteln problemlos zur Anwendung kommen.

Schwieriger wird das mit einer sinn- und werteorientierten, das heißt gesunden Führung. Hier stellen Kommunikationsmittel, die ohne eine persönliche Präsenz auskommen müssen, keinen vollwertigen Ersatz dar. Wichtige Grundvoraussetzungen, wie etwa Vertrauen, Wertschätzung oder Vorbildfunktionen sind nur schwer oder gar nicht zu vermitteln bzw. zu entwickeln. Die oft örtliche und zeitliche Entkoppelung der Kommunizierenden erschwert dies zusätzlich.

Zunächst einmal muss man sich der Tatsache bewusst sein, dass es in einer digitalisierten Arbeitswelt schwieriger ist, diese „weichen Faktoren" der Führung wirksam werden zu lassen. Und man muss sich auch der Tatsache bewusst sein, dass gerade diese Faktoren für den erfolgreichen Betrieb eines Betrieblichen Gesundheitsmanagements entscheidend sind.

Positive Einstellungen und Haltungen zur Gesundheit – und mit Gesundheit ist hier gemäß WHO Definition (WHO 1946) das physische, psychische und soziale Wohlbefinden gemeint – sind auch unabhängig von Ort und Zeit beim Betroffenen wirksam. Gerade das wäre aber in einer digitalisierten Arbeitswelt mit flexiblen Arbeitszeiten, Desk Sharing, virtuellen und fluiden Teams notwendig, um die Zielsetzung eines Betrieblichen Gesundheitsmanagements, nämlich den Erhalt und die Förderung der Gesundheit systematisch in eine Organisation so zu integrieren, dass diese für die interessierten Parteien attraktiv bleibt und ihre Wettbewerbsfähigkeit nachhaltig sichert (DIN SPEC 91020 2012).

In der Konsequenz wird es deshalb in einer digitalisierten Arbeitswelt noch wichtiger werden, die qualitativen Aspekte einer „gesunden Führung" zu leben und zu betonen, um so vor allem Einstellungen und Haltungen, die unabhängig von Ort, Zeit und Form der Zusammenarbeit ihre Wirkungen entfalten können, im Hinblick auf die Gesundheit positiv zu verändern. Diese Herausforderungen stellen auch große Herausforderungen für die Lernfähigkeit von Unternehmen dar. Wesentliche Charakteristika einer gesunden Führung und einer gesunden Organisation sind aber auch ein ausgeprägtes Lern- und Innovationsinteresse und die Fähigkeit, diese Interessenslagen für die Weiterentwicklung des Einzelnen und der Organisation nutzbar zu machen.

Literatur

Becker, E., Krause, C. und Siegemund, B. (2014): Betriebliches Gesundheitsmanagement nach DIN SPEC 91020 – Erläuterungen zur Spezifikation für den Anwender; Beuth Verlag, Berlin, 2014

Bruch, H. & Vogel, B. (2008): Organisationale Energie: Wie Sie das Potential Ihres Unternehmens ausschöpfen; Springer-Verlag, Heidelberg, 2008

Bruch, H., Block, C. und Färber, J. TOP JOB Trendstudie (2016): Arbeitswelt im Umbruch –Von erfolgreichen Pionieren lernen, 2016

Bruch, H. Kowalevski, S. (2016): TOP JOB Studie – Gesunde Führung, Überlingen, 2016

DIN SPEC 91020 (2012): Deutsches Institut für Normung (DIN) e. V., Beuth Verlag GmbH, Berlin, 2012

SAAMAN AG (2013): Studie Einfluss der Unternehmensleitung auf die Mitarbeiterleistung, Freiburg i.Br., 2013

WHO (1946): Verfassung der Weltgesundheitsorganisation, New York, 1946

Williams, B. und W. (2010): The Genuine Contact Way, Raleigh, NC (USA) 2010

Nach seinem Studium der Biologie und Tiermedizin praktizierte **Bernd Siegemund** zunächst zwei Jahre als Tierarzt und wurde 1985 beim Battelle-Institut in Frankfurt Projektleiter für Pharmakologie und Toxikologie. 1986 wurde er Leiter der Bereiche Pharmakologie, Toxikologie und Pharmakokinetik, ein Jahr später dann auch für die Bereiche Pathologie, Histopathologie und Inhalationstoxikologie am Battelle-Institut in Genf. 1990 übernahm Siegemund als Geschäftsführer die technische Leitung der Institut Fresenius Gruppe und baute neben neuen Geschäftsfeldern eines der ersten standortübergreifenden, integrierten Qualitätsmanagement-Systeme in Deutschland auf. 1992 erhielt Bernd Siegemund einen Lehrauftrag an der Europa-Fachhochschule Fresenius für Biochemie und Biotechnologie. In dem von ihm mit initiierten neuen Hauptstudiengang hielt er zunächst Vorlesungen zur „Entwicklung und Prüfung chemischer Produkte" und wurde 1999 von der Hessischen Landesregierung zum Honorarprofessor ernannt. Heute hält er Vorlesungen im Bereich Gesundheitsökonomie und Betriebliches Gesundheitsmanagement. 2000 wurde Siegemund Geschäftsführer der B·A·D GmbH, einem der führenden Dienstleistungsunternehmen im Arbeits-, Gesundheits- und Umweltschutz mit heute über 3900 Mitarbeitern. Weitere Geschäftsführerfunktionen nimmt Siegemund für die Medical Airport Services GmbH und verschiedene Unternehmen der TeamPrevent-Gruppe im Ausland wahr. Siegemund ist Mitglied zahlreicher nationaler und internationaler Gremien, die sich mit Fragen des Arbeitsschutzes sowie der Erarbeitung neuer Qualitätsmanagementnormen beschäftigen.

Individualität – die Zukunft des Betrieblichen Gesundheitsmanagements

7

Vera Fathi und Benjamin Fathi

Zusammenfassung

Der vorliegende Beitrag befasst sich mit der Frage, welche Veränderungen die Arbeitswelt beeinflussen und welche Anforderungen sich daraus für den Arbeitnehmer ergeben. Zudem wird die derzeitige Altersstruktur in Deutschland, sowie die Anzahl Erwerbstätiger, erörtert. Der Einfluss dieser verschiedenen Faktoren hat Konsequenzen für das Betriebliche Gesundheitsmanagement. Die notwendigen Anpassungen werden aufgezeigt und Lösungen für Probleme dargestellt.

7.1 Einleitung

Arbeit findet – ausgenommen von einigen Berufszweigen – bis heute noch überwiegend am Ort des Geschehens statt. Mit der Diskussion um die Industrie 4.0 eröffnen sich neue Dimensionen des Arbeitens. Durch den steigenden Einsatz von Elektronik und Informationstechnologie im produzierenden Gewerbe wird das menschliche Arbeiten vom festen Standort zunehmend gelöst. Die noch überwiegend bestehende Präsenzpflicht – also die Pflicht am Arbeitsort während der Arbeitszeit anwesend und verfügbar zu sein – wird sich als logische Konsequenz zu einer flexiblen Gestaltung der Arbeitszeit und des Arbeitsplatzes wandeln.

Die wachsende Rolle von Informationstechnologie und Digitalisierung wirkt direkt und indirekt auf die Arbeitswelt. Vollautomatisierte Produktionswege bis hin zu autonom agierenden Produktionsstandorten rücken in der Industrie in greifbare Nähe.

Doch nicht nur im Bereich der Produktion wird künstliche Intelligenz Einzug halten. Auch andere Bereiche, die bis dato noch nicht im Fokus stehen, werden diesen Weg gehen.

V. Fathi · B. Fathi (✉)
Maintal, Deutschland
E-Mail: info@gesundheitundmanagement.de

© Springer Fachmedien Wiesbaden GmbH 2018
D. Matusiewicz und L. Kaiser (Hrsg.), *Digitales Betriebliches Gesundheitsmanagement*,
FOM-Edition, https://doi.org/10.1007/978-3-658-14550-7_7

Doch was bedeutet dieses neue Arbeiten für die Beschäftigten und welchen Stellenwert nimmt das Betriebliche Gesundheitsmanagement der Zukunft ein?

Dieser Text wagt einen Blick auf die Arbeitswelt und das Betriebliche Gesundheitsmanagement von morgen.

7.2   Eine Gesellschaft im Wandel

Unsere heutige Gesellschaft befindet sich in einem Schwebezustand, der analoges Arbeiten und Digitalisierung miteinander verbindet. Somit stehen wir in Anlehnung an den russischen Wissenschaftler Nikolai Kondratieff an der Schwelle eines neuen Innovationszyklus (Kondratieff 2013).

Durch den Modernisierungsprozess von Unternehmen mittels digitaler Technologien ist die Wandlung der Arbeitswelt erkennbar fortgeschritten. Die Digitalisierung vereinfacht Arbeitsabläufe. Die sich daraus ergebende Effizienz und Produktivität sind im internationalen Wettbewerb ein erkennbarer Vorteil, der jedoch – auch eine Folge der Globalisierung – verstärkt schwindet. Die Copy-Paste-Strategie von erfolgreichen Entwicklungen und Technologien reduziert die Halbwertzeit des Wettbewerbsvorteils.

Die Auswirkungen der beschleunigenden Arbeitswelt sind für die Beschäftigten deutlich spürbar. Insbesondere Zeitdruck und Komplexität der Tätigkeiten nehmen zu. Die Digitalisierung entgrenzt Tätigkeiten und führt zu mehr Flexibilität. Das typische Arbeitsumfeld verändert sich. Inzwischen nutzen ein Viertel der Unternehmen Telearbeitsplätze. Insbesondere neue Managementkonzepte (beispielsweise Management by Objectives) aber auch die gesunkenen Telekommunikationskosten treiben die Akzeptanz von Telearbeit weiter voran. Mittlerweile gilt Telearbeit als modern und wird gerne zur Steigerung der Arbeitgeberattraktivität genutzt. Jedoch profitieren hiervon nicht alle Berufsgruppen gleichermaßen. Die Digitalisierung der Arbeit betrifft vor allem Fachkräfte und Führungskräfte. Einfache Berufe sind hiervon deutlich weniger berührt (Institut für Demoskopie Allensbach 2016).

Der Wandel in der Arbeitswelt schafft eine neue Erwartungshaltung. Die nachrückenden Generationen, die sogenannten Generation Y und die Generation der Digital Natives, setzen moderne Arbeitsbedingungen voraus. Gerade im Kampf um die besten Köpfe können solche „Kleinigkeiten" wie flexible Arbeitszeitmodelle und ortsungebundenes Arbeiten entscheidend sein. Galten noch bis vor kurzem Loyalität im Sinne von Betriebszugehörigkeit und Durchhaltevermögen als Garanten für eine Karrierelaufbahn, so kann bei der Generation Y weniger mit Karriere als mit Teilzeit, Quality time und Flexibilität gepunktet werden (IG Metall 2014). Somit ist es nicht verwunderlich, wenn moderne deutsche Unternehmen mit atypischen Arbeitszeitmodellen, Homeoffice-Option und der Vereinbarkeit von Familie und Beruf werben. Die noch häufig anzutreffende Skepsis gegenüber solchen Modellen ist zumindest teilweise unbegründet. Ein Blick in die skandinavischen Länder zeigt, dass flexible Arbeitszeitmodelle für Fach- und Führungskräfte sowohl eine Teilhabe am Familienleben sowie unternehmerisches Engagement ermöglichen (Handelsblatt

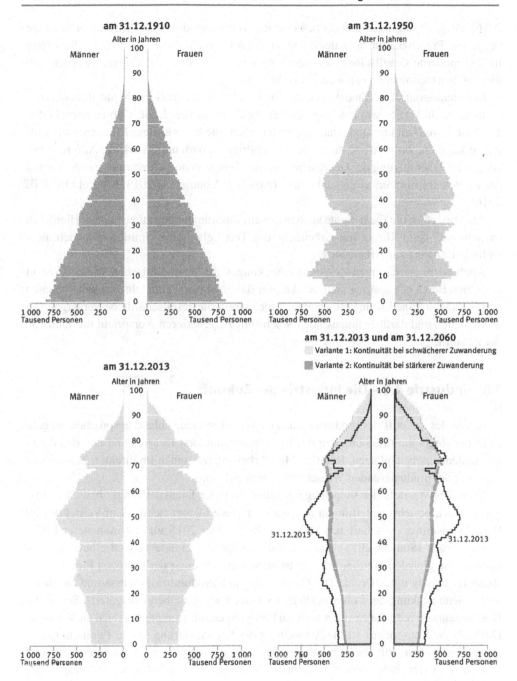

Abb. 7.1 Altersstrukturentwicklung

2016). Diese Erfahrungen und der beschriebene Handlungsdruck lockern bereits heute die verstaubte Präsenzkultur in Deutschland auf. In Anbetracht der größten Herausforderung für die moderne Gesellschaft, den demografischen Wandel zu bewältigen, werden sich diese Arbeitszeitmodelle exponentiell verbreiten.

Der demografische Wandel, ein in einem solchen Ausmaß noch nie dagewesenes Phänomen, dreht die gewohnte Gesellschaftsstruktur auf den Kopf. Gab es noch in den 1950ern ausreichend gesunde und junge Menschen, die ein würdiges Rentnerdasein mittragen konnten, nimmt diese durch eine zu niedrige Geburtenrate stark ab. Aufgrund der erwarteten Überalterung der Gesellschaft werden bereits erste Forderungen zur Anhebung des Renteneintrittsalters auf 69 Jahre laut (Abb. 7.1; Kondratieff 2013; Spiegel ONLINE 2016).

Als Vorstoß ist die Flexi-Rente auch in diesem Zusammenhang zu verstehen. Hierdurch entsteht eine neue Klasse von Arbeitnehmern. Das Lebensalter limitiert demnach nicht mehr den Zugang zur Arbeitswelt.

Auch wenn zur heutigen Zeit die Auswirkungen des demografischen Wandels nur in einzelnen Bereichen spürbar sind, wird dieser das zukünftige Handeln von Unternehmen massiv prägen. Eine Lösung mit weniger Arbeitskraft, die gesellschaftliche Versorgung zu ermöglichen und darüber hinaus noch Wachstum zu generieren, verspricht die Industrie der Zukunft.

7.3   Industrie 4.0 – Die Industrie der Zukunft

Wird von der Zukunft des produzierenden Gewerbes in Deutschland gesprochen, so geht es in der Regel um die Sicherung des Produktionsstandorts Deutschland und den damit verbundenen Arbeitsplätzen. Rund 15 Mio. Arbeitsplätze stehen im direkten Zusammenhang mit der produzierenden Wirtschaft in Deutschland.

Trotz des Wandels der Industriegesellschaft zu einer Dienstleistungs- bzw. Wissensgesellschaft, besteht weiterhin ein ausgeprägter gewerblicher Sektor. Ein Viertel des im Produktionsprozess geschaffenen Mehrwerts fiel im Jahr 2015 auf das produzierende Gewerbe zurück (Statista 2015). Doch gerade das produzierende Gewerbe befindet sich verstärkt im globalen Wettbewerb. Deutschland steht als einer der teuersten Produktionsstandorte massiv unter Druck. Die Optimierung der Produktionsprozesse und die damit verbundene Senkung der Lohnstückkosten scheinen weitestgehend ausgereizt. Sollen die Kosten dennoch reduziert werden, müssen Fertigungen mit weniger Personal auskommen. Die logische Konsequenz ist die Ausweitung der Digitalisierung in den Produktionsprozessen bis hin zur vollständigen autonomen Fertigung. In diesem Zusammenhang wird von einer vierten industriellen Revolution, der sogenannten Industrie 4.0, gesprochen (Schwab 2016).

Die Verzahnung der Produktion mit Kommunikations- und Informationstechnik hat bereits stattgefunden. Der Personaleinsatz beschränkt sich lediglich auf Fachkräfte, deren Aufgabe darin besteht, die Begleitung von reibungslosen Produktionsabläufen zu gewährleisten. Durch den verstärkten Einsatz von Breitbandtechnologie können komplette Produktionshallen extern betreut werden. Die räumliche Bindung an die Produktionsstätten wird nicht mehr zwingend erforderlich sein. Gemeinsames Arbeiten wird durch digitale Vernetzung hauptsächlich ortsungebunden erfolgen. Aufgrund dieser hochspezialisierten Arbeit wird die digitale Kommunikation unter dem Personal von großer Bedeutung sein.

7.4 Arbeiten 4.0 und deren Auswirkungen

Da sich der Personaleinsatz durch die Vollautomatisierung weiter auf die Überwachung von Produktionsstätten reduziert, ist mit einem drastischen Rückgang von Arbeitsplätzen zu rechnen. Hierbei handelt es sich im Allgemeinen um solche, die keine höhere Qualifikation benötigen. Gleichzeitig werden zunehmend Fachkräfte gefragt sein. Deren Arbeitsplätze erfahren eine Aufwertung, die sich in Qualifikation, Entlohnung und Arbeitsbedingungen widerspiegelt (Castells 2001). Durch die Entkopplung von Arbeit und Produktionsstätten und die damit verbundene räumliche Unabhängigkeit werden Mobile- bzw. Heimarbeitsplätze für diese Beschäftigtengruppe zur Regel. Die demografischen Veränderungen wirken sich besonders deutlich in den erwerbsfähigen Altersschichten aus. Der steigende Bedarf an Fachkräften ist nicht ausschließlich durch die Rekrutierung junger Fachkräfte auszugleichen. Der sogenannte „War for Talents", also der Kampf um die bestqualifizierten Arbeitnehmer, verschärft sich weiter.

Der gesellschaftliche und industrielle Wandel und seine Folgen für die Arbeitswelt bergen für die Arbeitnehmer sowohl Chancen als auch Risiken (Tab. 7.1).

Durch die beschriebene Ortsungebundenheit der Fach- und Führungskräfte nimmt die Entscheidungsfreiheit, von welchem Standort aus sie Prozesse steuern und überwachen, zu. Dies bedingt zwangsläufig eine Verminderung des realen Kontakts zu Vorgesetzten und Kollegen, der bis hin zu einer Isolation führen kann.

Durch die zunehmende Komplexität der Tätigkeiten und mehr eigenverantwortlichem Arbeiten, steigen auch die Anforderungen an die Schlüsselqualifikationen der Beschäftigten. So benötigen Angestellte mehr Selbstkompetenzen wie Selbstständigkeit, Flexibilität, Kreativität, Verantwortungs- und Leistungsbereitschaft sowie Zuverlässigkeit (DGFP

Tab. 7.1 Auswirkungen der Arbeit 4.0

Auswirkungen der Arbeit 4.0	
Zeitdruck und Komplexität der Tätigkeit ↑	Flexible Arbeitseinteilung ↑
Höhere Verantwortung ↑	Flexible Arbeitszeitmodelle ↑
Verringerung des Kontakts zu Kollegen (Isolation) ↑	Mehr Entscheidungsfreiheit ↑
Ständige Erreichbarkeit ↑	Vereinbarkeit von Beruf und Familie ↑
Entgrenzung der Arbeitszeit ↑	Ortsungebundenes Arbeiten ↑

2016). Diese zusätzlichen Anforderungen grenzen den Personenkreis, der für ein solches Arbeitsumfeld geschaffen ist, aus derzeitiger Sicht weiter ein.

Ein Blick auf die Personengruppe der ortsungebundenen Beschäftigten, den sogenannten Mobile Workers, zeigt, dass mit einer solchen Tätigkeit häufig eine größere Handlungsfreiheit einhergeht. Unweigerlich stellt eine solche Tätigkeit hohe Ansprüche an das Selbstmanagement, da der Kontakt wie eben beschrieben begrenzt ist. Eigenverantwortliches Arbeiten bedeutet auch, Entscheidungen selbst zu treffen und für die Konsequenzen einzustehen.

Zudem neigen Mobile Workers dazu, weniger Pausen zu machen und häufig die Kontrolle über die Arbeitszeit zu verlieren (Goudswaard und de Nanteuil 2000). Eine erhöhte innere Belastung und Anspannung ist aufgrund der steigenden Verantwortung und Entgrenzung der Arbeit zu beobachten (Rosenberger 2015). In der Konsequenz verschmilzt das Berufliche mit dem Privaten.

Der Gruppe der Mobile Workers gehören überwiegend Führungs- und Fachkräfte an. Gerade diese Personengruppe hat bereits heute ein höheres Risiko, psychische Störungen zu erleiden (Zimber et al. 2015). Es ist davon auszugehen, dass innere Belastungen aufgrund von mehr Verantwortung und Arbeitsverdichtung steigen werden.

Ob sich dies bewahrheitet oder ein gefühlter Mehrgewinn aufgrund der flexiblen Lebensmodelle überwiegt, wird sich in den nächsten Jahren zeigen. Denn die Anforderungen der neuen Arbeitswelt sehen viele Beschäftigte als Chance. Handlungs- und Entscheidungsfreiheiten wirken sich in der Regel positiv auf die Arbeitszufriedenheit aus. Das Wohlbefinden ist bei diesen Beschäftigten besonders hoch. Die Verschmelzung von Beruf und Privatem führt zu einer besseren Vereinbarkeit von Beruf und Familie und wird von vielen Arbeitnehmern als großes Plus bei der Einstufung der Unternehmenskultur gesehen. So kann die frei einzuteilende Zeit den eigenen Bedürfnissen angepasst werden.

7.5 Ausblick – Individualität im Betrieblichen Gesundheitsmanagement

Eine alternde Gesellschaft und der damit verbundene Rückgang von Fachkräften erfordern politische Entscheidungen. Diese Weichenstellungen sind für das Betriebliche Gesundheitsmanagement wegweisend. Die Anhebung des Renteneintrittsalters wird ein notwendiges Übel sein. Zum einen bleiben hierdurch Fachkräfte länger dem Arbeitsmarkt erhalten und zum anderen beeinflusst dies das Verhältnis von Beschäftigten und Rentnern, wodurch der Generationenvertrag fortgeführt wird. Dies kann jedoch nur funktionieren, wenn eine entsprechende Arbeits- und Beschäftigungsfähigkeit seitens der alternden Erwerbstätigen bestehen bleibt. Die Beschäftigten müssen somit substanziell fähig sein, die Arbeit bis in das hohe Alter zu verrichten. Daher ist davon auszugehen, dass sich Politik und Wirtschaft verstärkt für den Erhalt der Arbeits- und Beschäftigungsfähigkeit einsetzen werden. Zudem rücken der Schutz und die Förderung der Gesundheit von Beschäftigten stärker denn je in den Fokus (Bundesministerium für Arbeit und Soziales 2015).

Da der Anspruch der Tätigkeiten steigt und durch die demografischen Veränderungen weniger junge Beschäftigte nachrücken, werden sich Unternehmen zunehmend noch aktiver um gute Fachkräfte bemühen müssen. Die Arbeitgeberattraktivität rückt stärker in den Fokus und Personalgewinnungs- und Personalbindungsstrategien erlangen weiter an Bedeutung. Die Hoffnung, dass hiervon alle Beschäftigten gleichermaßen profitieren, ist mit der Logik des zuvor Beschriebenen nicht übereinzubringen. Vielmehr ist davon auszugehen, dass lediglich gut ausgebildete und hochqualifizierte Fachkräfte hiervon profitieren. Für den Fachkräftesektor wird sich diese Entwicklung weiter positiv auswirken. Begriffe wie Work-Life-Balance und Wohlbefinden werden für diese Arbeitnehmerschaft keine leeren Worthülsen sein.

Auch wenn der Anspruch des Erhalts der Arbeitsfähigkeit sowohl betriebs- wie auch volkswirtschaftlich als unabdingbares Erfordernis nicht für alle Personengruppen gleichermaßen zutrifft, so werden die Unternehmen von morgen verstärkt in die Gesundheit der Beschäftigten investieren. Das Betriebliche Gesundheitsmanagement als ein Zweig der Strategie zur Steigerung der Arbeitsgeberattraktivität wird folglich im Stellenwert weiter steigen.

Das Ziel des Betrieblichen Gesundheitsmanagements besteht in der bedarfsorientierten Förderung der Gesundheit und des Wohlbefindens der Beschäftigten. Drei Strategien werden zur Umsetzung des Betrieblichen Gesundheitsmanagements genutzt. Eine gezielte Verhältnisprävention dient dazu, optimale Rahmenbedingungen für Beschäftigte zu ermöglichen. Die strukturierte Förderung des Individuums durch verhaltenspräventive Maßnahmen und die systemische Förderung durch Strukturen und Prozesse unter Berücksichtigung des Gesundheitsaspekts heben das Betriebliche Gesundheitsmanagement in ein ganzheitliches Konzept.

Heute bieten ca. 38 % der deutschen Unternehmen gesundheitsfördernde Maßnahmen für ihre Mitarbeiter an (Beck und Schnabel 2010). Die Angebote werden direkt im Unternehmen oder in Arbeits- bzw. Wohnortnähe umgesetzt. Mit dem Einzug von „Arbeit 4.0" und der steigenden Digitalisierung der Arbeitswelt, entsteht die Notwendigkeit, Angebote stärker zu flexibilisieren, abrufbar und personalisiert zu gestalten.

Aufgrund der Ortsungebundenheit und der damit verbundenen Zerstreuung der Beschäftigten auf unterschiedliche Orte, können übliche Maßnahmen nicht durchgeführt werden. Vielmehr ist davon auszugehen, dass nach einer Bedarfsanalyse jedes einzelnen Beschäftigten das Angebot individuell zugeschnitten wird. Um dies ermöglichen zu können, kooperieren Unternehmen verstärkt mit externen Gesundheitsdienstleistern. Die Rolle des Unternehmens besteht darin, für individuelle Bedarfe die passende Gesundheitsleistung zu vermitteln.

Als wesentliche Gefahr des entkoppelten Arbeitens wurde bereits die soziale Isolierung beschrieben. Um eine solche Gefährdung besser einschätzen zu können, wird eine Erweiterung der Beurteilung durch die psychische Gefährdungsanalyse erforderlich. Der Soziologe Richard Sennett sieht in der Vereinsamung von Beschäftigten ein erhebliches Gesundheitsrisiko. Die Gefahr unter einer solchen Isolierung an einer Depression zu erkranken, steigt signifikant an (Sennett 2000). Einen Austausch in digitaler Form ersetzt nach heutigem Kenntnisstand keinen realen Kontakt. Somit sollten auch Unternehmen von morgen bewusst reale Begegnungen fördern. Eine gezielte Einbindung von individuellen Interventionen (beispielsweise Coaching) könnten betroffene Beschäftigte zudem unterstützen.

Mentoring-Konzepte sind wiederum aufgrund des ansteigenden Zeit- und Leistungsdrucks notwendig. Der ständige Austausch mit Kollegen spielt hierbei eine wichtige Rolle, um Strategien zu entwickeln, Organisation und Arbeitsabläufe zu optimieren. Auch der Trend zu Achtsamkeitstrainings wird weiter zunehmen und klassische Entspannungsmethoden wie Autogenes Training, Progressive Muskelrelaxation und Yoga im Ranking ablösen.

Durch die positive Wirkung von Bewegung auf die psychische Belastbarkeit werden Bewegungskonzepte auch zukünftig weiter relevant sein. Hier wird sich der Trend zur Individualisierung mittels Personal Coaching weiter fortsetzen. Die digitale Vernetzung wird eine flächendeckende Betreuung der Mitarbeiter sichern. Diese wird weiter durch digitale Programme unterstützt.

Ein großer Schwerpunkt des Betrieblichen Gesundheitsmanagements von morgen werden flexible Arbeitszeitmodelle sein. Langzeitkonten entwickeln sich von der Ausnahme zum Standard. Dies hat zwei große Vorteile: Unternehmen binden Mitarbeiter langfristig an sich und Mitarbeiter schätzen die Flexibilität, je nach Lebensphase, diese Konten zu nutzen.

Zu den neuen Anforderungen durch die Arbeit 4.0 kommen noch zwei Faktoren hinzu, die ein Betriebliches Gesundheitsmanagement als Notwendigkeit im Arbeitsalltag unabdingbar machen. Nach heutigem Kenntnisstand wachsen mit dem Alter der Beschäftigten ebenfalls die Ausfallzeiten (DAK 2015). Ältere Beschäftigte erkranken zwar nicht häufiger als junge Mitarbeiter, allerdings häufen sich schwere und chronische Erkrankungen in den späteren Altersperioden. Die Dauer der Arbeitsunfähigkeit nimmt zu. Die Arbeitsfähigkeit nimmt, bei ausbleibender Intervention, mit dem Alter ab.

Ein ganzheitliches Betriebliches Gesundheitsmanagement kann jedoch die Arbeitsfähigkeit signifikant beeinflussen. Hierbei erwies sich ein Dreiklang aus verbesserter ergonomischer Arbeitsplatzausstattung, einer mitarbeiterorientierten Weiterbildung und einem entsprechendem Führungsverhalten als besonders effektiv (Abb. 7.2; Ilmarinen und Tuomi 2004).

Da dennoch mit zunehmendem Alter die körperliche Leistungsfähigkeit sinkt, ist eine regelmäßige Weiterbildung der Mitarbeiter besonders notwendig. So kann eine Beschäftigungsfähigkeit auch im höheren Alter ermöglicht werden. Zudem können hierdurch Überforderungssituationen durch eine fehlende Passung von Aufgabe und Können des Beschäftigten vermieden werden.

Das Medienverhalten der Beschäftigten führt den Trend zum digitalen, mobilen Endgerät weiter fort. Hierüber wird die Erreichbarkeit und Durchdringung der Beschäftigten ermöglicht. Wenn auch heute nicht alle Berufszweige mit technischen Arbeitsmitteln ausgestattet sind, so verfügen bereits jetzt 90 % aller Beschäftigten unabhängig des Berufsbildes, insbesondere durch mobile Endgeräte, ein Zugang ins Internet (ARD/ZDF 2016).

Abb. 7.2 Past present and future of work ability. (Ilmarinen und Tuomi 2004, S. 1–25)

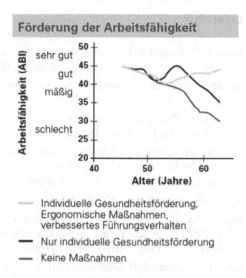

Förderung der Arbeitsfähigkeit

- - - Individuelle Gesundheitsförderung, Ergonomische Maßnahmen, verbessertes Führungsverhalten

— Nur individuelle Gesundheitsförderung

— Keine Maßnahmen

Die Tendenz ist steigend. Die jungen Generationen wachsen mit der Digitalisierung auf, sodass Maßnahmen in Form von digitalen Tools, Apps und webbasierten Programmen einen hohen Stellenwert einnehmen. Sie lösen reale Begegnungen und Interaktionen nicht komplett ab, aber bieten die Möglichkeit, weitgefächert und global Bedürfnisse abzudecken.

7.6 Fazit

Der Einzug von künstlicher Intelligenz in industrielle Prozesse hat gerade erst begonnen. Die Effizienz der Wertschöpfung nimmt hierdurch weiter zu. Ausgehend von einer gleichbleibenden Bevölkerungsentwicklung und der verstärkten Spezialisierung steigt der Wert von Fach- und Führungskräften weiter an. Für Unternehmen bestimmter Arbeitssektoren wird es unumgänglich, für die Gesundheit ihrer Spezialisten zu sorgen. Individuelle Messinstrumente lösen standardisierte Bedarfsanalysen ab. Dabei liegt der Fokus der Maßnahmen auf der individuellen Förderung. Personalisierte Bewegungskonzepte wie auch Programme zum Selbstmanagement, Aufmerksamkeitstraining und Bewältigungsstrategien zur Vermeidung von psychischen Belastungen werden auf den Bedarf des Mitarbeiters zugeschnitten. Die Angebote müssen zeitlich frei verfügbar sowie auf den Trend der Digitalisierung angepasst sein. Auch macht lebenslanges Lernen und damit verbunden der Faktor der ununterbrochenen Weiterqualifikation bis zum individuellen Renteneintritt ein fester Bestandteil des Betrieblichen Gesundheitsmanagements aus. Wir werden noch deutlicher als bisher einen Wandel zur Individualisierung des Betrieblichen Gesundheitsmanagements erleben. Das Betriebliche Gesundheitsmanagement der Massen wird zum Gesundheitsmanagement des Einzelnen.

Literatur

Beck, D., Schnabel, P.-E. (2010). Verbreitung und Inanspruchnahme von Maßnahmen zur Gesund-heitsförderung in Betrieben in Deutschland. Das Gesundheitswesen, 72 (4): 222–227.

Bundesministerium für Arbeit und Soziales, Hrsg. (2015): Grünbuch Arbeiten 4.0 – Arbeit weiter denken. Berlin.

Castells, M. (2001). Das Informationszeitalter I. Der Aufstieg der Netzwerkgesellschaft. Teil 1 der Trilogie ,Das Informationszeitalter', Opladen 2001.

Goudswaard A, de Nanteuil M (2000). Flexibility and Working Conditions. A Qualitative and Com-parative Study in Seven EU Member States. European Foundation for the Improvement of Living and Working Conditions. Dublin.

IG Metall Vorstand, Hrsg. (2014): Arbeit: sicher und fair! Ergebnisse der Beschäftigtenbefragung.

Ilmarinen J, Tuomi K. (2004). Past present and future of work ability. In: Ilmarinen J & Lehtinen S. Past present and Future of Work Ability – People and Work Research Report 65, Finnish Institute of Occupational Health, Helsinki, 1–25.

Institut für Demoskopie Allensbach (2016) Arbeit heute und morgen – Vorstellung von der Zukunft der Arbeit, Allensbach am Bodensee.

Kondratieff, N. (2013). Die langen Wellen der Konjunktur: Nikolai Kondratieffs Aufsätze von 1926 und 1928. Neu hrsg. und kommentiert von Erik Händeler.

Rosenberger, R. (2015). An experiential account of phantom vibration syndrome. In: Computers in Human Behavior. 52, S.124–131.

Schwab, K. (2016). Die Vierte Industrielle Revolution. München: Pantheon.

Sennett, R. (2000): Der flexible Mensch. München: btb Verlag.

Statista: Anteil der Wirtschaftszweige an der Bruttowertschöpfung* in Deutschland im Jahr 2015.

Zimber A et al. (2015): Wie stark sind Führungskräfte psychisch gefährdet? Eine Literaturüber-sicht zu Gesundheitsrisiken und arbeitsbezogenen Risiko- und Schutzfaktoren. In: Zeitschrift für Gesundheitspsychologie, 23 (3), 123–140.

ARD/ZDF 2016 https://www.ard-zdf-onlinestudie.de/index.php?id=506 gesehen am 06.11.2016

DAK 2015 https://www.dak.de/dak/download/Vollstaendiger_bundesweiter_Gesundheitsreport_2015-1585948.pdf

DGFP 2016 http://www.dgfp.de/aktuelles/dgfp-news/aktuelle-studie-mobiles-arbeiten-stellt-hoehere-anforderungen-an-beschaeftigte-4344 gesehen am 09.11.2016.

http://www.handelsblatt.com/politik/international/arbeitszeiten-skandinavien-arbeitszeit-sinkt-umsatz-steigt/13379278-4.html gesehen am 09.11.2016.

http://www.spiegel.de/wirtschaft/soziales/rente-mit-69-geht-das-was-experten-sagen-a-1108197.html gesehen am: 18.08.2016.

Vera Fathi studierte Sportwissenschaft, Sportmedizin und Biologie (M.A.) an der Wolfgang Goethe-Universität Frankfurt und ist zertifizierte Gesundheitsmanagerin. Bis 2016 arbeitete sie bei einer mittelständigen Krankenkasse im Bereich der Gesundheitsförderung. Seit 2017 ist Frau Fathi als BGM-Beraterin bei der Kaufmännischen Krankenkasse (KKH) für die Gesundheit der Beschäftigten zuständig. Sie ist ebenfalls Autorin bei der Informationsplattform „Gesundheit & Management – Betriebliches Gesundheitsmanagement online".

Benjamin Fathi ist Betrieblicher Eingliederungs- und Gesundheitsmanager und betreute in dieser Position diverse Unternehmen in der Einführung von BGM-Konzepten. Als Mitbegründer und Autor betreibt er die Informationsplattform „Gesundheit & Management – Betriebliches Gesundheitsmanagement online" (www.gesundheitundmanagement.de).

E-Health als zentrale Komponente des digitalen Betrieblichen Gesundheitsmanagements – psychologische Ansätze, Erkenntnisse und Evaluationsmethoden

8

Sonia Lippke

> *Wenn der Wind der Veränderung weht, bauen die einen Mauern und die anderen Windmühlen (chinesisches Sprichwort). E-Health-Maßnahmen können die Windmühlen des digitalisierten Arbeitsplatzes sein.*

Zusammenfassung

Digitale Medien bieten innerhalb des Betrieblichen Gesundheitsmanagements vielfältige Möglichkeiten, die Gesundheit und die Zufriedenheit der Mitarbeiter durch die Unterstützung bei Gesundheitsverhaltensänderung zu fördern: So können Internet-/App-gestützte Maßnahmen, sogenannte E-Health-Maßnahmen, viele Mitarbeiter erreichen, die sonst nicht an klassischen Programmen der Gesundheitsförderung teilnehmen würden. Durch den Einsatz digitaler Medien lassen sich Maßnahmen so individuell passend wie ein persönliches Gespräch gestalten. Internet-/App-gestützte Angebote ermöglichen Kontakt zu vielen anderen Personen, den Zugang zu neuen Themenfeldern und bisher nicht erschlossenen Umgebungen und sie entwickeln sich ständig weiter. Damit stellen Internet-/App-gestützte Angebote ein ideales Medium für effektive Belastungsbewältigung, lebenslanges Lernen im betrieblichen Kontext und betriebliches Gesundheitsmanagement dar. Denn Ressourcen können effektiv eingesetzt, Mitarbeiter nachhaltig motiviert und die Erfolgsmessungen erleichtert werden.

Im Kontext der betrieblichen Gesundheitsförderung mit E-Health-Maßnahmen haben verschiedene Studien psychologische Wirkmechanismen genauer untersucht. Dabei zeigte sich vor allem die Bedeutung von Planung bezüglich körperlicher Aktivität nicht nur für körperliche Aktivität, sondern auch für Obst- und Gemüsekonsum als be-

S. Lippke (✉)
Department of Psychology & Methods, Jacobs University Bremen gGmbH
Bremen, Deutschland
E-Mail: s.lippke@jacobs-university.de

© Springer Fachmedien Wiesbaden GmbH 2018
D. Matusiewicz und L. Kaiser (Hrsg.), *Digitales Betriebliches Gesundheitsmanagement*,
FOM-Edition, https://doi.org/10.1007/978-3-658-14550-7_8

deutsam. Es kommt also darauf an, dass Menschen durch die Maßnahme lernen, ihre Ziele (z. B. ausreichend körperliche Bewegung ausüben) konkret zu planen und, dass sie diese Strategien dann auch auf andere Ziele übertragen können. Dies kann wiederum mit sogenannten Expertensystemen unterstützt werden.

8.1 E-Health und Digitalisierung in der Arbeitswelt: Optimierung von Gesundheitsverhalten und die aktive Bewältigung von Belastungen

Digitalisierung in der Arbeitswelt bietet viele Möglichkeiten, generell die Gesundheit und das Wohlbefinden von Menschen zu fördern. Dies lässt sich auch für die betriebliche Gesundheitsförderung nutzen: So können Internet-/App-gestützte Maßnahmen viele Mitarbeiter erreichen und motivieren. Auch diejenigen, die sonst nicht an klassischen Programmen der Gesundheitsförderung teilnehmen würden (Gell et al. 2015; King et al. 2015; Rademacher und Lippke 2007; Vandelanotte et al. 2016). Durch den Einsatz neuer Medien lassen sich *Maßnahmen so passend wie ein persönliches Gespräch oder eine Face-to-Face-Gruppenintervention* gestalten (Lippke et al. 2015). Internet-/App-gestützte Angebote ermöglichen Kontakte zu anderen Personen (Bennett und Glasgow 2009), den Zugang zu neuen Themenfeldern und bisher nicht nutzbaren Umgebungen (z. B. durch GPS) und sie entwickeln sich ständig weiter (Lindenberger et al. 2008). Damit stellen Internet-/App-gestützte Maßnahmen ein Medium für lebenslanges Lernen und die betriebliche Gesundheitsförderung in der digitalisierten Arbeitswelt (Gray 1999; Oppenauer 2009) dar.

Neue Medien und insbesondere das Web 2.0 können einen entscheidenden Beitrag zur betrieblichen Gesundheitsförderung leisten (Oppenauer 2009). So weist eine Studie auf die Bedeutung hin, dass E-Health-Gesundheitsförderungsprogramme, die speziell ältere Mitarbeiter adressieren (z. B. Cook et al. 2015) oder auch generell Mitarbeiter in verschiedenen Ländern mit einer kostengünstigen und mobilen Intervention unterstützen (Ganesan et al. 2016), effektiv sind. Dies zeigt die Relevanz von Internet-/App-gestützter Förderung eines gesunden Lebensstils gerade für die Gruppe der alternden Belegschaften (Vandelanotte et al. 2016).

Der Trend geht aktuell zu mobilen, digitalen Lösungen (King et al. 2008; Vandelanotte et al. 2016; King et al. 2015). Hierbei bieten sich viele Möglichkeiten, insbesondere, weil die Arbeit am Computer oder vor dem Bildschirm ein *Risikoverhalten, vor allem bei sitzenden Arbeiten,* ist (Chau et al. 2015). Eine Gegenmaßnahme für Gesundheitsverhalten und die aktive *Bewältigung von körperlichen und psychischen Belastungen* ist deswegen, diese mobil zu erlernen und zu unterstützen (King et al. 2008) und damit zu einem zentralen Bestandteil des aktiven Arbeitsalltages zu entwickeln (Vandelanotte et al. 2016).

Der Markt für neue Medien bietet viele Chancen. Gleichzeitig muss festgestellt werden, dass die Praxis mit ihren *Entwicklungen der Wissenschaft weit voraus* ist (Vandelanotte et al. 2016). Maßnahmen, die den Anspruch von Qualitätssicherung und Wirksamkeitsnachweis erfüllen, sind zwar zunehmend zu finden, jedoch gibt es immer noch eine große *Diskrepanz zwischen wissenschaftlichen Evaluationen und der Praxis* mit Tweets, Facebook, Twitter, Apps, MOOCs, Live-Onlineangeboten und „just-in-time-Interventionen" (Rushby und Surry 2016).

Da Smartphones und Computer weit verbreitet sind (Lippke und Kuhlmann 2013; Gell et al. 2015) und Spiele, Gamification und Avatare auch den größten Gesundheitsmuffel „bewegen" können (Alahäivälä und Oinas-Kukkonen 2016; Kuo und Chuang 2016), sollte diese Diskrepanz überwunden und abgebaut werden. In diesem Beitrag wird deswegen exemplarisch die *evidenz- und theoriebasierte Entwicklung und wissenschaftliche Evaluation einer E-Health-Intervention* dargestellt. Zentral bei E-Health-Maßnahmen ist die *Maßschneiderung* auf die Besonderheiten des Nutzers hinsichtlich seiner Gedanken und Gefühle, seines Erlebens und Verhaltens. Dieser Beitrag fokussiert damit auf Internet-/App-gestützte Maßnahmen, die den einzelnen Mitarbeiter *individualisiert und personalisiert* in seiner Informationsverarbeitung, Motivation und Selbstregulation adressiert und damit Digitalisierung nutzt, Gesundheitsförderung effektiver und kosteneffizienter zu machen.

8.2   E-Health, Verhaltens- und Verhältnisförderung

Wie lassen sich Beschäftigte zu gesünderem Verhalten *motivieren*? Dies ist eine Frage, die viele Arbeitgeber und Personalverantwortliche beschäftigt. Insbesondere ist dies der Fall, wenn Krankenstände auffallend hoch sind, Klagen der Beschäftigten laut werden, dass die Arbeitsbelastung zu groß werde und Risikoindikatoren wie Übergewicht, Prädiabetes und Arbeitsunfälle darauf hindeuten, dass die Beschäftigten ihr Gesundheitsverhalten optimieren sollten. Ein Problem ist, dass viele Beschäftigte die subjektive Einstellung haben, dass Gesundheitsverhalten genauso wie Erholung, ausreichend körperliche Bewegung, gesunde Ernährung und Teilnahme an Vorsorgeuntersuchungen Privatsache seien. Gleichzeitig haben Arbeitnehmer die Erwartung, dass berufsbedingte Belastungen durch den Arbeitgeber abgestellt werden. Solange es sich dabei um Risikofaktoren wie Lautstärke, Luftverschmutzung und ungünstige Lichtverhältnisse handelt, ist dies sicherlich angemessen. Aber sobald es sich um Faktoren, wie einseitige Beanspruchungen durch sitzende Tätigkeiten und ungesunde Ernährung geht, ergibt sich eine *komplexere Herausforderung*: Viele Studien (z. B. LaCaille et al. 2016) zeigen, dass Verhältnisförderung zum Teil kurzfristig sehr effektiv scheint, jedoch bei der Betrachtung der langfristigen Effekte eher enttäuschend ist (Lippke et al. 2016). Es kommt dementsprechend auf die Motivierung des Einzelnen an, die Angebote auch zu nutzen.

Beispielsweise hat nur derjenige einen Gewinn von einem variablen Steh-Sitzschreibtisch, der ihn auch entsprechend variabel nutzt. Oder nur, wenn Beschäftigte die gesunden Trink- und Essensalternativen (z. B. Wasser statt Softdrinks und Obst statt Schokoriegel) wählen, anstatt in alte Gewohnheiten zurückzufallen, dann kann dies auch entsprechend zum gesundheitlichen Erfolg führen. Die Motivation des Einzelnen ist also zentral, damit

Angebote wie ergonomische Möbelstücke, bauliche Optimierungen und gesunde Snacks auch entsprechend ihre Wirkung entfalten können. Jedoch sind viele sogenannte Verhaltensförderungsangebote, die auf die Motivation abzielen, nur wenig effektiv (Rongen et al. 2013). Ein Grund kann darin liegen, dass die Maßnahmen nicht ausreichend auf die Besonderheiten der Nutzer maßgeschneidert wurden (Lippke & Steinkopf, 2017). Mittlerweile liegt nämlich der klare wissenschaftliche Nachweis vor, dass sich *Maßschneiderung* auszahlt (Noar et al. 2007). Wie solch eine motivationale Maßschneiderung erzielt werden kann, wird deswegen im Folgenden genauer dargestellt.

8.3 Maßschneiderung mittels Expertensysteme

Eine Maßschneiderung von digitalen Gesundheitsangeboten kann technisch durch ein *Expertensystem* (siehe Abb. 8.1) erfolgen. Auf diese Art und Weise werden personenbezogene Antworten zu Motivation, Einstellungen und Verhalten genutzt, um die Individualisierung, die Auswahl der passenden Interventionsbausteine und den Verlauf einer Intervention zu steuern (Noar et al. 2007; Abb. 8.1).

Die Verarbeitung der personenbezogenen Antworten erfolgt dabei zum einen *auf theoriegeleiteten und evidenzbasierten Algorithmen* (Lippke und Ziegelmann 2008), also Regeln, die sich aus einer Theorie und bisherigen Befunden ergeben. Zum anderen kann

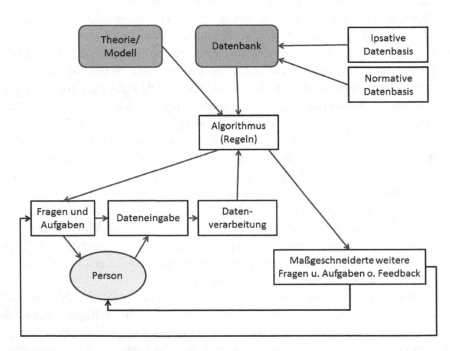

Abb. 8.1 Expertensystem im Hintergrund einer E-Health-Maßnahme: Schematische Darstellung wie eine Person befragt und unterstützt wird. (nach Lippke und Kuhlmann 2013)

eine *normative Datenbasis* (z. B. Populationsdaten oder evidenzbasierte Empfehlungen, wie „an 5 Tagen pro Woche 30 min" und „mehr körperlich aktiv sein") und eine *ipsative Datenbasis* (bisherige Angaben der Person zu Motivation oder körperlicher Aktivität in den letzten Jahren oder der individuellen Zielsetzung) genutzt werden, um die Interventionsinhalte zu steuern (Lippke und Kuhlmann 2013). Dadurch wird auch die Passung für den Einzelnen optimiert und die Effektivität gesteigert (Lustria et al. 2013; Vandelanotte et al. 2016).

Internet-/App-gestützte Maßnahmen ermöglichen durch diese individuelle Zusammenstellung der Bausteine auf Basis der personenbezogenen Merkmale einen hohen *Individualisierungsgrad* (Fuchs et al. 2007). So bieten maßgeschneiderte Interventionen, die über das Internet verbreitet werden, auch die Möglichkeit für sofortiges individuelles Feedback („just-in-time") zu verschiedenen zentralen Aspekten der Verhaltensänderung (Hawkins et al. 2008). Durch die genaue Passung der Intervention für den Einzelnen wird der Interventionsgegenstand als persönlich relevant wahrgenommen und mit einer höheren Wahrscheinlichkeit gelesen und be- bzw. verarbeitet (Bennett und Glasgow 2009), was wiederum zu mehr Änderung in Verhalten und deren *sozialkognitiven Prädiktoren* (sogenannte „Stellschrauben" wie Motivation, Einstellungen usw.) führen kann (De Vries et al. 2008).

Maßgeschneiderte Interventionen können sich in folgenden Aspekten (Fuchs et al. 2007; Vandelanotte et al. 2016) unterscheiden:

- Zielgruppen (Führungskräfte, Mitarbeiter in unterschiedlichen Funktionen etc.),
- Beratungssetting und -frequenz (z. B. am Arbeitsplatz, beim Betriebsarzt oder außerhalb der Arbeitszeit),
- adressiertes Verhalten (Bewegung, Ernährung, Kommunikationskompetenz, Work-Life-Balance/Erholung),
- Grad der Individualisierung (von Gruppenpassungen bis zu sehr feinen, individuellen Differenzierungen),
- zugrunde gelegte Verhaltenstheorien.

Die Evidenz von Maßschneiderung basiert auf der Evaluation von maßgeschneiderten Interventionen, die neben ihrer Darbietung im Internet oder auf dem PC auch in Printmedien oder per Telefon durchgeführt wurden (z. B. Short et al. 2011; Neville et al. 2009; Eakin et al. 2007). Die frühe Forschung zu Maßschneiderung geht zurück auf die Arbeiten von Kreuter und Strecher im Jahr 1996. Sie verglichen zwei Interventionsformen, basierend auf allgemeinem Feedback oder basierend auf maßgeschneidertem individuellen Feedback. Die Teilnehmer in der maßgeschneiderten Interventionsgruppe waren eher dazu geneigt, mindestens ein Verhalten zu ändern (beispielsweise körperliche Aktivität; Kreuter und Strecher 1996). Diese Prinzipien lassen sich auf digitalisierte Ansätze sehr gut übertragen und dort so realisieren, dass die Effektivität gesteigert und eine Kosteneffizienz erreicht wird. Im Folgenden werden zwei mögliche Verhaltenstheorien vorgestellt, die als zugrundeliegende Theorien genutzt werden können.

8.4 Theoriebasiertes E-Health

Es gibt verschiedene Modelle, die als theoretische Grundlage für E-Health-Maßnahmen herangezogen werden können. Beispielsweise ist ein positiv evaluiertes und praktikables Modell das *Sozialkognitive Prozessmodell des Gesundheitsverhaltens von Schwarzer* (2008; HAPA für *Health Action Process Approach*). Die Vorzüge dieses Modells sind insbesondere die Konzeptualisierung von *Stadien* zur Messbarmachung der Prozesse der Veränderungen und *sozialkognitiven Prädiktoren („Stellschrauben")*, die durch Strategien konkret angesprochen werden können.

Ein anderes Modell, das ebenfalls sozialkognitive Stellschrauben modelliert, ist das *Compensatory Carry-Over Action Model* (CCAM; Lippke 2014; Abb. 8.2). Das Besondere am CCAM ist, dass mehrere Verhaltensweisen im Zusammenhang miteinander berücksichtigt werden. Darauf beruhen auch die folgenden Annahmen: (1) *Verschiedene Verhaltensweisen*, die im Zusammenhang mit Gesundheit stehen (z. B. Bewegung und Ernährung), interkorrelieren. (2) *Emotional relevante, höhergeordnete Ziele* (z. B. „Ich möchte möglichst lange erwerbsfähig bleiben") sind dabei der Motor dieser Verhaltensweisen, indem sie die verschiedenen Verhaltensweisen initiieren und in ihrer Aufrechterhaltung unterstützen. (3) Innerhalb der jeweiligen Verhaltensweisen werden die *Intentionen/Ziele über Handlungspläne in Verhalten übersetzt und durch Selbstwirksamkeitserwartung* bedeutsam beeinflusst. (4) Es existieren verschiedene psychologische Mechanismen, die zwischen den einzelnen Verhaltensweisen wirken: Ressourcen können von einem Bereich in den anderen übertragen werden (durch sogenannte *Carry-Over-Mechanismen*, auch Transfer genannt; Fleig et al. 2011) und *kompensatorische Kognitionen*/Gesundheitsüberzeugungen (engl. compensatory cognitions, compensatory health beliefs), können die Intentionsbildung und tatsächliche Realisierung des anderen Verhaltens anregen oder auch hemmen. (5) Diese Verhaltensweisen tragen direkt zur *Belastungsbewältigung* bei und können das *Wohlbefinden* positiv beeinflussen (Abb. 8.2).

Es gibt viele Studien, die einzelne Aspekte dieser Theorie stützen. Insbesondere zu den Annahmen eins bis drei gibt es zahlreiche wissenschaftliche Nachweise, die eine entsprechende Nutzung als Grundlage für ein E-Health-Programm rechtfertigen. Zu der genannten vierten Annahme bezüglich der Mechanismen zwischen Verhaltensweisen liegen bisher nur ausgewählte Befunde vor. Beispielsweise geht ein höheres Maß an Selbstwirksamkeit nicht nur mit höheren Intentionen zur Verhaltensänderung einher, sondern kann auch den negativen Effekt von kompensatorischen Kognitionen auf die Intentionsbildung abschwächen (Storm et al. 2016). Kompensatorische Kognitionen sind deswegen so bedeutsam, weil das kompensierende Verhalten oftmals das ungesunde Verhalten nicht ausgleichen kann (irrationale Kognitionen) oder oftmals erst gar nicht ausgeführt wird (inkonsequente Kognitionen; Ernsting et al. 2013).

Neuere Interventionsstudien haben gezeigt, dass körperliche Aktivität als *„gate-way behavior" (sogenannte Türöffner)* für andere Verhaltensweisen wie Obst- und Gemüsekonsum fungieren kann (z. B. Nigg et al. 2009). Beispielsweise kann die erfolgreiche Aufnahme regelmäßiger körperlicher Aktivität auch den Verzicht auf ein hohes Maß an

Compensatory Carry-Over Action Model (CCAM)

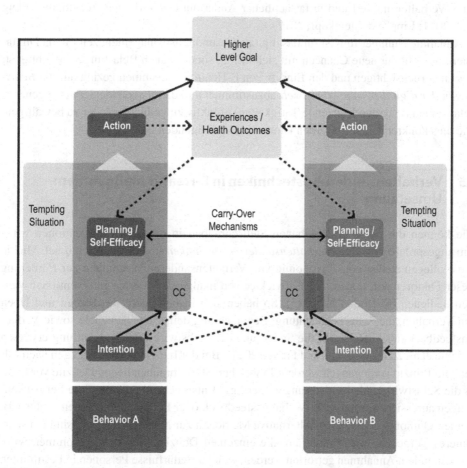

Abb. 8.2 Das CCAM mit zwei exemplarischen Verhaltensbereichen: Behavior A (Verhalten A z. B. körperliche Aktivität) und Behavior B (z. B. Obst- und Gemüsekonsum) mit CC (= compensatory cognitions Kompensatorischen Kognitionen) und Carry-Over Mechanisms (= Transfermechanismen), die zwischen den beiden Verhaltensbereichen vermitteln, sowie Intention (= Intentionen/Ziele), Planning (= Handlungspläne), Self-Efficacy (= Selbstwirksamkeitserwartung), Tempting Situation (= Belastungssituationen), sowie Action (= Verhaltensausführung). Darüber hinaus sind Higher Level Goals (= Emotional relevante, höhergeordnete Ziele) sowohl Ergebnisse von Verhaltensänderung in Form von Health Outcomes/Experiences (= Gesundheitsergebniserfahrungen, z. B. Wohlbefinden oder Zufriedenheit), als auch Motoren von weiteren Änderungsinitiativen

tierischen Fetten oder eine salzreduzierte Diät im Rahmen einer Ernährungsumstellung positiv anregen. Dabei werden gelernte Kompetenzen durch *Transferprozesse*, die schon aus der Lernforschung weit bekannt sind, auf andere Verhaltensweisen übertragen (Lippke 2014). Der Erfolg in der Änderung des einen Verhaltens kann auf die *Stellschrauben* des anderen Verhaltens Einfluss nehmen. Z. B. kann eine Änderungsmotivation für ein anderes Verhalten initiiert und in tatsächlicher Änderung des Verhaltens resultieren (Fleig et al. 2011; Lippke & Steinkopf, 2017).

Annahme Nummer fünf ist für das digitale Gesundheitsmanagement zentral, da Digitalisierung nicht nur neue Chancen mit sich bringt, sondern auch Belastungen. Wichtig ist, dies zu berücksichtigen und den Einsatz von E-Health-Maßnahmen gezielt auf die *Belastungen der digitalisierten Arbeitswelt* abzustimmen und damit auch idealerweise generell Belastungen (z. B. durch sitzende Tätigkeiten) proaktiv zu verhindern oder zu bewältigen. Wie dies konkret realisiert werden kann, wird im Folgenden beschrieben.

8.5 Verhaltensänderungstechniken in E-Health-Maßnahmen: Umsetzung

Wie können die zuvor beschriebenen Stellschrauben in digitalen Interventionen wirksam angesprochen werden? *Verhaltensänderungstechniken* sind hier der Schlüssel. Michie und Kollegen stellen eine Taxonomie von Verhaltensänderungstechniken zur Förderung dieser Faktoren auf, denen sich Entwickler von maßgeschneiderten Interventionen vielfach bedienen (Michie et al. 2015). So haben sich insbesondere das Planen und Üben von Verhalten, die Selbstbeobachtung, Begutachtung deiner eigenen Ziele sowie Verhaltensfeedback, als hilfreich für die Steigerung der Selbstwirksamkeitserwartung erwiesen (Michie et al. 2011; Williams und French 2011). Bei der Individualisierung kann nach folgendem Prinzip vorgegangen werden: In welchen Stellschrauben liegen Defizite vor (z. B. ist die Selbstwirksamkeitserwartung zu gering)? Entsprechend müssen diese bei Anwendungen adressiert werden (z. B. Verhaltensfeedback oder Beobachtungslernen, siehe z. B. Gomez-Quiñonez et al. 2016). Alternative Methoden zur Maßschneiderung sind ein sparsameres Vorgehen, indem nicht auf alle einzelnen Defizite Rücksicht genommen wird, sondern indem Annahmen getroffen werden, welche Bedürfnisse Personen in bestimmten *psychologischen Stadien* haben (z. B. realisiert von Lippke et al. 2015).

Dieses Wissen ist wichtig, um diese konkret *in den entsprechenden Nutzergruppen anzusprechen*. In E-Health-Maßnahmen, wie die von Lippke et al. (2015), Fleig et al. (2011) und Pomp et al. (2013) näher beschrieben, wurde dies mit stadienpassenden Interventionen realisiert. Diese Intervention in der Evaluationsstudie von Lippke et al. (2015) bestand aus *drei Paketen, die auf die drei HAPA-Stadien maßgeschneidert* wurde: auf sogenannte Non-Intender, Intender und Actor, jeweils für Bewegung und Ernährung. Um diese Stadien zu messen, wurde in der Eingangsbefragung ein Stadienalgorithmus abgefragt. Anschließend wurden die passenden Konstrukte in der E-Health-Maßnahme adressiert, die im Folgenden erläutert werden. Die Eingangsfrage zur Diagnostik des Stadiums erfolgte dabei mit einem validierten Stadienalgorithmus von Lippke et al. (2010). Die Teilnehmer wurden gefragt, ob sie sich im vergangenen Monat mindestens drei Mal pro Woche 30 min oder länger (oder mehr als 1,5 h in der Woche) intensiv bewegt hatten und ob sie täglich mindestens fünf Portionen Obst und Gemüse gegessen hatten. Die Zuordnung zu Stadien erfolgte anhand der Einschätzung des Befragungsteilnehmers, welche der Aussagen auf ihn/sie am besten zutreffen würde: „Nein, und ich habe es auch nicht vor." oder „Nein, aber ich denke darüber nach." (Zuordnung zu Non-Intender), „Nein, aber ich habe die feste Absicht dazu." (Zuordnung zu Intender), „Ja, aber es fällt mir sehr schwer." oder „Ja, und es fällt mir gar nicht schwer." (Zuordnung zu Actor).

Menschen im absichtslosen Stadium werden als „*Non-Intender*" bezeichnet und sind durch das Fehlen einer Absicht zur Verhaltensänderung gekennzeichnet. Das bedeutet, dass sie ihr Verhalten nicht ändern möchten oder sich nicht ihres Risikos bewusst sind, und somit gar nicht über das Zielverhalten nachdenken. Sie nehmen durch das Nichtausüben von Gesundheitsverhalten mehr Nachteile als Vorteile in Bezug auf das Gesundheitsverhalten wahr, oder sie trauen sich nicht zu, das neue Zielverhalten (auch angesichts von Schwierigkeiten) aufzunehmen.

Non-Intender profitieren demnach von Interventionen, die auf genau diese sozialkognitiven Variablen wirken, also auf die *Risikowahrnehmung*, die *Handlungsergebniserwartung* und die *Selbstwirksamkeitserwartung* (Biddle et al. 2007; Schwarzer 2008). Sind diese Kognitionen stark ausgeprägt, so setzen sich Menschen mit großer Wahrscheinlichkeit das Ziel, das gesundheitsförderliche Alternativverhalten aufzunehmen und wechseln ins nächste Stadium. Damit treten sie in eine neue, qualitativ distinkte Phase der Verhaltensänderung ein: Die volitionale Phase, die in aktiv und inaktiv unterteilt werden kann.

Die Absicht, ein neues Verhalten ausüben zu wollen, ist zwar unabdingbar für die Verhaltensänderung, doch fällt es vielen Menschen schwer, ihre guten Absichten in die Tat umzusetzen. Wichtig ist es deswegen, diese sogenannte „Intentions-Verhaltens-Lücke" durch volitionale Konstrukte zu schließen. So konnte z. B. eine Studie von Reuter et al. (2010) zeigen, dass Intention einen durch Planung mediierten Effekt auf Verhalten ausübt.

Die Beeinflussung von Risikowahrnehmung und Handlungs-Ergebnis-Erwartung bewirkt – bei ausreichendem Vorhandensein von Selbstwirksamkeit – die Bildung einer Absicht zur Verhaltensänderung (das heißt, sie helfen nicht-intentionalen Menschen); ohne weitere sozialkognitive Prozesse verbleiben die meisten Menschen dann aber auf dieser Stufe der Absichtsbildung, ohne ihr Verhalten tatsächlich zu ändern.

Die sogenannten „*Intender*" (Personen im präaktionalen, intentionalen Stadium) ziehen keinen weiteren Nutzen aus der Erhöhung motivationaler Variablen. Sie müssen stattdessen gedanklich Gelegenheiten, Ressourcen und Barrieren identifizieren, um effektiv planen zu können, wann, wo und wie die Zielhandlung ausgeführt werden soll (Handlungsplanung, auch bekannt unter dem Begriff der implementation intentions, vgl. Gollwitzer 1999; Lippke et al. 2015; Ziegelmann et al. 2007) und was getan werden kann, falls Hindernisse auftauchen (Bewältigungsplanung: Ziegelmann et al. 2007).

Selbstregulative Strategien, wie etwa die Fähigkeit zum Belohnungsaufschub, die Mobilisierung von sozialer Unterstützung, und andere, sind weitere post-dezisionale, volitionale Faktoren, die stadienspezifisch wirken und förderlich für die Aufnahme von Zielverhalten sind. Selbstwirksamkeit, als generischer Einfluss, spielt auch in diesem Stadium der Verhaltensänderung eine wichtige Rolle, besonders dann, wenn Schwierigkeiten auftreten, oder sich keine Möglichkeiten zur Ausübung der Handlung ergeben. Sie sorgt dann dafür, dass die Absicht aufrechterhalten bleibt und die Pläne flexibel sind, um letztlich die Initiierung der Verhaltensänderung zu bewirken. Beispiele solch einer Initiierungshandlung sind das Kaufen von Sportschuhen, das Wählen eines Weges, der am Sportstudio vorbeiführt, oder auch erste Versuche im neuen Verhalten in Form von einem Probetermin in einem Fitnessklub.

Menschen im aktionalen Stadium (sogenannte „*Actor*") sind bereits aktiv, das heißt, sie zeigen bereits das Zielverhalten (z. B. drei Mal pro Woche 30 min oder länger sportlich aktiv und tägliche Aufnahme von fünf Portionen Obst und Gemüse). Da die Aufrechterhaltung von neuen Verhaltensweisen einiges an Anstrengung erfordert, so etwa das Abschirmen von Ablenkungen, das Umgehen mit dem Ausbleiben sofortiger Wirkung, aber auch die Wiederaufnahme des Verhaltens nach Rückfällen in alte Gewohnheiten, ist es in diesem Stadium wichtig, die Selbstwirksamkeit und andere selbstregulative Strategien zu fördern. Mit der Zeit wird das neue Verhalten zur Gewohnheit und diese selbstregulativen Strategien verlieren an Bedeutung. Die Gefahr eines Rückfalls in frühere Stadien bleibt aber bestehen und muss entsprechend verhindert werden (Schwarzer 2008).

Durch die Kombination dieser drei Pakete entstanden neun mögliche Kombinationen, die durch standardisierte Einleitungs-, Übergangs- und Abschlussseiten ergänzt wurden. Insbesondere bei den Übergangs- und Abschlussseiten hätten *Transfer- und Kompensationskognitionen* angesprochen werden können. Die Maßschneiderung bestand auch darin, dass bereits gegebene Antworten genutzt wurden, um *individualisierte Ansprachen zu wählen und Rückmeldungen* zu geben. Wichtig war es auch, die Teilnehmer unter Wahrung des Datenschutzes und der Datensicherheit mit ihrem Namen anzusprechen.

Das Material wurde sehr sorgfältig auf Grundlage bisheriger (bisher nicht digitaler) Materialien und Erkenntnisse (z. B. von Fuchs et al. 2007) entwickelt. Um zu einer einsetzbaren Version der E-Health-Maßnahme zu gelangen, wurde die Betaversion intensiv pilotiert, hinsichtlich Benutzerfreundlichkeit und technischer Funktionalität und, wenn nötig, nachgebessert.

8.6 E-Health im digitalen Betrieblichen Gesundheitsmanagement: Wie wissenschaftlich evaluieren wir, und was bringt die Maßschneiderung?

In der bereits zuvor dargestellten Studie von Lippke und Kollegen (2015) wurde die Effektivität der *maßgeschneiderten Intervention* im Vergleich zu einer *Standardmaßnahme (auch aktive Kontrollgruppe* genannt) getestet. Dies in einem experimentellen Design mit einer Randomisierung zu den verschiedenen Gruppen zu realisieren ist der sogenannte Gold-Standard, sogenannte *klassische experimentelle Designs*. Eine – wenn auch schwächere – Alternative zur Standardmaßnahmen ist eine *Wartekontrollgruppe*, in der einem Teil der Teilnehmer die Intervention erst verzögert gegeben wird. Wichtig ist dabei, dass die beiden (oder mehr) Gruppen sowohl vor als auch nach der Intervention getestet werden, sodass Veränderungen über die Zeit und in Abhängigkeit von der Intervention im Vergleich zur Kontrollbedingung betrachtet werden können (Neuman 2006).

Noch schwächer als der Vergleich mit einer Wartekontrollgruppe ist der Vergleich mit einer vollkommen unbehandelten Vergleichsgruppe, die nur an der Regelversorgung z. B. durch den Betriebsarzt oder die generellen Personalentwicklungsmaßnahmen teilnimmt. Dies ist jedoch immer noch valider als *präexperimentelle Designs,* bei denen nur eine Interventionsgruppe ohne Vergleichsgruppe betrachtet wird, oder *quasi-experimentelle Designs.* Quasi-experimentelle Designs sind dann Gruppenvergleiche, wenn zwar die Interventionsgruppe mit einer Kontrollbedingung verglichen wird, jedoch nur zu einem Messzeitpunkt nach der Applikation der Intervention. Alternativen sind die *Interrupted time series* (unterbrochene Zeitreihen, z. B. Messung-Messung-Intervention-Messung-Messung) oder *Equivalent time series* (gleiche Zeitreihen, z. B. Messung-Intervention-Messung-Intervention-Messung) (Neuman 2006). In der Praxis sind oft die letzteren Evaluationsdesigns zu finden, auch wenn die wissenschaftliche Aussagekraft von klassisch-experimentellen Designs höher ist.

Die Ergebnisse der zuvor erwähnten Studie sprechen für die Individualisierung und Maßschneiderung: Die Ausübung eines gesunden Lebensstils stieg von 43 auf 59.9 % durch die zielgruppenspezifische personalisierte E-Health-Maßnahme (in der Standardmaßnahme waren dies nur 46.2 %; Lippke et al. 2015). Im Kontext der Studie wurde auch untersucht, *wie* genau die E-Health-Intervention auf Lebensstiländerung wirkt. Dabei zeigte sich vor allem die Bedeutung von Planung bezüglich körperlicher Aktivität nicht nur für dieses Verhalten, sondern auch für Obst- und Gemüsekonsum als bedeutsam. Damit konnte gezeigt werden, dass Menschen durch die Maßnahme lernen, ihre Ziele (z. B. ausreichend körperliche Bewegung auszuüben) konkret zu planen und, dass sie diese Strategien dann auch für andere Ziele nutzen können (Lippke et al. 2015).

Andere Studien fanden ähnliche Effekte (z. B. Portnoy et al. 2008). Auch wenn die Effekte eher als klein einzuschätzen sind, zeigen sie doch deutlich die Potenziale von E-Health-Angeboten für Beschäftigte im Rahmen des Gesundheitsmanagements.

8.7 Neue Medien und Betriebliches Gesundheitsmanagement: Wie könnte die E-Health-Intervention noch weiter digitalisiert werden?

E-Health-Maßnahmen, die bei dem Betrieblichen Gesundheitsmanagement bereits zum Einsatz kommen oder noch erweitert werden können, sind neben

- Telefon,
- Fernsehen,
- Internet und internetbasierte Maßnahmen,
- Computer und computerunterstützte Maßnahmen offline oder im Intranet,
- SMS,

- E-Mail,
- Smartphones/Handhelds/Tablet-Computer,

beispielsweise auch

- Navigationssysteme (Globales Positionsbestimmungssystem, GPS)
- Google Glasses und
- Sensormessgeräte z. B. zur Beobachtung physiologischer Parameter (inkl. Mouse-Bewegung; siehe Joseph et al. 2014; Davies et al. 2012).

Moderne Medien können durch die Berücksichtigung verschiedener Merkmale einen entscheidenden Beitrag zur Prävention und Gesundheitsförderung aller Altersgruppen inkl. ältere Beschäftigten leisten (Lippke und Kuhlmann 2013; Reinwand et al. 2013; Vandelanotte et al. 2016). Technik im Alltag kann neben den zuvor bereits angeführten Beispielen für moderne Medien z. B. Sensoren zum Monitoring, ob längere keine körperliche Bewegung stattgefunden hat, oder automatisches Um- oder Abschalten von elektronischen Geräten (z. B. um eine Erinnerung zu übernehmen, körperliche Aktivität auszuüben) umfassen (Claßen 2012).

In der Praxis der Gesundheitsförderung und des Betrieblichen Gesundheitsmanagements sind mittlerweile viele Anwendungen von Internet-/App-gestützter Bewegungsförderung zu finden. Smartphones werden heute mit Apps geliefert, ohne dass die Anwender oftmals wissen, was sich dahinter verbirgt. Eine App ist eine Web-Applikation, also eine Internetanwendung auf einem Mobilfunkgerät (Smartphone, Tablet oder Notebook; Klasnja und Pratt 2012). Hierfür ist meistens eine Internetverbindung notwendig. Alternativ gibt es auch Offlineversionen, die dann jedoch als Programm auf dem Endgerät laufen und nur gelegentlich auf das Internet zugreifen oder vollkommen unabhängig davon nutzbar sind (Kendziorra 2015).

Der Vorteil von Internetanwendungen ist für den Nutzer, dass sie ständig aktualisierte Versionen und Informationen sowie *GPS* (zur Ortung von anderen Sporttreiben oder passenden Umgebungen) zur Verfügung hat (King et al. 2015). Online- und Offlineanwendungen haben gemeinsam, dass sie auf die Besonderheiten des Einzelnen maßgeschneidert werden können (Rey 2009). All dies lässt sich in die zuvor beschriebenen – eher sparsamen Maßnahmen – integrieren und bietet viel Potenzial für die digitale Gesundheitsförderung.

8.8   E-Health im digitalen Betrieblichen Gesundheitsmanagement für alle: Was sind die Schwierigkeiten?

Die Implementation von E-Health-Angeboten wird weltweit erschwert durch mangelndes Wissen (Choi und Dinitto 2013) und zu wenig technische Expertise der Nutzer (Smith

2014) bzw. weniger Bereitschaft, Neues zu lernen (Vroman et al. 2015). Die Bereiche gehören zum Themenkomplex *„Health Literacy"* oder Gesundheitsbildung und -kompetenz (Paech und Lippke 2015). Darunter wird verstanden: Informationen ...

- sich zu beschaffen,
- zu verstehen,
- zu verarbeiten und praktisch zu nutzen, sowie
- weiterzugeben,

... um aktiv zu werden in verschiedenen Gesundheitskontexten, damit ein guter Gesundheitszustand lebenslang erhalten bleibt (Paech und Lippke 2015).

Zu beachten sind aber auch indirekte Nachteile von Mediennutzung allgemein: Auf der einen Seite kann Internetnutzung und Bildschirmarbeit mit eingeschränkter körperlicher Aktivität und entsprechend mit Gesundheitsrisiken, wie z. B. Gelenküberbelastungen, Rücken- und andere Schmerzen (Straker et al. 2008; Kang et al. 2012) und Übergewicht einhergehen (Wilmot et al. 2012; Chen et al. 2009). Auf der anderen Seite kann es aber zu weiteren negativen Auswirkungen kommen (Sarwar und Soomro 2013). Dazu zählen beispielsweise, dass sich die *Art der Kommunikation* verändert (Przybylski und Weinstein 2012), dass *Datenschutz* zum Teil nicht gewährleistet ist (Luxton et al. 2012), dass die Gefahr zunimmt oder dass *Gesundheitsfachleute nicht kontaktiert oder ausreichend hinzugezogen* werden (Buijink et al. 2013).

Im Extremfall kann es auch zu *Internetabhängigkeit* kommen, bei der Menschen Schwierigkeiten haben, am alltäglichen Leben teilzunehmen und möglicherweise unter eingeschränkter Lebensqualität leiden (vgl. Matusitz und McCormick 2012). *Abhilfe* kann hier insbesondere die Förderung der Literacy beispielsweise durch Aufklärungskampagnen für weniger erfahrene Nutzer schaffen und dass auf vielen Ebenen am Datenschutz gearbeitet wird (Watkins und Xie 2014). Hier sind Arbeitgeber und verschiedene Abteilungen und Instanzen (wie Datenschutzbeauftragte, Betriebsrat, IT), aber auch Vorgesetzte, sowie Betriebsärzte und andere Beteiligte im Betrieblichen Gesundheitsmanagement gefragt.

8.9 Zusammenfassung

Abschließend lässt sich festhalten, dass internetbasierte Bewegungsförderung und E-Health-Interventionen neue Möglichkeiten eröffnen, sonst schlecht zu motivierende Personengruppen für Gesundheitsthemen anzusprechen, mobil Bewegung zu fördern und Maßnahmen effektiver zu gestalten. Im Zusammenhang mit den Risiken bei der Nutzung von neuen Medien ist die Datensicherheit, dass keine oder eine falsche Nutzung erfolgt oder dass Menschen im Zusammenhang mit der Nutzung das Risikoverhalten „körperliche Inaktivität" mit einer höheren Wahrscheinlichkeit zeigen, zu bedenken. Dies kann durch mobile Anwendungen überwunden werden. Es gilt jedoch den Datenschutz und die Datensicherheit zu wahren.

Damit ergeben sich Herausforderungen für Arbeitgeber und verschiedene Abteilungen und Instanzen (wie Datenschutzbeauftragte), Arbeitnehmer und Vorgesetzte sowie Betriebsärzte und andere Beteiligte: Im Betrieblichen Gesundheitsmanagement muss eine effektive Nutzung der digitalen Gesundheitsförderungsangebote, insbesondere bei alternden Belegschaften und in Zeiten der Digitalisierung, sichergestellt werden. E-Health-Interventionen sollten entsprechend den nachstehenden Prinzipien folgen. Sie sollten …

1. … theorie- und evidenzbasiert entwickelt werden: Es liegen Theorien, wie das HAPA oder CCAM, vor, die die Evidenzen und die Bedeutung von psychologischen Verhaltensänderungstechniken aufzeigen und die entsprechend genutzt werden sollten,
2. … wissenschaftlich evaluiert werden, idealerweise in einem experimentellen Design und
3. unter Berücksichtigung von Datenschutz und Datensicherheit der ständigen Weiterentwicklung unterliegen.

Literatur

Alahäivälä, T. & Oinas-Kukkonen, H. (2016). Understanding Persuasion Contexts in Health Gamification: A Systematic Analysis of Gamified Health Behavior Change Support Systems Literature. International Journal of Medical Informatics.

Bennett, G.G. & Glasgow, R.E. (2009). The Delivery of Public Health Interventions via the Internet: Actualizing Their Potential. Annual Review of Public Health, 30, 273–292.

Biddle, S. J. H., Hagger, M. S., Chatzisarantis, N. L. D. & Lippke, S. (2007). Theoretical frameworks in exercise psychology. In: G. Tenenbaum & R.C. Eklund (Eds.), Handbook of Sport Psychology (3rd edition) (pp. 537–559). New York: Wiley.

Buijink, A.W.G., Visser, B.J. & Marshal, L. (2013). Medical Apps for Smartphones: Lack of Evidence Undermines Quality and Safety. Evidence-Based Medicine, 18(3), 90–92.

Chau, J.Y. et al. (2015). Sedentary Behaviour and Risk of Mortality from All-causes and Cardiometabolic Diseases in Adults: Evidence from the HUNT3 Population Cohort. British Journal of Sports Medicine, 49, 737–742.

Chen, S.M., Liu, S.F., Cook, J. & Lo, S.K. (2009). „Sedentary Lifestyle as a Risk Factor for Low Back Pain: A Systematic Review." International Archives of Occupational and Environmental Health, 82(7):797–806.

Choi, N. & Dinitto, D. (2013). The Digital Divide Among Low-Income Homebound Older Adults: Internet use Patterns, eHealth Literacy, and Attitudes Toward Computer/Internet use. Journal of Medical Internet Research, 15(5): e93.

Claßen, K. (2012). Technik im Alltag. In H. Wahl, C. Tesch-Römer & J.P. Ziegelmann (Hrsg.), Angewandte Gerontologie – Interventionen für ein gutes Altern in 100 Schlüsselbegriffen (2. Aufl.) (S. 499–506). Stuttgart: Kohlhammer.

Cook R.F., Hersch R.K., Schlossberg D. & Leaf S.L. (2015). A web-based health promotion program for older workers: randomized controlled trial. J Med Internet Res; 17(3):e82.

Davies, C.A. et al. (2012). Meta-analysis of Internet-Delivered Interventions to Increase Physical Activity Levels. International Journal of Behavioural Nutrition and Physical Acitivity, 9:52.

De Vries, H., Kremers, S. & Lippke, S. (in press). Health Education and Health Promotion. In: E. F. Fisher, L. Dutton, G.R. et al. (2008). Is Physical Activity a Gateway Behaviour for Diet? Findings From a Physical Activity Trial. Preventive Medicine, 46, 216–221.

Eakin, E.G. et al. (2007). Telephone Intervetions for Physical Activity and Dietary Behavior Change: A Systematic Review. American Journal of Preventive Medicine, 32(5):419–34.

Ernsting, A. et al. (2013). I Don't Need a Flu Shot Because I Lead a Healthy Lifestyle: Compensatory Health Beliefs Make Vaccination Less Likely. Journal of Health Psychology, 18(6), 825–836.

Fleig, L. et al. (2011). Intervention Effects of Exercise Self-Regulation on Physical Exercise and Eating Fruits and Vegetables: A Longitudinal Study in Orthopedic and Cardiac Rehabilitation. Preventive Medicine, 53(3), 182–187.

Fuchs, R., Göhner, W. & Seelig, H. (Hrsg.) (2007). Aufbau eines körperlich-aktiven Lebensstils: Theorie, Empirie und Praxis. Göttingen: Hogrefe.

Ganesan A.N, Louise J., Horsfall M. et al. (2016). International mobile-health intervention on physical activity, sitting, and weight: the Stepathlon cardiovascular heart study. J Am Coll Cardiol, 67(21):2453–2463

Gell, N.M. et al. (2015). Patterns of Technology Use Among Older Adults With and Without Disabilities. The Gerontologist, 55(3), 412–421.

Gollwitzer, P. M. (1999). Implementation intentions: Strong effects of simple plans. American Psychologist, 54(7), 493.

Gomez Quiñonez, S., Walthouwer, M.J.L, Schulz, D.N. & de Vries, H. (2016). mHealth or eHealth? Efficacy, Use, and Appreciation of a Web-Based Computer-Tailored Physical Activity Intervention for Dutch Adults: A Randomized Controlled Trial J Med Internet Res,18(11):e278

Gray, D.E. (1999). The Internet in Lifelong Learning: Liberation or Alienation? International Journal of Lifelong Education, 18(2), 119–126.

Hawkins, R.P. et al. (2008). Understanding Tailoring in Communicating About Health. Health Education Research, 23(3), 454–466.

Joseph, R.P. et al. (2014). Internet-Based Physical Activity Interventions. American Journal of Lifestyle Medicine, 8(1): 42–68.

Kang, J.H., Park, R.Y., Lee, S.J, Kim, J.Y, Yoon, S.R. & Jung, K.I..(2012). The Effect of The Forward Head Posture on Postural Balance in Long Time Computer Based Worker. Ann Rehabil Med., 36(1): 98–104.

Kendziorra, E. (2015). Die Medizin Geht Online. Public Health Forum, 23(3), 167–169.

King, A. C., Glanz, K., & Patrick, K. (2015). Technologies to Measure and Modify Physical Activity and Eating Environments. American Journal of Preventive Medicine, 48(5), 630–638.

King, A.C. et al. (2008). Promoting Physical Activity Through Hand-Held Computer Technology. American Journal of Preventive Medicine. 34(2): p. 138–142.

Klasnja, P. & W. Pratt (2012). Healthcare in the Pocket: Mapping the Space of Mobile-Phone Health Interventions. Journal of Biomedical Informatics 45(1):184–198.

Kreuter, M.W. & Strecher, V.J. (1996). Do Tailored Behavior Change Messages Enhance the Effectiveness of Health Risk Appraisal? Results From a Randomized Trial. Health Education Research. 11(1), 97–105.

Kuo, M.S. & Chuang, T.Y. (2016). How Gamification Motivates Visits and Engagement for Online Academic Dissemination – An Empirical Study. Computers in Human Behavior, 55(A), 16–27.

LaCaille et al. (2016). Go!: results from a quasi-experimental obesity prevention trial with hospital employees. BMC Public Health, 16:171

Lindenberger, U. et al. (2008). Psychological Principles of Successful Aging Technologies: A Mini-Review. Gerontology, 54(1), 59–68.

Lippke, S. (2014). Modelling and Supporting Complex Behavior Change Related to Obesity and Diabetes Prevention and Management With the Compensatory Carry-Over Action Model. Journal of Diabetes & Obesity, 1(2), 1–5.

Lippke, S., Chichifoi, M. & Hessel, A. (2016). Erwerbsfähigkeit mit Verhalten oder Verhältnissen fördern? Metaanalytische Befunde sprechen für beide Ansätze und mehr Forschung. Manuskript unter Begutachtung

Lippke, S., Fleig, L., Pomp, S. & Schwarzer, R. (2010). Validity of a stage algorithm for physical activity in participants recruited from orthopedic and cardiac rehabilitation clinics. Rehabilitation Psychology, 55(4), 398–408.

Lippke, S., Fleig, L., Wiedemann, A. & Schwarzer, R. (2015). A computerized lifestyle application to promote multiple health behaviors at the workplace: Testing its behavioral and psychological effects. Journal of Medical Internet Research, 17(10), e225

Lippke, S. & Kuhlmann, T. (2013). Gesundheitsförderungsmaßnahmen für Ältere mittels neuer Medien: Befunde sowie Implikationen für Forschung und Interventionen [Health promotion programs for older individuals by means of modern technologies: Findings as well as implications for research and interventions]. Zeitschrift für Gesundheitspsychologie, 21, 34–44.

Lippke, S. & Steinkopf, J. (2017-in Druck). Motivation für gesundheitsförderliches Verhalten. In: Kohlmann, C.-W., Salewski, C. & Wirtz, M. (Eds). Psychologie in der Gesundheitsförderung, Göttingen: Hogrefe.

Lippke, S. & Ziegelmann, J.P. (2008). Theory-Based Health Behavior Change: Developing, Testing, and Applying Theories for Evidence-Based Interventions. Applied Psychology, 57(4), 698–716.

Lustria, M.L. et al. (2013). A Meta-Analysis of Web-Delivered Tailored Health Behavior Change Interventions. Journal of Health Communication, 18(9), 1039–1069.

Luxton, D.D., Kayl, R.A. & Mishkind, M.C. (2012). mHealth Data Security: The Need for HIPAA-Compliant Standardization. Telemedicine and e-Health, 18(4): 284–288.

Matusitz, J. & McCormick, J. (2012) Sedentarism: the effects of Internet use on human obesity in the United States. Soc Work Public Health., 27(3):250–69

Michie, S., Ashford, S., Sniehotta, F.F., Dombrowski, S.U., Bishop, A. & French, D.P. (2011). A refined taxonomy of behaviour change techniques to help people change their physical activity and healthy eating behaviours: The CALO-RE taxonomy. Psychology & Health, 26(11): 1479–1498

Michie, S., Wood, C.E., Johnston, M., Abraham, C., Francis, J.J. & Hardeman,W. (2015). Behaviour change techniques: The development and evaluation of a taxonomic method for reporting and describing behaviour change interventions (a suite of five studies involving consensus methods, randomised controlled trials and analysis of qualitative data). Health Technology Assessment, 19(99), 1–187.

Neuman, W.L. (2006). Social Research Methods: Qualitative and Quantiative Approaches. Toronto: Pearson.

Neville, L.M., O'Hara, B. & Milat, A. (2009). Computer-Tailored Physical Activity Behaviour Change Interventions Targeting Adults: A Systematic Review. International Journal of Behavioural Nutrition and Physical Acitivity, 6:30.

Nigg, C. R. et al. (2009). Gateway Health Behaviours in College Students: Investigating Transfer and Compensation Effects. Journal of American College Health, 58(1), 39–44.

Noar, S.M., Benac, C.N. & Harris, M.S. (2007). Does Tailoring Matter? Meta-Analytic Review of Tailored Print Health Behavior Change Interventions. Psychol Bull, 133(4), 673–93.

Oppenauer, C. (2009). Silver Surfer – Internet für 50 plus. In: Stetina, B.U. & Kryspin-Exner, I. Gesundheit und Neue Medien (S. 39–55). Wien: Springer.

Paech, J. & Lippke, S. (2015). Health Literacy as a Key to Healthy Ageing in Europe. The European Health Psychologist, 17(2), 67–71.

Pomp, S. et al. (2013). Effects of a Self-Regulation Intervention on Exercise are Moderated by Depressive Symptoms: A Quasi-Experimental Study. International Journal of Clinical and Health Psychology, 13, 1–8.

Portnoy, D.B., Scott-Sheldon, L., Johnson, B.T. & Carey, M.P. (2008). Computer-delivered interventions for health promotion and behavioral risk reduction: a meta-analysis of 75 randomized controlled trials, 1988–2007. Preventive medicine, 47 (1), 3–16.

Przybylski, A.K. & Weinstein, N. (2012). Can You Connect With Me Now? How the Presence of Mobile Communication Technology Influences Face-to-Face Conversation Quality. Journal of Social and Personal Relationships, 1–10.

Rademacher, J. D. M. & Lippke, S. (2007). Dynamic Online Surveys and Experiments With the Free Open Source Software DynQuest. Behavior Research Methods, 39(3), 415–426.

Reinwand, D. et al. (2013). Designing a Theory- and Evidence-Based Tailored eHealth Rehabilitation After-Care Program in Germany and the Netherlands: Study Protocol. BMC Public Health, 13,1081.

Rey, G. D. (2009). E-Learning.Theorien, Gestaltungsempfehlungen und Forschung. Bern: Huber.

Sarwar, M. & Somroo, T.R. (2013). Impact of Smartphone's on Society. European Journal of Scientific Research, 98(2), 216–226.

Reuter, T., Ziegelmann, J.P., Wiedemann, A.U., Geiser, C., Lippke, S., Schüz, B. & Schwarzer, R. (2010). Changes in intentions, planning, and self-efficacy predict changes in behaviors: An application of latent true change modeling. Journal of Health Psychology, 15, 935–947.

Rongen A., Robroek S.J.W, van Lenthe F.J. & Burdorf A. (2013). Workplace health promotion. A meta-analysis of effectiveness. American Journal of Preventive Medicine, 44(4):406–415.

Rushby, N. & Surry, D. (2016). Wiley handbook of learning technology. Chichester, UK: Wiley.

Schwarzer, R. (2008). Modeling health behavior change: How to predict and modify the adoption and maintenance of health behaviors. Applied Psychology: An International Review, 57(1), 1.

Short, C.E. et al. (2011). Efficacy of Tailored-Print Interventions to Promote Physical Activity: A Systematic Review of Randomised Trials. International Journal of Behavioral Nutrition and Physical Activity, 8,113.

Smith, A. (2014). Older adults and technology use. Retrieved from: http://www.pewinternet.org/2014/04/03/older-adults-and-technology-use/ [accessed 2016-04-30].

Storm, V. et al. (2016). Brief report: Compensatory Health Beliefs (CHBs) are Negatively Associated With Intentions for Regular Fruit and Vegetable Consumption (FVC) When Self-Efficacy is
low. Journal of Health Psychology, 1–7.

Straker, L., Coleman, J., Skoss, R. & Pollok, C. (2008) A comparison of posture and muscle activity during tablet computer, desktop computer and paper use by young children. Ergonomics,
51(4):540–55

Vandelanotte, C. et al. (2016). Past, Present, and Future of eHealth and mHealth Research to Improve
Physical Activity and Dietary Behaviors. Journal of Nutrition Education and Behavior, 48(3),
219–228.

Vroman, K.G., Arthanat, S. & Lysack, C. (2015). "Who Over 65 is Online?" Older Adults' Dis-
positions Toward Information Communication Technology. Computers in Human Behavior, 43,
156–166.

Watkins, I. & Xie, B. (2014). eHealth Literacy Interventions for Older Adults: A Systematic Review
of the Literature. Journal of Medical Internet Research, 16(11), e225

Williams, S.L. & French, D.P. (2011) What are the most effective intervention techniques for changing physical activity self-efficacy and physical activity behaviour – and are they the same?.
Health Educ. Res. 26 (2): 308–322.

Wilmot, E. G., Edwardson, C.L., Achana, F.A., Davies, M.J., Gorely, T. et al. (2012). Sedentary
Time in Adults and the Association With Diabetes, Cardio-Vascular Disease and Death: Systematic Review and Meta-Analysis. Diabetologia, 55(11), 2895–2905.

Ziegelmann, J. P., Luszczynska, A., Lippke, S. & Schwarzer, R. (2007). Are goal intentions or implementation intentions better predictors of health behavior? A longitudinal study in orthopedic
rehabilitation. Rehabilitation Psychology, 52, 97–102

Sonia Lippke absolvierte ihr Hauptstudium, promotivierte und habilitierte sich an der Freien Universität Berlin in Psychologie. Sie lehrte und forschte an der University of Alberta, Kanada, der
Humboldt-Universität zu Berlin und der Maastricht University, Niederlande. Seit 2011 ist sie Professorin an der Jacobs University Bremen; Department of Psychology and Methods/Jacobs Center
on Lifelong Learning and Institutional Development (JCLL). Sie ist President Elect der International
Association of Applied Psychology (IAAP) – Abteilung 8: Gesundheitspsychologie. Zum Thema
eHealth, Prävention und betriebliche Gesundheitsförderung arbeitet sie seit vielen Jahre und hat
über 121 Artikel und Buchkapitel veröffentlicht, die bisher 2508 Mal zitiert wurden (h-index laut
Scopus ist 28).

Anwendungen von Smartwatches und Wearables im Betrieblichen Gesundheitsmanagement

9

Klemens Waldhör

Zusammenfassung

Als Apple die Apple Watch im September 2014 ankündigte, war die Begeisterung groß. Der Durchbruch für diese Geräteklasse, am Arm tragbare kleine Computer, schien mit dem großen Mitspieler Apple gekommen zu sein. Zuvor hatte Samsung schon verschiedene Smartwatch-Modelle (Gear Live, Gear S in verschiedenen Varianten) auf dem Markt positioniert, aber erst Apple sollte nach einhelliger Meinung der Fachpresse als Initialzünder für diesen Markt wirken. Der Hype um die Apple Watch verflachte aber schnell, zu wenig zusätzlichen Nutzen brachte sie. Insbesondere die fehlende eigenständige Telefoniefunktion hat potenzielle Kunden am Wert und Notwendigkeit dieses Geräts zweifeln lassen. Dass diese Funktionalität in einer Smartwatch integriert werden kann, zeigte Samsung mit der Gear S ebenso wie LG in seiner neuesten Version der Urbane 2nd Edition. Im Nachhinein betrachtet bleibt das großes Problem dieser Uhren, dass wirklich sinnvolle Anwendungen noch immer fehlen. Viele Anwendungsfälle werden in den im Sport- und Fitnessbereich sehr verbreiteten Activity Trackern (Fitnessarmbändern) schon abgedeckt, aber zu einem sehr viel günstigeren Preis. Ein Überblick über die aktuelle Smartwatch-Situation und deren Perspektiven findet sich in Lutze 2016.

In diesem Beitrag sollen einige Anwendungsfälle für Smartwatches und Wearables im Bereich des betrieblichen Gesundheitsmanagements vorgestellt werden, wobei der Fokus auf Smartwatches liegt.

K. Waldhör (✉)
FOM Hochschule für Oekonomie & Management
Essen, Deutschland
E-Mail: klemens.waldhoer@fom.de

© Springer Fachmedien Wiesbaden GmbH 2018
D. Matusiewicz und L. Kaiser (Hrsg.), *Digitales Betriebliches Gesundheitsmanagement*,
FOM-Edition, https://doi.org/10.1007/978-3-658-14550-7_9

9.1 Einleitung

Das Themenfeld Gesundheit, hier insbesondere der Bereich Pflege und AAL (Ambient Assisted Living), wurde bald als innovatives Anwendungsgebiet für Wearables, insbesondere für Smartwatches entdeckt, da für viele interessante Anwendungen mehr als eine reine Trackingfunktionalität erforderlich ist (Tab. 9.1). Smartwatches können im Gegensatz zu Activity Trackern mit eigenen Apps programmiert werden. Für eine ausführliche Diskussion im Bereich AAL siehe Lutze und Waldhör 2015; Waldhör und Lutze 2015; Lutze und Waldhör 2016; Waldhör und Lutze 2015 klassifiziert verschiedene Unterstützungsfunktionen, insbesondere für Personen mit beginnender Demenz.

Parallel mit diesen Entwicklungen – vor allem gefördert durch die weite Verbreitung von Fitnessarmbändern – entwickelte sich die Quantified-Self (QS) Bewegung (Swan 2013; Almalki et al. 2013), eine stark wachsende lose Gemeinschaft von Technologiebegeisterten, die die verschiedensten Daten ihres Körpers vermessen und auswerten. Dies geht weit über die Funktionen der bekannten Gesundheits- und Fitnessportale hinaus, die meist auf das Aufzeichnen von Schritten, Puls und ähnlichen Maßzahlen wie Kalorienaufnahme beschränkt sind. Im SQ-Bereich werden nicht nur diese Daten, sondern auch Blutbilder, Insulinmessungen etc. dokumentiert und ausgewertet. Auch wenn der wissenschaftliche Gehalt dieser Daten durch die mangelnde Normierung und Zertifizierung dieser Geräte (siehe Abschn. 9.1.1) insbesondere von der Ärzteschaft („Datenfriedhof", „Datenmüll" für Mediziner) bezweifelt wird (Reum 2015; Süddeutsche Zeitung 2016), interessieren sich vor allem Sportler für diese Daten. Andererseits sind die so erhobenen Daten für Krankenkassen durchaus interessant (Bohsem und Schäfer 2016). Krankenkassen wollen den Kauf sogar bezuschussen (Littmann 2015). Insbesondere in Deutschland findet eine durchaus kritische Diskussion über die Verwendung dieser Daten, z. B. für bestimmte Boni-Programme von Krankenkassen, statt. Hauptargument ist die Entsolida-

Tab. 9.1 Taxonomie der Funktionen von Wearables. (Nach Lutze und Waldhör 2015)

a.	**Kommunikationsfunktionen**: Im Kern handelt es sich um die Alarmierung einer Notrufzentrale über Telefonie, SMS oder Internet in bestimmten kritischen Situationen. Der Vorteil der Smartwatch liegt darin, dass sie am Arm getragen wird, nicht abgelegt wird und nicht wie ein Mobiltelefon zu Hause liegen bleibt oder gerade nicht zur Hand ist, wenn sie benötigt wird
b.	**Orientierungsfunktionen**: Anzeige bestimmter wichtiger Informationen, z. B. Ereignisse wie Geburtstage, Feiertage, Erinnerungen etwas zu trinken, Navigationsfunktionalität
c.	**Lokalisierungsfunktionen**: Anwendung im Rahmen einer Alarmierungsfunktion, wenn der Träger eine bestimmte, definierte Umgebung verlässt oder Hilfe benötigt, um wieder nach Hause zu finden
d.	**Erkennung von Gesundheitsgefahren**: Dazu gehört insbesondere die Erkennung von Stürzen, die ab einem Alter von 60 Jahren eine bedeutende Gefahr für Ältere darstellen (siehe dazu Waldhör und Lutze 2016) oder die Erkennung von Dehydrierung (siehe dazu Lutze et al. 2015), aber auch Epilepsieanfallserkennung

risierung der Gesunden mit den Kranken (Solidarprinzip in der gesetzlichen Krankenversicherung). Gesunde können sich auf diese Weise günstigere Tarife kaufen, was die Beiträge für Kranke wiederum erhöhen würde. Zentrales Problem und Ansatzpunkt bleibt hier die Datenhoheit, wer bestimmt was mit den Daten passiert und wie kann eine missbräuchliche Verwendung ausgeschlossen werden.

9.1.1 Definition und Abgrenzung

Wearables bzw. Wearable-Computer bezeichnen Geräte, die vom Nutzer während der Verwendung am Körper getragen werden. Sie zeichnen sich vor allem dadurch aus, dass sie während des Gebrauchs im Normalfall keine besondere Bedienung durch den Benutzer benötigen, sie den Nutzer nicht stören, unauffällig und eher klein sind. Die meisten Wearables enthalten Sensoren, die ihre Umgebung wahrnehmen. Erst durch die Miniaturisierung von Sensoren (MEMS-Technologie – „Microelectromechanical systems") wurde dies überhaupt erst möglich. Klassische Sensoren sind Beschleunigungsmesser, Gyrometer zur Messung von Drehbewegungen und Magnetometer. Weitere unterstützte Sensoren sind GPS, vielfach Pulsmessung am Handgelenk (Photoplethysmografie), teilweise auch Barometer und Thermometer. Dieser Bereich erweitert sich ständig, insbesondere um Systeme, die mehr oder minder kontinuierlich wichtige gesundheitsrelevante Parameter wie Sauerstoffsättigung (Pulsoxymeter), Hautwiderstand, Transpiration, aber auch den Blutzuckergehalt messen (z. B. Freestyle Libre Sensor) (Free Style Libre 2016).

Eingabemöglichkeiten beschränken sich auf Knöpfe, Lünetten und/oder einen berührungssensitiven Bildschirm. Eine weitere Steuerungsmöglichkeit sind Gesten. Das Wearable erkennt an der Bewegung der Hand, welche Aktion der Benutzer durchführen will. Zusätzlich verwenden Smartwatches zur Eingabe das Mikrofon in Verbindung mit einer Spracherkennung (Siri von Apple, Google Now).

Kleine und schmale Wearables haben keine oder sehr beschränkte Ausgabefunktionalität. Daten werden auf das Smartphone mittels einer Companion App übertragen. Eine Companion App auf dem Smartphone wertet die Daten, die auf dem Wearable erzeugt werden, aus, zeigt sie meist in Form einer grafischen Darstellung an und überträgt sie in vielen Fällen auf ein Webportal. Als Ausgabehardware werden verschiedene Bildschirmtypen (OLED etc.) oder auch nur einfache LED-Anzeigen eingesetzt. Eine weitere Ausgabemöglichkeit stellt der Vibrationsalarm dar. Dieser ist insbesondere für viele Anwendungsfälle interessant, weil der Benutzer unauffällig auf bestimmte Ereignisse oder durchzuführende Aktionen mittels verschiedener Vibrationsmelodien hingewiesen werden kann. Manche Geräte haben einen Lautsprecher verbaut. Smartwatches unterstützen in Einzelfällen auch Telefonie (GSM/Edge, z. B. mit einer NanoSim-Karte in der LG Urbane 2nd Edition), meist WLAN sowie Bluetooth und NFC als Kommunikationskanäle. In einigen Geräten ist eine Kamera verbaut. Während die meisten Fitnessarmbänder Microcontroller (Ein-Chip-Computersystem) basierte Betriebssysteme einsetzen, werden im

Smartwatch-Bereich Android Wear (Google), iOS (Apple) oder Tizen (Samsung) verwendet.

Wearables sind normalerweise nicht als medizinische Geräte zertifiziert, sie erfüllen nicht die strengen Anforderungen an ein Medizinprodukt. In den meisten Fällen sind sie eher als Lifestyle-Geräte zu sehen. Dies wird sich in Zukunft ändern, da der Medizinproduktbereich ein zukunftsträchtiges Geschäftsfeld und Abgrenzungsmerkmal darstellen wird.

Klassische Beispiele für Wearables sind Activity Tracker (meist als Fitnessarmbänder bezeichnet), wie sie schon seit Langem im Fitnessbereich eingesetzt werden, ebenso die schon erwähnten Smartwatches. Während Activity Tracker auf ganz bestimmte Funktionen beschränkt sind (Schritte zählen, Puls messen, Positionen aufzeichnen), decken Smartwatches einen sehr viel breiteren Anwendungsbereich ab. In ihrer Funktion entsprechen sie eher einem Mobiltelefon oder Smartphone. Smartphones werden selbst nicht zu den Wearables gezählt, da sie nicht kontinuierlich am Körper getragen werden und der primäre Zweck nicht die Überwachung bzw. Erfassung bestimmter Parameter ist. Weiters sind zu Wearables auch AR (Augmented Reality) bzw. VR (Virtual Reality) basierte Systeme zu zählen, die in diesem Beitrag aber nicht weiter betrachtet werden. Als ein etwas extremes Beispiel sei hier das Wearable Pavlok (Pavlok 2016) genannt, das durch leichte elektrische Schläge eine Verhaltensmodifikation auslösen soll (z. B. um sich Rauchen abzugewöhnen).

Einschränkungen bei Wearables ergeben sich vor allem im Hinblick auf die Laufzeit. Während einfache Wearables Laufzeiten bis zu mehreren Wochen aufweisen, haben Geräte mit mehr Funktionalität (Smartwatches, Geräte mit GPS-Unterstützung) eine deutlich geringere Laufzeit. Bei Smartwatches liegt diese (ohne GPS-Benützung) meist im 1–2 Tagesbereich, mit GPS-Unterstützung im 3–4 Stundenbereich. Dies wird sich in der nächsten Zeit auch nicht ändern, da die derzeit eingesetzte Batterietechnologie (Lithium-Ionen-Akkus) hier den limitierenden Faktor darstellt und keine großen Durchbrüche zu erwarten sind. Aufgeladen werden Wearables meist über USB-Anschlüsse, die neueste Generation auch drahtlos, was den Bedienkomfort deutlich erhöht. Auch die sehr eingeschränkte Ausgabemöglichkeit erfordert besondere Beachtung beim Entwurf und der Implementierung der Bedienoberfläche. Die verbauten Bildschirme haben selbst bei den größten Smartwatches wie der Samsung Gear S eine maximale Auflösung von 400 Pixel, was die Darstellung komplexer Benutzeroberflächen stark einschränkt. Weiterhin verwenden aktuelle Smartwatches das klassische runde Uhrenformat - auch dies stellt eine Einschränkung bzgl. der Benutzerschnittstellen dar. Dies wird durch den Vorteil aufgewogen, dass für Außenstehende nicht mehr erkennbar ist, dass der Benutzer eine Smartwatch trägt. Dies ist insbesondere dann wichtig, wenn ein Wearable, wie z.B. ein Notfallknopf, stigmatisierend wirken kann.

9.1.2 Datenschutz und informationelle Selbstbestimmung

Für alle im Folgenden beschriebenen Anwendungsmöglichkeiten von Wearables und Smartwatches gilt, dass diese Anwendungen dem Bundesdatenschutzgesetz (BDSG), Informationsfreiheitsgesetz (IFG) und verwandten Gesetzen unterliegen (siehe dazu Geis und Helfrich 2014), wenn die Geräte in irgendeiner Form persönliche Daten des Nutzers erfassen und insbesondere auf externen Servern speichern. Im Unternehmen kommen noch die entsprechenden Gesetze für Mitarbeiter (Betriebsverfassungsgesetz) hinzu. Zusätzlich gilt es die entsprechenden EU-Datenschutz-Richtlinien sowie die EU-Datenschutz-Grundverordnung (Europäische Union 2016) zu beachten. Unter Umständen muss auch das Medizinproduktegesetz (MPG; Deutsch 2010) mit in Betracht gezogen werden. Dies vor allem, da die meisten angebotenen Wearables und Smartwatches wie schon erwähnt nicht als Medizinprodukte zugelassen sind bzw. keine Zulassung angestrebt wird. Als Beispiel sei hier nur der in vielen Fällen integrierte Pulsmesser genannt.

Da in den allermeisten Fällen persönliche Daten des Nutzers erfasst und gegebenenfalls gespeichert werden, ist eine entsprechende Zustimmung des Nutzers erforderlich, wenn diese Daten auf Unternehmensservern, Cloudservern oder auf den Servern der Wearable-Anbieter gespeichert werden. Kern muss das Prinzip der Datensparsamkeit sein, es dürfen nur die für die Anwendung wirklich notwendigen Daten gespeichert werden („Design by Privacy", Hutchison et al. 2014). Es gilt, entsprechende Maßnahmen zu treffen, die die Daten vor dem Zugriff Fremder zu schützen. Vorzusehen ist eine Datenverschlüsselung sowohl bei der Übertragung der Daten als auch vom Server in Datenbanken oder ähnlichen Speichermedien. Problematisch ist nicht nur die Übertragung der Daten über das Intra- oder Internet (diese hat gesichert zu erfolgen, z. B. über HTTPS), sondern auch die Kommunikation zwischen Wearable und Smartphone, die meist auf Basis von Bluetooth erfolgt. Versuche mit diversen Geräten zeigen, dass die Kommunikation hier oft ungeschützt erfolgt, sodass sich ein Angreifer mit entsprechenden Werkzeugen (Bluetooth-Sniffern) in die Kommunikation einklinken und diese mitaufzeichnen kann, da die Datenpakete selbst im Klartext übertragen werden (Clausing et al. 2015). Siehe dazu etwa die Hinweise und Empfehlungen des BSI (BSI 2015).

9.2 Vorstellung des digitalen Ansatzes

Basierend auf der in Tab. 9.1 vorgestellten Taxonomie wird der Einsatz von Wearables im BGM untersucht. Im Bereich des betrieblichen Gesundheitsmanagements werden die einzelnen Funktionen einen anderen Umfang bzw. Einsatzbereich haben. So werden z. B. die Lokalisierungsfunktionen (c) nur eingeschränkt Anwendung finden können, etwa zur Lokalisierung des Mitarbeiters bei einem Unfall. Im Rahmen des BGM kommt noch als neuer weiterer Punkt die Gesundheitsvorsorge (e) hinzu, als Beispiel die Bewegungsaktivierung. Damit ergeben sich folgende relevante Einsatzbereiche (Tab. 9.2).

Tab. 9.2 Erweiterte Taxonomie der Funktionen für Wearables im BGM (basierend auf Tab. 9.1)

a.	**Kommunikationsfunktionen**: Verständigung einer Notfallzentrale, Unfall eines Kollegen melden
b.	**Orientierungsfunktionen**: Anzeige bestimmter wichtiger Informationen, etwa ein Gefahrenbereich oder ein betrieblicher Notfall wie Brand. Informationen über Allergien, eingenommene Medikamente und Medikamentenunverträglichkeiten, Operationen oder weitere Informationen, die im Notfall beachtet werden sollten. Wetterinformation
c.	**Lokalisierungsfunktionen**: z. B. Lokalisierung des Mitarbeiters in einer Notfallsituation, Lokalisierung eines Mitarbeiters, der sich in der Nähe eines verunglückten Kollegen befindet
d.	**Erkennung von Gesundheitsgefahren**: Sturz, Ohnmacht
e.	**Gesundheitsvorsorge und Prävention**: z. B. Bewegungsaktivierung, Raucherentwöhnung

Der Anwendungsbereich von Smartwatches und Wearables kann basierend auf Tab. 9.2 in zwei grundlegende Bereiche unterteilt werden:

a) Prävention, Gesundheitsvorsorge und Gesundheitsförderung (a, b, e) sowie
b) Unfallerkennung und Unfallvermeidung (a, c, d)

Die in Tab. 9.2 aufgeführten Funktionen werden diesen beiden Bereichen zugeordnet, so benötigt die Unfallerkennung Funktionen der Bereiche a, c und d. Die folgende Tab. 9.3 gibt einen Überblick über die verschiedenen Anwendungsmöglichkeiten dieser Funktionen. In dieser Übersicht sind nur Anwendungsfelder enthalten, die mit heutigen Wearables, die am Arm getragen werden können, bereits realisierbar sind oder in Kürze werden. Nicht berücksichtigt wurden Anwendungen, die auf neuartigen oder in Entwicklung befindlichen Sensoren beruhen, wie Blutzuckermessung, EKG am Handgelenk oder Ähnlichem beruhen. Ebenso zusätzliche Geräte, die neben dem Wearable am Arm weitere Sensoren benötigen (wie Brustbänder mit EKG oder Atemfrequenzmessung).

9.2.1 Prävention

Bewegungsaktivierung

Mangelnde Bewegung und als Folge Übergewicht sind eine der am häufigsten auftretenden Probleme in der Arbeitswelt. Studien (Robert Koch-Institut 2016) zeigen: „Zwei Drittel der Männer (67 %) und die Hälfte der Frauen (53 %) in Deutschland sind übergewichtig. Ein Viertel der Erwachsenen (23 % der Männer und 24 % der Frauen) ist stark übergewichtig (adipös)." Ähnlich, wenn nicht noch extremer, ist die Situation in den USA. Der deutsche Arbeitnehmer hatte durchschnittlich 15 Fehltage im Jahr 2015. Die häufigste Ursache für Arbeitsunfähigkeitstage waren Muskel-Skelett-Erkrankungen wie Rückenleiden (Marschall et al. 2016).

Tab. 9.3 Einige Anwendungsfelder für Wearables und Smartwatches. W = Wearable, S = Smartwatch; Verfügbarkeit: V = verfügbar, K = in Kürze (eingeschränkt schon jetzt verfügbar)

Bereich/Anwendung	System/ Funktion	Anmerkung	Verfüg-barkeit
Prävention und Gesundheitsförderung			
Bewegungsförderung	W/S e	Abschn. 9.2.1.1	V
Erinnerungsfunktionen	S e, b	Gesundheitshinweise, Terminerinnerung (Impfungen, Gesundheitsvorsorge, Medikamenteneinnahme, Vermeidung überlanger Arbeitszeiten …), Wetterinformationen, Allergiewarnungen	V
Korrektur von Bewegungen	W/S e, b	Erkennen von Bewegungen, der Bewegungsdurchführungen und deren Korrektur (z. B. Lasten heben), Sitzposition. Beispiel: Gymwatch 2016	V
Nahrungserfassung	S e	Protokollierung der Nahrungsaufnahme	V
Schlafauswertung	W/S e	Protokollierung des Schlafverhaltens, Dauer, Tiefe etc.	V
Stresserkennung und Vermeidung	S e	Abschn. 9.2.1.2	K
Trinkerkennung	S d, e	Erkennung und Hinweis auf regelmäßige Flüssigkeitsaufnahme (Waldhör und Baldauf 2015)	K
Zigarettenrauchen	S e	Erkennung und Hinweis auf Häufigkeit des Zigarettenrauchens, gegebenenfalls verbunden mit einem Hinweis auf Gefährlichkeit des Rauchens	K
Unfallerkennung und Unfallvermeidung, Risikovermeidung			
Gefahrenbereichserkennung	S b, c, d	Abschn. 9.2.2	V
Notfallknopf	S	Abschn. 9.2.2	V
Sturzerkennung	S b, c, d	Abschn. 9.2.2.1	K
Erkennung von Tachykardie/Bradykardie	S b, c, d E	Abschn. 9.2.2	K
Unterstützung von Personen mit Einschränkungen	S b, c, d	Abschn. 9.2.2	K

Die meisten Berufstätigen bewegen sich durch die Art ihrer Tätigkeit, durch Stress am Arbeitsplatz, aber oft auch aus Bequemlichkeit, nicht ausreichend. Sitzende Tätigkeiten werden mehrere Stunden hintereinander vor dem Computer ausgeführt. Wenn es die Möglichkeit gibt, Aufzüge oder Rolltreppen zu benutzen, werden diese verwendet, statt sich für die gesundheitsfördernde Variante, das Treppensteigen, zu entscheiden. Rückenprobleme sind durch die einseitige Haltung das Ergebnis. Dem kann durch Bewegung entgegengewirkt werden. Empfohlen werden etwa 10.000 Schritte pro Tag, dies soll gesundheitsfördernd sein und gleichzeitig gewichtsreduzierend wirken. Obwohl der wissenschaftliche Hintergrund dieser Empfehlung eher diffus ist und verschiedene Quellen genannt werden, so scheint doch klar zu sein, dass tägliche Bewegung das Wohlbefinden und die Gesundheit fördert (Ärztekammer Nordrhein 2013), weitere Empfehlungen basieren auf WHO Studien (WHO 2010). Der durchschnittliche Berufstätige macht laut diversen Studien pro Tag zwischen 1500–4000 Schritte, deutlich weniger als wünschenswert.

Smartphones unterstützen schon seit Längerem mit Apps Fitnessfunktionen zur Aktivitätsaufzeichnung, haben aber den Nachteil, dass sie während des Arbeitstages meist am Tisch liegen und somit keine Aktivitäten erfassen können. Smartwatches und Wearables im Gegensatz dazu sind durch ihre Omnipräsenz am Arm besser geeignet einerseits die Bewegungsdaten zu erfassen und andererseits auch Hinweise zu geben, sich nach längeren Bewegungspausen wieder zu bewegen. Zusätzlich kann ein individuelles Aktivitätenprofil über längere Zeiträume erfasst werden. Die Apps bzw. die meist mitangebotenen Webportale bieten die Möglichkeit, sich mit Kollegen zu vergleichen und zu motivieren.

Dies basiert auf einem Gamification orientierten Ansatz (Herger 2015; Kumar und Herger 2013). Gamification bezeichnet den Einsatz spieltypischer Elemente in spielfremden Umgebungen. Zu den Elementen gehören Badges (Auszeichnungen), Ranglisten, Erfahrungspunkte und ähnliche Anreize. Dazu gehört immer eine wie auch immer geartete Rückmeldung an den Benutzer. Zweck ist dabei die Motivationssteigerung für Tätigkeiten, die Mitarbeiter ungern durchführen, monoton oder auch sehr komplex sind. In vielen Fällen wird auch noch die Möglichkeit von Vergleichen mit anderen Mitarbeitern geboten, meist in anonymisierter Form. Dies lässt sich im Unternehmen zu spielerischen Wettkämpfen nützen, etwa wer die meisten Schritte während eines Monats gemacht hat (siehe Abb. 9.1). Wichtig ist hier die kontinuierliche Information des Nutzers über seine Fortschritte. Fitnessportale verschicken dazu wöchentliche Fortschrittsberichte, in denen Steigerungen gegenüber der Vorwoche dargestellt werden oder auch Tipps zu mehr Aktivtäten enthalten sind. Das Unternehmen kann diese über Gamification erreichten Belohnungen in entsprechende Prämien umrechnen, etwa mit Gutscheinen für sportliche Aktivitäten wie Fitnessstudios oder Eintritte in Schwimmbäder.

Die über den Aktivitäts-Tracker oder die Smartwatch erfassten Daten und Aktivitäten können durch zusätzliche Informationsangebote ergänzt werden. Es sei hier das Start-up Humanoo (HUMANOO 2016) genannt, das spezielle Programme für unterschiedliche Fitnessszenarien kundenspezifisch angepasst bereitstellt. Eine Verbindung zwischen erfassten Fitness-Tracker-Daten und dem Programm bietet sich als sinnvolle Ergänzung an (Tab. 9.4).

Tab. 9.4 Box: Bewegungsaktivierung (Szenario: Einsatz von Wearables zur Bewegungsaktivierung)

Ziel:	Die Mitarbeiter sollen zu mehr Bewegung animiert werden. Übergewicht soll reduziert werden.
Methode:	Der Mitarbeiter trägt die Smartwatch während des Tages, die auf ihn personalisiert ist und gegebenenfalls über Bluetooth mit seinem Smartphone verbunden ist. Der Mitarbeiter kann sich bestimmte Ziele pro Tag setzen bzw. von der App oder von einem durch das Unternehmen erstellten Plan vorschlagen lassen. Die Smartwatch zählt Schritte, misst den Puls kontinuierlich und erkennt diverse Aktivitäten (z. B. Sitzen, Liegen, Aufstehen, Gehen, Laufen, Treppensteigen). Wird innerhalb einer bestimmten Zeitspanne keine Bewegungsaktivität erkannt, erfolgt eine Aufforderung sich zu bewegen durch Vibration, gegebenenfalls auch eine Aufforderung über den eingebauten Lautsprecher. Die App kann erkennen, wenn der Mitarbeiter sehr oft den Lift benutzt, macht ihn darauf aufmerksam und fordert den Mitarbeiter auf, öfter als Alternative die Treppen zu verwenden. Dies kann auch proaktiv erfolgen, wenn das Wearable die Position des Lifts kennt und schon bei Annäherung die Treppe als Alternative zum Lift vorschlägt. Die Daten des Wearables können mit anderen Messgeräten verknüpft werden, z. B. eine elektronische Waage, sodass insbesondere bei Gewichtsproblemen Erfolge sichtbar gemacht werden können. Hier kann der Einsatz von Gamification einen zusätzlichen Motivationsschub bringen, wobei negative Rückmeldungen („weniger Schritte diese Woche") vermieden werden sollten, sondern positiv formuliert werden sollten („Es fehlen Ihnen nur noch 1500 Schritte auf Ihre Höchstschrittzahlen in der letzten Woche.").
Ausgabe:	Darstellung der Schritte pro Tag, Zielerreichungsgrad, Veränderungen Gamification: Erwerb von Badges, Vergleich mit Kollegen Integration mit weiteren Daten wie Gewicht
Datenquellen:	Pulsmesser, Beschleunigungsmesser, Gyrometer, Magnetometer, GPS, eventuell WLAN-basierte Positionsbestimmung
Software:	App auf der Smartwatch Companion App auf dem Mobiltelefon, insbesondere für Aktivitäts-Tracker Desktop-App, insbesondere für Auswertungen Server zur Datenverwaltung
Gerät:	Smartwatch oder Wearable
Vorteile:	Viele Standard-Apps schon erhältlich Aktivitäts-Tracker sind stark verbreitet
Nachteile:	Preis des Wearables bzw. Smartwatch Belohnungssystem soll nicht frustrieren und mit realistisch erreichbaren Zielen hinterlegt sein, gegebenenfalls soll eine individuelle Betreuung möglich sein. Nicht jeder Mitarbeiter wird bereit sein, seine Daten der Firmenöffentlichkeit zu präsentieren, Überzeugungsarbeit ist notwendig, gegebenenfalls Anonymisierung der Profile beim Vergleich mit Kollegen.
Anmerkung:	Die meisten am Markt erhältlichen Apps unterstützen zumindest die Schrittzählung. Basierend darauf wird der Kalorienverbrauch errechnet, wobei die Ergebnisse stark zwischen den einzelnen Geräten variieren. Die Daten sind über das verbundene Mobiltelefon, meist über verschiedene Portale im Web, abrufbar. Gamification wird durch verschiedene Badges unterstützt (siehe Abb. 9.1). Ein Problem ist bei den Portalen der Datenschutz und der Zugriff auf die Daten.

Abb. 9.1 Beispiel einer gamifizierten Darstellung

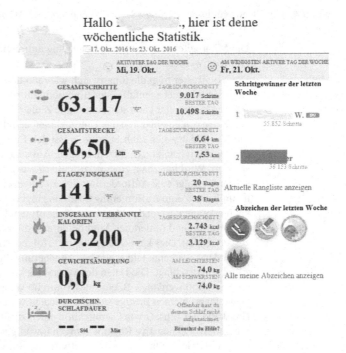

Stresserkennung und Vermeidung

Stress und Überforderung stellen einen wichtigen Faktor für die gesundheitliche Belastung in Unternehmen dar. Auch hier sind die Gründe vielfältig, hohe Belastung am Arbeitsplatz, oft bedingt durch Umstrukturierungen, Stellenabbau, Arbeitsplatzverlustängste und immer steigende Anforderungen in Verbindung mit zu hohe Erwartungen des Arbeitgebers. So nehmen heute psychische Erkrankungen, insbesondere Depressionen, bereits den zweiten Platz als Grund für Arbeitsunfähigkeitstage ein (Marschall et al. 2016).

Neben diesen allgemeinen Faktoren tritt Stress oft in Verbindung mit bestimmten Situationen auf. Die Erfassung dieser stressauslösenden Situationen ist nicht trivial. Auf Erinnerung basierende Protokolle sind oft subjektiv und verzerren die wirklichen Stressauslöser. Ein Abgleich mit physiologischen Faktoren ist oft schwierig, da die dafür notwendigen Geräte teuer und oft unhandlich sind. Smartwatches ermöglichen die kontinuierliche Erfassung von Situationen und Stressauslösern durch kontinuierliches Messen und Kombinieren von „objektiven Faktoren" (Ort, Puls, Tätigkeit, ...) auf einfache Weise gemeinsam mit einer Situationsbewertung durch den Mitarbeiter. Werden diese Daten über einen längeren Zeitraum hin erfasst, so können gemeinsam mit Unternehmenspsychologen, Medizinern oder Arbeitswissenschaftlern Ursachen identifiziert werden und gegebenenfalls dem Mitarbeiter Hinweise zur Vermeidung solcher Situationen gegeben werden (Abb. 9.2 und Tab. 9.5).

Abb. 9.2 Erfassung von
Stresssituationen mit Smartwatches

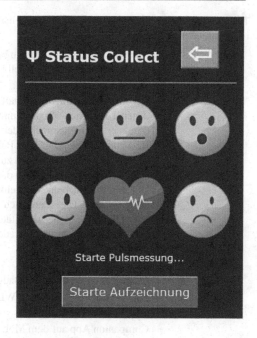

9.2.2 Unfallerkennung und Unfallvermeidung

Smartwatches können nicht nur zur Gesundheitsförderung, sondern auch zur Erkennung eines Notfalls, von Gefahrensituationen bzw. zur Gefahrenvermeidung eingesetzt werden. Im Folgenden sollen einige Einsatzmöglichkeiten beschrieben werden.

Die einfachste Unterstützung stellt die Verwendung eines Notfallknopfes dar, mit der der Mitarbeiter in einer Notsituation einen Alarm (Notruf) absetzen kann (Abb. 9.3). Dies setzt zwingend voraus, dass das Wearable entsprechende Kommunikationsfunktionen unterstützt, idealerweise Telefonie, mindestens aber eine auf Bluetooth basierende Aktivierung des Telefons über ein Mobiltelefon – mit dem Nachteil, dass sich dieses in Reichweite befinden muss.

Ein anderes Anwendungsfeld ist die Warnung vor dem Betreten von Gefahrenbereichen. Nähert sich der Mitarbeiter einem gesundheitsgefährdenden Bereich (z. B. Gefahrstoffe im Labor), löst die Smartwatch eine entsprechende Meldung (Vibration, Lautsprecheransage) aus. Dies kann durch eine entsprechende Verhaltensmaßnahmenansage ergänzt werden. Durch eine unterschiedliche Intensität bzw. verschiedene Warnmelodien kann die Warnung abgestuft werden. Die Orte, an denen solche Gefahren bestehen, können über einen zentralen Server konfiguriert und an die aktuelle Gefahrensituation angepasst werden. Mit einer ähnlichen App können Personen mit bestimmten Einschränkungen (Seh- oder Gehörschwäche) auf bestimmte Gefahrenbereiche hingewiesen werden.

Notfallsituationen (identifiziert als EDLs – Ereignisse des täglichen Lebens, z. B. Sturz – bzw. ADLs – Aktivitäten des täglichen Lebens, z. B. Trinken, Dehydrierung) können

Tab. 9.5 Stresserkennung und Vermeidung (Szenario: Einsatz von Wearables zur Stresserkennung im beruflichen Alltag)

Ziel:	Der Mitarbeiter kann für sich belastende Situationen erfassen. Damit soll durch Erkennung von speziell belastenden Situationen eine Vermeidung möglich werden.
Methode:	Der Mitarbeiter trägt die Smartwatch während des Tages bei seinen verschiedenen Tätigkeiten. Zu bestimmten Zeitpunkten (z. B. Wechsel der Tätigkeit) drückt er einen entsprechenden Smiley für seine Stimmung bzw. empfunde Belastung. Parallel wird der Puls (und gegebenenfalls andere Daten wie Ort) aufgezeichnet. Er kann auch zu zufälligen Zeitpunkten aufgefordert werden, seine Stimmung einzugeben dazu gegebenenfalls auch seine aktuelle Tätigkeit. Vor und nach diesem Zeitraum wird für eine bestimmte Periode der Puls aufgezeichnet. Dies kann auch mit einem Online-Tool kombiniert werden, das vermerkt, welche Aktivitäten der Benutzer eben am Bildschirm ausführt bzw. welches Programm gerade bedient wird und wie lange (z. B. Abgleich mit Manic Time 2016).
Ausgabe:	Stressausmaß Gamification: Erwerb von Badges, z. B. für stressfreie Tage
Datenquellen:	Pulsmesser, GPS, eventuell WLAN-basierte Positionsbestimmung.
Software:	App auf der Smartwatch Companion App auf dem Mobiltelefon Desktop-App, insbesondere für Auswertungen Desktop-App, die Softwareverwendung auf PC protokolliert
Gerät:	Smartwatch, PC
Vorteile:	Einfache Erfassung der Stressbelastung und Verknüpfung mit Aktivitäten
Nachteile:	Preis des Wearables bzw. Smartwatch Besondere Sensibilität in Bezug auf Datenschutz, es kann sehr leicht der Eindruck der totalen Überwachung entstehen. Eine Auswertung macht nur durch entsprechend geschultes Fachpersonal Sinn.
Anmerkung:	Diese Anwendung erfordert einen Pulsmesser. Zusätzlich benötigen die meisten Geräte eine bestimmte Messdauer um valide Werte zu liefern.

durch eine automatisierte Erkennung identifiziert und deren Behebung unterstützt werden. Erkennt die Smartwatch eine Notfallsituation, wird zuerst der Träger gefragt, ob er einen Notruf absetzen will, wenn dies nicht bestätigt wird, kann nach einem kurzen Zeitintervall der Notruf automatisch abgesetzt werden (Lutze und Waldhör 2015).

Ein weiterer Anwendungsfall ist eine Tachykardie- oder eine Bradykardie-Erkennung durch kontinuierliches Überprüfen des Pulses (Herzrhythmusstörungen). Eine Bradykardie liegt vor, wenn die Herzfrequenz in Ruhe über einen längeren Zeitraum hinweg unter 50 Herzschläge in der Minute beträgt. Bei einer Tachykardie liegt der Puls dauerhaft in Ruhe bei über 100 Schlägen pro Minute. Der Puls wird beim Überschreiten eines bestimmten Grenzwertes in Kombination mit einer Nichtaktivität aufgezeichnet und nach einem bestimmten Zeitintervall eine Warnung ausgelöst.

Abb. 9.3 Notruf-App auf einer Smartwatch: Notruf auslösen und Notruf bestätigen

Abb. 9.4 Smartwatch mit
Wetterfühligkeits-App und
Kleidungsempfehlung. (Gut-
tenberger 2016, S. 57)

Eine andere Anwendung für Smartwatches ist die Bereitstellung von Informationen über Temperaturen, Wind, Luftfeuchtigkeit, Wetterlage und gegebenenfalls deren Änderungen (siehe Guttenberger 2016). Wetterempfindliche Personen können unauffällig entsprechende Warnhinweise erhalten, aber es können auch Allergiewarnungen ausgegeben werden. Die Smartwatch kontaktiert in regelmäßigen Abständen Wetterdienste und

Tab. 9.6 Sturzerkennung (Szenario: Einsatz von Wearables zur Sturzerkennung)

Ziel:	Der Sturz eines Mitarbeiters soll zuverlässig erkannt und ein Notruf an eine Notrufzentrale abgesetzt werden.
Methode:	Der Mitarbeiter trägt die Smartwatch während seiner verschiedenen Tätigkeiten. Wird ein Sturz erkannt (über Beschleunigungsmesser und Gyrometer), wird nachgefragt, ob ein Notruf initiiert werden soll. Erfolgt innerhalb einer bestimmten Zeitspanne keine Rückmeldung durch den Nutzer, erfolgt dieser automatisch. Gleichzeitig können, falls dies von einer Notrufzentrale unterstützt wird, automatisch sturzrelevante Daten wie Ort, Puls, Bewegungsdaten übertragen werden.
Ausgabe:	Notruf Übertragung relevanter Daten an Notrufzentrale
Datenquellen:	Beschleunigungsmesser und Gyrometer, Pulsmesser, GPS, eventuell WLAN-basierte Positionsbestimmung.
Software:	Sturzerkennungs-App auf der Smartwatch Companion App auf dem Mobiltelefon
Gerät:	Smartwatch
Vorteile:	Rasche Notfallerkennung, insbesondere in Situationen ohne weitere Kollegen. Im Gegensatz zum Telefon wird die Smartwatch dauerhaft getragen.
Nachteile:	Preis des Wearables bzw. Smartwatch, insbesondere muss eine Telefonieunterstützung vorhanden sein. Problem sind Fehlalarme (Nicht-Sturz als Sturz gemeldet), da bei zu häufigen Fehlalarmen der Mitarbeiter die Uhr ablegen bzw. die Funktion deaktivieren würde. Andererseits können (rechtliche) Probleme bei nicht erkannten Sturzsituationen auftreten. Eine entsprechende rechtliche Absicherung ist daher notwendig.
Anmerkung:	Zusätzlich ist eine entsprechende Notfallzentrale notwendig. Da auf Notfallsituationen rasch reagiert werden muss, die Übertragung der Sensordaten an einen Server sowie die Ereigniserkennung mittels Software entsprechende Ressourcen benötigt, sind spezielle Anforderungen an Softwarelösungen zu stellen (siehe Guttenberger und Waldhör 2016).

bietet Hinweise zur adäquaten Bekleidung an. Ebenso werden Mitarbeiter auf Glatteisgefahren, Schneefall oder Ähnliches hingewiesen (Abb. 9.4). Diese Informationen können durch Vibration angekündigt werden.

Sturzerkennung

Stürze stellen eine erhebliche Gefahr für die Gesundheit, insbesondere für ältere Menschen, dar (Balzer et al. 2010). Wird eine solche Situation, z. B. weil der Gestürzte ohnmächtig ist oder kein Telefon zur Hand hat, nicht rasch erkannt, kann dies zu teuren medizinischen Behandlungen und zu langwierigen Ausfallzeiten führen. Eine Smartwatch mit integrierter Sturzerkennung kann helfen, einen Sturz zu erkennen und Hilfe zu rufen. Dieser Anwendungsfall ist insbesondere für Mitarbeiter interessant, die alleine arbeiten, krankheitsbedingt sturzgefährdet sind (Epilepsie), sich in Umgebungen mit Sturzgefahr (Leitern, Dächern) aufhalten oder außerhalb des Unternehmens unterwegs sind (Tab. 9.6).

9.3 Einführung von Smartwatches im Unternehmen

Der Einsatz von Wearables oder Smartwatches im Unternehmen ist nur sinnvoll und wird dann erfolgreich sein, wenn dies im Zuge eines genau abgestimmten Programmes erfolgt. Im Folgenden sollen die einzelnen Schritte anhand eines hypothetischen Wearable-Programms diskutiert werden.

Der Impuls zur Einführung von Wearables kann durch den Besuch einer entsprechenden Tagung, eines Zeitungsartikels oder durch die Verwendung von Wearables im Privatbereich ausgelöst werden. Der nächste Schritt wird die Initiierung einer entsprechenden Arbeitsgruppe sein, in der erste Ideen über Einsatzmöglichkeiten diskutiert werden. Dies kann z. B. in Form des Design-Thinking-Ansatzes (Meinel et al. 2011; Brown 2009) erfolgen. Daraus entsteht eine Liste von Vorschlägen und Funktionen, die der Unternehmensleitung bzw. den für das BGM Verantwortlichen vorgelegt werden. Bereits hier wird die Information des Betriebsrates notwendig und hilfreich sein. Durch dessen Einbindung in die frühen Phasen eines solchen Programms können etwaige Widerstände und Bedenken berücksichtigt und Antworten darauf präsentiert werden. Wenn die Unternehmensleitung von dem Vorhaben überzeugt ist, wird im nächsten Schritt eine tiefer gehende Analyse der beabsichtigten Funktionen erfolgen, die sich unter anderem mit folgenden Fragen beschäftigen wird:

- Welche Funktionen sollen konkret unterstützt werden?
- Welche Daten sollen erhoben werden? Welche Daten sind unbedingt notwendig und welche nicht?
- Wie werden diese Daten verwendet, um die gewünschten gesundheitlichen Effekte (Gewichtsabnahme, Unfallvermeidung) zu messen?
- Soll Gamification eingesetzt werden?
- Welche Bereiche des BGMs sind betroffen?
- Welche Stakeholder, insbesondere Mitarbeiter, sind betroffen? Welches Interesse haben diese an einem solchen Programm?

Basierend darauf erfolgt eine Analyse bezüglich der notwendigen Hard- und Software und beantwortet unter anderem folgende Fragen:

- Reicht ein Wearable (Aktivitäts-Tracker) oder wird eine Smartwatch benötigt? Hier ist auch zu klären, ob man private Geräte ebenfalls in die Lösung einbinden will (BYOD = Bring Your Own Device)).
- Welche Software ist erforderlich? Gibt es schon Apps und Software, die man an die Unternehmensanforderungen anpassen kann?

- Sollen Smartphone-Apps, Cloud-Lösungen, Webportal-Lösungen eingesetzt werden?
- Soll die Lösung intern erstellt werden oder durch einen externeren Anbieter?
- Wie wird die Datensicherheit in allen Stufen der Datenerhebung gewährleistet?
- Wie werden Daten behandelt, die außerhalb des Unternehmensbereichs entstehen, weil der Mitarbeiter das Gerät auch privat trägt?
- Welche Kosten entstehen durch den Einsatz? Hier ist zwischen den Anschaffungs- und den Betriebskosten zu differenzieren.

Wenn diese Fragen positiv beantwortet sind, kann eine erste Evaluierungsphase im Rahmen eines Alpha-Tests erfolgen. Voraussetzung ist natürlich das Vorhandensein entsprechender Apps. Etwa fünf bis zehn ausgesuchte Mitarbeiter testen verschiedene Wearables und Gerätefunktionen in unterschiedlichen Kontexten und versuchen die vorhin gestellten Fragen zu beantworten. Hier müssen noch nicht alle Funktionen vollständig zur Verfügung stehen. Es sollte aber auf jeden Fall eine sinnvolle Aussage über die Geräte, den Nutzen und die Akzeptanz möglich sein. Wenn dieser Test zur Zufriedenheit aller Stakeholder ausfällt, sollte im Rahmen eines Beta-Tests eine ganze Abteilung mit Wearables ausgestattet werden, um vor allem auch Fragen der Skalierbarkeit überprüfen zu können. In dieser Phase sollten alle notwendigen Funktionen implementiert sein. Wird der Beta-Test erfolgreich abgeschlossen, so erfolgt das Ausrollen des Programms im gesamten Unternehmen, wobei dies wiederum schrittweise erfolgen kann. Auch hier ist insbesondere auf die Skalierbarkeit zu achten. Parallel müssen Schulungen für die Verwendung der Geräte angeboten werden.

Der erste große Rollout muss auch durch entsprechende Maßnahmen, z. B. im Rahmen einer offiziellen Betriebsversammlung, aber auch durch ein eigenes Webportal, Blogs etc. bekannt gemacht werden. Hier kann auch auf eventuell schon positive Erfahrungen eingegangen werden, gefolgt von einer klaren datenschutzrechtlichen Erläuterung. In jeder Abteilung wird ein Beauftragter als offizieller Ansprechpartner bei Problemen oder Fragen benannt. Nach Einführung muss das Programm in regelmäßigen Abständen evaluiert werden, insbesondere durch Befragung der Mitarbeiter. Großen Wert ist hier auf die Evaluierung der gesundheitlichen Effekte zu legen. Die Hauptfrage wird sein: Hat das Programm überhaupt einen positiven Einfluss?

9.4 Auswirkungen auf das BGM

Welche Vorteile bieten sich dem Unternehmen?

a. **Vermeidung von Unfällen bzw. Reduzierung von deren Folgen**: Das Unternehmen spart Kosten durch eine verkürzte Rehabilitationszeit, wenn Unfälle durch Wearables rascher erkannt werden und Hilfe rascher geleistet werden kann.
b. **Gesündere Mitarbeiter**: Mitarbeiter, die sich fit halten und sportlich betätigen, werden weniger oft krank bzw. leiden weniger an gesundheitlichen Beeinträchtigungen.

Damit kann die betriebliche Abwesenheitsdauer verkürzt werden. Wearables, unterstützt mit Gamification, fördern so ein gesundheitsbewusstes Verhalten.

c. **Interesse an der Gesundheit der Mitarbeiter**: Das Unternehmen zeigt durch den Einsatz von Wearables, dass es sich für die Gesundheit seiner Mitarbeiter interessiert. Wird das Wearable dauernd am Arm getragen, so verstärkt sich dieser Effekt.

d. **Marketing und Personal**: Insbesondere jüngere Arbeitnehmer können durch diese Maßnahme angesprochen werden und rekrutiert werden. Das Unternehmen präsentiert sich dynamisch und technikaffin.

Was bringt dem einzelnen Mitarbeiter der Einsatz von Wearables konkret? Welche Vorteile hat er? Welche Nachteile muss er befürchten?

e. **Bedenken wegen Überwachung:** Viele Mitarbeiter werden ein Wearable-Programm skeptisch sehen, da es eine weitere und teilweise noch bessere Überwachungsmöglichkeit der Tätigkeiten bietet und ein Messinstrument zur Leistungserfassung der Mitarbeiter darstellen kann bzw. als solches wahrgenommen wird. Dazu kommt die noch im deutschen Sprachraum vorhandene Skepsis gegenüber neuen Technologien und die besondere Sensibilität in Hinblick auf die Erfassung persönlicher Daten. Es wird im Unternehmen immer Mitarbeiter geben, die den Einsatz solcher Geräte grundsätzlich ablehnen und an entsprechenden Programmen nicht teilnehmen werden und wollen. Hier einen wie auch immer gearteten Zwang auszuüben, ist kontraproduktiv. Den Mitarbeitern muss klar kommuniziert werden, welche Daten erhoben werden und was mit ihren Daten geschieht.

f. **Mitwirkung am Wearable-Programm**: Der Mitarbeiter muss jederzeit die Möglichkeit haben, sich nur für bestimmte Teile des Programms zu entscheiden. Der Mitarbeiter muss einen Einblick in die gesammelten Daten und Auswertungen haben und natürlich das Programm auch wieder ohne Nachteile verlassen können. Dazu muss das Unternehmen ein schlüssiges Datensicherheitskonzept vorlegen und klarstellen, dass die Nichtverwendung eines solchen Geräts zu keinen Nachteilen führen wird.

g. **Einführung des Wearable-Programms**: Als erstes werden sich solche Mitarbeiter für ein Wearable-Programm begeistern lassen, die Wearables in ihrer Freizeit im Sportbereich bereits einsetzen. Diese kennen bereits die Vorteile, etwa im Lauftraining. Sie sollten daher als Evangelisten eingesetzt werden. Das Unternehmen kann auch skeptischen Mitarbeitern Wearables im Rahmen einer Testphase zur Verfügung stellen und sie bitten, ihre Erfahrungen und Bedenken mitzuteilen. Ein Raum kann mit Wearables ausgestattet werden, in dem die Mitarbeiter die Geräte testen und in der Realität erleben können.

h. **Vorteile für den Mitarbeiter:** Dem Mitarbeiter müssen klar die Vorteile des Programms erläutert werden, wie etwa der Vorteil für die Gesundheit im Allgemeinen (Gewichtsreduktion, mehr Bewegung) oder der schnellen Unterstützung im Notfall. Dies kann gegebenenfalls durch entsprechende Incentives (Besuch eines Fitnessstudios) bei Erreichen bestimmter Ziele unterstützt und befördert werden. Der Einsatz von Gamification kann die Lust und den Spaß an der Teilnahme steigern werden. Ebenso können Beispiele aus der realen Welt helfen, die Motivation zu steigern. Das Unternehmen sollte Fälle aufzeigen, wie und wo das Wearable konkret Vorteile bringt oder gebracht hat. Als Beispiel: Ein Mitarbeiter ist in der Lagerhalle von der Leiter gestürzt. Niemand bemerkt den Sturz des Kollegen. Die Smartwatch löst selbstständig einen Notruf aus.

Falls die Krankenversicherung des Mitarbeiters Wearables unterstützt, kann dies in das Programm miteinbezogen werden und Vorteile, die die Krankenkassen hier anbieten, miteinbezogen werden. So könnte das Unternehmen, falls die Krankenkassen Wearables bezuschussen, den ganzen oder einen übrigen Teil der Kosten des Wearables für den Mitarbeiter übernehmen.

Das Unternehmen muss dem Mitarbeiter klar das Nutzen/Kosten-Verhältnis beschreiben. Dies bezieht sich nun nicht auf die Kosten, die dem Unternehmen durch die Einführung des Programms entstehen, sondern nur auf den für den Mitarbeiter wahrnehmbar Nutzen im Vergleich zu seinen Kosten. Mitarbeiterkosten werden hier als Zurverfügungstellung seiner Daten und deren Wert definiert. Dieser Quotient sollte über eins liegen. Hier übertrifft der durch das Programm gebrachte Nutzen („Ich fühle mich gesünder durch die Bewegungsaktivierung", „erhalte bezuschusste Fitness-Clubmitgliedschaft") den Nachteil, dass Daten dem Unternehmen zur Verfügung gestellt werden, bei Weitem.

9.5   Zusammenfassung und Ausblick

In diesem Beitrag wurde anhand verschiedener Anwendungsfelder diskutiert, wie Smartwatches und Wearables sinnvoll in Unternehmen zur Gesundheitsprävention und Unfallerkennung eingesetzt werden können. Dazu wurde eine entsprechende Taxonomie möglicher Funktionen definiert. Die meisten der hier vorgestellten Anwendungsfelder können bereits mit am Markt vorhandenen Wearables realisiert werden. Zu beachten ist aber, dass die Mitarbeiter informiert und der Erfassung, Verwendung und Auswertung der Daten zugestimmt haben. Vereinbarungen mit dem Betriebsrat sind ebenso notwendig. Die Einführung von Wearables im Unternehmen wird nur durch ein entsprechendes Wearable-Programm einerseits und eine kontinuierliche Einbindung der Mitarbeiter andererseits erfolgreich und nutzbringend sein.

Eine Hürde stellt der Preis der Geräte dar. Während sich Wearables im Bereich bis zu 100 € bewegen, sind Smartwatches deutlich teurer (ab 300 €). Dazu kommt noch, dass spezielle Anwendungen (Apps für Smartwatch, Smartphone, Desktop und gegebenenfalls Webportal, Cloudserver) erstellt und betrieben werden müssen. Diese Kosten müssen bei der Einführung berücksichtigt werden. Andererseits können z. B. Smartwatches nicht nur im BGM eingesetzt werden, sondern auch in anderen betrieblichen Kontexten. Sie kann etwa als einfach zu bedienende Zeiterfassung, Zutrittskontrolle dienen und kurze Bedienungshinweise geben, mit dem Vorteil, dass die Hände für andere Tätigkeiten frei bleiben. Zu klären ist, wie mit Geräten umgegangen werden soll, die der Mitarbeiter schon besitzt und gegebenenfalls hier einbringen will. BYOD („Bring your own device") ist nicht nur für Wearables ein Thema, sondern betrifft auch andere Geräte (Smartphones). Dafür ist ein einheitlicher Ansatz und Vorgaben notwendig. Unterschiedliche Gerätetypen (Tracker, Smartwatches unterschiedlicher Hersteller) werden zu Problemen in die Integration der Unternehmenssystemlandschaft führen und können weitere Kosten verursachen.

In den nächsten Jahren werden Wearables und auch Smartwatches mit weiteren Sensoren versehen werden. Die Erkennung von Unfällen und Gesundheitsrisiken kann stark verbessert werden, wenn Sensoren, die zuverlässig Hautwiderstand, Blutdruck oder EKG am Handgelenk erfassen können, verfügbar sind. Zusätzlich zu den am Arm getragenen Wearables werden Geräte, die an anderen Körperteilen angebracht werden, stärker in den Markt drängen. Als Beispiel sei nur die Unterstützung von zuckerkranken Personen genannt. Hier werden verschiedene innovative Ansätze erprobt, etwa Googles Kontaktlinse zur Erkennung des Insulinspiegels (Google 2014), aber auch Geräte, die basierend auf dem aktuellen Insulinbedarf dosierte Insulinmengen zuführen. Hier ist sicher eine kritische Grenze erreicht, da sie schon sehr weit in den medizinischen Bereich hineinwirken und eine entsprechende professionelle Betreuung (Betriebsarzt) benötigen.

Literatur

Almalki M, Gray K, Sanchez FM (2013) The use of self-quantification systems for personal health information: big data management activities and prospects. http://www.hissjournal.com/content/3/S1/S1.

Ärztekammer Nordrhein (2013) Gesund bleiben durch mehr Bewegung im Alltag – Ärzte empfehlen 10.000 Schritte pro Tag. Ärztekammer Nordrhein. https://www.aekno.de/page.asp?pageID=10464. Zugegriffen: 21. November 2016.

Balzer K, Bremer M, Lühmann D, Raspe H (2010) Sturzprophylaxe bei älteren Menschen in ihrer persönlichen Wohnumgebung; Ethisch-soziale Implikationen vor dem Hintergrund klinischer und gesundheitsökonomischer Effektivität. Gesundheitswesen 72. doi:10.1055/s-0030-1266371.

Bohsem G, Schäfer U (2016) Chef der Techniker-Krankenkasse im Interview – „Jeder von uns wird so ein Gerät haben". http://www.sueddeutsche.de/wirtschaft/montagsinterview-jeder-von-uns-wird-so-ein-geraet-haben-1.2852584. Zugegriffen: 17. November 2016.

Brown T (2009) Change by design; How design thinking creates new alternatives for business and society. Collins Business; Publishers Group UK [distributor], New York, Enfield.

BSI (2015) BSIFB – Informationen – Die Sicherheit von Wearables. https://www.bsi-fuer-buerger.de/BSIFB/DE/Service/Aktuell/Informationen/Artikel/Sicherheit_Wearables_24112015.html. Zugegriffen: 17. November 2016.

Clausing E, Schiefer M, Lösche U, Morgenstern M (2015) Results of the AV-TEST Security Evaluation. AV test. Zugegriffen: 17. November 2016.

Deutsch E (2010) Kommentar zum Medizinproduktegesetz (MPG). Springer, Berlin [u. a.].

Europäische Union (2016) Verordnung (EU) 2016/ 679 des Europäischen Parlaments und des Rates – vom 27. April 2016 – zum Schutz natürlicher Personen bei der Verarbeitung personenbezogener Daten, zum freien Datenverkehr und zur Aufhebung der Richtlinie 95/ 46/ EG (Datenschutz-Grundverordnung) Amtsblatt der Europäischen Union.

Free Style Libre (2016) FreeStyle Libre – Blutzucker messen ohne Stechhilfe. http://www. freestylelibre.de/. Zugegriffen: 21. November 2016.

Geis I, Helfrich M (2014) Datenschutzrecht; Bundesdatenschutzgesetz, Informationsfreiheitsgesetz, Grundgesetz (Auszug), Verwaltungsverfahrensgesetz (Auszug), Strafprozessordnung (Auszug), Strafgesetzbuch (Auszug), Telemediengesetz, Telekommunikationsgesetz (Auszug), Beamtenstatusgesetz (Auszug), Bundesbeamtengesetz (Auszug), Betriebsverfassungsgesetz (Auszug), EG-Datenschutzrichtlinie, EU-Datenschutz-Grundverordnung (Entwurf) ... ; Textausgabe mit ausführlichem Sachverz. Dt. Taschenbuch-Verl., München.

Google (2014) Unser Projekt für eine intelligente Kontaktlinse. Google. https://germany.googleblog. com/2014/01/projekt-smart-contact-lens.html. Zugegriffen: 01. Dezember 2016.

Guttenberger M (2016) Das Web als Interface zur physikalischen Welt: Zugriff auf Sensordaten smarter Objekte mittels MQTT und RESTful APIs. Bachelor-Thesis, Nürnberg.

Guttenberger M, Waldhör K (2016) xHealth: Eine MQTT und REST basierte Architektur zum Zugriff auf Sensordaten smarter Objekte. In: Mayr HC, Pinzger M (Hrsg) INFORMATIK 2016 Lecture Notes in Informatics (LNI). Gesellschaft für Informatik, Springer, Bonn, S 1851–1864.

Gymwatch Intelligentes Krafttraining zum Mitnehmen. Strenx by Gymwatch. https://www. gymwatch.com/de/. Zugegriffen: 30. November 2016.

Herger M (2015) Gamification in Healthcare & Fitness. CreateSpace Independent Publishing Platform.

HUMANOO (2016) HUMANOO. HUMANOO. https://www.humanoo.de/. Zugegriffen: 26. November 2016.

Hutchison D, Kanade T, Kittler J, Kleinberg JM, Kobsa A, Mattern F, Mitchell JC, Naor M, Nierstrasz O, Pandu Rangan C, Steffen B, Terzopoulos D, Tygar D, Weikum G, Preneel B, Ikonomou D (2014) Privacy Technologies and Policy. Springer International Publishing, Cham.

Kumar J, Herger M (2013) Gamification @ Work: Designing Engaging Business SoftwareGamification @ Work: Designing Engaging Business Software. Morgan & Claypool.

Littmann S (2015) Einige Krankenkassen fördern Fitness-Tracker: „Bundesversicherungsamt sollte werbeträchtige Leistungen verbieten". Wirtschaftswoche. http://www.wiwo.de/finanzen/ vorsorge/einige-krankenkassen-foerdern-fitness-tracker-bundesversicherungsamt-sollte-werbetraechtige-leistungen-verbieten/12174652.html. Zugegriffen: 17. November 2016.

Lutze R (2016) Smartwatch Situation zur IFA 2016 – Trends, Perspektiven, Anwendungen. http://www.lustcon.de/WordPress/wearables-at-work/2016/09/die-smartwatch-situation-zur-ifa-2016-trends-perspektiven-anwendungen/. Zugegriffen: 01. Dezember 2016.

Lutze R, Waldhör K (2015) SmartWatches als Hausnotrufsysteme der nächsten Generation 8. AAL Kongress – Zukunft Lebensräume 2015. VDE Verlag, Berlin.

Lutze R, Waldhör K (2016) Integration of Stationary and Wearable Support Services for an Actively Assisted Life of Elderly People: Capabilities, Achievements, Limitations, Prospects – A Case Study. In: Wahlster W (Hrsg) Zukunft Lebensräume 2016. Springer, Frankfurt.

Lutze R, Waldhör K, Baldauf R (2015) Dehydration Prevention and Effective Support of Elderly by the Use of Smartwatches. In: Honggang W (Hrsg) Proceedings of the IEEE Healthcom 2015.

Manic Time (2016) Time tracking software – ManicTime. http://www.manictime.com/. Zugegriffen: 21. November 2016.

Marschall J, Hildebrandt S, Sydow H, Nolting H-D (2016) Gesundheitsreport 2016. In: Rebscher H (Hrsg) Beiträge zur Gesundheitsökonomie und Versorgungsforschung. medhochzwei Verlag GmbH, Heidelberg.

Meinel C, Leifer L, Plattner H (2011) Design Thinking. Springer Berlin Heidelberg, Berlin, Heidelberg.

Pavlok (2016) Home – Pavlok. https://pavlok.com/. Zugegriffen: 21. November 2016.

Reum L (2015) Wearables: Hype oder nützliches Gimmick? http://www.aerzteblatt.de/archiv/168517. Zugegriffen: 07. November 2016.

Robert Koch Institut (2016) RKI - Themenschwerpunkt Übergewicht und Adipositas. http://www.rki.de/DE/Content/Gesundheitsmonitoring/Themen/Uebergewicht_Adipositas/Uebergewicht_Adipositas_node.html. Zugegriffen: 27. Oktober 2016.

Süddeutsche Zeitung (2016) Gesundheit – Krankenkassen wollen Daten von Fitness-Armbändern nutzen. http://www.sueddeutsche.de/wirtschaft/gesundheit-kassen-wollen-daten-von-fitness-armbaendern-nutzen-1.2855193. Zugegriffen: 17. November 2016.

Swan M (2013) The Quantified Self; Fundamental Disruption in Big Data Science and Biological Discovery. Big Data 1:85–99. doi:10.1089/big.2012.0002.

Waldhör K, Baldauf R (2015) Recognizing Drinking ADLs in Real Time using Smartwatches and Data Mining. In: Fischer S, Mierswa I, Schäfer G (Hrsg) Proceedings of the RapidMiner Wisdom Europe (2015). Shaker, Aachen, S 1–18.

Waldhör K, Lutze R (2015) Effektive Unterstützung pflegender Angehöriger durch SmartWatches; Effective Support of Care-Giving Relatives by Smartwatches. In: Ammenwerth E (Hrsg) ENI 2015 IT im Gesundheits-, Pflege- und Sozialbereich: Qualität und Effizienz durch IT? Programm. umit, Hall/Tirol, S 113.

Waldhör K, Lutze R (2016) Smartwatch Based Tumble Recognition – A Data Mining Model Comparison Study. In: Paulin A, Thümmler C, Bai C (Hrsg) IEEE 2016 18th International Conference on E-Health, Networking, Application & Services. IEEE.

WHO (2010) Global recommendations on physical activity for health. World Health Organization, Geneva, Switzerland.

Prof. Dr. Klemens Waldhör wurde 2010 zum Professor für Wirtschaftsinformatik an der FOM Hochschule/Standort Nürnberg berufen. Er studierte Informatik an der Johannes-Kepler-Universität Linz/Österreich und promovierte 1987 zum Thema „Modellierung von Einstellungsänderungen in Gruppendiskussionen". Nach seiner Promotion war Prof. Dr. Waldhör bei TA Triumph-Adler in der Forschungsabteilung in den Bereichen Künstliche Intelligenz, Benutzerschnittstellen und Computerlinguistik tätig. Er gründete 2003 die TA Electronic Publishing GmbH und entwickelte und forschte hier hauptsächlich im Bereich Übersetzungsunterstützung und Dokumentenmanagement. Von 2004 bis 2008 leitete er das eTourismus-Forschungszentrum Krems Research GmbH in Niederösterreich. Parallel zu seiner Tätigkeit als FOM Professor leitet Dr. Waldhör die Heartsome Europe GmbH als Geschäftsführer und Gesellschafter. Im Fokus seiner wissenschaftlichen Interessen und Forschungen stehen die Themen Smartwatches und Wearables im Bereich AAL, Data Mining, Internet der Dinge und Projektmanagement.

Theorie trifft Praxis – Status quo im „verrückten" (digitalen) BGM-Markt

10

Stefanie André

Zusammenfassung

Endlich ist es da – das Präventionsgesetz. Nach Jahren des Hin und Her, sind nun die Säulen Prävention und Gesundheitsförderung gesetzlich verankert, sodass in Zukunft ein Großteil der Bevölkerung stärker durch präventive Maßnahmen und gesundheitsfördernde Strukturen erreicht wird. Somit wird dem Ziel, chronischen Zivilisationskrankheiten vorzubeugen und die Gesundheitskompetenz und Selbstwirksamkeit von Menschen zu stärken, in einem ersten Schritt, durch die finanzielle Unterstützung der Gesetzlichen Krankenkassen (GKV), bevölkerungsweit Rechnung getragen. Ein wichtiges Setting in diesem Zusammenhang ist der Betrieb. Betriebliche Settings bieten den Handlungsspielraum für Maßnahmen der Betrieblichen Gesundheitsförderung (BGF). Diese können dann durch die GKV-Unterstützung und durch die Unternehmen selbst in ein ganzheitliches Betriebliches Gesundheitsmanagement (BGM) eingebettet werden. Das folgende Kapitel beschäftigt sich in diesem Zusammenhang mit der Frage nach dem Status quo im „verrückten" BGM-Markt und wie stark hier wohl Theorie und Praxis voneinander abweichen. Das heißt, wie hat sich der BGM-Markt in den vergangenen Jahren entwickelt? Wie stark implementieren die Betriebe bereits ein ganzheitliches, vielleicht sogar systemisches BGM? Oder verweilt ein Großteil der Unternehmen noch in der klassischen Angebotsstruktur für BGF und Prävention? Abgerundet wird dieses Kapitel durch das Hinterfragen der Bedeutung digitaler Lösungen und der Perspektive für ein digitales Betriebliches Gesundheitsmanagement, das im Zuge der Digitalisierung der Arbeitswelt immer mehr an Bedeutung gewinnt.

S. André (✉)
Unna, Deutschland
E-Mail: stefanie.andre@grundgesund.com

© Springer Fachmedien Wiesbaden GmbH 2018
D. Matusiewicz und L. Kaiser (Hrsg.), *Digitales Betriebliches Gesundheitsmanagement*,
FOM-Edition, https://doi.org/10.1007/978-3-658-14550-7_10

159

10.1 Einleitung

Seit dem Jahre 2004 wurde es immer wieder diskutiert, überarbeitet und abgewiesen – das Präventionsgesetz zur Stärkung der Gesundheitsförderung und der Prävention (PrävG) (Bundestag, 2015). Seit dem Sommer 2015 ist es verabschiedet und zum 01.01.2016 in Kraft getreten.

Die Säulen Prävention und Gesundheitsförderung sind nun gesetzlich verankert und mit entsprechenden finanziellen Budgets für die unterschiedlichen Lebenswelten (Settings) hinterlegt. Somit können ab sofort auch die nationalen und internationalen Gesundheitsziele stärker und effektiver in die Umsetzung gelangen. Das heißt, chronischen Zivilisationskrankheiten wird stärker vorgebeugt. Gleichzeitig werden ein gesundes Aufwachsen und ein gesundes Älterwerden in Deutschland gefördert, sowie die gesundheitlichen Kompetenzen und Selbstwirksamkeiten der Menschen gestärkt und ausgebaut (GVG e. V. 2016). Insgesamt stehen hier über 600 Mio. Euro jährlich zur Verfügung, die durch die GKV gestellt werden. Davon ca. 144 Mio. Euro für die BGF, das heißt runtergebrochen auf den einzelnen Versicherten – zwei Euro pro Jahr. Die GKV können demnach Betriebe bei der Etablierung, Entwicklung und Umsetzung (digitaler) Gesundheitsmaßnahmen subventionieren und finanziell unterstützen (Bundestag 2015; GKV-Spitzenverband 2014). Sozusagen ein kleiner, aber feiner Support für einzelne Unternehmen, denn mit den zur Verfügung stehenden 144 Mio. Euro lässt sich lediglich ein Teil der Unternehmen in Deutschland bedienen. Ein Großteil der betrieblichen Settings bleibt vorerst unberücksichtigt. Dies ist zwei wesentlichen Umständen geschuldet. 1. Die durch die GKV zur Verfügung gestellten Mittel reichen nicht aus, um wirklich alle Unternehmen in Deutschland mit finanzieller Unterstützung zu bedienen. Daher orientiert sich die Verwendung der Mittel häufig an vertrieblichen Interessen und langjährigen Bestandskunden mit einem hohen Versichertenanteil der jeweiligen Krankenkasse (Schempp and Strippel 2016; Cholmakow-Bodechtel et al. 2016). 2. Die Unternehmenslandschaft selbst hat zu großen Teilen nach wie vor noch nicht die Bedeutung und Notwendigkeit und auch nicht die Wirksamkeit und den Nutzen von BGF und einem ganzheitlichen BGM-Ansatz für sich verinnerlicht. Demnach ist es umso wichtiger, die Unternehmenslandschaft selbst zu überzeugen, eigene finanzielle Ressourcen zu investieren.

Doch wie definiert sich ein ganzheitliches BGM in Deutschland? Wann sprechen wir von der Umsetzung eines BGMs, wann von der Umsetzung einzelner BGF-Maßnahmen? Wie stellt sich hier der Status quo dar? Wo stehen wir nach der Verabschiedung des Präventionsgesetzes, ein gutes Jahr nach dem Startschuss? Wo wollen wir hin und welche Bedeutung erhält in diesem Zusammenhang die Digitalisierung der Arbeitswelt und somit auch die Digitalisierung von BGM-Lösungen?

Viele offene Fragen. Schaut man in die vielfältigen Lehrbücher und theoretischen Abhandlungen, soll ein ganzheitliches BGM Unternehmen befähigen, sowohl gesunde Strukturen als auch gesundes Verhalten der Mitarbeiter zu stärken und die dafür notwendigen Voraussetzungen zu schaffen (Kaminski 2013). Der Handlungsbedarf für diesen Managementansatz ist in den vergangenen 15 Jahren demnach klar identifiziert worden. Darüber hinaus gibt es mittlerweile auch eine Vielzahl an gut durchdachten Vorgehensweisen und Best-Practice-Modellen. Es mangelt somit weder an theoretischen Grundlagen noch an praktischen Umsetzungshilfen (Schaff 2016; Uhle und Treier 2015). Dennoch befindet sich BGM in Deutschland noch immer in einer Art betriebswirtschaftlichem Niemandsland – es herrscht deutschlandweit ein diffuses Bild über den Durchdringungsgrad der Maßnahmen und Projekte, die Zielformulierungen, die Qualitätskontrollen und letztlich die Überprüfungen auf Wirksamkeit und Nutzen Betrieblicher Gesundheitsförderung und der Implementierung dieser in den stets geforderten Managementansatz BGM (Schaff 2016). Ein ähnliches undurchsichtiges Bild stellt sich bei näherer Betrachtung der digitalen BGM-Ansätze dar. So stellten beispielsweise auf der Fachmesse ZUKUNFT PERSONAL 2016 im Sonderbereich Corporate Health über 90 % der BGM-Aussteller auch digitale Lösungen für die Gesundheit und Zufriedenheit der Mitarbeiter und der Unternehmen vor (spring Messe Management GmbH 2016). Die Angebote an digitalen Maßnahmen rund um die klassischen Präventionsfelder wie gesunde Ernährung im Büro, Bewegung am Arbeitsplatz, Stressbewältigung und Reduzierung von Suchtmittelkonsum stellen sich vielfältig dar. Insbesondere werden hier drei digitale Methoden angeboten:

- Gesundheits-Apps
- Gesundheitsportale
- Tragbare Sensoren, sogenannte „Wearables"

Über die Übertragung und Annahme in die und in der Praxis, lässt sich aber nur ein sehr unscharfes Bild gewinnen. Es ist unklar, welche Hürden und Herausforderungen in der aktuellen BGM-Landschaft und Praxis noch vorhanden sind, um digitale Elemente in ein ganzheitliches BGM integrieren zu können. Auch steht die Hypothese im Raum, ob digitale Gesundheitsmaßnahmen nur dann eine positive Wirksamkeit und einen ökonomischen Nutzen erzeugen, wenn sie strukturell in einem ganzheitlichen und systemischen BGM-Ansatz eingebettet sind.

10.2 Status quo im „ver–rückten" BGM-Markt in Deutschland

Betriebliches Gesundheitsmanagement ist in der Literatur vielfach zitiert und definiert worden (vgl. Kaminski 2013; vgl. Badura 1999). Es gilt bewusst darauf zu achten, den Begriff BGM von dem Begriff BGF zu trennen (Uhle and Treier 2015). Somit wird schnell deutlich, dass es sich bei dem Managementansatz immer um das gesamte „System" dreht, das heißt, dass die gesamte Organisationseinheit und deren Umwelt Berücksichtigung findet. Bei der Auseinandersetzung mit den Daten des Statistischen Bundesamtes stellt man fest, dass es in Deutschland insgesamt rund 3,6 Mio. Unternehmen gibt. Die ungefähre Verteilung dieser absoluten Zahl sieht wie folgt aus (Destatis 2015):

- Ca. 3,3 Mio. Unternehmen mit 0–9 Mitarbeitern (MA)
- Ca. 270.000 Unternehmen mit 10–49 MA
- Ca. 57.000 Unternehmen mit 50–249 MA
- Ca. 13.000 Unternehmen mit mehr als 250 MA

Überträgt man diese absoluten Zahlen in eine aktuelle Studie der pronova BKK aus dem Jahre 2016 „Betriebliches Gesundheitsmanagement 2016" so lässt sich Folgendes festhalten (Rosendahl 2016):

- 73 % der Unternehmen <10 MA bieten KEINE gesundheitsfördernden Angebote[1] an, das heißt ca. 2,4 Mio.
- 56 % der Unternehmen <50 MA bieten KEINE gesundheitsfördernden Angebote an, das heißt ca. 151.000
- 35 % der Unternehmen mit 51–249 MA bieten KEINE gesundheitsfördernden Angebote an, das heißt ca. 20.000
- 19 % der Unternehmen mit mehr als 250 MA bieten KEINE gesundheitsfördernden Angebote an, das heißt ca. 2500

Das heißt, trotz gelisteter 50 BGM-Dienstleister am Markt (Personalwirtschaft 2015) und der rasant wachsenden E-Health-Branche befinden sich ca. 2,6 Mio. Unternehmen in Deutschland gänzlich ohne gesundheitsfördernde Angebote (Rosendahl 2016). Das bedeutet, dass im besten Fall „nur" ca. 5,7 Mio. Arbeitnehmer, im schlechtesten Fall jedoch über 38 Mio. Arbeitnehmer komplett OHNE unterstützende gesundheitsfördernde Angebote am Arbeitsplatz ihre Arbeit ausüben (Rosendahl 2016).

Gleichermaßen besorgniserregend ist auch die Erkenntnis der Top 3 unter den genannten gesundheitsfördernden Angeboten durch den Arbeitgeber in der pronova BKK-Studie (Rosendahl 2016):

- Gesundheitsprüfung durch den Betriebsarzt
- Gesundes Kantinenessen
- Augenuntersuchungen

Von einem ganzheitlichen, nachhaltigen und systemischen BGM-Umsetzungskonzept für Deutschland kann, ausgehend von diesen Erkenntnissen, hier nicht gesprochen werden. Eher von Rudimenten im ver-rückten BGM-Markt, der unter den beschriebenen Tatsachen, zukünftig eine echte Herausforderung für alle BGM-Experten und insbesondere für die angewandte Forschung sein wird (Lüerßen et al. 2015; Rosendahl 2016; Bittner et al. 2010). Parallel zu dieser Herausforderung beschäftigt sich die BGM-Szene jedoch immer mehr mit dem Thema digitale Gesundheitslösungen. Denn der E-Health-

---

[1] „KEINE gesundheitsfördernden Angebote" bedeutet, dass nicht einmal eine betriebsärztliche Untersuchung stattfindet (Rosendahl 2016).

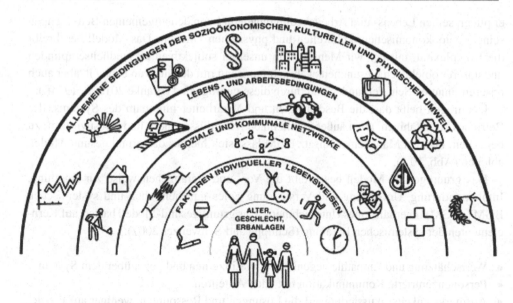

Abb. 10.1 Gesundheitsdeterminanten. (Dahlgreen und Whitehead 1991)

Markt wird den Prognosen zufolge in den kommenden zwei Jahren von aktuell geschätzten 8,5 Mrd. Euro auf bis zu 28 Mrd. Euro wachsen (Geib et al. 2015). Ein lukratives Geschäftsfeld, das viele Chancen aber auch Risiken birgt. So können digitale Gesundheitsmaßnahmen zwar einen ersten und direkten, niedrigschwelligen Zugang auch in die kleinen und mittelständischen Unternehmen verschaffen und schnelle Verhaltensänderungen bei den Beschäftigten herbeiführen, dennoch birgt die Entwicklung die Gefahr der Simplifizierung des gewünschten ganzheitlichen und systemischen BGM-Ansatzes.

Ein ganzheitliches und systemisches Verständnis von BGM ist als Fundament notwendig, um digitale gesundheitsfördernde Maßnahmen sinnvoll im Unternehmen anzubieten. Ganzheitlich und vor allem systemisch bedeutet in diesem Zusammenhang das Berücksichtigen der gesamten Lebenswelt und allen damit verbundenen gesundheitlichen Einflussfaktoren, sodass das Verhalten eines Einzelnen, aber insbesondere auch die Verhältnisse im Zentrum der Betrachtung stehen.

Denn bisher wird mehr willkürlich und unkoordiniert durch das bloße Zurverfügungstellen von Gesundheits-Apps, Gesundheitsportalen oder Wearables die Verantwortung für mehr Gesundheit an die Beschäftigten und Mitarbeiter abgegeben. Das Regenbogenmodell (Abb. 10.1). veranschaulicht einen ganzheitlichen und systemisch gesundheitswissenschaftlichen Ansatz, der einem BGM zugrunde gelegt werden sollte.

Der Mensch als Individuum steht in diesem Modell im Zentrum, beeinflusst in seiner gesundheitlichen Konstitution durch Alter, Geschlecht und Erbanlagen. Darüber hinaus wird der Mensch jedoch von weiteren vier Ebenen gesundheitlich beeinflusst, von den Faktoren, der individuellen Lebensweisen, den sozialen und kommunalen Netzwerken, die er pflegt, seinen Lebens- und Arbeitsbedingungen und von den allgemeinen Bedingungen seiner sozioökonomischen, kulturellen und physischen Umwelt. Das Modell beschreibt die Komplexität, mit der wir Menschen in unserem subjektiven Gesundheitsempfinden und unserer objektiven Gesundheitswahrnehmung eng mit der äußeren Umwelt, aber auch unserem inneren Sein verbunden und durch diese geprägt sind (Franke 2012, S. 192 ff.).

Übertragen heißt das, die Beschäftigten und Mitarbeiter innerhalb des Systems, des Betriebes zu befähigen, allen äußeren und inneren Einflüssen aktiv und selbstwirksam zu begegnen. Für den Managementansatz BGM lässt sich hieraus das grund:gesund-Modell ableiten (Abb. 10.2).

Das grund:gesund-Modell beschreibt die Vor- und Herangehensweise zur Beratung, Implementierung, Umsetzung und Verstetigung eines ganzheitlichen und systemischen BGM (sBGM) innerhalb eines Unternehmens. Das grund:gesund-Modell basiert auf Kernelementen der systemischen Beratung (Schlippe and Schweitzer 2007):

- Wertschätzung und Empathie gegenüber dem Einzelnen und gegenüber dem System.
- Personenzentrierte Kommunikation mit allen Akteuren.
- Aufmerksamkeitsfokussierung auf die Lösungen und Ressourcen, weniger auf Probleme und Defizite.
- Zieldefinition zur Ergründung der jeweiligen inneren Landkarte.
- Das System oder der Einzelne selbst sind die besten Experten.
- Wahrnehmen der jeweiligen Relevanz und Wirklichkeitskonstruktion ohne Wertung.
- Kontextgebundene Beratung, das heißt Berücksichtigung aller Umgebungsfaktoren.
- Beratung unter Berücksichtigung einer positiven Absichtserklärung.
- Berücksichtigung der Auswirkungen, das heißt der Zirkularität statt der Kausalität.
- Die Interaktion wird als Konversation betrachtet.
- Kooperation statt bloße Intervention durch reflektierende Teams.
- Echtheit und Kongruenz des Beraters als Grundvoraussetzung.

Das Modell ist übertragbar auf alle Unternehmensgrößen, es ist auch und vor allem für die kleinen und mittelständischen Betriebe (KMU) geeignet, die, wie bereits beschrieben, einen besonderen Bedarf aufweisen. Das Modell vereint das Thema Gesundheit sowohl individuell im Verhalten aller Mitarbeiter und Akteure im Unternehmen, als auch strukturell in den jeweiligen Prozessen und Organisationsebenen. Somit werden alle Bereiche innerhalb eines Unternehmens angesprochen, miteinander als klassischer Schnittstellenansatz verbunden und zielführende und wertvolle Synergien hergestellt.

Das gesamte System „Betrieb" steht in der Aufmerksamkeitsfokussierung, mit dem großen Ziel, die Themen Gesundheit, Mitarbeiterzufriedenheit, Leistungsfähigkeit und Motivation zu selbstwirksamen Dimensionen zu gestalten und nachhaltig mit den eigenen ganz individuellen Ressourcen zu hinterlegen.

Ausgehend von den bisherigen Ausführungen zum Status quo und dem grund:gesund-Modell ist es daher notwendig, die aktuelle Debatte um das sogenannte „digitale BGM" richtig einzuordnen. Aus der Sicht der Autorin kann zum jetzigen Zeitpunkt maximal

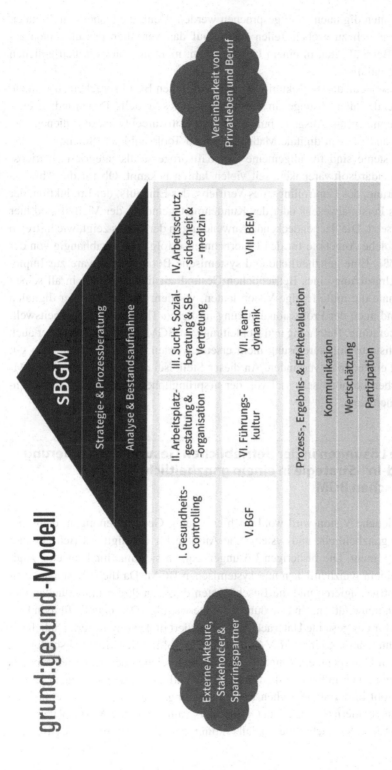

Abb. 10.2 grund:gesund-Modell

von einer sogenannten digitalen BGF gesprochen werden. Denn die bisherigen digitalen Lösungen beziehen sich zu großen Teilen alleine auf das Verhalten des einzelnen Individuums – der Beschäftigten in einem Unternehmen, nicht aber auf die betrieblichen Strukturen und Verhältnisse.

Um in der Konsequenz und in Zukunft von einem digitalen BGM sprechen zu können, bedarf es adäquater digitaler Lösungen in allen Bereichen des Modells. Das grund:gesund-Modell könnte demnach als Ausgangspunkt für eine Softwareentwicklung dienen, die für alle Bereiche und Ebenen digitale Maßnahmen und Tools anbietet. Solche digitalen Lösungen und Systeme sind für allgemeine Geschäftsprozesse als integrierte betriebswirtschaftliche Standardsoftwarepakete seit vielen Jahren bekannt. Ob für die Abwicklung der Buchführung, des Controllings, des Vertriebs, des Einkaufs, der Produktion, der Lagerhaltung, des Personalwesens oder des Kundenmanagements, der Vielfalt sind hier kaum Grenzen gesetzt. Die flächendeckende Anwendung in der Praxis zeigt, wie hilfreich und zielführend solche Angebote für den Unternehmenserfolg sind, unabhängig von der Unternehmensgröße. Eine ganzheitliche und systemische Beratungssoftware zur Implementierung und Umsetzung eines Betrieblichen Gesundheitsmanagements in all seinen Facetten – so könnte die mittelfristige Vision lauten, vor dem Hintergrund der digitalen Entwicklungen und auch der Professionalisierung in diesen Themen in der Arbeitswelt. Die persönliche Beratung, Betreuung und Begleitung von BGM-Experten kann aber auch durch eine digitalisierte Softwarelösung nicht ersetzt werden. Beide Komponenten gilt es, intelligent mit einander zu verbinden. An dieser Stelle sei angeführt, dass die BGM-Beratung hier sicherlich noch sehr viel von der ursprünglichen Branche der Unternehmensberatung lernen kann.

10.3 Digitale Lösungen in der Betrieblichen Gesundheitsförderung als „Add-In"-Strategie in einem ganzheitlichen und systemischen BGM

Die zuvor beschriebene Vision wird wohl noch ein wenig Geduld benötigen, denn bisher gibt es kaum ganzheitliche und systemische Ansätze für ein digitales Betriebliches Gesundheitsmanagement. Die bisherigen Lösungen eignen sich maximal für eine Add-Inn-Strategie in einem ganzheitlichen und systemischen BGM. Da diese Lösungen sehr stark personenzentriert agieren und die Beschäftigten direkt in ihrem individuellen Gesundheitsverhalten unterstützen, sind sie durchaus eine wichtige Datenquelle für den Einzelnen, aber auch für das gesamte Unternehmen. Kumuliert und anonymisiert, ähnlich der Gesundheitsberichterstattung einer GKV oder dem Controlling der krankheitsbedingten Fehlzeiten in einem Unternehmen, könnten sie in allen Bereichen des gezeigten Modells Anwendung finden und Grundlage für bedarfsgerechte und passgenaue Lösungen sein.

Das heißt, sowohl in der strategischen Prozessberatung, der Bedarfsanalyse und den einzelnen Handlungsfeldern (I-VIII), dem Gesundheitscontrolling, der Arbeitsplatzgestaltung und -organisation, der Sucht- und Sozialberatung, dem Arbeitsschutz, der Arbeitssicherheit und -medizin, der Betrieblichen Gesundheitsförderung in den klassischen Präventionsfeldern wie Ernährung, Bewegung, Stressbewältigung und Suchtmittelkonsumverhalten, der Führungskultur, der Teamdynamik und dem Betrieblichen Wiedereingliederungsmanagement (BEM) könnten die personenbezogenen Daten effektiv eingesetzt werden. Aber auch in der Überprüfung auf Wirksamkeit und Nutzen durch eine Prozess-, Ergebnis- und Effektevaluation und einer gesunden Unternehmenskultur, wäre ein digitales Datennetzwerk zielführend.

Anhand des Betrieblichen Wiedereingliederungsmanagements (BEM) lässt sich EIN möglicher Mehrwert eines solchen digitalen BGM – Datennetzwerkes – sehr gut veranschaulichen. So sind beispielsweise Muskel-Skelett-Erkrankungen (MSE) eine der häufigsten Ursachen für arbeitsbedingte Fehlzeiten in einem Unternehmen (Fuchs et al. 2013; Liebers et al. 2013). Nicht nur die Häufigkeit der Erkrankungen, sondern auch die Ausfalldauer dieser Diagnosegruppe fällt dabei besonders ins Gewicht. Aktuelle Studien belegen, dass Eingliederungsprozesse bei MSE vor allem durch die Indikatoren „Arbeitgeberunterstützung", „individuelle Coping-Strategien", die Installation „vertrauenswürdiger Prozessbegleiter" und durch die frühzeitige Identifizierung von Risikogruppen positiv beeinflusst werden (Brouwer et al. 2015; Besen et al. 2015). Das heißt, je besser solche Prozesse organisiert und kommuniziert werden, desto größer fallen die Erfolge für den Einzelnen und das Unternehmen aus. Digitale Gesundheitsportale sollten demnach auch Informationen rund um das Thema Prävention von Langzeiterkrankungen beinhalten, Gesundheits-Apps die individuellen Coping-Strategien von Beschäftigten stärken. Die personenbezogenen Daten können in ein intelligentes Früherkennungssystem einfließen und nach freiwilliger Einverständniserklärung des Mitarbeiters zu einer rechtzeitigen und ganz individuell angepassten Gesundheitslösung beitragen. Gleichzeitig können all diese digitalen Informationen in eine sinnvolle Evaluationsstrategie einbezogen werden. Hier gilt es, insbesondere die personenbezogenen und anonymisierten Daten zu unterschiedlichen Messzeitpunkten und unter Berücksichtigung wissenschaftlicher Forschungsmethoden zur Messung tatsächlicher positiver Gesundheitseffekte zu verwenden.

Die sogenannte Effektevaluation ist dann in der Lage, valide Aussagen über die Wirksamkeit und den Nutzen digitaler Maßnahmen zu treffen. Über dies hinaus wären dann auch für den deutschsprachigen Raum Return-on-Investment-Berechnungen realisierbar, die mittel- bis langfristig Aufschlüsse über die Rendite innerhalb eines Systems geben. Abschließend seien hier ein paar weitere digitale Lösungen, die über die reinen, verhaltenspräventiven Ansätze hinausreichen, genannt und kurz skizziert. Mit der BGM-Wissensbilanz beispielsweise lässt sich das BGM in einem Betrieb bewerten und analysieren. Gleichzeitig versorgt diese App die Beschäftigten mit praxisnahen Infos rund um alle Angebote in den klassischen gesundheitsfördernden Handlungsfeldern in einem Unternehmen (o.V. 2016a). Eine digitale strukturelle Lösung aus dem Bereich der Prozessberatung und Bedarfsanalyse, das sogenannte Sim4BGM wiederum, ist eine Anwendung, die die Vorteile eines ganzheitlichen und systemischen BGM sichtbar machen kann. Das Softwarepaket verfolgt das Ziel, dass gerade kleine und mittlere Unternehmen vorab den Nutzen eines BGMs berechnen und abschätzen können. Auch die Rückkopplung der gesamten Mitarbeiterschaft zu durchgeführten Maßnahmen, das heißt, unterschiedliche Evaluationsmöglichkeiten sind in dieser digitalen Lösung vorgesehen, demnach eine digitale Möglichkeit für strukturelle Anwendungen in den Bereichen Prozessberatung, Analyse, Evaluation und Unternehmenskultur (o.V. 2016b). Hier könnte die Idee der Digitalisierung des grund:gesund-Modells zu einem professionellen BGM-Beratungstool anknüpfen und die beschriebenen verhältnispräventiven digitalen Ansätze weiterentwickelt werden.

10.4 Ausblick

Die Arbeit verdichtet sich immer mehr, die körperlichen und psychischen Belastungen nehmen zu, sodass sich die Konsequenz in steigenden Prävalenzen rund um die Themen psychische und Muskel-Skelett-Erkrankungen sowie Frühverrentungen spiegelt. In einer Gesellschaft, die sich zunehmend digitalisiert, ist es nur folgerichtig, dass sich diese Entwicklungen auch im Bereich Gesundheit am Arbeitsplatz zeigen. Diese Perspektiven sollten als Chance begriffen werden, unter Abwägung und Berücksichtigung aller Gefahren und Risiken. Denn die permanente Messung personenbezogener Daten und ihre individuelle Optimierung greifen viel zu kurz (Ducki 2016). Unter Berücksichtigung eines ganzheitlichen und systemischen BGM-Ansatzes, der bis dato nicht flächendeckend verbreitet ist, gilt es, die bisherigen digitalen Lösungsansätze auf eine breitere Basis zu stellen. Nicht nur der Beschäftigte selbst ist in der Pflicht, sich gesundheitsfördernd zu verhalten, die konkreten Arbeitsbedingungen und der Betrieb als gesamte Organisation müssen die generelle Aufmerksamkeitsfokussierung abbilden. Nur so können mittel- bis langfristig die Arbeitsverhältnisse gesundheitsgerecht gestaltet werden und somit eine bevölkerungsbezogene Verbesserung der Gesundheitspotenziale und Gesundheitskompetenzen erreicht werden. Darüber hinaus würde sich die gesamte BGM-Branche professionalisieren und die Qualität der Prozessberatung insbesondere auch für kleine und mittelständische Unternehmen verbessern.

► Drei Erkenntnisse

1. Das Präventionsgesetz stellt einen ersten wichtigen Schritt in der Verbesserung der Gesundheitspotenziale und Gesundheitskompetenzen von Betrieben dar.
2. Der Status quo im ver-rückten BGM-Markt zeigt, dass es große Lücken in der Umsetzung eines ganzheitlichen und systemischen BGMs gibt.
3. Digitale BGF ist kein digitales BGM, greift noch zu kurz und legt den Fokus zu stark auf die individuellen Verhaltensweisen und die persönliche Verantwortung des Arbeitnehmers.

Literatur

Badura, B. (1999): *Betriebliches Gesundheitsmanagement: ein Leitfaden für die Praxis*. Edition Sigma.

Besen, E., Young, A. E. and Shaw, W. S. (2015): "Returning to Work Following Low Back Pain: Towards a Model of Individual Psychosocial Factors" *Journal of Occupational Rehabilitation*, 25 (1), pp. 25–37.

Bittner, J., Leufgen, C., Marxen, L. and Steinwender, C. (2010): *Betriebliches Gesundheitsmanagement in der Praxis: Eine Online-Befragung von Betriebsräten deutscher Industriebetriebe, Prävention und Gesundheitsförderung*. Hans Böckler Stiftung.

Brouwer, S., Amick, B. C., Lee, H., Franche, R. L. and Hogg-Johnson, S. (2015): "The Predictive Validity of the Return-to-Work Self-Efficacy Scale for Return-to-Work Outcomes in Claimants with Musculoskeletal Disorders" *Journal of Occupational Rehabilitation*, 25(4), pp. 725–732.

Bundestag, D. (2015): „Entwurf eines Gesetzes zur Stärkung der Gesundheitsförderung und der Prävention (Präventionsgesetz – PrävG)" *Drucksache 18/4282*.

Cholmakow-Bodechtel, C., Nguyen, P., Scharf, L. and Schieferstein, T. (2016): *AOK-Präventionsbericht – Die Leistungen der AOK – die Gesundheitskasse in der Prävention und Gesundheitsförderung*. München: AOK Bundesverband.

Dahlgreen, G. and Whitehead, M. (1991): *Gesundheitsdeterminanten (Determinanten der Gesundheit, Einflussfaktoren auf Gesundheit) – Fonds Gesundes Österreich*. Available at: http://www.fgoe.org/gesundheitsfoerderung/glossar/gesundheitsdeterminanten (10.10.16).

Destatis (2015): *Anzahl der Unternehmen in Deutschland nach Beschäftigtengrößen, Destatis – Statistisches Bundesamt*. Available at: https://de.statista.com/statistik/daten/studie/1929/umfrage/unternehmen-nach-beschaeftigtengroessenklassen/ (09.10.16).

Ducki, A. (2016): *Arbeiten 4.0 – Wie gesund ist die digitale Arbeitswelt von morgen?* Berlin.

Franke, A. (2012): *Modelle von Gesundheit und Krankheit*. Huber.

Fuchs, J., Rabenberg, M. and Scheidt-Nave, C. (2013): „Prävalenz ausgewählter muskuloskelettaler Erkrankungen: Ergebnisse der Studie zur Gesundheit Erwachsener in Deutschland (DEGS1)" *Bundesgesundheitsblatt – Gesundheitsforschung – Gesundheitsschutz*, 56(5–6), pp. 678–686.

Geib, R. W., Swink, P. J., Vorel, A. J., Shepard, C. S., Gurovich, A. N. and Waite, G. N. (2015): "The bioengineering of changing lifestyle and wearable technology: a mini review." *Biomedical sciences instrumentation*, 51, pp. 69–76.

GKV-Spitzenverband (2014): „Leitfaden Prävention."

GVG Gesellschaft für Versicherungswissenschaft und -gestaltung e. V. (2016): *Nationale Gesundheitsziele*. Available at: http://gesundheitsziele.de/cgi-bin/render.cgi?__cms_page=nationale_gz (02.12.16).

K. A. (2016a): *BGM Wissensbilanz N – Betriebliches Gesundheitsmanagement interaktiv einführen und etablieren mit der BGM Bilanz*. Available at: http://www.bgm-bilanz.de/ (08.12.16).

K. A. (2016b): *Sim4BGM – BGM-Prozesse unternehmensspezifisch entwickeln und simulieren*. Available at: http://www.smartliving.com.de/sim4bgm (08.12.16).

Kaminski, M. (2013): *Betriebliches Gesundheitsmanagement für die Praxis Ein Leitfaden zur systematischen Umsetzung der DIN SPEC 91020*. Imprint: Springer Gabler.

Liebers, F., Brendler, C. and Latza, U. (2013): „Alters- und berufsgruppenabhängige Unterschiede in der Arbeitsunfähigkeit durch häufige Muskel-Skelett-Erkrankungen: Rückenschmerzen und Gonarthrose" *Bundesgesundheitsblatt – Gesundheitsforschung – Gesundheitsschutz*, 56(3), pp. 367–380.

Lüerßen, H., Stickling, E., Gundermann, N., Toska, M., Coppik, R., Denker, P., Mikula, D., Holm, T. and Timmerhoff, C. (2015): *Studie: BGM im Mittelstand 2015. Ziele, Instrumente und Erfolgsfaktore für das Betriebliche Gesundheitsmanagement, Personalwirtschaft.* Fürstenberg Institut, ias Gruppe, Techniker Krankenkasse.

Personalwirtschaft (2015): „Marktcheck Dienstleister Betriebliches Gesundheitsmanagement (BGM)" *Personalwirtschaft*, 9(Sonderheft), pp. 1–11.

Rosendahl, U. (2016): *Betriebliches Gesundheitsmanagement 2016.* pronova BKK.

Schaff, A. (2016): „Betriebliches Gesundheitsmanagement als Investition – Projektmanagement und Wirtschaftlichkeit" in *ifgs Schriftenreihe der FOM, Band 3.* Essen: Matusiewicz, David; Cassens, Manfred.

Schempp, N. and Strippel, H. (2016): *Präventionsbericht 2016 – Leistungen der Gesetzlichen Krankenversicherung: Primärprävention und betriebliche Gesundheitsförderung – Berichtsjahr 2015.* Essen, Berlin: Medizinischer Dienst des Spitzenverbandes Bund der Krankenkassen e. V. (MDS), GKV-Spitzenverband.

Schlippe, A. and Schweitzer, J. (2007): *Lehrbuch der systemischen Therapie und Beratung I.* Vandenhoeck & Ruprecht.

spring Messe Management GmbH (2016): *Corporate Health – Zukunft Personal.* Available at: http://www.zukunft-personal.de/de/besuchen/ausstellung/sonderbereiche/corporate-health/ (02.12.16).

Uhle, T. and Treier, M. (2015): *Betriebliches Gesundheitsmanagement Gesundheitsförderung in der Arbeitswelt – Mitarbeiter einbinden, Prozesse gestalten, Erfolge messen.* 3. Auflage. Springer.

Geboren 1982 als Dritte von vier Schwestern ist **Frau Prof. Dr. Stefanie André** seit mehr als zehn Jahren im Gesundheits- und Changemanagement sowie in der strategischen Beratung, Planung, Entwicklung, Umsetzung und Evaluation von Projekten in den unterschiedlichsten Lebens- und Arbeitswelten beschäftigt. Neben Ihrer Tätigkeit als Lehrbeauftragte war sie einige Jahre als Referentin und Führungskraft für die bundesweite Umsetzung der Themen Prävention, Gesundheitsförderung, Betriebliches Gesundheitsmanagement, Selbsthilfe und Gesundheitspolitik für einen Sozialversicherungsträger, die BAHN-BKK, verantwortlich (größter Geschäftskunde: Deutsche Bahn AG).Seit Juli 2017 verantwortet Frau André die Professur „Betriebliches Gesundheitsmanagement" am Fachbereich Gesundheit der Technischen Hochschule Mittelhessen (THM) und hat die wissenschaftliche Leitung des von ihr gegründeten Unternehmens grund:gesund inne (www.grundgesund.com). In der Schnittstelle zwischen Wissenschaft und Praxis widmet sie sich heute einem neuen Blick, einem neuen Ansatz und einem neuen Weg, um Unternehmen auf dem Weg in eine gesunde und erfolgreiche Organisationseinheit zu unterstützen.

Digitales BGM-Controlling 2.0: online, mobil und intelligent

11

Arnd Schaff

Zusammenfassung

Modernes Betriebliches Gesundheitsmanagement beruht auf drei Säulen, die für den Erfolg eines BGM-Programms alle gleichermaßen wichtig sind: Die Analyse der Ist-Situation und der Zielsetzungen, die Umsetzung der Maßnahmen im Programm und zuletzt die Überprüfung des Maßnahmenerfolges, die Evaluationsphase. Durch diesen Dreiklang wird im BGM-Prozess möglich, was in praktisch allen anderen Managementprozessen zum Standard gehört: Ein kontinuierlicher Verbesserungsprozess, in dem zum einen die Ausgangslage gut analysiert wird und zum anderen die Erfahrungen aus früheren Maßnahmenwellen in das Design künftiger Projekte einfließen können. Aus diesem Ziel ergibt sich, welche Funktionen neben einer großen Expertise im Design und in der Auswahl von Gesundheitsmaßnahmen noch notwendig sind, um BGM erfolgreich zu machen: Eine solide Qualitätssicherung als Garant für die hohe Prozessqualität und Controlling als Grundlage für die Analyse und die Überprüfung des Erfolges. In diesem Beitrag geht es um die Rolle und die Möglichkeiten des Controllings und seiner digitalen Hilfsmittel.

11.1 Einleitung

Modernes BGM (Betriebliches Gesundheitsmanagement) beruht auf drei Säulen, die für den Erfolg eines BGM-Programms alle gleichermaßen wichtig sind: Die Analyse der Ist-Situation und der Zielsetzungen, die Umsetzung der Maßnahmen im Programm und zuletzt die Überprüfung des Maßnahmenerfolges, die Evaluationsphase.

A. Schaff (✉)
Essen, Deutschland
E-Mail: Arnd.Schaff@Schaff-Consulting.de

© Springer Fachmedien Wiesbaden GmbH 2018
D. Matusiewicz und L. Kaiser (Hrsg.), *Digitales Betriebliches Gesundheitsmanagement*,
FOM-Edition, https://doi.org/10.1007/978-3-658-14550-7_11

Abb. 11.1 Aufgaben des Controllings im BGM-Zyklus:
Analyse, Maßnahmenumset-
zung und Evaluation

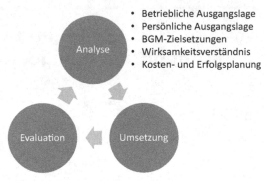

- Betriebliche Ausgangslage
- Persönliche Ausgangslage
- BGM-Zielsetzungen
- Wirksamkeitsverständnis
- Kosten- und Erfolgsplanung

- Betriebliche Veränderungen
- Persönliche Veränderungen
- Wirtschaftlichkeit
- Prozessqualität und -effizienz
- Nachhaltigkeit

- Umsetzungscontrolling
- Motivationslage

Durch diesen Dreiklang wird im BGM-Prozess möglich, was in praktisch allen anderen Managementprozessen zum Standard gehört: Ein kontinuierlicher Verbesserungsprozess, in dem zum einen die Ausgangslage gut analysiert wird und zum anderen die Erfahrungen aus früheren Maßnahmenwellen in das Design künftiger Projekte einfließen können.

Aus diesem Ziel ergibt sich, welche Funktionen neben einer großen Expertise im Design und in der Auswahl von Gesundheitsmaßnahmen noch notwendig sind, um BGM erfolgreich zu machen: Eine solide Qualitätssicherung als Garant für die hohe Prozessqualität und Controlling als Grundlage für die Analyse und die Überprüfung des Erfolges (Uhle und Treier 2015). In diesem Kapitel werden wir uns näher mit der Rolle und den Möglichkeiten des Controllings und seiner digitalen Hilfsmittel beschäftigen.

Controlling hat in den meisten BGM-Projekten einen schweren Stand: Entweder ist es gar nicht vorhanden (ein Schicksal, dass es mit der Qualitätssicherung teilt) oder es hat den Ruf, die Situation und den Maßnahmenerfolg höchstens partikulär zu erfassen und deshalb nicht wirklich wirksam zu sein – im Sinne eines Management-Tools mit dem Ziel, Ressourcen dort einzusetzen, wo ein maximaler Beitrag zur Steigerung der Gesundheit der Belegschaft zu erwarten ist.

Um der Rolle gerecht zu werden, der Unternehmensleitung wirklich dabei zu helfen, die Effektivität und Effizienz im BGM zu steigern, muss es viele Bereiche abdecken. Abb. 11.1 fasst die wichtigsten Aspekte zusammen.

Am Anfang steht das Verständnis der Ist-Situation im Unternehmen und in der Belegschaft. Zur betrieblichen Ausgangslage gehören die harten Kennzahlen, z. B. aus den Bereichen Fehlzeiten, Fluktuation und Produktivität, und auch die weichen Kennzahlen, die die Dimension und Auswirkungen von Präsentismus und psychosozialen Belastungen im Arbeitsumfeld aufzeigen. Daneben steht das Verständnis der persönlichen Ausgangslage. Hier spielen Aspekte wie Motivation, Gesundheitsgefühl und Stressempfinden eine

Rolle, aber auch die Situation in den anderen Lebenswelten neben der Arbeit, z. B. im familiären Umfeld.

Für die Festlegung des BGM-Ziels ist eine, in diesem Fall strategische, Analyse hilfreich. Diese Analyse beschäftigt sich mit der Ableitung der Gesundheitsziele aus den Werten, der Kultur und den strategischen Unternehmenszielen.

Wenn die Ist-Situation in allen Dimensionen gut verstanden ist, müssen die richtigen Maßnahmen ausgewählt werden. Richtig bedeutet in diesem Kontext, dass genau die Maßnahmen durchgeführt werden, die für die vorliegende Risikolage die besten Effekte im Hinblick auf eine Verbesserung der Mitarbeitergesundheit erwarten lassen. Basis dafür ist das Verständnis der Ursachen-Wirkungsketten. Negative Folgen im gesundheitlichen Bereich werden hier auf die wahrscheinlichsten Ursachen zurückgeführt und mangelnde Ressourcen oder Resilienz werden durch genau passende Interventionen unterstützt.

Die Kosten- und Erfolgsplanung stellt das betriebswirtschaftliche Rückgrat des BGM-Programms dar. Letztlich dient ein Gesundheitsprogramm im betrieblichen Umfeld vor allem der Steigerung des Unternehmenserfolges, gemessen in niedrigeren Kosten und höheren Einnahmen. Die Kosten des BGM-Programms müssen geplant oder abgeschätzt und die erwarteten positiven Effekte bewertet und dazu in Relation gesetzt werden. Aus diesen beiden Größen lässt sich die Wirtschaftlichkeit der Gesundheitsinitiative ermitteln, z. B. in Form einer Return-on-Investment-Kennzahl.

In der Umsetzungsphase der Maßnahmen geht es darum, den Prozess mit Kennzahlen und Handlungsempfehlungen zu begleiten. Neben diesem eher technischen Prozesscontrolling spielt aber auch ein ganz anderer Aspekt eine große Rolle, der heute kaum Beachtung findet: die Entwicklung der Motivation der Belegschaft im Laufe des Programms. Ein typisches Problem in BGM-Projekten ist, dass die Maßnahmen nach dem neuesten Stand der Wirksamkeitsforschung ausgewählt und durchgeführt werden – und trotzdem sinkt die Teilnahmequote stetig ab. Controlling muss hier die (oft schwierige) Aufgabe erfüllen, die Motivationslage der Teilnehmer zu erfassen und auf wesentliche Treiber zurückzuführen, wieder im Sinne der schon erwähnten Ursachen-Wirkungsketten. Im zuvor genannten Fall könnte es z. B. der Fall sein, dass die Führungskräfte unterschwellig Signale senden, dass die Teilnahme an den Maßnahmen eher als Luxus angesehen wird, oder es stellt sich heraus, dass andere Prioritäten den Mitarbeiterinnen und Mitarbeitern gar keine Chance lassen, am Programm sinnvoll teilzunehmen. Wenn diese Umfeldaspekte nicht systematisch erfasst werden, bleiben die Ursachen für einen mangelnden Maßnahmenerfolg im Dunkeln und die Chance auf einen kontinuierlichen Verbesserungsprozess ungenutzt.

Die Controllingaktivitäten der letzten Phase, der Nachbereitung oder Evaluation, spiegeln die Aufgaben aus dem ersten Schritt. Hier werden die Veränderungen im betrieblichen und persönlichen Bereich erfasst, die zu Beginn des Programms als wichtig erachtet und in Kennzahlen erfasst worden sind. Allein die Veränderung zu verstehen reicht aber noch nicht aus: Das Ziel ist, die Veränderungen möglichst gut auf die durchgeführten Interventionen zurückzuführen und auch alle anderen möglichen Einflussfaktoren in den

Blick zu nehmen. Wenn das gut gelingt, kann unter Berücksichtigung der im Programm angefallenen Aufwendungen das betriebswirtschaftliche Fazit gezogen werden: Die Berechnung der erzielten Wirtschaftlichkeit und der Vergleich mit der Erfolgsplanung im Sinne eines geschlossenen Regelkreises. Neben der Maßnahmenwirkung muss auch der Prozess in den Blick genommen und die Frage beantwortet werden, an welchen Stellen es Probleme oder Abweichungen vom ursprünglichen Plan gegeben hat, und warum.

Schließlich spielt die Frage der Nachhaltigkeit speziell im BGM eine entscheidende Rolle: Bleiben die positiven Effekte aus dem Programm wirklich langfristig erhalten? Und wenn nein, oder wenn sich die Effekte abschwächen – was sind die entscheidenden Einflussfaktoren und welche Möglichkeiten bestehen, dieser Entwicklung entgegen zu wirken?

Alle Bereiche des Controllings im BGM haben heute in der betrieblichen Realität großes Entwicklungspotenzial: Zunächst einmal ganz grundlegend in der Entscheidung, Controlling in allen seinen Aspekten überhaupt als Bestandteil in ein BGM-Programm aufzunehmen und dann in der möglichst effizienten Durchführung des Controllingprozesses.

Eine große Hürde im Controlling liegt in der Erfassung und Auswertung der sogenannten weichen Kennzahlen, die sich nicht aus den ERP-Systemen des Unternehmens ablesen lassen – anders als z. B. Fehlzeiten. Weiche Kennzahlen sind in der Regel Kennzahlen zu nur subjektiv erfahr- und erfassbaren Dimensionen, z. B. Stress, Motivation, Erschöpfung, Angst, Vertrauen, Führungsqualität und soziale Interaktion. Diese weichen Kennzahlen sind gute Frühindikatoren: Negative Folgen kündigen sich sehr früh an, weit bevor sie ihren Niederschlag in Fehlzeiten oder Fluktuation finden. Ihre Beobachtung ist also von zentraler Bedeutung für ein erfolgreiches und präventives BGM.

Weiche Kennzahlen lassen sich im Wesentlichen mit Hilfe von strukturierten Befragungen erfassen. Hierzu hat die Forschung eine ganze Fülle an Vorlagen entwickelt, die auch im Hinblick auf Ursachen-Wirkungsketten gut verstanden sind. Die Schwierigkeit in der Umsetzung liegt darin, dass solche Befragungen mit einigen Hürden verbunden sind: In den Untersuchungen wird eine Vielzahl sehr persönlicher Daten erhoben, die in jedem Fall gut geschützt werden müssen. Hierzu gibt es gut beschriebene und erprobte Wege, die Datensicherheit zu garantieren – allerdings spielt neben der objektiven Bewertung des Datenschutzes auch die gefühlte Sicherheit eine entscheidende Rolle.

Jede Befragung bringt einen erheblichen Aufwand mit sich. Die Auswahl der abzufragenden Kennzahlen, das Design der Befragung, die Abstimmung zwischen Unternehmensleitung und Belegschaftsvertretung, aber vor allem auch die Arbeitszeitverluste in der Durchführung der Befragung führen dazu, dass viele Unternehmen von diesem Mittel ganz Abstand nehmen. In den besten Fällen wird die Befragung punktuell zu Beginn des Programms und einmal oder wenige Male in der Evaluationsphase durchgeführt. Die systematische programmbegleitende Befragung hat heute praktisch gar keine Rolle.

11.2   Vorstellung des digitalen Ansatzes

Die Nutzung digitaler Hilfsmittel kann dem Controlling ganz neue Möglichkeiten bieten, die ansonsten gar nicht oder nur mit erheblichem Aufwand durchführbar sind.

Eine aktuelle Umfrage zum BGM in deutschen Unternehmen ergab, dass digitale Hilfsmittel zunehmend genutzt werden, sich diese Nutzung allerdings noch sehr selten im Bereich Controlling/Steuerung von BGM findet. Nur knapp zehn Prozent der befragten Unternehmen haben bereits Erfahrungen mit digitalen Lösungen im Controlling und in der Steuerung des BGM gemacht. Das ist unter den betrachteten elf Einsatzgebieten der geteilte letzte Platz. Führend sind nach wie vor inhaltliche Angebote an die Kunden des BGM, an erster Stelle zum Thema Bewegung (Olbrecht 2016).

Im Folgenden werden drei digitale Ansätze näher vorgestellt:

- Onlineunterstützte Befragungen
- Mobile Erfassung gesundheitsrelevanter Daten
- Intelligente digitale Planungstools

Die Befragung von Mitarbeitern mit Hilfe von Papierfragebögen oder Interviews bedeutet in der Regel einen erheblichen Aufwand in der praktischen Durchführung: Die Befragten müssen entweder zentral versammelt oder die Fragebögen physisch zugestellt und wieder eingesammelt werden, für die Interviews müssen entsprechende Räume und eine Organisation zur Verfügung gestellt werden. Zusätzlich ist die Übertragung der Ergebnisse der Fragebögen fehleranfällig. Bei der Nutzung von Online-Tools lässt sich der Aufwand erheblich reduzieren. Die Mitarbeiterinnen und Mitarbeiter haben die Möglichkeit, einen online präsentierten Fragebogen entspannt auszufüllen, wenn es in den betrieblichen oder auch privaten Alltag passt. Störungen im Arbeitsablauf werden minimiert oder ganz beseitigt, die Opportunitätskosten der Befragung sinken erheblich und die Bereitschaft zur Teilnahme wird durch den nutzergerechten Zugang tendenziell steigen. Das ermöglicht, Befragungen intensiver als bisher zu nutzen: In Bezug auf die Häufigkeit der Befragung, was eine erhöhte Sicherheit in Bezug auf die zeitliche Stabilität der Ergebnisse mit sich bringt (im Vergleich zu den heutigen sehr punktuellen und damit schwer interpretierbaren Ergebnissen) und in anderen Bereichen, z. B. für ein prozessbegleitendes und sehr zeitnahes Feedback zu den Maßnahmen im BGM-Programm. Durch das zeitliche Zusammenfallen von Informationsabgabe, Erfassung und Auswertung lassen sich neue Motivationsaspekte realisieren, z. B., eine direkte Darstellung der eigenen Ergebnisse im Vergleich zu allen bisher erfassten Daten direkt nach Abschluss des Fragebogens. Untersuchungen belegen die gute motivatorische Wirkung dieses zeitnahen Feedbacks (Theobald 2013).

mHealth, also die Datenerfassung, Datenauswertung und generell Informationsverarbeitung und -weitergabe im Gesundheitsbereich mit Hilfe mobiler Endgeräte ist ein Trend, der in der Öffentlichkeit insbesondere in Form der sogenannten „Wearables", also tragbarer Geräte zur Datenerfassung, in Verbindung mit Gesundheitsapplikationen zur Auswertung, sichtbar wird (Peters und Klenke 2016). Bereits 38 % aktuell befragter deutscher Unternehmen setzen Apps für Smartphones ein, allerdings nur sehr selten für Controllingzwecke (Olbrecht 2016).

Im Bereich der betrieblichen Gesundheit können genauso wie im privaten Bereich gesundheitsrelevante Daten erfasst werden (z. B. Wegstrecken, überwundene Höhenunterschiede, Herzfrequenz), zusätzlich wird die Datenerfassung im Prozess, also z. B. während oder direkt nach einer Maßnahme, möglich. Hier schließt sich der Kreis zur Onlinebefragung, wenn z. B. die Zufriedenheit mit einer Maßnahme unmittelbar nach dem Ende mobil erfasst wird, anstatt viel später oder gar nicht an einem festen installierten Endgerät eingegeben zu werden. Ebenso können subjektiv empfundene Belastungen oder auch stärkende Elemente direkt in zeitliche Verbindung mit dem betrieblichen Geschehen gebracht werden – eine Entwicklung in Richtung der Generierung und Nutzung von Big Data, der Sammlung und Nutzung großer Datenmengen aus sehr unterschiedlichen Quellen, mit dem Ziel, bisher nicht erfassbare Zusammenhänge zwischen Ursachen und Wirkungen zu verstehen.

Intelligente Planung im BGM bedeutet, die Maßnahmen so auf die Bedürfnisse des Unternehmens zuzuschneiden, dass Aufwand und Ertrag in optimaler Relation zueinander stehen. Zu diesem Zweck wurden an verschiedenen Stellen elektronische Kalkulationshilfsmittel entwickelt, die das Programmdesign unterstützen. Durch die Verknüpfung betrieblicher Grunddaten mit bekannten Ursachen-Wirkungsketten und statistischen Informationen zu bestimmten Risikoprofilen sollen Vorhersagen zum erwarteten Return on Investment gemacht werden.

Ein weiterer Ansatz im Bereich intelligenter Planung ist die Nutzung von Big Data bei der Planung und Steuerung von Gesundheitsprogrammen. Die Sammlung von Daten aus allen Lebensbereichen der Mitarbeiterinnen und Mitarbeiter bietet ganz neue Möglichkeiten der Verknüpfung von Belastungsfolgen mit auslösenden Faktoren. Durch die Auswertung belastungsnaher medizinischer Daten eröffnen sich neue Horizonte bei der Steuerung betrieblicher Prozesse (Gadatsch 2016).

Insbesondere der letzte Aspekt, die massierte Sammlung, Auswertung und Nutzung persönlicher und medizinischer Daten, stellt gleichzeitig auch eine große Hürde dar und wirft die bisher nicht abschließend geklärte ethische und juristische Frage auf, in welchem Ausmaß solche sensiblen Daten genutzt werden sollen und dürfen. Die Klärung dieser Aspekte bleibt abzuwarten, bis an einen breiten Einsatz im betrieblichen Alltag gedacht werden kann. Im Rahmen dieses Buchkapitels werden die Anwendungsmöglichkeiten besprochen – die ethischen und juristischen Fragestellungen müssen bei der Umsetzung immer mit betrachtet werden, können aber hier nicht aufgearbeitet werden.

Eine neue Studie zeigt, dass webbasierte Anwendungen besonders in sehr kleinen und großen Unternehmen heute die größte Verbreitung finden, wohingegen die Nutzung im Bereich von 50–500 Beschäftigten deutlich zurück bleibt (Brodersen und Lück 2016). Insbesondere bei Unternehmen mit weniger als zehn Beschäftigten ist die Nutzerquote mit 65 % der untersuchten Unternehmen sehr hoch. Wenn sich die Durchdringung von onlinebasierten BGM-Tools ähnlich wie bei webbasierten Anwendungen generell verhält,

ist zu erwarten, dass sehr kleine und sehr große Unternehmen Vorreiter bei den hier beschriebenen Anwendungen sein werden.

11.3   Auswirkungen auf das BGM

Im folgenden Abschnitt wird dargestellt, wie Controlling in einem BGM-Programm unter
Einbindung der zuvor vorgestellten digitalen Hilfsmittel in der realen Umsetzung aussehen kann und was dabei beachtet werden muss. Es zeigt sich, dass die drei Bereiche syner-
getisch miteinander verknüpft sind: Die mobile Datenerfassung unterstützt das Instrument
der Befragung, gleichzeitig liefert es zusammen mit der Befragung Informationen, die in
der intelligenten Planung weiter verarbeitet werden können.

11.3.1   Onlineunterstützte Befragungen

Befragungen sind im BGM besonders dort von großer Bedeutung, wo es um die Erfassung weicher Kennzahlen geht. Diese Kennzahlen sind in hohem Maße vom subjektiven
Erleben der Befragten abhängig und lassen sich deshalb kaum aus dem üblichen Kenn-
zahlengerüst der Personalwirtschaft oder des Controllings ableiten.

Gleichzeitig unterliegen diese Kennzahlen einem ganzen Spektrum komplexer Einflussfaktoren: Betriebliche Belange wie Arbeitsbelastung, soziale Interaktion mit den Kollegen, Führungskultur im Unternehmen etc., daneben aber auch anderen internalen und
externalen Aspekte, die nichts mit dem Unternehmen zu tun haben: Stimmungslage, gesundheitliche Situation, Beziehungen zur Familie und Freunden, finanzielle Sorgen und
viele andere, sehr individuelle Einflussfaktoren.

Wenn diese Aspekte im Rahmen des BGM nur punktuell, wie es meistens der Fall
ist, abgefragt werden, ist zum einen unklar, welche Ursachen im Einzelnen hinter den
abgegebenen Bewertungen liegen, zum anderen ist zu erwarten, dass die Werte aufgrund
der komplexen Einflüsse zeitlich stark schwanken und die Aussagekraft einer punktuellen
Befragung deshalb sehr klein ist.

Onlinebefragungen können die Unsicherheiten reduzieren – weil sie durch den re-
duzierten Aufwand und die motivatorischen Aspekte die Möglichkeit eröffnen, deutlich
häufiger abzufragen und so ein belastbareres Bild zu bekommen.

Abb. 11.2 gibt einen Überblick der Möglichkeiten, die sich durch Onlinebefragungen
in den drei Phasen eines BGM-Projektes ergeben, im Vergleich zur „klassischen" Welt.

In der Analysephase erlaubt der geringere Aufwand in der Erstellung und Durchführung mehrere Befragungswellen, anstatt der in der klassischen Weise üblichen einmaligen
Befragung. Durch die mehrfache Wiederholung gleicher Fragen besteht die Chance, die
zuvor beschriebenen zeitlichen Veränderungen aufgrund volatiler Einflussfaktoren zumindest in ihrer Schwankungsbreite und Veränderungsrate zu erfassen. Bei genügend
Beobachtungspunkten können sogar statistische Analyseverfahren sinnvoll werden.

Abb. 11.2 Befragungen in den drei BGM-Projektphasen: mit klassischen Mitteln und online

Ein wichtiges Argument gegen die Durchführung mehrerer gleicher Befragungen ist die grundsätzlich zu erwartende abnehmende Motivation der Teilnehmer. Hier müssen intelligente Wege gefunden werden, die qualitativ hochwertige Teilnahme trotzdem sicher zu stellen. Dafür bieten Onlinebefragungen zwei sehr effektive Möglichkeiten: das direkte Feedback und die intelligente Nutzerführung.

Weil bei Onlinebefragungen die Datenerhebung und die Auswertung zeitlich direkt aufeinander folgen und aus Sicht des Nutzers praktisch zusammenfallen, ist es möglich, dem Nutzer direkt nach der Befragung ein Feedback zu seinen Antworten zu geben. Ein solches Feedback könnte z. B. die Einordnung seiner persönlichen Antworten in das Spektrum aller bisher abgegebenen Antworten sein, oder auch der Vergleich mit seinen bisherigen Antworten. So kann sich der Nutzer direkt mit seiner Peergroup vergleichen oder ein Gefühl über die eigene Entwicklung bekommen. Neben dem motivatorischen Hebel kann es hier sogar zu einem direkten therapeutischen Effekt kommen, nämlich einer zunehmenden Selbstbeobachtung und -wahrnehmung. Der Vergleich mit früheren Antworten setzt eine Form der Identifikation des einzelnen Teilnehmers voraus, damit Antworten aus verschiedenen Zeitpunkten zusammengeführt werden können. Wichtig dabei ist, dass diese Identifikation auf keinen Fall dazu genutzt werden kann, die Klarnamen der Befragten auf direktem oder indirektem Weg zu ermitteln. Eine Möglichkeit ist die Erstellung eines individuellen Codes, den jeder Teilnehmer selber erstellen kann. Wenn die Zusammenführung nur auf der Ebene von Abteilungen oder Arbeitsgruppen erfolgen soll, ist die Ausgabe eines spezifischen Schlüssels denkbar, den die Mitarbeiterinnen und Mitarbeiter eingeben können (Sammito et al. 2015).

Die intelligente Nutzerführung reduziert die Anzahl der Fragen pro Teilnehmer, ohne die Anzahl an Fragen in der Befragung grundsätzlich zu beschneiden. Je nachdem, welche Antworten der Teilnehmer schon gegeben hat, werden die weiteren Fragen ausgewählt: Ein Mitarbeiter, der z. B. angibt, keine negativen Belastungen aus der sozialen Interaktion mit den Kolleginnen und Kollegen zu erfahren, sieht keine weitergehenden Fragen zu diesem Bereich. Wenn die Frage nach Belastungen aus der sozialen Interaktion positiv beantwortet wird, folgen weitere Fragen, die die genaue Ausprägung der Belastung, Ursachen und Folgen aufklären. So bekommt jeder Mitarbeiter die Fragen, die zu seiner Situation passen, fühlt sich persönlich angesprochen und ist nicht gelangweilt durch eine große Anzahl an Fragen, die ihn oder sie nicht betreffen. Gleichzeitig führt die baumartige Fragebogenstruktur sehr früh im Prozess zu Überlegungen hinsichtlich von Ursachen-Wirkungsketten: Auch wenn die meisten Zusammenhänge im wissenschaftlichen Umfeld gut verstanden sind, zwingt die Notwendigkeit der Strukturierung im betrieblichen Alltag, sich mit den Zusammenhängen und Abhängigkeiten wirklich zu befassen.

In der Phase der Maßnahmendurchführung bestehen zwei Vorteile, die bisher in der betrieblichen Realität nur schwer umsetzbar sind: Die Beobachtung von Schlüsselkennzahlen und ein zeitnahes Maßnahmencontrolling und -feedback. Bei länger laufenden Maßnahmen, wie z. B. in der Gewichtsreduzierung und -kontrolle oder auch bei der Veränderung psychosozialer Belastungen durch organisatorische oder führungsspezifische Veränderungen, Schulungen etc., besteht die Chance, die Veränderung wichtiger Parameter noch während der Maßnahme zu beobachten und basierend auf den Veränderungen auch steuernd einzugreifen. So kann die Optimierungsschleife bereits innerhalb der laufenden Maßnahme geschlossen werden, statt erst in der Planung der nächsten Maßnahmenwelle eine Chance zu bekommen. Zusätzlich kann auch der Maßnahmenprozess selber beobachtet werden: Wie viele Mitarbeiter aus welchen Bereichen nehmen teil, wie regelmäßig ist die Teilnahme, wie entwickelt sich die Zufriedenheit und Motivation über die Zeit, welches Feedback bekommen die Trainer etc. Auch aus diesen Beobachtungen heraus lassen sich Effektivität und Effizienz der Maßnahmen zeitnah optimieren.

Im Nachlauf der Durchführung, in der Evaluationsphase, besteht eine ähnliche Situation wie in der Analysephase. Die Wirkung der Maßnahmen soll beobachtet werden, um zum einen die Frage zu beantworten, ob sich gesundheitsrelevante Parameter verbessert haben (und somit das Programmdesign erfolgreich war) und zum anderen, wie nachhaltig die Verbesserungen sind. Das Problem ist auch hier die Schwankungsbreite und zeitliche Variation der Ergebnisse. Ähnlich wie in der Analysephase bietet hier die Vervielfachung der Beobachtungszeitpunkte die Chance zum besseren Verständnis der Situation und Entwicklung. Auch eine mögliche Abnahme der Maßnahmenwirkung lässt sich in ihrem zeitlichen Verlauf gut beobachten und so z. B. den Zeitpunkt ermitteln, ab dem ein Nachsteuern sinnvoll ist, z. B. in Form von Auffrischungskursen, Erinnerungs- oder Motivationshilfen.

Auch wenn im Zeitalter von Web 2.0 und Industrie 4.0 die Nutzung von Online-Tools besonders im privaten Bereich zum Alltag gehört, z. B. in Form von Social Media, ist die Zurückhaltung im betrieblichen Bereich nach wie vor deutlich spürbar. Es besteht eine grundsätzliche Aversion, persönliche Daten einem für den Nutzer anonymen Netzwerk zur Verfügung zu stellen, darüber hinaus besteht die Sorge, dass möglicherweise doch kritische Äußerungen oder andere im Zweifelsfall für eigene Karriere negativen Aspekte durch das eigene Unternehmen auswertbar sind. Auch wenn diese Sorge nicht komplett ausgeräumt werden kann, gibt es doch sehr gute Ansätze, die Bereitschaft hier deutlich zu erhöhen.

Eine Befragung, die nicht durch das Unternehmen selber, sondern durch eine externe Organisation, wie z. B. eine Hochschule oder einen Dienstleister, durchgeführt wird und bei der die erhobenen Daten auch nicht auf den Speichermedien des Unternehmens, sondern an anderer Stelle gelagert werden, ist eine gute Basis. Ein weiteres Mittel ist die datensicherheitstechnische Begutachtung von vertrauenswürdiger Seite, z. B. durch ein darauf spezialisiertes Dienstleistungsunternehmen, durch eine eigens eingerichtete Ethik-Kommission oder auch durch die oder den unternehmenseigene(n) Datenschutzbeauftragte(n) (Sammito et al. 2015).

Nicht zuletzt spielt aber das Marketing des BGM-Programms auch hier die zentrale Rolle: Die gefühlte Datensicherheit ist mindestens genauso wichtig wie der faktische Datenschutz. Insofern ist es besonders beim Einsatz von Online-Tools wichtig, im Vorfeld die Sorgen der Belegschaft zu erfassen, offen zu diskutieren und geeignete Maßnahmen zu ergreifen, die Sorgen zu reduzieren. Erst wenn das ausreichend geschehen ist, macht der Einsatz von Online-Tools Sinn, wenn man nicht eine erhebliche Reduzierung der Teilnehmerzahl und verfälschte Antworten in Kauf nehmen will.

Hier noch einmal zusammenfassend die wesentlichen Vorteile einer Onlinebefragung:

- Besseres Verständnis der gesundheitlichen und betrieblichen Ausgangslage in der Planungsphase
- Verfolgung von Ursachen-Wirkungsketten mit einer erhöhten Anzahl weicher Kennzahlen und Befragungszeitpunkten
- Erhöhung der Teilnehmermotivation durch intelligente Fragebogengestaltung und direktes Feedback
- Zeitnahe Maßnahmenoptimierung während des laufenden Programms
- Beobachtung der Kennzahlenveränderungen während und nach dem Programm
- Nachsteuern und Auffrischung beim Nachlassen der Maßnahmenwirkung

11.3.2   Mobile Erfassung gesundheitsrelevanter Daten

Die mobile Datenerfassung bietet auch im BGM ganz neue Möglichkeiten, allerdings sind hier auch die größten Vorbehalte zu erwarten.

Der erste große Bereich möglicher Datenerfassung ist der gleiche, den auch die meisten Applikationen im Privatbereich abdecken: Die direkte Messung von Gesundheitsdaten wie Herzschlag, Körpertemperatur und Daten zur Fitness, wie z. B. Bewegungsprofile. Im Vorfeld, bei der Planung von Maßnahmen im Bereich der physischen Gesundheit, sind diese Informationen sehr wertvoll: in der Auswahl passender Maßnahmen und auch in der Schwerpunktsetzung bezüglich der Teilnehmer. Je nachdem, welches Ergebnis die Messdaten liefern, können Maßnahmen priorisiert und den erkannten Risikogruppen zugeordnet werden. Ein Beispiel dafür ist die direkte Identifizierung von Mitarbeiterinnen und Mitarbeitern mit besonders geringem Bewegungsanteil – ohne die Individualmessung könnten hier nur die Bereiche in den Fokus genommen werden, bei denen typischerweise ein Bewegungsmangel erwartet wird, wie z. B. in der Verwaltung. In der Realität wird es aber auch in der Verwaltung Mitarbeiterinnen und Mitarbeiter geben, die sich viel bewegen, und entsprechend auch im Produktionsbereich solche mit wenig Bewegung. Die Echtdatenerfassung ermöglicht eine individuelle Risikoansprache.

In der Maßnahmenumsetzung lassen die mobilen Geräte die direkte Beobachtung der Maßnahmenauswirkung zu, z. B. eine Absenkung der mittleren Herzfrequenz oder eine Erhöhung der Laufstrecke. So werden Daten erzeugt, die ohne zusätzlichen Befragungsaufwand eine Einschätzung zum Maßnahmenerfolg zulassen und ein Nachsteuern ermöglichen. Denkbar ist hier auch die Bildung mehrerer Testgruppen mit jeweils anderen oder abgewandelten Maßnahmenpaketen. So kann die erfolgreichste Variante im konkreten betrieblichen Umfeld ermittelt werden.

Gleiches gilt im Prinzip für die Evaluationsphase – hier kann genau verfolgt werden, ob und wann sich Verschlechterungen einschleichen und der Maßnahmenerfolg in Gefahr gerät.

Der Raum für neue Arten der Körperdatenerfassung und die Nutzung im betrieblichen Bereich scheint sehr groß. Ein möglicher Ansatzpunkt ist die Onlineerfassung von Stressparametern und der zeitliche Abgleich mit betrieblichen Belastungen. Auf diese Weise lässt sich ein individuelles Ursachen-Wirkungsprofil bezüglich stressauslösender Faktoren erstellen und so der Schritt zu einer echten betrieblichen Individualprophylaxe machen.

Eine Erfassung von Körperdaten ist aus der objektiven Sicht des Datenschutzes, aber auch aus der subjektiven Sicht der Teilnehmer sicher der kritischste Bereich, den Controlling im Bereich BGM betreten kann. Noch mehr als im Bereich der Onlinebefragung ist es hier von Bedeutung, vor der Umsetzung alle rechtlichen Aspekte zu klären und vor allem auch für die Akzeptanz bei den Teilnehmern zu werben. Anonymität spielt hier eine noch größere und unmittelbarere Rolle, weil die Sorge der Teilnehmer sich nicht nur auf die Weitergabe der Daten an das Unternehmen richten wird, sondern auch an andere Stellen, wie z. B. Kranken- und Lebensversicherungen.

Wenn es nicht um die direkte Erfassung von Körperdaten geht, sondern die mobilen Geräte nur zur Eingabe und Bereitstellung von Information genutzt werden, betreten wir einen anderen Bereich – eine solche Nutzung ermöglicht im Bereich des Controllings ein punktgenaues, zeitnahes Feedback seitens der Teilnehmerinnen und Teilnehmer. Feedback schließt hier sowohl die Abgabe einer differenzierten Bewertung als auch die Angabe möglicher Verbesserungsvorschläge ein. Gegenstand solcher unmittelbaren Feedbacks könnten sein: Einzelne BGM-Maßnahmenelemente, betriebliche Veranstaltungen, das Essensangebot in der Kantine und alle anderen Elemente, bei denen davon auszugehen ist, dass sie entweder einen gesundheitlichen Risikofaktor darstellen oder als Ressource dienen. Hier schließt sich der Kreis zu den Onlinebefragungen: Die mobile Datenerfassung ist der Weg, Onlinebefragungen noch effektiver zu machen.

Grundsätzlich ist es für die Erfassung dieses Feedbacks nicht notwendig, mobile Endgeräte zu nutzen – allerdings hat diese Art der Erfassung zwei große Vorteile: Wenn die Daten sofort, also während oder unmittelbar nach dem Ereignis eingeben werden, ist zum einen die Wahrscheinlichkeit der Datenerfassung höher als wenn diese vielleicht bis zu einigen Tagen später nachgeholt werden muss, zum anderen ist die Erinnerung an das Ereignis ganz frisch und unverfälscht.

Die Menge an Daten, die auf die beiden beschriebenen Weisen gesammelt wird, ist ungleich größer, als das mit Befragungen, egal ob klassisch oder onlineunterstützt, möglich wäre. Insbesondere die Körperdatenerfassung erzeugt eine Datenflut mit sehr großen Auswertungsmöglichkeiten, die sich allerdings mit klassischen Methoden kaum umsetzen lassen. Big Data, also die Verknüpfung und Auswertung großer Datenmengen aus verschiedenen und inhomogenen Quellen zeigt hier die Richtung auf. Denkbare Ansätze im betrieblichen Bereich sind hier:

- Abgleich der gemessenen Körperdaten mit dem elektronischen Terminkalender, mit dem Ziel, Ereignisse zu identifizieren, die besondere Reaktionen des Körpers verursachen.
- Zusammenführung der mobil erfassten Feedbacks mit relevanten Informationen aus einem Unternehmens-Blog oder zugänglichen Social-Media-Quellen, mit dem Ziel, eine möglichst umfassende Datenbasis zu erzeugen.
- Verknüpfung von betrieblichen Leistungsparametern mit erfassten gesundheitlichen Parametern und Feedbacks, mit dem Ziel, die Auswirkungen von Gesundheit und Motivation besser zu verstehen.

Auch wenn Big Data und eine breite Erfassung von Körperdaten heute im BGM-Bereich noch recht weit entfernt von der betrieblichen Realität sind, kann zumindest der Aspekt des unmittelbaren Feedbacks bereits heute umgesetzt werden – sowohl die Geräte als auch die Applikationen existieren.

Die wesentlichen Vorteile einer mobilen Datenerfassung sind:

- Erzeugung großer Datenmengen ohne oder mit reduziertem Aufwand (verglichen mit einer späteren Erfassung auf einem festen Endgerät)
- Erfassung unmittelbarer Stress- und Ressourcenauswirkungen auf den Körper
- Häufigeres und unverfälschtes Feedback durch die zeitnahe Datenerfassung
- Grundlage für künftige Big-Data-Analysen

11.3.3   Intelligente digitale Planungstools für BGM-Programme

Viele Ursachen-Wirkungszusammenhänge im BGM-Bereich sind gut verstanden und schlagen sich in der spezifischen Auswahl von Programmelementen bei bestimmten Belastungssituationen nieder.

In der betrieblichen Realität ist insbesondere bei KMU das vorhandene Wissen beschränkt, ebenso wie die Kapazitäten, die für die Planung verwendet werden können. Eine Evaluation und kontinuierliche Verbesserung finden praktisch nicht statt (Menzel et al. 2016).

Durch intelligente Planungstools kann diese Lücke geschlossen werden, indem Ursachen-Wirkungszusammenhänge in einem Softwareprogramm abgebildet werden. Die in der Phase der Analyse erfassten Informationen werden aggregiert und dem Programm zur Verfügung gestellt, das das Risikoprofil analysiert und passende Maßnahmen zu Adressierung der Risiken vorschlägt.

Gleichzeitig ist dieser Vorschlag die Grundlage für die wirtschaftliche Entscheidung, wenn auch die Kosten und die zu erwartenden monetären Effekte abgeschätzt werden: Das Unternehmen weiß, in welchem Interventionsbereich der beste Return on Investment zu erreichen ist und kann so bei beschränken Ressourcen eine fundierte, erwartungsbasierte Entscheidung treffen.

Solche Softwareprogramme existieren heute nur im Ansatz, im akademischen Umfeld. Es gibt z. B. webbasierte Prognosetools im Bereich von Alkoholmissbrauch und Raucherentwöhnung, ohne dass dort allerdings ein spezifischer Vorschlag für Interventionen erzeugt wird (The George Washington Medical Center 2005; AHIP America's Health Insurance Plans o. J.). Der Fokus liegt auf der Ableitung von möglichen Einsparungen und Return on Investments. Auch in Deutschland hat es Forschungs- und Entwicklungsaktivitäten in Richtung elektronischer Hilfsmittel gegeben – bisher allerdings leider ohne ein für Unternehmen umsetzbares Resultat (Kramer und Bödeker 2008).

11.4   Zusammenfassung und Ausblick

Digitale Hilfsmittel bieten für das Controlling von BGM-Programmen erhebliche Vorteile – die aktuell nur von wenigen Unternehmen aktiv genutzt werden, im Gegensatz zu anderen Anwendungsgebieten, in denen digitale Lösungen eine deutlich höhere Verbreitung gefunden haben. Sie erlauben im Bereich von Befragungen einerseits eine Reduzierung des Aufwands bei gleichzeitig höherer Informationsqualität und andererseits die Beobachtung von zeitlichen Schwankungen im Befragungsergebnis. Letzteres kann genutzt werden, um ganz neue Einblicke in den zeitlichen Verlauf von Maßnahmeneffekten zu bekommen und Ursachen-Wirkungszusammenhänge besser zu verstehen.

Die mobile Datenerfassung bietet bereits heute eine weitere Steigerung der Möglichkeiten der Onlinebefragung: Die Daten können bereits während oder unmittelbar nach einem Ereignis erfasst werden, dadurch steigen sowohl die Datenqualität als auch die Wahrscheinlichkeit der Dateneingabe.

Die Erfassung von Körperdaten ist ein weiterer fruchtbarer Anwendungsbereich mobiler Datenerfassung und bietet viele Möglichkeiten in der direkten Beobachtung gesundheitsrelevanter Parameter und der Verknüpfung von Stressauswirkungen mit Ursachen. Dieser Anwendungsbereich digitaler Hilfsmittel steht heute allerdings noch nicht oder nur in beschränktem Umfang zur Verfügung. Relevante Körperparameter im Bereich der Stressauswirkung (Herzschlag, Blutdruck, Hautwiderstand, Hormonspiegel, ...) lassen sich nur rudimentär durch heute existierende, kommerziell verfügbare Endgeräte erfassen – hier ist noch viel Entwicklungsarbeit zu leisten. Erst wenn günstige, breit verfügbare und für den Nutzer angenehme Endgeräte existieren, wird dieser Bereich des BGM-Controllings umsetzbar werden. Gleichzeitig müssen die ethischen und juristischen Fragen des Datenschutzes gelöst und eine breite Akzeptanz für die Anwendung geschaffen werden. Erst danach kann auch über die Anwendung des Big-Data-Ansatzes im Bereich BGM sinnvoll nachgedacht werden. Die Verknüpfung großer Datenmengen erlaubt einen neuen empirischen Zugang zu Ursachen-Wirkungsverhältnissen: Die Datenbasis wird einerseits deutlich breiter durch die Nutzung verschiedener Datenquellen, andererseits wird die Anzahl verfügbarer Datenpunkte die Größenordnung klassischer Studien um ein Vielfaches überschreiten. Auch wenn solche Analysen sicher kaum Gegenstand der Controllingarbeit im Unternehmen sind, können doch die Ergebnisse daraus sehr nutzbringend umgesetzt werden.

Intelligente Planungstools können besonders im Bereich vom KMU eine erhebliche Verbesserung in der Steuerung von BGM-Programmen mit sich bringen, indem vorhandenes Wissen im einem Softwareprogramm abgebildet und so einem breiten, in der Regel wenig informierten Anwenderspektrum zur Verfügung gestellt wird. Auch in diesem Bereich existieren heute erst Ansätze. Die verfügbaren Programme liefern Hinweise auf Maßnahmeneffekte und Return-on-Investment-Kennzahlen, sind aber in ihrer Aussage viel zu unspezifisch, um gezielt im Betrieb angewendet zu werden. Die Weiterentwicklungen der Zukunft sollten sich aus betrieblicher Sicht darauf richten, die Ergebnisse der Situationsanalyse mit dem gesammelten Wissen über Ursachen-Wirkungszusammenhänge zu verknüpfen und einen spezifischen, wirtschaftlich bewerteten Vorschlag für Maßnahmen zu machen.

Fazit ist, dass die Nutzung digitaler Hilfsmittel das BGM-Controlling bereits heute auf eine neue Ebene heben kann, mit der Aussicht auf großes weiteres Entwicklungspotenzial.

Wesentliche Erkenntnisse

1. Onlineunterstütze Befragungen erlauben durch eine nutzerspezifische Führung und unmittelbares Feedback eine häufigere und tiefergehende Abfrage insbesondere weicher Kennzahlen und damit eine Verbesserung der Situationsanalyse und Programmsteuerung.
2. Mobile Datenerfassung ermöglicht ein ereignisnahes, unverfälschtes Feedback mit großem zukünftigem Potenzial in der direkten Erfassung gesundheitsrelevanter Körperdaten.
3. Intelligente digitale Planungstools können insbesondere KMU dabei helfen, auf das gesammelte Wissen über ein optimal auf die betrieblichen Belange abgestimmtes BGM-Programm zuzugreifen und so wirtschaftliche Entscheidungen zu treffen.

Literatur

AHIP America's Health Insurance Plans (o. J.) Calculator Introduction – Business Case for Smoking Cessation. http://www.businesscaseroi.org/roi/apps/calculator/calcintro.aspx. Zugegriffen: 15.07.2016

Brodersen S, Lück P (2016). Iga.Wegweiser: Apps, Blogs und Co. – Neue Wege in der betrieblichen Gesundheitsförderung? http://www.iga-info.de/fileadmin/redakteur/Veroeffentlichungen/iga_Wegweiser/Dokumente/iga-Wegweiser_Apps_Blogs_Co.pdf. Zugegriffen 15.07.2016

Gadatsch A (2016) Auswirkungen von Big Data im Betrieblichen Gesundheitsmanagement. In: Ghadiri A et al (Hrsg) Trends im Betrieblichen Gesundheitsmanagement. Springer, Wiesbaden, S 123–130

Kramer I, Bödeker W (2008) Return on Investment im Kontext der betrieblichen Gesundheitsförderung und Prävention. Iga.Report 16: S 10

Menzel J, Drögemüller R, Hartwig C, Wollesen B (2016) Innerbetriebliche Strukturen für Betriebliches Gesundheitsmanagement. Bewegungstherapie und Gesundheitssport 2016 32: 85–90

Olbrecht T (2016) EuPD Research Sustainable Management GmbH, Corporate Health Jahrbuch 2016: Betriebliches Gesundheitsmanagement in Deutschland. EuPD Research, Bonn, S 53–56

Peters T, Klenke B (2016) eHealth und mHealth in der Gesundheitsförderung. In: Ghadiri A et al (Hrsg) Trends im Betrieblichen Gesundheitsmanagement. Springer, Wiesbaden, S 107–121

Sammito S, Schlattmann A, Felfe J et al (2015) Betriebliches Gesundheitsmanagement im Geschäftsbereich des Bundesministeriums der Verteidigung – Wissenschaftliche Begleitung eines ehrgeizigen Projektes. Wehrmedizinische Monatsschrift 2015 8: 203–235

The George Washington Medical Center (2005) Ensuring Solutions' Alcohol Cost Calculator. http://www.alcoholcostcalculator.org. Zugegriffen 15.07.2016

Theobald A (2013) Das World Wide Web als Befragungsinstrument. Springer, Wiesbaden, S 59–60

Uhle T, Treier M (2015) Betriebliches Gesundheitsmanagement: Gesundheitsförderung in der Arbeitswelt – Mitarbeiter einbinden, Prozesse gestalten, Erfolge messen (3. Ausg.). Springer, Heidelberg, S 215–358

Seit 2015 ist **Prof. Dr. Arnd Schaff** als Unternehmensberater in den Bereichen Strategie, Prozessoptimierung, Innovations- und Technologieentwicklung sowie Gesundheitsmanagement selbstständig, gleichzeitig betreibt er als Heilpraktiker für Psychotherapie ein Gesundheits- und Seminarzentrum in Essen. An der FOM unterrichtete er ab 2015 zunächst als Lehrbeauftragter, seit 2016 dann hauptberuflich als Dozent in der Allgemeinen Betriebswirtschaftslehre und im Hochschulbereich Gesundheit & Soziales.

Gesundheitsberichterstattung der Krankenkassen oder individuelle technische Gesundheitsanalysen als Basis für Maßnahmen in BGM und BGF

Jens Meischter

Zusammenfassung

Die gesellschaftliche Entwicklung und damit auch die Arbeitswelten befinden sich in einem stetigen Wandel. Gerade in diesem Wandel sind veränderte Rahmenbedingungen von Arbeit und die daraus resultierenden Anforderungen und Belastungen zu suchen. Bis in die 1970er-Jahre waren die Arbeitswelten durch körperliche Arbeiten geprägt. Durch die zunehmende Verbreitung der Automatisierung ging in den meisten produzierenden Gewerken der Anteil von körperlich schwerer Arbeit zurück. Im gleichen Zeitraum nahm nicht nur der Anteil der körperlichen Arbeit ab, sondern auch die damit verbundenen Arbeitsplätze. Laut Statistischen Bundesamt stieg die Erwerbslosenquote in der BRD im Jahr 1975 erstmalig über ein Prozent und war gleichbleibend für den Zeitraum von drei Jahren (Statistisches Bundesamt 2016). Mit der zunehmenden Automatisierung und mittlerweile Digitalisierung haben sich auch die wahrgenommenen Belastungsformen verändert. Ein weiterer extrem wichtiger Aspekt sind Veränderungen in den sozialen Arbeitsplatzbedingungen. Diese subjektiv empfundenen veränderten Arbeitsplatzbedingungen ergeben sich aus den neugeordneten Teamstrukturen, von einer tatsächlichen Gruppenarbeit hin zu Einzelarbeitsplätzen in der Organisationsform eines Teams. Waren es noch bis zum Ende des letzten Jahrhunderts die Umgebungsbelastungen (wie Lärm, Dämpfe und hohe Temperaturen) und die körperlichen Belastungen (wie das Bewegen von Lasten und ergonomisch ungünstige Arbeitshaltungen), die im Fokus der Gesundheitsförderung standen, sind es heute eher die psychischen und sozialen Belastungen (wie Zeit- und Leistungsdruck, Konflikte am Arbeitsplatz oder ein kaum spürbares Betriebsklima), die überwiegen. Vor diesem Hintergrund sind soziale Kontakte im Rahmen des Betrieblichen Gesundheitsmanagements unerlässlich. Individuelle Beratungsgespräche, in deren Rahmen Gesundheits-

J. Meischter (✉)
Berlin, Deutschland
E-Mail: j.meischter@analysepartner.de

© Springer Fachmedien Wiesbaden GmbH 2018
D. Matusiewicz und L. Kaiser (Hrsg.), *Digitales Betriebliches Gesundheitsmanagement*,
FOM-Edition, https://doi.org/10.1007/978-3-658-14550-7_12

und Arbeitsplatzanalysen stattfinden, haben einen höheren Informationswert als persönliche Eigeneinschätzungen. Die Ursache dafür liegt in der unterschiedlich ausgeprägten, kaum bis nicht messbaren, Gesundheitskompetenz jedes Einzelnen.

12.1 Einleitung

Im Zeitraum des industriellen wie auch gesellschaftlichen Wandels ab den 1970er-Jahren entstanden auch veränderte Ansichten in der Betrachtungsweise von Gesundheit. Als Grundstein für unsere heutigen Arbeitsweisen im Gesundheitsmanagement und der Gesundheitsförderung wird in diesem Zusammenhang oft die Ottawa-Charta der WHO aus dem Jahre 1986 genannt. National liegt dieser Grundstein sicher im SGB V von 1988. Auf diesen beiden Dokumenten basieren noch heute nationale Vorgehensweisen bei Planung, Organisation, Umsetzung und Evaluation von präventiven, gesundheitsbeeinflussenden/gesundheitsförderlichen Maßnahmen. In diesem Kontext stehen auch die alljährlichen Gesundheitsreports der gesetzlichen Krankenkassen.

Auf Basis dieser alljährlichen Gesundheitsreports der gesetzlichen Krankenkassen, die durch die Auswertung von unendlich vielen anonymisierten Zahlen entstehen, werden Maßnahmen, Strategien und gesellschaftsrelevante gesundheitsförderliche Ziele festgelegt.

Bezogen auf das Betriebliche Gesundheitsmanagement einer Firma bedeutet es, dass alle Daten der Erkrankungen (wie Dauer, Häufigkeit und Art der Erkrankung) jedes einzelnen Mitarbeiters anonymisiert für ein Jahr zusammengefasst und ausgewertet werden. Im Anschluss an die Auswertung werden Maßnahmen zur Reduzierung des Krankenstandes geplant, organisiert, durchgeführt und evaluiert. Am Ende dieses Zyklus stehen wieder die Auswertung aller Daten der Erkrankungen jedes einzelnen Mitarbeiters anonymisiert für ein Jahr. Die Wirksamkeit der Maßnahmen werden auf den entstehenden statistischen Wert der Erkrankungsdaten zurückgeführt.

Diese Darstellung erscheint recht kurz und knapp, sie ist vielleicht auch zu oberflächlich und nicht allumfassend oder hinreichend beschrieben. Doch im Allgemeinen stellt diese Darstellung ausreichend dar, dass gesundheitsförderliche Maßnahmen zu wenig individuell und im überwiegenden Teil basierend auf statistischen Werten geplant werden. Es werden weder die individuelle Gesundheitskompetenz noch die Affinität zu Bewegung/Sport oder die Beanspruchungen aus dem privaten Umfeld jedes einzelnen Mitarbeiters in Betracht gezogen.

Die beschriebenen Umstände konnten in den zurückliegenden Jahren in zahlreichen persönlich betreuten Unternehmen, egal ob sehr großen oder ganz kleinen, vorgefunden werden. Das kostbarste Gut einer Firma, der Mitarbeiter, stand zwar im Mittelpunkt, das aber nur vertreten durch ein Zahlenwerk und nicht durch sich selbst. Gerade der fehlende Betrachtungspunkt „individuelle Gesundheitskompetenz" birgt ein sehr großes Potenzial der arbeitsplatzbezogenen gesundheitsförderlichen Einflussnahme. Es gibt z. B. erheblich differenzierte Betrachtungen von Gesundheitsrisiken am Arbeitsplatz und Gesundheitsgefährdung durch die eigene Arbeit. Laut persönlicher Befragungen von Mitarbeitern werden die Gesundheitsrisiken am Arbeitsplatz einerseits als gering bis sehr gering eingeschätzt, aber andererseits die Gesundheitsgefährdung durch die eigene Arbeit als stark bis sehr stark.

Aus der persönlichen Betrachtung heraus, muss das Betriebliche Gesundheitsmanagement tatsächlich gemanagt, also gelebt, und nicht verwaltet werden. Es sollte nicht, wie im Zuge der Automatisierung im letzten Jahrhundert, zu einem vermeintlichen Selbstläufer werden. Die eigentlichen Grundelemente des Betrieblichen Gesundheitsmanagements sind Verhältnis- und Verhaltensprävention. Das kommt unter anderem auch dadurch zum Ausdruck, dass die Themengebiete Arbeits- und Gesundheitsschutz und zunehmend auch das betriebliche Eingliederungsmanagement im Betrieblichen Gesundheitsmanagement zusammengefasst werden. Gerade in diesen Umständen liegt nun die große Chance, aber auch das große Risiko, ob die Gesundheit der Mitarbeiter gemanagt oder nur verwaltet wird.

Wenn nun betriebliches Gesundheitsmanagement tatsächlich gelebt wird, ergo die Mitarbeiter nicht nur durch einen Vertreter in organisatorischen Strukturen einbezogen, sondern alle Mitarbeiter im Arbeitsprozess begleitet werden, werden produktive Mechanismen in Gang gesetzt, die weit über die Förderung der Gesundheit jedes einzelnen Mitarbeiters hinausgehen. Die daraus nachweislich resultierenden Vorteile für die Mitarbeiter und in der weiteren Folge für das Unternehmen sind seit einigen Jahren fundiert nachgewiesen.

Auf Basis dieser Erkenntnisse, die nicht nur die Zusammenfassung dieses Beitrags, sondern auch eine Zusammenfassung persönlicher Erfahrungen darstellt, wurde die nachfolgend beschriebene Arbeitsweise entwickelt.

Neben den vorbereitenden Maßnahmen für ein Projekt im Betrieblichen Gesundheitsmanagement wurden alle Projektteilnehmer von der Eingangsanalyse bis zur Evaluation von Fachkräften begleitet. Die grundlegende Basis für die Begleitung ist der persönliche Kontakt und die tatsächliche Bereitschaft des Mitarbeiters zur Teilnahme an der Maßnahme. Um die gesundheitlichen Ausgangslage der Mitarbeiter festzustellen, wurden medizintechnische Analyseverfahren eingesetzt. Diese Vorgehensweise birgt einerseits einen erheblichen zeitlichen Vorteil und andererseits ermöglicht es, gesundheitsförderliche Maßnahmen konkret zu planen, zu organisieren, durchzuführen, zu begleiten und zu evaluieren. Der zeitliche Vorteil liegt im Zeitraum von der Eingangsanalyse bis zur Evaluation. Darüber hinaus ist die Wirksamkeit der Maßnahme bezogen auf die Zielgruppe (die realen Teilnehmer) valide darstellbar. Zudem können im Verlauf der Maßnahme Verlaufskontrollen durchgeführt werden, um diese als steuernde Elemente für die Sicherstellung des Gelingens der Maßnahme zu nutzen.

Ein Fazit zum digitalen Betrieblichen Gesundheitsmanagement ist: Es werden auch hierbei nicht die individuelle Gesundheitskompetenz, die Affinität zu Bewegung/Sport oder die Beanspruchungen aus dem privaten Umfeld jedes einzelnen Mitarbeiters in Betracht gezogen. Die gesellschaftlich ausgeprägte Affinität zu digitalen Medien wird als Motor für die Umsetzung eines digitalen betrieblichen Gesundheitsmanagements missverstanden.

12.2 Entwicklung von BGM-Projekten aus medizintechnischen Analysedaten

Dieser Arbeitsweise und deren Entwicklung liegen 18 Jahren persönliche Erfahrungen, beginnend als Kursleiter in der betrieblichen Gesundheitsförderung, ein Studienabschluss als Dipl.-Gesundheitsmanager sowie Tätigkeiten als Berater im Rahmen von Projekten und Maßnahmen des Betrieblichen Gesundheitsmanagements wie auch als Projektleiter zur Initiierung von Strukturen des Betrieblichen Gesundheitsmanagements zugrunde.

Gegen Ende des zwanzigsten Jahrhunderts gab es drei Intentionen, die zur Durchführung von Maßnahmen der betrieblichen Gesundheitsförderung führten. Die erste war ein hoher Krankenstand mit dem gleichen Krankheitsbild (wie Erkrankungen des Stütz- und Bewegungssystems) als Ursache. Die zweite war der jährlich zu erstellende Gesundheitsreport der Krankenkassen, aus dem die Problem-/Handlungsfelder zur Durchführung von Maßnahmen der betrieblichen Gesundheitsförderung herzuleiten waren. Die dritte Intention war ausschließlich von den Krankenkassen ausgehend. Auf diese Art und Weise kamen die gesetzlichen Krankenkassen an Adressen von neuen potenziellen Mitgliedern, also Marketing.

Von der dritten Intention mal abgesehen, gingen die beiden anderen Intentionen von gesundheitlichen Beeinträchtigungen aus, die schlussendlich zu einer Krankschreibung führten. Daraufhin wurde Mechanismen in Gang gesetzt, die zunächst hinterfragten, ob diese Beeinträchtigungen durch die jeweiligen Arbeitsplatzverhältnisse oder die Arbeitsbelastung hervorgerufen werden konnten. Wurde in diesem Zusammenhang maßgebliche Einflussfaktoren festgestellt, wurden in der Regel Arbeitsplatzprogramme für alle Arbeitsbereiche, die den gleichen Einflussfaktoren unterlagen, initiiert. An der Vorbereitung und Planung der Programme waren die involvierten Abteilungen oftmals nur durch den Abteilungsleiter vertreten. Erst in der sogenannten „Kick-Off"-Veranstaltung wurden die Mitarbeiter, ergo die Programmteilnehmer, nach ihren Wünschen und Erwartungen befragt. Diese Wünsche und Erwartungen hatten eine Spannweite von keinem Arbeitsplatzbezug über sinnvoll und praktikabel bis hin zu voll überzogen, also unrealistisch. Damit wurde im Vorfeld schon klar, dass das Programm nur schwerlich in der breiten Masse der Mitarbeiter Anerkennung finden wird. Es war oftmals der Programmleiter, der den Spagat zwischen den Erwartungen des Unternehmens und der Krankenkasse (die überwiegend Geldgeber waren) und den Erwartungen der Mitarbeiter schaffen musste, um dem Programm zum Erfolg zu verhelfen. Nach Abschluss des Arbeitsplatzprogramms wurden den teilnehmenden Mitarbeitern Präventionskurse im betreffenden Problem (Präventions-)Feld angeboten. Im Zuge der Evaluation fanden Befragungen im Kreis der Mitarbeiter sowie der Führungskräfte statt, um die Wirksamkeit des Arbeitsplatzprogramms einschätzen zu können. Diese Vorgehensweise birgt allein durch die Anonymisierung aus Datenschutzgründen das Potenzial, dass nicht die gesundheitlich Betroffenen, sondern nur die tatsächlichen Maßnahmen-/Kursteilnehmer befragt werden.

Diese persönlichen Erkenntnisse und Erfahrungen nach dem jahrelangen Einsatz von Arbeitsplatzprogrammen aber auch ein glücklicher Zufall ließen die Idee reifen, medizinische Analysetechnik und individuelle Gesundheitsanalysen der tatsächlichen Teilnehmer von Maßnahmen als Ausgangslage für die Planung, die Organisation, die Durchführung und der abschließenden Evaluation der Gesundheitsförderung zu nutzen. Der Zufall lag in einer Veranstaltung, in deren Rahmen die Präsentation eines mobilen Wirbelsäulenanalysegerätes stattfand. Durch diese Präsentation reifte der Gedanke, dass ein solches Gerät von Nutzen wäre, um Mitarbeitern, die Teilnehmer von Maßnahmen der Gesundheitsförderung waren, wesentlich effektiver den Nutzen der Kurse und Arbeitsplatzprogramme aufzeigen zu können. Durch den Einsatz von derartigen Analyseverfahren würden Maßnahmen schneller und spezifischer planbar und könnten im Verlauf kontrolliert sowie abschließend wesentlich effizienter als auch auf Basis realer Daten evaluiert werden. Eine realistische Evaluation würde mittels reproduzierbare Analysen an den tatsächlich teilnehmenden eingangsanalysierten Personengruppe möglich gemacht werden. Diese Herangehensweise würde überdies die reale Wirksamkeit der durchgeführten Maßnahmen in der betrieblichen Gesundheitsförderung zeitnah nachweisen können. Zudem wären die Analyseverfahren in der Durchführung von Maßnahmen als steuerndes Element einsetzbar. Damit könnte umgehend auf eventuelle Teilnehmerfluktuationen oder gegebenenfalls auch auf nicht erwartungsgemäße Qualitätskriterien reagiert werden. Dieses Gerät war seinerzeit der Sonosens Monitor und diente der dynamischen Analyse der Haltung und Bewegung der Wirbelsäule. Das Gerät wird mittlerweile seit 2004 zur Darstellung von zugrundeliegenden Haltungs- und Bewegungsproblemen erfolgreich eingesetzt.

12.3   Charakter dieser Arbeitsweise

Es hat sich seither gezeigt, dass der Einsatz der technischen Analyseverfahren gepaart mit dem persönlichen Kontakt zu den jeweiligen Mitarbeitern mehrere vorteilhafte Effekte mit sich bringt. Allein durch die Eingangsanalyse und den dabei ermittelten Werten, schätzen die Mitarbeiter ihre Arbeitsbelastung, ihren gesundheitlichen Zustand sowie ihre gesundheitlichen Risiken anders ein. Diese Sensibilisierung durch die Eingangsanalyse empfinden zahlreiche Analyseteilnehmer als wertschätzend, weil ihnen individuelle Aufmerksamkeit zuteilwird. Symptome, die zuvor als gesundheitliche Beschwerden wahrgenommen wurden, können in der weiteren Folge besser eingeschätzt werden. Allein die Tatsachen, dass die Teilnehmer durch ein Projekt oder eine Maßnahme persönlich begleitet werden, beschreiben diese als subjektiv empfundene Verbesserung des sozialen Wohlbefindens, zum Teil auch der Lebensqualität. Darüber hinaus wird eine spürbare Zunahme der eigenen Motivation und Leistungsfähigkeit beschrieben. Diese individuellen Empfindungen und Wahrnehmungen können anhand des eingangs festgestellten Werts mit den Werten der reproduzierbaren Analysen im Rahmen von Verlaufskontrollen sowie der Abschlussanalyse abgeglichen werden.

Im Zuge der langjährigen Arbeit mit Analysetechnik hat sich eine Spezialisierung auf Analysen des Stütz- und Bewegungssystems sowie des Herz-Kreislauf-Systems ergeben. Im Einzelnen kann der kardiologische Stress mittels Messung des Herzfrequenzintervalls, die Körperzusammensetzung mittels BIA-Messung, die allgemeine Körperhaltung im Stehen und Gehen sowie in weiterer Folge am Arbeitsplatz mittels Videoanalyse, Fußdruckmessungen, Balancetests im Sitzen und Stehen, 3-D-Körper- und Fuß-Scan sowie dynamischer Bewegungsanalyse der Wirbelsäule mittels des Sonosens Monitors durchgeführt werden.

Diese Arbeitsweise charakterisiert sich nach einer, vielleicht zu pragmatischen, Vorgehensweise „messen-machen-messen" oder auch „analysieren – Maßnahme durchführen – analysieren". Diese Vorgehensweise hat, so sie im Zuge der Vorbereitung von Projekten oder einzelner Maßnahmen in den Bereichen Gesundheitsmanagement und Gesundheitsförderung Anwendung findet, zum Teil Einflussmöglichkeiten auf die Teilnehmerzahl, die thematische Maßnahmenplanung, die Auswahl der Akteure für die Durchführungsphase und die Analyse der Arbeitsplatzbedingungen. Letzteres ist aus persönlicher Sicht ein elementarer Bestandteil in der Maßnahmenplanung. Die sogenannte Verhältnisprävention sollte immer einer Maßnahme der Verhaltensprävention vorgeschaltet sein. Diese Vorgehensweise ermöglicht im Vorfeld schon Erkenntnisse, die einerseits die Ausgangslage der Mitarbeiter darstellt und andererseits die Einstellung der Mitarbeiter bezogen auf die kommende Maßnahme positiv beeinflussen könnten. Zumal überwiegend nur die Arbeitsplätze begutachtet werden, an denen Mitarbeiter tätig sind, die planmäßig in weiterer Folge an der Maßnahme teilnehmen sollen. Das bindet diese Mitarbeiter mit ihren Erkenntnissen aus dem alltäglichen Umgang mit den Arbeitsverhältnissen auch schon in die Vorbereitungsphase ein. Somit werden sie zu einem wesentlichen Bestandteil dieser Phase.

Sind alle vorbereitenden Maßnahmen abgeschlossen, schließt sich die Phase des direkten Kontaktes mit allen Mitarbeitern an. Nach der „Kick Off"-Veranstaltung mit den beteiligten Mitarbeitern werden im Rahmen von Einzelgesprächen unter anderem auch die Analysen durchgeführt. Neben den Analysedaten erhält man durch das Gespräch Einblicke in das Leben des einzelnen Mitarbeiters. Familiäre Umstände, zwischenmenschliche Beziehungen am Arbeitsplatz, Freizeitaktivitäten, körperliche Belastungen am Arbeitsplatz und noch einiges mehr. Anhand dieser Erkenntnisse lassen sich die gewonnenen Daten wesentlich besser interpretieren. Überdies können im Rahmen des Erstkontaktes schon Hinweise und Vorschläge gegeben werden, die nachweislich außerhalb des Aktionsgebietes der geplanten Maßnahme liegen. Im Verlauf der Durchführungsphase werden die Mitarbeiter sowie die Führungskräfte in verlässlichen Zyklen weiter durch Fachkräfte betreut. Damit soll sichergestellt werden, dass die Erwartungen und Hoffnungen der Teilnehmer aber auch der Auftraggeber so gut es geht erfüllt werden. Wird im Zuge der Betreuung ein Nachbesserungsbedarf festgestellt, so kann umgehend nachgesteuert werden. Auch diese Handlungsweise hat sich als positiv erwiesen. Alle an der Maßnahme direkt oder indirekt beteiligten Personen können den Verlauf transparent nachvollziehen und nehmen zudem ihre aktive Beteiligung an der Gestaltung dieser Maßnahme wahr. Nach Abschluss der Durchführungsphase werden die Einzelgespräche aus der Analysephase wiederholt. Auf Grundlage der reproduzierbaren Analysen kann im Rahmen der Evaluation die Wirksamkeit der durchgeführten Maßnahme mit einer sehr hohen, um ein Vielfaches höher als durch einen Gesundheitsreport, Wahrscheinlichkeit dargestellt werden. Dazu sollte angemerkt werden, dass der zeitliche Verlauf der Maßnahme und eine möglicherweise veränderte Verhaltensweise im selben Zeitraum die Analyseergebnisse, unabhängig von den präventiven Inhalten der Durchführungsphase, beeinflussen können. Die Analyseergebnisse werden den einzelnen Mitarbeitern allumfänglich ausgehändigt, sodass sie gegebenenfalls diese Daten für Konsultationen bei Ärzten oder anderen Institutionen nutzen können. Der Auftraggeber erhält im Zuge der Auswertung nur anonymisierte Daten, die aber trotz der Anonymisierung die Wirksamkeit der durch ihn initiierten Maßnahme hinreichend darstellen.

Es hat sich zudem gezeigt, dass die individuelle Betreuung der teilnehmenden Mitarbeiter die Wahrnehmung mit sich bringt, dass diese tatsächlich an der Gestaltung des eigenen Arbeitsplatzes und den damit verbundenen Arbeitsabläufen mitwirken dürfen und sollen. Infolgedessen stellt sich überwiegend eine höhere Arbeitszufriedenheit des Einzelnen und bei Maßnahmen mit einer größeren Teilnehmerzahl eine wesentliche Verbesserung des Betriebsklimas ein.

Seit dem persönlichen Entschluss, medizintechnische Analysen in den Zyklus von Maßnahmen der betrieblichen Gesundheitsförderung und des betrieblichen Gesundheitsmanagements einzubringen, hat sich die Erfüllung der jeweiligen Erwartungshaltungen von anfangs 39,4 % erfüllt/voll erfüllt auf 81,2 % laut eigener Befragung der Auftraggeber und beteiligten Mitarbeiter gesteigert.

12.4   Individuelle Beratungsgespräche

Oftmals wird davon ausgegangen, dass in nahezu allen Präventionsfeldern dazu geraten wird, sich mehr sportlich zu bewegen. Dieser Ratschlag ist zwar einerseits richtig, aber auch gleichermaßen falsch. Das hat den Hintergrund, dass der größte Teil der arbeitenden Bevölkerung nicht sportaffin ist. Nur ca. 25 Mio. Personen ab 14 Jahren gaben bei einer Befragung im Rahmen der Verbrauchs- und Medienanalyse an, dass sie mehrmals in der Woche oder im Monat in ihrer Freizeit Sport treiben. Dahingegen geben ca. 40 Mio. Personen in der gleichen Befragung an, dass sie selten oder niemals in ihrer Freizeit Sport treiben.

Im Rahmen von Gesprächen sind Mitarbeitern weitaus privatere Themen wichtiger. Auf die Frage, welchen Auslöser sie an erster Stelle für beispielsweise empfundenen Stress sehen, kommt bei Frauen als meistgenannte Antwort die Sorge, dass die Kinder im Verhältnis zur Arbeit zu kurz kommen. Bei Männern ist die Wahrnehmung zwar auch auf die Arbeitszeit bezogen, doch stehen hier überwiegend die Anzahl der Überstunden im Fokus und nicht direkt die Familie. Erst danach kommen Themen wie gesundheitliche Sorgen, fehlende berufliche Anerkennung, zu wenig Zeit für persönliche Regeneration oder ein mangelhaftes Betriebsklima. Im Umkehrschluss kann festgestellt werden, dass Arbeitnehmern der persönliche Kontakt sehr wichtig zu sein scheint. Die digitale Möglichkeit sich seiner Gesundheit, wie auch immer, anzunehmen und damit für sich gesundheitsorientierte Verantwortung zu übernehmen, sollte voraussetzen, dass auch die persönliche

Gesundheitskompetenz messbaren Parametern unterliegt. Gesundheitsorientierte Gespräche unterliegen zwar den subjektiven Bewertungsgrundlagen des Gesundheitsberaters, doch zeigen die Gespräche auch einen Bedarf zur Förderung der individuellen Gesundheitskompetenzen.

12.5   Digitales Betriebliches Gesundheitsmanagement

Der zwischenmenschliche Kontakt, die ehrliche Anteilnahme und ein ehrlicher gut gemeinter Ratschlag, der auch aus den persönlichen Erfahrungen von sehr vielen Beratungsgesprächen oder den privaten Erinnerungen eines Beraters stammen können, sind für die Gesprächspartner gewinnbringender als die Hinweise auf anatomische Auswirkungen eines vermeintlichen Fehlverhaltens. In diesem Zusammenhang sei ein, wenn auch extremes, Beispiel gestattet – es soll beispielhaft ein Worst-Case-Szenario in einem Beratungsgespräch darstellen. Dieser Darstellung liegt ein realistischer Fall zugrunde und hat das Potenzial Zweifel an der umfänglichen Einsetzbarkeit eines digitalen betrieblichen Gesundheitsmanagements aufzuwerfen.

Welchen Rat gibt ein auf Basis von BMI oder auf andere physiologischen Parametern arbeitendes digitales Programm oder auch ein sportaffiner Gesundheitsberater einem ebenso sportaffinen Gesprächspartner, der an obstruktiver hypertropher Kardiomyopathie leidet – der aufgrund dieser Tatsache auf die Frage „Wie oft treiben Sie Sport in Ihrer Freizeit?" selten oder gar nicht angibt? Der befragte Gesprächspartner war früher Leistungssportler, ist 1,90 m groß und wiegt 118 kg. Sein Herzumfang ist anstelle max. 12 cm leider 18 cm und kardiologische Beanspruchungen wie Treppensteigen rufen nahezu täglich Schwindelanfälle hervor.

Sicher ist das ein Einzelfall und dieser auch noch drastisch, dennoch, an welchen Parametern sollte man die Wirksamkeit oder die Einsetzbarkeit von digitalem Betrieblichen Gesundheitsmanagement festmachen? Auch wenn die Grundelemente des Betrieblichen Gesundheitsmanagements Verhältnis- und Verhaltensprävention sind, die sich eher auf den Arbeitsplatz und seine Auswirkungen auf den Mitarbeiter konzentrieren sollten, so soll dieses Beispiel zeigen, dass individuelle gesundheitsrelevante Hintergründe die Arbeits- und Leistungsfähigkeit maßgeblich mit beeinflussen können. Die Ursachen für die Beeinträchtigungen liegen sicher nicht in den technischen Verhältnissen des Arbeitsplatzes, doch möglicherweise in der Unkenntnis der anderen Mitarbeiter über die gesundheitlichen Umstände eines anderen Mitarbeiters. Diese Unkenntnis kann wiederum die sozialen Verhältnisse am Arbeitsplatz erheblich beeinflussen. Die Ursachen hierfür liegen in den unterschiedlich ausgeprägten Gesundheitskompetenzen jedes einzelnen Mitarbeiters, die in der weiteren Folge zu Fehleinschätzungen der Leistungsfähigkeit eines anderen Mitarbeiters führen können. Krankheit deutet im heutigen gesellschaftlichen Umfeld auf Schwäche hin und diese wiederum kann zu Verlustängsten am Arbeitsplatz führen.

Die Auswertung einer digitalen Datenlage ist aufgrund seiner nüchternen Emotionslosigkeit gleichzusetzen mit der Datenlage eines jährlichen Gesundheitsreports einer Krankenkasse. Die Möglichkeit, auf Basis dieser Datenlagen eine ehrliche und transparente Evaluation sowie die erfolgreiche Weiterführung vermeintlich wirksamer Maßnahmen zu planen wie auch umzusetzen, erscheint nur in der Theorie möglich.

Der Erfolg einer jeden Maßnahme im Betrieblichen Gesundheitsmanagement, in der betrieblichen Gesundheitsförderung und auch im betrieblichen Eingliederungsmanagement hängt von der Person ab, die versucht diese zu initiieren und umzusetzen. Versucht diese Person die Aufgabe zu verwalten, wird die Aufgabe zum Papiertiger. Versucht sie aber diese Aufgaben zu managen, dann kommt sie nicht um den persönlichen Kontakt und damit um individuelle Beratungsgespräche herum.

Literatur

Statistisches Bundesamt; 2016, www.destatis.de/DE/ZahlenFakten/GesamtwirtschaftUmwelt/
    Arbeitsmarkt/Erwerbstaetigkeit/TabellenErwerbstaetigenrechnung/
    BevoelkerungErwerbstaetigkeit.html?cms_gtp=151846_list%253D2&https=1

Jens Meischter ist diplomierter Gesundheitsmanager und seit dem Jahr 2000 als Projektmanager sowie als Projektleiter im betrieblichen Gesundheitsmanagement tätig. Darüber hinaus ist er seit 1998 als Referent für bewegungsorientierten Projekte in der Lehrerfortbildung tätig. Speziell dafür hat er 2003 ein eigenes Wirbelsäulen-Modell für Grundschulkinder entwickelt.Seine Auftraggeber für Projekte im Betrieblichen Gesundheitsmanagement sind und waren Krankenkassen, Berufsgenossenschaften und Unternehmen.Herr Meischter hat bis jetzt an 20 BGM-Projekten mitgewirkt und zwölf davon geleitet. Er ist als Pragmatiker bekannt. Aus seinen Erfahrungen heraus entwickelt er unkonventionelle und lösungsorientierte Ansätze zum Nutzen aller Projektbeteiligter.

Schlaf als strategische Ressource – messen, verstehen, verändern

13

Esther Ebner

Zusammenfassung

Die Erhaltung der Schlafqualität ist die wesentliche gesundheitsrelevante Konstante, die es im Arbeitsmarathon zu bewahren gilt. Mit der 24 h-Herzratenvariabilitäts(HRV)-Messung können der Schlaf und die Einflussfaktoren des Tages gemessen und individuelle Handlungsstrategien erstellt werden. Die Salutogenese ist dabei die Basis für das motivierende Feedbackgespräch, in dem Reflexion und Motivation zur Verhaltensänderung stattfinden. Die Veränderung beim Einzelnen löst eine positive Kettenreaktion in Unternehmen aus und ein gelebtes Betriebliches Gesundheitsmanagement (BGM) wird möglich. Praxisrelevante Einzel- und Teamerfahrungen zeigen den hohen Wirkmechanismus der getätigten Aussage durch die HRV-Messung auf den Schlaf und ein gesundes Arbeitsleben. Das daraus resultierende Empowerment des Mitarbeiters führt zu einem zukunftsweisenden und verantwortungsbewussten Umgang mit sich selbst im Arbeitsmarathon.

13.1 Einleitung

Rund um den Globus erkennen Unternehmen, dass die steigende Komplexität, die Fragmentierung der Arbeitswelt und das Älterwerden der Bevölkerung ein Umdenken zu einem gesundheitsförderlichen Arbeitsumfeld erfordern.

Die körperlichen und geistigen Ressourcen des Menschen sind begrenzt und die Symptome der geistigen Dauerüberforderung mit der einhergehenden körperlichen Überforderung mittlerweile flächendeckend vorzufinden. In Zukunft definiert sich der Erfolg eines Unternehmens über die geistige, emotionale und körperliche Gesundheit, und der Einfor-

E. Ebner (✉)
Salzburg, Österreich
E-Mail: esther.ebner@beplus.cc

© Springer Fachmedien Wiesbaden GmbH 2018
D. Matusiewicz und L. Kaiser (Hrsg.), *Digitales Betriebliches Gesundheitsmanagement*,
FOM-Edition, https://doi.org/10.1007/978-3-658-14550-7_13

derung der Selbstverantwortung der Mitarbeitenden. Denn für die Mitarbeitenden ist die Arbeitsherausforderung kein Sprint, sondern ein Marathon. Und dieser Marathon ist ein äußerst prägender im Leben, in dem Freude und Frust ganz nah beieinanderliegen.

Die Jungen sind übermotiviert, kennen oftmals die eigenen Grenzen nicht, lieben den Kick und laufen Gefahr, auf Dauer gesundheitsschädigende Folgen davonzutragen, wenn sie keine geeigneten Methoden zur Erholung finden. Die Älteren erleben oft das Gefühl von fehlender Wertschätzung gegenüber ihrer jahrelangen Berufserfahrung, denn immer mehr gilt das Motto „Alles und jeder ist austauschbar". Durch Konkurrenz innerhalb des Unternehmens wird Einzelkämpfertum ausgelöst und schürt den Wettkampfgedanken. Diese Dynamik verschleudert wertvolle Energie, die in Zukunft nur mehr in einem Miteinander zu bewahren ist.

Für beide Seiten ist die Fähigkeit der eigenen Reflexion von zunehmender Bedeutung, damit das Gefühl für sich selbst nicht verloren geht und man den Herausforderungen des Arbeitsalltags gewachsen bleibt.

Dazu benötigt es Orientierung, Klarheit und den Willen zur Veränderung. Nur wer Entscheidungen mit dem Wissen der damit verbundenen Konsequenzen trifft, wird langfristig gesund und arbeitsfähig bleiben. Dazu gelten Entscheidungen wie: Nehme ich meine Arbeit in das Wochenende mit, arbeite ich stundenlang vor dem PC, kurz bevor ich schlafen gehe oder streiche ich meinen Sport, um zu arbeiten.

Oftmals fehlt dem Mitarbeitenden jedoch die Idee für die Möglichkeiten zur Veränderung.

In einem derart fordernden Umfeld sind die Unterstützung und das Feedback durch einen Mentor zentral, um die eigene Situation zu reflektieren und zu diskutieren.

Entscheidend für den Arbeitsmarathon sind die regenerativen Zeiten, denn das Leisten an sich ist nicht das Problem, sondern die regenerativen Maßnahmen, die gleichzeitig neben der Leistung auf geistiger, emotionaler und körperlicher Ebene stattfinden müssen. Genau dieses Wissens bedienen sich Hochleistungssportler, die sich und ihre Ressourcen bestens kennen müssen, und deren Coaches.

Der Schlaf ist dabei eine strategische Ressource und der Schlüssel zur nachhaltigen Erhaltung der persönlichen Leistungsfähigkeit. Es gibt praktisch keinen Aspekt im Leben, der nicht durch einen erholsamen Schlaf positiv beeinflussbar wäre.

Vielzählige HRV-Messungen zeigen, dass diese zentrale Ressource zunehmend gefährdet ist.

Wissenschaftliche Studien zeigen, dass Schlafentzug negative Auswirkungen auf die Arbeitsleistung hat.

Fehlt nur eine Stunde Schlaf in einer Nacht, wird dies mit Erinnerungsverlust, erhöhten Arbeitsunfällen und „cyberloafing" (Auszeit mit wahllosem „surfen" im Internet) am Tag bemerkbar.

Schlafentzug verringert die Leistungsbereitschaft, das unterstützende Verhalten in Unternehmen und weist eine höhere Prävalenz von unethischem Verhalten auf. Er führt zu einem niedrigeren Vertrauensniveau und verringerter Kooperationsbereitschaft in Verhandlungsgesprächen.

Es konnte festgestellt werden, dass Schlafentzug das Fokussieren auf wesentliche Aufgaben erschwert und die Leistung bei Multitasking-Tätigkeiten vermindert.

Die Mitarbeitenden, die unter chronischem Schlafmangel leiden, haben ein erhöhtes Risiko krank, depressiv und adipös zu werden (Barnes und Spreitzer 2015).

Krause et al. beschäftigen sich mit der interessierten Selbstgefährdung bei Mitarbeitenden. Dabei gefährdet der Mitarbeitende durch sein Arbeitsverhalten wissentlich die eigene Gesundheit. Dieses Phänomen hat einen negativen Einfluss auf die Schlafqualität. Sechs von acht dieser Aspekte des selbstgefährdenden Verhaltens bei Mitarbeitern können beurteilt werden: Verlängerung der Arbeitszeit, die Intensivierung der Arbeitsstunden, die Aufnahme von erholungsfördernden Substanzen, die Aufnahme von stimulierenden Substanzen, Präsentismus, Täuschung (Krause et al. 2014).

Schlafentzug oder wenig schlafen ist sogar in einigen Unternehmen „in". Denn wenn CEOs damit prahlen, dass sie nur sechs Stunden oder weniger schlafen, wird dies zu einem weiteren Wettkampf, wer mit weniger Schlaf auskommen kann.

Kein Hochleistungssportler, der sein Talent vollkommen ausschöpfen möchte, würde den Schlaf absichtlich verkürzen.

Wenn die Unternehmensbilanz nicht stimmt, wird rasch gehandelt. Bei der Stressbilanz der Mitarbeitenden sieht man oft zu lange weg.

Die Role Models sind Führungspersonen, mit denen sich ein gesundmachender oder krankmachender Kreislauf im Unternehmen dreht.

Laut einer Studie von Barnes et al. gibt es einen Zusammenhang zwischen schlechter Schlafqualität bei Führungskräften und dem negativen Einfluss auf die Motivation und das Arbeitsengagement ihrer Mitarbeitenden (Barnes et al. 2014). Des Weiteren zeigen die Ergebnisse, dass Führungskräfte nach einem schlechten Schlaf Entscheidungen oder wichtige Interaktionen verzögern. Auch tritt beleidigendes Führungsverhalten mit Schlafmangel häufiger auf. Somit ist es von großer Bedeutung, dass Führungskräfte so wie Mitarbeitende diese Zusammenhänge kennen. Dazu benötigt es Vorträge und Sensibilisierungsmaßnahmen, die diese Zusammenhänge darstellen.

In straffen Zeiten wird weniger geschlafen, schnelle Entscheidungen sind gefragt, die aber unausgeschlafen oft fatale Folgen haben. Fehlinvestitionen und mangelnde Weitsicht gefährden den Unternehmenserfolg.

Gesunder Schlaf wird vernachlässigt. Mails werden bis spät in die Nacht bearbeitet, die Arbeitszeiten verlängern sich Tag für Tag, am Montag startet man wieder in den Arbeitsmarathon mit weniger Leistungsreserven, übermüdet und oftmals schlecht gelaunt.

Das erschöpfte Selbst hat sich an sich und die Arbeitssituation gewöhnt und liefert nicht mehr Topergebnisse. Der Marathon hinterlässt Spuren. Das Toptalent schleppt sich durch die einzelnen Etappen der Arbeitsroutine.

Fehlt der Schlaf, fehlt die Leistung, ob Toptalent oder sogar bei der gesamten Belegschaft.

Der Schlaf gibt jedem Menschen die Voraussetzung für die Leistungsfähigkeit im Alltag. Der Schlaf ist in einer schnelllebigen Zeit die einzig gesundheitsförderliche Konstante und hat weitreichende Auswirkungen, wie zuvor aufgeführt.

Regelmäßiger Schlaf ist das beste Mittel gegen Übermüdung und dem daraus resultierenden Stress.

Ein vielfacher und kostengünstiger Nutzen ist für den gesamten Unternehmenserfolg zu erzielen, wenn die Gesundheitsverantwortlichen die richtigen Maßnahmen setzen. Denn wer Höchstleistungen von seinen Mitarbeitern einfordert, muss Strategien für einen guten Schlaf schaffen.

Schlaf ist somit eine strategische Ressource, die es in Zukunft zu fördern gilt.

13.2   Schlaf messen im Unternehmen

13.2.1   Herzratenvariabilität (HRV) – eine nicht-invasive Stress- und Schlafmessmethode

Die wichtigen Fragen sind nun, wie kann man bei Mitarbeitenden die Schlafqualität und den Einfluss der Arbeits- und Freizeitbelastung messen? Wie kann der Einfluss des Lebensstils auf die Gesundheit des Einzelnen valide und einfach abgebildet werden? Und wie können daraus individuelle und konkrete Gesundheitsmaßnahmen abgeleitet werden, die aus eigener Motivation umgesetzt werden?

Die Messung der 24-Stunden-Herzratenvariabilität (HRV) liefert die Antwort auf diese Fragen. Die HRV stellt in konkreten Zahlen und einer einzigartigen bildhaften Darstellung die Beanspruchung und Regulationsfähigkeit des vegetativen Nervensystems (Sympathikus und Parasympathikus) dar (Abb. 13.1 und Tab. 13.1).

Das vegetative Nervensystem (oder autonome Nervensystem) regelt unter anderem Atmung, Verdauung, Stoffwechsel und Wasserhaushalt und sorgt dafür, dass das innere Gleichgewicht im Körper aufrechterhalten bleibt.

Damit wir überhaupt überlebensfähig sind, laufen ununterbrochen eine Vielzahl an biochemischen Prozessen in einem komplexen Zusammenspiel ab.

Diese Prozesse sind autonom, daher können diese nicht bewusst gesteuert werden.

Ist diese feine Abstimmung durch eine Überbeanspruchung nicht mehr gegeben, kommt es zu den unterschiedlichsten Symptomen und Krankheitsbildern.

Bei einem zu absolvierenden Arbeitsmarathon ist diese Abstimmung Voraussetzung, um auf Dauer arbeits- und leistungsfähig zu bleiben. Die Messung des Schlafes und erkennbare Veränderungen nehmen daher einen wichtigen Stellenwert in der Prävention ein.

Die HRV – eine nicht-invasive Messmethode – liefert Informationen zur Schlafqualität, der Erholungsfähigkeit, der Stressbelastung, dem Fitnesszustand und zu ressourcenfördernden wie -vermindernden Tätigkeiten. Die zeitlichen Abstände zwischen den Herzschlägen geben uns Aufschluss über die Regulationsfähigkeit des Organismus. Vereinfacht ausgedrückt: Sind die Abstände zwischen den Schlägen länger, ist der Parasympathi-

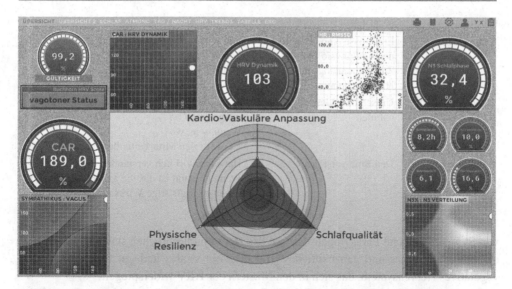

Abb. 13.1 Ausschnitt einer 24 h-HRV-Messung mit Schwerpunkt Schlafqualität bei einer gesunden Frau im Alter von 36 Jahren

Tab. 13.1 Beschreibung einiger HRV-Parameter

HRV-Parameter	Aussage
HRV Dynamik: Richtwert > 70 (Kardiovaskuläre Anpassung)	Werte: rMSSD/HR Gibt an, wie sich die Variabilität bei niedriger Herzrate verhält. Steigert sich diese, dann steigt auch der Wert. Ein niedriger Wert zeigt an, dass kaum Ressourcen für Belastungen da sind. Anzeichen für geringe körperliche Fitness
N3 Schlafphase: Richtwert > 15 % (Schlafqualität)	Werte: Synchronisierung VNS mit Herzschlag Anzahl Tiefschlafphasen N3 %: N3 VERTEILUNG Grün = optimale Verteilung (ca. 2/3 der N3-Phasen in der ersten Schlafhälfte)
CAR: Richtwert > 100 (Physische Resilienz)	Werte: ØHR, SDNN, SDNN-I, pNN50, rMSSD, HF, LF, VLF, TP Allgemeine Aussage über die autonome Regulation bezogen auf Alter und Geschlecht
Sympathikus: Vagus (=Parasympathikus)-Grafik	Trifft Aussagen über die Regulation und Anpassung von Sympathikus und Parasympathikus

kus (Erholungsnerv) aktiv, sind die Abstände kürzer, ist der Sympathikus (Leistungsnerv) aktiv. Der Sympathikus ist für die physische und mentale Leistungsbereitschaft wichtig und aktiviert die dafür wichtigen Körperfunktionen, z. B. regelt die Blutzufuhr. Der Parasympathikus ist für die Erholung des Körpers zuständig, damit wieder neue Energie für die nachfolgende Leistung bereitstehen kann. Wie zu Beginn erwähnt, findet der Einfluss

Tab. 13.2 Salutogenese als Grundkonzept der Gesprächsführung

Verstehbarkeit	Ereignisse einordnen können und physiologische Zusammenhänge aus der HRV verstehen	Wie wirkt mein Lebensstil auf meinen Schlaf? Welche Tätigkeiten sind förderlich und welche schädigend?
Handhabbarkeit	Umsetzbare Gesundheitsmaßnahmen	Kann ich die Maßnahmen in meinen Alltag integrieren? Wann, wie, wo? Ist es für den Mitarbeitenden machbar?
Sinnhaftigkeit	Den Sinn verstehen	Habe ich wirklich verstanden WOZU? Wenn ja, dann ist das die größte Motivation für eine langfristige Wirksamkeit.

von Sympathikus und Parasympathikus auf das Herz ununterbrochen statt und liefert uns ein aussagekräftiges und ganzheitliches Bild über ein vitales und gut funktionierendes vegetatives Nervensystem, das sich in den Mustern der HRV widerspiegelt.

Das Herz reagiert unmittelbar auf die Einflussfaktoren von außen und innen. Somit lässt sich die psychische Belastung wie die körperliche Beanspruchung messen. Der Schlaf spielt bei der HRV-Analyse eine zentrale Rolle, da die externen Einflussfaktoren vom Tag reduziert sind und das vegetative Nervensystem in Ruhe arbeiten kann. In den HRV-Mustern werden Stressbelastungen deutlich sichtbar.

Die Messung dauert 24 h und wird mit einem zündholzschachtelgroßen Gerät, das am Oberkörper an zwei Stellen mit Elektroden angebracht wird, durchgeführt. Der Mitarbeitende trägt das Gerät in seinem Alltag und führt Tagebuch. Danach übergibt er das Messgerät und das Tagebuch an den HRV-Experten. Dieser wertet die Daten mit einer spezifischen HRV-Software aus.

Die Ergebnisse werden dem Mitarbeitenden in einem ressourcenorientierten Einzelgespräch von 60 min vermittelt.

Das Gespräch bedient sich dabei dem Grundsatz der Salutogenese von Aaron Antonovsky (Lindström 2012). Das heißt, dass im Gespräch die Ressourcen im Vordergrund stehen, die zur Gesundheitsentstehung beitragen. Konkret sind drei Aspekte für eine intrinsische Motivation – oder das Kohärenzgefühl – notwendig (Tab. 13.2).

Im Gespräch wird eine persönliche Betroffenheit erzeugt, die ein Umdenken auslöst und zu eigenverantwortlichem Handeln führt. Hierbei findet Reflexion und Motivation statt. Das Verstehen und Umsetzen der konkreten Maßnahmen führen zu einer verbesserten Schlafqualität.

Der Vorteil dieser Messmethode liegt darin, dass sie im gewohnten Umfeld durchgeführt werden kann.

Die wissenschaftlich fundierte Grundlage der Physiologie des Herzens und die Aufarbeitung der bildhaften Darstellung, kann jeder nachvollziehen und wirkt auf eindrückliche Weise.

13.2.2   Anwendungsfelder der HRV-Messmethode im BGM

Die Integration und die Schnittstellen der Messmethode mit dem BGM sind vielfältig. Die folgende Aufzählung zeigt den Einsatzbereich:

Top-down

Den größten Einfluss hat der Einsatz der HRV-Methode über die Geschäftsführung und die Führungskräfte. Diese sind die gesunden Multiplikatoren im Unternehmen. Die Auseinandersetzung mit der eigenen Messung führt zu erhöhter Handlungsbereitschaft für ein sinnvolles BGM. Die Erfahrung zeigt, dass hier unmittelbar nach dem Einzelgespräch individuelle Handlungen, wie auch unternehmerische Handlungen vollzogen werden.

> **Veränderung beginnt beim Einzelnen und auf jeden Fall Top-down.**

Personalisierte Gesundheitsförderung

In Unternehmen gibt es mittlerweile eine Vielzahl an gesundheitsförderlichen Aktionen, die oft unstrukturiert oder nicht zusammenhängend angeboten werden. Meist nutzen die Mitarbeitenden die Aktionen, die sowieso in ihrer Freizeit gesundheitsfördernde Aktivitäten setzen. Durch eine persönliche Standortbestimmung mittels der 24 h-HRV-Messung kann der Einzelne in seiner aktuellen Situation abgeholt werden und die gesundheitsförderlichen Aktionen zielgerichtet angeboten werden. Der individuelle Maßnahmenkatalog, der sich aus den Messergebnissen ergibt, kann somit sinnvoll mit den BGM-Aktionen ergänzt werden.

Eine Kontrollmessung zeigt nach acht Wochen den persönlichen Fortschritt und motiviert für eine langfristige Umsetzung der Gesundheitsmaßnahmen.

Case Management

Im Case Management gibt es für den Mitarbeitenden eine zielgerichtete und bedarfsorientierte Hilfestellung. Mit einer Ergänzung durch die 24 h-HRV-Messung kann der Fortschritt und die Wirkweise nachvollzogen werden und auch rasch gehandelt werden, wenn eine Intervention doch nicht den gewünschten Erfolg erzielt. Laufende Kontrollmessungen sichern das Ziel und den Bedarf ab und unterstützen den Mitarbeitenden positiv.

Teams

Die Dynamik eines Teams kann den Nutzen der HRV-Messung verstärken. Einerseits sind alle aufgefordert mitzumachen und andererseits beginnt nach den Einzelgesprächen ein Austausch im Team, der zu gemeinsamen Aktivitäten anregt. Die Erfahrung zeigt auch, dass es den Sportsgeist weckt und einzelne Mitarbeiter ihre Werte miteinander vergleichen. Daraus entsteht Sensibilität, eine Gesprächsbereitschaft über Gesundheit und es motiviert zu gemeinsamen gesundheitsförderlichen Aktivitäten.

Die Teamarbeit wird durch einen gemeinsamen Workshop ergänzt. Hier werden die einzelnen Ergebnisse anonym kumuliert und dem gesamten Team präsentiert. Erfahrungen zeigen, dass die Schlafqualität und die Erholungsfähigkeit tendenziell am meisten beeinträchtigt sind.

Durch die anfängliche Auseinandersetzung mit der eigenen Messung, das Verständnis und Sensibilität weckt, ist in der Teamarbeit eine Offenheit gegeben, die zu wertvollen Maßnahmen, z. B. Meeting-Kultur anpassen, vitale Hochphasen für komplexe Arbeitsprozesse nutzen lernen, zwischenmenschliche Kommunikation verbessern, auf Teamebene führen.

Das Unternehmen erhält danach einen anonymisierten Report über die Teammessungen.

Das Wichtigste, das in Unternehmen gewährleistet sein muss, ist die Anonymität der Daten. Die interne Kommunikation und der Vertrauensaufbau sind ausschlaggebend für die Akzeptanz der Messung bei den Mitarbeitenden. Daher macht ein externer HRV-Experte oftmals Sinn, dennoch kann die Messmethode mit einer guten Kommunikationskampagne intern sehr erfolgreich sein. Beides ist möglich.

13.3   Auswirkungen auf das BGM

Im Abschn. 13.2.2 konnten Anwendungsfelder der HRV-Messung aufgezeigt werden. Dieser Abschnitt behandelt die praktischen Erfahrungen und die damit verbundenen Auswirkungen auf das BGM. In vielen HRV-Messungen zeigt sich, dass die Schlafqualität der Mitarbeitenden zunehmend beeinträchtigt ist. Die erhöhte Arbeitsbelastung, die fehlenden regenerativen Auszeiten und der Wettkampfgedanke unter den Mitarbeitern sind maßgeblich daran beteiligt.

Praktische Beispiele TOP-DOWN

Beispiel 1

Das folgende Beispiel handelt von einer Führungsperson im Bankwesen, die sich müde und ausgebrannt fühlt. Sie wird in diesem Beispiel Christa F. genannt.

Durch die Firma hat Christa F. von der HRV-Messung erfahren, da diese Bestandteil des BGM ist. Die Messung wurde an einem Arbeitstag aufgezeichnet und diese bestätigte das subjektive Empfinden der Führungsperson. Die HRV-Werte am Tag und die Erholungswerte im Schlaf waren stark reduziert.

Das ressourcenorientierte Gespräch mit den Grundsätzen der Verstehbarkeit, Handhabbarkeit und Sinnhaftigkeit hat Wirkung gezeigt und Christa F. meinte am Ende des Gespräches, dass sie sich nun endlich versteht und wisse was zu tun sei.

In den nächsten vier Monaten wurden von ihr alle Empfehlungen umgesetzt, angefangen von Erholungsphasen durch Atemübungen, moderate Bewegung, Verlängerung der Schlafdauer und ein Powernap über die Mittagszeit. Die Kontrollmessung zeigte, dass sie nicht nur ihr subjektives Empfinden gesteigert hat, sondern auch die messbaren Parameter und die bildhafte Darstellung aus der HRV-Messung, die entsprechenden Veränderungen aufweisen.

Diese Erfahrung hatte weitreichende Auswirkungen. Durch ihre eigene Auseinandersetzung mit ihrer Gesundheit entwickelte sie nun auch mehr Sensibilität für ihre Mitarbeitenden. Sie erzählte, dass sie nun bei sehr engagierten Mitarbeitern auf Überstunden hinweist, damit diese reduziert werden. Frau Christa F. hat durchgesetzt, dass das Team am Freitag geschlossen um 16 Uhr nach Hause geht.

Sie selbst fühlt sich produktiver, fitter und hat eine positivere Einstellung. Das Betriebsklima im Team hat sich durch die soziale Unterstützung der Führungsperson verbessert.

Konkret durch diese gesetzten Maßnahmen wurde die Schlafqualität bei der Führungsperson und ihren Mitarbeitenden gefördert und die Leistungsfähigkeit im Arbeitsmarathon gesichert.

Beispiel 2

Ein weiteres Beispiel zeigt die Wirkung der HRV-Messung bei einem Geschäftsführer eines international tätigen Nahrungsmittelkonzerns. In diesem Beispiel trägt er den Namen Michael L.

Dieser klagt über Einschlafprobleme und fühlt sich gestresst und unter hohem Druck durch die intensive Arbeitsbelastung. Dieser Zustand quält ihn zunehmend und er möchte nicht, dass seine Führungspersonen die gleichen Symptome entwickeln.

Aufgrund der Erkenntnisse über seinen Schlaf und den Handlungsempfehlungen, möchte Michael L. nun gesundheitsfördernde Workshops mit seinen Führungspersonen durchführen. Zudem wählt er zwei weitere Führungspersonen für die HRV-Messung aus.

Das war der Beginn einer Reihe von gesundheitsförderlichen Maßnahmen für die Geschäftsführung und seine Führungskräfte.

Praktische Beispiele PERSONALISIERTE GESUNDHEITSFÖRDERUNG

Beispiel

In einem globalen IT-Konzern wurde die HRV-Messung in der BGM-Strategie fest verankert.

Ein Burn-out-Leitfaden, der die Handlungsmöglichkeiten für Mitarbeitende und Führungspersonen beschreibt, diente als Kommunikationsmittel.

Die internen und externen Handlungsempfehlungen wurden den zwölf Burn-out-Stadien nach Herbert Freudenberger (Freudenberger & North, 1992) zugeteilt.

Die HRV-Messung war bei beginnenden Symptomen des Burn-outs als Prophylaxetool verankert. Die Standortbestimmung konnte weitere konkrete Handlungsempfehlungen aufzeigen und einen aktuellen Zustand des vegetativen Nervensystems abbilden.

Ein weiterer wichtiger Faktor dabei war das interne HRV-Training des zuständigen Arbeitsmediziners, um in weiterer Folge eine reibungslose Behandlungsabfolge gewährleisten zu können.

Praktische Beispiele CASE-MANAGEMENT

Beispiel

Wenn Mitarbeitende für einen längeren Zeitraum aufgrund von Krankheit ausfallen, ist ein zielführendes Case Management essenziell. Die Zusammenarbeit zwischen dem betroffenen Mitarbeiter, Führungskraft und Case Manager ist ausschlaggebend für eine erfolgreiche Reintegration in das Berufsleben.

Für eine erfolgreiche Wiedereingliederung wurde dafür ein Reintegrations-Leitfaden für Führungspersonen und die Personalabteilung entwickelt.

Dabei wurde die HRV-Messung als Vormessung, für eine genaue Standortbestimmung des Mitarbeitenden, integriert. Die HRV-Messung gibt zudem Aufschluss über die zumutbare Arbeitsbelastung beim Prozess der Reintegration. Die Nachmessung nach beispielsweise acht Wochen zeigt den Fortschritt der Genesung an.

Praktische Beispiele TEAM

Beispiel 1

Ein Schweizer Großkonzern aus dem Dienstleistungsbereich hat die Einsatzmöglichkeit der HRV-Methode getestet.

Bis vor einigen Jahren gingen die Preise stets aufwärts, die Erlöse stiegen an. Damit einher ging die Kultur im Unternehmen. Als die Preise ins Rutschen gerieten und die Margen immer kleiner wurden, musste das Unternehmen reagieren, den Konzern umbauen und neu ausrichten. Durch die Reorganisationen sind Herausforderungen im Changemanagement entstanden. Wandel bedeutet immer auch, dass die natürliche Fluktuation etwas ansteigt und Mitarbeitende verunsichert sein können.

Das Ziel der Pilotstudie war den Nutzen der 24 h-HRV-Messung als Messinstrument für Stressbelastungen und Burn-out-Tendenzen zu testen und zu überprüfen, in welchem Rahmen die HRV-Messung in das Unternehmen integriert werden kann.

Das angegebene Führungsteam wurde als Pilotgruppe ausgewählt, da sie offen für Neues sind, kritisch und zielstrebig.

Einzigartig war, dass ausnahmslos alle Führungskräfte des ausgewählten Teams an den HRV-Messungen und einer Mitarbeiterbefragung mit dem Stresstool der Gesundheitsförderung Schweiz teilgenommen haben. Dies konnte durch die Priorisierung des Vorgesetzten dieses Teams (Top-down-Wirkung) erreicht werden.

Nach den ersten HRV-Messungen und Gesprächen konnten viele Aha-Erlebnisse ausgelöst und „quick wins" zur persönlichen Gesundheit und Performance gewonnen werden. Die Führungskräfte haben noch am gleichen Tag erste Maßnahmen initiiert und sich gegenseitig motiviert.

Der gemeinsame Workshop hatte die Erarbeitung von Teammaßnahmen basierend auf den Ergebnissen zum Ziel. Hier konnten die Problemfelder und Ressourcen der Verhältnis- und Verhaltensebene identifiziert und die ersten Maßnahmen definiert werden.

Nach vier Monaten wurde bei neun von elf Führungskräften die zweite HRV-Messung als Erfolgskontrolle durchgeführt und die Gespräche zeigten viele positive Ergebnisse im subjektiven Empfinden, wie Leistungssteigerung, verbesserte Schlafqualität, bessere Stimmung und Motivation. Die objektiven Messdaten zeigten eine klare Verbesserung in den persönlichen Stresswerten bei 44 % der Teilnehmenden. 27 % hatten schon zu Beginn Topwerte und 22 % konnten wegen äußeren Einflüssen (Krankheit, Alkohol durch eine Feier oder intensiver Sport) nicht verglichen werden. 82 % aller Führungskräfte konnten eine Kontrollmessung durchführen.

Ein Austausch innerhalb des Teams entstand und steigerte die Motivation zur Verhaltensveränderung. Dadurch konnte die Akzeptanz zum Thema psychische und physische Gesundheit gesteigert werden.

Die HRV-Messmethode, im Besonderen die getätigte Aussage, dient als wichtiges Kontrollinstrument für das persönliche Leistungspotenzial und eine nachhaltige Gesundheitsveränderung auf individueller wie auf Teamebene.

Diese Erkenntnis zeigt sich immer wieder. In global tätigen Großkonzernen, wo Veränderung auf Verhältnisebene ein sehr langwieriger Prozess ist, kann die vorliegende Intervention einen positiven und messbaren Impact in einem überschaubaren Zeitrahmen bewirken.

Ein Austausch innerhalb des Teams entstand und steigerte die Motivation zur Verhaltensveränderung. Dadurch konnte die Akzeptanz zum Thema psychische und physische Gesundheit gesteigert werden.

Die HRV-Messmethode, im Besonderen die getätigte Aussage, dient als wichtiges Kontrollinstrument für das persönliche Leistungspotenzial und eine nachhaltige Gesundheitsveränderung auf individueller wie auf Teamebene.

Es zeigt sich, dass in global tätigen Großkonzernen, in denen Veränderung auf Verhältnisebene ein sehr langwieriger Prozess ist, die vorliegende Intervention einen positiven und messbaren Impact in einem überschaubaren Zeitrahmen bewirken kann.

Beispiel 2

Ein Führungsteam eines internationalen IT-Konzerns führte die HRV-Messung aufgrund einer überbeanspruchten Führungsperson durch. Insgesamt waren sechs Männer und zwei Frauen im Alter von 34 und 47 Jahren beteiligt. Der Zeitrahmen des Projektes war auf einen Monat festgesetzt.

Jede einzelne Führungsperson wurde gemessen und erhielt ein Einzelgespräch. Danach wurde ein Team-Workshop mit den anonymisierten Daten durchgeführt.

Der Führungsverantwortliche ging mit Vorbild voran und zeigte seine Ergebnisse dem Team. Das erzeugte ein Gefühl von Transparenz und dass alle im gleichen Boot sitzen.

Als Basis für die Erarbeitung zielführender Maßnahmen diente der anonymisierte HRV-Team-Report. Einige erarbeitete Maßnahmen des Team-Workshops waren:

- Mut zum Nein sagen (Abgrenzung).
- Assistent/-innen wurden gebrieft, um auf private Blockzeiten im Terminkalender Acht zu geben.
- Teamtreffen nicht mehr vor acht Uhr früh oder direkt nach dem Mittagessen.
- Offene Kommunikation: unterstützen und zuhören.

13.4 Zusammenfassung und Ausblick

Wie aufgezeigt, ist die Auswirkung der HRV-Messmethode auf das BGM vielseitig. Im Zentrum steht das Empowerment des Mitarbeiters für sich selbst und die Erhaltung der Schlafqualität Verantwortung zu tragen. Jeder einzelne Mitarbeiter ist wichtig, denn die Arbeitsintensität und -dichte wird weiter steigen. Durch personalisiertes Gesundheitswissen, ressourcenorientierte Gesprächsführung und alltagstaugliche Handlungsempfehlungen wird die Ressource „Mensch" nachhaltig gestärkt. Mit sinnvollen und praxistauglichen Alltagsmaßnahmen kann die individuelle Gesundheitsförderung langfristig wirken und sich im gesamten Unternehmen ausbreiten. Durch die Reflexion des eigenen Arbeits- und Freizeitverhaltens und deren Auswirkung auf den Schlaf können wertvolle Schritte für ein gesundes Leben eingeleitet werden.

Regelmäßige Kontrollmessungen können die Motivation des Mitarbeiters, einen gesunden Arbeits- und Lebensstil zu führen, aufrechterhalten. Die gesundheitsrelevanten Fortschritte, die in den HRV-Parametern erhoben werden, können als BGM-Kennzahlen anonymisiert festgehalten und in den gesamten Steuerkreis miteinbezogen werden. Diese geben einen detaillierten Einblick in den Gesundheitszustand eines Teams und gezielte BGM-Aktionen können dadurch abgeleitet werden.

Durch den Einsatz der HRV-Methode in Teams wird die gesundheitsförderliche Wirkung auf das gesamte Unternehmen übertragen. Denn nicht nur der einzelne Mitarbeiter hat diesen Arbeitsmarathon alleine zu absolvieren, sondern das gesamte Team. Nur ein gesundes und unterstützendes Team wird dem Druck und den Anforderungen der neuen Arbeitswelt erfolgreich standhalten können.

Die Wahrung der Vertraulichkeit und Anonymität wird durch die zusammengefassten und anonymisierten Teammessergebnisse gewährleistet.

Eines der wichtigsten Parameter der HRV-Messung ist die Darstellung der Schlafqualität. Die Erhaltung der Schlafqualität ist essenziell, um überhaupt leistungsfähig bleiben zu können. Diese wichtige gesundheitserhaltende Konstante muss auf die Prioritätenliste von Unternehmen und deren Mitarbeitern, da es die wesentlichen Ressourcen für den Arbeitsmarathon aufrechterhält.

In einer aktuellen Studie konnten Schellhammer et al. auf die Notwendigkeit der Primärprävention bei IT-Mitarbeitern mittels der HRV-Methode und der Reflexion der angewandten Arbeitsmuster hinweisen (Schellhammer et al. 2016).

Das Wissen um den Wert des Schlafes ist ein zukunftsweisender Schritt für eine gesunde Arbeitswelt, um die körperlichen, mentalen und seelischen Ressourcen des Mitarbeiters zu erhalten.

Zusammenfassung

- Durch das Visualisieren „wie man tickt" wird ein eigenverantwortliches Handeln zu einem gesunden Arbeits- und Lebensstil möglich.
- Das persönliche Gesundheitsverständnis wirkt positiv auf das Führungsverhalten und die Teamebene und hat weitreichende Auswirkungen auf die Unternehmenskultur.
- Wertschätzung und soziale Unterstützung werden durch die persönliche Betroffenheit mittels der getätigten Aussage durch die HRV-Methode gestärkt. Dies führt zu Senkung der Krankenfehlzeiten bei den Mitarbeitern, gesteigerter Arbeitsproduktivität und Erhöhung der Arbeitszufriedenheit und Motivation.

Literatur

Barnes, C. M., & Spreitzer, G. (2015): Why Sleep is a Strategic Resource. *MIT Sloan Management Review*, (Winter). Retrieved from http://sloanreview.mit.edu/article/why-sleep-is-a-strategic-resource/

Barnes, C. M., Lucianetti, L., Bhave, D. P., & Christian, M. S. (2014): You Wouldn't Like Me When I'm Sleepy: Leader Sleep, Daily Abusive Supervision, and Work Unit Engagement. *Academy of Management Journal*, amj.2013.1063. doi:10.5465/amj.2013.1063

Freudenberger, H. & North, G. (1992). Burn-out bei Frauen. Über das Gefühl des Ausgebranntseins. Frankfurt a.M.: Krüger, S 123.

Krause, A., Baeriswyl, S., Berset, M., Deci, N., Dettmers, J., Dorsemagen, C., … Straub, L. (2014): Selbstgefährdung als Indikator für Mängel bei der Gestaltung mobil-flexibler Arbeit: Zur Entwicklung eines Erhebungsinstruments. *Wirtschaftspsychologie*, (4), 49–59. Retrieved from http://www.psychologie-aktuell.com/index.php?id=184&tx_ttnews[tt_news]=3833&tx_ttnews[backPid]=185&cHash=d51d629405#marker4

Lindström, B. (2012): *Salutogenesis – An introduction*. Helsinki. Retrieved from http://www.centrelearoback.org/assets/PDF/04_activites/clr-GCPB121122-Lindstom_pub_introsalutogenesis.pdf

Schellhammer S, Klein S, Ebner F. (2016): Primary prevention for employees in the Information Age Organization. Health Policy and Technology. http://dx.doi.org/10.1016/j.hlpt.2016.08.005

Esther Ebner. Die studierte Sportwissenschaftlerin zählt zu den führenden HRV-Experten im Bereich BGM und beschäftigt sich bereits seit über zehn Jahren mit diesem Fachgebiet. Neben Vorträgen auf Symposien hat sie ebenfalls an einigen Studien zu High Performance mitgewirkt. Als Personal Regeneration Coach unterstützt sie Forschungsprojekte und begleitet international tätige Großkonzerne, kleine und mittlere Unternehmen und Einzelpersonen. Mehr über Esther Ebner und ihre Tätigkeit finden Sie auf www.beplus.cc.

Digitales Gesundheitsmanagement bei Auszubildenden

14

Manfred Betz, Ulrich Koehler und Keywan Sohrabi

Zusammenfassung

Die Auszubildenden von heute sind die erste Generation, die mit digitalen Medien aufgewachsen ist. Die Verknüpfung der neuen Medien mit Gesundheit im Rahmen des BGMs erscheint erfolgversprechend, da diese der Zielgruppe vertraut sind und eine hohe Akzeptanz besteht. Es werden Maßnahmen der Gesundheitsförderung dargestellt, die mit Hilfe von digitalen Instrumenten, vornehmlich mit dem Smartphone, umgesetzt werden (z. B. Bewegungsförderung, Anti-Raucher-Training, Ernährungsanalyse, Schlafanalyse, Onlinebefragungen, Onlinelernmaterialien). Das Angebot gesundheitsbezogener Informationen im Internet erfordert eine spezifische Medienkompetenz. Die Auszubildenden lernen, wie und wo sie sinnvolle und praxisrelevante Gesundheitsinformationen erhalten. Digitale Anwendungen wie Messungen gesundheitsrelevanter Parameter mit Smartphones oder Wearables werden kritisch hinterfragt. Zudem werden gesundheitliche Risiken, die von einem hohen und unreflektierten Medienkonsum ausgehen, thematisiert.

14.1 Einleitung

Digitales Gesundheitsmanagement umfasst alle digitalen Anwendungen mit gesundheitlichem Bezug. Dies beinhaltet sowohl die Nutzung des „alten Internets" (Brodersen und Lück 2016) als auch das interaktive Web 2.0. Zunächst diente das Internet über Internetadressen und Suchmaschinen vor allem der Informationsbeschaffung. Die Weiterent-

M. Betz (✉) · K. Sohrabi (✉)
Gießen, Deutschland
E-Mail: manfred.betz@ges.thm.de

U. Koehler
Marburg, Deutschland

© Springer Fachmedien Wiesbaden GmbH 2018
D. Matusiewicz und L. Kaiser (Hrsg.), *Digitales Betriebliches Gesundheitsmanagement*,
FOM-Edition, https://doi.org/10.1007/978-3-658-14550-7_14

213

wicklung der Hard- und Software in den letzten Jahren ermöglicht nun zunehmend mehr Interaktion. Das heißt, die Nutzer können zum Beispiel Inhalte mitgestalten (z: B. Wikipedia) sowie mobil und ortsunabhängig über das Internet kommunizieren (z. B. soziale Netzwerke, Blogs, Chats).

Während im Rahmen der Gesundheitsförderung bereits einzelne digitale Instrumente genutzt werden können, erfordert digitales Gesundheitsmanagement einen gezielten, umfassenden und planmäßigen Einsatz digitaler Instrumente. Bislang ist ein solches Gesundheitsmanagement die Ausnahme bzw. nur im Ansatz realisiert.

Voraussetzung für digitales Gesundheitsmanagement ist das Vorhandensein entsprechender Hard- und Software sowie die Motivation und Fähigkeit zu ihrer Nutzung. Jugendliche und junge Erwachsene erfüllen diese Bedingungen in der Regel. Insbesondere das Smartphone ist omnipräsent. Entsprechend besteht eine hohe Akzeptanz für digitale Anwendungen.

Zielgruppe Auszubildende
Nach dem Work Ability Index (WAI) ist die Arbeitsfähigkeit bei mehr als einem Drittel der Auszubildenden beeinträchtigt. Jeder Zweite hatte in den letzten zwölf Monaten Rückenbeschwerden. Laut Body Mass Index gilt fast jeder Dritte als übergewichtig und jeder Zehnte als untergewichtig. Beim Gesundheitsverhalten wurden zum Teil beträchtliche Defizite festgestellt: 45 % rauchen, 9 % trinken dreimal und häufiger Alkohol pro Woche, 41 % sind sportlich nicht aktiv und zwei Drittel haben während der Woche ein Schlafdefizit. 37 % der jungen Erwachsenen weisen Beeinträchtigungen beim Wohlbefinden auf. Dabei ist nicht ausreichender bzw. nicht erholsamer Schlaf der stärkste Einflussfaktor auf das Wohlbefinden. Bei 46 % ist die Schlafqualität beeinträchtigt. Jeder Zehnte leidet unter gestörtem Schlaf (Betz et al. 2016). Entsprechend sind präventive und gesundheitsfördernde Interventionen während der Ausbildung sinnvoll und notwendig. Wichtige Handlungsfelder für zielgruppenspezifische Gesundheitsfördermaßnahmen sind: Schlafhygiene, digitale Medien, Stress- und Erholungsmanagement, Rücken- und Fußgesundheit, Suchtprävention, Bewegung und Ernährung (Betz et al. 2015, 2016).

Die Auszubildenden von heute sind mit digitalen Medien aufgewachsen. Es besteht diesbezüglich eine hohe Akzeptanz und Motivation. Deshalb erscheint die Nutzung der neuen Medien im Rahmen der betrieblichen Gesundheitsförderung vielversprechend.

14.2 Vorstellung des digitalen Ansatzes

Im Rahmen von betrieblichen, überbetrieblichen und schulischen Gesundheitsprojekten werden in den letzten Jahren immer mehr digitale Instrumente eingesetzt. Nachfolgend werden einige bewährte Einsatzgebiete bei Auszubildenden beschrieben (Betz 2017):

14.2.1 Gesundheitsförderung mit Smartphones und Wearables

Smartphones sind heute allgegenwärtig. Entsprechend bieten sie viele Möglichkeiten, das Gesundheitshandeln in verschiedenen Bereichen und ortsungebunden zu unterstützen.

Bewegungsförderung und gesundheitsorientiertes Training
Über Bewegungssensoren in Smartphones oder in Fitnessarmbändern werden die täglich zurückgelegten Schritte erfasst. Zur Analyse des Bewegungsverhaltens werden eine Woche lang die Schritte pro Tag gemessen. Körperliche Aktivitäten wie Radfahren oder Schwimmen werden anhand einer Tabelle in Schritte umgerechnet. Auf dieser Basis wird das Bewegungsverhalten bewertet. Ziel ist es, nach Vorgabe der WHO, mindestens 10.000 Schritte pro Tag zurückzulegen. Es werden individuelle Ziele festgelegt. Die tägliche Messung der Schritte dient der Motivation und Kontrolle. Besonders motivierend für die Steigerung der Bewegung sind digitale Anwendungen wie Geocaching oder Pokémon Go. Hierbei wird über Abenteuer, soziale Erlebnisse und Wettkampf spielerisch zur Bewegung animiert. Auch Teamwettkämpfe (Welches Team schafft die meisten Schritte?) sind bei den Auszubildenden sehr beliebt.

Beispiel

Digitale Schnitzeljagd: Mit der App „Actionbound" absolvieren die Auszubildenden eine multimediale Erlebnistour. Zwei bis vier Auszubildende bilden je ein Team. Gehend oder laufend werden mit Hilfe des Smartphones sogenannte „Bounds" gesucht. In zwei Stunden werden etwa 10.000 Schritte zurückgelegt. Dabei gilt es sechs bis zehn Aufgaben mit Gesundheits- und Fitnessbezug (z. B. Welches Team schafft die meisten Liegestützen?) zu lösen.

Beim Thema „herzfrequenzorientierte Steuerung des Ausdauertrainings" wird die Herzschlagfrequenz vor, während und nach körperlicher Aktivität per Hand, per Smartphone/Fitnesstracker und per Brustgurt gemessen. Vor allem unter Belastung unterscheiden sich die Ergebnisse der unterschiedlichen Messmethoden zum Teil beträchtlich. Die Vor- und Nachteile der jeweiligen Messmethodik werden aufgezeigt.

Es gibt eine Vielzahl von Fitness-Apps. Jeder Auszubildende testet über mindestens zwei Wochen eine App (z. B. Bauchmuskeltraining oder Ausdauertraining), bewertet sie und stellt sie den Kollegen vor.

Suchtprävention
Mit Hilfe der App „Smokerface" werden für jeden Auszubildenden anhand eines Selfies die ästhetischen Folgen des Rauchens am eigenen Gesicht aufgezeigt. Die individualisierten und visualisierten Folgen des Rauchens haben nachweislich Einfluss auf das Rauchverhalten bzw. erhöhen die Hemmschwelle, mit dem Rauchen zu beginnen (Brinker et al. 2016).

Die Anti-Raucher-App „Der Nichtraucher-Coach" unterstützt Raucher, die mit dem Rauchen aufhören möchten. Sie zeigt, wie sich mit jedem Tag des Nichtrauchens die Gesundheit verbessert und berechnet das Geld, das als Folge des Nichtrauchens eingespart wird.

Es werden die Möglichkeiten und Grenzen verschiedener Apps, die bei Alkoholkonsum den Alkoholgehalt des Blutes berechnen, aufgezeigt und hinsichtlich ihres Nutzens kritisch hinterfragt.

Neue Suchterkrankungen durch exzessiven Gebrauch von digitalen Medien sind auf dem Vormarsch (Evers-Wölk und Opielka 2016). Internetabhängigkeit betrifft vor allem Onlinespiele, Pornoseiten und soziale Netzwerke (Te Wildt 2015). Anhand der App „Menthal" wird eine Woche lang das Nutzungsverhalten mit dem Smartphone erfasst. Anhand des eigenen Nutzungsverhaltens werden die Gefahren der Suchtentstehung diskutiert. Um die eigene Abhängigkeit von digitalen Medien zu überprüfen, wird den Auszubildenden angeboten, an einer „digitalen Diät" bzw. „digitalen Entgiftung" („Digital detox") teilzunehmen, das heißt Verzicht auf alle digitalen Medien. Nach einer Woche berichten die Teilnehmer über ihre Erfahrungen.

Ernährung

Es werden Apps zur Dokumentation des Ernährungsverhaltens genutzt. Dazu werden eine Woche lang alle verzehrten Nahrungsmittel mit dem Smartphone erfasst. Eine App berechnet die verzehrten Kalorien und aufgenommenen Mikro- und Makro-Nährstoffe. Ziel ist es, sich die eigene Ernährungsweise bewusst zu machen und zu reflektieren. Eine dauerhafte Erfassung des Ernährungsverhaltens sowie die Fixierung auf Kalorien oder bestimmte Nährstoffe sind nicht wünschenswert.

Populäre Apps zur Berechnung des Body Mass Index (BMI) und anderer Indices werden vorgestellt und hinsichtlich ihres Nutzens kritisch hinterfragt.

Schlaf

Es werden Apps zur Dokumentation des Schlafverhaltens, zur Analyse des Schnarchens, sowie Apps mit entspannenden Inhalten genutzt. Des Weiteren werden Blaulichtfilter für Bildschirmmedien vorgestellt. Die App „Twilight" soll in den Abendstunden die aktivierenden Blauanteile im Licht der Bildschirme reduzieren. Blaues Licht vor dem Schlafen reduziert die Ausschüttung des Schlafhormons Melatonin und beeinträchtigt so den Schlaf.

Stress

Anhand einer Messung der Herzfrequenzvariabilität mit Hilfe des Smartphones wird das Stressniveau bestimmt. Messmethodik und Aussagekraft der Messung werden kritisch hinterfragt. Verschiedene Anti-Stress-Apps (z. B. Naturbilder, Meditation, Entspannungsmusik) werden ausprobiert.

14.2.2   Gesundheitsbezogene Informationen aus Internet und Intranet

Bei Betrieben, die über ein Intranet verfügen, werden über dieses Gesundheitsinformationen bereitgestellt. Meist sind diese allerdings nicht auf die Zielgruppe der Auszubildenden zugeschnitten.

Im Internet gibt es unzählige Portale, Chats, Videos und Blogs, die gesundheitsbezogene Informationen anbieten. Es werden seriöse und fachkompetente Informationsquellen vorgestellt.

14.2.3   Gesundheitsplattform für Auszubildende

Mit einem Passwort können sich Auszubildende und Ausbilder auf der Plattform „www. azubi-gesundheit.de" einloggen. Dort werden aktuelle Gesundheitsinformationen eingestellt. Des Weiteren können Onlinelernmaterialien heruntergeladen werden. Über ein sogenanntes „Gesundheits-Quiz" wird das gesundheitsbezogene Wissen der Auszubildenden überprüft. Zu einigen Themen sind Webinare und Podcasts geplant.

14.2.4   Onlinebefragungen

Über Internet oder Intranet werden Onlinebefragungen zur Gesundheit von Auszubildenden und Ausbildern durchgeführt. Bewährt haben sich Plattformen wie „moodle" oder Programme wie „grafstat".

14.2.5   Digitale Lernmaterialien

Zur Verbesserung der Nachhaltigkeit des Gesundheitstrainings erhalten die Auszubildenden verschiedene Lernmaterialien, zunehmend auch in digitaler Form. Zu jedem Themenbereich gibt es ein Buch entweder als traditionelles Buch oder als E-Book. Auf einem Stick oder einer DVD werden weitere Informationen wie Übungsanleitungen, Videos und mehr bereitgestellt. Musik und Übungen zum Entspannen gibt es als CD.

14.2.6   Onlinesprechstunde für Auszubildende

Während der Gesundheitsseminare besteht in der Regel genügend Zeit zur Beantwortung von Fragen. Bei diskreten Problemen oder längerem Beratungsaufwand können individuelle Termine vereinbart werden. Zudem gibt es die Möglichkeit über Telefon, E-Mail und Skype in Kontakt zu treten. Die Möglichkeiten werden zu Beginn der Gesundheitsseminare kommuniziert, ebenso die Möglichkeit eines Coachings.

14.3 Auswirkungen auf das BGM

Wie zuvor gezeigt, lassen sich digitale Instrumente in vielen Bereichen der Gesundheitsförderung einsetzen. Grundsätzlich sind mit der Nutzung digitaler Instrumente sowohl
Chancen wie auch Risiken verbunden. Dies soll durch die nachfolgenden Beispiele verdeutlicht werden.

14.3.1 Medienkonsum und gesundheitsbezogene digitale Anwendungen

Der tägliche Konsum digitaler Medien bei Auszubildenden ist hoch. Jeder Auszubildende hat ein Smartphone. Alle sind in einer WhatsApp-Gruppe organisiert. Über WhatsApp
werden ausbildungsrelevante Informationen weitergegeben. Mit der App „Menthal" wurde eine Woche lang Art und Dauer der Smartphone-Nutzung erfasst. Des Weiteren wird
die Nutzung digitaler Medien im Rahmen von betrieblichen Gesundheitsfördermaßnahmen aufgezeigt.

**Beispiel 1: Auszubildende zur Fachkraft für Kurier-, Express- und
Postdienstleistungen**
Der tägliche Medienkonsum der FKEP-Auszubildenden beträgt im Durchschnitt 9:34 h.
Am häufigsten werden das Smartphone und Tablet genutzt (4:30 h). Es folgen Fernseher
(1:17 h/Tag) und Spielekonsole (1:19 h/Tag).

Beispiel

Ein 22-jähriger Auszubildender aktivierte seinen Bildschirm durchschnittlich 875-mal
am Tag. Das heißt, in der wachen Zeit wurde der Bildschirm alle 1,2 min aktiviert.
Der Auszubildende hatte massive körperliche und psychische Beschwerden, gestörten
Schlaf, eine eingeschränkte Leistungs- und Arbeitsfähigkeit.

Mögliche Folgen, die oft mit hohem Medienkonsum einhergehen (z. B. Sucht, Beeinträchtigung des Schlafes, beeinträchtigte Erholung, Bewegungsmangel), werden im
Rahmen des Projektes „Azubi-Gesundheit" angesprochen. Des Weiteren werden gesundheitsbezogene digitale Anwendungen vorgestellt und ausprobiert.

Im Rahmen eines Wettbewerbes entwickelten die Auszubildenden mithilfe digitaler
Instrumente einen Film zur Arbeitssicherheit sowie eine Plattform für berufsspezifische
Gesundheitsförderung. Unter dem Titel „Der Weg eines Briefes und seine Gefahren" wurden mögliche Unfallgefahren für Briefzusteller und deren Prävention aufgezeigt. Der Film
wird mittlerweile bundesweit im Rahmen von Arbeitssicherheitsschulungen eingesetzt.

In einem weiteren Projekt erarbeiteten die Auszubildenden die Grundlagen für die Internetplattform „Fit für die Zustellung". Dazu wurden die in den Gesundheitsseminaren
behandelten Themen auf die Anforderungen der eigenen Berufstätigkeiten übertragen:

z. B. Herstellung von Filmen und Fotos mit Trainingsübungen für Rücken-, Schulter- und Nackenmuskulatur. Die Plattform wird von den folgenden Ausbildungsjahrgängen fortgeführt und weiterentwickelt.

Beispiel 2: Auszubildende in metallverarbeitenden Berufen
Die tägliche Nutzung digitaler Medien liegt bei 8:29 h. Am häufigsten genutzt werden Smartphone und Tablet mit 3:42 h/Tag. Es folgen Computer (1:35 h/Tag) und Fernseher (1:30 h/Tag).

Beispiel

Für einen 19-jährigen Auszubildenden wird während des einwöchigen Untersuchungszeitraumes eine tägliche Smartphone-Nutzungszeit von 9:08 h gemessen. Seine meist genutzte App ist YouTube mit 7:04 h/Tag.

Innerhalb der Gesundheitsseminare erfolgt eine Sensibilisierung für die Risiken einer übermäßigen Nutzung digitaler Medien. Im Rahmen der Gesundheitsförderung werden verschiedene digitale Anwendungen eingesetzt. Zu jedem Thema werden Fitness- und Gesundheits-Apps vorgestellt, ausprobiert und bewertet. Es soll ein Bewusstsein für sinnvolle und weniger sinnvolle Apps geschaffen werden. Dazu werden Kriterien erarbeitet, um nützliche Apps zu identifizieren.

Zusammenfassend lässt sich festhalten: Einerseits haben die Auszubildenden beider Berufsgruppen einen hohen Medienkonsum. Daraus können sich gesundheitliche Probleme ergeben. Andererseits haben beide Gruppen auch sehr erfolgreich digitale Instrumente zur Gesundheitsförderung genutzt. Die möglichen Chancen und Risiken der Nutzung digitaler Technik für die Gesundheit werden nachfolgend beschrieben.

14.3.2 Chancen

Der Einsatz digitaler Instrumente in der Gesundheitsförderung eröffnet viele Möglichkeiten. Internet und mobile Techniken ...

- erlauben einen unbegrenzten Zugang zu gesundheitsbezogenen Informationen, unabhängig von Zeit und Ort.
- bieten eine neue und effektive Möglichkeit, die Zielgruppe anzusprechen.
- unterstützen bei der Erhebung und Auswertung von Gesundheitsdaten.
- helfen, immer mehr Körperfunktionen und gesundheitsrelevante Daten zu erfassen und zu verarbeiten.
- motivieren zu einem gesundheitsbewussteren Verhalten.
- verbessern die Effektivität, Effizienz und Nachhaltigkeit von Gesundheitsfördermaßnahmen.

Die beschriebenen Möglichkeiten und Chancen werden oft genannt, sind aber bislang kaum belegt (Albrecht 2016; Knöppler et al. 2016). Eine Entwicklung ist allerdings offensichtlich: In immer kürzeren Zeitabschnitten gibt es immer mehr neue Anwendungen im digitalen Bereich. Damit steigt die Wahrscheinlichkeit, dass zunehmend auch Nützliches und Gesundheitsförderliches darunter ist.

14.3.3 Risiken

Mögliche Probleme und Risiken, die sich im Zusammenhang mit der Nutzung digitaler Instrumente ergeben können, werden nachfolgend dargestellt.

Gesundheitsinformationen aus dem Internet
Wer im Internet nach Informationen zu Gesundheitsthemen sucht, sieht sich einer unübersehbaren Flut von Informationen gegenüber. Für den Begriff „Rückenschmerzen" zeigt „Dr. Google" in 0,3 s 2.120.000 Ergebnisse. Eine Anfrage zum Thema „Depressionen" ergibt in 0,26 s sogar 4.870.000 Treffer. Welche Informationen sinnvoll und hilfreich sind, kann der Laie bzw. der Auszubildende nicht entscheiden.

Auf YouTube kann jeder Videos einstellen. Entsprechend gibt es unzählige Videobeiträge zu Gesundheits- und Fitnessthemen mit sehr unterschiedlicher Qualität. Eine Orientierung bzw. eine Bewertung ist für Laien kaum möglich.

Datenerhebung und Datensicherheit
Onlinebefragungen sind relativ einfach und langfristig kostengünstig. Die statistische Auswertung und grafische Aufarbeitung sind problemlos. Es besteht ein günstiges Kosten-Nutzen-Verhältnis. Schwierigkeiten treten vor allem bei der Erfassung der Auszubildenden auf, wenn die Anonymität gewahrt bleiben soll. Bei einer aufwendigen repräsentativen Befragung (Betz et al. 2015) zeigten sich folgende Probleme: Nur ein kleiner Teil der angeschriebenen Auszubildenden beteiligte sich an der Befragung. Auszubildende mit Abitur beteiligten sich wesentlich häufiger an der Befragung als Auszubildende mit einem niedrigeren Bildungsabschluss. Bei manchen Fragen traten Verständnisprobleme auf.

Bei der Erhebung der gleichen Gesundheitsdaten in Papierform im Rahmen von Seminaren hingegen lag die Rücklaufquote bei 100 %. Verständnisfragen konnten vor Ort geklärt werden (Betz et al. 2016).

Die Möglichkeiten von Datenmissbrauch sind groß. Dies reicht von den Daten, die Hersteller von digitalen Instrumenten oft einfordern oder unautorisiert nutzen, bis hin zu der Nutzung der Gesundheitsdaten durch Unternehmen, Krankenkassen und andere.

Selbstvermessung und Selbstoptimierung
Das Bedürfnis zur Selbstoptimierung gibt es schon immer und ist prinzipiell gut. Eine neue Qualität wird aber in den letzten Jahren durch die explosionsartig zunehmenden

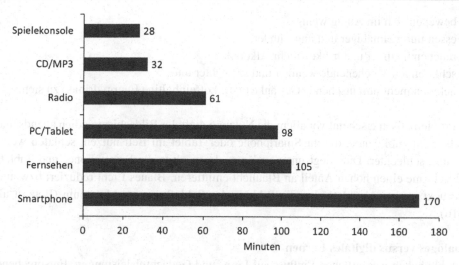

Abb. 14.1 Täglicher Medienkonsum von Auszubildenden (in min.)

Möglichkeiten der digitalen Selbstvermessung erreicht. Durch immer neue elektronische Gadgets wird das eigene Leben in Zahlen und Grafiken dargestellt. Dabei werden riesige Datenmengen produziert. Es stellt sich die Frage, inwieweit diese Daten helfen können, Gesundheit, Fitness und Wohlbefinden zu steigern. Wenn Selbstvermessung und Selbstoptimierung zum Selbstzweck werden, sind negative Auswirkungen auf die Gesundheit vorprogrammiert. Gradmesser ist immer die Lebensqualität.

Medienkonsum und Gesundheit
Der durchschnittliche Konsum digitaler Medien pro Tag liegt bei Auszubildenden bei 8:14 h (Abb. 14.1). Dies entspricht etwa der Hälfte der wachen Zeit am Tag. Am häufigsten wird das Smartphone genutzt, mit knapp drei Stunden pro Tag. Es folgen Fernsehen/DVD mit 1:45 h/Tag und PC/Tablet mit 1:38 h/Tag (Betz et al. 2016).

Auszubildende mit hohem Medienkonsum unterscheiden sich hinsichtlich Gesundheit, Wohlbefinden und Leistungsfähigkeit signifikant von solchen mit geringem Medienkonsum. Sie ...

- sind weniger ausgeruht und leistungsfähig,
- fehlen häufiger am Arbeitsplatz (vier Tage/Jahr),
- leiden häufiger unter Schlafstörungen,
- haben ein geringeres Wohlbefinden und
- fühlen sich häufiger einsam und ausgeschlossen.

Auszubildende mit hohem Medienkonsum unterscheiden sich hinsichtlich ihres Gesundheitsverhaltens signifikant von solchen mit geringem Medienkonsum. Sie ...

- bewegen sich im Alltag weniger,
- essen unregelmäßiger und ungesünder,
- rauchen häufiger und trinken mehr Alkohol,
- schlafen am Wochenende weniger und schlechter und
- nehmen mehr aufputschende Getränke (z. B. koffeinhaltige Energydrinks) zu sich.

Problematisch erscheint vor allem die Nutzung digitaler Bildschirmmedien abends und nachts. Auszubildende, die ihr Smartphone oder Tablet im Bett nutzen, schlafen weniger und schlechter. Dies liegt unter anderem daran, dass die Smartphone- und Tablet-Bildschirme einen hohen Anteil an Blaulicht emittieren. Blaues Licht reduziert bzw. unterdrückt in den Abendstunden die Bildung des Schlafhormons Melatonin (Betz et al. 2016).

Analoges versus digitales Lernen
Gefühle haben wesentlichen Einfluss auf Lern- und Gedächtnisleistungen. Entsprechend kann ein guter Lehrer/Ausbilder Verhalten und Lernleistungen der Auszubildenden stärker beeinflussen als zum Beispiel digitale Selbstlernprogramme, die nur eine geringe emotionale Reaktion erwarten lassen.

Hinzu kommt, dass Onlineleser sich nur etwa halb so viele Informationen merken wie Leser eines Papiertextes. Hypertext lenkt ab, ständig müssen Entscheidungen getroffen werden, dadurch werden Lesefluss und Verständnis gestört (Daniel und Willingham 2012).

Wirksamkeit digitaler Anwendungen
Der Einsatz digitaler Instrumente im Rahmen des betrieblichen Gesundheitsmanagements erfolgt meist mit großer Euphorie. Dabei gibt es kaum Belege für deren Wirksamkeit und Nutzen. Meist wird mit Plausibilität argumentiert. Oft stehen aber auch nur Wunschdenken und Spekulationen dahinter. Zudem fehlen auch Studien, die analoge und digitale Gesundheitsfördermaßnahmen miteinander vergleichen.

Viele Wearables sind nicht valide (Albrecht 2016; Schwartz und Baca 2016). Entsprechend sind die gemessenen Werte und daraus abgeleitete Schlussfolgerungen nicht nutzbar.

14.3.4 Lösungen

Für die beschriebenen Probleme werden einige Lösungsansätze aufgezeigt.

Medienkompetenz erwerben
Die Auszubildenden sollen die Kompetenz erwerben, digitale Medien und Instrumente so zu nutzen, dass mit diesen die Gesundheit gefördert und nicht beeinträchtigt wird. Dies beinhaltet . . .

1. ein vernünftiges und reflektiertes Nutzungsverhalten (z. B. kein übermäßiger Medien-konsum, medienfreie Zeiten, keine Bildschirmmedien vor dem Schlafen),
2. den Erwerb von Wissen und Fertigkeiten, sinnvolle gesundheitsbezogene Informatio-nen aus dem Internet heraus zu filtern (Welche Infoseiten sind seriös und sinnvoll? Woran erkenne ich seriöse Seiten?) und
3. den fachgerechten und kritischen Umgang mit Wearables und Apps (Welche Wear-ables/Apps sind sinnvoll? Wie kann man Wearables/Apps zur Gesundheitsförderung am besten einsetzen?).

Zielgruppenspezifische Anwendungen
Es gibt bislang kaum zielgruppenspezifische Angebote. Digitale Angebote, die mehr auf die Bedürfnisse der Zielgruppe der Auszubildenden zugeschnitten sind, dürften die Wirk-samkeit der Maßnahmen steigern.

Qualitätsgesicherte Anwendungen
Die überwiegende Zahl der Gesundheits-Apps hält nicht, was sie verspricht. Die verfüg-baren E-Learning-Anwendungen sind in der Regel nicht evaluiert. Für eine wirksame Gesundheitsförderung werden zukünftig qualitätsgesicherte digitale Anwendungen benö-tigt (Albrecht 2016; Knöppler et al. 2016; Schwartz und Baca 2016).

Datensicherheit
Die Mehrheit der Jugendlichen und jungen Erwachsenen hat einen eher unbedarften Um-gang mit ihren Daten. Deshalb ist es wichtig, über das Thema Datensicherheit und die Möglichkeiten eines Datenmissbrauchs zu informieren. Vor allem kostenlose Angebote von App-Herstellern, Gesundheitsportalen, Suchmaschinen etc. erheben offen oder ver-deckt vielfältige Daten, die letztlich gewerblich genutzt werden. Es gilt aufzuklären und zu sensibilisieren.

Bei Onlineerhebungen zur Gesundheit im betrieblichen Umfeld muss die Anonymi-tät und Datensicherheit gewährleistet sein. Hier gibt es noch viele offene Fragen und zu lösende Probleme.

Selbstoptimierung in Maßen
Möglichkeiten und Sinnhaftigkeit von gesundheitsbezogenen Selbstvermessungs- und Selbstoptimierungsstrategien sollten kritisch diskutiert werden. Wann und unter welchen Bedingungen sind sie für die Gesundheit förderlich oder abträglich?

Das Messen physiologischer Parameter (z. B. Herzfrequenzvariabilität, Hautwider-stand) kann helfen, die Körperwahrnehmung zu verbessern und ein gesundheitsförderndes Verhalten einzuüben. Ziel sollte immer sein, durch eine bessere Körperwahrnehmung und ein gesundheitsbewussteres Verhalten die Messungen überflüssig zu machen. So kann der stressgeplagte Auszubildende über Biofeedback lernen, Stresssymptome besser wahrzu-nehmen und eine Entspannungsreaktion einzuleiten. Leider ist häufig ein gegenläufiger

Prozess zu beobachten: Die digitalen Messungen werden zum Selbstzweck. Dabei wird das Vertrauen in die eigene Körperwahrnehmung eher beeinträchtigt.

Analoges plus digitales Lernen
Ein fachkompetenter und charismatischer Lehrer/Trainer, Gruppenerlebnisse und Selbsterfahrung sind wichtige Voraussetzungen für Verhaltensänderungen im Sinne eines gesundheitsfördernden Lebensstils. Dabei können digitale Instrumente ergänzend und unterstützend eingesetzt werden.

14.3.5 Von der gesundheitsbezogenen Nutzung digitaler Instrumente zum Digitalen Gesundheitsmanagement

Zunehmend häufiger werden einzelne digitale Instrumente im Rahmen von Gesundheitsfördermaßnahmen genutzt. Da sich die Anwendungsmöglichkeiten mit steigender Dynamik vermehren, ist auch von einer stetigen Zunahme in der Gesundheitsförderung auszugehen. Die Entwicklung eines digitalen Gesundheitsmanagements im Sinne eines gezielten, umfassenden und planmäßigen Einsatzes digitaler Instrumente ist bislang nur in Ansätzen oder in kleineren Pilotprojekten realisiert worden.

Wie viele und in welchem Umfang digitale Instrumente zur Gesundheitsförderung eingesetzt werden, hängt wesentlich von der Zielgruppe ab. Auszubildende gehören sicherlich zu denjenigen, bei denen die zielgerichtete Nutzung digitaler Instrumente förderlich für die Gesundheit sein kann.

Grenzen werden durch die digitalen Medien selbst gesetzt. So zeigen Studien aus der Bildungsforschung, dass Lerneffekte durch digitale Medien im Vergleich zu Unterricht durch gute Lehrer/Trainer geringer sind. Zwar gibt es in der Gesundheitsförderung diesbezüglich kaum Forschungsergebnisse, die Erfahrungen aus Gesundheitsprojekten mit mehreren tausend Auszubildenden legen vergleichbare Schlussfolgerungen jedoch nahe. Danach hängt der Erfolg von Gesundheitsfördermaßnahmen wesentlich von der Kompetenz und der Persönlichkeit des Gesundheitsförderers ab (Roth 2011).

14.3.6 Kosten-Nutzen-Betrachtung

Digitales BGM erfordert eine digitale Infrastruktur und Know-how. Dazu sind entsprechende Investitionen notwendig. Zwar sind viele digitale Anwendungen kostenlos, aber die Selektion von nützlichen Anwendungen aus dem kaum überschaubaren Angebot an Apps, Internetportalen und weiteren Anwendungen erfordert Zeit und Fachwissen. Dies erzeugt Kosten.

Die zielgerichtete Entwicklung digitaler Lösungen (z. B. Apps, E-Learning-Programme für Auszubildende) verbessert die Erfolgsaussichten, kann aber teuer werden.

Wenn digitale Strukturen aufgebaut sind und die Anwendungen längerfristig durchgeführt werden, dürften die laufenden Kosten sinken. Längerfristig könnte ein Kostenvorteil gegenüber der traditionellen Gesundheitsförderung entstehen. Bislang gibt es keine belastbaren Studien, die die Effektivität und Effizienz von digitalen Gesundheitsfördermaßnahmen belegen. Zudem gibt es keine Vergleichsstudien, die zeigen, dass digitale Ansätze in der Gesundheitsförderung erfolgreicher sind als analoge.

14.4   Zusammenfassung und Ausblick

Der zunehmende Einsatz digitaler Medien im Rahmen des betrieblichen Gesundheitsmanagements erfolgt meist mit großer Euphorie. Dabei werden nur mögliche Vorteile genannt (die überwiegend noch nicht belegt sind), mögliche Nachteile werden ausgeblendet.

Grundsätzlich sind digitale Instrumente für die Zielgruppe „Auszubildende" gut geeignet, um die Gesundheit zu fördern. Die Jugendlichen und jungen Erwachsenen sind in der Regel mit den digitalen Instrumenten gut vertraut. Dies führt zu einer hohen Akzeptanz und Motivation.

Damit digitale Instrumente im Rahmen der Gesundheitsförderung nutzen und nicht schaden, gilt es, die Auszubildenden auch für negative Auswirkungen eines hohen Medienkonsums zu sensibilisieren und ihnen eine gesundheitsbezogene Medienkompetenz zu vermitteln. Auch die Risiken einer übersteigerten Selbstoptimierung bzw. Selbstvermessung sollen thematisiert werden.

14.5   Fazit

Digitale Anwendungen an sich machen nicht gesünder. Sie können gesundheitsbezogene Aktivitäten nur unterstützen. Das heißt, der Schrittzähler zeigt nur dann Schritte an, wenn der Auszubildende geht oder läuft. Am erfolgversprechendsten für Verbesserungen der Gesundheit bei Auszubildenden scheint die Kombination von traditioneller Gesundheitsförderung mit digitalen Instrumenten zu sein, also ein analog-digitales Gesundheitsmanagement.

1. Für die Zielgruppe „Auszubildende" ist der Einsatz digitaler Instrumente zur Gesundheitsförderung vielversprechend.
2. Digitale Instrumente zur Gesundheitsförderung werden traditionelle Gesundheitsfördermaßnahmen nicht ersetzen, sondern nur ergänzen.
3. Risiken durch hohen Medienkonsum und übertriebene Selbstoptimierung sowie Nutzen und Grenzen der digital erhobenen Messwerte sollen thematisiert werden.

Literatur

Albrecht, U.V. (2016): Chancen und Risiken von Gesundheits-Apps. CHARISMHA. Medizinische Hochschule Hannover. http://www.digibib.tu-bs.de/?docid=60002. Zugegriffen am 12.08.16

Betz, M. (2017): Gesundheitstraining für Auszubildende. Modul 1: Körperliche Schutzfaktoren. BoD, Norderstedt

Betz, M., Haun, D., Böttcher, M. (2015): Zielgruppenspezifische Gesundheitsförderung bei Auszubildenden. In: Badura A, Ducki A, Schröder H, Klose J & Meyer M (Hrsg) Fehlzeitenreport 2015. Neue Wege für mehr Gesundheit – Qualitätsstandards für ein zielgruppenspezifisches Gesundheitsmanagement. Springer, Berlin-Heidelberg

Betz, M., Berschin, G., Koehler, U. (2016): Wie fit und gesund sind unsere Auszubildenden? In: Schmitz-Spanke, S. (Hrsg) Dokumentation der 56. wissenschaftlichen Jahrestagung der DGAUM, München

Brinker, T.J., Seeger, W., Buslaff, F. (2016): Photoaging Mobile Apps in School-Based – Tobacco Prevention: The Mirroring Approach. J Med Internet Res 18(6):e183

Brodersen, S., Lück, P. (2016): Apps, Blogs und Co. – Neue Wege in der betrieblichen Gesundheitsförderung? iga.Wegweiser

Daniel, D.B., Willingham, D.T. (2012): Electronic Textbooks: Why the rush? Science, 1570–1571

Evers-Wölk, M., Opielka, M. (2016): Neue elektronische Medien und Suchtverhalten. TAB-Arbeitsbericht 166. Büro für Technikfolgen-Abschätzung beim Deutschen-Bundestag, Berlin

Knöppler, K., Neisecke, T., Nölke, L. (2016): Digital-Health-Anwendungen für Bürger. Bertelsmann-Stiftung, Gütersloh

Roth, G. (2011): Bildung braucht Persönlichkeit. Klett-Cotta, Stuttgart

Schwartz, B., Baca, A. (2016): Wearables and Apps – Modern Diagnostic Frameworks for Health Promotion through Sport. Dtsch Z Sportmed 67: 131–136

Te Wildt, B. (2015): Digital Junkies. Droemer, München

Prof. Dr. Manfred Betz. FB Gesundheit der Technischen Hochschule, Gießen. Dozent für Betriebliches Gesundheitsmanagement und Arbeitsmedizin. Forschungsschwerpunkte: Digitale Medien und Gesundheit, Gehirn und körperliche Aktivität, Schlaf und Erholungskompetenz bei Berufstätigen.

Prof. Dr. Ulrich Koehler. Leiter des Schlafmedizinischen Zentrums des Universitätsklinikums Gießen-Marburg. Facharzt für Innere Medizin, Pneumologie und Intensivmedizin. Forschungsschwerpunkte: Telemedizin, Schlafbezogene Atmungsstörungen und Herz-Kreislauf-Erkrankungen, Lungengeräuschanalyse.

Prof. Dr. Keywan Sohrabi. Prodekan des Fachbereichs Gesundheit der TH Mittelhessen, Gießen. Leiter der Abteilung für Medizinische Informatik. Forschungsschwerpunkte: E-Health, M-Health, Biomedizinische Signalanalyse, Entwicklung von Medizinprodukten.

Unmittelbar, jederzeit und standortübergreifend: Ganzheitlich erholte Mitarbeiter dank digitaler Lösungen

Antje Flechsig, Lena Wittneben, Katrin Wulff und Sina Morcinek

Zusammenfassung

Digitale Lösungen brauchen starke Menschen, die sich mutig gemeinsam auf den Weg begeben. „Pausenkicker" bietet betriebliches „GesundheitsEntertainment für Körper, Kopf und Stimme" für die WBS TRAINING AG. Mit der einmaligen Kombination aus Office Yoga, Stimm- und Gedächtnistraining steht das Hamburger Start-up seit 2014 für gesundheitsfördernde Programme mit hohem Unterhaltungswert. Das Trainer- und Gründer-Team um Lena Wittneben, Sina Morcinek und Katrin Wulff bringt mit ganzheitlichen und individuell konzipierten Trainings- und Aktivvorträgen europaweit frischen Wind in Messeveranstaltungen, Gesundheitstage, Incentive-Reisen und Tagungen. Die Module umfassen kurzweilige Programme mit Showcharakter, ganztägige Auszeitseminare mit profundem Wissenstransfer als auch maßgeschneiderte Videoproduktionen zur regelmäßigen Mobilisation am Arbeitsplatz. Mit alltags- und zielgruppengerechten Übungen und Methoden sorgen die drei zertifizierten Trainerinnen für bessere Konzentration und Merkfähigkeit, einen entspannten flexiblen Körper und eine tragfähige wohlklingende Stimme: Nachhaltige Ressourcenstärkung, die Spaß macht und zudem perfekt ist als Teambuilding-Maßnahme. Charmant und humorvoll verpackt, motivieren die drei zertifizierten Trainerinnen sowohl Bewegungsmuffel als auch Fitnessliebhaber, große oder kleine Gruppen und begeistern im Großraumbüro, im virtuellen Raum oder auf der großen Eventbühne. „Pausenkicker" unterstützt mit ihren ganzheitlich wirksamen Trainings kulturelle und soziale Initiativen sowie

A. Flechsig
Berlin, Deutschland

L. Wittneben (✉) · S. Morcinek
Hamburg, Deutschland
E-Mail: lena@pausenkicker.de

K. Wulff
Hamburg, Deutschland

© Springer Fachmedien Wiesbaden GmbH 2018
D. Matusiewicz und L. Kaiser (Hrsg.), *Digitales Betriebliches Gesundheitsmanagement*,
FOM-Edition, https://doi.org/10.1007/978-3-658-14550-7_15

Auszubildende. Als passionierte New-Work-Vertreter und Verfechter einer gesunden Unternehmenskultur kuratieren die drei engagierten Frauen zusammen mit Partnern die Konferenzreihe „Arbeitszeit ist Lebenszeit". In unserem Beitrag beschränken wir unsere Ausführungen zum Betrieblichen Gesundheitsmanagement bei der WBS auf die Darstellung der Zusammenarbeit mit dem Pausenkicker-Trio.

15.1 Einleitung

Die WBS TRAINING AG ist ein führender Anbieter für geförderte berufliche Aus- und Weiterbildung sowie berufsbegleitende Seminare. Seit 35 Jahren stärken unsere 1200 Mitarbeiter Menschen durch Bildung. Immer kompetent, immer mit Herz. Ausgewählte Experten und Trainer sorgen stets für höchstes Niveau und eine spannende Themenvielfalt, z. B. in den Bereichen IT, SAP, CAD, Personal, Medien, Kaufmännisches, Sprachen, Gesundheit und vielen mehr.

Jährlich absolvieren etwa 15.000 Menschen erfolgreich eine Weiterbildung oder Umschulung bei WBS. Engagierte Mitarbeiter unterstützen die Teilnehmer dabei – vor, während und nach der Qualifizierung. Unsere Kunden erhalten eine professionelle Wissensvermittlung und steigern damit ihre Jobchancen nachhaltig. Das ist uns wichtig. Wir lieben lebendigen Austausch. Ob Präsenz oder Online (LernNetz Live®) – unsere Kurse sind immer live. Durch digitale und flexible Lernformen schaffen wir passende Formate für jeden Bedarf. Mit rund 180 Standorten und der Möglichkeit einer Teilnahme von zu Hause ist WBS immer da, wo Menschen lernen möchten.

Der „gesunde Gedanke" ist Teil unserer Unternehmensphilosophie und unserer Kultur. Durch Vorstand und Geschäftsleitung vorgelebt, ist unser tägliches Miteinander von Wertschätzung, Achtsamkeit und Agilität geprägt. Ein herzlicher Umgang sowohl unter den Kollegen, als auch von Mitarbeiter zu Teilnehmer, ist für uns selbstverständlich. Wir achten beispielsweise auf eine gesunde Pausenkultur, auf gemeinsame Aktivitäten, wie z. B. ein Schrittwettbewerb, auf Gesundheitsaktionen, die sowohl Teilnehmer als auch Mitarbeiter einbeziehen oder auch auf innovative Ideen und deren Management.

Das Gesundheitsmanagement wurde eingeführt, um diese Aktivitäten zu bündeln sowie um Gesundheitsthemen in die Unternehmensstrukturen zu integrieren. Diversität treibt uns an. Nur dann, wenn wir die unterschiedlichen Bedürfnisse unserer Mitarbeiter gut kennen, können wir auf sie eingehen. Im Rahmen einer Informationsveranstaltung des Gesundheitsmanagements wollten wir es genau wissen und fragten unsere Mitarbeiter: Welche Bedarfe haben Sie, wenn es um das Thema Gesundheit in unserer digitalen Arbeitswelt geht?

50 % der anwesenden Personen antworteten, sie wünschten sich mehr Bewegung und konkretisierten ihren Wunsch weitergehend mit Ideen wie „Bewegung am Arbeitsplatz, Yoga, Bürosport". Weiterhin favorisierten die teilnehmenden Mitarbeiter neben der Bewegung auch die Themen Ernährung, Entspannung, Gesundheitstage, Schlaf sowie unternehmenskulturelle Themen und wünschten auch in diesen Bereichen Angebote. Die

freiwillige und intrinsisch motivierte Teilnahme der Mitarbeiter liegt uns am Herzen. Wir schaffen Begeisterung und Interesse und wünschen uns, dass unsere Mitarbeiter zu echten Fans werden.

Mit dieser Bedarfsabfrage war der Grundstein für unsere Überlegungen des Betrieblichen Gesundheitsmanagements gelegt. Unser großes Ziel:

Wir möchten, dass unsere Mitarbeiter gesund und motiviert bleiben.

Für unseren Körper ist es unerlässlich, sich körperlich und geistig zu bewegen. Geben wir ihm zu wenige Gelegenheiten, straft er uns für die Tatenlosigkeit mit Schmerzen in Kopf und Gliedern, schlappen Muskeln, Bluthochdruck, Problemen bei der Verdauung oder auch psychischen Krankheiten. Krankheitsbedingte Ausfälle sind die Folge.

Gönnen wir unserem Körper die körperliche und geistige Bewegung, die er braucht, dann belohnt er uns ausgiebig:

Körperliche Bewegung schickt einen Reiz an die Muskeln, sie passen sich den neuen Anforderungen an. Das Herz wird gestärkt, die Durchblutung funktioniert, Fettpolster werden abgebaut. Während der körperlichen und auch geistigen Betätigung ausgeschüttete Glückshormone (Endorphin, Dopamin und Serotonin) und Stresshormone (Adrenalin, Cortisol) wappnen uns auch für den Alltag: Wir sind energiegeladener, konzentrierter und fröhlicher. Spezielle Proteine sorgen dafür, dass wir während der bewegten Einheit abschalten können und uns danach „wie neugeboren" fühlen.

Körperliche und geistige Bewegung schaffen es auch, unsere Hirnstrukturen und festgefahrenen Verhaltensmuster zu verändern. Gehirnareale, die für Lernen, Gedächtnis und Verhaltenskontrolle zuständig sind, werden aktiviert, alte Gewohnheiten kommen auf den Prüfstand. Unser Gehirn gerät sprichwörtlich „in Bewegung".

Dann bilden sich neue Nervenverknüpfungen und die Durchblutung im Gehirn steigt an.

Bewegt man sich häufiger, entstehen „Ich-möchte-mehr-davon-Mechanismen" – das Gehirn signalisiert, dass die Aktivität dem Körper guttut.

Dem guten Körpergefühl folgt demnach das bessere Lebensgefühl ganz von allein.

Unsere Arbeitsplätze sind vornehmlich Schreibtischarbeitsplätze. Viel sitzen ist dabei vorprogrammiert. Hier ist Intervention notwendig, um die Auswirkungen monotonen Sitzens und fehlerhafter Körperhaltungen, wie beispielsweise Rückenbeschwerden oder Gewichtszunahme, präventiv anzugehen. Mit speziellen Schulungen zu ergonomischem Sitzen möchten wir erreichen, dass ein Bewusstsein für gutes Sitzen entsteht. Mit der Anschaffung von Stehtischen können die Arbeitstätigkeiten stehend verrichtet werden. Dynamisches Sitzen wird angeregt durch Half-Ballstühle und Sitzkissen.

Obstkörbe und Wasserspender gehören zur Grundausstattung jeden Standortes. Vegetarisches Essen ist unser Verpflegungsstandard bei Workshops, Seminaren oder Meetings. Für Meetings gibt es eine gelebte Meeting-Kultur, die es uns erlaubt, entschleunigt im Meeting anzukommen.

An vielen unserer Standorte findet man Ruheräume, in welche sich Teilnehmer und Mitarbeiter zurückziehen können, um die notwendige Ruhe und Auszeit im beruflichen Alltag zu finden.

Kurzum – der gesunde Gedanke lebt in einem Großteil unserer täglichen Tätigkeiten und macht uns zu dem, was wir sind – ein Bildungsanbieter mit Herz.

15.2 Die Digitalisierung bestimmt unseren Arbeitsalltag

Mit all unseren Ansätzen möchten wir jedem unserer 1200 Mitarbeiter die Möglichkeit geben, sich zu beteiligen. Unsere Standorte verteilen sich von Nord nach Süd, von West nach Ost, über ganz Deutschland hinweg. In den Ballungszentren sind bis zu 200 Mitarbeiter zu finden, auf dem Land gibt es aber auch Standorte mit nur ein bis zwei Mitarbeitern. Zentral organisierte Vor-Ort-Maßnahmen und Angebote stellen bei der Anzahl und unterschiedlichen Ausstattung unserer Standorte eine enorme Herausforderung dar.

Wir nutzen unser LernNetz Live®, unsere virtuelle Kommunikationsplattform, um unsere Gesundheitsangebote aufzustellen und ortsunabhängige, jederzeit verfügbare Gesundheitsaktivitäten zu ermöglichen.

Die Mehrheit unserer internen Meetings findet bereits im virtuellen Klassenzimmer statt. Dieses Medium ermöglicht es uns, schnell miteinander zu reden, ohne ins Auto steigen zu müssen oder die Telefonleitung zu belegen. Die Teilnehmerzahl ist nicht beschränkt. Jeder Teilnehmer benötigt einen internetfähigen Computer (der Rechner am Arbeitsplatz) und ein Headset mit Mikrofon. Die Teilnehmer wählen sich über eine vorgegebene URL in den virtuellen Raum ein und führen die Meetings in Echtzeit durch. Es ist möglich, eine Live-Übertragung der eigenen Person via Webcam zu aktivieren. Das Kamerabild wird allen im Raum Anwesenden auf deren eigenen Bildschirmen angezeigt. Somit kann jeder direkt kommunizieren und Gestik und Mimik live nachvollziehen. Zudem ist es in diesem Raum möglich, eine Chatfunktion zu nutzen.

15.3 Gesundheit digital gedacht

Mit der Idee, unsere digitale Lösung für das betriebliche Gesundheitsmanagement zu nutzen sowie viele Mitarbeiter ortsunabhängig einzuladen, etwas für ihre Gesundheit zu tun, erreichen wir weitaus mehr Mitarbeiter, als mit punktuellen Vor-Ort-Maßnahmen. Regionen übergreifend können sich nun Mitarbeiter zu den Themen einwählen, welche in ihrem Interessensbereich liegen. Unserer Diversität folgend ist das Portfolio des Gesundheitsmanagements bunt gestaltet und eng an den Bedürfnissen der Mitarbeiter orientiert. Die Führungskräfte sind wichtige Eckpfeiler in der Etablierung des Gesundheitsmanagements, sie besitzen eine herausragende Vorbildwirkung für ihre Teammitglieder. Alle sind gleichermaßen eingeladen, sich aktiv zu beteiligen. Uns ist es wichtig, zu vermitteln, dass Gesundheit und Arbeit zusammengehören. Viele unserer Angebote finden während der oder angelehnt an die Kernarbeitszeit statt.

Zurück zu unserer Bedarfsanalyse. Unseren Mitarbeitern liegen unter anderem die Themen Bewegung und Entspannung im Arbeitsalltag am Herzen. Sie benötigen einfache, praktikable und bürotaugliche Tipps und Übungen, die sie ganz nebenbei in ihren Büroalltag integrieren können und die ihnen helfen, abzuschalten, sich ganz auf sich selbst zu konzentrieren und ihrem Körper etwas Gutes zukommen zu lassen.

Praktisch zeitgleich mit diesen Überlegungen erhielten wir die Empfehlung, uns das Portfolio der „Pausenkicker" von Katrin Wulff, Lena Wittneben und Sina Morcinek anzusehen. Schneller als erwartet haben wir mit diesem zertifizierten Trainerinnen- bzw. Referentinnen-Trio eine bunte Vielfalt an gesundheitserhaltenden Angeboten für unsere Mitarbeiter gefunden. Mit ihrem betrieblichen Trainingskonzept GesundheitsEntertainment für Körper, Kopf und Stimme, kombinieren sie „bürotaugliches" Yoga mit Stimm- und ganzheitlichem Gedächtnistraining. Ihre Philosophie besagt, dass in einem fitten Körper ein gesunder Geist sitzt, der gute Gedanken produziert und diese mit einer wohlartikulierten Stimme in die Welt hinausträgt. Ihre gesundheitsfördernden Programme und Übungen besitzen hohen Unterhaltungswert. Der Gedanken dahinter: Das, was wir emotional und mit Freude erfahren, behalten wir leichter und integrieren gesundheitsstärkende Impulse so eher als neue Gewohnheit in den (Arbeits-)Alltag.

Mit ihrem „GesundheitsEntertainment" haben die Drei eine neue und eigenständige Säule innerhalb der betrieblichen Gesundheitsförderung etabliert. Entspannend – vitalisierend – stärkend, so beschreiben sie ihre Trainings. Mit wirkungsvollen, leicht umsetzbaren Übungen sorgen sie für einen entspannten, mobilisierten Körper, verbesserte Konzentrations- und Merkfähigkeit und eine tragfähige ausdrucksstarke Stimme: Das ist nachhaltige Ressourcenstärkung via Web-Videos, die Spaß macht. Gemeinsam haben wir einen Ein-Jahresplan für die körperliche und geistige Fitness und Zufriedenheit unserer Belegschaft aufgestellt.

Monatlich unterstützt uns jeweils eine der Trainerinnen von Pausenkicker während unserer Gesundheitssprechstunde. Sie schaltet sich per Live-Übertragung in unseren Raum zu und zeigt alltagstaugliche Entspannungs-, Stärkungs- und Mobilisierungsübungen. Klar und einfach vorgegeben, lassen sich die Übungen spielerisch in den normalen Arbeitsablauf integrieren. „Gut artikuliert ist halb gewonnen", „Um die Ecke gedacht – Denkflexibilität", „Sinne schärfen – Achtsamkeit üben", „Starker Rücken mit Office Yoga" sind nur einige beispielhafte Module, die das Programm beinhaltet und die Begeisterung bei unseren Mitarbeitern erzeugen.

Sie werden zur aktiven Teilnahme angeregt und erfahren, wie leicht es sein kann, sich im Büro körperlich und geistig fit zu halten. Für unsere Mitarbeiter, die unsere Sprechstunde nicht live wahrnehmen können, gibt es jederzeit die Möglichkeit, sich die Aufzeichnung der Sprechstunde auch im Nachhinein im Intranet anzusehen.

Unsere Mitarbeiter werden in diesem Angebot gleichermaßen nachhaltig angesprochen, egal ob Innen- oder Außendienst, Voll- oder Teilzeit, Jung oder Alt.

Unsere Mitarbeiter erlernen Tipps für eine gesunde Haltung am Schreibtisch und die Implementierung leichter Konzentrations- und Stimmübungen in den Arbeitsalltag. Die Sinne werden geschärft für die Achtsamkeit auf sich selbst und auf ein gesundes Miteinander. Die Termine werden langfristig geplant und angekündigt, sodass eine planbare Teilnahme stets ermöglicht wird.

Im Betrieblichen Gesundheitsmanagement stehen uns auf diesem Weg unbegrenzte Möglichkeiten der gemeinsamen Kommunikation und Angebotsetablierung zur Verfügung. Es gibt nahezu nichts, das nicht auch über den virtuellen Raum abgebildet werden kann. Nahezu. Wir möchten natürlich nicht ausschließen, dass ein persönliches, vertrautes Gespräch besser unter echten vier Augen geführt wird. Auch wir freuen uns, wenn wir Kollegen gegenüberstehen und uns physisch die Hand reichen können. Präsenz-Seminare, in denen die Gruppe gemeinsam die Köpfe rauchen lässt, sind weiterhin Bestandteil unserer Angebotsreihe. Das Digitale schließt das Analoge nicht aus und läuft ihm erst recht nicht den Rang ab. Beides ergänzt sich wunderbar zusammen, und beides wäre ohne das andere nicht mehr denkbar.

Heutzutage gibt es eine Vielzahl an Apps, Videos oder Portalen, worüber man sich über jedes erdenkliche Thema informieren und mit anderen austauschen kann. Unser virtueller Raum besitzt den Charme, immer live und in Echtzeit miteinander verbunden zu sein. Ein echter Gewinn für unsere dezentrale Organisationsstruktur und die agile Organisationsform. Online treffen Mitarbeiter aufeinander, die sich im normalen Arbeitsalltag aufgrund der räumlichen Entfernung nur sehr selten begegnen würden. Es findet aktive Verknüpfung, internes Netzwerken und der Austausch zu Gesundheitsthemen statt, welcher sonst nur auf direktem und persönlichem Wege am Standort oder in der näheren Region erfolgt. Interessensgemeinschaften und von gleichen Themen Betroffene bilden ganz automatisch eine Einheit, ortsunabhängig.

Wir verstehen die Unterstützung des Pausenkicker TRIOs als Impuls für unsere Arbeit im Betrieblichen Gesundheitsmanagement, um daran anknüpfend die Vorteile der Nutzung für den Einzelnen herauszuarbeiten oder zu forcieren. Wir möchten die Impulse auch dafür nutzen, aufzuzeigen, dass keiner die eigene Gesundheit aus der Hand geben sollte, sondern jeder Mitarbeiter selbstverantwortlich kontinuierlich die eigene Gesundheit im Blick behalten muss. Allzu oft hängen körperliche Beschwerden scheinbar mit dem Inventar und der Büroausstattung zusammen. Wir möchten den Fokus weg vom Bürostuhl, der Rückenbeschwerden verursacht, hin zu körperbewusstem Sitzen, Stehen und Bewegen am Arbeitsplatz lenken. Ein gesunder Arbeitsalltag fängt mit einem gesunden Bewusstsein für sich selbst an.

Unser digitales Betriebliches Gesundheitsmanagement sowie den Ansatz, sich gemeinsam mit dem Pausenkicker TRIO fit zu halten, werden wir ebenfalls auf unsere Teilnehmer und Trainer der Weiterbildungen und Umschulungen ausweiten. Damit sind wir in unserem Segment Vorreiter, denn wir legen den Fokus ganzheitlich auf alle Menschen, die mit uns als Bildungsanbieter in Berührung kommen und gehen mit diesem Angebot weit über unseren eigentlichen Qualifizierungsauftrag hinaus.

15.4 Zusammenfassung und Ausblick

Mittlerweile gibt es im Internet eine große Anzahl von Portalen, die Videos mit kurzen Fitnessübungen anbieten. Innerhalb dessen hat sich sogar schon ein weiterer Nischenmarkt etabliert, der explizit für Firmen eine eigene Plattformlösung anbietet, die nur den

Mitarbeitern zugänglich ist und im „look & feel", das heißt die Oberflächengestaltung des Onlineportals an die Corporate Identity des Unternehmens angepasst ist. Die via Videoclip vermittelten Trainings und Übungen bleiben jedoch für jeden User identisch.

Mit unserer eigens geschaffenen Struktur der firmeninternen Kommunikationsplattform mit dem virtuellen Klassenzimmer bieten wir unseren Mitarbeitern den großen Vorteil, maßgeschneiderte Onlineübungen anzubieten. In Rücksprache mit Pausenkicker lassen wir individuelle Videosequenzen konzipieren, die über den rein körperlichen Fitnessanspruch hinausgehen und auf die Besonderheiten bei der Arbeit mit Headset und mit langen Sitzphasen eingehen. Im Gegensatz zu denen auf den Portalen verfügbaren Fitness-Clips bedienen wir auch Trainingsimpulse mit ganzheitlichem Gedächtnistraining, sowie Stimm- und Atemübungen, um allen Anforderungen unserer Mitarbeiter gerecht zu werden.

Die Möglichkeit des Live-Streams bietet mit unserer Chatfunktion zudem ein aktives Miteinander trotz der räumlichen Distanz.

Darüber hinaus bieten wir mit der digitalen betrieblichen Gesundheitsförderung durch die Pausenkicker-Videos einen weiteren Mehrwert: Ihr Ansatz des „GesundheitsEntertainments" lässt die Mitarbeiter die kurzen Übungssequenzen mit Spaß, Freude und Unterhaltung genießen. Kein Trainingscharakter mit „Zeigefinger" Appell oder mühseligem „Nachmachen". In den maximal zehnminütigen Übungsepisoden erleben unsere Mitarbeiter wertvollen Wissenstransfer über lockere Unterhaltung mit unmittelbarem Nutzen, Alltagstransfer und passgenauer Ansprache an die WBS-Gegebenheiten und besonderen Bedürfnisse. Gleichzeitig verankern die Pausenkicker Informationen und Wissen um den Schutz der körpereigenen Ressourcen Körper (Rücken, Schulter, Nacken), Kopf (Merk- und Konzentrations- sowie Kreativtechniken) und Stimme (Klang, Volumen, Atmung und Mediation).

Ferner bieten explizit für und an die Mitarbeiter gerichtete Video-Botschaften und auf den firmeninternen Bedarf personalisierte Übungen eine Wertschätzung der Belegschaft. Durch die Aufzeichnung der Übungen und das Archivieren der Videos ist es zudem für die Mitarbeiter jederzeit möglich, die Inhalte erneut anzusehen und aktive Trainingsimpulse in den eigenen Arbeitsalltag einzubauen – standort- und kollegenunabhängig.

Unsere Mitarbeiter profitieren immens durch das digitale Betriebliche Gesundheitsmanagement mit individuellen Übungen, dem Unterhaltungscharakter und der jederzeit verfügbaren Nutzung.

In Zukunft werden wir unser Angebot erweitern, zusätzliche Themenfelder einbeziehen und die Gesundheitskultur verfeinern. Wir möchten als Beispiel dafür vorangehen, dass ein (digitales) Betriebliches Gesundheitsmanagement verbunden mit einer gesunden Unternehmenskultur zum Selbstverständnis jedes Unternehmens gehören sollte, wenn es bestrebt ist, glückliche Mitarbeiter zu haben.

1. Der einzelne Mitarbeiter steht im Mittelpunkt des digitalen Betrieblichen Gesundheitsmanagements.
2. Unsere dezentralen Unternehmensstrukturen erreichen wir ganzheitlich und Regionen
   übergreifend mit unserem Onlineangebot.
3. Digitales Betriebliches Gesundheitsmanagement lebt von der Partizipation und Mitgestaltung durch die Mitarbeiter.

Antje Flechsig ist Referentin für Betriebliches Gesundheitsmanagement bei der WBS TRAINING
AG. Sie ist Psychologin, systemischer Coach und Betriebliche Gesundheitsmanagerin (IHK).
www.wbstraining.de

Lena Wittneben, **Katrin Wulff**, **Sina Morcinek** sind die Gründerinnen von „Pausenkicker – GesundheitsEntertainment für Körper, Kopf & Stimme". www.pausenkicker.de

Spielerisch Verhalten ändern

16

Isabella Pfaff und Andreas Lenge

Zusammenfassung

Gamification ist ein neuer Ansatz, um über hierarchiefreie Kommunikation, über Spaß und spielerische Anreize eine dauerhafte Verhaltensveränderung bei Menschen herbeizuführen. Die Erfolge sind messbar, sie motivieren auch die „Motivationsmuffel", was besonders im Betrieblichen Gesundheitswesen wichtig ist.

16.1 Die nächste Revolution findet auf dem Rasen statt: Gamification, Veränderung durch Spaß und Spiel

Der russische Revolutionär Leo Trotzki soll einmal gesagt haben: „In Deutschland wird es keine Revolution geben, denn da darf man ja den Rasen nicht betreten,"

Auch wenn dieses Zitat 1989 eindrucksvoll widerlegt wurde, so bleibt doch die tiefer liegende Aussage zutreffend: Die öffentliche Umgangssprache in Deutschland ist der Befehlston.

Einmal darauf geachtet, fällt auf, wie oft wir im täglichen Leben im Imperativ angesprochen werden. Überall reden wir mit erhobenem Zeigefinger.

Sie alle kennen ja diese Schilder auf jedem öffentlichen, mit Gras bewachsenem Platz: „Rasen betreten verboten!"

Gefolgt von der Aufforderung: „Licht aus!" auf fast jeder Toilette. Beliebt auch: „Betreten der Baustelle verboten!", und in Schwimmbädern: „Einspringen verboten!" Die Liste ist fast beliebig fortsetzbar: Parken verboten! Müll abladen verboten! Ballspielen verbo-

I. Pfaff
Berlin , Deutschland

A. Lenge (✉)
München, Deutschland
E-Mail: lenge@instingo.de

© Springer Fachmedien Wiesbaden GmbH 2018
D. Matusiewicz und L. Kaiser (Hrsg.), *Digitales Betriebliches Gesundheitsmanagement*,
FOM-Edition, https://doi.org/10.1007/978-3-658-14550-7_16

ten! Oder auch: Hunde an die Leine! Mit der Variation: Freilaufende Hunde verboten! Plakatieren verboten! Parken verboten! Fahrräder abstellen verboten! Keine Werbung! Licht aus! Und so weiter und so fort.

Wir leben in einer Welt der Ausrufezeichen! Meist ohne irgendein „Bitte" und „Danke", immer aber ohne Erklärungen und oft mit zweifelhaftem Erfolg. Denn zum einen sind diese Verbotsschilder ortsgebunden, das heißt, wenn überhaupt, dann befolgen wir diese Anweisung nur an dem Ort, an dem wir dazu aufgefordert werden. Die Forderung wird aber nicht als allgemein gültige Aussage verstanden und auf andere Orte übertragen. Der nächste Rasen wird also sofort wieder betreten, wenn kein Schild zu sehen ist. Und Strom wird auch nur da gespart, wo das Schild „Licht aus!" prangt, nicht aber, was ja sinnvoll wäre, auch an anderen Stellen.

Zum zweiten, das zeigt eine Studie von 2012 aus den Niederlanden, bewirken Verbotsschilder oft das genaue Gegenteil dessen, was sie verbieten. Dadurch, dass auf ein Verbot hingewiesen wird, wird auch die Idee der Verbotsübertretung gleich mitgedacht. Heißt: Verbotsschilder bringen den Leser oft erst überhaupt auf die Idee, das Verbot zu übertreten (Keizer et al. 2011).

Wir halten fest, Verbote und ihre engen Verwandten, die Gebote, haben eher zweifelhaften Erfolg, bewirken oft das Gegenteil und sind eine äußerst hierarchische Art, miteinander zu kommunizieren.

Was also tun? Nun, wie wir eben auch wissen, lernen wir besonders schnell, wenn wir Spaß an einer Sache haben, für etwas belohnt werden, oder uns mit anderen vergleichen, die etwas besser können als wir. Und, wenn wir ein Ziel haben, für das wir uns einsetzen. Das motiviert uns (Sander 2011).

Also: Wir könnten freundlicher, hierarchiefreier miteinander umgehen und hätten bessere Resultate. Und das ist dann: Gamification.

16.2 Arbeiten ist das neue Spielen: Gamification für alle

Machen wir also Schluss mit dem erhobenen Zeigefinger und mit den Ausrufezeichen – zumindest da, wo es rechtlich nicht relevant ist – und lernen wir Verbote und Gebote einzuhalten, indem wir Spaß daran empfinden, sie zu beachten. Klingt das paradox? Ja, mag sein. Es funktioniert aber. Das beste Beispiel dafür, dass wir ein „Gebot" in ein Spiel verwandeln können, zeigt uns die Geschichte von Tante Polly.

Tante, wer?

Die Tante Polly aus Mark Twains „Die Abenteuer von Tom Sawyer". Sie erinnern sich vielleicht an die Episode als Tom zur Strafe Tante Pollys Zaun streichen sollte. Es war ein warmer, schöner Sommertag und alle anderen Kinder gingen an den Fluss zum Schwimmen. Nur Tom musste arbeiten. Der Weg zum Fluss führte nun ausgerechnet an Tante Pollys Haus vorbei und Tom war klar, dass er zum Gespött der anderen Kinder werden würde. Da hatte er eine grandiose Idee – quasi die Geburtsstunde des Gamifications: Statt sich zu beklagen machte er aus der Strafarbeit eine Kunst; ein schwer zu erreichendes, hohes Gut, das nur _er_ ausführen und nur _er_ erreichen konnte. Und erweckte somit das Bedürfnis der anderen Kinder genauso „auserwählt" und „kunstfertig" wie Tom zu sein und einmal ein Stück Zaun streichen zu dürfen. Tom wurde sogar von den anderen Kindern dafür bezahlt, dass sie ein Stück Zaun streichen durften. Sein Vorrat an Glasmurmeln wuchs an diesem Tag beträchtlich und er wurde so schnell fertig, dass er sogar noch zum Schwimmen konnte.

Was hat Tom gemacht? Er hat durch spielerische Anreize, Lob und Herausforderung, eine Verhaltensveränderung seiner Spielkameraden herbeigeführt. Das heißt: Um zu erreichen, dass der Zaun neu gestrichen wurde, er aber nicht arbeiten musste, hat Tom über Kommunikation, über die Vermittlung Spaß, Freude und kleine, spielerische Aufgaben, sein Ziel erreicht.

Das, was Mark Twain unnachahmlich in der Weltliteratur verewigt hat, wird heute im Kunstwort Gamification zusammengefasst. Das Wort kommt vom Englischen „Game", also Spiel, und wurde 2002 durch den britischen Programmierer Nick Pelling geprägt. Streng genommen bedeutet es einfach die Anwendung von spielerischen Ansätzen in einem spielfremden Kontext, um Verhaltensänderungen herbeizuführen.

Bis ca. 2010 wurde das Prinzip des Gamifications vorwiegend im Unternehmensmarketing und zur Kundenbindung eingesetzt. Beispielsweise über die klassischen Rabatt- und Bonussysteme. Also: Meilen sammeln bei Fluggesellschaften oder Rabatt-Marken sammeln im Einzelhandel. Der Begriff und die dahinterliegende Idee traten dann, durch das 2011 erschienene, grundlegende Werk „Gamification by Design" von Gabe Zichermann, den Siegeszug durch die digitale Welt an (Ibel 2015, S. 28). Gamification galt nun schlicht als Allheilmittel für alle digitale Problemlösungen und entfachte ab 2012 geradezu einen technologischen Hype Circle, der bis 2018 einen 5,5 Mrd. Markt prognostizierte (Ibel 2015, S. 33).

Kennzeichen des digitalen Gamification-Ansatzes sind folgende Spielmechaniken: Das Zufallsprinzip, der Wettbewerb, Belohnung, das Erreichen unterschiedlicher Levels, Teamwork, Punktevergabe, Fortschritt, Status, Anerkennung, Knappheit von Ressourcen, Zeitlimits, und ein gutes Narrativ.

Eine der bekanntesten Gamification-Anwendungen ist der Einsatz eines digitalen Spiels durch die finnische Nationalbibliothek zur Digitalisierung alter Handschriften. Diesem Beispiel ist dann auch die Ludwig Maximilians Universität (LMU) in München gefolgt. Sie initiierte 2012 das Gamification-Projekt „ARTigo", mit dessen Hilfe Daten der Kunstgeschichte und der italienischen Linguistik gesammelt und eine Kunst-Suchmaschine mithilfe von spielbereiten Nutzern aufgebaut wurde.

Das Projekt hatte durchschlagenden Erfolg: Nach einem Jahr haben rund 180.000 Mitspieler ca. sieben Mio. Schlagwörter katalogisiert. Täglich besuchten etwa 150 Spieler die Bibliotheksplattform, auf der jeweils zwei Spieler online von einer Software zusammengeschaltet wurden. Kamen beide auf denselben Begriff, um ein Kunstwerk zu beschreiben, gab es dafür Punkte. Der Wettbewerb um die meisten Punkte und Preise sollte neben dem Lerneffekt auch Anreize bieten, mitzumachen (LMU 2013).

16.3 Gamification goes Outdoor – Die Wiederentdeckung der analogen Welt

Die analoge Welt eroberte sich das Spielprinzip des Gamifications aber schnell wieder zurück. Denn dieselben Prinzipien ließen sich auch anwenden auf Problemlösungen in Bereichen wie: Verkehrssicherheit, Einhalten von Tempolimits, Benutzung von Mülleimern im städtischen Bereich, bei der Gesundheitsprävention, Bewegungsanreize für die sitzende Gesellschaft, Waldsäuberungen, Stadtplanungen, Sauberkeit auf öffentlichen Toiletten, Energiesparen und vieles, vieles mehr.

Polizei, Verkehrs- und Städteplaner, Tourismusmanager und Soziologen fingen an, sich vermehrt mit diesem Thema zu beschäftigen. Auslöser dieses „Booms", und mittlerweile ein Klassiker der analogen Gamification, war 2009 die schwedische Initiative „The Fun Theory". Dort wurden die mittlerweile berühmten „Piano Stairs" erdacht. Ihr Ziel war es, Menschen dazu zu bewegen, statt der Rolltreppe die daneben liegenden Treppen zu benutzen. Deshalb wurden die Treppenstufen der U-Bahn-Station Odenplan in Stockholm mit Elektroden versehen und wie Pianotasten beklebt. Beim Treppensteigen gab jede Stufe einen Klavierton ab. Man konnte also beim Treppensteigen selbst „Musik" machen. Erfolgreich war es auch: 66 % mehr Menschen nutzten die Piano-Treppen anstatt der Rolltreppe.

Aus einem Wettbewerb dieser Initiative ging auch die nicht weniger berühmte „Bottle Bank Arcade" hervor, ein öffentlicher Flaschencontainer, der wie ein „Einarmiger Bandit", Punkte und Töne auf einer Leuchtdiode für die eingeworfenen Flaschen anzeigte. Es gab unterschiedliche Punkte und Töne für unterschiedliche Flaschen. Nur Punkte – kein Geld oder andere Belohnungen. Dennoch wurde diese „Bottle Bank Arcade" im Laufe des ersten Tages von über 100 Menschen besucht, die ihre Flaschen entsorgten, während eine nahe gelegene Flaschenrückgabestelle ohne Gamification im selben Zeitraum nur zwei Mal besucht wurde (www.thefuntheory.com o.J.).

Spaß und Spiel wirken also nachweisbar. Eine Frage aber stellt sich in diesem Zusammenhang: Wie können durch Gamification nicht nur kurze, sondern lang anhaltende und nachhaltige Verhaltensveränderungen erreicht werden? Denn nach einem Jahr gewöhnt man sich eben auch an die schönste Piano-Treppe.

Der vielleicht wichtigste Punkt für eine nachhaltige und nicht nur projektbezogene Verhaltensveränderung ist, dass eine intrinsische Motivation angestoßen wird. Am besten über ein gutes Narrativ und ein überzeugendes Ziel. Intrinsisch heißt, dass ich mein Verhalten aus eigener Überzeugung heraus verändern möchte, und Gamification mir dazu die beste Möglichkeit bietet. Ich bin also vom Ziel, das ich erreichen möchte, oder das mir angeboten wird, überzeugt und bin bereit, mich dafür einzusetzen. Das heißt auch, ich verstehe warum und wozu ich mein Verhalten ändern soll und tue es freiwillig. Das unterscheidet Gamification auch wesentlich vom Nudging, also dem „Anstupsen" von außen.

Um es an einem Beispiel zu erklären: Als klassisches Nudging gilt die Betriebskantine, die die gesunden Salate und Gemüsegerichte ganz vorne in die Reihe stellt und anbietet und die eher „ungesunden" Nahrungsmittel, wie Pommes, Pasta oder Schokopudding nur auf Nachfrage herausgibt. Hier wird also von außen meine Wahlmöglichkeit beschränkt.

Ich wähle nicht freiwillig aus, sondern werde in eine bestimmte Richtung gedrängt. Ich weiß vielleicht nicht mal warum.

Der Gamification-Ansatz bietet hingegen beide Gerichte, den Salat und den Schoko-pudding, gleichberechtigt an. Es gibt also eine reelle Wahlmöglichkeit. Gleichzeitig aber wird versucht, über Aufklärungskommunikation und Anreize, beispielsweise drei ver-speiste Salate pro Woche ergeben eine Stunde früher Feierabend, eine Veränderung der Essgewohnheiten herbeizuführen.

16.4 Gamification im Betrieblichen Gesundheitswesen – Das Beste aus zwei Welten

„Wer sich keine Zeit für seine Gesundheit nimmt, muss sich später Zeit für seine Krankheit nehmen". Dieses Zitat wird Sebastian Kneipp zugeschrieben. Bewegung – auch das ist mittlerweile hinreichend belegt – ist die einfachste, billigste und effizienteste Methode, um etwas für seine Gesundheit zu tun. Mit anderen Worten: Prävention nutzt (Redaktion Gesundheit 2016).

Es geht hier nicht um Sport oder gar extensiven Sport, sondern einfach um: Laufen, sich bewegen, gehen. Die UN empfiehlt rund zwei Stunden moderate Bewegung pro Woche, denn bereits das senkt das Sterberisiko um ca. 20 %. Das wurde in einer repräsentativen Langzeitstudie in mehreren Ländern über 14 Jahre lang nachgewiesen (Redaktion Ge-sundheit 2016).

Allerdings sieht die Wirklichkeit in Deutschland so aus: Rund 50 % der Deutschen bezeichnen sich selbst als Sportmuffel und 30 % bewegen sich pro Tag weniger als eine halbe Stunde. Rund 40 % aller Arbeitnehmer arbeiten fast ausschließlich im Sitzen. Wir sind also eine sitzende, unbewegte Gesellschaft. Das belegen die Zahlen der TK-Bewe-gungsstudie von 2016.

Also genau die richtige Ausgangslage für Gamification: Wir haben eine Situation, in der es viele „unmotivierte" Sportmuffel gibt, denen aber bereits eine moderate Verhal-tensveränderung eine erheblich längere Lebenszeit, ganz zu schweigen von einer besseren Lebensqualität, bescheren würde.

Wie also bringt man nun die Sportmuffel dazu, sich zu bewegen, und das dauerhaft, um damit auch ihre Immunabwehr zu stärken, Diabetes einzudämmen, Herz-Kreislauf-Erkrankungen zu minimieren und Herzinfarkte zu vermeiden? (Rötzer 2016)

Kurz: Wie kann man die intrinsische Motivation wecken und auch über einen langen Zeitraum aufrecht erhalten?

Die Antwort darauf lautet:

- Suche die Menschen da auf, und bewege sie da, wo sie die meiste Lebenszeit verbrin-gen: Bei der Arbeit.
- Binde die Mitarbeiter von Anfang in dein Projekt mit ein, lasse sie über Ziele, für die sie sich bewegen wollen, mitentscheiden.

- Das Ziel ist umso attraktiver, desto mehr es einer guten Sache dient (CSR-Ziele des Unternehmens).
- Finde ein gutes Narrativ für deine Aktion.
- Wähle einen niederschwelligen Bewegungsansatz, bei dem alle mitmachen können.
- Motiviere über Kommunikation.
- Beginne mit einer zeitbeschränkten Aktion (ein Tag oder vier Wochen, nicht gleich ein Jahr). Diese Aktion ist der Anstoß, der erste Schritt.
- Begleite die gesamte Aktion mit Kommunikation.
- Die Aktion soll Spaß machen.
- Bilde Teams – Gemeinsamkeit stärkt.

Und zu guter Letzt – denn wir alle leben, denken und handeln in digitalen Dimensionen – bilde die Aktion mit allen digitalen und medialen Möglichkeiten ab. Über Wearables, die die Bewegungsdaten messen und in Echtzeit auf den Computer überragen und diese z. B. auf einem Bildschirm (am Schreibtisch oder in Groß in der Eingangshalle des Unternehmens) sichtbar werden lassen.

Das ist der erste Schritt.

Um einen dauerhaften Erfolg zu gewährleisten, bedarf es eines kompletten Bewegungsprogramms, das über einen längeren Zeitraum, möglichst über ein Jahr, unterschiedliche niederschwellige Bewegungsübungen mit unterschiedlichen und immer wieder überraschenden Anreizen und Belohnungen vorsieht. Diese müssen durch ständige Kommunikation begleitet werden und auch immer wieder Erfolge sichtbar werden lassen: Sieger müssen benannt und über Kommunikation muss motiviert werden, Kommunikation muss herausfordern, unterstützen, belohnen und vor allem dokumentieren. Das alles so transparent wie möglich – über das Netz, über Social Media – und für jeden Teilnehmer nachvollziehbar.

16.5 Best Practice: „Der Mops-Lauf" in Winnenden

Diese Gamification-Ansatz wurde 2015 mit der Aktion „Deutschland bewegt sich" und der schwäbischen Stadt Winnenden durchgeführt. Zwei Wochen lang waren dort 18 Teams aus verschiedenen Unternehmen der Stadt – von kleinen Handwerksbetrieben bis zum Weltunternehmen – am Start, ausgestattet mit Wearables. Es ging darum, welches Team in diesen zwei Wochen die meisten Schritte zurücklegt.

Warum sollte nun jemand in Winnenden motiviert sein, dabei mit zu machen? Ganz einfach: Es ging um eine legendäre Geschichte in der Stadthistorie. Diese wurde zum Narrativ der Bewegungsaktion und packte die Einwohner bei ihrer Ehre.

Der historische Hintergrund: Der Herzog von Württemberg besaß einen kleinen Mops, der ihn auch in die Schlacht gegen das türkische Heer im Jahre 1717 bei Belgrad begleitete. Im Chaos der Schlacht ging der Mops allerdings verloren und der Herzog musste ohne seinen geliebten Hund nach Winnenden zurückkehren. Doch zur Überraschung des

Herzogs tauchte der Hund Monate später wohlbehalten auf. Er hatte ganz alleine den Weg von Belgrad nach Hause gefunden und dabei mit seinen kurzen Beinen die Wegstrecke von rund 1100 km zurückgelegt.

Würden die Winnender auch schaffen, was der kleine Mops geschafft hatte? Die Wegstrecke von Belgrad nach Winnenden zurücklegen? Durch ihre tägliche Bewegung? Die Strecke wurde für den Gamification-Ansatz zunächst in Schritte umgerechnet, dann zur Erschwerung der Teilnehmer in „Mopsschritte", heißt, jeder menschliche Schritt zählte nur die Hälfte, um dem kleinen Mops gerecht zu werden.

Top, die Wette galt – und sie wurde ein durchschlagender Erfolg: Durchschnittlich ging jedes einzelne Teammitglied pro Tag rund 26.000 Schritte; ungefähr das Doppelte dessen, was die UN empfiehlt, um auf die zwei Stunden Bewegung in der Woche zu kommen. Die Schrittzahl jedes Einzelnen wurde dabei laufend gemessen, zu Teamzahlen anonymisiert und kumuliert und live im Netz mit einer Strecken-Applikation angezeigt. Jeder Streckenfortschritt konnte so live weltweit mitverfolgt werden, ob die 18 Teams der Stadt es schaffen würden, was der Mops geschafft hatte.

Gleichzeitig wurde über Pressearbeit die Aktion in vielen deutschen Tageszeitungen bekannt gemacht. Als nach rund einer Woche klar wurde, dass die Teams weit mehr als die Ursprungsstrecke zurücklegen würden, wurde für die Teilnehmer überraschend die Zielvorgabe erhöht. Eingebaut und den Teams kommuniziert wurde nun ein Umweg über Albertville, die französische Partnerstadt von Winnenden. Das waren nochmals rund 700 km, die von den Teams in den zwei Wochen zurückgelegt werden mussten. Und dieser „Booster" wirkte erneut motivierend. Es bildeten sich neben dem Laufgruppen, die am Wettbewerb teilnahmen, weitere, private Laufgruppen, man traf sich morgens vor der Arbeit und nach der Arbeit, um zusätzliche Schritte zu laufen – eine ganze Stadt war auf den Beinen. Und übereinstimmend hatten alle Spaß daran, auch die, die vorher nie daran dachten, sich zu bewegen (BGV 2015).

Literatur

BGV 2015: Die Aktionen „Winnenden bewegt sich" wurde von der Münchner Gamification-Agentur instingo GmbH & Co KG 2015 durchgeführt. Siehe: www. instingo.de und Quellen: http://bgw-winnenden.de/2015/10/27/deutschland-bewegt-sich-winnenden-geht-voran/

Jonas Ibel 2015 Bachelorarbeit, Gamification – Einbindung von Spielelementen bei digitalen Medien http://edoc.sub.uni-hamburg.de/haw/volltexte/2016/3493/pdf/BA_Ibel.pdf, S. 28

Keizer, K., Lindenberg, S., & Steg, L. (2011). The reversal effect of prohibition signs. *Group Processes & Intergroup Relations, 14*, 681–688.

LMU 2013 Pressemitteilung der Ludwig Maximilians Universität am 2.12. 2013

Redaktion Gesundheit 2016 http://www.bgm-manufaktur.de/neue-studien-zu-bewegung-und-gesundheit-54-geringeres-sterberisiko/

Robert Sander (2011). Gamification. Köln, International School f Design.

Rötzer Florian 2016 Metastudie bestätigt: Bewegung senkt Erkrankungsrisiko https://www.heise.
de/tp/features/Metastudie-bestaetigt-Bewegung-senkt-Erkrankungsrisiko-3291451.html
http://www.thefuntheory.com

Isabella Pfaff ist Gründerin der Agentur mfm – menschen für medien und Inhaberin der Bewegt-
bildplattform Food Culture Net in Berlin sowie Geschäftsführerin bei intingo. Kommunikation und
politische strategische Beratung von Verbänden, Unternehmen und Politik sind ihre Schwerpunkte.
Zusammengefasst lässt sich ihr Arbeitsleben so beschreiben: 15 Jahre Chef vom Dienst, Moderato-
rin & Reporterin der ARD im Inland wie im Ausland; 15 Jahre Führungspositionen im Deutschen
Bundestag sowie in Bundesministerien; 13 Jahre Unternehmerin und Gründerin. Dazu Buchauto-
rin, Filmemacherin und Autorin vieler Fachartikel. Bei der Gamifcation Agentur instingo GmbH in
München ist Isabella Pfaff für die Strategie zuständig.

Andreas Lenge ist geschäftsführender Gesellschafter bei der instingo GmbH & Co KG. Neben seiner geschäftsführenden Tätigkeit bei instingo, leitet er den Kundenkontakt. Er hat mehr als 20 Jahre
nationale und internationale Erfahrung. In verschiedenen Ländern Europas hat er entscheidend zum
Unternehmenswachstum beigetragen, unter anderem als Geschäftsführer Marketing und Mitglied
der Geschäftsleitung bei Philip Morris, Marketing Director West-Europa bei Philip Morris und als
Account Executive, Werbeagentur BBDO. In 2009 hat das Beraternetzwerk Alchemy Network als
Managing Partner aufgebaut. Mit Vorträgen setzt er sich innerhalb der Organisation 2041 für den
Erhalt der Antarktis ein.

Digital gestützte Gesundheitsförderung – Lebensrhythmus in der Arrhythmie der Schichtarbeit

17

Andreas Koller

Zusammenfassung

Auffallend ist, dass das Thema Schlaf zusehends Medienpräsenz erhält. Keine Überraschung, sondern höchst an der Zeit. Laut Österreichischer Gesellschaft für Schlafmedizin (ÖGSM) sind nahezu 30 % der Bevölkerung von Schlafstörungen betroffen. Zahlreiche Experten sprechen zwischenzeitlich von Schlaf als weiterer Säule der Gesundheitsprävention. Bei Beschäftigten, die Schichtarbeit leisten, ist die Zahl ungleich höher. Der renommierte Schlafforscher Prof. Dr. Jürgen Zulley spricht von bis zu 95 % Betroffenen bei Schichtarbeiter/-innen mit Nachtschicht.

17.1 Einleitung

Definition laut Arbeitsinspektion des Sozialministeriums Österreich: Schichtarbeit liegt vor, wenn ein Arbeitsplatz an einem Arbeitstag von mehreren einander abwechselnden Arbeitnehmer/-innen eingenommen wird bzw. wenn Arbeitsgruppen in bestimmten Betriebsabteilungen einander zeitlich nachfolgend ablösen.

Fast 700.000 Menschen arbeiten laut Arbeiterkammer (AK) aktuell in Österreich auch nachts, also im Wechseldienst mit Nachtdienst oder ausschließlich in der Nacht, je nach Schichtplan. In Deutschland waren es 2014 laut dem Statistikportal statista 17 % der 42,6 Mio. Beschäftigten (ARD Tagesschau 2015). Ob effektive Nutzung wertvoller Betriebsanlagen, einen Feuerwehreinsatz um Mitternacht, Rettungseinsätze im Morgengrauen, medizinische Versorgung und Sicherheit oder die Verpflegung mit Lebensmitteln: Schichtarbeit hat viele Facetten.

A. Koller (✉)
Ottensheim, Österreich
E-Mail: andreas@gesundheitskoller.com

© Springer Fachmedien Wiesbaden GmbH 2018
D. Matusiewicz und L. Kaiser (Hrsg.), *Digitales Betriebliches Gesundheitsmanagement*,
FOM-Edition, https://doi.org/10.1007/978-3-658-14550-7_17

Neben vielen Vorteilen, wie der freien Zeit für Erledigungen, die auch wochentags möglich ist, ohne Urlaubstage dafür zu verbrauchen, einem meist staufreien Weg zur Arbeit, mehr Zeit für Kinder insbesondere im Vorschulalter, mehr Zeit für sich selbst tagsüber, höherer Verdienst ..., werden auch Nachteile wie Schlafstörungen, Appetitstörungen, Magen-Darm-Beschwerden, Herz-Kreislauferkrankungen, ungewollte Gewichtszunahme, soziale Isolation, ... von meinen Seminar/Workshop-Teilnehmer/-innen genannt. Zusammengefasst werden diese Erkrankungen im sogenannten Schichtarbeitersyndrom. Nicht unerheblich sind die laut AUVA (Allg. Unfallversicherungsanstalt) deutlich erhöhten Unfallzahlen in den Nachtstunden der Arbeit.

Den Nachteilen kann jedoch bei entsprechender Aufmerksamkeit erfolgreich entgegengewirkt werden.

Diese Angaben decken sich mit meinen persönlichen Erfahrungen aus 20 Jahren Schichtdienst im Rettungsdienst, Notarztwagendienst, stationärer wie auch ambulanter Pflege und zahlreichen Gesundheitstrainings mit vielen Hundert Schichtmitarbeiter/-innen in den vergangenen Jahren. Wenige, vor allem Jüngere und erst kurz im Schichtleben befindliche, waren großteils (noch) frei von Beschwerden.

Ein wesentlicher Knackpunkt für die Verträglichkeit von Schichtarbeit scheint zusätzlich das Lebensalter ab dem 50. Lebensjahr zu sein. Bei der Jahrestagung der Deutschen Gesellschaft für Schlafmedizin und Schlafforschung 2015 in Mainz, hat Prof. Dr. Friedhelm Nachreiner von der Gesellschaft für Arbeits-, Wirtschafts-, und Organisationspsychologischen Forschung Oldenburg in seinem Vortrag erkannt, dass ab diesem Lebensalter die Dienstfähigkeit in Schichtarbeit zu sinken beginnt. Dies unabhängig von der Anzahl der Schichtarbeitsjahre zuvor.

17.2 Zielgruppenspezifisches Gesundheitswissen und E-Learning

Zahlreiches Feedback aus den von mir abgehaltenen Trainings zeigt, dass die Vermittlung von zielgruppenspezifischem Gesundheitswissen Früchte trägt. In Folgeseminaren höre ich immer wieder von gesteigerter Schichtverträglichkeit derer, die das Gesundheitswissen unmittelbar anwenden. Untermauert wird meine Wahrnehmung durch eine 2015 veröffentlichte Studie der Jacobs University in Bremen. Besagte Studie stellt effektive Lösungen für betriebliches Gesundheitsmanagement dar. Unter anderem heißt es dort: Die Verhaltensänderung hin zu einer gesünderen Lebensführung ist deutlich ausgeprägter und die Verbesserungen sind nachhaltiger bei Teilnehmern, die eine maßgeschneiderte Ansprache erfahren im Vergleich zu einer Gruppe, die nur allgemeine Informationen bekommen hatte. Die individuell angesprochene Gruppe hatte eine doppelt so hohe Wahrscheinlichkeit, einen gesunden Lebensstil aufzunehmen. Dass auch eine computergestützte Gesundheitsförderung (E-Health-Angebot) mit spezifischer Ansprache jedes einzelnen Mitarbeiters erfolgversprechend sein kann, zeigt nun das Team um Sonia Lippke, Professorin für Gesundheitspsychologie an der Jacobs University: „In unseren Untersuchungen haben wir festgestellt, dass wir Menschen in ihrer Lebenswelt abholen und ihre Bereitschaft zur

Verhaltensänderung einbeziehen müssen. Nur dadurch können wir diese differenziert ansprechen und gezielt motivieren, um so eine Änderung zu einem gesünderen Lebensstil zu erreichen. Konkret bedeutet das, dass es zu einer realistischeren Planung und Umsetzung von mehr körperlicher Bewegung und besserer Ernährung kommt. Die Motivation für eine Verhaltensänderung und bisherige Erfahrungen sind dabei das A und O und können – entgegen mancher Befürchtungen – auch sehr gut computergestützt geschehen." Hier liegt das Potenzial von E-Health und E-Learning, sagt Sonia Lippke, die mehrere vom Bundesministerium für Bildung und Forschung geförderte Projekte in diesem Forschungsgebiet leitet (IDW 2015).

Schichtarbeit ist die schwierigste aller Beschäftigungsformen. Maßgeschneiderte Betriebliche Gesundheitsförderung (BGF) wird noch viel zu selten auf diese ganz besondere Gruppe der Beschäftigten ausgelegt. Unverständlich, sind doch beinahe 700.000 Menschen in Österreich davon betroffen – Tendenz steigend. Erfahrungen zeigen, dass oftmals nur geringfügige Veränderungen im Lebensstil notwendig sind, um große Auswirkungen zu erzielen. Die Problematik ist, dass gegenwärtig zu wenige Expert/-innen aus Arbeitsmedizin und Schlafmedizin freie Kapazitäten zur Verfügung haben, um Gesundheitswissen zu vermitteln und die Gesundheitskompetenz der Zielgruppe zu stärken. Am Markt der BGF gibt es nur dünn gesät Anbieter.

Zahlreiche Personalverantwortliche und Fachleute aus arbeits- und betriebsmedizinischen Einrichtungen weisen auf die Problematik des Wissenstransfers vom Seminartag in den Alltag hin. Bestes Feedback zu Seminar/Workshops ist noch kein Garant für die Umsetzung des Gelernten im Anschluss. Hier hat die digitale Technik sicherlich einen wesentlichen Vorteil.

17.3 Chronotypen

Folgender kurzer Exkurs soll verständlich machen, weshalb Schichtarbeit eine gesundheitliche Herausforderung darstellt, da wir Menschen Rhythmuswesen sind. Jegliche längerdauernde Arrhythmie bringt physiologische Abläufe durcheinander.

Unser Leben wird nicht nur von der Uhr an der Wand bestimmt. Es unterliegt auch dem Einfluss einer biologischen, inneren Uhr, die viele Abläufe des Organismus steuert. Diese innere Uhr wird in der Fachsprache circadiane Rhythmik oder circadianer Rhythmus genannt. Die Chronobiologie ist jene Wissenschaft, die diese inneren Rhythmen, die eine Periodenlänge von ca. 24 h haben, beschreibt und erklärt. Leistungsbereitschaft am Tag und Erholung sowie Ruhe in der Nacht sind uns angeboren. Am deutlichsten zeigt sich die innere Uhr des Menschen im Schlaf-Wach-Verhalten. Dieses ist im Wesentlichen geprägt von der Sonne. Daran hat sich im Laufe der Evolution nichts geändert außer, dass zahlreiche zusätzliche Lichtquellen rund um die Uhr auf uns einwirken. Das Zeitfenster, zu dem die innere Uhr den Menschen auf Schlaf oder Aktivität einstellt, ist bei jedem anders. Man nennt diese Eigenschaft Chronotyp. Die Verteilung der Chronotypen in der Bevölkerung ist gekennzeichnet von einer Hauptgruppe und zwei Kleingruppen.

Die Chronobiologie benennt im Wesentlichen fünf Gruppen:

- extremer Frühtyp (Lerche)
- extremer Spättyp (Eule)
- moderater Frühtyp
- moderater Spättyp
- Neutraltyp

Taktgeber

Unser innerer Taktgeber, der SCN (engl. suprachiasmatic nucleus) oder auch Master Clock genannt, hat seinen Sitz auf der Höhe der Nasenwurzel, wenige Zentimeter tief auf der Sagittalebene. Der Impuls zur Regulation gelangt über lichtgesteuerte Rezeptoren in den Augen dorthin. Der SCN gibt bei Abnahme der Helligkeit und zunehmender Finsternis an die Zirbeldrüse (Zwischenhirn) den Auftrag, das Schlaf anstoßende und fördernde Hormon Melatonin zu produzieren – und umgekehrt. Von dieser Zentraluhr werden auch alle, in sämtlichen Zellen befindliche Uhren gesteuert. Äußerer Taktgeber ist jedoch nicht nur das natürliche Tageslicht mit seinem blauen Lichtspektrum, sondern auch künstliche Lichtquellen mit gleicher Lichtfarbe. Zusätzlich beeinflussen Lärm (besonders wirksam bei Schlaf nach Nachtschichten), soziale Bedürfnisse, die Uhrzeit, Interessen und Hobbys die innere Uhr.

Im Folgenden werden die Charakteristika von Eule und Lerche beschrieben. Die meisten Menschen gehören der Hauptgruppe an und finden da wie dort Anteile, die moderat zum eigenen Typ passen.

Eule

Wird vom Chronotyp Eule gesprochen, so sind damit abend- und nachtaktive Menschen gemeint. Diese tun sich morgens mit dem Aufstehen eher schwer. Eulen werden fälschlicherweise oftmals Langschläfer genannt und als weniger fleißig angesehen. Sie schlafen jedoch nicht unbedingt länger, sondern nach hinten zeitverschoben. Sie gehen später ins Bett und wachen daher auch zu einer späteren Zeit wieder auf. So kann es bei Eulentypen sowohl Kurz- als auch Langschläfer geben.

Charakteristika der Eule

Typisch für die Eule ist, dass

- sie nur schwer in die Gänge kommt, wenn sie am frühen Morgen das Bett verlassen muss.
- sie sich müde fühlt und dann zunächst keinen Appetit verspürt.
- ihr frühes Schlafen am Abend nicht leicht fällt, z. B. vor der Frühschicht.

Dieser vermeintliche Nachteil in der leistungsorientierten Morgengesellschaft, in der wir uns befinden, wird jedoch in den Abendstunden zum Vorteil. Das verzögerte Einschlafen der Eule – dem Spättyp – am Abend, sorgt oft für ein Schlafdefizit in der von ihr ungeliebten Frühschicht. Die Spätschicht ist wohl die Lieblingsarbeitszeit für Eulentypen. Die Nachtschicht erträgt sie leichter als der Frühtyp, der Lerche genannt wird. Schlafen im Anschluss an die Nachtschicht fällt ihr nicht schwer.

Tipps für den Eulentyp Als Eulentyp sollten Sie es am Morgen eher ruhig angehen, wenn Sie die Möglichkeit dazu haben. Lassen Sie sich genug Zeit, um in den Tag zu kommen. Schwierige Aufgaben sollten erst in der zweiten Tageshälfte erledigt werden.

Lerche

Wird vom Chronotyp Lerche gesprochen, so sind damit früh- und tagaktive Menschen gemeint. Diese tun sich morgens, mit zeitigem Aufstehen eher leicht. Lerchen werden fälschlicherweise oftmals Kurzschläfer genannt und als ganz besonders fleißig angesehen. Sie schlafen jedoch nicht unbedingt kürzer, sondern nach vorne zeitverschoben. Sie gehen gerne früher ins Bett und wachen daher auch zeitiger am Morgen wieder auf. So kann es bei Lerchentypen sowohl Kurz- als auch Langschläfer geben.

Charakteristika der Lerche

Typisch für die Lerche ist, dass

- sie gerne schon früh am Morgen aufsteht.
- voller Tatendrang und mit gutem Appetit in den Tag startet.
- ihr das Schlafen am Morgen, im Anschluss an die Nachtschicht, nicht leicht fällt.

Dieser vermeintliche Vorteil in der leistungsorientierten Morgengesellschaft, in der wir uns befinden, wird jedoch in den Abendstunden zum Nachteil. Das zeitige Schlafbedürfnis einer Lerche – des Frühtyps – am Abend, lässt Spät- und vielmehr Nachtschichten besonders anstrengend wirken. Die Frühschicht ist wohl die Lieblingsarbeitszeit für Lerchentypen. Die Nachtschicht erträgt sie weitaus weniger gut als der Spättyp, der Eule genannt wird. Auch das Schlafen im Anschluss an die Nachtschicht bereitet ihr oftmals große Probleme.

Tipps für den Lerchentyp Als Lerchentyp sollten Sie Ihre wichtigsten Tätigkeiten in der ersten Tageshälfte erledigen, wenn Sie die Möglichkeit dazu haben. Gönnen Sie sich bei einem Leistungstief am frühen Nachmittag etwas Ruhezeit, um den Abend noch zu erleben.

Spättypen, umgangssprachlich Eulen genannt, bevorzugen spätere Einschlafzeiten, wachen allerdings auch erst später auf. Diese Besonderheit kann bei starker Ausprägung zu bis zu zwölf Stunden Zeitunterschied führen: Die Lerche steht auf, wenn die Eule zu Bett geht. Unterschiede gibt es auch zwischen den Geschlechtern: Frauen sind eher dem Lerchentyp zuzuordnen, Männer tendieren eher zum Eulentyp. Im Altersgang wird aus den meisten Eulen irgendwann eher eine Lerche (junge Menschen werden oftmals Nachteulen genannt, ältere Menschen gehen meist lieber früher ins Bett).

Schichtarbeit – auf die innere Uhr abgestimmt

Schichtarbeiter können aus diesem Grund nur schwer ein Leben im Einklang mit der inneren Uhr führen. Denn Lerchen schlafen im Vergleich zu Eulen beispielsweise nach dem Nachtdienst deutlich kürzer, da ihre innere Uhr auf Aktivität eingestellt ist. Das verzögerte Einschlafen einer Eule, eines Spättyps also, sorgt dagegen für ein Schlafdefizit vor der Frühschicht – was entsteht, wird sozialer Jetlag genannt. Die biologische und die soziale Uhr stimmen nicht überein. Schlafmangel sowie Schlaf außerhalb des individuellen Schlaffensters können eine der Ursachen der eingangs beschriebenen Krankheitssyndrome sein.

Wie lässt sich positiver Einfluss herstellen?
Wenn Sie als Lerche abends oder nachts gefordert sind, dann tanken Sie nachmittags unter Berücksichtigung allgemeiner Sonnenschutzempfehlungen noch Tageslicht. Das verzögert die abendliche Melatonin-Produktion in Ihrer Zirbeldrüse. Zusätzlich nimmt bei anstehendem Nachtdienst ein Schläfchen am Nachmittag vom Schlafdruck am Abend. Wenn Sie als Eule am Folgetag mit einer Frühschicht zu kämpfen haben, sollten Sie tagsüber nicht schlafen und am Nachmittag zuvor dem Tageslicht mit Sonnenbrillen begegnen. Diese filtern auch das Blaulicht der Sonne, das ist wiederum der abendlichen Melatonin-Produktion in Ihrer Zirbeldrüse dienlich. Verwenden Sie am Heimweg von der Nachtschicht bis zum Zubettgehen eine Sonnenbrille mit orange gefärbten Gläsern. Diese filtern das Blaulicht des Tages am besten und sorgen gleichzeitig für gutes Kontrastsehen.

Physiologische Leistungsbereitschaft
Die physiologische Leistungsbereitschaft unterliegt wie alles im menschlichen Organismus einem zyklischen Ablauf. In Abhängigkeit zum Chronotypen kann die in folgender Grafik dargestellte Kurve noch nach vorne oder hinten differieren. Unmissverständlich zeigt sie jedoch, dass die menschliche Leistungsbereitschaft in der Nacht deutlich herabgesetzt ist. Die Grafik zeigt auf der Nulllinie die durchschnittliche Leistungsbereitschaft.

Das nächtliche Tief verläuft parallel zur Kurve der Körperkerntemperatur. Ich habe die Erfahrung gemacht, dass bei Nachtschichten mit einer mitternächtlichen, leichtverdaulichen warmen Mahlzeit und wärmenden Tees beides abgemildert werden kann. Das Tief wird weniger prominent wahrgenommen und der Schlaf im Anschluss an die Nachtschicht gewinnt an Qualität und Quantität.

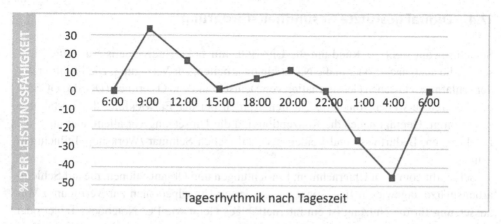

Quelle: IBG Wien, Graf 1954, zitiert nach Schweflinghaus 2006

Ernährung und Schichtarbeit

Die tägliche Ernährung hat grundsätzlich bei allen Menschen eine besondere Auswirkung im Rahmen der persönlichen Gesundheitsförderung. Durch die Belastungen nächtlichen Arbeitens kommt der Auswahl der Lebensmittel und der Mahlzeit eine noch größere Bedeutung zu. Alle bekannten und in der Einleitung genannten Beschwerdebilder sind durch die Ernährung beeinflussbar. Grundsätzlich ist eine fettreduzierte, ballaststoffreiche, pflanzlich betonte Mischkost empfehlenswert. Fettreiche Mahlzeiten bewirken eine Störung von Hormonen, die den Stoffwechsel sonst günstig beeinflussen. Lebensmittel mit ausreichendem Anteil komplexer Kohlenhydrate erhöhen die Konzentration dieser wichtigen Hormone. Die Berücksichtigung nachgereihter Empfehlungen kann zu mehr Wohlbefinden führen und langfristig zur Vorbeugung chronischer Krankheiten beitragen. Eine wesentliche Besserung bestehender Beschwerden bzw. die Verhinderung deren Entwicklung, ist durch schichtspezifische Ernährung möglich. Auswirkungen können sein:

- Reduktion der Ermüdbarkeit während der Nachtarbeit – Bewältigung des toten Punktes (um 03:00 Uhr).
- Raschere Regeneration in den Freizeitphasen – Stärkung des Herz-Kreislaufsystems und Verbesserung der Schlafqualität.
- Minimicrung der Belastung von Verdauung und Stoffwechsel.

Für die Nachtarbeit gilt ein scheinbarer Widerspruch. Einerseits sind Verdauung und Stoffwechsel nicht auf nächtliche Nahrungszufuhr eingestellt, andererseits kann das nächtliche Leistungstief durch eine gut abgestimmte Zufuhr von Nahrungsenergie abgeschwächt werden. Daher sollten gerade die Nachtmahlzeiten leicht und fettarm sein.

17.4   Digital gestützte Gesundheitsförderung

Schichtfit.com steht als Rund-um-die-Uhr-BGF mit hoher Individualisierung für Menschen, die auch nachts oder in die Nacht hinein arbeiten, zur Verfügung. Die Fachliteratur der schlafmedizinischen Gesellschaften von Deutschland und Österreich (DGSM, ÖGSM) und zahlreiche weitere fundierte Quellen wurden bei der Entwicklung des Portals berücksichtigt. Geprägt haben die Konzeption und die Umsetzung vor allem aber auch die Erfahrungen, Bedürfnisse und Leiden der zahlreichen Seminar-/Workshop-Teilnehmer/-innen.

Schichtfit.com steht Unternehmen, Einrichtungen und Organisationen, die auf Schichtarbeitsplätze angewiesen sind, sowie interessierten Einzelpersonen zur Verfügung. Voraussetzung für die Nutzung ist ein internetfähiges Gerät wie PC, Notebook, Tablet oder Smartphone. Der Einstieg in das Portal erfolgt über einen persönlichen Zugang. Eine schriftliche Anleitung erklärt die einfach durchführbare Anwendung und den Ablauf von Schichtfit.com. Ziel ist, immer in Bezug zu Schichtarbeit gesundes Wissen zu vermitteln und die Gesundheitskompetenz zu steigern, zu gesunden Entscheidungen zu motivieren und gesunde Gewohnheiten zu entwickeln.

Der Ablauf kurz umrissen

Der zu Beginn durchzuführende Chronotypen-Check ist Basis für die Individualisierung der später folgenden Lebensstilempfehlungen. Dieser wurde von Frau Prof. Dr. Griefahn (zu diesem Zeitpunkt wissenschaftliche MA am Leibniz-Institut für Arbeitsforschung an der TU Dortmund) zur Verfügung gestellt. Weiter folgt die Eingabe des Schichtplans für jeweils eine Woche. Als Ergebnis wird in der Timeline angezeigt, zu welchen Zeitphasen es rhythmusförderlich ist, Mahlzeiten einzunehmen, für Entspannung zu sorgen, sich zu bewegen, zu schlafen, künstliches Blaulicht und Koffein zu vermeiden, natürliches Blaulicht zu nutzen. Kochrezepte, Videoanleitungen und mehr, unterstützen die Umsetzung der Empfehlungen. Sich selber Ziele zu setzen und deren Erreichung zu überprüfen runden die Anwendung ab.

Erste Rückmeldungen von Nutzer/-innen zeigen, dass die Möglichkeit mit digitaler Technologie rund um die Uhr den schichtarbeitsbedingten Nachteilen mit besonderer Aufmerksamkeit zu begegnen und dabei Lösungen angeboten zu bekommen, für Rhythmisierung und gesteigertes Wohlbefinden sorgen.

17.5   Herausforderungen und Ausblick

Zum Zeitpunkt, an dem dieser Beitrag verfasst wurde, war mir kein vergleichbares BGF-Angebot für die Zielgruppe der Schichtarbeitenden bekannt. Das heißt, es sind keine Vergleiche möglich.

Herausforderungen können sein:

- Routinen zu durchbrechen und neue Möglichkeiten aufzeigen.
- Einfach in der Anwendung und komplex in der Programmierung sein.
- Kundenbedürfnisse zum Thema zu wecken und die Zielgruppe zu begeistern.
- Fehlende Erfahrungen in der Anwendung durch Testung durch die Zielgruppe kompensieren. Deren Erfahrungen sind folglich auszuwerten und die Innovation in einem iterativen Prozess ständig weiterzuentwickeln. Zusammengefasst werden können die Herausforderungen mit dem Begriff Disruptive Thinking.

Schichtarbeitsplätze werden in den zahlreichen bestehenden Bereichen (Industrie, Logistik, Produktion, Gesundheits- und Sozialwesen, Sicherheit, Touristik, Gastronomie ...) vermutlich zunehmen. Von Personalverantwortlichen in Unternehmen wird mir immer wieder von abnehmender Bereitschaft des Nachwuchses, diese zu leisten, berichtet. Zielgruppenspezifische Gesundheitsförderung für diese ganz besonderen Menschen ist eine großartige Herausforderung und hat Zukunft. Schichtfit.com kann einen – dem digitalen Zeitgeist entsprechenden – wertvollen Beitrag dazu leisten.

Literatur

ARD Tagesschau 2015 Deutscher Arbeitsmarkt Beschäftigtenzahl auf Rekordhoch https://www.tagesschau.de/wirtschaft/arbeitsmarkt-127.html
IDW 2015: Newsletter Informationsdienst Wissenschaft – idw – vom 6. 10. 2015; https://idw-online.de/de/news?print=1&id=638893

Weiterführende Literatur
Corlet, E. N. et al.: Die Gestaltung der Schichtarbeit. Europäische Stiftung zur Verbesserung der Lebens- und Arbeitsbedingungen (Hrsg.), Amt für Amtliche Veröffentlichungen der Europäischen Gemeinschafen, Luxemburg 1989
Deutsche Gesellschaft für Schlafforschung und Schlafmedizin
Die Betriebliche Gesundheitsförderung unter besonderer Beachtung von Nacht- und Schichtarbeit, Aynur Arpaci, GRIN, 2013
Ernährung bei Schichtarbeit, Mag. Judith Petschelt, VDM, 2008
NACHT.AKTIV, Andreas Koller, GRIN 2016
Österreichische Gesellschaft für Schlafforschung und Schlafmedizin
Schlaf erfolgreich trainieren. Müller/Paterok, Hogrefe, 2010
Wie wir ticken. Roenneberg, Dumont, 2010

Andreas Koller ist Vortragsredner, Autor, Trainer, Coach und bietet als Einzelunternehmer sowie freiberuflicher Gesundheits- und Krankenpfleger Beratungen im Bereich der betrieblichen und persönlichen Gesundheitsförderung. Schwerpunkte sind die Themen Ernährung, Bewegung, Schlaf und

Schichtarbeit. Die Spezialisierung auf betriebliche und persönliche Gesundheitsförderung erfolgte in der Betriebsmedizin voestalpine in Linz. Koller war Mitbegründer und Mitgestalter des Erfolgsmodells BGF voestalpine unter Prim. Dr. Helmut Csillag. Nach über 30 Jahren dort wechselte der Gesundheitsbegeisterte mit seinem gesamten Bildungs- und Erfahrungsschatz 2013 in die Selbstständigkeit und gründete seine Firma GESUNDHEITS.KOLLER.

Führungsaufgaben und Führungsherausforderungen im digitalen BGM

18

Benjamin Loosen

Zusammenfassung

Damit das digitale BGM im Unternehmen eingeführt werden kann, muss das entsprechende Konzept in der Unternehmensstrategie verankert werden. Bei der Konzeption ist die Bearbeitung in einer Projektstruktur hilfreich und zielführend. Als Projektmitglieder sollten möglichst viele Projekt-Stakeholder in die Projektarbeit integriert werden. Bereits während der Projektarbeit ist eine regelmäßige und zielgerichtete Kommunikation in allen Teilbereichen des Unternehmens von entscheidender Bedeutung. Bei der Einführung und Etablierung des digitalen BGM haben, neben der Fähigkeit zur Selbstführung der Mitarbeiter, die Führungskräfte eine hervorgehobene Aufgabenstellung. Insbesondere zu Beginn der Einführung ist auch hier eine zielgerichtete und kontinuierliche Kommunikation von entscheidender Bedeutung. Dazu zählt auch die Einführung des digitalen BGMs durch Hausmessen oder Ähnlichem. Hauptaufgabe der Führungskräfte ist es weiterhin, die Angebote des digitalen BGMs selbst aktiv zu nutzen und dadurch der Vorbildfunktion gerecht zu werden. Hierfür muss durch eine zielgerichtete Führungskräfteentwicklung für alle Führungskräfte eine „digitale Fitness" hergestellt werden. Dies kann durch heterogene Lerngruppen geschehen, in denen fachliches Wissen durch moderne Lernmethoden vermittelt wird. Auch wenn die Führungskräfte die Treiber und Multiplikatoren des digitalen BGMs sind, dürfen diese ihre Mitarbeiter durch dessen Einführung und Umsetzung nicht überfordern oder sogar Druck aufbauen. Vielmehr müssen sie abschätzen können, an welchem Punkt die Angebote des digitalen BGMs nicht förderlich für die Erreichung der Unternehmensziele sind.

B. Loosen (✉)
Brühl, Deutschland
E-Mail: bloosen@gmx.de

© Springer Fachmedien Wiesbaden GmbH 2018
D. Matusiewicz und L. Kaiser (Hrsg.), *Digitales Betriebliches Gesundheitsmanagement*,
FOM-Edition, https://doi.org/10.1007/978-3-658-14550-7_18

18.1   Einleitung

Der unternehmerische Gesamterfolg ist von einer Vielzahl von Einzelfaktoren abhängig.
Hierzu gehören unter anderem die Organisationsstruktur des Unternehmens, die Marke-
ting- und Vertriebsaktivitäten sowie der Reife- und Professionalisierungsgrad von Prozessen auf Einzel- und Gesamtebene des Unternehmens. Ein entscheidender Wettbewerbsvorteil liegt weiterhin in der Führungskultur des Unternehmens. Neben der Einbettung
von strategischen Führungszielen in die Unternehmensstrategie geht es insbesondere auch
um die operativen Umsetzungen des Führungsanspruchs durch die Führungskräfte. Dabei
schlägt sich die Führungskultur unmittelbar auf die Arbeitskraft des Unternehmens wieder, wodurch ein direkter Beitrag an der Wertschöpfung hergestellt wird. Motivierte Arbeitskräfte sind leistungsfähiger, übernehmen Verantwortung und machen weniger Fehler.
Hinzu kommt der nachweisbare Zusammenhang, dass motivierte Arbeitnehmer weniger
häufig krank sind als demotivierte Mitarbeiter. Dahingegen können demotivierte Mitarbeiter zu einem erheblichen Einbruch der Arbeitsproduktivität führen. Hinzu kommen
eventuelle Reputationsschäden auf dem externen Arbeitsmarkt, die durch demotivierte
Mitarbeiter exponentiell verstärkt werden. Ein maßgeblicher Faktor für die Zufriedenheit,
respektive Unzufriedenheit, von Mitarbeitern ist die unmittelbare Führungskraft.

18.2   Vorstellung des digitalen Ansatzes

Durch die Transformation der Arbeitswelt in das digitale Zeitalter hat sich auch der Anspruch, sowohl an Führungskräfte als auch an die geführten Mitarbeiter, grundlegend
geändert. Neben den traditionellen Führungsstilen ist heutzutage ein digitaler Leadership
grundlegende Voraussetzung für eine erfolgreiche Führungskraft. Führungskräfte müssen nicht nur selber mit der digitalen Revolution vertraut sein und deren Auswirkungen
kennen, sondern sie müssen auch die Mitarbeiter befähigen, mit den sich verändernden
Rahmenbedingungen umgehen zu können. Die Auswirkungen der anhaltenden Digitalisierung spiegeln sich nicht nur in den Anfordernissen an moderne Führung wider, sondern
beeinflussen die gesamte Unternehmensstruktur. Gleichzeitig haben sich durch die Digitalisierung der Gesellschaft und der Arbeitswelt, die Lebensumstände von Mitarbeitern
verändert.

18.3   Auswirkungen auf das BGM

Sowohl bei der Einführung, als auch bei der späteren Ausgestaltung und Betreibung eines
digitalen BGMs, sind die Führungskräfte und das Führungsverhalten ein entscheidender
Erfolgsfaktor.

Die Einführung eines digitalen BGMs in den Unternehmensalltag darf nicht als „nice
to have" betrachtet werden, sondern muss sich zwangsläufig an der strategischen Aus-

richtung des Unternehmens orientieren. In der Unternehmensstrategie legen Vorstand bzw. Geschäftsführung die langfristige Geschäftsstrategie für die nächsten fünf bis sieben Jahre fest. Diese umfasst, neben klassischen Zielkennzahlen der Betriebswirtschaftslehre, in der Regel auch die Ausrichtung in einzelnen Geschäftsaktivitäten. Auf Grundlage der verabschiedeten Unternehmensstrategie werden für die verschiedenen Teilbereiche im Unternehmen die Teilbereichsstrategien entwickelt und verabschiedet. So erarbeiten die einzelnen Teilbereiche beispielsweise die Vertriebsstrategie, Produktionsstrategie, die Marketingstrategie und die Personalstrategie. Das Konzept eines Betrieblichen Gesundheitsmanagements ist klassischerweise in der Personalstrategie niedergeschrieben. In großen Unternehmen kann es jedoch auch eine eigene Gesundheitsstrategie geben. Bei der Transformation des BGMs in die digitale Welt sollte die Konzeption, und spätere Umsetzung, ebenfalls in der Personalstrategie festgehalten sein. Dadurch ist gewährleistet, dass das digitale BGM als Teil der Personalstrategie konform zur unternehmerischen Zielsetzung der Unternehmensstrategie ist. Die konzeptionelle und operative Einführung eines digitalen BGM sollte üblicherweise in einer projektorganisatorischen Struktur entwickelt und umgesetzt werden.

Als mögliche Projektmitglieder ist es ratsam, einen möglichst großen Teilnehmerkreis mit unterschiedlichen Skills und Funktionen zu rekrutieren. Um dem Projekt einen möglichst hohen Stellenwert im Unternehmen zu geben, ist es notwendig, dass möglichst hochrangige Hierarchieebenen des Unternehmens von Anfang an in die Projektarbeit integriert sind. Daneben sollten jedoch auch Mitglieder aus nahezu allen weiteren Hierarchiestufen des Unternehmens an der Projektarbeit beteiligt sein. Diese können so von Anfang an das Projekt mitgestalten, die Interessen aller Mitarbeiter mit einfließen lassen und gleichzeitig für eine positive Kommunikation in der gesamten Belegschaft sorgen. Daneben sollten auch Vertreter der Projekt-Stakeholder von Anfang an in dieses integriert werden. Hierzu zählen neben allen Mitarbeitern des Unternehmens besondere Mitarbeitergruppen wie beispielsweise die Arbeitnehmervertretung, der Compliance-Officer, der IT-Sicherheitsbeauftragte und der Datenschutzbeauftragte. Hier ist es die Aufgabe aller Führungskräfte, den jeweiligen Mitarbeitern ausreichend Zeit für die Projektarbeit einzuräumen. Die Konzeption und Implementierung eines digitalen BGMs ist ein sehr anspruchsvolles Projekt, welches von den Projektmitgliedern ein hohes Maß an zeitlichem Einsatz abverlangt. Da die Projektmitglieder jedoch auch weiterhin in ihrer Linienfunktion tätig sind, gilt es den Spagat zwischen Projektauftrag und Linienarbeit erfolgreich zu meistern. Die Führungskräfte haben daher verschiedene Aufgaben. Zum einen müssen sie für eine positive Grundhaltung gegenüber dem Projekt in der Belegschaft sorgen und die Vorteile eines digitalen BGMs von Anfang an offen, aktiv und positiv kommunizieren. Dies sollte soweit führen, dass die verbliebenen Mitarbeiter in der Linienfunktion die zu erledigenden Aufgaben der Projektmitglieder bereitwillig mit erledigen. Zusätzlich müssen die Führungskräfte dafür sorgen, dass das Projekt digitales BGM mit Priorität eins bearbeitet wird. Dies kann dazu führen, dass andere Projektaufträge erst zu einem späteren Zeitpunkt bearbeitet bzw. umgesetzt werden.

Nach der Kick-Off-Sitzung des Projektes, werden als allererstes die Projektziele durch die Projektmitglieder erarbeitet und final definiert. Dabei ist zu beachten, dass diese Projektziele unmittelbar auf die Unternehmensstrategie einzahlen. Neben der Verbesserung von betriebswirtschaftlichen Kennzahlen, beispielsweise der Verringerung der Krankheitsquote und damit einhergehender Produktivitätssteigerung, können als mögliche Ziele auch die Steigerung der Arbeitgeberattraktivität auf dem internen und externen Arbeitsmarkt als auch die Verringerung der Kündigungsquote durch den Arbeitnehmer aufgrund von mangelnder Identifikation mit dem Arbeitgeber definiert werden. Diese Ziele müssen im Anschluss von den Führungskräften aller Bereiche für den eigenen Fachbereich operationalisiert und deren Erreichung regelmäßig nachgehalten werden. Idealerweise finden sich die operationalisierten Ziele in der jeweiligen Teilbereichsstrategie wieder. Aufgabe und Herausforderung der Führungskraft ist es damit auch, dass die vereinbarten Ziele für den eigenen Teilbereich von allen Mitarbeitern verstanden und akzeptiert werden. Die Führungskräfte haben damit nicht nur die Aufgabe, Ziele für den eigenen Teilbereich aufzustellen und zu überwachen, sondern auch Wege aufzuzeigen, wie diese Ziele von jedem der Teammitglieder erreicht werden kann. Beispielsweise kann eine Verringerung der Krankheitsquote um zehn Prozent dadurch erreicht werden, dass mindestens 50 % der Mitarbeiter eine App für Rückenübungen benutzen und diese mindestens zweimal am Tag für mehr als fünf Minuten nutzen. Durch die Transformation der Bereichsziele zum digitalen BGM in operative und messbare Ziele sorgen die Führungskräfte für eine größtmögliche Transparenz und geben dadurch ihren Mitarbeitern die Möglichkeit, eigenverantwortlich und motiviert an der Erreichung der Ziele aktiv mitzuarbeiten. Sollten diese vereinbarten Ziele nicht erreicht werden, so muss dies durch die Führungskraft anhand eines geeigneten Reportings erkannt werden und die Führungskraft muss wirkungsvolle Maßnahmen einleiten, damit die Ziele der verschiedenen Teilbereiche dennoch in einem angemessenen Zeitraum erreicht werden können. Daher ist es von besonderer Bedeutung, dass die angestrebten Ziele der Führungskräfte zwar ambitioniert sind, ihre Erreichung aber dennoch realistisch ist. Nur dadurch werden diese von den Mitarbeitern akzeptiert und es wird von ihnen auf eine gemeinsame Zielerreichung hingearbeitet.

Neben den klassischen Herausforderungen in der Projektarbeit bestehen bei der Konzeption des digitalen BGMs ganz besondere Herausforderungen für die Projektgruppe. Diese sind neben der besonderen Bedeutung von neuer und aktueller Technik und der Berücksichtigung der tief greifenden Veränderungen für alle Mitarbeiter insbesondere auch die besonderen Anforderungen an den Datenschutz und dem Speichern und Umgang mit besonders sensiblen Daten. Durch die Einführung des digitalen BGMs haben die Mitarbeiter nicht nur die Möglichkeit, noch gezielter und effizienter etwas für ihre Gesundheit zu unternehmen, sondern auch auf einen zunehmend wachsenden Datenbestand zurückzugreifen. Dieser Datenbestand ist jedoch Fluch und Segen zugleich, da zwar die Mitarbeiter einen genaueren Überblick über den eigenen Gesundheitszustand erhalten und dieser mit jeder weiteren Nutzung einer App oder Ähnlichem weiter wächst, gleichzeitig muss jedoch sichergestellt sein, dass diese hoch sensiblen Daten ausschließlich dem Mitarbeiter zur Verfügung stehen und nicht für sonstige betriebliche Zwecke verwendet werden. Durch die digitalen Möglichkeiten im BGM ist es für die Mitarbeiter beispielsweise möglich, die eigenen Gesundheitsdaten wie Ruhepuls, Belastungspuls, verbrauchte Kalorien, zurückgelegte Meter oder den Blutdruck nahezu vierundzwanzig Stunden am Tag zu überwachen und aufzuzeichnen. Diese Daten können durch den Mitarbeiter für die eigene Gesundheitsvorsorge sehr gut genutzt werden. Gleichzeitig gilt es zu verhindern, dass Unternehmen beispielsweise die jährlichen Prämienzahlungen für die Mitarbeiter an die vorhandenen Daten der Mitarbeiter koppeln. Dadurch würden beispielsweise stark rauchende Mitarbeiter oder Mitarbeiter mit einem vorher definierten Ruhepuls eine geringere Tantieme erhalten als Nichtraucher und Mitarbeiter mit einem niedrigeren als den definierten Ruhepuls. Solch eine Handhabe würde nicht nur gegen geltendes Recht wie dem Allgemeinen Gleichbehandlungsgesetz (AGG) verstoßen, sondern auch zu einem gefühlten Misstrauen im Unternehmen führen. Daher ist es nicht nur von entscheidender Bedeutung, dass die entsprechenden Instanzen eines Unternehmens, wie Datenschutzbeauftragter, Arbeitnehmervertretung und Compliance-Officer in die Projektarbeit mit eingebunden sind, sondern dass die Führungskräfte im Unternehmen von Anfang an die einwandfreie Verwendung der Daten gegenüber ihren Mitarbeitern glaubhaft versichern. Hierzu sollten die Führungskräfte mit ihren Mitarbeitern schon während der Projektarbeit regelmäßige Gespräche führen, je nach Situation in Gruppen oder Einzelgespräche, und mögliche Bedenken der Mitarbeiter ernst nehmen und die Vorteile der digitalen Möglichkeiten im BGM hervorheben.

Nachdem die Projektgruppe die Ziele des digitalen BGMs erarbeitet und die einzusetzenden Methoden und Instrumente beschlossen hat, muss das digitale BGM in die täglichen Anwendungen gebracht werden. Dies ist eine der entscheidenden Situationen im gesamten Projekt, da von dieser Nahtstelle zwischen Projektkonzeption und operativer Umsetzung der erarbeiteten Methoden die zukünftige Akzeptanz des digitalen BGMs im Unternehmen abhängt. Daher ist es Aufgabe aller Führungskräfte im Unternehmen, an der erfolgreichen Implementierung des digitalen BGMs mitzuwirken. Für die Einführung bieten sich in kleineren bis mittleren und zentral organisierten Unternehmen die Durchführung einer Mitarbeitermesse oder eines Tags der offenen Tür an. Dadurch können die Mitarbeiter nicht nur in einer Rundmail von den Möglichkeiten des digitalen BGMs erfahren, sondern diese Möglichkeit real ausprobieren und erleben. In größeren und dezentral organisierten Unternehmen ist es Aufgabe der Führungskräfte, die Teilbereiche der Möglichkeiten des digitalen BGMs für die Mitarbeiter erlebbar zu machen. Auch dies kann in dezentral organisierten Mitarbeitermessen erfolgen. Nachdem das digitale BGM im Unternehmen eingeführt ist, gilt es, dass dieses auch regelmäßig durch die Mitarbeiter genutzt wird und so die angestrebten Unternehmensziele erreicht werden können.

Für die Nutzung der digitalen Angebote im BGM tragen sowohl Führungskräfte als auch Mitarbeiter die Verantwortung. Im Rahmen der Selbstführung eines jeden Mitarbeiters ist es originäre Aufgabe der Mitarbeiter, die vorhandenen Angebote zu nutzen bzw. im Zweifel zumindest vorurteilsfrei auszuprobieren. Auch wenn die Nutzung von digitalen Angeboten im BGM, wie beispielsweise Gesundheits-Apps oder Schrittzähler, für viele Mitarbeiter Neuland ist, ist die regelmäßige Nutzung dieser Instrumente der entscheidende Erfolgsfaktor, um das digitale BGM nachhaltig im Unternehmen zu etablieren. Im Rahmen des eigenen Innovationsmanagements gilt es für die Mitarbeiter, die digitalen Angebote zwar kritisch zu hinterfragen, jedoch mit einer guten Portion Optimismus diesen gegenüber zu stehen. Dadurch können die Mitarbeiter auch gegenüber Vorgesetzten und Kollegen ihre Aufgeschlossenheit zu neuartigen Themen zeigen, heutzutage eine Kernkompetenz in Unternehmen, und dadurch das Selbstmarketing vorantreiben. Gleichzeitig können die Mitarbeiter mit dem eigenen, aufgeschlossenen Verhalten gegenüber den Instrumenten des digitalen BGMs, die Kollegen ebenfalls zum Ausprobieren der neuen Technik motivieren. Dadurch entsteht in der Regel eine ganz eigene Dynamik und die gesamte Thematik des digitalen BGMs wird durch die Gruppe und in der Gruppe mit Leben geführt. Aufgrund der entstandenen Gruppendynamik nutzen in der Regel mehr Gruppenmitglieder die angebotenen Leistungen und nutzen diese auch intensiver und regelmäßiger. Neben der Selbstführung der Mitarbeiter ist ein entscheidender Erfolgsfaktor für die Etablierung eines digitalen BGMs das Führungsverhalten der mittelbaren und unmittelbaren Führungskräfte.

Die Führungskultur im Unternehmen hat maßgeblich Einfluss darauf, ob das digitale BGM im Unternehmen etabliert werden kann. Hierbei zählen neben klassischen Führungsaufgaben insbesondere auch das Verständnis für einen digitalen Führungsstil und das Verständnis für Mitarbeiterführung im digitalen Zeitalter. Als allererstes haben die Führungskräfte die Aufgabe, als Vorreiter und Anwender im digitalen BGM zu fungieren. Nur wenn die Angebote des digitalen BGMs von Anfang an durch alle Führungskräfte genutzt werden, werden diese auch durch die Mitarbeiter akzeptiert. Hier ist die besondere Herausforderung für das Unternehmen, dass auch die „digitale Fitness" der Führungskräfte unterschiedlich ausgeprägt ist. Dies kann sowohl mit dem Alter der Führungskräfte, mit deren Grundeinstellung zum Thema Digitalisierung als auch mit persönlichen Erfahrungswerten zusammenhängen. Ein möglicher Lösungsansatz, die gesamte Führungsmannschaft für die Digitalisierung, und insbesondere das digitale BGM, zu begeistern, ist, ein spezielles Personalentwicklungskonzept anzubieten. Ein effektiver Baustein ist dabei, dass sich die Führungskräfte in heterogenen Gruppen mit dem Thema Digitalisierung auseinandersetzen. Dabei sollte das Thema nicht nur fachlich aufgearbeitet werden, sondern vielmehr sollten auch digitale Methoden bei der fachlichen Auseinandersetzung zur Anwendung kommen. So können die Gruppenmitglieder beispielsweise in einem Internet-Blog in regelmäßigen Abständen zu Themen des digitalen BGMs schreiben oder aber in Internetforen zum Thema nach Ideen suchen. Eine weitere Möglichkeit besteht darin, die fachlichen Inhalte nicht in Präsenzveranstaltungen zu vermitteln, sondern hierbei ebenfalls auf digitale Instrumente zurückzugreifen. So können Seminarinhalte in Webinaren gemeinsam aufgearbeitet werden. Dadurch lernen die Mitglieder das Medium der Webinartechnik kennen und können sich gleichzeitig in der Handhabung digitaler Lernmethoden weiterentwickeln. Die aufgezeigten Methoden können Unternehmen dabei helfen, dass die komplette Führungsmannschaft ein positives Grundverständnis zu den weitreichenden Möglichkeiten der Digitalisierung bekommt. Dadurch lernen die Führungskräfte die

Vorteile der Digitalisierung kennen, können diese auf das digitale BGM übertragen und werden so zu Vorreitern bei der Nutzung der Instrumente des digitalen BGMs.

Das eigene Nutzungsverhalten allein ist jedoch noch kein Erfolgsgarant für die nachhaltige Implementierung eines digitalen BGMs. Zusätzlich ist es Aufgabe der Führungskraft, die Vorteile des digitalen BGMs im Tagesgeschäft gegenüber den Mitarbeitern zu vertreten. Hierzu bedarf es einer stetigen und offenen Kommunikation zwischen Mitarbeiter und Vorgesetzten. Sollten die Mitarbeiter Vorbehalte gegenüber der Anwendung von neuer Technik im Rahmen des BGMs haben, so muss es auch gestattet sein, diese Vorbehalte offen gegenüber der Führungskraft anzusprechen. Die Führungskraft hat hierbei die Verantwortung, die angesprochenen Vorbehalte ernst zu nehmen und die Bedenken des Mitarbeiters nicht leichtfertig zu verharmlosen. In einem persönlichen Gespräch sollte der Mitarbeiter dazu aufgefordert werden, seine Gedanken zum digitalen BGM zu benennen und die Gründe seiner Abneigung zu äußern. Die Führungskraft hat nun die Chance, die tatsächlichen Beweggründe, und nicht nur die vordergründigen, zu erfahren. Dadurch besteht für beide Parteien die Möglichkeit, sich über das digitale BGM ergebnisoffen auszutauschen. So hat der Mitarbeiter dennoch die Chance, in einem persönlichen Gespräch von den Vorteilen des digitalen BGM begeistert zu werden. Die Führungskraft darf, und sollte sogar, die Vorteile des BGMs nennen und auch auf die Nutzung durch möglichst viele Mitarbeiter aktiv hinwirken. Keinesfalls darf jedoch Druck zur Nutzung der digitalen Angebote erzeugt werden. Genauso wie die Führungskräfte eine unterschiedliche „digitale Fitness" besitzen, so ist auch bei den Mitarbeitern ein unterschiedlicher Reifegrad der persönlichen Digitalisierungssympathie vorhanden. Dies muss von den Führungskräften erkannt und auch respektiert werden. Die Ziele, die das Unternehmen mit Hilfe des digitalen BGMs erreichen möchte, sind in der Unternehmensstrategie festgehalten. Die Mitarbeiter verfolgen durch die Nutzung im (digitalen) BGM ganz persönliche und hoch individuelle Ziele. An vorderster Stelle ist hier sicherlich die Erhaltung und Verbesserung der eigenen Gesundheit und der persönlichen Leistungsfähigkeit zu nennen. Sollte die Führungskraft mit Druck auf die Nutzung der digitalen Angebote im BGM hinwirken, oder sogar pauschal von jedem Mitarbeiter die Nutzung aller digitalen Angebote verlangen, so kann dies zu extremen negativen Auswirkungen bei den Mitarbeitern führen. Die Mitarbeiter fühlen sich dadurch unter Druck gesetzt, sie fühlen sich mit der Technik überfordert und empfinden die gut gemeinten Angebote des digitalen BGMs als störend und überflüssig. Dadurch entsteht nicht nur eine pauschale Verweigerung gegenüber der Digitalisierung im Allgemeinen, sondern kann in Extremfällen auch zu ernsthaften Krankheiten bei den Mitarbeitern führen. Daher ist es oberste Pflicht der Führungskraft, die Mitarbeiter zwar zu motivieren, die digitalen Angebote im BGM rege zu nutzen, diese gleichzeitig jedoch nicht zu überfordern. Hierfür ist es auch die Aufgabe der Führungskraft, die erforderliche Infrastruktur für das digitale BGM zur Verfügung zu stellen. Werden beispielsweise Gesundheits-Apps vom Unternehmen angeboten, so muss auch gewährleistet sein, dass die entsprechende Hardware zur Nutzung für die Mitarbeiter bereit steht. Die Nutzung dieser Apps und anderer Angebote ist eine hoch individuelle Angelegenheit für die Mitarbeiter. Daher müssen die Führungskräfte darauf achten, dass der eigene Kontrollmechanismus nicht zu ausgeprägt ist. Die Nutzungsquote der digitalen Angebote im BGM darf und sollte überwacht werden, allerdings ist es ein schmaler Grat zwischen notwendiger und zu detaillierter Auswertung von Nutzungszahlen. Hier müssen die Führungskräfte besonderes Fingerspitzengefühl beweisen.

18.4 Zusammenfassung und Ausblick

Die Einführung und Etablierung eines digitalen BGMs ist ein komplexes Projekt, welches alle Bereiche eines Unternehmens tangiert. Sowohl in der Konzeptionsphase als auch in der Umsetzungs- und Etablierungsphase ist eine positive und adressatengerechte Kommunikation für die erfolgreiche Einführung des digitalen BGMs von entscheidender Bedeutung. Hier sind in erster Linie die Führungskräfte in der Pflicht. Sie tragen die Hauptverantwortung für eine erfolgreiche Kommunikation und dadurch auch für die erfolgreiche Etablierung des gesamten BGMs. Gleichzeitig sollte die komplette Führungsmannschaft des Unternehmens nicht nur die Idee eines digitalen BGMs mittragen, sondern auch in der Nutzung eine Vorreiterrolle einnehmen. Dazu zählt auch, dass insbesondere die Führungskräfte Nutzer der Angebote des digitalen BGMs der ersten Stunde sind. Damit dies auch passiert, muss das Unternehmen vorab in die „digitale Fitness" der Vorgesetzten investieren und jeden Einzelnen dazu befähigen, die digitalen Angebote nicht nur nutzen zu können, sondern insbesondere auch den Mehrwert der Angebote den Mitarbeitern begreifbar zu machen. Die Mitarbeiter haben gleichzeitig die Aufgabe, im Rahmen der Selbstführung, den neuen Angeboten des digitalen BGMs grundsätzlich positiv gegenüber zu stehen und die möglichen Vorteile zur persönlichen Gesundheitserhaltung und -förderung in den Vordergrund zu stellen.

Für das Unternehmen bestehen in der Einführung eines digitalen BGMs erhebliche Wettbewerbsvorteile. Das Unternehmen kann seine digitale Leistungsfähigkeit, insbesondere auf einem innovativen Gebiet, unter Beweis stellen. In Zeiten des steigenden Fachkräftemangels erhöht sich die Arbeitgeberattraktivität sowohl auf dem internen als auch auf dem externen Arbeitsmarkt und es entsteht ein entscheidender Wettbewerbsvorteil um gut ausgebildete Fach- und Führungskräfte. Dabei ist von Anfang an zu beachten, dass es sich bei der Einführung und Etablierung eines digitalen BGMs nicht um ein Technikprojekt handelt. Vielmehr ist der Erfolg eines solchen Projektes von der Art und Weise der Kommunikation abhängig. Dadurch handelt es sich um ein Changemanagement-Projekt im Bereich der Unternehmensentwicklung und der nachhaltigen Unternehmenskultur.

- Bereits in der Konzeptionsphase des digitalen BGMs muss eine positive und regelmäßige Kommunikation erfolgen.
- Die Führungskräfte müssen über eine grundlegende „digitale Fitness" verfügen.
- Die Mitarbeiter dürfen mit den Angeboten des digitalen BGMs nicht überfordert werden.

Benjamin Loosen hat nach seiner Ausbildung zum Bankkaufmann in verschiedenen Funktionen einer genossenschaftlichen Primärbank gearbeitet. Dabei hat er sowohl Erfahrung im Finanzvertrieb als auch im Backoffice der Bank gesammelt. Derzeit beschäftigt er sich im Bereich Vorstandsstab, neben dem Gesamtprojektmanagement für strategische Projekte, insbesondere mit den Themenschwerpunkten Personalentwicklung und strategische Personalplanung. Neben seiner Berufstätigkeit hat er kontinuierlich mehrere berufsbegleitende Studiengänge sowie weitere Fortbildungen zur Professionalisierung seiner Methodenkompetenz erfolgreich absolviert.

go4health digitales BGM

Innovation, Change und Challenge

Karoline Simonitsch, Wolf Goja und Claudia Cech

Zusammenfassung

go4health hat ein umfassendes digitales BGM-Framework (App und Webportal) auf den Markt gebracht. Die go4health App (iOS, Android) begleitet den einzelnen Mitarbeiter mit einem persönlichen und individuellen Programm durch den Tag. Dabei kommen selbst entwickelte hochwertige go4health Multimediainhalte zu Bewegung, Ernährung und mentaler Gesundheit zum Einsatz sowie höchste Datenschutzstandards. Beim Markteintritt im DACH-Raum begegnete die go4health-Innovation in den ersten Monaten nach dem Start noch verschiedenen (digitalen) Vorbehalten. Dies war der Anlass teilweise neue Herangehensweisen wie Co-Kreationen mit Kunden zu wählen und die direkte Zusammenarbeit mit ihnen weiter zu verstärken. Die Herausforderungen, mit denen Anbieter und Anwender von digitalen BGM-Lösungen konfrontiert sind, sind komplex und vielfältig. Dazu zählen vor allem Datenschutz/Datensicherheitsfragen, stark verbunden mit der Diskussion über Eigenverantwortung für Gesundheit und der immer noch fehlenden Awareness, wie stark die Digitalisierung bereits alle Lebensbereiche durchdrungen hat. Insbesondere auf Entscheiderseite ist, verglichen mit der bereits realen Verwendung von digitalen Endgeräten und Gesundheits-Apps durch die Mitarbeiter, noch ein starker Nachholbedarf zu erkennen. „Mein Tag mit go4health" ist der neue Maßstab für ein praxisnahes und unkompliziert einzuführendes, nachhaltiges betriebliches Gesundheitsmanagement. Die komplementäre Ergänzung einer digitalen Lösung mit hochwertigen Printangeboten und der Flexibilität des Frameworks ermöglichen ganz unternehmensspezifische Angebote für Firmen wie Jourfit-Einheiten oder hochwertige Inhalte für Infoscreen-Projekte.

K. Simonitsch (✉) · W. Goja · C. Cech
Wien, Österreich
E-Mail: cech@go-4-health.com

© Springer Fachmedien Wiesbaden GmbH 2018
D. Matusiewicz und L. Kaiser (Hrsg.), *Digitales Betriebliches Gesundheitsmanagement*,
FOM-Edition, https://doi.org/10.1007/978-3-658-14550-7_19

19.1 Digitale Awareness und digitale Realität im BGM

go4health zeigt die Komplexität der Herausforderungen auf, mit denen Anbieter und Anwender von digitalen BGM-Lösungen heutzutage konfrontiert sind. Healthstyle als Lifestyle, mobiles Internet als Commodity und der Trend zur Individualisierung stehen Kriterien wie Datenschutz und operativer Umsetzbarkeit im betrieblichen Kontext gegenüber.

19.1.1 Gesundheitskompetenz als Softskill des 21. Jahrhunderts

Nicht nur das Zukunftsinstitut sieht Gesundheitskompetenz als Softskill des 21. Jahrhunderts. Das Internet demokratisiert den Zugang zu Gesundheitswissen; Individualisierung und Selbstverantwortung in Bezug auf die eigene Gesundheit treten in den Vordergrund.

Die zunehmende Nutzung des Smartphones in nahezu allen Bevölkerungsschichten und Lebensbereichen vervielfacht die Möglichkeiten, die eigene Gesundheit selbst zu managen (Strategy & PWC, 2016). Andererseits birgt die Digitalisierung auch Gefahren – von Datenschutz, Abhängigkeiten und Suchtpotenzial bis hin zu Belastungen durch intensive Bildschirmarbeit (Muntschick et al. 2016).

Das Trendbüro sieht den aktuellen Wandel vom Lifestyle zum Healthstyle. Im Ranking der Werte 2016 verdrängt Gesundheit den Wert Freiheit auf den 2. Platz (Wippermann und Krüger 2015).

Dem gesunden Arbeitsplatz kommt im Zeitalter der Digitalisierung nochmals verstärkt Bedeutung zu, die selbst der Gesetzgeber bereits erkannt hat. Stand im 20. Jahrhundert die physische Arbeitssicherheit im Fokus, wurde nun mit der Verpflichtung der Unternehmen zur Evaluierung der psychischen Belastungen am Arbeitsplatz auf die veränderten (Arbeits-)Bedingungen reagiert.

19.1.2 Mobile first

Die Nutzung des Internets via Smartphone legt ständig zu.

Aktuelle Daten aus Österreich zeigen, dass bereits 92 % aller Befragten ein Smartphone benutzen und 61 % davon mit dem Smartphone im Internet surfen. Bereits seit Anfang 2014 übertrifft die mobile Internetnutzung via Smartphone den stationären Zugang via PC und Notebook (MMA Austria 2016).

In einer aktuellen Studie der Universität St. Gallen wurden die Auswirkungen der Digitalisierung der Arbeit auf die Gesundheit von Beschäftigten untersucht. Es wurde wie erwartet nachgewiesen, dass die Digitalisierung in der Erwerbsbevölkerung voll angekommen ist, verbunden mit negativen Folgen wie Einschlafschwierigkeiten, Kopf- und Rückenschmerzen oder dem Gefühl des Ausgebranntseins. Entgegenwirken kann man mit flexiblen Arbeitszeiten. Positive Effekte auf die Erwerbstätigen zeigen ebenso Sport und eine gute Beziehung zur Führungskraft. Die Führungskräfte bekommen nun somit noch weitere und verstärkte Bedeutung (Böhm 2016).

19.1.3   Digitale Realität im BGM

Die Unternehmen befinden sich in einem Dilemma. Steigende gesetzliche Auflagen und die Notwendigkeit, sich als attraktiver Arbeitgeber über zusätzliche Benefits zu definieren, zwingen sie einerseits zu BGM-Aktivitäten (Beck D., Lenhardt U. 2016). Kostendruck, Zeitdruck, Produktivitätsdruck und überschaubare Teilnehmerquoten bei herkömmlichen BGM-Maßnahmen führen andererseits zu Frustration und bewirken, dass im Firmenalltag auf altbekannte, punktuelle Maßnahmen und auf inselartige Lösungen gesetzt wird. Vorträge, Gesundheitstage, Obstkorb, Teilnahme an Business-Run-Veranstaltungen, externe Sportangebote etc. prägen daher weiterhin die betriebliche Gesundheitsförderung.

Für das operative Management und die Einführung von gesundheitsfördernden Maßnahmen gibt es viele Hilfsmittel. Es existieren umfangreiche Literatur, Checklisten sowie vielseitige geförderte Unterstützung der Sozialpartner und der Krankenkassen. Als vorbildliche Angebote aus Österreich sind unter anderem das Netzwerk BGF http://www. netzwerk-bgf.at (2016) und die gesetzlich verankerte Initiative fit2work.at (2016) der österreichischen Bundesregierung hervorzuheben.

Wir haben stundenlange Diskussionen über theoretische Begriffsdefinitionen mit Entscheidern und Arbeitsmedizinern hinter uns, inwieweit go4health nun betriebliches Gesundheitsmanagement oder betriebliche Gesundheitsförderung sei, ob go4health als verhaltenspräventiv oder verhältnispräventiv einzuschätzen sei, und ob Fitness-Checks ohne ärztliche Überwachung gefährlich seien etc. Für Gespräche über die neuen Perspektiven und Chancen, die eine digitale Lösung in der Praxis eröffnet, war eher weniger Zeit und Willen vorhanden.

Digitale Lösungen sind so neu, dass sie vielfach in Katalogen von förderbaren Maßnahmen noch nicht definiert sind und daher a priori nicht in Erwägung gezogen werden (Albrecht 2016).

Gleichzeitig wird allseits bemängelt, dass verhaltenspräventive Angebote keinen nachhaltigen Erfolg bringen ohne Unterstützung durch verhältnispräventive Maßnahmen. Oft wird dabei jedoch vergessen, dass bei verhältnispräventiven Maßnahmen den Führungskräften eine besondere Schlüsselrolle zukommt.

Werden durch Healthy Leadership beispielsweise Handlungsfreiräume für Mitarbeiter geschaffen, dann wirken sich diese erwiesenermaßen bereits positiv auf eine gesundheitsfreundliche Arbeitskultur aus (Muntschick et al. 2016).

Die digitale Awareness und die Wichtigkeit von ganzheitlichem Leadership-Denken bei Entscheidern lässt in vielen Bereichen noch Raum für Verbesserungen zu. Der Zusatznutzen einer digitalen BGM-Lösung wird aktuell noch zu wenig gesehen.

19.1.4   Gesundheit – reine Privatsache?

Unternehmen sehen ihre Verantwortung für die Gesundheit ihrer Mitarbeiter aktuell noch immer zwischen null („Gesundheit ist Privatsache") bis hin zu einer gesetzlichen und ethischen Verpflichtung, der mit umfangreichen Angeboten nachgekommen wird.

Die Diskussion, ob Gesundheit eine rein private Angelegenheit ist oder ob Unternehmen Interesse, Verantwortung, oder sogar Verpflichtung für die Gesundheit ihrer Mitarbeiter übernehmen müssen, wird emotional und kontrovers geführt. Eine diesbezügliche Diskussion im sozialen Netzwerk Xing löste über 35.000 Reaktionen aus. Die Postings sind überwiegend gegen die Einmischung der Unternehmen (Müller et al. 2016).

Auf beiden Seiten, Arbeitnehmer und Arbeitgeber, herrscht Argwohn und Misstrauen vor. Arbeitnehmer unterstellen Arbeitgebern, nur an der Produktivität des Faktors Mensch interessiert zu sein, sehen sich unter Druck gesetzt und befürchten, dass BGM-Maßnahmen nur dazu dienen, sich weniger gesunder und damit weniger leistungsfähiger Mitarbeiter möglichst rasch zu entledigen.

Ein Teil der Arbeitgeber erwartet wiederum, dass Arbeitnehmer sich aus ihrem ureigenen persönlichen Interesse ganz alleine und eigenverantwortlich um ihre Gesundheit kümmern müssten und sehen wenig Bedarf von ihrer Seite, etwas über gesetzliche Vorgaben hinaus zu tun.

19.1.5   Entscheider versus User

Die Anwendergruppen sind inhomogen und reichen von Digital Natives bis zu älteren Arbeitnehmern mit gröberen Gesundheitsproblemen und einer gewissen Reserviertheit gegenüber neuen Technologien.

Der überwiegende Teil der aktuell tätigen Entscheidungsträger im BGM (HR-Bereich) ist im persönlichen Nutzungsverhalten oft noch weiter zurück als viele User. Denn insbesondere für jüngere Zielgruppen (Mitarbeiter) gehören Web, App und Co. längst zum Alltag.

19.1.6   Qualität, Qualitätskontrolle, Evaluierung des Nutzens

Die Vielfalt der existierenden Lösungen macht es für Entscheider und Anwender schwierig, die Qualität der Angebote zu beurteilen (Scholz J. 2016). Noch existieren keine verbindlichen und bewährten Bewertungsmaßstäbe, die Kriterien sind sehr unklar. Bei der großen Zahl verfügbarer „Gesundheits"-Apps im weiteren Sinne fällt es naturgemäß schwer, sich einen Überblick zu verschaffen (Scherenberg 2015). Die EU-Kommission plant daher eine einheitliche europäische Qualitäts- und Datenschutzrichtlinie für Gesundheits-Apps zu entwickeln (Neuerer 2016).

19.1.7   Der User – das unbekannte Wesen

Der User nutzt gerne seine Lieblings-Apps und ist dabei sehr wählerisch und anspruchs-voll. Das Interesse an Apps ist grundsätzlich vorhanden, aber auch schnell wieder weg. Wenn eine App nicht gefällt, nicht reibungslos funktioniert, oder langweilig wird, sinkt die Motivation zur Anwendung rapide. Insgesamt 75 % aller Apps schaffen es nicht länger als drei Tage, den User zu fesseln. Bei Health- und Fitness-Apps liegt die Nutzungsdauer etwas höher. Doch nach 90 Tagen sind auch nur mehr ca. 30 % der User aktiv und be-schäftigen sich durchschnittlich drei bis sieben Mal pro Woche mit der App (Chen 2016; Beineke 2016).

Fast ein Drittel aller Deutschen nutzt ganz selbstverständlich Fitnesstracker (Wear-ables, Fitnessarmbänder, Smartphones, Smartwatches) (Bitkom und BMJV 2016). Fast 50 % sind von der Sinnhaftigkeit des Monitorings von Vitalfunktionen durch Health-Tracker (Herzratenvariabilität, Blutzucker, Blutdruck ...) überzeugt und versprechen sich davon bessere Kommunikation mit dem Arzt und individuellere und wirksamere Thera-pie. Doch die User machen sich auch Sorgen um den Schutz ihrer persönlichen Daten, auch oder gerade, wenn es um Angebote von Krankenkassen geht (YouGov Studie 2016).

Der DKV Report „Wie gesund lebt Deutschland 2016" kommt zu dem Ergebnis, dass fünf Prozent aller Deutschen ein Gesundheit/Fitness-Wearable besitzt, aber nur die Hälfte dieser Geräte tatsächlich benutzt wird – trotz Hype um das „Quantified Self"-Phänomen des Selftrackings (Froböse 2016).

19.2   Die erste ganzheitliche Gesundheits-App für BGM

19.2.1   Bewegung – Ernährung – Mentale Gesundheit – der digitale Dreiklang von go4health

go4health setzt auf eine durchdachte, ganzheitliche, digitale Strategie, die Interessen von Unternehmen und Mitarbeitern bestmöglich berücksichtigt. Für Unternehmen ist go4health eine digitale Lösung, die flexibel und skalierbar für alle Betriebsformen geeig-net ist. go4health ist unkompliziert und praktisch in der Umsetzung und lässt sich sogar in bestehende BGM-Maßnahmen integrieren.

go4health ist umfassendes und nachhaltiges digitales BGM im Dreiklang Bewegung – Ernährung Mentale Gesundheit und erreicht Mitarbeiter zeit- und ortsunabhängig. go4health achtet dabei auf höchstmögliche Standards bei Datenschutz und Datensicher-heit. go4health Inhouse-Experten sichern die Qualität der wissenschaftlich fundierten In-halte.

Mitarbeiter profitieren von den individuellen und persönlichen Programmen der in-teraktiven Gesundheits-App, die sie durch den gesamten Tag begleitet. go4health ist ihr persönlicher Coach in der Hosentasche, der den Dreiklang Bewegung – Ernährung – Men-tale Gesundheit in den (Arbeits-)Alltag bringt (Abb. 19.1).

Abb. 19.1 Dein Tag mit go4health

19.2.2 Ein Tag mit go4health

Ein go4health-Projekt in Unternehmen beginnt mit einem gut vorbereiteten und intensiven Kick-off-Tag vor Ort zur Information und Motivation der interessierten Mitarbeiter. Die Teilnahme bleibt natürlich allen freigestellt. Beim Kick-off werden Einstufungs-Checks mittels Fragebögen durchgeführt. Die Fragen betreffen die typischen Belastungen am jeweiligen Arbeitsplatz, die Erfassung des individuellen Gesundheitszustandes und etwaiger

Gesundheitsrisiken des Mitarbeiters, sowie Fragen nach persönlichen Zielen und Vorlieben für bestimmte Bewegungsformen und zeitlichen Ressourcen. Basierend auf diesen Angaben erstellt go4health ein individuelles Programm für jeden einzelnen Teilnehmer.

Ein typischer go4health-Tag mit individuellem Programm sieht zum Beispiel so aus:

Am Morgen startet der Teilnehmer mit „Mit Schwung in den Tag". Dieses Bewegungsprogramm enthält aktivierende Lockerungs- und Kräftigungsübungen, dauert ca. 10–15 min und wird abwechslungsreich gestaltet. Die Übungen werden anhand von Videos vorgezeigt und interaktiv vom Teilnehmer gesteuert. In App-Blogbeiträge wie „Der gesunde Snack am Vormittag" mit Informationen zu richtiger Ernährung, Tipps und Rezepten zum Nachkochen, berücksichtigen den beruflichen Alltag und helfen bei gesunder Ernährung. Eine weitere kurze Bewegungseinheit „Ganz nebenbei fit" mit bürotauglichen Übungen hilft gegen Verspannungen und mobilisiert Rücken und Gelenke. go4health achtet besonders darauf, dass die Übungen sich gut in den (Arbeits-)Alltag integrieren lassen und den tatsächlichen Belastungen des Arbeitsplatzes entgegenwirken.

Eine Pause mit einer mentalen Audio-Übung wie „Atemfigur für mehr Gelassenheit" bringt Entstressung des Arbeitsalltages. Auf dem Nachhauseweg nach Feierabend stehen Meditations- und Abschaltübungen wie „Feierabendputz" zur Regeneration bereit.

Insbesondere am Wochenende gibt es Möglichkeiten für Ausdauertrainings und adaptierte Freizeit-Bewegungsprogramme. Die Integration von ausgewählten Health Devices ist möglich, aber nicht zwingend. Über das persönliche Webportal und die App hat der Teilnehmer stets Kontrolle über seine Daten und seine Aktivitäten. Das abwechslungsreiche Trainingsprogramm kann laufend an die persönlichen Bedürfnisse und Fortschritte angepasst werden.

19.2.3   Der go4health Qualitätsanspruch

Das digitale go4health Framework, bestehend aus nativen Apps für iOS und Android, sowie einem Full-responsive-Webportal, bildet die Basis. Selbstverständlich wurde viel Wert auf intuitive Benutzerführung und einfache klare Strukturen gelegt (www.go-4-health. com).

Aktuelle wissenschaftliche Erkenntnisse aus Sportwissenschaft, Ernährungswissenschaft und Psychologie werden in optimaler Form und Darstellung für digitale Medien aufbereitet – immer mit dem Ziel, damit größtmöglichen Nutzen und Wirkung bei den Usern zu erzielen.

Begleitende hochwertige gedruckte Infomaterialien sind ein integrativer Bestandteil des go4health Dreiklanges und verbinden ganz bewusst den digitalen Ansatz mit Offlineangeboten. Denn wir wissen, wie wichtig und notwendig die Anreicherung des digitalen Angebots mit informativen, umfassenden Offlineinhalten ist.

Ein differenziertes Steuerungssystem im Backend sichert Individualisierung und Personalisierung der Programme. Die persönlichen Gesundheitsdaten der einzelnen Nutzer werden auf jeder Ebene durch ein ausgeklügeltes Rollen- und Rechtemanagement nach höchsten Standards sichergestellt. Denn Datenschutz ist uns extrem wichtig!

go4health hat sich als Selbstverpflichtung auferlegt, bereits jetzt künftige EU-Qualitätsrichtlinien umzusetzen. Der besondere Qualitätsanspruch zieht sich über alle Unternehmensbereiche, Prozesse und ganz besonders die Inhalte. go4health gestaltet mit viel Liebe zum Detail den vielfältigen Content mit einem Inhouse-Team aus Experten und Wissenschaftlern.

19.3 Welche Wirkung hat go4health für Unternehmen?

Mit Framework, Online- und Offline-Content und entsprechender Expertenbegleitung ist go4health als eigenständiges BGM-System einsatzbereit, kann aber auch bestehende herkömmliche Maßnahmen optimal komplementär digital ergänzen.

19.3.1 Verhaltenspräventiv und verhältnispräventiv

Das go4health-Angebot ist in erster Linie den verhaltenspräventiven Methoden zuzurechnen. Da go4health aber die Eigenverantwortlichkeit und die Wahlmöglichkeit für den einzelnen Mitarbeiter stärkt, wirkt go4health auch umfassend verhältnispräventiv. Im Rahmen des betrieblichen Einsatzes kann der Mitarbeiter selber entscheiden, ob und wann eine Bewegungspause oder Entspannungspause benötigt wird, welche Ernährungsprogramme er durchführen möchte oder wie er seine Resilienz stärkt. Damit wird go4health ein wirkungsvoller Enabler für Healthy Leadership, gesundheitsfreundliches Arbeitsklima und Unterstützung zur Selbsthilfe (Muntschick et al. 2016).

Jourfit statt Jourfixe mit go4health
Bei einem jungen forschungslastigen Digitalunternehmen hat go4health eine verhältnispräventive Eigendynamik ausgelöst. Obwohl jeder Teilnehmer sein individuelles Programm für Bewegungspausen auf sein Handy erhält, hat sich das Team entschlossen, den üblichen Jourfixe mit einer gemeinsamen go4health-Bewegungspause zum Jourfit anzureichern. Neben dem motivierenden Impuls zur Bewegung ergab sich in Summe ein positiver Effekt für das Arbeitsklima im Team.

19.3.2 go4health als innovativer Begleiter durch den Tag

go4health ist als umfassende und nachhaltige userfreundliche App konzipiert. Die aufeinander abgestimmten Übungen und Inhalte zum Dreiklang aus Bewegung, Ernährung und Mentale Gesundheit ermöglichen eine individuelle und flexible Begleitung durch den ganzen Tag.

Im Gegensatz zu herkömmlichen Maßnahmen, die nicht immer für alle Mitarbeiter gleich attraktiv sind, kommt bei go4health ein mit dem Mitarbeiter abgestimmtes „Wunschprogramm" zum Einsatz, das genau den Bedürfnissen und Interessen des einzelnen Mitarbeiters entspricht. Durch den niederschwelligen Einstieg erzielt go4health eine hohe Akzeptanz.

Für Unternehmen bringt go4health ebenfalls optimale Flexibilität im Einsatz.

Durch die orts- und zeitunabhängige Verfügbarkeit werden Einzelmaßnahmen zu einer laufenden Begleitung im Arbeitsalltag erweitert, ohne dass sich die Kosten und der Aufwand erhöhen. Damit passt sich go4health optimal an betriebliche Gegebenheiten wie Filialstandorte, unterschiedliche Arbeitszeiten, Reisetätigkeiten etc. an. go4health kann in existierende Programme integriert werden und diese digital aufwerten.

19.3.3   Digitale Angebote alleine genügen nicht

Doch die gelebte Erfahrung zeigt: Digitale Angebote alleine genügen nicht. Die Einführung und Umsetzung einer digitalen Lösung wie go4health benötigt Begleitung der Mitarbeiter vor Ort, sowie eine unbedingt notwendige Identifikation der Führungskräfte als Role Model und Vorbildfunktion. Die Unterstützung durch ergänzende Kommunikation und Information ist für eine erfolgreiche Umsetzung sehr wichtig.

go4health setzt deshalb stark auf ergänzende digitale, aber auch gedruckte Inhalte im go4health-Dreiklang. Unternehmen werden dabei selbstverständlich bei der internen Kommunikation mit den Teilnehmern vor, während und nach dem BGM-Projekt unterstützt. Teilnehmer erhalten regelmäßig motivierende Newsletter. Über den unternehmenseigenen go4health-Webshop können vielfältige Materialien – auch kostenlos – bezogen werden.

Events in Unternehmen wie z. B. go4health Ernährungstage oder persönliche Sprechstunden der go4health-Experten unterstützen den digitalen Ansatz mit Vor-Ort-Impulsen. Die go4health-Inhalte können in jedem Fall für die verschiedenen Zielgruppen und den Einsatz für spezielle Medien optimiert werden.

Auf Wunsch kommen selbstverständlich auch nur die umfangreichen go4health-Inhalte – auch ohne App – zum Einsatz.

Best Practice Infoscreen

Die ca. 300 Schichtarbeiter in einem niederösterreichischen Produktionsunternehmen haben keinen Zugang zu Computern und (Dienst-)Handys am Arbeitsplatz und während der Arbeitszeit. Im Betriebsgelände sind jedoch digitale Infoscreens verteilt, über die in einer Endlosschleife aktuelle Neuigkeiten aus allen Abteilungen gesendet werden, von der Vorstellung neuer Mitarbeiter, Information des Betriebsrates bis zu lokalen Veranstaltungstipps. In Kooperation mit der Abteilung Arbeitssicherheit und Gesundheit hat go4health ein spannendes und unternehmensspezifisches Jahresprogramm speziell für diese Zielgruppe entwickelt. Weit über 100 plakatartige Sujets zu Bewegung,

Ernährung und Mentaler Gesundheit, optimiert für das Medium Infoscreen, bieten Information und Hilfestellung zur betrieblichen Gesundheitsförderung. Diese go4health Inhalte werden mit monatlich wechselnden Programmen rund um die Uhr gezeigt.

19.4 Zusammenfassung und Ausblick

Die Entwicklung und Umsetzung von hochqualitativen digitalen Lösungen wird in ihrer Komplexität und im finanziellen Aufwand oft massiv unterschätzt. Dabei betrifft die Komplexität keineswegs nur die technische Seite!

Der hoher Maintenance-Aufwand durch die kurzen Lebenszyklen von Endgeräten und Betriebssystemen, sowie damit verbundene permanent notwendige Adaptierungen zeigen Wirkung. Das heißt, digitale Angebote befinden sich eigentlich in einem fortlaufenden Auf-, Aus- und Umbaustadium. Die Entwicklung hört eigentlich nie auf. Damit verbunden ist ein durchaus hoher Investitionsbedarf vonseiten der Anbieter wie go4health.

Die Inhalte beeinflussen genauso wie die Technik den Wert und die Wirkung von Gesundheitsangeboten. Vielfältiges fachliches Know-how ist hier die unabdingbare Voraussetzung. Hierzu kommen die unterschiedlichen länderspezifischen Rahmenbedingungen als weitere Herausforderung. Der Gestaltung kommt mindestens dieselbe Bedeutung zu. Es bedarf entsprechender Kreativität und digitaler Medienkompetenz, um ein für die beschränkte Größe eines Smartphone-Screens optimiertes Erlebnis zu bieten. Der Content muss immer neu und aktuell produziert werden, sonst stellt sich schnell Langeweile und damit sinkende Nutzung ein.

Aufseiten der Entscheider in Unternehmen fehlt oft das richtige Verständnis und das Wissen, dass diese Qualität auch ein gewisses Preis-Leistungsverhältnis voraussetzt.

Wir befinden uns derzeit in einer Phase des dritten Digital Divides. Der Zugang zum Internet überall und jederzeit ist mittlerweile eine Selbstverständlichkeit. Basiskompetenzen im Umgang mit digitalen Technologien sind in allen Bevölkerungsschichten durchwegs vorhanden. Die digitale Durchdringung des Alltags mit Apps und deren nutzbringende Verwendung trennt noch die Generationen. Hier fehlt insbesondere die Awareness für die neuen Chancen und Möglichkeiten. Das Smartphone als persönlichstes Device, das jeder immer bei sich hat, bietet sich naheliegend als ideale Bühne auch für das betriebliche Gesundheitsmanagement an.

Im BGM ist noch viel Bedarf an Bewusstseinsbildung, um mit etwas Kreativität und Mut die bereits umfassend vorhandenen technischen Möglichkeiten auch optimal einzusetzen und zu nutzen – go4health zeigt eine zeitgemäße, praktische und sichere Einsatzmöglichkeit!

1. go4health ermöglicht eine individuelle und umfassende Eins-zu-eins-Betreuung für Arbeitnehmer und eine nachhaltige Begleitung durch den gesamten Arbeitstag. Dabei wird der Schutz der persönlichen Gesundheitsdaten umfassend gewahrt.

2. go4health zeigt, dass digitales BGM die Interessen von Arbeitnehmern und Unternehmen optimal vereinen kann. Dabei gelingt es gleichzeitig Anforderungen für unterschiedlichste Betriebsstrukturen, Arbeitsplätze und Belastungen abzudecken.
3. Die digitale go4health-Lösung zeichnet sich in der operativen Umsetzung durch Flexibilität und Skalierbarkeit aus und ist dabei für viele Anforderungen und Geschäftsmodelle geeignet. Um das volle Potenzial zu heben, wird eine Ergänzung mit nichtdigitalen Inhalten und eine persönliche Betreuung empfohlen.

Literatur

Albrecht, U.-V. (Hrsg.), Chancen und Risiken von Gesundheits-Apps (CHARISMHA); engl. Chances and Risks of Mobile Health Apps (CHARISMHA), Medizinische Hochschule Hannover, 2016. urn:nbn:de:gbv:084-16040811153. http://www.digibib.tu-bs.de/?docid=00060000

„Am Puls der Zeit? – Wearables und Gesundheits-Apps" 09.02.2016, Presseinfo von Bitkom und BMJV https://www.bitkom.org/Presse/Presseinformation/Gemeinsame-Presseinfo-von-Bitkom-und-BMJV-Fast-ein-Drittel-nutzt-Fitness-Tracker.html Zugegriffen: 15. November 2016

Beck, D, Lenhardt, U, Gesundheitswesen 2016; 78(01): 56–62. DOI: 10.1055/s-0034-1387744, Betriebliche Gesundheitsförderung in Deutschland: Verbreitung und Inanspruchnahme. Ergebnisse der BIBB/BAuA-Erwerbstätigenbefragungen 2006 und 2012, Georg Thieme Verlag KG Stuttgart · New York

Beineke Julius, Zahlen, bitte! Apps: Nach drei Tagen sind 77 % der Nutzer futsch (08.11.2016) http://www.heise.de/newsticker/meldung/Zahlen-bitte-Apps-Nach-drei-Tagen-sind-77-Prozent-der-Nutzer-futsch-3457056.html Zugegriffen: 15. November 2016

Böhm, Stephan, in:Center for disability and integration Universität St. Gallen, Auswirkungen der Digitalisierung der Arbeit auf die Gesundheit von Beschäftigten. Berlin, den 27.09.2016 https://www.barmer-gek.de/studie-digitalisierung, Zugegriffen: 15. November 2016

Chen, A, 2016, What factors influence DAU/MAU? Nature versus nurture http://andrewchen.co/what-factors-influence-daumau-nature-versus-nuture/ Zugegriffen: 15. November 2016

Froböse, Julius et al, 2016. DKV Report „Wie gesund lebt Deutschland?" 2016, Zentrum für Gesundheit durch Sport und Bewegung der Deutschen Sporthochschule Köln, Zugegriffen: 15. November 2016

Initiative fit2work.at, www.fit2work.at Zugegriffen: 15. November 2016

Internet 4.0: Smart Health & Smart Care, YouGov Studie, 06/2016https://d25d2506sfb94s.cloudfront.net/r/52/Studieninformationen_Smart_Health_and_Smart_Care.pdf   Zugegriffen: 15. November 2016

Mobile Communications Report 2016, MindTake Research GmbH, im Auftrag MMA http://www.mmaaustria.at/html/img/pool/1_Mobile_Communications_Report16.pdf Zugegriffen: 15. November 2016

Müller, N. , Lümkemann, D. Matz, W: Geht es meinen Chef etwas an, wie gesund ich lebe? 2016 https://www.xing.com/news/klartext/gespreche-rund-um-gesundheit-sind-fursorge-997#expert, Zugegriffen: 15. November 2016

Muntschick, Verena, Herausgeberin: Health Trends, Oktober 2016, ISBN 978-3-945647-34-9, https://www.zukunftsinstitut.de/artikel/health-trends/ Zugegriffen: 15. November 2016

Netzwerk BGF, http://www.netzwerk-bgf.at Zugegriffen: 15. November 2016

Neuerer D., EU nimmt Gesundheits-Apps ins Visier, 10.11.2016, http://www.handelsblatt. com/politik/deutschland/digitale-gesundheitsdienste-eu-nimmt-gesundheits-apps-ins-visier/ 14820818.html Zugegriffen: 15. November 2016

Scherenberg, V. Qualitätsaspekte von Gesundheits-Apps: Wie lässt sich Qualität erkennen? Article in Public Health Forum 23(3):144–146 · September 2015 DOI: 10.1515/pubhef-2015-0053 https://www.researchgate.net/publication/281716244_Qualitatsaspekte_von_Gesundheits-Apps_Wie_lasst_sich_Qualitat_erkennen; Zugegriffen: 15. November 2016

Scholz, J., Umfrage: Das denken Ärzte über Gesundheits-Apps, 29.03.2016, änd Ärztenachrichtendienst Verlags-AG, http://www.presseportal.de/pm/61299/3287252. Zugegriffen: 15. November 2016

Strategy& PWC, Weiterentwicklung der eHealth-Strategie , Stand: 24. Oktober 2016, https:// www.bundesgesundheitsministerium.de/fileadmin/Dateien/3_Downloads/E/eHealth/BMG-Weiterentwicklung_der_eHealth-Strategie-Abschlussfassung.pdf Zugegriffen: 15. November 2016

Wippermann, Peter (Herausgeber, Autor) & Krüger, Jens (Herausgeber, Autor), Werte-Index 2016, 2015, Deutscher Fachverlag, ISBN-10: 3866413122

Dr. Karoline Simonitsch ist Mitgründerin, Geschäftsführerin und der operativ-strategische Kopf der go4health GmbH, www.go-4-health.com. Als digitale Pionierin, Business Angel und Change Manager wurde sie von HotTopics in das internationale Ranking der „The 100 most influential leaders in Health Tech 2016" gewählt. Sie promovierte vor über zehn Jahren in Mobile Business und befasst sich seither mit digitaler Transformation und mit den Auswirkungen der Digitalisierung auf Gesellschaft und Gesundheit.

Mag. Wolf Goja ist Mitgründer und Initiator von go4health. Seit mehr als 15 Jahren ist er als Change Manager im internationalen Umfeld tätig. Die Herausforderungen und Chancen der zunehmenden Digitalisierung sämtlicher Lebens- und Geschäftsbereiche sind ihm persönlich bestens bekannt. Die steigenden Anforderungen benötigen neben einer Überarbeitung von Geschäftsmodellen und Geschäftsprozessen ausgeruhte, konzentrierte und fokussierte Mitarbeiter – sein Motiv zur Gründung von go4health im Herbst 2014.

Claudia Cech arbeitet seit der Gründung der go4health GmbH in unterschiedlichen Rollen im Unternehmen. Sie ist erfahrene Spezialistin für Human Resources und Direct Marketing und hat in langjähriger Praxis bereits erfolgreich mehrere innovative Dienstleister beim Markteintritt in B2B-Märkten begleitet. Dies war eine optimale Ausgangsposition, um eng mit der Geschäftsleitung von go4health zusammenzuarbeiten, mit dem Ziel, die weitere Expansion zu begleiten.

Spielen als geeignete Form der Gesundheitsförderung und Prävention?!

Games4Health in der betrieblichen Gesundheitsförderung

20

Kevin Dadaczynski und Stephan Schiemann

Zusammenfassung

Während spielerische Anwendungen lange Zeit ausschließlich vor dem Hintergrund ihres möglichen Risiko- und Schädigungspotenzials für die Gesundheit diskutiert wurden, ist in den letzten Jahren eine stärkere Zuwendung zu positiven Wirkungen von digitalen Spielen zu beobachten. Im Vordergrund des folgenden Kapitels stehen die positiven Potenziale und die Frage, wie diese gezielt durch Maßnahmen der (betrieblichen) Gesundheitsförderung und Prävention zur Entfaltung gebracht werden können. Nach einer Einführung in den Serious-Games-Ansatz und dessen Abgrenzung zu verwandten digitalen Lehr- und Lernformaten sowie dem Gamification-Ansatz werden unterschiedliche Taxonomien vorgestellt. Auf Basis einer Unterscheidung in aktivitätsorientierte (Exergames) und nicht-aktivitätsorientierte (Non-Exergames) Spiele werden verschiedene Anwendungen sowie deren nachgewiesenen Wirkungen exemplarisch vorgestellt. Das Kapitel endet mit der Ableitung von Empfehlungen für die Entwicklung und Umsetzung digitaler Spielanwendungen für die (betriebliche) Gesundheitsförderung und Prävention.

20.1 Einleitung

Als Mitte des Jahres 2016 das für mobile Endgeräte entwickelte Spiel „Pokémon Go" durch das Unternehmen Nintendo veröffentlicht wurde, hat vermutlich niemand ahnen können, dass die Anwendung bereits eine Woche später mehr aktive Nutzer als der globale

K. Dadaczynski (✉)
Lüneburg, Deutschland
E-Mail: dadaczynski@leuphana.de

S. Schiemann
Lüneburg, Deutschland

© Springer Fachmedien Wiesbaden GmbH 2018
D. Matusiewicz und L. Kaiser (Hrsg.), *Digitales Betriebliches Gesundheitsmanagement*,
FOM-Edition, https://doi.org/10.1007/978-3-658-14550-7_20

Informationsdienst Twitter verzeichnen konnte. So zeigen die Ergebnisse einer repräsentativen Befragung des deutschen Bundesverbandes Informationswirtschaft, Telekommunikation und neue Medien e. V., dass acht von zehn Bundesbürger ab 14 Jahren von dieser Anwendung gehört oder gelesen haben, während etwa 21 % der Befragten (n = 1009) angeben, „Pokemón Go" zu spielen oder gespielt zu haben (Bitkom 2016). Auch wenn es sich hierbei um eine kurzweilige Ausnahme handelt, so steht dieses Beispiel stellvertretend für die zunehmende Beliebtheit von digitalen Spieleanwendungen. Nach Angaben des Bundesverbandes Interaktive Unterhaltungssoftware (BIU 2016) nutzten deutlich mehr als ein Drittel aller Bundesbürger (29,3 Mio.) regelmäßig digitale Spiele, wobei das Durchschnittsalter entgegen der lange Zeit bestehenden Wahrnehmung, es würde sich hierbei ausschließlich um ein von Kindern und Jugendlichen genutztes Medium handeln, bei etwa 35 Jahren liegt. Daneben lässt sich auch im Hinblick auf das Geschlecht und den Bildungsstand ein ausgeglichenes Verhältnis von Spielenutzern feststellen. Kurzum: Die Nutzung digitaler Spieleanwendungen erfreut sich bei einem breiten Querschnitt der deutschen Bevölkerung einer steigenden Beliebtheit.

Unlängst haben auch Unternehmen erkannt, dass das von Spielen ausgehende Motivations- und Immersionspotenzial eine wesentliche Triebfeder für die Erreichung unternehmerischer Ziele darstellen kann. Neben spielerischen Ansätzen des Personalmarketings und der Personalauswahl (Dierks und Kupka 2013) werden entsprechende Strategien zur Erreichung von Vertriebszielen (Schulten 2014) oder auch im Bereich der betrieblichen Fort- und Weiterbildung (Metz und Theiss 2011) eingesetzt. Demgegenüber stellen spielerische Ansätze der Gesundheitsförderung und Prävention (hier mit dem Sammelbegriff der Games4Health bezeichnet) ein noch junges Anwendungsfeld dar, weshalb deren Verbreitung in betrieblichen Settings noch am Anfang steht. Ein Grund hierfür mag unter anderem darin liegen, dass insbesondere unterhaltungsorientierte Spiele und die damit verbundenen Bildschirmzeiten in der öffentlichen und Fachdiskussion lange Zeit im Verdacht standen, ausschließlich negative gesundheitliche Wirkungen, unter anderem in Form gestörten Sozialverhaltens, Abhängigkeiten oder kardiovaskulären Erkrankungen zu evozieren (Anderson et al. 2010; Wilmot et al. 2012). Erst in den letzten Jahren mehren sich Studienbefunde, die nahelegen, dass digitale Spieleanwendungen auch positive Wirkungen auf das gesundheitliche Erleben und Verhalten ausüben können (Dadaczynski et al. 2016). Diese Befunde bilden den Ausgangspunkt für die gezielte Gesundheitsförderung und Prävention mittels spielerischer Ansätze. Ziel des vorliegenden Kapitels ist es, einen Einblick in den aktuellen Entwicklungsstand des Themas zu geben und exemplarisch Spieleanwendungen und deren Wirkungen darzustellen.

20.2 Die historische und konzeptionelle Entwicklung von Games4Health

Die Idee, dass Spiele für andere als ausschließlich unterhaltungsorientierte Ziele eingesetzt werden können, ist nicht neu und fand bereits Anfang der 70er durch Clark C. Abt mit dem Ziel der Handlungskompetenzförderung in der Literatur seine erste Erwähnung.

Abb. 20.1 Das Verhältnis verschiedener digitaler Lehr- und Lernformate. (Breuer und Bente 2010)

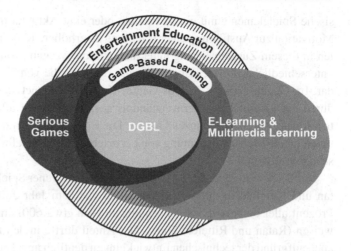

Mit Gründung der ersten Serious Games Initiative im Jahr 2002 und der Veröffentlichung des Spiels „Americas Army"[1] im selben Jahr, sollte es jedoch noch 30 Jahre dauern, bis sich sogenannte Serious Games zu einer eigenständigen Spielegattung etablierten. Dabei steht die Bezeichnung „Serious" weniger für die Ernsthaftigkeit der Spielanwendung, sondern dafür, dass diese neben der Unterhaltung ihrer Nutzer explizierte Lernziele verfolgen. So formuliert auch Zyda (2005, S. 26):

> Serious Games have more than just story, art, and software, however. [...] They involve pedagogy: activities that educate or instruct, thereby imparting knowledge or skills. This addition makes games serious.

Als Kriterium lässt sich somit nach Tolks und Lampert (2016) festhalten, dass Serious Games pädagogische Inhalte aufweisen und auf mindestens ein Lernziel ausgerichtet sind, wobei sich die pädagogischen Lerninhalte dem Unterhaltungsfaktor unterordnen. Trotz zahlreicher Überlappungen zu artverwandten digitalen Lehr- und Lernformaten (Abb. 20.1) finden sich verschiedene Abgrenzungsmerkmale, die Serious Games als distinkte Kategorie legitimieren. Während zum Beispiel bei Edutainment-Angeboten spielerische Elemente als Belohnung für einen Lernzuwachs ausgegeben werden, sind die Lerninhalte bei Serious Games als beiläufiger Bestandteil in das Spiel integriert (Sostmann et al. 2010). Demgegenüber umfasst „Digital Game-Based Learning" (DGBL) alle Lernprozesse eines Spiels (z. B. das Erlernen von Spielregeln), wodurch es sich in Abgrenzung zum Serious-Games-Ansatz um ein breites Lehr- und Lernformat handelt.

Schließlich lässt sich mit dem Begriff Gamification ein weiteres populäres Konzept anführen, das die Übertragung und Anwendung von Spielelementen auf nicht-spielerische Kontexte zum Gegenstand hat (Deterding et al. 2011). Mit diesem Konzept werden klas-

---

[1] Hierbei handelt es sich um einen Taktik- und Egoshooter der US-Army, das ausschließlich zum Zweck Rekrutierung entwickelt wurde (www.americasarmy.com).

sische Spielelemente mit einem Produkt oder eine Aktivität mit dem Ziel verknüpft, die Motivation zur Ausführung einer Handlung zu erhöhen. Klassische Spielmechaniken stellen in diesem Zusammenhang unter anderem die Vergabe von Punkten, das Durchlaufen unterschiedlicher Level, Ranglisten oder die Vergabe von Leistungsabzeichen (Badges) dar. Im Gegensatz zum Serious-Games-Konzept zeichnet sich der Gamification-Ansatz durch ein vereinfachtes Lernverständnis aus, welches vor allem durch kurzfristige motivationale Anreize gekennzeichnet ist. Die Einbindung von didaktischen Lernelementen und die konsistente Ausrichtung von Lernzielen an den Spielinhalten werden hier weniger stringent verfolgt.

Mit Blick auf die Verfügbarkeit gesundheitsbezogener Spieleanwendungen stellen Ratan und Rittefeld in ihrer Übersichtsarbeit aus dem Jahr 2009 fest, dass lediglich acht Prozent aller einbezogenen Anwendungen (von etwa 600) einen Gesundheitsbezug aufweisen (Ratan und Rittefeld 2009). Der Anteil dürfte in den letzten Jahren nicht zuletzt auch aufgrund der technischen Entwicklungen deutlich angestiegen sein. In der Folge wurden in der jüngsten Vergangenheit erste Onlinedatenbanken angelegt und Konferenzen zum speziellen Anwendungsfeld Gesundheit abgehalten. Ausgangspunkt der deutschen Entwicklung stellt die im Jahr 2008 im Rahmen der Cebit durchgeführte Konferenz „Serious Games for Health – Spiele in der Medizin" dar. Daneben bilden Serious Games eine von 14 Kategorien des deutschen Computerspielpreises, der jährlich von den Branchenverbänden BIU e. V. und GAME e. V. gemeinsam mit dem Bundesministerium für Verkehr und digitale Infrastruktur verliehen wird. Auf wissenschaftlicher Ebene beschäftigen sich mittlerweile verschiedene Hochschuleinrichtungen mit gesundheitsbezogenen Spieleanwendungen, wodurch die Anzahl an deutschsprachigen Veröffentlichungen in den letzten Jahren spürbar zugenommen hat.

20.3   Anwendungsbereiche von Games4Health

Aufgrund der im vorangegangenen Abschnitt beschrieben Entwicklungsdynamik hat es in den vergangenen Jahren verschiedene Bemühungen gegeben, das stetig wachsende Angebotsspektrum gesundheitsbezogener Spieleanwendungen in Form von Taxonomien zu kategorisieren. Exemplarisch zu nennen ist der Versuch von Sawyer und Smith, die spielerische Anwendungen auf einer Matrix unterschiedlicher Handlungsebenen (unter anderem Prävention, Therapie, Gesundheitsbildung) und Anwendungsfelder (unter anderem privat, professionelle Praxis, Forschung) verorten (Sawyer und Smith 2008). Eine vereinfachte Einteilung nehmen Lampert und Tolks vor, die insgesamt vier Grundformen von gesundheitsrelevanten Spielen unterscheiden (Lampert und Tolks 2016). Neben Spielen, die (1) zwar keinen direkten Gesundheitsbezug aufweisen, aber in diesem Kontext eingesetzt werden (z. B. Bejeweled II bei depressiven Symptomatiken), unterscheiden die Autoren Anwendungen, mit denen sich (2) der Gesundheitszustand messen und trainieren lässt (z. B. Trainingsprogramme zur Gewichtsregulation), Anwendungen, die (3) Gesundheitsthemen aufgreifen (z. B. Krankheiten wie Krebs, Diabetes) und Informationen spielerisch vermitteln, als auch solche, die (4) eine körperliche Aktivierung des Spielers über sensorische Systeme ermöglichen. Letztere Kategorie wird auch als Exergames bezeichnet (engl. exercise und games), wozu exemplarisch die Spielkonsole Wii der Firma Nintendo oder auch die große Anzahl der derzeit auf dem Markt verfügbaren Tracking Devices (sogenannte Wearables) sowie ihre gamifizierten Begleitanwendungen zu nennen sind. Im Folgenden nehmen wir eine einfache Unterscheidung in „Non-Exergames" sowie „Exergames" vor und stellen zu jeder Kategorie exemplarische Anwendungen im Handlungsfeld Gesundheitsförderung und Prävention vor, die im Rahmen der betrieblichen Gesundheitsförderung eingesetzt werden können.

20.3.1   Non-Exergames

Die Kategorie der sogenannten Non-Exergames umschreibt Spieleanwendungen, deren Steuerung klassisch über ein Eingabegerät (mobile Endgeräte, PC, Joystick einer Konsole) erfolgt und keine körperliche Aktivierung des Nutzers erfordert. Entsprechende Anwendungen decken verschiedene Themenfelder ab (z. B. Ernährung, Bewegung und psychische Gesundheit) und zielen insbesondere auf gesundheitsförderliche und intermediäre Gesundheitsparameter (z. B. Wissen, Einstellungen und Verhalten).

Beispielgebend für eine themenübergreifende Spielanwendung kann die browsergestützte Intervention Daily Challenge angeführt werden. Hierbei handelt es sich um eine zeitlich unbegrenzte („open end") Anwendung, in der die Spieler jeden Tag eine E-Mail mit einer Aufgabe zu verschiedenen Gesundheitsthemen erhalten, die innerhalb von wenigen Minuten umgesetzt werden kann (z. B. „Finde 3 Möglichkeiten heraus, wie Du Dich vor einer Erkältung schützen kannst", Abb. 20.2). Nach erfolgreicher Umsetzung der Aufgabe erhält der Spieler Punkte und kann einen Hinweis zum Nutzen dieser Aufgabe posten bzw. zur eigenen Handlungsplanung die Hinweise anderer Mitspieler einsehen.

Neben den Punkten für die Bewältigung der Einzelaufgaben können die Spieler weitere Bonuspunkte sowie Leistungsabzeichen sammeln und verschiedene Level durchlaufen. Interventionstheoretisch basiert die Anwendung auf der sozialkognitiven Lerntheorie und den hier verankerten reziproken Lernprozessen sowie der sozialen Beeinflussung und Unterstützung durch soziale Netzwerke. Die Ergebnisse einer randomisierten Kontrollgruppenstudie weisen sowohl nach 30 als auch nach 90 Tagen auf signifikante Verbesserungen des Wohlbefindens in der Interventionsgruppe (Cobb und Poirier 2014).

Ähnlich positive Wirksamkeitsbefunde finden sich für das sogenannte Wellbeing Game, einer gamifizierten Anwendung der neuseeländischen Stiftung für psychische Gesundheit. In Anlehnung an tagebuchbasierte Ansätze werden die Spieler gebeten, ihre täglichen Aktivitäten einem von fünf wohlbefindenssteigernden Faktoren zuzuordnen. Diese Faktoren sind das Ergebnis eines umfassenden Literaturreviews und stellen die theoretische Basis der Intervention dar (Aked et al. 2008). Auch hier kommen verschiedene klassische Spielmechaniken wie die Vergabe von Punkten oder Leistungsabzeichen zum Einsatz. Überdies können sich die Spieler in Teams (z. B. ein Unternehmen oder

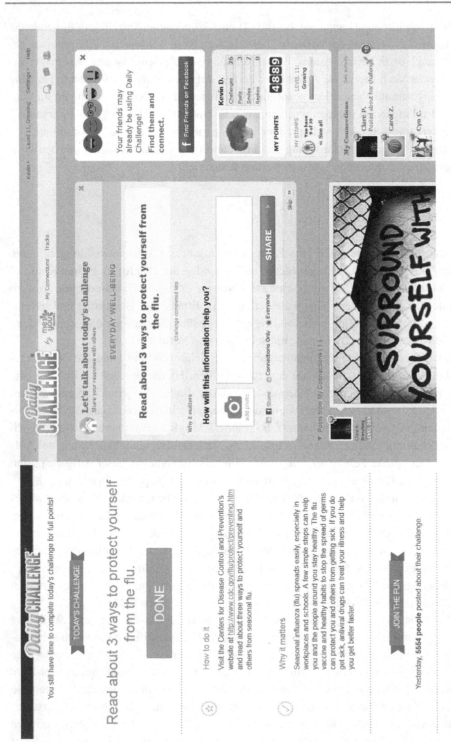

Abb. 20.2 Screenshot aus Daily Challenge. (www.meyouhealth.com)

eine Abteilung) zusammenfinden und gegen andere Teams (z. B. aus anderen Unternehmen) antreten. Über einen Interventionszeitraum von vier Wochen beteiligten sich an diesem Spiel im Jahr 2014 etwa 2300 Personen und erfassten insgesamt mehr als 36.000 wohlbefindenssteigernde Aktivitäten (Green 2014).

Schließlich stellt „Escape from Diab" ein weiteres Spiel dar, das zwar auf die Zielgruppe der Kinder fokussiert, dessen Darstellung jedoch auch an dieser Stelle fruchtbar sein kann. Im Gegensatz zu den vorhergehenden Beispielen handelt es sich hier um ein Videospiel, das in Form eines klassischen „point and click"-Adventures aufgebaut ist. Hierbei begibt sich der Spieler in die Rolle eines Jugendlichen, der eine Gruppe von Gleichaltrigen auf ihrer Flucht aus dem ungesunden Traumland „Diab" mit Fähigkeiten im Bereich gesunde Ernährung und Bewegung unterstützen muss. Die theoretische Basis stellt hierbei ein Set verschiedener Theorieelemente dar (z. B. sozialkognitives Lernmodell, Selbstbestimmungstheorie), die zu einer komplexen Wirktheorie zusammengeführt wurden (Thompson et al. 2010). Trotz der nicht unerheblichen Mittel, die für die Entwicklung des Spiels aufgewendet wurden, sind die Wirkungen recht begrenzt. So ließen sich im Rahmen einer randomisierten kontrollierten Studie über drei Messzeitpunkte lediglich ein erhöhter Obst- und Gemüseverzehr nachweisen, jedoch keine Verbesserung im Wasserkonsum, der körperlichen Aktivität sowie der körperlichen Zusammensetzung (Baranowski et al. 2011).

20.3.2   Exergames

Im gesamten Lebenslauf sind regelmäßig absolvierte körperliche Aktivität und Sport sowie eine gute körperliche Fitness wichtige Einflussgrößen für die Gesundheit und das Wohlbefinden. Repräsentative Studien zeigen allerdings, dass die Mehrheit der Bevölkerung die Mindestvorgaben zur körperlichen Aktivität nicht erfüllt (Robert Koch-Institut 2014), weshalb Maßnahmen zur körperlichen Aktivitätssteigerung in den vergangenen Jahren zunehmend an Bedeutung gewonnen haben. Obgleich das betriebliche Umfeld ein wichtiges Setting zur Erreichung erwachsener Zielgruppen darstellt, zeigen Übersichtsarbeiten, dass 40 bis 45 % der eingeschlossenen Interventionsstudien keine positiven Wirkungen auf Aspekte der körperlichen Aktivität erzielten (Malik et al. 2014). Dies kann unter anderem darin begründet sein, dass bei vielen Initiativen die Barrieren insbesondere zur dauerhaften Teilnahme zu hoch sind und zahlreiche Angebote vor allem eine kognitive Ausrichtung aufweisen, indem sie sich ausschließlich oder hauptsächlich auf die Vermittlung von gesundheitsrelevantem Wissen beschränken. Sell und Kollegen beschreiben die Aufgabe für die Entwicklung neuer und innovativer Maßnahmen daher wie folgt (Sell et al. 2008, S. 505):

> Identifying more enjoyable and nontraditional ways of acquiring recommended levels of physical activity.

Eine Option stellt in diesem Zusammenhang der Einsatz von Exergames dar, das heißt, die Anwendung von digitalen Spieleanwendungen, die mittels körperlicher Aktivität bedient und gesteuert werden. Synonym werden sie englischsprachig teilweise auch als Sport Video Games oder als Active Video Games bezeichnet (Oh und Yang 2010).

Die bekanntesten und am weitesten verbreiteten Spiele nutzen mit verschiedenen Sensoren ausgestattete elektronische Matten und Bewegungsplattformen, die reale Bewegungen des Spielers erfassen und in das virtuelle Spielgeschehen integrieren. Bei dem Spiel „Dance Dance Revolution" werden z. B. zu unterschiedlichen Songtiteln mittels aufleuchtender Pfeile auf dem Bildschirm die Schritte vorgegeben, die von dem Spieler synchron zur Musik auf einer sensorischen Matte imitiert werden müssen. Darüber hinaus können bei sogenannten EyeToy Kinetics-Spieleanwendungen (z. B. „PlayStation") die realen Bewegungen des Spielers mithilfe von Kameras erfasst sowie in das virtuelle Spiel integriert werden.

Zahlreiche Studien konnten bereits nachweisen, dass das Spielen von Exergames zu einem erhöhten Energieverbrauch führt, der die Mindestvorgaben zur körperlichen Aktivität erfüllt bzw. einer geringen bis mittleren körperlichen Beanspruchung entspricht, wie sie für einen aktiven Lebensstil gefordert wird (Penko und Barkley 2010; Tan et al. 2002). In kontrollierten Studien über mehreren Wochen konnte bei Kindern sowie auch bei älteren Erwachsenen nachgewiesen werden, dass sich mit Exergames statistisch signifikante positive Effekte beim BMI sowie der aeroben Ausdauer erzielen lassen (Chen und Wilkosz 2014; Gao et al. 2013; van't Riet et al. 2014). Vergleichsuntersuchungen weisen überdies darauf hin, dass die Probanden im Vergleich zu einem traditionellen Training auf einem Laufband mehr Spaß an der Nutzung von Exergames hatten (Sell et al. 2008). Dieser Aspekt ist für die Entwicklung von niedrigschwelligen Angeboten in der Gesundheitsförderung und Prävention von Bedeutung, insbesondere im Hinblick auf die langfristige Motivation zur Teilnahme.

Eine weitere inzwischen weit verbreitete Möglichkeit zur Förderung der körperlichen Aktivität ist die Nutzung von Apps bzw. Applikationen auf mobilen Endgeräten (z. B. Smartphones). Die damit in Verbindung stehenden technologischen Innovationen erlauben es heutzutage einem Großteil der Bevölkerung sehr einfach, ihre körperlichen Aktivitäten zu messen, z. B. über Beschleunigungssensoren oder GPS. Mit diesen technischen Möglichkeiten einhergehend werden Apps daher zunehmend genutzt, um das Aktivitätsniveau und damit das Gesundheitsverhalten gezielt positiv zu beeinflussen (Bort-Roig et al. 2014). In einem systematischen Review konnten zwei Studien identifiziert werden, die die Effekte mobiler Smartphone-Applikationen hinsichtlich der Steigerung der körperlichen Aktivität untersucht haben (Stephens und Allen 2013). Während sich in einer Studie keine signifikanten Effekte auf die körperliche Aktivität nachweisen ließen, konnten in einer zweiten Untersuchung bei 19 übergewichtigen Probanden im Durchschnittsalter von 28,2 Jahren nach der sechswöchigen täglichen Nutzung der sowohl ernährungs- als auch bewegungsbezogenen Applikation „SmartDiet" eine signifikante Reduktion des Körpergewichts, Körperfettanteils und des BMIs erzielt werden (Lee et al. 2010).

Eine interessante aktuelle Entwicklung sind in diesem Kontext sogenannte „location-based exergames", die mittels GPS real existierende Landschaften und Straßen in das Spiel integrieren, in denen definierte Aufgaben erfüllt werden müssen (Boulos und Yang 2013). Neben dem eingangs erwähnten „Pokemón Go" zählen hierzu auch weniger populäre Ansätze wie „GPS Mission Pro". Bei diesem Spiel wird eine Karte der realen Umgebung des Spielers genutzt, auf der unterschiedliche Missionen von Mitspielern hinterlegt sind. Das Grundprinzip ist angelehnt an das Kinderspiel Schnitzeljagd bzw. an Geochaching, sodass verschiedene Orte gesucht und von dem Spieler erreicht werden müssen, um die Missionen erfolgreich absolvieren zu können.

Eine zunehmende Digitalisierung und Gamifizierung von Maßnahmen zur Förderung der körperlichen Aktivität ist inzwischen auch im Bereich der betrieblichen Gesundheitsförderung festzustellen. So wurden in den letzten Jahren mehrere Initiativen gestartet, bei denen z. B. Schrittzähler oder Bewegungssensoren an die Teilnehmer ausgegeben werden. Neben den aufgezeichneten Schritten bzw. den Alltagsaktivitäten besteht Zugang zu einer Internetplattform, die unterschiedliche Spielelemente aufweist, z. B. virtuelle Routen, deren Strecken mittels realer Aktivitäten abgelaufen werden, verschiedene Teamwettbewerbe, Bestenlisten oder Punktesysteme. Hierzu gehören unter anderem das Programm „10.000" Schritte der Siemens Betriebskrankenkasse (SBK) in München, der vom TÜV Rheinland initiierte virtuelle Firmenlauf oder mehrere Schrittzähler-Aktionen der R+V Versicherungsgruppe. Zu den weltweit größten Gesundheitsinitiativen gehört die „Global Corporate Challenge", an der sich im Jahr 2015 über 1000 Unternehmen mit etwa 35.000 Teilnehmern beteiligten. Mit einem Bewegungssensor ausgestattet treten Mitarbeiter über einen Zeitraum von 100 Tagen gegeneinander an, wobei das Team mit den meisten Schritten gewinnt.

Ein weiteres Beispiel stellt die von den Autoren entwickelte Anwendung Healingo Fit dar. Hierbei handelt es sich um eine universelle Präventionsmaßnahme zur niedrigschwelligen Förderung der körperlichen Aktivität mittels eines Schrittzählers. Die hierüber erfasste körperliche Aktivität wird mit einer eigenen Webanwendung synchronisiert, die aus insgesamt vier Interventionsmodulen besteht: (1) individuelle Schritte und Schrittziele, (2) tägliche Quizzes bestehend aus Multiple-Choice-Fragen, (3) Gesundheitsziele und (4) Challenges bestehend aus Team- oder Einzelwettbewerben (Abb. 20.3).

Die einzelnen Module wurden in einem thematischen Handlungsrahmen miteinander verknüpft, bei dem die Teilnehmer in die Rolle eines Reisenden versetzt werden, die innerhalb eines sechswöchigen Interventionszeitraums 16 Städte bereisen müssen. Entsprechend des Gamification-Ansatzes wurden auch hier klassische Spielelemente implementiert (Punkte, Level-Struktur, Leistungsabzeichen, Ranglisten sowie verschiedene Visualisierungen des individuellen Fortschritts). Die Ergebnisse einer randomisierten Kontrollgruppenstudie weisen auf signifikante Verbesserungen von aktivitätsbezogenen Wissen und Einstellungen sowie auch auf eine Zunahme der niedrigschwelligen körperlichen Aktivität (Dadaczynski et al. 2017).

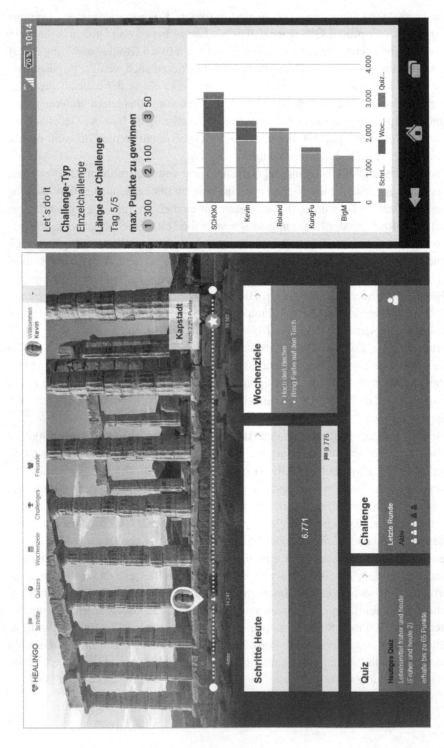

Abb. 20.3 Screenshot der Anwendung Healingo Fit. (*links*: Desktop Version, *rechts*: mobile Version)

20.4   Zusammenfassung und Empfehlungen

In diesem Beitrag wurden sogenannte Games for Health (G4H) als Sammelbegriff für alle spielbasierten Anwendungen eingeführt, die mehr oder minder explizit eine gesundheitsbezogene Zielstellung verfolgen. Wir haben an dieser Stelle eine Differenzierung in Anwendungen vorgenommen, die die körperliche Aktivität des Nutzers erfordern oder mittels klassischer Eingabeformen gesteuert werden. Zu betonen ist, dass die Mehrzahl der verfügbaren Spieleanwendungen keinen direkten Setting-Bezug aufweist, sondern das Individuum direkt adressiert. Eine Ausnahme stellt unter anderem „Healingo Fit" dar, eine trackingbasierte Anwendung zur Förderung der körperlichen Aktivität, die explizit für den Einsatz im betrieblichen Setting entwickelt wurde. Gegenüber den vielzählig im betrieblichen Kontext eingesetzten Schrittzählerprogrammen umfasst Healingo Fit auch nicht aktivitätsbezogene Bestandteile (z. B. Quizzes, Wochenziele) und berücksichtigt verschiedene Gesundheitsthemen (Bewegung, Ernährung, psychische Gesundheit).

Healingo Fit wie auch die übrigen in diesem Kapitel vorgestellten Spieleanwendungen stellen eine wichtige Grundlage für die betriebliche Gesundheitsförderung dar. Um eine größtmögliche Wirksamkeit zu entfalten, sind im Rahmen der Entwicklung und Umsetzung entsprechender Anwendungen verschiedene Aspekte zu beachten, die im Folgenden abschließend ausgeführt werden:

1. Wie bei allen Interventionen, so gilt auch für spielerische Ansätze, dass die Entwicklung theoriegestützt erfolgen sollte. So gelten nach dem US-amerikanischen Institute of Medicine Interventionen dann als vielversprechend, wenn diese auf einem theoretischen Modell beruhen und Evidenz vorweisen können, die zumindest Teile des Modells stützt (Smedley und Syme 2000). Ein Blick auf die gängigen App-Bezugsplattformen zeigt jedoch, dass die theoretische Basis der insbesondere trackingbezogenen Anwendungen oftmals unklar bleibt, was sich auch nachteilig auf deren Evaluation auswirken kann.

2. Gerade bei der Entwicklung von spielerischen Interventionen ist die Erzeugung von Attraktivität von besonderer Relevanz. Ein hoher Stellenwert kommt hierbei der Immersion zu, worunter ein psychischer Zustand zu verstehen ist, bei dem die Aufmerksamkeit des Nutzers vollständig auf das Spielerlebnis gerichtet ist. Ein solcher Zustand ist umso wahrscheinlicher, je stärker die Anforderungen des Spiels mit den Fähigkeiten des Spielers in einem ausgeglichenen Verhältnis stehen („Flow Erlebnis").

3. Hiermit einher geht die Frage, wie die Motivation zur Nutzung der spielerischen Ansätze möglichst langfristig aufrechterhalten werden kann. Auffallend ist, dass die Mehrzahl der im Bereich Gesundheit verfügbaren Spieleanwendungen vor allem dem Gamification-Ansatz zuzuordnen sind, also ihre Gesundheitsintervention vor allem durch spielerische Elemente anreichern. Hiermit besteht zwangsläufig die Gefahr, eine oftmals als wenig attraktiv wahrgenommene Gesundheitsintervention lediglich versüßen zu wollen („chocolate covered broccoli"). Somit gilt es, Lern- und Spielinhalte syste-

matisch unter Einsatz von Motivations- und Gratifikationsmechanismen miteinander zu verknüpfen, um eine dauerhafte Auseinandersetzung zu ermöglichen.

4. Eine weitere Frage betrifft die Übertragung der im Spiel erlernten Fähigkeiten und Einsichten auf den Lebensalltag. Während der Transferaufwand in spielerischen Anwendungen, die ausschließlich im virtuellen Raum stattfinden (z. B. bei Videospielen wie Escape from Diab) am größten ist, ist dieser insbesondere in Anwendungen, die bereits eine Verknüpfung mit der Alltagswelt von Menschen aufweisen, am geringsten. So sind spielerischer Anwendungen, die reale mit virtuellen Aktivitäten verbinden, aus unserer Sicht am aussichtsreichsten, um nachhaltige Wirkungen zu erzielen.

5. Schließlich stellen spielerische Ansätze aufgrund ihres Fokus auf individuelle Determinanten von Gesundheit für uns zwar ein wichtiges, jedoch kein hinreichendes Element einer ganzheitlichen Strategie der lebensweltbezogenen Gesundheitsförderung und Prävention dar. Vielmehr sind sie ein „Türöffner" für weitere Interventionen (Wiemeyer 2016), die im Sinne des Betrieblichen Gesundheitsmanagements (BGM) auch die Arbeitsbedingungen und -prozesse einbeziehen sollten. Vor allem für bedingungsbezogene Maßnahmen mangelt es bislang jedoch an spielerischen Zugängen.

Literatur

Aked, J., Marks, N., Cardon, C., & Thompson, S. (2008). *Five ways to wellbeing. A report presented to the Foresight Project on communicating the evidence base for improving people's well-bei*ng. London: The new economics foundation (nef).

Anderson, C.A., Shibuya, A., Swing, E.L., Bushman, B.J., Sakamoto, A., Rothstein, H.R., & Saleem, M. (2010). Violent video game effects on aggression, empathy, and prosocial behavior in eastern and western countries: a meta-analytic review. *Psychol Bull, 136*,151–173

Baranowski, T., Baranowski, J., Thompson, D. et al. (2011). Video game play, child diet, and physical activity behavior change a randomized clinical trial. *Am J Prev Med, 40*, 33–38.

Bort-Roig, J., Gilson, N.D., Puig-Ribera, A., Contreras, R.S., & Trost, S.G. (2014). Measuring and influencing physical activity with smartphone technology: a systematic review. *Sports Med, 44*, 671–686.

Boulos, M.N., & Yang, S.P. (2013). Exergames for Health and Fitness. The roles of GPS and geosocial apps. *Int J Health Geogr* , 5:18.

Breuer, J.S., & Bente, G. (2010). Why so serious? On the relation of Serious Games and learning. *Eludamos Journal for Computer Game Culture, 4*, 7–24.

Bundesverband Informationswirtschaft, Telekommunikation, und neue Medien e. V. (Bitkom) (2016). *Monster-Hype: Jeder Fünfte hat bereits einmal Pokémon Go gespielt.* http://tinyurl. com/z4cfn7s. Zugegriffen: 11. September 2016.

Bundesverband Interaktive Unterhaltungssoftware (BIU) (2016). *Nutzer digitaler Spiele in Deutschland 2015 und 2016.* http://tinyurl.com/hbmweya. Zugegriffen: 11. September 2016.

Chen, J.L., & Wilkosz, M. E. (2014). Efficacy of technology-based interventions for obesity prevention in adolescents: a systematic review. *Adolesc Health Med Ther*, 5:159.

Cobb, N.K., & Poirier, K. (2014). Effectiveness of a multimodal well-being intervention. A randomized controlled trial. *Am J Prev Med*, *46*, 41–48.

Dadaczynski, K., Schiemann, S., & Backhaus, O. (2017). Wirksamkeitseffekte der trackingbasierten Onlineintervention „Healingo Fit" in der betrieblichen Gesundheitsförderung. In K. Witte, & J. Edelmann-Nusser (Hrsg.), *Sportinformatik*. Aachen: Shaker Verlag. (S. 138–142)

Dadaczynski, K., Schiemann, S., & Paulus, P. (Hrsg.) (2016). *Gesundheit spielend fördern. Potenziale und Herausforderungen von digitalen Spieleanwendungen für die Gesundheitsförderung und Prävention*. Weinheim: Beltz Juventa.

Deterding, S., Dixon, D., Khaled, R., & Nacke, L. (2011). From game design elements to gamefulness: defining „gamification". In *MindTrek '11 Proceedings of the 15th International Academic MindTrek Conference: Envisioning Future Media Environments*. New York : ACM (S. 9–15).

Diercks, J., & Kupka, K. (Hrsg.) (2013) *Recrutainment. Spielerische Ansätze in Personalmarketing und -auswahl*. Wiesbaden: Springer Gabler.

Gao, Z., Hannan, P., Xiang, P., Stodden, D.F., & Valdez, V.E. (2013). Video game-based exercise, Latino children's physical health, and academic achievement. *Am J Prev Med*, *44*, 240–246.

Green, J. (2014). *The Wellbeing Game 2013. Evaluation Report*. Canterbury District Health Board.

Lampert, C., & Tolks, D. (2016). Grundtypologie von digitalen Spieleanwendungen im Bereich Gesundheit. In K. Dadaczynski, S. Schiemann, & P. Paulus (Hrsg.), *Gesundheit spielend fördern. Potenziale und Herausforderungen von digitalen Spieleanwendungen für die Gesundheitsförderung und Prävention*. Weinheim: Beltz Juventa (S. 218–233).

Lee, W., Chae, Y.M., Kim, S., Ho, S.H., & Choi, I. (2010). Evaluation of a mobile phone-based diet game for weight control. *J Telemed Telecare*, *16*, 270–275.

Malik, S.H., Blake, H., & Suggs, L.S. (2014). A systematic review of workplace health promotion interventions for increasing physical activity. *Brit J Health Psych*, *19*, 149–180.

Metz, M., & Theiss, F. (Hrsg.) (2011). *Digitale Lernwelt – Serious Games. Einsatz in der beruflichen Weiterbildung*. Bielefeld: Bertelsmann.

Oh, Y., & Yang, S. (2010). Defining exergames & exergaming. *Proceedings of Meaningful Play*, 1–17.

Penko, A.L., & Barkley, J.E. (2010). Motivation and physiologic responses of playing a physically interactive video game relative to a sedentary alternative in children. *Ann Behav Med*, *39*, 162–169.

Ratan, R., & Ritterfeld, U. (2009). Classifying Serious Games In U. Ritterfeld, M. Cody, & P. Voderer (Hrsg.), *Serious Games. Mechanisms and Effects*. London: Routledge (S. 10–24).

Robert Koch-Institut (Hrsg.) (2014). *Körperliche Aktivität (2014) Faktenblatt zu GEDA 2012: Ergebnisse der Studie „Gesundheit in Deutschland aktuell 2012"*. Berlin: RKI.

Sawyer, B., & Smith, P. (2008). *Serious Games Taxonomy*. http://tinyurl.com/69skee. Zugegriffen: 06. November 2016.

Schulten, M. (2014). Gamification in der Unternehmenspraxis: Status quo und Perspektiven. In Deutscher Dialog Marketing Verband e. V. (Hrsg.), *Dialog Marketing Perspektiven 2013/2014. Tagungsband 8. wissenschaftlicher interdisziplinärer Kongress für Dialogmarketing*. Wiesbaden: Springer Gabler (S. 261–274).

Sell, K., Lillie, T., & Taylor, J. (2008). Energy expenditure during physically interactive video game playing in male college students with different playing experience. *J Am Coll Health*, *56*, 505–511.

Smedley, B., & Syme, L. (2000). *Promoting health: intervention strategies from social and behavioural research.* Washington D.C.: National Academies Press.

Sostmann, K., Tolks, D., Fischer, M., & Buron, S. (2010). Serious Games for Health: Spielend lernen und heilen mit Computerspielen? *GMS Medizinische Informatik, Biometrie und Epidemiologie, 6*, 1–8.

Stephens, J., & Allen, J. (2013). Mobile phone interventions to increase physical activity and reduce weight: a systematic review. *J Cardiovasc Nurs, 28*, 320–329.

Tan, B., Aziz, A.R., Chua, K., & The, K.C. (2002). Aerobic demands of the dance simulation game. *Int J Sports Med, 23*, 125–129.

Thompson, D., Baranowski, T., Buday, R., Baranowski, J., Thompson, V., Jago, R., & Griffin, M. (2010). Serious Video Games for Health: How Behavioral Science Guided the Development of a Serious Video Game. *Simul Gaming, 41*, 587–606.

Tolks, D., & Lampert, C. (2016). Abgrenzung von Serious Games zu anderen Lehr- und Lernkonzepten. In K. Dadaczynski, S. Schiemann, & P. Paulus (Hrsg.), *Gesundheit spielend fördern. Potenziale und Herausforderungen von digitalen Spielanwendungen für die Gesundheitsförderung und Prävention.* Weinheim: Beltz Juventa (S. 191–216).

Van 't Riet, J., Crutzen, R., & Lu, A.S. (2014). How Effective Are Active Videogames Among the Young and the Old? Adding Meta-analyses to Two Recent Systematic Reviews. *Games Health J, 3*, 311–318.

Wiemeyer J (2016) *Serious Games für die Gesundheit Anwendung in der Prävention und Rehabilitation im Überblick.* Springer, Wiesbaden

Wilmot, E. G., Edwardson, C.L., Achana, F.A. et al. (2012). Sedentary time in adults and the association with diabetes, cardiovascular disease and death: systematic review and meta-analysis. *Diabetologia, 55*, 2895–2905.

Zyda, M. (2005). From visual simulation to virtual reality to games. *Computer, 38*, 25–32.

Dr. Kevin Dadaczynski ist assoziiertes Mitglied am Zentrum für Angewandte Gesundheitswissenschaften (ZAG) der Leuphana Universität Lüneburg und wissenschaftlicher Referent bei der Bundeszentrale für gesundheitliche Aufklärung (BZgA). Seine Arbeitsschwerpunkte liegen in der Gesundheitsförderung und Prävention in Lebenswelten, der psychischen Gesundheit, der Prävention von Übergewicht, der Qualitätsentwicklung und im Bereich Gesundheitskommunikation und Games4Health.

Prof. Dr. Stephan Schiemann ist Leiter des Instituts für Bewegung, Sport und Gesundheit und assoziiertes Mitglied am Zentrum für Angewandte Gesundheitswissenschaften (ZAG) der Leuphana Universität Lüneburg. Seine Arbeitsschwerpunkte liegen in den Bereichen „Körperliche Aktivität", „Sport und Gesundheit", „Serious Games for Health", Biomechanische und trainingswissenschaftliche Aspekte der posturalen Kontrolle" und „Beweglichkeitstraining".

Digitales BGM in dezentralen Strukturen – Herausforderungen und Lösungsansätze am Beispiel der START NRW GmbH

21

Yasmina Dötschel

Zusammenfassung

Die START NRW GmbH mit Zentrale in Duisburg wurde 1995 gegründet, mit dem Ziel, Arbeitslose durch Arbeitnehmerüberlassung in dauerhafte Beschäftigung bei den entleihenden Unternehmen zu bringen. Nachdem das Geschäftsfeld um den Beschäftigtentransfer erweitert wurde, ist START inzwischen in Nordrhein-Westfalen mit 28 Niederlassungen vertreten. Diese dezentrale Struktur ist Anlass, über die Einführung eines digitalen betrieblichen Gesundheitsmanagements nachzudenken.

Innerhalb des momentan laufenden Entscheidungsprozesses ergaben sich einige Herausforderungen, die es im Vorfeld zu meistern gilt. Diese und mögliche Lösungsansätze werden im folgenden Beitrag dargestellt.

Hierzu gehören unter anderem die Auswahl eines für die eigenen Bedürfnisse und Erwartungen passenden Kooperationspartners bzw. Dienstleisters. Aber auch der Datenschutz, die notwendigen technischen Voraussetzungen sowie die Überzeugung und Motivation der Mitarbeiter.

21.1 Einleitung

Betriebliches Gesundheitsmanagement ist in qualitativer Sicht nicht gleich betriebliches Gesundheitsmanagement. Viele Unternehmen haben inzwischen verstanden, dass betriebliches Gesundheitsmanagement behilflich ist, um qualifizierte Fachkräfte zu rekrutieren. Der Fachkräftemangel wird künftig auch vor dem Sektor der Zeitarbeit keinen Halt machen. Die Zeitarbeitsunternehmen werden mit den Kundenunternehmen um gut ausgebil-

Y. Dötschel (✉)
START NRW GmbH
Schifferstr. 166, 47059 Duisburg, Deutschland
E-Mail: yasmina.doetschel@start-nrw.de

© Springer Fachmedien Wiesbaden GmbH 2018
D. Matusiewicz und L. Kaiser (Hrsg.), *Digitales Betriebliches Gesundheitsmanagement*,
FOM-Edition, https://doi.org/10.1007/978-3-658-14550-7_21

dete Kräfte konkurrieren. Deshalb müssen auch die Personaldienstleister ihre Mitarbeiter durch betriebliches Gesundheitsmanagement gesund und motiviert halten (Bouncken und Bornewasser 2012). Damit dies auf einem hohen qualitativen Niveau erfolgen kann, können unterschiedliche Instrumente wie beispielsweise Netzwerke, Standardisierungen im Sinne von Zertifizierungen oder Qualitätspreise bzw. Awards genutzt werden. Für Managementsysteme in Unternehmen sind Zertifizierungen längst normal, wenn nicht sogar zwingend erforderlich. Standardisierungen versprechen Transparenz und Vergleichbarkeit der Qualität. Die Frage ist, inwieweit dieses Versprechen in Bezug auf betriebliches Gesundheitsmanagement eingelöst werden kann. START NRW GmbH verfolgt einen besonderen Ansatz der Arbeitnehmernehmerüberlassung, bei dem Gesundheitsmanagement seit Jahren eine wichtige Rolle spielt. START war in vielen Fragen der sozialverträglichen Arbeitnehmerüberlassung Vorreiter und konnte dadurch Standards für die Branche setzen. Im Folgenden werden die Besonderheiten von START als Personaldienstleister und die daraus resultierenden Herausforderungen für ein BGM sowie mögliche Lösungsansätze durch digitales betriebliches Gesundheitsmanagement erörtert.

21.2   Die START NRW GmbH

Die START NRW GmbH wurde 1995 gegründet mit dem Ziel, Arbeitslose und Arbeitssuchende durch Arbeitnehmerüberlassung in dauerhafte Beschäftigung bei den entleihenden Unternehmen zu bringen. Zentrale Bedeutung für den Erfolg des Konzepts hat die Förderung und Entwicklung der Beschäftigungsfähigkeit. Dazu wurden vor allem zwei Instrumente genutzt:

Die tarifliche Bezahlung der Leiharbeitnehmer nach dem Tarif bzw. der Entgeltstruktur des Kunden (heute besser bekannt unter der Kurzformel „Equal Pay") sollte diese sozial absichern, der Diskriminierung von Stammbeschäftigten und Leiharbeitnehmern entgegenwirken und so die Integration in den Betrieb fördern (Dötschel et al. 2015).

Die Qualifizierung der Leiharbeitnehmer (zunächst nur in verleihfreien Zeiten) sollte die Voraussetzung für passgenaue und damit erfolgreiche Einsätze schaffen und idealerweise den damit verbundenen Kompetenzerwerb im Sinne einer beruflichen Entwicklung unterstützen (Dötschel et al. 2015).

Diese Grundpfeiler des Konzeptes sowie ein umfassender Arbeits- und Gesundheitsschutz trafen auch die Vorstellungen der Gewerkschaften von sozialverträglicher Arbeitnehmerüberlassung, sodass am 20. Januar 1995 elf Akteure des nordrhein-westfälischen Arbeitsmarktes den Gesellschaftsvertrag unterschrieben. Dazu gehörten neben dem Land NRW als Hauptgesellschafter drei Arbeitgeberverbände und der DGB Landesbezirk NRW. Auch die Bundesanstalt für Arbeit und die Start Uitzendbureau b.v., das niederländische Vorbild, waren Gründungsgesellschafter. Gesellschafter sind heute: Land NRW, Arbeitgeberverband Stahl e. V., Stadt Duisburg, Landkreise NRW, Evangelische Kirche im Rheinland, Arbeitsgemeinschaft der Spitzenverbände der Freien Wohlfahrtspflege des Landes Nordrhein-Westfalen, Nordrhein-Westfälischer Handwerkstag (NWHT) e. V.,

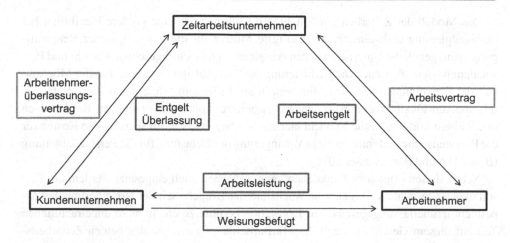

Abb. 21.1 Gefüge und die Funktionen der drei Parteien im Prozess der Arbeitnehmerüberlassung. Quelle: Dötschel et al. 2015

Landesvereinigung der Unternehmensverbände NRW e. V., Stadt Troisdorf, DGB Bezirk NRW und die Stadt Düsseldorf. Dieser breite arbeitsmarktpolitische Konsens bildet seit über 20 Jahren den Handlungsrahmen für die Entwicklung von Instrumenten zur Arbeitsmarktintegration. Im Mittelpunkt stehen Menschen, die als schwer vermittelbar gelten. Rund zwei Drittel der Leiharbeitnehmer gehören Zielgruppen des Arbeitsmarktes an (Dötschel et al. 2015). Diese sind im Einzelnen: Menschen mit Behinderung, ältere Arbeitnehmer, gering Qualifizierte, Menschen mit Migrationshintergrund, Langzeitarbeitslose, Jugendliche unter 25 Jahren und Berufsrückkehrer.

Dem Zeitarbeitsunternehmen als Arbeitgeber sind dabei inhaltliche und rechtliche Grenzen gesetzt. Rechtsgrundlage für die Branche der Zeitarbeit in Deutschland bildet das Arbeitnehmerüberlassungsgesetz (AÜG), das 1972 verabschiedet und über die Jahre immer weiter liberalisiert wurde. Seit Ende des Jahres 2003 beispielsweise existieren keine Begrenzungen mehr hinsichtlich der Überlassungsdauer und der Wiedereinstellung (Wagner 2010). Geprägt wird die Branche durch eine Dreiecksbeziehung zwischen dem Zeitarbeitsunternehmen (START), dem Kunden (der sogenannte Entleiher) und dem Leiharbeitnehmer (Wagner 2010). Das vertragliche Gefüge und die Funktionen der drei Parteien im Prozess der Arbeitnehmerüberlassung verdeutlicht Abb. 21.1.

START und der Arbeitnehmer (Leiharbeitnehmer) schließen einen Arbeitsvertrag. Das Arbeitsentgelt erhält der Leiharbeitnehmer demnach vom Zeitarbeitsunternehmen als Arbeitgeber. Dieses und der Kunde schließen einen Arbeitnehmerüberlassungsvertrag, der die Art der durch den Leiharbeitnehmer beim Kunden zu erbringenden Arbeitsleistung und den Preis für diese Leistung regelt. Somit ist für die Dauer des Einsatzes das Kundenunternehmen weisungsbefugt gegenüber dem Arbeitnehmer und entrichtet an das Zeitarbeitsunternehmen ein Entgelt für die Überlassung (Wagner 2010).

Das Modell der Zeitarbeit ermöglicht den Unternehmen eine größere Flexibilität bei Personalplanung und -einsatz. Als häufigste Motive für die Nutzung dieser Beschäftigungsform geben die Unternehmen den Ausgleich von Nachfrageschwankungen und Personalengpässen, aber auch die Reduzierung des Beschäftigungsrisikos und die Möglichkeit der Gewinnung von neuen Mitarbeitern an. In diesem Sinne konkurriert Zeitarbeit mit anderen Flexibilisierungsformen wie Arbeitszeitkonten, Überstunden, Befristungen etc. Weitere Vorteile für die Kundenunternehmen liegen in der Einsparung von Kosten für die Personalsuche und somit in einer Verringerung der Belastung für die Personalabteilung (Bouncken und Bornewasser 2012).

Neben diesen originären Funktionen kann Zeitarbeit auch eingesetzt werden, um Personalkosten zu senken. Das enorme Wachstum der Branche seit der Novellierung des Arbeitnehmerüberlassungsgesetzes im Jahre 2003 beruhte zu einem nicht unbeträchtlichen Teil auf diesem Geschäftsmodell. Die Tarifabschlüsse zwischen den beiden Zeitarbeitsverbänden IGZ und BAP und den DGB-Gewerkschaften haben dem 2012 einen Riegel vorgeschoben. So hat sich in den letzten zehn Jahren das Image der Zeitarbeit stark verbessert – Vorbehalte sind jedoch geblieben (Dötschel et al. 2015).

START beschäftigt zurzeit 200 interne Mitarbeiter und rund 2700 Leiharbeitnehmer in 28 Niederlassungen in Nordrhein-Westfalen. Im Jahr 2016 wurden ca. 820 Leiharbeitnehmer von Kundenunternehmen übernommen.

Ein zentrales Element der START-Unternehmenspolitik ist, Standards für die Branche zu setzen. Neben den zuvor genannten Feldern der Tarifierung und Qualifizierung geschieht dies über arbeitsmarktpolitische Projekte, in denen gemeinsam mit Kooperationspartnern Erkenntnisse und Erfahrungen aus dem Kerngeschäft für andere Zielgruppen – beispielsweise Haftentlassene – nutzbar gemacht werden (Dötschel et al. 2015).

Ein weiteres Feld ist die Mobilisierung finanzieller und organisatorischer Ressourcen für eine aktive Arbeits- und Ausbildungsmarktpolitik. Um jungen Menschen mit eingeschränkten Vermittlungsperspektiven die Chance auf eine Ausbildung zu eröffnen, werden seit mehr als zehn Jahren zusätzliche Ausbildungsplätze bei Kundenbetrieben oder anderen Kooperationspartnern geschaffen. Dabei übernimmt der Kooperationspartner den fachlichen Teil der Ausbildung, START schließt den Ausbildungsvertrag, kümmert sich um das Ausbildungsmanagement und zahlt einen großen Teil der Ausbildungsvergütung (Dötschel et al. 2015).

Das jüngste Instrument zur Förderung der Beschäftigungsfähigkeit ist das betriebliche Gesundheitsmanagement, das sich aus dem Arbeits- und Gesundheitsschutz heraus entwickelt hat (Dötschel et al. 2015).

21.3 Analoges BGM bei START

Die Etablierung eines betrieblichen Gesundheitsmanagements bei START ist durch den arbeitsmarktpolitischen Auftrag begründet. Wie zuvor dargestellt, geht es bei dem Einsatz arbeitsmarktpolitischer Instrumente stets um die Frage, wie Beschäftigungsfähigkeit gefördert werden kann. Dazu gehört die Identifikation von Faktoren, die sich fördernd bzw. hemmend auf die Beschäftigungsfähigkeit auswirken. Zahlreiche Studien belegen, dass Arbeitslosigkeit die Gesundheit negativ beeinflusst (Kieselbach und Beelmann 2006). Da START ausschließlich arbeitslose Menschen einstellt, ist von vermehrten gesundheitlichen Beeinträchtigungen auszugehen. Deshalb besteht die Notwendigkeit, gesundheitliche Ressourcen zu stärken, um letztlich die Übernahme der Leiharbeitnehmer zu fördern. Denn nur einsatzfähige und einsatzbereite Mitarbeiter werden übernommen. Für betriebliches Gesundheitsmanagement bei den internen Mitarbeitern gelten die klassischen Gründe, wie in jedem anderen Unternehmen auch: Der Erhalt und die Förderung der Gesundheit der Beschäftigten fördert Mitarbeiterzufriedenheit, Leistungsfähigkeit und -bereitschaft und somit indirekt das wirtschaftliche Ergebnis. Die Besonderheit bei den internen Mitarbeitern bei START ist jedoch, dass sie als Multiplikatoren des betrieblichen Gesundheitsmanagements gegenüber den Leiharbeitnehmern fungieren. Dies bedeutet, dass sie Zielgruppe für das betriebliche Gesundheitsmanagement und gleichzeitig Anwender bzw. Vermittler der Gesundheitsförderung als arbeitsmarktpolitisches Instrument sind (Dötschel et al. 2015).

Die erwähnte dezentrale Struktur ermöglicht es einerseits nah an den Kunden und in den verschiedenen Regionen mit Ansprechpartnern vor Ort zu sein, andererseits stellt sie das betriebliche Gesundheitsmanagement vor Herausforderungen. Die 28 Niederlassungen sind über das gesamte Gebiet Nordrhein-Westfalens verteilt und machen so schon die internen Mitarbeiter für das betriebliche Gesundheitsmanagement nicht vor Ort greifbar. Hinzu kommen die über ganz Nordrhein-Westfalen verstreuten Einsatzorte der Leiharbeitnehmer und eine starke Differenzierung der Berufsgruppen mit völlig unterschiedlichen Belastungen.

Als bei START das BGM in die Unternehmensstrategie aufgenommen wurde, war von digitalem betrieblichen Gesundheitsmanagement noch keine Rede. Daher bewegte sich die Organisation des BGM zwangsläufig in traditionellen Formen. Um den besonderen Herausforderungen zu begegnen, wurden zunächst sowohl für die internen Mitarbeiter als auch für die Leiharbeitnehmer zielgruppenspezifische gesundheitsförderliche Interventionen konzipiert und etabliert. Dazu gehörten die Erstellung von Belastungsprofilen an den Arbeitsplätzen der internen Mitarbeiter und die Erarbeitung individueller Lösungsansätze und Übungsprogramme. Dazu gehörte auch die Integration gesundheitsfördernder Aspekte in die Einstellungsgespräche der Leiharbeitnehmer, – insbesondere durch niederschwellige Themen wie Sport – mit dem Ziel, Anknüpfungspunkte für spätere Gesundheitsfördergespräche zu schaffen. Diese zielgruppenspezifischen Ansätze wurden durch Maßnahmen ergänzt, die das Problem der regionalen Zersplitterung lösen helfen sollten. Als zentrales Instrument hat START das Konzept der „Gesundheitsfördertage" entwickelt. Die Gesundheitsfördertage werden von den Niederlassungen vor Ort veranstaltet und sprechen die Leiharbeitnehmer in ihrem sozialen und lokalen Kontext an. Krankenkassen, Sportvereine und andere Kooperationspartner stellen ihre Angebote vor und informieren über klassische Themen der Gesundheitsförderung. Ein weiteres Instrument ist die Beteiligung an Firmen- und Volksläufen in der Region.

Über die meisten dieser Instrumente wurde eine bis heute gültige Betriebsvereinbarung für die beschriebenen Zielgruppen geschlossen, die alle wichtigen Aspekte regelt. Beispielsweise bezuschusst START den Kauf von Laufschuhen alle zwei Jahre mit jeweils 100 €, wenn sich der Arbeitnehmer aktiv an den Angeboten des Unternehmens beteiligt. Des Weiteren beteiligt sich das Unternehmen START an den Kosten für Präventionskurse, die durch die Krankenkasse gefördert werden. Außerdem stellt START Obst und Wasser für die internen Mitarbeiter bereit.

Bereits hier wird deutlich, dass der Erfolg des betrieblichen Gesundheitsmanagements bei START auf der eigenständigen Behandlung der Zielgruppen beruht. Die Aufgaben einer zentralen Abteilung Gesundheitsmanagement bestehen demnach in der Aufklärung über die Ziele der Gesundheitsförderung, in der Entwicklung gesundheitsförderlicher Strukturen und Koordination geeigneter Maßnahmen sowie der Unterstützung bei individuellen Fragestellungen.

Mit der voranschreitenden Digitalisierung ergeben sich auch für das BGM neue Möglichkeiten. Diese beginnen bei relativ simplen Mitteln wie der Nutzung von Schrittzählern und erstrecken sich inzwischen bis zur Nutzung ganzer Software.

21.4 Möglichkeiten eines digitalen BGM

Eine START-spezifische Besonderheit besteht in der Zusammensetzung der Mitarbeiter. Interne Mitarbeiter sind für das betriebliche Gesundheitsmanagement greifbar, die Leiharbeitnehmer befinden sich in den verschiedenen Kundenunternehmen und sind häufig nur für einen begrenzten Zeitraum für die START NRW GmbH tätig. Durch die Nutzung digitaler Methoden ist die Einbindung der verschiedenen Standorte genauso möglich wie die Einbeziehung der Leiharbeitnehmer und Mitarbeiter, die sich momentan in Elternzeit und im Homeoffice befinden.

Da unter anderem auch die Teilnahmequote an verschiedenen BGM-Interventionen als Kennzahl für den Erfolg solcher genutzt wird, kann diese durch die Einbeziehung von Mitarbeitern, die sich durch klassische Maßnahmen nicht angesprochen fühlen, gesteigert werden.

Während analoge Maßnahmen auf grundsätzliche gesundheitliche Probleme konzipiert sind, ist es mittels digitaler Maßnahmen für jeden Mitarbeiter möglich, diese auf seine individuellen gesundheitlichen Anforderungen hin anzupassen.

Eine weitere Chance besteht in der einfachen Integration digitaler Methoden in den persönlichen und beruflichen Tagesablauf.

Anbieter ausgereifter digitaler Softwarelösungen bieten darüber hinaus häufig die Erstellung eines Berichts nach bestimmten Zeiträumen an. Dieser gibt Aufschluss über Nutzungsdauer und -häufigkeit, Fokussierung auf spezielle Angebote etc. und kann für die weitere BGM-Arbeit als Grundlage genutzt werden.

Zudem können in solche Softwarelösungen häufig spezielle Motivationstools eingebaut werden. Diese reichen von der einfachen Rückmeldung an die Mitarbeiter über den bereits erreichten gesundheitlichen Fortschritt bis hin zu zusätzlichen analogen Tools wie Reminder-Schreiben oder Informationsbroschüren.

Ein Unternehmen, das digitales BGM nutzt und entsprechend an die Öffentlichkeit kommuniziert, wird als modern wahrgenommen. Dies kann letztendlich zusammen mit anderen unternehmerischen Faktoren zu einer Imagesteigerung führen. Diese wiederum unterstützt bei der Gewinnung neuer Fach- und Führungskräfte.

21.5   Überlegungen zur Einführung eines digitalen BGM

So einfach die Lösung der beschriebenen Herausforderungen im BGM aufgrund der START-spezifischen Besonderheiten mittels der Nutzung digitaler Angebote erscheint, müssen jedoch bereits im Vorfeld einige Aspekte genau beleuchtet und geklärt werden.

Schon die Auswahl eines geeigneten digitalen Kanals um die Mitarbeiter mit der neuen Technik vertraut zu machen, bedarf einer genauen Planung, Kommunikation und Auswahl.

Eine grundsätzliche Herausforderung ergibt sich bereits vor der Durchführung solcher Aktionen in der Auswahl eines geeigneten Anbieters bzw. Kooperationspartners. Es gibt inzwischen eine Vielzahl von diesen.

Eng verbunden mit der Anbieterwahl stehen die entstehenden Kosten für das Unternehmen. Hierbei sind neben den direkten auch die indirekten Kosten zu berücksichtigen wie Arbeitszeit der Mitarbeiter etc.

So vielfältig wie die Anbieter gestalten sich deren Anforderungen an technische Voraussetzungen. Hierzu zählt auch das benötigte EDV-Know-how der Mitarbeiter, um die Angebote passend bedienen und nutzen zu können.

Einen sehr wichtigen Aspekt stellt der Datenschutz dar. Um die Unternehmensdaten, aber auch die der Mitarbeiter zu schützen, sind im Vorfeld Fragen nach dem Standort des Rechners, auf dem die Daten gespeichert werden, zu klären. Aber auch eine genaue Studie der Datenschutzrichtlinien des Anbieters ist notwendig, um einen umfassenden Überblick über die Verwendung und Nutzung der Daten zu erlangen.

Die aber größte Herausforderung findet sich in der Motivation der Belegschaft selbst. Es gilt den Mitarbeitern die Ängste zu nehmen. Diese erstrecken sich von der Angst vor der Nutzung persönlicher Daten über die Hemmung zur Nutzung aufgrund von Bedienfehlern.

21.6   Praktische Lösungsansätze

Um die Mitarbeiter schrittweise heranzuführen, wurde mit einem Wettbewerb gestartet, innerhalb dessen unternehmensinterne Teams gegründet und mit Schrittzählern ausgestattet wurden. In einem Zeitraum von 14 Tagen wurden die zurückgelegten Schritte eigenständig von jedem Teilnehmer in seinem eigens angelegten Onlineprofil eingetragen und die aktivsten Teams am Ende mit einem kleinen Preis gekürt. Durch diese Aktion haben die Mitarbeiter bereits, oft ohne es zu wissen, eine digitale Möglichkeit genutzt. Nachdem diese Aktion gut angenommen wurde, konnten weitere Interventionen angeboten werden. So wurden durch den Bereich des Arbeitsschutzes verschiedene Apps im unternehmensinternen Newsletter beworben, diese befassen sich beispielsweise mit dem richtigen Tragen und Heben oder unterstützen bei der Erstellung einer Gefährdungsbeurteilung. Diese sind von verschiedenen Berufsgenossenschaften programmiert worden und können kostenfrei auf Handys, Tablets etc. aufgespielt werden. Da ein Großteil der START-Mitarbeiter Diensthandys zur Verfügung gestellt bekommt, müssen die Apps nicht auf das private Mobiltelefon installiert werden und die wichtige Trennung von Beruf und Privatleben wird nicht beeinträchtigt.

Nachdem ein Erfolg mit diesen beiden Angeboten erreicht werden konnte, soll im nächsten Schritt eine unternehmensweite Onlineplattform angeboten werden. Allerdings ist die Einführung einer solchen langwierig, bedarf der Abstimmung unterschiedlicher Abteilungen und konfrontiert alle Beteiligten mit den beschriebenen Herausforderungen.

Bereits die Auswahl eines für die START-Bedürfnisse passenden Anbieters gestaltet sich als komplexer Prozess. Einen guten Überblick über die verschiedenen Herausgeber solcher Plattformen kann sich auf entsprechenden Messen verschafft werden. Als sehr wichtig wurde aber auch der Austausch auf Tagungen und Kongressen wahrgenommen. Durch Erfahrungen von Kollegen aus anderen Organisationen ist es möglich, ungefilterte Meinungen aus der Praxis zu erhalten. Nachdem eine Vorauswahl getroffen werden konnte, galt es in persönlichen Gesprächen mit Vertretern der Anbieter, die eigenen Bedürfnisse und Erwartungen konkret zu formulieren, die Besonderheiten von START herauszustellen und die Ziele zu formulieren. Erst auf Grundlage dieser Angaben können die Anbieter ein kundenspezifisches Angebot erstellen.

Nachdem von START ein Anbieter in die engere Auswahl genommen wurde, ging es in die Feinabstimmungen. Bei der Prüfung dieser Zusammenstellung traten besonders die im Vorkapitel aufgelisteten Herausforderungen zutage.

Der Anbieter setzt, um eine korrekte Ausführung zu gewährleisten, eine Vielzahl an EDV-technischen Anforderungen voraus. Hierzu ist eine genaue Abstimmung mit der IT-Abteilung vonnöten. Nur wenn von dieser das „Go" kommt, kann sich darauf verlassen werden, dass eine Nutzung der Plattform in dieser Hinsicht reibungslos verläuft.

Besonders ausgeprägt sind meist die Datenschutzbestimmungen der Anbieter. Diese jedoch in Einklang mit den Vorstellungen der START NRW GmbH zu bringen und somit auch die Verantwortung als Arbeitgeber gegenüber den Mitarbeitern wahrzunehmen, stellt eine ausgeprägte Herausforderung dar. Da auf einer solchen Plattform gesundheitsbezogene Daten eingetragen und mit diesen individuell für jeden Mitarbeiter gearbeitet wird, muss gewährleistet sein, dass die Daten für niemanden personenbezogen weiterverarbeitet werden können. Dies ist in der Regel hinsichtlich der Datennutzung durch das einkaufende Unternehmen, in diesem Fall START, gut zu regeln. Selbstverständlich möchte die Organisation eine Auswertung über die Nutzung in Bezug auf die Häufigkeit, die Anzahl der teilnehmenden Mitarbeiter und besonders ausgeprägte gesundheitliche Problemstellungen. Diese Auswertung muss jedoch über das gesamte Unternehmen hinweg erfolgen und darf keinesfalls Rückschlüsse auf einzelne Mitarbeiter erlauben. Schwieriger gestaltet sich der Schutz mitarbeiterbezogener Daten gegenüber dem Plattformanbieter selbst. Häufig sind diese in größere Konzerne eingebunden, die in irgendeiner Art und Weise gesundheitliche Daten für deren Hauptgeschäft nutzen möchten. Diese Tatsache herauszufinden und dem gegenzusteuern ist eines der schwierigsten Aspekte. Hilfreich ist es, den Datenschutzbeauftragten des Unternehmens von Beginn an mit einzubinden und gemeinsam mit diesem den Anbieter und die beschriebenen Bestimmungen genau zu beleuchten. Je detaillierter die eigenen Vorstellungen formuliert werden, desto besser kann die Abstimmung mit dem externen Anbieter erfolgen.

Einen nicht unwesentlichen Faktor stellen die entstehenden Kosten dar. Die beschriebene Nutzung der Schrittzähler oder Apps, die häufig von Krankenkassen oder Berufsgenossenschaft angeboten werden, sind für die Organisationen kostenfrei. Sie können einfach in den Berufsalltag integriert werden und bedürfen keiner Freistellung während der Arbeitszeit. Um ein Vielfaches kostenintensiver sind die Onlineplattformen, die von Wirtschaftsunternehmen mit dem Ziel der Gewinnmaximierung angeboten werden. Dies ist in keiner Weise verwerflich, jedoch ist sich dessen bewusst zu machen. Als Organisation ist meist ein Betrag pro Zugang für einen bestimmten Zeitraum zu entrichten. Hinzu kommen Kosten für Kick-off-Veranstaltungen, Informationsmaterialien, Werbematerialien etc. Darüber hinaus spielt die Einbindung der einzelnen Aktivitäten auf der Plattform in die tägliche Arbeit eine Rolle. Ist es möglich, dass die Mitarbeiter die Interventionen gut einbinden können, wie beispielsweise eine bewegte Pause, Zubereitung gesunder Snacks für die Arbeit oder Dehnübungen am Arbeitsplatz geht keine oder nur wenig Arbeitszeit verloren und es entstehen vernachlässigbare Kosten. Müssen die Teilnehmer ihre Arbeit für längere Zeit unterbrechen, sind diese finanziellen Belastungen zu berücksichtigen. Für die START NRW GmbH ist eine Kombination von beiden Seiten eine optimale Lösung. Der Arbeitgeber ist bereit, einen gewissen Anteil der Arbeitszeit hierfür zu nutzen, setzt aber auch ein gewisses Maß an Eigenverantwortung voraus, indem die Mitarbeiter beispielsweise ihre Pause für gesundheitsförderliche Aktivitäten nutzen.

Die größte Aufgabe für die Abteilung betriebliches Gesundheitsmanagement besteht darin, die Mitarbeiter zur Teilnahme zu motivieren, Hemmungen der digitalen Welt gegenüber abzubauen und die Daten der Mitarbeiter zu schützen. Hierfür ist zunächst Aufklärungsarbeit zu leisten. Unbekanntes bzw. Neues führt grundsätzlich zu einer gewissen Abwehrhaltung. Aufklärungskampagnen innerhalb des Unternehmens spielen deshalb eine wichtige Rolle, um Ängste und Hemmungen in der Belegschaft abzubauen. Allgemeine Informationsveranstaltungen sind wegen der dezentralen Struktur von START nicht möglich. Deshalb sind alle anderen Kommunikationskanäle des Unternehmens zu nutzen. Hierzu zählt der monatlich erscheinende Unternehmens-Newsletter, regelmäßig stattfindende Sitzungen der Führungskräfte sowie das Verfügbarsein als Ansprechpartner bei Fragen und Informationsvermittlung via E-Mail.

Um die Kosten bei der Onlineplattform in überschaubaren Grenzen zu halten, wurde die Entscheidung getroffen, die Leiharbeitnehmer zunächst nicht mit einzubeziehen.

Durch den am Ende der Laufzeit angefertigten Unternehmensbericht werden sich Erkenntnisse über bestimmte Häufungen bei speziellen gesundheitlichen Problemen, häufig genutzte Interventionen und Hilfestellungen erhofft, die dann übertragen und auch für die Leiharbeitnehmer nutzbar gemacht werden können.

21.7 Ausblick

Die START NRW GmbH steht noch ganz am Anfang bei der Nutzung der Möglichkeiten eines digitalen betrieblichen Gesundheitsmanagements. Die Erfahrungen in der Praxis haben gezeigt, dass niedrigschwellige Aktivitäten von den Mitarbeitern gut angenommen und genutzt werden, die Skepsis bei komplexen Angeboten (z. B. ganzer Softwarelösungen) besteht derweilen sowohl noch aufseiten der Verantwortlichen innerhalb des Unternehmens aber auch bei den Mitarbeitern und damit der Zielgruppe.

Auch bei START wird die Nutzung künftig zunehmen, da die Vorteile gerade für die dezentrale Struktur überwiegen, jedoch wird es noch einige Zeit dauern, bis diese vollständig integriert und akzeptiert sind. Die wichtigste Aufgabe besteht zunächst weiterhin in der Aufklärung und der Kommunikation mit den Mitarbeitern.

Sind die Mitarbeiter von den Vorteilen eines digitalen BGM überzeugt und beginnen dieses zu nutzen, ist es wichtig, den Prozess zu verstetigen. Hierfür gilt es bereits im Vorfeld entsprechende Aktivitäten zu planen.

Ob und welche Onlineplattform eingeführt wird, muss noch detaillierter ergründet und entschieden werden. Auch ist vorstellbar, mittelfristig zunächst einzelne Interventionen ähnlich der Schritteaktion weiter auszubauen, um die Mitarbeiter mehr mit den neuen Medien vertraut zu machen. So ist es auch möglich, den Erfolg weiter zu evaluieren und auf Grundlage dessen eine Entscheidung hinsichtlich der Onlineplattform zu treffen.

Literatur

Bouncken, R., Bornewasser, M. (2012): Praxishandbuch Zeitarbeit. Perspektiven, Chancen, Risiken. AWV-Verlag, Eschborn

Dötschel, Y., Goletz, U., Jansen, U. (2015): Betriebliches Gesundheitsmanagement in der Zeitarbeit – Ein Instrument zur Arbeitsmarktintegration. In: Badura B, Ducki A, Schröder H, Klose J, Meyer M (Hrsg.) Fehlzeiten-Report 2015 – Neue Wege für mehr Gesundheit – Qualitätsstandards für ein zielgruppenspezifisches Gesundheitsmanagement. Springer Verlag, Berlin Heidelberg

Kieselbach, T., Beelmann G. (2006): Arbeitslosigkeit und Gesundheit: Stand der Forschung. In: Hollederer A, Brand H (Hrsg.) Arbeitslosigkeit, Gesundheit und Krankheit. Hans Huber Verlag, Bern

Wagner A. (2010): Atypische Beschäftigung. Eine wissenschaftliche Bilanzierung. Hans Böckler Stiftung, Düsseldorf

Yasmina Dötschel, geboren 1989 in München, absolvierte zunächst ein Bachelorstudium Gesundheitsmanagement an der Hochschule Mittweida mit einem Auslandssemester in Vaasa, Finnland. Anschließend durchlief sie das Masterstudium „Management im Gesundheitswesen" an der Hochschule Osnabrück mit den Schwerpunkten Change Management und Prävention. Seit September 2014 ist sie bei der START NRW GmbH in Duisburg für das Gesundheitsmanagement verantwortlich. Zuvor war sie als Praktikantin und Werkstudentin bei der AOK Bayern, der Berufsgenossenschaft für Gesundheitsdienst und Wohlfahrtspflege und der Techniker Krankenkasse in den Abteilungen Gesundheitsförderung und Prävention bzw. betriebliches Gesundheitsmanagement tätig. Die Erfahrungen der Autorin umfassen die gesamte Bandbreite der Gesundheitsförderung von der Konzeption über die Durchführung bis hin zur Evaluation einzelner Interventionen. Des Weiteren gehören die strategische Planung und Steuerung des gesamten Gesundheitsmanagements zu ihrem Betätigungsfeld.

Auf dem Weg zum BGM 4.0: Verknüpfung der analogen und digitalen Welt – Chancen und Grenzen für das Betriebliche Gesundheitsmanagement

Andrea Baxheinrich und Oliver-Timo Henssler

Zusammenfassung

BGM ist nur dann wirklich effektiv, wenn es von den Mitarbeitern angenommen wird. Es muss sich stetig an die Arbeitsbedingungen anpassen und sich im besten Falle in die Arbeit selbst integrieren lassen. Hier gibt es derzeit sehr viel Aufholbedarf in den Unternehmen, denn den Wandel der Arbeitswelt hat das BGM nicht nachvollzogen, es ist im Wesentlichen statisch geblieben. Die Folge sind niedrige Teilnahmequoten und fehlende Nachhaltigkeit der Nutzung.

Ziel muss es sein, ein an die durch die Digitalisierung veränderte Arbeitswelt angepasstes BGM zu entwickeln. Das BGM der Zukunft unterscheidet sich von traditionellem BGM nicht nur durch die digitale Komponente, sondern auch und vor allem durch die intelligente Vernetzung von On- und Offlinemaßnahmen. Es bietet zudem ganz neue Möglichkeiten der Individualisierung von Maßnahmen auf Basis der Bedürfnisse einzelner Mitarbeiter.

Der Artikel beleuchtet anhand konkreter Praxisbeispiele die wichtigsten Stellschrauben für ein erfolgreiches, an die Arbeitswelt 4.0 angepasstes BGM 4.0. Worauf gilt es zu achten, was sind Stolpersteine, was sind realistische Erwartungen? Basis bilden die Erfahrungen aus mehr als vier Jahren Kundenprojekten. Am Ende steht eine Checkliste für die Umsetzung im eigenen Unternehmen.

22.1 Einleitung

Betriebliches Gesundheitsmanagement (BGM) ist ein Erfolgskonzept, das in immer mehr Unternehmen zum Einsatz kommt. Dabei geht es zum einen darum, gesunde Rahmenbe-

A. Baxheinrich · O.-T. Henssler (✉)
Mannheim, Deutschland
E-Mail: oliver-timo.henssler@vitaliberty.de

© Springer Fachmedien Wiesbaden GmbH 2018
D. Matusiewicz und L. Kaiser (Hrsg.), *Digitales Betriebliches Gesundheitsmanagement*,
FOM-Edition, https://doi.org/10.1007/978-3-658-14550-7_22

dingungen zu schaffen, auf der anderen Seite sollen Mitarbeiter durch verhaltenspräventive Maßnahmen für ihre eigene Gesundheit sensibilisiert werden. Hier zeigt sich jedoch in der Praxis die Herausforderung. Denn trotz teilweise hoher Investitionen bleibt die Reichweite verhaltenspräventiver Maßnahmen in den meisten Unternehmen gering. Viele betriebliche Zielgruppen werden erst gar nicht erreicht. Denn die etablierten Maßnahmen der betrieblichen Gesundheitsförderung sind oft zu weit von der Arbeits- und Lebensrealität der Mitarbeiter entfernt. Und der Graben wächst. Während sich die Arbeitswelt in den letzten Jahrzehnten dramatisch verändert hat und noch weiter verändert, ist das BGM in seinen Mitteln und Ansätzen weitgehend statisch geblieben.

Wenngleich die meisten Menschen auf Nachfrage hin viel Wert auf die eigene Gesundheit legen, schaffen es viele nicht, den guten Absichten auch Taten folgen zu lassen. Hohe Mobilitätsanforderungen, Zeitmangel, Stress und schwierige Rahmenbedingungen lassen den Versuch einer gesünderen Lebensweise oft nach kurzer Zeit scheitern. Zudem fordert das oft zitierte Mantra „zuerst die Arbeit, dann das Vergnügen" in der entgrenzten Arbeitswelt 4.0 seinen Tribut. Dauerhaft hohe Arbeitsbelastungen, Multitasking und fehlende Rückzugsmöglichkeiten überfordern viele Mitarbeiter und führen schon heute zu steigenden Arbeitsunfähigkeiten. In Kombination mit einer älter werdenden Erwerbsbevölkerung stellt dies die mit Abstand größte Bedrohung für die Gesundheits- und Sozialsysteme sowie die Wettbewerbsfähigkeit des gesamten Wirtschaftsstandortes dar. Bestehende BGM- und Präventionskonzepte sind diesen Herausforderungen nicht gewachsen – notwendig ist ein Paradigmenwechsel hin zu einem aktivierenden, zukunftsfähigen BGM.

22.2 Rahmenbedingungen der Arbeitswelt 4.0

Die Digitalisierung hat nicht nur die Industrie und die Dienstleistungsbranche verändert – sie hat zu einem drastischen Wandel der Arbeit an sich geführt. Dieser Wandel wird sich in den kommenden Jahren und Jahrzehnten noch beschleunigen. Die Stichworte sind hier Mobilität und Entgrenzung, Selbstregulierung und Netzwerke. Arbeit ist nicht mehr an einen festen Ort und eine feste Zeit gebunden, sondern kann überall und zu jeder Zeit stattfinden. Beschäftigungsverhältnisse sind häufiger befristet und das Lohnsystem gestaltet sich oft nicht mehr zeit-, sondern projektbasiert. Die Flexibilisierung und Informatisierung der Arbeitswelt mündet im Ansatz der eigenen „Job-Rotation" und der lebenslangen fachlichen Weiterentwicklung (Lotzmann 2016). Daraus resultiert eine deutlich höhere Eigenverantwortung und Eigenorganisation der Mitarbeiter, traditionelle Führungsstrukturen brechen auf und werden durch Netzwerkstrukturen ersetzt. Der Begriff BGM 4.0 beschreibt vor diesem Hintergrund ein an die Rahmenbedingungen der Arbeit 4.0 angepasstes BGM.

22.3 Was macht BGM 4.0 aus?

Wie aber kann und muss Betriebliches Gesundheitsmanagement in der Arbeitswelt 4.0 aussehen, um Wirkung zu entfalten? Wo zeigen sich Entwicklungspotenziale in bestehen-

Kriterien BGM 4.0

Zwischen und innerhalb von Unternehmen

Vernetzung interner und externer sowie von On- und Offline-Maßnahmen

Systemisch, transparent, aber nicht kontrollierend

Unternehmensgesundheit auf Verhaltens- & Verhältnisebene

Betriebswirtschaftlicher Nutzen auf Maßnahmenebene

BGM 4.0 — Integration — Vernetzung — Individualisierung — Evaluation — Motivation

Prävention und Gesundheitsförderung werden in Arbeit und Alltag integriert

Niedrigschwelligkeit, Verfügbarkeit, Spaßfaktor

Auf Verhaltens- und Verhältnisebene

Bedarfsgerechte Ableitung von Zielen und Maßnahmen auf Ebene des Individuums

Jeder Einzelne ist für die Gesundheit der Organisation verantwortlich

Strategien zur nachhaltigen Motivation der Mitarbeiter

Abb. 22.1 Kriterienmodell BGM 4.0

den Systemen? Diese Fragen waren das Leitmotiv einer Veranstaltung der Metropolregion Rhein-Neckar, der Initiative für Beschäftigung (IfB) sowie des BMAS und der INQA. Die vitaliberty GmbH wurde im Vorfeld beauftragt, ein Kriterienmodell BGM 4.0 zu erstellen, das im Rahmen der Veranstaltung am 20. Juli 2016 mit Vertretern großer Unternehmen, Krankenkassen und BGM-Dienstleistern diskutiert wurde.

Leitbegriffe des im Workshop diskutierten Kriterienmodells für die Entwicklung und Gestaltung eines zukunftsfähigen BGM 4.0 sind Integration, Vernetzung, Individualisierung, Messbarkeit und Motivation. Diese werden im Folgenden näher erläutert. Zu berücksichtigen ist hierbei, dass aufgrund des Artikelumfangs die Verhaltensprävention in den Fokus gestellt wurde, natürlich unter Einbezug der grundsätzlich vorhandenen Verknüpfung von Verhältnis- und Verhaltensprävention (Abb. 22.1).

22.4   Integration von Gesundheit in die Arbeits- und Lebenswelt

Durchschnittlich werden zwischen zehn und 30 % der Beschäftigten binnen eines Jahres mit BGF-Maßnahmen erreicht. Abgesehen von einzelnen Ausreißern nach oben, wurden uns diese Zahlen in vielen BGM-Audits und Workshops bestätigt. Die Gründe der Nichterreichung von Mitarbeitern sind vielfältig. Oft scheitert es daran, dass Gesundheit ein Add-on ist – zuerst kommt die Arbeit, dann die Familie und erst dann die Gesundheit. Selbst wenn immer mehr Unternehmen es ermöglichen, während der Arbeitszeit an Kursen oder Aktionen teilzunehmen, sind es gerade die Vielbeschäftigten, die aufgrund voller Terminkalender und enger Zeitfenster nicht davon profitieren. Hier spielt die Unternehmenskultur eine wichtige Rolle: Nimmt mein Chef sich auch einmal Zeit für seine Gesundheit oder arbeitet er ohne Unterbrechung? Höhere Reichweite generell lässt sich aber nur dadurch generieren, dass Gesundheit zum Bestandteil der bestehenden Lebens- und Arbeitswelt wird und von allen Seiten einen höheren Stellenwert erhält. Hierfür müssen Prozesse optimiert und bestehende bzw. neu gewonnene Freiräume für Gesundheit nutzbar gemacht werden. In der betrieblichen Praxis nutzen wir daher für unsere Präventionsangebote zunehmend Rechner, Smartphone und Tablet, wobei das Smartphone das größte Potenzial entfaltet.

Praxiseinblick: Das von vitaliberty entwickelte moove Gesundheitsportal war zu Beginn nur über den Desktoprechner verfügbar. Schnell wurde jedoch klar, dass die Nutzer eine mobile Version in Form einer App für das Smartphone benötigen, um z. B. in der Bahn, auf Reisen oder einfach zwischendurch auf die Gesundheitsangebote des Portals zugreifen zu können. Die niedrigschwellige zeit- und ortsunabhängige Nutzung und Integration in den Alltag ist ein wesentlicher Erfolgsfaktor des BGM 4.0. Deshalb setzt moove auch bewusst auf kurze Interventionen – auf kleine Aufgaben und Aktivitäten sowie Übungsvideos, die nicht länger als ein bis zwei Minuten sind. Von der individuellen Gesundheitsanalyse bis hin zu einem persönlich passenden Gesundheitsprogramm mit all seinen Facetten (z. B. E-Learnings, Sportübungen, Kochvideos sowie kleinen Aufgaben und Anregungen) wird moove so zum persönlichen Healthcoach in der Hosentasche.

22.5 Vernetzung

Wichtig für die Akzeptanz und Reichweite des BGMs im Unternehmen ist nicht nur die Integration in bestehende Arbeits- und Lebenswelten und die Anzahl an angebotenen Maßnahmen, sondern vielmehr deren Vernetzung und Diskursivität. Eine intelligente Verknüpfung verschiedener Maßnahmenformen in einem aufeinander aufbauenden System ermöglicht es, Mitarbeiter nach dem Erstkontakt im BGM zu halten und so eine dauerhafte Sensibilisierung zu erzielen.

Gerade kleine Unternehmen oder Unternehmen mit vielen dezentralen Standorten können es sich oft nicht leisten, passende interne Angebote durchzuführen. Hier kommt einerseits der Einbindung und Bewerbung externer Maßnahmen eine hohe Bedeutung zu. Anderseits sind Wege abseits der bisher stark fokussierten Maßnahmen vor Ort hin zur Ergänzung durch digitale Elemente zu gestalten.

Durch digitale Lösungen kann die Reichweite und Verfügbarkeit von Maßnahmen des BGMs enorm erhöht werden. Sie sind ressourcenschonend und zudem jederzeit und von fast überall abrufbar. Dezentralität und unterschiedlichste Arbeitszeitmodelle sind somit kein Problem mehr. Von dieser Entwicklung können auch „analoge" Angebote profitieren, wenn sie mit digitalen Angeboten verknüpft werden und dadurch z. B. ein besserer Praxistransfer des Erlernten unterstützt wird.

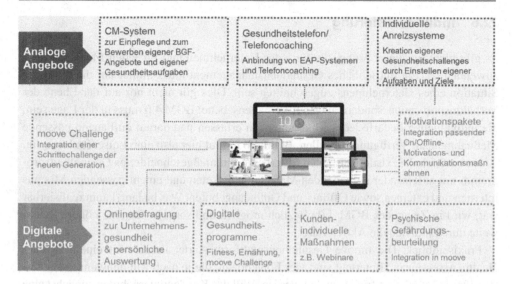

Abb. 22.2   moove als Integrationsplattform BGM 4.0

Weiterer Vorteil: Digitale Angebote lassen sich sehr gut und kostengünstig skalieren. Ein erstmalig etabliertes digitales Angebot wird durch die Anzahl der Nutzer und deren Nutzungshäufigkeit nicht eingeschränkt. Die zentrale Herausforderung ist, genauso wie bei den tradierten Offlineangeboten, die Sicherstellung der nachhaltigen Nutzung durch Integration in Arbeitsalltag und -abläufe sowie geeignete Motivationsmaßnahmen.

Praxiseinblick: Als Beispiele zu nennen sind hier z. B. ein digitales Ernährungstagebuch in Kombination mit einer Frühstücksaktion im Unternehmen, die Motivation durch kleine Gesundheitsaufgaben (Push-Nachrichten) über das Smartphone oder eine digital unterstützte Schritte-Challenge mit dem Ziel, gemeinsam in einem Team gesundheitlich aktiv zu werden. So entstehen nachhaltige Lösungen, die nicht mit Ende einer Intervention aufhören, sondern mit digitaler Unterstützung Teil des Alltags werden können.

Das moove Gesundheitsportal hat sich in den letzten Jahren zunehmend zu einer Integrationsplattform entwickelt, die bedarfsgerechte Onlinemaßnahmen mit bestehenden Maßnahmen vor Ort verknüpft. Hierfür wurde eigens für die zuständigen Gesundheitsmanager im Unternehmen ein System entwickelt, welches die Integration von Offlinemaßnahmen problemlos ermöglicht. So können aktive Pausen, andere Kursangebote und Aktionen oder auch Fortbildungsangebote direkt über die moove-App auf dem Smartphone beworben und ohne Medienbruch eine Anmeldung vorgenommen werden. Zusätzlich ist es möglich, dass eigene Aufgaben, Tipps, Motivationsmechanismen eingestellt werden, um die Mitarbeiter zu motivieren. Hier sind der Kreativität keine Grenzen gesetzt (Abb. 22.2).

22.6 Individualisierung

Es gibt nicht die eine Lösung, die für jedes Unternehmen und für jeden Mitarbeiter an-
zuwenden ist. Ein Betriebliches Gesundheitsmanagement muss immer auf die jeweilige
Situation eines Unternehmens zugeschnitten sein. Dies gilt nicht nur auf der Ebene der
Verhältnisprävention, sondern auch auf Verhaltensebene: BGM 4.0 muss in der Lage sein,
die individuellen Bedarfe jedes Mitarbeiters zu erfassen und darauf aufbauend passende
Maßnahmen zur Verfügung zu stellen. BGM 4.0 nimmt hier also eine Lotsenfunktion ein.

Im besten Falle existiert für jeden Mitarbeiter ein maßgeschneidertes Gesundheitsprogramm mit aufeinander aufbauenden Maßnahmenpaketen und einem passenden Mix aus
internen und externen sowie Offline- und Onlineangeboten. Was bislang kaum realisierbar
war, wird in Zeiten des BGM 4.0 plötzlich möglich und sorgt so für eine höhere Reichweite durch individuelle Aktivierung.

Praxiseinblick: Die moove Gesundheitsplattform startet immer mit einem Online-
Health-Assessment. Hinterlegt sind vier Fragebögen, die je nach Kundenwunsch sukzes-
sive für die Mitarbeiter freigeschaltet werden. Will das Kundenunternehmen zunächst eine
Befragung zur psychischen Gefährdungsbeurteilung durchführen, so wird an erster Stelle
der Fragebogen zur Unternehmensgesundheit freigeschaltet. Liegt der Fokus hingegen auf
einem individuellen Gesundheitsthema, beispielsweise Fitness und Rückengesundheit, erhalten alle Mitarbeiter diesen Fragebogen. Wie bei einer regulären Mitarbeiterbefragung
bekommen alle Mitarbeiter zunächst einen Link zum Portal zum Ausfüllen des Fragebogens. Das Besondere an moove ist, dass jeder Mitarbeiter direkt nach Ausfüllen des
Fragebogens eine individuelle Auswertung erhält, einen persönlichen Gesundheitsbericht, der anhand eines Ampelsystems den eigenen gesundheitlichen Status quo aufzeigt.
Diesen ersten Handlungsimpuls nutzt moove gezielt, um dem Mitarbeiter im Anschluss
passende gesundheitliche Ziele vorzuschlagen. So werden einem Marathonläufer, der
schlecht schläft und ein hohes Stresslevel hat, zum Beispiel Ziele wie „Ich möchte besser
schlafen" oder „Ich möchte Stressmechanismen erkennen" zur Auswahl angeboten. Der
Mitarbeiter wird dann durch mehrwöchige Programme mit kleinen und größeren Ein-
zelaktivitäten, Videos, E-Learnings und Meditations- oder Einschlafmusik begleitet, um
Gesundheitsverhalten und -zustand Schritt für Schritt zu verbessern.

22.7 Messbarkeit

Eine der größten Herausforderungen des BGMs ist es, den Nutzen anhand von Kennzahlen
zu belegen. Bisher scheitern viele Unternehmen an der Wahl der geeigneten Kennzahlen
zur Evaluation. In vielen Fällen wird die Effektivität bisher noch gar nicht gemessen. Eine
systematische Evaluation der Erfolge sollte sowohl auf organisationaler, als auch auf individueller Ebene erfolgen. Evaluation bedeutet immer auch die Erfassung von Daten und
das geht zwangsläufig mit Fragen des Daten- und Persönlichkeitsschutzes einher. Wichtig

ist hierbei von Beginn an Aufklärung und Transparenz sowie der Schutz personenbezogener Daten.

Das Ziel der Erhebung und der Analyse der Daten ist die Verknüpfung mit betriebswirtschaftlichen Zahlen, um so eine fundierte Kosten-Nutzen-Argumentation zu ermöglichen.

Praxiseinheit: Im Falle von moove gibt es insgesamt drei Arten der Messbarkeit, wobei sowohl die Inanspruchnahme, als auch die Ergebnisdimension im Fokus stehen:

Individueller Gesundheitsbericht

Die gesundheitliche Sensibilisierung der Mitarbeiter ist ein Kernziel im Betrieblichen Gesundheitsmanagement. Durchschnittlich 60 bis 70 % der Mitarbeiter eines Unternehmens nehmen an der moove Gesundheitsbefragung teil und erhalten nach Ausfüllen der Fragebögen zur Unternehmensgesundheit sowie zu den Themen Stress, Fitness und Ernährung einen individuellen Gesundheitsbericht. Viele Mitarbeiter bekommen so zum ersten Mal überhaupt einen Status quo ihrer eigenen gesundheitlichen Situation und werden dadurch angeregt, bestehende Verhaltensweisen zu überdenken. Durch bedarfsgerechte Gesundheitsprogramme werden sie dann in ihrer Verhaltensänderung unterstützt. Die Nutzer können die Fragebögen jederzeit proaktiv erneut ausfüllen oder werden nach Absprache mit dem jeweiligen Unternehmen nach einer gewissen Zeit aufgefordert, diese erneut zu beantworten. Im individuellen Gesundheitsbericht werden dann genau die Veränderungen (also die Wirkungen der gesundheitsförderlichen Aktivitäten) in den einzelnen Fragenkategorien für den Mitarbeiter schwarz auf weiß erkennbar und können so die Motivation und positive gesundheitliche Entwicklung fördern.

Unternehmensbericht

Daten aus Mitarbeiterbefragungen sind die wichtigsten Kennzahlen sowohl für die Erfassung des Status quo, als auch für die Evaluation der Zielerreichung von Maßnahmen des Betrieblichen Gesundheitsmanagements. Bei moove erhalten nicht nur alle teilnehmenden Mitarbeiter einen individuellen Gesundheitsbericht, auch das Unternehmen erhält anonymisierte Unternehmensberichte zu den Gesamtergebnissen der in moove verwendeten vier Fragebögen (Unternehmensgesundheit, Stress, Ernährung, Bewegung). Dies geschieht zu Beginn (Status quo) und wird in der Regel nach Ablauf von mehreren Monaten bzw. einem Jahr wiederholt, sodass Veränderungen und Wirkungen von in der Zwischenzeit durchgeführten Programmen sichtbar werden.

Aktivitätsgrad der Nutzer

Der Aktivitätsgrad der Nutzer wird im moove-Portal ebenfalls erfasst. Im Falle der Schritte-Challenge sehen die Teilnehmer in der moove-App jederzeit die Anzahl ihrer im Team gelaufenen Schritte der letzten Tage und Wochen und im anonymisierten Benchmark zu den Kolleginnen und Kollegen. Dies spornt dazu an, mehr zur Erreichung des gesetzten Zieles beizutragen und statt dem Aufzug lieber die Treppe zu nehmen bzw. das Auto einmal stehen zu lassen. Eine konsolidierte und anonymisierte Auswertung können Unternehmen auch zu den durch die Nutzer im Gesundheitsportal jeweils durchgeführten gesundheitlichen Aktivitäten erhalten. Im Falle einer großen Regionalbank bei der wir 2016 die psychische Gefährdungsbeurteilung durchgeführt haben, waren über einen Zeitraum von acht Wochen rund 47 % der Mitarbeiter aktiv im Gesundheitsportal und haben dabei im Durchschnitt mehr als drei Aktivitäten pro Woche proaktiv wahrgenommen.

22.8 Partizipation

Erfolgreich ist Betriebliches Gesundheitsmanagement dann, wenn es eine hohe Durchdringung im Unternehmen hat und auf der verhaltenspräventiven Ebene genau diejenigen Mitarbeitergruppen erreicht, die ein besonders hohes Risikopotenzial haben. Das Risikopotenzial bemisst sich dabei anhand soziodemografischer Merkmale und den jeweiligen Arbeitsplatzanforderungen. In drei Anfang 2016 durchgeführten Workshops mit insgesamt rund 80 betrieblichen HR- und Gesundheitsmanagern haben wir daher die Frage nach der Existenz zielgruppenspezifischer Strategien und dem tatsächlichen Grad der Einbindung dieser Zielgruppen in das BGM gestellt. Abb. 22.3 gibt einen Einblick in die Ergebnisse.

Eine geringe Einbindung weisen dabei die Gruppen der Ärzte und Professoren, aber insbesondere auch die mobilen Beschäftigten und die Führungskräfte auf. Zudem sind gerade die Männer schwer erreichbar – laut Präventionsbericht des Spitzenverbandes der

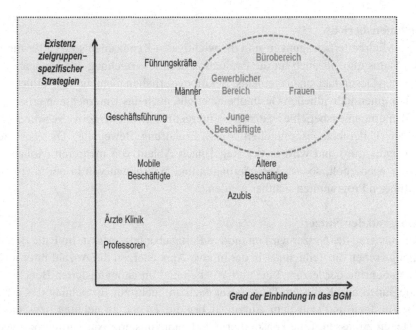

Abb. 22.3 Existenz zielgruppenspezifischer Strategien und Grad der Einbindung in das BGM

GKV (Präventionsbericht GKV 2015) werden die individuellen Gesundheitsförderungs-angebote zu 81 % von Frauen wahrgenommen. Männer und andere schwer erreichbare Zielgruppen sollen deshalb durch Auf- und Ausbau der gesundheitsförderlichen Strukturen/Verhältnisse dort erreicht werden, wo sich diese Risikogruppen aufhalten. Jedoch darf deshalb die verhaltenspräventive Ebene nicht ausgeklammert werden. Gefordert sind besonders niedrigschwellige Angebote mit hohem Spaßfaktor, im besten Falle auch mit einem Team- und Wettbewerbsgedanken, die sich durch mobile Verfügbarkeit gut in die Arbeits- und Lebenswelt integrieren lassen.

Praxiseinheit: Die moove Challenge verbindet diese Faktoren in einem ganzheitlichen Kontext. Durch die im Vorfeld stattfindende Teambildung und das agonale Element werden gerade auch männliche Mitarbeiter angesprochen. Die Kombination mit dem niedrigschwelligen Einstieg bietet sich zudem für Sportmuffel und bisher nicht aktivierbare Zielgruppen an. Die mobile Verfügbarkeit ist wesentlich für die Integration von Mitarbeitern im Außendienst bzw. an kleinen dezentralen Standorten sowie die Gruppe der Führungskräfte. Bei der moove Challenge steht aber nicht allein die Aktivierung in Form einer möglichst hohen täglichen Schrittzahl im Fokus – vielmehr dient das Konstrukt der Challenge im eigentlichen Sinne dazu, dass sich die Teilnehmer mit dem ganzheitlichen moove Gesundheitsportal und damit mit der eigenen Gesundheit auseinandersetzen. moove stellt den einzelnen Mitarbeiter in den Fokus, stärkt dessen individuelle Gesundheit, aber gleichzeitig auch das Teamgefühl und die Verbundenheit mit dem eigenen Unternehmen.

22.9   Fazit

BGM ist nur dann wirklich effektiv, wenn es von den Mitarbeitern angenommen wird. Es muss sich dafür stetig an die sich wandelnden Arbeitsbedingungen anpassen, sich im besten Falle in die Arbeit integrieren lassen. BGM 4.0 unterscheidet sich von traditionellem BGM nicht nur durch die digitale Komponente, sondern auch und vor allem durch die intelligente Vernetzung von On- und Offlinemaßnahmen. Es ist niedrigschwellig, lässt sich in Arbeits- und Lebenswelt integrieren und bietet ganz neue, bislang ungekannte Möglichkeiten der Individualisierung von Maßnahmen auf Basis der Bedürfnisse einzelner Mitarbeiter. Notwendig ist im Angesicht des schnellen Wandels der Arbeitswelt nicht weniger als ein Paradigmenwechsel vom BGM hin zu einem aktivierenden, integrierenden BGM 4.0. Erster Anstoß hierzu kann die nachfolgende Checkliste bieten, mit Hilfe derer Sie ganz gezielt Ihren Status quo überprüfen können (Tab. 22.1).

Checkliste BGM 4.0
Wie gut sind Sie schon auf die Arbeitswelt 4.0 vorbereitet? Unsere Checkliste BGM 4.0 gibt Ihnen erste Hinweise, inwieweit Sie die Potenziale von BGM 4.0 schon nutzen.

Tab. 22.1 Checkliste BGM 4.0

	Checkliste BGM 4.0	Trifft zu	Trifft nicht zu	Zukünftig geplant
1	Alle Mitarbeiter können Ihren Gesundheitszustand und das eigene Gesundheitsverhalten regelmäßig, individuell und anonymisiert analysieren lassen.			
2	Aus der Analyse des Gesundheitszustandes und -verhaltens werden für jeden Mitarbeiter bedarfsgerechte Empfehlungen abgeleitet.			
3	Den Mitarbeitern werden on- und offline nutzbare Maßnahmen zur Prävention und Gesundheitsförderung angeboten.			
4	Den Mitarbeitern werden mobil (z. B. über Smartphone/Tablet) nutzbare Maßnahmen zur Prävention und Gesundheitsförderung angeboten.			
5	Externe Präventions- und Gesundheitsförderungsangebote werden den Mitarbeitern über das BGM angeboten/zugänglich gemacht.			
6	Präventions- und Gesundheitsförderungsangebote sind so angelegt, dass die Mitarbeiter diese in ihren Arbeitsalltag integrieren können (zeitlich/örtlich flexibel nutzbar).			
7	Alle Präventions- und Gesundheitsförderungsangebote sind miteinander vernetzt.			
8	Die Präventions- und Gesundheitsförderungsangebote sind an einem allen Mitarbeitern zugänglichen Ort einsehbar.			
9	Die nachhaltige Nutzung der Angebote wird durch bedarfsgerechte Kommunikations- und Motivationsinstrumente gefördert.			
10	Die Präventions- und Gesundheitsförderungsangebote stärken die Vernetzung der Mitarbeiter untereinander.			
11	Die Mitarbeiter können am BGM und der Erarbeitung der Präventions- und Gesundheitsförderungsangebote partizipieren.			
12	Die Präventions- und Gesundheitsförderungsangebote werden regelmäßig auf ihre Effekte hin evaluiert.			
13	Der Einfluss der unternehmerischen Rahmenbedingungen (Verhältnisse) auf die Mitarbeiter wird regelmäßig evaluiert.			

Literatur

Lotzmann, Natalie (2016), Vortrag im Rahmen der Konferenz „Health on Top 2016"
Präventionsbericht GKV 2015, Seite 60

Dr. Andrea Baxheinrich. Als Senior BGM-Beraterin bei vitaliberty unterstützt Dr. Andrea Baxheinrich Unternehmen bei der Ein- und Durchführung von Betrieblichem Gesundheitsmanagement. Sie begleitet Unternehmen durch den gesamten BGM-Prozess und steht mit ihrem fachlichen Know-how und langjähriger Erfahrung in verschiedensten Branchen an ihrer Seite – von der Vorbereitungsphase über die Durchführung bis hin zur Evaluation.

Dr. Oliver-Timo Henssler. Dr. Henssler leitet das Partnermanagement und die Beratung bei vitaliberty. Er ist Experte für die Modellierung und Analyse betrieblicher Präventionssysteme in der modernen Arbeitswelt und begleitet Unternehmen auf dem Weg zum BGM 4.0. Dr. Henssler bringt mehr als zwölf Jahre Erfahrung im Gesundheitsmanagement mit. Er hat 2004 mit dem Handelsblatt die erste deutschlandweite Studienreihe zum Gesundheitsmanagement initiiert und ab 2008 als Projektleiter und später Geschäftsführer von EuPD RSM mit seinem Team den Corporate Health Award und das Corporate Health Audit sowie ab 2010 mit dem TÜV SÜD den Deutschen Bildungspreis ins Leben gerufen. Dr. Henssler ist Autor und Herausgeber diverser Fachbücher und Fachartikel zum Gesundheits- und Talentmanagement und hat in mehr als 100 Unternehmen das Gesundheits- sowie Talentmanagement auditiert und viele Unternehmen bei der Optimierung unterstützt. Die beiden Autoren sind Spezialisten für moderne betriebliche Präventionssysteme und haben gemeinsam mit der Initiative für Beschäftigung das erste Kriterienmodell BGM 4.0 erstellt. Auf dieser Basis beraten und begleiten sie Unternehmen bei der Erhöhung der Reichweite und Effektivität sowie der Einbindung neuer Zielgruppen in das Gesundheitsmanagement.

Changers CO2 fit – BGM und der Klimawandel

Über die Auswirkungen meines Verhaltens auf meine Umwelt

23

Markus Schulz und Daniela Schiffer

Zusammenfassung

Changers verbindet spielerische Bewegungsmotivation in Unternehmen mit dem aktiven Beitrag gegen den Klimawandel. Unser Ziel ist es, Mitarbeiterinnen und Mitarbeiter zu motivieren, öfter das Rad zu nutzen, zu laufen und sich gesünder zu ernähren. Die Changers CO2 fit App misst die zurückgelegten Wegstrecken, errechnet die CO2-Einsparung und vergibt Bonuspunkte, die z. B. in der Unternehmenskantine gegen einen Fitnessteller oder andere betriebliche Leistungen eingetauscht werden können. Ebenso kann das Belohnungssystem mit betrieblichen Spendenaktionen verknüpft werden. Zu den Kunden Changers zählen Unternehmen wie EY, H&M, ING-DiBa, innogy, Pfizer oder die DB Schenker.

Ich bin Gründer und Geschäftsführer des Start-ups Changers. Wenn mich jemand im Aufzug fragt, was wir machen, sage ich ihm, dass wir Mitarbeiter motivieren, vom Auto aufs Fahrrad umzusteigen, mehr zu laufen und sich gesünder zu ernähren.

Aber das ist nur ein kleiner Teil dessen, was wir mittels unseres appbasierten Softwaresystems geschaffen haben. Die Digitalisierung und die Verbreitung von Smartphones ermöglicht uns, tiefer und weiter in die persönliche Verhaltensveränderung einzusteigen, als das jemals zuvor möglich gewesen wäre. Und wir stehen hierbei zwölf Jahre nach Facebook und neun Jahre nach dem Eintreffen des ersten Smartphones immer noch am Anfang einer Zeitenwende.

M. Schulz (✉)
Berlin, Deutschland
E-Mail: m.schulz@changers.com

D. Schiffer
Berlin , Deutschland

© Springer Fachmedien Wiesbaden GmbH 2018
D. Matusiewicz und L. Kaiser (Hrsg.), *Digitales Betriebliches Gesundheitsmanagement*,
FOM-Edition, https://doi.org/10.1007/978-3-658-14550-7_23

Unser Ziel ist es, jedem Menschen die Möglichkeit zu geben, die Zusammenhänge zwischen dem eigenen Verhalten und den Auswirkungen auf die eigene Gesundheit und auf die Gesundheit unserer Umwelt zu erkennen. Damit jede/r mittels seiner täglichen Handlungen selbst bestimmen kann, in welcher Zukunft er oder sie leben möchte.

Die Fähigkeit in der Gegenwart zu leben, ist die Voraussetzung, um sein Leben als Ganzes zu genießen. Das Leben zu genießen heißt aber nicht, über alles und jedes jederzeit grundlos begeistert zu sein. Es geht zuallererst einmal darum, der bestehenden Realität offen und vorbehaltslos gegenüberzutreten und deren Existenz anzuerkennen. Zu akzeptieren, was ist. Realität ist nicht perfekt. Es ist aber wichtig, sie als wahr zu akzeptieren.

Meine Lebensrealität ist zudem das Spiegelbild meines Verhaltens. Will ich die Realität verändern, muss ich zuallererst der Wahrheit ins Gesicht sehen, dass ich hierzu mein eigenes Verhalten verändern muss. Auf eine solche Erkenntnis ist nicht jeder vorbereitet. Hat man dieses Konzept allerdings erst einmal verstanden, erkennt man auch die frohe Botschaft dahinter, dass Realität von einem selbst veränderbar ist. Man ist Akteur, Teilhaber an der eigenen Realität.

Der eigene Körper, die Gesundheit aber auch die Umwelt und das Klima sind Realitäten, die von mir selbst bestimmt werden. Die Digitalisierung ermöglicht es uns nun, einerseits alle Informationen darüber zu erhalten, wie ich meine Lebensumstände verändern kann und andererseits die Veränderung messbar als persönliche Leistung nachzuweisen, um für den Beitrag Belohnung und damit neue Motivation für dauerhafte Teilnahme zu erfahren.

23.1 Die Changers CO2 fit App

Wir bieten Unternehmen einen modernen, digitalen Service zur Gesunderhaltung von Mitarbeiterinnen und Mitarbeiter an, um diese in deren Alltag zu motivieren, aktiver zu werden, sich mehr zu bewegen, auf die Ernährung zu achten und an medizinischen Vorsorgemaßnahmen wie auch Seminaren teilzunehmen.

Wir haben hierzu eine App für die Betriebssysteme Apple iOS und Android entwickelt. Zudem steht eine Microsite mit weiteren Funktionalitäten den Unternehmen im Web zur Verfügung (s. Abb. 23.1).

23.1.1 Team-Wettbewerbe rund um Laufen, Radfahren und CO2 einsparen

Im Mittelpunkt unseres Angebots stehen individuelle Teamwettbewerbe, in denen die Mitarbeiter zum Beispiel in Niederlassungen, Abteilungen oder aber auch frei wählbaren Teams miteinander in den spielerischen Wettbewerb rund um die am meisten mit dem Rad oder zu Fuß zurückgelegten Kilometer treten können. Die Teamwettbewerbe können über Landes- und Sprachgrenzen hinweg eingerichtet werden, was insbesondere bei Konzernen

Abb. 23.1 Changers CO2 fit App

auf große Resonanz stößt, da diese mit der eigenen App im globalen Maßstab das Team-Building und Employer Branding grenzüberschreitend verbessern können. Standardmäßig liefern wir die App in deutscher und englischer Sprache aus. Weitere Sprachen können auf Wunsch hinzugeschaltet werden.

23.1.2 Digitalisierung des Betrieblichen Gesundheitsmanagements

Des Weiteren liefern wir den Mitarbeiter/-innen in der App die Möglichkeit, sich in den drei Kategorien, „Gesunde Ernährung", „Seminare & Prävention" und „Sport" über weitere gesundheitsrelevante Aktivitäten in ihrem Unternehmen zu informieren, diese für sich zu erfassen und für die Teilnahme mit Bonuspunkten belohnt zu werden.

So können sich die Mitarbeiter/-innen über medizinische Vorsorgemaßnahmen Informieren wie der Grippeschutzimpfung, der Augenuntersuchung, erfahren welche Vorsorgemaßnahmen von der Kasse in welchem Alter empfohlen und bezahlt werden und was in diesen Untersuchungen geschieht.

Hierdurch ergibt sich für die BGM-Abteilungen die Möglichkeit, z. B. auf bestehende Betriebssportgruppen, Seminare oder andere gesundheitsrelevante Angebote zu verweisen. Der Vorteil für den Mitarbeiter ist die einfache Verfügbarkeit der Information auf seinem Smartphone und die damit verbundene Erinnerungsfunktion, z. B. an einer Vorsorgeuntersuchung, Grippeschutzimpfung oder Rückenschulung teilzunehmen.

Im Bereich der gesunden Ernährung motivieren wir zu mehr Aufmerksamkeit für die Bedürfnisse des Körpers, wie der ausreichenden Flüssigkeitszufuhr, ermuntern zum Verzicht auf Süßigkeiten, machen Obst und Gemüse schmackhaft und das vegetarische

Abb. 23.2 Drei Kategorien der Changers CO2 fit App

Gericht zu einer gesunden Alternative zum sonst üblichen Fleisch- und Wurstkonsum (Abb. 23.2).

Mit diesen BGM-Funktionen unterstützen und digitalisieren wir einen wesentlichen Teil der bisherigen Arbeit des Gesundheitsmanagements in den Unternehmen. Wir ersetzen durch die App eher unhandliche Stempelheftchen, Browser-Listen und viele andere analoge Kommunikationsmittel. Die Unternehmen erhalten zudem monatliche anonymisierte Informationen über die von den Mitarbeitern ausgewählten Aktivitäten und können somit durch Kommunikation und Belohnung auf die Teilnahme an den Maßnahmen sinnvoll einwirken. Zuletzt und nicht ganz unwesentlich, ermöglichen wir durch die Erfassung von Gesundheitsmaßnahmen auch den Mitarbeiterinnen und Mitarbeitern den Zugang zur App-Nutzung, die in einem ersten Schritt nicht an den Lauf- und Radfahr-Wettbewerben teilnehmen möchten.

Mit dem Ziel, die Teilnahmehürde und die Verbreitung der App in der Belegschaft noch weiter zu motivieren, können diese natürlich auch für andere Sportarten, idealerweise für die Teilnahme am Betriebssport belohnt werden. Hierzu können Informationen darüber wo und wann etwas stattfindet, hinterlegt werden oder es erfolgt ein Verweis auf das hauseigene Intranet.

Ziel ist es, einen Ort für sämtliche – das BGM betreffenden Informationen – zu schaffen, der für die Mitarbeiter/-innen immer erreichbar ist – in ihrem Smartphone. Wir können Themen mit Text, Bild und Erklärvideos versehen, aber auch Kontaktdaten von Ansprechpartnern oder eine Servicenummer hinterlegen, die zu einer anonymen Beratungsleistung außerhalb des Unternehmens führt, wie es beispielsweise bei mentalen Problemen sinnvoll ist.

23.1.3   Fitness-Tagebuch

Um ihre erreichten Leistungen jederzeit einsehen zu können, erhalten die Mitarbeiterinnen und Mitarbeiter ein Fitness-Tagebuch in Form einer Aktivitätenliste in der App. In dieser werden sämtliche zurückgelegte Wegstrecken und Aktivitäten nach Datum aufgelistet. Die Teilnehmer können diese Liste nach Aktivität filtern und erhalten somit einen Überblick über die von ihnen monatlich und jährlich zurückgelegten Strecken je Mobilitätsart. Sie sehen ihren CO_2 Footprint und können diesen kontinuierlich durch eigenes Verhalten verbessern.

23.1.4   ReCoins – Bonuspunkte. Eine Währung mit Wert.

Je nach individueller Challenge-Einstellung verdienen sich die Teilnehmer für die zu Fuß, mit dem Rad und den öffentlichen Verkehrsmitteln zurückgelegten Kilometer Bonuspunkte, die wir ReCoins (Renewable Energy Coins) nennen. Zusätzlichen Bonus gibt es auch für die Teilnahme an den in der App zur Auswahl stehenden betrieblichen Gesundheitsaktivitäten in den drei zuvor beschriebenen Kategorien.

Die Bonuspunkte, ReCoins, sind ein wesentlicher Teil unserer Belohnungsstrategie. Sie sind die digitale Währung. Ihr Herstellungsprozess basiert auf der messbaren Leistung, einen Kilometer gelaufen oder mit dem Rad gefahren zu sein. Durch diesen „Herstellungsprozess" sind ReCoins nicht beliebig, sondern an den Aufwand der CO_2 sparsamen Mobilität gebunden. Ein ReCoin besitzt so den intrinsischen Wert einer CO_2-Einsparung in Höhe von $142\,g\,CO_2$, der sich aus der Nicht-Nutzung des Autos ergibt.

Bonuspunkte können zum Beispiel gegen einen Fitnessteller in der Kantine, ein Fahrradzubehör oder andere betriebliche Leistungen eingetauscht werden. Die Prämien werden von den Unternehmen ausgewählt und gestellt. Für den Eintauschprozess stellt Changers den Unternehmen sowohl in der App als auch im Web einen Prämien-Marktplatz zur Verfügung, auf dem die User ihre Bonuspunkte gegen Voucher und Coupons eintauschen können. Diese bestehen aus einem Hexadezimal-Code, der entweder vom Teilnehmer am Ende eines Onlinebezahlvorgangs in ein Promo-Code-Feld eingegeben wird oder ausgedruckt und der jeweiligen Abteilung, der Kantinenkasse oder dem jeweiligen Laden vorgelegt wird (Abb. 23.3).

23.1.5   Gemeinsam Gutes tun

Motivation und dauerhafte Teilnahme benötigen sinnstiftende, sozial erfahrbaren Nutzen. Je konkreter dieser sich im Lebensumfeld der Akteure manifestiert, umso nachhaltiger vollzieht sich der Verhaltenswandel.

Das Belohnungssystem der App kann sowohl mit betrieblichen Spendenaktionen als auch mit Baumpflanzungen verknüpft werden. Die Unternehmen haben die Möglichkei-

Abb. 23.3 Prämien-Marktplatz der Changers CO2 fit App

ten, entweder Bäume in einem Wiederaufforstungsprojekt zu pflanzen oder Geld für ein vom Unternehmen zu definierendes soziales Projekt zu spenden.

23.1.6 Laufen, Radeln, Bäume pflanzen.

Das Unternehmen setzt den Preis für einen Baum in Bonuspunkten fest. Erreicht ein Teilnehmer diese Schwelle, z. B. 100 Bonuspunkte, wird automatisch für ihn ein Baum in einem lokalen Aufforstungsprojekt gepflanzt.

Die Unternehmen können die Bäume selbst pflanzen oder unseren Aufforstungspartner IPlantATree.org nutzen, der in Deutschland eigene Aufforstungsflächen bewirtschaftet und diese entsprechend dokumentiert und damit Baum für Baum real erfahrbar werden lässt.

Auf dem Homescreen in der App sehen die User jederzeit, wie viele Bäume sie selbst schon gepflanzt haben und wie viele Bäume ihr Unternehmen als Ganzes bereits erreicht hat. Zudem erfahren sie, wie viele Bonuspunkte ihnen noch zum nächsten Baum fehlen.

Da Klimawandel und CO_2-Einsparungen abstrakte Themen sind, ermöglichen die Baumpflanzungen den Teilnehmern einen aktiven, in der Realität sichtbaren Beitrag gegen den Klimawandel.

Die Bäume werden den Teilnehmern in die App eingebucht und mit einer CO_2-Einsparung von 300 kg auf die Lebenszeit der Bäume berechnet. Die User erhalten zudem Informationen darüber, wo die Bäume gepflanzt werden, um welche Baumarten es sich handelt und welche CO_2-Auswirkung die Pflanzungen auf das Klima haben.

23.1.7   Soziale Projekte ihrer Wahl unterstützen

In gleicher Weise funktioniert die Einbindung der Belegschaften in das Fundraising von Spendenprojekten. Die Unternehmen legen ein soziales Projekt fest, sowie eine maximale Spendensumme und definieren den Wert eines Kilometers oder eines Bonuspunktes. Auf dem Homescreen können die Teilnehmer ihre eigene und die von allen erreichte Spendensumme einsehen.

Hierdurch entsteht Partizipation an der sozialen Verantwortung bei gleichzeitiger Steigerung der Teilnahme an gesundheitsfördernden Aktivitäten und der damit verbundenen Reduktion von Fehlzeiten und direkten Gesundheitskosten.

Im Wechsel von realer Handlung und virtueller Abbildung mit wiederum realen Konsequenzen für die eigene Gesundheit, aber auch für die Gesundheit unserer Umwelt und des Klimas, entsteht so auch ein nachhaltiger und vernünftiger Umgang mit den Möglichkeiten der digitalen Welt.

23.2   Die Unternehmens-Challenge-Seite

Die Unternehmen erhalten von uns mit Vertragsbeginn eine Challenge Website, die auch von uns gehostet wird und auf die der Kunde in der Kommunikation verweisen kann. Auf dieser Microsite aggregieren wir sämtliche Daten über die Unternehmens-Challenge, zeigen die Zahl der Teilnehmer, die zurückgelegten Kilometer, die Baumpflanzungen, die erzielten Spendenbeträge und die kumulierte CO_2-Einsparung an. Zudem werden in Leaderboards die führenden zehn Teilnehmer/-innen und Teams aufgeführt.

Die Microsite ist aber auch der Ort, an dem sich Mitarbeiter ohne Smartphone anmelden und Strecken manuell eingeben können. Diese Funktion ist eine wesentliche Forderung der Betriebsräte, da sie jeden Mitarbeiter in die Lage versetzt, auch ohne Smartphone an den Challenges teilzunehmen. Über die Microsite gelangen die Teilnehmer ebenfalls zum Marktplatz, auf dem Bonuspunkte gegen Voucher für betriebliche Leistungen eingetauscht werden können.

23.3   Erfassung der Mobilitätsdaten

Das Tracking der Strecken wurde von uns in drei Stufen entwickelt. Dabei entspricht diese stufenweise den Anforderungen des Betriebsrats nach vollständiger Kontrolle des Mitarbeiters darüber, wann die App eine Strecke misst und wann nicht.

1. Standard-Einstellung: Manuelles Erfassen der Wegstrecken
   Der User wählt eine Mobilitätsart aus und aktiviert per Klick auf das jeweilige Symbol die Wegstreckenmessung. Ist er am Ende seiner Wegstrecke angekommen, beendet er

die Messung durch einen Klick auf den „STOP"-Button. Die App validiert die Plausibilität der gewählten Mobilitätsart nach Geschwindigkeits- und Beschleunigungsparametern und bietet im Zweifelsfall andere Mobilitätsarten zur Auswahl an.

2. Halb-Automatisch
   Der User hat ein Smartphone, welches einen eingebauten Schrittzähler hat. Er kann dessen Daten für die CO2 fit App freigeben und braucht seine zu Fuß zurückgelegten Wege nicht mehr mit Start und Stop aktiv messen. Der Vorteil für den User ist, dass er auch kurze Laufwege, sowie Treppensteigen, erfasst bekommt.

3. Automatisches Erfassen sämtlicher Wegstrecken und Unterscheidung von zu Fuß und mit dem Rad zurückgelegten Wegen von allen anderen Mobilitätsarten. Die Vorteile für den User sind enorm. Zum einen vergisst er keine Strecken mehr, misst auch kurze Wege und erhält darüber hinaus kumulierte Daten über seinen kompletten Modalsplit. Er kann damit erstmals sehen, wie viel er in den Wochen, Monaten und Jahren unterwegs ist und mit welchen Mobilitätsarten. Welchen CO_2-Fußabdruck er hinterlässt und wie er diesen verändern kann.

23.4   Privacy first

Die Digitalisierung des BGMs stellt sicherlich eine der größten Herausforderung an den Datenschutz dar, dem wir mit Augenmaß begegnen müssen. Wir müssen uns den Fragen stellen, welche Daten müssen notwendigerweise erfasst werden und welche nicht. Wo werden diese gespeichert und wem stehen sie zur Verfügung. Wer hat einen Vorteil durch den Zugriff auf diese Daten.

Wir haben diese Fragen gemeinsam mit den Betriebsräten und den Datenschutzabteilungen in den Unternehmen zufriedenstellend beantwortet und unsere Software entlang dieser Herausforderung entwickelt. Die stufenweise aufgebauten Streckenmessungen und der Registrierungsprozess ohne Klarnamen oder Unternehmens-E-Mail-Adresse sind aus diesen Anforderungen hervorgegangen. Zudem kann der User jederzeit unwiderruflich seinen Account in der App selbst löschen. Damit ist auch für Changers die Wiederherstellung der Daten nicht mehr möglich. Die Daten werden in Deutschland gehostet. Das Hosting erfolgt klimaneutral.

23.5   Der Registrierungsprozess

Mitarbeiter benötigen keinen Klarnamen für die Registrierung. Sie können sich mit einem Fantasienamen und entweder der Unternehmens-E-Mail-Adresse oder einer privaten E-Mail-Adresse registrieren. Nutzen Sie die private E-Mail-Adresse, benötigen Sie ein vorher mit dem Unternehmen vereinbartes „Kennwort". Möchte der Mitarbeiter selbst seinen Fantasienamen nicht mehr länger in den Ranglisten erscheinen lassen, kann er seinen Account auf „unsichtbar" stellen. Er kann dann immer noch an sämtlichen Aktivitäten teilnehmen, seine Leistungen werden auch seinem Team zugerechnet und erhält ReCoins. Er taucht aber nicht mehr namentlich in Wettbewerben auf.

23.6   Auswertung der gewonnenen Daten

Unternehmen erhalten eine monatliche statistische Auswertung. Sie sehen die kumulierten Ergebnisse ihrer Belegschaft je nach Teameinstellungen z. B. nach Standorten und Abteilungen oder frei wählbaren Organisationseinheiten. Der Statistik können die Unternehmen entnehmen, welche der von ihnen angebotenen Maßnahmen von den Mitarbeitern angenommen werden. Aufgrund dieser Informationen haben diese die Möglichkeit, durch Kommunikation und Belohnungsanreize die Effizienz der Angebote zu steigern und frühzeitig Aktivitäten, die sich nur schwerlich in den Alltag ihrer Belegschaften integrieren lassen, zu identifizieren und zu ersetzen. Das spart Kosten, erhöht die Teilnahmezahlen und schafft Zufriedenheit am BGM-Angebot bei den teilnehmenden Unternehmen und deren Mitarbeitern.

Markus Schulz ist Mitgründer und Geschäftsführer von Changers.com. Zuvor war Markus Schulz Vorstand seiner in Frankfurt und Berlin ansässigen Marketingagentur. Er war von 1989 bis 2002 mit verantwortlich für die Öffentlichkeitsarbeit der Stadt Frankfurt am Main in den Bereichen Umwelt und Bildung. Ende der 90er-Jahre machte er sich einen Namen in der Kommunikationsberatung junger Technologieunternehmen mit über 20 Börsengängen. Mit Changers verbindet Markus Schulz nun konsequent die Themen Bildung und Umwelt mit der neu zur Verfügung stehenden Smartphone-Technologie. Um jedem Menschen die Zusammenhänge zwischen eigenen Verhalten, der eigenen Gesundheit und der Gesundheit unserer Umwelt bewusst zu machen.

Teil III
Praxiserfahrungen

Die Digitalisierung macht's möglich: Personal-Trainer für alle Mitarbeiter

24

Johannes Heering

Zusammenfassung

Rückenschmerzen, Schlafstörungen, Burn-out, Migräne. Die Liste der Krankheiten, die durch Stress, falsches Sitzen und schlechtes Zeitmanagement entstehen können, ist lang. Betriebliches Gesundheitsmanagement ist angetreten, um diesen Diagnosen vorzubeugen. Doch oft scheitern Rückenkurse, Coachings für Selbstmanagement und andere Maßnahmen an den Faktoren Kosten und Zeit. Dagegen hat das junge Hamburger Unternehmen fitbase mit digitalen Tools und selbstlernender Software gleich mehrere Gegenmittel parat: Die Programme *wellbeing*, **Smart***Cushion* und *Personalised e-Health* sind mit Sensoren, digitalen Analyseprogrammen, Software für mobile Apps und viel gesundheitlichem Know-how ausgestattet. Durch Forschungsergebnisse und mithilfe von Gesundheitswissenschaftlern und IT-Experten sind die digitalen „Helfer", die auch e-Coaches genannt werden, aus dem Hause fitbase nicht nur kompetent, sondern auch individuell einsetzbar und erfordern nur einen minimalen Zeitaufwand. Die Sensoren nehmen Fortschritte sofort zur Kenntnis und aktualisieren das Programm – wie ein Personal-Trainer. Fitbase hat inzwischen zahlreiche Pakete dieser digitalen Maßnahmen für Unternehmen und Krankenkassen geschnürt. Was alle verbindet: Sie sind ganzheitlich ausgerichtet, einfach in der Handhabung, kostengünstig, aber trotzdem extrem effizient. Dafür haben die Hanseaten digitale Sensortechnik in BGM-Projekte eingeflochten. Ziel: Stressanzeichen oder ungesunde Haltungen werden erkannt, dem Mitarbeiter gemeldet und Übungen vorgeschlagen. Per App oder auf dem Portal fitbase.de steuert jeder individuell seine fitbase-Therapie für mehr Gesundheit und mehr Lebensqualität.

J. Heering (✉)
Hamburg, Deutschland
E-Mail: heering@fitbase.de

© Springer Fachmedien Wiesbaden GmbH 2018
D. Matusiewicz und L. Kaiser (Hrsg.), *Digitales Betriebliches Gesundheitsmanagement*,
FOM-Edition, https://doi.org/10.1007/978-3-658-14550-7_24

24.1 Einleitung

Die Digitalisierung ist in unserem Alltag angekommen. IT-gesteuerte Programme, digitale Funktionen und Sensoren sind auf dem besten Weg, feste Bestandteile des modernen Betrieblichen Gesundheitsmanagements (BGM) zu werden. Erste Unternehmen und Krankenkassen bringen digitale Rückenkurse und Sensoren für eine bessere Haltung am Arbeitsplatz zum Einsatz. Der Grund: Sie erreichen damit deutlich mehr Mitarbeiter und Versicherte als mit herkömmlichen Kursen zur Förderung der Gesundheit am Arbeitsplatz. Für diese E-Gesundheitskurse wurden nun auch einheitliche Qualitätskriterien für eine Zertifizierung geschaffen.

Die Techniker Krankenkasse hat als Vorreiter bereits vor einigen Jahren Online-Coachings für ihre Versicherten eingeführt, zahlreiche Krankenkassen zogen nach, oder stehen kurz vor der Einführung digitaler BGM-Tools. Auf diesem Wege können neben Mitarbeiterbefragungen oder Schrittzählaktionen auch Kurse angeboten und Teilnehmer schnell und effizient verwaltet werden. Die Vorteile liegen auf der Hand: Digitale Maßnahmen sind unabhängig von Zeit und Ort, immer verfügbar und der Zugang ist einfach.

Wohin geht die Reise? Was wird die Digitalisierung für BGM-Lösungen in Zukunft bringen? Wir zeigen anhand von vier Beispielen mögliche Einsatzgebiete von Sensorik am Arbeitsplatz. Alle Beispiele gehen auf den Teilnehmer individuell ein und sind einfach in der Anwendung.

24.2 Vorstellung des digitalen Ansatzes

Seit 2011 bietet fitbase als Pionier in der Entwicklung digitaler Präventionslösungen diverse Online-Coaching Möglichkeiten auf Deutsch und Englisch an. Kunden sind Krankenkassen, kleine und große Unternehmen in Deutschland und in Europa. Als Dienstleister haben die Gesundheits- und IT-Profis aus Hamburg auf ihrer Plattform fitbase.de zahlreiche digitale Coachings für das BGM im Angebot. Gleichzeitig entwickelt fitbase individuelle Weblösungen. Diese werden insbesondere von Krankenkassen als Service für ihre Versicherten eingesetzt.

Fitbase verfolgt dabei einen ganzheitlichen Ansatz und hat weitere Bausteine wie Online-Präventionskurse nach § 20 SGB V oder Schrittzähl-Wettbewerbe im Programm. Auch interne BGM-Maßnahmen, wie Teilnehmer- und Kursverwaltung oder News-Ticker gehören zu den Elementen, die fitbase individuell je nach Projekt einbinden kann. Bewährt hat sich für Unternehmen auch die Kombination von klassischen Gesundheitstagen mit anschließender digitaler Nachbetreuung. Die Online-Coachings setzen mit wenigen Minuten täglich viele kleine Impulse, tragen so zur Verhaltensänderung bei und lassen die BGM-Aktivitäten nachhaltig werden. Abb. 24.1 zeigt eine Übersicht des digitalen Portfolios von fitbase.

Oberstes Ziel ist dabei immer, Lösungen zu finden, die für die Teilnehmer einfach in den Alltag zu integrieren sind. Das fitbase-Team (acht Mitarbeiter) arbeitet an zahlreichen

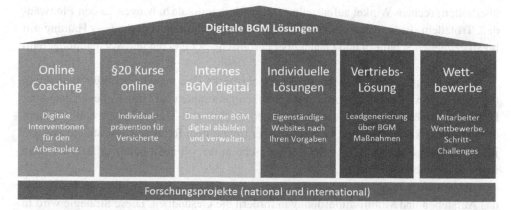

Abb. 24.1 Übersicht des digitalen Angebots von fitbase

Innovationen – auch im Rahmen von EU-geförderten Forschungsprojekten – von denen drei hier vorgestellt werden: *wellbeing*, **Smart***Cushion* und ***Personalised e-Health***. Als viertes Projekt wird mesana vorgestellt – auch eine Sensoriktechnik, die mit individuellem Coaching verbunden und bereits eingesetzt wird.

24.3   Auswirkungen auf das BGM

Mit welchen Tools können Mitarbeiter noch individueller für mehr Gesundheit am Arbeitsplatz unterstützt werden? Mit dieser Frage beschäftigt sich fitbase in EU-geförderten Forschungsprojekten. Hier kommen sogenannte Companion-Technologien zum Einsatz. Sie dienen als digitale Helfer im Büro. Dazu gehören die Analyse der Körperhaltung, das Erkennen von Stress sowie Tools, die selbstlernend und intelligent Handlungsempfehlungen geben. Dafür brauchen die digitalen Coaches Informationen über den Teilnehmer. Diese werden über Sensoren, Wearables und Feedbackfunktionen verfügbar gemacht.

24.3.1   Schwerpunkt Körperhaltung und Sitzanalyse

In zwei Projekten widmet sich fitbase dem Thema Körperhaltung am PC-Arbeitsplatz: wellbeing-project.eu und smart-cushion.com.

In welcher Position lesen Sie diesen Artikel? Im Stehen, Gehen oder Liegen – also in einer natürlichen Haltung – oder im Sitzen? Vermutlich im Sitzen. Büroangestellte verbringen acht bis zehn Stunden täglich in dieser Haltung. Der Slogan „Sitzen ist das neue Rauchen" hat zwar Schule gemacht, aber viel verändert hat das in deutschen Büros nicht. Es wird empfohlen, dynamisch zu sitzen, die Sitzfläche mit dem gesamten Gesäß auszufüllen, pro Stunde fünf Minuten den Arbeitsplatz zu verlassen und die Beine im (längst überholten) rechten Winkel aufzustellen. Auch Merkzettel dazu hängen an den Pinnwänden. Trotzdem sitzen weiter rund 80 % der Büroarbeitskräfte in vorgebeugter Haltung mit hochgezogenen Schultern und klagen über chronische Schmerzen und Verspannungen im Nacken.

Wie soll man sich ändern, wenn man gar nicht merkt, dass man die Schildkrötenhaltung (Rücken krumm, Kopf nach vorne geschoben) eingenommen hat? Der Kollege gegenüber könnte mal einen Tipp geben, oder besser noch ein Personal-Trainer könnte helfen, indem er regelmäßig kontrolliert und korrigiert. Aber trotz einem Return on Investment von 1:3 je investiertem Euro für BGM-Maßnahmen, scheint das oft nicht finanzierbar. Hier kann innovative Technologie helfen.

Fakt ist: Die Schildkrötenhaltung ist ungesund und ein häufiger Positionswechsel sowie das Aufstehen und Mobilisationsübungen fördern die Gesundheit. Diese Strategie wird in den folgenden Projekten digital unterstützt und umgesetzt.

wellbeing – 3-D-Sensorik

Herzstück dieses Systems ist ein 3-D-Sensor in Handyformat. Er wird neben oder unter dem Bildschirm aufgestellt. Die kontaktlose und daher besonders nutzerfreundliche Sensorik erfasst diverse Messpunkte am Körper (unter anderem Schultern, Brustbein, Kopf) und sendet diese Informationen an die fitbase-Plattform. Hier prüfen intelligente, lernende Algorithmen, ob die Haltung als gesund oder ungesund einzustufen ist. In festgelegten Zeitabständen erhält der Teilnehmer Rückmeldungen zu seiner Körperhaltung: „Klasse, Sie sitzen gesund und tun sich und Ihrem Körper etwas Gutes!" oder: „Bitte überprüfen Sie Ihre Haltung und sitzen Sie aufrecht!" oder: „Bitte verändern Sie Ihren Sitz!" Die Vorschläge sind stets mit einem Bild von der ungesunden Haltung und einer videogestützten Übung verbunden. Ziel: Belastete Körperteile entspannen und mobilisieren. Alle Daten

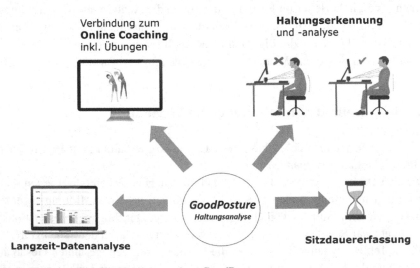

Abb. 24.2 Funktionalität der Haltungsanalyse GoodPosture

werden im gesicherten Login-Bereich dokumentiert und visualisiert. Auch die Sitzdauer wird erfasst und dem Teilnehmer gemeldet, sobald es Zeit ist, aufzustehen. So werden die Teilnehmer für das Thema sensibilisiert und neue Verhaltensmuster geschaffen.

Das *wellbeing*-System wird bis Mitte 2017 von 80 Personen in vier Ländern evaluiert und funktioniert als Companion-Technologie ähnlich wie ein Personal-Trainer: Es gibt Feedback, verbessert, lobt und zeigt Übungen. Abb. 24.2 veranschaulicht, wie die **wellbeing** Haltungsanalyse mit dem Namen GoodPosture funktioniert.

Was wäre, wenn Sie im Nachbarbüro nicht mehr auf Kollegen in Schildkrötenhaltung, sondern in Erdmännchenposition treffen würden – erlernt mit GoodPosture? Nach wenigen Wochen wird das handliche System an die Kollegen weitergereicht. So bleiben die Investitionen überschaubar und viele Mitarbeiter können profitieren.

SmartCushion – Sitz-Sensorik

Auch dieses von fitbase in Kooperation mit Fraunhofer IGD gestartete EIT-Health-Projekt hat das Ziel, die Sitzhaltung und das Sitzverhalten zu analysieren und nach gesundheitlichen Gesichtspunkten zu optimieren. Im Alltag vergessen wir oft, wie lange wir eigentlich sitzen. Schon kurzes Aufstehen, ein paar Schritte oder ein kurzes Strecken von Kopf bis Fuß haben positive Auswirkungen auf die Gesundheit. Trotzdem kleben viele wie hypnotisiert und gefangen in ihrer Arbeit vor dem Bildschirm. Und Stress wirkt oft wie ein „Pausenkiller". Die Gesundheit bleibt auf der Strecke. Gesucht ist ein Mittel, das uns in passenden Momenten daran erinnert, aufzustehen oder die Position zu ändern.

SmartCushion mit seiner Sensor-Technologie kann das: Hochempfindliche Abstandssensorik ist in eine Sitzauflage eingebaut und kommuniziert mit einer mobilen App. Die dünne Auflage verfügt über Analyse- und Feedbackfunktionalitäten, wie in Abb. 24.3 dargestellt.

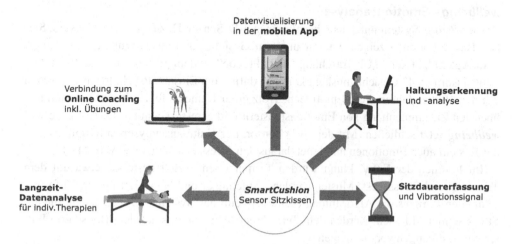

Abb. 24.3 Funktionalität der Haltungsanalyse von **SmartCushion**

Mit Hilfe intelligenter Software und maschinellen Lernens werden die vom Kissen erfassten und per Bluetooth an die mobile App gesendeten Sitzdaten analysiert. Ähnlich wie bei der 3D-Haltungsanalyse GoodPosture erhält der Teilnehmer auch hier eine Rückmeldung zum Sitzverhalten. Das kann ein akustisches oder ein Vibrationssignal sein – sobald eine gewisse Sitzdauer überschritten oder eine Haltung als ungesund eingestuft wird. Feedback ist auch hier immer mit einer videogestützten Ausgleichsübung und einer Meldung an den Teilnehmer verbunden. Patienten mit Rückenschmerzen profitieren besonders: Sie können Langzeitdaten mit einem Physiotherapeuten auswerten und für die Therapie nutzen. Noch ein Vorteil: Das Kissen kann überall zum Einsatz kommen und ist einfach in der Handhabung. Benötigt wird nur die mobile App, die Daten empfängt, interpretiert und Handlungsvorschläge macht.

24.3.2 Schwerpunkt Emotionen und Messung des Stresslevels

Neben ergonomischen Fragestellungen beschäftigt sich fitbase auch mit dem Dauerthema Stress. Die Systeme von *wellbeing* und mesana sind unter anderem auf die Erfassung des Stresslevels eines Mitarbeiters ausgerichtet. Beide Produkte erkennen und visualisieren die Anzeichen für Stress, um den Level der Belastung sichtbar zu machen. Nur so können Verhaltensänderungen erreicht werden.

Zeitdruck führt zu Stress und ist häufig schuld daran, dass wir keine Pausen machen. Dadurch werden wir unaufmerksam und unsere kognitive Leistung lässt nach. Die Folge: Wir machen Fehler, was wiederum zu neuem Stress führt. Um diesen Teufelskreis zu durchbrechen und gesundheitliche Folgen zu vermeiden, müssen die Stressfaktoren rechtzeitig identifiziert und Gegenmaßnahmen ergriffen werden.

wellbeing – Emotionsanalyse

Das *wellbeing*-System nutzt auch hierfür einen 3-D-Sensor. Dazu ein kleiner Exkurs: Sieben Basisemotionen zeigen wir mit unserem Gesicht: „Furcht", „Wut", „Verachtung", „Traurigkeit", „Ekel", „Überraschung" und „Freude", zudem gibt es einen neutralen Gesichtsausdruck. 43 Gesichtsmuskeln kommen dafür zum Einsatz. Psychologen erforschen seit den 1990er-Jahren diese Emotionen. Trotz guter Kameras fehlen bisher Erkenntnisse über den Zusammenhang von Emotionsmustern und Stresserkennung. Diese Lücke will *wellbeing* jetzt schließen: Mit dem 3-D-Sensor, der Haltungsanalysen anfertigt, erkennt das System auch Emotionen und leitet daraus den Stresslevel ab (siehe Abb. 24.4).

Im Rahmen der Entwicklung wurden Testpersonen gezielt gestresst, etwa mit dem Trierer Social-Stress-Test. Muster wurden festgehalten und analysiert und mithilfe maschinellen Lernens die Algorithmen trainiert. Wenn das System Muster erkennt, die auf Stress schließen lassen, werden dem Teilnehmer über Pop-ups auf dem Bildschirm Entspannungsübungen vorgeschlagen.

Abb. 24.4 Funktionalität der Emotionserkennung von *wellbeing*

Beispiel mesana – Anwendung in der Praxis

Die hochentwickelte Sensorik von mesana hat sich bereits auf dem Markt etabliert. Der daumengroße Sensor wird für zwei Tage unterhalb der linken Brust am Herzen getragen und misst EKG, Herzfrequenz, Herzratenvariabilität, Energieumsatz, Aktivitätskontext (Sitzen, Stehen, Gehen, Liegen) und die Temperatur. Die daraus gewonnenen Daten werden analysiert. Flankiert von einem Fragebogen wird so eine präzise Aussage zum Gesundheitszustand mit Schwerpunkt Herz, allgemeine Belastung, Stress und Erholung im Schlaf getroffen. Nach der Analyse erhält der Teilnehmer einen Zugang für ein digitales und auf die Ergebnisse abgestimmtes, individualisiertes Online-Coaching von fitbase. Ziel ist es, den Teilnehmer nicht alleine zu lassen, sondern mit begleitendem Coaching zu unterstützen und individuell auf jeden einzugehen. Auch ein Coaching-Telefonat steht für einen direkten Kontakt zur Verfügung. Diese innovative Kombi aus Analyse und digitalem Coaching ist als Präventionskurs zertifiziert und wird von Krankenkassen zu 80-100% übernommen.

24.3.3   Dynamisch individualisiertes Online-Coaching – Personalised E-Health

Die bisher vorgestellten Lösungen beruhen auf innovativer Sensor-Technologie, die in Form von haptischen Produkten eingesetzt werden. Im Projekt *Personalised E-Health* kommt eine innovative intelligente, adaptive Software zum Einsatz. Sie wird in Kooperation mit der Arctic University of Norway entwickelt. Ziele dieses von 2017 bis 2020 laufenden Projektes ist es, maximal individuelle und kontextsensitive Interventionen und

Inhalte bereitzustellen. Genutzt werden dafür so viele Informationen wie möglich. Dazu gehören Informationen aus dem Lebensumfeld (privat und beruflich), Fragebögen und Vitalparameter, die mit Hilfe von Fitnessarmbändern (wearables) gesammelt werden. Auch das Verhalten des Teilnehmers und Umwelteinflüsse spielen eine Rolle. So entsteht durch künstliche Intelligenz ein digitaler Coach, der den Teilnehmer konstruktiv unterstützt.

24.3.4 Anwendungsszenario

Und so kommen die innovativen Technologien zum Einsatz:

Herr Kramer ist kaufmännischer Angestellter und arbeitet seit 20 Jahren überwiegend im Sitzen. Kein Wunder, dass er über Schmerzen klagt, sobald er ein paar Stunden gearbeitet hat. Kürzlich wurde bei seinem Arbeitgeber ein BGM installiert. Nun kann Herr Kramer diverse Technologien ausprobieren oder sie dauerhaft nutzen. Die Geräte teilt er sich mit seinen Kollegen oder nutzt sie im Wechsel. Positiver Effekt: Viele Mitarbeiter können partizipieren und das Budget für BGM wird geschont.

Herr Kramer sitzt auf dem **Smart***Cushion* und wird nach 45 min daran erinnert, sich zu bewegen und aufzustehen. Auf seinem Handy-Bildschirm erscheint eine Anleitung für eine Lockerungsübung. Zusätzlich erhält er Aufgaben und Informationen zum Thema gesundes Sitzen. Alle Übungen dauern nur wenige Minuten und können neben der Arbeit erledigt werden. Mit seinem Kollegen spricht er über den neuen Helferlein. Er hat seine Sitzpositionen vor Augen und kann Veränderungen täglich überprüfen. Die Datenauswertung zeigt schließlich, dass Herr Kramer nach dem Coaching häufiger seine Position wechselt und aufrechter sitzt.

Er beschäftigt sich jetzt auch mit dem Thema Entspannung, denn seine mesana-Messung hat deutliche Anzeichen von Stress signalisiert. Sein digitaler Coach hat ihm deshalb Methoden für Selbstmanagement gezeigt, damit er seine Arbeit besser organisieren kann.

Auch seine Chefin nutzt die neuen BGM-Angebote. Sie hat einen Sensor neben dem Bildschirm, der ihre Körperhaltung erkennt und analysiert. Wenn sie vor lauter Arbeit vor dem Computer zusammensinkt, erinnert das System sie, sich aufzurichten. Und ihre Langzeitanalyse offenbart: Morgens sitzt sie eher aufrecht, nachmittags nicht. Sie hat sich daraufhin im Fitness Studio angemeldet, um ihre Muskulatur zu stärken. Auch sie erhält ein Online-Coaching für individuelle Tipps. Und auch ihr Stresslevel steht auf dem Prüfstand.

Das Ergebnis: Die Produktivität und das Wohlbefinden beider Mitarbeiter haben sich objektiv verbessert. Nach drei Monaten bekommen sie ein neues Tool: Sie kommunizieren jetzt mit einem personalisierten e-Coach, den sie über eine App mit Infos versorgen. Er macht ihnen maßgeschneidert Vorschläge für noch mehr Wohlbefinden.

24.4   Zusammenfassung und Ausblick

Vor zehn Jahren haben sich nur wenige Unternehmen mit BGM und noch viel weniger mit digitalen BGM-Systemen beschäftigt. Heute stehen für innovatives Gesundheitsmanagement diverse digitale Lösungen bereit. Sie helfen bei Managementprozessen, bieten Online-Coachings, organisieren Mitarbeiterbefragungen oder Schrittzählwettbewerbe. Seit Kurzem liefern Sensoren den digitalen Gesundheitsexperten Anhaltspunkte für konkrete Vorschläge im Arbeitsalltag. So wird gesundheitsschädliches Verhalten auf einem hohen individuellen Level erkannt und behoben. Die gute Nachricht: Das ist keine Zukunftsmusik mehr, denn Sensorik kommt im BGM bereits zum Einsatz oder wird erprobt. In nur wenigen Jahren wird das ein etablierter Bestandteil sein.

Erkenntnisse

1. Digitale BGM-Maßnahmen räumen Hürden aus dem Weg. Sie werden häufiger und langfristiger eingesetzt und haben dadurch mehr Erfolg.
2. Moderne Sensorik gekoppelt mit digitalen Tools sorgt in vielen Branchen für Optimierungen – auch im BGM.
3. Arbeit 4.0 bedeutet nicht nur Erleichterungen in Produktion, Verwaltung und Vertrieb, sondern auch mehr Gesundheit und mehr Lebensqualität für jeden Mitarbeiter.

Johannes Heering ist Co-Gründer und Geschäftsführer der Fitbase GmbH mit Sitz in Hamburg. Seit 2011 beschäftigt er sich mit der Entwicklung von digitalen Tools für das BGM von heute und morgen. Unter seiner Leitung werden aktuell sechs digitale BGM-Bausteine angeboten und diverse Neu-Entwicklungen im Rahmen von Forschungsprojekten erprobt.

Digitale Selbstlernprogramme im Rahmen des BGMs

25

Lars Schirrmacher und Manfred Betz

Zusammenfassung

Digitale Selbstlernprogramme unterstützen und erweitern die traditionelle Gesundheitsförderung im Betrieb. Sie sind zeit- und ortsungebunden und eignen sich besonders für Personen mit begrenztem Zeitbudget. Zudem können sie helfen, die Nachhaltigkeit von Gesundheitsfördermaßnahmen zu verbessern. Es ist davon auszugehen, dass in den nächsten Jahren viele gesundheitsbezogene digitale Selbstlernprogramme entwickelt und angeboten werden. Dabei ist es wichtig, dass bestimmte Rahmenbedingungen und Qualitätskriterien (unter anderem Nachweis der Wirksamkeit) erfüllt werden, um beispielsweise eine finanzielle Förderung durch die gesetzlichen Krankenkassen zu erhalten. Bislang gibt es in Deutschland nur wenige solche zertifizierte Programme. Das Präventionsgesetz, der Handlungsleitfaden „Prävention" der gesetzlichen Krankenkassen und die Zentrale Prüfstelle Prävention geben die Anforderungen für ein qualitätsgeprüftes digitales Selbstlernprogramm vor (GKV-Spitzenverband 2014; Zentrale Prüfstelle Prävention 2016a). Anhand von zwei Praxisbeispielen (E-Learning-Weiterbildung zum BGM-Manager und Online-Präventionskurs) werden Nutzen und Grenzen von Selbstlernprogrammen aufgezeigt. Es werden die Voraussetzungen beschrieben, um gesundheitsbezogenes E-Learning im Unternehmen erfolgreich umzusetzen.

L. Schirrmacher (✉)
Wetzlar, Deutschland
E-Mail: l.s@symbicon.de

M. Betz
Dillenburg, Deutschland

© Springer Fachmedien Wiesbaden GmbH 2018
D. Matusiewicz und L. Kaiser (Hrsg.), *Digitales Betriebliches Gesundheitsmanagement*,
FOM-Edition, https://doi.org/10.1007/978-3-658-14550-7_25

25.1 Einleitung

Veränderungen der Arbeitswelt (Stichwort Industrie 4.0) erfordern auch Anpassungen beim Betrieblichen Gesundheitsmanagement (BGM). So wird die Digitalisierung in den nächsten Jahren die Gesundheitsförderung und Arbeitssicherheit in den Betrieben zunehmend verändern. Erste Ansätze zeigen sich in der Nutzung von Gesundheits-Apps, Gesundheitsportalen, Wearables und digitalen Selbstlernprogrammen. Letztere gehören zu den E-Learning-Tools. Nach einer Studie der „Initiative Gesundheit und Arbeit" (iga) nutzen 62 % der befragten Unternehmen solche Tools (Brodersen und Lück 2016). In diesem Beitrag werden Möglichkeiten und Grenzen von digitalen Selbstlernprogrammen mit gesundheitlichem Bezug aufgezeigt und an zwei Beispielen illustriert.

Digitale Selbstlernprogramme dienen der individuellen orts- und zeitunabhängigen Wissensvermittlung. Sie nutzen informations- und kommunikationstechnologiebasierte Wege. Dabei kommen verschiedene Medien zum Einsatz, wodurch sich die Gestaltungsmöglichkeiten in der Mediendidaktik und die Anwendungsmöglichkeiten wesentlich erhöhen. Diese eignen sich zur selbstständigen Aneignung digital aufbereiteten gesundheitsbezogenen Wissens. Digitale Selbstlernprogramme und E-Learning-Programme verfolgen gleichgerichtete Ziele und Methoden, daher können diese Begriffe synonym verwendet werden (Kerres 2013).

Potenzielle Kostenträger wie die gesetzlichen Krankenkassen tendieren zu einer kombinierten Lösung, die einen Austausch zwischen Lehrenden und Lernenden ermöglicht. „Blended Learning" kombiniert Internet- bzw. E-Learning-basierte Maßnahmen mit Präsenzmaßnahmen. Werden zwischenmenschliche Kontaktsituationen in das digitale Lernprogramm integriert, erhöht sich die Effektivität der E-Learning-Maßnahmen und die Bindung der Teilnehmer an die Maßnahme (Grieben 2016).

Digitale Selbstlernprogramme werden vor allem in der Aus- und Weiterbildung eingesetzt. Zielgruppen sind unter anderem Führungskräfte, Mitarbeiter und Auszubildende. Prinzipiell können Selbstlernprogramme in allen Handlungsfeldern der Gesundheitsförderung und Arbeitssicherheit genutzt werden. Nachfolgend werden zwei digitale Selbstlernprogramme beschrieben. Das erste Programm zum Thema Betriebliches Gesundheitsmanagement (BGM) richtet sich an Führungskräfte und BGM-Fachkräfte, das zweite ist für jedermann und zielt auf gesundheitsbewussteres Verhalten ab.

25.2 Vorstellung des digitalen Ansatzes

25.2.1 E-Learning-Weiterbildung zum BGM-Manager

Aus- und Weiterbildungen zum Thema BGM sprießen in den letzten Jahren wie „Pilze aus dem Boden", Tendenz steigend. Eine aktuelle Studie prognostiziert für Deutschland in den nächsten zwei Jahren eine Zunahme von 34 % (Milo und Meierwisch 2016). Für Unternehmen ist es nicht einfach, den Überblick zu bewahren und die für ihre Bedürfnisse richtige Maßnahme zu finden. Das Ressort „Qualifizierung" des Bundesverbandes Betriebliches Gesundheitsmanagement e. V. (BBGM) hat als Hilfestellung für Unternehmen ein Cluster entwickelt, das einen Überblick ermöglichen soll. Darin befinden sich aktuell über 80 Aus- und Weiterbildungslehrgänge im Bereich des BGMs. Zwar gibt es mittlerweile auch einige Studiengänge, die sich in unterschiedlichen Umfängen dem BGM widmen, die überwiegende Mehrheit sind jedoch sogenannte Zertifikatslehrgänge. Das sind Lehrgänge, die mit oder ohne Prüfung, aber mit einem Zertifikat abschließen. Es handelt sich hierbei in der Regel um Präsenzkurse mit konventionellen Lehrmethoden (z. B. Frontalunterricht) und Lernmaterialen (z. B. Lehrbriefe, Skripte). Nur wenige nutzen auch digitale Medien (z. B. Lern-CDs).

Bislang gibt es keine einheitlichen Ausbildungsstandards. Eingangsvoraussetzungen, Ausbildungsumfänge und -inhalte sowie die methodisch-didaktische Vorgehensweise der verschiedenen Anbieter unterscheiden sich erheblich. Gleiches gilt auch für die Kosten der Weiterbildungsmaßnahmen (BBGM 2014).

Eine erste Initiative, allgemeine Qualitätsstandards für die Weiterbildung zum BGM-Manager zu entwickeln, hat der BBGM (2014) unternommen. Diese Qualitätskriterien bilden die Grundlage zur Zertifizierung von ausbildenden Instituten und Dozenten. Sie erlauben auch eine Orientierung für digitale Formen der Weiterbildung.

Die Ausbildung soll zwei Ausbildungsstufen enthalten: Ausbildungsstufe I (Wissen) und die Ausbildungsstufe II (Methoden und Anwendung). Jede Ausbildungsstufe schließt mit einer Prüfung und einem Zertifikat ab. Die Prüfungen werden vom BBGM zusammengestellt und korrigiert. Dadurch wird eine bundesweit einheitliche Qualität der Ausbildung gewährleistet. Inhalte der Stufe I sind unter anderem

- „Grundlagen des BGM" (Definitionen und Modelle zu den Themen Gesundheit/Krankheit, Arbeitswissenschaft, -medizin und -psychologie etc.),
- „Arbeit, Organisation und gesetzliche/rechtliche Rahmenbedingungen" (Arbeitssysteme, Organisationsentwicklung, Rechtsgrundlagen etc.),
- „Gesundheitspolitik und -markt" (interne und externe Akteure des BGMs, Gesundheitskommunikation und Öffentlichkeitsarbeit, Netzwerke und Kooperationen etc.),
- „Management und Grundlagen eines BGM" (Einführung, Aufbau, Methodik und Umsetzung BGM, Analysen, Maßnahmen, Evaluation, Steuerung, Führung und Gesundheit, Fehlzeiten-, Betriebliches Eingliederungs- und Arbeitsschutzmanagement etc.) sowie
- „Notwendige Kompetenzen in einem BGM" (Kommunikation, Gesprächsführung, Konfliktmanagement, Moderation und Präsentation sowie Projektmanagement etc.).

In der Stufe II stehen die vielfältigen Methoden und deren Anwendung im Vordergrund. Dies kann in Form von Fallstudien erfolgen. Ergänzend dazu muss neben der bestandenen Prüfung eine mindestens zweijährige fachbezogene Berufserfahrung für den Erhalt des Zertifikates nachgewiesen werden.

Potenziale und Herausforderungen

Am Beispiel der Weiterbildung zum BGM-Manager werden die Potenziale und Herausforderungen eines digitalen Selbstlernprogramms im Vergleich zur traditionellen Präsenzausbildung aufgezeigt. Präsenzlehrgänge erfordern fixe Termine. Wichtigstes Argument für eine digitale Variante bei Aus- und Weiterbildungen ist die zeitliche Flexibilität. Allein aus diesem Grund haben digitale Lerntechnologien eine große Zukunft. Die Aus- bzw. Weiterbildung kann berufsbegleitend erfolgen.

Der digitale Ansatz, insbesondere der Blended-Learning-Ansatz, erlaubt ein intensiveres Beschäftigen mit den Lerninhalten. Zertifikatslehrgänge in Präsenzform sind in der Regel Gruppeninterventionen mit vorgegebener Lehrmethodik. Die Individualität der Lernenden kann hierbei nur begrenzt berücksichtigt werden. Selbstlernprogramme hingegen erlauben eine wesentlich stärkere Individualisierung des Lernens. Dies kann sich günstig auf die Motivation der Teilnehmer und die Nachhaltigkeit der Maßnahme auswirken.

Wird die Prüfung zum Erwerb eines bundesweit einheitlichen Zertifikates online durchgeführt, muss gewährleistet sein, dass keine unzulässigen Hilfen wie Internetrecherchen bei der Absolvierung der Prüfung genutzt werden. Dies kann z. B. über ein Zeitlimit bei der Beantwortung von Fragen sichergestellt werden. Bei Transferfragen innerhalb einer E-Prüfung kann die Reliabilität durch die zeitliche Einschränkung gefährdet sein. Notwendige Voraussetzung für die Absolvierung einer E-Prüfung ist eine entsprechende Medienkompetenz der Teilnehmer.

25.2.2 Online-Präventionskurse für gesundheitsbewusstes Verhalten

Online-Präventionskurse sind eine Variante der digitalen Selbstlernprogramme. Sie gelten als digitale Gesundheitsinterventionen, die in Form eines didaktisch aufbereiteten Kurses als Lang- oder Kurzzeitversion in verschiedenen Settings und Handlungsfeldern (z. B. Bewegungsgewohnheiten, Ernährung, Stressmanagement, Suchtmittelkonsum) angeboten werden. Die methodisch-didaktische Umsetzung kann hierbei stark variieren. Ziel ist eine Änderung des Verhaltens hin zu einem gesundheitsfördernden Lebensstil.

Bei digitalen Selbstlernprogrammen können zwei Ansätze verfolgt werden. Ansatz A besteht aus Modulen mit digital aufbereitetem Gesundheitswissen ohne vorgegebene Richtlinien zum Nutzerverhalten. Das Gesundheitswissen wird bereitgestellt und die Nutzer können frei wählen, mit welchem Themenbereich sie beginnen und welche Themen sie vertiefen möchten. Ansatz B besteht aus Modulen mit aufbereitetem gesundheitsbezogenem Wissen und richtet sich nach klar definierten Rahmenrichtlinien (s. u.). Die Einhaltung dieser Richtlinien ist Voraussetzung für eine finanzielle Förderung durch die gesetzlichen Krankenkassen. Dies entlastet das BGM-Budget. Zudem ist eine Steuerbefreiung gemäß § 3, 34 Einkommensteuergesetz möglich. Die Richtlinien dienen weiterhin der Qualitätssicherung.

Potenziale und Herausforderungen

Eine Kombination aus beiden Ansätzen sowie von Online- und Präsenzteilen (Blended Learning) kann für Mitarbeiter in Unternehmen die optimale Lösung bieten. Bestimmte Inhalte können dabei von Kursleitern in Präsenzveranstaltungen umgesetzt werden. Dazu gehören z. B. die Korrektur von Bewegungsabläufen und die Implementierung der Gesundheitsverhaltensänderungen in den Alltag. Die E-Learning-Teile vertiefen mit innovativer Lerntechnologie die Fachinhalte. Hierbei kann jeder Teilnehmer sich gemäß seinen eigenen Erwartungen und Möglichkeiten den Input an Gesundheitswissen holen, den er für eine gesundheitsbezogene Verhaltensänderung benötigt. Durch Blended Learning lässt sich eine höhere Teilnehmerbindung an das Programm erreichen.

Reine Online-Präventionskurse hingegen können ohne zwischenmenschliche Interaktion auskommen. Hier werden Inhalte meist in einer strukturierten aufeinander aufbauenden Reihenfolge bereitgestellt. Die Teilnehmerbindung lässt sich in diesem Fall über eine Community, einen Wettkampf der Teilnehmer untereinander oder einen prominenten „Dozenten" fördern, der die Inhalte über Videos oder Tutorials vermittelt, ohne im individuellen Kontakt mit den Teilnehmern zu stehen.

In den Handlungsfeldern Ernährung, Stressmanagement und Suchtmittelkonsum ist eine Vermittlung von Gesundheitswissen und die angestrebte Verhaltensänderung online leichter möglich als im Handlungsfeld Bewegungsgewohnheiten, in welchem die Korrektur von Bewegungsabläufen eine Herausforderung darstellen kann.

Bislang gibt es noch keine Standardisierung für digitale Selbstlernprogramme. Daher ist es für Betriebe und private Nutzer schwierig, zwischen professionellen und weniger professionellen Angeboten zu unterscheiden und gezielt auswählen zu können (Walter und Mess 2015).

Voraussetzung für die Implementierung von Selbstlernprogrammen ist die Analyse von Wirksamkeit, Akzeptanz, Dosis-Wirkung-Beziehung und anderen Kriterien. Nach Eysenbach sollten E-Health-Programme sich an den folgenden zehn Qualitätskriterien orientieren: Effektivität (Efficiency), Qualitätssteigerung (enhancing quality), Evidenzbasierung (evidence based), Ermächtigung (Empowerment), Ermutigung (Encouragement), Bildung (Education), Befähigung (Enabling), Erweiterung (Extending), Ethik/Moral (Ethics), Gleichheit/Gerechtigkeit (Eysenbach 2001).

Mittlerweile bieten fast alle Krankenkassen digitale Möglichkeiten zur Gesundheitsförderung an. Die Angebote sind allerdings sehr unterschiedlich. Dies reicht von kurzfristigen Schnupperangeboten für jedermann bis zu wissenschaftlich evaluierten Onlineprogrammen mit Coaching. Die kurzfristigen Angebote sind meist gratis und dienen in erster Linie dem Marketing. Onlineprogramme, die nach den Vorgaben des Handlungsleitfadens Prävention konzipiert wurden und im Rahmen der Primärprävention angeboten werden, sind kostenpflichtig. Die Krankenkassen übernehmen die Kosten für ihre Mitglieder ganz oder teilweise. Tab. 25.1 zeigt das Kursportfolio für digitale Selbstlernprogramme einer großen Krankenkasse. Es umfasst 21 verschiedene E-Learning-Programme, darunter neun Programme zum Thema Stress und je drei Programme zu Ernährung und Gewichtsreduk-

Tab. 25.1 Analyse von Online-Präventionsprogrammen (n = 66) am Beispiel der IKK classic. (IKK 2016)

	Dauer [min]	Kosten [€]	Kurse [Anzahl]	Programme [Anzahl]
Stress	8 × 45 bis 12 × 60	49 bis 299	9	9
Rücken	8 × 45 bis 10 × 60	89 bis 97	43	2
Rauchen	8 × 45 bis 8 × 180	49 bis 95	3	2
Gewicht	10 × 45 bis 12 × 45	49 bis 89	3	3
Bewegung	8 × 80 bis 12 × 60	89 bis 125	3	2
Ernährung	8 × 45 bis 10 × 90	89 bis 199	5	3

tion. Insgesamt werden 66 Onlinekurse angeboten, am häufigsten Rückenkurse (43 Mal), Stressmanagementkurse (9 Mal) und Ernährungskurse (5 Mal). Der zeitliche Umfang reicht von 8 × 45 min bis 10 × 90 min, die Kosten betragen zwischen 49 € und 299 €. Ergänzend sei erwähnt, dass ein Großteil dieser Programme nach den alten Kriterien von der ZPP anerkannt wurden und die Rezertifizierungsfrist von damals drei Jahren noch nicht abgelaufen ist.

Laut der Zentralen Prüfstelle Prävention (ZPP) waren bis Dezember 2016 71 digitale Gesundheitsfördermaßnahmen zertifiziert. Die meisten Programme entfallen auf das Handlungsfeld Bewegung (48 Programme). Je zehn Programme sind den Handlungsfelder Ernährung und Stress/Entspannung zugeordnet. Im Handlungsfeld Sucht sind lediglich drei Programme zertifiziert. 318 E-Kurse lehnte die ZPP ab, da sie nicht den Vorgaben des Leitfadens „Prävention" entsprachen. 370 zur Prüfung eingereichte Programme wurden wegen unvollständiger Unterlagen abgelehnt bzw. erst gar nicht geprüft (ZPP 2016b).

25.3 Auswirkungen auf das BGM

Die moderne Arbeitswelt hält durch den enormen Wandel der letzten Jahre große Herausforderungen für Unternehmen bereit. Der Mensch wird hierbei zur wichtigsten Unternehmensressource. BGM und insbesondere die Betriebliche Gesundheitsförderung müssen darauf ausgerichtet sein, qualifizierte und engagierte Mitarbeiter in Beruf und Freizeit gesund und leistungsfähig zu erhalten. Dabei können digitale Angebote wie Gesundheits-Apps, Gesundheitsportale, Wearables und andere helfen. Wichtige Ziele sind:

- Die Mitarbeiter zu einem gesundheitsförderlichen Lebensstil zu motivieren,
- sie bei gesundheitsrelevanten Aktivitäten zu unterstützen,
- neue Zielgruppen zu erschließen (z. B. weniger gesundheitsaffine Beschäftigte, Auszubildende),
- die Vernetzung von individueller und betrieblicher Gesundheitsförderung zu ermöglichen sowie
- ein individuelles und betriebliches Gesundheitsmonitoring aufzubauen.

Eine aktuelle Studie zum Digital Learning (Milo und Meierwisch 2016) zeigt, dass rund ein Drittel der Beschäftigten digitale Techniken zur betrieblichen Fortbildung nutzen. Von den Unternehmen, die digitale Medien zu Fortbildungen nutzen, bietet jedes Zweite Fortbildungen zu Gesundheit- und Arbeitssicherheitsthemen an. Über 67 % der befragten Unternehmen erwarten vom digitalen Lernen im Vergleich zu traditionellen Fortbildungs-maßnahmen standardisierte Schulungsprogramme, die Schulung von mehr Mitarbeitern und vor allem geringere Kosten. 63 % der Unternehmen geben an, dass digitales Lernen hilft, die Leistungsfähigkeit auf operativer Ebene zu verbessern, da es eine enge Synchronisation von Lernen und Arbeiten ermöglicht. Mitarbeiter können sich selbstbestimmt weiterbilden und die Lernplattform ermöglicht der Personalentwicklung durch die Auswertung der entsprechenden Lernaktivitäten sogar eine individuelle Lernberatung.

Digitales Lernen fördert im Besonderen kollaborative Arbeitsformen. Innerhalb von größeren Organisationen können alle teilnehmenden Mitarbeiter weltweit gleichzeitig die Fortbildung (auch mit regional angepassten Inhalten) durchführen.

BGM-Baustein „Digitale Selbstlernprogramme"
Die zuvor beschriebenen digitalen Selbstlernprogramme stellen einen sehr wirksamen und wichtigen Baustein im Rahmen eines digitalen BGMs dar. Nachfolgend werden Argumente für und gegen digitale Selbstlernprogramme aufgeführt und die sich daraus ergebenden Anforderungen abgeleitet.

Vorteile

- Örtliche und zeitliche Unabhängigkeit
- Neuer Zugangsweg, um mehr Mitarbeiter zu erreichen
- Auch für kleine und Kleinstbetriebe geeignet
- Meist niederschwellig, barrierefrei und inklusiv (ZPP 2016)
- Langfristig kostengünstig
- Keine Räumlichkeiten für die Interventionsgruppe notwendig
- Spricht bestimmte Zielgruppen besonders an (z. B. Auszubildende)
- Sicherung der Nachhaltigkeit

Nachteile

- Oft hohe Anfangsinvestitionen
- Nur wenige Programme haben einen Wirksamkeitsnachweis
- Die überwiegende Zahl der Programme ist sehr allgemein gehalten
- Eine bestimmte Medienkompetenz der Teilnehmer ist erforderlich
- Eine bestimmte mediale Ausstattung ist erforderlich

Anforderungen an Selbstlernprogramme im BGM

- Digitale Selbstlernprogramme müssen so konzipiert werden, dass Barrieren wie eine zu komplizierte Bedienbarkeit der Tools ausgeschlossen sind.
- Je spezifischer sie auf die arbeitsspezifischen Belastungen und firmenspezifischen Bedingungen eingehen, desto höher wird die Akzeptanz bei den Teilnehmern sein.
- E-Learning lebt von einem guten methodisch-didaktischen Mix und freien Lernentfaltungsmöglichkeiten. Der konzeptionelle Ansatz des Blended Learning kann dazu beitragen, E-Learning zum Erlebnis zu machen.
- Es sollten nur zertifizierte Programme eingesetzt werden. Eine Zertifizierung nach den Vorgaben des BBGMs im Bereich der Aus- und Weiterbildungen erhöht die Qualität und Marktakzeptanz, eine Zertifizierung der interaktiven Selbstlernprogramme gemäß Präventionsleitfaden und ZPP erlaubt eine Bezuschussung der digitalen Gesundheitsfördermaßnahme durch Krankenkassen und Berufsgenossenschaften. Hinzu kommen noch steuerliche Vorteile.

Implementierung im Betrieb

Trotz vielversprechender Vorteile des digitalen Ansatzes sind bei einer Implementierung einige allgemeine und spezifische Herausforderungen zu meistern:

- Wie bei allen Gesundheitsfördermaßnahmen sollten die Mitarbeiter in die Planung von Beginn an miteinbezogen werden.
- Eine Bedarfsanalyse zeigt, ob Gesundheitsfördermaßnahmen erforderlich sind und wenn ja, welche?
- Sind für die identifizierten Probleme geeignete digitale Selbstlernprogramme verfügbar?
- Sind mediale Ausstattung im Betrieb und Medienkompetenz der Schulungsteilnehmer ausreichend?
- Welche Kosten entstehen? Wie kann die Finanzierung sichergestellt werden?
- Wie kann der Nutzen der Maßnahme belegt werden?
- Es müssen Mitarbeiter benannt und qualifiziert werden, die die Weiterbildung organisieren bzw. betreuen. In der Regel wird dies der BGM-Beauftragte oder BGM-Manager sein.
- Die Beachtung des Datenschutzes im Rahmen eines BGMs erfordert Sensibilität und Absicherung. Es gilt, die Vorgaben des Datenschutzgesetzes zu beachten, wie auch gesetzliche Anforderungen des Gesundheits- und Arbeitsschutzes einzuhalten.
- Ältere und jüngere Mitarbeiter unterscheiden sich in ihren Voraussetzungen und Bedürfnissen. So sind Ältere gegenüber Gesundheitsfördermaßnahmen positiver eingestellt als ihre jüngeren Kollegen. Allerdings ist ihre Hemmschwelle gegenüber digitalen Technologien vergleichsweise höher. Ähnlich sieht es zwischen den Geschlechtern aus: Frauen sind im Durchschnitt gesundheitsbewusster, aber weniger technikaffin als ihre männlichen Kollegen.

Bezuschussung durch die Krankenkasse

Damit digitale Selbstlernprogramme von den Krankenkassen erstattet bzw. bezuschusst werden können, müssen sie die Vorgaben der ZPP erfüllen. Die inhaltlichen und formalen Anforderungen sind im Leitfaden Prävention beschrieben, ergänzt durch die Informationsschrift der ZPP vom Juni 2016 (ZPP 2016). Als Methoden und Techniken werden das Blended Learning, Onlinekurse auch mit App-Unterstützung, Webinare, Fernkurse, Gesundheitscoaching für Gruppen und unter bestimmten Voraussetzungen Game-based Learning, Serious Games und e-teaching genannt. Communities, Foren und rein zur Information dienende Gesundheitsportale sind davon ausgeschlossen.

Gefordert werden eine bestimmte Grundqualifikation (gegebenenfalls auch eine Zusatzqualifikation) der Anbieter bzw. der E-Kursleiter, Kursmanuale, Stundenverlaufspläne, Teilnehmerunterlagen sowie eine Erklärung zur Einhaltung des Datenschutzes und eine Verpflichtung zur Evaluation. Mit der Erklärung zur Einhaltung des Datenschutzes soll ein Missbrauch personenbezogener Daten verhindert werden. Gesetzliche Grundlage ist das Bundesdatenschutzgesetz und das Telemediengesetz. Da die ZPP bislang noch kein einheitliches Evaluationsverfahren vorgibt, gilt eine Übergangsreglung. Danach werden digitale Selbstlernprogramme, die die inhaltlichen und formalen Vorgaben des Präventionsleitfadens erfüllen und eine begleitende Evaluation durchführen, für ein Jahr zertifiziert. Für die Zertifizierung gelten allgemeine und spezifische Kriterien. Allgemein gilt: Selbstlernkurse können für alle Handlungsfelder des Präventionsleitfadens angeboten werden. Die Inhalte und Methoden sollen dem aktuellen Stand der Wissenschaft entsprechen. Die Wirksamkeit der Intervention soll belegt sein. Die spezifischen Kriterien sind aus Tab. 25.2 ersichtlich.

Die Kommunikationsquote bezeichnet den fachbasierten Kommunikationsaufwand des E-Kursleiters gegenüber dem Teilnehmer. Die geforderte Kommunikationsquote von 0,4 h/Teilnehmer erscheint relativ willkürlich und wenig praxisrelevant. Der Teilnehmer muss über Ausschlusskriterien und Kontraindikationen aufgeklärt werden und der E-Kursleiter muss die, dem jeweiligen Handlungsfeld entsprechende, Anbieterqualifikation erfüllen. Inhaltlich müssen die einzelnen Einheiten aufeinander aufbauen und entsprechend muss technisch die Freischaltung von Folgemodulen beispielsweise über die richtige Beantwortung von modulbezogenen Fragen nachvollziehbar dargestellt werden. Eine Erfolgskontrolle mit entsprechendem Feedbacksystem ist ebenso notwendig wie eine fachliche Betreuung über einen E-Kursleiter. In den Nutzungsbedingungen sind Ansprechpartner für die technische Unterstützung sowie Haftungsausschlüsse zu benennen. Im Vergleich zur Mindestteilnahme von 80 % bei Präsenzkursen und termingebundenen Webinaren wird bei einer ortsunabhängigen Durchführung des Programms ohne festen Termin sogar eine hundertprozentige Teilnahme gefordert, damit der Kurs erstattungsfähig ist.

Nach Ablauf des Jahres muss für die Rezertifizierung über die Evaluation ein Wirksamkeitsnachweis erbracht werden. Benötigt werden mindestens 36 vollständig auswertbare Fragebogensets (Fragebogen zu Beginn, am Ende und sechs Monate nach der Interventi-

Tab. 25.2 Spezifische Kriterien für digitale Selbstlernprogramme. (ZPP 2016a)

Kommunikationsquote	Kommunikationsaufwand Kursleiter-Teilnehmer: $\geq 0{,}4\,$h/Teilnehmer
Ausschlusskriterien	Keine reinen Informationsportale (z. B. Communities und Foren, Gesundheitsportale) Keine Speicherung von Gesundheitsdaten in Kombination mit personenbezogenen Daten Ausschluss von Personen mit Kontraindikationen
Anbieterqualifikation	E-Kursleiter/Programmentwickler müssen den Vorgaben des Leitfadens Prävention entsprechen
Freischaltung von Folgemodulen	Modularer Programmaufbau Ein Modul wird erst freigeschaltet, wenn das vorherige Modul erfolgreich absolviert wurde
Lernstandserhebung/Erfolgskontrolle/Feedback	Feedback durch regelmäßige Erfolgskontrolle (z. B. Quiz, Fragebogen)
Fachliche Betreuung	Beantwortung von Fragen (z. B. E-Mail, Telefon) innerhalb von 1–2 Tagen
Gruppenaustausch	Expertenmoderierte Gesprächsrunde
Technische Unterstützung	Ansprechpartner für technische Probleme/Fragen nennen
Sicherung der Teilnahmequote	Teilnehmerquote bei Webinaren $\geq 80\,\%$ Teilnehmerquote bei Onlinekursen $100\,\%$
Testzugang	Kurszugangsmöglichkeit für die ZPP
Nutzungsbedingungen	Haftungsausschluss: Teilnahme auf eigene Gefahr

on). Die im Vergleich zu Präsenzkursen verkürzte Gültigkeit der Zertifizierung (ein Jahr gegenüber drei Jahren) wird mit der Innovationsdynamik in der Informations- und Kommunikationstechnologie begründet.

Die ZPP erarbeitet zurzeit einen Kriterienkatalog für die Zertifizierung von E-Kursen und interaktiven Selbstlernprogrammen. Zukünftig sollen nur die Programme gefördert werden, die die dann geltenden Prüfkriterien erfüllen.

Kosten-Nutzen-Betrachtungen von digitalen Selbstlernprogrammen
Digitale Selbstlernprogramme erfordern eine relativ hohe Anfangsinvestition für die Betriebe. Mit zunehmender Nutzungshäufigkeit wird das Kosten-Nutzen-Verhältnis immer besser, sodass sie bei hoher Nutzungshäufigkeit günstiger als herkömmliche Gesundheitsfördermaßnahmen werden können.

Selbstlernprogramme können durch den Betrieb selbst hergestellt (bzw. individuell durch einen beauftragten Dienstleister entwickelt werden) (Variante 1) oder käuflich (als Standardprogramm) erworben werden (Variante 2). Variante 1: Es kann optimal auf die unternehmensbedingten Anforderungen und Probleme eingegangen werden. Zudem gibt es in vielen Betrieben IT-Spezialisten, die Programme erstellen könnten. Erfahrungsgemäß sind die IT-Spezialisten allerdings ausgelastet und haben kaum Kapazitäten frei. Entscheidende Hürde ist jedoch das fehlende gesundheitsbezogene Know-how. Variante 2: Die Programme werden im günstigsten Fall von Gesundheits- und IT-Spezialisten gemeinsam erstellt. Sie werden allerdings weniger firmenspezifisch, sondern etwas allgemeiner sein. Sind die Vorgaben des GKV-Leitfadens erfüllt, können sie bezuschusst werden. Zurzeit ist die Zahl qualitativ hochwertiger und zertifizierter Programme klein. Im Regelfall sind die Kosten bei der Variante 2 deutlich geringer als bei der Variante 1. Hauptproblem ist es, geeignete und zertifizierte Programme zu finden. Dies wird sich allerdings in den nächsten Jahren ändern. Es gibt zunehmend mehr Spezialisten, die maßgeschneiderte Selbstlernprogramme mit entsprechender Zertifizierung durch die ZPP entwickeln.

25.4   Zusammenfassung und Ausblick

Die Digitalisierung durchdringt alle Lebensbereiche. So prognostiziert der Health Market Report bis 2018 weltweit 3,4 Mrd. Smartphones (Walter und Mess 2015). Dies bedeutet für Deutschland: Nahezu alle Erwerbstätigen nutzen digitale Technologien. Es gibt kaum einen Bereich im Arbeitsleben, der sich aufgrund der neuen Technologien nicht grundlegend geändert hat oder sich in naher Zukunft grundlegend verändern wird (Schwab 2016). Vor diesem Hintergrund wird sich auch das traditionelle BGM zum digitalen BGM weiterentwickeln.

Digitale Selbstlernprogramme sind ein effektiver und effizienter Baustein im Rahmen eines digitalen BGMs. Dies gilt insbesondere, wenn sie nach dem methodisch-didaktischen Ansatz des Blended Learning konzipiert sind. Sie unterstützen und erweitern die traditionelle Gesundheitsförderung im Betrieb. Sie sind zeit- und ortsungebunden und eignen sich besonders für Personen mit begrenztem Zeitbudget. Zudem können sie helfen, die Nachhaltigkeit von Gesundheitsfördermaßnahmen zu verbessern. Erfüllen die Selbstlernprogramme die Vorgaben des GKV-Leitfadens können sie von den Krankenkassen bezuschusst werden und steuerlich geltend gemacht werden.

Es ist davon auszugehen, dass in den nächsten Jahren aufgrund der digitalen Omnipräsenz in Betrieb und Privatleben viele digitale Selbstlernprogramme auf den Markt kommen werden. Für die Qualitätssicherung ist es wichtig, dass die vorhandenen Qualitätskriterien konsequent angewendet und nach Bedarf weiterentwickelt werden.

1. Der didaktisch-methodische Ansatz des Blended Learning bei digitalen Selbstlernprogrammen gewährleistet einen erfolgreichen Wissenserwerb.
2. Das digitale Selbstlernprogramm kann durch Einhaltung der GKV-Kriterien finanziell gefördert werden.
3. Die Motivation, Begeisterung, Beteiligung und Compliance der Teilnehmer für gesundheitsbewusste Inputs wird durch die Möglichkeit der individuellen und bedarfsorientierten Gestaltung des digitalen Selbstlernprogramms gefördert und gesteigert.

Literatur

Brodersen, S., Lück, P. (2016): Apps, Blogs und Co. – Neue Wege in der betrieblichen Gesundheitsförderung? iga.Wegweiser

Bundesverband Betriebliches Gesundheitsmanagement (2014): Empfehlungen zur Ausbildung betriebliche/r Gesundheitsmanager/-innen – Ausbildungsempfehlungen. Ressort Aus- und Weiterbildungen, BBGM e.V.

Eysenbach, G. (2001): What is e-health? J Med Internet Res. 3(2):e20

GKV-Spitzenverband (2014): Leitfaden Prävention – Handlungsfelder und Kriterien des GKV-Spitzenverbandes zur Umsetzung der §§ 20 und 20a SGB V vom 21. Juni 2000 in der Fassung vom 10. Dezember 2014 www.zentrale-pruefstelle-praevention.de (Zugriff am 06.12.2016)

Grieben, C. (2016): Internetbasierte Gesundheitskommunikation im Rahmen einer Maßnahme der Gesundheitsförderung– Eine Evaluationsstudie im Setting Schule. Dissertation. DSHS Köln

IKK classic (2016): Kursportfolio für E-Kurse/Interaktive Selbstlernprogramme. www.ikk-classic.zentrale-pruefstelle-praevention.de/kurse/liste.php (Zugriff am 07.12.2016)

Kerres, M. (2013): Mediendidaktik: Konzeption und Entwicklung mediengestützter Lernangebote. München: Oldenbourg Verlag

Mess, F. (2015): Digitale Technologien müssen in die strategischen Gesundheitsziele eingebunden sein. Personalmagazin. 05/2015

Milo, E., Meierwisch, T. (2016): Digital Learning – eine europäische Benchmark-Studie zum Digitalen Lernen. Féfaur; Haufe Akademie; CrossKnowledge

Schwab, K. (2016): Die vierte Industrielle Revolution. München: Pantheon

Walter, U.N., Mess, F. (2015): Virtuelle Gesundheitshelfer. Personalmagazin. 09/15

Zentrale Prüfstelle Prävention (2016a): Information für Anbieter von Präventionskursen im E-Format/ interaktive Selbstlernprogramme nach § 20 SGB V. www.zentrale-pruefstelle-praevention.de (Zugriff am 06.12.2016)

Zentrale Prüfstelle Prävention (2016b): Bestand zertifizierter Kurse im E-Format. Persönliche Mitteilung vom 20.12.2016

Lars Schirrmacher, Geschäftsführer der symbicon GmbH und Vorstandsmitglied und Ressortleiter Qualifizierung im Bundesverband BGM, Wetzlar. Arbeitsschwerpunkte: Prozess- und Konzeptberatung BGM, Aus- und Weiterbildung im BGM, Entwicklung von zertifizierten Präventions- und Rehabilitationsprogrammen, Aufbau von BGM-Netzwerken.

Prof. Dr. Manfred Betz, Fachbereich Gesundheit der technischen Hochschule Mittelhessen, Gießen. Dozent für Betriebliches Gesundheitsmanagement und Arbeitsmedizin. Forschungsschwerpunkte: Digitale Medien und Gesundheit, Gehirn und körperliche Aktivität, Schlaf und Erholungskompetenz bei Berufstätigen.

Entspannungs-Apps im BGM – Einsatzmöglichkeiten und Implementierung

Andreas Nagel, Niko Kohls und Dennis John

Zusammenfassung

Psychische und stressbedingte Erkrankungen zählen mit zu den Hauptverursachern von Arbeitsunfähigkeitstagen und den daraus resultierenden hohen Kosten für Unternehmen in Deutschland. Darüber hinaus entstehen Unternehmen zusätzliche wirtschaftliche Nachteile und Einbußen durch eine stressbedingt reduzierte Leistungsbereitschaft und Leistungsfähigkeit ihrer Mitarbeiter. Den Auswirkungen von psychischem Stress entgegenzuwirken ist somit eine der zentralen Aufgaben des Betrieblichen Gesundheitsmanagements (BGM). Ein innovativer und niedrigschwelliger Ansatz sind hierzu Entspannungs-Apps. Diese können sowohl als solitäre BGM-Maßnahme angeboten werden als auch ergänzend und begleitend zu Entspannungs- oder Stressbewältigungskursen. Aufgrund ihrer niedrigen Kosten und des geringen Aufwands sind Entspannungs-Apps für Unternehmen jeder Größe einsetzbar. Ihre örtliche Ungebundenheit ermöglicht Mitarbeitern eine flexible Verwendung im beruflichen und privaten Alltag. Bei der Auswahl der passenden Entspannungs-App ist im Sinne der Nachhaltigkeit und Effektivität die Evidenzbasierung der Inhalte und Übungen eine Grundvoraussetzung. Um die Akzeptanz der Maßnahme und die Teilnahmebereitschaft der Mitarbeiter zu erhöhen, sollte bei der Implementierung der Entspannungs-App idealerweise prozesshaft und partizipativ vorgegangen werden.

A. Nagel (✉)
Coburg, Deutschland
E-Mail: andreas.nagel85@gmx.de

N. Kohls
Coburg, Deutschland

D. John
Augsburg, Deutschland

© Springer Fachmedien Wiesbaden GmbH 2018
D. Matusiewicz und L. Kaiser (Hrsg.), *Digitales Betriebliches Gesundheitsmanagement*,
FOM-Edition, https://doi.org/10.1007/978-3-658-14550-7_26

26.1 Einleitung

Die Auswirkungen und die Verbreitung von psychischen Belastungen am Arbeitsplatz sind seit einigen Jahren ein prominentes Thema in vielen Ländern, darunter auch Deutschland. Forschungsergebnisse der vergangenen Jahre unterstreichen die gesamtgesellschaftliche und wirtschaftliche Bedeutung von psychischem Stress. So kam 2012 der Stressreport der Bundesanstalt für Arbeitsschutz und Arbeitsmedizin zu dem Ergebnis, dass sich die psychischen Belastungen der Deutschen auf einem hohen Niveau eingependelt haben. Zu diesem Schluss gelangen ebenfalls weitere Studien, die darüber hinaus zeigen, dass sich Frauen häufiger durch psychischen Stress belastet fühlen als Männer (Kocalevent et al. 2011; Kurth 2012). Die Prävalenzrate hinsichtlich einer starken Belastung durch chronischen psychischen Stress liegt in der deutschen Bevölkerung bei elf Prozent, wobei auch hier Frauen häufiger betroffen sind als Männer (Hapke et al. 2013). Ähnliche Ergebnisse zeigt auch eine repräsentative Befragung, in der die Prävalenzrate für ein erhöhtes Stresserleben bei 14,5 % und für ein sehr hohes Stresserleben bei 3,1 % liegt (Kocalevent et al. 2011).

Psychischem Stress wird vor allem aus gesundheitsförderlicher Sicht eine sehr große Bedeutung beigemessen, da dieser einen starken Einfluss auf die Entstehung, Entwicklung sowie das Fortschreiten von chronischen Erkrankungen haben kann (Chrousos und Gold 1992; Stefano et al. 2005; Cohen et al. 2007; Cohen et al. 2012). Dieser Zusammenhang von psychischem Stress ist beispielweise hinsichtlich Herz-Kreislauferkrankungen (Esch et al. 2002; Richardson et al. 2012; Katsarou et al. 2013; Redmond et al. 2013), Depression (Esch et al. 2002c; Wiegner et al. 2015) und immunologischen Erkrankungen (Esch und Stefano 2002; Esch et al. 2002b, 2002a) nachgewiesen. Des Weiteren ist psychischer Stress auch mit einer höheren Gesamtmortalitätsrate assoziiert (Nielsen et al. 2008). Daher gilt psychischer Stress als ein bedeutender Risikofaktor für viele Krankheitsgeschehen, gesundheitliche Beeinträchtigungen und somit als relevanter Mitverursacher von Arbeitsunfähigkeitstagen.

Sowohl die individuelle Lebenssituation und der Lebensstil als auch die Arbeit sowie die Arbeitsbedingungen können psychischen Stress auslösen. Im privaten Kontext sind es insbesondere interpersonelle, häufig familiäre Konflikte, finanzielle Schwierigkeiten, die Sorge um kranke Familienmitglieder und die Doppelbelastung aus Familienaufgaben sowie Beruf und Karriere, die zu psychischen Belastungen und letztendlich zu psychischem Stress führen. Hinsichtlich Arbeit und Arbeitsbedingungen zählen Anforderungen des Arbeitsinhalts, der Arbeitsorganisation, der Arbeitszeitorganisation und der Beschäftigungssituation zu den Hauptursachen für psychischen Stress. Weitere Stressfaktoren sind im Bereich Arbeit erheblicher Termin- und Leistungsdruck, Arbeitsverdichtung, schlechte Führung, zu lange Arbeitszeiten, Zwang zum Multitasking sowie Störungen und Monotonie bei der Arbeit. Nach dem Anforderungskontroll-Modell Karasek und Theorell entsteht Stress am Arbeitsplatz vor allem durch hohe Anforderungen (z. B. Termindruck) bei gleichzeitig geringem Handlungsspielraum und wenig Autonomie (z. B. keine Entscheidungsbefugnisse) (Karasek und Theorell 1999). Auch kann das gefühlte Ungleichgewicht

von persönlich empfundenem Einsatz und dafür erhaltenen Gegenleistungen wie Anerkennung, Sicherheit, Gehalt und Aufstiegsmöglichkeiten zu einer Gratifikationskrise und
somit zur psychischen Belastung führen (Siegrist 1996).

Als eine Reaktion auf diese Befunde und die stetig steigenden Arbeitsunfähigkeitstage
aufgrund psychischer Erkrankungen gewinnt in Unternehmen das Betriebliche Gesundheitsmanagement (BGM) zunehmend an Bedeutung (Badura et al. 2016). Neben verhältnispräventiven Maßnahmen, die auf gesundheitsförderliche Veränderungen der Rahmenbedingungen abzielen, werden gegenwärtig aber vor allem verhaltenspräventive Programme zur Stressbewältigung und Entspannung vonseiten der Arbeitgeber, unabhängig von
ihrer Unternehmensgröße, angeboten. Hierbei ist allerdings kritisch anzumerken, dass
viele der Konzepte, die auf dem stetig wachsenden Markt für Stressbewältigung und Entspannung angeboten werden, häufig hinsichtlich ihrer Wirkung nicht evaluiert sind und
ihre Effektivität daher fraglich ist.

26.2   Vorstellung des digitalen Ansatzes

Eine innovative Entwicklung im Bereich Stressbewältigung und Entspannung sind Apps
für Smartphones und Tablets, die ihre Nutzer mit verschiedenen Übungen und Anleitungen im Umgang mit und der Bewältigung von Stress sowie bei der Entspannung unterstützen sollen. Da der Anteil der Smartphone-Nutzer in Deutschland in den vergangenen
Jahren rasant gewachsen ist und 2016 bei über 90 % lag, bietet diese technologisch-ge-
sellschaftliche Entwicklung die Möglichkeit, vielen Menschen einen niedrigschwelligen
Zugang zu Übungen zur Stressreduktion und zur Entspannung mittels Apps zu ermöglichen. Diese Apps finden bereits sowohl im privaten Bereich als auch in Unternehmen
zunehmend Anklang. Insbesondere solche Entspannungs- und Stressbewältigungs-Apps
gelten hierbei als vielversprechend und effektiv, die auf evidenzbasierten Inhalten aufbau-
en (Coulon et al. 2016).

Ein Beispiel für eine Entspannungs-App, die dieser Forderung nach Evidenzbasierung
gerecht wird, ist die App „AOK Relax". Denn die App enthält sowohl Video- als auch
Audioanleitungen zur Progressiven Muskelentspannung (PME), zum Autogenen Training
(AT) und zu Achtsamkeitsübungen. Diese drei Entspannungsverfahren zählen zu den Verfahren, deren positive Wirkung auf psychischen Stress und stressassoziierte Erkrankungen
im Sinne der evidenzbasierten Forschung als wissenschaftlich belegt angesehen wird. So
verbessert das kontinuierliche Training von Introspektion und Achtsamkeit, insbesondere durch achtsamkeitsbasierte Interventionen, den Umgang mit und die Bewältigung von
psychischen Stress (Grossman et al. 2004). Auch wirkt sich regelmäßiges Achtsamkeitstraining günstig auf kardiovaskuläre Erkrankungen und Bluthochdruck aus (Walton et al.
2002; Rainforth et al. 2007) und ist darüber hinaus wirksam gegen Ängste und Depression
(Ospina et al. 2007; Butler et al. 2008; Chiesa und Serretti 2009). AT beeinflusst ebenfalls das Stresserleben positiv und wirkt sowohl angst-, als auch stressreduzierend (Ernst
und Kanji 2000; Grawe et al. 2001). Ähnliche positive Effekte zeigen sich bezüglich der

PME, die Ängste und psychischen Stress reduziert und auch zu einer Verbesserung von chronischen Kopfschmerzen und Migräne führt (Eppley et al. 1989; Damen et al. 2006; Trautmann et al. 2006; Manzoni et al. 2008). Auch die Tatsache, dass viele gesetzliche Krankenkassen Entspannungskurse auf der Basis von achtsamkeitsbasierten Programmen, PME- und AT-Kurse nach § 20 SGB V bezuschussen, zeigt, dass es für deren gesundheitliche Wirksamkeit eine fundierte Evidenz gibt (siehe GKV-Leitfaden Prävention 2014). Denn es dürfen von den gesetzlichen Krankenkassen nur solche Präventions- und Gesundheitsförderungsmaßnahmen in den Leistungskatalog aufgenommen werden, deren Wirksamkeit hinreichend evidenzbasiert belegt ist (GKV-Spitzenverband 2014).

Bei der Nutzung der App „AOK Relax" können die Anwender frei entscheiden, ob, wann und welche der darin enthaltenen Übungen sie anwenden. Zu jedem der drei Entspannungsverfahren beinhaltet die App Übungen von einer Dauer zwischen zwei Minuten, bis zu einer Viertelstunde. Die App erstellt darüber hinaus für den Anwender eine individuelle Entspannungskurve anhand der Übungsdauer und der Übungshäufigkeit sowie durch kurze Fragen zur Befindlichkeit vor und nach den Übungen. Des Weiteren enthält die App kurze Beschreibungen und Erläuterungen zu den drei Entspannungsverfahren Achtsamkeit, PME und AT.

26.3 Auswirkungen auf das BGM

Psychische und stressbedingte Erkrankungen zählen zum einen mit zu den Hauptverursachern von Arbeitsunfähigkeitstagen in Deutschland und sorgen für hohe Kosten sowohl bei Unternehmen als auch bei Kranken- und Sozialversicherungen (Badura et al. 2016). Zum anderen entstehen für Unternehmen wirtschaftliche Nachteile und Einbußen durch eine stressbedingt reduzierte Leistungsbereitschaft und Leistungsfähigkeit ihrer Mitarbeiter. Diesen Auswirkungen von psychischem Stress in Unternehmen entgegenzuwirken und effektive Maßnahmen zur Stressreduktion und Entspannung zu etablieren, ist eine der zentralen Aufgaben des BGMs. Hierbei bergen Entspannungs-Apps ein großes Nutzenpotenzial, da diese auf vielfältige Weise in Unternehmen eingesetzt werden können. Einerseits besteht die Möglichkeit, solche Apps als eine Maßnahme zur Entspannung und Stressreduktion einzusetzen, andererseits können diese Apps auch als Ergänzung und Begleitung zu Entspannungs- und Stressbewältigungskursen verwendet werden. Auf diese beiden Einsatzmöglichkeiten soll nun im weiteren Verlauf näher eingegangen werden.

26.3.1 Implementierung von Entspannungs-Apps im BGM

Wenn eine Entspannungs-App im BGM eingesetzt werden soll, gilt es vorab einige Dinge zu bedenken und zu berücksichtigen, die ein Gelingen dieser Maßnahme fördern und die Akzeptanz sowie Teilnahmebereitschaft bei den Mitarbeitern erhöhen. Die Implementierung einer Entspannungs-App in einer Organisation sollte sich idealerweise an folgendem prozesshaften Vorgehen orientieren (GKV-Spitzenverband 2014).

Vorbereitungsphase
Bereits vor der Einführung einer Entspannungs-App sind für den Gesundheitsförderungs-prozess wichtige Akteure des Unternehmens wie der Betriebsrat, die Unternehmensfüh-rung und der Betriebsarzt über die Maßnahme zu informieren und mit in die Auswahl der entsprechenden Entspannungs-App einzubeziehen. So können vor allem sensible Themen wie Datenschutz und Anonymität frühzeitig thematisiert und gemeinsam mit den relevan-ten Akteuren besprochen werden. Eine Unterstützung des Betriebsrats bei der Einführung einer Entspannungs-App ist auch ein positives Signal an die Mitarbeiter, dass sie auf die Wahrung des Datenschutzes und der Anonymität vertrauen können und ihre Interessen bei dem Prozess durch die Arbeitnehmervertretung gewahrt werden.

Aufbau/Nutzen von Strukturen
Für die Implementierung einer Entspannungs-App ist der Aufbau bzw. die Nutzung beste-hender Steuerungsgremien zum Thema Gesundheit (Gesundheits-AGs, BGM-Beauftrag-te) hilfreich. Die Beteiligung derartiger Steuerungsgremien erhöht die Partizipation und die Transparenz des Prozesses gegenüber den Mitarbeitern. Alternativ sind die Mitarbei-ter über andere Wege an dem Einführungsprozess zu beteiligen, beispielsweise über runde Tische, Gesundheitszirkel, Arbeitskreise oder Betriebsversammlungen.

Analyse
Vor Einführung der Entspannungs-App sind Bedarfsanalysen, beispielsweise in Form von psychischen Gefährdungsbeurteilungen oder Auswertungen der psychisch bedingten Ar-beitsunfähigkeitsstatistiken, unerlässlich. Mittels einer Mitarbeiterbefragung sollte eine Akzeptanzstudie durchgeführt werden, um festzustellen, wie viele der Beschäftigten eine Entspannungs-App tatsächlich nutzen würden. So wird sichergestellt, dass die Präventi-onsmaßnahme tatsächlich benötigt und auch perspektivisch eingesetzt wird.

Maßnahmenplanung
Hat man sich gemeinsam mit den relevanten Akteuren und/oder Mitarbeitern für die Einführung einer Entspannungs-App entschieden, sollte es hinsichtlich technischer oder inhaltlicher Belange Verantwortliche geben, an die sich die Mitarbeiter bei Bedarf wenden können, um kompetente Hilfe bei etwaigen Problemen und Schwierigkeiten zu erhal-ten. Somit kann vermieden werden, dass Mitarbeiter nur wegen technischen Problemen oder inhaltlichen Fragen bzw. Unklarheiten die Entspannungs-App nicht verwenden. Für technische Fragen könnte beispielsweise die IT-Abteilung, zur Verfügung stehen und für inhaltliche Fragen ein BGM-Beauftragter, der über Kenntnisse zu den Entspannungsver-fahren der App verfügt.

Umsetzung

Vor dem tatsächlichen Start der Entspannungs-App bietet eine Einführungsveranstaltung eine gute Plattform, die Entspannungs-App detailliert hinsichtlich ihrer Funktionen, den Übungen und deren Wirkung den Mitarbeitern näherzubringen und zu präsentieren. Wichtig ist hierbei ebenfalls die Intention für den Einsatz der Entspannungs-App sowie die antizipierten Effekte transparent zu machen und den Mitarbeitern sowohl den Nutzen für das Unternehmen als auch den Nutzen für sie ganz persönlich darzulegen. Diese Transparenz und Offenheit sorgt für eine erhöhte Akzeptanz der Maßnahme unter den Mitarbeitern und dadurch auch zu einer erhöhten Teilnahmebereitschaft. Darüber hinaus ist eine solche Veranstaltung der ideale Rahmen, um die Ansprechpartner für die technische und inhaltliche Betreuung vorzustellen.

Evaluation

Nach Abschluss der Umsetzungsphase ist eine Nachbefragung bei den Mitarbeitern empfehlenswert. So kann im Rahmen einer quantitativen Studie mit psychometrisch validierten und etablierten Stressskalen die Effektivität der Entspannungs-App hinsichtlich diverser Stressparameter getestet werden. Mittels offener Fragen können aber im Rahmen von qualitativen Interviews auch kritische und komplexere Rückmeldungen erfasst werden, die es dann bei weiteren BGM-Maßnahmen zu berücksichtigen gilt.

26.3.2 Entspannungs-App als solitäre BGM-Maßnahme

Besonders für dezentral strukturierte Unternehmen, deren Mitarbeiter auf viele kleinere Standorte verteilt sind, wie dies beispielsweise bei Einzelhandelsketten oder in Banken häufig der Fall ist, sind Entspannungs-Apps ein praktikabler Weg, über den diese viele ihrer Mitarbeiter mit der Maßnahme erreichen können. Ein klarer Vorteil von Apps, der in diesem Fall besonders zum Tragen kommt, ist deren örtliche Ungebundenheit. Denn örtlich gebundene Maßnahmen, wie Kursangebote, stellen sowohl die Unternehmen als auch deren Mitarbeiter vor logistische und terminliche Herausforderungen und verursachen neben den Kurskosten oftmals weitere Kosten, bedingt durch Fahrten und den damit verbundenen Ausfallzeiten. Eine Entspannungs-App kann darüber hinaus flexibel in den Arbeitsalltag und in die Freizeit der Mitarbeiter integriert werden. Um ein Üben mit der Entspannungs-App auch im Arbeitsalltag zu ermöglichen, sollten Unternehmen ihren Mitarbeitern regelmäßige Zeitfenster während der Arbeitszeit einräumen und dies bestenfalls auch in einer Betriebsvereinbarung festhalten. Zum Beispiel drei Mal pro Woche eine kurze Pause von je 15 min zum Praktizieren der Übungen der Entspannungs-App am Arbeitsplatz.

Für die knapp 3,7 Mio. kleinen Unternehmen (weniger als 50 Mitarbeiter) in Deutschland mit ihren etwa 11,3 Mio. Mitarbeitern (Statistisches Bundesamt 2016) stellen die Kosten, welche ein Entspannungs- und Stressbewältigungskurs verursacht, häufig ein Hindernis dar, sich diesem wichtigen Themengebiet zu widmen (Kayser et al. 2014). Somit besteht vor allem für diese Unternehmen ein Bedarf an einer kostengünstigen Alternative zu Kursformaten. Eine Entspannungs-App erfüllt diese Anforderungen von kleinen Unternehmen und ist eine effiziente BGM-Maßnahme. Hierbei ist eine professionelle Unterstützung des digitalen BGM-Prozesses für kleine Unternehmen sinnvoll, da diese Unternehmen oft nicht über die entsprechende Expertise in Bezug auf digitale Angebote zur Stressreduktion und Entspannung verfügen.

26.3.3 Entspannungs-App als begleitende und ergänzende BGM-Maßnahme

Entspannungs- und Stressbewältigungskurse werden von Mitarbeitern stark nachgefragt und sind daher häufig früh ausgebucht, was ein klares Indiz für eine hohe Motivation ist, sich aktiv mit den Themen Entspannung und psychischer Stress auseinanderzusetzen (Böhm und Böhm 2004). Da oftmals nicht alle Mitarbeiter zeitnah an einem solchen Kursangebot teilnehmen können, ist es wichtig, deren Motivation aufrechtzuerhalten und ihre Teilnahmebereitschaft zu würdigen. Diese „Lücke" können Entspannungs-Apps ideal schließen. Beispielsweise können die Mitarbeiter bis zum Kursstart mit einer Entspannungs-App bereits erste Erfahrungen mit dem Thema Entspannung sammeln. Zu diesem Zweck sollten idealerweise Entspannungs-Apps zum Einsatz kommen, die Entspannungsverfahren enthalten, welche in den Kursangeboten des Unternehmens praktiziert werden. Außerdem kann der Leiter des Entspannungskurses dann auf den Erfahrungen der Teilnehmer aufbauen. Darüber hinaus wird durch die Ankündigung, eine App in der Organisation flächendeckend einzusetzen, sowohl die Sensibilität für die Bedeutung des Themas Stress als auch des BGMs erhöht. Außerdem wird den Mitarbeitern vermittelt, dass dies eine gesundheitsförderliche Maßnahme für alle Angestellten darstellt und es keine Form von Selektion gibt.

Eine Herausforderung vieler Kurse im Entspannungsbereich ist das oftmals ausbleibende Üben außerhalb der angeleiteten Kursstunden (fehlender Alltagstransfer). Dieses Problem können Apps gut lösen. Denn vielen Teilnehmern fällt es häufig schwer, ohne Anleitung im Alltag zu üben. Eine App mit Entspannungsanleitungen, beispielsweise zur progressiven Muskelentspannung, präsentiert die Übungen interaktiv (z. B. über Videos, animierte Cartoons) und macht zusätzlich Informationen über das Entspannungsverfahren digital verfügbar. Der Vorteil hierbei ist, dass unabhängig von Ort und Zeit geübt werden kann, was den Alltagstransfer erhöht. Des Weiteren besitzen viele Apps eine Erinnerungsfunktion, womit das regelmäßige Praktizieren der Übungen ebenfalls unterstützt werden kann. Durch die ergänzende Verwendung einer Entspannungs-App ist es möglich, dass sich somit die Nachhaltigkeit eines Kurses erhöht und möglicherweise auch über die Dauer des Kurses hinaus Bestand hat. Die Kombination von Entspannungskurs und Entspannungs-App stellt somit aus Sicht der Gesundheitsförderung ein Optimum für das BGM dar, da die Mitarbeiter nicht nur im Entspannungskurs persönlich angeleitet werden, sondern außerdem ein Instrument erhalten, mit dem sie auch außerhalb des Kurses, in ihrer Freizeit und in kurzen Pausen während der Arbeit üben können.

26.4 Zusammenfassung und Ausblick

Entspannungs-Apps können in Unternehmen aller Größen auf verschiedene Weisen eingesetzt werden und sind eine sinnvolle, effiziente und effektive Maßnahme als Reaktion auf gestiegene Belastungen durch psychischen Stress bei Erwerbstätigen in Deutschland. Um allerdings als Unternehmen von den positiven Effekten einer Entspannungs-App zu profitieren, gilt es, wichtige inhaltliche sowie organisatorische Aspekte und Voraussetzungen zu berücksichtigen.

Eine Grundvoraussetzung für qualitativ hochwertige Entspannungs-Apps ist die wissenschaftlich nachgewiesene Evidenz hinsichtlich der Wirksamkeit der in der App enthaltenen Verfahren. Zu diesen evidenzbasierten Entspannungsmethoden, die auch per App vermittelbar und anleitbar sind, zählen aktuell PME, AT und Achtsamkeit. Ein weiterer wichtiger Schritt, der in diesem Zusammenhang noch zu erfolgen hat, ist die Entspannungs-Apps selbst hinsichtlich ihrer stressreduzierenden und entspannenden Wirkung in wissenschaftlichen Studien zu evaluieren.

Bei der Einführung einer Entspannungs-App im Unternehmenskontext sollten wie bei allen BGM-Maßnahmen rechtzeitig alle wichtigen Akteure informiert und in den Entscheidungsprozess mit einbezogen werden, um eine möglichst hohe Akzeptanz der App bei den Mitarbeitern zu erreichen. Eine solche App kann dann auf vielfältige Weisen in Unternehmen eingesetzt werden. Sie kann als solitäre Maßnahme zur Stressreduktion und Entspannung vor allem von solchen Unternehmen verwendet werden, die nicht über ausreichende Ressourcen und finanzielle Mittel verfügen, um ihren Mitarbeitern Präsenzkurse hierzu anzubieten. Auch kann eine Entspannungs-App sinnvoll als ein begleitendes und ergänzendes Instrument zu Stressreduktions- und Entspannungskursen angewendet werden.

Entspannungs-Apps bergen somit aufgrund ihrer geringen laufenden Kosten (die Kosten für die Entwicklung und Programmierung einer Entspannungs-App sind hoch) und ihrer vielfältigen sowie flexiblen Einsatzmöglichkeiten ein großes Nutzenpotenzial für das BGM. Die Angebote an Apps in diesem Bereich sind vielzählig und es gilt bei der Auswahl der richtigen App vor allem auf die Evidenz hinsichtlich der Inhalte und insbesondere der Wirksamkeit zu achten. Obwohl in den letzten Jahren viele neue Entspannungs-Apps in den App-Stores erschienen sind, basieren nur wenige auf anerkannten und gut evaluierten Entspannungsverfahren. Bei der fachlichen Konzeption und Entwicklung von Entspannungs-Apps sollte zukünftig noch stärker auf die wissenschaftliche Fundierung der eingesetzten Entspannungsverfahren geachtet werden.

Erkenntnisse des Beitrags

1. Entspannungs-Apps, die auf wissenschaftlich anerkannten Entspannungsverfahren beruhen, sind sinnvolle und wirksame Maßnahmen des digitalen BGMs.
2. Die Einführung einer Entspannungs-App als digitale BGM-Maßnahme sollte in einen umfangreicheren BGM-Prozess eingebettet sein.
3. Entspannungs-Apps eignen sich gut als solitäre BGM-Maßnahmen, können aber auch mit Präsenzangeboten wie Entspannungskursen im Betrieb kombiniert werden.

Literatur

Badura, Bernhard; Ducki, Antje; Schröder, Helmut; Klose, Joachim; Meyer, Markus (Hrsg.) (2016) Fehlzeiten-Report 2016: Unternehmenskultur und Gesundheit – Herausforderungen und Chancen: Zahlen, Daten, Analysen aus allen Branchen der Wirtschaft. Springer, Berlin, Heidelberg.

Böhm B. & Böhm A. (2004) Stress – was im Berufsalltag wirklich weh tut. In: Detlef Kuhn (Hrsg.) Betriebliche Gesundheitsförderung: Ausgangspunkte – Wiederstände – Wirkungen. 1. Aufl. Gabler, Wiesbaden, S. 137–151.

Butler L.D., Waelde L.C., Hastings T.A., Chen X.-H., Symons B. & Marshall J., et al. (2008) Meditation with yoga, group therapy with hypnosis, and psychoeducation for long-term depressed mood: a randomized pilot trial. Journal of clinical psychology, 64(7), 806–820.

Chiesa A. & Serretti A. (2009) Mindfulness-based stress reduction for stress management in healthy people: a review and meta-analysis. Journal of alternative and complementary medicine (New York, N.Y.), 15(5), 593–600.

Chrousos G.P. & Gold P.W. (1992) The Concepts of Stress and Stress System Disorders: Overview of physical and behavioral homeostasis. The Journal of the American Medical Association, 267(9), 1244–1252.

Cohen S., Janicki-Deverts D. & Miller G.E. (2007) Psychological stress and disease. The Journal of the American Medical Association, 298(14), 1685–1687.

Cohen S., Janicki-Deverts D., Doyle W.J., Miller G.E., Frank E. & Rabin B.S., et al. (2012) Chronic stress, glucocorticoid receptor resistance, inflammation, and disease risk. Proceedings of the National Academy of Sciences of the United States of America, 109(16), 5995–5999.

Coulon S.M., Monroe C.M. & West D.S. (2016) A Systematic, Multi-domain Review of Mobile Smartphone Apps for Evidence-Based Stress Management. American journal of preventive medicine, 51(1), 95–105.

Damen L., Bruijn J., Koes B.W., Berger M.Y., Passchier J. & Verhagen A.P. (2006) Prophylactic treatment of migraine in children. Part 1. A systematic review of non-pharmacological trials. Cephalalgia : an international journal of headache, 26(4), 373–383.

Eppley K.R., Abrams A.I. & Shear J. (1989) Differential effects of relaxation techniques on trait anxiety: A meta-analysis. Journal of Clinical Psychology, 45(6), 957–974.

Ernst E. & Kanji N. (2000) Autogenic training for stress and anxiety: a systematic review. Complementary therapies in medicine, 8(2), 106–110.

Esch T. & Stefano G.B. (2002) Proinflammation: A common denominator or initiator of different pathophysiological disease processes. Medical Science Monitor, 8(5), HY1–9.

Esch T., Stefano G.B., Fricchione G.L. & Benson H. (2002) Stress in cardiovascular diseases. Medical Science Monitor, 8(5), RA93–RA101.

Esch T., Stefano G.B., Fricchione G.L. & Benson H. (2002a) An overview of stress and its impact on immunological disease. Modern Aspects of Immunobiology, 2(4), 187–192.

Esch T., Stefano G.B., Fricchione G.L. & Benson H. (2002b) Stress-related diseases: A potential role for nitric oxide. Medical Science Monitor, 8(6), RA 103–118.

Esch T., Stefano G.B., Fricchione G.L. & Benson H. (2002c) The role of stress in neurodegenerative diseases and mental disorders. Neuroendocrinology Letters, 23(3), 199–208.

GKV-Spitzenverband (Hrsg.) (2014) Leitfaden Prävention. GKV-Spitzenverband, Berlin.

Grawe K., Donati R. & Bernauer F. (2001) Psychotherapie im Wandel: Von der Konfession zur Profession. 5. Aufl. Verlag für Psychologie Hogrefe, Göttingen u. a.

Grossman P., Niemann L., Schmidt S. & Walach H. (2004) Mindfulness-based stress reduction and health benefits. Journal of Psychosomatic Research, 57(1), 35–43.

Hapke U., Maske U. E., Scheidt-Nave C., Bode L., Schlack R. & Busch M.A. (2013) Chronischer Stress bei Erwachsenen in Deutschland: Ergebnisse der Studie zur Gesundheit Erwachsener in Deutschland (DEGS1). Bundesgesundheitsblatt, Gesundheitsforschung, Gesundheitsschutz, 56(5–6), 749–754.

Karasek R. & Theorell T. (1999) Healthy work: Stress, productivity, and the reconstruction of working life. 6th ed. Basic Books, New York, NY.

Katsarou A.L., Triposkiadis F. & Panagiotakos D. (2013) Perceived stress and vascular disease: where are we now? Angiology, 64(7), 529–534.

Kayser K., Zepf K.I. & Claus M. (2014) Betriebliches Gesundheitsmanagement in kleinen und mittleren Unternehmen in Rheinland-Pfalz: Leitfaden. 2. Aufl. Institut für Arbeits-, Sozial- und Umweltmedizin der Johannes Gutenberg-Universität Mainz, Mainz.

Kocalevent R.-D., Hinz A., Brahler E. & Klapp B.F. (2011) Regionale und individuelle Faktoren von Stresserleben in Deutschland: Ergebnisse einer repräsentativen Befragung mit dem Perceived Stress Questionnaire (PSQ). Gesundheitswesen, 73(12), 829–834.

Kurth B.-M. (2012) Erste Ergebnisse aus der „Studie zur Gesundheit Erwachsener in Deutschland" (DEGS). Bundesgesundheitsblatt – Gesundheitsforschung – Gesundheitsschutz, 55(8), 980–990.

Manzoni G.M., Pagnini F., Castelnuovo G. & Molinari E. (2008) Relaxation training for anxiety: a ten-years systematic review with meta-analysis. BMC psychiatry, 8, 41.

Nielsen N.R., Kristensen T.S., Schnohr P. & Gronbaek M. (2008) Perceived stress and cause-specific mortality among men and women: results from a prospective cohort study. American journal of epidemiology, 168(5), 481–496.

Ospina MB, Bond TK, Karkhaneh M, Tjosvold L, Vandermeer B, Liang Y, Bialy L, Hooton N (2007) Meditation Practices for Health: State of the Research. Agency for Healthcare Research and Quality, Rockville, MD.

Rainforth M.V., Schneider R.H., Nidich S.I., Gaylord-King C., Salerno J.W. & Anderson J.W. (2007) Stress reduction programs in patients with elevated blood pressure: A systematic review and meta-analysis. Current Hypertension Reports, 9(6), 520–528.

Redmond N., Richman J., Gamboa C.M., Albert M.A., Sims M. & Durant R.W., et al. (2013) Perceived stress is associated with incident coronary heart disease and all-cause mortality in low- but not high-income participants in the Reasons for Geographic And Racial Differences in Stroke study. Journal of the American Heart Association, 2(6), e000447.

Richardson S., Shaffer J.A., Falzon L., Krupka D., Davidson K.W. & Edmondson D. (2012) Meta-analysis of perceived stress and its association with incident coronary heart disease. The American journal of cardiology, 110(12), 1711–1716.

Siegrist J. (1996) Adverse Health Effects of High-Effort/Low-Reward Conditions. Journal of occupational health psychology, 1(1), 27–41.

Statistisches Bundesamt (2016) Statistisches Jahrbuch Deutschland 2016. 1. Aufl. Statistisches Bundesamt, Wiesbaden.

Stefano, George B.; Benson, Herbert; Fricchione, Gregory L.; Esch, Tobias (Hrsg.) (2005) The stress response: always good and when it is bad. 1. Aufl. Medical Science International, New York.

Trautmann E., Lackschewitz H. & Kroner-Herwig B. (2006) Psychological treatment of recurrent headache in children and adolescents – a meta-analysis. Cephalalgia, 26(12), 1411–1426.

Walton K.G., Schneider R.H., Nidich S.I., Salerno J.W., Nordstrom C.K. & Bairey Merz C.N. (2002) Psychosocial stress and cardiovascular disease Part 2: effectiveness of the Transcendental Meditation program in treatment and prevention. Behavioral medicine, 28(3), 106–123.

Wiegner L., Hange D., Bjorkelund C. & Ahlborg G., JR (2015) Prevalence of perceived stress and associations to symptoms of exhaustion, depression and anxiety in a working age population seeking primary care: an observational study. BMC family practice, 16, 38.

Andreas Nagel studierte an der Hochschule Coburg den Bachelorstudiengang Integrative Gesundheitsförderung und den Masterstudiengang Gesundheitsförderung. 2015 erhielt er den IHK-Preis für außerordentliche Leistungen zur Förderung der konstruktiven Zusammenarbeit von Wirtschaft und Wissenschaft in der Region Coburg. Im Jahr 2016 forschte er als „Visiting Scholar" an der Georgetown University in Washington, D.C. (USA) zu ethischen Aspekten des Einsatzes von virtueller Realität in der Gesundheitsförderung.

Niko Kohls ist Medizinpsychologe und beschäftigt sich seit mehr als 20 Jahren mit gesundheits- und organisationswissenschaftlichen Fragestellungen. Er studierte in Jena und Freiburg Psychologie und arbeitete einige Jahre als Postdoktorand in Großbritannien. In dem Jahr 2008 hat er als Senior Scholar des Samueli Institutes am Generation Research Program der Universität München geforscht und 2013 einen Ruf an die Hochschule Coburg als Professor für Gesundheitswissenschaften angenommen. Im Oktober 2013 wurde ihm von den Weimarer Visionen der „Amalia-Preis" verliehen.

Dennis John ist Diplom-Psychologe und war nach dem Studium der Psychologie und Gerontologie als wissenschaftlicher Mitarbeiter an der Universität Erlangen-Nürnberg tätig. 2014 promovierte er zum Zeiterleben und Zeitmanagement. Anschließend war er Referent für psychosoziale Gesundheitsförderung bei der AOK Bayern und ist seit 2017 Hochschullehrer an der FOM Hochschule für Oekonomie & Management mit den Arbeits- und Forschungsschwerpunkten Entwicklung und Evaluation von betrieblichen Präventionsangeboten zu den Themen multimodales Stressmanagement, Positive Psychologie und kognitive Leistungsfähigkeit.

Resilienz-Training in einem internationalen Unternehmen für Informations- und Kommunikationstechnologie

Klaus Juffernbruch

Zusammenfassung

Erschwingliche und ubiquitär verfügbare Kommunikationsmedien verändern die Arbeitswelt. Sie bieten vorher nicht gekannte Chancen zur Flexibilisierung des Arbeitsalltags. Das kann für Arbeitnehmer große Vorteile mit sich bringen, beinhaltet aber auch neue Risiken. Wenn Risiken für das Wohlergehen der Mitarbeiter erkannt sind, kann das betriebliche Gesundheitsmanagement dazu beitragen, sie zu vermindern oder im Idealfall ganz zu vermeiden. Dazu stehen auch dem BGM die neuen Informations- und Kommunikationstechniken zur Verfügung. Diese können besonders dann hilfreich sein, wenn es darum geht, mobile Mitarbeiter in großen Unternehmen mit vielen verteilten Standorten zu erreichen.

Am Beispiel eines internationalen Konzerns der Informations- und Kommunikationstechnologie wird ein Ansatz vorgestellt, bei dem ein Resilienztraining zur Burnout-Prophylaxe für zwei verschiedene europäische Landesgesellschaften in deutscher bzw. englischer Sprache entwickelt und implementiert wurde. Dazu wurde ein Ansatz aus Präsenzschulung mit elektronischer Aufzeichnung genutzt. Die Aufzeichnungen wurden anschließend für alle Firmenangehörigen weltweit in verschiedenen Downloadformaten auf einem Medienportal im Intranet zur Verfügung gestellt.

K. Juffernbruch (✉)
FOM Hochschule für Oekonomie & Management
Essen, Deutschland
E-Mail: klaus.juffernbruch@fom.de

© Springer Fachmedien Wiesbaden GmbH 2018
D. Matusiewicz und L. Kaiser (Hrsg.), *Digitales Betriebliches Gesundheitsmanagement*,
FOM-Edition, https://doi.org/10.1007/978-3-658-14550-7_27

27.1 Einleitung

Fortschritte in der Informations- und Kommunikationstechnik haben seit den 1990er-Jahren in einigen Branchen völlig neue Arbeitsmodelle insbesondere für Wissensarbeiter, Vertriebler, Berater, IT-Service-Mitarbeiter, Programmierer, Manager und ähnliche Tätigkeiten ermöglicht, die früher bürogebunden waren.

Im alten Modell hatten jede Mitarbeiterin und jeder Mitarbeiter einen festen Arbeitsplatz im Büro, typischerweise ausgestattet mit Schreibtisch, Telefon, Desktop-Rechner, Arbeitsplatzdrucker und Netzwerkanschluss. Arbeitszeiten einschließlich gegebenenfalls angefallener Überstunden wurden erfasst, beispielsweise per Stechuhr.

Mit dem Aufkommen und der zunehmend breiteren Verfügbarkeit von Mobiltelefonen, Laptop-Computern, Netzwerkdruckern und Internetanschlüssen entfiel mehr und mehr die Notwendigkeit eines festen Arbeitsplatzes für jeden Mitarbeiter. Gerade Berater, Vertriebs- und Service-Mitarbeiter sollen nicht im Büro, sondern vor Ort beim Kunden arbeiten. Wer über die entsprechende mobile technische Ausstattung verfügt, ist nun plötzlich überall einsatzfähig: in der Firma, beim Kunden und sogar bei sich zu Hause.

Die Unternehmen reagierten auf die neuen technischen Möglichkeiten durch die Schaffung flexibler Arbeitsplätze. Statt eines festen Schreibtisches für jeden Mitarbeiter stand jetzt rechnerisch für mehrere Mitarbeiter nur ein Arbeitsplatz in den Räumlichkeiten des Arbeitgebers zur Verfügung. Wer ins Büro kommt, sucht sich einen freien Schreibtisch, baut seinen Laptop auf, verbindet ihn mit dem Netzwerk, holt sich seine Unterlagen und Büroutensilien aus seinem Spind oder schiebt seinen Rollcontainer an den jeweiligen Platz. Für die Unternehmen ermöglicht das signifikante Kosteneinsparungen durch die nun mögliche deutliche Reduzierung von Büroflächen.

Die nächste Stufe dieser Evolution war die Einrichtung von Heimarbeitsplätzen. Firmen erlauben ihren Angestellten, ihre Arbeit auch von zu Hause aus zu erledigen. Oft stellen sie neben Laptop und Handy zusätzlich Drucker, Dockingstationen, Internetanschlüsse und Ähnliches zur Verfügung. So ausgestattete Mitarbeiter sind nun jederzeit und an jedem Ort arbeitsfähig.

Mit dem Wegfall eines fest zugeordneten Arbeitsplatzes einher ging in vielen Unternehmen auch der Verzicht auf eine Zeiterfassung. Die feste Arbeitszeit und die Gleitzeit wurden ersetzt durch die sogenannte Vertrauensarbeitszeit. Bei dieser Variante geht der Arbeitgeber davon aus, dass der Arbeitnehmer die arbeitsvertraglich vereinbarten Arbeitsstunden auch ohne gesonderte Erfassung oder Überprüfung erbringt.

Der Arbeitsanreiz für die Mitarbeiter kommt dabei weniger durch die Erfüllung eines Zeitsolls, sondern mehr durch Zielvorgaben, deren Erreichungsgrad einen entscheidenden Einfluss auf die Leistungsbeurteilung und die variablen Gehaltsbestandteile hat.

Die schwierige Kunst für den verantwortlichen Manager besteht darin, bei diesen Zielvorgaben für seine Mitarbeiter die Herausforderungen so zu wählen, dass einerseits die Interessen der Firma bezüglich des zeitlichen Mitarbeiteraufwandes und der Unternehmensziele gewahrt bleiben und andererseits der Mitarbeiter eine faire Chance hat, diese Ziele im Rahmen der vereinbarten Arbeitszeiten zu erreichen.

Aus der Sicht des betrieblichen Gesundheitsmanagements kann die Kombination aus Arbeitsfähigkeit zu jeder Zeit und an jedem Ort und Steuerung durch Zielvorgaben in der Praxis zu zwei wesentlichen Problemen führen:

- Zu hohe Arbeitsintensität
- Verwischen der Grenzen von Arbeit und Freizeit

Zu Arbeitsverdichtung oder höherer Arbeitsintensität kann es kommen, wenn durch Rationalisierungsmaßnahmen die gleiche Arbeit auf weniger Mitarbeiter verteilt wird. Ebenso kann durch zu hohe Zielvorgaben die Arbeitsintensität in einen gesundheitlich belastenden Bereich steigen bzw. können die Ziele nur durch einen zeitlichen Arbeitseinsatz erreicht werden, der weit über das vereinbarte Maß hinausreicht.

Die Möglichkeit, Arbeitszeit, Arbeitsdauer und Arbeitsort in weiten Bereichen flexibel zu wählen, bietet Arbeitnehmern bis dahin nicht gekannte Freiheiten der eigenen Arbeitsorganisation. Die Kehrseite dieser Freiheit ist die potenziell ständige Erreichbarkeit durch Kunden, Kollegen und Vorgesetzte sowie das Verwischen der Grenzen von Arbeit und Freizeit. Damit richtig umzugehen erfordert Selbstdisziplin des Einzelnen und eine entsprechende Firmenkultur.

Gelingt der Umgang mit diesen Herausforderungen nicht in ausreichendem Maß, kann ein Anstieg der Arbeitsunfähigkeitstage durch Burn-out-Syndrom die Folge sein. Der BKK-Gesundheitsreport 2014 weist einen solchen kontinuierlichen Anstieg bei den BKK-Mitgliedern für die Jahre 2004–2012 aus mit einem leichten Rückgang in 2013 (Knieps und Pfaff 2014). Die Initiative Gesundheit und Arbeit zeigt in ihrem iga.Report 23 – Teil 2 „Auswirkungen von ständiger Erreichbarkeit und Präventionsmöglichkeiten" von 2016 eine erhöhte Erholungsunfähigkeit bei Personen mit ständiger Erreichbarkeit (Hassler et al. 2016).

Die Deutschlandorganisation eines weltweit agierenden Unternehmens der Informations- und Kommunikationstechnologiebranche war sich dieser Problematiken bewusst und wollte die Angebote an ihre Mitarbeiter verbessern, die diesen helfen, gesundheitsbewusster mit den anspruchsvollen beruflichen Anforderungen umzugehen.

Es gab bereits ein Angebot der Firma, sich im Rahmen eines arbeitgeberfinanzierten „Employee Assistance Program" bei persönlichen Herausforderungen unter Wahrung absoluter Vertraulichkeit an einen externen Dienstleister zu wenden. Dort stehen unter anderem auch geschulte Psychologen zur Verfügung, um bei der Bewältigung psychischer und emotionaler Krisen im privaten oder beruflichen Bereich Hilfestellungen zu geben.

Auf Initiative der Personalabteilung und der Mitarbeitervertretung sollte darüber hinaus ein zusätzliches Angebot geschaffen werden, das seinen Schwerpunkt im Bereich der Burn-out-Prävention hat.

Es wurde beschlossen, ein modular aufgebautes Schulungsprogramm zu entwickeln, das den Beschäftigten Kompetenzen in Sachen mentaler Widerstandsfähigkeit, der sogenannten Resilienz, vermittelt. Es sollte aufgebaut sein auf wissenschaftlichen Erkenntnissen der positiven Psychologie und modernen Mind-Body-Medizin.

Das neu entwickelte Programm umfasst fünf voneinander unabhängige Module von jeweils einstündiger Dauer mit folgenden Themen und Inhalten:

1. Job – Karriere – Berufung
   Dieses Modul behandelt Fragestellungen wie:
   Welche Faktoren fördern meine berufliche Zufriedenheit?
   Wie erkenne und nutze ich meine persönlichen Stärken für den beruflichen Erfolg?
   Wie finde ich Erfüllung im Beruf?
2. „Mein Leben war voller Tragödien, aber die wenigsten sind tatsächlich eingetreten."
   Dieses Zitat von Mark Twain bildet die Grundlage für die Diskussion häufig auftretender negativer Gedankenspiralen und wie man mit ihnen umgeht. Typische negative Gedankenmuster werden beispielhaft untersucht anhand von Fragen wie: „Dein Chef bestellt dich für Montagmorgen in sein Büro und sagt dir nicht worum es geht. Was spielt sich in deinem Kopf ab?"
3. Die Pfeiler der Lebenszufriedenheit
   Welche Faktoren haben einen positiven Einfluss auf unser subjektives Wohlbefinden und wie können wir sie aktiv nutzen? Besprochen werden unter anderem Optimismus, Dankbarkeit, Impulskontrolle, Selbstwirksamkeit und Empathie.
4. Aufblühen unter Stress
   Wie kann ich destruktiven Stress in positive Energie umwandeln?
   Welche Techniken zur Stressbewältigung könnten zu mir passen: Autogenes Training, Entspannungsreaktion nach Herbert Benson, Achtsamkeitsbasierte Stressreduktion nach Jon Kabat-Zinn, Progressive Muskelrelaxation nach Edmund Jacobson, Yoga, Qigong oder Ähnliches?
   Welchen Einfluss haben ausreichend Schlaf und körperliche Betätigung auf meine Widerstandsfähigkeit unter Stress?
5. Vergnügen – Engagement – Sinn
   Was macht das Leben lebenswert und wie strebe ich es gezielt an?

27.2 Vorstellung des digitalen Ansatzes

Nachdem die Ziele, Themen und weiteren Inhalte definiert und erstellt waren, stellte sich als nächstes die Frage nach der geeigneten Implementierungsform, mit der möglichst viele Mitarbeiterinnen und Mitarbeiter von dem Programm profitieren könnten.

Dazu wurden verschiedene klassische, digitale und hybride Ansätze für den Rollout mit ihrem jeweiligen Für und Wider betrachtet:

- Präsenzschulungen
- Schulungen über Telepräsenzsysteme
- Schulungen per Webkonferenz
- Elektronische Aufzeichnung von Präsenzschulungen mit anschließender digitaler Abrufmöglichkeit

27.2.1 Präsenzschulungen

Die Präsenzschulung, bei der Teilnehmer und Dozenten an einem Ort persönlich zusammenkommen, ist die klassische Methode der Wissensvermittlung.

Sie bietet die Möglichkeit vielfältiger, unmittelbarer Interaktionen zwischen allen Anwesenden. Die Hemmschwelle für den Einzelnen, sich aktiv mit einzubringen, ist vergleichsweise gering. Das gilt beispielsweise für Rückfragen an den Dozenten und für Diskussionen zum Thema in der Gruppe. Es ist relativ einfach, den Gesamtüberblick zu behalten und damit auch auf nonverbale Signale zu reagieren, die aus verschiedenen Ecken kommen.

Diesen Vorteilen steht eine Reihe von Nachteilen gegenüber. Bei einer Mitarbeiterzahl von in diesem Fall etwas über eintausend Personen, die über mehrere Standorte in ganz Deutschland verteilt sind, ergeben sich einige logistische Herausforderungen. Pro Standort müssten jeweils fünf Termine, nämlich ein Termin pro Modul, organisiert werden, die so liegen müssten, dass möglichst viele Mitarbeiter daran teilnehmen können. Da die Raumkapazitäten an den Standorten begrenzt sind, müssten entweder externe Räumlichkeiten angemietet oder pro Standort mehrere Termine zum gleichen Thema angeboten werden. Da die mobil ausgestatteten Firmenangehörigen aber den größten Teil ihrer Arbeitszeit vor Ort bei Kunden oder am Heimarbeitsplatz verbringen, wäre es sehr schwierig, mit vertretbarem Aufwand eine hohe Schulungsquote zu erreichen.

27.2.2 Schulungen über Telepräsenzsysteme

Alle Standorte der Firma verfügen über hochmoderne, raumbasierte High-End-Videokonferenzsysteme, sogenannte Telepräsenzsysteme, die aus einer Kombination von großem Flachbildschirm, Kamera und Mikrofon bestehen. Es gibt Einheiten mit einem, zwei oder drei nebeneinander angeordneten Bildschirmen, auf denen man sein Gegenüber detailliert in nahezu Lebensgröße sehen kann. Zusätzlich können Vortragsfolien und Ähnliches mit allen Teilnehmern geteilt werden.

Der Vorteil ist, dass man mehrere Standorte in einer Konferenz zusammenschalten kann. Die Dozenten müssten nicht durch die Gegend reisen und an jedem Termin könnten Mitarbeiter aus unterschiedlichen Regionen von ihrem Heimatstandort aus teilnehmen.

Auch bei dieser Variante müssten die Schulungsteilnehmer, die verstreut im Kundeneinsatz sind, zu festen Terminen im Büro erscheinen. Technisch bedingt fehlt der Überblick über die Gruppe, da auf dem Bildschirm immer nur der Standort erscheint, der sich als letztes zu Wort gemeldet hat. Auch bei Drei-Schirm-Systemen sieht man immer nur maximal drei Gegenstellen gleichzeitig bildschirmfüllend.

Wenn jemand eine Frage stellen möchte, reicht es also nicht, sich nur per Handzeichen zu melden. Nur wenn man sich akustisch bemerkbar macht, kann man sicher sein, auch auf den Bildschirmen der anderen Standorte wahrgenommen zu werden. Durch den fehlenden Gesamtüberblick gerade bei den nonverbalen Signalen sieht man auch nicht, ob sich jemand anderes gleichzeitig melden möchte. Diese technischen Einschränkungen steigern die Hemmschwelle bei einigen Teilnehmern für eine aktive Beteiligung. Hinzu kommt, dass trotz der hohen Qualität der Videoübertragung, in der man sein Gegenüber sieht, der Augenkontakt nur sehr unvollkommen funktioniert.

27.2.3 Schulungen per Webkonferenz

Die Voraussetzungen zur Teilnahme an einer Webkonferenz sind einfach. Alles was man braucht, sind ein internetfähiger Rechner mit Kamera und Mikrofon, einen ausreichend schnellen Internetanschluss sowie die Zugangsdaten zur Veranstaltung. Da die Mitarbeiter über diese technische Ausstattung verfügen, können sie in diesem Fall von fast beliebigen Orten an den Schulungen teilnehmen.

Auf diese Weise könnten nicht nur diejenigen erreicht werden, die in einer der Niederlassungen anwesend sind, sondern auch die, die sich am Heimarbeitsplatz aufhalten bzw. auch beim Kunden, wobei für die Teilnahme bei Letzterem natürlich die Zustimmung des Kunden Voraussetzung wäre. Ebenso wäre die Teilnahme an der Live-Konferenz an die zeitliche Verfügbarkeit gebunden.

Was den fehlenden Überblick, die Einschränkungen bei den nonverbalen Signalen, der Interaktion und die höheren Hemmschwellen angeht, ist die Situation ähnlich der beim Einsatz von Telepräsenz. Webkonferenzsysteme haben in der Regel jedoch eine Funktion zum virtuellen Handheben per Knopfdruck. Bei mehreren Teilnehmern an der Konferenz sieht man immer nur einen kleinen Teil der Anwesenden auf ca. briefmarkengroßen Videofenstern oder den aktuellen Sprecher in Bildschirmgröße des Rechners.

27.3 Elektronische Aufzeichnung von Präsenzschulungen mit anschließender digitaler Abrufmöglichkeit

Eine weitere Option ist die Videoaufzeichnung einer Präsenzschulung, die danach für alle Firmenangehörigen auf einer internen Webplattform zum jederzeitigen Abruf zur Verfügung gestellt wird.

Die Teilnehmer am Ort der Präsenzschulung kommen in den Genuss des hoch interaktiven, lebendigen und unmittelbaren Schulungserlebnisses, das von der Videokamera eingefangen wird. Sie sind die Stellvertreter für alle Kolleginnen und Kollegen, und der Grad ihrer Mitwirkung, ihre Verständnisfragen und Diskussionsbeiträge tragen erheblich zu Relevanz und Verständlichkeit der Module für alle anderen bei, die sich später die Aufzeichnungen ansehen.

Einmal auf der Webplattform verfügbar gemacht, können die Lektionen beliebig oft, zu jeder Zeit und von jedem Ort aus aufgerufen werden.

Ein Nachteil dieses Verfahrens ist, dass Rückfragen und Diskussionsbeiträge nur von den Teilnehmern am Tag und Ort der Aufzeichnung kommen können.

27.4 Auswirkungen auf das BGM

Nach eingehender Diskussion der Vor- und Nachteile der verschiedenen Implementierungsansätze und unter Berücksichtigung logistischer und ökonomischer Randbedingungen wurde entschieden, die fünf Module in einer Niederlassung aufzuzeichnen und anschließend auf der firmeninternen, YouTube-ähnlichen Videoplattform bereit zu stellen.

Die Wahl fiel auf eine große Firmenlokation im Rhein-Main-Gebiet, in der die Aufzeichnungen der Präsenzschulungen stattfinden sollten. Dazu wurden im Zeitraum April bis Juni fünf einstündige Termine organisiert, zu denen alle Mitarbeiterinnen und Mitarbeiter zur Teilnahme eingeladen wurden. Die Veranstaltungen wurden in HD-Qualität auf Video aufgezeichnet.

Da von vorne herein klar war, dass der weitaus größte Teil der Zielgruppe nur über die Aufzeichnungen Zugang zu den Schulungsmaterialien erhalten würde, wurden einige Überlegungen angestellt, die es dieser Gruppe so einfach wie möglich machen sollten, von den Inhalten maximal zu profitieren.

Obwohl ein Video die Wiedergabe des vollen Spektrums der möglicherweise eingesetzten audio-visuellen Medien, wie Folien, Videoclips und Ähnliches erlaubt hätte, wurde bei der Konzeption der Live-Veranstaltungen bewusst auf alle visuellen Medien verzichtet. Hintergrund war der Gedanke, dass es im hektischen, voll durchgeplanten Arbeitsalltag schwierig sein kann, fünf Stunden für das Anschauen der Schulungsvideos zu reservieren.

Die mobilen Mitarbeiter verbringen jedoch in der Regel beträchtliche Zeit mit Reisen, sei es per Auto, Bahn oder Flugzeug. Diese Zeit nutzen viele zum Hören von Podcasts oder Hörbüchern. Der Verzicht auf visuelle Medien erlaubte die Extraktion der Audiospuren aus den Videos, die damit den annähernd gleichen Informationsgehalt haben wie die Videos selbst. Damit lassen sich die Schulungen bei Bedarf auch quasi nebenher, wie Hörbücher oder Podcasts, konsumieren.

Auf der internen Medienplattform wurden daher die Videos der Präsenzveranstaltungen zusammen mit den extrahierten Audiospuren im mp3-Format zum Herunterladen bereitgestellt. Damit können die Mitarbeiter selbst die von ihnen bevorzugte Medienart wählen.

Zusätzlich zu diesen beiden Formaten wurde zu jedem Modul ein zweiseitiges Handout der Inhalte inklusive Literaturempfehlungen erstellt und als PDF-Datei ebenfalls auf der Webplattform veröffentlicht.

Am Ende jeder der Präsenzschulungen füllten die Teilnehmer einen Feedbackbogen aus, in dem unter anderem nach der Zufriedenheit mit dem Workshop und dem Interesse an weiteren, ähnlichen Angeboten gefragt wurde.

Auf einer Skala von 1–5, wobei 1 für „sehr schlecht" und 5 für „sehr gut" steht, bewerteten die Anwesenden die fünf verschiedenen Module im Schnitt mit 4,8. Die Frage, ob Interesse an weiteren, ähnlichen Angeboten besteht, beantworteten volle 100 % der Teilnehmer mit „Ja".

Das Konzept dieses Resilienz-Trainings und die positive Aufnahme und Bewertung durch die Mitarbeiter in Deutschland erregte die Aufmerksamkeit der belgischen Landesorganisation. Diese fragte beim deutschen Entwicklungs- und Organisationsteam an, ob es möglich wäre, die Schulungen für die belgischen Kolleginnen und Kollegen in englischer Sprache durchzuführen.

So wurden die Inhalte der fünf Module unter folgenden Titeln ins Englische übertragen:

1. Job – Career – Vocation (finding your vocation through your job)
2. Mark Twain „My life has been full of tragedies, but few of them ever actually happened" (negative thoughts and how to deal with them)
3. The pillars of life satisfaction (understanding happiness)
4. Thriving under Stress (turning destructive stress to personal power)
5. Pleasure – Engagement – Meaning (what makes life worth living and how to get it?)

Die Präsenzveranstaltungen fanden im Zeitraum November bis März in einer Niederlassung im Großraum Brüssel statt und wurden wiederum auf Video aufgezeichnet und auf der internen Medienplattform veröffentlicht. Ebenso wurde der Ton separat als mp3-Datei zur Verfügung gestellt und zu jedem Modul ein zweiseitiges Handout in Englisch zum Download bereitgestellt.

Auf der Skala von 1–5 bewerteten auch die Belgier die Schulungen mit 4,6 im Durchschnitt als sehr gut, und wiederum wünschten sich volle 100 % der Teilnehmerinnen und Teilnehmer weitere Angebote dieser Art.

Die Tatsache, dass die Workshops in Belgien nicht auf Flämisch oder Französisch, sondern auf Englisch durchgeführt wurden, hatte noch einen positiven Nebeneffekt. Alle Inhalte der firmeninternen Medienplattform stehen allen Mitarbeitern weltweit offen. Da die Sprache im Konzern Englisch ist und diese von praktisch allen Firmenangehörigen gesprochen und verstanden wird, hatte sich der Kreis der potenziellen Nutznießer des Resilienztrainings von weniger als 2000 nun auf mehr als 50.000 Personen erhöht.

27.5 Zusammenfassung und Ausblick

So wie neue Kommunikationsmedien Veränderungen des Arbeitsalltags mit potenziellen neuen Risiken für das Wohlbefinden der Mitarbeiter mit sich bringen, so kann auch das Betriebliche Gesundheitsmanagement die neuen Techniken für seine Aufgaben nutzen.

Diese bieten insbesondere dann Vorteile, wenn eine große Zahl mobiler Arbeitnehmer an vielen verteilten Standorten erreicht werden soll.

Welche Möglichkeiten der modernen Informations- und Kommunikationstechniken genutzt werden sollten, hängt einerseits von ihrer Verfügbarkeit im Unternehmen ab und andererseits von der konkreten Herausforderung, der sich das BGM stellen will. Zu den Parametern, die in die Auswahl einfließen können, zählen

- Größe der Zielgruppe der geplanten Maßnahme: von einigen wenigen bis zu mehreren zehntausend Personen,
- Komplexität der Verteilung: Anzahl der Standorte, geografische Verteilung,

- Individualisierungsgrad der Maßnahme: Zuschnitt auf den Einzelnen oder auf eine größere Gruppe,
- Gewünschter Grad der Interaktivität zwischen Dozent und Teilnehmern bzw. der Teilnehmer untereinander,
- Zeitraum, der für den flächendeckenden Rollout zur Verfügung steht,
- Kosten der Implementierung.

Im vorliegenden Beispiel fiel die Wahl auf einen Ansatz aus Präsenzschulung mit elektronischer Aufzeichnung. Diese Aufzeichnungen wurden anschließend für alle Firmenangehörigen weltweit in verschiedenen Downloadformaten auf einem Medienportal im Intranet zur Verfügung gestellt.

Dieses Vorgehen ermöglichte die Schulung mehrerer tausend Mitarbeiter in einer komplexen geografischen Verteilung in einem relativ kurzen Zeitraum zu überschaubaren Kosten. Ein Nachteil dieses Verfahrens ist eine nur eingeschränkte Verlaufs- und Erfolgskontrolle der Maßnahme. Um diesen Nachteil etwas auszugleichen, wurde ein E-Mail-Verteiler geschaffen, auf dem sich interessierte Kolleginnen und Kollegen eintragen konnten, um sich über die Themenfelder der Schulungen weiter auszutauschen und so auch die Nachhaltigkeit zu verbessern. Als Alternative dazu wäre auch die Einrichtung einer Interessengruppe auf dem zwischenzeitlich verfügbar gewordenen firmeninternen sozialen Netzwerk nützlich.

Die Entwicklung von Internet, Smartphone-Apps, sozialen Netzwerken, massiven offenen Onlinekursen (MOOCs), Video-/Webkonferenzen und ähnlichen Anwendungen geht in einem rasanten Tempo weiter. Ein modernes BGM kann diese digitalen Methoden und Instrumente nutzen, um seine Relevanz, Durchdringung und Nachhaltigkeit zu sichern und idealerweise zu steigern.

Erkenntnisse

1. Informations- und Kommunikationstechnologien bieten dem betrieblichen Gesundheitsmanagement neue Möglichkeiten, eine große Zahl von Firmenangehörigen in komplexen geografischen Verteilungen in kurzen Zeiträumen zu überschaubaren Kosten zu erreichen.
2. Die Auswahl der geeigneten Technologien sollte sich an den Gegebenheiten des Unternehmens, der Struktur der Zielgruppe und den Zielen der BGM-Maßnahme orientieren.
3. Die Entwicklung von Internet, Smartphone-Apps, sozialen Netzwerken, massiven offenen Onlinekursen (MOOCs), Video-/Webkonferenzen und ähnlichen Anwendungen geht in einem rasanten Tempo weiter. Ein modernes BGM kann diese digitalen Methoden und Instrumente nutzen, um seine Relevanz, Durchdringung und Nachhaltigkeit zu sichern und idealerweise zu steigern.

Literatur

Aus: Knieps F, Pfaff H (Hrsg.) „Gesundheit in Regionen". BKK Gesundheitsreport 2014. ISBN 978-3-95466-134-3, urheberrechtlich geschützt, © 2014 Medizinisch Wissenschaftliche Verlagsgesellschaft und BKK Dachverband e. V.

Hassler M, Rau R, Hupfeld J, Paridon H, Schuchart U „iga.report 23 – Teil 2", 1. Auflage Juli 2016, ISSN: 1612-1996 (Internetausgabe)

Prof. Dr. med. Dipl.-Inform. Klaus Juffernbruch ist an der FOM Hochschule für Oekonomie & Management sowie an weiteren Bildungseinrichtungen im In- und Ausland tätig und leitet seit 2012 die Expertengruppe „Intelligente Gesundheitsnetze" des Digital-Gipfels der Bundesregierung. Nach seinem Diplom in Informatik und dem Studium der Humanmedizin war er zunächst an einer deutschen Universitätsklinik ärztlich tätig. Von der Klinik wechselte er in die Industrie und trug mehr als zwanzig Jahre Verantwortung bei zwei großen, international tätigen amerikanischen Informations- und Kommunikationstechnologieunternehmen in verschiedenen Consulting-, Vertriebs- und Managementfunktionen bzw. als Direktor für Strategieberatung im Gesundheitswesen. In beiden Firmen entwickelte und implementierte er Programme zum Stressmanagement bzw. zur Burnout-Prophylaxe.

Anforderungen an ein digitales Betriebliches Gesundheitsmanagement für Existenzgründer

Antje Ducki, Leif Boß, Dörte Behrendt und Monique Janneck

Zusammenfassung

Die Digitalisierung befördert die Gründungsdynamik, regt neue Unternehmensstrukturen, neue Formen der Arbeitsorganisation und der Führung an und hat unterschiedliche Auswirkungen auf die Gesundheit. Digitale Medien beeinflussen die Gesundheit als Stressor, sie können aber auch als Ressource wirksam werden, z. B. wenn sie Aktivitäten im Bereich der Gesundheitsvorsorge und -förderung erleichtern und unterstützen. „Occupational eMental Health" ist ein neues Fachgebiet, das das Ziel verfolgt, auf Basis internetbasierter Technologien die psychische Gesundheit von Berufstätigen zu verbessern. Dabei spielt die Frage nach der Wirksamkeit digital unterstützter Programme eine große Rolle. Während für verhaltensbezogene E-Mental-Health-Angebote erste Wirksamkeitsnachweise vorliegen, bestehen so gut wie keine Nachweise für digital unterstützte verhältnispräventive Maßnahmen. Der folgende Beitrag beschreibt am Beispiel der Zielgruppe der Existenzgründer den aktuellen Forschungsstand in dem jungen Fachgebiet und formuliert inhaltliche, methodische und technische Anforderungen an ein digital unterstütztes betriebliches Präventions- und Gesundheitsförderungsprogramm, das verhaltens- und verhältnispräventive Maßnahmen integriert. Die Anforderungen werden im Rahmen des BMBF geförderten Verbundprojekts „Digitale Prävention und Gesundheitsförderung für Existenzgründungen" (Fördernummer 01FA15113) in einem BGM-Tool umgesetzt und erprobt.

A. Ducki (✉) · L. Boß · D. Behrendt
Berlin, Deutschland
E-Mail: ducki@beuth-hochschule.de

M. Janneck
Lübeck, Deutschland

© Springer Fachmedien Wiesbaden GmbH 2018
D. Matusiewicz und L. Kaiser (Hrsg.), *Digitales Betriebliches Gesundheitsmanagement*,
FOM-Edition, https://doi.org/10.1007/978-3-658-14550-7_28

28.1 Einleitung

Die Digitalisierung hat unter anderem zu einer Zunahme atypischer Beschäftigungsformen und einer damit einhergehenden „Verselbstständigung" ehemals abhängiger Arbeitsverhältnisse geführt, was die Gründungsintensität nicht nur in der Informations- und Kommunikationstechnologie (IKT)-Branche verstärkt hat. Aber nicht alle Unternehmensgründungen sind langfristig erfolgreich: So sind nur etwa 60 % der IKT-Gründungen nach fünf Jahren noch am Markt (Müller et al. 2012). Betrachtet man die Gründe, weshalb junge Unternehmen freiwillig geschlossen werden, so rangieren familiäre und gesundheitliche Gründe, einschließlich Stress und Überlastung, weit oben in der Ursachenliste (Egeln et al. 2010). Trotz der hohen Stressbelastung sind Freiberufler, Freelancer oder Selbstständige besonders schwer für Fragen der Prävention und Gesundheitsförderung zu erreichen (Lüdemann 2015; Clasen 2012; Ertel und Pröll 2004). Gleichzeitig wären sie für Prävention eine wichtige Zielgruppe, da bei der Unternehmensgründung die einzigartige Möglichkeit besteht, im Sinne der prospektiven Arbeitsgestaltung (Ulich 2011) gesundheitsfördernd in die Strukturentwicklung des Unternehmens einzugreifen.

Betrachtet man die Beschäftigungssituation der jungen Unternehmen (KfW/ZEW-Gründungspanel 2011), so hat ein erheblicher Teil (41 % der Kohorte 2010) bereits zum Gründungszeitpunkt – neben den Gründern selbst – weitere Personen eingestellt und stellt den Großteil der Arbeitsplätze im ersten und zweiten Jahr nach der Gründung ein. In der frühen Unternehmensentwicklung können Gründungs-, Wachstums- und Reifungsphasen unterschieden werden (Gruber 2005). Jede Phase hat für die Gründer spezifischen Anforderungen und potenzielle Belastungen. In der Frühphase sind es vor allem wirtschaftliche Grundsatzentscheidungen, Fragen der Kapitalbeschaffung, der Aufbau eines Kundenstamms und die parallele Entwicklung der internen Geschäftsprozesse, die zu einem hohen Arbeitsvolumen führen und mit verschiedenen Belastungspotenzialen verbunden sind (Schmude et al. 2002).

In der Wachstumsphase kann es zu verschiedenen Belastungen und Stressoren kommen: Personalengpässe gehen mit Mehrarbeit beim vorhandenen Personal einher, Umstrukturierungen verändern Arbeitsabläufe, unklare Verantwortlichkeiten führen vermehrt zu Störungen und Unterbrechungen, was die Handlungsregulation erschwert und das Stresserleben steigern kann (Schreyögg im Druck). In der Reifungsphase kann es durch Überregulierungen und zu starke Formalisierungen zu Erstarrungsprozessen kommen, die Unzufriedenheit und Motivationsdefizite nach sich ziehen können. In der Wachstums- und Reifungsphase wird die bewusste Gestaltung und Berücksichtigung von gesundheitlichen Ressourcen wichtig, da sie wie ein Schutzfilm wirken und den Umgang mit Belastungen erleichtern können (Semmer et al. 2006; Busch et al. 2009). In diesen Phasen ist es daher eine vordringliche Aufgabe des Managements, Überforderungsmechanismen frühzeitig zu identifizieren und die Arbeitsbedingungen so zu gestalten, dass alle Prozesse möglichst störungsfrei ineinander greifen, Beschäftigte ihre Potenziale bestmöglich entfalten können und sie so vor Überlastung geschützt werden.

Gründer übernehmen mit zunehmendem Unternehmenswachstum Führungsaufgaben und -verantwortung. Je dynamischer die Unternehmensumwelt und -entwicklung, desto anspruchsvoller sind nicht nur die Anforderungen im Bereich der strategischen Ausrichtung des Unternehmens, sondern auch im Bereich der Mitarbeiterführung (Schreyögg im Druck). Führungskräfte nehmen durch ihr Verhalten und ihre Kommunikation den Mitarbeitern gegenüber direkten Einfluss auf deren Gesundheit. Sie gestalten die Arbeitsbedingungen der Mitarbeiter und haben damit auch einen indirekten Einfluss auf deren Arbeitsbelastung und Gesundheit. Ihre eigene Überlastung kann zudem für Mitarbeiter zum Risikofaktor werden, was als „Crossover-Effekt" bezeichnet und belegt ist (Bakker et al. 2009). Schließlich wirken sie als Vorbilder und Rollenmodelle, nicht nur in Bezug auf die Leistung und Einstellungen zur Arbeit, sondern auch in Bezug auf die Gesundheit (Franke und Felfe 2011).

Die eigene Stressreagibilität und psychische Beanspruchung, die Führungskompetenz und die gesundheitsgerechte Gestaltung der Arbeitsbedingungen sind damit wichtige Einflussfaktoren für den Erfolg junger Unternehmen. Die Befähigung des Gründers, die eigene Gesundheit und die Gesundheit der Mitarbeiter angemessen zu regulieren, sichert damit nicht nur den Erhalt der Arbeits- und Leistungsfähigkeit, sondern auch den Unternehmenserfolg.

28.2   Ein digitaler Ansatz – Occupational eMental Health

Moderne Informationstechnologien unterstützen heute zahlreiche Aktivitäten im Bereich der Gesundheitsvorsorge. Da viele Gründer jüngeren Alters sind und zu den „digital natives" zählen, die in vielen Fragen der alltäglichen Lebensführung auf digitale Unterstützungsangebote (z. B. Ernährungs- und Fitness-Apps) zurückgreifen, bietet sich ein digital unterstütztes Präventionsprogramm an. Eine Untersuchung der Medizinischen Hochschule Hannover, die Chancen und Risiken mobiler Technologien in medizinischen und allgemein gesundheitsnahen Einsatzbereichen untersucht hat, zählt alleine für Apple iOS und Android Betriebssysteme bis zu 90.000 Apps in den Kategorien Medizin, Gesundheit, und Fitness (Albrecht 2016). Die Fülle dieser praktischen Hilfsmittel wirft die Frage auf, unter welchen Voraussetzungen digitale Unterstützungsangebote tatsächlich wirksam sind und welchen Qualitätsanforderungen sie genügen sollten.

Diesen Fragen geht das vergleichsweise neue Fachgebiet „eHealth" (engl. „Electronic Health") nach, das sich mit Sinn und Nutzen zusätzlicher gesundheitsnaher Dienstleistungen beschäftigt, die mittels moderner Informations- und Telekommunikationstechnologien erbracht werden. „Occupational eMental Health" verfolgt das Ziel, auf Basis internetbasierter Technologien die psychische Gesundheit von Berufstätigen zu verbessern. Dies umfasst Maßnahmen in den Bereichen der Edukation, der Messung psychischer Belastungen und Beanspruchung sowie des Screenings und der Diagnostik psychischer Störungen, der Gesundheitsförderung, der Prävention, der Behandlung, der Rückfallprophylaxe und der Rückkehr zum Arbeitsplatz. Neben Maßnahmen, die primär digital umgesetzt werden, zielt „Occupational eMental Health" ebenso darauf ab, den Arbeitsschutz, die betriebliche Gesundheitsförderung, die betriebsärztliche Versorgung, die Fortbildung sowie die Forschung zu Arbeit und Gesundheit durch den begleitenden Einsatz von Informations- und Kommunikationstechnologie zu verbessern. Dabei beinhaltet „Occupational eMental Health" sowohl verhaltens- als auch verhältnisorientierte Ansätze (Lehr et al. 2016).

28.2.1 Digitale Verhältnisprävention und Gesundheitsförderung

Verhältnisprävention setzt an den arbeitsweltlichen Anforderungen und Belastungen an. Die Gründung eines Unternehmens an sich ist aufgrund vielfältiger neuartiger und komplexer Anforderungen und Belastungen mit spezifischen Gesundheitsfolgen verbunden (Schmude et al. 2002; Ertel und Pröll 2004). Hohe zeitliche Arbeitsbelastungen von Gründern gehen einher mit familiären Einschränkungen und Belastungen (Ertel und Pröll 2008). Besonders stressförderlich sind eine „arbeitszentrierte und entgrenzte Lebensgestaltung" (Hoff 2007), sowie die Kombination aus hoher existentieller Unsicherheit, großem Verantwortungsdruck und großem Arbeitsengagement (Grant und Ferris 2012).

Eine entgrenzte Lebensführung ist mit Gefahren für das Sozialleben und die Gesundheit verbunden (Pangert et al. 2016; Ducki und Nguyen 2016). Insgesamt weist der aktuelle Forschungsstand darauf hin, dass Entgrenzung vor allem in Verbindung mit hoher Arbeitsintensität und daraus resultierender Überforderung, der durch Digitalisierung ermöglichten Dauerverfügbarkeit unter Bedingungen geringer Planbarkeit und Vorhersehbarkeit zu eingeschränkter Gesundheit führt. Kombinationen solcher Belastungen führen vor allem bei Selbstständigen zu Prozessen interessierter Selbstgefährdung, ein Verhalten, das dadurch geprägt ist, dass aufgrund hoher Motivation und Identifikation mit der Tätigkeit über Leistungsgrenzen hinaus gearbeitet wird (Krause et al. 2012). Prozesse der interessierten Selbstgefährdung mit negativen Folgen, wie verlangsamten Erholungs- und Regenerationsprozessen, maladaptiven Bewältigungsformen und einer höheren Konfliktanfälligkeit, sind bei vielen Selbstständigen zu beobachten (Ertel und Pröll 2008; Lang-von Wins 2004; Schaarschmidt et al. 2000). Gefordert wird deshalb, dass Hilfsangebote für Gründer die adäquate Proportionierung von Verausgabung und Erholung in den Fokus nehmen und neben verhaltensbezogenen Maßnahmen auch die Arbeitsplatzgestaltung berücksichtigen, sodass sich Verhältnis- und Verhaltensprävention sinnvoll ergänzen.

Die Digitalisierung kann aber auch zu vielfältigen Erleichterungen der Arbeitsbedingungen führen. Schwere körperliche Arbeit, Arbeit in Gefahrenbereichen, Arbeit mit hohen psychischen Anforderungen kann zunehmend von intelligenten Maschinen erledigt werden (Bienzeisler 2014, S. 16 ff.). Telearbeit ermöglicht phasenweise ungestörtes und konzentriertes Arbeiten, eine freiere Zeiteinteilung, Einsparungen von Wegezeit und eine bessere Vereinbarkeit von Arbeits- und Privatleben (Koroma et al. 2014), was nachweislich mit einer gesteigerten Arbeitszufriedenheit und Arbeitsleistung und auch einer verbesserten Einschätzung der eigenen Arbeitsfähigkeit verbunden ist (Bundesministerium für Arbeit und Soziales 2015; Allen et al. 2013).

IT-Technologien können zudem Handlungs- und Entscheidungsspielräume (die Grundlagen für Autonomieerleben) erweitern, indem sie die informationelle Basis für bessere und sicherere Entscheidungen zur Verfügung stellen. Autonomie zählt für Existenzgründer zu einer der wichtigsten gesundheitsbezogenen Ressourcen. Nach einer Studie von Lewin-Epstein und Yuchtman-Yaar (1991, zit. nach Lang-von Wins 2004) sehen Existenzgründer ihre erhöhten Gesundheitsrisiken als Kompensation für ihre Autonomie und damit zusammenhängenden höheren intrinsischen und ökonomischen Belohnung an. Informationstechnologien können die Selbstregulation und Eigenverantwortung für die Gesundheit verbessern. Curtaz et al. konnten zeigen, dass eine App, die eingehende Störungen blockiert und das Nutzerverhalten am Smartphone analysiert, Beschäftigte darin unterstützen kann, gezielte Auszeiten einzuplanen, mit positiven Auswirkungen auf Arbeitsengagement, Entspannung und gedankliches Abschalten (Curtaz et al. 2015).

Neben inhaltlichen Themenschwerpunkten, folgt die Verhältnisprävention einer methodischen Grundsystematik, die im PDCA-Zyklus wiedergegeben ist (GKV-Spitzenverband 2014). Folgt man dieser Systematik, können potenziell alle Prozessschritte des PDCA-Zyklus digital unterstützt werden (Link 2014):

- Online-Assessments zur Analyse spezifischer Belastungen und Ressourcen und relevanter Gesundheitsparameter.
- Onlineunterstützte Bewertung von Arbeitsprozessen auf Grundlage arbeitswissenschaftlicher Kriterien gemäß Gefährdungsbeurteilung nach § 3–14 ArbSchG in Hinblick auf ihre Gesundheitsrelevanz.
- Onlinebasierte Aufbereitung und Verbreitung von Informationen über gesunde Arbeitsbedingungen für Arbeitnehmer bzw. Gründer (z. B. gesunde Gestaltung mobiler Arbeitsformen) und Arbeitgeber (z. B. zum Thema Führung).
- Online-Workshops für ortsungebundene Arbeitsformen.
- Unterstützung realer Veränderungen von Arbeitsbedingungen durch Online-Tools (z. B. kurze Erinnerungen auf dem Bildschirm, bestimmte gesundheitsförderliche Verhaltensweisen auszuüben).

Es fragt sich jedoch, wann digitale Unterstützung angezeigt ist und wann nicht, wann Face-to-Face-Interventionen geeigneter sind als onlinegestützte, und in welchen zeitlichen Abfolgen Kombinationen aus Online- und Face-to-Face-Interventionen sinnvoll sind. Dies zu klären wird die Aufgabe der Forschung der kommenden Jahre im Feld Occupational eMental Health sein.

Zusammengefasst sollte eine digital unterstützte Verhältnisprävention für Gründer und ihre Mitarbeiter sämtliche Phasen des PDCA-Zyklus umfassen und an sinnvollen Stellen z. B. durch einfache Kurz-Assessments digital unterstützt werden. Inhaltlich sollte ein digitales Präventionsprogramm insbesondere die Herausforderungen entgrenzter Arbeit aufgreifen, um moderne Arbeitsformen gesundheitsförderlich zu gestalten und das Potenzial flexibel einsetzbarer (orts- und zeitungebundener) Interventionen zur Verhaltensprävention nutzen.

28.2.2 Digitale Verhaltensprävention und Gesundheitsförderung

Das Potenzial digitaler bzw. internetbasierter Interventionen zur Förderung der psychischen Gesundheit wurde zuerst ab dem Jahr 2000 in Australien, Schweden und den Niederlanden für psychotherapeutische Angebote nutzbar gemacht und systematisch untersucht. Entsprechend liegt aus mehreren Metaanalysen eine sehr gute Evidenz zur Wirksamkeit von verhaltensbezogenen E-Mental-Health-Angeboten, darunter insbesondere Online-Gesundheitstrainings für depressive Beschwerden, Angsterkrankungen, Schlafstörungen und zum Alkoholkonsum, vor (Richards und Richardson 2012; Haug et al. 2012; Cheng und Dizon 2012; Riper et al. 2014). Auch Online-Trainings zur allgemeinen Stressbewältigung zeigten sich als wirksam (Heber et al. 2016). Im Beitrag von Nobis und Kollegen (Kap. 36) wird das Potenzial von E-Health im Betrieblichen Gesundheitsmanagement näher beschrieben. Online-Gesundheitstrainings basieren typischerweise auf in der Praxis bewährten Elementen kognitiv-behavioraler Psychotherapie, die für die Vermittlung über das Internet modifiziert wurden. Für gewöhnlich folgen die Trainings einer festen Struktur von 4–15 Trainingseinheiten, die Textbausteine, Grafiken, Video- und Audiosequenzen sowie interaktive Übungen beinhalten können. Bei vielen Trainings erhalten die Teilnehmenden zusätzlich Unterstützung in Form von schriftlichen Rückmeldungen zu den Übungen des Trainings durch Psychologen oder Gesundheitsexperten, auch e-Coaches genannt.

Auf Grundlage der mit internetbasierter Therapie erworbenen Expertise werden seit einigen Jahren erste präventive Angebote für Berufstätige entwickelt, die unter chronischem Stress und dessen gesundheitlichen Folgen leiden. Wenngleich die Forschungslage im Vergleich zu therapeutisch orientierten Angeboten deutlich jünger ist, konnten bereits mehrere randomisiert kontrollierte Studien identifiziert werden, die die Wirksamkeit von Online-Trainings in der beruflichen Gesundheitsförderung untersucht haben (Lehr et al. 2016a). Die Ergebnisse zeigen, dass chronischer Stress, Erschöpfungszustände und weitere psychische Beschwerden über Online-Trainings erfolgreich reduziert werden können. Gleichzeitig sind folgende Beobachtungen auffällig:

- Die Unterschiede in der Wirksamkeit von Online-Gesundheitstrainings sind beträchtlich. Wirkungslose und sehr wirksame Interventionen, die im Vergleich mindestens ebenso wirksam sind wie klassische Face-to-Face-Angebote, stehen nebeneinander. Dies zeigt das große Potenzial des Ansatzes und den Forschungsbedarf gleichermaßen.
- Die Mehrzahl der Studien wurde in den E-Mental-Health-Pionierländern (vor allem Schweden, Niederlande) durchgeführt. Abgesehen von einigen wenigen Studien (z. B. Lehr et al. 2016; Heber et al. 2016) liegen derzeit keinerlei Befunde aus dem deutschsprachigen Raum zur Wirksamkeit von Online-Gesundheitstrainings für Berufstätige vor, die dem Goldstandard randomisiert kontrollierter Studien folgen.
- Die zielgruppenspezifische Adaptation von Online-Gesundheitstrainings wurde bislang erst für zwei Studien berichtet. Ly und Kollegen entwickelten ein Training, das speziell

auf die Situation von Managern der mittleren Führungsebene ausgerichtet ist (Ly et al. 2014). Thiart und Kollegen untersuchten ein Regenerationstraining, das sich speziell an Lehrerinnen und Lehrer richtet (Thiart et al. 2015).

- Eine systematische Verknüpfung von Online-Assessment und Online-Gesundheitstrainings wurde bislang erst in einer englischen Studie zum Substanzmissbrauch (Khadjesari et al. 2014) und einer niederländischen Studie an Pflegekräften (Bolier et al. 2014) konsequent umgesetzt. Lediglich Bolier und Kollegen gelang es bisher, ein breites Screening zur psychischen Gesundheit mit einem darauf abgestimmten breiten Angebot an spezifischen Online-Trainings zu verknüpfen (Bolier et al. 2014).
- Die bisherigen Online-Trainings für Berufstätige sind für die Nutzung am Desktop-Computer konzipiert und nutzen bislang nicht die Möglichkeiten einer Vernetzung mit mobilen Technologien (z. B. SMS, Smartphone-Applikationen). Ein erstes hybrides Online-Training zur Stressbewältigung wurde von Heber und Kollegen entwickelt (Heber et al. 2013) und konnte erfolgreich in randomisiert kontrollierten Studien evaluiert werden (Heber et al. 2016). Das Training umfasst sieben Einheiten, die im wöchentlichen Rhythmus am Computer absolviert werden, wobei die mobile Komponente aus täglichen SMS-Nachrichten zur Vertiefung der Übungen besteht.

Während die Befunde aus randomisiert kontrollierten Studien zeigen, dass eine wirksame berufliche Gesundheitsförderung mittels Online-Trainings möglich ist, fällt auf, dass diese Maßnahmen international wie national bislang kaum in die Routine der betrieblichen Gesundheitsförderung integriert wurden. Dazu lassen sich im Wesentlichen zwei Gründe identifizieren. Randomisiert kontrollierte Studien, die als Goldstandard der Wirksamkeitsforschung gelten, sind durch streng kontrollierte Randbedingungen gekennzeichnet, die in der Regel nicht die Einsatzbedingungen im Alltag widerspiegeln. Entsprechend sind naturalistische Studien nötig, um die Implementierungsfähigkeit dieser Maßnahmen zu testen. Aus dem Bereich der psychotherapeutischen Onlineangebote lässt sich ein zweiter Aspekt beobachten. Während streng kontrollierte Wirksamkeitsstudien meist reine Onlinetherapien untersuchten, erfolgt deren Einsatz in der Routineversorgung (z. B. in Schweden oder den Niederlanden) in der Regel in der Kombination aus Face-to-Face-Elementen und Onlineintervention (blended care). Im Hinblick auf eine breite Implementierung digitaler Angebote in der betrieblichen Gesundheitsförderung kann in diesem kombinierten Ansatz, der das Beste aus der „Online- und Offline-Welt" vereint, das größte Potenzial angenommen werden (Lehr et al. 2014).

28.2.3   Gestaltungsanforderungen an digitales BGM aus technologischer Sicht

Der Erfolg webbasierter betrieblicher Präventionsprogramme basiert wesentlich auf der starken Orientierung an den individuellen Anforderungen ihrer Nutzer (Deloitte 2014). Während viele der E-Health-Angebote zunächst für die Nutzung am Desktop-Computer konzipiert und entwickelt wurden, rückt die Nutzung mobiler Endgeräte wie Smartphones und Tablets auch im E-Health-Bereich zunehmend in den Blickpunkt. Solche sogenannten Mobile-Health-Angebote ermöglichen eine flexible, niedrigschwellige Nutzung sowie ein kontinuierliches Monitoring im Alltag, indem kleine, kompakte Interventionen und Assessments angeboten werden, die beispielsweise auch unterwegs bzw. in Pausen genutzt und somit einfacher in den Tagesablauf integriert werden können (vgl. Heron und Smyth 2010; Lehr et al. 2016a; Janneck et al. i. V. o.J., Hoppe et al. i. V. o.J.).

Für die technische Umsetzung mobiler E-Health-Applikationen spielt die flexible Nutzung mit einer großen Bandbreite verschiedener mobiler Endgeräte (Smartphones, Tablets) eine große Rolle. Eine Begrenzung auf bestimmte Betriebssysteme oder Geräteklassen muss vermieden werden. Zur Gestaltung mobiler Web-Applikationen wird auf die zahlreichen Arbeiten zum Responsive Design (Marcotte 2011) zurückgegriffen. Neben der flexiblen Gestaltung der Benutzeroberfläche ist jedoch auch in didaktisch-inhaltlicher Sicht darauf zu achten, dass Mobile-Health-Angebote tatsächlich mobil nutzbar sind, das heißt in Situationen, in denen eher wenig Zeit zur Verfügung steht und mit ungünstigen Umgebungsfaktoren zu rechnen ist, wie etwa Lärm, fehlende Sitzgelegenheiten, fehlende Privatsphäre und dergleichen, sodass unter Umständen auch die Konzentrationsfähigkeit beeinträchtigt ist. Die Durchführung komplexer Interventionen, die einen entsprechenden Zeitaufwand mit sich bringt und tiefere Reflektion erfordert, mittels einer mobilen Anwendung scheint daher eher nicht vielversprechend. Vielmehr können mobile Anwendungen zum Monitoring genutzt werden, um beispielsweise mittels kurzer Abfragen (Prompts) bzw. unter Umständen auch automatisiert mittels Sensoren Verhaltens- und Befindensdaten zu erheben oder auch Verhaltensimpulse zu geben (beispielsweise Aufforderungen zu Pausentätigkeiten oder Erinnerungen an die Durchführung von Interventionen). Für die Umsetzung von Interventionen haben sich Video- oder Audio-Übungen bewährt, die auch über Mobilgeräte abgerufen werden können. Auch hier ist inhaltlich natürlich auf die Umsetzbarkeit der Übungen unterwegs zu achten (vgl. Janneck et al. i. V.).

Um die Gebrauchstauglichkeit der E-Health-Anwendungen sicherzustellen, sind entsprechende Maßnahmen in den Entwicklungsprozess zu integrieren (vgl. Richter und Flückiger 2013). Ausgehend von einer Anforderungsanalyse, in der qualitative Daten zur IT-Nutzung und Erfahrung erhoben werden, sind die Applikationen daraufhin nutzerspezifisch zu gestalten und zu entwickeln. Eine frühe Integration der Nutzerperspektive in die Prototypenentwicklung dient der Vermeidung von konkreten Problemen in der Gebrauchstauglichkeit der späteren Anwendung. Der Erprobung der E-Health-Anwendungen folgt dabei deren Überarbeitung, welcher eine erneute Erprobung angeschlossen ist. Mit jedem Durchlauf können so Probleme aufgedeckt und behoben werden, bis eine problemlose Nutzung der Anwendungen möglich ist. Durch diese iterative Vorgehensweise ist systematisch ein Minimum an Usability-Problemen und damit eine möglichst hohe Gebrauchstauglichkeit der Applikationen zu erreichen.

Mobile-Health-Angebote, insbesondere Smartphone-Applikationen, sind so neu, dass die Wirksamkeit dieser Anwendungen bislang erst vereinzelt untersucht werden konnte (Albrecht et al. 2016; Donker et al. 2013; Ly et al. 2014). Erste vielversprechende Ergebnisse liegen jedoch vor (vgl. Fiordelli et al. 2013). Eine wesentliche Herausforderung bei der Gestaltung von E-Health-Anwendungen ist die Erzeugung und Aufrechterhalten der Nutzermotivation. Zur Verbesserung des Nutzererlebens sowie der Nutzungsmotivation wird seit einigen Jahren der Einsatz spielerischer Elemente (Gamification) bzw. sogenannter Serious Games erprobt. Typische Gamification-Elemente sind beispielsweise das Sammeln von Punkten (etwa für das Bearbeiten bestimmter Übungen und Aufgaben), der (anspornende) Vergleich mit anderen Nutzern in einer Rangfolge, die Vergabe kleiner realer (z. B. Gutscheine) oder virtueller (z. B. digitale Abzeichen) Belohnungen und Preise oder eine individuelle Fortschrittsanzeige (vgl. z. B. Deterding et al. 2011; Janneck et al. i. V.). Studien aus verschiedenen Einsatzkontexten zeigen, dass durch Gamification Nutzungsmotivation und -häufigkeit erhöht werden können (Hamari et al. 2014). Auch aus dem E-Health-Bereich sind entsprechende positive Effekte bekannt (Graafland et al. 2012; Mohr et al. 2013; Janneck und Jent 2016a, 2016b). Speziell für die Zielgruppe der Existenzgründer liegen noch keine Studien vor.

28.2.4 Aspekte der IT-Sicherheit

Mit dem Aufkommen digitaler Angebote im Gesundheitsbereich rückt auch das Thema IT-Sicherheit in diesem Bereich mehr und mehr in den Blickpunkt. Nutzer finden heute bereits eine Vielzahl an webbasierten und insbesondere auch mobilen Applikationen vor. Apples App Store bzw. der Google Play Store verzeichnen Tausende Apps rund um das Thema Gesundheit und Fitness. Bei vielen dieser Applikationen ist unklar, ob bzw. welche Nutzerdaten erhoben werden und wo und wie die potenziell sensiblen Informationen gespeichert werden. Neben Sicherheitsaspekten, die für webbasierte Dienste und Anwendungen allgemein von Bedeutung sind, wie etwa der Einsatz von Verschlüsselungstechnologien bei der Datenübertragung sowie der Schutz des Webservers vor unbefugten Zugriffen und Manipulation (vgl. z. B. Rohr 2015), sind Aspekte des Datenschutzes sowie der Privatsphäre der Nutzer in diesem Bereich besonders zu beachten, da gesundheitsbezogene Daten einen sehr persönlichen Bereich betreffen und potenziell missbräuchlich verwendet werden können. Gleichzeitig besteht ein hohes Interesse an der Nutzung gesundheitsbezogener Daten, etwa seitens Versicherungsunternehmen oder Krankenkassen, um beispielsweise Tarife an individuelle Gesundheitsrisiken anzupassen (vgl. Herborg und Hausen 2015).

Viele Studien zum Thema IT-Sicherheit zeigen, dass die Befragten dem Thema prinzipiell einen hohen Stellenwert einräumen (z. B. Krasnova und Kift 2012). Gleichzeitig gehen viele Nutzer sorglos mit ihren persönlichen Daten im Netz um bzw. gehen aus Unkenntnis Sicherheitsrisiken ein, da sie die komplexen Zusammenhänge nicht durchschauen. Nach wie vor sind viele sicherheitsrelevanten Systeme bzw. Maßnahmen und Werkzeuge (beispielsweise Verschlüsselungssysteme für E-Mails oder Daten) von mangelnder Gebrauchstauglichkeit, komplex und umständlich bzw. mit einem hohen Mehraufwand in der Bedienung verbunden (vgl. Chen et al. 2015; Mirkovic et al. 2011).

Die Entwicklung von Anwendungen und Techniken, die den Nutzern eine hohe Sicherheit bieten, ohne die Benutzbarkeit zu beeinträchtigen oder umfangreiche IT-Kenntnisse vorauszusetzen, ist daher eine drängende und aktuelle Forschungsfrage. Gleichzeitig sind Methoden und Verfahren gefragt, die Softwareentwickler in die Lage versetzen, ihre Produkte im Hinblick auf sicherheitsrelevante Szenarien effektiv und effizient zu testen, ohne Beeinträchtigung der Benutzbarkeit des Präventionsprogramms zu gewährleisten.

28.3   Auswirkungen auf das BGM

Aufgrund der hohen Arbeitsintensität und der oft bereitwillig in Kauf genommenen Gesundheitsrisiken (interessierte Selbstgefährdung) weisen junge Unternehmen einen besonderen Handlungsbedarf im Bereich des Gesundheitsmanagements auf, lassen sich jedoch schwer für klassische gesundheitsförderliche Angeboten erreichen. Das Format eines webbasierten Präventionsprogramms ist in besonderem Maße geeignet, um gerade Gründer und ihre Beschäftigten für das Gesundheitsmanagement zu motivieren und den Herausforderungen entgrenzter Arbeitsformen Rechnung zu tragen. Die Gestaltung der webbasierten Interventionen zielt deswegen auf eine niedrigschwellige Alltagsintegration ab. Aufgrund der doppelten Verantwortung des Gründers für die eigene Gesundheit und die seiner Mitarbeiter, adressiert das Präventionsprogramm zunächst den Gründer, mit dem Unternehmenswachstum dann auch die Beschäftigten. Ausgehend von verhaltenspräventiven Bausteinen wird das Programm zunehmend durch verhältnisbezogene Bausteine ergänzt, um eine gesundheitsförderliche Arbeitsorganisation zu schaffen.

Durch ein vorgelagertes Belastungs- und Ressourcenscreening werden die betrieblichen Akteure für den jeweiligen Handlungsbedarf sensibilisiert und thematische Gesundheitsschwerpunkte gebildet, die als Grundlage für die weitere Maßnahmenplanung dienen. Zu diesem Zweck durchläuft das Unternehmen ein mehrstufiges Assessment. Auf der ersten Stufe werden verschiedene arbeitsbezogene Belastungen und Ressourcen sowie individuelle Beanspruchungsfolgen erfasst. Sofern daraus Hinweise für einen gesundheitsrelevanten Handlungsbedarf resultieren, erfolgt auf der zweiten Stufe ein detaillierteres Screening der Belastungen (z. B. hoher Zeitdruck, mangelnde soziale Unterstützung, Führungsverhalten) und deren Folgen (z. B. Erschöpfungszustände, Schlafbeschwerden, Depressivität oder Substanzgebrauch), um passgenaue Handlungsempfehlungen ab- und einzuleiten. Auf organisationaler Interventionsebene werden webbasierte Informationsbausteine für verschiedene Handlungsfelder (Arbeitsorganisation, Arbeitsort, Arbeitszeit, Arbeitsaufgabe, Unternehmenskultur) zur gesundheitsgerechten Gestaltung der Organisationsstrukturen und Arbeitsbedingungen (Verhältnisprävention) bereitgestellt, die sich in erster Linie an den Unternehmer richten. Mit zunehmender Unternehmensgröße wird der Unternehmer auch als Führungskraft in Mitverantwortung für die Gesundheit der Beschäftigten adressiert. Wobei im Fokus die Führungsdimensionen 1. gesundheitsgerechte Strukturentwicklung des Unternehmens (Company Care), 2. die spezifische gesundheitsförderliche Mitarbeiterführung (Staff Care) und 3. die gesundheitsförderliche Selbstführung (Self Care) liegen (Franke et al. 2014). Weitere webgestützte Informationsbausteine zeigen individuelle Möglichkeiten auf, die eigene Gesundheit positiv zu beeinflussen (Verhaltensprävention). Die Screening-Ergebnisse bilden zudem die Grundlage für vor Ort moderierte Workshops, in denen die theoretisch vermittelten Grundlagen und Handlungsempfehlungen mit den Handlungsmöglichkeiten in dem Unternehmen abgeglichen und in firmenindividuelle Lösungen übersetzt werden. Darüber hinaus werden spezifische evaluierte Online-Gesundheitstrainings angeboten, die die Führungspersonen und die Beschäftigten bei der gesundheitsförderlichen Selbstführung unterstützen. Die Trainings umfassen vielfältige Themen, von der Klärung gesundheitsbezogener Motivation im Umgang mit interessierter Selbstgefährdung über den Aufbau von protektiven Stressbewältigungskompetenzen (z. B. Self-Compassion, Dankbarkeit, Resilienz), den Abbau von ungünstigem Bewältigungsverhalten (z. B. Substanzkonsum) bis hin zur Bewältigung bereits vorliegender Beschwerden, wie z. B. Schlafstörungen oder Depressivität. Dem PDCA-Zyklus entsprechend erfolgen in regelmäßigen Abständen erneut Belastungs- und Ressourcenscreenings, um zum einen die Wirksamkeit der ergriffenen Maßnahmen zu evaluieren und zum anderen, um in zukünftigen Unternehmensphasen Belastungen frühzeitig identifizieren und gegensteuern zu können.

Nach erfolgreicher Implementierung liegt ein webbasiertes betriebliches Gesundheitsmanagement vor, das sich aus abgestimmten verhaltens- und verhältnispräventiven Bausteinen zusammensetzt, fortlaufend Veränderungen in der Unternehmensstruktur und -kultur sowie in den Mitarbeiterbedürfnissen erfasst und diese als Grundlage für passgenaue gesundheitsförderliche Interventionen nutzt. Der modulare Aufbau erlaubt situations- und bedarfsangepasste Kombinationen von Gesundheitsinterventionen, die unter Berücksichtigung von Zeit- und Kapazitätsaspekten flexibel umgesetzt werden können. Abb. 28.1

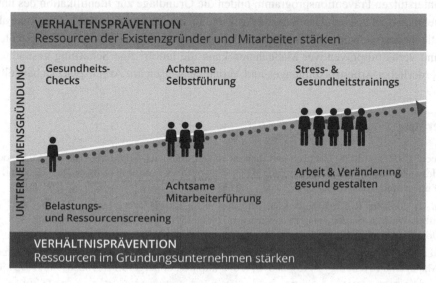

Abb. 28.1 Struktur des Präventionsprogramms

Struktur des Präventionsprogramms zeigt das Präventionsprogramm in seiner schematischen Übersicht.

28.4 Fazit und Ausblick

Gerade in neu gegründeten Unternehmen besteht die einzigartige Möglichkeit, durch frühzeitige Sensibilisierung und prospektive Arbeitsgestaltung gesundheitsgerechte Arbeitsbedingungen von Anfang an zu etablieren. Da Gründer gleichzeitig prototypische Vertreter einer neuen Arbeitswelt sind, in der selbstständige Beschäftigungsformen und die Eigenverantwortung für das Thema Gesundheit zunehmen werden, kann das Präventionsprogramm zukünftig auch für andere Zielgruppen angepasst werden. Der Fokus auf gesundheits- und ressourcenorientiertes Führen ermöglicht eine enge Abstimmung zwischen verhältnis- und verhaltenspräventiven Elementen. Mit einem Gesamtprogramm, das Online- und Offlineelemente integriert, wird zudem die reale physische Anwesenheit und Präsenz und der Face-to-Face-Kontakt aufrechterhalten. Zeit miteinander zu verbringen und füreinander zu „investieren" wird auch zukünftig ein wichtiges Qualitätsmerkmal der Arbeitswelt sein.

Erkenntnisse

1. Entgrenzte Arbeitsformen, die insbesondere nach Unternehmensgründungen vorzufinden sind, bedürfen innovativer Präventionsansätze.
2. Die Integration von kontinuierlichen Assessments zur Erfassung von arbeitsbedingten Belastungen und Ressourcen und individuellen Beanspruchungsfolgen in einem digital unterstützen Präventionsprogramm bilden die Grundlage zur Identifikation des unternehmensspezifischen Handlungsbedarfs und dienen gleichzeitig der Erfolgskontrolle.
3. Die bedarfsgerechte Verknüpfung flexibel einsetzbarer onlinegestützter verhaltens- und verhältnispräventiver Maßnahmen kann die langfristige Schaffung gesundheitsförderlicher Arbeitsbedingungen und Verhaltensweisen am Arbeitsplatz sicherstellen.

Literatur

Albrecht U (Hrsg) (2016) Chancen und Risiken von Gesundheits-Apps (CHARISMHA). Resource document. Medizinische Hochschule Hannover. http://www.digibib.tu-bs.de/?docid=00060000. Zugegriffen: 18. Oktober 2016.

Allen T, Johnson R C, Kiburz KM, Shockley KM (2013) Work-Family Conflict and Flexible Work Arrangements: Deconstructing Flexibility. Personnel Psychology 66: 345–376. doi:10.1111/peps.12012

Bakker AB, Westman M, van Emmerik IJH (2009) Advancements in crossover theory. Journal of Managerial Psychology 24 (3): 206–219. doi: http://dx.doi.org/10.1108/02683940910939304

Bienzeisler B (2014) Wie smarte Dienste die Arbeit aufmischen. Mitbestimmung 6: 16–19

Bundesministerium für Arbeit und Soziales (BMAS). (2015) MONITOR Mobiles und entgrenztes Arbeiten. Aktuelle Ergebnisse einer Betriebs- und Beschäftigtenbefragung. Resource document. http://www.bmas.de/SharedDocs/Downloads/DE/PDF-Publikationen/a873.pdf?__blob=publicationFile&v=2 Zugegriffen: 18. Oktober 2016.

Bolier L, Ketelaar SM, Ketelaar SM, Nieuwenhuijsen K, Smeets O, Gärtner FR, Sluiter J K (2014) Workplace mental health promotion online to enhance well-being of nurses and allied health professionals: A clusterrandomized controlled trial. Internet Interventions 1: 196–204. doi:http://dx.doi.org/10.1016/j.invent.2014.10.002

Busch C, Roscher S, Ducki A, Kalytta T (Hrsg) (2009) Stressmanagement für Teams in Service, Gewerbe und Produktion – ein ressourcenorientiertes Trainingsmanual. Berlin, Heidelberg: Springer Verlag, 73–82

Chen J, Wong M, Zhang L. (2015) Security and Usability. In: Sorensen L, Skouby K (Hrsg.) User Requirements for Wireless Wireless World Research Forum, S 77–97

Cheng SK, Dizon J (2012) Computerised cognitive behavioural therapy for insomnia: A systematic review and meta-analysis. Psychotherapy and Psychosomatics 81 (4): 206–216. doi:10.1159/000335379.

Clasen J (2012) Flexibel ohne Grenzen? – Belastungen, Anforderungen und Ressourcen von Freelancern. In Badura b, Ducki A, Schröder H, Klose J, Meyer M (Hrsg) Fehlzeiten-Report 2012. Gesundheit in der flexiblen Arbeitswelt: Chancen nutzen – Risiken minimiere. Springer, Berlin, Heidelberg, New York, S 97–106.

Curtaz K, Hoppe A, Nachtwei J (2015) Bewusste Auszeiten vom Smartphone tun gut! Eine Interventionsstudie zeigt die Wirksamkeit der (OFFTIME) – App in Hinblick auf Erholung und Arbeitsengagement. HR Performance 1: 112–114

Deloitte & Touche GmbH Wirtschaftsprüfungsgesellschaft. (2014) Perspektive E-Health. Consumer-Lösungen als Schlüssel zum Erfolg? Teil 2 der Studienreihe „Intelligente Netze".

Deterding S, Sicart M, Nacke L, O'Hara K, Dixon D (2011) Gamification. Using game-design elements in non-gaming contexts. In: CHI'11 Extended Abstracts on Human Factors in Computing Systems ACM Press, New York, S 2425–2428

Donker T, Petrie K, Proudfoot J, Clarke J, Birch M., Christensen H (2013) Smartphones for smarter delivery of mental health programs: a systematic review. Journal of Medical Internet Research 15 (11): e247. doi:102196/jmir2791

Ducki A, Nguyen H (2016) Psychische Gesundheit in der Arbeitswelt – Mobilität. Forschungsbericht zum Themenfeld Arbeitszeit. Bundesanstalt für Arbeitsschutz und Arbeitsmedizin, Dortmund, Berlin, Dresden.

Egeln J, Falk U, Heger D, Höwer D, Metzger G (2010) Ursachen für das Scheitern junger Unternehmen in den ersten 5 Jahren ihres Bestehens. Studie im Auftrag des BMW, Mannheim und Neuss. Resource document. ftp://ftp.zew.de/pub/zew-docs/gutachten/Scheitern_junger_Unternehmen_2010.pdf. Zugegriffen: 29. September 2016

Ertel M, Pröll U (2004) Arbeitssituation und Gesundheit von „neuen Selbstständigen" im Dienstleistungssektor. ARBEIT 1: 3–15. doi:10.1515/arbeit-2004-0102

Ertel M, Pröll U (2008) Selbstständig und gesund in freiberuflicher Tätigkeit. In: Verband Freier Berufe im Lande NRW (Hrsg) Freie Berufe – Gestalter der Gesellschaft. Festschrift zum 60-jährigen Bestehen des Verbandes Freier Berufe im Lande NRW e. V., Selbstverlag, Düsseldorf, 99–106.

Fiordelli M, Diviani N, Schulz P J (2013) Mapping mHealth research: a decade of evolution. Journal of medical Internet research 15 (5): e95. doi:10.2196/jmir.2430

Franke F, Felfe J (2011) How does transformational leadership impact employees' psychological strain? Examining differentiated effects and the moderating role of affective organizational commitment. Leadership 7: 295–316. doi:10.1177/1742715011407387

Franke F, Felfe J, Pundt A (2014) The impact of health-oriented leadership on follower health: Development and test of a new instrument measuring health-promoting leadership. German Journal of Research in Human Resource Management 28 (1-2): 139–161. doi:10.1177/239700221402800108

GKV Spitzenverband (2014) Leitfaden Prävention. Berlin.

Graafland M, Schraagen JM, Schijven MP (2012). Systematic review of serious games for medical education and surgical skills training. British Journal of Surgery, 99 (10):1322–1330. doi:10.1002/bjs.8819.

Grant, S, Ferris K (2012) Identifying sources of occupational stress in entrepreneurs for measurement. International Journal of Entrepreneurial Venturing 4 (4): 351–373. doi:10.1504/IJEV.2012.049828

Gruber M (2005). Marketingplanung von Unternehmensgründungen. Eine theoretische und empirische Analyse. Deutscher Universitäts-Verlag, Wiesbaden.

Hamari J, Koivisto J, Sarsa H (2014) Does Gamification Work? – A Literature Review of Empirical Studies on gamification. Resource Document. Proceedings of the 47th Hawaii International Conference on System Sciences. http://people.uta.fi/~kljuham/2014-hamari_et_al-does_gamification_work.pdf. Zugegriffen: 30. September 2016

Haug T, Nordgreen T, Öst LG, Havik OE (2012) Self-help treatment of anxiety disorders: a meta-analysis and meta-regression of effects and potential moderators. Clinical Psychology Review 32 (5): 425–445 doi:http://dx.doi.org/10.1016/j.cpr.2012.04.002

Heber E, Ebert DD, Lehr D, Nobis S, Berking M, Riper, H (2013) Efficacy and cost-effectiveness of a web-based and mobile stress management intervention for employees: Design of a randomized controlled trial. BMC Public Health 13 (1): 655. doi:10.1186/1471-2458-13-655

Heber E, Lehr D, Ebert DD., Berking M, Riper H (2016) Web-based and mobile stress management intervention for employees: results of a randomised controlled trial. Journal of Medical Internet Research 18 (1): e21. doi: 10.2196/jmir.5112

Herborg RT, Hausen D (2015) Innovation und Datenschutz – kein Widerspruch. In: Linnhoff-Popien C, Zaddach M, Grahl A (Hrsg) Marktplätze im Umbruch. Springer Xpert.press, Berlin, Heidelberg: S 713–722

Heron KE, Smyth JM (2010) Ecological momentary interventions: incorporating mobile technology into psychosocial and health behaviour treatments. British journal of health psychology 15 (1): 1–39. doi: 10.1348/135910709X466063

Hoff EH (2007) Kurzfristige Verausgabung oder langfristiger Erhalt von Innovationsfähigkeit? Forschungsfragen zu individuellen und organisationalen Zielkonflikten. In: Ludwig J., Moldaschl M, Schmauder M Schmierl K. (Hrsg) Arbeitsforschung und Innovationsfähigkeit in Deutschland: Rainer Hampp Verlag, München, Mering, 173–178

Hoppe A, Clauß E, Schacher V (i. V.) Evaluation des Moduls „Meine Freie Zeit" des EngAGE-Coaches. In: Janneck M, Hoppe A, Frenz M (Hrsg) Gestaltungskompetenz für Arbeits- und Organisationsprozesse: Konzepte, Maßnahmen und Erfahrungen. Berlin, Heidelberg: Springer-Verlag.

Janneck M, Jent S, Hoppe A, Dettmers J (i. V.) Der EngAGE-Coach: Eine Online-Intervention zur Förderung von Arbeitsgestaltungs- und Gesundheitskompetenz. In Janneck M, Hoppe A, Frenz M (Hrsg) Gestaltungskompetenz für Arbeits- und Organisationsprozesse: Konzepte, Maßnahmen und Erfahrungen. Berlin, Heidelberg: Springer-Verlag.

Jent S, Janneck M (2016a) Using Gamification to Enhance User Motivation in an Online-Coaching Application. In: Proceedings of WEBIST 2016. Scitepress. doi:10.5220/0005898400350041

Jent S, Janneck M (2016b) Gender- und Altersaspekte beim Einsatz von Gamification. In Mensch und Computer 2016, Tagungsbd. Oldenbourg Wissenschaftsverlag, Stuttgart.

KfW/ZEW-Gründungspanel. Verband der Vereine Creditreform e. V., KfW Bankengruppe, Zentrum für Europäische Wirtschaftsforschung GmbH (Hrsg). (2011) Vom Aufschwung getragen? Startschwierigkeiten und Wachstumschancen junger Unternehmen. Resource document. http://ftp. zew.de/pub/zew- docs/gruendungspanel/KfW_ZEW_Gruendungspanel_112011.pdf. Zugegriffen: 30.09.2016

Khadjesari Z, Freemantle, N, Linke, S, Hunter, R, Murray, E (2014) Health on the web: randomised controlled trial of online screening and brief alcohol intervention delivered in a workplace setting. PLoS One 9 (11): e112553. doi: 10.1371/journal.pone.0112553

Koroma J, Hyrkkänen U, Vartiainen M (2014) Looking for People, Places and Connections: Hindrances When Working in Multiple Locations: A Review. New Technology, Work and Employment 29 (2): 139–159. doi: 10.1111/ntwe.12030

Krasnova H, Kift P (2012) Online Privacy Concerns and Legal Assurance: A User Perspective. In: Teoksessa AIS SIGSEC WISP Workshop on Information Security and Privacy.

Krause A, Dorsemagen C, Stadlinger J (2012). Indirekte Steuerung und interessierte Selbstgefährdung: Ergebnisse aus Befragungen und Fallstudien. Konsequenzen für das betriebliche Gesundheitsmanagement. In Badura B, Ducki A, Schröder H, Klose J, Meyer M. (Hrsg) Fehlzeiten-Report 2012. Gesundheit in der flexiblen Arbeitswelt: Chancen nutzen – Risiken minimieren. Berlin, Heidelberg, New York: Springer-Verlag, 191–202

Lang-von Wins T (2004) Der Unternehmer – Arbeits- und organisationspsychologische Grundlagen. Springer, Berlin, Heidelberg.

Lehr D, Eckert M, Baum K, Thiart H, Heber E, BerkingM, Sieland B, Ebert, DD (2014) Online-Trainings zur Stressbewältigung – eine neue Chance zur Gesundheitsförderung im Lehrerberuf? In Lehr D, Eckert M, Baum K, Thiart H, Heber E, Berking M, Sieland B, Ebert DD, Lehrerbildung auf dem Prüfstand. Verlag empirische Pädagogik, Landau, S 190–212

Lehr D, Geraedts A, Asplund RP, Khadjesari Z, Heber E, de Bloom J, Angerer, Ebert DD, Funk B (2016). Occupational e-Mental Health – current approaches and promising perspectives for promoting mental health in workers. In: Wiencke M, Fischer S, Cacace M (Hrsg) Healthy at Work – Interdisciplinary perspectives Springer Vieweg, Schweiz, S 257–281

Lehr D, Heber E, Sieland B, Hillert A, Funk B, Ebert DD (2016a). „Occupational eMental Health" in der Lehrergesundheit: Ein metaanalytisches Review zur Wirksamkeit von Online-Gesundheitstrainings bei Lehrkräften. Prävention und Gesundheitsförderung 11 (3):182–192. doi:10.1007/s11553-016-0541-6

Link N. (2014) Das BGM von morgen – mit moderner IT individuell und ressourcenschonend auf die Gesundheit der Mitarbeiter achten. Resource document. http://www.hrm.de/fachartikel/das-bgm-von-morgen-%E2%80%93-mit-moderner-it-individuell-und-ressourcenschonend-auf-die-gesundheit-der-mitarbeiter-achten-12006. Zugegriffen: 29. September 2016.

Lüdemann P (2015) Gesundheit und Gesundheitsmanagement bei selbständigen Außendienstmitarbeitern. In Badura B, Ducki A, Schröder H, Klose J, Meyer M (Hrsg) Fehlzeitenreport 2015: Berlin, Heidelberg, New York: Springer-Verlag, 117–142

Ly KH, Asplund K, Andersson G (2014) Stress management for middle managers via an acceptance and commitment-based smartphone application: a randomized controlled trial. Internet Interventions 1 (3). 95–101. doi: http://dx.doi.org/10.1016/j.invent.2014.06.003

Marcotte E (2011) Responsive web design 4 (Editions Eyrolles).

Mirkovic J, Bryhni H, Ruland C (2011) Designing User Friendly Mobile Application to Assist Cancer Patients in Illness Management: In. The Third International Conference on eHealth, Telemedicine, and Social Medicine, eTELEMED 2011. Gosier, Guadeloupe, France; 64–71

Mohr DC, Burns MN, Schueller SM, Clarke G, Klinkman M (2013) Behavioral intervention technologies: Evidence review and recommendations for future research in mental health. General Hospital Psychiatry 35 (4). 332–338. doi:http://dx.doi.org/10.1016/j.genhosppsych.2013. 03.008

Müller B, Egeln J, Höwer D, Licht G, Murmann M (2012) Hightech-Gründungen in Deutschland. Gründungsdynamik im ITK-Sektor. Studie im Auftrag des BITKOM. Resource document. http://ftp.zew.de/pub/zew-docs/gutachten/BITKOM_Bericht2012.pdf. Zugegriffen: 30. September 2016.

Pangert B, Pauls N, Schüpbach H (2016) Die Auswirkungen arbeitsbezogener erweiterter Erreichbarkeit auf Life-Domain-Balance und Gesundheit. 2. Aufl. Bundesanstalt für Arbeitsschutz und Arbeitsmedizin, Dortmund.

Richards D, Richardson T (2012) Computer-based psychological treatments for depression: A systematic review and meta-analysis. Clinical Psychology Review 32 (4): 329–342. doi: 10.1016/j.cpr.2012.02.004

Richter M., Flückiger M. D. (2013). Usability Engineering kompakt: benutzbare Produkte gezielt entwickeln. Berlin, Heidelberg: Springer-Verlag.

Riper H, Blankers M, Hadiwijaya H, Cunningham J, Clarke S, Wiers, R, Ebert DD, Cuijpers P (2014) Effectiveness of guided and unguided low-intensity internet interventions for adult alcohol misuse: A meta-analysis. PLoS One 9 (6): e99912. doi:10.1371/journal.pone.0099912

Rohr M (2015) Sicherheit von Webanwendungen in der Praxis. Springer Vieweg, Wiesbaden.

Schaarschmidt U, Groth C, Kieschke U, Spörer N (2000) Checkliste für Existenzgründer. Institut für Psychologie, Potsdam.

Schmude J, Lang-von Wins T, Leiner R, von Rosenstiel L (2002) Soziale und regionale Erfolgsfaktoren von Unternehmensgründungen. In: Schmude J (Hrsg) Unternehmensgründungen: interdisziplinäre Beiträge zum Entrepreneurship Research Heidelberg: Physica-Verlag, 97–136

Schreyögg G (im Druck) Wachstumsschwellen in Gründerunternehmen: Die Pionierkrise. In: Faltin G (Hrsg) Handbuch Entrepreneurship 1. Aufl. Gabler Verlag, Wiesbaden, S 1–11.

Semmer NK, Jacobshagen N, Meier LL (2006) Arbeit und (mangelnde) Wertschätzung. Wirtschaftspsychologie 8: 87–95

Thiart H, Lehr D, Ebert DD, Sieland B, Berking M, Riper H (2015) Log in and breathe out: internet-based recovery training for sleepless employees with work-related strain – results of a randomized controlled trial. Scandinavian Journal of Work Environment & Health 41 (2): 164–174. doi:10.5271/sjweh.3478

Ulich E (2011) Arbeitspsychologie. 7. überarb. Aufl. Schäffer-Poeschel, Stuttgart.

Antje Ducki ist seit 2002 Professorin für Arbeit- und Organisationspsychologie an der Beuth Hochschule für Technik Berlin. Ihre Arbeits- und Forschungsschwerpunkte sind Arbeit und Gesundheit, Gender und Gesundheit, Mobilität und Gesundheit, Stressmanagement, betriebliche Gesundheitsförderung. Sie leitet außerdem das Gender und Technik Zentrum der Beuth Hochschule für Technik.

Leif Boß ist Psychologe und arbeitet als wissenschaftlicher Mitarbeiter am Institut für Psychologie der Leuphana Universität Lüneburg an der Entwicklung und Evaluation onlinebasierter Gesundheitsinterventionen mit den Schwerpunkten Substanzkonsum und Depressionen.

Dörte Behrendt ist Psychologin und wissenschaftliche Mitarbeiterin am Institut für Psychologie der Leuphana Universität Lüneburg im Projekt Digi-Exist. Ihr Arbeits- und Forschungsschwerpunkt ist die Entwicklung onlinebasierter Gesundheitsinterventionen. Sie ist als Beraterin und Trainerin für betriebliches Gesundheitsmanagement tätig.

Monique Janneck ist seit 2011 Professorin für Mensch-Computer-Interaktion am Fachbereich Elektrotechnik und Informatik der Fachhochschule Lübeck. Ihre Forschungsinteressen liegen im Bereich Digitalisierung der Arbeit, computergestützte Kommunikation und Kooperation, Entwicklung und Usability von Online-Applikationen, virtuelle Organisationen und Social Web.

Digitalisierung im Gesundheitssektor und betriebliches Gesundheitsmanagement

Manfred Knye und David Matusiewicz

Zusammenfassung

Gesundheit für die Mitglieder ist ein zentrales Anliegen der Gesellschaft und ein wichtiger Wunsch des Einzelnen. Gesundheit und somit der Bereich der Gesundheitswirtschaft entwickelt sich aber immer mehr auch zu einer tragenden Säule der Volkswirtschaft. Mittlerweile ist der Umsatz der Gesundheitsbranche größenordnungsmäßig mit dem der Automobilindustrie vergleichbar (in der BRD). Dabei ist der Gesundheitssektor in einer äußerst dynamischen Entwicklung begriffen. Gesundheit (der Mitglieder und der Gesellschaft insgesamt) entwickelt sich auch immer mehr zum entscheidenden Faktor für die Konkurrenzfähigkeit der Unternehmen. Die Digitalisierung verändert in der Automobilindustrie nicht nur die Art und Weise, wie wir ein Produkt (hier das Automobil) herstellen – sondern es verändert das Produkt und das dem zugrundeliegende Geschäftsmodell. Dies betrifft analog auch den Gesundheitsmarkt und unsere Gesundheitssysteme. Diese Veränderungen werden allumfassend und grundlegend sein.

29.1 Vorbemerkungen

Gesundheit für die Mitglieder ist ein zentrales Anliegen der Gesellschaft und ein wichtiger Wunsch des Einzelnen. Gesundheit und somit der Bereich der Gesundheitswirtschaft entwickelt sich aber immer mehr auch zu einer tragenden Säule der Volkswirtschaft.

M. Knye (✉)
Wolfsburg, Deutschland
E-Mail: manfred.knye@volkswagen.de

D. Matusiewicz
FOM Hochschule für Oekonomie & Management
Essen, Deutschland
E-Mail: david.matusiewicz@fom.de

© Springer Fachmedien Wiesbaden GmbH 2018
D. Matusiewicz und L. Kaiser (Hrsg.), *Digitales Betriebliches Gesundheitsmanagement*,
FOM-Edition, https://doi.org/10.1007/978-3-658-14550-7_29

Tab. 29.1 Digitalisierung Automobilindustrie vs. Gesundheitssektor (was ist gleich, was ist anders?)

Gleich	Ungleich
Wahrscheinlich disruptives Geschäftsmodell	Staatliche/gesellschaftliche Regulierung: Auto: hoch;
Neue Player	Gesundheit: sehr hoch (1. Gesundheitsmarkt)
Neue Kundenbedürfnisse: Auto: Mobilität (statt Besitz eines Autos); Gesundheit: Optimierung (zusätzlich)	Erforderliche Technologien: Auto: müssen z. T. noch entwickelt werden; Gesundheit: sind fast alle vorhanden
Wirtschaftliche Dimension (>300 Mrd./Jahr)	

Mittlerweile ist der Umsatz der Gesundheitsbrache größenordnungsmäßig mit dem der Automobilindustrie vergleichbar (in der BRD). Dabei ist der Gesundheitssektor in einer äußerst dynamischen Entwicklung begriffen. Gesundheit (der Mitglieder und der Gesellschaft insgesamt) entwickelt sich auch immer mehr zum entscheidenden Faktor für die Konkurrenzfähigkeit der Unternehmen (6. Welle des Kondratieff-Zyklus).

Die Digitalisierung verändert in der Automobilindustrie nicht nur die Art und Weise, wie wir ein Produkt (hier das Automobil) herstellen – sondern es verändert das Produkt und das dem zugrundeliegende Geschäftsmodell. Dies betrifft analog auch den Gesundheitsmarkt und unsere Gesundheitssysteme. Diese Veränderungen werden allumfassend und grundlegend sein. Es handelt sich dabei nicht nur um eine Erweiterung der technischen Möglichkeiten von Medizin, sondern es wird auch zu einer Änderung der Verhältnisse der Akteure zueinander und ihrer Verortung im Gesamtprozess kommen. Betrachtet man also die Digitalisierung im Bereich der (Automobil-)Industrie im Vergleich zum Gesundheitssektor, so fallen viele Parallelen, aber auch Differenzen auf (Tab. 29.1).

29.2 Grundannahmen

Digitalvordenker Karl Heinz Land postuliert hierzu drei Grundannahmen (Land o. J.):

- Alles, was digitalisiert werden kann, wird auch digitalisiert werden.
- Alles, was man vernetzen kann, wird auch vernetzt werden.
- Alles, was man automatisieren kann, wird auch automatisiert werden.

Dem ist zuzustimmen – auch wenn man die Folgen in vielen Aspekten als durchaus problematisch ansehen mag (wie es der Autor tut).

Davon ausgehend ergeben sich für die Gesundheitsbranche folgende grundlegende Konsequenzen:

- Die Digitalisierung der Medizin/des Gesundheitsmarktes wird umfangreicher/weitgreifender sein, als dies bei der Digitalisierung der Industrie sein wird. Grund hierfür:

Medizin ist eigentlich per se Datenverarbeitung, der Anteil materieller Wertschöpfung ist relativ gering.

- Anzunehmend ist auch, dass die digitale Transformierung sich relativ schnell vollziehen wird. Alle bisherigen Digitalisierungswellen waren schneller, als dies vom (meist konservativ eingestellten) Marktumfeld erwartet wurde. Beispiele hierfür gibt es zur Genüge (Amazon, Facebook, Smartphones etc.) Alle wichtigen Basis-Technologien erfahren zur gleichen Zeit einen Innovationsschub und werden in breiter Anwendung verfügbar.

Basis Technologien für die Digitalisierung der Gesundheitswirtschaft

- Expertensysteme für fast alle medizinischen Bereiche
- Big Data/zentrale Datenhaltung in der Cloud
- Soziale Netzwerke
- Gentechnik
- Nanotechnologie
- Digitale Bildgebung
- Virtual & augmented Reality (VR/AR)
- Robotik/MRK
- Personalisierte Medizin/Präzisionsmedizin

Die Krise unseres bisherigen solidarischen Gesundheitssystems. Wir haben hier auch eine Diskrepanz der Interessen des Individuums (Zugang zur jeweils besten Behandlung/Optimierung) und den Vorgaben der Gesellschaft (SGB V). Innovationen werden immer teurer und somit faktisch für einzelne Versicherte auch nicht mehr in allen Fällen zugänglich.

Wirtschaftlichkeitsgebot § 2 SGB V

Wirtschaftlichkeitsgebot „Die Leistungen müssen ausreichend, zweckmäßig und wirtschaftlich sein; sie dürfen das Maß des Notwendigen nicht überschreiten. Leistungen, die nicht notwendig oder unwirtschaftlich sind, können Versicherte nicht beanspruchen, dürfen die Leistungserbringer nicht bewirken und die Krankenkassen nicht bewilligen." – § 12 SGB V Absatz 1

Wirtschaftlichkeit „Die vertragsärztliche Versorgung ist ‚wirtschaftlich‘, wenn der Vertragsarzt (Leistungserbringer) die (notwendigen, ausreichenden und zweckmäßigen) Leistungen mit einem möglichst geringen Aufwand an ‚Kosten‘ (im Sinne von Ausgaben der Krankenkassen) erbringt." – Auszug aus der KBV Fortbildung NR. 9. Die Begriffe „zweckmäßig", „ausreichend" und „notwendig": Zielen die Kriterien zweckmäßig und ausreichend darauf ab, dass nicht weniger geschieht, als zur Erzielung des Heilerfolges geschehen muss, soll mit dem Kriterium notwendig sichergestellt werden, dass nicht mehr geschieht, als diesem Ziel entspricht.

Rechtliches Spannungsverhältnis: Das sozialrechtliche Wirtschaftlichkeitsgebot (dessen Einhaltung mit der Wirtschaftlichkeitsprüfung kontrolliert wird) steht in einem Spannungsverhältnis zum zivilrechtlichen Haftungsmaßstab für medizinische Behandlungen, nach denen der Arzt/Zahnarzt seine Behandlung nach den neuesten medizinischen Erkenntnissen durchzuführen hat.

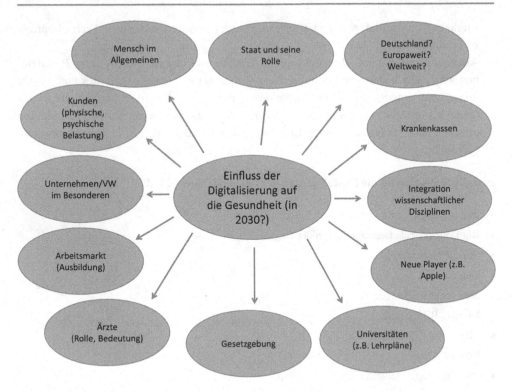

Abb. 29.1 Wer sind die Beteiligten?

Es treten neue Player auf, deren Geschäftsmodelle destruktiv zu den bisherigen Steuerungsansätzen und Geschäftsmodellen sind. Die Bereitschaft der Kunden (bisher Patienten), diese auch zu nutzen, steigt.

Medizin/Gesundheit ist ein Zukunftsmarkt mit unverändert hohen Wachstumsraten – im Gegensatz zur „old Economy". Auch der Umfang der Wertschöpfung (annähernd gleich zur Automobilindustrie) macht den Gesundheitsmarkt für neue Marktteilnehmer hochinteressant. Das heißt, wir haben es hier mit einem Markt zu tun, der ein großes Volumen aufweist und weiter wächst.

Das nachfolgende Chart versucht, diese vielfältigen Beziehungen zu verdeutlichen (Abb. 29.1).

29.3 Einige (provokante) Fragen

Sieht man sich die aktuelle Literatur zum Thema Digitalisierung einmal an, so fällt eine Diskrepanz auf: Für die Wirtschaft allgemein wird eine schnelle (!) und radikale (!) Änderung der Geschäftsmodelle, der Handelnden und ihrer Beziehungen erwartet. Sieht man sich aber die Diskussion zum **Gesundheitsmarkt** in Deutschland und der EU an, so fällt auf, dass hier die grundsätzlichen Fragen in ihrer möglichen Radikalität und den sich ergebenden Konsequenzen kaum diskutiert werden. Im Allgemeinen gibt es eine Diskussion im Rahmen der vom Gesetzgeber gesehenen Regulatorien (E-Health-Gesetz in Deutschland). Ob diese – angesichts der gravierenden Entwicklungen und ihrer Geschwindigkeit – überhaupt Bestand haben, wird kaum diskutiert. Alternative Modelle werden (zumindest für den ersten Gesundheitsmarkt) nicht entwickelt, alternative Szenarien werden kaum diskutiert.

Der Autor erwartet aber, dass die Digitalisierung in der Medizin/im Gesundheitsmarkt noch wesentlich weitreichendere Änderungen implizieren wird, als dies in der „old Economy" zu erwarten ist. Warum?

Digitalisierung Gesundheit – Grundannahmen

- Medizin/Gesundheit ist besser digitalisierbar als die materielle Produktion. Der Anteil der Informationsverarbeitung an der Gesamttätigkeit ist ungleich höherer.
- Alle entscheidenden Technologien stehen zur Verfügung bzw. sind in der Entwicklung.
- Gesundheit ist ein wirtschaftlich relevanter Bereich (Umsatz etwa gleich zur Automobilindustrie).
- Digitalisierung ändert die Geschäftsmodelle der Beteiligten und verändert auch die Player.
- Digitalisierung ändert die Rolle des Arztes und des Patienten (Nutzer/Kunde).

29.4 Zu erwartende Entwicklungen

Die zu erwartenden Entwicklungen hinsichtlich der Digitalisierung im Gesundheitsbereich gestalten sich wie folgt:

- Patienten (Nutzer-)zentrierte Datenverarbeitung → Änderung der Rolle des Arztes.
- Neue Gesundheitsdefinition → Neue Aufgabenfelder (Optimierung) und neue Player.
- Neue Bewertungsmaßstäbe und Bewertungssysteme für Gesundheitsleistungen und Erbringer von Gesundheitsleistungen.
- Breite Verfügbarkeit von medizinischer Information für Nicht-Ärzte → Aufhebung des Informationsvorsprungs des Arztes, Trend zur Selbstdiagnose.
- Kostenanstieg für Medizin/Medizinprodukte → Druck auf Krankenkassen/Leistungserbringer zur Verbesserung der Effektivität.

29.5 Zwei Welten der Digitalisierung

In Deutschland können wir den Gesundheitsmarkt in zwei unterschiedliche „Welten" unterscheiden. Der sogenannte erste Gesundheitsmarkt (häufig gleichgesetzt mit dem Begriff Gesundheitswesen) umfasst im Allgemeinen die ambulante und stationäre Versorgung

Kranker. Er wird zu großen Teilen staatlich reglementiert und ist durch eine hohe Reglementierungsdichte gekennzeichnet.

Davon kann man den zweiten Gesundheitsmarkt abgrenzen. Im Gegensatz zum ersten Gesundheitsmarkt erfolgt die Finanzierung durch private Mittel/Konsumausgaben (erster Gesundheitsmarkt: durch Krankenkassen bzw. staatliche Mittel) und bedingt somit eine andere Rolle des Patienten (= Kunde) und der Anbieter. Es besteht auch eine deutlich geringere Reglementierungsdichte. Innovationen werden schneller und umfassender umgesetzt. Gesundheit 4.0 könnte dafür ein gut fassbares Synonym sein.

Zwei Welten? – Gesundheitswesen und Gesundheit im Vergleich
Gesundheitswesen:

- Patienten
- Ziel:
- Behandlung von Krankheiten (Arzt)
- Gesundheit als Daseinsvorsorge (Gesellschaft)
- Kosten-Reduktion (Kostenträger)
- Staatliche Regulierung
- Daten im Eigentum Ärzte/Krankenkassen etc.
- Hohe Hürden für Innovation (z. B. gesetzlich vorgeschriebene Nutzenbewertung)

Gesundheit 4.0

- Nutzer/Kunde (statt Patient)
- Oft Optimierung statt Krankheitsbehandlung, Gesundheit als Produkt
- Deutlich weniger Regulierung
- Nutzerzentrierte Datenhaltung
- Viele Innovatoren/Start-ups, neue Geschäftsmodelle
- Geringere Hürden für Innovation, die Nachfrage des Kunden entscheidet

Es ist zu erwarten, dass sich die Digitalisierung zunächst daher auch in unterschiedlicher Geschwindigkeit und Tiefe für die beiden Teilbereiche vollziehen wird. Das dürfte denn auch ein Spezifikum für die BRD im Vergleich zu anderen Nationen darstellen.

29.6   BGM und die Digitalisierung des Gesundheitssystems (Gesundheit 4.0)

Von den vielen Definitionen des betrieblichen Gesundheitsmanagements sind insbesondere die Ottawa-Charta von 1986 und die Definition von Badura aus den 90er-Jahren von allgemeiner Relevanz. Es besteht allerdings ein starker Focus auf die Entwicklung *betrieblicher* Strukturen und Prozesse. BGM wird dabei oft auf seine Funktion als Managementansatz reduziert.

Der Autor schlägt vor, den Begriff BGM weiter zu fassen: BGM ist das strukturierte Investment des Unternehmens in die Gesundheit seiner Mitarbeiter.

Die durch das Volkswagen-BGM verfolgten Ziele gelten für alle Beschäftigten im direkten und indirekten Bereich und auf allen Führungsebenen.

1. Gesundheits- und alternsgerechte Arbeitsbedingungen schaffen.
2. Betriebs- und Wegeunfälle reduzieren.
3. Arbeits- und umweltbedingte Risikofaktoren identifizieren, begutachten und bearbeiten.
4. Gesundheitskompetenz schaffen, fördern und erhalten.
5. Die physische und psychische Gesundheit der Beschäftigten erhalten und fördern.
6. Arbeitsbedingte Gesundheitsgefährdungen (Berufskrankheiten) verhüten.
7. Beschäftigte entsprechend ihrer gesundheitlichen Fähigkeiten einsetzen und fördern.
8. Gesundheitserhaltende und -fördernde Maßnahmen auf betrieblicher, gesellschaftlicher und politischer Ebene strategisch begleiten und operativ koordinieren.
9. Fehlzeiten durch systematische Begleitung gesundheitlich beeinträchtigter Beschäftigter reduzieren.
10. Maßnahmen der Prävention und Gesundheitsförderung hinsichtlich ihres Kosten-Nutzen-Profils evaluieren.
11. Wissenschaftliche Analysen zur Gewährleistung eines geeigneten Standards durchführen.

Der durch die Digitalisierung sich ergebende Paradigmenwandel (Gesundheit 4.0) ändert dabei viele Player, ihre Geschäftsmodelle und somit auch die Ansatzpunkte für ein effektives BGM. Ein ausschließlicher Bezug auf innerbetriebliche Maßnahmen wird bereits jetzt von vielen Autoren als überholt angesehen.

Die Möglichkeiten, die arbeitsplatzbezogenen physischen und psychischen Belastungen des Mitarbeiters immer besser zu beschreiben, schafft die Voraussetzung für ein effektives Investment des Unternehmens in die Reduktion des individuellen Risikos des Mitarbeiters (Abb. 29.2).

Die Digitalisierung schafft aber nicht nur bessere Möglichkeiten für die Analyse arbeitsplatzbezogener Belastungen in Bezug auf das jeweilige Individuum, den konkreten Mitarbeiter, sondern auch für das strukturierte Investment des Unternehmens

- in die Verringerung der Belastungen (Arbeitsfeld Ergonomie),
- in die Prävention/kurative Behandlung von Krankheiten,
- in die spezifische Konditionierung/belastungsbezogenes Training als Angebot für den Mitarbeiter.

Dabei geht es nicht um ein reines Einkaufsmodell von Gesundheitsleistungen (Gesundheit für den Mitarbeiter), sondern um ein individuenbezogenes Angebot der Gesundheitsförderung.

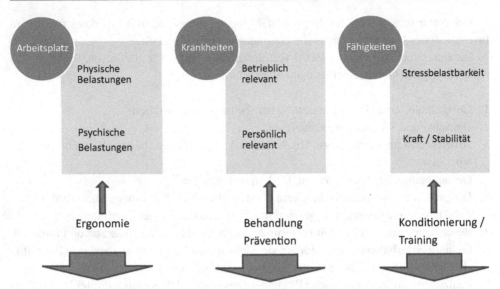

Bewertung (ökonomisch): Gesundheitskosten (Absentismus + Präsentismus)

Abb. 29.2 Risikomodell

Dieses kann zwar auch von innerbetrieblichen Strukturen (z. B. betriebseigene Trainingszentren) erbracht werden, in vielen Fällen werden die erforderlichen Leistungen bereits jetzt durch externe Partner geleistet. Die Digitalisierung:

- Ändert die Geschäftsmodelle der Partner (nicht nur von Volkswagen).
- Schafft neue Geschäftsmodelle und Partner.
- Schafft neue Möglichkeiten der Kommunikation und des Datenaustausches zwischen den Partnern.

Warum ist Gesundheit für das Unternehmen interessant? Gesundheit/Gesundheitsversorgung hat auf mehreren Ebenen direkten und indirekten Einfluss auf das Unternehmen:

- Über die Mitarbeiter und deren Arbeitsvermögen (direkte Auswirkungen auf die Produktivität).
- Über die Kunden. Gesundheit ist (wie auch Mobilität) ein wichtiges Grundbedürfnis des Individuums (der Kunden). Grundlegende Veränderungen auf dem Gesundheitssektor ändern wahrscheinlich auch (direkt/indirekt?) die Ansprüche unserer Kunden.
- Die Digitalisierung schafft aber auch neue Märkte für nutzerbezogene Daten. Dies gilt für beide Richtungen: Wir werden mehr über unsere Kunden (Nutzer) wissen (können) und es wird für nutzerbezogene Daten (die z. B. im Automobil anfallen) auch eine Nachfrage geben.

Literatur

Land (o. J.): Interview mit Digitalvordenker Karl Heinz Land, URL: http://wegweisend-digital. t-systems-mms.com/interviews/dematerialisierung-alles-was-sich-digitalisieren-laesst-wird-auch-digitalisiert-interview-mit-karl-heinz-land.html, o. J.

Dr. med. Knye arbeitet im Geschäftsbereich SG-P der Volkswagen AG und beschäftigt sich ebenso mit der Gesundheit 4.0. Es geht hierbei auch um die Frage, warum die Digitalisierung die Gesundheit mehr ändern wird, als dies in der Automobilindustrie der Fall sein wird.

David Matusiewicz ist Professor für Allgemeine Betriebswirtschaftslehre, insbesondere Gesundheitsmanagement an der FOM Hochschule – der größten Privathochschule in Deutschland. Seit 2015 verantwortet er als Dekan den Hochschulbereich Gesundheit & Soziales und leitet als Direktor das Forschungsinstitut für Gesundheit & Soziales (ifgs). Darüber hinaus ist er Gründungsgesellschafter des Essener Forschungsinstituts für Medizinmanagement (EsFoMed GmbH) und unterstützt als Gründer bzw. Business Angel punktuell Start-ups im Gesundheitswesen (bspw. Health Innovation GmbH). Vor seiner Professur arbeitete er mehrere Jahre als wissenschaftlicher Mitarbeiter bei Prof. Dr. Jürgen Wasem am Alfried Krupp von Bohlen und Halbach-Stiftungslehrstuhl für Medizinmanagement der Universität Duisburg-Essen in den Arbeitsgruppen „Gesundheitsökonomische Evaluation und Versorgungsforschung" sowie „Gesundheitssystem, Gesundheitspolitik und Arzneimittelsteuerung". Berufserfahrung sammelte Matusiewicz bis 2017 zudem in der Stabsstelle Leistungscontrolling einer gesetzlichen Krankenversicherung (Betriebskrankenkasse u.a. von Thyssen Krupp) und bis 2014 als Geschäftsführer bei der Forschungsnahen Beratungsgesellschaft im Gesundheitswesen (ForBiG GmbH) – einem Spin-Off des Lehrstuhls für Medizinmanagement.

Christopher Neller

Zusammenfassung

Aufgrund der demografischen Entwicklung und Megatrends wie der Digitalisierung, New Work, Individualisierung und Gesundheit befindet sich die Arbeitswelt in einem Wandel. Dadurch bedingt rückt eine nachhaltige Personalführung immer weiter in den Vordergrund. Teil dieser ist ein betriebliches Gesundheitsmanagement und somit die Betriebliche Gesundheitsförderung, welche bereits seit mehreren Jahren existiert. Diese kann sich dem Wandel der Arbeitswelt jedoch nicht entziehen und muss sich ebenfalls anpassen, unter anderem durch die Einbindung digitaler Maßnahmen. Eine weitere Reaktion vieler Unternehmen auf den Wandel der Arbeitswelt ist das Employer Branding. Die Schnittmengen der beiden Disziplinen sind gegeben und somit lässt sich eine digitale Betriebliche Gesundheitsförderung in das Employer Branding einbeziehen. Dies bietet eine gute Möglichkeit, um der negativen demografischen Entwicklung kostengünstig entgegenzuwirken und als Arbeitgeber zu überzeugen.

30.1 Allgemeine Trends

Die Bedeutung des *digitalen Betrieblichen Gesundheitsmanagements (dBGM)* und der *digitalen Betrieblichen Gesundheitsförderung (dBGF)* in Unternehmen nehmen immer weiter zu. Dies geschieht vor allem vor dem Hintergrund folgender Trends.

Mit den größten Einfluss hat der sogenannte Megatrend *Silver Society* (Zukunftsinstitut 2016). Die Lebenserwartung der Menschen steigt, allerdings sinkt zugleich auch die Geburtenrate in Deutschland (Statistisches Bundesamt 2016). Demnach steigt die Anzahl der

C. Neller (✉)
Willich, Deutschland
E-Mail: christopher.neller@t-online.de

© Springer Fachmedien Wiesbaden GmbH 2018
D. Matusiewicz und L. Kaiser (Hrsg.), *Digitales Betriebliches Gesundheitsmanagement*,
FOM-Edition, https://doi.org/10.1007/978-3-658-14550-7_30

älter als 67-Jährigen in Deutschland von 15,1 Mio. im Jahr 2013 auf mindestens 21,5 Mio. im Jahr 2040, ein Anstieg um 42 %. Gleichzeitig sinkt die Anzahl der 20–66-Jährigen um rund ein Viertel im Vergleich zu 2013. Auch die Nettozuwanderung kann dieser Entwicklung nicht vollends entgegenwirken, sondern verzögert diese nur ein wenig. Der HR Trendstudie 2015 der Personal- und Managementberatung Kienbaum zufolge, resultiert aus diesem Negativtrend unmittelbar ein *Fachkräftemangel*, mit welchem Unternehmen bereits jetzt konfrontiert werden (Kienbaum 2015). Der War for Talents spitzt sich zu.

Das Thema *New Work* stellt einen weiteren Megatrend dar, indem die Vereinbarkeit von Privat- und Berufsleben immer mehr in den Vordergrund rückt (Zukunftsinstitut.) Begriffe wie Work-Life-Balance sind allgegenwärtig und werden inzwischen durch neuere, z. B. Life Domain Balance oder andere abgelöst. Der Softwarehersteller Microsoft hat im Jahr 2016 seine neue Deutschland-Zentrale in München errichtet, ganz unter dem Motto #worklifeflow (Microsoft 2016). Zusammen mit dem Frauenhofer-Institut für Arbeitswirtschaft und Organisation errichtete der Konzern ein Bürokonzept der offenen Strukturen und verabschiedet sich von starren Grenzen, sodass der Mensch in den Fokus rückt und dessen Kreativität und Leistungsfähigkeit gestärkt werden.

Ein zusätzlicher Megatrend, der eine sehr große Einwirkung auf das dBGM und die dBGF verzeichnet ist die *Digitalisierung*. Einer Studie von Borderstep Institut für Innovation und Nachhaltigkeit zufolge, steigt die Anzahl an computerbasierter Arbeitsplätzen in Deutschland von 33,1 Mio. im Jahr 2016 auf 37,5 Mio. im Jahr 2020, ein Anstieg um 13,3 % innerhalb von vier Jahren (borderstep 2016).

Ein weiterer großer Trend ist das Bewusstsein für *Gesundheit* (Zukunftsinstitut). Im Jahr 2015 sind 28,09 Mio. Deutsche sehr an dem Thema Gesundheit und Fitness interessiert und 31,77 Mio. wenigstens moderat (Statista 2016). Im Kontrast dazu steht der Anstieg der durchschnittlichen Zahl an Arbeitsunfähigkeitstagen (AU-Tage) je Versicherten in Deutschland. Dem Gesundheitsatlas 2016 des BKK Dachverbands zufolge, ist zwischen 2006 und 2016 ein Anstieg der AU-Tage von 33,91 % zu verzeichnen (BKK-Dachverband 2016): Der häufigste Grund für AU-Tage ist eine Muskel-/Skelettbeschwerde, der dritthäufigste eine psychische Störung. Letzteres hängt mit Sicherheit auch mit der steigenden Akzeptanz für psychische Erkrankungen wie dem Burn-out-Syndrom zusammen, jedoch relativiert dies die hohe Zahl nicht.

Überdies stellt die *Individualisierung* einen Megatrend dar, indem die Menschen nach Einzigartigkeit und Differenzierung streben, was einen Wertewandel mit sich führt (Allianz 2016).

Das dBGM profitiert zudem von neuen Gesetzgebungen, wie dem *Präventionsgesetz* (PrävG), welches beschlossen hat, dass Krankenkassen 500 Mio. Euro mehr für die Gesundheitsförderung ausgeben müssen, unter anderem mit Fokus auf Arbeitsplätze (Bundesministerium für Gesundheit 2016).

30.2 Digitalisierung in der Betrieblichen Gesundheitsförderung

All die zuvor aufgeführten Trends verdeutlichen, dass Unternehmen sich bereits jetzt und in Zukunft noch stärker mehreren Herausforderungen stellen müssen. Somit gewinnt ein nachhaltiges Personalmanagement immer mehr an Bedeutung. In diesem Kapitel wird die Definition verwendet, dass ein Personalmanagement in Unternehmen nachhaltig ist, sofern es „Einstellungen und Verhalten beeinflusst, den sich wandelnden Anforderungen in einer sich ständig selbst regelnden Form anpasst, langfristig wirksam zum Erfolg führt und die Zukunftsfähigkeit des Unternehmens sichert" (Weißenrieder und Kosel 2005, S. 7).

Zu einem nachhaltigen Personalmanagement gehören heutzutage auch das Betriebliche Gesundheitsmanagement, welches die Betriebliche Gesundheitsförderung beinhaltet. Aufgrund des stetigen Wandels der Arbeitswelt und vor allem aufgrund der zuvor aufgeführten Trends müssen Unternehmensprozesse angepasst werden, so auch die Betriebliche Gesundheitsförderung. Ein Schritt in diese Richtung ist die Einbeziehung digitaler Maßnahmen. Um die Notwendigkeit dessen zu illustrieren, wird im Folgenden der Megatrend Digitalisierung noch genauer betrachtet.

Einer ARD/ZDF-Onlinestudie nach zufolge, hat sich in den letzten zehn Jahren die durchschnittliche tägliche Internetnutzung der Deutschen um das 2,66-Fache vervielfacht, auf 128 min pro Tag (ARD/ZDF 2016). Zudem besitzen 66 % der Deutschen über 14 Jahre ein Smartphone (Bitkom 2015). Damit hängt auch unmittelbar ein steigender mobiler Internetzugriff zusammen. Dirk Lux, CEO der Media Agentur Zenith, nach, liege in Deutschland der deutsche mobile Internetkonsum im Jahr 2016 bei 63 % und bei 66,6 bzw. 68,4 % in den kommenden Jahren (Zenith 2016). Anhand dieser Entwicklungen lässt sich vor allem ableiten, dass die Deutschen immer internetaffiner werden und die Nutzung von Smart Divices (Smartphone, Tablet, Wearables), und somit auch vor allem der mobile Internetzugriff, an Bedeutung gewinnen. Dies gilt es möglichst auch bei dem Einsatz dBGF zu berücksichtigen. Das Potenzial digitaler Maßnahmen ist bisher jedoch nur unzureichend erkannt. Das ist das Ergebnis einer telefonischen Umfrage mit Führungskräften aus 20 Konzernen. Jedoch zeigten sich alle Befragten digitalen Anwendungen gegenüber sehr aufgeschlossen und können sich eine Einbindung sehr gut vorstellen. Die Unternehmen bieten zumeist über ihr Firmenintranet verschiedene gesundheitsfördernde Maßnahmen an. Hierzu gehören unter anderem:

- Arbeits- und Gefährdungsanalysen
- Verhältnis- und Verhaltensprävention
- Ergonomisch eingerichtete Arbeitsplätze
- Ernährungsangebote
- Mitgliedschaften in Fitnesseinrichtungen
- Firmenläufe, Lauftreffs
- E-Bike-Leasing
- Wearables

Wie der Einsatz von Wearables in einem spielerischen Sinn gelingt und Mitarbeiter somit motiviert werden, zeigt das Beratungsunternehmen Mercer Deutschland. Dieses führte mit seinen Mitarbeitern eine Digitale Challange im Rahmen einer Schrittzähleraktion durch, bei der mehrere Teams gegeneinander antraten. Die Teilnehmerquote von rund 70 % zeigt, dass diese Kombination sehr gut ankommt. Prof. Dr. Volker Nürnberg, Leiter Health Management bei Mercer Deutschland, nach, erreiche man mit herkömmlichen Maßnahmen nicht so viele Mitarbeiter. Vor allem „mental workers", die besonders internetaffin seien, seien durch eine dBGF gut zu erreichen. Zudem seien Gesundheitsaktivitäten ebenfalls eine Teamkomponente, bei der man mit Mitarbeitern in Kontakt komme, die man sonst nicht kenne. Beispielhaft sei ein Firmenlauf, bei dem man neben dem Geschäftsführer laufe, für manche Mitarbeiter ein tolles Erlebnis. Dadurch schaffe man ebenfalls eine höhere Identifikation mit dem Unternehmen und ein höheres Bewusstsein für die Gesundheit.

30.2.1 Praxisbeispiel machtfit

Sportliche Aktivitäten sind demnach eine Maßnahme, ganz nach der Redewendung: „Ein gesunder Geist in einem gesunden Körper". Es kann jedoch auch vorkommen, dass nicht alle Mitarbeiter ihren sportlichen Betätigungen mit Arbeitskollegen zusammen nachkommen möchten, sondern sich dem Arbeitsumfeld dafür entziehen möchten.

Dieses Potenzial hat auch das Unternehmen *machtfit* aus Berlin erkannt. Im Jahr 2011 haben mehrere Studenten der TU Berlin die Geschäftsidee ihrer Onlineplattform entwickelt. Diese bietet Arbeitgebern die Möglichkeit, ihren Mitarbeitern ein regionales Gesundheitsnetzwerk mit Kursen zu den Themen Bewegung, Stressmanagement, Ernährung und Raucherentwöhnung zu nutzen. Das Netzwerk umfasst mehr als 4000 Partner. Durch mehrere Filtermöglichkeiten können die Mitarbeiter geeignete Angebote heraussuchen. Die Arbeitgeber stellen den Mitarbeitern einen individuellen Betrag zur Verfügung, womit diese sich an den Kosten der Angebote beteiligen. Die Plattform ist sowohl über den Internetbrowser als auch per App zugänglich. Hierdurch bietet sich der enorme Vorteil, das Angebot auch für Mitarbeiter, die beispielsweise keinen Zugang zum Firmenintranet haben, zugänglich zu machen. Davon können besonders Mitarbeiter auf Verkaufsflächen und im Vertrieb profitieren. Durch die dezentrale Lösung profitieren auch Vertriebsmitarbeiter, die viel unterwegs sind, da sie individuell und einfach Kurse in verschiedenen Städten buchen können. Dieser Vorteil bietet sich auch Unternehmen mit mehreren Standorten. Der hohe organisatorische Aufwand, den Mitarbeitern die Präventionsmaßnahmen deutschlandweit zugänglich zu machen, wird abgenommen.

Darüber hinaus bietet die Plattform auch die Möglichkeit, die bereits bestehenden Betriebssportangebote in diese zu integrieren, sodass auch Firmenkurse nicht an Zulauf verlieren, sondern auch Teilnehmer gewinnen können. Mittels Administrationszugang kann der Arbeitgeber, sowohl die Kurse, als auch die zugehörigen Informationen zu verwalten. Durch die sogenannte „Cockpit Funktion" wird den Unternehmen die Möglichkeit geboten, zu sehen, welche Kurse wie oft gebucht werden und wo. Zusätzlich lässt sich das Layout an das Corporate Design anpassen, sodass die Mitarbeiter sich in einer gewohnten Umgebung bewegen.

Es lassen sich jedoch nicht nur Kurse buchen, sondern die Mitarbeiter erhalten von dem machtfit-Team auch Tipps zur Ernährung, Dehnübungen, Microworkouts und andere Fitness- und Sporttipps. Diese werden sowohl in Textformaten, als auch durch Videoclips bereitgestellt. Dadurch bedingt führt dieser Service auch eine schrittweise Sensibilisierung der Mitarbeiter für genannte Themen mit sich. Anhand von durchschnittlichen Aktivitätsquoten der Plattform (Stand 2016) lässt sich das auch sehen. Im ersten Vertragsjahr eines beispielhaften Kunden lag die durchschnittliche Aktivitätsquote der Mitarbeiter auf der Onlineplattform noch bei 23 %. Im vierten Vertragsjahr nahmen jedoch schon 51 % der Mitarbeiter das Angebot war.

Zudem bietet machtfit nicht nur Arbeitgebern und dessen Mitarbeitern Vorteile, sondern auch Kursanbietern. Die Kursanbieter müssen nach Vorgaben des § 20 SGB V (Sozialgesetzbuch 2016) Präventionsanbieter sein. Hierbei handelt es sich um Angebote von Gruppenaktivitäten zu den Themen Ernährung, Entspannung, Suchtmittelkonsum, Bewegungsgewohnheiten, die durch qualifizierte Trainer durchgeführt werden. Aus Sicht der Anbieter gelingt es, die eigene Reichweite zu steigern, indem man für eine große Menge an neuen potenziellen Kunden dauerhaft sichtbar wird. Somit wird ein neuer Vertriebskanal erschlossen. Das Angebot eines jeweiligen Kurses kann von dem Anbieter individuell mit Bildern und Texten auf der Plattform präsentiert werden. So besteht auch die Möglichkeit, neben klassischen Kursen z. B. Mehrfachkarten oder Wochenendseminare anzubieten. Außerdem übernimmt machtfit die komplette Abrechnung mit den Kursteilnehmern, bzw. dessen Arbeitgebern.

30.2.2 Praxisbeispiel Efficiency Software

Dass sich im digitalen Zeitalter Schlagwörter wie digitale Transformation, Big Data und viele weitere längst etabliert haben, birgt ebenfalls viele Neuerungen für die Arbeitswelt. Man spricht hier von Arbeit 4.0. Die Arbeitsläufe werden immer digitaler, vernetzter und flexibler. Es gilt sowohl technische, als auch soziale Innovationen voranzutreiben und zu kombinieren, so Bundesministerin für Soziales und Arbeit Andrea Nahles.

Das niederländische Unternehmen *Efficiency Software*, in Vught situiert, greift mit seinem Slogan „be healthier and more productive" diesen Trend auf. Es handelt sich hierbei um ein Softwareunternehmen, das mehrere Produkte der digitalen Gesundheitsförderung anbietet, seit dem Frühjahr 2016 ebenfalls in Deutschland. Im benachbarten Land konnte sich der Softwarehersteller bereits einen namenhaften Kundenstamm, zusammengesetzt aus jeglichen Branchen und Unternehmensgrößen, aufbauen. Das Unternehmen hat es sich zur Aufgabe gemacht, Betriebe mit Computerarbeitsplätzen nachhaltig zum Erfolg zu verhelfen. Know-how bringt das Schwesterunternehmen BakkerElkhuizen mit ein, welches ein Anbieter für ergonomisch geformtes Computerarbeitsplatzzubehör ist. Dieses

Ergonomie-Wissen fließt neben anderen wissenschaftlichen Erkenntnissen in die Produkte Efficiency Softwares ein, welche mittels Lizenzverfahren angeboten werden.

Im Jahr 2012 verbringen Mitarbeiter, die an einem computerbasierten Arbeitsplatz tätig sind, durchschnittlich 3,9 h pro Tag an dem technischen Gerät, wovon 53 % der Zeit die Maus genutzt wird (Efficiency Software 2016). Die Nutzung der handelsüblichen Maus ist für das Handgelenk jedoch schädlich. Sobald man die Handfläche aus der neutralen Position so dreht, dass sie auf der Maus aufliegt, bedeutet dies eine Pronation des Unterarms, was zu einer Muskelspannung im Unterarm führt (BakkerElkhuizen 2016). Durch die erhöhte Lage auf der Maus kommt es zudem zu einer Extension des Handgelenks, einer Streckung, welche durch die Nutzung des Zeigefingers noch verstärkt wird. Aufgrund dessen befindet sich die Hand durchgehend in einer unnatürlichen Position, was sich bei einer starken Nutzung der Maus durchaus bemerkbar machen kann.

Mit dem Tool *AltMOUSE* wirkt Efficiency Software dem Effekt entgegen. Das Programm zeigt dem Nutzer während der aktiven Mausnutzung alternative Tastenkombinationen an. Empfehlungen werden anhand häufig verwendeter Mausaktionen gegeben. Diese fördern die für das Handgelenk ergonomisch bessere Verwenden der Tastatur. Darüber hinaus spart man durch eine effizientere Tastatur-Mausnutzung bis zu 30 % Zeit ein (Tak 2007). Obwohl dies erwiesen ist, nutzen trotzdem 66 % der Computernutzer überwiegend die Maus. Im Gegensatz zu anderen Angeboten findet der Lernprozess bei AltMOUSE aktiv während der Arbeitszeit statt. Durch ein individuelles Feedback für den Nutzer wird dieser durch die errechnete Zeitersparnis und Aufzeigung des Gelernten im Nachhinein motiviert.

Im Rahmen einer Bewegungsstudie, die die Techniker Krankenkasse 2016 durchführte, wurden die Wünsche Erwerbstätiger in Bezug auf das Bewegungsangebot ihres Arbeitgebers ermittelt. Diese ergab, dass mit 47 % die meisten einen ergonomischen Arbeitsplatz z. B. mit einem Stehtisch für wünschenswert empfinden (TK 2016). Neben der negativen Belastung im Sitzen wirkt sich dieses dauerhaft negativ auf den Stoffwechsel aus (Oxford University Press 2015). An Sitz-Stehtischen ist die muskuläre Belastung niedriger und die Arbeitseffizienz und Konzentration höher (Efficiency Software 2016a). Efficiency Softwares *SitStandCOACH* geht auf die positive Wirkung ein. Der Computer wird mit dem Sitz-Stehtisch verbunden, womit die Nutzung dessen durch den Mitarbeiter analysiert wird. Anhand dieser Werte gibt die Software Empfehlungen zur zeitlich passenden Höhenverstellung des Tisches. Hierdurch wird einer falschen Nutzung, die kontraproduktiv ist, z. B. durch zu viel Stehen, entgegengewirkt.

Neben einer falschen Maus-/Tastaturnutzung und Sitz-/Stehhaltung ist vor allem ein durchgehendes Arbeiten am Computer ohne Pausen schädlich. Es gibt mehrere Pausensoftwares auf dem Markt, auch Freeware, die sich dem Gebiet widmen. Jedoch funktionieren diese nahezu alle nach dem Prinzip der Eieruhr. Die Frequenz und Dauer der Pausen wird vorher eingestellt. Das Problem dabei ist, dass die Leistung des Menschen nicht konstant ist, sondern sie nach einer gewissen Arbeitszeit abnimmt. Die Tageszeit spielt ebenfalls eine Rolle. Deswegen ist es sinnvoller, die Pausenschaltung individueller zu gestalten.

Diese Funktion greift *CtrlWork* auf. Die Software beinhaltet ebenfalls eine Pausenschaltung. Jedoch setzt sie sich aus Mikropausen, welche nur wenige Sekunden lang sind und Makropausen, die mehrere Minuten andauern, zusammen. Zudem analysiert die Software anhand der Tastatur- und Mausverwendung des Nutzers, wann eine Pause geeignet ist. Bei beschriebenen gängigen Pausenprogrammen kommt es gezwungenermaßen dazu, dass man seine Eingabe auf einmal unterbrechen muss, obwohl man gerade intensiv arbeitet und eine Pause nicht geeignet ist. Dieses Problem entsteht durch die Analyse CtrlWORKs nicht. Zum einen erkennt es aufgrund hoher Eingabewerte, ob eine Pause passend ist oder nicht. Blickt man gerade vermehrt auf den Bildschirm, eignet sich eine Pause eher, als wenn die Eingaberate momentan hoch ist. Zum anderen werden die Pausen so geschaltet, dass der Biorhythmus des Menschen berücksichtigt wird. Am frühen Morgen sind nicht so viele Pausen nötig wie am Nachmittag oder Abend. Das wird berücksichtigt, damit der Nutzer so effizient, wie möglich arbeiten kann.

Neben der reinen Pausenfunktion besteht die Möglichkeit, in den Pausen Inhalte einzuspielen. Zu diesen Inhalten gehören Videos zu Bewegungs- und Dehnübungen. Außerdem erhält man Tipps zum Zeitmanagement und der Verwaltung von E-Mails. Generelle Gesundheitstipps lassen sich ebenfalls einspielen. Neben erwähnten vorprogrammierten Inhalten, lassen sich zudem selber welche im XML-Format (Extensible Markup Language) erstellen. Alternativ lässt sich auch ein RSS-Format/Feed (Really Simple Syndication) einspielen, welcher den Nutzer über Aktualisierungen auf einer Seite benachrichtigt, meistens als Nachrichten-/Informationskanal verwendet. So lässt sich das Firmenintranet ergänzen, indem man Informationen in den Pausen einblenden lässt. Aufgrund dieser Gestaltungsfreiheit lassen sich in diesen additiv Inhalte zur Suchtprävention oder anderen der Betrieblichen Gesundheitsförderung einspielen.

Die anfangs an diesem Kapitel aufgeführte Umfrage mit Führungskräften aus Konzernen ergab zudem, dass Angebote der analogen Betrieblichen Gesundheitsförderung, wie ein Rückenkurs oder Seminare zur Suchtprävention, hauptsächlich durch Mitarbeiter, die sich ohnehin schon für das Thema interessieren, wahrgenommen werden. Durch das Einspielen von beschriebenen Inhalten in den Pausen besteht eine viel größere Reichweite. Mitarbeiter können somit dazu motiviert werden, sich mit den Themen auseinanderzusetzen. Jedoch wird ein Rückenkurs, zu dem sich eine Mitarbeitergruppe wöchentlich für eine Stunde trifft, nicht durch kurze Rückenübungen am Arbeitsplatz vollständig ersetzt. Es ist vielmehr eine Ergänzung, indem man etwas Bewegung in den täglichen Arbeitsrhythmus einbaut. Außerdem dient es zur Sensibilisierung für das Thema. Neben der Pausenfunktion ist eine abgeschwächte Funktion von AltMOUSE eingebunden, die Empfehlungen zur Tastatur-Mausnutzung gibt. Der Nutzer hat letztendlich auch Zugriff auf seine Nutzungsdaten der Software.

CtrlWORK gibt es in mehreren Ausgestaltungsformen. Zum einen existiert die Clientversion, bei welcher das Programm auf einem einzelnen Computer installiert ist. Hier besteht nicht die Möglichkeit, von außen individuelle Informationen, die nicht vorprogrammiert sind, in den Pausen einzuspielen. Zum anderen wird eine Serverversion angeboten, bei welcher zuvor genannte Funktionen komplett abgerufen werden können, also auch die Gestaltung und Steuerung von individuellen Inhalten. Es besteht die Möglich-keit, diese Serverversion noch um ein Reporting-Tool zu erweitern. Hierdurch liegen dem Management gruppenbezogene (mindestens fünf Personen) Daten zur Nutzung der Soft-ware vor. Diese Daten geben Aufschluss über:

- die Zeit der aktiven Computernutzung,
- die Wahrnehmung der Pausenempfehlung,
- Umsetzung der Tipps zu Tastenkombinationen,
- und die Tippgeschwindigkeit des Nutzers.

Die Software ist in größeren Unternehmen mit einer bestehenden Betrieblichen Ge-sundheitsförderung eine gute Ergänzung zu analogen Maßnahmen. Außerdem handelt es sich um eine präventive Maßnahme, die das Bewusstsein für die Gesundheit fördert. Die große Reichweite unterstützt zudem die Verbreitung von Informationen. Für kleine-re Unternehmen ohne eine Betriebliche Gesundheitsförderung deckt CtrlWORK mehrere Themengebiete dieser ab und ist ein Schritt in die Implementierung einer BGF.

Eine Studie der Deutschen Gesetzlichen Unfallversicherung (DGUV) im Jahr 2012 ergab, dass sich der Return of Prevention (RoP) pro investierten Euro in die BGF bei 2,2 befindet (dguv 2013). Zusammenhängend ist beispielsweise die Arbeitszeitersparnis von Efficiency Software zu berücksichtigen. Neben dem rein ökonomischen Vorteil, haben die erwähnten dBGF-Maßnahmen auch Einwirkungen auf die Zufriedenheit der Mitarbeiter, welche auf die ökonomischen Vorteile einwirkt. Die ausgleichende Wirkung des Sports ist unumstritten. Wenn der Mitarbeiter durch den Einsatz von dBGF-Maßnahmen seine Performancesteigerung sieht, Reporting-Tool CtrlWORKs, ist dies ein positives Erlebnis. Generell haben Erlebnisse der Arbeit Auswirkungen auf die Emotionen der Mitarbeiter und wirken auf die Arbeitsleistung und -zufriedenheit ein (Rowold 2015, S. 28).

30.3   Nachhaltiges Employer Branding

30.3.1   Definition

Die Funktionen und Wirkungsfelder einer digitalen Betrieblichen Gesundheitsförderung und eines Employer Branding überschneiden sich. Das lässt sich anhand zuvor gewonne-ner Erkenntnisse dieses Kapitels und der Definition des *Employer Brandings* aufzeigen. Zum Employer Branding existieren diverse Definitionen. Dieses Kapitel beruft sich auf folgende zwei:

▶ „**Employer Branding** hat zum Ziel, in den Wahrnehmungen zu einem Arbeitgeber eine unterscheidbare, authentische, glaubwürdige, konsistente und attraktive Arbeitgeber-marke auszubilden, die positiv auf die Unternehmensmarke einzahlt." (Queb e. V. 2016)

► **Employer Branding** ist die identitätsbasierte, intern wie extern wirksame Entwicklung und Positionierung eines Unternehmens als glaubwürdiger und attraktiver Arbeitgeber. Kern des Employer Brandings ist immer eine die Unternehmensmarke spezifizierende oder adaptierende Arbeitgebermarkenstrategie. Entwicklung, Umsetzung und Messung dieser Strategie zielen unmittelbar auf die nachhaltige Optimierung von Mitarbeitergewinnung, Mitarbeiterbindung, Leistungsbereitschaft und Unternehmenskultur sowie die Verbesserung des Unternehmensimages. Mittelbar steigert Employer Branding außerdem Geschäftsergebnis sowie Markenwert (DEBA 2016).

Die Definition des Bundesverbands für Employer Branding, Personalmarketing und Recruiting (Queb e. V.) bezieht sich auf das klassische Markenverständnis. Es wird eine Arbeitgebermarke gebildet. Die Definition der Deutschen Employer Branding Akademie (DEBA) geht über die reine Definition der Arbeitgebermarke hinaus und erweitert diese um die Wirkungsfelder Mitarbeitergewinnung, -bindung, Leistungsbereitschaft, Unternehmenskultur und -image. Auf diese Wirkungsfelder haben ebenfalls Maßnahmen der digitalen Betrieblichen Gesundheitsförderung Einfluss.

30.3.2 Strategisches Employer Branding

An oberster Stelle eines jeden Unternehmens steht die Meta-Zielebene, die die *Vision und Mission* beinhaltet. Aufgrund in Abschn. 30.1 beschriebener Trends macht es Sinn, das Thema Nachhaltigkeit bereits in der Meta-Zielebene zu verankert, damit sich dieses kohärent durch alle Unternehmensprozesse zieht.

So hat diese Meta-Zielebene auch einen Einfluss auf die drei essenziellen Brands eines jeden Betriebs. An erster Stelle steht die Unternehmensmarke, welche stimmig mit den Produktmarken und der *Arbeitgebermarke (Employer Brand)* sein muss. Das Thema Nachhaltigkeit muss sich somit auch in den Marken wiederfinden. Hat ein Unternehmen oder dessen Produkte kein nachhaltiges Image, so wirkt es unglaubwürdig, wenn man sich als nachhaltiger Arbeitgeber ausgibt. Umgekehrt wirkt ein Mitarbeiter, der grundlegende Werte des Unternehmens oder der Produkte nicht verinnerlicht hat, nicht authentisch gegenüber Kunden. Der Kunde überträgt seinen Eindruck der Mitarbeiter automatisch auf das Unternehmen und die Produkte. Eine Authentizität ist bei jeglichen Touchpoints erforderlich, da Mitarbeiter zugleich als Markenbotschafter fungieren (Gregory und Wiechmann 1997, S. 55).

Das Ziel einer Arbeitgebermarke ist es, als attraktiver Arbeitgeber wahrgenommen zu werden. Ein weiteres Ziel ist ein wachsendes Vertrauen, um dadurch auch eine höhere Identifikation mit dem Arbeitgeber zu generieren. Das hängt mit einem Gefühl der Gebundenheit zusammen.

Markenidentität

Nach der Festlegung der Ziele wird die Employer Brand mittels einer *Markenidentität* abgeleitet. Meffert nach, definiert die Markenidentität ganzheitlich und widerspruchslos, wofür eine Marke steht. Sie enthält somit alle Eigenschaften dieser und dient zur Differenzierung vom Wettbewerb. Aufgrund des Zusammenhangs zwischen Unternehmens- und Arbeitgebermarke, wird die Identität der Unternehmensmarke durch mitarbeiterspezifische Aspekte erweitert (Esch 2006, S. 112 f.). Es existieren verschiedene Ansätze zur Umsetzung der Markenidentität. In diesem Kapitel wird das Markensteuerrad von icon added value verwendet, welches sich an der hemisphärischen Denkweise des menschlichen Gehirns orientiert (Esch 2006, S. 59). Wissensstrukturen werden durch das Gehirn in zwei unterschiedlichen Hemisphären gespeichert. Die linke Gehirnhälfte verarbeitet sprachlich-rationale Informationen (Paivio 1986). Die rechte Hälfte wiederum verwertet durch die ganzheitliche Arbeitsweise emotionale Eindrücke (Kroeber-Riel 1993, S. 22 f.) Auf Basis dieser Erkenntnis stützt sich ebenfalls der Markenidentitätsansatz von icon added value. Folglich werden aufgrund der analytischen Arbeitsweise in der linken Gehirnhälfte rationale Eigenschaften der Marke und in der rechten Hälfte die emotionalen und bildlichen Eindrücke verarbeitet. Im Folgenden wird bei der Anreicherung des Identitätsansatzes der Fokus auf die betriebliche Gesundheitsförderung gelegt, siehe auch Abb. 30.1.

Das Markensteuerrad umfasst unter anderem die *Benefits und den Reason Why*, welche Leistungen der Arbeitgeber bietet, „Was biete ich an?". Dies wird durch die linke Gehirnhälfte wahrgenommen. Zudem wird hierdurch der Nutzen erläutert, wobei man zwischen einem funktionalen- und einem emotionalen Nutzen unterscheidet. Das Angebot einer analogen/digitalen betrieblichen Gesundheitsförderung des Arbeitgebers ist zu nennen. Durch die Nennung dieser wird der Nutzen einer Ziel-Mittel-Beziehung deutlich (Hermann et al. 2005, S. 177–208). Durch das Angebot wird deutlich, dass der Arbeitgeber sozial nachhaltig engagiert ist. Der funktionale Nutzen ist die Verbesserung der Gesundheit und Performance der Mitarbeiter, woraus der emotionale Nutzen der Fürsorglichkeit des Arbeitgebers und das Wohlbefinden seiner Mitarbeiter resultiert. Der Markennutzen gilt als häufigstes Entscheidungskriterium für eine Marke (Esch et al. 2005, S. 120).

Als nächstes ist die *Markenkompetenz* relevant, „Wer bin ich?". Durch die Geschichte der Marke wird die Kompetenz dieser dargelegt. Neben der grundlegenden Geschichte zur Gründung bietet es sich an aufzuzeigen, seit wann der Arbeitgeber eine analoge betriebliche Gesundheitsförderung anbietet. Um eine Entwicklung dessen zu illustrieren, wird der Zeitpunkt des erstmaligen Einsatzes digitaler Maßnahmen genannt, um somit als Vorreiter zu gelten. Eine weitere Möglichkeit, die Kompetenz der Arbeitgebermarke herauszustellen, sind Arbeitgebersiegel. Einer der bekanntesten Anbieter ist „Great Place to Work", welcher auch einen Sonderpreis für eine Betriebliche Gesundheitsförderung anbietet (Great Place to Work 2016). Jedoch ist der Markt der Arbeitgebersiegel in den letzten Jahren rasant gewachsen, weshalb es gilt, sich unter der Vielzahl an Anbietern für den richtigen zu entscheiden.

Anschließend wird die rechte menschliche Gehirnhälfte bedient, die emotionale Ebene der Markenidentität. Im Employer Branding ist diese Ebene besonders wichtig, da die Differenzierung von anderen Arbeitgebern in einem gesättigten Markt allein durch rationale Gründe immer schwieriger wird (Esch et al. 2005, S. 120). Die *Markentonalität* des Arbeitgebers gibt die Markenpersönlichkeit wieder, „Wie bin ich?". Sie wird durch beschreibende Adjektive gebildet. Ein Arbeitgeber, der eine digitale Betriebliche Gesundheitsförderung anbietet, ist beispielsweise einfühlsam, nachhaltig, dynamisch und modern.

Um ein visuelles Vorstellungsbild des Arbeitgebers zu erlangen, wird ein *Markenbild* verwendet, „Wer bin ich?". Dieses stützt sich auf den zuvor genannten Aspekten der Markenidentität. Leider sehen viele Markenbilder in der Kommunikation der Arbeitgebermarke nahezu gleich aus. Oftmals bilden sie Szenerien in Meetings oder einfache Handschläge ab. Es bieten sich allerdings durch die Einbindung der betrieblichen Gesundheitsförderung in dieses Markenbild andere Möglichkeiten. Arbeitgeber, die eine Plattform wie machtfit benutzen, können ihre Mitarbeiter beim Betriebssport zeigen. Dies

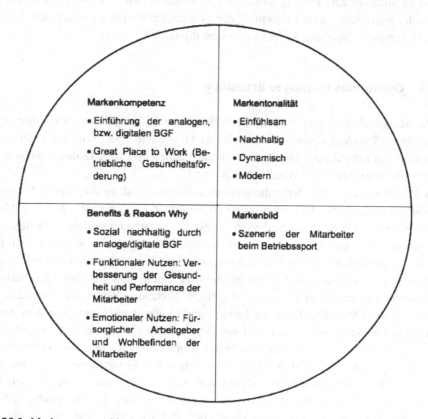

Abb. 30.1 Markensteuerrad in Anlehnung an Icon Added Value

lässt auf einen dynamischen Arbeitgeber schließen, bei dem nicht nur die Arbeit im Vordergrund steht, sondern auch das Wohlbefinden seiner Mitarbeiter und der Faktor Spaß.

Employer Value Proposition

Die Markenidentität wird durch die *Employer Value Proposition (EVP)*, Werteversprechen des Arbeitgebers, fortgeführt (Stritzke 2010, S. 50). Die EVP dient der Positionierung der Arbeitgebermarke. Die Kerneigenschaften und Werte des Arbeitgebers müssen so formuliert werden, dass sie authentisch, differenzierend sind und langfristig Bestand haben (Fernon 2008, S. 52). Deswegen gilt es, sie an die Unternehmenskultur, -geschichte, das Mitarbeiter- und Führungskräfteverhalten anzupassen (Latzel et al. 2015, S. 29). Die EVP wird durch die Benefits und den Reason Why der Markenidentität wiedergegeben und sollte durch einen Claim verdeutlicht werden (Sponheuer 2010, S. 228–240). In jeglichen Arten von Kommunikation soll dieser Claim durch eine emotionale und informative Positionierung erläutert werden. Deswegen appelliert der Arbeitgeber an das Bedürfnis der potenziellen, aber auch bereits angestellten Mitarbeiter nach sozialer Nachhaltigkeit, welches unter anderem eine Fürsorglichkeit des Arbeitgebers und ein Wohlbefinden seiner Mitarbeiter suggeriert. Parallel informiert der Arbeitgeber über den Einsatz einer betrieblichen Gesundheitsförderung, sei es analog oder digital.

30.3.3 Operatives Employer Branding

Um die Markenidentität und die Employer Value Proposition geltend zu machen, spielt die *Employer-Branding-Kommunikation* eine wichtige Rolle. Diese wird mit unterschiedlichen Effekten sowohl nach innen, als auch nach außen gerichtet. Dadurch entsteht das *Arbeitgeberimage* (Stotz und Wedel 2009, S. 10 f.).

Da Mitarbeiter auch als Markenbotschafter anzusehen sind, ist die *interne Employer-Branding-Kommunikation* besonders wichtig (Gregory und Wiechmann 1997, S. 55; Johnson und Roberts 2006, S. 40). Denn bereits angestellte Mitarbeiter sind die authentischsten Werbeträger und tragen am meisten für die externe Wirkung des Arbeitgebers bei. Deshalb ist es essenziell, sie immer über Informationen zu Neuerungen im Unternehmen auf dem Laufenden zu halten, um die strategische Ausrichtung und vor allem die Werte des Unternehmens zu verstehen (Stritzke 2010, S. 56; Stotz und Wedel 2009, S. 124). Die interne Employer-Branding-Kommunikation schafft eine Identifikation mit dem Arbeitgeber, stolz für diesen zu arbeiten und eine Vertrauensbasis zwischen Arbeitgeber und -nehmer (Latzel et al. 2015, S. 32). Des Weiteren rufen markenkonforme Mitarbeiter höhere Leistungen ab (Esch et al. 2005, S. 987). Neben dem Firmenintranet oder analogen Kommunikationskanälen wie Plakaten, Newslettern, Broschüren etc. bietet vor allem Efficiency Software durch die Pausenfunktion eine gute Kommunikationsmöglichkeit. Somit lassen sich Firmeninformationen dem Mitarbeiter effektiv bereitstellen. Hierzu trägt, wie schon in Abschn. 30.2 und 30.2.1 beschrieben, unter anderem ein gemeinsamer Firmenlauf mit dem Vorgesetzten oder der Betriebssport (machtfit) bei. Führungskräfte, die als gutes Beispiel agieren, verstärken die Kommunikation der Markenidentität und der EVP (Vallaster und de Chernatony 2006, S. 776 f.).

Mitarbeiter fungieren durch die interne Employer-Branding-Kommunikation demnach als Empfänger der Botschaft, jedoch nehmen sie auch wie schon beschrieben eine Rolle in der *externen Employer-Branding-Kommunikation* ein, indem sie Erfahrungen nach außen tragen. Dies kann durch Mund-zu-Mund-Propaganda geschehen, aber auch Portale zur Arbeitgeberbewertung bieten Mitarbeitern die Möglichkeit, Erfahrungen nach außen zu tragen. Eines der führenden Portale in diesem Markt ist kununu, bei dem man mitunter die Arbeitsatmosphäre, Kollegenzusammenhalt, Arbeitsbedingungen, Sozialbewusstsein, Sozialleistungen und das Image seines Arbeitgebers bewerten kann (kununu 2016). Somit wird Außenstehenden auch ein Eindruck über die Unternehmenskultur vermittelt. Die Wichtigkeit dessen spiegelt sich in dem Bestreben, einen cultural fit, die Übereinstimmung der Wertevorstellung zwischen Arbeitgeber und -nehmer zu erzeugen, wider. Durch eine Übereinstimmung der Werte wird ein langes Arbeitsverhältnis wahrscheinlicher. Außerdem wird dies durch eine hohe Performance der Mitarbeiter begleitet (vgl. Kotter und Heskett 1992). Ein mangelndes Commitment der Mitarbeiter mit dem Unternehmen führt neben einer schwachen Performance zudem noch zu einer allgemein schwachen Mitarbeiterbindung, einer hohen Fluktuation und einer hohen Anzahl an Fehltagen (Esch 2016, S. 127). Da in der externen Kommunikation meistens mit Zusammenhalt oder Entwicklungsmöglichkeiten geworben wird, bietet sich hier eine Möglichkeit, sich von der Konkurrenz abzusetzen (Stotz und Wedel 2009, S. 126). Angelehnt an die interne Employer-Branding-Kommunikation, sind individuelle Kampagnen mit Mitarbeitern, Szenerien des Betriebssports (machtfit), eine gute Möglichkeit, die Positionierung aus Abschn. 30.3.3 aufzugreifen. Eine weitere Möglichkeit, die digitale Betriebliche Gesundheitsförderung in die externe Employer-Branding-Kommunikation einzubinden, besteht durch einen persönlichen Kontakt bei Rekrutierungsmaßnahmen, ein persönliches Kommunikationsinstrument. Hier bestehen Vorteile wie eine höhere Glaubwürdigkeit, Flexibilität, bessere Kontrolle über die Wirkung des Kommunizierenden und einfacheres Durchbrechen der Informationsaufnahmebarriere einer Einzelperson (Wiese 2012, S. 65; Latzel et al. 2015, S. 42). Eine Umsetzung dessen ermöglicht der Einsatz des E-Learning-Tools psyGA in Führungskräfteworkshops für Absolventen. psyGA ist ein E-Learning-Tool, welches sich unter anderem mit der Förderung psychischer Gesundheit als Führungsaufgabe befasst (psyGA 2016).

30.4 Zusammenfassung

Die Arbeitswelt unterzieht sich einem Wandel. Treiber dessen sind unter anderem die Trends Silver Society, New Work, Digitalisierung, Gesundheit, Individualisierung. Sowohl die digitale Betriebliche Gesundheitsförderung als auch das Employer Branding greifen besagte Trends auf und gewinnen zunehmend an Bedeutung. Funktionen und Wirkungsfelder sind die Gewinnung und Haltung von Mitarbeitern, die Performance dieser, die Unternehmenskultur und letztendlich das Image des Arbeitgebers. Ein Anbieter der dBGF ist das niederländische Unternehmen Efficiency Software, welches mehrere präventiv wirkende Tools anbietet. Diese gestalten das Arbeiten an computerbasierten Arbeitsplätzen gesünder und effizienter. Darüber hinaus bietet das deutsche Unternehmen machtfit eine dezentrale Plattform an, die ein Gesundheitsnetzwerk mit Kursen im Bereich Bewegung, Stressmanagement, Ernährung und Rauchentwöhnung bietet. Zudem sparen Unternehmen durch die dBGF und das Employer Branding Kosten ein, da der RoP in der Gesundheitsförderung bei 2,2 liegt. Das Employer Branding wiederum hat vor allem eine fluktuationssenkende Wirkung, wodurch ebenfalls Kosten eingespart werden. Folglich können Unternehmen durch die Einbindung der dBGF-Maßnahmen in das Employer Branding effizienter arbeiten und vor allem kostengünstig dem demografischen Knick entgegenwirken.

Literatur

Allianz Dresdner Economic Research, Ein Blick in die Zukunft – acht Megatrends, die Wirtschaft und Gesellschaft verändern https://www.allianz.com/v_1339508238000/media/current/de/images/ein_blick_in_die_zukunft_acht_megatrends.pdf Zugegriffen: 16. September 2016

ARD-ZDF Onlinestudie 2016, Onlinenutzung http://www.ard-zdf-onlinestudie.de/index.php?id=560 Zugegriffen: 02. Oktober 2016

Bakker Elkhuizen, Die Wahl der richtigen Maus https://www.bakkerelkhuizen.de/wissenszentrum/whitepaper-die-wahl-der-richtigen-maus/ Zugegriffen: 14. Juli 2016

Bitkom 2015, 44 Mio. Deutsche nutzen ein Smartphone https://www.bitkom.org/Presse/Presseinformation/44-Millionen-Deutsche-nutzen-ein-Smartphone.html Zugegriffen: 26. August 2016

BKK Dachverband, Gesundheitsreport 2016 http://www.bkk-dachverband.de/fileadmin/publikationen/gesundheitsreport_2016/BKK_Gesundheitsreport_2016.pdf Zugegriffen: 28. November 2016

borderstep, Roadmap „Ressourceneffiziente Arbeitsplatz-Computerlösungen 2020" https://www.borderstep.de/wp-content/uploads/2014/07/Fichter-Clausen-Hintemann-Kurzfassung_Roadmap_Ressourceneffiziente_Arbeitsplatz_Computerloesungen_2020-2010.pdf. Zugegriffen: 13. Juli 2016

Bundesministerium für Gesundheit, Präventionsgesetz http://www.bundesgesundheitsministerium.de/themen/praevention/praeventionsgesetz.html Zugegriffen: 14. September 2016

Deutsche Employer Branding Akademie, Employer branding Definition http://www.employerbranding.org/employerbranding.php Zugegriffen: 1. August 2016

Deutsche Gesetzliche Unfallversicherung 2013, Berechnung des internationalen „Return of Prevention" für Unternehmen http://publikationen.dguv.de/dguv/pdf/10002/dguv-rep1-2013.pdf Zugegriffen: 14. Juli 2016

Efficiency Software a, Ergonomic Evaluation of Electrically Adjustable Table in VDU Work https://www.efficiencysoftware.de/uploads/nieuws/ergonomic-evaluation-of-electrically-adjustable-table-in-vdu-work-1433141551.pdf Zugegriffen: 14. Juli 2016

Efficiency Software, Keyboard shortcuts are healthier and smarter https://www.efficiencysoftware. de/nachrichten/keyboard-shortcuts-are-healthier-and-smarter-26/ Zugegriffen: 14. Juli 2016

Esch F.R.: Corporate Brand Management – Marken als Anker strategischer Führung von Unternehmen, S. 59 Betriebswirtschaftlicher Verlag Dr. Th. Gabler, Wiesbaden (2006)

Esch F.R.: Identität-Das Rückgrat starker Marken, S. 127, CampusVerlag GmbH. Frankfurt am Main (2016)

Esch, F.R. et al.: Moderne Markenführung – Grundlagen – Innovative Ansätze – Praktische Umsetzungen, S. 120 Betriebswirtschaftlicher Verlag Dr. Th. Gabler, Wiesbaden (2005)

Fernon, D.: Maximizing the power of the employer brand., S. 48–53. Vahlen. München (2008)

Great Place To Work, Sonderpreise bei Deutschlands beste Arbeitgeber http://www. greatplacetowork.de/beste-arbeitgeber/sonderpreise Zugegriffen: 04. Juli 2016

Gregory, J.R.und Wiechmann, J.G.: Leveraging the corporate brand, Lincolnwood: NTC Business Books. (1997)

Herrmann, A et al: Moderne Markenführung, 4. Aufl., S. 177–208, Gabler, Wiesbaden (2005)

Latzel J. et al.: Perspektivwechsel im Employer Branding-Neue Ansätze für die Generation Y und Z. Wiesbaden, S. 32, Springer Gabler, Wiesbaden (2015)

Johnson, M., und Roberts, P.: Rules of attraction: Recruit and retain the best staff with employer branding, (2006)

Kienbaum, Ergebnisbericht HR-Trendstudie 2015. http://www.kienbauminstitut-ism.de/fileadmin/ user_data/veroeffentlichungen/HR-Trendstudie_FINAL.pdf. Zugegriffen: 05. Juli 2016

Kotter, 1. P. und Heskett, J. L.: Corporate Culture and performance, The Free Press., New York (2011)

Kroeber-Riel, W.: Bildkommunikation, S. 22 f. Vahlen, München (1993)

Kununu: Deutsche Telekom https://www.kununu.com/de/deutsche-telekom/kommentare Zugegriffen: 03. Oktober 2016

Microsoft TechNet, Wenn alles im Fluss ist: Leben und Arbeiten im #worklifeflow, https:// blogs.technet.microsoft.com/microsoft_presse/wenn-alles-im-fluss-ist-leben-und-arbeiten-im-worklifeflow/. Zugegriffen: 05. Juli 2016

Oxford University Press, European Heart Journal http://eurheartj.oxfordjournals.org/content/early/ 2015/07/29/eurheartj.ehv308 Zugegriffen: 14. Juli 2016

Paivio, A.: Mental representation – A dual-coding approach, Oxford University Press, New York (1986)

psyGA, Förderung psychischer Gesundheit als Führungsaufgabe http://psyga.info/ueber-psyga/ materialien/elearning-tool/ Zugegriffen: 20. September 2016

Queb, Employer branding Definition http://www.queb.org/activity-lounge/definitionen-employer-branding/ Zugegriffen: 1. August 2016

Rowold J. (2015) Human Resource Management., S. 28, Springer Gabler, Heidelberg

Sozialgesetzbuch http://www.sozialgesetzbuch-sgb.de/sgbv/20.html Zugegriffen: 05. August 2016

Sponheuer, B.: Employer Branding als Bestandteil einer ganzheitlichen Markenführung, S 228–240, Gabler, Wiesbaden (2010)

Statista, Umfrage in Deutschland zum Interesse der Bevölkerung an Gesundheit und Fitness. https://de.statista.com/statistik/daten/studie/478483/umfrage/umfrage-in-deutschland-zum-interesse-der-bevoelkerung-an-gesundheit-und-fitness/, Zugegriffen: 13. Juli 2016

Statistisches Bundesamt, Alterung der Bevölkerung durch aktuell hohe Zuwanderung nicht umkehrbar. https://www.destatis.de/DE/PresseService/Presse/Pressemitteilungen/2016/01/PD16_021_12421.html. Zugegriffen: 05. Juli 2016

Stotz, W., und Wedel, A.: Employer Branding – Mit Strategie zum bevorzugten Arbeitgeber. S. 124, Oldenbourg. München (2009)

Stritzke, C.: Marktorientiertes Personalmanagement durch Employer Branding: Theoretisch- konzeptioneller Zugang und empirische Evidenz, S. 56, Gabler, Wiesbaden (2010)

Tak, S. The Use of Keyboard Shortcuts Optimizing versus satisficingin the use of complex technology, Eindhoven University of Technology, Eindhoven (2007)

Techniker Krankenkasse, TK Bewegungsstudie 2016-Beweg dich Deutschland https://www.tk.de/centaurus/servlet/contentblob/819848/Datei/163832/TK-Bewegungsstudie-2016-Beweg-dich-Deutschland.pdf Zugegriffen: 14. Juli 2016

Vallaster, C., & de Chernatony, L. (2006). Internal brand building and structuration: the role of leadership. European Journal of Marketing, 40(7/8), S761–784

Weißenrieder, J. und Kosel,; Nachhaltiges Personalmanagement-Acht Instrumente zur systematischen Umsetzung, S. 7, Gabler, Wiesbaden 2005

Wiese, D.: Employer Branding – Arbeitgebermarken erfolgreich aufbauen., S. 42, AV Akademikerverlag GmbH & Co.KG.Saarbrücken (2012)

Zenith, 75 % mobile Internetnutzung in 2017 https://www.zenithmedia.de/pressemitteilungen/news/75-prozent-mobile-internetnutzung-in-2017-1?s=news/pressemitteilungen Zugegriffen: 29. Oktober 2016

Zukunftsinstitut, Megatrend Gesundheit https://www.zukunftsinstitut.de/dossier/megatrend-gesundheit/. Zugegriffen: 13. Juli 2016

Christopher Neller studiert International Marketing an der Fontys International Business School in Venlo, Niederlande. Seit mehreren Semestern ist er für die Leitung der studentischen Unternehmensberatung der Hochschule verantwortlich. Die erste Auseinandersetzung mit der digitalen Betrieblichen Gesundheitsförderung erfolgte im Frühjahr 2016, als er im Rahmen eines Beratungsprojektes ein Marketingkonzept für ein Unternehmen, das in dem Bereich tätig ist, schrieb. Aufgrund zuvor gesammelter Projekterfahrung im Employer Branding erkannte er die Parallelen der beiden Disziplinen und setzte sich fortan näher mit der Einbindung der digitalen Betrieblichen Gesundheitsförderung in das Employer Branding auseinander.

Zielgruppen im Digitalen Betrieblichen Gesundheitsmanagement: „Best Practice"-Beispiele

31

Pia Braun und Volker Nürnberg

Zusammenfassung

Gesunde, arbeitsfähige und motivierte Mitarbeiter werden zukünftig aufgrund des demografischen Wandels und der damit einhergehenden Arbeitsmarktsituation für Unternehmen immer wichtiger. Um langfristig von einer gesunden Belegschaft profitieren zu können, sind Unternehmen angehalten, ihr Betriebliches Gesundheitsmanagement (BGM) an die Trends der Zukunft, wie beispielsweise die Digitalisierung, anzupassen. Das Ziel sollte dabei sein, dass BGM-Maßnahmen möglichst viele Mitarbeiter erreichen, aber auch Zielgruppen ansprechen, die bisher durch konventionelle Maßnahmen nicht motiviert werden konnten. Um hier eine entsprechende Lösung zu bieten und gleichzeitig den zukünftigen Herausforderungen zu trotzen, wird neuerdings auf digitale Gesundheitstools gesetzt. „Best Practice"-Beispiele, die veranschaulichen, wie digitale gesundheitsfördernde Maßnahmen in das BGM von Unternehmen integriert werden könnten, werden im folgenden Kapitel beschrieben.

31.1 Digitales BGM: Der richtige Weg, um zukünftige Herausforderungen zu meistern?

In Zeiten der Digitalisierung, des demografischen Wandels und der damit einhergehenden alternden Belegschaft stellt sich die Frage, wodurch sich ein erfolgreiches Betriebliches Gesundheitsmanagement (BGM) auszeichnet und wie es zukünftig gestaltet werden soll,

P. Braun
Köln, Deutschland
E-Mail: pia-braun@freenet.de

V. Nürnberg (✉)
Frankfurt am Main, Deutschland
E-Mail: volker.nuernberg@fham.de

© Springer Fachmedien Wiesbaden GmbH 2018
D. Matusiewicz und L. Kaiser (Hrsg.), *Digitales Betriebliches Gesundheitsmanagement*,
FOM-Edition, https://doi.org/10.1007/978-3-658-14550-7_31

um einen Großteil der Mitarbeiter zu erreichen. Da gesunde Mitarbeiter in den nächsten Jahren nahezu unersetzlich werden, muss ein entsprechend innovatives BGM-Konzept zum festen Bestandteil einer langfristigen und erfolgreichen Unternehmensstrategie werden.

Geschäftsführer, HR-Manager und Führungskräfte sind sich einig, dass die oberste Priorität im Umgang mit der demografischen Entwicklung in Unternehmen der Erhalt der Leistungsfähigkeit bzw. Arbeitsfähigkeit und die Gesundheit der Beschäftigten ist (Mercer und Bertelsmann Stiftung 2012). Durch Studien konnte bereits gezeigt werden, dass die Einführung entsprechender Maßnahmen in die Betriebliche Gesundheitsförderung (BGF) zu zufriedeneren Mitarbeitern und einer Reduktion krankheitsbedingter Fehlzeiten führen kann (Kreis und Bödeker 2003; Verbeek et al. 2009). Zurzeit werden jedoch durchschnittlich nur ca. 10 bis 20 % der Beschäftigten innerhalb eines Jahres durch BGF-Maßnahmen erreicht (Foitzik 2016), was klar symbolisiert, dass sich grundlegend etwas ändern muss. Unternehmen sind angehalten, sich an neue Rahmenbedingungen anzupassen, sodass jedem Mitarbeiter zeit- und ortsunabhängig individuelle Förder- und Unterstützungsangebote geboten werden, die möglichst niederschwellig in den Arbeitsprozess und persönlichen Alltag integriert werden können. Ein modernes BGM sollte hierbei nicht nur mögliche Risikofaktoren für die Gesundheit der Belegschaft frühzeitig erkennen, sondern auch präventiv auf die Megatrends der Zukunft wie die eben genannte Digitalisierung, den demografischen Wandel und dem damit verbundenen Mangel an Nachwuchskräften, aber auch die sogenannten „Lifestyle"-Krankheiten (Zivilisationskrankheiten) eingehen. Lifestyle-Krankheiten, zu denen vor allem Diabetes mellitus, hoher Blutdruck, Fettstoffwechselstörungen, starkes Übergewicht, aber auch psychische Erkrankungen gehören, sind „durch individuelles Gesundheitsverhalten beeinflussbar" (Dr. Oliver-Thiemo Henssler, Leiter Produktmarketing der Firma vitaliberty GmbH; Foitzik 2016) und sollten somit ein zentrales Thema in der Gestaltung und Aufarbeitung des modernen BGMs darstellen.

Um hier eine entsprechende Lösung zu bieten und auch den anderen Herausforderungen der Zukunft zu trotzen, wird neuerdings auf digitale Gesundheitstools gesetzt, die vielversprechende Vorteile nach sich ziehen. Da die Arbeit immer mobiler und Mitarbeiter zunehmend von einem festen Arbeitsplatz „entgrenzt" werden, ist der Vorteil von digitalen BGM-Maßnahmen, dass sie den Mitarbeiter dort abholen, wo er sich befindet – unterwegs. Onlinebasierte Gesundheitsprogramme, Gesundheitsplattformen und mobile Lösungen ermöglichen, das Thema Gesundheit flexibel in den persönlichen und beruflichen Alltag der Mitarbeiter zu integrieren. Onlineangebote sind dabei meist nicht so zeitintensiv und vor allem ein ressourcenschonender Baustein von BGM. Um nachhaltig die Mehrzahl an Mitarbeitern zu gesundheitsbewusstem Verhalten zu animieren, müssen deswegen zukünftig klassische Präsenzangebote wie Seminare oder Gesundheitstage immer häufiger durch digitale Lösungen unterstützt werden (die Verzahnung von herkömmlichen und digitalen Maßnahmen wird in diesem Kontext auch oft als „Blended Health Management" bezeichnet). Die modernen Technologien bieten neue Chancen, auch Mitarbeiter mit Risikofaktoren, die durch die üblichen Angebote und Gesundheitsmaßnahmen bisher nicht erreicht wurden, zu gesundheitsbewusstem Verhalten zu motivieren. Dazu gehören beispielsweise internetaffine Männer, die sich bisher der Prävention entzogen haben oder auch Migranten, deren Sprachbarriere über die Mehrsprachigkeit von Onlinelösungen überwunden werden kann. Gerade für Männer kann es einen erheblichen Vorteil darstellen, dass digitale, gesundheitsfördernde Angebote meist anonym wahrgenommen werden können, ohne dass die Kollegen oder der Chef davon erfahren.

Um die Vorteile von digitalem BGM entsprechend nutzen zu können, müssen gewisse Qualitätsanforderungen erfüllt werden, die dem Nutzer eine sichere, attraktive und leichte Handhabung gewähren. Hierzu gehören vor allem die Berücksichtigung des Datenschutzes, aber auch Schnittstellen zu anderen Geräten wie Wearables oder Fitness-Apps, die Individualisierbarkeit solcher Maßnahmen und die Möglichkeit, Angebote auf mehreren Sprachen anzubieten. Zudem sollten digitale BGF-Maßnahmen und -Angebote immer auf den aktuellsten Stand und leicht in den Alltag zu integrieren sein. Mögliche Nachteile liegen darin, dass es kaum persönlichen Kontakt und dadurch keinen direkten Ansprechpartner bei rein digitalen Lösungen gibt. Dadurch muss vor allem eine Antwort auf die Frage gefunden werden, wie Mitarbeiter trotz der fehlenden direkten Ansprache motiviert werden können. Einige vielversprechende Ansätze stellen hier Online-Fitnessstudios, Gesundheits-Apps oder Vermittlungsplattformen dar. Zwei dieser innovativen Ansätze werden später in diesem Kapitel ausführlicher erläutert, zum einen das Produkt „moove" der vitaliberty GmbH, sowie zum anderem die gesundheitsbasierte Vermittlungsplattform von der machtfit GmbH. Zunächst soll intensiver auf die verschiedenen Zielgruppen eingegangen werden, die primär durch digitales BGM erreicht werden sollen.

31.2 Welche Zielgruppen kann digitales BGM erreichen?

Bisher haben betriebliche Gesundheitsförderungsmaßnahmen hauptsächlich diejenigen Mitarbeiter angesprochen, die bereits gesund leben und Wert auf eine gesundheitsfördernde Lebensweise legen. Mitarbeiter, die es eher nötig haben, wie z. B. Personen mit erhöhten Risikofaktoren, chronisch Kranke, aber auch Männer konnten bislang nicht oder nur selten erreicht werden. Hier fehlt es an der richtigen Ansprache und an innovativen Wegen, um Mitarbeiter dort abzuholen, wo sie sich befinden, und entsprechend zu motivieren. Die Herausforderungen der Zukunft können hier als Chance gesehen werden, um gesundheitsfördernde Maßnahmen zielsicherer im wahrsten Sinne des Wortes „an den Mann zu bringen". Personal- und Gesundheitsmanager erkennen zunehmend, dass sich die Arbeitswelt stark gewandelt hat, dass sie mobiler und digitaler geworden ist und somit auch das BGM digital werden muss. Unternehmen müssen ihre Arbeitnehmer mit dem Thema Gesundheit auf anderen Wegen erreichen. Durch die Digitalisierung können vor allem sowohl Männer, als auch die Generation Y und Z, die jüngsten Fachkräfte auf dem Arbeitsmarkt, motiviert werden.

31.2.1 Zielgruppe: Generation Y und Z

Um dem demografischen Wandel zu begegnen, wird zukünftig immer mehr Wert auf die Mitarbeiterbindung und -rekrutierung von Fachpersonal gelegt. Die Fachkräfte, um die es hier geht, kommen aus den sogenannten Generationen Y und Z. Generation Y wird die Bevölkerungskohorte genannt, die im Zeitraum von etwa 1980 bis 1999 geboren wurde, Generation Z ist die Generation, die danach folgt. Allein die Generation Y wird bereits in wenigen Jahren mehr als Dreiviertel der arbeitenden Bevölkerung und zu fast 100 % die Belegschaft der Gründerszene ausmachen (Uhe und Würtenberger 2016). Beide Generationen zeichnen sich durch besondere Technikaffinität aus und arbeiten oft lieber in virtuellen Teams. Eine Trennung zwischen online und offline ist für diese Generation deswegen meist nicht mehr notwendig. Zugleich wollen sie die Möglichkeit zur Selbstverwirklichung, Freiräume sowie eine problemlose Kombinierbarkeit von Beruf und Familie. Uneingeschränkte weltweite Mobilität ist für sie ebenso selbstverständlich wie eine sinnstiftende Tätigkeit und Spaß im Berufsleben.

Um Mitarbeiter dieser Generationen für sich zu gewinnen und auch halten zu können, müssen entsprechende Konzepte entwickelt werden, die deren Anforderungen gerecht werden. Innovatives, onlinebasiertes BGM kann dabei dem Unternehmen als Aushängeschild im „War for Talents" im Kampf um die besten Fach- und Führungskräfte dienen, denn wer qualifizierte Mitarbeiter gewinnen will, muss deren Gesundheit fördern und zu entsprechenden Maßnahmen greifen (Lechtleitner 2015). Für das betriebliche Gesundheitsmanagement bedeutet dies, dass die allgemeine Digitalisierung einen erheblichen Vorteil einbringen kann: Digitale gesundheitsfördernde Angebote, auf die die mobilen Mitarbeiter jederzeit und von überall zugreifen können, werden gerade für die junge Belegschaft immer attraktiver. Um Mitarbeiter der Generation Y und Z dazu zu motivieren, einer gesunden und ausgewogenen Lebensweise nachzugehen, müssen spielerische Elemente (Gamification) in digitalen Angeboten eingesetzt werden, da gerade für junge Mitarbeiter Motivation und Spaß bei der Tätigkeit entscheidende Erfolgstreiber darstellen. Ein perfektes Beispiel dafür, wie man Mitarbeiter zu mehr Bewegung anspornt, ist die App „Pokémon Go", die momentan auf der ganzen Welt gehypt wird. Pokémon Go schafft etwas, an dem schon viele Gesundheitskampagnen gescheitert sind: Die meist jugendlichen Spieler bewegen sich nach draußen und legen bei der Jagd nach virtuellen „Monstern" jede Menge Schritte zurück. Ähnlich könnten innovative Maßnahmen des zukünftigen, digitalen BGMs aussehen, die durch unterschiedliche Features wie z. B. Challenges, Teamaktionen, digitale QR-Code-Schnitzeljagd oder monatlich wechselnden Schwerpunktthemen attraktiv und nutzerfreundliche gestaltet werden.

31.2.2 Zielgruppe: Männer

Eine weitere bisher unerreichte Zielgruppe mit viel Zukunftspotenzial ist die der männlichen Mitarbeiter. Männer und Frauen unterscheiden sich nicht nur hinsichtlich körperlichbiologischer Bedingungen, die auf die Gesundheit wirken, sondern auch im Umgang mit dem Thema Gesundheit. Männer assoziieren mit physischer und psychischer Gesundheit etwas anderes als Frauen, gehen erwiesenermaßen seltener zum Arzt und warten auch länger, bis sie sich untersuchen lassen (o.V. 2016). So sind Männer trotz einer kürzeren Lebensdauer aufgrund von riskanterem Gesundheitsverhalten in der Regel schlechter mit Präventionsangeboten zu erreichen. Die Nichtinanspruchnahme von bestimmten Angeboten der Gesundheitsförderung könnte auch mit dem Bild zusammenhängen, dass Männer immer noch als „stark" wahrgenommen werden wollen und sich in ihrer Männlichkeit gekränkt fühlen, wenn sie wegen Kleinigkeiten zum Arzt geschickt werden.

Die Vorteile von digitalem BGM könnten sich auch hier bezahlt machen. Die Anonymität gewährt den Männern, unbeobachtet gesundheitsfördernden Angeboten und Kursen nachzugehen, zu denen sie sich unter anderen Umständen vielleicht nicht angemeldet hätten. Gamification ist zudem ein Faktor, der nicht nur junge Arbeitskräfte anlockt, sondern auch für Männer einen interessanten Ansatzpunkt darstellt. Männer, die sich von den herkömmlichen BGF-Maßnahmen nicht angesprochen fühlen, können meist durch webbasierte Maßnahmen oder über Apps auf dem Smartphone motiviert werden. Spielerische Visualisierungen, Vernetzungen mit Fitness-Trackern wie Wearables und Apps, sowie individuelle Erfolgsmeldungen, die den persönlichen Fortschritt im Hinblick auf die eigene Gesundheit veranschaulichen, spornen zusätzlich an. Für diese Zielgruppe müssen zukünftig vor allem exzentrische und materielle Anreize angeboten werden, damit eine höhere BGF-Teilnahmequote von männlichen Mitarbeitern erzielt wird.

31.3 „Best Practice"-Beispiele

Das digitale betriebliche Gesundheitsmanagement befindet sich noch im Anfangsstadium. Trotzdem gibt es bereits vielversprechende Ansätze und Ideen, wie das BGM von morgen aussehen soll. Beispiele, die veranschaulichen, wie digitale gesundheitsfördernde Maßnahmen in das BGM von Unternehmen integriert werden können, liefern zum einen die machtfit GmbH und zum anderen die vitaliberty GmbH. Beide haben im Laufe der letzten Jahre Lösungen entwickelt, die aufzeigen, inwiefern digitales BGM in der Praxis umgesetzt und langfristig in die Unternehmensphilosophie und -strategie mit aufgenommen werden kann.

31.3.1 machtfit GmbH

Die machtfit GmbH mit Sitz in Berlin ist ein Gesundheitsnetzwerk für Unternehmen, Arbeitnehmer und Anbieter gesundheitsfördernder Leistungen, die auf innovative BGM-Lösungen setzen. Das Gesundheitsnetzwerk stellt eine Onlineplattform dar, auf der ein regionales Netzwerk mit Gesundheitskursen bereitgestellt wird und Kunden (Unternehmen, Arbeitnehmer etc.) ihre BGM-Aktivität steuern können. Die Idee für die Gründung der machtfit GmbH kam im Rahmen eines Projektes an der Technischen Universität Berlin, die sich intensiv mit dem Thema „Online BGM" auseinandergesetzt haben. Laut der machtfit GmbH profitieren alle Nutzer und Beteiligte im gleichen Maße von den gesundheitsfördernden Angeboten: Mitarbeitern wird es erleichtert, Sport und Bewegung in ihren Alltag zu integrieren, Unternehmen fördern die Gesundheit ihrer Mitarbeiter und Anbieter gewinnen durch ihre Kooperation mit machtfit neue Kursteilnehmer und können ihre Kapazitäten besser ausschöpfen.

Vorteile für den Mitarbeiter

Die Mitarbeiter der Unternehmen, die das Angebot von machtfit nutzen, erhalten Zugriff auf ein regionales Gesundheitsnetzwerk mit Präventionskursen zu unterschiedlichen Themen. Sie können wählen zwischen Angeboten aus den Bereichen Stressmanagement, Bewegung, Raucherentwöhnung und Ernährung. machtfit kooperiert bundesweit mit ca. 1000 Gesundheitspartnern, die aus unterschiedlichen Bereichen kommen: Sportvereine, Fitnessstudios, Personal-Trainer, Physiotherapie-Praxen, Onlineanbieter etc. Sobald ein passendes Angebot gefunden wurde, kann der Kurs direkt online über den jeweiligen Anbieter gebucht werden. So kann der Mitarbeiter entscheiden, ob er wahlweise am Unternehmensstandort oder am eigenen Wohnsitz das Angebot wahrnehmen möchte. Bis zu 500 € pro Jahr können Arbeitgeber gemäß § 3 Nr. 34 EStG für jeden Mitarbeiter lohnsteuer- und abgabenfrei ausgeben, um Präventionskurse zu buchen. Durch den Zuschuss des Arbeitgebers bleibt für den Mitarbeiter deswegen nur ein geringer Eigenanteil zu zahlen, sodass Präventionskurse ohne großen Aufwand wahrgenommen werden können.

Mitarbeiter bekommen zudem nicht nur Zugriff auf das machtfit-Kursangebot, sondern auch Informationen und Inhalte zum Lesen rund um die Themen Gesundheit, Fitness und Sport wie beispielsweise Tipps für die Fettverbrennung oder gesunde Kochrezepte. Um Mitarbeiter zu motivieren, das Angebot entsprechend zu nutzen, werden durch Incentives wie Gewinnspielen oder „kleine Überraschungen" nach erfolgreicher Buchung von Kursen (= Aktivierungsaktionen) stetig neue Anreize geschafft. Hier werden Nutzer durch regelmäßige Push-Nachrichten und E-Mails informiert, die aktuelle Anlässe aufgreifen wie z. B. Olympia, EM oder Ähnliche. Dies sieht in der Praxis so aus, dass z. B. zu dem Thema Olympia Informationen zu einer ausgewogenen Sportlerernährung verschickt werden oder es am „Tag der Massage" auf alle Massagen 50 % Rabatt gibt. Rabattaktionen werden auch dann häufig gestartet, wenn neue Partner für die Gesundheitsplattform gewonnen werden konnten. Diese Aktionen könnten beispielsweise so aussehen, dass für die ersten zehn Personen, die sich für Kurse dieses Anbieters anmelden, die Teilnahme umsonst ist. Mitarbeiter, die die Plattform nutzen, werden so immer wieder erinnert, etwas für ihre Gesundheit zu unternehmen. In den E-Mails werden auch stetig aktuelle Themen aus dem machtfit-Fitmacher-Magazin aufgegriffen, wie z. B. saisonale Ernährungs- oder sonstige Gesundheitstipps. Durch solche Aktionen sollen die Teilnahme und die Aktivität der Nutzer gesteigert werden, sodass nachhaltig eine gesündere Lebensweise geschaffen werden kann.

Wird betriebliches Gesundheitsmanagement innovativ und attraktiv gestaltet, so wirkt sich dies wie zuvor bereits erwähnt positiv auf die Mitarbeiterbindung, die Motivation und die Produktivität aus. Durch die große und bundesweite Kursauswahl der machtfit-Plattform profitiert demnach nicht nur jeder Einzelne, sondern das gesamte Unternehmen.

Vorteile für den Arbeitgeber

Um der Digitalisierung der Arbeitswelt entsprechend begegnen zu können, bietet die machtfit GmbH durch ihre digitale Gesundheitsplattform Unternehmen eine zentrale Anlaufstelle für alle Themen rund um das Thema BGM. Bereits bestehende oder eingeführte gesundheitsfördernde Maßnahmen, wie z. B. Betriebssport oder Rückenschulungen können dabei in die Plattform integriert werden. So schöpfen Mitarbeiter aus einem Fundus von internen und externen Angeboten und wählen den Kurs, der ihren Bedürfnissen entspricht und in der Nähe ist. Vorteilhaft ist, dass so alle Gesundheitsthemen gebündelt dargestellt werden können und damit sowohl für den Mitarbeiter als auch für den Arbeitgeber jederzeit verfügbar und abrufbar sind – orts- und zeitunabhängig. Durch die Gestaltung der Plattform im Corporate Design der Firma und einer übersichtlichen Darstellung der verschiedenen Themen, wird das Aussehen zusätzlich so angepasst, dass die Mitarbeiter sich in ihrer gewohnten Umgebung bewegen können. Die Gesundheitsplattform lässt sich auch auf unterschiedlichste Bildschirme anpassen und kann so sowohl auf dem Tablet, als auch auf dem PC oder Smartphone genutzt werden, sodass die Mitarbeiter schnell und jederzeit Angebote buchen können. Zusätzlich kann sich jeder Mitarbeiter die machtfit-Smartphone-App herunterladen. Dies ist laut der machtfit-Homepage bundesweit einzigartig unter den BGM-Anbietern.

Damit intern möglichst große Wellen geschlagen und somit eine hohe Anzahl an Mitarbeiter über die Gesundheitsplattform informiert werden, wird in Kooperation mit der machtfit GmbH eine individuelle Kommunikationsstrategie erarbeitet. Zum größten Teil werden für die Kommunikation alle verfügbaren Kanäle, wie z. B. das Intranet, Aushänge, Betriebsrat, Poster, E-Mails, Infoveranstaltungen genutzt. Dazu werden unter anderem Vorlagen für Flyer, Poster oder E-Mails zur Verfügung gestellt. Da innovatives BGM jedoch nicht nur interne, sondern auch externe Auswirkungen haben soll, muss vermehrt darauf hingewiesen werden, wie BGF einen entscheidenden Einfluss auf den „War of Talents" (Vater 2003) haben kann. Hinsichtlich des demografischen Wandels wird hier zukünftig auch das Thema des Employer Brandings immer elementarer werden. Indem betriebliche Gesundheitsförderung nicht nur intern, sondern auch extern kommuniziert wird, kann es als Instrument der Mitarbeitergewinnung eingesetzt werden und so im Kampf um neue Fach- und Führungskräfte den Ausschlag geben. Denn wenn die Belegschaft spürt, dass der Arbeitgeber die Gesundheit der Mitarbeiter und sie somit als Person wertschätzt, steigt zumeist auch die Unternehmenstreue.

Ein weiterer Vorteil der machtfit-Gesundheitsplattform ist, dass Arbeitgeber die Plattform als Verwaltungstool nutzen können, indem sie über einen Administrationszugang das Gesundheitsbudget pro Mitarbeiter festlegen, sowie neue Kurse und Angebote einstellen und verwalten. Zudem wird der personelle und zeitliche Aufwand minimiert, indem machtfit den kompletten Abrechnungsprozess zwischen Mitarbeiter, Arbeitgeber und Gesundheitsanbieter und die gesetzlich vorgeschriebene Dokumentation der Rechnung gemäß § 3 Nr. 34 EStG übernimmt. Zusätzlich erhält jeder Kunde einen persönlichen Account-Manager, der bei der Implementierung der machtfit-Plattform unterstützt.

Vorteile für Gesundheitsanbieter

Die machtfit-Plattform bietet Gesundheitsanbietern einen kostenlosen Werbekanal, den sie vor allem nutzen können, um neue Kunden für sich zu gewinnen und auf ihre Angebote aufmerksam zu machen. Erst bei der erfolgreichen Vermittlung eines Kurses wird eine Vermittlungsgebühr fällig. Da schon jetzt mehrere tausend Mitarbeiter die Plattform nutzen, können Teilnehmer durch ein attraktives Angebot, das durch Anbieter auf die Plattform gestellt wird, optimal erreicht werden. Bei der Angebotsgestaltung und -verwaltung ist den Gesundheitsanbietern freie Hand gewährt, das heißt, sie können Bilder, Texte etc. selbst auswählen, sowie Sonderaktionen wie Mehrfachkarten oder Wochenendseminare anbieten. Auf dem Blog der machtfit-Homepage werden zudem regelmäßig neue machtfit-Partner vorgestellt, über deren Studio oder Kursangebot dann berichtet wird. So können sich Anbieter einem großen und weitreichenden Publikum präsentieren.

Zusätzlich übernimmt machtfit auch hier die komplette Abrechnung mit Unternehmen und Mitarbeitern, damit für einen reibungslosen Ablauf und Bezahlvorgang aus einer Hand gesorgt wird.

31.3.2 vitaliberty GmbH

Die vitaliberty GmbH mit Sitz in Mannheim gehört zur vitagroup und zählt zu den führenden Unternehmen im Bereich der Gesundheitsvorsorge und Prävention. Die vitagroup entwickelt innovative Produkte und Lösungen für verschiedenste Segmente des Gesundheitsmarkts, um die medizinische Versorgung auch trotz der anstehenden Herausforderungen der Zukunft weiterhin auf hohem Niveau sicherzustellen. Dabei unterstützt die vitaliberty speziell Unternehmen, die Motivation, Gesundheit und das Wohlbefinden von Mitarbeitern zu fördern. Dies soll dazu beitragen, die Lebensqualität des einzelnen Mitarbeiters unabhängig des Alters zu sichern und zu fördern.

moove – Tu's für Dich!

Vor fünf Jahren, im September 2011, brachte die vitaliberty GmbH ihr erstes Produkt aus ihrem Produktportfolio auf den Markt – „moove". moove ist ebenfalls Gesundheitsplattform für digitales BGM und E-Health-Lösungen mit dem Ziel, gesündere Mitarbeiter zu formen. Es unterstützt Unternehmen, die Chancen der Digitalisierung zu nutzen, indem es digitale Gesundheitsprogramme und BGF-Maßnahmen anbietet, die jeden Mitarbeiter ganz individuell zu mehr Gesundheitsbewusstsein anregen und motivieren sollen. moove stellt somit zum einen bedarfsgerechte Verhaltensprävention dar, das heißt, die vorgeschlagenen Produkte und Lösungen sind genau auf den jeweiligen Mitarbeiter und die

Unternehmenssituation angepasst und sollen sie zu mehr Eigenverantwortung im Hinblick auf ihre Gesundheit aufmerksam machen. Der Unterschied zu machtfit liegt darin, dass alle Angebote von einer Quelle (und nicht mehreren Gesundheitsanbietern) ausgehen und die Gesundheitsplattform somit keine reine Vermittlungsplattform darstellt. Jeder Mitarbeiter, der das Gesundheitsportal moove benutzt, bekommt auf Basis von spezifischen Fragebögen ein maßgeschneidertes Gesundheitsprogramm zur Verfügung gestellt. Dieses kann aus mehreren Bausteinen und unterschiedlichen Übungen aus den drei Hauptbereichen Fitness, Ernährung und Stressmanagement bestehen, die sich alle im Portal von moove befinden. Die Übungen sind stets alltagstauglich konzipiert, sodass sie ortsunabhängig, zeitsparend und flexibel durchzuführen sind – egal ob am PC im Büro, auf dem Tablet zu Hause oder auf dem Smartphone irgendwo unterwegs beispielsweise auf Dienstreise.

Vorteile für den Mitarbeiter
Bevor der Mitarbeiter die digitale BGM-Plattform mit seinen gesundheitsfördernden Produkten und Lösungen nutzen kann, stellt sich die Frage, was die jeweilige Person an speziellen Gesundheitsangeboten braucht, das heißt, wo ihre Stärken und Potenziale liegen. Um hier eine Lösung zu finden und ein entsprechendes Gesundheitsprogramm zu erstellen, erfasst moove die Gesundheitssituation der Mitarbeiter mit kurzen, leicht verständlichen und validierten Fragebögen zu den zuvor genannten Themen Fitness, Ernährung und Stressmanagement:

- moove Ernährung: Durch diesen Fragebogen wird als Erstes das persönliche Ernährungsverhalten ermittelt. Daraus abgeleitet schlägt moove jedem Mitarbeiter alltagstaugliche Aktivitäten, Wissenseinheiten und Rezepte vor, wodurch Mitarbeitern verdeutlicht wird, wie sie Essgewohnheiten verbessern und gesunde Ernährung in den Alltag integrieren können.
- moove Stress: Hier wird das individuelle Stresslevel und Stressbewältigungskompetenzen der Mitarbeiter ermittelt. Auf Basis der Ergebnisse erhalten die Teilnehmer individuelle Zielempfehlungen mit Übungen zur Selbstreflexion, Stressabbau, Schlafverhalten oder Ähnlichem. Die Aktivitäten beinhalten verschiedene Stressbewältigungsstrategien und Entspannungstechniken sowie Maßnahmen für einen besseren Schlaf.
- moove Fitness: Durch diesen Fragebogen wird der Fitnessstatus der Mitarbeiter festgestellt. Auf Basis seines persönlichen Fitnessprofils erhält jeder Teilnehmer anschließend ein Programm mit täglichen Übungen zur Verbesserung von Ausdauer, Kraft, Beweglichkeit und Koordination.

Der aus den Fragebögen resultierende, individuelle Gesundheitsbericht gibt jedem Mitarbeiter Aufschluss über die eigene Gesundheit und den aktuellen Standpunkt oder Fortschritt. Zudem werden individuelle Ziele zur Verbesserung der Gesundheit festgelegt. Um das gesundheitsbezogene Verhalten sowohl für die Generation Y und Z, als auch für die Zielgruppe Männer interessant zu machen, wird durch spielerische Visualisierungen und Erfolgsmeldungen der Fortschritt im Hinblick auf die Erreichung dieser persönlichen Ziele veranschaulicht. Dies soll vor allem dazu motivieren, weiter zu machen und sich täglich zu steigern. Die Motivation wird durch motivierende Mailings, sogenannte Webinare von Experten, saisonale Aktivitäten, Anbindungen von Fitness-Apps und Wearables, sowie „moove Challenges" aufrechterhalten und gesteigert. Die motivierenden Mailings beinhalten regelmäßige E-Mails und Push-Nachrichten, die den Mitarbeiter daran erinnern sollen, dran zu bleiben. Als Webinare von Experten sind wissenschaftlich fundierte Webinare der moove Gesundheitsexperten gemeint, die dabei helfen sollen, die eigene Gesundheit zu verstehen und Mitarbeitern ermöglichen, direkte Fragen zu stellen. Die Gesundheitsexperten kommen z. B. aus den Bereichen Ernährungswissenschaften, Sport oder Psychologie. Saisonale Aktivitäten, wie Rezepte zum „Obst der Saison" oder Tipps zum Thema „Aufwärmen vor dem Laufen im Winter", bieten Abwechslung und liefern immer wieder neue Ideen. Die Anbindung an Wearables (Fitbit) und Apps (Runkeeper) ermöglicht einen unterschwelligen Einstieg in Gesundheitsthemen und motiviert vor allem durch die eben genannte spielerische Komponente. Zum Schluss bietet die Gesundheitsplattform noch die moove Challenges an, bei denen die Mitarbeiter entweder gegeneinander oder gemeinsam in einem Team antreten, um gemeinsam ein Ziel wie beispielsweise eine bestimmte Gesamtschrittzahl zu erreichen. Der Wettbewerbsgedanke, der bei den moove Challenges aufkommt, soll wenn möglich dazu bewegen, das Wir-Gefühl zu stärken und auch seine vermeintlichen Grenzen zu überwinden.

Vorteile für den Arbeitgeber

Für Unternehmen ist das Produkt „moove" interessant, da es in der Praxis nachweislich mehr als 70 % der Mitarbeiter zum Mitmachen anregt. Diese hohe Teilnehmerquote wird dadurch erreicht, dass durch die eben beschriebenen validierten Mitarbeiterbefragungen alle Einflussfaktoren auf die Unternehmensgesundheit erhoben werden, wodurch sich zielgerichtet verhältnispräventive Maßnahmen für das gesamte Unternehmen ableiten lassen. Diese setzen an den im Unternehmen herrschenden Arbeitsbedingungen an und können in Kombination mit den bereits bestehenden On- und Offlinemaßnahmen zu langfristigem Erfolg führen.

Ein weiterer Benefit von moove ist, dass die onlinebasierten Gesundheitsbefragungen nicht nur die klassische Mitarbeiterumfrage und die ganzheitliche Gesundheitsbefragung umfassen, sondern auch die sogenannte psychische Gefährdungsanalyse. Die Durchführung einer psychischen Gefährdungsanalyse ist mittlerweile gesetzlich vorgegeben, um psychische Belastungsfaktoren am Arbeitsplatz ausfindig zu machen. Durch moove werden potenzielle Faktoren analysiert und das Unternehmen erhält als Resultat eine anonyme Auswertung über den Gesundheitszustand aller Mitarbeiter und einen Überblick über die potenziellen Belastungen im Unternehmen. Es werden dabei die gesetzlichen Anforderungen nach § 5 ArbSchG und die der Leitlinien der GDA (Gemeinsame Deutsche Arbeitsschutzstrategie) der BAuA erfüllt.

Besonders vorteilhaft für Unternehmen an dem Produkt moove ist der geringe personelle, ressourcenschonende Aufwand, aber auch der daraus resultierende allumfassende

Überblick über die interne Unternehmensgesundheit. Wenn gewünscht, stehen BGM-Berater, Projektleiter genannt, auch bei der Durchführung zur Seite und begleiten das Unternehmen über den gesamten Prozess hinweg.

Wie werden Erfolge sichtbar?

Auch wenn bereits BGM-Maßnahmen wie beispielsweise ein Lauftreff, Yogakurse oder Achtsamkeitstraining im Unternehmen vorhanden sind, lassen sich diese flexibel in das moove-Portal integrieren und mit Angeboten vor Ort kombinieren. Ob das Team, die Abteilung oder aber auch das gesamte Unternehmen langfristig gesehen auch wirklich produktiver, zufriedener und gesünder geworden ist, lässt sich durch einen entsprechenden Unternehmensbericht ableiten (= „moove Management"). Dieser dient als effektives Instrument zur Evaluation des digitalen BGMs und macht die Rentabilität der Investition transparent sowie Erfolge leicht nachvollziehbar. Um dem Thema der Anonymität zu begegnen, fasst der Unternehmensbericht die Ergebnisse der Umfrage zur Unternehmensgesundheit von allen Teilnehmern namenlos zusammen, sodass keine Rückschlüsse auf den Einzelnen möglich sind.

Die Wirksamkeit von moove wurde bereits in einer Studie der TU München nachgewiesen, bei der die Teilnehmer eine signifikante Verbesserung der gesundheitsbezogenen Lebensqualität und der psychischen Gesundheit zeigten. Ziel der Studie war es, herauszufinden, welche Auswirkungen die Nutzung der digitalen Gesundheitsplattform moove auf die sogenannte „gesundheitsbezogene Lebensqualität" von Mitarbeitern hat. Während des Erhebungszeitraums der Interventionsstudie erhielten rund 100 Mitarbeiter eines ausgewählten Unternehmens Zugriff zu allen Bereichen und Programmen des onlinebasierten Gesundheitsportals. Der Anteil an Frauen der Studienpopulation war mit 70 % um einiges höher als der Männeranteil, was der genderspezifischen Resonanz auf Gesundheitsangebote entspricht.

Als Evaluierungsmittel wurde der validierte Fragebogen SF-36 (Short Form 36 Health Survey Questionnaire) eingesetzt, eines der international am häufigsten verwendeten Instrumente zur Messung der gesundheitsbezogenen Lebensqualität. Die insgesamt 36 Kriterien des Fragebogens, die sich auf körperliche, psychische und soziale Dimensionen der subjektiven Gesundheit beziehen, lassen sich zu acht Subskalen zusammenfassen (siehe Abb. 31.1).

Um die Studienteilnehmer auf das moove-Gesundheitsportal aufmerksam zu machen, wurde das Projekt durch verschiedene Marketingaktionen initiiert. Die Mitarbeiter wurden im Intranet und per E-Mail sowie mit motivierenden Plakaten und Flyern in den Büroräumen über das Angebot informiert und aufgefordert, mit moove aktiv etwas für ihre Gesundheit zu tun. Sie hatten zudem die Möglichkeit, über einen Infostand in der Kantine durch einen direkten Ansprechpartner von vitaliberty zu dem Projekt beraten zu werden. Die onlinebasierte Plattform von machtfit erlaubte, Mitarbeitern an unterschiedlichen Firmenstandorten und Filialen eine Teilnahme am Programm zu ermöglichen. Um sich auf dem Gesundheitsportal zu registrieren, erhielt jeder Mitarbeiter zu Beginn der Studie eine E-Mail mit seinen individuellen Anmeldedaten.

GESUNDHEITSDIMENSIONEN

Dimensionen	Inhalt
Körperliche Funktionsfähigkeit	Ausmaß, in dem der Gesundheitszustand körperliche Aktivitäten und mittelschwere oder anstrengende Tätigkeiten beeinträchtigt
Körperliche Rollenfunktion	Ausmaß, in dem der körperliche Gesundheitszustand die Arbeit oder andere tägliche Aktivitäten beeinträchtigt
Schmerz	Ausmaß an Schmerzen und Einfluss der Schmerzen auf die normale Arbeit, sowohl im als auch außer Haus
Allgemeine Gesundheitswahrnehmung	Persönliche Beurteilung der Gesundheit, einschließlich aktuellem Gesundheitszustand, zukünftigen Erwartungen und Widerstandsfähigkeit gegenüber Erkrankungen
Vitalität	Sich energiegeladen und voller Schwung fühlen versus müde und erschöpft sein
Soziale Funktionsfähigkeit	Ausmaß, in dem die körperliche Gesundheit oder emotionale Probleme normale soziale Aktivitäten beeinträchtigen
Emotionale Rollenfunktion	Ausmaß, in dem emotionale Probleme die Arbeit oder andere tägliche Aktivitäten beeinträchtigen
Psychisches Wohlbefinden	Allgemeine psychische Gesundheit, einschließlich Depression, Angst, emotionale und verhaltensbezogene Kontrolle, allgemeine Gestimmtheit

Abb. 31.1 Gesundheitsdimensionen

Um potenzielle Veränderungen und Unterschiede bezüglich der gesundheitsbezogenen Lebensqualität zu ermitteln, wurden Ergebnisse eines Pre-Tests, der den Ausgangszustand der Probanden ermittelte, mit den Ergebnissen eines Post-Tests im Anschluss an die Nutzung des moove-Gesundheitsportals verglichen. Die so erhaltenen Werte wurden zudem den vom Robert Koch-Institut erhobenen repräsentativen Normdaten für Erwachsene in Deutschland gegenübergesetzt. Die Mitarbeiter konnten so erkennen, in welchen Bereichen sie über gute Gesundheitsressourcen verfügen und bei welchen noch Verbesserungspotenzial besteht. Die Ergebnisse zeigen, dass sieben der acht Subskalen nach der Intervention verbesserte Werte zeigten, wobei das psychische Wohlbefinden signifikant gesteigert werden konnte. Nach der Nutzung des Gesundheitsportals zeigten die Studienteilnehmer einen durchschnittlich höheren Wert als die Normpopulation, er war von 69,3 auf 79,0 Punkte angestiegen. Dabei gaben 68 % der Teilnehmer an, mithilfe des Onlineangebotes ihren persönlichen Umgang mit Stress verbessert zu haben. Dies ist bereits ein vielversprechendes Resultat, das zukünftig durch weitere wissenschaftliche Studien in anderen Unternehmen unterschiedlichster Größen und Branchen bestätigt werden muss.

31.4   Zusammenfassung und Ausblick

Da gesunde Mitarbeiter aufgrund des demografischen Wandels und der damit einhergehenden alternden Belegschaft in den nächsten Jahren nahezu unersetzlich werden, sollte
ein entsprechend innovatives BGM-Konzept zum festen Bestandteil einer langfristigen
und erfolgreichen Unternehmensstrategie werden. In Zeiten der Digitalisierung muss betriebliches Gesundheitsmanagement zukünftig so gestaltet werden, dass ein Großteil der
Mitarbeiter erreicht wird. Um digitale Gesundheitsförderungsmaßnahmen wird man nicht
herumkommen, vor allem wenn auch die Zielgruppen erreicht werden wollen, die bisher
kaum bis hin zu gar keine konventionellen betrieblichen Gesundheitsmaßnahmen in Anspruch genommen haben. Dies sind vor allem Männer, aber auch auf die Bedürfnisse der
Generationen Y und Z muss zukünftig explizit eingegangen werden.

Insgesamt befindet sich das digitale betriebliche Gesundheitsmanagement noch im Anfangsstadium. Trotzdem gibt es bereits vielversprechende Ansätze und Ideen, wie das
BGM von morgen aussehen soll, die in diesem Kapitel praktisch erläutert wurden. Durch
die Projekte der Vitaliberty GmbH und der machtfit GmbH wurden Lösungen veranschaulicht, wie digitale, gesundheitsfördernde Maßnahmen in das BGM von Unternehmen
integriert werden (Blended Health Management) und langfristig in die Unternehmensphilosophie und -strategie mit aufgenommen werden können.

- Zukünftige Herausforderungen für Unternehmen.
- Zielgruppen des digitalen BGMs.
- Beispiele für digitale Gesundheitsförderungsmaßnahmen und deren Verzahnung in das
  BGM.

Bemerkung: Als Referenz für die Daten und Informationen über die machtfit GmbH
diente ein Interview mit Herrn Drongowksi, Leiter Marketing der machtfit GmbH, das
durch die Autorin dieses Kapitels, Pia Braun, am 31.08.2016 geführt wurde, sowie die
vergangene Zusammenarbeit des Autors Herrn Prof. Nürnberg mit der machtfit GmbH
und die machtfit Homepage https://www.machtfit.de/. Als Referenz für die Daten und Informationen über die vitaliberty GmbH diente ein Interview mit Frau von Caprivi, Leiterin
Marketing und Vertrieb der vitaliberty GmbH, das durch die Autorin dieses Kapitels, Pia
Braun, am 29.08.2016 geführt wurde, sowie die vergangene Zusammenarbeit des Autors
Herrn Prof. Nürnberg mit der vitaliberty GmbH und die moove Homepage https://www.
corporate-moove.de/.

Literatur

Autor unbekannt (2016): Gesundheitsstudie: Warum viele Männer den Arzt-Besuch immerzu aufschieben, in: Das Abendblatt, Heft 9, 2016, verfügbar unter: http://www.abendblatt.de/ratgeber/gesundheit/article207661553/Warum-viele-Maenner-den-Arzt-Besuch-immerzu-aufschieben.html

Ergebnisbericht einer Studie von Mercer Deutschland GmbH und der Bertelsmann Stiftung (2012): Den Demografischen Wandel in Unternehmen Managen

Foitzik, O. (2016): Gesundheit nur Add-on – Dr. Oliver-Timo Henssler im Interview, in: HCC Magazin, Heft 7, 2016, verfügbar unter: http://www.hcc-magazin.com/gesundheit-nur-ad-on-dr-oliver-timo-henssler-im-interview/17066

Kreis, J., Bödeker, W. (2003): Gesundheitlicher und ökonomischer Nutzen betrieblicher Gesundheitsförderung und Prävention. Zusammenstellung der wissenschaftlichen Evidenz, in: BKK Bundesverband, Hauptverband der gewerblichen Berufsgenossenschaften Berufsgenossenschaftliches Institut Arbeit und Gesundheit Dresden, Essen & Dresden: Eigenverlage, 2003

Lechtleitner, S. (2015): Platzhirsche und ihre Rivalen, in: Humanresourcesmanager, Heft 4, 2015, S. 39–41

Uhe, M., Würtenberger, F. (2016): Was will die Generation Y? In: Gründerszene, Heft 4. Verfügbar unter: http://www.gruenderszene.de/allgemein/generation-y-arbeit

Vater, G. (2003): War for talents!? In: Beratung in der Veränderung, Wiesbaden: Gabler Verlag, 2003

Verbeek, J., Pulliainen, M., Kankaanpää, E. (2009): A systematic review of occupational safety and health business cases, in: Scandinavian Journal of Work, Environment & Health, Heft 35(6), 2009, S. 403–412

Pia Braun, M.Sc., studierte Psychologie an der Université de Luxembourg und machte 2015 ihren Masterabschluss in Arbeits- und Organisationspsychologie an der Maastricht University. Sie kommt gebürtig aus Aachen und spielte bis zu ihrem 17. Lebensjahr leistungsorientiert Tennis, davon zwei Jahre an der Sanchez-Casal Academy in Barcelona. Von Oktober 2015 bis März 2016 arbeitete sie bei der Unternehmensberatung Mercer Deutschland GmbH im betrieblichen Gesundheitsmanagement. Im Anschluss wurde sie als Consultant in der Personalentwicklung der Unternehmensberatung profacts assessment & training eingestellt.

Prof. Dr. Volker Nürnberg absolvierte nach dem Abitur Zivildienst in der Pflege im Krankenhaus. Es folgte ein Studium (Stipendium der Begabtenförderung), Postgraduiertenstudium und Promotion. Seit 20 Jahren beschäftigt er sich mit allen Facetten des Gesundheitsmanagements. Zunächst setzte er Konzepte bei den gesetzlichen Krankenkassen (bis 2011 als Geschäftsführer bei der AOK und BKK) um. 2011 erhielt er einen Ruf als Professor an der BWL Fakultät der Hochschule für angewandtes Management in Erding und leitet seitdem den Studiengang Gesundheitsmanagement. Darüber hinaus ist er Lehrbeauftragter an der TU München und Gastprofessor an der Universität der Ägäis. Er berät als Leiter „Health Management" bei der internationalen Unternehmensberatung Mercer Deutschland GmbH insbesondere zu den Themen Arbeitgeberattraktivität, Personalmanagement, gesetzliche und private Krankenversicherung und weiterer Gesundheitsthemen. Volker Nürnberg ist Mitglied in verschiedenen Vereinigungen und Aufsichtsräten. Mit jährlich jeweils einer zweistelligen Anzahl an Vorträgen und Publikationen zählt er zu den gefragtesten Gesundheitsexperten Deutschlands.

Praxisbericht Digitalisierung und BGM – die Erfolgsfaktoren

32

Thomas Schneberger

Zusammenfassung

Digitalisierungsvorhaben sind eindeutig Themen der Unternehmensstrategie, die sich tief greifend auf Unternehmenskultur, Kommunikation, Führung und Organisation auswirken. Daher spielt die technische Komponente auch eine eher untergeordnete Rolle für ihr erfolgreiches Gelingen. Elementar für den Erfolg von Digitalisierungsstrategien sind acht Erfolgselemente: die „Elementarfaktoren".

Digitalisierungsvorhaben gelingen nur dann, wenn das Unternehmen diese Elementarfaktoren begleitend auf strategischer Ebene proaktiv steuert. In diesem Zusammenhang sprechen wir von Leistungsfähigkeitsmanagement.

32.1 Praxisbericht Digitalisierung und BGM – die Erfolgsfaktoren

In welchem Ausmaß die Digitalisierung unlängst die deutsche Wirtschaft erreicht hat, verdeutlichen die Ergebnisse einer ias-Umfrage[1]: 91,8 % der befragten Führungskräfte und Mitarbeiter geben an, die Digitalisierung nähme starken Einfluss auf den deutschen Mittelstand. Auf die Frage, wie es im eigenen Betrieb aussehe, antworten 86,8 %, ihr Unternehmen sei bereits heute stark von der Digitalisierung betroffen. Mehr als die Hälfte aller Betriebe in Deutschland nutzen bereits moderne digitale Technologie, 18 % davon betrachten diese sogar als zentralen Bestandteil ihres Geschäftsmodells, wie das Institut

---

[1] Die Digitalisierung der Arbeitswelt – Auswirkungen auf Gesundheit und Leistungsfähigkeit, 2016 – Eine Studie der ias-Gruppe.

T. Schneberger (✉)
Berlin, Deutschland
E-Mail: thomas.schneberger@ias-gruppe.de

© Springer Fachmedien Wiesbaden GmbH 2018
D. Matusiewicz und L. Kaiser (Hrsg.), *Digitales Betriebliches Gesundheitsmanagement*, FOM-Edition, https://doi.org/10.1007/978-3-658-14550-7_32

für Arbeitsmarkt- und Berufsforschung ermittelte. Eine Vielzahl an Digitalisierungspro-
jekten mit unterschiedlichen Zielsetzungen ist die Folge.

32.2 Mammutaufgabe Digitalisierungsprojekt

Ein Blick in die Praxis zeigt: Häufig werden diese Projekte allein aus den IT-Abteilungen
heraus geplant und umgesetzt. Ein fataler Irrtum. Doch bis sich dies den Unternehmen
bestätigt, ist meist viel Zeit verstrichen und Geld investiert worden. In den Unternehmen,
die wir begleiten, beobachten wir dabei teilweise, dass Funktionsinhaber neu geschaffener
Positionen, wie Chief Digital Officer (CDO) bzw. Chief Technology Officer (CTO), plötzlich federführend in der alleinigen Verantwortung eines Digitalisierungsprozesses stehen,
der sich grundlegend auf das gesamte Unternehmen auswirkt. Eine Mammutaufgabe, die
sie schlichtweg niemals schultern können.

32.3 Von CDOs, CTOs und „Digital Evangelists"

Dabei spricht natürlich nichts gegen die Schaffung einer Position, wie des CDOs oder
CTOs, der sich für Digitales zuständig zeigt. In Unternehmen mit ganz besonders zeitgeis-
tiger Neigung treffen wir sogar gelegentlich auf kreativ anmutende Stellenbeschreibungen
wie den „Digital Evangelist", dessen Aufgabe es ist, Führungskräften und Mitarbeitern das
Thema möglichst vorteilhaft zu vermitteln. Diese Idee eines Fürsprechers und Multiplikatoren hat durchaus Charme und kann in der Umsetzung eines Digitalisierungsprojektes
hilfreich sein, ist jedoch nur ein Baustein von vielen, um das Digitalisierungsprojekt
erfolgreich im Unternehmen umzusetzen. Denn: Der zunächst naheliegende Gedanke,
Projekte zur Einführung der Telemedizin, zur Digitalisierung von Arbeitsabläufen oder
zur Nutzung der neuen Technologien im betrieblichen Gesundheitsmanagement aus der
IT-Abteilung zu managen, zeugt von einem erheblichen Verständnisdefizit. Die Annahme, es handele sich bei „Digitalisierung" im Wesentlichen um ein IT-Thema, führt nach
unserer Erfahrung schnell zu Friktionen und Zielverfehlungen.

Schauen wir uns einmal an, wie der Digitalisierungsprozess in einem solchen Fall exemplarisch verläuft: 1. Analyse der IT-Infrastruktur auf notwendige Erweiterungen von
Bandbreite und Serverkapazitäten, 2. Eignungsuntersuchung verschiedener Softwareanbieter und ihrer Produkte, 3. ... usw. – ein bei IT-Projekten bewährtes Schema. Doch
damit beginnt für die Unternehmen, das Management und die Beschäftigten ein langer,
kostspieliger und frustrierender Prozess, an dessen Ende nur allzu häufig Rechtfertigung
und Ablehnung einander unversöhnlich gegenüber stehen. Und das Digitalisierungsprojekt gescheitert ist. Dabei ist an dem plakativ geschilderten Vorgehen einer IT-Abteilung
an sich nichts zu bemängeln – wenn es sich denn bei der Digitalisierung um ein IT-Thema
handeln würde.

Abb. 32.1 Acht Elementarfaktoren

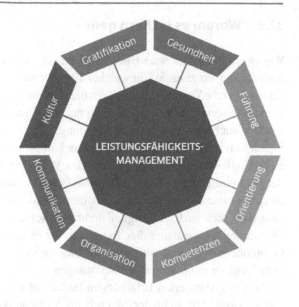

32.4 Acht Elementarfaktoren

Unsere Erfahrung zeigt jedoch: Die technische Komponente spielt bei Digitalisierungsvorhaben eine untergeordnete Rolle. Elementar für ihren Erfolg sind vielmehr acht Erfolgselemente, die wir deshalb auch als „Elementarfaktoren" bezeichnen (Abb. 32.1).

Digitalisierungsvorhaben sind eindeutig Themen der Unternehmensstrategie, die sich tief greifend auf Unternehmenskultur, Kommunikation, Führung und Organisation auswirken. Digitalisierungsvorhaben gelingen nur dann, wenn das Unternehmen diese Elementarfaktoren begleitend auf strategischer Ebene proaktiv steuert. In diesem Zusammenhang sprechen wir von Leistungsfähigkeitsmanagement.

32.5 Unternehmensleitung in der Pflicht

Der digitale Wandel mit all seinen Begleiterscheinungen wird in der öffentlichen Diskussion zwar sowohl mit seinen Chancen als auch seinen Risiken dargestellt, dennoch dominieren negative Szenarien. Die Folge: In den Belegschaften werden Unsicherheiten und Ängste geschürt. Eine solche Haltung unter Mitarbeitern und Führungskräften sollte nicht unterschätzt werden, denn sie wirkt wie eine Art „Immunsystem": Jede neue Idee, jede tief greifende Veränderung wird wie eine Störung behandelt, die eine „Abwehrreaktion" auslöst. Die Aufgaben von Unternehmensleitung und Führungskräften, den Digitalisierungsprozess verantwortungsvoll zu gestalten, alle internen Stakeholder einzubeziehen, ihnen Orientierung zur Digitalisierungsstrategie und zum Nutzen der daraus abgeleiteten Projekte zu geben, sind daher keine Kür, sondern schlicht und einfach Pflicht.

32.6 Worum es im Kern geht

Wagen wir nochmals einen Blick in die Praxis: In den Kundenprojekten, die wir begleiten, untersuchen wir zunächst, in welcher Transformationsphase sich eine Organisation befindet und welche Veränderungen durch die Einführung digitalisierter Systeme oder Prozesse konkret bevorstehen. Dies sieht nicht nur von Unternehmen zu Unternehmen anders aus, sondern auch von Abteilung zu Abteilung, denn die unterschiedlichen Berufszweige befinden sich in verschiedenen Stufen einer komplexen Entwicklung. Wir sprechen hier von einer Ungleichzeitigkeit der eintretenden Veränderungen. Diese nicht zeitgleich flächendeckend eintretenden Auswirkungen auf die diversen Bereiche eines Unternehmens gilt es zu adressieren und produktiv für den Transformationsprozess zu nutzen. Übertragen lässt sich dies auch auf Digitalisierungsprojekte im Gesundheitsbereich, sei es in der Einführung telemedizinischer Betreuung für dislozierte Unternehmen, der Nutzung von Gesundheits-Apps und Wearables zur Messung von Vitalparametern oder Onlineangebote zum Umgang mit psychischen Belastungen.

Alle hier skizzierten Erfahrungen laufen auf eine Schlussfolgerung hin: Auch in der „Arbeitswelt 4.0" steht der Mensch im Mittelpunkt. Technologien, die am Menschen und seinen Bedürfnissen, Fähigkeiten und Kapazitäten vorbeientwickelt werden, setzen sich nicht durch. Unternehmen, die die digitale Transformation erfolgreich vollziehen möchten, sollten Digitalisierungsvorhaben daher als Managementaufgabe auffassen, den „Faktor Mensch" von Anfang an berücksichtigen und die Beschäftigten intensiv einbinden.

32.7 Fazit

Digitalisierungsprojekte im Allgemeinen, und solche im Kontext Betriebliches Gesundheitsmanagement im Besonderen, sind keine IT-Projekte. Unternehmen dürfen nicht nur die technische Umsetzung der Digitalisierung betrachten, sondern müssen die Folgen für Organisation, Führung, Kommunikation und Kultur im Unternehmen in die Transformationsprojekte einbeziehen. Digitalisierungsvorhaben gelingen nur dann, wenn das Unternehmen die acht Elementarfaktoren proaktiv steuert.

Thomas Schneberger, Geschäftsführer der ias Unternehmensberatung, ist seit vielen Jahren als erfahrener Leiter von Organisationseinheiten sowie als Projektmanager und Unternehmensberater in Unternehmen verschiedener Branchen tätig. Mehr als zehn Jahre davon übernahm er internationale Verantwortung. Seine Themenschwerpunkte liegen in den Bereichen Strategie- und Organisationsentwicklung, Veränderungsmanagement und Informationsmanagement. Herr Schneberger hatte Positionen unter anderem als Leiter IT- und Organisationsentwicklung, als Partner einer Managementberatung sowie als Leiter des Betrieblichen Gesundheitsmanagements eines Dax-30-Konzerns inne. Thomas Schneberger ist Diplom-Kaufmann und Diplom-Informatiker.

Nutzen der Daten einer Online-Ernährungsanalyse für eine SWOT-Analyse zur Gesundheit von Mitarbeitern

Gabi Vallenthin

Zusammenfassung

Betriebliche Gesundheitsförderung kämpft mit zwei Grundproblemen, für die es lange keine Lösungen gab: 1. Instrumente zu finden, die den Bedarf eines Unternehmens konkret ermitteln können und aus denen sich zudem ein Handlungsleitfaden mit Einzelmaßnahmen ableiten lässt. 2. Während und nach Maßnahmen den Nutzen beziffern zu können, qualitativ oder quantitativ. Die Krankheitsquote allein reicht zur Beurteilung des Nutzens nicht aus. In aller Regel steigt sie nach Einführung bestimmter Maßnahmen erst einmal. Der einzige wirklich nachweisbare Zusammenhang besteht zwischen Krankentagen und Konjunktur.

Die Online-Ernährungsanalyse von Food-Xperts, als Primärmaßnahme zur Verbesserung der Ernährung der Mitarbeiter entwickelt, gibt jedem Teilnehmer konkrete Handlungsempfehlungen, wie er seine Ernährung verbessern kann. Diese Maßnahme hat für jeden Teilnehmer einen hohen persönlichen Nutzen, da sie 100 % individuelle Auswertungen liefert. Zudem kann jeder Teilnehmer seine Daten anonym eingeben. Die Kombination aus hohem individuellen Nutzen plus garantierter Anonymität sorgt dafür, dass das in Umfragen häufig auftretende Under-Reporting entfällt.

Die Einzeldaten aller Teilnehmer aus einem Unternehmen können anschließend dazu verwendet werden, für den jeweiligen Betrieb eine SWOT-Analyse zu erstellen, auf deren Basis unternehmensspezifische Maßnahmenkataloge (in der Regel nach Männern und Frauen getrennt) erstellt werden.

G. Vallenthin (✉)
Mönchengladbach, Deutschland
E-Mail: gabi.vallenthin@food-xperts.de

© Springer Fachmedien Wiesbaden GmbH 2018
D. Matusiewicz und L. Kaiser (Hrsg.), *Digitales Betriebliches Gesundheitsmanagement*,
FOM-Edition, https://doi.org/10.1007/978-3-658-14550-7_33

431

33.1   Einleitung

Es gibt zwei Fragen, die sich bei allen Aktivitäten im Rahmen der betrieblichen Gesundheitsförderung immer wieder stellen:

Die erste ist die Frage nach der Sinnhaftigkeit von Aktivitäten, nach dem richtigen Mix,
der richtigen Intensität, der optimalen Herangehensweise.

Die zweite Frage umfasst das Thema „Den Erfolg messbar machen".

Angesichts der Vielzahl von Maßnahmen und Möglichkeiten – und der damit verbundenen Chance, sich zu irren – sollten gerade große Unternehmen im Vorfeld den Bedarf
analysieren können, bei entsprechender Größe auch durchaus bezogen auf Regionen, Niederlassungen oder Vertriebsstützpunkte.

Dem Wunsch nach der Aussagekraft von Daten steht die Notwendigkeit der Anonymität von Daten gerade im betrieblichen Setting gegenüber. Auswertungen, die in irgendeiner
Form die Chance beinhalten, einzelne Ergebnisse konkreten Personen zuordnen zu können, sind nach unserem Dafürhalten rigoros abzulehnen.

33.2   Erhebung von Ernährungsdaten durch Food-Xperts

Food-Xperts ist eine auf Ernährung spezialisierte Beratungsagentur, die ihren Ursprung in
Ernährungskonzept „LowFett 30" hat. LowFett 30 wurde von einer Konzeptidee und mehr
als 50 veröffentlichten Ernährungsratgebern zu einem der führenden Abnehmkonzepte
auf der Basis gesicherter wissenschaftlicher Erkenntnisse über Ernährung und der daraus
resultierenden offiziellen Empfehlungen für die Ernährungsberatung (vgl. https://www.
dge.de/ernaehrungspraxis/vollwertige-ernaehrung/10-regeln-der-dge/).

Das LowFett 30-Konzept wird im Rahmen eines Online-Ernährungskurses zur Gewichtsreduktion angeboten, der auch nach § 20 SGB V zertifiziert ist, es gibt aber auch
ebenso einen Präsenzkurs, der in der Präventionsdatenbank geführt wird.

Voraussetzung für die Anerkennung als Präventionsmaßnahme sind unter anderem der
Nachweis von Wirksamkeit und Nachhaltigkeit.

Die Online-Ernährungsanalyse, die für dieses Ernährungsprogramm entwickelt wurde,
besticht neben einer einfachen Handhabbarkeit durch „normale" Verbraucher vor allem
durch die hervorragende Aussagekraft, die sich auch in individuellen Beratungsgesprächen immer wieder zeigt. Aufgrund der Ernährungsanalyse ist es möglich, Defizite in den
Ernährungsgewohnheiten aufzudecken und die Beratung hier gezielt anzusetzen. Doch
auch ohne Beratung sind die Ergebnisse der Ernährungsanalyse (in Form einer umfangreichen Text-PDF) individuell, klar und einleuchtend. Das reine Durchlesen der Ergebnisse
und das Umsetzen der hier enthaltenen Empfehlungen reicht als Grundlage für eine Ernährungsumstellung ohne weitere Beratung völlig aus.

33.2.1 Online-Ernährungsanalyse statt Ernährungsstand bei Gesundheitstagen?

Aufgrund der positiven Ergebnisse mit der Analyse in der Beratung von abnehmwilligen Kunden wurde das Instrument um das Thema „BGF" erweitert. Bei Gesundheitstagen und Aktionen zu gesunder Ernährung zeigte sich bislang, dass das Thema „Ernährung" für Mitarbeiter zwar einen guten Unterhaltungswert bei gesundheitlich interessierten Mitarbeitern hat, jedoch mit den gewählten Maßnahmen nicht nachhaltig ist. Die Teilnehmer lassen sich gerne informieren, sind für die verschiedenen Beispiele, die Ernährungsberater vorbereiten, offen, doch liegt es in der Natur der Sache, dass selbst ein Tagesseminar das Thema Ernährung nicht vollständig beleuchten kann. Konkrete Beratungen oder Anleitungen sind überhaupt nicht möglich.

Bei „Gesundheitstagen" beträgt das Zeitfenster für Demonstrationen am Stand ca. zehn Minuten, für Vorträge in aller Regel 30 bis 90 min. Mehr als ein paar „Aha-Effekte" lassen sich in dieser kurzen Zeit nicht erzielen.

Ein weiterer Grund für die Entwicklung eines flächendeckenden, onlinebasierten Ernährungstools ist der Umstand, dass in den letzten Jahren das Thema „Abnehmkurse in Unternehmen" immer mehr an Zuspruch verloren hat. Selbst wenn in einem Jahr noch mehrere Kurse in einem Unternehmen stattfinden, hilft das dem überwiegenden Teil der Belegschaft nicht bei einer Verbesserung der Ernährung. So wie sich Bewegungsangebote an alle Mitarbeiter richten, sollte auch die Ernährungsverbesserung für alle Mitarbeiter angeboten werden. Egal, wo man hinsieht: Die Ernährungsgewohnheiten von Schlanken sind heutzutage ebenso wenig „gesund" wie die der Übergewichtigen. Verbesserungsbedarf gibt es fast bei jedem – wobei die Verpflegung von Berufstätigen besonderen Erfordernissen unterliegt: Einfach in der Zubereitung, mit geringem Organisationsaufwand gerade bei der Bevorratung. Komplizierte Konzepte setzen sich im beruflichen Setting nur schwer durch.

Die verschiedenen Gesundheitstage bestätigten, dass sich weit mehr Mitarbeiter für die Verbesserung ihrer Ernährung interessieren als nur die Übergewichtigen. Vor allem die ambitionierten Freizeitsportler und Semi-Professionals stellen immer gezielt Fragen zu ihrer Ernährung (Tuning vor dem Wettkampf, Ernährung vor Halbmarathons, ...) und eine Reihe von Besuchern nutzen das Angebot von Ernährungsberatern, wenn sie unter ernährungsassoziierten Erkrankungen leiden, wie beispielsweise Laktoseintoleranz, Allergien oder entzündlichen Autoimmunschwächen (Rheumatoide Arthritis, ...). Gerade die eher übergewichtigen Teilnehmer machten dagegen erfahrungsgemäß einen großen Bogen um den Ernährungsstand ... sogar, wenn dieser auf Verkostungen ausgerichtet ist.

33.2.2 Ernährung ist ein Thema für alle Mitarbeiter und nicht nur für „die Dicken"

Halten Sie sich einmal kurz Ihr Ernährungsverhalten vor Augen: Es ist sehr wahrscheinlich, dass Sie mehrmals am Tag Nahrung zu sich nehmen. Das heißt, Sie haben mehrmals am Tag die Chance, gesunde oder ungesunde Entscheidungen zu treffen. Tatsächlich gibt es nur wenige Menschen, die von sich sagen können, dass ihre Ernährungsentscheidungen wirklich gut sind.

Ein Ernährungstool mit individuellen Empfehlungen auf *alle* Mitarbeiter auszudehnen, selbst wenn diese (noch!) normalgewichtig und gesund sind, macht also Sinn. Bei größeren Unternehmen ist das letztlich nur digital darstellbar. Ganz besonders gilt das für Filialunternehmen und dezentrale Strukturen, für Unternehmen mit einem hohen Anteil an Beschäftigten im Außendienst bzw. an Berufskraftfahrern.

Die Ernährungsberatung von Food-Xperts basiert seit Beginn des Unternehmens (also seit ca. 20 Jahre) auf der Überzeugung, dass sich die Qualität von Ernährung vor allem beim Einkaufen entscheidet und dass bei fast allen Menschen schon kleine Veränderungen beim Einkauf bzw. der Versorgung ausreichen würden (Veränderung von fünf bis zehn Lebensmitteln), um die Ernährung nachhaltig und dauerhaft zu verbessern, ohne auch nur eine einzige Kalorie zu zählen. Der Begriff „Einkaufen" ist mit „Versorgung" bewusst weiter gefasst, denn gerade Berufstätige versorgen sich mehr als andere in Betriebsrestaurants, bei Fastfood-Ketten, Restaurants und Imbissbuden. Aber auch privat – für Einladungen, Geburtstage oder Grillabend – brauchen sie Tipps und Tricks.

Deswegen setzen alle Aktivitäten von Food-Xperts hinsichtlich Ernährungsberatung bei der Auswahl der Nahrungsmittel und der Gerichte an.

33.3 Die Umsetzung der Online-Ernährungsanalyse für BGF

Allgemeines zur Gestaltung der Ernährungsanalyse für BGF

Das Konzept „Online-Ernährungsanalyse für alle" wurde 2009 entwickelt.

Für die Vergleichbarkeit der Daten über verschiedene Zielgruppen hinweg wurden die Eingabefelder – abgesehen von immer wieder notwendigen Anpassungen bei Lebensmitteln (z. B. vegetarische Wurst oder vegane Produkte) – identisch gehalten, lediglich die Ausgabeformate werden auf Unternehmen (Zusatzinformationen, Schwerpunkte, Umfang und „branding") angepasst.

Am Ende der Eingabe können Mitarbeiter auswählen, welche Art von Rezeptsammlung sie favorisieren (z. B. Rezeptsammlungen für Schichtarbeiter oder Außendienstler). Somit ist es Unternehmen mit geringem Organisationsaufwand möglich, jedem Mitarbeiter des Hauses zum gleichen Zeitpunkt und unabhängig vom Standort die Gelegenheit zu geben, die eigene Ernährung auf den Prüfstand zu stellen und sich individualisierte Ernährungsempfehlungen geben zu lassen, inklusive konkreter Austauschlisten, wie der einzelne Mitarbeiter seine Ernährung durch kleine Veränderungen seiner Einkaufs- und Konsumgewohnheiten optimieren kann.

Der Zugang zum Ernährungsanalyseportal erfolgt stets über Codes, die für jedes Unternehmen exakt auf die Anzahl der Mitarbeiter abgestimmt generiert, anschließend auf Karten gedruckt und mit „Rubbelmasse" verdeckt werden. Durch die Rubbelmasse ist nicht nachzuvollziehen, welcher Code an welchen Mitarbeiter ausgegeben wird.

Dem Versand/der Verteilung der Gutscheinkarten geht eine möglichst intensive mehrstufige „Werbephase" voraus, mit mindestens vier Kontakten und möglichst über mehrere interne Medien. Hierfür erhalten die Unternehmen ein Promotionspaket mit fertigen Texten und Ankündigungen für Briefe, Newsletter, E-Mails …

33.4 Auswertungsmethodik

Neben persönlichen Daten wie Alter, Gewicht, Größe, Geschlecht und Vegetarismus, 16 Evaluationsfragen (eine davon nach der Sporthäufigkeit), möglichen additiven Fragen wird bei über 130 Lebensmitteln und Essensversorgung die Häufigkeit des Verzehrs abgefragt. Der Teilnehmer entscheidet sich bei jeder Position zwischen fünf Häufigkeitsstufen (täglich, mehrmals die Woche, einmal pro Woche, alle paar Wochen, ein, zwei Mal pro Jahr/nie). Da es sich um eine qualitative Ernährungsanalyse handelt, ist die (ungenaue oder sehr aufwendige) Abfrage von Mengen kein Bestandteil unseres Tools.

Die Auswertung der individuellen Eingaben erfolgt gesamthaft („Ihre Ernährung generell") sowie nach einzelnen Kategorien (z. B. Alkohol, süße Getränke, tierische Fette …). Die für die Auswertung eingesetzten Textbausteine richten sich nach dem Punkteergebnis einer Kategorie plus dem jeweiligen BMI. Für die jeweiligen Punkteergebnisse werden die Lebensmittel kategorienweise geclustert und nach ihrer Bedeutung für die jeweilige Kategorie bewertet.

33.4.1 Die Auswertungskategorien

In der betrieblichen Gesundheitsförderung haben sich die folgenden Kategorien für eine Bewertung bewährt:
- Ernährung allgemein
- Süßigkeiten
- Schokolade
- Konsum tierischer Fette
- Alkohol
- Zucker-/Honig-Getränke

Ernährung allgemein

Diese Kategorie liefert einen unspezifischen Wert, liefert aber den Hinweis, ob in Sachen Ernährung genereller Handlungsbedarf besteht. Ergänzt um die Ergebnisse aus den anderen Kategorien wird sichtbar, ob man Ernährungsthemen weit fassen oder ob man direkt Schwerpunkte setzen sollte.

Süßigkeiten

Abgesehen vom gesundheitlichen Risiko eines erhöhten Süßigkeitenkonsums (Karies, Diabetes, Übergewicht ...) sind Süßigkeiten ein Indikator für Stress und Überforderung.

Schokolade

Schokolade ist im Kontext mit Süßigkeiten aber auch im Kontext der Sporthäufigkeit relevant. In der Einzelberatung sollten die Gründe für einen erhöhten Schokoladekonsum thematisiert werden.

Konsum tierischer Fette

Mit einer Senkung des Gehalts von tierischen Fetten in der Nahrung sinkt nicht nur die Kaloriendichte bei Nahrungsmitteln und der Wert von entzündlichen Prozessen im Körper (bzw. Rheumafaktoren), sondern auch das Risiko von arteriosklerotischen Veränderungen.

Alkohol

Trotz intensiver Maßnahmen zur Suchtprävention ist das Thema „Alkohol" auf der Ebene des „Wohlstandsalkoholikers" überall ein Thema. Dieser „Wohlstandsalkoholiker" stellt eine Vorphase (vgl. http://www.a-connect.de/stufen.php) dar, die in vielen Fällen mit der Zeit eine physische Abhängigkeit nach sich ziehen kann. Es handelt sich bei „Wohlstandsalkoholikern" um Menschen, die täglich Alkohol konsumieren, sich aber über das Suchtpotenzial ihres täglichen Konsums keine Gedanken machen, weil auch ihr soziales Umfeld in diesem Umfang Alkohol konsumiert. Die These, dass Männer generell mehr trinken als Frauen, wird bislang in allen Auswertungen bestätigt.

Zucker-/Honig-Getränke

Wie Süßigkeiten auch sind mit Zucker oder Honig gesüßte Getränke in der Lage, einen Leistungsabfall schnell zu beheben. Somit kann auch der Konsum von zu vielen süßen Getränken (Anm.: Mit Zucker/Honig gesüßt) ein Indiz für Überforderung und Stress sein.

▶ Eine valide Aussage zu einzelnen Daten ist in aller Regel erst durch Hinzunahme der Werte anderer Kategorien oder Auswertungselemente möglich und sinnvoll.

33.4.2 Die ersten Ergebnisse

Sehr schnell zeigten sich Unterschiede bei den einzelnen Kunden. Während das Verhältnis von männlichen und weiblichen Mitarbeitern die Geschlechterverteilung im jeweiligen Betrieb meist gut abbildete, gab es bei der Beantwortung von Fragen wie „Ich fühle mich in meinem Körper wohl" oder „Ich bin voller Energie" teilweise deutliche Abweichungen von den Durchschnittswerten (Anm.: Im Weiteren wird diese Fragekategorie als „Evaluationsfragen" bezeichnet, weil diese Fragen herangezogen werden können, um Veränderungen nachzuweisen). Dienten anfangs noch die Daten der Onlinekursteilnehmer als Benchmark, aufgrund immer größerer Teilnehmerzahlen gibt es mittlerweile valide Benchmarks innerhalb der Zielgruppe „Teilnehmer im Rahmen von BGF".

Plaudertasche Teilnahmequote
Auch die Teilnahmequoten wichen innerhalb eines Unternehmens bei verschiedenen Standorten teilweise deutlich ab. Sie schwankten zwischen 1,5 % in einem Fall und 36,5 % in einem anderen.

Dennoch besteht zwischen der Größe eines Unternehmens und der Teilnahmequote offenbar ein Zusammenhang. Mit zunehmender Datendichte wird sich diese Aussage weiter verifizieren lassen.

Sicher kann man sagen, dass sich hinter Teilnahmequoten <8 % irgendein Problem verbirgt.

Durch konkretes Nachfragen im Rahmen von Abschlussbesprechungen zeigte sich, dass folgende Faktoren Auswirkungen auf die Teilnahmequote haben:

- Ist die „Stimmung" im Betrieb (Führung, Kommunikation, Unsicherheiten wie z. B. Standortverlegungen …) schlecht, schlägt das direkt auf die Teilnahmequote durch. Hier ist sogar der Umkehrschluss erlaubt: Bei allen Unternehmen, deren Teilnahmequote unter acht Prozent lagen, hat es sich bewährt, in die Offensive zu gehen und die Verantwortlichen auf mögliche Probleme im Betrieb/Niederlassung anzusprechen. In der Praxis hat sich die These bestätigt, dass Unternehmen, die TN-Quoten <8 % erzielen, mit hoher Wahrscheinlichkeit ein innerbetriebliches Problem haben.
- Eine gut durchgeführte Werbephase im Vorfeld ist eine wesentliche Voraussetzung für eine hohe Teilnahmequote.
- Ein gut gewählter Starttermin fördert die Teilnahme.
- Die Anzahl der Mitarbeiter eines Standortes/Unternehmens schlägt sich offenbar in den Teilnahmequoten nieder, wobei dennoch eines der bislang größten Unternehmen die zweitbeste Quote (>30 %) erzielen konnte.

- Eine gute Akzeptanz und persönliches Engagement des Projektleiters wirkt sich positiv auf die Teilnahmequote aus (Stichwort: kleiner Dienstweg und Flurfunk). Nehmen mehrere Standorte eines Unternehmens gleichzeitig an der Ernährungsanalyse teil, liegt der Standort eines (guten) Projektleiters bei der TN-Quote vorne.
- Bei einer bereits guten Akzeptanz von BGF-Maßnahmen im Betrieb haben neue Maßnahmen einen besseren Start.

Es ist nahezu unmöglich, genau zu sagen, warum Teilnahmequoten so sind wie sie sind, eine gute Werbephase, die Wahl des Projektleiters und der Starttermin sind beeinflussbare Erfolgsfaktoren.

Kohärenz von Daten

Zwischen den Ergebnissen aus den Verzehrdaten und denen der Durchschnittswerte der Evaluationsfragen besteht meist ein direkter Zusammenhang. Dazu gleich mehr bei unter Abschn. 33.5 „Beispiele".

Dabei bestätigt sich die generelle Vermutung, dass sich eine gesunde Lebensführung positiv auf das generelle Wohlbefinden auswirkt.

Die Ergebnisse der Evaluationsfragen erlauben also – von Ausnahmen abgesehen – bereits erste Rückschlüsse auf das gesundheitliche Verhalten der Mitarbeiter am jeweiligen Standort.

Dennoch: Auch wenn der erste Eindruck eher „unauffällig" ist, kann eine Auswertung immer noch Einzelergebnisse zutage befördern, die deutlich vom jeweiligen Mittelwert abweicht.

Eine anschließende Darstellung als SWOT-Diagramm ist hilfreich, um einen Gesamtüberblick zu erhalten. Sie ist auch die Grundlage für die Bestimmung von Handlungsfeldern und für die Vorgehensweise bei der Umsetzung.

33.5   Beispiele

Hier nun drei konkrete Beispiele, bei denen die zuvor geschilderten Zusammenhänge ganz besonders deutlich werden.

33.5.1   Der erste Check: Die Evaluationsfragen

Die im vorangegangenen Abschnitt angesprochene Aussagekraft der Evaluationsfragen wird hier deutlich (Tab. 33.1).

Tab. 33.1 Evaluationsfragen im Überblick (generell: hoher Wert positiv)

	Mit meinem gesundheitlichen Zustand bin ich sehr zufrieden	Bewegung macht mir Freude	Ich bin voller Energie	Ich vermeide regelmäßig Lifte und benutze stattdessen die Treppe	Ich fühle mich in meinem Körper wohl	Ich fühle mich gesund
Unternehmen 3 Werk 1	6,15	7,33	6,67	7,30	6,19	6,88
Unternehmen 3 Werk 2	6,17	7,48	6,35	6,30	6,17	6,65
Unternehmen 2	5,80	6,83	6,27	7,36	5,39	6,19
TN (alle)	**5,70**	**6,88**	**6,15**	**6,63**	**5,48**	**6,20**
Unternehmen 1	5,41	6,69	5,94	6,31	5,08	5,79

Die Tab. 33.1 zeigt einen Ausschnitt der Evaluationsfragen, die sich auf eine positive Körperwahrnehmung und eine gewisse „Agilität" beziehen.

Unternehmen 1 liegt bei allen Fragen unter dem Gesamtdurchschnitt, das heißt: Die Mitarbeiter von Unternehmen 1 fühlen sich im Durchschnitt schlechter als der Durchschnitt aller Teilnehmer. Es wurde überprüft, worin die Gründe für diese durchgängig negative Abweichung in fast allen Bereichen liegen könnten.

Unternehmen 2 schwankt um die Mittelwerte, das heißt, die eine Hälfte der Ergebnisse ist besser als der Durchschnitt (3/6), die andere schlechter (3/6).

Bei Unternehmen 3, das aus zwei Niederlassungen besteht, liegen elf von zwölf Werten teilweise signifikant über dem Durchschnitt. Um bei der Frage nach der Wahl der Treppen anstelle des Lifts den Grund für die Abweichung zu finden, wäre eine Ortsbegehung zur Klärung des Ergebnisses eine sinnvolle Maßnahme (möglicher Grund: Treppenhäuser nur über schwergängige Feuerschutztüren erreichbar ...). Die Mitarbeiter des Unternehmens scheinen sich aber deutlich wohler zu fühlen als der Durchschnitt aller Teilnehmer.

Um die Gründe für die Abweichungen zu finden, werden die Ernährungsfragen und die Ergebnisse bei der Sporthäufigkeit herangezogen.

33.5.2 Detailauswertung von Unternehmen 1

Rahmendaten Unternehmen 1
1800 Mitarbeiter, ca. 70 % Frauen, Verwaltungsbetrieb.

Das Unternehmen wollte Maßnahmen für die Betriebliche Gesundheitsförderung starten; aufgrund eines recht schmalen Budgets und geringer personeller Kapazitäten entschieden sich die Verantwortlichen, im ersten Schritt die Online-Ernährungsanalyse durchzuführen.

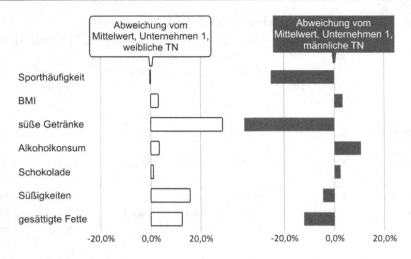

Abb. 33.1 Ergebnisse Unternehmen 1

Ergebnisse Unternehmen 1

Die Teilnahmequote von 10,4 % ist eindeutig zu niedrig für einen „gesunden" Betrieb.

Diese erste Annahme fand sich auch in der Auswertung der Einzelergebnisse wieder (Abb. 33.1).

SWOT-Analyse von Unternehmen 1 (Abb. 33.2)

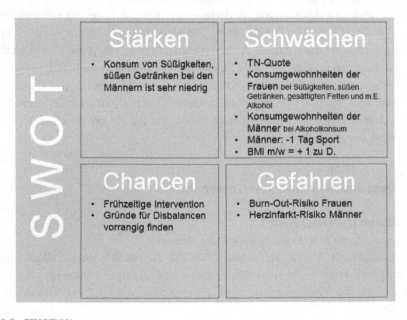

Abb. 33.2 SWOT U1

Daraus wurde folgender Empfehlungskatalog abgeleitet:

- Psychische Gefährdungsbeurteilung vorrangig angehen; bei der Auswahl nach einem Anbieter suchen, der qualitative Auswertungen liefern kann,
- Führungskräfte hinsichtlich wertschätzender Mitarbeiterführung schulen,
- Führungskräfte-Schulung hinsichtlich Umgang mit alkoholkranken Mitarbeitern.
- Mit den Ergebnissen aus der psychischen Gefährdungsbeurteilung die Verhältnisse überprüfen und Verhältnisprävention vorrangig betreiben, auch im Hinblick auf Doppelbelastungen durch Beruf und Familie, also: KiTa-Plätze unterstützen, Pflegehilfe, Pflegeberatung, Bügelservice ...,
- Individualcoachings integrieren wie z. B. Ergonomie am Arbeitsplatz, Rückenschule,
- Verhaltenspräventionsangebote für die Psyche: Anbieter für Krisenintervention etablieren, Unterstützung bei der Suche nach Psychotherapieplätzen, Seminare zu psychosozialen Themen anbieten,
- Bewegungsangebote gezielt für Männer anbieten (Team-Challenges), Gesundheitsthemen in allen internen Medien vorrangig behandeln.
- Können Kochkurse für „Fitness-Küche" angeboten werden?

Rahmendaten Unternehmen 2

Auch dieses Unternehmen startete seine Aktivitäten mit der Ernährungsanalyse.

Teilnahmequote: 20,5 % – für ein Unternehmen, dessen Mitarbeiter noch keine Erfahrung mit BGF haben, ein guter Wert, der durch Verstärker (Auslobungen, längere Werbephase ...) noch hätte erhöht werden können (Abb. 33.3 und 33.4).

Mit 120,3 Punkten i. D. der teilnehmenden Männer lag der Durchschnittswert im Bereich Alkohol bereits bei den „Wohlstands-Alkoholikern" (und erreichte damit den höchsten Durchschnittswert, der jemals erzielt wurde). Das heißt, man kann davon ausgehen, dass diese Mitarbeiter, wenn sie nicht bereits Alkoholiker sind, so doch schon stark in der kritischen Vorstufe angelangt waren.

Die Aufgabe in diesem Betrieb sollte deshalb vorrangig in der Suchtprävention bei den männlichen Mitarbeitern bestehen.

Bei einem so hohen Durchschnittswert ist es ratsam, Spezialisten für Alkoholsucht zurate zu ziehen, also z. B. mit den Anonymen Alkoholikern Kontakt aufzunehmen, um qualifizierte Beratung und später noch Schulungen der Führungskräfte und der mittleren Führungsebene anzufragen. Die Aufgabe liegt bei Alkoholismus zum einen in der Identifizierung und Behandlung von Alkoholikern, ebenso wichtig aber sind die Aufklärung und die Sensibilisierung der Mitarbeiter, die in der „Vorstufe" anzusiedeln sind.

Die hohe Teilnahmequote zeigte eine gute Identifikation mit dem Betrieb, das heißt, dass man davon ausgehen kann, dass gemeinsame Programme für Sport und Koch-Events

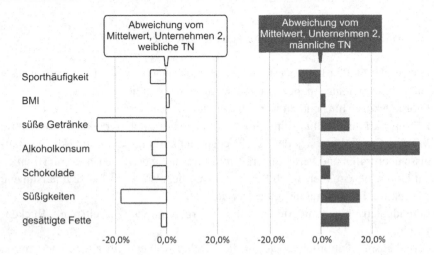

Abb. 33.3 Ergebnisse Unternehmen 2

Abb. 33.4 SWOT2

eine gute Akzeptanz haben. Koch-Events sollten unter dem Motto: „Schnell was Gesundes" durchgeführt werden.

Den hohen Schokoladekonsum bei Männern (vor allem in Kombination mit wenig Sport und viel Alkohol) kann gewertet werden als eine unbeschwerte Haltung in Bezug auf Genuss. Das heißt, diese Klientel wird fröhlich essen und trinken, weil es eben Spaß macht und schmeckt, was auch die etwas geringere sportliche Betätigung erklärt.

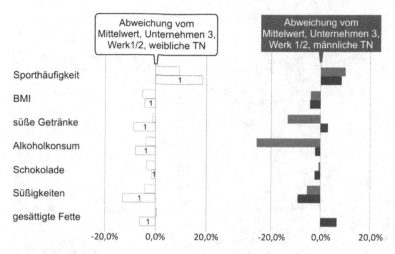

Abb. 33.5 Unternehmen 3 a + b

Rahmendaten Unternehmen 3

Hierbei handelte es sich um einen Kunden mit zwei gleich großen Niederlassungen.

Es zeigt sich, dass die Bemühungen bezüglich betrieblicher Gesundheitsförderung im Unternehmen auf jeden Fall schon Früchte getragen haben. Ein um 2 Zähler niedrigerer BMI, +1 Tag i. D. mehr Sport ... das sind Indikatoren für die Wirksamkeit der bisherigen Anstrengungen hinsichtlich Gesundheitsförderung im Betrieb. Mit 21,3 und 27,5 % lagen die TN-Quoten gut; der Unterschied resultiert wahrscheinlich aus dem Arbeitsstandort des Projektleiters, der im Werk mit 27,5 % seinen Arbeitsplatz hatte. Das Phänomen, dass sich aus der „Nähe" (physisch oder auch psychisch, durch ein gleiches Arbeitsumfeld) des Projektleiters an „seinem Standort" höhere TN-Quoten ergeben, ist kein Einzelfall (Abb. 33.5 und 33.6).

Bei sportlich sehr aktiven Menschen, die – wie auch die Auswertung der Evaluationsfragen zeigte – auch mental stark von ihrem Sport profitieren, besteht immer die Gefahr, andere gesundheitsfördernde Faktoren zu ignorieren, nach dem Motto: „Ich mache so viel Sport, da kann ich auch ... " und in diesem Fall kann man den Satz ergänzen mit: „tierische Fette locker wegstecken".

Abgesehen davon, dass tierische Fette aufgrund ihrer entzündungsfördernden Eigenschaften generell nicht gut sind, können sie das Risiko für Herz-/Kreislauferkrankungen erhöhen. Weit stärker aber als die Wahl der falschen Fette wiegt das „High", das mit einer hohen Sportfrequenz einhergeht. Menschen, die sich in diesem „High" befinden, gehen häufig deutlich über ihre Schmerzgrenzen (z. B. Cross-Fit, Thrilling, Triathlon ...) und blenden dabei andere Körpersignale gerne aus. So ist der plötzliche Herztod von Joggern meist eine Folge verschleppter Infekte, die sich in einer Herzmuskelentzündung unbemerkt niederschlugen und zum Tode führten.

Abb. 33.6 Geringerer BMI, mehr Sport, deutlich weniger Alkohol …

Da eine Befragung und auch Aufklärung gerade in der Klientel der „Super-Sportler"
gerne mit einem Abwinken abgetan werden, sind hier sehr konkrete Maßnahmen erforderlich.

Der Maßnahmenkatalog:

- Die Leiter/Inhaber der Firmen-Fitnessstudios zum Gespräch um Kooperation in
  der Hinsicht bitten, Kunden mit Erkältung vom Training konsequent auszuschließen und
- ihre Trainer dahingehend zu schulen und zu sensibilisieren sowie
- im Anschluss an die Powerkurse nach Dienstschluss direkt Entspannungskurse
  anzubieten (z. B. Yoga nach Spinning, Feldenkrais nach Cross-Fit, Autogenes
  Training nach TaeBoo …) und
- die Kombination gemeinsam mit dem Arbeitgeber zu incentivieren: Drei Teilnahmen an Entspannungskursen nach einem Powerkurs: Saunagutschein; zehn
  Teilnahmen an Entspannungskursen nach Powerkursen: ein Saunatuch; 50 Teilnahmen: ein Reisegutschein.
- Klassische Ernährungskurse oder Ernährungsberatung machen bei dieser Konstellation keinen Sinn, wohl aber gezielte Informationen via Newsletter, Intranet,
  Infoflyern und sonstigen internen Medien zum Thema Ernährung.

- Mögliche Themen für Workshops:
  - *Training immer nur gesund*
  - *Ernährungsworkshop zum Thema Fettsäuren (tierische Fette, essenzielle Fette, Omega 3/Omega 6 FS …)*
  - *Workshops zur Entspannung*

33.6   Fazit

Die Online-Ernährungsanalyse ist eine Maßnahme aus dem Bereich Ernährung, die – unabhängig von Örtlichkeiten oder Terminen allen Mitarbeitern zum gleichen Zeitpunkt angeboten werden kann.

Sie liefert valide, individuelle Auswertungen für den Mitarbeiter in verschiedenen Kategorien, auch abgestimmt auf seinen BMI und seine (nicht-)vegetarische Ernährung.

Die Handlungsempfehlungen sind sehr konkret, einfach formuliert und können schon beim nächsten Einkauf in einem Supermarkt umgesetzt werden.

Rezepte für die berufliche Situation und den privaten Bereich runden das Paket für den Mitarbeiter ab.

Zudem kann die weitere Betreuung in unserem Onlineportal gleich mitgebucht werden, oder aber, man verweist einfach auf unseren Onlinepräventionskurs zum Abnehmen (ab BMI 25), der auch von den gesetzlichen Krankenkassen bis zu 100 % erstattet wird.

Für den Auftraggeber eröffnet sich die Chance, durch eine wissenschaftliche Auswertung der anonymisierten Verzehrdaten Hinweise darüber zu erhalten, ob und welche gezielten Maßnahmen zur betrieblichen Gesundheitsförderung in bestimmten Regionen oder Niederlassungen Sinn machen. Je größer die Datenbasis ist, umso konkreter können Empfehlungen ausgesprochen werden.

Auch die Rahmenbedingungen der Maßnahmen und die Art der Darbringung lassen sich aufgrund der Teilnahmedaten konkretisieren. Für die Auswertungen arbeitet Food-Xperts mit der Hochschule Niederrhein zusammen.

Die Daten, die in aller Regel bereits durch den Teilnehmer anonymisiert eingereicht wurden, werden auch nochmals durch das System bei der Ausgabe aus der Datenbank anonymisiert.

Auftraggeber, ihre Kooperationspartner, Mitarbeiter, Consultants und Berater erhalten weder Einblick noch Auszüge aus den Originaldaten. Alle beteiligten Mitarbeiter aus unserem Hause und der Hochschule Niederrhein werden zudem gemäß Datenschutzgesetz verpflichtet und vor jedem Auftrag nochmals geschult.

Gabi Vallenthin, Jahrgang 1959, ist geschäftsführende Gesellschafterin der Food-Xperts GmbH. Sie hat 1997 das Ernährungskonzept LowFett 30 entwickelt und gemeinsam mit ihrem Team aus Ernährungswissenschaftlern für digitale Anwendungen zu einem der führenden Markenernährungs-konzepte im deutschsprachigen Raum ausgebaut. Zu LowFett 30 hat Gabi Vallenthin bislang mehr als 50 Ernährungsratgeber und Kochbücher veröffentlicht.Die hier vorgestellte Ernährungsanaly-se ist eine Eigenentwicklung des Unternehmens, die seit ihrer Einführung in 2004 kontinuierlich weiterentwickelt wurde.Seit 2009 bietet das Unternehmen digitale Ernährungstools speziell für die betriebliche Gesundheitsförderung an. Die SWOT-Analyse wird seit 2015 im Rahmen der Beratung von Unternehmen mit sehr großem Erfolg eingesetzt.

„Lässt sich die Stressresilienz im betrieblichen Setting durch einen virtuellen Coach gewinnen und sogar erhöhen?"

Zrinka K. Fidermuc Maler

Zusammenfassung

Face-to-Face-Coaching ist ein etabliertes ressourcenorientiertes Personalentwicklungs-instrument, das sehr wohl im Betrieblichen Gesundheitsmanagement (BGM) eingesetzt wird. Digitales Coaching ist ein daraus abgeleitetes Instrument, das die Unternehmen in der Umsetzung ihrer BGM-Strategie flächendeckend und kostenbewusst integrieren können. Virtuelles Coaching eignet sich instrumentell und methodisch insbesondere auch beim Aufbau der Resilienz und der Entwicklung von Stressmanagementkompetenzen. Jedoch scheitert dies am Verhalten der Akteure im betrieblichen Setting, deren Handlungen auf der jeweiligen Betriebskultur beruhen. Die Unternehmen sind daher gefordert, den Wert von Gesundheit neu zu definieren und sie als den eigenen unerschöpfbaren Innovationstreibstoff einzustufen. Dies erfordert einen Kulturwandel in Unternehmen, indem alles, was zugunsten der Gesundheit und damit der Resilienz getan wird, als wünschenswert und normal betrachtet und dies auch von den Führungskräften gelebt wird. Darüber hinaus müssen erfahrene Coaches als Dienstleister und Akteure in diesem Prozess dieses Instrument neu reflektieren – z. B. dass digitales Coaching kein „Second-Hand-Coaching" ist – und sich der Herausforderung eines Coachings 4.0 stellen.

34.1 Einleitung

Sechs von zehn Menschen in Deutschland fühlen sich gestresst – unabhängig davon, ob beruflich oder privat. Ein knappes Viertel der Bevölkerung, 23 %, gibt sogar an, häufig gestresst zu sein. Das ergab die im Auftrag der Techniker Krankenkasse 2016 durch-

Z. K. Fidermuc Maler (✉)
Frankfurt, Deutschland
E-Mail: zrinka@bodypoetry.de

© Springer Fachmedien Wiesbaden GmbH 2018   447
D. Matusiewicz und L. Kaiser (Hrsg.), *Digitales Betriebliches Gesundheitsmanagement*,
FOM-Edition, https://doi.org/10.1007/978-3-658-14550-7_34

geführte Studie „Deutschland, entspann dich" (TK 2016). Der gesundheitsschädigende Stress hat an Prominenz gewonnen und bekommt die Ausmaße einer Epidemie. Die wirtschaftlichen Folgen dürfen bei Unternehmen und Sozialversicherungsträgern für Unruhe sorgen und Anlass für nachhaltige Aktionen aber keinen Aktionismus sein. Die gesetzlichen Krankenkassen investieren daher in die Stressprävention ihrer Versicherten durch zertifizierte Kurse und Schulungen. Unternehmen stellen sich graduell der Aufgabe und nutzen die Angebote der Krankenkassen. Damit ist zunächst der erste Schritt gemacht. Eine flächendeckende Durchführung der Maßnahmen zur Stressresilienzförderung wird aber erst mit der Integration der neuen Formate mittels digitaler Medien aussichtsreich und zwar nicht nur in den Konzernen, sondern vor allem in den kleinen und mittelständischen Unternehmen (KMU). Die Bereitschaft aller Akteure – Mitarbeiter, Entscheidungsträger, Coaches – diese auch in Anspruch zu nehmen ist die Voraussetzung für den Erfolg.

34.1.1 Das Verständnis von Coaching und die Aufgabe des Coaches heute

Der Begriff „Coaching" erlebt seit Mitte der 90er-Jahre eine Hochkonjunktur. Gerade aus diesem Grund wird er auch in diversen beruflichen und privaten Kontexten benutzt. Branchenfremde kennen meistens nicht den Unterschied zwischen der Tätigkeit eines Coachs, Beraters oder Trainers. Dies hat zur Folge, dass der Coach einem Berater und Trainer gleichgestellt wird. Die Unsicherheit über das genaue Tätigkeitsfeld eines Coachs dürfte auf das britische Verständnis aus 1848 – Coach als Tutor –, dann auf die Tätigkeit eines Sporttrainers bzw. Coachs sowie auf das amerikanische Verständnis vom Coaching zurückgehen. In den USA beispielsweise „steht Coaching für die beratenden und fördernden Aspekte der Mitarbeiterführung, die Führungskraft ist Coach der eigenen Mitarbeiter" (Ihde und Lengler 2014, S. 2–3). Im deutschsprachigem Raum hat der Coach die Aufgaben, seine Coachees/Klienten in einem ressourcenorientierten Prozess zur Selbstklärung zu begleiten.

Die Aufgabe des Coachs (ebenso des Trainers und Beraters) ist und bleibt die Verantwortung für den Prozess und seine Gestaltung unabhängig davon, ob es sich um ein Face-to-Face- oder um ein digitales Coaching handelt. Während des Coaching-Prozesses setzen alle drei ihre methodischen Kompetenzen ein, um dem Klienten Unterstützung bei der Persönlichkeitsentwicklung, der Erarbeitung eigener Lösungen – sowohl im privaten als auch im beruflichen Kontext – und bei der Hebung eigener Ressourcen zu geben. Im Laufe dieses Prozesses gibt es inhaltliche Interventionen mit einem breiten Methodenspektrum, die modelltheoretisch typisch für Trainer und Berater oder sogar Psychotherapeuten sind. Das lässt sich nicht vermeiden und könnte unter Umständen sogar kontraproduktiv sein. Jedoch begrenzt ein Coach diese Interventionen stark, überlegt sehr genau die Dosierung und zieht ganz klar die Grenze zwischen dem Coaching und z. B. der Psychotherapie. Der ausschlaggebende Unterschied eines Trainers und Beraters zum Coach ist, dass der Trainer die Lösung einübt und der Berater sie gibt.

Coaching ist in Deutschland schon seit über 30 Jahren etabliert. Nicht zuletzt haben es namhafte Wissenschaftler durch die Forschung und Coaches durch ihr Praxisreichtum und erfolgreiche Methodenentwicklung salonfähig gemacht (Rauen 2014, S. 1 ff.; König und Volmer 2012; Birgmeier 2011 und andere). Unter dem Coaching wird aber nicht das inflationäre Angebot an Dienstleistungen mit wenig oder gar keiner wissenschaftlichen Grundlage verstanden (s. o. die ressourcenorientierte Klärungsbegleitung). Durch eine erheblich gestiegene Nachfrage wird das Coaching kontinuierlich einem starken Wandel unterworfen. Sie kommt von den Klienten selbst in einer sogenannten Market-Pull-Aktion. Diese Klienten gehören nicht unbedingt zur Gruppe der Topmanager großer Konzerne: Mittleres Management, Nachwuchskräfte und ausgewählte Talente werden ebenso gecoacht wie Selbstständige.

Folglich war und ist das Coaching das Personalentwicklungsinstrument schlechthin. Es wird zunehmend im Bereich des Betrieblichen Gesundheitsmanagements (BGM) eingesetzt. So werden heutzutage Führungskräfte auch im Bereich Work-Life-Balance[1] gecoacht.

Während sich in den 80er- und 90er-Jahren des 20. Jahrhunderts zahlreiche Topmanager einen Psychotherapeuten leisteten, geht der Trend seit einigen Jahren in Richtung Coaching. Zwar ist die Zahl der Therapien und Therapeuten seit der Verabschiedung des Psychotherapeutengesetzes 1999 in Deutschland gestiegen, aber die medizinische Notwendigkeit ist oft fraglich. Denn viel zu häufig werden nicht die schweren seelischen Erkrankungen wie Depression, Schizophrenie, Manie oder das Borderline-Syndrom behandelt, sondern persönliche Konflikte oder Zweifel (Dowideit und Neller 2015). Es werden Dauermüdigkeit, Schlaflosigkeit oder andere im jetzigen beschleunigten Lebensrhythmus völlig normale Reaktionen auf eine verstörende Umgebung therapiert: Alles typische Coaching-Anlässe. Hier wäre zielführend, eine klare Abgrenzung der Leistungen eines Psychotherapeuten zu schaffen. Er bekommt nämlich für seine medizinische Expertise gesetzlich abgesicherte Bezahlung durch das obligatorische Krankenversicherungssystem. Ein Coach dagegen nicht. Diese Abgrenzung zwischen den diagnostizierbaren Krankheiten und den persönlich empfundenen störenden Erscheinungen, die keine Krankheiten sind, würde vor allem das Gesundheitsbudget, die Verfügbarkeit der Therapeuten für wirklich therapiebedürftige Fälle und schließlich den Weg zu einem Coach freimachen. Demnach zu erwarten wäre auch eine positive psychologische Wirkung des Rollentausches auf Klienten: Von entmündigten Kranken zu mündigen Klienten bzw. Coachees[2]. Das Gefühl und die Erkenntnis, das eigene private und berufliche Leben doch alleine durch die Unterstützung eines qualifizierten Coachs in den Griff bekommen zu können, mobilisiert schlummernde Klientenressourcen.

---

[1] An dieser Stelle wird aus Platzgründen der Diskurs über den zeitgemäßen Charakter des Work-Life-Balance-Begriffs nicht dargestellt.

[2] Hier dürfte noch betont werden, dass die Klassifikation psychischer Störungen wohl eher „defizitorientiert" ist, anstatt, wie im Coaching, „ressourcenorientiert" (Dowideit und Neller 2015).

Für die Aktivierung dieser Ressourcen stehen heute den Unternehmen wie auch Privatpersonen zahlreiche konventionelle/analoge (persönlicher Kontakt) und moderne/digitale (virtueller Kontakt) Möglichkeiten zur Verfügung.

34.1.2 Das Phänomen Stress

Jedes Zeitalter wird von diversen Begriffen und Erscheinungen geprägt. So spielen heute die Begriffe Stress, Resilienz, Gesundheit, Coaching, Innovation und Digitalisierung eine ähnlich dominierende Rolle[3]. Es genügt der Blick auf eine simple Google-Wortsuche, um sich vor Augen zu führen, wie dominierend das Gesellschaftsphänomen „Stress" mit 619 Mio. Einträgen ist.

Das natürliche Bestreben jedes Organismus oder Systems ist es, wieder die Homöostase herzustellen, wenn die Heterostase[4] aufgetreten ist. Aus biologischer Sicht ruft jede Veränderung erst einmal eine Anpassungsanforderung und den damit verbundenen Stress hervor. Stress kann als jener „Zustand des Organismus definiert werden, der durch ein spezifisches Syndrom [... Blutdrucksteigerung und andere] gekennzeichnet ist, der jedoch durch verschiedenartige unspezifische Reize (Infektionen, Verletzungen, ... aber auch Ärger, Freude, Leistungsdruck und andere Stressfaktoren) ausgelöst werden kann. Unter Stress kann man auch äußere Einwirkungen verstehen, an die der Körper nicht in genügender Weise adaptiert ist [...]" (Pschyrembel 2014).

Psychischen Stress zu haben heißt, eine Situation oder ein Ereignis als bedrohend zu bewerten. Das Ergebnis aus neueren Vorstudien über Change-, Innovations- und Digitalisierungsprozesse hat ergeben, dass „unter Stress ungesundes Verhalten in Ernährung, Bewegung und Entspannung zunimmt und gleichsam Ressourcen aufgezehrt werden" (Thomzik et al. 2009, S. 190).

Schließlich hat die Erfahrung gezeigt, dass sich das Phänomen Stress wie ein Chamäleon verhält. Er hat viele „Farben" – das heißt, er zeigt unterschiedliche Symptome und Auswirkungen auf arbeitstätige Menschen – und beeinflusst damit entscheidend die Wettbewerbsfähigkeit der Unternehmen.

---

[3] Eine einfache Wortsuche in der Google-Suchmaschine ergab folgende Verwendungsfrequenz: Stress (619 Mio. Treffer), Resilienz (1.730.000 Treffer), Gesundheit (178 Mio. Treffer), Coaching (445 Mio. Treffer), Innovation (582 Mio. Treffer) und Digitalisierung (6.260.000 Treffer). Letzter Besuch am 07.11.2016.
[4] Der Begriff der Heterostase wurde von Aaron Antonovsky geprägt.

34.2   Die Neupositionierung der Gesundheit: Gesundheit als Firmenwert und Innovationstreibstoff

Die Bundesregierung hat in ihrer „Neuen Hightech-Strategie" von 2014 Gesundheit bzw. gesundes Leben zur prioritären Aufgabe für die Zukunft gemacht. Vor diesem Hintergrund wurde auch das Präventionsgesetz verabschiedet (seit dem 1. Januar 2016 in Kraft), mit dem der Gesetzgeber das BGM durch neue finanzielle Ausstattung der Krankenkassen fördert, die nun in Betrieben aktiver werden (müssen) (Bundesministerium für Bildung und Forschung 2014, S. 4 ff.).

Die heutige Arbeits- und Lebenslandschaft ist durch eine immer größer werdende Komplexität und Beschleunigung der Arbeit verbunden mit der Digitalisierung gekennzeichnet. Sie beeinflusst die Veränderung in den Arbeitstätigkeiten stark, verursacht den Wettbewerbsdruck, sorgt für die Angst vor Arbeitsplatzverlust und einen Dauerstress. Wesentlich erscheint auch die demografische Entwicklung. Sie zeigt seit Jahren einen negativen Trend der überalternden Gesellschaft, welcher im betrieblichen Kontext eine große Herausforderung darstellt. Häufig gibt es keine rechtzeitige und geregelte Nachfolge von Schlüsselexperten, von denen beispielsweise unternehmenskritische IT-Systeme abhängen. Das verhindert einen rechtzeitigen und stressfreien Wissenstransfer oder den Wechsel zu neuen tragfähigen IT-Systemen. Kurzum: Im Umfeld der massiven Change-Prozesse muss die oberste Priorität in Unternehmen sein, für viele Jahre gesunde, motivierte und produktive Leistungsträger zu erhalten.

Die Erreichung dieses Ziels beginnt aber nicht „unten" bei den Mitarbeitern, sondern ganz „oben" auf der strategischen Ebene der Entscheidungsträger. Genau dort, wo die Unternehmenspolitik gemacht, die Unternehmenskultur gestaltet und die Führungsprozesse definiert werden. Folglich benötigen heute die Gesundheit und das Gesundheitsverständnis im betrieblichen Kontext die Verbreitung einer neuen ganzheitlichen Definition fern von der veralteten der Weltgesundheitsorganisation („Die Gesundheit als die Abwesenheit von Krankheit").

Die Gesundheit ist als oberster Wert und Innovationstreibstoff[5] in Unternehmen zu definieren, in dem alle Akteure nicht nur die gemeinsamen und übergeordneten Unternehmensziele, sondern auch ihre eigenen, persönlichen Ziele verfolgen können. Demnach wird die Gesundheit zum wichtigen Bestandteil einer neuen Unternehmenspolitik und -kultur, in der die menschliche Ressource durch die Innovationskraft, Kreativität, Individualität, aber auch durch den Gemeinschaftssinn, die Empathie, Flexibilität in Anpassungsprozessen und die Resilienzkraft des Einzelnen gekennzeichnet ist. Aufgewertet und neu positioniert wird sie den Unternehmensgewinn gewährleisten und als unerschöpflicher Innovationstreibstoff fungieren.

---

[5] Im Projekt PräGo (Präventives Gesundheitsmanagement durch integrierte Personal- und Organisationsentwicklung 2010) gefördert durch das Bundesministerium für Bildung und Forschung (BMBF) und geleitet vom Deutschen Luft- und Raumfahrtzentrum Projektträger (DLR-PT) wurde der Einfluss der Innovationen in Betrieben auf die Gesundheit der Menschen untersucht.

Der zentrale Fokus des betrieblichen Gesundheitsmanagements ist die Optimierung der Geschäftsprozesse im Sinne der Gesundheitserhaltung und -förderung, um die gesteckten betriebswirtschaftlichen Unternehmensziele zu verwirklichen. Die betrieblichen Gesundheitsmanager stoßen aber heute bei der Rechtfertigung der bereitgestellten finanziellen Mittel an ihre Grenzen. Immer prominenter wird der Unternehmensanspruch, den quantifizierbaren Leistungsbeitrag bei der betrieblichen Wertschöpfung und -steigerung vorzuweisen. Die Gesundheit zu messen dürfte wohl trotz der Balanced Scorecard für gesunde Unternehmen auch zukünftig umstritten bleiben.[6]

Das BGM ist in großen Konzernen wie etwa die Deutsche Bahn, BMW, Commerzbank, DiBa, um hier nur einige exemplarisch zu erwähnen, meistens schon seit vielen Jahren gut etabliert. Ganze Teams kümmern sich mit Hilfe externer Berater, Trainer und Coaches um die Optimierung des Systems, der Prozesse, um die Personalentwicklung und die Umsetzung der Maßnahmen. Möglich macht es nicht zuletzt das finanzielle Depot, das den KMU häufig fehlt. Diesem Problem begegnet sehr stark das Gesunder-Mittelstand-Projekt (GeMit) des Instituts für Betriebliche Gesundheitsförderung und des Bundesverbands für Mittelständische Wirtschaft (BVMW). Es wird in sechs Regionen Deutschlands vom Bundesministerium für Arbeit und Soziales im Rahmen der Initiative Neue Qualität der Arbeit (INQA) gefördert. Ziel des Projektes ist die Entwicklung des INQA-Gesundheitschecks. Es handelt sich um ein digitales Selbstbewertungsinstrument für Unternehmen, das neben der Abbildung des Status quo auch Maßnahmen für betriebliche Gesundheitsförderung (BGF) unterbreiten soll. Nun nach mehr als der Hälfte der Projektzeit zeigte sich, dass die Gründung von Betriebsnachbarschaften in Städten zur gemeinsamen Umsetzung von BGM und BGF der eigentliche Mehrwert ist.

34.3 Die Digitalisierung des Betrieblichen Gesundheitsmanagements

Genauso wie in anderen Bereichen eröffnet die Digitalisierung im BGM noch nicht vollständig absehbare Chancen und Möglichkeiten. Kostenbewusste Gesundheitsmanager integrieren immer häufiger digital betriebene Gesundheitsmaßnahmen wie Ernährungspläne, Bewegungsmelder, -kurse, individuelle Coaches und Berater. Damit wird der Versuch gewagt, zwei Ansprüchen von Firmenleitungen zu genügen: 1. Ein flächendeckendes BGM mit den dazugehörigen Maßnahmen der betrieblichen Gesundheitsförderung (BGF) zu etablieren und 2. einen quantifizierbaren Leistungsbeitrag seitens des BGM inklusive aussagekräftige statistische Daten zu machen. Davon versprechen sich die Unternehmen

---

[6] Dem Anspruch auf die Quantifizierung des Leistungsbeitrags begegnet das methodische Vorgehen der Balanced Scorecard für gesunde Unternehmen und verspricht eine erfolgreiche Problembehebung. Als Modell für diese Scorecard steht die seit Ende der 90er-Jahre bekannte und etablierte Balance-Score-Card für Wirtschaftsunternehmen von Kaplan und Norton. Damit ist die Akzeptanz bei Führungskräften wahrscheinlicher.

mehr Mitarbeiter bei geringeren Investitionen als mit klassischen Offlinemaßnahmen zu erreichen. Das ist plausibel, betriebswirtschaftlich sinnvoll und zielführend, wenn alle Akteure mitspielen.

34.3.1 Digitales Coaching

Digitales bzw. virtuelles Coaching umfasst die Gesamtheit aller Coaching-Formate bzw. Unterstützungskanäle, denen es gemeinsam ist, dass ein persönliches Treffen zwischen dem Coach und dem Klienten nicht zustande kommt. Anstatt dessen einigen sich die beiden Parteien, das Coach-Coachee-Verhältnis über die für beide passende digitale Technologie aufzubauen und so die Problemlösung für den Klienten herbeizuführen. Dazu gehören das klassische Telefonat, eine Video-Konferenz mittels diverser Software wie FaceTime oder Skype, eine App, Messaging-Programme wie etwa WhatsApp, Telegram oder Threema, die in der Unternehmenskommunikation bereits genutzt werden und akzeptiert sind, oder die schon mittlerweile klassische E-Mail.

Jeder dieser Kanäle hat Vorteile und Nachteile, die das Ergebnis des Coachings beeinflussen (Tab. 34.1).

Die vorliegende Übersicht fasst die Vor- und Nachteile diverser Unterstützungskanäle im virtuellen Coaching zusammen. Sie kann zweifellos noch ergänzt werden. Bei der Wahl des Unterstützungskanals werden bei den Nutzern die aufgeführten Vor- und Nachteile, themenbezogene wie auch soziodemografische Merkmale eine wichtige Rolle spielen. So sind erfahrungsgemäß jüngere Personen zwischen 14 und 27 Jahren digitalaffin (vgl. www.mein-planb.de) aber kontaktscheu und verfügen über schlechtere Kommunikationskompetenzen als ältere Personen ab 50. Weiterhin sind Frauen freier in der Offenlegung persönlicher Probleme über einen digitalen Kanal als Männer und beteiligen sich insgesamt viel mehr an allen BGF-Maßnahmen. In einer Studie wurde großer Erfolg des virtuellen Coachings bewiesen, da brisante, persönliche Probleme schnell und hemmungslos angesprochen wurden[7].

34.3.2 Die Reichweite einer digitalen Stressmanagement-Schulung

Gesundheitsbewusste und -aktive Unternehmen setzen auf digitale Inhalte, um ihre BGM-Ziele effizient zu erreichen. Es benötigt aber erfahrungsgemäß mehr interne Kommunikation, Werbung, Koordination und Motivation der Mitarbeiter, um sie für die Teilnahme an den digitalen Angeboten zu begeistern. Nicht zuletzt auch wegen der technischen Überforderung, der Informationsüberflutung, der Gefahr eines digitalen Burn-outs, der

---

[7] Die Scham ist groß, z. B. Suchtprobleme, einen gewalttätigen Partner oder problematische Kinder zu haben, weshalb sich dazu ein quasi kontaktfreier virtueller Kontakt sehr eignet und zum gewünschten Ziel führt.

Tab. 34.1 Vorteile und Nachteile diverser digitaler Unterstützungskanäle beim Coaching

Digitaler Kanal	Vorteile	Nachteile
E-Mail, Messaging-Programme	Klare Festlegung der Frage/des Themas seitens des Klienten. Textbasierte, geschriebene Kommunikation, in der die Interpunktion und die sogenannten Emoticons mehr Auskunft geben. Fokus auf das Wesentliche, die Gedankenstrukturierung seitens des Klienten, da E-Mails wegen der Verständlichkeit und in Anspruch genommenen Zeit nicht zu lang sein dürfen. Der geschriebene Text bleibt länger in Erinnerung und kann ausgedruckt werden. Dies ist insbesondere in der (Selbst-) Controlling-Phase des Klienten wichtig. Die monetäre und psychologische Barriere bei Klienten ist minimal. Krisenbesetzte Themen, hoch vertrauliche, brisante (private) Probleme werden viel leichter und schneller über diesen Kanal angesprochen. Das gilt auch für Telefonate und Apps.	Der Coach kann keine nonverbalen Merkmale der Kommunikation wie die visuellen (Gestik, Mimik, Körpersprache, Augenkontakt), olfaktorischen, auditiven bzw. paraverbalen (Stimmfärbung, Tonhöhe) wahrnehmen. Der Coach kann das Gesamtbild des Coachees insbesondere somatische Marker nicht wahrnehmen. Die Unterstützung durch den Coach mündet in Fragestellungen und Aufgaben, die nur auf der geschriebenen Mitteilung basieren. Der Einsatz des breiten Methoden-Spektrums in der Prozessgestaltung seitens des Coachs ist begrenzt. Der Coach wird ein Fotoprotokoll der seitens des Klienten erarbeiteten Erkenntnisse, Visualisierungen und Lösungen nicht erstellen können. Ein tiefes Coach-Coachee-Verhältnis ist schwierig aufzubauen. Bei Messaging-Programmen etablieren sich geschrumpfte Dialoge, Wort-/Satzfetzen, die zu Kommunikationsmissverständnissen führen (können).
Klassisches Telefonat	Sehr attraktiv für Klienten, da die monetäre und psychologische Barriere (gewährleistete Anonymität bei brisanten Themen) geringer ist.	Bei der Fragestellung bzw. der Festlegung des Themas seitens des Klienten sind Ausschweifungen möglich (unklare unstrukturierte Gedanken/freier Gedankenfluss des Klienten). Der Coach nimmt durch die verbale Kommunikation (auditive Merkmale wie Stimmfärbung, Tonhöhe) nur ein Teilbild des Coachees wahr. Der Großteil der nonverbalen Kommunikationsmerkmale bzw. der somatischen Marker fehlen. Die Unterstützung durch den Coach mündet in Fragestellungen und Aufgaben, die nur auf der gesprochenen Mitteilung basieren. Ein Fotoprotokoll der erarbeiteten Erkenntnisse und Lösungen seitens des Klienten wird nicht vorhanden sein. Ein tiefes Coach-Coachee-Verhältnis ist schwierig aufzubauen.

Tab. 34.1 (Fortsetzung)

Digitaler Kanal	Vorteile	Nachteile
Video-Konfe- renz	Fast alle verbalen und nonverbalen Bestandteile der Kommunikation (ausgenommen der olfaktorischen Komponente) liefern dem Coach mehr Informationen. Der Coach kann den Prozess, wenn auch nicht ganz in dem Umfang wie in einer persönlichen Sitzung, klarer steuern und wichtige Impulse setzen. Sehr attraktiv für Klienten, da die monetäre Barriere leichter zu über- winden ist. Ein Fotoprotokoll der erarbeiteten Erkenntnisse und Lösungen seitens des Klienten ist durch die Aufnahme von Bildschirmbildern (den soge- nannten Screenshots) möglich.	Technologische Unzulänglichkeiten (schlechte oder unterbrochene Verbin- dung) könnten den Coaching-Prozess und die Zielerreichung erheblich stören.
App	Eine (Coaching-)App vereinigt alle digitalen Kommunikationskanäle. Sie beinhaltet die Software zur Aufzeichnung der Gewohnhei- ten des Klienten, standardisierte aufgenommene bzw. vorgefasste Informationen auf bestimmte Fra- gen, individualisierte Chats mit dem Coach, personalisierte Ratschläge zur Hürdenüberwindung, Video-Sitzun- gen mit dem Coach etc. Die monetäre Schwelle ist zu Anfang durch diverse Mitgliedschaftsop- tionen gering. Der Beitritt ist durch kostenlose Basis-Mitgliedschaft mit sehr wenigen Optionen einfach. Bei einem Mehr an Bedürfnissen wird ein Upgrade der Mitgliedschaft mit mehr Optionen und höheren Kosten empfohlen, die überschaubar und relativ kurzfristig kündbar sind. Firmenkunden bekommen auf- grund einer größeren Zahl an Mitgliedschaften attraktive mone- täre Konditionen.	Der Coach muss auf Masse setzen, um die Wirtschaftlichkeit zu gewährleisten. Der Coach gibt mehr vor, als er dies sonst in einem persönlichen Setting ma- chen würde (Verschiebung der Aufgabe und Verantwortung des Coachs, Entste- hung einer Asymmetrie). Der Aufbau eines tiefen Coach-Coa- chee-Verhältnisses ist durch den virtuellen Raum schwierig und anders.

Datenschutzfrage und damit verbundenen Angst vor Überwachung und Kontrolle, die die Teilnehmer eines Großkonzerns äußerten.

Ein wichtiger Baustein in der Verhaltensprävention ist das Stressmanagement mit dem Erlernen diverser Entspannungstechniken. Ein standortgebundener klassischer Workshop oder eine Schulung in erfolgreicher Bewältigung täglicher Belastungen verpflichtet die Teilnehmer, sich innerhalb einer festen inhaltlichen und personellen Struktur für mehrere Wochen neues Wissen anzueignen und eine persönliche Veränderung auf den Weg zu bringen. Obwohl diese Schulungsform bislang die weitreichendsten Ergebnisse hatte, bietet dagegen die digitale Form den Vorteil, mehr Mitarbeiter (insbesondere in Unternehmen mit vielen Standorten) zu erreichen. Der finanzielle Vorteil für die Unternehmen wie auch die flexible Handhabung der Inhalte und Zeiten zum Lernen seitens der Mitarbeiter sind unschlagbar. Die persönliche Erfahrung der Autorin dieses Beitrags bestreitet diese Vorteile nicht, sondern die Ergebnisse, die dabei herauskommen. Sie werden durch die mangelnde Selbstdisziplin und -verpflichtung der Teilnehmer beeinträchtigt (fehlende intrinsische Motivation). Nur sehr wenige nehmen sich regelmäßig die Zeit für eine Onlineschulung, obwohl sie vom Unternehmen kostenlos zur Verfügung gestellt wird. Im Gegensatz dazu wirkt aber die Anmeldung für eine klassische Schulung in Form von Präsenzunterricht als eine persönliche Verpflichtung gegenüber dem Kursleiter und der Gruppe, sodass die meisten dabeibleiben und die Schulung abschließen (positive extrinsische Motivation). Digitale Kanäle haben durchaus das Potenzial, die Stressresilienz[8] bei den Teilnehmern zu erhalten und zu erhöhen, es aber trotz der großen Reichweite noch nicht im genügenden Maße tut.

34.3.3   Stressresilienz durch das Coaching 4.0. Wirklichkeit oder Wunsch?

In einer eigens konzipierten und durchgeführten Umfrage unter 20 bundesweit etablierten Coaches wurden sechs Fragen gestellt. Das Ziel war es, ein exemplarisches Bild davon zu bekommen, ob es aktive Coaches im B2B-Umfeld für realistisch halten, die Stressresilienz Berufstätiger mittels digitalen Coachings zu erhalten und/oder zu erhöhen, ihre Erfahrung mit und ihre Affinität den digitalen Medien gegenüber zu zeigen. Den Coaches wurde auch die Möglichkeit angeboten, in der Kommentarzeile ihre Meinung weiter zu äußern.

Hier sind die Ergebnisse (Abb. 34.1–34.5).

Von 20 Coaches haben jeweils fünf telefonisch bzw. per Skype gecoacht. Nur eine Person hat über eine App und neun haben gar keine Erfahrung in diesem Bereich gesammelt. Bedeutsam erscheinen folgende Aussagen der Coaches, die bislang keine Erfahrung im digitalen Coaching hatten:

---

[8] Resilienz ist laut Harvard Medical Dictionary „The ability to adapt to change and recover quickly from setbacks such as illness, injury, or misfortune." http://www.health.harvard.edu/medical-dictionary-of-health-terms/q-through-z#R-terms. Besucht am 20.09.2016.

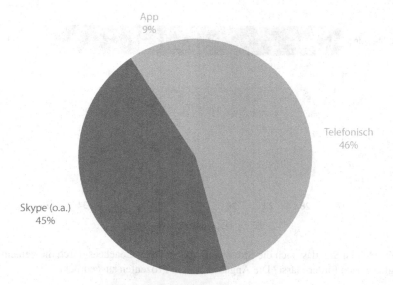

Abb. 34.1 Haben Sie schon digital gecoacht? Wenn ja, wie?

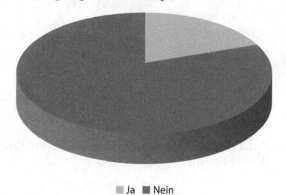

■ Ja ■ Nein

Abb. 34.2 Halten/hielten Sie interaktive Webinare?

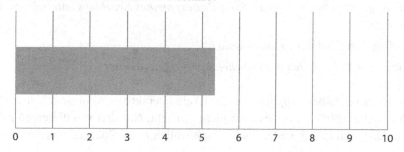

Abb. 34.3 Jeder Coach trifft auf Klienten mit Work-Life-Balance-Themen. Das Thema ist mittlerweile so wichtig, dass es die Leistungsfähigkeit und die Resilienz stark negativ beeinflusst. Markieren Sie auf einer Skala von 0 (ohne Einfluss) bis 10 (sehr großer Einfluss), wie stark dieses Resilienzthema Ihre Coachees beeinflusst

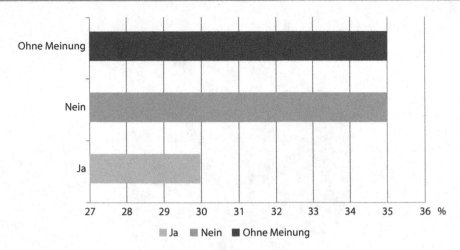

Abb. 34.4 Meinen Sie, dass sich die Stressresilienz bei Ihren Coachees durch die genannten digitalen Möglichkeiten fördern lässt? Die Angaben sind in Prozenten ausgedrückt

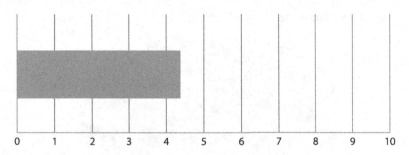

Abb. 34.5 Wie viel Spaß und Zufriedenheit empfinden Sie beim digitalen Coachen auf einer Skala von 0 (gar nicht) bis 10 (überwältigend)?

„Der persönliche Kontakt ist wichtig genauso wie die Nähe zum Klienten."

„Digitale Angebote können den Coaching-Prozess meines Erachtens unterstützen, jedoch nicht ersetzen."

Digitales Coaching *„ist mir zu unpersönlich".*

„Coaching setzt für mich den persönlichen Kontakt voraus."

Von 20 Coaches haben lediglich vier (20 %) ein interaktives Webinar gehalten. Die übrigen 16 Coaches (80 %) haben es noch nicht gemacht. Nur drei von diesen 16 haben es in der Planung. Ein Coach findet Spaß ausschließlich beim Coachen von *„echten Menschen".*

Der durchschnittliche Einfluss des Resilienzthemas beträgt auf der vorgegebenen Skala 5,4 % (s. Abb. 34.3). Damit trägt die Resilienz über die Hälfte der Verantwortung für den wirtschaftlichen Erfolg des Unternehmens.

Aus der befragten Gruppe sind nur sechs Coaches (30 %) positiver Meinung, wenn es um die Förderung der Stressresilienz mittels eines digitalen Formats geht. Dem gegenüber stehen sieben Coaches (35 %), die dies deutlich verneinen. Die restlichen sieben (35 %) kommentierten:

„Kann ich nicht beurteilen. "

„Möglicherweise durch Motivationsergänzungen und ‚kleine' Hausaufgaben. "

„Ich denke, bei einem persönlichen Kontakt kann man im Coaching mehr Ruhe und eine ungestörte Atmosphäre ohne Außenbeeinflussung erreichen. Andererseits bedingt persönlicher Kontakt, durch Anreisezeiten größere Zeiträume zu blocken und dadurch noch zusätzliche Zeitstresssituationen möglicherweise zu generieren. Wahrscheinlich hängt das auch stark vom Typ des Klienten ab. "

„Ein klares ‚vielleicht'. Das kommt meines Erachtens auf den Typ der Coachees an. "

„Ja, denn viele der Techniken können auch über digitale Wege beim Coachee den Veränderungsprozess einleiten, auch wenn ich lieber live coache. Man fühlt mehr und ist ‚beim' Coachee und nicht so distanziert. Wenn sich hier die Techniken weiterentwickeln (z. B. VR), kann ich mir jedoch gut vorstellen, dass es neue und spannende Wege gibt. " (s. Abb. 34.4)

13 Coaches mit Erfahrung im digitalen Coaching empfinden, skaliert ausgedrückt, einen lediglich „weniger als mittelmäßigen Spaß/Zufriedenheit" beim digitalen Coachen. Die restlichen sieben übersprangen die Frage und beantworteten die letzte, die lautete: Wie viel Spaß und Zufriedenheit könnten Sie sich beim digitalen Coachen vorstellen? Auf einer Skala von 0 (gar nicht) bis 10 (überwältigend) äußerten nämlich 90 % aller befragten Coaches, sie können sich nur „eine weniger als mittelmäßige Zufriedenheit und den Spaß beim digitalen Coaching" vorstellen (s. Abb. 34.5).

34.4 Fazit

Nach der Analyse der Umfrage traten überraschende Ergebnisse in den Vordergrund, die für die Unternehmen, die (ausschließlich) auf digitale Gesundheitsangebote setzen, spürbare Folgen auf die Ressourcenerhaltung und -stärkung bzw. auf den Erfolg des BGM insgesamt haben könnten. Obwohl die Digitalisierung in Deutschland auf starkem Vormarsch ist, stehen die beruflich aktiven und erfolgreichen Coaches beteiligt an der exemplarischen Umfrage – bis auf eine Ausnahme – einem digital betriebenen Coaching skeptisch gegenüber. Dafür wurden die Gründe genannt:

- Grund 1: Die hohen Investitionskosten in die Software.
  Das Thema ist kritisch anzusehen, weil es schon heute beispielsweise Cloud-Lösungen gibt, die erschwinglich für die Coaches sind und sehr gut skalierbar.

- Grund 2: Eine inhaltlich umfangreiche und zeitaufwendige Vorbereitung des digitalen Geschäfts.

  Das Argument stimmt, genauso wie die Tatsache, dass sie am Anfang gemacht wird. So wird später mit einem Minimum an Zeitaufwand ein Maximum an der Lösungsfindung beim Klienten und der Wirtschaftlichkeit beim Coach erreicht.

- Grund 3: Eine umstrittene Qualität im digitalen Coaching („*Weniger erfolgverspre-chend*", „*Second-Hand-Coaching*"; „*Das Risiko für ein erfolgloses Coaching ist sogar größer, da man in kritischen Situationen nicht so gut nachsteuern bzw. nachsetzen kann.*").

  Sicherlich ermöglicht ein Face-to-Face-Kontakt einen anderen Austausch als ein digitaler Kanal. Jedoch kann schlechtes Coaching auch im persönlichen Kontakt stattfinden. Der Nachteil des digitalen Mediums sind seine Unzulänglichkeiten und Störanfälligkeit. Die Aussicht auf den Erfolg im Coaching im digitalen Setting ist aber differenziert bzw. zielgruppenspezifisch zu sehen. Jüngere Menschen bevorzugen digitale Medien, um ihre Probleme im virtuellen Setting zu lösen. Sie sind auch häufig nicht gewöhnt, offene persönliche Kommunikation zu haben. Im Gegensatz dazu setzen Ältere auf ein persönliches Gespräch und stehen den digitalen Lösungen eher skeptischer entgegen. Aber auch hier ist die Vorsicht vor voreiligen Schlüssen geboten, da themenspezifische Differenzierung stattfinden kann: Bei hoch persönlichen brisanten Themen greifen auch Ältere auf das Instrument digitales Coaching.

- Grund 4: Der niedrige Preis eines digitalen Coachings im Vergleich zum Live-Coaching.

  Dies würde der allgemeinen Erwartung der Klienten für internetbasierte Angebote entsprechen, obwohl die Expertise und der Aufwand, ausgenommen die Reisekosten/-zeiten, seitens des Coachs gleich ist. Der Erwartung folgend müsste der Coach auf Quantität (Masse) setzen, um wirtschaftlich zu bleiben. Das widerspricht der Qualität: Ein Coach kann persönlich nur eine begrenzte Anzahl an E-Mails, Telefonaten usw. täglich bewältigen, sofern sie individualisiert sind. Gute Coaches coachen (über mehrere Stunden) nur einen Kunden am Tag. Alles andere ist grob fahrlässig. Standardisierte Lösungen jedoch, die automatisch versendet werden oder als Tutorials fungieren, können preisgünstiger angeboten werden, da die Wirtschaftlichkeit durch die Menge gewährleistet ist.

Obschon das digitale Coaching das Potenzial hat, die Stressresilienz bei den Teilnehmern zu erhalten und zu erhöhen, tut es dies im Augenblick nur im geringen Maße wegen der Unzulänglichkeiten des digitalen Formats, der zu bewältigenden Investitionen in die Software, der soziodemografischen Merkmale, psychologischen Komponente einer fehlenden intrinsischen Motivation und Selbstdisziplin. Darüber hinaus ist ein grundlegender Kulturwandel in Unternehmen zugunsten von Gesundheit dringend nötig: Selten nehmen Führungskräfte an den (analogen) BGF-Maßnahmen wie Bewegung oder Entwicklung von Stresskompetenzen teil und dienen als führendes Beispiel. Die Mitarbeiter eines bundesweiten Konzerns äußerten auch, dass sie digitale Angebote (wie etwa Bewegung, Stressmanagement) im Büro deshalb nicht in Anspruch nehmen, weil sie sich – trotz der persönlichen Vorteile für die Gesundheit – dabei „blöd vorkommen", da sie ja von anderen mokierend beobachtet werden. Ernsthaft? Wieso kümmert es die Raucher nicht, was Nicht-Raucher von ihnen halten, wenn sie beim Rauchen in kleinen geschlossenen Kabinen von anderen Rauchern gequetscht kaum einen Finger vor ihrer Nase im Dunst sehen können? Was muss in der Firmenkultur verändert werden, dass die Akzeptanz zugunsten von Gesundheit größer wird, als die Akzeptanz für ungesunde Lebensführung? Warum tun sich die Coaches schwer mit der Digitalisierung? Wenn sie als Träger des Know-hows nicht an den Erfolg des digitalen Coachings glauben und da nicht tätig werden wollen, wie kann das dann gelingen? Wird schließlich eine vorgefertigte Software gegebenenfalls auch in Form Künstlicher Intelligenz die Aufgaben von echten Coaches übernehmen? Wenn ja, wie sehen die Chancen auf Erfolg (mehr Stresskompetenz und Resilienz durch eine etablierte und gelungene Verhaltensänderung) bei den Klienten aus?

Dankesworte Für den fachlichen Austausch danke ich insbesondere Frau Claudia Bernert und meinen Kolleginnen und Kollegen des Expertenrats Gesundheit des Bundesverbandes für Mittelständische Wirtschaft in Frankfurt/M wie auch allen Kollegen und Partnern bzw. den Coaches, die sich an der exemplarischen Umfrage beteiligt haben.

Literatur

Birgmeier, B. (Hrsg.) (2011): Coaching Wissen, Verlag für Sozialwissenschaften, Wiesbaden, 2011

Bundesministerium für Bildung und Forschung (2014): Die Neue Hightech-Strategie. Innovationen für Deutschland, Bonn, 2014, S. 4 ff.

Dowideit, M. / Neller, M. (2015): „Das kranke Milliardengeschäft mit der wunden Seele", Welt online, abgerufen am 20. September 2016, https://www.welt.de/wirtschaft/article13702724/Das-kranke-Milliardengeschaeft-mit-der-wunden-Seele.html

Horváth, P. / Gamm, N. / Möller, K. / Kastner, M. / Schmidt, B. / Iserloh, B. / Kliesch,G. / Otte, R. / Braun, M. / Matter, M. / Pennig, St. / Vogt, J. / Köper, B. (2009): Betriebliches Gesundheitsmanagement mit Hilfe der Balanced Scorecard, Bundesanstalt für Arbeitsschutz und Arbeitsmedizin, Dortmund / Berlin / Dresden, 2009

Ihde, K. / Lengler, S. (2014): Systemischer Business Coach Weiterbildungsmanual (Modul I), Wings Hochschule, Wismar, 2014, S. 2–3

König, E. / Volmer, G. (2012): Handbuch Systemisches Coaching. Für Coaches, Führungskräfte, Berater und Trainer, Beltz, Weinheim und Basel, 2012, S. 9 ff.

Pschyrembel, W. (2014): Pschyrembel Klinisches Wörterbuch, De Gruyter Verlag, Berlin/New York, 2014

Rauen, C. (2014): Coaching, Band 2, Hogrefe, Göttingen, 2014, 1 ff.

Thomzik, M. / Kunhenn, H. / Kley T. / Lücke, C. et. al. (2009): Gesundheitsorientierte Flankierung von Innovationsprozessen zur nachhaltigen Sicherung der Beschäftigungsfähigkeit der beteiligten Fach- und Führungskräfte – PräGO, in Innovation und Prävention, Institut für Technik der Betriebsführung (Hrsg.), München, Mering, 2009, S. 190.

TK Stressstudie (2016): Entspann dich, Deutschland, Hamburg, 2016, S. ff

Dr. Zrinka K. Fidermuc Maler ist promovierte Sozialwissenschaftlerin, Systemischer Business Coach, ausgebildete MindBody- und Stressmanagement-Trainerin, freie Dozentin an der Frankfurt School of Finance and Management, an der FOM Hochschule für Oekonomie und Management Frankfurt und Beraterin für betriebliches Gesundheitsmanagement mit Erfahrung in Wissenschaft und Wirtschaft, Großkonzernen und im öffentlichen Dienst. Sie ist auch wissenschaftliche Mitarbeiterin im Deutschen Luft- und Raumfahrtzentrum – Projektträger (Abteilungen Arbeitsgestaltung und Innovationen wie auch Gesellschaft, Innovation und Technologie). Der Schwerpunkt ihrer Arbeit als Coach liegt auf den KMU, die erfahrungsgemäß kaum BGM haben. Sie ist überzeugt davon, dass die Gesundheit der Innovationstreibstoff im 21. Jh. ist. Ihr Anliegen ist, Menschen und Betriebe mit ihrer Coaching- und Beratungsexpertise in der Umsetzung eines sinnvollen individuellen betrieblichen Gesundheitsmanagements und nachhaltiger Gesundheitsförderung zu unterstützen. Als Mitglied des Expertenrats Gesundheit RheinMain (geführt von Frau C. Gärtner) des Verbands für Mittelständische Wirtschaft (BVMW) steht sie auch mit dem ganzen bundesweiten Netzwerk tatkräftig zur Verfügung. Sie ist auch Geschäftsführerin und Inhaberin von Body Poetry Mind & Body Institute for Integral Health Coaching & Consulting (www.bodypoetry.de; www.gesundheitsmanagement-consulting.de).

Einsatz eines eWorkshop-Programms zur Unterstützung des Demografie-Interventionsprojekts „Generation M" bei der RheinEnergie AG

35

Elmar Trunz-Carlisi und Tanja Stenglein

Das von der RheinEnergie AG in Kooperation mit der MVV Energie AG 2012 ins Leben gerufene Demografie-Interventionsprojekt „Generation M" umfasst ein speziell auf Menschen in der Lebensmitte zugeschnittenes Programm zur Sicherung der Beschäftigungsfähigkeit der Mitarbeiterinnen und Mitarbeiter. Die Wirksamkeit des 2012 mit dem Employability Award ausgezeichneten Gesamtprojekts wurde 2015 in einer Masterthesis an der Deutschen Sporthochschule Köln nachgewiesen. Im Rahmen dieser Studie sollte untersucht werden, ob und inwieweit die Ergänzung des Projekts mit einem speziell entwickelten eWorkshop-Programm die Verankerung von Lerninhalten unterstützen kann. Hierzu standen die Antworten einer Onlinebefragung der Teilnehmer aus den Jahren 2014 (n = 21) und 2015 (n = 22) zur Verfügung. Die Ergebnisse zeigen insgesamt positive Resonanz. Dabei wird dem eWorkshop insbesondere attestiert, dass es zu einer „Verinnerlichung" der Lerninhalte kam und dieser zur weiteren Nutzung empfohlen wird.

35.1 Einleitung

Das Demografie-Interventionsprojekt „Generation M" ist ein speziell auf Menschen in der Lebensmitte (daher der Buchstabe M) zugeschnittenes Programm, das von der RheinEnergie AG in Kooperation mit der MVV Energie AG 2012 ins Leben gerufen wurde. Das Kernziel des dreimonatigen Projekts bestand darin, die Beschäftigungsfähigkeit der

E. Trunz-Carlisi (✉)
Köln, Deutschland
E-Mail: elmar.trunz@ipn.eu

T. Stenglein
Köln, Deutschland

Mitarbeiterinnen und Mitarbeiter im Unternehmen zu sichern und den Herausforderungen des demografischen Wandels kompetent gerecht zu werden. „Generation M" wurde auf der Messe „Zukunft Personal" 2012 mit dem Employability Award ausgezeichnet. Inzwischen liegen die Ergebnisse und Erfahrungen aus insgesamt fünf Jahren Praxiseinsatz vor. Die Wirksamkeit von „Generation M" wurde im Rahmen einer Masterarbeit an der Deutschen Sporthochschule Köln nachgewiesen (Stenglein 2015). Um den Lerneffekt des Programms nachhaltig zu stützen, wurde 2014 erstmals ein eWorkshop eingesetzt, der die wesentlichen Inhalte der Präsenzveranstaltungen in kompakter Weise zusammenfasst und den Teilnehmern nach Beendigung der Präsenzveranstaltung online zur Verfügung gestellt wurde. Im Rahmen dieser Studie soll geklärt werden, ob und in welcher Form aus Sicht der Teilnehmer der eWorkshop als sinnvolles Zusatzangebot des Demografieprojekts angesehen werden kann. Hierzu stehen die Bewertungen der Teilnehmer aus den Jahren 2014 und 2015 zur Verfügung.

35.2   Hintergrund und Ziele

Maßnahmen zur Betrieblichen Gesundheitsförderung stellen einen wesentlichen Baustein im Rahmen der Prävention bzw. der Gesundheitspolitik dar. Die Grundlagen, Inhalte und Voraussetzungen sind im „Leitfaden Prävention" des Spitzenverbandes der Krankenkassen beschrieben (GKV-Spitzenverband 2014). Mit Verabschiedung des Präventionsgesetzes (Bundesministerium für Gesundheit 2016) wird – neben der Individualprävention und der Prävention in nichtbetrieblichen Settings – insbesondere die Betriebliche Gesundheitsförderung gestärkt.

Eine wesentliche Anforderung an präventive Maßnahmen besteht im Nachweis ihrer Effizienz und nachhaltigen Wirkung. Da es im Rahmen der Gesundheitsförderung in der Regel um das Gesundheitsverhalten bzw. dessen Änderung geht, werden mittel- und langfristig ausgerichtete Interventionen als erfolgversprechender angesehen. Dabei müssen auch die Kosten der Maßnahmen beachtet werden: Die Krankenkassen leisten nunmehr einen jährlichen Beitrag zur Betrieblichen Gesundheitsförderung von zwei Euro je Versicherten. Jedoch ist davon auszugehen, dass Präventionsmaßnahmen mit hohem individuellem Beratungs- und Betreuungsaufwand hierüber nicht ausreichend finanziert werden können. Um neue Perspektiven zu eröffnen, rücken vermehrt Konzepte unter Berücksichtigung von Onlineangeboten in den Blickpunkt, die einerseits wenig betreuungsintensiv sind und andererseits variabel eingesetzt werden können. Diese Angebote sind auch unter dem Blickwinkel der derzeitig stattfindenden digitalen Transformation bzw. dem Leitgedanken einer „Prävention 4.0" zu sehen (Bundesministerium für Bildung und Forschung 2016), in die speziell auch digitale Maßnahmen zur Gesundheitsförderung eingebunden werden sollen.

Mit diesem Anspruch wurde das ursprünglich ausschließlich aus Präsenzangeboten aufgebaute, im Corporate-Health-Jahrbuch als Best-Practice-Projekt (Trunz-Carlisi und Stenglein 2016) vorgestellte Demografieprogramm „Generation M" ab dem Jahr 2014 mit einem speziell konzipierten eWorkshop ergänzt. Auf diese Weise sollten die Vorteile von „Offlineangeboten" mit den Vorteilen von „Onlineangeboten" kombiniert werden. Das primäre Ziel bestand darin, die Lerninhalte in dieser Konstellation zu vertiefen und die angestrebten Lerneffekte zu festigen.

35.3 Beschreibung des Gesamtprojekts „Generation M"

Maßnahmen zum demografischen Wandel basieren auf der Grundannahme, dass Lernen einen lebenslangen Prozess darstellt. Bezogen auf das Arbeitsleben, sollen die Kompetenzen der Beschäftigten erhalten bzw. weiter entwickelt werden, um so den veränderten Arbeitsanforderungen im späteren Verlauf des Berufslebens bestmöglich gerecht werden zu können.

Mit diesen Zielen wurde im Jahr 2012 von der RheinEnergie in Zusammenarbeit mit dem Kölner Institut für Prävention und Nachsorge (IPN) und gesund e. V. ein ganzheitliches Interventionskonzept zur Sicherung der Beschäftigungsfähigkeit entwickelt (Allmer und Trunz-Carlisi 2013). Das modular aufgebaute Programm setzt sich aus den Elementen „Förderung des Gesundheitsverhaltens" (insgesamt 20 Lerneinheiten mit je 60 min), „Förderung der körperlichen Beweglichkeit" (10 Lerneinheiten) und „Förderung der geistigen Beweglichkeit" (16 Lerneinheiten) zusammen (Stenglein und Ludwig 2012).

Die Inhalte wurden in Form von Präsenzangeboten, bestehend aus zwei Basisseminaren, vier Praxisworkshops sowie dem wöchentlich stattfindenden Bewegungstraining, vermittelt. Die beiden Basisseminare stellen die Grundlage für die aufbauenden Praxisworkshops dar, die inhaltlich den Themenschwerpunkten „Körperliche Beweglichkeit" und „Geistige Beweglichkeit" zugeordnet sind (Abb. 35.1).

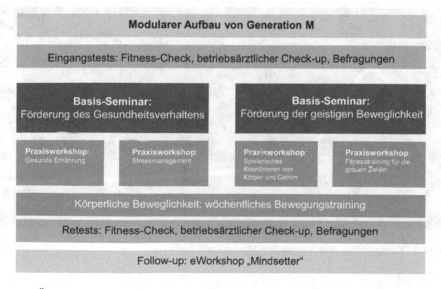

Abb. 35.1 Übersicht zum inhaltlichen Aufbau der Interventionsmaßnahme „Generation M"

35.3.1 Präsenzangebote: Seminare, Workshops, Bewegungstraining

Die Präsenzangebote mit insgesamt 46 Lerneinheiten mit je 60 min erstreckten sich über einen Zeitraum von ca. drei Monaten. Mit Ausnahme des Bewegungstrainings wurden alle Maßnahmen innerhalb der Arbeitszeit angeboten. Diese Maßnahmen wurden ergänzt durch einen ausführlichen Fitness-Check, einen medizinischen Check-up durch den Betriebsärztlichen Dienst sowie umfassende Teilnehmerbefragungen. Die Teilnehmer wurden über firmeninterne Kommunikationskanäle (unter anderem Intranet) rekrutiert, die verbindliche Anmeldung erfolgte auf freiwilliger Basis im Anschluss an eine Informationsveranstaltung. Die Durchführung der Präsenzangebote wurde vom Referententeam des Instituts für Prävention und Nachsorge (IPN) vorgenommen, das sich aus Experten der Bewegungs-, Ernährungs- und Sozialwissenschaften zusammensetzt.

35.3.2 Einsatz des Online-Tools „Mindsetter"

Ab dem Jahr 2014 wird das Programm ergänzt durch einen speziell konzipierten eWorkshop auf Basis des Online-Tools „Mindsetter". Dabei handelt es sich um eine Onlineplattform, mit deren Hilfe eWorkshops gestaltet, versendet und ausgewertet werden können. Die Plattform bietet den technischen Rahmen, um essenzielle Botschaften aus Präsenzveranstaltungen (Seminare, Workshops etc.) in kompakter Weise mithilfe von Repetition, Wissensabfragen, gezieltem Engagement und selbstreflexiven Fragen zu kommunizieren und zu verankern (Abb. 35.2).

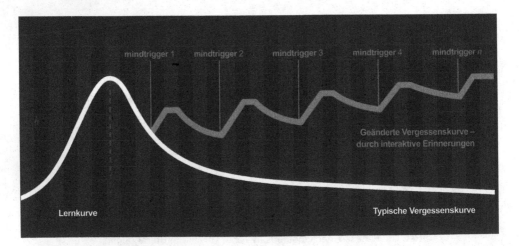

Abb. 35.2 Kerngedanke und Aufbau von Mindsetter

35.4   Hintergrundinformationen zu „Mindsetter"

Das von der „Mindsetter" AG vertriebene Produkt basiert auf lern- und verhaltenspsychologischen Ansätzen von Gobran et al. (2015). Kerngedanke ist die Verknüpfung von Methoden der Reduktion, Repetition und Reflexion zu einer kombinierten Lernmethode, die von den Autoren auch unter dem Begriff „3R-Axiom" zusammengefasst wird. Diese theoretischen Grundlagen wurden im Rahmen einer Bachelor Thesis an der Business and Information Technology School Iserlohn anhand von Experteninterviews in den Bereichen Lern-Psychologie, Neurobiologie und Kommunikation hinsichtlich ihrer prognostischen Eignung und Effizienz untersucht (Senger 2014). Das Konzept mit seiner spezifischen Lernmethodenkombination wurde insgesamt positiv und als erfolgversprechend bewertet. Allerdings wurde von den Experten empfohlen, den Gedanken der Repetition zu erweitern, indem die Auseinandersetzung mit den Lerninhalten vertieft werden solle. Hierbei spielen das Anknüpfen an eigene Erfahrungen und die praktische Auseinandersetzung mit den Lerninhalten eine zentrale Rolle. Diesem Gedanken wurde konzeptionell Rechnung getragen, was auch 2015 zu einer Neudefinition des „3R-Axioms" führte, indem statt „repeat" fortan „relate" als didaktisches Kernmerkmal verwendet wurde. Damit ergibt sich für „Mindsetter" der folgende grundlegende methodische Aufbau: Reduce – Relate – Reflect (Gobran et al. 2015).

35.5   Gestaltung der „Mindsets"

Die „Mindsetter"-Plattform liefert den didaktischen, technischen und organisatorischen Rahmen zur Gestaltung sogenannter „Mindsets": Mit Hilfe von „Mindsetter" gestaltete und gemanagte eWorkshops. Mit dem Einsatz bei „Generation M" wurde das Produkt erstmals im Rahmen der Prävention, speziell der Betrieblichen Gesundheitsförderung genutzt. Die spezifischen Inhalte wurden vom Institut für Prävention und Nachsorge (IPN), das auch für die inhaltliche Durchführung des Gesamtprojekts „Generation M" verantwortlich zeichnet, erstellt. Sie orientieren sich konsequent an den innerhalb der Präsenzveranstaltungen vermittelten Lerninhalten. Ähnlich einem Content-Management-System wurden hier die essenziellen Inhalte in kurzer und prägnanter Form aufbereitet. Diese beinhalteten eine Kombination aus knappen Informationstexten, selbsterklärenden Grafiken, Praxisübungen (auch per Videoclip), Reflexionsfragen, Quizfragen (Multiple Choice) sowie Transferaufgaben. Dabei wurde besonders großen Wert auf die aktive Auseinandersetzung mit den Lerninhalten bzw. deren elaborierendem Wiederholen gelegt, wie dies auch dem „Mindsetter"-Anspruch „relate" entspricht. Die Einladung zu den modularen Inhalten („Mindtrigger") erfolgte per E-Mail, die Nutzung individuell bei freier Zeiteinteilung nach Login auf der Onlineplattform.

Beim Ersteinsatz von „Mindsetter" 2014 erfolgte eine Fokussierung auf das Themenfeld „Bewegung". Im Folgejahr 2015 wurden die Themenbereiche „Bewegung", „Ernährung", „Stressmanagement" sowie „geistige Beweglichkeit" miteinander kombiniert. Das bewegungszentrierte Mindset 2014 trug den Titel „Körperliche Beweglichkeit" und beinhaltete insgesamt 15 „Mindtrigger", die jeweils ein Kernthema behandelten. Die einzelnen „Mindtrigger" wurden zweimal wöchentlich versendet. Die durchschnittliche Bearbeitungsdauer betrug dabei 3:42 min. Das um die weiteren Themenfelder der Prävention erweiterte Mindset 2015 trug den Titel „Aktiv und gesund – bleiben Sie am Ball". Es beinhaltete 20 „Mindtrigger", die im selben Rhythmus wie beim Mindset 2014 versendet wurden. Die durchschnittliche Bearbeitungsdauer betrug hier 4:40 min.

35.6 Evaluation

Zur Auswertung des Projekts standen die Daten aus Onlinebefragungen zur Verfügung, die durch die RheinEnergie in anonymer Form über das Intranet erhoben wurden. Die Angaben zum Mindset 2014 (n = 21, Durchschnittsalter 56 Jahre) wurden der Masterarbeit zur Überprüfung der Wirksamkeit des Gesamtprojekts an der Deutschen Sporthochschule (Stenglein 2015) entnommen. Dieselben Fragen wurden auch für die Erhebung zum Mindset 2015 herangezogen und um weitere Fragen zu den Programminhalten und deren präferierte Anwendung erweitert. Auf diese Weise sollten zusätzliche Erkenntnisse bezüglich der zukünftigen Gestaltung und Optimierung des Produkts gewonnen werden. Während die Befragung der Teilnehmer 2014 unmittelbar nach Abschluss des eWorkshops stattfand, erfolgte die Teilnehmerbefragung zum Mindset 2015 (n = 22, Durchschnittsalter 53 Jahre) im Nachgang mit einem Abstand von sechs Monaten zum Projektende.

35.7 Ergebnisse

Die Beantwortung der Fragen erfolgte anhand einer fünfstufigen Skala, wobei die Codierung mit dem niedrigsten Wert 1 der Antwort „stimmt überhaupt nicht", die Codierung mit dem höchsten Wert 5 der Antwort „stimmt voll und ganz" entsprachen. Die Ergebnisse zum Mindset 2014 sind in Abb. 35.3, die entsprechenden Resultate zum Mindset 2015 in Abb. 35.4 dargestellt.

Betrachtet man zunächst die Angaben zum Mindset 2014, zeigt sich, dass über drei Viertel (76,2 %) der Teilnehmer das Online-Tool regelmäßig bzw. überwiegend regelmäßig eingesetzt haben. Etwa zwei Drittel (66,7 %) gaben zudem an, dass ihnen die Handhabung leicht bzw. überwiegend leicht viel. Ebenfalls 66,7 % attestierten, dass der eWorkshop ihnen geholfen habe, die Seminarinhalte von „Generation M" zu verinnerlichen. Annähernd zwei Drittel (65 %) empfehlen, den eWorkshop auch bei zukünftigen Programmen einzusetzen. Ablehnende Bewertungen kamen von insgesamt einem Teilnehmer aus der Gruppe.

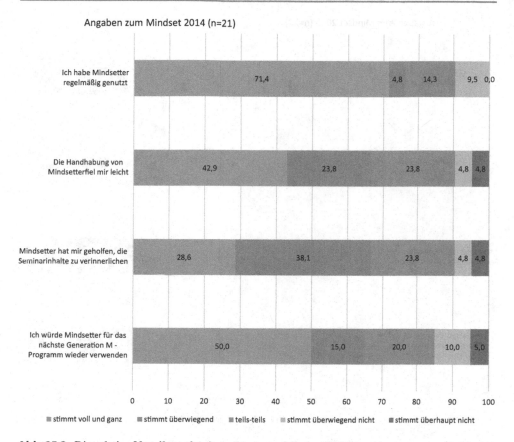

Angaben zum Mindset 2014 (n=21)

Abb. 35.3 Die relative Verteilung der Antworten zum Mindset 2015

Vergleicht man die Resultate mit dem Folgejahr, zeigt sich insgesamt betrachtet eine sehr ähnliche Verteilung der Antworten: 65 % der Teilnehmer haben „Mindsetter" regelmäßig oder überwiegend regelmäßig genutzt, 68,4 % fiel das Handling mehr oder weniger leicht, 77,8 % empfanden es als Hilfe zur Verinnerlichung der Lerninhalte. Eine Empfehlung zur Weiterführung des Programms wurde von 85 % der Teilnehmer ausgesprochen. Ablehnende Bewertungen wurden von keinem Teilnehmer verzeichnet.

Um die Ergebnisse auf einen Blick vergleichen zu können, wurden zusätzlich die Mittelwerte zu den zuvor beschriebenen Fragen gegenübergestellt (Abb. 35.5). Auch hier zeigt sich ein entsprechend vergleichbares Antwortbild. Während das Handling mit einem Mittelwert von 3,95 und die Unterstützung zur Verinnerlichung mit einem Mittelwert von ca. 3,8 nahezu identisch beantwortet werden, wird die regelmäßige Nutzung in 2014 im Durchschnitt mit 4,38 gegenüber 3,85 in 2015 noch positiver bewertet. Demgegenüber ist die Empfehlungsrate in 2015 mit 4,4 höher, als dies in 2014 mit 3,95 der Fall war.

Neben diesen Fragen, die einen unmittelbaren Vergleich der beiden Jahrgänge zulassen, wurden zum Mindset 2015 weitere Fragen hinsichtlich der Ausgewogenheit der Inhal-

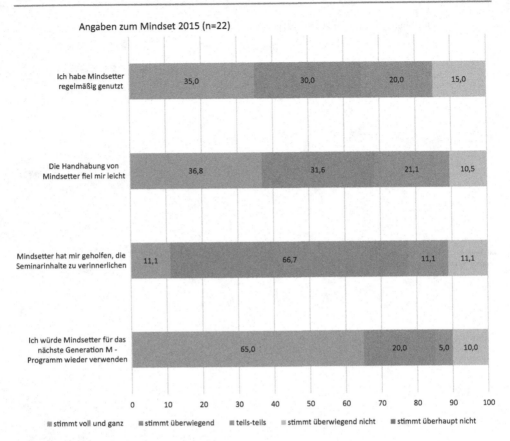

Abb. 35.4 Die relative Verteilung der Antworten zur Bewertung der Zusammenstellung der Inhalte des Mindsets 2015

te, der bevorzugten wöchentlichen Nutzungsfrequenz, der präferierten Bearbeitungsdauer sowie der gewünschten Gesamtverfügbarkeit des eWorkshops gestellt. Abb. 35.6 zeigt die Auswertung zur Ausgewogenheit der Inhalte des Mindsets 2015. Hier entfielen zwischen 85 und 95 % der Teilnehmerantworten auf die Bewertung „ausgewogen".

Bei der Frage, wie oft ein „Mindtrigger" versendet werden solle, präferierten 89 % der Teilnehmer eine einmal wöchentliche Übermittlung. Die Befragung zur bevorzugten mittleren Bearbeitungszeit ergab, dass 58 % der Teilnehmer eine Zeitspanne von drei bis vier Minuten und weitere 26 % eine Zeitspanne von fünf bis sechs Minuten für angemessen halten. Hinsichtlich der Gesamtdauer des eWorkshops wünschten sich knapp die Hälfte der Teilnehmer (45 %) eine Nutzungsdauer von drei Monaten, knapp ein Drittel (30 %) bevorzugten eine längere Verfügbarkeit.

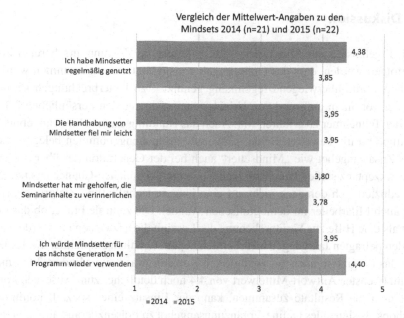

Abb. 35.5 Die Antwortmittelwerte zu den Mindsets 2014 und 2015 im Vergleich

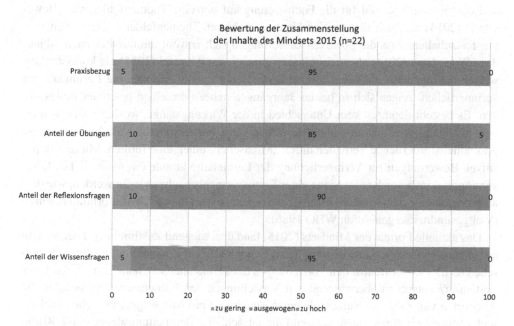

Abb. 35.6 Die relative Verteilung der Antworten zur Bewertung der Zusammenstellung der Inhalte des Mindsets 2015

35.8 Diskussion

Aus den Ergebnissen der Mittelwerte – die allesamt im Zustimmungsbereich liegen –
kann gefolgert werden, dass das Onlineangebot insgesamt gut angenommen wurde. Der
eWorkshop wurde überwiegend regelmäßig genutzt – zu Unterbrechungen kam es hin
und wieder vor allem aufgrund von Urlaubszeiten, wie aus den persönlichen Rückmeldungen der Teilnehmer zu erfahren war. Auch das Handling dieses Onlineangebots wurde
mehrheitlich positiv bewertet. Beide Antworten zusammengenommen belegen, dass ein
digitales Zusatzangebot wie „Mindsetter" auch bei der Generation der über 50-Jährigen
auf gute Akzeptanz stoßen kann und auch eine gute Compliance-Chance besitzt. „Mindsetter" reduziert sich demnach nicht auf eine jüngere technikaffine Zielgruppe, sondern
erreicht auch Mitarbeiter im demografischen Wandel. Die zentrale Frage, ob das Onlineangebot als eine Hilfe zur Verinnerlichung der Lerninhalte anzusehen ist, wurde ebenfalls
von beiden befragten Jahrgängen mehrheitlich bejaht. Letztlich empfahlen die Teilnehmer
unisono das Programm auch zur zukünftigen Nutzung, was beim Mindset 2015 mit dem
insgesamt höchsten Antwort-Mittelwert von 4,4 noch deutlicher zum Ausdruck kommt.

Fasst man die Resultate zusammen, kann der Einsatz eines speziell konfigurierten
eWorkshops als sinnvolles Online-Ergänzungsangebot zu Präsenzveranstaltungen im Rahmen der Prävention bzw. der Betrieblichen Gesundheitsförderung angesehen werden. Diese Erkenntnis gilt sowohl für die Fokussierung auf einzelne Themenfelder wie „Bewegung" (2014) als auch für die Kombination mehrerer Themenfelder (2015). Weiterhin
gilt festzuhalten, dass die positiven Bewertungen sich sowohl unmittelbar nach Ablauf
des eWorkshops (2014) als auch mit sechsmonatigem Abstand (2015) als konsistent erweisen. Bezogen auf die Kernfrage, ob „Mindsetter" geholfen habe, die Lerninhalte zu
verinnerlichen, zeigen sich in beiden Jahrgängen nahezu dieselben positiven Bewertungen. Es besteht demnach kein Unterschied in der Wirkungslänge, weshalb auch von einem nachhaltigen Effekt ausgegangen werden kann, indem sich die Mitarbeiter in ihrem
gesundheitsförderlichen Verhalten durch „Mindsetter" unterstützt fühlten. Mit diesen positiven Bewertungen zur Verinnerlichung der Lerninhalte konnte ein wesentliches Inter-
ventionsziel insbesondere im Sinne eines Empowerments nachgewiesen werden, wie dies
als Kernstrategie der Gesundheitsförderung bereits in der Ottawa-Charta formuliert wurde
(Weltgesundheitsorganisation WHO 1986).

Das aktuelle Format des Mindsets (2015) fand überwiegend Zustimmung. Hierbei fällt
auf, dass die gewählten Inhalte bzw. deren Gewichtung bei Zustimmung im Bereich zwischen 85 und 95 % offenbar den Vorstellungen der Teilnehmer sehr nahe kamen. Auch der
Zeiteinsatz entspricht überwiegend den Vorstellungen der Teilnehmer. Dies belegen die
Antworten von 84 % der Nutzer, die einen Zeiteinsatz pro Mindtrigger zwischen drei bis
sechs Minuten befürworteten, während die tatsächliche Bearbeitungsdauer bei 4:40 min
lag. Allerdings wurde hinsichtlich der Versendefrequenz eine Änderung empfohlen: Während die Taktung bislang auf zwei Versendungen pro Woche konfiguriert war, wäre der
Mehrheit der Nutzer eine einmal wöchentliche Versendung lieber. Tendenziell wurde auch

eine längere (über drei Monate hinausgehende) Gesamtnutzungsdauer gewünscht, was insbesondere mit der Berücksichtigung von Urlaubszeiten begründet wurde.

35.9   Fazit

Mit dem Programm „Generation M" steht eine in der Praxis bewährte, evaluierte Interventionsmaßnahme zur Verfügung, mit der die Gesundheit und Beschäftigungsfähigkeit der Mitarbeiter nachhaltig gefördert werden können. Mit dieser Studie konnte bestätigt werden, dass der erstmals 2014 eingesetzte eWorkshop „Mindsetter" als sinnvolle Ergänzung und Bereicherung des Programms angesehen wird. Diese Erkenntnis gilt auch mit Blick auf die Ausrichtung des Projekts „Generation M", das speziell auf die Herausforderungen des demografischen Wandels zugeschnitten ist. Da die positiven Bewertungen von den Teilnehmern auch mit einem Abstand von sechs Monaten getätigt wurden, untermauert dies die positive Prognose eines langfristigen Lerneffekts. Aus der Kombination von Präsenzveranstaltungen mit speziell auf die Lerninhalte zugeschnittenen Onlineangeboten wie „Mindsetter" dürften sich daher gute Perspektiven im Sinne eines nachhaltigen Gesundheitsförderungseffekts als wesentliches Ziel effizienter Maßnahmen im Bereich der Betrieblichen Gesundheitsförderung ableiten lassen.

Literatur

Allmer H, Trunz-Carlisi E (2013) Man lernt immer dazu – Programm zur Förderung der körperlichen und geistigen Beweglichkeit im demografischen Wandel. In: Jeschke S et al. (Hrsg.) Demografie Atlas. RWTH Aachen University, 182–183

Bundesministerium für Gesundheit: Gesetz zur Stärkung der Gesundheitsförderung und der Prävention (Präventionsgesetz – PrävG), Gesetz zur Stärkung der Gesundheitsförderung und der Prävention (Präventionsgesetz – PrävG), http://www.bmg.bund.de/themen/praevention/praeventionsgesetz.html. Zugriff am 23.8.2016

Bundesministerium für Bildung und Forschung: Prävention 4.0 – die neue Arbeitswelt präventiv gestalten, http://www.praevention40.de/fileadmin/user_upload/Presse%20P4%200%20startet_20160211.pdf. Zugriff am 28.8.2016

GKV-Spitzenverband: Leitfaden Prävention. Handlungsfelder und Kriterien des GKV-Spitzenverbandes zur Umsetzung der §§ 20 und 20a SGB V vom 21. Juni 2000 in der Fassung vom 10. Dezember 2014

Gobran M, Greenwald W, Roberts D (2015) Be a „Mindsetter" – The essential guide to inspire, influence and impact others. LID Publishing Ltd, London/New York

Senger, T (2014) Kommunikation im Kontext von Lernen und Erinnern. Eine empirische Untersuchung am Beispiel der „Mindsetter" AG. Bachelor Thesis, Business and Information Technology School, Iserlohn

Stenglein M (2015) Bedeutung und Wirksamkeit von Interventionsprogrammen der betrieblichen Gesundheitsförderung im demografischen Wandel – am Beispiel des Programms „Generation M" der RheinEnergie AG. Masterthesis, Deutsche Sporthochschule Köln

Stenglein T, Ludwig H. P. (2012) Fit und gesund in der Lebensmitte. Personalwirtschaft (12) 23–25

Trunz-Carlisi E, Stenglein T (2016) „Generation M" – Beschäftigungsfähigkeit von morgen bereits heute sichern. Interventionsprogramm der betrieblichen Gesundheitsförderung im demografischen Wandel. In: EuPD Research Sustainable Management GmbH (Hrsg.) Corporate Health Jahrbuch 2016, Bonn, 110–117

Weltgesundheitsorganisation WHO: Ottawa-Charta zur Gesundheitsförderung 1986, http://www.euro.who.int/__data/assets/pdf_file/0006/129534/Ottawa_Charter_G.pdf. Zugriff am 20.08.2016

Elmar Trunz-Carlisi ist Sportwissenschaftler und leitet das Kölner Institut für Prävention und Nachsorge (IPN), das seit 1992 als Partner und Dienstleister im Bereich der Betrieblichen Gesundheitsförderung tätig ist. Er ist Autor zahlreicher Sachbücher sowie von Beiträgen in Fachzeitschriften. Als Referent und Dozent ist er tätig für Betriebe, Krankenkassen und Verbände. Seit 2011 ist er Lehrbeauftragter an der Deutschen Sporthochschule Köln.

Tanja Stenglein hat Betriebswirtschaftslehre an der Universität Rostock studiert und arbeitet seit 2007 im Personalmanagement der RheinEnergie AG. Seit 2011 ist sie für das Betriebliche Gesundheitsmanagement verantwortlich.

E-Mental Health im Betrieblichem Gesundheitsmanagement – das Potenzial von Online-Gesundheitstrainings am Beispiel von GET.ON Stress

36

Stephanie Nobis, Elena Heber und Dirk Lehr

Zusammenfassung

Chronischer beruflicher Stress hat eine hohe Prävalenz und stellt einen Risikofaktor für verschiedenste Erkrankungen dar. Neben den gesundheitlichen Beschwerden für den Arbeitnehmer sind insbesondere damit verbundener Absentismus und Präsentismus eine Belastung für den Arbeitgeber. Vor diesem Hintergrund wird Online-Gesundheitstrainings das Potenzial zugeschrieben, eine zeitgemäße und wirksame Erweiterung im Betrieblichen Gesundheitsmanagement zu sein. Sie eröffnen die Möglichkeit, evidenzbasierte Angebote niedrigschwellig und für eine große Anzahl von Berufstätigen zu Verfügung zu stellen. Arbeitnehmer können diese Interventionen entsprechend ihrer zeitlichen Möglichkeiten und Bedürfnisse flexibel nutzen und sind nicht örtlich gebunden. Herausforderungen betreffen den Datenschutz und die Adhärenz. Internationale Studien zu Online-Gesundheitstrainings belegen, dass Depressivität, Ängste oder Schlafstörungen substanziell und nachhaltig reduziert werden können. Die ersten Studien aus Deutschland bestätigen diese positiven Effekte. Allerdings liegen erst wenige Studien aus dem Bereich der Prävention vor, die sich speziell auf gestresste Arbeitnehmer beziehen. Dass solche Angebote auch für deutsche Arbeitnehmer wirksam sein können, zeigt ein an der Leuphana Universität Lüneburg entwickeltes und in randomisiert-kontrollierten Studien evaluiertes onlinebasiertes und mobilunterstütztes Stressbewältigungstraining. Möglichkeiten, Grenzen und Entwicklungsper-

S. Nobis (✉)
Hamburg, Deutschland
E-Mail: s.nobis@geton-institut.de

E. Heber
Hamburg, Deutschland

D. Lehr
Lüneburg, Deutschland

© Springer Fachmedien Wiesbaden GmbH 2018
D. Matusiewicz und L. Kaiser (Hrsg.), *Digitales Betriebliches Gesundheitsmanagement*,
FOM-Edition, https://doi.org/10.1007/978-3-658-14550-7_36

spektiven von Onlinetrainings im Rahmen des Betrieblichen Gesundheitsmanagements werden diskutiert.

36.1 Einleitung: Chronischer Stress, E-Mental Health und BGM

Chronischer beruflicher Stress und damit verbundene negative gesundheitliche Auswirkungen weisen eine hohe Prävalenz auf, können zu einer verringerten Lebensqualität, zu Absentismus sowie Präsentismus führen und sind damit von besonderer Bedeutung für Arbeitnehmer sowie auch für Arbeitgeber. In folgendem Beitrag wird auf das Potenzial von Online-Gesundheitstrainings zur Reduktion von psychischen Belastungen am Arbeitsplatz eingegangen. Am Beispiel des an der Leuphana Universität Lüneburg entwickelten Online-Gesundheitstrainings GET.ON Stress werden das Konzept sowie die wissenschaftlichen Erkenntnisse aus mehreren randomisiert-kontrollierten Studien vorgestellt. Es wird diskutiert, ob dieses Trainingsformat neben klassischen Stressbewältigungstrainings (SBTs) als eine zusätzliche, wirkungsvolle Möglichkeit im Betrieblichem Gesundheitsmanagement (BGM) integriert werden kann, um so im Idealfall mehr Betroffene mit evidenzbasierten Angeboten zur Stressreduktion zu erreichen.

Die internationale Befundlage geht davon aus, dass bis zu jeder vierte Arbeitnehmer unter beruflichem Stress leidet, je nach Berufsgruppe zwischen 17 und 40 % (Paoli und Merllié 2001). Die Studie des Robert Koch-Instituts zur Gesundheit Erwachsener in Deutschland zeigte eine Prävalenz von elf Prozent für starken chronischen Stress in der deutschen Allgemeinbevölkerung (Hapke et al. 2013). Chronischer beruflicher Stress ist ein bedeutender Risikofaktor für schwerwiegende zahlreiche physische (z. B. koronare Herzkrankheiten) und psychische Erkrankungen (z. B. Depressionen) und somit eine zentrale Herausforderung für das Betriebliche Gesundheitsmanagement (Rau und Henkel 2013; Siegrist und Dragano 2008; Stansfield und Candy 2006; Steptoe und Kiwimäki 2012).

Neben den Auswirkungen für den Arbeitnehmer, weist die Studie der Bundespsychotherapeutenkammer zur Arbeitsunfähigkeit (2015) auf die Folgen für den Arbeitgeber hin. Basierend auf Daten aus dem Jahr 2013 sind bei ca. 85 % aller gesetzlich versicherten Personen ca. 13 % aller Fehltage in den Betrieben psychischen Erkrankungen zuzuschreiben. Damit ist statistisch gesehen mehr als jeder siebte Fehltag psychischen Beschwerden zuzuordnen. Gleichwohl Atemwegserkrankungen und Erkrankungen im Bereich Muskel-Skelett, bei denen stressbedingte Faktoren wiederum eine wichtige Rolle spielen können, die primären Gründe aller betrieblichen Fehltage ausmachen, ist der starke Anstieg psychischer Erkrankungen in den Betrieben auffällig (BPtK 2015). Gemessen am Durchschnitt aller Erkrankungen (11,9 Tage) kommen psychischen Erkrankungen durch die deutlich erhöhte Fehlzeit von 25,2 Tage pro Erkrankungsfall eine besondere Bedeutung zu (Meyer et al. 2015).

Für die Prävention und betriebliche Gesundheitsförderung stellen klassische Stressbewältigungstrainings einen etablierten und bewährten Baustein im BGM im Bereich der psychischen Gesundheit dar. Dieses wird durch die im Durchschnitt deutliche Evidenz für die Wirksamkeit von Stresstrainings aus mehreren Metaanalysen untermauert, wenngleich oft unberücksichtigt bleibt, dass einzelne Trainings eine starke Wirksamkeit aufweisen, während sich andere als wirkungslos erwiesen haben (Martin et al. 2009; Richardson und Rothstein 2008). Zudem ist bekannt, dass klassische Maßnahmen des BGMs von einem Großteil der Beschäftigten nicht in Anspruch genommen werden (Robroek et al. 2009). Demnach gilt es neue und innovative Zugangswege zu Stressbewältigungstrainings zu entwickeln und erfolgreich im BGM zu implementieren, um so mehr Betriebe und Arbeitnehmer zu erreichen. Im Folgenden werden der typische Aufbau und die Merkmale von Online-Gesundheitstrainings vorgestellt, welche sich in zahlreichen randomisiert-kontrollierten Studien als wirksam hinsichtlich Prävention, Bewältigung und Rehabilitation von psychischen Erkrankungen gezeigt haben.

36.2   Vorstellung des digitalen Ansatzes: Online-Gesundheitstrainings

Online-Gesundheitstrainings gehen über ein reines Informationsangebot deutlich hinaus. Sie wurden zuerst im Rahmen der Therapie von psychischen Erkrankungen entwickelt, erprobt und evaluiert. Während sich im Bereich der onlinegestützten Therapie und Versorgung verschiedener psychischer Beschwerden inzwischen eine ausgesprochen große Befundlage zeigt (Richards und Richardson 2012), steht die Forschung zu präventiven onlinegestützten Maßnahmen, welche speziell auf Arbeitnehmer fokussieren, noch vergleichsweise am Anfang. Lehr et al. (2016a) definieren unter dem Oberbegriff „Occupational eMental Health" Maßnahmen, die durch Nutzung von Informations- und Kommunikationstechnologie das Ziel verfolgen, die psychische Gesundheit von Arbeitnehmern zu verbessern. Diese Maßnahmen beziehen sich auf differente Bereiche, wie z. B. der Edukation, der Messung/Screening psychischer Belastungen und psychischer Störungen, der Gesundheitsförderung, Maßnahmen der universellen, selektiven und indizierten Prävention, der Behandlung, der Rückfallprophylaxe sowie der betrieblichen Wiedereingliederung. Hervorzuheben ist, dass es sich hierbei um verhaltens- und verhältnisorientierte Ansätze handelt (Lehr et al. 2016a).

> Neben Maßnahmen, die primär digital umgesetzt werden, zielt „Occupational eMental Health" ebenso darauf ab, den Arbeitsschutz, die betriebliche Gesundheitsförderung, die betriebsärztliche Versorgung, die Fortbildung sowie die Forschung zu Arbeit und Gesundheit durch den begleitenden Einsatz von Informations- und Kommunikationstechnologie zu verbessern (Lehr et al. 2016b).

Innerhalb des „Occupational-eMental-Health-Ansatzes" liegt derzeit die meiste Forschung zu Online-Gesundheitstrainings (Synonyme: unter anderem internetbasierte Gesundheitsinterventionen, Onlinetherapie, Internet-Interventionen, Online-Gesundheitsinterventionen) vor und sind der Kern des folgenden Beitrages.

Allgemein gefasst handelt es sich dabei um Trainingsprogramme, die (teilweise) über das Internet absolviert werden. Dabei loggen sich die Teilnehmenden über einen bestimmten Zeitraum regelmäßig auf einer (gesicherten) Webseite ein. Die Trainingsinhalte basieren primär auf evidenzbasierten Komponenten klassischer Face-to-Face-Maßnahmen (z. B. Entspannungsverfahren oder verhaltenstherapeutisch-orientierten Verfahren) und bestehen aus mehreren Einheiten (meistens zwischen sechs und zehn), die in einem wöchentlichen Rhythmus absolviert werden. Die Online-Gesundheitstrainings sind so gestaltet, dass Nutzer verschiedene, (meist) personalisierte Bausteine vorfinden, wie z. B. Informationstexte, Videos, Audios, Animationen, ansprechende Bilder und interaktive Textfelder, die Bestandteil von Übungen sind. Im Fokus dieser Programme steht das Ziel, die Nutzer bei der Bewältigung ihrer Probleme mit evidenzbasierten Methoden zu unterstützen. Neben der Möglichkeit, solche Trainings am Laptop oder Desktop-Computer durchzuführen, werden auch vermehrt Mobile-Health-Applikationen eigenständig oder in Kombination mit solchen Gesundheitstrainings eingesetzt (Andersson und Titov 2014; Lehr et al. 2016b). Als Vorteile von Online-Gesundheitstrainings werden folgende Aspekte regelmäßig genannt: (a) die Passung zu einem zunehmenden digitalen Lebensstil, (b) die Möglichkeit zur zeitlich und örtlich flexiblen Trainingsnutzung, (c) der niederschwellig und wenig stigmatisierende Zugang zu psychologischen Angeboten, (d) die Ansprache neuer Zielgruppen, (e) die hohe Skalierbarkeit, (f) ein günstiges Verhältnis von Kosten und Nutzen sowie (g) die Möglichkeit, neue Erkenntnisse und Evidenz zeitnah und „auf Knopfdruck" in die Trainings einzubauen.

36.2.1 Selbsthilfe und persönliche Unterstützung in Online-Gesundheitstrainings

Ein wichtiges Unterscheidungsmerkmal von Onlinetrainings ist das Ausmaß der persönlichen Unterstützung durch einen Gesundheitsexperten, das von intensivem Kontakt, über punktuelle Unterstützung bei Bedarf bis letztlich zu reinen Selbsthilfeformaten variieren kann. Die begleiteten Interventionen beinhalten eine meist asynchrone (zeitversetzte) Kommunikation per elektronischer Nachrichtenfunktion. Die schriftlichen Rückmeldungen zu den Übungen zielen in der Regel darauf ab, die Inhalte und Vorhaben zu reflektieren, die Ressourcen zu stärken, die Motivation zum Trainieren aufrecht zu erhalten und somit die Adhärenz zum Programm zu fördern (Andersson und Titov 2014).

36.2.2 Evidenz zur Wirksamkeit

Online-Gesundheitstrainings gelten international als wirksamer Ansatz zur Reduktion von psychischen Beschwerden, wie z. B. bei Depression. Richards und Richardson (2012) haben in einer Metaanalyse mit über 19 randomisierten kontrollierten Studien gezeigt, dass Online-Gesundheitstrainings eine wirksame Möglichkeit zur Reduktion depressiver

Beschwerden sind. Die Studienergebnisse belegten eine mittlere Effektstärke gemäß der Konvention von Cohen (d = 0,56) hinsichtlich einer Reduzierung depressiver Beschwerden. Dabei waren Interventionen mit persönlicher Unterstützung wirksamer (d = 0,78) als Interventionen, die ausschließlich auf Selbsthilfe fokussierten.

Heber et al. (2017) untersuchten in einer Metaanalyse über 23 randomisierten kontrollierten Studien, die Wirksamkeit von Online-Stressbewältigungstrainings (Online-SBT). Die Daten zeigen, dass die Interventionen Stress wirksam reduzieren konnten (d = 0,43). Ebenfalls konnten Effekte in Bezug auf der Reduktion von Depression (d = 0,34) und Angst (d = 0,31) nachgewiesen werden. Eine Subgruppenanalyse zeigte, dass begleitete Trainings effektiver als Selbsthilfetrainings waren. Zwischen den Studien zeigte sich eine hohe Variabilität mit Trainings, die unwirksam waren und anderen, die eine hohe Effektivität aufwiesen.

Dieses Ergebnis unterstreicht, dass die Wirksamkeit von Online-Gesundheitstrainings nicht global zu beurteilen, sondern jede neu entwickelte Maßnahme einzeln auf ihre Effektivität zu untersuchen ist. Aufgrund kultureller Unterschiede ist dies auch für Maßnahmen erforderlich, die sich in anderen Ländern bereits als wirksam erwiesen haben. In Deutschland hat die Entwicklung und Implementation von Online-Gesundheitstrainings erst in den letzten Jahren begonnen. Dennoch besteht bereits wissenschaftliche Evidenz für die Effektivität von Online-Gesundheitsinterventionen bei einzelnen Trainings, wie beispielsweise Depressionen (Krieger et al. 2014; Buntrock et al. 2015), beruflichem Stress (Heber et al. 2016; Ebert et al. 2016a; Ebert et al. 2016b), bei Personen mit Diabetes mellitus und depressiven Beschwerden (Nobis et al. 2015) oder bei Schlafstörungen (Thiart et al. 2015).

Neben den gesundheitlichen Effekten werden Online-Gesundheitstrainings – genau wie klassische Trainings – zunehmend unter einer gesundheitsökonomischen Perspektive untersucht. Thiart et al. (2016) fanden in ihrer Studie, dass Berufstätige mit Schlafbeschwerden aus Arbeitgeberperspektive mit Kosten von 3940 € für Absentismus und Präsentismus im Verlauf eines halben Jahres verbunden sind. Durch ein spezielles Online-Regenerationstraining konnten diese Kosten um durchschnittlich 618 € gesenkt werden, was bei angenommenen Kosten von 200 € für eine Trainingsteilnahme einem Return on Investment von 208 % entspricht. Im Review von Baxter et al. (2014) für Studien zu traditionellen Maßnahmen der betrieblichen Gesundheitsförderung, die ebenfalls mittels des Goldstandards einer randomisiert-kontrollierten Studie untersucht wurden, wurde ein Nulleffekt für den Return on Investment gefunden.

36.2.3   Vergleich von Online- und klassischen Stressbewältigungstrainings

In Online-Stressbewältigungstrainings kommen aus inhaltlicher Perspektive häufig die gleichen Konzepte zum Einsatz wie in klassischen Trainings zur Stressbewältigung (SBT). Die Teilnehmenden sollen angeregt werden, ihre eigenen beruflichen und privaten stress-

Tab. 36.1 Typische Merkmale von Online- und klassischen Stress-Bewältigung-Trainings im Vergleich. (Auszug aus: Lehr et al. 2016b)

Merkmal	Online-SBTs	Klassische SBTs
Setting	Individuelles Training	Gruppe
Umfang	5–10 Einheiten	4–10 Sitzungen
Einbindung eines Experten	In Abhängigkeit der Ausprägung in Selbsthilfe oder Begleitung	Ein Trainer arbeitet mit einer Gruppe von 10–20 Menschen
Beginn des SBTs	Zu jeder Zeit möglich	Fester Gruppentermin (gegebenenfalls Wartezeiten)
Ort	Ortsunabhängig	Örtliche Gebundenheit
Termine	Zeitlich flexibel in den Alltag integrierbar	Nach Vorgabe des Trainers/Abstimmung mit Gruppe
Themenauswahl	Abhängig vom Entwicklungsteam	Spontane Berücksichtigung von Themen der Gruppe möglich
Anonymität	Unterschiedlich: von vollkommener Anonymität bis zu wahrgenommener Transparenz	In Abhängigkeit der Gruppenzusammensetzung und Bekanntheitsgrad untereinander
Krisen im Training	Zeitversetzte Krisenintervention durch E-Coach	Unmittelbare Reaktion und Intervention
Durchführungsmodalität	Schreib-Lese-Präferenz	Gesprächs-Präferenz

reichen Situationen zu reflektieren und anhand verschiedener Möglichkeiten die für sie passenden Strategien zu finden. Häufig vorkommende Bausteine in SBTs sind z. B. Psychoedukation, Entspannungsverfahren, kognitiv-behaviorale Interventionen und systematisches Problemlösen (Lehr et al. 2016b).

Neben gemeinsamen Voraussetzungen, wie der benötigten Bereitschaft, etwas Neues auszuprobieren und der Investition von Zeit, gibt es jedoch einige Unterscheidungsmerkmale zwischen klassischen und onlinebasierten SBTs. In Tab. 36.1 sind einige dieser Charakteristika aufgeführt. Während beispielsweise klassische SBTs normalerweise in Gruppen und an einem bestimmten Ort zu einem definierten Zeitpunkt durchgeführt werden, sind Online-SBTs individuell 24 h am Tag prinzipiell an jedem Ort mit Internetzugang durchführbar. Durch das Gruppenformat bei klassischen SBTs ist von den Teilnehmenden eine Bereitschaft zur Selbstöffnung notwendig, um an den individuellen Stärken und Schwächen zu arbeiten. Es ist davon auszugehen, dass dieser Öffnungsprozess eine Hemmschwelle insbesondere für sozial ängstlicher veranlagte Menschen darstellt. Gleichwohl kann eine Gruppenkonstellation jedoch den sozialen Rückhalt, die Adhärenz und Wirksamkeit stärken. Teilnehmende an Online-SBTs hingegen können das Ausmaß der Selbstöffnung entsprechend ihrer persönlichen Präferenzen in größerem Ausmaß selbst bestimmen. Insbesondere schambesetzte Themen können bearbeitet werden, ohne dass ein direkter persönlicher Face-to-Face-Kontakt erforderlich ist. Der Grad der Anonymität steht jedoch in enger Verbindung zur Informationssicherheit seitens des Plattformbetreibers, welcher eine äußerste Priorität eingeräumt werden muss. Eine weitere

Herausforderung bei Online-SBTs ist der niedrigschwellige, einfach durchführbare Ausstieg seitens der Teilnehmenden (Lehr et al. 2016b).

36.3   Auswirkungen auf das BGM: Entwicklung und Evaluation von GET.ON Stress als mögliche BGM-Maßnahme

Bei GET.ON Stress handelt es sich um das erste deutsche online- und mobilbasierte Stressbewältigungstraining, welches speziell für Berufstätige konzipiert wurde und in mehreren randomisiert-kontrollierten Studien untersucht wurde. Im Folgenden werden die inhaltliche Ausrichtung, die zentralen Ergebnisse der ersten drei Evaluationsstudien sowie die Einordnung der Ergebnisse in die vorhandene Literatur vorgenommen.

36.3.1   Theoretischer Hintergrund

GET.ON Stress ist theoretisch fundiert in dem bewährten transaktionalen Stressmodell nach Richard Lazarus (Lazarus und Folkman 1984) und vereint mit den zwei Trainingsbausteinen Problemlösen und Emotionsregulation zwei evidenzbasierte Komponenten zur Stärkung des problem- und emotionsfokussierten Copings. Zur Förderung der allgemeinen Problemlösekompetenz wird im ersten Teil des Trainings ein systematisches Lösungsvorgehen für grundsätzlich lösbare Stressfaktoren und Probleme entwickelt. Im zweiten Teil des Trainings werden auf Grundlage des Trainings emotionaler Kompetenzen (Berking 2010) emotionsregulative Strategien erlernt, um mit Stressfaktoren und Problemen umzugehen, welche unlösbar sind bzw. mit schwierigen Gefühlen einhergehen. Dabei kommen Muskel- und Atementspannung, Akzeptanz und Toleranz von negativen Gefühlen sowie effektive Selbstunterstützung zum Einsatz. Zusätzlich erhalten die Teilnehmenden die Möglichkeit, kurze Zusatzmodule aus den Bereichen Abschalten von der Arbeit, Grübeln und Sorgen, Zeitmanagement, besser schlafen, Ernährung und Bewegung, Pausengestaltung im Arbeitsalltag und soziale Unterstützung je nach Bedarf hinzu wählen. Das Training beinhaltet mit dem SMS-Coach auch eine mobile Komponente, welcher die Teilnehmenden niedrigschwellig und direkt im Alltag mit kurzen Übungen und Erinnerungen an das Training unterstützt. Die Teilnehmenden haben dabei die Wahl zwischen einer Light-Version (eine SMS alle zwei Tage) und einer Intensivversion (zwei bis drei SMS pro Tag).

36.3.2   Trainingsaufbau und -gestaltung

Das Training beinhaltet sieben Lektionen und eine Auffrischungslektion vier Wochen nach Abschluss des Trainings (Heber et al. 2013). Die Teilnehmenden werden dazu angehalten, eine Lektion pro Woche zu absolvieren. Das Training ist sehr interaktiv gestaltet

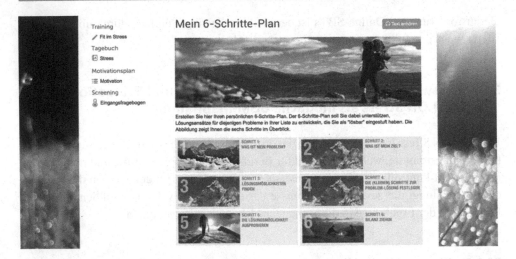

Abb. 36.1 Screenshot aus dem Problemlösemodul GET.ON Stress

mit Audio- und Videodateien begleitet durch einen Experten, Lernquizzes und Aufgaben zum eigenständigen Ausfüllen. Das Training wurde spezifisch für den Arbeitskontext angepasst, indem Beispiele aus dem Arbeitsalltag sowie entsprechende Beispielpersonen integriert wurden. Ein starker Fokus liegt auf den Übungen im Alltag, welche zwischen den Lektionen im täglichen Leben integriert werden sollen. Zusätzlich steht ein Tagebuch zur Verfügung, in welchem Trainingsverlauf und -fortschritte festgehalten werden können. Das Training wurde in einer nach aktuellen Sicherheitsstandards verschlüsselten Plattform realisiert, welche mit E-Mail-Adresse und Passwort zugänglich ist (Abb. 36.1).

36.3.3   Selbsthilfe und persönliche Unterstützung

GET.ON Stress wurde in drei verschiedenen Begleitungsformaten evaluiert. Die Studie zur Evaluation mit intensiver Begleitung (Heber et al. 2016) beinhaltete für die Teilnehmenden ein 30-minütiges, schriftliches Feedback durch geschulte Psychologen auf jede bearbeitete Lektion innerhalb von 48 h sowie Erinnerungen an nichtbearbeitete Lektionen. Die Begleitungszeit belief sich pro Klient auf bis zu vier Stunden. In der Studie zur Evaluation einer adhärenzfokussierten Begleitungsversion (Ebert et al. 2016b) kam ein reduziertes Begleitungsformat zum Einsatz und Teilnehmende erhielten nur auf aktive Anfrage ein Feedback. In der dritten Wirksamkeitsstudie (Ebert et al. 2016a) erhielten die Teilnehmenden weder Feedback noch Erinnerungen und absolvierten die Lektionen in Eigenregie. Bei technischen Schwierigkeiten mit der Plattform stand allen Teilnehmenden ein Support-Team zur Seite.

36.3.4 Evaluation von GET.ON Stress

Das Training wurde bislang in drei randomisiert-kontrollierten Studien (n = 792) jeweils im Vergleich mit einer sechsmonatigen Wartekontrollgruppe auf seine Wirksamkeit hin untersucht. Eingeschlossen wurden Arbeitnehmerinnen und Arbeitnehmer mit einem ausgeprägten Stresslevel auf der Perceived Stress Scale-10 (Cohen et al. 1983; PSS-10 $\geq$ 22). Erhebungszeitpunkte waren neben der Baseline, der Post-Zeitpunkt nach sieben Wochen sowie ein Follow-up nach sechs Monaten. In Studie 1 wurde zusätzlich ein unkontrolliertes Zwölf-Monats Follow-up durchgeführt.

Studienteilnehmer

In allen drei Studien ergibt sich ein konsistentes Bild der Teilnehmercharakteristika. Insgesamt nahmen primär weibliche Arbeitnehmer (Ø 77 %) mittleren Alters (Ø 43 Jahre) teil, welche eine hohe Schulbildung aufwiesen (Abitur: Ø 72 %), durchschnittlich 18 Jahre Arbeitserfahrung vorweisen konnten, verheiratet oder einen festen Lebenspartner hatten (Ø 60 %) und bisher mehrheitlich noch keine Erfahrungen mit Gesundheitstrainings, wie z. B. einem klassischen Face-to-Face-Training zur Stressbewältigung hatten (Ø 87 %). Dabei waren 76 % in Vollzeit und 23 % in Teilzeit beschäftigt; nur ein geringer Anteil war zum Trainingszeitpunkt krankgeschrieben.

Ergebnisse zum primären Zielkriterium

In allen drei Studien konnten nach dem Training gemäß der Konvention Cohens d große Effekte bezüglich Stress zwischen den Gruppen (d = 0,79–0,96) festgestellt werden. Mittlere (d = 0,65 für Selbsthilfe) bis große Effekte (d = 0,85 für adhärenzfokussierte und d = 1,02 intensive Begleitung) zeigten sich nach sechs Monaten (Heber et al. 2016; Ebert et al. 2016a, 2016b). Diese Ergebnisse sind im Vergleich zu Online-Stressbewältigungsmaßnahmen aus anderen Ländern als überdurchschnittlich zu bewerten (Heber et al. 2017) und sind vergleichbar mit der Wirksamkeit von Face-to-Face-Angeboten (Richardson und Rothstein 2008; van der Klink et al. 2001). Das Stressempfinden von mehr als der Hälfte der Trainingsteilnehmenden hat sich in allen drei Studien reliabel, das heißt deutlich messbar verbessert (bei 54,5–61,4 %). Die Effekte der Maßnahme werden langfristig größer, sodass nach sechs Monaten insgesamt bei 61,8–77,3 % der Teilnehmenden eine erhebliche Verbesserung in der Stressbelastung vorliegt. Als „stress-frei" werden solche Teilnehmenden klassifiziert, welche sich nach dem Training unterhalb eines zuvor festgelegten Schwellenwerts befinden (zwei Standardabweichungen unterhalb des Mittelwerts der gestressten Population vor dem Training). Dabei zeigt sich, dass gut ein Drittel der Teilnehmenden in der Selbsthilfe und adhärenzfokussierten Begleitung sowie mehr als die Hälfte der Trainingsteilnehmenden in der intensiven Begleitung nach dem Training kein bedeutsames Stressempfinden mehr aufweisen. Nach sechs Monaten konnte etwa die Hälfte aller Teilnehmer (46,2–59,9 %) als „stress-frei" eingeordnet werden (Abb. 36.2).

Anmerkung: Laut Cohen, kann ein Cohens d von d = 0,2 als kleiner Effekt, ein d = 0,5 als mittlerer Effekt und ein d = 0,8 als großer Effekt interpretiert werden.

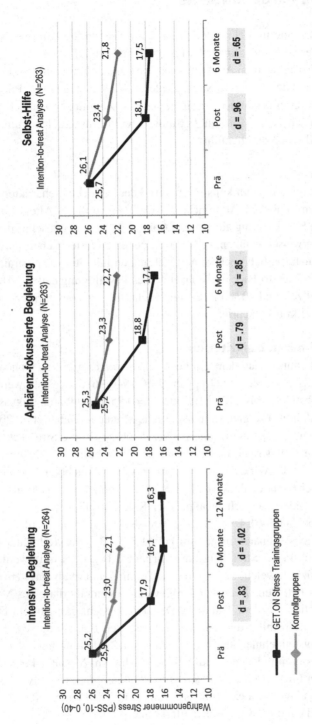

Abb. 36.2 Primäres Outcome Stress in Studie 1–3 zu allen gemessenen Zeitpunkten (Prä, Post, nach 6 Monaten, sowie in der 1. Studie nach 12 Monaten für die Interventionsgruppe)

Sekundäre Maße

Im Bereich arbeitsbezogene Maße wurden unter anderem emotionale Erschöpfung, Arbeitsengagement sowie Abschalten von der Arbeit erfasst. Insgesamt zeigt die intensive Begleitung im Vergleich zu den anderen Formaten größere Effekte. Emotionale Erschöpfung konnte in den zwei begleiteten Formaten stark reduziert werden, während in der Selbsthilfe mittlere Effekte zu verzeichnen sind. Arbeitsengagement konnte in allen Studien in kleinem Ausmaß erhöht werden. Im Bereich der psychischen Gesundheit zeigten sich sowohl für depressive als auch Angstbeschwerden zum Postzeitpunkt durchweg mittlere Effekte, welche sich in der intensiven und adhärenzfokussierten Begleitung zum Sechs-Monatszeitpunkt noch vergrößern. Weiterhin wurden die durchschnittlichen Tage bezüglich Absentismus und Präsentismus im Selbstbericht in den letzten drei Monaten erfragt. Die Effekte lagen in allen drei Studien mit Ausnahme von Präsentismus in der Selbsthilfestudie im kleinen, nicht signifikanten Bereich. Dabei ist jedoch zu berücksichtigen, dass zur Feststellung der Kosteneffektivität des Trainings die Absentismus- und Präsentismustage noch monetarisiert werden müssen. Die Auswertung dieser Daten steht noch aus.

Adhärenz zum Training

Eine vollständige Bearbeitung der sieben Trainingslektionen wurde von 70 % der Teilnehmenden in der intensiven Begleitung und 69 % in der adhärenzfokussierten Begleitung vorgenommen. Teilnehmende in der Selbsthilfe absolvierten mit 42 % signifikant weniger Lektionen (Zarski et al. 2016). Abgesehen von der Begleitung gab es keine Hinweise auf Unterschiede in anderen Teilnehmercharakteristika (Alter, Geschlecht, Bildung, Beschwerdeniveau, Hoffnung auf Verbesserung), welche ein vorzeitiges Ausscheiden vorhersagten (Zarski et al. 2016).

36.3.5 Zusammenfassung und Bewertung der Ergebnisse

Die drei Studien zu GET.ON Stress zeigen, dass ein Onlinetraining zur Stärkung problem- und emotionsfokussierter Bewältigungskompetenzen sowohl kurz- und mittelfristig als auch langfristig wirksam ist und zu einer deutlichen Reduktion von Stress führt.

Mit Blick auf klassische Gruppentrainings zur Stressbewältigung können ganz vergleichbare Effekte erreicht werden. Die Befunde von GET.ON Stress haben die Erwartungen bei Studienbeginn übertroffen. Mögliche Faktoren, die die Wirksamkeit fördern, beinhalten den Rückgriff auf ein bewährtes stresstheoretisches Modell (Lazarus und Folkman 1984), den Einsatz evidenzbasierter Trainingsmethoden (Ebert et al. 2014; Berking 2010), die Nutzung von Techniken, die sich in der bisherigen Literatur als wirksam herausgestellt haben, insbesondere das Zuschneiden der Intervention auf die spezifische Zielgruppe der Berufstätigen (Kreuter und Wray 2003), die Beschränkung des Trainings auf wenige, in diesem Fall zwei Interventionskomponenten (Richardson und Rothstein 2012), die Interaktivität des Trainings (Hasson et al. 2010), den Einsatz von bewährten Techniken zur Verhaltensänderung im Training (z. B. Verhaltensplanung, Zielsetzung) sowie die begleitende Unterstützung durch ein SMS-Coaching (Fry und Neff 2009) und die Auffrischungslektion vier Wochen nach Trainingsabschluss (Whisman 1990).

Allgemein sind Studien zu den mittel- und langfristigen Effekten von Stressbewältigungstrainings selten. Die beobachteten Befunde zeigen durch ein Online-SBT, dass auch längerfristig gute Effekte erzielt werden können. In Bezug auf die Wirksamkeit der einzelnen Begleitungsformate erscheint besonders die adhärenzfokussierte Begleitung hinsichtlich der Kosten-Nutzen-Bilanz in Bezug auf die Adhärenz und die Effekte des Trainings vielversprechend. Zur Klärung der Frage nach der relativen Wirksamkeit und Kosteneffektivität der jeweiligen Begleitungsformate wäre ein direkter Vergleich innerhalb einer Studie notwendig.

Einschränkend sind verschiedene Aspekte zu berücksichtigen. Zum einen können die Ergebnisse nicht ohne Weiteres generalisiert werden, da sich durch den elaborierten Einschlussprozess im Rahmen der randomisiert kontrollierten Studien in erster Linie hochmotivierte Arbeitnehmer mit ausgeprägtem Stresslevel selbst in die Studien selektierten. Zum anderen ist offen, ob die günstigen gesundheitsökonomischen Befunde von Thiart et al. (2016) auch für das Training GET.ON Stress gelten. Unklar ist zudem, ob dieselben Trainingsinhalte in einem klassischen Gruppenformat zu ähnlichen Effekten führen. Allgemein fehlt es bislang an entsprechenden Äquivalenzstudien (Arnberg et al. 2014). Schließlich geben die Studien keine Antwort auf die Frage, welches Trainingsformat für welche Personen besonders zu empfehlen ist.

36.4 Zusammenfassung: Potenzial von Online-Gesundheitstrainings im BGM

Vor dem Hintergrund, dass beruflicher Stress weit verbreitet ist und gesundheitliche Beschwerden sowie negative betriebswirtschaftliche Auswirkungen mit sich bringt, erscheint es notwendig, die klassischen Angebote im BGM um zeitgemäße, attraktive und wirkungsvolle Maßnahmen zu erweitern, die sowohl für Arbeitnehmer als auch Arbeitgeber einen gesundheitlichen und ökonomischen Nutzen stiften und das Potenzial haben, die Teilnahmequoten an BGM-Maßnahmen insgesamt zu erhöhen.

Online-Gesundheitstrainings stellen solch eine innovative Maßnahme dar, um Berufstätige mit hoher Stressbelastung bzw. psychischen Beschwerden zu helfen. Dass diese Methoden in verschiedenen Begleitungsformaten (*Selbsthilfe, adhärenzfokussierte Begleitung, intensive Begleitung*) bei gestressten Arbeitnehmern sinnvoll zur Anwendung kommen können, zeigen die Studienergebnisse in dem vorliegenden Beitrag. Allerdings zeigte die Metaanalyse von Heber et al. (*unter Begutachtung*) auch, dass es deutliche Unterschiede hinsichtlich der Wirksamkeit zwischen verschiedenen internationalen Online-SBTs gab. Folglich kann nicht generell von einer Wirksamkeit ausgegangen werden, sondern es gilt, jede Maßnahme für sich zu überprüfen. Die gesammelte Evidenz für die Wirksamkeit von GET.ON Stress wurde konsistent über drei randomisiert-kontrollierten Studien beobachtet. Für keine den Autoren bekannte deutschsprachige Maßnahme zur Stressreduktion liegen vergleichbar umfangreiche Befunde aus randomisiert-kontrollierten Studien vor.

Bislang wurden Online-Gesundheitstrainings praktisch nie systematisch im BGM-Kontext evaluiert. Entsprechend ist es zukünftig notwendig, die Wirksamkeit dieser Ansätze in der Praxis des Betrieblichen Gesundheitsmanagements zu erforschen und Faktoren für eine erfolgreiche Implementierung zu identifizieren (Schulte 2016). Als ein Erfolgsfaktor könnte sich die zielgruppenspezifische Adaption (z. B. spezifische Branchen, Altersgruppen) evidenzbasierter Onlinetrainings erweisen. Im Beitrag von Ducki und Kollegen (Kap. 28) wird mit digi-exist ein Projekt vorgestellt, das unter anderem die Anpassung des hier vorgestellten Online-SBTs für Gründer und junge Unternehmen zum Inhalt hat. Ein weiterer vielversprechender Weg zur Implementierung in das BGM könnte die Verknüpfung mit Onlinetests zur Gesundheit sein, die bereits regelmäßig im Rahmen der psychosozialen Gefährdungsbeurteilung eingesetzt werden. Der Einsatz von personalisierten Rückmeldungen von Online-Gesundheitstests und dazu passende Empfehlungen für Onlinetrainings wurde von den Autoren bereits erfolgreich erprobt. Auf diese Weise könnte auch gesteuert werden, für welche Personen sich die personalintensiveren Trainings mit persönlicher Begleitung anbieten oder wann Selbsthilfetrainings sinnvoll sind.

Die Studienergebnisse zeigen, dass Online-SBTs das Potenzial haben, Berufstätige zu erreichen, die bislang nicht erreicht wurden. Die Verantwortlichen für das betriebsinterne BGM sollten zudem beachten, dass es eine Wechselwirkung zwischen den zugrundeliegenden Arbeitsbedingungen und den Teilnahmemöglichkeiten gibt. So ist eine Teilnahme an klassischen Stress-Bewältigungstrainings zu einer festen Uhrzeit während der Arbeitszeit für Mitarbeitende mit einem verdichteten Tätigkeitsfeld (wie z. B. Ärzte und Pflegefachkräfte) nur begrenzt möglich. Ebenfalls wären Angebote zu Randzeiten für Eltern schwierig (Dragano und Wahl 2015). Online-Gesundheitstrainings bieten hier die Möglichkeit, die Inhalte zu einer persönlich präferierten Zeit und in der eigenen Geschwindigkeit durchzuarbeiten. Es ist betriebsintern zu klären, ob die Teilnahme von zu Hause oder unterwegs zur Arbeitszeit gerechnet werden kann.

Schließlich gilt es, E-Mental Health nicht nur für verhaltenspräventive Maßnahmen nutzbar zu machen, sondern ebenso digitale Lösungen für den verhältnisbezogenen Teil eines umfassenden und nachhaltigen BGMs zu entwickeln. Dabei können auch diese neuen Ansätze nur erfolgreich sein, wenn die Sozialpartner, die Unternehmensleitung und Führungsebenen diese Maßnahmen aktiv befürworten und glaubwürdig in das Unternehmen tragen.

▶ 1. Online-Gesundheitsinterventionen sind eine wirksame Möglichkeit, um Teilnehmende bei der selbstgesteuerten Bewältigung psychischer Probleme mit evidenzbasierten Methoden zu unterstützen.
   2. Online-Gesundheitsinterventionen haben das Potenzial, das Spektrum der wirksamen Angebote im Rahmen des betrieblichen Gesundheitsmanagements zu erweitern, um so mehr Betroffene zu erreichen.

3. Online-Gesundheitsinterventionen wurden bislang nicht systematisch im BGM implementiert und evaluiert. Zukünftig ist es daher notwendig, dieses Potenzial dieser Maßnahmen hinsichtlich Durchführbarkeit und Wirksamkeit in der Praxis zu untersuchen.

Literatur

Andersson G, Titov N (2014) Advantages and limitations of Internet-based interventions for common mental disorders. World Psychiatry 13 (1): 4–11.

Arnberg FK, Linton S.J, Jonsson U (2014) Internet-delivered psychological treatments for mood and anxiety disorders: a systematic review of their efficacy, safety, and cost-effectiveness. PLoS One 9(5): e98118.

Baxter S, Sanderson K, Venn AJ, et al. (2014) The relationship between return on investment and quality of study methodology in workplace health promotion programs. Am J Health Promot 28: 347–363.

Bundespsychotherapeutenkammer (2015) BPtK-Studie zur Arbeitsunfähigkeit. Psychische Erkrankungen und Krankengeldmanagement. http://www.bptk.de/uploads/media/20150305_bptk_austudie_2015_psychische-erkrankungen_und_krankengeldmanagement.pdf (22.09.2016).

Buntrock C, Ebert D, Lehr D, Riper H, Smit F, Cuijpers P, Berking M (2015) Effectiveness of a Web-Based Cognitive Behavioural Intervention for Subthreshold Depression: Pragmatic Randomised Controlled Trial. Psychother Psychosom: 84(6): 348–358.

Berking M (2010) Training Emotionaler Kompetenzen (2. Aufl.). Heidelberg: Springer.

Cohen S, Kamarck T, Mermelstein R (1983) A global measure of perceived stress. J Health Soc Behav 24 (4): 385–396.

Dragano N, Wahl S (2015) Zielgruppenspezifisches Gesundheitsmanagement: Hintergründe, Strategien & Qualitätstandards. In: Badura B et al. (Hrsg.) Fehlzeiten Report 2015: 21–29.

Ebert DD, Heber E, Berking M, Riper H, Cuijpers P, Funk B, Lehr D (2016a) Self-guided internet-based and mobile-based stress management for employees: results of a randomised controlled trial. Occupational and Environmental Medicine 73 (5): 315–323.

Ebert DD, Lehr D, Heber E, Riper H, Cuijpers P, Berking M (2016b) Internet- and mobile-based stress management for employees with adherence-focused guidance: efficacy and mechanism of change. Scand J Work Environ Health 42(5): 382–394.

Ebert DD, Lehr D, Boß L, Riper H, Cuijpers P, Andersson G, et al. (2014) Efficacy of an internet-based problem-solving training for teachers: results of a randomized controlled trial. Scand J Work Environ Health 40 (6): 582–596.

Fry JP, Neff RA (2009) Periodic prompts and reminders in health promotion and health behavior interventions: systematic review. J Med Internet Res 11(2): e16.

Hapke U, Maske ·UE, Scheidt-Nave C, Bode L, Schlack R, Busch MA (2013) Chronischer Stress bei Erwachsenen in Deutschland Ergebnisse der Studie zur Gesundheit Erwachsener in Deutschland (DEGS1). Bundesgesundheitsblatt 56(5/6): 749–754. http://edoc.rki.de/oa/articles/re4jxGWhL5gE/PDF/21xYyCjlzhAzM.pdf (01.11.2016).

Hasson H, Brown C, Hasson D (2010) Factors associated with high use of a workplace web-based stress management program in a randomized controlled intervention study. Health Educ Res 25(4): 596–607.

Heber E, Ebert DD, Lehr D, Cuijpers P, Berking M, Nobis S, Riper H (2017) The benefit of web- and computer-based interventions for stress: A systematic review and meta-analysis. J Med Internet Res 19(2): e32

Heber E, Lehr D, Ebert DD, Berking M, Riper H (2016) Web-Based and Mobile Stress Management Intervention for Employees: A Randomized Controlled Trial. J Med Internet Res 18(1): e21.

Heber E, Ebert D, Lehr D, Nobis S, Berking M, Riper H (2013) Efficacy and cost-effectiveness of a web-based and mobile stress-management intervention for employees: design of a randomized controlled trial. BMC Public Health 13: 655.

Kreuter MW, Wray RJ (2003) Tailored and targeted health communication: strategies for enhancing information relevance. Am J Health Behav 27: 227–232.

Krieger T, Meyer B, Sude K, Urech A, Maercke A, Berger T (2014) Evaluating an e-mental health program („deprexis") as adjunctive treatment tool in psychotherapy for depression: design of a pragmatic randomized controlled trial. BMC Psychiatry 14:285.

Lazarus RS, Folkman S (1984) Stress, Appraisal, and Coping. New York, NY: Springer.

Lehr D, Geraedts A, Asplund RP, Khadjesari Z, Heber E, Bloom J de, Angerer P, Ebert DD, Funk B (2016a) Occupational e-Mental Health – current approaches and promising perspectives for promoting mental health in workers. In: Wiencke M, Fischer S, Cacace M (Hrsg) Healthy at Work-Interdisciplinary perspectives. Springer, HeidelbergNewYork..

Lehr D, Heber E, Sieland B, Hillert A, Funk B, Ebert DS (2016b) „Occupational eMental Health" in der Lehrergesundheit. Ein metaanalytisches Review zur Wirksamkeit von Online-Gesundheitstrainings bei Lehrkräften. Präv Gesundheitsf 11: 182–192.

Martin A, Sanderson K, Cocker F (2009) Meta-analysis of the effects of health promotion intervention in the workplace on depression and anxiety symptoms. Scand J Work Environ Health 35(1): 7–18.

Meyer M, Böttcher M, Glushanok I (2015) Krankheitsbedingte Fehlzeiten in der deutschen Wirtschaft im Jahr 2014. In: Badura B et al. (Hrsg.) Fehlzeiten Report 2015: 341–400.

Nobis S, Lehr D, Ebert DD, Baumeister H, Snoek F, Riper H, Berking M (2015) Efficacy of a web-based intervention with mobile phone support in treating depressive symptoms in adults with type 1 and type 2 diabetes: a randomized controlled trial. Diabetes Care 38 (5): 776–783.

Paoli P, Merllié, D (2001) Third European Survey on Working Conditions 2000. Luxembourg: Office for Official Publications of the European Communities.

Rau R, Henkel D (2013) Zusammenhang von Arbeitsbelastungen und psychischen Erkrankungen. Review der Datenlage. Nervenarzt, 84: 791–798.

Richards D, Richardson T (2012) Computer-based psychological treatments for depression: a systematic review and meta-analysis. Clinical Psychological Review 32 (4): 329–342.

Richardson KM, Rothstein HR (2008) Effects of occupational stress management intervention programs: a meta-analysis. J Occup Health Psychol 13(1): 69–93.

Robroek SJW, van Lenthe FJ, van Empelen P, Burdorf A (2009) Determinants of participation in workside health promotion programmes: a systematic review. The international journal of behavioural nutrition and physical activity 6(1): 26.

Schulte V (2016) Implementierung von Online-Gesundheitstrainings in das Betriebliche Gesundheitsmanagement – eine qualitative Untersuchung unter Entscheidungsträgern zu erfolgskritischen Faktoren. Unveröffentlichte Masterarbeit, Leuphana Universität Lüneburg.

Siegrist J, Dragano N (2008) Psychosoziale Belastungen und Erkrankungsrisiken im Erwerbsleben. Bundesgesundheitsblatt – Gesundheitsforschung – Gesundheitsschutz, 51: 305–312.

Stansfield S, Candy B (2006) Psychosocial work environment and mental health – a meta-analytic review. Scand J Work Environ Health. 2(6): 443–62.

Steptoe A, Kiwimäki M (2012) Stress and cardiovascular disease. Nat Rev Cardiol. 9(6): 360–70.

Thiart H, Lehr D, Ebert DD, Berking M, Riper H (2015) Log in and breathe out: internet-based recovery training for sleepless employees with work-related strain – results of a randomized controlled trial. Scand J Work Environ Health 41(2): 164–174.

Thiart H, Ebert DD, Lehr D, Nobis S, Buntrock C, Berking M, Smit F, Riper H. (2016) Internet-Based Cognitive Behavioral Therapy for Insomnia: A Health Economic Evaluation. Sleep 39(10): 1769–1778.

van der Klink JJ, Blonk RW, Schene AH, van Dijk FJ (2001) The benefits of interventions for work-related stress. Am J Public Health 91(2): 270–276.

Whisman M (1990) The efficacy of booster maintenance sessions in behavior therapy: Review and methodological critique. Clinical Psychology Review 10(2): 155–170.

Zarski AC, Lehr D, Berking M, Riper H, Cuijpers P, Ebert DD (2016) Adherence to Internet-based mobile-supported stress management: a pooled analysis of individual participant data from three randomized controlled trials. J Med Internet Res 18(6): e146.

Dr. Stephanie Nobis war vier Jahre wissenschaftliche Mitarbeiterin im Kompetenztandem Gesundheitstraining.Online an der Leuphana Universität Lüneburg. Im Rahmen ihrer Promotion hat sie sich mit der Entwicklung und Überprüfung der Wirksamkeit und Kosten-Effektivität eines Online-Gesundheitstrainings für Personen mit Diabetes mellitus Typ 1 und Typ 2 und depressiven Beschwerden beschäftigt, wofür sie 2014 den Heinrich-Sauer-Preis erhielt. Stephanie Nobis ist Gründungsgesellschafterin und Mitarbeiterin der GET.ON Institut GmbH sowie seit Oktober 2016 Fachbereichsleiterin Betriebliches Gesundheitsmanagement im Klinikum Osnabrück. Zudem ist sie seit Oktober 2014 als Tutorin und Autorin an der APOLLON Hochschule der Gesundheitswirtschaft in Bremen tätig.

Dr. Elena Heber hat sich im Rahmen ihrer Promotion und Tätigkeit als wissenschaftliche Mitarbeiterin an der Leuphana Universität Lüneburg mit der Entwicklung und Evaluation von Online-Interventionen zur Reduktion von beruflichem Stress und Depression beschäftigt. Ihrem Dissertationsprojekt wurde der Wissenstransferpreis 2015 der Leuphana Universität Lüneburg verliehen, welcher qualitativ hochwertige und innovative Transferaktivitäten mit überzeugenden, nachhaltigen Konzepten und praxisnaher, kooperativer Ausrichtung auszeichnet. Seit Oktober 2016 ist Elena Heber als Research Fellow an der University of Southampton (UK) im Bereich E-Health tätig.

Prof. Dr. Dirk Lehr forscht zum Zusammenhang von beruflichem Stress und psychischer Gesundheit. Er ist Professor für Gesundheitspsychologie und Angewandte Biologische Psychologie an der Leuphana Universität Lüneburg. Zuvor war er am Institut für medizinische Psychologie am Fachbereich Humanmedizin der Philipps-Universität Marburg sowie an der Klinik für Psychiatrie und Psychotherapie am Universitätsklinikum Marburg tätig. Er ist approbierter psychologischer Psychotherapeut (Verhaltenstherapie). Im Rahmen seiner Forschung zu Occupational eMental Health beschäftigt er sich mit der Neuentwicklung von Online-Gesundheitstrainings, ihrer Anpassung an die Bedürfnisse spezifischer Zielgruppe (z. B. Gründer, siehe Beitrag zum Projekt Digi-Exist) sowie mit mobilen Applikationen zum Aufbau von psychischen Ressourcen und Erholungskompetenzen.

BGM 4.0 des TÜV Rheinland unter der E-Health-Lupe

37

Claudia Kardys und Dominique Bialasinski

Zusammenfassung

Das Zeitalter der vernetzten Industrie wirft viele Fragen nach der Gestaltung der digitalisierten Arbeit auf. Der Wandel der Berufswelt birgt für die Beschäftigten sowohl Vor- als auch Nachteile: Während die bessere Vereinbarkeit von Familie und Beruf positiv empfunden wird, bedeutet beispielsweise die ständige mobile Erreichbarkeit oftmals eine höhere psychische Belastung. Ein zukunftsfähiges Betriebliches Gesundheitsmanagement (BGM) beinhaltet neben dem klassischen Modell zunehmend die Integration von digitalen Tools – sowohl in der Verhaltens- als auch Verhältnisprävention. TÜV Rheinland setzt bereits heute bedarfsorientierte und kundenspezifische Onlinelösungen im multiprofessionellen Team des modernen Arbeits- und Gesundheitsschutzes ein. Neben der individuellen und elementaren themenübergreifenden Beratungsleistung können innovative und gesundheitsförderliche Angebote im Rahmen des ganzheitlichen BGMs das stark gestiegene Interesse der Bevölkerung an Wearables mit einer persönlichen „Rund-um-die-Uhr"-Überwachung aufgreifen. Als „trendiger" Arbeitgeber stellen sich Unternehmen langfristig besser auf, steigern die Arbeitgeberattraktivität und dämpfen die demografische Entwicklung etwas ab, z.B. durch die Gewinnung neuer Nachwuchskräfte und den möglichst langjährigen Erhalt von Fachpersonal.

C. Kardys (✉)
FOM Hochschule für Management & Oekonomie, TÜV Rheinland
Essen, Deutschland
E-Mail: claudia.kardys@de.tuv.com

D. Bialasinski
Köln, Deutschland

© Springer Fachmedien Wiesbaden GmbH 2018
D. Matusiewicz und L. Kaiser (Hrsg.), *Digitales Betriebliches Gesundheitsmanagement*,
FOM-Edition, https://doi.org/10.1007/978-3-658-14550-7_37

37.1 Herausforderungen im Zeitalter Industrie 4.0

In den letzten fünf bis sechs Jahren ist eine industrielle Revolution mit großen Auswirkungen auf die Arbeitswelt zu beobachten. Produktionsabläufe im gewerblichen und dienstleistungsorientierten Sektor verändern sich rasant. Gemäß den Kontratieff-Zyklen erleben wir nach dem Zeitalter der Produktion durch Mechanisierung (Industrie 1.0), der Ära der Massenproduktion durch Elektrifizierung (Industrie 2.0) sowie der Zeit des Einsatzes von Computern und Robotern zur Automatisierung der Produktion (Industrie 3.0) die sogenannte vierte industrielle Revolution (Industrie 4.0). Diese zeichnet sich durch eine Verzahnung der anzufertigenden Erzeugnisse mit moderner Informations- und Kommunikationstechnik aus. Die globale Vernetzung ermöglicht eine dezentral gesteuerte und automatisierte Herstellung gewünschter Waren überall auf der Welt und das in Echtzeit. Somit kann eine exakte Fabrikation nach Konfiguration des Auftraggebers (product on demand) kundenspezifisch, schnell und flexibel via Internet erfolgen (Afflerbach und Gläsener 2016).

Konventionelle Unternehmens- und Arbeitsorganisationen nehmen in Zukunft neue Formen an und die klassische Lohnarbeit wird zunehmend durch Auftragsarbeiten abgelöst. Virtuelle Teams mit freien Mitarbeiterinnen und Mitarbeitern charakterisieren die Zusammenarbeit in der Arbeitswelt von morgen. Digitale Schnittstellen verbinden dabei alle Gruppenmitglieder sowie die Projektleitung miteinander. Diese Modernisierungsentwicklung zu vollautomatisierten Fabriken und virtuellen Unternehmen mit dem Arbeitseinsatz künstlicher Intelligenz stellt einen historisch bedeutsamen Wendepunkt dar (Matuschek 2016). Denn was bedeutet die Revolution Industrie 4.0 für erwerbstätige Personen? Wie wirken sich die Veränderungen auf die Gesundheit und Leistungsfähigkeit aus?

Es zeichnet sich bereits ab, dass die Arbeitswelt zunehmend komplexer werden wird und neue Qualifizierungen gefragt sind. Der Umgang mit mehr Digitalisierung und Vernetzung am Arbeitsplatz stellt vielschichtige Anforderungen an die Beschäftigten: Einerseits sind mehrdimensionale Lösungen zur Aufgabenbewältigung notwendig, andererseits benötigen die Beschäftigten die Fähigkeit, unterschiedliche Informationen gleichzeitig zu verarbeiten. Dabei gilt es, stets den Überblick über die aktuellen Arbeitsmethoden zu behalten und nicht den Anschluss zu verlieren: Der Weiterbildungsdruck erhöht sich branchenübergreifend (Böhm 2016). Neben dem allgemein erhöhten kognitiven Anspruch an die Belegschaft, besteht ein steigender Bedarf an expliziter Kommunikationsfähigkeit und sozialer Intelligenz. Denn in einer globalisierten Welt ist ein intensiver Austausch mit anderen Menschen und Kulturen unausweichlich – im Zuge dessen werden sich auch Sichtweisen verändern. Das wiederum löst kreative Prozesse aus und weitere, neue, nützliche Dienstleistungen und Produkte können entstehen.

Wandlungsfähige Arbeitsplätze, die sich an den arbeitenden Menschen anpassen und überall verfügbar sind, bilden einen Teil des hochtechnischen Arbeitsplatzes der Zukunft ab. Die Arbeitsleistung wird flexibler und mobiler ausgeübt. Das bedeutet, dass immer mehr Menschen ihre Arbeitszeit und -orte selber nach persönlichen Gründen bestimmen können. Somit geht nicht mehr die Arbeitnehmerin oder der Arbeitnehmer zu seiner

Erwerbsstelle, sondern arbeitet wann und wo die individuellen Ressourcen vorhanden sind oder nachgefragt werden. Die Herausforderungen für Erwerbstätige in der modernen Arbeitswelt bestehen insbesondere darin, dass Arbeit und Freizeit zunehmend verschwimmen und die Arbeitsverdichtung durch verkürzte Produktions- und Innovationszyklen sowie Rationalisierung zu höheren psychischen Belastungen am Arbeitsplatz führen kann.

37.2   Moderner Arbeits- und Gesundheitsschutz

Die Zukunftsfähigkeit von Beschäftigten und Unternehmen hängt in Zeiten von Industrie 4.0 besonders stark davon ab, wie die Gesundheits-, Leistungs- und Arbeitsfähigkeit jedes Einzelnen erhalten und ausgebaut werden kann. Der Wandel der Berufswelt führt schon heute zu negativen Auswirkungen auf die Krankheits- und Frühberentungsstatistiken. Ursachen sind unter anderem die vermehrte Technisierung, Arbeitsverdichtung, Komplexität sowie permanente Erreichbarkeit. Arbeitsunfähigkeitszeiten aufgrund psychischer Erkrankungen haben sich in den vergangenen Jahren drastisch erhöht. Branchen- und tätigkeitsübergreifend nimmt der Anteil der Krankmeldungen aufgrund von seelischen Problemen kontinuierlich zu. Das Burn-out-Syndrom wird immer öfter zum Ausfallgrund am Arbeitsplatz. In den vergangenen elf Jahren ist die Zahl der Fehltage (Arbeitsunfähigkeitstage) wegen psychischer Erkrankungen um mehr als 97 % angestiegen (Bundesministerium für Arbeit und Soziales und Bundesanstalt für Arbeitsschutz und Arbeitsmedizin 2014). Die Relevanz der Vorbeugung wird beim Blick auf die Krankheitsdauer deutlich: Die durchschnittliche Dauer psychisch bedingter Krankheitsfälle beträgt 39,1 Tage (BKK 2015).

Die aktuell entstehenden Arbeitsformen stellen Mitarbeiterinnen und Mitarbeiter sowie Betriebe jeglicher Größe und Branche vor spezifische Anforderungen: Hohe soziale und Konfliktlösungskompetenz, Umgang mit fehlender Planbarkeit, Entwicklung von Stressbewältigungsstrategien mit einer konsequenten Einhaltung und Einforderung notwendiger Ruhephasen. Durch Arbeiten 4.0 entstehen möglicherweise neue Gesundheitsthemen bzw. Risikofaktoren und der Handlungsbedarf im Bereich der psychischen Mitarbeitergesundheit könnte steigen. Perspektivisch verstärken sich der Fokus auf die Prävention seelischer Erkrankungen sowie der Blick auf gesundheitliche Ressourcen, weil die Arbeitnehmerschaft nur schwer eine Abgrenzung zwischen Privatleben und Beruf erlebt bzw. erleben kann.

Im beruflichen Milieu von Industrie 4.0, in dem nicht nur Themen wie Kulturwandel, Homeoffice oder Digitalisierung eine Rolle spielen, können sich Unternehmen bereits jetzt auf kommende Zeiten einstellen: Es empfiehlt sich, ein passgenaues und ganzheitliches Betriebliches Gesundheitsmanagement (BGM) einzurichten, das die Beschäftigten über alle Hierarchieebenen auf diese unaufhaltbaren Umbrüche vorbereitet und sie entsprechend flexibel aufstellt. Möglich wird dies durch die Umsetzung eigener Ideen und ein individuell auf das Unternehmen abgestimmtes Konzept. Die Dringlichkeit zur Etablierung eines modernen BGMs wird zusätzlich vor dem Hintergrund der demografischen

Entwicklungen verstärkt. In Deutschland steigt die Anzahl älterer berufstätiger Personen, parallel sinkt die Anzahl der Nachwuchskräfte. Der Leistungs- und Zeitdruck durch die Arbeitsverdichtung und Rationalisierung nimmt zu und die Kompensation dieser Belastungen fällt in einer alternden Belegschaft zunehmend schwerer.

BGM kann als strukturiertes Vorgehen für den verpflichtenden Arbeits- und Gesundheitsschutz erklärt werden (Faller 2015). Es ist per Definition die systematische sowie nachhaltige Schaffung und Gestaltung von gesundheitsförderlichen Strukturen und Prozessen einschließlich der Befähigung der Organisationsmitglieder zu einem eigenverantwortlichen, gesundheitsbewussten Verhalten (DIN Spec 91020 BGM 2012).

Als unabhängiger Dienstleister praktiziert TÜV Rheinland mit seinem Geschäftsbereich Academy & Life Care modernen Arbeits- und Gesundheitsschutz, folglich ein modernes BGM. Neben den klassischen Themen der Sicherheit und Gesundheit befasst sich TÜV Rheinland in fast allen Wirtschaftszweigen mit dem Aufgabengebiet Menschen am Arbeitsplatz und in ihrem beruflichen Umfeld.

In der Vergangenheit wurde im Arbeits- und Gesundheitsschutz vornehmlich eine Risikominimierung und Unfallvermeidung fokussiert. Im Mittelpunkt standen dabei vordergründig krankmachende Faktoren am Arbeitsplatz (defizitorientierte und pathogenetische Sicht- und Herangehensweise). Die heutige und zukunftsorientierte Betrachtung liegt verstärkt auf den Ressourcen bzw. Gesundheitsfaktoren (salutogenetische Sicht- und Herangehensweise): Welche Faktoren/Aspekte tragen zur Gesunderhaltung in Unternehmen bei? Was sind die Ressourcen, die für Gesundheit und Wohlbefinden sorgen?

Diese proaktive und ganzheitliche Vorgehensweise im Arbeits- und Gesundheitsschutz spiegelt sich in der Gesetzesänderung zur Gefährdungsbeurteilung psychischer Belastung (GBU Psyche) wider: Seit September 2013 sind alle Arbeitgeber, unabhängig von der Unternehmensgröße, dazu verpflichtet, eine GBU Psyche durchzuführen. Das bedeutet, die psychischen Belastungen im eigenen Haus sind zu analysieren, zu bewerten und auf Basis dieser Ergebnisse Maßnahmen abzuleiten. So können in einer modernen Form des Arbeits- und Gesundheitsschutzes Potenziale für gesundheitsförderliche Maßnahmen ermittelt und durch passende Konzepte umgesetzt werden.

Im Geschäftsalltag steckt die Etablierung eines modernen BGMs noch in den Kinderschuhen. Häufig werden Leistungen der betrieblichen Gesundheitsförderung (BGF), unter denen *„alle gemeinsamen Maßnahmen von Arbeitgebern, Arbeitnehmern und Gesellschaft zur Verbesserung von Gesundheit und Wohlbefinden am Arbeitsplatz"* verstanden werden (Luxemburger Deklaration zur betrieblichen Gesundheitsförderung 2007), durchgeführt. Betriebssport oder Gesundheitstage seien hier nur als Beispiele genannt. Sie werden häufig unkoordiniert als Einzelmaßnahmen eingesetzt und sollen schnell Verbesserungen bewirken. Ziele sind meist eine Reduktion und Vermeidung von Gesundheitsrisiken oder gar eine geringere Krankenquote und höhere Mitarbeiterzufriedenheit. Hierbei fällt auf, dass oftmals keine greifbare Vorstellung oder Planung des Themas „Was hält Mitarbeiter im Unternehmen gesund?" existiert. Zugleich fehlt es auch an Verständnis für die Langfristigkeit und Mehrdimensionalität von Effekten. Ein ganzheitliches BGM wird erst dann in Angriff genommen, „wenn es gar nicht mehr geht", das bedeutet, wenn die Krank-

Zusammenwirken aller (über-)betrieblichen Akteure im modernen
Arbeits- und Gesundheitsschutz – angepasst an den individuellen
Bedarf des Unternehmens.

Abb. 37.1 Zusammenwirken aller (über-)betrieblichen Akteure im modernen Arbeits- und Gesundheitsschutz – angepasst an den individuellen Bedarf des Unternehmens. (TÜV Rheinland)

heitsausfälle teuer werden und die Fachkollegen spürbar fehlen. Inzwischen spüren auch
kleine und mittelständische Unternehmen den Handlungsbedarf, doch es fehlt ein struk-
turierter Ansatz für einen modernen Arbeits- und Gesundheitsschutz. Denn nur bei einer
individuellen und systematischen Herangehensweise zahlt sich dieser langfristig für die
Unternehmen aus.

Bei TÜV Rheinland bilden die Experten verschiedener gesundheitsbezogener Fach-
richtungen ein sogenanntes Präventionsteam. Passend zu den Aufgaben im Unternehmen
besteht es aus Arbeitsmedizinern, Fachkräften für Arbeitssicherheit, Gesundheitsmanagern, Arbeits-, Betriebs- und Organisationspsychologen (ABO-Psychologe), Assistenz-
personal und bei Bedarf auch weiteren Fachexperten wie z. B. Physiotherapeuten, Ökotrophologen oder klinischen Psychologen. Sie sind die Akteure eines modernen BGMs
und arbeiten interdisziplinär eng zusammen. Ziel ist es, die Mitarbeitergesundheit in ihrer
Komplexität voll verstehen und betrachten zu können, um daraus korrekte Schlussfolgerungen zu ziehen und effektive Maßnahmen abzuleiten (Abb. 37.1).

Als einer der größten Anbieter in Deutschland im modernen Arbeits- und Gesundheitsschutz, erfahren in der Arbeitsmedizin und Arbeitssicherheit, bietet TÜV Rheinland von
Themen der Personal- und Organisationsentwicklung über die betriebliche Gesundheitsförderung bis hin zur Entwicklung der Unternehmenskultur und Schaffung eines langfristigen und nachhaltigen BGMs ein umfangreiches Angebot an entsprechenden Dienstleistungen (Bialasinski und Kardys 2016).

37.3   BGM 4.0

Allerorts – ob in der Werbung, im Fitnessstudio oder in der Produktion – verwenden Menschen in ihrem Arbeitsalltag immer mehr technische Hilfsmittel zur Erhebung von individuellen Gesundheitsdaten. Die sogenannten „wearable computer" sind stark in Mode. Mit Smartwatches und Activity Trackern erfasst die Bevölkerung Verhaltens- und Lebensweisen im Alltag. Unabhängig von Ort, Zeit, Aktivität oder Nichtaktivität gilt es, ein umfassenderes Bild von der persönlichen Bewegung, Ernährung, Herzgesundheit sowie Schlafqualität und -quantität zu erhalten, um gezielt und auf spielerische Weise den gesundheitlichen Status zu überwachen und positiv beeinflussen zu können. Auch in der Freizeit scheinen Personen verschiedener Altersgruppen nach Optimierung zu streben. Mittlerweile nutzen einige Firmen diesen Trend. Sie motivieren und sensibilisieren ihre Belegschaft mit Hilfe von Wearables zu mehr Eigenverantwortlichkeit und Einflussnahme in Bezug auf die eigene psychische und physische Leistungsfähigkeit. Ziele sind eine erhöhte Zufriedenheit und reduzierter Präsentismus, verbessertes Wohlbefinden und geringere Ausfallzeiten durch Krankheit. Spiegelt eine derartige Herangehensweise bereits das BGM 4.0 wider?

Ein vertiefender Einblick mit der E-Health-Lupe deutet darauf hin, dass es um deutlich mehr geht als den häufigeren und stärkeren Einsatz von Wearables und Gesundheits-Apps. Für TÜV Rheinland bildet die persönliche Beratungsleistung unter Einsatz eines interdisziplinären Präventionsteams den Kern für ein erfolgreiches und nachhaltiges BGM 4.0. Besondere Bedeutung wird dabei der Entwicklung einer gesunden Unternehmenskultur zugemessen.

Auf dieser Basis bedeutet BGM 4.0 die bedarfsgerechte Integration moderner Tools. Darunter fallen heute nicht mehr nur bewährte Verfahren wie z. B. E-Mails oder Online-Messaging. Auch neuere digitale Technologien mit einem methodisch innovativen Ansatz, wie die Nutzung von virtuellen Meetings, Online-Webinaren, Online-Coachings oder Gamification (spielerische Förderung von Engagement und Motivation), nehmen vermehrt Platz in der heutigen Berufswelt ein. Ihre Integration in ein zukunftsfähiges und attraktives BGM wird von den Arbeitnehmerinnen und Arbeitnehmern zunehmend erwartet.

Wenn Mitarbeiter selbst entscheiden, wann (Ablösen von fixen Arbeitszeiten), wo (frei wählbare Arbeitsplätze) und wie sie arbeiten, ist bei der ganzheitlichen Gestaltung von Gesundheit am Arbeitsplatz auf Folgendes zu achten:

- Klare Abstimmungen und Absprachen im Team sind für die Transparenz der Verfügbarkeiten aller Personen höchst relevant;
- neue Begegnungszonen für ein neues Wir-Gefühl, einen adäquaten Austausch untereinander und Schaffung einer größeren Bindung zum Arbeitgeber stehen im Vordergrund.

Beide Punkte bedürfen einer entsprechenden Unternehmens- und Führungskultur. In Zukunft wird ein BGM 4.0 sein Fundament in einem traditionellen BGM haben, das durch digitale Tools ergänzt und erweitert wird. Die digitale Vernetzung führt dabei zu mehr indirekten Kontakten und Kommunikationswegen. Daher ist es umso wichtiger, klare Leitlinien zum Umgang miteinander und zu gesundheitsbezogenen Themen festzulegen und diese verbindlich für alle Beschäftigten zu kommunizieren. Diese partizipativ definierten Überzeugungen, Regeln und Werte können so zum inneren Zusammenhalt von Organisationen und Betrieben beitragen und sich positiv auf die Motivation und Gesundheit der Arbeitnehmer auswirken.

Ein Auszug digitaler Tools im BGM 4.0 von TÜV Rheinland mit verschiedenen Professionen wird an dieser Stelle kurz skizziert:

Im Handlungsfeld der Arbeitssicherheit arbeiten die Fachkräfte z. B. mittels eines Online-Unterweisungsinstruments, genannt TEOX. Mit diesem Instrument können die Beschäftigten via Computer und Internet filmisch und teils interaktiv unterstützend zu diversen Themen wie z. B. Bildschirmarbeitsplätzen oder Brandschutz unterwiesen und geschult werden. Die Inhalte sind so konzipiert, dass sie gesetzlich vorgeschriebene Unterweisungen zur Einhaltung der Aufklärungspflichten in den besprochenen Themenbereichen erfüllen. Nach Absolvierung eines kleinen Wissenstests werden Vorgesetzte automatisch über die erfolgreiche Teilnahme an der Unterweisung informiert. Eine gesicherte Dokumentation mit Erinnerungsfunktion ist bei Kundenwunsch möglich.

Im Bereich der Arbeits-, Betriebs- und Organisationspsychologie (ABO-Psychologie) bieten fachlich ausgebildete Experten und andere das Employee Assistance Programm (EAP) an. Dabei handelt es sich um eine externe Mitarbeiterberatung zu beruflichen und persönlichen Lebenslagen. Das EAP ist neben einer persönlichen Fachberatung/-betreuung auch über telefonische Unterstützungsleistung zu erbringen. Rund um die Uhr können vertraulich und anonym Lösungsstrategien über verschiedene digitale Medien gemeinsam besprochen und gezielte Handlungsempfehlungen ermittelt werden. Die Unternehmen erhalten ein anonymisiertes Feedback zur Häufigkeit der Inanspruchnahme des EAPs sowie zu Themenblöcken. So können häufig auftretende Problemfelder adäquat in Angriff genommen werden.

Innerhalb der betrieblichen Gesundheitsförderung bieten Gesundheitsfachleute z. B. virtuelle Gehwettbewerbe an. In einem vorher definierten Zeitraum und über eine festgelegte Distanz legen die teilnehmenden Mitarbeiterinnen und Mitarbeiter eine virtuelle Laufstrecke zurück. Für diese Strecke zählen die zurückgelegten Schritte, die mittels Schrittzähler erfasst werden, oder andere Aktivitäten im Alltag, die in Schritte umgerechnet werden. Die Dokumentation der erreichten Kilometer erfolgt über eine spezielle Internetplattform. Diese Plattform ermöglicht, dass auch weitere Beschäftigte der teilnehmenden Teams auf einer Karte die Toplisten des Wettbewerbs verfolgen können. Im Rahmen von innovativen Gesundheitsaktionen wird der Arbeitnehmerschaft „Gehirntraining durch Bewegung" auf dem Agility Board angeboten. Mit diesem interaktiven Sportgerät, einem Brett mit Anschluss an einen Tablet-PC samt eigener Trainings-App, werden kognitive Aufgaben in der App dargestellt und mittels körperlicher Bewegung durch Tritte und/oder Sprünge auf dem Brett gelöst. Diese ungewöhnlichen Bewegungsabläufe, kombiniert mit den kognitiven, visuellen und grobmotorischen Herausforderungen, zielen auf die Verbesserung der individuellen Reaktions-, Koordinations- und Konzentrationsfähigkeit ab. Darüber hinaus können weitere berufs- und alltagsrelevante mentale und motorische Fähigkeiten trainiert und verbessert werden. Dazu zählen unter anderem exekutive Funktionen wie das Gleichgewicht. Eine einfache elektronische Auswertung aller Teilnehmenden ermöglicht darüber hinaus die Nutzung in Form von Gesundheitswettbewerben.

37.4 Zusammenfassung und Ausblick

Die Digitalisierung der Arbeit führt zu großen positiven und negativen Veränderungen in Organisationsstrukturen und -abläufen, speziell im Umgang miteinander. Das betrifft Unternehmen jeglicher Größe und unabhängig der Branche: Dienstleistungsbetriebe werden ebenso wenig unberührt bleiben wie gewerbliche und produzierende Unternehmen. Die Entwicklungen sind unaufhaltsam, umso wichtiger ist die rechtzeitige Auseinandersetzung mit dem Thema Industrie 4.0 und ihre Auswirkung auf die Beschäftigten. Darüber hinaus spielt die Auswahl adäquater Handlungsansätze im Bereich des BGM 4.0 eine entscheidende Rolle, um die Gesundheit sowie Leistungs- und Arbeitsfähigkeit von erwerbstätigen Personen zu erhalten. Effizienteres Arbeiten, permanente Erreichbarkeit, lebenslanges Lernen und kontinuierliche Optimierung sind einige der Konsequenzen, die auch neue Formen im BGM erfordern.

TÜV Rheinland entwickelt Instrumente und Interventionen, die diesen Trend aufgreifen und in vorteilhafter Weise im Sinne des Kunden nutzbar machen. In Zukunft wird es immer mehr um gezielte Angebote gehen, sowohl online wie auch offline, um das Potenzial der Belegschaft gesundheitlich zu fördern und Experten sowie Leistungsträger im Unternehmen zu halten. TÜV Rheinland begleitet diesen Weg partnerschaftlich: Der Schwerpunkt eines BGM 4.0 liegt in der Stärke der direkten Mensch-zu-Mensch-Zusammenarbeit, die durch digitale Technik/Methoden ergänzt wird, diese aber nie ganz ersetzen wird. Bereits heute findet der Einsatz von innovativen und erprobten Maßnahmen in der betrieblichen Gesundheitsförderung statt, um generationsübergreifend mehr Mitarbeiterinnen und Mitarbeiter zu erreichen, zu aktivieren und zu begeistern.

Literatur

Afflerbach, T., Gläsener, K. M. (2016): New Ways of Working – Vertrauen und Selbstmanagement in einer digitalisierten Arbeitswelt, In: Fehlzeitenreport 2016, Springer-Verlag Berlin Heidelberg 2016

Bialasinski D., Kardys C. (2016): Was kann die Gesundheitswirtschaft vom TÜV Rheinland lernen? In: Neuvermessung der Gesundheitswirtschaft, Springer-Gabler Verlag 2016

BKK Gesundheitsreport 2015

Böhm, S. (2016): Auswirkungen der Digitalisierung auf die Gesundheit von Berufstätigen, Ergebnisse einer bevölkerungsrepräsentativen Studie in der Bundesrepublik Deutschland, St. Gallen

Bundesministerium für Arbeit und Soziales und Bundesanstalt für Arbeitsschutz und Arbeitsmedizin: Sicherheit und Gesundheit bei der Arbeit 2014

DIN SPEC 91020 Betriebliches Gesundheitsmanagement (2012)

Faller, G. (2015), Den Beschäftigten einbeziehen, in: Gute Arbeit kompakt. (Online: https://www.igmetall.de/GuteArbeitNR1_e48ef33a80c789f188cb40de78d6a91f0bb7e676.pdf/ 21.02.2016)

Luxemburger Deklaration zur betrieblichen Gesundheitsförderung in der Europäischen Union (2007)

Matuschek, I. (2016): Industrie 4.0, Arbeit 4.0 – Gesellschaft 4.0? Eine Literaturstudie im Auftrag der Rosa-Luxemburg-Stiftung, Berlin.

Dr. Claudia Kardys ist examinierte Gesundheits- und Krankenpflegerin und studierte im Bachelor- und Masterstudium die Fachrichtung Gesundheitsmanagement/-wissenschaften mit der Spezialisierung Betriebliches Gesundheitsmanagement (BGM) (Fachkraft für Betriebliches Gesundheitsmanagement – IHK). Seit ihrer Promotion an der TU Dortmund ist sie als Lehrende im Hochschulbereich Gesundheit & Soziales an der FOM Hochschule tätig. Bei der AMD TÜV Arbeitsmedizinische Dienste, TÜV Rheinland Group, ist Frau Kardys als Senior Projektmanagerin BGM im Dienst.

Dominique Bialasinski ist studierte Volkswirtin (Bachelor of Arts in Economics) und Medizin-Managerin ebenfalls mit dem Schwerpunkt BGM (Master of Arts in Medical Management). Sie arbeitet als Senior Projektmanagerin BGM und Produktmanagerin Deutschland für Betriebliche Gesundheitsförderung (BGF) bei der AMD TÜV Arbeitsmedizinische Dienste, TÜV Rheinland Group. Die Erfahrungen beider Autorinnen, speziell bei TÜV Rheinland, umfassen die BGM-Beratung von Kunden verschiedener Unternehmensgrößen und Branchen zur Einführung, Etablierung und Evaluation von BGF-Projekten bis hin zu einem ganzheitlichen BGM sowie bundesweites Projektmanagement in Präventionsteams nach dem Ansatz des modernen Arbeits- und Gesundheitsschutzes.

Der TK-GesundheitsCoach: Ein digitaler, multifaktorieller Ansatz zur Begleitung und Unterstützung für das persönliche Gesundheitsverhalten

38

Nicole Knaack, Philipp Blieske und Boris Gauss

Zusammenfassung

Im Jahr 2016 ist ein digitaler Gesundheitscoach keine Innovation mehr. Sowohl Kostenträger des ersten Gesundheitsmarktes *(AOK, DAK, Barmer, ...)* als auch Vertreter aus dem zweiten Gesundheitsmarkt *(Runtastic, Fitbit, Freeletics ...)* offerieren optisch ansprechende Online-Coaches. Auch die Techniker Krankenkasse (TK) bietet ihren Versicherten bereits seit 2005 das TK-online-GesundheitsCoaching an. Denn grundsätzlich besitzt ein digitales Gesundheitscoaching das Potenzial, Nutzer beim Erreichen ihrer Gesundheitsziele zu unterstützen. Da mit Hilfe von Onlineprogrammen und mobilen Anwendungen sich neben allgemeinen Wissensinhalten, Fragestellungen und Leitlinien auch konkrete, auf den Nutzer abgestimmte Programme, Beratungen und Anleitungen realisieren lassen.

38.1 Auf dem Weg zu einer neuen Generation des Online-Coachings

Im Jahr 2016 ist ein digitaler Gesundheitscoach keine Innovation mehr. Sowohl Kostenträger des ersten Gesundheitsmarktes *(AOK, DAK, Barmer GEK, ...)* als auch Vertreter aus dem zweiten Gesundheitsmarkt *(Runtastic, Fitbit, Freeletics ...)* offerieren optisch ansprechende Online-Coaches. Auch die Techniker Krankenkasse (TK) bietet ihren Versicherten bereits seit 2005 das TK-online-GesundheitsCoaching an. Denn grundsätzlich besitzt ein digitales Gesundheitscoaching das Potenzial, Nutzer beim Erreichen ihrer Gesundheitsziele zu unterstützen. Da mit Hilfe von Onlineprogrammen und mobilen An-

N. Knaack (✉) · P. Blieske
Hamburg, Deutschland
E-Mail: Dr.Nicole.Knaack@tk.de

B. Gauss
Berlin, Deutschland

© Springer Fachmedien Wiesbaden GmbH 2018
D. Matusiewicz und L. Kaiser (Hrsg.), *Digitales Betriebliches Gesundheitsmanagement*,
FOM-Edition, https://doi.org/10.1007/978-3-658-14550-7_38

wendungen sich neben allgemeinen Wissensinhalten, Fragestellungen und Leitlinien auch konkrete, auf den Nutzer abgestimmte Programme, Beratungen und Anleitungen realisieren lassen.

Um allerdings eine langfristige Verhaltensänderung beim Nutzer zu bewirken und seine individuellen Fähigkeiten und Gesundheitskompetenz zu entwickeln, reichen eindimensionale Coachings nicht aus. Daher sind zum Erreichen spezifischer Gesundheitsziele multifaktorielle Ansätze notwendig. So benötigt z. B. das Gesundheitsziel des Diabetes-Managements zur optimalen Effektivität eine Kombination aus ernährungs- und sportwissenschaftlichen Faktoren. Ergänzend muss ein qualitätsgesichertes Gesundheitscoaching nicht nur das spezifische Setting und die aktuelle Lebensphase des Nutzers berücksichtigen, sondern zusätzlich medizinische und gesundheitswissenschaftliche Erkenntnisse als inhaltliche Grundlage festlegen. Insbesondere eine Krankenkasse steht hier in der Verantwortung, Qualitätsstandards zu etablieren und Orientierung im unübersichtlichen Angebotsdschungel zu bieten.

Mit dem Release des neuen TK-GesundheitsCoach am 20.09.2016 verfolgt die TK diesen Ansatz eines multifaktoriellen, qualitätsgesicherten 360-Grad-Coachings. Die Philosophie ist allen Versicherten ein ganzheitliches Coaching zu ermöglichen.

38.2   Mit einem 360° Grad Coaching – Gesundheitskompetenz entwickeln

Mit dem Online-Gesundheitscoaching soll Gesundheitskompetenz selbstkontrolliert und kostengünstig vom User entwickelt werden können. Dazu benötigen die User medizinische und gesundheitswissenschaftlich fundierte Inhalte und eine Unterstützung ihrer Compliance durch Planungshilfen und Motivationsmodule. Dabei gelten auch für E-Health-Angebote die allgemeinen Anforderungen an qualitätsgesicherte Prävention und Gesundheitsförderung. Dies führt in der Regel zu einem Dilemma. Bei der Nutzung des Internets sind die User gewohnt, ihre Aktivitäten impulsiv nach Lust und Laune selbst zusammenzustellen. Allerdings bleiben bei dieser Form der Nutzerfreundlichkeit nach dem „Laisser-faire"-Prinzip häufig grundlegende fachliche und motivationale Anforderungen an Maßnahmen zur Gesundheitsförderung unberücksichtigt. Die Aktivitäten richten sich mehr nach dem impulsiven Bedürfnis, als dass sie einem objektiven Bedarf decken. Dennoch besteht der Anspruch der Anbieter, insbesondere wenn sie der Sozialgesetzgebung verpflichtet sind, Inhalte und Methoden so zu gestalten, dass sie sowohl individuelle Bedürfnisse und ermittelte Bedarfe von Zielgruppen entsprechen. Im Online-GesundheitsCoaching der TK wird z. B. qualitätsgesichertes Fitnesstraining nur auf Basis einer sportwissenschaftlichen und -medizinischen Trainingsplanung möglich. Dies trifft für den ambitionierten Sportler, den Gesunden mit Risikofaktoren oder den Reha-Patienten gleichermaßen zu.

Zusammen mit Gesundheitsexperten, Medizinern und ihrem Partner welldoo GmbH, Berlin, bietet die Techniker Krankenkasse den TK-online-GesundheitsCoach seit 2005

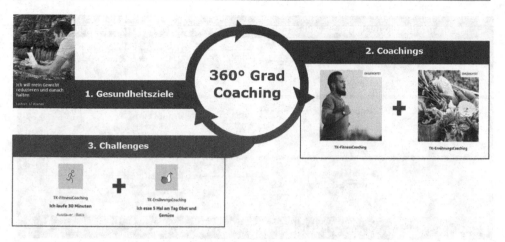

Abb. 38.1   Schritt für Schritt zum persönlichen Gesundheitsziel

ihren Kunden an. Die Erfahrungen waren die Basis für eine vierjährige Weiterentwicklung. Das Ergebnis ist eine neue Generation von Online-Gesundheitscoach. Die TK hat einen motivationspsychologisch fundierten Gesundheitscoaching-Ansatz zugrunde gelegt, um die Balance zwischen Nutzerfreundlichkeit und Qualitätssicherung zu halten. Die fachlich-methodische Grundlage des neuen TK-online-GesundheitsCoachings bilden die motivationspsychologische Erkenntnisse aus der Sportpsychologie, die unter dem Stichwort „Stärkung von Motivation und Volition" in den Gesundheitswissenschaften etabliert sind (vgl. Göhner und Fuchs 2007, http://www.movo-konzept.de/).

Eine wichtige Neuerung in diesem Spagat zwischen Usability und Qualitätssicherung sind die vom Nutzer selbst gewählten Gesundheitsziele zu Beginn des Coachings. Aufbauend auf dem persönlichen messbaren Gesundheitsziel werden Coachings empfohlen und Challenges (Aktivitäten, Verhaltensziele) vom Nutzer selbstständig geplant (vgl. Abb. 38.1).

Dadurch entsteht ein umfassender Plan zum Erreichen persönlicher, qualitätsgesicherter Ziele. Es werden nicht nur einzelne, voneinander unabhängige Coachings modulhaft absolviert, sondern sinnvoll miteinander kombiniert.

38.3   Ich tue es für mich

Die TK setzt die Motivationsgrundsätze, in denen „ein persönliches Ziel setzen" und „Wille zur Umsetzung stärken" im Fokus stehen, bereits seit einigen Jahren konsequent in ihren Angeboten zur Prävention und Versorgung um. Folglich richtet sich auch der neue TK-GesundheitsCoach an diesem, die Compliance steigerndem, Prinzip aus (vgl. Abb. 38.2).

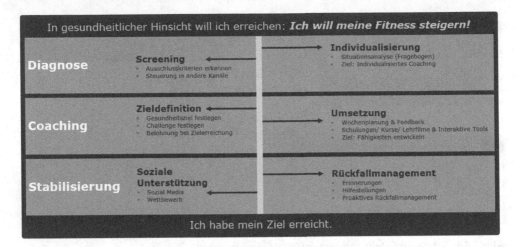

Abb. 38.2 Der Prozess des TK Gesundheits-Coachings

Ausgehend von einem ausgewählten Gesundheitsziel werden dem User die verschiedenen Verhaltensbereiche empfohlen, die für die Erreichung seines Zieles relevant sind. Beispielsweise wird ein übergewichtiger Teilnehmer, der das Gesundheitsziel „Ich will abnehmen und mein Gewicht halten" gewählt hat, zur ausgewogenen Ernährung und zu einer Erhöhung seiner körperlichen Aktivitäten motiviert. Die Aktivitäten entsprechen somit den Handlungsfeldern der Gesundheitsförderung gemäß § 20 SGB V und den Vorgaben durch den „GKV-Leitfaden Prävention" zu Bewegung, Ernährung, Entspannung und Nichtrauchen. Wie in einem persönlichen (Face-to-Face) Coaching wird mit der Wahl des Gesundheitsziels die Ausrichtung des Coachings für einen definierten Zeitraum (je nach Gesundheitsziel, für die meisten Ziele zwölf Wochen) festgelegt. Für jeden Verhaltensbereich empfiehlt das Coaching dem User-Challenges (Aktivitäten, Verhaltensziele), die zu seinem Gesundheitsziel und zu seinem persönlichen Profil (z. B. angestrebte Gewichtsabnahme, Start-BMI, Ernährungsgewohnheiten) passen und programmseitig aufeinander abgestimmt sind. Beispielsweise könnte ein User im Bereich Ernährung die Challenges empfohlen bekommen „Ich esse täglich mindestens drei Portionen Gemüse und zwei Portionen Obst" und „Ich protokolliere eine Woche lang alle Lebensmittel und Getränke, die ich zu mir nehme", und im Fitness-Coaching: „Ich erhöhe meine Alltagsaktivitäten". Die Challenges entsprechen daher Verhaltenszielen, die die Gesundheitsziele konkretisieren. Für jede gewählte Challenge plant sich der User im Coaching konkrete Termine. Um seine Fortschritte zu überprüfen und zu reflektieren, wird der User dazu aufgefordert, laufend die Umsetzung seiner Challenges im TK-online-Gesundheits-Coaching zu protokollieren. Auf Grundlage seiner Protokolle erhält der User Auswertungen und Empfehlungen, wie beispielsweise Hinweise zur Verbesserung seiner Planung. Ein wichtiges Prinzip besteht darin, den User darauf hinzuweisen, sich nicht zu überfordern, sondern seine Challenges erst nach den ersten Erfolgen zu erweitern.

38.4   Ein ganzheitliches Coaching in unterschiedlichen Settings

Generell sollte eine digitale Anwendung für ein qualitätsgesichertes Gesundheitscoaching vielfältige Funktionen und Inhalte bieten, um die folgenden Anforderungen zu erfüllen:

- Evidenzbasierte Trainings- und Aktivitätsplanung sowie Anleitung gesundheitsförderlichen Aktivitäten (z. B. zur sportlicher Aktivität, zur Entspannung, zur Ernährung, zum Nichtrauchen) durch Planung von Zielen auf der Grundlage einer Anamnese.
- Planung der Aktivitäten mit Terminplanung und -erinnerung.
- Protokollführung und -auswertung mit einer Anleitung zur Reflektion des eigenen Gesundheitsstatus.
- Qualitätsgesicherter Content mit Filmen und Bildern. Der Content hat das Ziel, Fähigkeiten zu erweitern und Gesundheitseinstellung positiv zu beeinflussen. Außerdem sollen die Selbstwirksamkeit und die Selbstkontrollfähigkeit gestärkt werden.
- Individualisierung des Contents (Männer, Frauen, Diabetiker usw.)
- Belohnungs- und Motivationselemente

Gesundheitscoaching muss sich auf die Lebenswelt (Setting), das Lebensalter und die Lebensphase abstimmen lassen. Von der Flexibilität der programmierten Aktivitätenplanung sind die Wirkungsweise und die Nachhaltigkeit abhängig.

Mit diesem Ansatz (Abb. 38.3) werden alle Bereiche der Präventionsforschung (Primär, Sekundär, Tertiärprävention) angesprochen.

Beispiel: Sport zur Leistungssteigerung; zur Verringerung von Risikofaktoren; zur Ergänzung der Therapie; zur Verbesserung der Prognose bei chronischen Erkrankungen und zum Erhalt der Mobilität.

Motivation zum Dranbleiben

Die für das gesundheitliche Verhalten und die Nachhaltigkeit wichtige Selbstwirksamkeit kann durch motivierende Feedbacks befördert werden. Hierzu zählen die Visualisierung der Fortschritte und der sogenannter „Push-up Content" wie z. B. Feedbackmails.

Anders als in einem zeitlich begrenzten, kostenintensiven Face-to-Face-Kurs ist bei einem Online-Gesundheitscoaching auch eine längerfristige Betreuung relativ kostengünstig möglich, z. B. zur Aufrechterhaltung von Fitnessübungen, zur dauerhaften gesunden und ausgewogenen Planung des Speisezettels oder zur vertiefenden Reflektion von individuellen Stressauslösern.

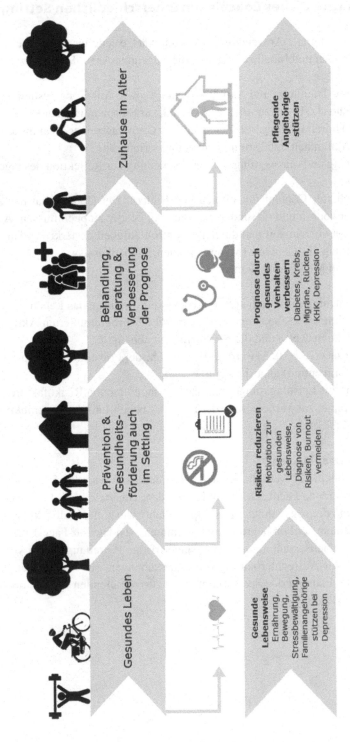

Abb. 38.3 360° Grad Coaching in unterschiedlichen Settings

38.5   Umgang mit sensiblen Daten

Immer häufiger werden Gesundheitsdaten mit Wearables gemessen. Diese Daten können im Online-Gesundheitscoaching durch entsprechende Datenschnittstellen genutzt werden. Hierzu zählen Parameter wie z. B. Schrittzahl, Pulsfrequenz, Trainingsdauer. Für die Speicherung der persönlichen Gesundheitsdaten gilt, dass sie ausschließlich für den Zweck des Gesundheitscoachings zu verwenden sind.

Die Anbieter sind zu verpflichten, Rückschlüsse auf das Gesundheitsverhalten eines einzelnen Users auszuschließen. Das gilt auch, wenn die Online-Coachings in einem Betrieb oder in einer Schule oder in einem anderen Setting angeboten wird.

38.6   Einsatzmöglichkeiten im Betrieblichen Gesundheitsmanagement

Im Zeitalter zunehmender Digitalisierung können moderne Technologien wie ein Online-Gesundheitscoaching die Gesundheitsförderung im Betrieb unterstützen. Besonders profitieren Unternehmen mit mehreren Standorten, Firmen mit dezentralen Strukturen und flexiblen Arbeitsformen wie mobilen Arbeitsplätzen, Homeoffice und Co.

Die größten Vorteile des digitalen Gesundheitscoachings sind sicherlich der flexible Einsatz und die hohe Reichweite.

Mit Plattformen, die zeit- und ortsunabhängig aufgerufen werden können, erreicht man auch Beschäftigte, die bisher keinen Zugang zu betrieblichen Gesundheitsmaßnahmen vor Ort hatten.

Doch Achtung: Ein Gesundheitscoaching allein macht noch kein nachhaltiges BGM.

Eine Nachhaltigkeit setzt auf konkrete Bedarfsanalyse, leitet systematisch Maßnahmen vor allem bei den Arbeitsbedingungen ab und überprüft den Erfolg nach der Umsetzung.

Nachhaltiger Erfolg zeigt sich nur, wenn das digitale Gesundheitscoaching in die strategischen Gesundheitsziele des Betriebs eingebunden und mit anderen Maßnahmen zu einer verständlichen Initiative verknüpft wird. Die Nutzung sollte freiwillig sein.

Beispiele für den Einsatz:

- Einstieg und Sensibilisierung der Beschäftigten für das Thema „Gesundheit im Unternehmen", und Hinführung zum BGM-Prozess
- Unterstützung bei der Einführung gesundheitsgerechter Verpflegung im Unternehmen durch TK-ErnährungsCoaching
- Unterstützung psychisch belasteter Mitarbeiter durch das TK-AntistressCoaching
- Langfristige Implementierung von digitalen Gesundheitsangeboten nach Durchlauf eines BGM-Prozesszyklus

Derzeit liegen keine wissenschaftlichen Erkenntnisse vor, ob ein multifaktorielles Online-Gesundheitscoaching wie es hier beschrieben wurde, tatsächlich einen nachhaltigen und kostengünstigen Beitrag zur Gesundheitsförderung leisten kann. Die Entwicklung im Internet verlief in den letzten zehn Jahren so schnell, dass ausreichende Evaluationskonzepte noch ausstehen müssen. Die TK hat eine interdisziplinäre wissenschaftliche Evaluation initiiert. Informationen hierzu erhalten Leser bei den Autoren. Ziel dieser Evaluation ist es, Standards für das Online-Gesundheitscoaching aus den Ergebnissen abzuleiten.

38.7   Zusammenfassung und Ausblick

Multifaktorielles Gesundheitscoaching löst eindimensionales modulhaftes Coaching im Internet ab. An das Online-Gesundheitscoaching sind die qualitativen Anforderungen an die Prävention und Gesundheitsförderung gemäß Leitfaden Prävention zu stellen. Die Vereinbarung von Gesundheitszielen und deren Überprüfung wird eine Grundanforderung an alle Online-Gesundheitscoachings. Online-Gesundheitscoaching muss Anforderungen der Lebensphasen und Settings berücksichtigen. Online-Gesundheitscoaching im Betrieb ergänzt das Betriebliche Gesundheitsmanagement und setzt Impulse für die individuelle Gesunderhaltung der Mitarbeiter. Die Wirkungsweise des Online-Coachings ist für unterschiedliche Settings und Lebensphasen mit wissenschaftlichen Methoden nachzuweisen.

Literatur

Göhner und Fuchs 2007, http://www.movo-konzept.de/

Dr. Nicole Knaack arbeitet bei der Techniker Krankenkasse in der Hauptverwaltung im Bereich der Versorgung und Innovation.

Philipp Blieske arbeitet bei der Techniker Krankenkasse in der Hauptverwaltung im Bereich der Versorgung und Innovation.

Dr. Boris Gauss arbeitet als Projektleiter bei der welldoo GmbH in Berlin

„Die Chemieformel" – Das integrierte betriebliche Demografie- und Gesundheitsmanagement in der chemischen Industrie in Norddeutschland

39

Astrid Rimbach

Zusammenfassung

Der demografische Wandel ist in den Unternehmen der chemischen Industrie angekommen. Der Arbeitgeberverband ChemieNord hat die Notwendigkeit erkannt, die mit den demografischen Veränderungen verbundenen Herausforderungen aktiv zu gestalten, um die Produktivität, Innovations- und Wettbewerbsfähigkeit der Mitgliedsunternehmen zu sichern. Mit dem Dienstleistungsangebot zum betrieblichen Demografie- und Gesundheitsmanagement trägt der Verband zum Erhalt der Arbeitsfähigkeit- und Beschäftigungsfähigkeit der Mitarbeiter in ihren Mitgliedsunternehmen bei. Für eine nachhaltige und vorausschauende Personalpolitik stellt der Verband den Mitgliedsunternehmen Know-how und Erfahrungen zum betrieblichen Demografie- und Gesundheitsmanagement zur Verfügung, unterstützt bei der Umsetzung des Tarifvertrages „Lebensarbeitszeit und Demografie", ist Ansprechpartner für Fragen und hilft bei der Ausarbeitung und Umsetzung maßgeschneiderter Lösungen vor Ort. Mit einer Vielzahl von erprobten Maßnahmen und Instrumenten werden die Unternehmen unterstützt. Zugleich bietet der Verband eine Plattform für einen Austausch über Modelle guter Praxis sowie neueste Erkenntnisse und koordiniert Arbeitskreise, Workshops und Seminare. ChemieNord erweitert die Sichtweise auf ein digitales BGM und bietet dort ein Angebot, wo es Sinn macht. Der Verband nimmt mit der „Chemieformel" des Tarifvertrages „Lebensarbeitszeit und Demografie" eine Vorreiterrolle ein und bildet eine Ausgangsbasis, um den Herausforderungen der Digitalisierung im Kontext Arbeiten 4.0 zu begegnen.

A. Rimbach (✉)
Luzern, Schweiz
E-Mail: astrid.rimbach@gmail.com

© Springer Fachmedien Wiesbaden GmbH 2018
D. Matusiewicz und L. Kaiser (Hrsg.), *Digitales Betriebliches Gesundheitsmanagement*,
FOM-Edition, https://doi.org/10.1007/978-3-658-14550-7_39

39.1 Einleitung

Der demografische Wandel ist in den Unternehmen der chemischen Industrie angekommen (s. Abb. 39.1). Im Jahr 2015 lag das Durchschnittsalter bei 42,8 Jahren (BAVC 2016). Im Jahr 2020 werden mehr als 40 % der Chemiebeschäftigten älter als 50 Jahre sein. Gleichzeitig gibt es immer weniger junge Nachwuchskräfte. Das hat die Branche erkannt, der Abschluss des Tarifvertrages „Lebensarbeitszeit und Demografie" bestätigt dies (BAVC 2015). Mit dem Abschluss dieses Tarifvertrages im Jahr 2008 haben die Sozialpartner der Branche frühzeitig auf die demografische Entwicklung reagiert und Instrumente entwickelt, mit denen die Chemieunternehmen die Auswirkungen des demografischen Wandels erfolgreich handhaben können. In den Mittelpunkt rückt dabei ein integriertes Demografie- und Gesundheitsmanagement, das den Erhalt und die Förderung der Arbeitsfähigkeit- und Beschäftigungsfähigkeit der Belegschaften in den Fokus stellt.

Zugleich gewinnt die Digitalisierung im Kontext Arbeiten 4.0 immer mehr an Bedeutung. Während unter Industrie, Arbeits- und Lebenswelt 4.0 (IAL 4.0) der grundlegende Wandel in der Produktionsweise verstanden wird, der sich durch eine veränderte Mensch-Maschine- und Maschine-Maschine-Interaktion wie auch durch Digitalisierung, Vernetzung und Flexibilität auszeichnet (Becker 2015). Es stellt sich die Frage, welche Auswirkungen dies auf das Betriebliche Gesundheitsmanagement (BGM) haben wird. ChemieNord, Arbeitgeberverband für die Chemische Industrie in Norddeutschland e. V., hat die Notwendigkeit erkannt, die damit verbundenen Herausforderungen aktiv zu gestalten, um die Produktivität, Innovations- und Wettbewerbsfähigkeit ihrer Mitgliedsunternehmen zu sichern.

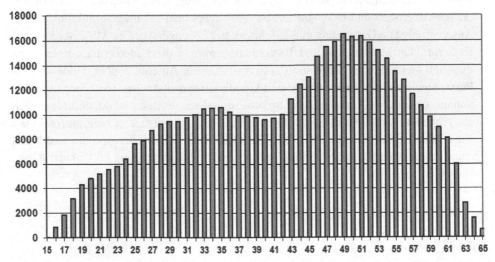

Abb. 39.1 Altersstruktur in der chemischen Industrie. (BAVC 2016)

Mit dem Dienstleistungsangebot zum betrieblichen Demografie- und Gesundheitsmanagement trägt der Verband zum Erhalt der Arbeitsfähigkeit- und Beschäftigungsfähigkeit der Mitarbeiter in den rund 300 Mitgliedsunternehmen bei. Für eine nachhaltige und vorausschauende Personalpolitik stellt der ChemieNord ihren Mitgliedsunternehmen Know-how und Erfahrungen zum betrieblichen Demografie- und Gesundheitsmanagement zur Verfügung. Der Arbeitgeberverband ChemieNord bietet seinen Mitgliedsunternehmen konkrete Unterstützung und Beratung bei der Entwicklung und Realisierung eines integrierten BGMs an. Beim Ausarbeiten und Umsetzen maßgeschneidert unternehmensspezifischer Lösungen werden somit die Unternehmen in den aufeinander aufbauenden Projektschritten mit passgenauen Prozessen, Instrumenten und Maßnahmen einerseits vor Ort und andererseits digital unterstützt.

39.2 Betriebliches Demografie- und Gesundheitsmanagement von ChemieNord

39.2.1 Ausgangslage: „Chemie-Formel zum demografischen Wandel" – Der Tarifvertrag Lebensarbeitszeit und Demografie für die chemische Industrie in Deutschland

Der Tarifvertrag „Lebensarbeitszeit und Demografie" (TV-Demo) trat am 01.05.2008 zur Förderung einer nachhaltigen und vorausschauenden Personalpolitik in den Unternehmen der chemischen Industrie, die sogenannte „Chemie-Formel zum demografischen Wandel", in Kraft. Zu den Elementen dieser Formel gehören im Wesentlichen (BAVC und IG BCE 2015):

- Durchführung einer Demografieanalyse (Alters- und Qualifikationsstrukturen)
- Maßnahmen zur alters-, alterns- und gesundheitsgerechten Gestaltung des Arbeitsprozesses mit dem Ziel der Verbesserung der Beschäftigung und Leistungsfähigkeit
- Maßnahmen zur Qualifizierung während des gesamten Arbeitslebens
- Maßnahmen der (Eigen-)Vorsorge/Nutzung von Instrumenten für gleitende Übergänge zwischen Bildungs-, Arbeits- und Ruhestandsphase

Die Demografieanalyse bildet die Grundlage, um den personalpolitischen Handlungsbedarf zwischen Arbeitgeber und Betriebsrat zu beraten. Auf den ermittelten Daten aufbauend sollen entsprechende Maßnahmen vereinbart werden. Dazu können insbesondere Maßnahmen in folgenden Handlungsfeldern gehören (BAVC und IG BCE 2015):

- Information der Beschäftigten, Sensibilisierung für das Thema
- Arbeitsorganisation: Alters- und alternsgerechte Arbeitsgestaltung und Arbeitsorganisation
- Arbeitszeit: Altersgerechte Arbeitszeitflexibilität (= betriebliche Arbeitszeitmodelle)

- Betriebliche Gesundheitsförderung und gesundheitsgerechtes Verhalten
- Qualifizierung: Förderung und Forderung kontinuierlicher beruflicher Qualifizierung
- Erfahrungs- und Wissenstransfer im Unternehmen
- Nachwuchssicherung, Bindung der Mitarbeiter und Ausgebildeten an das Unternehmen
- Familienbewusste Personalpolitik zur Förderung der Vereinbarkeit von Beruf und Familie

Ein weiteres wegweisendes Element ist die Einrichtung eines betrieblichen Demografiefonds, in den die Betriebe je Tarifarbeitnehmer einen Demografiebetrag von 750 € einstellen. Für einen oder mehrere nachfolgende Module, kann der Demografiebetrag verwendet werden und wird im Rahmen einer freiwilligen Betriebsvereinbarung geregelt (weiterführend siehe BAVC und IG BCE 2015):

- Langzeitkonten
- Altersteilzeit
- Teilrente
- Berufsunfähigkeitszusatzversicherung Chemie
- Tarifliche Altersvorsorge
- Lebensphasenorientierte Arbeitszeitgestaltung
- Gesundheitsvorsorge
- Demografiekorridor

Für die Chemie-Arbeitgeber und die Gewerkschaft IG BCE gilt der Tarifvertrag als wegweisend und als tarifpolitischer Meilenseiten (West 2010). Der Tarifvertrag zeigt somit eine zukunftsfähige und innovative Vorgehensweise auf, um auf die Herausforderungen des demografischen Wandels zu reagieren. Diese Vorreiterrolle in der Industrie (BAVC 2010; BAuA 2011) bildet eine Ausgangsbasis, um den Herausforderungen der Digitalisierung im Kontext Arbeiten 4.0 zu begegnen.

39.2.2 Das Dienstleistungsangebot Demografie- und Gesundheitsmanagement von ChemieNord

Der Arbeitgeberverband ChemieNord bietet seinen Mitgliedsunternehmen ein entsprechendes verbandliches Dienstleistungsangebot zum Auf- und Ausbau eines integrierten Demografie- und Gesundheitsmanagements sowie zur Umsetzung des Tarifvertrages an (ChemieNord 2012). Das Dienstleistungsangebot unterstützt bei der Ermittlung des konkreten Handlungsbedarfs, um Gesundheit, Motivation und Qualifikation der Belegschaft zu erhalten und zu fördern. Beim Ausarbeiten und Umsetzen maßgeschneiderter unternehmensspezifischer Lösungen zur alterns- und gesundheitsgerechten Gestaltung des Arbeitsprozesses werden somit die Unternehmen in den aufeinander aufbauenden Projektschritten mit passgenauen Prozessen, Instrumenten und Maßnahmen in den nachfolgenden Handlungsbereichen vor Ort unterstützt:

- Alters- und alternsgerechte Arbeitsgestaltung und -organisation
- Altersgerechte Arbeitszeitflexibilität und Schichtmodelle (= betriebliche Zeitmodelle)
- Betriebliches Gesundheitsmanagement
- Betriebliche Gesundheitsförderung und gesundheitsgerechtes Verhalten
- Führung und Gesundheit
- Kontinuierliche Förderung beruflicher Qualifizierung
- Betriebliches Eingliederungsmanagement
- Erfahrungs- und Wissenstransfer im Unternehmen
- Nachwuchssicherung und Mitarbeiterbindung
- Familienbewusste Personalpolitik, Vereinbarkeit von Beruf und Familie

Im Rahmen des verbandlichen Dienstleistungsangebots „Betriebliches Demografie- und Gesundheitsmanagement" stellt ChemieNord wichtige Bausteine zur Verfügung, um auf Industrie 4.0 vorbereitet zu sein.

39.2.3   Das Handlungskonzept des integrierten BGMs bei ChemieNord

Das arbeitswissenschaftliche Handlungskonzept des integrierten Betrieblichen Gesundheitsmanagements (BGM) bezeichnet einerseits das zielbewusste Planen und Steuern aller gesundheitsbezogenen Aktivitäten im Unternehmen als Managementaufgabe. Andererseits stellt es den strukturellen Rahmen für bzw. das institutionelle Dach über alle Einrichtungen dar, die für die operative Umsetzung der betrieblichen Gesundheitspolitik zuständig sind. Unter diesem Dach finden sich die Angebote des Arbeits- und Gesundheitsschutzes, des betrieblichen Eingliederungsmanagements, der Gesundheitsförderung und der Beratung und Unterstützung von Beschäftigten in sozialen und gesundheitlichen Angelegenheiten wieder. Überdies wird die notwendige Verzahnung zu den anderen betriebsinternen Einrichtungen, insbesondere zur Personal- und Organisationsentwicklung sowie zu externen Trägern von Prävention und überbetriebliche Netzwerke hergestellt. Somit berücksichtigt ein integriertes BGM die gewachsenen Strukturen und ergänzt sie durch aktuelle Elemente aus Gesundheitsförderungs- und Präventionsprogrammen. Die Ziele und Angebote werden unter Einbezug aller betrieblichen und externen Fachexperten, die hierzu einen Beitrag leisten können, initiiert und mit den beteiligten Stellen miteinander abgestimmt. Das schafft eine neue Kooperations- und Aktionsbasis mit einer Reihe von positiven Synergieeffekten, die allerdings von den Beteiligten ein verändertes Rollenverständnis erfordert und Bereitschaft zur interdisziplinären Kooperation verlangt.

Eine wesentliche Grundlage des BGMs besteht darin, sich auf die Bedingungen für Gesundheit und Wohlbefinden der Beschäftigten zu fokussieren und nicht allein auf die Reduzierung von Krankheitsausfällen. Systematische Maßnahmen zur Arbeitssicherheit und zum Gesundheitsschutz sind obligatorisch und unverzichtbar. Doch geht das integrierte BGM darüber hinaus. Bei der Gesundheitsförderung geht es vor allem um eine Bandbreite von Maßnahmen, die sowohl auf Verbesserungen der Arbeits- wie der organisatorischen Bedingungen (Verhältnisprävention) ausgerichtet sind, als auch auf die Einstellungen und Verhaltensmöglichkeiten der Beschäftigten (Verhaltensprävention) zielen sowie Reduzierung von Fehlzeiten.

BGM verstanden als die bewusste Steuerung und Integration aller betrieblichen Prozesse mit dem Ziel der Erhaltung und Förderung der Gesundheit und des Wohlbefindens der Beschäftigten ist eine Führungsaufgabe, weil es in allen Managementebenen als solche wahrgenommen und ausgeübt werden muss. Dies bedeutet, dass die Gesundheit aller Mitarbeiter als strategischer Faktor in das Leitbild und in die Kultur sowie in die Strukturen und Prozesse der Organisation einzubeziehen und die Ziele und Angebote der beteiligten Fachstellen abzustimmen sind (Wienemann 2006). Die tatsächliche Ausgestaltung des BGMs ist im Einzelfall von den jeweiligen Rahmenbedingungen der Organisation, z. B. Anzahl der Mitarbeiter, der wirtschaftlichen Stellung, aber auch von der Unternehmenskultur, abhängig, die sich von Betrieb zu Betrieb sehr unterscheiden können.

Das Konzept des integrierten BGMs berücksichtigt diese Anforderungen. Von daher umfasst das integrierte BGM die zielgerichtete Planung und Steuerung aller gesundheitsbezogenen Aktivitäten eines Unternehmens. Zum einen werden die rechtlichen Rahmenbedingungen berücksichtigt und zum anderen werden die bereits bestehenden Aktivitäten im Betrieb systematisch zusammengeführt (Rimbach und Wienemann 2015).

In einem weiteren Schritt werden über eine Bestandsaufnahme gesund erhaltender und gesundheitsriskanter sowie -gefährdender Faktoren in Projekten ergänzende Maßnahmen und Projekte der vier Säulen Arbeits- und Gesundheitsschutz, betriebliches Eingliederungsmanagement, Gesundheitsförderung sowie Suchtprävention und Mitarbeiterberatung unter Einbezug aller betrieblichen und externen Fachexperten, die hierzu einen Beitrag leisten können, initiiert. Die Ziele und Angebote der beteiligten betrieblichen Stellen werden miteinander abgestimmt. Es entsteht ein zyklisch-iterativer erweiterter Lern- und Projektzyklus (s. Abb. 39.2). Mit diesem Vorgehen versucht das Modell die Lücke des

Abb. 39.2 Erweiterter Lern- und Projektzyklus im Gesundheitsmanagement. (Wienemann 2006)

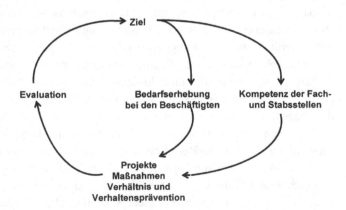

projektbasierten Gesundheitsmanagements zu schließen, dass Projekte in einigen Bereichen andocken, doch nach Beendigung eines Projektzyklus verlassen sie ohne nachhaltige Durchdringung an dieser Stelle auch wieder die innerbetrieblichen Prozesse der Organisation bzw. der Unternehmen (Wienemann 2006).

39.3   Auswirkungen auf das BGM

Kompetenz gewinnt
Qualifikation und Kompetenz stellen entscheidende Faktoren für die Verbesserung der Produktivität der deutschen Wirtschaft dar. Gleichzeitig sind sie bedeutende Stellgrößen für die Bewältigung des demografischen Wandels in der Arbeitswelt – und sie sind eng verbunden mit einem weiteren wichtigen Parameter: der Gesundheit. Das Konzept des Hauses der Arbeitsfähigkeit nach Ilmarinen geht von einer sehr engen Verbindung von Kompetenz und Gesundheit aus, sodass eine Investition in Kompetenz und Qualifikation zusätzlich positive Effekte auf die Gesundheit erbringt. Produktivität durch mehr Kompetenz und Qualifikation zu verbessern, zielt auf einen Ausgleich. Angestrebt werden eine produktive und eine gute Arbeit. Eine Arbeit, die den Arbeitenden Freude macht und nicht als fremdbestimmte Last empfunden wird. Eine Arbeit, die man gerne macht und die gegebenenfalls sogar über das Renteneintrittsalter hinaus ausgeübt werden kann – und auch gern ausgeübt wird (Schröer et al. 2016).

Wie können Erwerbstätige darauf vorbereitet werden, im ständigen Wandel des Arbeitslebens ihre Identität zu erhalten, dabei Sinn in Veränderungen zu finden und diese motiviert zu gestalten? Wie können im Arbeitsprozess die Voraussetzungen geschaffen und erhalten werden, damit die Beschäftigten im dynamischen Geschehen handelnde Akteure bleiben, eigene Interessen artikulieren, Ziele setzen und sich einbringen? Die Antwort liegt in der Gestaltungs- und Veränderungskompetenz (s. Abb. 39.3). Um diesen Anforderungen gerecht zu werden, ist dieser bedeutende Aspekt im Tarifwerk geregelt. Ein besonderes Augenmerk wird in diesem Zusammenhang auf die Handlungsfelder Qualifizierung (§ 6), betriebliche Gesundheitsförderung (§ 5) und Arbeitsorganisation (§ 4) gelegt.

Veränderungskompetenz bezeichnet die Fähigkeit eines Individuums, die Kompetenzen bzw. Qualifikationen in wechselnden Situationen zielorientiert einzusetzen, auf die unterschiedlichen und wechselnden Anforderungen der Arbeits- bzw. Lebenssituationen einzugehen und die jeweiligen Anforderungen im Hinblick auf die individuelle berufliche Entwicklung produktiv zu verarbeiten.

Veränderungskompetenz kann auf der sozialen, der institutionell-organisatorischen und der fachlichen Ebene wirken. Auf der sozialen Ebene bedeutet Veränderungskompetenz, in immer wieder neuen und wechselnden Situationen mit fremden Personen in Kontakt treten und kommunizieren zu können. Auf der institutionell-organisatorischen Ebene geht es um die Fähigkeit, sich in einer neuen Organisation, beispielsweise in einem anderen Unternehmen, selbstbewusst zu bewegen. Dazu gehört beispielsweise, das jeweilige Werte-

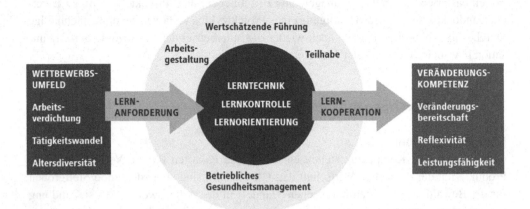

Abb. 39.3 Lernkompetenz im Betrieb. (Schröer et al. 2016)

und Normensystem sowie die tradierten Gewohnheits- und Verhaltensmuster zu erkennen, mit den bisherigen Erfahrungen abzugleichen und zu bewerten. Auf der fachlichen Ebene meint Veränderungskompetenz, das in einem ganz bestimmten Kontext erworbene Wissen und Können auch in anderen beziehungsweise wechselnden (Arbeits-)Situationen anwenden zu können. Veränderungskompetenz ermöglicht so den Transfer der individuellen Kompetenzen und Qualifikationen. Das Wissen, welches man einmal gelernt hat, kann den Anforderungen der neuen Situation angepasst werden.

Gestaltungskompetenz geht über Veränderungskompetenz hinaus. Sie begreift den Erwerb von Wissen im Hinblick auf die Möglichkeit, Dinge, Sachverhalte, soziale Situationen und auch gesellschaftliche Prozesse zu beeinflussen und zu gestalten. Hier passt sich der Mensch nicht der Umwelt an und versucht, sich in dieser zu bewähren; vielmehr nimmt er Einfluss auf die Umwelt selbst. Beide Fähigkeiten sind unverzichtbar. Für das einzelne Individuum wird der Erwerb von Veränderungskompetenz bedeutsam, da die von außen einwirkenden Faktoren Anpassungen erzwingen oder zumindest anstoßen. Für die politische Gestaltung und Verwirklichung emanzipatorischer Ziele kann dies allerdings nicht das Maß aller Dinge sein. Hier geht es darum, darüber hinausgehend Gestaltungswillen durch kollektives Handeln auf unterschiedlichen politischen Ebenen zu zeigen, beispielsweise im Betrieb, in Netzwerken, Verbänden oder Gewerkschaften (Wittwer 2001).

Das Fördern von Fähigkeiten der Arbeitnehmer im Arbeitsprozess selbst setzt eine lernförderliche Arbeitsgestaltung voraus (Frieling et al. 2007). Lernkompetenz wächst in einem Umfeld lernförderlicher Arbeitsgestaltung, partizipativer Personalführung und gesundheitsbewusster Leistungspolitik. Sie alle stärken die Ressourcen und Handlungsmöglichkeiten der Beschäftigten im Interesse von Gesundheit und höherer Produktivität. Das bedeutet: Wenn wir hochqualifizierte und motivierte Belegschaften wollen, müssen wir die Arbeit entsprechend gestalten und organisieren. Für unsere wirtschaftliche Behauptung im internationalen Wettbewerb gibt es hierzu keine Alternative.

Lernförderliche Arbeitsgestaltung wirkt positiv auf Kompetenz und Persönlichkeit. Rau kommt zu der Erkenntnis, dass lernförderliche Arbeitsgestaltung („learning opportunities") positiv mit Gesundheit assoziiert ist (Rau 2004). Beschäftigte profitieren von lernförderlicher Arbeitsgestaltung auch im Hinblick auf die kognitive Leistungsfähigkeit. Mit Blick auf die über das mittlere Erwachsenenalter hinausgehende Phase kommt Sonntag zu dem Schluss: „Positive Auswirkungen von Arbeitskomplexität, Entscheidungs- und Kontrollspielraum sorgen für den Erhalt der kognitiven Leistungsfähigkeit. Eine lern- und entwicklungsförderliche Gestaltung der Arbeitsumgebung geht einher mit intellektueller Flexibilität und Kompetenzentwicklung" (Gesamtmetall 2014). Die Arbeitsgestaltung gehört meist zu den Aufgaben der operativen Vorgesetzten, also der Gruppen- oder Teamleitungen, Pflegedienstleitungen, Verkaufs- oder Lagerleitungen. Diese Führungskräfte beeinflussen das informelle Lernen am Arbeitsplatz: durch ihre Arbeitsgestaltung und durch ihren Einfluss auf die Arbeitsbeziehungen. Als Führungskräfte ermöglichen sie unmittelbar im Arbeitsalltag Lernchancen, indem sie herausfordernde Aufgaben stellen, Unterstützung gewähren und Lernen ermöglichen. Sie wirken aber auch mittelbar durch eine vertrauensvolle Zusammenarbeit, die keine Angst vor Fehlern aufkommen lässt (Eraut 2004).

Das BGM kann in der Zusammenarbeit mit der Personalentwicklung die Analyse der Tätigkeiten und Anforderungen erheben. Neben den fachlichen Anforderungen, wie Daten- und Prozessbefähigung, rücken die persönlichen Anforderungen durch z. B. Kooperationsfähigkeit und Netzwerkbefähigung ins Blickfeld. Als weitere Befähigungen kommen die Fähigkeiten im Umgang mit Komplexität, Dynamik und Unsicherheit hinzu. Um dies erreichen zu können, müssen Personalentwickler das Lernen und die Weiterbildung zukünftig verstärkt arbeitsplatznah, arbeitsintegriert und kurzzyklisch organisieren. Arbeitsintegriertes Lernen (AIL) wird an Wichtigkeit zunehmen (Becker 2015). Die damit verbundenen psychischen und physischen Anforderungen können gleichzeitig mit den Akteuren berücksichtigt werden.

Arbeitszeitflexibilisierung
Digitalisierung erfordert ein Umdenken in der Arbeitszeitgestaltung. Mit lebensalter- und personenbezogenen Modellen kann bei der Arbeitszeitgestaltung besser die Balance zwischen individuellen Bedürfnissen und den Arbeitsanforderungen in den unterschiedlichen Phasen des Berufslebens hergestellt werden. Im TV Demo wird dies in der Verwendung des Demografiefonds für die Verwendungsmöglichkeiten in Langzeitkonten (§ 8), Altersteilzeit (§ 9), Teilrente (§ 10), Berufsunfähigkeitszusatzversicherung (§ 11), tariflichen Altersvorsorge (§ 12), lebensphasenorientierten Arbeitszeitgestaltung (§ 13), Gesundheitsvorsorge (§ 14) und Demografiekorridor (§ 15) aufgezeigt.

Gerade Mitarbeiter, die im Schicht-/Nachtbetrieb arbeiten, sind besonderen Belastungen ausgesetzt. Die Schichtarbeit stellt eine Arbeit gegen den biologischen Rhythmus dar. Deshalb sollte die Belastung möglichst gering gehalten werden. Eine Optimierung der Schicht- und Nachtarbeit wird erreicht, indem bei der Gestaltung der Schicht-/Nachtschichtmodelle aktuelle arbeitswissenschaftliche Erkenntnisse berücksichtigt werden.

Modelle zur lebensphasenorientierten Arbeitszeitgestaltung, wie RV 80 oder Demografiekorridor, bieten Möglichkeiten der Entlastung, um zu einem produktiven und gesunden Arbeiten bis zum Erreichen des Rentenalters beizutragen.

Datenschutz

Die Umsetzung der Datenschutzanforderungen am Arbeitsplatz, im Besonderen der Umgang mit Gesundheitsdaten von Mitarbeitenden, zeigt sich oftmals als heikles Thema im Rahmen des BGMs. Verknüpft sind mit dem Thema digitales BGM zudem Ängste um die Datensicherheit und die Wahrung der Anonymität der Teilnehmenden. Es braucht eine Transparenz, was genau passiert mit den Daten, wo und wie werden sie gespeichert werden und was mögliche Konsequenzen sind. Die fortschreitende Digitalisierung der Arbeitswelt verstärkt dieses Problem (Hunsicker und Walle 2015).

Beim Einsatz von digitalen Lösungen ist ein sinnvoller Einsatz die Grundvoraussetzung zur Erhöhung der Akzeptanz im Unternehmen und bei den Mitarbeitenden. Die aktuelle Fassung des Datenschutzgesetzes bietet keine umfassenden Lösungen. Erforderlich sind neue Regelungen zum Datenschutz zwischen den Anbietern digitaler Instrumente und Lösungen in einem BGM. Gemeinsam mit den Akteuren entwickelt ChemieNord Lösungen beim Einsatz von quantitativen und qualitativen Analysen zur Verbesserung der Arbeitssituation. Eine Verfahrensbeschreibung, die die Übersicht über die zugriffsberechtigten Personen, Aufgaben zur Erfüllung der personenbezogenen Datenverarbeitung, Art der gespeicherten Daten oder Datenkategorien, Beschreibung der betroffenen Personengruppen, Regelfristen für die Löschung der Daten sowie Sicherheitsmaßnahmen (Zutritts-, Zugriffs-, Weitergabe-, Eingabe-, Auftrags-, Verfügbarkeitskontrolle, Trennungsgebot) aufweist, fördert die Akzeptanz digitaler Instrumente bei den Beschäftigten.

39.4 Zusammenfassung und Ausblick

Das BGM als ein ganzheitlicher Ansatz erfüllt nicht nur die gesetzlichen Anforderungen, sondern unterstützt beide Betriebsparteien bei der Erfüllung ihrer Aufgaben wie auch bei der Umsetzung des Tarifvertrages „Lebensarbeitszeit und Demografie" und leistet dadurch einen Beitrag zur Zukunftsfähigkeit des Unternehmens. Mit dem Dienstleistungsangebot „Betriebliches Demografie- und Gesundheitsmanagement" von ChemieNord werden die Mitgliedsunternehmen in der Entwicklung und Realisierung eines BGM umfassend in den nötigen Schritten beraten und im Prozess begleitet. Insgesamt wird hierdurch die Basis für die nachhaltige Entwicklung und Realisierung eines integrierten BGMs wie auch Demografiemanagement als Organisationsentwicklung geschaffen und bietet den Einstieg in einen zyklisch-iterativen Lernprozess auf dem Weg zu „gesunden Menschen in gesunden Unternehmen".

Die Chemieformel nimmt ein Vorbildcharakter für andere Branchen ein. Mit dem verbandlichen Dienstleistungsangebot zum integrierten BGM wird die Basis für das Prozessverständnis gelegt, dass BGM im Kontext Arbeiten 4.0 einen entscheidenden Beitrag für die Organisationsentwicklung in den Unternehmen gelegt wird. Des Weiteren bedarf es in diesem Kontext die Berücksichtigung von Lebensphasen. Die Weiterentwicklung des TV Demo würde einen entscheidenden Beitrag in der Diskussion zur Digitalisierung bieten.

1. Arbeiten 4.0 und BGM als Organisationsentwicklungsprozess
2. Berücksichtigung von Lebensphasen
3. Weiterentwicklung des Tarifvertrages „Lebensarbeitszeit und Demografie"

Literatur

Becker, M. (2015): Auf dem Weg zur Industrie 4.0, in: personalmagazin, Heft 12, 2015, S. 14–17

Bundesanstalt für Arbeitsschutz und Arbeitsmedizin (BAuA) (2011): Altersdifferenzierte und alternsgerechte Betriebs- und Tarifpolitik. Dortmund.

Bundesarbeitgeberverband Chemie (BAVC) (2010): Informationsbrief 6/2010. Wiesbaden.

Bundesarbeitgeberverband Chemie e. V. (BAVC) (2016): Aktualisierte Daten zur Altersstruktur in der Chemie-Branche – Stichtag 2015, Wiesbaden, 2016

Bundesarbeitgeberverband Chemie e. V. (BAVC), IG Bergbau, Chemie, Energie (IG BCE) (2015), in: Tarifvertrag Lebensarbeitszeit und Demografie (TV Demo), Gemeinsame Erläuterungen, Wiesbaden, Hannover, 2015

Bundesministerium für Arbeit und Soziales (BMAS) (2016): Digitalisierung der Arbeitswelt, Werkheft 01 – Arbeiten weiter denken, Berlin, 2016

ChemieNord (2012): Gesund älter werden und arbeitsfähig bleiben. In: Aufgeschrieben 01/12, Hamburg, 2–3.

Frieling, E., Schäfer, E., Fölsch, T. (2007): Konzepte zur Kompetenzentwicklung und zum Lernen im Prozess der Arbeit. Waxmann, Münster.

Gesamtmetall (Hg.) (2014): Potenziale Erwerbstätiger bei verlängerter Lebensarbeitszeit. Expertise von K. Sonntag im Auftrag von Gesamtmetall.

Hunsicker, K., Walle, O. (2015): Auf dem Wie digital kann BGM sein?, in: personalmagazin, Heft 12, S. 62–65, 2015

Rau, R. (2004): Lern-und gesundheitsförderliche Arbeitsgestaltung: eine empirische Studie. Zeitschrift für Arbeits-und Organisationspsychologie A&O, 48(4), 181–192.

Rimbach, A. (2013): Entwicklung und Realisierung eines integrierten betrieblichen Gesundheitsmanagements in Krankenhäusern, Betriebliches Gesundheitsmanagement als Herausforderung für die Organisationsentwicklung, München Mering, Rainer Hampp, 2013

Rimbach, A., Wienemann, E. (2015): Nachhaltigkeit und Sicherung von Qualität   Betriebliches Gesundheitsmanagement, Arbeitsgestaltung in der Pflege, Hamburg: HFH, 2015

Schröer, A. et al: (2016): Kompetenz gewinnt, Wie wir Arbeits-, Wettbewerbs- und Veränderungsfähigkeit fördern können, Drittes Memorandum, Initiative Neue Qualität der Arbeit (Hrsg.), Berlin, 2016

West, K. (2010): Sozialpartnerschaft und tarifpolitisches Umsetzungsregime. In: Schack, A. & Volkwein, C. (Hg.): Demographie-Tarifvertrag in der Hessischen Praxis. Wiesbaden, 6-11.

Wienemann, E. (2006): Auf dem Weg zum integrierten hochschulinternen Gesundheitsmanagement. In: Faller, Gudrun/Schnabel, Peter-Ernst (Hg.): Wege zur gesunden Hochschule. Ein Leitfaden für die Praxis. Berlin: edition sigma, S. 182–190.

Wittwer, W. (2001): Berufliche Weiterbildung. In: Schanz, H. (Hrsg.): Berufs- und wirtschaftspädagogische Grundprobleme. Baltmannsweiler 2001, S. 229–247.

Dr. Astrid Rimbach hat die Abteilung Demografie- und Gesundheitsmanagement bei ChemieNord, Arbeitgeberverband für die Chemische Industrie in Norddeutschland, in Hamburg fünf Jahre aufgebaut und geleitet. Seit Beginn 2017 ist sie Dozentin und Fachbereichsverantwortliche für das wissenschaftliche Arbeiten und Lernen im Bachelorstudiengang Gesundheitsförderung und Prävention an der ZHAW Zürcher Hochschule für Angewandte Wissenschaften im Departement Gesundheit. Als Diplompädagogin und Arbeitswissenschaftlerin hat sie langjährige Berufserfahrung in der Durchführung, Beratung und Begleitung von Projekten des BGM und der betrieblichen Gesundheitsförderung sowie des Demografiemanagements und alternsgerechten Personalentwicklung. Ihre Promotion ging der Frage nach, wie ein integriertes BGM in Krankenhäusern entwickelt und realisiert werden kann. Als wissenschaftliche Mitarbeiterin war sie am Institut für Personalmanagement an der Helmut-Schmidt-Universität – Universität der Bundeswehr in Hamburg und am Institut für interdisziplinäre Arbeitswissenschaft der Leibniz Universität Hannover tätig. Zu den genannten Themen hat sie zahlreiche Publikationen veröffentlicht.

Teil IV
Wissenschaftliche Studien und Evaluationen

Potenzial und Ansätze für ein betriebliches Gesundheitsmanagement – eine gesundheitsökonomische Perspektive

Petra Thienel und Günter Neubauer

Zusammenfassung

Nach Analyse der aktuellen Präventionsberichte findet Betriebliches Gesundheitsmanagement (BGM) vorzugsweise in größeren Betrieben für die mittlere und obere Führungsebene statt. Kleinere Betriebe tun sich schwer mit der Durchführung von Aktivitäten im Bereich BGM, sodass gerade digitale Lösungen ein breites Anwendungsfeld finden könnten. Dabei ist es nicht nur wichtig, dass Bewegungs- und Entspannungskurse in Verbindung mit Ernährungsberatung durchgeführt werden, sondern eine digitalunterstützte Bewertung der Arbeitsplätze stattfindet. So kann ein gesamtheitliches Konzept aus vielen Bausteinen zum Erfolg führen und damit zur Gesundheit effektiv beitragen.

40.1 Potenzial für betriebliches Gesundheitsmanagement

BGM wird vielfach mit Gesundheitsförderung gleichgesetzt. Allerdings kommen noch die Begriffe berufliches Eingliederungsmanagement von Mitarbeitern, Arbeits- und Gesundheitsschutz sowie Personalmanagement dazu, wenn man von BGM spricht.

Sieht man sich den Präventionsbericht 2015 der gesetzlichen Krankenversicherung (GKV) an, wurden ca. 1,2 Mio. Beschäftigte in ca. 11.000 Betrieben durch betriebliche Gesundheitsförderung (BGF) mit Unterstützung durch die Krankenkassen erreicht. Da es 2015 ca. 43 Mio. Erwerbstätige mit Wohnsitz in Deutschland gab, wurden demnach 2,8 % der arbeitenden Bevölkerung betrieblich gefördert. Das kann bereits als ein Erfolg gewertet werden, denn seit 2009 hat sich die Zahl der teilnehmenden Betriebe an BGF-Maßnahmen mehr als verdoppelt. Dennoch wird im Verhältnis zu allen Beschäftigten in

P. Thienel · G. Neubauer (✉)
München , Deutschland
E-Mail: ifg@ifg-muenchen.com

© Springer Fachmedien Wiesbaden GmbH 2018
D. Matusiewicz und L. Kaiser (Hrsg.), *Digitales Betriebliches Gesundheitsmanagement*,
FOM-Edition, https://doi.org/10.1007/978-3-658-14550-7_40

Tab. 40.1 Betriebliche Gesundheitsförderung unter Betrachtung der Betriebsgröße. (Quelle: Tabellenband zum Präventionsbericht 2015 des GKV Spitzenverbands (2015))

Betriebsgröße in Personen (Anzahl Beschäftigte)	2014		2013	
	Anzahl	Prozente	Anzahl	Prozente
1–9	228	4 %	208	4 %
10–49	1040	18 %	803	17 %
50–99	899	16 %	669	14 %
100–499	2310	41 %	1955	42 %
500–1499	799	14 %	699	15 %
1500 und mehr	376	7 %	333	7 %
Gültige Angaben	5652	100 %	4667	100 %
Keine Angaben	98		45	

Deutschland nur ein Bruchteil der Arbeitnehmer und dies zudem mit ungleichmäßiger Verteilung erreicht, wenn es um betriebliche Gesundheitsförderung geht. Eine statistische Übersicht und die Verteilung der Betriebsgrößen an gesundheitsfördernden Maßnahmen der vergangenen Jahre 2013 und 2014 zeigt Tab. 40.1.

Von insgesamt 3.629.666 Betrieben in Deutschland gab es im Jahr 2013 laut Statista 3.290.579 Unternehmen, die 0–9 Beschäftigte hatten. Damit werden ca. 90,7 % aller Betriebe mit wenigen Angestellten geführt. 268.263 Betriebe und damit ca. 7,4 % der Betriebe hatten 10–49 Beschäftigte (Statista GmbH 2016b). Betrachtet man die Tab. 40.1 zeigt sich, dass nur ca. 200 sehr kleine Betriebe (1–9 Beschäftigte) in den Jahren 2013 und 2014 gesundheitsfördernde Maßnahmen für ihre Mitarbeiter mit Krankenkassenbeteiligung in Anspruch genommen haben. Bei Betrieben mit einer Beschäftigtenzahl von 10–49 haben 2014 rund 1000 Betriebe eine Maßnahme zusammen mit der GKV durchgeführt. Nach dieser Betrachtung nehmen gerade kleine Betriebe kaum an betrieblicher Gesundheitsförderung teil. Nur jeder 334. Kleinbetrieb mit 10–49 Beschäftigten hat 2013 eine gesundheitsfördernde Maßnahme durch die Krankenkasse abgerechnet. Laut einer Umfrage von INSA Consulere im Auftrag des AOK-Bundesverbandes engagieren sich allerdings drei von vier Unternehmen mit mehr als 50 Beschäftigten für die Gesundheit ihres Personals (AOK-Gesundheitskasse 2013). Betrachtet man die Zielgruppen im Präventionsbericht 2015, bei denen betriebliche Gesundheitsförderung im Jahr 2014 durchgeführt wurde, so werden die mittlere und obere Führungsebene im Vergleich zur Anzahl der Beschäftigten überproportional gefördert (GKV-Spitzenverband 2015).

Hier ergeben sich durch die Digitalisierung neue Möglichkeiten, um alle Schichten der arbeitenden Bevölkerung zu erreichen. Außerdem tun sich Kleinbetriebe mit weniger als 50 Mitarbeitern schwer, ein Betriebliches Gesundheitsmanagement (BGM) umzusetzen. Ihnen können die digitale betriebliche Gesundheitsförderung und das digitale betriebliche Gesundheitsmanagement wertvolle Hilfe leisten. Folglich könnten gerade digitale Angebote für kleine Betriebe eine große Chance sein.

40.2   Ansätze für ein digitales BGM

40.2.1   Bestehende digitale Umsetzungen aus der Praxis

Grundsätzlich sind die beliebtesten Themengebiete für das BGM Arbeitsschutz, Grippeschutzimpfungen, Mitarbeiterbefragung und Gesundheitskurse mit Bewegung, Ernährung, Suchtprävention oder Entspannung. Bisher wird BGM vor Ort angeboten oder die meisten Kurse finden in der näheren Umgebung des Kursteilnehmers statt. Aber wie lassen sich einige dieser Schwerpunktbereiche digital umsetzen? Mittlerweile gibt es bereits Onlineportale für Firmen und deren Mitarbeiter, die sowohl digitale Gesundheitskurse anbieten und im Vorfeld eine psychische Gefährdungsbeurteilung online durchführen (vitaliberty GmbH 2016a, 2016b). Jeder Mitarbeiter erhält nach der Gefährdungsbeurteilung einen individuellen Gesundheitsbericht mit individuell zugeschnittenen Handlungsanweisungen. So werden maßgeschneiderte Gesundheitsprogramme für jeden Mitarbeiter angeboten.

Um den Gesundheitszustand eines jeden Mitarbeiters zu erfassen und zu analysieren, sind moderne papierlose Lösungen möglich und einfach umzusetzen. Mit Onlinebefragungen kann jeder Mitarbeiter individuell betrachtet werden, sodass maßgeschneiderte Maßnahmen strukturiert eingesetzt werden können. Damit kann bedarfsgerecht eine Intervention mit sportlicher Zielsetzung bei vorwiegenden Schreibtischtätigkeiten empfohlen werden.

Mit einer App auf der Arbeit oder zu Hause mit dem Computer, Tablet oder Smartphone können sich Mitarbeiter animierte alltagstaugliche Übungen zum Mitmachen auswählen. Der Schwerpunkt liegt auf Fitness, Ernährung und Stressmanagement. Portale wie diese setzen auf Eigenverantwortung und Motivation, um so die körperliche Gesundheit aktiv mit Bewegungen zu fördern. Mit einer Erinnerungsfunktion wird wiederkehrend dazu aufgefordert, am eingeschriebenen Programm weiter teilzunehmen. Zur Beurteilung der Wirksamkeit wird zu Beginn eine erste Befragung und nach ca. zwölf Monaten eine zweite Befragung durchgeführt. Beide Ergebnisse werden später miteinander verglichen. Eine Ergebnisdokumentation mit Evaluation erhalten die Unternehmen zur Überprüfung der Wirksamkeit der Maßnahme.

Eine weitere praktizierte Variante der Digitalisierung, mit dem Ziel für mehr Bewegung zu sorgen, bieten gesetzliche Krankenkassen an. Diese werben für den Einsatz von digitalen Schrittzählern, die Unternehmen ihren Mitarbeiter anbieten können. Wenn sich ein Betrieb für die Aktion entscheidet, bietet die entsprechende Krankenkasse eine erklärende Einführung und eine abschließende Auswertung der Ergebnisse an (Siemens Betriebskrankenkasse 2016). Doch wird man in näherer Zukunft noch einen Schrittzähler brauchen? Die Antwort ist einfach mit „nein" zu beantworten, denn ein ganz normales modernes Smartphone ist über eine App, in diesem Fall Schrittzähler-App, heute schon in der Lage, diese und viele andere Aufgaben zu übernehmen. Es lassen sich nicht nur aktiv Daten in das Mobiltelefon, wie Blutzuckerwerte, Körpergewicht, Atemfrequenz oder Blutdruckwerte eingeben und speichern, sondern auch die Anzahl der geleisteten Schritte pro Tag lassen sich zählen. Damit werden Daten aktiv oder passiv vom Benutzer gesammelt, wenn das gewünscht wird. Vernetzte separate Geräte wie Smartwatches der Zukunft werden vermutlich in der Lage sein, den Blutdruck kontinuierlich zu erfassen und zu speichern. Heute schon haben moderne Smartbänder die Fähigkeit, Auskunft über die Herzfrequenz sowie das Sitz- und Schlafverhalten zu geben. Auch lassen sich Aussagen zum empfundenen Stress der Träger machen. Nach der Freischaltung und Weiterleitung können diese individuellen Daten ausgewertet und nach Bedarf von einem Arzt analysiert werden.

40.2.2 Das digitale Angebot

Die gesetzlichen Krankenkassen haben bereits vor dem Präventionsgesetz 2015 den digitalen Trend des BGMs erkannt und bieten weitere diverse unterschiedliche Apps an. So gibt es Onlinekurse für einen gesunden Rücken, gegen Stress und für eine gesunde Ernährung (AOK-Gesundheitskasse 2014). Aber damit ist die Palette der Angebote noch nicht erschöpft. Es gibt Onlinekurse, die ein Sehtraining anbieten. Manche privaten Anbieter kombinieren sogar die vier obigen Bereiche in einem Programm als Gesamtpaket mit Bedarfsanalyse und Erinnerungsfunktion fürs Büro. Die Resilienz, also die seelische Widerstandskraft gegen Stress am Arbeitsplatz, sind genauso wie die Vermeidung eines „Maus-Arms" wichtige Unterbereiche im Programm (Fitbase Institut für Online Prävention GmbH 2015). Digitale Raucherentwöhnung oder ein Figur-Coaching sind genauso online möglich, wie virtuelle Mitarbeiterbefragungen, die jetzt schon ein wichtiger Teil für nachfolgende Programme (BGM-Interventionen) sind.

40.2.3 Videoaufzeichnung und ihre Möglichkeiten

Viele Firmen und Geschäfte haben sich dazu durchgerungen, eine Videoüberwachung im Berufsalltag zu integrieren. Rechtlich gesehen ist diese Vorgehensweise erlaubt, wenn es im Interesse der Firma zum Schutz gegen Diebstähle ist oder um die Sicherheit am Arbeitsplatz geht. Allerdings ist die Speicherung von Daten nur auf maximal ca. zehn Tage begrenzt, um dem Datenschutz Folge zu leisten. Mit der Einverständniserklärung des betroffenen Angestellten ist eine längere Frist der Speicherung möglich. Liegt erst einmal Bildmaterial vor, ist es möglich, Bewegungsanalysen für jeden Einzelnen über die gesamte Arbeitszeit anzufertigen. Eine Bewegungsanalyse mit Auswertungen zur Detektion einseitiger Bewegungsmuster können erstellt werden. Sollten beispielsweise wiederholt schwere Gegenstände mit runden Rücken ohne Kniebeugung gehoben werden, könnte frühzeitig gegengesteuert werden. Per Gesichtserkennung, per zu tragendem Chip oder GPS ist es möglich, ganze Bewegungsprofile anzulegen. Hiermit lässt sich die Effektivität jedes Angestellten messen und auswerten, wenn das vom Beschäftigten gewünscht wird. Für eine Belastungs- und Gefährdungsermittlung ist damit eine optimale Beurteilung möglich. Mit dem Zusammenfließen von Daten wie Pulsfrequenz und Blutdruckwerten durch Smartwatches können Spitzenbelastungen erfasst und bewertet werden. Die herkömmliche Arbeitssituationserfassung und die Befragung von Zielgruppen könnten somit um wichtige Gesundheitsparameter ergänzt werden.

Zum Thema „bessere Körperhaltung am Schreibtisch" findet seit 2014 ein EU-gefördertes Forschungsprojekt statt, das noch bis 2017 läuft. Auf der Webseite www.wellbeing-project.eu wird dieses näher beschrieben. Ein Sensor wird am Bildschirm montiert und analysiert die Körperhaltung des Schreibtischbenutzers. Nimmt die analysierte Person eine ungesunde Sitzhaltung ein, sodass für die Analysekamera vor dem Schreibtisch ein zusammengesunkener Mensch erscheint, werden Signale auf den Bildschirm eingeblendet, die den Nutzer dazu auffordern, eine bessere Haltung einzunehmen. Bis zur Marktreife der Software dieses Tools wird es nach Studienabschluss 2017 noch ca. ein Jahr dauern.

40.2.4 Treffpunkt für Seminare in der virtuellen Realität

Im Bereich des Zeitmanagements oder insgesamt für viele Arten von Schulungen und für Trainingseinheiten lassen sich Ideen mit digitalen Lösungen finden. Mit Skype, Face-Time und anderen Programmen lassen sich heute schon Online-Meetings einfach per Computer durchführen. Geht man auf diesem Weg der Vorstellung noch einen Schritt weiter, könnten Onlineseminare mit Virtual-Reality-Brillen ortsungebunden in imaginären Räumlichkeiten stattfinden. Man würde in eine andere Welt eintauchen und miteinander interagieren. Eine von Nintendo 2006 veröffentlichte Spielekonsole hat gezeigt, dass mit Bewegungssensoren die Lage und die Bewegungen der Akteure im Raum registriert werden können. Kombiniert man alle Sinneseindrücke aus den bereits genannten Beispielen sinnvoll miteinander, trifft man sich in der Zukunft zum Sport, für Fitnessübungen oder für Schulungen mit Kollegen im virtuellen Raum.

40.2.5 Digitales Gesundheitsmanagement als neues Einsatzgebiet für den Arbeitsschutz und die Arbeitssicherheit

Betriebliche Gesundheitsförderung, wie beschrieben, stellt allerdings nur einen Teilbereich des Betrieblichen Gesundheitsmanagements (BGM) dar. Spannend wird es, wenn der Arbeitsschutz und die Arbeitssicherheit digitalisiert werden könnten. Auch wenn diese Vorstellungen noch Zukunftsvisionen sind, kann schon jetzt jeder Arbeitsplatz digital aufgenommen und dreidimensional dargestellt werden. Eine Überprüfung der Sicherheit ist somit nicht mehr an den Ort der Leistungserbringung gebunden, sondern kann über eine „Fernwartung" erfolgt. Eine Arbeitsplatzbegehung kann somit per Videoübertragung erfolgen. Viele Gefahrenquellen, wie zu enge Durchgänge, zugestellte Fluchtwege und das Handling bzw. die Lagerung von Chemikalien über Kopf, könnten online erkannt und im Hinblick auf Fragen der Sicherheit überprüft werden. Und fast jeder kennt bei

Sicherheitsbegehungen das Problem, dass eine Kaffeemaschine im Betrieb brandsicher aufgestellt sein muss. Da es mittlerweile technisch möglich ist, wie zum Beispiel bei Wasseruhren eine funkgesteuerte Fernablesung durchzuführen, könnte eine Überprüfung der vorzuhaltenden Sicherheitsmaßnahmen, wie Feuerlöscher und Verbandskästen, auch mit einer größeren Distanz zum Arbeitsort und ohne direkten Zutritt erfolgen.

Führt man die zuvor skizzierten Gedanken fort, könnte ermittelt werden, ob Arbeitsgeräte wie Schreibtische die richtige ergonomische Höhe für den jeweiligen Mitarbeiter haben. Eine Überprüfung von ergonomisch geeigneten Sitzgelegenheiten und individuell auf die jeweilige Körpergröße der Beschäftigten eingestellte Geräte lassen sich digital einfach durchführen. Denn vielfach nimmt der Betroffene selbst eine Fehlhaltung oder Fehleinstellung gar nicht als solche war. Gerade falsche Körperhaltung am Arbeitsplatz führt häufig zu Verspannungen oder Schmerzen von Muskeln und Gelenken. Eine 2013 durchgeführte Studie zum BGM von der Hochschule für Ökonomie & Management in München zeigt, dass 25 % der Befragten immer bzw. häufig an Muskeltraining als angebotene Maßnahme teilnehmen (Gansser and Linke 2013).

Zweites beliebtes BGM-Thema ist die Stressprophylaxe. Themen wie Gewichtsreduktion, Ernährungsberatungen, Raucherentwöhnung und Suchtprävention folgen auf der Beliebtheitsskala (Gansser and Linke 2013). Rein technisch gesehen sind viele dieser angedachten digitalen Möglichkeiten bereits umsetzbar, jedoch muss rechtlich noch der Weg für übergreifende Maßnahmen bereitet werden.

40.3 Zeitliche BGM-Umsetzung von digitalen Lösungen

40.3.1 Derzeitiger Entwicklungsstand

Aber wie weit ist die Entwicklung bereits? Das verabschiedete E-Health-Gesetz der Bundesrepublik Deutschland von Dezember 2015 gibt dezidierte Vorgaben, was in Zukunft in Deutschland digital im Bereich der gesetzlichen Krankenkassen möglich sein wird. Mitte 2018 haben Ärzte und Zahnärzte damit zu rechnen, dass pauschale Kürzungen der Vergütung hingenommen werden müssen, wenn eine Onlineüberprüfung der Versichertenstammdaten nicht möglich ist. Ab Juli 2017 wird durch die Telemedizin eine Befundbeurteilung von Röntgenaufnahmen und eine Online-Videosprechstunde zur vertragsärztlichen Versorgung möglich sein. Die elektronische Gesundheitskarte wird früher oder später eingeführt werden und die Karte soll Notfalldaten und die Krankenakte speichern können. Spätestens Ende 2018 sollen alle Teilbereiche des Gesetzes digital nutzbar sein. Noch vor einiger Zeit hätte man Ferndiagnostik nicht für umsetzbar gehalten, doch die demografischen und finanziellen Herausforderungen der Gegenwart führen zu ungeahnten Möglichkeiten. Auf die Zwänge der Gegenwart folgt die schrittweise Umsetzung der Digitalisierung in allen Bereichen.

Heute schon sind Apps für viele Lebensbereiche auf Smartphones einsetzbar und die Zahl der gekauften und genutzten Apps zeigt, dass ein Bedarf besteht. Im Juli 2015 besaßen rund 46 Mio. Personen in Deutschland ein Smartphone (Statista GmbH 2016a) und die Digitalisierung ist bereits bei den 50-jährigen Nutzern angekommen. In den Nachrichten vom Sommer 2016 war oft vom Hype „Pokémon Go" berichtet worden und plötzlich wurde Deutschland mobil. Überall wurde nach virtuellen Monstern gefahndet, sodass Spazierengehen zum richtigen Vergnügen wurde. Vielleicht gelingt es, wenn man diesen Gedanken beibehält, im Bereich des digitalen BGMs mehr Menschen zu erreichen. So heißt der neueste Trend Gamifikation. Darunter versteht man Softwareprogramme, die wie ein Spiel aufgebaut sind. Das Konzept setzt auf den Spieltrieb des Menschen, um so die Wirksamkeit von BGM-Maßnahmen und die Motivation der Teilnehmer zu verbessern. Wichtige Eckpunkte sind das Sammeln von Bonuspunkten, Erreichen von verschiedenen Schwierigkeitsstufen, Prämien, Herausforderungen und die Gründung eines Teams. Als spannende Herausforderung wird die zu erledigende Aufgabe mit eigenen Elementen verknüpft, sodass der Lernerfolg mit Spaß verknüpft wird.

40.3.2   Das Präventionsgesetz 2015

Betriebliches Gesundheitsmanagement war zeitweise ein weniger beachtetes Thema und man schenkte diesem Gebiet der Prävention geringe Aufmerksamkeit. Durch das beschlossene Positionspapier des GKV-Spitzenverbands von Juni 2013 hat die Förderung der Prävention dann neue Fahrt aufgenommen. Im Bereich der betrieblichen Gesundheitsförderung wurde festgestellt, dass es gilt, die Gesundheit der Beschäftigten zu erhalten und zu fördern, um damit die Probleme des demografischen Wandels besser zu bewältigen (GKV-Spitzenverband 2013). Mit dem im Jahr 2015 vom Deutschen Bundestag verabschiedeten Präventionsgesetz wird die Entwicklung der Prävention auf allen Ebenen beträchtlich gefördert. So heißt es im Gesetz: „Die Ausgaben der Krankenkassen für die Wahrnehmung ihrer Aufgaben nach dieser Vorschrift und nach den §§ 20a bis 20c sollen insgesamt im Jahr 2015 für jeden ihrer Versicherten einen Betrag in Höhe von 3,17 € und ab dem Jahr 2016 einen Betrag in Höhe von 7 € umfassen." Das beinhaltet somit auch § 20b, der sich direkt auf die betriebliche Gesundheitsförderung bezieht. Betrachtet man die Zahlen der Gesamtausgaben (individueller Ansatz, Setting-Ansatz und betriebliche Gesundheitsförderung) für Präventionsmaßnahmen von 2012 mit rund 240 Mio. Euro, 2013 mit 267 Mio. Euro und 2014 mit 293 Mio. Euro sollen die Ausgaben ab 2016 drastisch erhöht werden. Es sollen in Zukunft ca. 490 Mio. Euro für Präventionsmaßnahmen eingesetzt werden. So werden sich die Ausgaben für Prävention mit Stand 2014 durch die GKV um 70 % erhöhen. Besonderen Wert legt der Ausschuss für Gesundheit der Bundesrepublik Deutschland darauf, die Leistungen auf kleine und mittelständige Betriebe auszuweiten, den Arbeitsschutz zu stärken und besonders belastete Menschen, wie Schichtarbeiter einzubinden (Deutscher Bundestag 2015).

40.3.3   Steuerliche Förderung der betrieblichen Gesundheitsförderung

Betrachtet man die staatliche Förderung von der steuerlichen Seite, so kann jeder Arbeitgeber für die Aufwendungen der BGF einmal pro Jahr einen steuer- und sozialversicherungsfreien Betrag von max. 500 € pro Jahr beim Finanzamt geltend machen. BGF-Maßnahmen wirken sich somit steuerreduzierend aus. Um diese staatliche Förderung in Anspruch nehmen zu können, müssen die Angebote dem Einkommensteuergesetz (EStG), § 3 Nr. 34: Betriebliche Gesundheitsförderung entsprechen.

40.4   Risiken, Kosten und die Umsetzung der Digitalisierung

40.4.1   Digitalisierung: Auch eine Gefahr?

Was ist nun aber die Kehrseite, wenn durch digitale Aufzeichnungen Rückschlüsse auf das Freizeitverhalten und die körperliche und psychische Fitness möglich sind?

Ein interessantes Beispiel ist über das Radio aus den USA bekannt geworden. Da sich ein Mann nicht in den sozialen Medien oder Netzwerken wie Facebook eingeschrieben hatte und die private Krankenversicherung somit kein Risikoprofil von der Person erstellen konnte, wurde ihm im Vergleich zu seinen Altersgenossen ein höherer Mitgliedsbeitrag berechnet.

Wer im Internet auf sozialen Plattformen seine Neigungen und Freizeitaktivitäten preisgibt, muss jetzt schon in den USA mit finanziellen Konsequenzen rechnen. Deloitte Forscher haben 2010 durch Datensammlung aus verschiedenen Foren Informationen über Essgewohnheiten, sportlichen Aktivitäten usw. von Personen zusammengetragen und daraus für den Untersuchten das Risiko von Diabetes, Bluthochdruck, Depressionen und Lebenserwartung ermittelt. Nach der Berechnung wurden diese Ergebnisse mit den Ergebnissen der herkömmlichen Angaben bei einem Versicherungsantrag verglichen. Beide Methoden kommen zu ähnlichen Ergebnissen in der Beurteilung. Das Ergebnis der Studie war, dass schon das Onlineprofil mit frei zugänglichen Daten direkte Aufschlüsse über die Lebenserwartung geben könnte (Spiegel Online 2010).

Berücksichtigt man diese drohende Entwicklung und erweitert sie um mögliche technologische Innovationen der Zukunft, wird der moderne Arbeitnehmer gläsern werden. Fast nichts wird dem Arbeitgeber und den Versicherern verborgen bleiben und womöglich können Krankheiten von Angestellten durch geschicktes Kombinieren von Fakten erschlossen werden. Wie sich diese neuen Erkenntnisse auf das Betriebsklima auswirken werden, ist damit vermutlich absehbar. Der leichtfertige Umgang und die Weitergabe von Daten können gravierende Folgen wie Kündigung nach sich ziehen. Ganze Wirtschaftszweige haben sich bereits darauf spezialisiert, die Vorlieben und das Nutzerprofil von digitalen Usern auszuspionieren, um daraus einen Gewinn zu ziehen. Von einer absoluten Datensicherheit kann nach den vielen Datenpannen in letzter Zeit nicht gesprochen werden. Jeder Nutzer, der online aktiv wird, muss sich bewusst sein, dass seine Daten einen echten geldlichen Gegenwert darstellen können.

40.4.2   Kosten und Nutzen der betrieblichen Gesundheitsförderung

Betrachtet man den Nutzwert von BGF-Maßnahmen, so wird gern vom Return on Investment (ROI) gesprochen. Die ermittelten Ergebnisse sind heterogen und hängen bedingt durch die vielen unterschiedlichen Maßnahmen von den eingesetzten Mitteln ab. Je nach Studie kommt man zu einem ROI von 1:2 bis 1:10. Einige der gemessenen Ergebnisse, wie die individuelle Leistungssteigerung des Einzelnen und die gestiegene Zufriedenheit am Arbeitsplatz, lassen sich weniger valide in Geldwerte umrechnen. Dagegen sind Kosteneinsparungen durch einen geringeren Krankenstand genau berechenbar. Aufgrund von Fehlzeitenanalysen von Arbeitnehmern können durch BGF-Maßnahmen Fehlzeiten um mehr als 25 % gesenkt werden. 2014 lagen die durchschnittlichen Ausgaben je direkt erreichter Person bei 55,80 € für herkömmliche BGF-Maßnahmen laut Tabellenband zum Präventionsbericht 2015 der GKV (GKV-Spitzenverband 2015). Die Kosten für digitale Maßnahmen betragen pro Monat nur wenige Euro. Damit bleiben die Kosten für eine ganzjährige Nutzung von Apps für Onlinemaßnahmen in der Basisversion unter diesem Betrag. Eine umfassende Evaluation als Metaanalyse für digitale Anwendungen in Bezug auf ROI und Fehlzeiten, die einen Nachweis der Wirksamkeit belegen könnte, liegt derzeit noch nicht vor.

40.4.3   Umsetzung in Kleinbetrieben

Noch vor wenigen Jahren waren digitale Lösungen über das Internet rar und es gab wenige Softwareanbieter am Markt. Mittlerweile haben viele Firmen den neuen Trend der Digitalisierung erkannt und die angebotenen Möglichkeiten werden vielfältiger. Standen zu Beginn meist Lösungen für Schreibtischtätigkeiten zur Verfügung, werden die Angebote deutlich ausgeweitet. Warum sich jedoch mittelständige und kleinere Betriebe so wenig um BGM-Maßnahmen bemühen, bleibt auf den ersten Blick rätselhaft. Gründe dafür könnten sein, dass sich BGM-Maßnahmen während der Arbeitszeit schwerlich in die Strukturen der Prozesse integrieren lassen ohne direkt an Effektivität und Produktivität zu verlieren. Weiterhin sind BGM-Maßnahmen dort vorhanden, wo es direkte Beauftragte oder Verantwortliche für die Erfüllung von Maßnahmen gibt. Bei Betriebsstrukturen mit wenigen Führungskräften konzentriert sich die Betriebsführung auf wenige Entscheidungsträger. Bedingt durch Priorisierung auf Kernbereiche für die Wirtschaftlichkeit des Unternehmens werden vermeintlich weniger wichtige Bereiche wie das BGM vernachlässigt. Gerade die Digitalisierung von BGM-Maßnahmen mit recht einfacher Umsetzung kann helfen, Mittelständler und Kleinbetriebe zu erreichen. Damit kann nicht nur das Betriebsklima aufgewertet, sondern auch die Leistungskraft und die Effektivität des Unternehmens gesteigert werden. In Hinblick auf den Arbeitsmarkt der Zukunft mit Fachkräftemangel sollten kleinere Betriebe in ihre Mitarbeiter investieren, damit nicht Großbetriebe diese abwerben. So können BGM-Maßnahmen nicht nur die Zufriedenheit der Mitarbeiter fördern, sondern diese langfristig an ein Unternehmen binden.

40.5 Perspektiven für das betriebliche Gesundheitsmanagement

Wegen der demografischen Entwicklung und des Fachkräftemangels ab 2030 wird es für Betriebe wichtig sein, ihre Fachkräfte länger im Betrieb zu halten. Gleichzeitig muss aber auch der Gesundheitsgefährdung mit zunehmendem Alter Rechnung getragen werden. Deshalb sind Unternehmen und gerade klein und mittlere Unternehmen (KMU) aufgefordert, heute schon in die Gesundheit ihrer Mitarbeiter zu investieren, damit nicht diese länger arbeiten wollen, sondern auch arbeiten können. Diese Aufgabe kann nur zu kleinen Teilen an die Sozialversicherungen und an den Staat abgegeben werden, sondern die Unternehmen müssen auch selbst aktiv werden. Mit der Möglichkeit der Digitalisierung ist dies auch für KMU relativ kostengünstig möglich.

Aber auch für die Mitarbeiter selber ist ein verlängertes Erwerbsleben der beste Schutz vor Armut im Alter. In seinem Gutachten 2016/2017 spricht der Sachverständigenrat zur Begutachtung der gesamtwirtschaftlichen Entwicklung von einer Verlängerung der Lebensarbeitszeit über das 70. Lebensjahr hinaus (Sachverständigenrat zur Begutachtung der gesamtwirtschaftlichen Entwicklung 2016). Vorgeschlagen wird, an die Zunahme der Lebenserwartung, die Verlängerung des Arbeitslebens zu koppeln. Dies macht aber nur Sinn, wenn die Arbeitnehmer gesundheitlich auch in der Lage sind, den Anforderungen der Arbeitswelt Genüge zu leisten. Die Medizin verspricht hierzu noch einen weiteren Bonus:

Wer länger arbeitet, lebt auch länger!

Literatur

AOK-Gesundheitskasse (2013). „Gesundheitsförderung am Arbeitsplatz: 79 % der Beschäftigten finden das wichtig – jeder Vierte nutzt bereits Angebote." Retrieved 24.10.2016, 2016, from http://www.healthatwork-online.de/fileadmin/downloads/AOK_BGM_Gesundheitsfoerderung_am_Arbeitsplatz.pdf.

AOK-Gesundheitskasse (2014). „Gesundheit und Gesellschaft." Das AOK-Forum für Politik, Praxis und Wissenschaft(3): 16.

Deutscher Bundestag (2015). „Ausschuss beschließt Präventionsgesetz." Retrieved 30.10.2016, from https://www.bundestag.de/presse/hib/2015_06/-/379160.

Fitbase Institut für Online Prävention GmbH (2015). „Gesundheit für ihr Unternehmen." Retrieved 30.10.2016, from https://fitbase.de/.

O. Gansser, M. Linke (2013). „Betriebliches Gesundheitsmanagement in Deutschland 2013 – Stand der Dinge." Retrieved 24.10.2016, 2016, from https://www.fom.de/forschung/institute/ifes/publikationen.html-!acc=2013.

GKV-Spitzenverband (2013). „Prävention und Gesundheitsförderung weiterentwickeln." Retrieved 30.10.2016, from https://www.gkv-spitzenverband.de/media/dokumente/krankenversicherung_1/praevention__selbsthilfe__beratung/praevention/2013-07-11_Positionspapier_Praevention_und_Gesundheit.pdf.

GKV-Spitzenverband (2015). „Tabellenband zum Präventionsbericht 2015." Retrieved 25.10.2016, from https://www.gkv-spitzenverband.de/media/dokumente/krankenversicherung_1/praevention__selbsthilfe__beratung/praevention/praeventionsbericht/2015_GKV_MDS_Tabellenband_Praeventionsbericht_2015.pdf.

Sachverständigenrat zur Begutachtung der gesamtwirtschftlichen Entwicklung (2016). „Jahresgutachten 2016/17." from http://www.sachverstaendigenrat-wirtschaft.de/jahresgutachten-2016-2017.html.

Siemens Betriebskrankenkasse (2016). „10.000 Schritte-Aktion in Unternehmen." Retrieved 24.10.2016, from https://www.sbk.org/arbeitgeberservice/arbeitgeberservice/online-angebote/10000-schritte-aktion-in-unternehmen/.

Spiegel Online (2010). „Online-Daten verraten Versicherern Risikokunden". Retrieved 24.10.2016, from http://www.spiegel.de/wirtschaft/service/grossversuch-in-den-usa-online-daten-verraten-versicherern-risikokunden-a-730062.html.

Statista GmbH (2016a). „Anzahl der Smartphone-Nutzer in Deutschland in den Jahren 2009 bis 2016 (in Millionen)." Retrieved 24.10.2016, from https://de.statista.com/statistik/daten/studie/198959/umfrage/anzahl-der-smartphonenutzer-in-deutschland-seit-2010/.

Statista GmbH (2016b). „Anzahl der Unternehmen in Deutschland nach Beschäftigtengrößenklassen im Jahr 2013 (Stand Mai 2015)." Retrieved 24.10.2016, from https://de.statista.com/statistik/daten/studie/1929/umfrage/unternehmen-nach-beschaeftigtengroessenklassen/.

vitaliberty GmbH (2016a). „moove-digital unterstütztes betriebliches Gesundheitsmanagement." Retrieved 27.10.2016, from https://www.corporate-moove.de/.

vitaliberty GmbH (2016b). „Zukunftsweisende E-Health-Lösungen." Retrieved 24.10.2016, from http://www.vitaliberty.de/.

Petra Thienel studierte an der Technischen Universität Braunschweig Pharmazie mit dem Abschluss als Apothekerin. Nach dem Studium Public Health an der Ludwig-Maximilians-Universität München 2013 arbeitet sie als wissenschaftliche Mitarbeiterin am Institut für Gesundheitsökonomik in München mit den Arbeitsschwerpunkten Epidemiologie, Biostatistik, Frühe Nutzenbewertung nach § 35a SGB V und Rehabilitation.

Univ.-Prof. Dr. rer. pol. Günter Neubauer lehrte von 1976 bis 2006 an der Universität der Bundeswehr München mit dem Schwerpunkt Gesundheitsökonomik und ist Direktor des wissenschaftlichen Beratungsinstituts für Gesundheitsökonomik (IfG) in München. Er ist als Vorsitzender des Erweiterten Bewertungsausschusses für Zahnärzte, als Mitglied des Vorstands von Health Care Bayern e. V. und als Mitglied in mehreren Beratungs- und Aufsichtsgremien der Gesundheitswirtschaft im In- und Ausland tätig.

Die Digital Health Studie 2015 des Gesundheitswissenschaftlichen Instituts Nordost (GeWINO) der AOK Nordost zur Akzeptanz elektronischer Trainingsunterstützung

41

Julia Neuwirth, Anne Wachholz, Sven-David Müller und Thomas P. Zahn

Zusammenfassung

Körperliche Aktivität in Form von Alltagsbewegung und Sport ist gesundheitsfördernd und steigert die Kondition für Muskelarbeit. Körperliche Aktivität ist Bestandteil von Konzepten zur Primär-, Sekundär- und Tertiärprävention von Krankheiten. Das gilt natürlich auch für das Betriebliche Gesundheitsmanagement. Trotzdem sind die Empfehlungen zur Steigerung der körperlichen Aktivität im Rahmen von Präventionsprogrammen für einen Großteil der Bevölkerung schwierig umzusetzen und bleiben oftmals insbesondere langfristig aus (Robert Koch-Institut 2012). Gerade in Berufen in denen Bewegungsmangel ein Problem darstellt, wünschen sich viele Therapeuten und auch die Betroffenen selbst mehr körperliche Aktivität (Zok 2010). Eine Chance, um die Hürde zu mehr Bewegung zu überwinden, bieten die im zunehmenden Maße verfügbaren digitalen Assistenzsysteme, die in vielfältiger Weise bei verschiedenen Präventionsangeboten – auch im betrieblichen Gesundheitsmanagement – genutzt werden können. Das setzt jedoch eine Akzeptanz solcher elektronischen Trainingsunterstützungstools voraus (McKinsey 2014; Statista 2010).

Das Ziel der Digital Health Studie (DHS) 2015 des Gesundheitswissenschaftlichen Instituts Nordost (GeWINO) der AOK Nordost – Die Gesundheitskasse – war es zu analysieren, welche Akzeptanz moderne digitale Assistenzsysteme zur Trainingsunterstützung wie Armbänder (Wearables) und Anwendungen auf Mobilgeräten (Apps) in verschiedenen Altersgruppen und Lebenssituationen bereits erreicht haben und von welchen Anbietern diese auch akzeptiert werden. Das GeWINO führte die Studie in Kooperation mit der Humanwissenschaftlichen Fakultät der Universität Potsdam, Stiftungsprofessur für Rehabilitationswissenschaft (Leitung Professor Dr. med. Heinz Völler), durch. Dazu wurden in einer dreiarmigen Studie insgesamt 2074 kardiologische

J. Neuwirth · A. Wachholz · S.-D. Müller · T. P. Zahn (✉)
Berlin, Deutschland
E-Mail: thomas.zahn@nordost.aok.de

© Springer Fachmedien Wiesbaden GmbH 2018
D. Matusiewicz und L. Kaiser (Hrsg.), *Digitales Betriebliches Gesundheitsmanagement*,
FOM-Edition, https://doi.org/10.1007/978-3-658-14550-7_41

Patienten der Klinik am See in Rüdersdorf (Ärztlicher Direktor und Chefarzt Kardiologie Prof. Dr. Heinz Völler) sowie Studierende und Mitarbeiter der Universität Potsdam zu ihrer sportlichen Aktivität und zu ihrer Akzeptanz von elektronischer Trainingsunterstützung befragt.

Sieben Kernaussagen der Digital Health Studie

1. 55 % aller befragten Patienten, Studenten und Mitarbeiter haben ein ausgesprochen hohes Interesse an elektronischer Trainingsunterstützung.
2. 83 % der befragten **Übergewichtigen** sind motiviert mehr Sport zu treiben, von diesen haben 59 % Interesse an elektronischer Trainingsunterstützung – insbesondere an Apps und Wearables.
3. **Nicht-Sportler** (Als Nichtsportler werden in der DHS Probanden klassifiziert, die weniger als einen Tag in der Woche sportlich aktiv sind und Sportmotivation haben.) sind zu 64 % bereit, elektronische Trainingsunterstützung zu nutzen, davon sind 54 % an Apps und 41 % an Wearables interessiert.
4. 58 % der Befragten würden eine von der **Krankenkasse** angebotene App mit Sicherheit oder vielleicht installieren. Höhere Werte erreichen nur Trainer, Ärzte und Arbeitgeber.
5. In den Altersgruppen der **über 60-Jährigen** interessieren sich mehr als 60 % aller befragten Patienten und Mitarbeiter für elektronische Trainingsunterstützung.
6. Jeder vierte **Sportler** (Als Sportler werden in der DHS Probanden klassifiziert, die mehr als einen Tag in der Woche sportlich aktiv sind.) nutzt mobile Apps zur Trainingsunterstützung. Damit sind 20 % aller Studienteilnehmer im Jahr 2015 bereits Nutzer elektronischer Trainingsunterstützung.
7. 65 % der Nutzer gebrauchen Apps, 36 % Wearables und 24 % Onlineplattformen zur elektronischen Trainingsunterstützung.

41.1 Studienpopulation der Digital Health Studie

Für die Digital Health Studie (DHS) wurden von Juni bis August 2015 Fragebogenerhebungen bei Probanden in drei verschiedenen Lebenssituationen durchgeführt. Insgesamt wurden 25.983 Studierende, 3798 Mitarbeiter und 492 Patienten zur Teilnahme an der Studie eingeladen. Es verblieben für die Auswertung Datensätze von 1217 Studierenden (4,4 %) und 485 Mitarbeitern der Universität Potsdam (12,8 %) sowie 372 kardiologischen Patienten (75,6 %) der stationären Rehabilitation in der Klinik am See in Rüdersdorf (Rehabilitationszentrum für Innere Medizin, Kardiologie, Chefarzt Prof. Dr. Heinz Völler). Die wissenschaftlichen Mitarbeiter der Stiftungsprofessur für Rehabilitationswissenschaften der Universität Potsdam, Lehrstuhlinhaber Prof. Dr. Heinz Völler, entwickelten dazu standardisierte Fragebögen mit 35 Fragen beziehungsweise 90 Items zur sportlichen Aktivität und zur Akzeptanz (Nutzung von/Interesse an) elektronischer Trainingsunter-

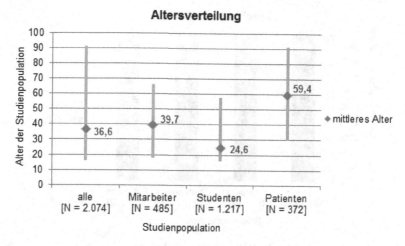

Abb. 41.1 Altersverteilung der DHS-Studienpopulation

stützung. Zudem wurden Angaben zum Gesundheitsstatus sowie zur Person wie Alter, Geschlecht, Bildungsabschluss und Body-Maß-Index (BMI) (WHO 1995–2004) erhoben. In den Fragebögen kamen etablierte Formulierungen zur Anwendung, die ähnlich der Vorgehensweise der Gesundheitssurveys des Robert Koch-Instituts (RKI) an die Zielgruppen beziehungsweise den jeweiligen Sprachgebrauch angepasst wurden. Die Formulierungen zur sportlichen Aktivität, zu chronischen Erkrankungen und zur Soziodemografie stammen weitestgehend aus den Gesundheitssurveys des RKI (telefonische Surveys/GEDA und DEGS) (Krug et al. 2012; Rieck et al. 2005). Die Fragen, die elektronische Trainingsunterstützung und Gesundheits-/Fitness-Apps thematisieren, wurden weitestgehend aus einer Publikation zu mobilen Softwareanwendungen entnommen (Funk 2013).

Die DHS-Probanden waren zwischen 18 und 91 Jahre alt. Ihr mittleres Alter lag bei 36,6 Jahren. Das mittlere Alter der Mitarbeiter lag bei 39,7 Jahren, das der Studierenden bei 24,6 Jahren und das der Patienten bei 59,4 Jahren. 60 % der Studienteilnehmer waren weiblich. Nur unter den befragten Patienten lag der Anteil der weiblichen Probanden bei lediglich 26 %, was auf das Patientenklientel der Klinik am See in Rüdersdorf zurückzuführen war (Abb. 41.1 und 41.2).

Die DHS ergab, dass 80 % der Befragten wenigstens einen Tag pro Woche sportlich aktiv sind. Bei den Studierenden waren es sogar 90 %. In der Abteilung für Kardiologie der Klinik am See waren es 372 Patienten mit 43 %. Diese Probanden wurden als „Sportler" klassifiziert. Die Angabe sportlich aktiv „nein" oder „weniger als 1 Tag/Woche" führte zur Einstufung als „Nichtsportler". Um einen Bezug zwischen der Bereitschaft zur Nutzung von elektronischer Trainingsunterstützung und Übergewichtigkeit herstellen zu können, wurden die Probanden nach Größe und Gewicht befragt und der Body-Mass-Index (BMI) nach der Formel Körpergewicht in Kilogramm/Größe in Metern^2 berechnet (WHO 1995–2004). Männer haben in der Regel einen höheren Muskelmasseanteil als Frauen (Abb. 41.3

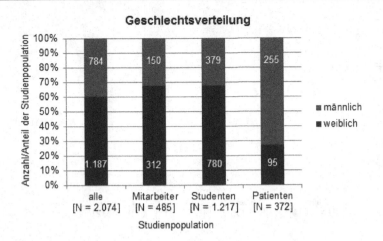

Abb. 41.2 Geschlechterverteilung der DHS-Studienpopulation

und 41.4; Robert Koch-Institut 2014). Dies wird in der aktuellen Fassung der BMI-Klassifikationen nicht berücksichtigt. Das Normalgewicht von Erwachsenen (18 Jahre und älter) liegt laut Deutscher Gesellschaft für Ernährung (DGE) analog WHO im Intervall von 18,5 bis 24,9 kg/m². Unterhalb von 18,5 liegt Untergewicht, zwischen 25 und 29,9 Übergewicht, zwischen 30 und 34,9 moderate Adipositas, zwischen 35 und 39,9 starke Adipositas und ab 40 extreme Adipositas vor (WHO 1995–2004).

Von den 1156 Frauen, die diese Frage beantworteten, wurden entsprechend der zuvor genannten Kategorisierung 17 % (197) als übergewichtig und sieben Prozent (76) mit einem BMI ≥ 30 (WHO 1995–2004) als adipös (fettsüchtig) eingestuft. Von den 770

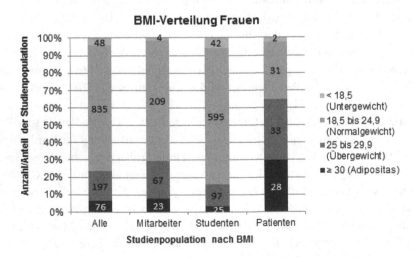

Abb. 41.3 BMI – Verteilung der weiblichen DHS-Studienpopulation

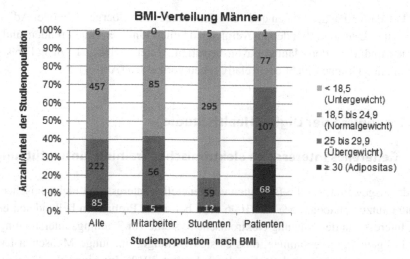

Abb. 41.4 BMI – Verteilung der männlichen DHS-Studienpopulation

Männern, die diese Frage beantworteten, wurden entsprechend der zuvor genannten Kategorisierung 29 % (222) als übergewichtig und elf Prozent (85) mit einem BMI ≥ 30 (WHO 1995–2004) als adipös eingestuft. Wie zu erwarten, ist der Anteil der übergewichtigen und adipösen Probanden aus der kardiologischen Reha-Klinik mit 65 % der Frauen und 69 % der Männer besonders hoch. Es zeigt sich, dass unter den befragten Mitarbeitern der Uni-

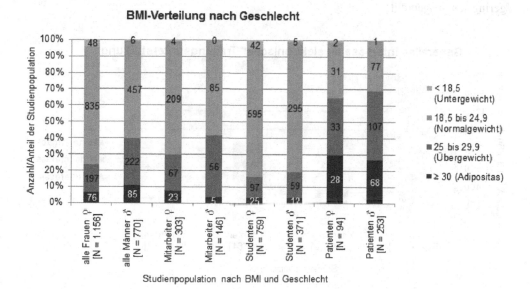

Abb. 41.5 BMI-Verteilung nach Geschlecht der DHS-Studienpopulation

versität Potsdam 30 % der Frauen und 42 % der Männer von Übergewicht oder Adipositas betroffen sind. Und sogar bei den im Vergleich deutlich jüngeren Studierenden sind 16 % der Frauen und 19 % der Männer davon betroffen. Untergewicht ist mit null bis sechs Prozent in allen Gruppen nicht oder relativ selten vorhanden (Abb. 41.5).

41.2 Ergebnisse der Digital Health Studie

41.2.1 Generelles Interesse an elektronischer Trainingsunterstützung

Es wurde ausgewertet, ob die Befragten ein generelles Interesse an elektronischer Trainingsunterstützung haben. 55 % der 1606 dazu befragten Probanden bekundeten ein explizites Interesse an der Nutzung elektronische Systeme zur Trainingsunterstützung. Dabei wird allgemein angenommen, dass es sich vorrangig um junge Menschen handelt, die bereits sportlich aktiv sind (Robert Koch-Institut 2012). Im Sinne der Gesundheitsprävention möchte die AOK Nordost mit ihren innovativen digitalen Angeboten jedoch auch Menschen in höheren Altersstufen und solche die derzeit noch nicht sportlich aktiv sind, erreichen. Vier Prozent machten keine Angabe und 41 % lehnen solche Systeme ab (Abb. 41.6).

Die separierte Betrachtung der drei Studienarme in Abb. 41.6 lässt bereits erkennen, dass die Akzeptanz elektronischer Trainingsunterstützung bei kardiologischen Reha-Patienten, die vor kurzer Zeit ein Akutereignis einer Herz-Kreislauf-Erkrankung erlebten, deutlich erhöht ist. Bei den befragten Hochschulmitarbeitern ist diese offensichtlich am geringsten ausgeprägt.

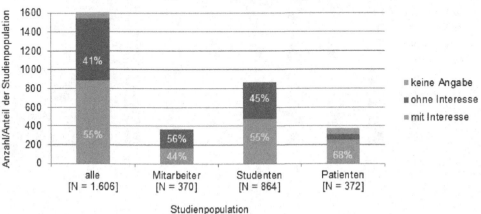

Abb. 41.6 Generelles Interesse der DHS-Studienpopulation an elektronischer Trainingsunterstützung

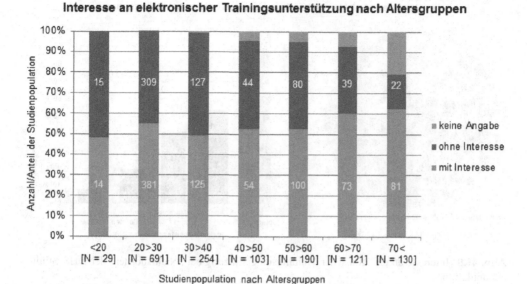

Abb. 41.7 Interesse der DHS-Studienpopulation an elektronischer Trainingsunterstützung nach Altersgruppen

41.2.2   Interesse in den verschiedenen Altersgruppen

Im Rahmen der Digital Health Studie wurde zunächst vertiefend untersucht, wie sich das Interesse an elektronischer Trainingsunterstützung in den verschiedenen Altersgruppen entwickelt. Dabei zeigt sich, dass das Interesse an elektronischer Trainingsunterstützung mit 55 % – wie erwartet – in der stark besetzten Altersgruppe 20 bis unter 30 Jahre erkennbar hoch ist (Biesdorf und Niedermann 2014). Mit steigendem Alter nimmt auch der Anteil der Studienteilnehmer zu, die keine Angaben machen wollten oder konnten (PEW Research 2014). Dies dürfte vor allem auf ein mangelndes Verständnis für neue Medien zurückzuführen sein (Abb. 41.7).

Überraschend ist jedoch die Erkenntnis, dass auch in den hohen Altersgruppen „60 bis unter 70" Jahre und „70 und älter" mehr als 60 % der befragten Studienteilnehmer angaben, sich explizit für elektronische Trainingsunterstützungssysteme zu interessieren (Biesdorf und Niedermann 2014). Auch wenn bei der Interpretation dieser Ergebnisse die besondere Motivation kardiologischer Reha-Patienten berücksichtigt werden muss, kann die weit verbreitete Meinung – elektronische Trainingsunterstützung würde nur von jungen und gesunden Menschen akzeptiert – damit widerlegt werden (Uni Bielefeld 2015). Die Altersgruppenanalyse der Digital Health Studie zeigt, dass heute bereits mehr als jeder zweite über 60-Jährige, Bewegungsmangel als einer der Hauptrisikofaktoren des Alters erkannt hat und bereit ist, auch technische Hilfsmittel aus dem Bereich elektronische

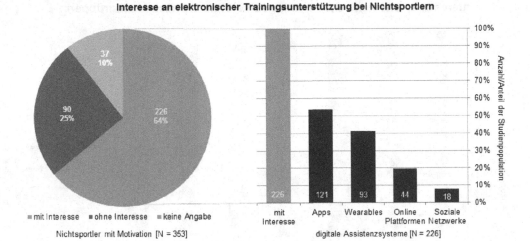

Abb. 41.8 Interesse an elektronischer Trainingsunterstützung bei „Nichtsportler" der DHS-Studienpopulation

Trainingsunterstützung einzusetzen, um diesen zu überwinden. Bei den 130 Studienteilnehmern (Patienten) über 70 Jahre lag dieser Anteil sogar bei 62 %.

41.2.3 Interesse bei Nicht-Sportlern

Im Folgenden wurde untersucht, ob durch solche Systeme auch Menschen erreicht werden können, die bisher noch keinen oder weniger als einen Tag pro Woche Sport treiben. Rund 84 % (N = 353) der 418 Studienteilnehmer, die als Nichtsportler klassifiziert wurden, beantworteten die Frage „Haben Sie sich vorgenommen, künftig sportlich aktiver zu werden?" mit „ja" und wurden bezüglich ihres Interesses an elektronischer Trainingsunterstützung befragt. Es zeigt sich, dass mit 64 % fast zwei Drittel der 353 befragten Nichtsportler mit Sportmotivation ein explizites Interesse an elektronischer Trainingsunterstützung bekunden. Nur 26 % lehnen diese ab (Abb. 41.8).

Von den 226 Befragten mit Interesse an elektronischer Trainingsunterstützung kreuzten bei der Frage „Welche der folgenden elektronischen Angebote würden Sie dabei interessieren?" 121 (54 %) die Rubrik „Spezielle Programme für Smartphones (Gesundheits-/Fitness-Apps)", 93 (41 %) die Rubrik „Tragbare elektronische Geräte (Wearables z. B. elektronische Multifunktionsarmbänder/Sensoren)", 44 (19 %) die Rubrik „Online Fitness-/Gesundheitsplattformen" und nur 18 (acht Prozent) die Rubrik „Soziale Kommunikationsmedien im Internet (beispielsweise Facebook oder Twitter)" an. Anders als erwartet, spielen soziale Netzwerke und Onlineplattformen im Bereich der Trainingsunterstützung bei dieser Studienpopulation nur eine untergeordnete Rolle (TU Darmstadt 2015, PEW Research 2014). Diese Subgruppenanalyse zeigt jedoch, dass zwei

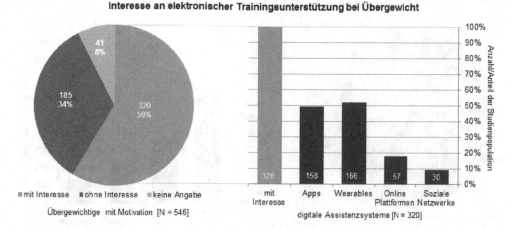

Abb. 41.9 Interesse an elektronischer Trainingsunterstützung bei Übergewichtigen in der DHS-Studienpopulation

von drei Nichtsportlern mit Sportmotivation Interesse an elektronischer Trainingsunterstützung haben und dabei am ehesten Apps für Smartphones benutzen würden.

41.2.4   Interesse bei Übergewichtigen

Die zweite Subgruppe, die analysiert wurde, sind die 655 Studienteilnehmer, die mit einem BMI über 24 bei Frauen und über 25 bei Männern als übergewichtig (oder adipös bei einem BMI über 30) eingestuft wurden. Gerade bei dieser Gruppe besteht ein besonders hohes Gesundheitsrisiko und die AOK Nordost versucht, durch ihre digitalen Angebote, auch übergewichtige und adipöse Menschen zu erreichen und zu unterstützen. Rund 83 % (N = 546) der 655 übergewichtigen Studienteilnehmer beantworteten die Frage „Haben Sie sich vorgenommen, künftig sportlich aktiver zu werden?" mit „ja" und wurden bezüglich ihres Interesses an elektronischer Trainingsunterstützung befragt. In Abb. 41.9 ist zu erkennen, dass 59 % der 546 befragten übergewichtigen und adipösen Probanden, mit Sportmotivation Interesse bekunden, sich durch digitale Assistenzsysteme unterstützen zu lassen.

Von den 320 Übergewichtigen mit Interesse, waren 158 (49 %) an Apps, 166 (52 %) an Wearables, 57 (18 %) an Onlineplattformen und nur 30 (neun Prozent) an sozialen Netzwerken als Trainingsunterstützung interessiert. Auch unter den Übergewichtigen mit Sportmotivation ist also eine deutliche Mehrheit bereit, digitale Systeme zur Trainingsunterstützung einzusetzen. Diese Subgruppenanalyse zeigt, dass wenigstens jeder zweite Übergewichtige mit Sportmotivation Interesse an elektronischer Trainingsunterstützung hat und dabei am ehesten Wearables und an zweiter Stelle Apps für Smartphones akzeptieren würde.

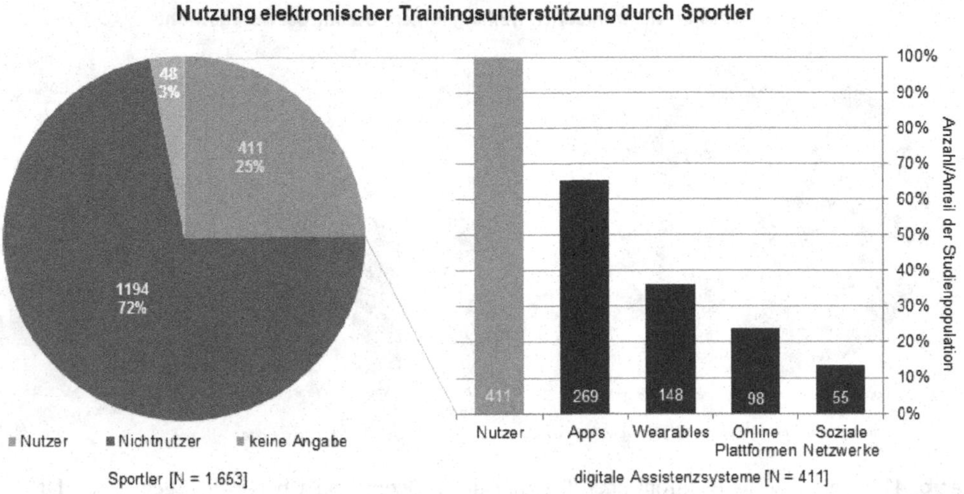

Nutzung elektronischer Trainingsunterstützung durch Sportler

■ Nutzer   ■ Nichtnutzer   ■ keine Angabe

Sportler [N = 1.653]

Nutzer   Apps   Wearables   Online   Soziale
                              Plattformen Netzwerke
digitale Assistenzsysteme [N = 411]

Abb. 41.10 Nutzung elektronischer Trainingsunterstützung durch Sportler der DHS-Studienpopulation

41.2.5 Nutzung durch Sportler

Nicht zuletzt ist die AOK Nordost als Gesundheits- und Sportkasse daran interessiert, die große Gruppe der sportlich aktiven Menschen bei der Ausübung und Erleichterung ihres Trainings zu unterstützen. Wie in Abb. 41.11 „sportliche Aktivität der Studienpopulation" erkennbar, zählt dazu mit 1655 Probanden eine deutliche Mehrheit von 80 % der befragten Studienpopulation. Von diesen Sportlern gaben immerhin 25 % (N = 411) an, bereits elektronische Trainingsunterstützung zu nutzen. Drei Prozent (N = 48) machten keine Angaben und 72 % (N = 1194) der Sportler gaben an, noch keine digitale Trainingsunterstützung zu nutzen. Damit sind immerhin rund 20 % aller 2074 Studienteilnehmer in 2015 bereits aktive Nutzer (Abb. 41.10).

Die unter den Nutzern am häufigsten genutzten Systeme zur Trainingsunterstützung sind digitale Apps, die von 269 Probanden und damit von 65 % aller 411 Nutzer mit wenigstens einem Tag Sport pro Woche eingesetzt werden. Mit deutlichem Abstand folgen die Wearables, die von immerhin noch 36 % (N = 148) der 411 Nutzer genutzt werden. Fast ein Viertel (24 %) aller Nutzer gibt an, auch online Fitness- und Gesundheitsplattformen zu nutzen. Unter den Sportlern, die bereits elektronische Systeme zur Trainingsunterstützung verwenden, werden die sozialen Netzwerke mit 13 % am seltensten eingesetzt. Diese Subgruppenanalyse zeigt, dass derzeit etwa jeder vierte Sportler bereits elektronische Systeme zur Unterstützung seines Trainings nutzt. Dies ist zwar signifikant, jedoch eher am unteren Ende der allgemeinen Wahrnehmung. Daher galt es die Frage zu beantworten, wie hoch das Interesse der Sportler an elektronischer Trainingsunterstützung ist, die derzeit noch keine Nutzer sind.

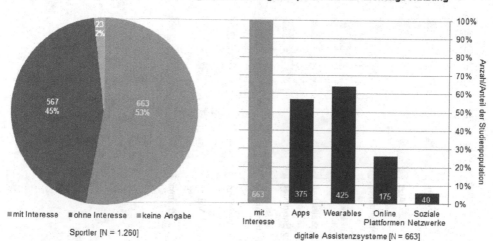

Abb. 41.11 Interesse an elektronischer Trainingsunterstützung bei Sportlern der DHS-Studienpopulation, die diese bislang noch nicht nutzen

41.2.6   Interesse bei Sportlern, die noch keine Nutzer sind

Die 1194 Sportler, die derzeit noch keine elektronische Trainingsunterstützung nutzen, wurden ebenfalls befragt, ob sie Interesse daran haben und welche Form der Unterstützung sie akzeptieren würden.

Wie in Abb. 41.11 zu erkennen, gab die Mehrheit (53 %) der befragten Sportler ohne aktuelle Nutzung von elektronischer Trainingsunterstützung an, sich dafür zu interessieren. Unter diesen 663 Studienteilnehmern äußerten 57 % Interesse an Apps, 64 % Interesse an Wearables, 26 % Interesse an Onlineplattformen und nur sechs Prozent Interesse an sozialen Netzwerken zur Trainingsunterstützung. Damit wiederholt sich das auch schon bei den Nicht-Sportlern in Abb. 41.8 erkennbare Muster. Auch unter den Sportlern, die noch keine elektronische Trainingsunterstützung nutzen, hat jeder Zweite Interesse daran. Am häufigsten werden auch hier Wearables und Apps für Smartphones als mögliche Trainingshilfen akzeptiert. Eine große Bedeutung für die Akzeptanz elektronischer Trainingsunterstützung hat jedoch auch die Frage, wer diese anbietet und mit welchen Assoziationen die Nutzer dabei die verschiedenen Anbieter verbinden. Daher wurde im letzten Teil der Studie untersucht, von welchem Anbieter die aktuellen und interessierten potenziellen Nutzer eine Gesundheits-/Fitness-App installieren würden.

41.2.7   Anbietervertrauen bei der Installation von Apps

Dazu wurden die 1240 Studienteilnehmer, die bereits elektronische Trainingsunterstützung nutzen oder bereit sind, solche Systeme zu nutzen, nach ihrem Vertrauen in zehn

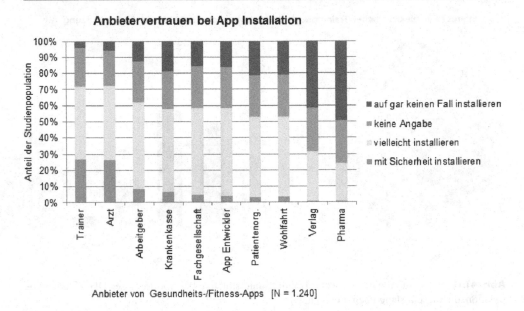

Abb. 41.12 Anbietervertrauen der DHS-Studienpopulation bei App Installation

mögliche Anbieter von Gesundheits-/Fitness-Apps befragt. Dabei war die Frage: „Wenn Ihnen eine Gesundheits-/Fitness-App von folgenden Personen/Quellen angeboten wird, dann werden Sie die App …?" mit vier alternativen Rubriken: a) mit Sicherheit installieren, b) vielleicht installieren, c) keine Angabe, d) auf gar keinen Fall installieren, zu beantworten. Die Ergebnisse in Abb. 41.12 zeigen, dass die Krankenkasse in Bezug auf Anbietervertrauen für Apps nach dem Trainer, dem Arzt und dem Arbeitgeber an vierter Stelle liegt. 58 % der Befragten würden eine von der Krankenkasse angebotene App mit Sicherheit oder vielleicht installieren. Höhere Werte erreichen mit 72 % nur Trainer und Ärzte oder Arbeitgeber mit 62 %. Ähnliche Werte wie die Krankenkasse, erreichen auch Fachgesellschaften und unabhängige App-Entwickler. Der Anteil der Befragten, die eine App mit Sicherheit installieren würden, liegt jedoch bei den Krankenkassen mit 19 % deutlich über den 16 % bei Fachgesellschaften und App-Entwicklern.

Die im Rahmen der Digital Health Studie erhobenen Daten zeigen, dass Gesundheits- und Fitness-Apps von Krankenkassen bereits von einer Mehrheit der Nutzer und Interessenten akzeptiert werden.

41.3 Schlussfolgerungen und Ausblick

Die Ergebnisse der Digital Health Studie belegen, welche Akzeptanz digitale Systeme zur Trainingsunterstützung bereits 2015 erreicht hatten. Nicht nur sportlich aktive Studierende, sondern gerade auch ältere Patienten nach kardialen Ereignissen sowie Nichtsportler und Übergewichtige mit Sportmotivation sind mehrheitlich daran interessiert, Apps und Wearables zur Unterstützung ihres persönlichen Bewegungsplanes einzusetzen. Solche digitalen Assistenzsysteme zur Trainingsunterstützung können auch im digitalen Betrieblichen Gesundheitsmanagement – insbesondere in der Motivationsförderung und Verlaufskontrolle – wertvolle Impulse setzen. Die Erkenntnis, dass im Jahr 2015 bereits ein Viertel der sportlich aktiven Probanden und damit ein Fünftel aller Studienteilnehmer Nutzer digitaler Trainingsunterstützung waren, zeigt, dass dieses Interesse sich auch tatsächlich materialisiert. Die bisher nur schwer überwindbare Schwelle zwischen Motivation und Umsetzung regelmäßiger Muskelaktivierung lässt sich offensichtlich durch moderne Technik senken. Für die AOK Nordost als regional marktführende gesetzliche Krankenkasse in Berlin, Brandenburg und Mecklenburg-Vorpommern ist dieser Akzeptanzbeweis Bestätigung und Ansporn den schon im Jahr 2014 eingeschlagenen Weg einer expliziten Förderung von Apps und Wearables zur elektronischen Trainingsunterstützung im Rahmen des „FitMit-AOK"-Programms und weiterer digitaler Innovationen fortzusetzen und durch die Förderung sowie Bereitstellung professioneller Apps für Smartphones als auch spezieller AOK-Apps weiter zu ergänzen.

41.3.1 AOK Nordost nutzt Anbietervertrauen für weitere digitale Innovationen

Die AOK Nordost nutzt das in den Ergebnissen der Digital Health Studie erkennbare, bereits gut entwickelte Anbietervertrauen in die Sport- und Gesundheitskasse, und wird es zukünftig weiter stärken. Hierzu werden nicht nur attraktive, sondern auch sichere Apps bereitgestellt und gefördert, bei denen der Datenschutz höchste Priorität hat. Das Gesundheitswissenschaftliches Institut Nordost (GeWINO) der AOK Nordost wird auch weiterhin die Akzeptanz innovativer digitaler Systeme zur Trainingsunterstützung nicht nur weiter verfolgen, sondern auch durch konkrete Forschungsvorhaben mit den Partnern aus Wissenschaft und der außerordentlich innovativen Unternehmenslandschaft der Startup-Szene vorantreiben.

Das Jahr 2016 hat für die AOK Nordost einen Schwerpunkt mit digitalen Angeboten und die Gesundheitskasse hat bereits ein innovatives Gesundheitsförderungsprogramm mit einem digitalen Bonus-/Prämienprogramm und Applikationen wie dem AOK Health Navigator etabliert. Mit einer AOK Nordost spezifischen App können sich die Versicherten zu einem gesunden Lebensstil motivieren. Die AOK Nordost stellt sich damit der Herausforderung, zeitgemäß auch auf digitalem Weg zu kommunizieren sowie Angebote zu unterbreiten und bietet neue digitale Versorgungsangebote für Versicherte an. Dazu

gehört beispielsweise eine Online-Videosprechstunde, die die konventionelle Psychotherapie nicht ersetzt, sondern sinnvoll ergänzt. Die AOK Nordost ist als erste gesetzliche
Krankenkasse dem Bundesverband Internetmedizin (BIM) beigetreten, um mit diesem
gemeinsam die Qualität der Internetmedizin im Sinne der Patienten voranzubringen. Das
Portfolio digitaler Versorgungsthemen der AOK Nordost umfasst die Bereiche digitale
Versorgung und E-Health. Die Krankenkasse verfolgt dabei das Ziel einer umfassenden
digitalen Strategie mit einer sinnvollen Verzahnung der verschiedenen E-Health-Kompo-
nenten und zu erreichen, um

1. bestehende (analoge) Versorgungsprogramme zu ergänzen,
2. systemübergreifend Informationen vollständig dort zur Verfügung zu stellen, wo sie
   benötigt werden,
3. die Interoperabilität zwischen den verschiedenen bereits existierenden Systemen zu
   erreichen und
4. neue Versorgungs- und Behandlungsformen zu entwickeln und bedarfsgerecht zur Verfügung zu stellen.

Der „AOK HealthNavigator" überwindet Sprachbarrieren

Der AOK HealthNavigator deckt einen Großteil von Erkrankungen im Bereich der All-
gemeinmedizin ab, fokussiert sich auf häufig auftretende Symptome wie Erkältungsbe-
schwerden oder Schmerzen oder Krankheiten wie Masern oder Grippe. Die App ist eine
viersprachige Kommunikationshilfe in Persisch, Arabisch, Englisch und Deutsch. Er hilft
auch dabei, Sprachbarrieren insbesondere zwischen Ärzten sowie geflüchteten Menschen
abzubauen und die medizinische Versorgung zu erleichtern. Mithilfe des HealthNaviga-
tors können allgemeinmedizinische Fragen bei der Therapie von Patienten ohne oder mit
nur geringen Deutschkenntnissen oft auch ohne Dolmetscher geklärt werden. Das erleichtert nicht nur die Therapie, sondern spart den Ärzten Zeit für die Patientenversorgung. Die
Nutzung der Apps ist einfach: Sie lässt sich kostenfrei herunterladen und funktioniert ohne Internetanbindung. Grundlegende Abläufe, Fragen und Hinweise für einen Arztbesuch
werden den Flüchtlingen übersetzt und durch Piktogramme ergänzt. Neben einem allgemeinen Informationsteil zum deutschen Gesundheitssystem ist das Programm inhaltlich
in drei Bereiche aufgeteilt: vor, während und nach der Behandlung.

Die App „Jourvie" bei der AOK Nordost

Die Jourvie App unterstützt die Behandlung von Menschen mit Essstörungen (Anore-
xia nervosa, Bulimia nervosa, Esssucht oder auch Binge Eating Disorder) mit Hilfe eines
digitalen Essprotokolls. Die App erlaubt ein diskretes und zeitnahes Festhalten des Essver-
haltens durch praktische und diskrete Protokolle. Ziel der App ist der eigenverantwortliche
und kompetente Umgang der Betroffenen mit der eigenen Gesundheit (Erinnerungsfunktion sowie Motivations- und Bewältigungsstrategien), um den Therapieerfolg zu erhöhen,
Rückfällen entgegenzuwirken und somit den Krankheitsverlauf zu verkürzen. Die AOK
Nordost möchte mit diesem neuen digitalen Angebot, das Jourvie gemeinsam mit der Cha-

rité entwickelt hat, ihren betroffenen Versicherten eine sinnvolle Therapieunterstützung bieten.

Die Prämien-App „Fit mit AOK": Digital innovativ

Mit dieser Prämien-App spornt die AOK Nordost ihre Mitglieder zu sportlichem und gesundheitsförderlichem Verhalten (beispielsweise Mitgliedschaften in Sportvereinen, Teilnahme an Vorsorgeuntersuchungen und soziales Engagement wie Blutspenden) an. Die „Fit mit AOK" ist nach Aussagen von Christian Klose, Chief Digital Officer der AOK Nordost, das erste vollständig digital nutzbare Prämienprogramm einer deutschen Krankenkasse. Die Teilnehmer können Prämienpunkte sammeln und diese in attraktive Sach- und Geldprämien umtauschen. Die Teilnahme am Programm ist natürlich freiwillig und gemäß dem Grundsatz der Datensparsamkeit werden bei der AOK Nordost App nur Daten erhoben und verarbeitet, die unbedingt notwendig sind. Sensible Gesundheitsdaten werden nicht erhoben und Rückschlüsse auf den individuellen Gesundheitszustand des Versicherten sind nicht möglich. Neben den genannten Beispielen hat die AOK Nordost weitere innovative Versorgungsprogramme, die auf digitale und telemedizinische Unterstützung setzen, mit Partnern bereits vorangetrieben.

Digitale Angebote des Centrums für Gesundheit der AOK Nordost

Neu ist zudem auch das Angebot des Centrums für Gesundheit der AOK Nordost in Berlin, das Patienten des CfG-Instituts für psychogene Erkrankungen nach der Diagnose eine Online-Videosprechstunde in Zusammenarbeit mit „Patientus" anbietet, mit der sich Versicherte lange Warte- und Anfahrzeiten sparen und etwa auch in Krisensituationen rasch ihren Therapeuten konsultieren können.

Mit MoodGYM steht den Versicherten der AOK Nordost zudem ein Online-Selbsthilfeprogramm zur Verfügung, das zur Prophylaxe depressiver Erkrankungen genutzt oder beim Vorliegen von Depressionen unterstützend zur ärztlichen Therapie eingesetzt werden kann. Weiterhin setzt die AOK Nordost auf das bereits ausgezeichnete und positiv evaluierte Versorgungsprogramm „AOK-Curaplan Herz Plus", das schwerstkranke Herzinsuffizienz-Patienten mittels telemedizinischer Überwachung betreut und so helfen kann, Krankenhausaufenthalte zu vermeiden und die Lebensqualität der Menschen zu verbessern. Die Gesundheitskasse sieht in technikbasierten Fitness- und Gesundheitsangeboten eine ergänzende Möglichkeit, Menschen auch im digitalen Betrieblichen Gesundheitsmanagement für einen gesunden Lebensstil zu motivieren. Mit Blick auf die zunehmende Akzeptanz von telemedizinischen Angeboten und den stetig wachsenden digitalen Gesundheitsmarkt wird die AOK Nordost in verschiedenen Bereichen der Gesundheitsförderung und des Gesundheitsmanagements weitere sinnvolle Angebote in diesem Bereich aktiv mitgestalten.

Literatur

Biesdorf, S. & Niedermann, F. (2014) Healthcare systems and services: Healthcare's digital future. McKinsey & Company: https://www.mckinsey.de/files/140711_digital_healthcare.pdf, Abruf am 9.9.16, 15.03 Uhr

Funk C (2013). Mobile Softwareanwendungen (Apps) im Gesundheitsbereich. Entwicklung, Marktberatung und Endverbrauchermeinung. Stuttgart

Krug S, Jordan S, Lampert T (2012). DEGS. Körperliche Aktivität: Wie aktiv sind die Deutschen? RKI / DEGS-Symposium 14.06.2012

McKinsey 2014 https://www.mckinsey.de/files/140711_digital_healthcare.pdf, Abruf am 12.10.16, 14.22 Uhr

PEW Research 2014 Older Adults and Technology Use (2014): http://www.pewinternet.org/files/2014/04/PIP_Seniors-and-Tech-Use_040314.pdf und http://www.pewinternet.org/2014/04/03/older-adults-and-technology-use/, Abruf am 9.9.16, 14.45 Uhr

PEW Research 2014 Social Media Update 2014: http://www.pewinternet.org/2015/01/09/social-media-update-2014/, Abruf am 12.9.16, 16.02 Uhr

Rieck A, Borch S, Kohler M (2005). Methodische Aspekte der Fragebogenentwicklung. In: Kohler M, Rieck A, Borch S, Ziese T. Erster telefonischer Gesundheitssurvey des Robert Koch-Instituts – Methodische Beiträge. Berlin: 9–19

Robert Koch-Institut 2012 https://www.rki.de/DE/Content/Gesundheitsmonitoring/Gesundheitsberichterstattung/GBEDownloadsF/Geda2012/Koerperliche_Aktivitaet.pdf?__blob=publicationFile, Abruf am 12.10.16, 14.19 Uhr

Robert Koch-Institut (Hrsg.) (2014) Gesundheitliche Lage der Männer in Deutschland. Beiträge zur Gesundheitsberichterstattung des Bundes. RKI, Berlin: https://www.rki.de/DE/Content/Gesundheitsmonitoring/Gesundheitsberichterstattung/GBEDownloadsB/maennerbericht/kapitel_3_wie_gesund_lebt.pdf?__blob=publicationFile, Abruf am 6.9.16, 11.39 Uhr

Statista 2010 http://de.statista.com/statistik/daten/studie/198959/umfrage/anzahl-der-smartphonenutzer-in-deutschland-seit-2010/, Abruf am 12.10.16, 14.27 Uhr

TU Darmstadt 2015 Development of the Social Network Usage in Germany: http://www.emarkets.tu-darmstadt.de/forschung/social-network-usage-in-germany-study/ und http://www.emarkets.tu-darmstadt.de/fileadmin/user_upload/download/Development_of_the_Social_Network_Usage_in_Germany__Feb2015.pdf, Abruf am 12.9.16, 12.09 Uhr

Uni Bielefeld 2015: https://pro.healthdataspace.org/studie-quantified-self-gesundheits-apps/ und http://ekvv.uni-bielefeld.de/blog/uniaktuell/entry/gesundheit_unter_selbstkontrolle, Abruf am 12.9.16, 11.02

WHO 1995–2004 http://apps.who.int/bmi/index.jsp?introPage=intro_3.html, Abruf am 6.9.16, 11.08 Uhr

Zok 2010 http://www.wido.de/fileadmin/wido/downloads/pdf_publikationen/wido_pub_gesundheitlBeschw2010_0212.pdf, Abruf am 12.10.16, 14.21 Uhr

Die Digital Health Studie 2015 des Gesundheitswissenschaftlichen Instituts Nordost (GeWINO) der AOK Nordost zur Akzeptanz elektronischer Trainingsunterstützung wurde vom GeWINO in Kooperation mit der Professur für Rehabilitationswissenschaften, Universität Potsdam, Prof. Dr. Heinz Völler, Leitung; Dr. Annett Salzwedel, stellvertretende Leitung; Sophie Rabe, Sarah Eichler, Dr. Kathrin Haubold und PD Dr. Rona Reibis (Kardiologische Gemeinschaftspraxis am Park Sanssouci, Potsdam) durchgeführt.

Dipl.-Betrw. Julia Neuwirth, MPH ist seit 2013 als Forschungsmanagerin beim Gesundheitswissenschaftlichen Instituts Nordost (GeWINO) der AOK Nordost – Die Gesundheitskasse – tätig. Julia Neuwirth war federführend für die wissenschaftliche Analyse und Erstellung der Regionalreports „Leben über 100" verantwortlich.

Anne Wachholz, B.A. ist seit 2015 beim Gesundheitswissenschaftlichen Institut Nordost (GeWINO) der AOK Nordost tätig. Sie hat an der Hochschule Neubrandenburg studiert.

Sven-David Müller, MSc. ist seit 2015 beim Gesundheitswissenschaftlichen Institut Nordost (GeWINO) der AOK Nordost als Öffentlichkeitsarbeiter und Redakteur beschäftigt. Er war zuvor als Leiter Unternehmenskommunikation an der Universitätsklinik der RWTH Aachen und als Chefredakteur bei den Gesundheitsportalen imedo und qualimedic tätig.

Prof. Dr.-Ing. Thomas P. Zahn hat medizinische Informatik, klinisches Management und Wirtschaftsinformatik in Deutschland und den USA studiert. Er promovierte im Fachgebiet Neuroinformatik. Seit 2013 leitet er als Geschäftsführer das Gesundheitswissenschaftliche Institut Nordost (GeWINO) der AOK Nordost. 2016 wurde er zum Professor für Wirtschaftsinformatik und Forschung an der bbw Hochschule berufen. Prof. Dr.-Ing. Thomas P. Zahn ist weiterhin auch Geschäftsführer des Gesundheitswissenschaftlichen Instituts Nordost (GeWINO) der AOK Nordost.

BGM im digitalen Zeitalter – Herausforderungen und Möglichkeiten

42

Mustapha Sayed und Sebastian Kubalski

Zusammenfassung

Die fortschreitende Digitalisierung hat weitreichende Auswirkungen auf die zukünftige Arbeitswelt. Die rasante Entwicklung digitaler Technologien wird auch das Betriebliche Gesundheitsmanagement in den nächsten Jahren nachhaltig verändern. Digitale Lösungen im Betrieblichen Gesundheitsmanagement können Unternehmen bei der Etablierung eines nachhaltigen Gesundheitsmanagements unterstützen und lassen die Verzahnung von unternehmensbezogener und individueller Gesundheitsförderung zu. Weiterhin ermöglichen eine digitale Prozessabwicklung und Steuerung eine erleichterte Kennzahlengenerierung und damit einhergehend die Erfolgsmessung des Betrieblichen Gesundheitsmanagements.

42.1 Hintergrund

Der aktuelle digitale Wandel, auch als vierte industrielle Revolution oder Industrie 4.0 bezeichnet, beherrscht aktuell viele öffentliche Diskussionen. Die Bundesregierung hat den digitalen Wandel daher als einen der zentralen Aufgaben und zukünftigen Herausforderungen in der Arbeitswelt ernannt (Bundesministerium für Arbeit und Soziales 2016a). Nahezu alle Wirtschaftszweige sind von der Digitalisierung in der Arbeitswelt betroffen (Hungerland et al. 2015; Dengler und Matthes 2015). Dadurch wachsen die Anforderungen an die Unternehmen hinsichtlich ihrer notwendigen Innovationsfähigkeit und Flexibilität (Eichhorst und Buhlmann 2015). Die Kombination und Verzahnung der neuen Technologien beeinflusst die Digitalisierung in nahezu allen Bereichen des Arbeitens,

M. Sayed (✉) · S. Kubalski
BARMER
Wuppertal, Deutschland
E-Mail: mustapha.sayed@barmer.de

© Springer Fachmedien Wiesbaden GmbH 2018
D. Matusiewicz und L. Kaiser (Hrsg.), *Digitales Betriebliches Gesundheitsmanagement*,
FOM-Edition, https://doi.org/10.1007/978-3-658-14550-7_42

553

Lebens und Wirtschaftens (Bundesministerium für Arbeit und Soziales 2016b). Dies führt zwangsläufig zu neuen Anforderungen an die Beschäftigten.

Durch die technischen Möglichkeiten ist es in einigen Branchen und Berufsgruppen möglich, zeitlich und räumlich flexibel zu arbeiten. Das hat auch weitreichende Folgen für das Betriebliche Gesundheitsmanagement (BGM). Zum einen sind die Beschäftigten durch flexible Arbeitsorte schwieriger am Arbeitsplatz zu erreichen. Zum anderen steigen durch die ständige Erreichbarkeit die Anforderungen hinsichtlich der Selbstorganisation an die Beschäftigten, da die Trennung zwischen Arbeit und Freizeit immer schwieriger wird (Ahlers 2015). Vor diesem Hintergrund wird es immer wichtiger, dass Unternehmen nicht nur auf die fachliche Qualifikation ihrer Mitarbeiter achten, sondern durch die Implementierung eines Betrieblichen Gesundheitsmanagements den Erhalt einer gesunden, motivierten und leistungsfähigen Belegschaft sicherstellen. Nur gesunde Mitarbeiter sind in der Lage, motiviert und leistungsfähig zu sein, daher ist Gesundheit ein entscheidender Erfolgs- und Wettbewerbsfaktor. Das gilt sowohl für Großunternehmen als auch für Klein- und Mittelständische Unternehmen (KMU) (Sayed und Kubalski 2016).

Der digitale Fortschritt bietet den Unternehmen aber auch neue Möglichkeiten im BGM. Unternehmen stehen im Rahmen des Betrieblichen Gesundheitsmanagements häufig vor der Herausforderung, weniger gesundheitsaffine Beschäftigte für BGM-Maßnahmen zu gewinnen (Walter et al. 2012). Der Einsatz von onlinebasierten Gesundheitsinterventionen oder Gesundheits-Apps kann die Motivation dieser Mitarbeiter erhöhen. Außerdem können digitale Gesundheitslösungen Unternehmen bei der Prozesssteuerung und Kennzahlengenerierung im BGM unterstützen.

42.1.1 Wandel der Arbeitswelt

Die zunehmenden Angebote an neuen Informations- und Kommunikationstechnologien haben die Arbeitswelt stark verändert. Digitale Möglichkeiten wie Computer, Laptop, Internet, Mobiltelefone, Smartphone und Tablet sind in vielen Unternehmen im Arbeitsalltag fest verankert und haben in den letzten Jahren Arbeitsplätze stark verändert (Ahlers 2015). Im Forschungsbericht „Digitalisierung am Arbeitsplatz" des Bundesministeriums für Arbeit und Soziales (BMAS) zeigt sich, dass ein Großteil der Beschäftigten im Arbeitsalltag digitale Informations- und Kommunikationstechnologien (IKT) nutzen. Während nahezu alle der Hochqualifizierten beruflich IKT anwenden, sind es bei den gering qualifizierten Beschäftigten nur die Hälfte. In der Studie wurden auch Unterschiede zwischen Beschäftigten verschiedener Berufsgruppen festgestellt. Beschäftigte in Vertrieb und Verwaltung nutzen IKT beispielsweise häufiger als Beschäftigte in der Produktion und im Service. Beschäftigte ohne körperlich belastende Tätigkeiten nutzen IKT ebenfalls häufiger als Beschäftigte, die körperlich belastende Tätigkeiten ausüben. Weiterhin haben in den letzten fünf Jahren knapp vier Fünftel der Beschäftigten eine Veränderung in der technischen Ausstattung ihres Arbeitsplatzes erlebt (Bundesministerium für Arbeit und Soziales 2016b).

Die digitalen Veränderungen lassen sich in drei miteinander verbundenen Ebenen unterteilen. Zunächst ist auf der ersten Ebene die stetige Steigerung der Leistungsfähigkeit der IKT wie beispielsweise Rechengeschwindigkeit und Datenübertragung zu nennen. In diesem Rahmen entstehen große Datenmengen (Big Data), welche größtenteils in zentralen Speichern (Clouds) abgelegt werden. Die Entwicklung weiterer Technologien wie Robotik, Sensorik und der additiven Fertigung (3-D-Druck) sowie die mobile digitale Vernetzung (Internet of Everything) sind ebenfalls zu dieser Ebene zu zählen. Des Weiteren ermöglichen diese Technologien neue Möglichkeiten der künstlichen Intelligenz, welche zu Vorhersagen für das zukünftige Verhalten (Predictive Analytics) befähigen (Mikfeld 2016).

Auf der zweiten Ebene sind die zuvor genannten Technologien die Grundlage zu Dienstleistungen, Organisations- und Geschäftsmodellen sowie Produktionsprozessen, welche zu einer Neugestaltung der Arbeitsprozesse führen (Frerichs 2015; Dapp 2014). Durch die Entwicklung digitaler Plattformen kann beispielsweise zwischen verschiedenen Marktseiten im Sinne eines digitalen Netzwerkgedankens vermittelt oder selbst Produkte und Dienstleistungen angeboten werden (Brynjolfsson et al. 2015). Im Vordergrund stehen dabei die Steigerung von Kundennähe, die stetige Flexibilität sowie das Innovationstempo (Mikfeld 2016).

In der dritten Ebene stehen kulturelle Veränderungen im Vordergrund. Die Generation der sogenannten „Digital Natives" unterscheiden sich im Vergleich zu anderen Generationen in ihrem Kommunikationsverhalten und in der Mediennutzung. Ferner unterscheiden sie sich in der Art zu arbeiten, da bei den „Digital Natives" das Bedürfnis nach Autonomie ausgeprägter ist und ein „Work-Life-Blending" wichtiger ist als eine eindeutige Trennung von Arbeit und Freizeit. Einerseits werden die kulturellen Veränderungen von der IKT beeinflusst, aber andererseits wirken sie auch auf die Entstehung neuer Produkte und Arbeitsformen (Mikfeld 2016).

Diese technologische Entwicklung birgt allerdings auch die Gefahr, dass die Technik menschliche Arbeit ersetzen kann. Zu diesem Ergebnis kommt die häufig zitierte Studie von Frey und Osborne (2013), wonach die Hälfte der US-amerikanischen Berufe durch die Digitalisierung gefährdet sei. Demnach wird der technologische Fortschritt nicht nur als Ergänzung für Arbeitsprozesse gesehen, sondern auch als Ersatz für menschliche Arbeitskräfte.

In Deutschland ist die Diskussion nicht ganz so alarmierend, da eher das Potenzial der Digitalisierung für die Wirtschaft und die damit einhergehende Entwicklung neuer Geschäftsmodelle im Fokus steht (Wolter et al. 2015; Hoffmann und Bogedan 2015). Im Auftrag des Bundeministeriums für Arbeit und Soziales hat das Zentrum für Europäische Wirtschaftsforschung die Methodik der Studie von Frey und Osborne (2013) auf Deutschland übertragen und eine digitale Gefährdung von zwölf Prozent der untersuchten Berufe festgestellt (Bonin et al. 2015; Bundesministerium für Arbeit und Soziales 2016a). Arbeits- und Organisationswissenschaftler sind ebenfalls der Ansicht, dass die menschliche Arbeit auch zukünftig eine wichtige Rolle bei Produktionsprozessen und Dienstleistungen einnehmen wird (Spath et al. 2013).

42.1.2   Auswirkungen der Digitalisierung auf die Arbeitsorganisation

Die Auswirkungen der Digitalisierung auf die Arbeitsorganisation sind vielschichtig. Der zunehmende Einsatz von neuen Informations- und Kommunikationstechnologien führt zu einer Flexibilisierung, Dezentralisierung und Entgrenzung von Arbeit, welche wiederum zu neuen Herausforderungen in der Kommunikation, Kooperation, Qualifikation und der Führung von Mitarbeitern führen (Bundesministerium für Arbeit und Soziales 2016a; Hirsch-Kreinsen und Weyer 2014). Eichhorst und Tobsch (2014) unterscheiden hierbei zwischen der „internen" und „externen" Flexibilisierung der Arbeit.

Die „interne" Flexibilität wird insbesondere durch die zunehmende Verbreitung flexibler Arbeitszeiten, der verbesserten Möglichkeiten des mobilen Arbeitens und der stärkeren Vermischung von Arbeit und Freizeit in den Unternehmen deutlich. In einigen Berufsgruppen besteht durch mobiles Internet und Videotelefonie die Möglichkeit eines flexiblen Arbeitsorts. Ferner lässt sich durch die Flexibilisierung die Vereinbarkeit von Beruf und Familie verbessern, was wiederum positiven Einfluss auf die Leistungsfähigkeit der Arbeitnehmer haben kann. Flexibilisierung und Entgrenzung der Arbeit betrifft insbesondere klassische Bürojobs und weniger Arbeitsplätze in der Produktion (Eichhorst und Buhlmann 2015). Die Flexibilisierung der Arbeit hat allerdings nicht nur Vorteile, sondern birgt auch Gefahren wie beispielsweise ständige Erreichbarkeit, Gefühl der Überlastung, Herausforderungen für die Arbeit-Familien-Balance sowie ein Gefühl der Isolation (Afflerbach und Gläsener 2016; Hassler et al. 2016). Aufgrund der Zunahme von komplexen Tätigkeiten, die nur mit größerer Eigenständigkeit bearbeitet werden können, ist es laut Eichhorst und Buhlmann (2015) von enormer Bedeutung, die Führung und Steuerung von Mitarbeitern anzupassen. Die Digitalisierung in der Arbeitswelt stellt durch die verändernde Arbeitsorganisation somit auch neue Anforderungen an Führungskräfte, um die richtigen Formen der Koordination, Kooperation und Führung auszuwählen. Im Vordergrund steht insbesondere das frühzeitige Erkennen von Belastbarkeitsgrenzen, die Leistungsbewertung (auch aus der Distanz), der Erhalt der Arbeitsfähigkeit sowie die Anpassung der individuellen Arbeitsorganisation (Bundesministerium für Arbeit und Soziales 2016a; Spath et al. 2013).

Die „externe" Flexibilität ist durch die zunehmende Entstehung von Arbeitsplätzen außerhalb der unbefristeten Vollzeitarbeit zu beobachten. Damit geht sowohl die Befristung von Arbeitsverträgen, verschiedenen Teilzeitarbeitsformen als auch Zeitarbeit und Selbstständigkeit einher. Die Digitalisierung in der Arbeitswelt hat zu einer Entwicklung von virtuellen und flexiblen Arbeitsformen geführt, welches auch als sogenanntes Cloud-, Crowd-, und Clickworking bezeichnet werden. Mit dem Begriff „Cloudworker" wird der „normal" Beschäftigte beschrieben, der flexibel seiner Arbeit nachgehen und auf eine cloudbasierte IT-Infrastruktur wie z. B. Laptop, Tablet und Smartphone zurückgreifen kann (Bundesministerium für Arbeit und Soziales 2016a). Die Arbeitsform Crowdworking kann sowohl intern in Form von flexiblen Teams in Unternehmern erfolgen als auch extern (Outsourcing). Dabei wird der externe Auftrag über eine digitale Plattform veröffentlicht. Der Crowdworker bearbeitet die zugeteilte Aufgabe und wird im Anschluss dafür entlohnt. In diesem Fall steht der Arbeitnehmer in keinem festen Arbeitsverhältnis und ist als Freelancer bzw. Solo-Selbstständiger tätig (Zacharias et al. 2016). Während dieser Umstand für die Unternehmen eine große Flexibilität mit sich bringt, besteht für den Crowdworker keine angemessene wirtschaftliche, soziale und rechtliche Absicherung (Ahlers 2015; Jiang et al. 2015). In Deutschland ist Crowdworking noch nicht weit verbreitet, allerdings ist laut dem Bundesministerium für Arbeit und Soziales (2016a) vor allem im Dienstleistungssektor in den nächsten Jahren eine Zunahme zu erwarten. Bei der dritten Arbeitsform, der Clickworker, handelt es sich ähnlich wie bei dem Crowdworker um eine Freelancer-Tätigkeit. Allerdings werden hierunter einfache Tätigkeiten wie z. B. Kurztext verfassen oder Bildauswertungen verstanden. Auch bei dem Clickworker besteht keine finanzielle oder versicherungsrechtliche Absicherung (Bundesministerium für Arbeit und Soziales 2016a).

42.2 Digitale Lösungen für das Betriebliche Gesundheitsmanagement

Betriebliches Gesundheitsmanagement wird in seiner ursprünglichen Form auch aufgrund des zuvor skizzierten Wandels in der Arbeitswelt zunehmend durch neue digitale Medien erweitert. Digitale Lösungen im Betrieblichen Gesundheitsmanagement können Unternehmen durch neue und innovative Angebote bei der Etablierung eines nachhaltigen Gesundheitsmanagements unterstützen (Konnopka 2016). Digitale BGM-Lösungen ermöglichen die Verzahnung von individueller und unternehmensbezogener Gesundheitsförderung. Dabei können neue Zielgruppen erreicht werden, für die es bislang auf dem Gesundheitsmarkt wenig geeignete BGM-Angebote gibt, wie beispielsweise für Außendienstmitarbeiter, Leiharbeiter oder Unternehmen mit kleinen Standorten. Ferner können bisher wenig gesundheitsaffine Beschäftigte durch digitale Gesundheitsprogramme angesprochen werden (Walter und Maes 2015).

Es ist zu beobachten, dass sowohl E-Health- als auch mHealth-Anwendungen (engl. für mobile Gesundheit) in den letzten Jahren im Betrieblichen Gesundheitsmanagement zunehmend an Bedeutung gewonnen haben (Peters und Klenke 2016). Die Bezeichnung E-Health wird als die Anwendung elektronischer Geräte zur medizinischen Versorgung definiert (Gigerenzer et al. 2016). Digitale Lösungen im BGM lassen sich insbesondere in die Kategorien onlinebasierte Interventionen, Gesundheits-Apps und digitale Steuerung klassifizieren. Im Folgenden werden diese drei Formen der digitalen Lösungen für das Betriebliche Gesundheitsmanagement näher beleuchtet.

42.2.1 Onlinebasierte Interventionen

Das Internet ist zu einem festen Bestandteil unseres Alltags geworden. Daher liegt es nahe, das Internet im Rahmen des Betrieblichen Gesundheitsmanagements in Form von onlinebasierten Interventionen zu nutzen. Onlinebasierte Interventionen sind Maßnahmen, welche (teilweise) über das Internet umgesetzt werden. Sie ermöglichen Mitarbeitern, unabhängig von zeitlichen und räumlichen Einschränkungen, Gesundheitsmaßnahmen zu verwenden. Dadurch ist es möglich, Interventionen unter Alltagsbedingungen, in Echtzeit und in sehr großer Reichweite anzubieten (Lehr et al. 2016). Die Bandbreite an Einsatzbereichen und -techniken ist dabei sehr vielfältig. Sie reichen von videobasierter Beratung und Therapie, onlinebasierten Interventionen im E-Mail-/Chatformat, Online-Support-Gruppen und Blogs, Einbindung von Gesundheits-Apps bis hin zu automatisierten und gesundheitsbezogenen Softwareprogrammen (Lin et al. 2013). Während zu Beginn von onlinebasierten Interventionen noch wenige technische Möglichkeiten bestanden, sind vermehrt Interventionen zu beobachten, die verschiedene digitale Lösungen miteinander kombinieren. Eine onlinebasierte Intervention kann sich somit aus verschiedenen digitalen Kanälen zusammensetzen und dem Nutzer ermöglichen, von unterschiedlichen Komponenten zu profitieren. Gleichzeitig erschwert diese Entwicklung die Vergleichbarkeit der Produkte auf dem Gesundheitsmarkt und für den Nutzer wird es zunehmend komplizierter, die richtige Auswahl unter den Onlineangeboten zu treffen (Lin et al. 2013).

Nach Zacharias et al. (2016) fand in den letzten Jahren ein deutlicher Wandel in der Umsetzung des Betrieblichen Gesundheitsmanagements statt – konservative Lösungen werden zunehmend durch interaktive und digitale Maßnahmen abgelöst. Dabei gehen onlinebasierte Interventionen in Unternehmen vermehrt über reine Informationsangebote hinaus und bieten den Nutzern präventive, kurative sowie rehabilitative digitale Lösungen. In der Regel loggt sich der Nutzer auf einer Webseite ein und durchläuft eine Reihe von Lektionen mit Informationen zum Lesen, aber auch Videos und interaktive Inhalte in Form von Übungen (Nobis und Ebert 2015). Das lässt sich beispielsweise auch mit alltagsnahen und regelmäßigen Messungen des Gesundheitszustands kombinieren („ecological momentary assessments") (Lehr et al. 2016). Interventionen werden grundsätzlich zum einen in „guided self-help Interventionen" (mit Kontakt zu einem Trainer) und in „self-help Interventionen" (ohne Kontakt zu einem Trainer) unterteilt (Nobis und Ebert 2015). Die Kommunikation kann bei der „guided self-help Intervention" sowohl synchron (z. B. per Chat) oder asynchron (z. B. per E-Mail) ablaufen oder auch außerhalb der virtuellen Welt erfolgen (Lin et al. 2013). Der Austausch mit dem Trainer zielt insbesondere auf die Förderung der Adhärenz des Programms sowie die Motivation des Teilnehmers ab (Nobis und Ebert 2015).

Zahlreiche (inter-)nationale Studien belegen inzwischen die Wirksamkeit von onlinebasierten Interventionen für verschiedene Gesundheitsparameter. Es liegen beispielsweise Metaanalysen zur Reduktion von Schlafstörungen (Zachariae et al. 2015), Depression (Richards und Richardson 2012), Angststörungen (Haug et al. 2012) und chronischen Schmerzen (Buhrmann et al. 2016) vor. Auch für das Gesundheitsverhalten konnten in Studien die Wirksamkeit von onlinebasierten Interventionen zur Reduktion des Alkoholkonsums (Riper et al. 2014) sowie der Gewichtsreduktion und einem damit einhergehenden gesünderem Ernährungsverhalten und einer Erhöhung der körperlich-sportlichen Aktivität nachgewiesen werden (Hou et al. 2014).

42.2.2   Gesundheits-Apps

Ähnlich wie das Internet haben sich in den letzten Jahren mobile Technologien nahtlos in unseren Alltag eingefügt. Nach aktuellen Statistiken nutzen in der deutschen Bevölkerung bereits 63 % ein Smartphone, sodass die Zahl potenzieller Nutzer von Gesundheits-Apps hoch ist und seit Jahren beständig steigt (Weicksel und Pentsi 2015). Der Gebrauch von Smartphones ist in allen Bevölkerungsschichten alters- und professionsübergreifend weit verbreitet. Ältere Menschen sind im Vergleich zu Jüngeren zwar weniger vertraut mit mobilen Geräten und Apps und sind gegenüber digitalen Angeboten in der Regel skeptischer (Kontos et al. 2014), aber auch bei den über 65-Jährigen steigt die Zahl der Nutzer (Weicksel und Pentsi 2015).

Die mobile Gesundheit ist nach Albrecht (2016) eine durch Mobilgeräte elektronisch unterstützte Gesundheitsversorgung. Die Entwicklung im Bereich der Gesundheits-Apps ist rasant und wird, abhängig von der genauen Zählweise, alleine für die Bereiche „Medizin" und „Gesundheit und Fitness" auf bis zu 90.000 Apps geschätzt. Allerdings ist der Markt für Apps aufgrund der Größe und Dynamik, aber auch aufgrund der wenig regulierten Organisation sehr unübersichtlich (Albrecht 2016). Die meisten Gesundheits-Apps stehen Nutzern kostenfrei zur Verfügung – lediglich ca. zehn Prozent der Apps sind kostenpflichtig und rund sechs Prozent bieten kostenfreie Grundfunktionen, die durch kostenpflichtige Zusatzfunktionen hinzugebucht werden können (Aitken 2015). Nach Ansicht der Europäischen Kommission (2015) haben Gesundheits-Apps das Potenzial, Prozesse im Gesundheitswesen zu verändern und damit die Gesundheitsversorgung zu verbessern. Die entscheidende Frage für Personal- und Gesundheitsverantwortliche in Unternehmen ist, wie dieses Potenzial sinnvoll für das BGM genutzt werden kann (Walter und Maes 2015).

Gesundheits-Apps bieten eine Reihe von Chancen für den Nutzer und sind potenziell geeignet, einen niedrigschwelligen Zugang zu gesundheitsfördernden Angeboten im BGM zu schaffen. Die Einbeziehung spielerischer Elemente durch Gesundheits-Apps lässt vermuten, dass insbesondere junge Erwachsene und männliche Beschäftige besser für Gesundheitsangebote erreicht werden können. Durch einen Gesundheitswettbewerb unter Nutzung einer Gesundheits-App (z. B. zur Messung der Schritte) innerhalb des Unternehmens kann das Gesundheitsverhalten der Belegschaft auf spielerische Art gefördert werden. Weiterhin können durch Gesundheits-Apps chronisch kranke Mitarbeiter für das Selbstmanagement und die Erhöhung der Adhärenz und Therapietreue wirksam unterstützt werden. Dadurch lassen sich lange Ausfallzeiten und kostenintensive Behandlungen vermeiden (Robert Koch-Institut 2015). Weiterhin werden Gesundheits-Apps zur Unterstützung der Diagnostik und anschließender Rehabilitation genutzt, wodurch Nutzer jederzeit und ortsunabhängig über die App Informationen aufrufen und nutzen können, sodass hierüber auch eine vernetzte Kommunikation zwischen dem Patienten und den behandelnden Ärzten erfolgen kann (Meng et al. 2015).

Die Wirksamkeit von Gesundheits-Apps ist bislang wenig erforscht, auch wenn sich in den letzten Jahren die Forschungslandschaft zunehmend mit der Thematik beschäftigt. Zur Veränderung des Lebensstils konnten jedoch positive Effekte festgestellt werden. Einige Studien beschreiben beispielsweise durch den Einsatz von Gesundheits-Apps positive Auswirkungen bei der Zunahme der körperlichen Aktivität (Lubans et al. 2014; Glynn et al. 2014), der Anpassung der Ernährung (Nollen et al. 2014) sowie der Gewichtskontrolle (Carter et al. 2013). Für andere Präventionsbereiche fehlen hingegen Studien, welche die Wirksamkeit von Gesundheits-Apps nachweisen (Albrecht et al. 2016). Auch die Tatsache, ob die Nutzung von Gesundheits-Apps in der Prävention im Zeitverlauf abnimmt, ist nicht ausreichend untersucht. Es ist häufig nicht bekannt, wie intensiv Personen Apps nutzen, da in der Regel nur die Downloadzahlen der Apps zur Verfügung stehen. Laut einer US-amerikanischen Studie geht hervor, dass 15 % der Apps aus dem Bereich „Gesundheit und Fitness" lediglich einmalig genutzt werden (Hoch 2014). Nach einer Erhebung von Farago (2012) werden nur 27 % der Apps länger als 90 Tage nach der Installation verwendet.

Es ist unbestritten, dass durch den Einsatz von Gesundheits-Apps nicht nur Chancen, sondern auch Risiken für den Nutzer bestehen. Bei der Nutzung von Apps können gesundheitliche Gefahren beispielsweise durch eine Fehlfunktion in der App und eine daraus resultierende fehlgeleitete Bedienung entstehen. Wird die App für die Ermittlung einer Diagnose verwendet, kann eine Fehldiagnose zu einer falschen oder verzögerten Präventions- bzw. Therapiemaßnahme führen. Fehldiagnosen können auch Ängste bei dem Nutzer hervorrufen und Einfluss auf die psychische Gesundheit haben. Weiterhin ist nicht jede Maßnahme bei dem Einsatz von Gesundheits-Apps gleichermaßen für alle Mitarbeiter geeignet (Albrecht 2016).

Ein in der Literatur häufig diskutiertes und für den Nutzer im Betrieblichen Gesundheitsmanagement sehr wichtiges Thema ist die Klärung des Datenschutzes, da die Nutzung von Apps mit der Erhebung, Verarbeitung und Nutzung personenbezogener Daten verknüpft ist. Datenschutzrechtliche Aspekte spielen insbesondere bei Gesundheits-Apps eine wichtige Rolle, da häufig über die Apps sensible gesundheitsbezogene Daten erhoben werden. Ferner lassen sich durch z. B. die Übermittlung von Standort- und Bewegungsdaten leicht detaillierte Bewegungsprofile erstellen. Nutzer müssen sich darauf verlassen können, dass ihre Daten sicher sind. Das ist insbesondere im Kontext BGM für Arbeitnehmer sehr wichtig, damit die gesammelten Daten nicht in die Hände ihres Arbeitsgebers oder nicht-autorisierter Dritter gelangen. Die Sicherstellung ist jedoch sehr schwierig, da viele Apps häufig aus dem Ausland stammen und die Speicherung, Nutzung und Verarbeitung erhobener Daten nicht immer in Deutschland stattfindet. Daher ist eine konsequente Umsetzung der vorhandenen gesetzlichen Regelungen notwendig. Weiterhin muss der Nutzer umfassend über die Datenerhebung, -verarbeitung und -nutzung seiner Daten aufgeklärt werden (Pramann 2016).

42.2.3 Digitale Steuerung und Kennzahlen

Neben onlinebasierten Interventionen und Gesundheits-Apps bieten digitale Prozessabwicklung und Steuerung Potenzial zur Weiterentwicklung des Betrieblichen Gesundheitsmanagements. Hierdurch können vor allem die Kommunikation optimiert und BGM-Prozesse digitalisiert bzw. teilweise automatisiert werden. Diese digitalen Prozesse ermöglichen darüber hinaus eine erleichterte Kennzahlengenerierung und somit die Erfolgsmessung des Betrieblichen Gesundheitsmanagements. Lüerßen et al. (2015) kommen im Rahmen ihrer Studie „BGM im Mittelstand 2015" zu dem Ergebnis, dass begrenzte personelle und finanzielle Ressourcen, fehlende Erfolgsnachweise und Datengrundlagen vielfach Hürden bei der Umsetzung von BGM im Betrieb darstellen und die nachhaltige Implementierung sogar verhindern können. Darüber hinaus sind das richtige Marketing und die Kommunikation im Kontext des BGMs laut den Autoren für den Erfolg unverzichtbar. Zusammenfassend können somit für das Management betrieblicher Gesundheitsangebote drei Kernthemen identifiziert werden, welche mithilfe digitaler Lösungen unterstützt werden können:

- Kommunikation und Erreichung der Mitarbeiter mit den Gesundheitsangeboten
- Optimierung des Ressourceneinsatzes durch digitale Prozesse
- Generierung von Kennzahlen zur Erfolgsbewertung und Steuerung im Rahmen digitaler Prozesse

Als Vorlage können hierzu unter anderem Erfahrungen dienen, welche der Einzelhandel bei der digitalen Transformation gesammelt hat, da im Kern eine hohe Deckungsgleichheit der Zielstellungen „Kundenerreichung" und „kennzahlenbasierte Optimierung des Ressourceneinsatzes" bestehen. Daher werden im Folgenden Ergebnisse der Studie „Total Retail 2015" von PricewaterhouseCoopers (2015) einbezogen, in der die disruptiven Faktoren der Digitalisierung auf den Einzelhandel beleuchtet werden.

Kommunikation und Mitarbeitererreichung
Das Betriebliche Gesundheitsmanagement mit allen seinen beteiligten Playern (Gesundheitsförderung, Arbeitsmedizin, Eingliederungsmanagement, Sozialberatung etc.) kann nur erfolgreich sein, wenn die Mitarbeiter mit den relevanten Angeboten erreicht werden. In der Praxis stellt sich dies allerdings meist als Herausforderung dar. Die betrieblichen Kommunikationskanäle sind vielfältig (Plakate, Intranet, Schwarzes Brett, E-Mail etc.), ebenso wie die Ansprechpartner der jeweiligen Angebote. Laut einer Studie der Universität St. Gallen (Grutsch und Kressing 2015) besteht bei der unternehmensinternen Kommunikation von BGM noch deutlicher Nachholbedarf, da innerbetrieblich zu wenig über bestehende Angebote kommuniziert wird. In Konsequenz führt dies zu einem Informationsdefizit aufseiten der Mitarbeiter, im Sinne von mangelnder Kenntnis der Gesundheitsangebote und derer Zugangsmöglichkeiten. Hieraus resultiert zwangsläufig eine geringe Erreichung der Mitarbeiter mit den entsprechenden Angeboten.

Eine Art digitaler „Marktplatz", in Form einer zentralen Plattform bzw. eines Shops kann hier einen Lösungsansatz bieten. Ausgehend von den Ergebnissen der Studie von PricewaterhouseCoopers (2015) steht hierbei die Kunden- (Empfänger des Angebotes) und nicht die Kanalorientierung (Absender des Angebotes) im Vordergrund. Anstatt einer

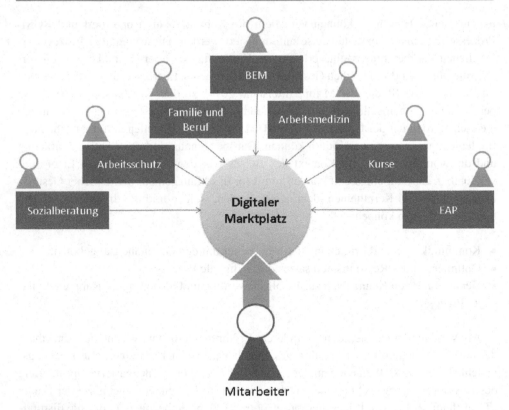

Abb. 42.1 Der digitale Gesundheitsmarktplatz. (Eigene Darstellung)

Vielzahl von „Orten" (z. B. verschiedene Abschnitte im Intranet) sollten die Angebote an einem Ort gebündelt werden, der für alle Mitarbeiter leicht erreichbar ist und jederzeit von überall her das nahtlose Anstoßen von Kauf- und Serviceprozessen ermöglicht – siehe Abb. 42.1. In der Regel ist dies das Intra- oder Internet.

Ein weiterer Aspekt der kundenorientierten Kanalgestaltung befasst sich mit deren Attraktivität. Kunden erwarten heute eine ganzheitliche „Einkaufserfahrung" – insoweit sind textbasierte Informationsangebote überwiegend nicht mehr zeitgemäß. Den Standard bilden heute E-Commerce-Konzepte wie Amazon oder eBay (siehe Abb. 42.2), welche neben ihrer leichten Zugänglichkeit vor allem auf eine attraktive Darstellung relevanter Angebote setzen.

Das leichtere Auffinden der relevanten Angebote ist der erste Vorteil einer entsprechenden Digitalisierung. Nachdem Interesse an der Inanspruchnahme eines Gesundheitsangebotes besteht, folgen vielfach unnötige Hürden zur Inanspruchnahme. Diese bestehen z. B. in medialen Brüchen durch telefonische oder schriftliche Kontaktaufnahme zum „Anbieter" der Leistung oder schlichtweg zu aufwendige Anmeldeprozesse, die vielfach stärker kanal- als kundenorientiert gestaltet sind. Im Bereich des E-Commerce sind die

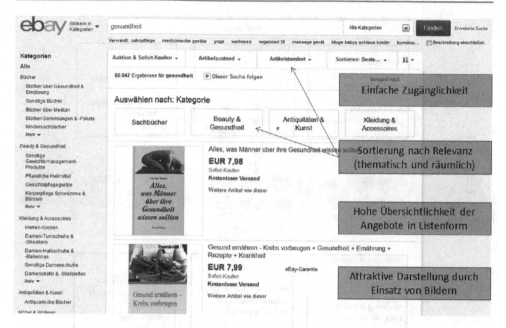

Abb. 42.2 Moderne E-Commerce-Lösungen am Beispiel von eBay. (Quelle: www.ebay.de)

direkte Verfügbarkeitsprüfung (z. B. von Terminen) und Buchung mit einem Klick bereits Standard – diesen gilt es ebenfalls auf das Angebot des Betrieblichen Gesundheitsmanagements zu übertragen. Das Ziel dabei ist eine möglichst hohe Konvertierungsrate von Interessenten an einer Gesundheitsleistung zu Nutzern der Gesundheitsleistung.

Ein weiterer Vorteil des zentralen Marktplatzes liegt in der Multiplikation der Angebote. Jeder Kommunikationsimpuls eines am BGM beteiligten Players führt wiederum zu Zugriffen auf die Plattform und dadurch zur Verbreitung des Gesamtangebotes. Insoweit unterstützt die zentrale Plattform die kontinuierliche Verbreitung des Gesamtangebotes an Gesundheitsmaßnahmen.

Optimierung des Ressourceneinsatzes durch digitale Prozesse
Digitale Prozesse bilden in mehrfacher Hinsicht Potenzial für das Betriebliche Gesundheitsmanagement. Angefangen bei der Vereinfachung der Interaktion von Anbieter und Kunde, bis hin zur Abwicklung vollständiger Prozesse, kann die Digitalisierung das Betriebliche Gesundheitsmanagement unterstützen:

1. Verwaltung aller Gesundheitsangebote in einer zentralen Datenbank
2. Interaktion zwischen Mitarbeitern, „Anbietern" und Dienstleistern
3. Digitale Prozessbearbeitung

Die strategischen Enabler auf der IT-Seite bilden laut PricewaterhouseCoopers (2015) entsprechende Datenbanken, welche eine effiziente Verwaltung der Angebote und Kun-

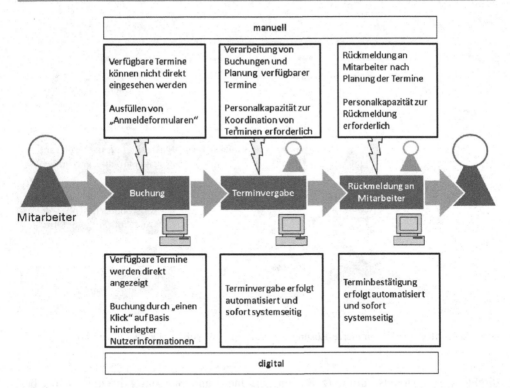

Abb. 42.3 Manueller vs. digitaler Prozess. (Eigene Darstellung)

deninformationen ermöglichen. Hierdurch werden die zentralen Informationen gebündelt und können digital verarbeitet werden. Durch die direkte Interaktion mit dem Marktplatz können Informationen automatisiert in Echtzeit verarbeitet und dargestellt werden. Latenzzeiten durch händische Bearbeitungsprozesse werden reduziert.

Das Beispiel eines Anmeldeprozesses zu einer Vorsorgeuntersuchung illustriert das Potenzial für einen digitalen Prozess – siehe Abb. 42.3. Während der „klassische" Prozess von mehreren zeitlich auseinanderfallenden Einzelschritten geprägt ist und händisch unter Einsatz von Personalkapazität erfolgt, kann der digitale Prozess vollständig ohne Personaleinsatz abgewickelt werden. Zudem erhält der buchende Mitarbeiter systemseitig eine sofortige Rückmeldung (Bestätigung seines gebuchten Termins), ohne dass Latenzzeiten für die händische Bearbeitung entstehen. Eine digitale Prozessverarbeitung kann folglich Ressourcen sparen und die Servicequalität des Betrieblichen Gesundheitsmanagements steigern.

Bei weitergehender Digitalisierung können neben dem Mitarbeiter und den internen Anbietern ebenfalls externe Dienstleister in die Interaktion eingebunden werden, indem beispielsweise automatisiert Buchungen an externe Anbieter (z. B. einen betriebsärztlichen Dienst) weitergeleitet werden.

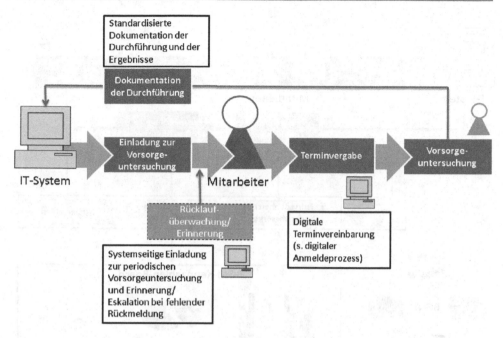

Abb. 42.4 Systemseitige Prozessinitiierung/-steuerung. (Eigene Darstellung)

Umgekehrt kann der Kommunikationsimpuls auch von der Plattform ausgehen – siehe Abb. 42.4. Handelt es sich um standardisierbare Prozesse (z. B. periodische arbeitsmedizinische Vorsorge, Sicherheitsunterweisungen oder Mitarbeiterbefragungen) kann eine digitale Lösung den Impuls setzen (Kontaktaufnahme mit Mitarbeiter) und den Rücklauf verfolgen. Hierdurch können vor allem Prozesse, welche vielfach dem Tagesgeschäft zum Opfer fallen, sichergestellt werden (Bechmann et al. 2011). Neben einem höheren Maß an Verbindlichkeit ergibt sich in letzter Instanz die Rechtssicherheit im Kontext verpflichtender Gesundheitsprozesse (z. B. G46-Untersuchung oder Psychische Gefährdungsbeurteilung), da diese automatisiert und geplant eingeleitet und dokumentiert werden können.

Generierung von Kennzahlen und Erfolgsbewertung aus digitalen Prozessen
Ein zentrales Element für die Implementierung eines nachhaltigen Betrieblichen Gesundheitsmanagements ist die Generierung von Kennzahlen bzw. einer Erfolgsbewertung (Bechmann et al. 2011; Luerßen et al. 2015). Die Basis hierfür bilden neben den im Unternehmen vorhandenen Routinedaten, welche vorrangig die Spätindikatoren wie Fehlzeiten und Fluktuation umfassen, insbesondere Prozessdaten und Mitarbeiterbefragungen (Frühindikatoren). Die sogenannten Customer Analytics bilden im Bereich des E-Commerce ebenfalls die Grundlage zur stetigen, kundenorientierten Optimierung des Portfolios (PricewaterhouseCoopers 2015). Hierbei werden die über den Kunden verfügbaren Informationen mit denen der getätigten Transaktionen verbunden. Ein ähnliches

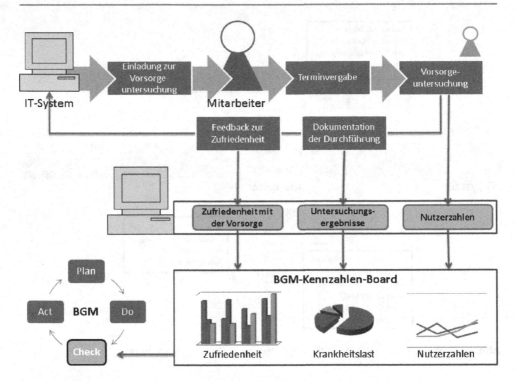

Abb. 42.5 Digitale Kennzahlengenerierung. (Eigene Darstellung)

Potenzial bietet die digitale Prozessbearbeitung. Hierbei können mit geringem Aufwand laufend Kennzahlen gesammelt und aufbereitet werden.

Neben den reinen quantitativen Prozessdaten (z. B. Nutzerzahlen) können ebenfalls qualitative Daten erhoben werden. Hierzu können beispielsweise Ergebnisse der Vorsorgeuntersuchungen und digitale Feedbacks zur Zufriedenheit mit dem Angebot genutzt werden, um auf Gruppenebene aggregierte Kennzahlen zu sammeln. Die Zusammenfassung bildet ein systemseitig generierter BGM-Kennzahlen-Board (siehe Abb. 42.5). Die Kennzahlen des Boards bilden die Basis zur Weiterentwicklung des Betrieblichen Gesundheitsmanagements im Sinne eines kontinuierlichen Verbesserungsprozesses. Bei der Zusammenführung der Daten ist stets darauf zu achten, dass die auszuwertenden Mitarbeiterkollektive ausreichend groß sind, als dass keine Rückschlüsse auf einzelne Mitarbeiter möglich sind. Im Rahmen des Aufbaus eines solchen Kennzahlensystems sind daher möglichst von Anfang an die Personalvertretung und der betriebliche Datenschutz einzubinden.

Ausgehend von den Entwicklungen im Bereich des E-Commerce, ermöglicht die Verarbeitung personenbezogener Informationen aus den digitalen Prozessen heraus zudem die zielgerichtete Ansprache mit bedarfsorientierten Angeboten. Hierbei werden Informationen beispielsweise aus wahrgenommenen Angeboten oder vorliegenden Untersuchungs-

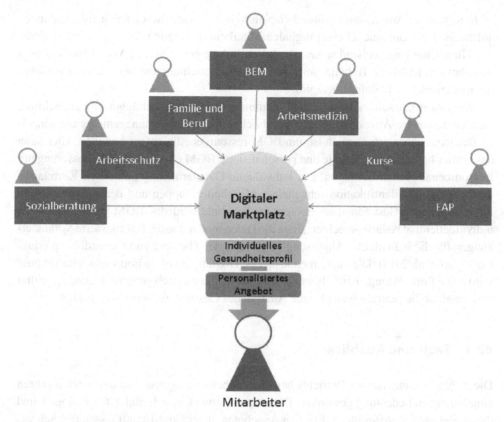

Abb. 42.6 Personalisiertes BGM. (Eigene Darstellung)

ergebnissen genutzt, um dem Kunden bzw. Mitarbeiter individuelle Angebote zu unterbreiten, welche seine persönliche Gesundheitssituation berücksichtigen – siehe Abb. 42.6. Dies kann automatisiert oder im Rahmen gezielter Kampagnen aufgrund einer speziellen betrieblichen Krankheitslast erfolgen. Am Beispiel von Rückenschmerzen lässt sich dies wie folgt illustrieren:

1. Im Rahmen der arbeitsmedizinischen Vorsorge werden vermehrt Mitarbeiter mit nichtspezifischen Rückenschmerzen vorstellig.
2. Auf Basis der dadurch festgestellten Krankheitslast stellt das BGM des Unternehmens den Bedarf eines entsprechenden Versorgungsangebotes fest.
3. Das BGM schließt einen Versorgungsvertrag mit einem spezialisierten Therapiezentrum ab.
4. Alle Mitarbeiter, bei denen nichtspezifische Rückenschmerzen im System dokumentiert wurden, erhalten im Rahmen einer Kampagne systemseitig eine Einladung zur betriebsärztlichen Beratung für das neue Versorgungsangebot.

Eine weitere Ausbaustufe würde beispielsweise die Generierung von Empfehlungen auf Basis der Teilnahme an einer digitalen Mitarbeiterbefragung darstellen. Dabei erhält der Mitarbeiter entsprechend seiner persönlichen Angaben passende Vorschläge aus dem Angebot des BGMs (z. B. beim Vorliegen von Rückenschmerzen: betriebliches Angebot der medizinischen Trainingstherapie).

Die Boston Consulting Group (2012) kommt in ihren Untersuchungen zu dem Schluss, dass eine stärkere Ausrichtung des Betrieblichen Gesundheitsmanagements auf einzelne Bedarfsgruppen erforderlich ist, um BGM ressourceneffizient zu gestalten. Hier kann das vorher beschriebene digitale und personalisierte BGM ebenfalls zur Verbesserung der Ressourcenallokation beitragen. Die individuelle Datenerhebung und deren Korrelation ermöglichen die Identifikation sehr kleiner Mitarbeitergruppen und deren Adressierung mit passgenauen Gesundheitsangeboten. Im Ergebnis wird das BGM dadurch deutlich individueller und bedarfsgerechter „denn die Daten bieten drastisch verbesserte Voraussetzungen für die individuelle Anpassung von Diagnose, Therapie und Gesundheitsprodukten" (Carl et al. 2015). Die zunehmende private Digitalisierung in Form von Smartphones wird diese Entwicklung ebenfalls weiter fördern, da die dadurch generierte Datenquantität und -qualität die zentrale Basis für die Analyse des Gesundheitsverhaltens bilden.

42.3   Fazit und Ausblick

Die Digitalisierung hat im Betrieblichen Gesundheitsmanagement in den letzten Jahren zunehmend an Bedeutung gewonnen. Die rasante Entwicklung digitaler Technologien und die immer größere Affinität zu digitalen Angeboten in der Gesellschaft lassen den Schluss zu, dass die Bedeutung digitaler Lösungen im BGM weiter steigen und das BGM zukünftig nachhaltig verändern wird. Umso wichtiger ist es, neben den Chancen auch die Risiken des digitalen Wandels zu betrachten. Zum einen können die Digitalisierung und der damit einhergehende Wandel in der Arbeitswelt durch eine zunehmende Arbeitsdichte und erhöhtem Leistungsdruck zu einer gesundheitlichen Belastung von Mitarbeitern führen. Auf der anderen Seite ist das Angebot an digitalen Lösungen wie onlinebasierten Interventionen und Gesundheits-Apps ebenso vielfältig wie die Nutzer und ihre Anforderungen. Die Beschreibung der charakteristischen Funktionen fällt ebenso schwer, wie die Bestimmung der Rolle, welche sie in der Gesundheitsversorgung im betrieblichen Kontext einnehmen können. Ausschlaggebend für die Effektivität von digitalen Gesundheitsangeboten ist eine nachhaltige und zielgerichtete Integration in den Versorgungsalltag und die Einbettung in ein betriebliches bzw. betriebsmedizinisches Gesamtkonzept.

Entscheidend für den Erfolg digitaler Angebote im Unternehmen ist die Akzeptanz aufseiten der Konsumenten und somit der Belegschaft. Für die Sensibilisierung von Gesundheitsmaßnahmen ist im BGM weiterhin der persönliche Austausch mit den Mitarbeitern von enormer Bedeutung. Daher ist für ein nachhaltiges und ganzheitliches Betriebliches Gesundheitsmanagement die Verknüpfung von Onlineangeboten mit Präsenzmaßnahmen am Arbeitsplatz zu empfehlen. Eine tragende Rolle bei der Umsetzung von BGM-Maßnahmen kann dabei die Gesetzliche Krankenversicherung (GKV) spielen. Die Einführung des Präventionsgesetzes im Jahr 2015 hat den Stellenwert der Prävention – insbesondere im betrieblichen Kontext – nochmal unterstrichen. Durch die Festlegung eines jährlichen Mindestausgabewerts in der Betrieblichen Gesundheitsförderung (BGF), der 2016 bei zwei Euro pro Versicherten lag, haben viele gesetzliche Krankenkassen neben den personellen Ressourcen zusätzlich die Mittel für Betriebliche Gesundheitsförderung nach § 20b SGB V erhöht. Damit Leistungen der BGF durch Krankenkassen finanziert werden können, ist eine vorherige Einbindung der Krankenkasse erforderlich – insoweit empfiehlt sich die Beteiligung einer oder mehrerer Krankenkassen von Beginn an.

Die Digitalisierung, wie sie im Sinne des E-Commerce bereits stattgefunden hat, bietet im Betrieblichen Gesundheitsmanagement die Chance, durch digitalisierte Prozesse und zielgerichtete Angebote die Effizienz und Effektivität zu erhöhen. Durch zentrale Plattformlösungen kann zudem die Transparenz über alle Gesundheitsangebote im Unternehmen geschaffen und die personalisierte, bedarfsgerechte Kommunikation verbessert werden. Ein personalisiertes BGM stellt allerdings hohe Anforderungen an das zugrundliegende Datenschutzkonzept, da die personenbezogenen Gesundheitsinformationen vor unberechtigtem Zugriff bzw. missbräuchlicher Auswertung geschützt werden müssen. Mit dem am 01.01.2016 in Kraft getretenen E-Health-Gesetz („Gesetz für sichere digitale Kommunikation und Anwendungen im Gesundheitswesen") möchte die Bundesregierung die Nutzung moderner Informations- und Kommunikationstechnologien im Gesundheitswesen vorantreiben und dadurch die Qualität und Wirtschaftlichkeit der Versorgung verbessern, aber auch die Sicherstellung höchster Sicherheitsstandards gewährleisten. Nutzer müssen sich darauf verlassen können, dass ihre Daten bei der Nutzung digitaler Angebote sicher sind. Bei der Entwicklung und Nutzung digitaler Lösungen im BGM muss daher von Anfang an die Personalvertretung sowie der betriebliche Datenschutz eingebunden werden.

Literatur

Afflerbach, T.; Gläsener, K. M. (2016): New Ways of Working – Vertrauen und Selbstmanagement in einer digitalisierten Arbeitswelt. In: Badura, B; Ducki, A.; Schröder, H.; Klose, J.; Meyer, M. (Hrsg.): Fehlzeiten-Report 2016. Unternehmenskultur und Gesundheit – Herausforderungen und Chancen. Berlin, Heidelberg: Springer Verlag. 171–182.

Ahlers, E. (2015): Anspruch und Wirklichkeit des Betrieblichen Gesundheitsmanagements in einer sich verändernden Arbeitswelt. In: Badura, B; Ducki, A.; Schröder, H.; Klose, J.; Meyer, M. (Hrsg.): Fehlzeiten-Report 2015. Neue Wege für mehr Gesundheit – Qualitätsstandards für ein zielgruppenspezifisches Gesundheitsmanagement. Berlin, Heidelberg: Springer Verlag. 39–47.

Aitken, M. (2015): Patient Adoption of mHealth. Use, Evidence and Remaining Barriers to Mainstream Acceptance. IMS Institute for Healthcare Informatics.

Albrecht, U.-V. (2016): Kurzfassung. In: Albrecht, U.-V. (Hrsg.): Chancen und Risiken von Gesundheits-Apps (CHARISMHA). Medizinische Hochschule Hannover. 14–47.

Albrecht, U.-V.; von Jan, U.; Pramann, O.; Fangerau, H. (2016): Gesundheits-Apps im For-
schungskontext. In: Albrecht, U.-V. (Hrsg.): Chancen und Risiken von Gesundheits-Apps
(CHARISMHA). Medizinische Hochschule Hannover. 160–175.

Bechmann, S.; Jäckle, R.; Lück, P.; Herdegen, R. (2011) iga.Report 20 Motive und Hemmnisse für
Betriebliches Gesundheitsmanagement (BGM). AOK-Bundesverband (Hrsg.), Berlin.

Bonin, H.; Gregory, T.; Zierahn, U. (2015): Übertragung der Studie von Frey/Osborne (2013) auf
Deutschland. Kurzexpertise Nr. 57 im Auftrag des Bundesministeriums für Arbeit und Soziales.
Zentrum für Europäische Wirtschaftsforschung. Mannheim.

Boston Consulting Group. (Hrsg.). (2012). Corporate Health Management im Umbruch – Herausforderungen und neue Strategien. Ein Working Paper der Boston Consulting Group (Hrsg.).
München: The Boston Consulting Group.

Buhrman, M.; Gordh, T.; Andersson, G. (2016): Internet interventions for chronicpain including-
headache: a systematic review. Internet Interv 4:17–34.

Bundesministerium für Arbeit und Soziales (2016a): Foresight-Studie „Digitale Arbeitswelt". Forschungsbericht 463. Berlin.

Bundesministerium für Arbeit und Soziales (2016b): Digitalisierung am Arbeitsplatz. Forschungsbericht 468. Berlin.

Brynjolfsson, E.; McAfee, A.; Pyka, P. (2015): The second machine age. Wie die nächste digitale
Revolution unser aller Leben verändern wird. 2. Auflage. Kulmbach: Börsenmedien AG.

Carl, M.; Ambacher, N; Knapp, D. (2015): Trendstudie: Personalisierte Medizin der Zukunft. Online
im Internet: Verfügbar unter http://www.2bahead.com/studien/trendstudie/detail/trendstudie-
personalisierte-medizin, Abrufdatum: 28.12.2016.

Carter, M.C.; Burley, V.J.; Nykjaer, C. & Cade, J.E. (2013), Adherence to a smartphone application
for weight loss compared to website and paper diary: Pilot randomized controlled trial. J Med
Internet Res 15(4): 32.

Dengler, K.; Matthes, B. (2015): Folgen der Digitalisierung für die Arbeitswelt. IAB Forschungsbericht. Aktuelle Ergebnisse aus der Projektarbeit des Instituts für Arbeitsmarkt- und Berufsforschung. Nürnberg: Institut für Arbeitsmarkt- und Berufsforschung der Bundesagentur für Arbeit
(Hrsg.).

Dapp, T. F. (2014): Fintech – Die digitale (R)evolution im Finanzsektor. Algorithmenbasiertes Ban-
king mit human touch. Frankfurt am Main: Deutsche Bank Research.

Eichhorst, W; Buhlmann, F. (2015): Die Zukunft der Arbeit und der Wandel der Arbeitswelt. Forschungsinstitut zur Zukunft der Arbeit (IZA). Gütersloh (I ZA Research Report, 77).

Eichhorst, W.; Tobsch, V. (2014): Flexible Arbeitswelten. Bericht an die Expertenkommission
„Arbeits- und Lebensperspektiven in Deutschland". Bertelsmann Stiftung (Hrsg.). Forschungsinstitut zur Zukunft der Arbeit (IZA). Gütersloh (I ZA Research Report, 59).

Europäische Kommission (2015): Pressemitteilung vom 15.12.2015. Einigung über die EU-
Datenschutzreform der Kommission wird digitalen Binnenmarkt voranbringen. Verfügbar unter
http://europa.eu/rapid/press-release_IP-15-6321_de.htm Abrufdatum: 26.12.2016.

Farago, P. (2012), App Engagement: The Matrix Reloaded. Verfügbar unter http://flurrymobile.
tumblr.com/post/113379517625/appengagement-the-matrix-reloaded, Abrufdatum:
28.12.2016.

Frerichs, M. (2015): Industriearbeit 4.0: Gestaltungskonzepte für Gute Arbeit. In: Hoffmann, R.;
Bogedan, C. (Hrsg.): Arbeit der Zukunft. Möglichkeiten nutzen – Grenzen setzen. Campus
Frankfurt am Main: Verlag GmbH. 459–467.

Frey, C. B.; Osborne, M. A. (2013): The future of employment. How susceptible are jobs to compu-terisation? Oxford University.

Gigerenzer, G.; Schlegel-Matthies, K.; Wagner, G. G. (2016): Digitale Welt und Gesundheit. eHealth und mHealth – Chancen und Risiken der Digitalisierung im Gesundheitsbereich. Sachverstän-digenrat für Verbraucherfragen beim Bundesministerium der Justiz und für Verbraucherschutz (Hrsg.) Berlin: Sachverständigenrat für Verbraucherfragen.

Glynn, L. G.; Hayes, P. S.; Casey, M.; Glynn, F.; Alvarez-Iglesias, A.; Newell, J.; OLaighin, G.; Heaney, D.; O'Donnell, M. & Murphy, A. W. (2014): Effectiveness of a smartphone application to promote physical activity in primary care: the SMART MOVE randomised controlled trial, Br J Gen Pract 64(624):384–391.

Grutsch, M.A.; Kressing, C. (2015): Wahrnehmung von Betrieblichem Gesundheitsmanagement aus Sicht von Angestellten und Verantwortlichen. Eine Vergleichsstudie auf Basis von zwei unabhängigen empirischen Erhebungen. St. Gallen: Universität St. Gallen.

Hassler M.; Rau, R.: Hupfeld, J.; Paridon, H. (2016): Auswirkungen von ständiger Erreichbarkeit und Präventionsmöglichkeiten. AOK-BV, BKK DV, DGUV, vdek (Hrsg.) Initiative Gesundheit und Arbeit. iga-Reprt 23.

Haug, T.; Nordgreen, T.; Öst, LG. (2012): Self-help treatment of anxiety disorders: a meta-analysis and meta-regression of effects and potential moderators.ClinPsycholRev 32(5):425–445.

Hirsch-Kreinsen, H.; Weyer, J. (Hrsg.) (2014): Wandel von Produktionsarbeit – „Industrie 4.0". Technische Universität Dortmund (TU Dortmund). Dortmund (Soziologisches Arbeitspapier, 38/2014).

Hoch, D. (2014): App Retention Improves – Apps Used Only Once Declines. Verfügbar unter http://info.localytics.com/blog/app-retention-improves, Abrufdatum: 28.12.2016.

Hoffmann, R.; Bogedan, C. (Hrsg.) (2015): Arbeit der Zukunft. Möglichkeiten nutzen – Grenzen setzen. Frankfurt am Main: Campus Verlag GmbH.

Hou, S-I.; Charlery, S-AR.; Roberson, K. (2014): Systematic literature review of Internet interven-tionsacrosshealthbehaviors.HealthPsycholBehavMed 2(1):455–481.

Hungerland, Fabian; Quitzau, Jörn; Zuber, Christopher (2015): Strategie 2030: Digitalökonomie. Berenberg. Hamburg: Hamburgisches WeltWirtschaftsInstitut.

Jiang, A.; Choi, D.; Madan, I.; Saluja, S. (2015): The 2015 1099 Economy Workforce Report. Request for Startups.

Konnopka, T. (2016): Mehr Zugkraft via APP und Web: Eine Zukunftsaufgabe im Betrieblichen Gesundheitsmanagement. In: Pfannstiel, M.; Mehlich, H. (Hrsg.): Betriebliches Gesundheits-management. Konzepte, Maßnahmen, Evaluation. Wiesbaden: Springer Verlag. 327–339

Kontos, E.; Blake, K. D.; Chou, W.-Y. Prestin, A. (2014): Predictors of eHealth usage: insights on the digital divide from the Health Information National Trends Survey 2012. J Med Internet Res 16(7):e172. doi:10.2196/jmir.3117.

Lehr, D.; Heber, E.; Sieland, B.; Hillert, A.; Funk, B.; Ebert, D. D. (2016): „Occupational eMental Health" in der Lehrergesundheit. Ein metaanalytisches Review zur Wirksamkeit von Online-Gesundheitstrainings bei Lehrkräften. Berlin, Heidelberg: Springer-Verlag. Zeitschrift Prävention Gesundheitsförderung (11):182–192.

Lin, J.; Ebert, D. D.; Lehr, D.; Berking, M.; Baumeister, M. (2013): Internetbasierte kognitiv-behaviorale Behandlungsansätze: State of the Art und Einsatzmöglichkeiten in der Rehabili-tation. Stuttgart: Georg Thieme Verlag. Zeitschrift Rehabilitation (52): 155–163.

Lubans, D.R.; Smith, J.J.; Skinner, G. & Morgan, P.J. (2014): Development and implementation of a smartphone application to promote physical activity and reduce screen-time in adolescent boys. Front Public Health (2): 42.

Lüerßen, H.; Stickling, E.; Gundermann, N.; Toska, M.; Coppik, R.; Denker, P.; Mikula, D.; Holm, T.; Timmerhoff, C. (2015): BGM im Mittelstand 2015, Ziele, Instrumente und Erfolgsfaktoren für das Betriebliche Gesundheitsmanagement. Köln: Wolters Kluwer.

Meng, H.Z.; Zhang, W.L.; Li, X.C.; Yang, M.W. (2015): Radiographic angles in hallux valgus: Comparison between protractor and iPhone measurements. J Orthop Res 33(8):1250–1254.

Mikfeld, B. (2016): Zur Einführung: Trends, Diskurse, Klärungsbedarfe. In: Bundesmnisterium für Arbeit und Soziales (Hrsg.): Werkheft 01. Digitalisierung der Arbeitswelt. Bonifatius GmbH: Berlin.

Nobis, S.; Ebert, D.D. (2015): „Online-Gesundheitsinterventionen – ein wirksames Instrument zur Prävention und Behandlung von psychischen Erkrankungen?". Gesundheitsforen-Themendossier Ausgabe 07/2015. Gesundheitsforen Leipzig.

Nollen, N.L.; Mayo, M.S.; Carlson, S.E.; Rapoff, M.A.; Goggin, K.J.; Ellerbeck, E.F. (2014): Mobile technology for obesity prevention: a randomized pilot study in racial- and ethnic-minority girls. Am J Prev Med 46(4): 404–408.

Peters, T.; Klenke, B. (2016): eHealth und mHealth in der Gesundheitsförderung. In: Ghadiri, A.; Ternès, A.; Peters., T. (Hrsg.): Trends im Betrieblichen Gesundheitsmanagement. Wiesbaden: Springer Verlag. 107–122.

Pramann, O. (2016): Gesundheits-Apps und Datenschutz. In: Albrecht, U.-V. (Hrsg.): Chancen und Risiken von Gesundheits-Apps (CHARISMHA). Medizinische Hochschule Hannover. 214–227.

PricewaterhouseCoopers (Hrsg.) (2015): Total Retail 2015. Wie disruptive Faktoren den deutschen Handel herausfordern. Düsseldorf: PricewaterhouseCoopers AG (PwC).

Richards, D.; Richardson, T. (2012): Computerbased psychological treatments for depression: a systematic review andmeta-analysis. Clin Psychol Rev 32(4):329–342.

Riper, H.; Blankers, M.; Hadiwijaya, H. (2014): Effectiveness of guided and unguided lowintensity internet interventions for adult alcohol misuse: ameta-analysis.PLoSONE9(6):e99912.

Robert Koch Institut (2015): Gesundheit in Deutschland 2015. Gesundheitsberichterstattung des Bundes. Berlin: Robert Koch Institut.

Sayed, M.; Kubalski, Ś. (2016): Überwindung betrieblicher Barrieren für ein betriebliches Gesundheitsmanagement in kleinen und mittelständischen Unternehmen. In: Pfannstiel, M.; Mehlich, H. (Hrsg.): Betriebliches Gesundheitsmanagement. Konzepte, Maßnahmen, Evaluation. Wiesbaden: Springer Verlag. 1–20.

Spath, D.; Ganschar, O.; Gerlach, S. (2013): Produktionsarbeit der Zukunft – Industrie 4.0. Fraunhofer-Institut für Arbeitswirtschaft und Organisation IAO. Stuttgart.

Walter, U.N.; Maes, F. (2015): Virtuelle Gesundheitshelfer. Personalmagazin 09/2015. 48–50.

Walter, U. N.; Wäsche, H. Sander, M. (2012): Dialogorientierte Kommunikation im Betrieblichen Gesundheitsmanagement. Prävention und Gesundheitsförderung (7). Berlin, Heidelberg: Springer Verlag. 295–301.

Weicksel, J. und Pentsi, A. (2015). 44 Mio. Deutsche nutzen ein Smartphone. Verfügbar unter: https://www.bitkom.org/Presse/Presseinformation/44-Millionen-Deutsche-nutzen-ein-Smartphone.html, Abrufdatum am 30.12.2016.

Wolter, M. I.; Mönnig, A.; Hummel, M.; Schneemann, C.; Weber, E.; Zika, G. (2015): Industrie 4.0 und die Folgen für Arbeitsmarkt und Wirtschaft. Szenariorechnungen im Rahmen der BIBB-IAB-Qualifikations- und Berufsfeldprojektionen. Institut für Arbeitsmarkt- und Berufsforschung der Bundesagentur für Arbeit (Hrsg.). Nürnberg (IAB Forschungsbericht 8).

Zachariae, R.; Lyby, MS; Ritterband LM. (2015): Efficacyof internet-deliveredcognitive-behavioral therapy for insomnia – A systematic review and meta-analysis of randomized controlled trials. SleepMedRev 30:1–10.

Zacharias, C. ; Stüber, S; Ioele, G.; Züllighofen, C. (2016): Betriebliches Gesundheitsmanagement im Spannungsfeld neuer Arbeitsformen. In: Ghadiri, A.; Ternès, A.; Peters., T. (Hrsg.): Trends im Betrieblichen Gesundheitsmanagement. Wiesbaden: Springer Verlag. 27–40.

Dr. Mustapha Sayed, MPH ist bei der BARMER im Betrieblichen Gesundheitsmanagement beschäftigt. Nach seinem Public-Health-Studium 2009 mit den Schwerpunkten Gesundheitsmanagement und Versorgungsforschung an der Universität Bremen war er mehrere Jahre als wissenschaftlicher Mitarbeiter am Institut für Epidemiologie, Sozialmedizin und Gesundheitssystemforschung an der Medizinischen Hochschule Hannover tätig und dort für die wissenschaftliche Begleitung von Präventionsprojekten verantwortlich. An der Medizinischen Hochschule Hannover hat er aktuell einen Lehrauftrag im Studiengang Public Health zum Betrieblichen Gesundheitsmanagement. Er verfügt über langjährige Erfahrung in der Konzept- und Produktentwicklung im Betrieblichen Gesundheitsmanagement sowohl für Großunternehmen als auch für Klein- und Mittelständische Unternehmen (KMU).

Sebastian Kubalski, M.A. ist seit rund zehn Jahren bei gesetzlichen Krankenkassen in unterschiedlichen leitenden Funktionen für die strategische Ausrichtung und Produktentwicklung des Betrieblichen Gesundheitsmanagements verantwortlich. Hierbei liegt einer seiner Schwerpunkte auf dem Thema Digitalisierung und der Entwicklung digitaler Gesundheitslösungen für die Partnerunternehmen. Nach seiner Ausbildung zum Sozialversicherungsfachangestellten absolvierte er ein berufsbegleitendes betriebswirtschaftliches Studium mit den Schwerpunkten Marketing und Personal an der Hochschule Niederrhein Mönchengladbach sowie ein Masterstudium „Prävention und Gesundheitsmanagement" an der DHfPG in Saarbrücken.

So nutzen Sie die Chancen der Digitalisierung für Ihr Betriebliches Eingliederungsmanagement

43

Frank Schlinkheider

Zusammenfassung

Laut § 84 des Sozialgesetzbuches ist jeder Arbeitgeber verpflichtet, ein Betriebliches Eingliederungsmanagement (BEM) durchzuführen. Abhängig von Unternehmensgröße und -branche haben im Durchschnitt fünf bis acht Prozent der Arbeitnehmer Anspruch auf ein BEM-Verfahren. Diese Verfahren werden oftmals von Mitarbeitern des Betrieblichen Gesundheitsmanagements durchgeführt, da das BEM in Unternehmen organisatorisch häufig dem BGM zugeordnet wird. In diesem Kapitel erfahren Sie, wie eine Digitalisierung des BEM-Verfahrens den administrativen Aufwand reduziert, für Rechtssicherheit sorgt und wichtige Zahlen für eine optimierte BGM-Steuerung liefern kann. Vorteile und Risiken werden anhand von Fall- und Praxisbeispielen aufgezeigt und die positiven Effekte für das gesamte BGM erläutert.

43.1 Einleitung

43.1.1 Was ist Betriebliches Eingliederungsmanagement?

Das Betriebliche Eingliederungsmanagement (kurz: BEM) ist eine Aufgabe des Arbeitgebers mit dem Ziel, die Arbeitsunfähigkeit eines Mitarbeiters zu überwinden, eine erneute Arbeitsunfähigkeit zu verhindern und den Arbeitsplatz des betreffenden Mitarbeiters zu erhalten. In der Regel wird das BEM von dem gleichen Personenkreis wie BGM durchgeführt und ist organisatorisch wie thematisch dem BGM zugeordnet. Dies ist deshalb sinnvoll, weil sowohl BGM als auch BEM die Gesundheit des Mitarbeiters im Blick ha-

F. Schlinkheider (✉)
ITSD Consulting GmbH
Minden, Deutschland
E-Mail: fs@itsd-consulting.de

© Springer Fachmedien Wiesbaden GmbH 2018
D. Matusiewicz und L. Kaiser (Hrsg.), *Digitales Betriebliches Gesundheitsmanagement*,
FOM-Edition, https://doi.org/10.1007/978-3-658-14550-7_43

ben und die Präventionsmaßnahmen zur Erhaltung der Arbeitsfähigkeit ähnlich sind und aufeinander abgestimmt sein sollten.

Bereits seit 2004 sind Arbeitgeber dazu verpflichtet, allen Beschäftigten, die innerhalb eines Jahres länger als sechs Wochen ununterbrochen oder wiederholt arbeitsunfähig sind, ein BEM-Verfahren anzubieten – gesetzlich verankert ist dies in § 84 Abs. 2 Neuntes Buch Sozialgesetzbuch (SGB IX). Wie das im Einzelfall auszusehen hat, gibt der Gesetzgeber jedoch bewusst nicht vor. In jedem Unternehmen sind angemessene individuelle Lösungen zu finden. Vorgegeben ist jedoch – bei Zustimmung des Betroffenen – die Beteiligung der zuständigen Interessenvertretung der Beschäftigten (Betriebs- oder Personalrat), bei schwerbehinderten Beschäftigten außerdem die Schwerbehindertenvertretung. Wenn dies erforderlich ist, sollte auch der Werks- oder Betriebsarzt hinzugezogen werden, im Einzelfall kann zudem die Beteiligung der örtlichen gemeinsamen Servicestellen der Rehabilitationsträger oder – bei schwerbehinderten Menschen – des Integrationsamtes sinnvoll sein.

43.1.2   Wo liegen die Herausforderungen bei der Durchführung des BEM-Verfahrens?

Der Gesetzgeber, der Arbeitgeber, die Sozialversicherungsträger und auch der Arbeitnehmer sind an einer erfolgreichen Durchführung von BGM und BEM interessiert. Gemeinsames Ziel ist es, die Fehlzeiten zu minimieren und die Leistungsfähigkeit der Mitarbeiter durch entsprechende Maßnahmen jetzt und in Zukunft zu erhalten. Um den Erfolg von BGM oder BEM messbar machen zu können, müssen jedoch Zahlen geliefert werden. Ohne eine Digitalisierung des Verfahrens ist dies nicht mit einem vertretbaren Aufwand möglich.

Für den Arbeitgeber kommt eine weitere Herausforderung hinzu: Laut Sozialgesetzbuch ist er verpflichtet, das Verfahren rechtssicher durchzuführen. Jeder einzelne Verfahrensschritt, jede Entscheidung und die komplette Kommunikation mit den Beteiligten muss lückenlos dokumentiert werden. Kommt der Arbeitgeber dieser Verpflichtung nicht entsprechend nach, so ist beispielsweise eine krankheitsbedingte Kündigung kaum noch durchführbar.

Vor der Dokumentation des Verfahrens kommt jedoch die Ermittlung der BEM-Anspruchsberechtigten. Welcher Mitarbeiter hat innerhalb der letzten zwölf Monate mehr als 42 Kalendertage gefehlt? (Weitere Informationen zur Ermittlung der Anspruchsberechtigten finden Sie im Abschn. 43.3.3 „Ermittlung der BEM-Anspruchsberechtigten"). Wenn das Verfahren gestartet wurde, geht es entsprechend weiter: Informations- und Einladungsschreiben müssen erstellt, Rückantworten dokumentiert, Gesprächstermine mit sämtlichen Beteiligten abgestimmt und durchgeführt sowie die Durchführung der vereinbarten Maßnahmen begleitet und dokumentiert werden.

43.1.3   Welche Lösungsansätze bietet die Digitalisierung des BEM-Verfahrens?

Wie auch das allgemeine BGM muss das BEM sich immer wieder der Frage stellen, was der ganze Aufwand eigentlich bringt. Neben einer massiven Erleichterung in der Abwicklung von BEM-Fällen ist das vor allem das Zusammentragen von Informationen, die personenunabhängig ausgewertet werden dürfen und weitreichende Informationen zum Thema „Gesundheitszustand der Mitarbeiter" liefern können. So lassen sich Problemfelder im Unternehmen erkennen und bekämpfen – von der allgemeinen BEM-Quote bis zum Vergleich von Krankheitsbildern in unterschiedlichen Abteilungen bzw. Standorten. Wenn beispielsweise bestimmte Erkrankungen an einem Standort gehäuft auftreten, lässt sich hier gezielte Ursachenforschung und Problembeseitigung betreiben – dieses Vorgehen wäre ohne eine Digitalisierung des BEMs kaum möglich.

Eine IT-gestützte Lösung richtet den Fokus dabei auf zwei Aspekte gleichzeitig: Sowohl der Prozess selbst als auch seine Dokumentation werden digitalisiert. Für den Prozess bedeutet das beispielsweise, dass BEM-Fälle aufgrund der Datenlage automatisch gestartet werden und sämtliche Beteiligte jederzeit wissen, wer was wann zu tun hat. Darüber hinaus stellt eine digitale Lösung die korrekte und nachvollziehbare Dokumentation des kompletten Verfahrens sicher – inklusive datenschutzrelevanter Informationen und der Kommunikation zwischen allen Beteiligten.

43.2   Vorstellung des digitalen Ansatzes

43.2.1   Der digitale BEM-Prozess

In vielen Unternehmen wird das Betriebliche Eingliederungsmanagement nach wie vor manuell durchgeführt. Da jeder Fall sich vom anderen unterscheidet, sind diese Prozesse aufwendig, fehleranfällig, langsam – und damit kostenintensiv. IT-gestützte Lösungen wie z. B. das BEM-ExpertenSystem setzen hier an gleich vier Stellen an: Neben der rechtssicheren Dokumentation sämtlicher BEM-Fälle sind das

- die Digitalisierung der BEM-Akte,
- die Digitalisierung des BEM-Prozesses und
- die Unterstützung der digitalen Kommunikation sämtlicher Beteiligten.

In der digitalen BEM-Akte werden sämtliche gesundheitsrelevanten Informationen zum betroffenen Arbeitnehmer zusammengestellt und verwaltet. Neben Befunden und Krankheitsbildern sind das auch Schreiben, Notizen und natürlich sämtliche geplanten und durchgeführten Maßnahmen. Eine umfassende Terminverwaltung, detaillierte Aufgabenverwaltung und beliebig konfigurierbare Übersichten dienen der Digitalisierung des Prozessablaufes. So behält der einzelne Nutzer nicht nur den Überblick über anstehende Aufgaben, sondern kann sich auch jederzeit und auf einen Blick über

- aktuelle und zukünftige BEM-Fälle,
- abgeschlossene BEM-Fälle,
- laufende, bereits durchgeführte oder geplante Maßnahmen,
- Fälle ohne Rückmeldung vom Anspruchsberechtigten usw.

informieren lassen. Diese Digitalisierung der Prozesse erleichtert nicht nur den alltäglichen Umgang mit BEM-Fällen, sondern ermöglicht auch eine Auswertung sämtlicher vorliegender Daten. So erhält der Nutzer Antworten auf Fragen wie diese: Wie viele BEM-Fälle wurden bearbeitet? Wie viele wiederkehrende Fälle gibt es? Wie viele Fälle wurden beendet, weil keine Rückmeldung vom Anspruchsberechtigten erfolgte? Gibt es Standorte oder Abteilungen mit besonders hoher BEM-Quote?

Da bei der Arbeit mit all diesen Daten ein hoher Kommunikationsbedarf der Beteiligten untereinander entsteht, sollte eine entsprechende Kommunikationsunterstützung berücksichtigt werden. Sämtliche digitale Kommunikation kann automatisch an den konkreten BEM-Fall angehängt werden – unabhängig davon, ob diese über E-Mail, SMS, WhatsApp, Threema oder Twitter erfolgt. Ein integriertes Chat- und Nachrichtensystem ermöglicht zudem den Austausch direkt innerhalb der Softwarelösung. Aufgrund von Datenschutzbedenken dürfte die E-Mail hier jedoch das am häufigsten verwendete elektronische Medium sein.

Doch auch, wenn gerade keine Kommunikation der Beteiligten untereinander stattfindet, ist ihr Zusammenspiel von enormer Bedeutung für den reibungslosen Ablauf des BEM-Falls. Deshalb können IT-Systeme die Prozesskette mittels Business Process Management (BPM) abbilden und somit sämtliche Beteiligten integrieren. Über fein granulierte Zugriffsberechtigungen wird festgelegt, wer wann auf welche Informationen zugreifen kann.

43.3 Hauptteil

43.3.1 Für wen ist ein digitales BEM-Verfahren geeignet?

Die Anforderungen, die an ein funktionierendes BEM-Verfahren gestellt werden, sind oftmals abhängig von der Unternehmensgröße sowie der jeweiligen Branche – somit sind die Verbesserungen, die durch eine Digitalisierung erreicht werden können, ebenfalls unterschiedlich. Aktuelle Statistiken zeigen, dass – abhängig von der jeweiligen Branche – fünf bis acht Prozent aller Beschäftigten einer Verwaltung oder eines Unternehmens Anspruch auf ein BEM-Verfahren haben, weil sie die gesetzlichen Bestimmungen dazu erfüllen.

Der Mehrwert, der durch den Einsatz einer IT-Lösung erreicht wird, steigt somit mit der Anzahl der Mitarbeiter und daraus resultierenden Zahl der BEM-Anspruchsberechtigten. Abhängig von der Unternehmensgröße sehen die typischen auftretenden Anforderungen folgendermaßen aus:

Kleine und mittelständische Unternehmen (KMU, Mitarbeiteranzahl < 500)

Hier existiert üblicherweise kein eigenes BEM-Team, eventuell übernimmt ein Mitarbeiter aus dem Personal- oder BGM-Bereich diese Aufgabe. Oftmals erhält dieser Unterstützung durch einen externen Dienstleister, der die rechtssichere Abwicklung der BEM-Fälle sicherstellen soll. Problematisch kann hier sein, dass der externe Dienstleister Zugriff auf die personenbezogenen Daten der BEM-Anspruchsberechtigten erhält. Die BEM-Anspruchsberechtigten können in der Regel durch eine regelmäßige Auswertung ermittelt werden und müssen mit den laufenden BEM-Fällen abgeglichen werden. Aufgrund der geringen Datenmenge ist der Aufwand hier überschaubar.

Beratungshäuser, die sich auf die Durchführung von BEM spezialisiert haben

Externe Dienstleister bekommen in der Regel die Kontaktdaten der BEM-Anspruchsberechtigten von dem jeweiligen Unternehmen und müssen somit den Anspruch des Mitarbeiters auf BEM nicht weiter prüfen. Sie müssen aber sicherstellen, dass alle Datenschutzbestimmungen und Betriebsvereinbarungen des jeweiligen Unternehmens erfüllt werden. Für größere Beratungshäuser ist der Einsatz eines entsprechenden IT-Systems nicht nur wegen der rechtssicheren Durchführung und Dokumentation, sondern auch aufgrund der Möglichkeit, unternehmensübergreifende Informationen zu gewinnen, sinnvoll.

Große Verwaltungen oder Unternehmen (Mitarbeiteranzahl zwischen 500 und 3000)

Aufgrund der Datenmenge ist eine manuelle Durchführung des BEM-Verfahrens in Unternehmen dieser Größenordnung kaum noch möglich. Oftmals werden interne BEM-Beauftragte installiert, die den Prozess durchführen und entsprechendes Zahlenmaterial liefern sollen. Folgende Probleme treten hier bei der Durchführung auf:

- Der administrative Aufwand pro BEM-Fall (Schreiben erstellen, Gesprächstermine durchführen, Prozessfortschritt dokumentieren, Fristen einhalten etc.) ist relativ hoch.
- Eine fehlerfreie und umfassende Dokumentation ist manuell nur schwer möglich.
- Eine Auswertung der vorliegenden BEM-Fälle ist nur mit hohem Aufwand und kaum kurzfristig möglich.

Großunternehmen oder Konzerne (Mitarbeiteranzahl > 3000)

Die erste Herausforderung bei Unternehmen dieser Größenordnung besteht oft schon darin, ein einheitlich abgestimmtes BEM-Verfahren zu installieren. Oftmals müssen Standortbesonderheiten – wie unterschiedliche Personalinformations- oder Zeiterfassungssysteme, Prozessabläufe, am Prozess beteiligte Gruppen oder standortabhängige Schreiben – für die

Kommunikation mit den Mitarbeitern vereinheitlicht werden. Erst wenn das geschehen ist, können alle Vorteile der Digitalisierung genutzt werden.

Ist der Zugriff auf die BEM-Daten bei kleineren Unternehmen aufgrund des kleinen Nutzerkreises oft einfach sicherzustellen, müssen die Zugriffsberechtigungen bei Großunternehmen mit mehreren Standorten und teilweiser externer Beteiligung granular konfigurierbar sein. Externe Dienstleister dürfen z. B. nur diejenigen BEM-Fälle sehen und bearbeiten, die ihnen zugewiesen wurden, und die standortbezogenen BEM-Teams dürfen nur Mitarbeiter und BEM-Fälle ihres Standortes bearbeiten. Eine Workflow-Integration für die Zuweisung von Aufgaben hilft hier, den Prozess auch standortübergreifend und mit externen Partnern weiter zu automatisieren. Der Vorteil bei Unternehmen dieser Größenordnung: Aufgrund der großen Datenbasis haben Auswertungen eine höhere Aussagekraft, da einzelne Ausreißer die Tendenz hier nicht stark beeinflussen.

43.3.2 Typischer Ablauf eines BEM-Prozesses

Der grobe Ablauf eines BEM-Prozesses ist in der Regel in den meisten Unternehmen ähnlich. Anhand eines Beispiels schauen wir uns diesen im Folgenden näher an, um zu verstehen, welche Verbesserungen eine Digitalisierung hier liefern kann. Basis für die Skizze ist ein Standard-Prozessablauf des LVR-Integrationsamtes Münster (Quellenachweis: LWL-Integrationsamt Westfalen, Münster o. J.). Fachliche Details können dort bei Bedarf nachgelesen werden – wir konzentrieren uns hier im Wesentlichen auf diejenigen Prozessteile, die durch eine Digitalisierung verbessert werden können (Abb. 43.1).

Arbeitsunfähigkeit von mehr als sechs Wochen feststellen
Für die Ermittlung der Anspruchsberechtigten müssen die Fehlzeitendaten aus dem Personalinformationssystem herangezogen werden. Ohne den Einsatz von IT ist hier eine hundertprozentige Rechtssicherheit kaum möglich (Details im Abschn. 43.3.3 „Ermittlung der BEM-Anspruchsberechtigten"). Darüber hinaus gibt es auch für Mitarbeiter, die weniger als 42 Tage gefehlt haben, die Möglichkeit, an einem BEM-Verfahren teilzunehmen.

Erstkontakt mit dem betroffenen Mitarbeiter aufnehmen
Der Erstkontakt mit dem betroffenen Mitarbeiter erfolgt in der Regel durch das Zusenden von BEM- und Datenschutzinformationen an den BEM-Anspruchsberechtigten. Durch den Einsatz von IT-Lösungen können diese Schreiben auf Knopfdruck automatisch erstellt und an die BEM-Akte gehängt werden. Moderne IT-Systeme ermöglichen die Onlinebearbeitung ohne das erneute Hochladen von geänderten Dokumenten.

Mit Rückmeldungen von Mitarbeitern umgehen
Die Rückmeldung des Anspruchsberechtigten kann z. B. durch das Zurücksenden des Einladungsschreibens erfolgen. Wenn das Schreiben mit einem Barcode versehen wur-

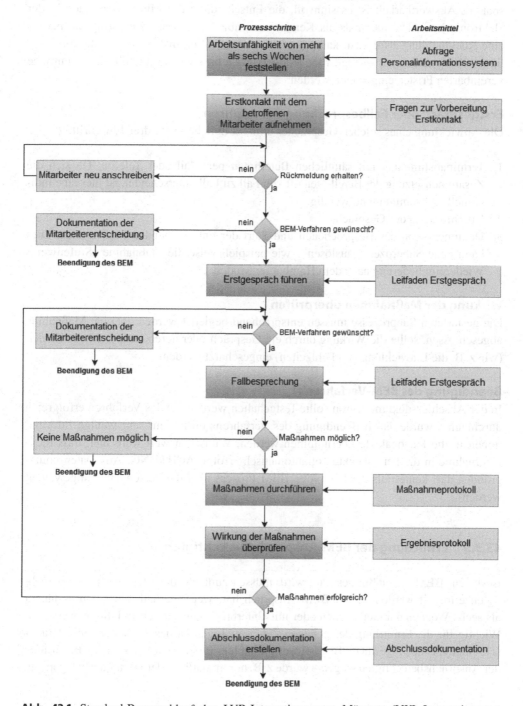

Abb. 43.1 Standard-Prozessablauf des LVR-Integrationsamtes Münster. (LWL-Integrationsamt Westfalen, Münster)

de, kann es automatisch eingescannt und an die BEM-Akte gehängt werden. Zwecks späterer Auswertbarkeit ist es sinnvoll, die Entscheidung des Mitarbeiters auch in der elektronischen Akte nochmals als Kennzeichen abzulegen. Das Monitoring, ob bereits eine Rückmeldung erfolgt ist, kann durch eine Bearbeitungsliste erfolgen, die alle „fälligen" Rückmeldungen anzeigt. Eine Wiedervorlagefunktion sorgt dafür, dass sämtliche vereinbarten Fristen eingehalten werden.

Erstgespräch oder Fallbesprechung durchführen

Die Abwicklung eines solchen Gespräches umfasst üblicherweise drei Teilschritte:

1. Terminabstimmung mit sämtlichen Beteiligten per Mail oder Telefon. Da sich die Zusammensetzung der Beteiligten oft von Fall zu Fall unterscheidet, ist hier eine individuelle Abstimmung notwendig.
2. Durchführung des Gespräches.
3. Dokumentation des Besprochenen und Start der entsprechenden Maßnahmen. Dies kann neue Subprozesse auslösen – wie beispielsweise die Maßnahme „Stufenweise Wiedereingliederung nach dem Hamburger Modell".

Wirkung der Maßnahmen überprüfen

Die gestarteten Subprozesse müssen entsprechend begleitet werden. Ist eine Maßnahme abgeschlossen, sollte die Wirkung durch ein Gespräch oder durch entsprechende Zahlen (wie z. B. die Entwicklung von Fehlzeiten) eingeschätzt werden.

Beendigung des BEM-Verfahrens

In der Abschlussdokumentation sollte festgehalten werden, ob das Verfahren erfolgreich durchlaufen wurde. Nach Beendigung des Verfahrens dürfen nur sehr wenige Informationen in die Personalakte übernommen werden. Wünschenswert wäre hier, dass diese Übernahme in die Personalakte vollautomatisch erfolgt. ACHTUNG: Aus Datenschutzgründen darf keinesfalls der komplette BEM-Prozess über die Personalakte abgewickelt werden!

43.3.3 Ermittlung der BEM-Anspruchsberechtigten

Bevor ein BEM-Verfahren gestartet wird, müssen zunächst die BEM-Anspruchsberechtigten ermittelt werden. Einen BEM-Anspruch hat, wer innerhalb eines Jahres länger als sechs Wochen ununterbrochen oder mit Unterbrechungen arbeitsunfähig gewesen ist. Wichtig für die Ermittlung der genauen Zahl von Tagen ist das Vorliegen einer Krankschreibung. Eine IT-gestützte BEM-Lösung kann hier für eine stichtagsgenaue Ermittlung der Anspruchsberechtigten sorgen – würde z. B. nur monatlich oder vierteljährlich geprüft, könnte ein betroffener Mitarbeiter zum Prüfungszeitpunkt durch das Raster fallen. Zudem sollte die Prüfung Folgendes berücksichtigen:

- Für Mitarbeiter, die bereits ein laufendes BEM durchführen, darf kein neues BEM-Verfahren gestartet werden, auch wenn das Hauptkriterium, mehr als 42 Kalendertage arbeitsunfähig zu sein, noch zutrifft.
- Ist ein Mitarbeiter – beispielweise wegen einer längeren Erkrankung – auf unbestimmte Zeit arbeitsunfähig, sollte die Bearbeitung unterbrochen und die Weiterbearbeitung auf Wiedervorlage gesetzt werden können.
- Sonderregelungen auf der Basis von Betriebsvereinbarungen sollten ebenfalls Berücksichtigung finden. So muss beispielsweise ein Mitarbeiter, der das BEM-Verfahren abgelehnt hat, erst im nächsten Kalenderjahr wieder berücksichtigt werden.

Gerade bei größeren Unternehmen ist eine korrekte Ermittlung der Anspruchsberechtigten ohne eine teilweise Digitalisierung des Prozesses nicht möglich.

43.3.4 Bearbeitung von BEM-Fällen

Bei der Digitalisierung von Abläufen geht es immer auch darum, Informationen zu digitalisieren bzw. digital abzulegen. Hier soll gezeigt werden, welche Informationen Bestandteil einer digitalen BEM-Akte sein sollten, um das Verfahren korrekt durchzuführen, und was bei der Digitalisierung zu beachten ist.

Neben personenbezogenen Informationen enthalten BEM-Akten oft auch Gesundheitsdaten der BEM-Anspruchsberechtigten – hier tritt zu Recht der Datenschutzbeauftragte auf den Plan. Deshalb muss das IT-System unter anderem folgende Vorgaben erfüllen:

- Es sollte über ein vernünftiges und granulares Berechtigungssystem – und damit klare Zugriffsregelungen – verfügen.
- Die Kommunikation mit dem IT-System muss verschlüsselt und abgesichert erfolgen.
- Jede Änderung am BEM-Fall sollte automatisch nachvollziehbar in einer Art elektronischem Logbuch festgehalten werden, um eventuelle Rückfragen, wer wann was geändert hat, beantworten zu können.
- Die gesetzlichen oder mit dem Betriebs-/Personalrat vereinbarten Löschfristen sollten automatisch berücksichtigt werden.
- Wünschenswert ist auch eine Verschlüsselung der personenbezogenen Daten sowie aller Dokumente in dem darunterliegenden Ablagesystem bzw. in der Datenbank.

Darüber hinaus ermöglicht nur eine strukturierte und digitale Dokumentation auch die Auswertung sämtlicher vorliegenden Daten. Eine „Loseblattsammlung" enthält zwar alle

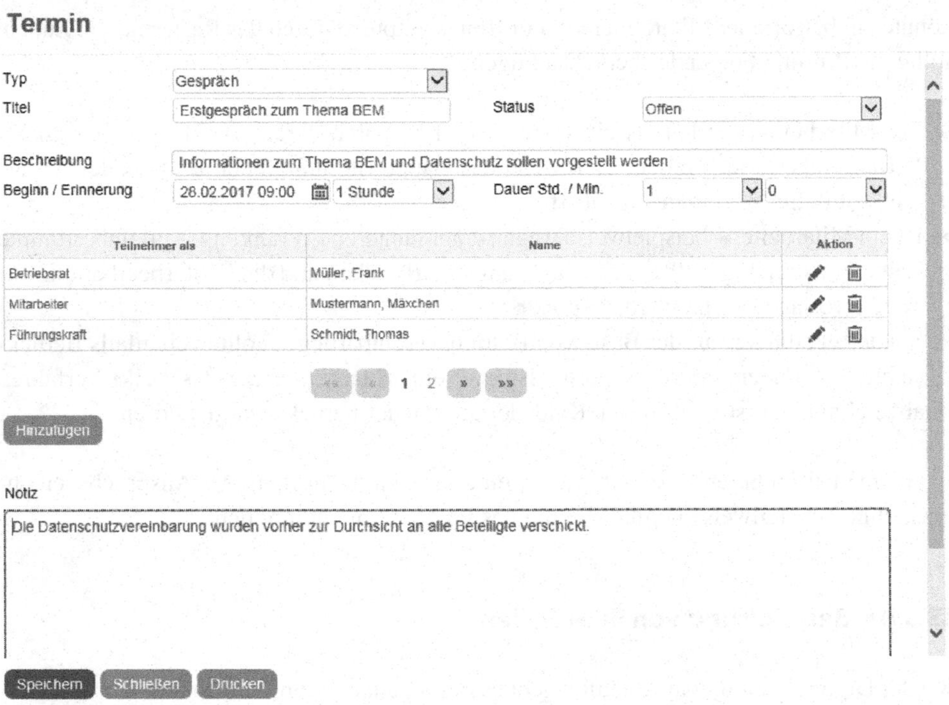

Termin

Typ	Gespräch ⌄			
Titel	Erstgespräch zum Thema BEM	Status	Offen ⌄	
Beschreibung	Informationen zum Thema BEM und Datenschutz sollen vorgestellt werden			
Beginn / Erinnerung	26.02.2017 09:00 📅 1 Stunde ⌄	Dauer Std. / Min.	1 ⌄ 0 ⌄	

Teilnehmer als	Name	Aktion
Betriebsrat	Müller, Frank	✎ 🗑
Mitarbeiter	Mustermann, Mäxchen	✎ 🗑
Führungskraft	Schmidt, Thomas	✎ 🗑

«« « **1** 2 » »»

Hinzufügen

Notiz

Die Datenschutzvereinbarung wurden vorher zur Durchsicht an alle Beteiligte verschickt.

Speichern   Schließen   Drucken

Abb. 43.2 Termin

zu einem Fall gehörigen Informationen, ist aber nicht dazu geeignet, übergreifende Erkenntnisse zu gewinnen. Ein reines Dokumentenmanagementsystem hilft hier zwar bei der digitalen Ablage, ermöglicht aber keine späteren Auswertungen. Bestimmte Informationen müssen strukturiert abgelegt werden – beispielsweise so (Abb. 43.2).

Sämtliche Termine mit den unterschiedlichen Beteiligten (BEM-Anspruchsberechtigten, BEM-Beauftragten, Betriebsrat, evtl. die Führungskraft des BEM-Anspruchsberechtigten oder weitere Vertrauenspersonen) müssen nicht nur abgestimmt, sondern auch dokumentiert und protokolliert werden (Abb. 43.3).

Die durchzuführenden Maßnahmen sind als „Subprozess" zu verstehen, für dessen Durchführung in der Regel eine Person verantwortlich ist. Dieses kann z. B. der Anspruchsberechtigte selber sein, oder auch die Führungskraft – hier müssen klare Verantwortlichkeiten definiert werden. Im weiteren Verlauf muss die Durchführung der beschlossenen Maßnahmen begleitet, ihr Erfolg oder Misserfolg dokumentiert werden. Die durch die Maßnahme entstandenen Kosten können festgehalten und unterschiedlichen Kostenträgern zugeordnet werden.

Der Umgang mit Untersuchungsergebnissen, Diagnosen etc., die der BEM-Anspruchsberechtigte bei seinen Gesprächen an das BEM-Team übergibt, stellen besonders schützenswerte Informationen dar. Dieser Schutz ist höher als der Datenschutz bei den norma-

Maßnahme

Typ	Stufenweise Wiedereingliederung alter Arbeitsplatz ⌄		
Beschreibung	Stufenweise Wiedereingliederung alter Arbeitsplatz		
Verantwortlicher	Schmidt, Thomas:Führungsk ⌄	Beginn am	13.03.2017 🗓
Status	Offen ⌄	Zu erledigen bis	13.04.2018 🗓
		Beendet am	27.04.2018 🗓

Notiz

Führungskraft prüft vorab, ob der Mitarbeiter an seinem bisherigen Arbeitsplatz im Rahmen des Wiedereingliederungsplanes eingesetzt werden kann. Wenn nicht, wird er die Personalabteilung darüber informieren.

Angelegt am / von   01.12.2016   Geändert am / von   01.12.2016

[Speichern] [Schließen]

Abb. 43.3 Maßnahme

len personenbezogenen Daten anzusiedeln. Unterlagen dieser Art dürfen die BEM-Akte nicht verlassen, der Zugriff muss durch ein IT-Sicherheitskonzept eindeutig geregelt sein. Die Digitalisierung erfolgt hier nur zu Dokumentationszwecken, eine verschlüsselte Ablage ist dringend angeraten. Manchmal werden diese Informationen auch beim Werks- oder Betriebsarzt erfasst und sind nicht Bestandteil einer BEM-Akte.

Wie bereits erwähnt, dürfen Krankheitsbilder normalerweise nicht von Mitarbeitern erfasst oder vorgehalten werden (Abb. 43.4). Im BEM-Verfahren dürfen diese Informationen jedoch für die Bearbeitung gespeichert und genutzt werden – wenn sie von dem BEM-Anspruchsberechtigten zur Verfügung gestellt werden. Hierbei geht es in der Regel nicht um detaillierte Krankheitsbilder, sondern um eine grobe Einordung. Schlagworte wie Skeletterkrankung, Herz-/Kreislauferkrankung oder Atmungssystem dürfen erfasst werden und können somit im Rahmen des BGMs helfen, die richtigen Maßnahmen an den richtigen Stellen (Abteilungen, Standorten etc.) zu ergreifen.

43.3.5   Digital gestützte Kommunikation

Die Kommunikation sämtlicher intern und extern an einem BEM-Fall Beteiligten birgt zahlreiche Tücken. Das fängt schon beim klassischen Einladungs- oder Infoschreiben an

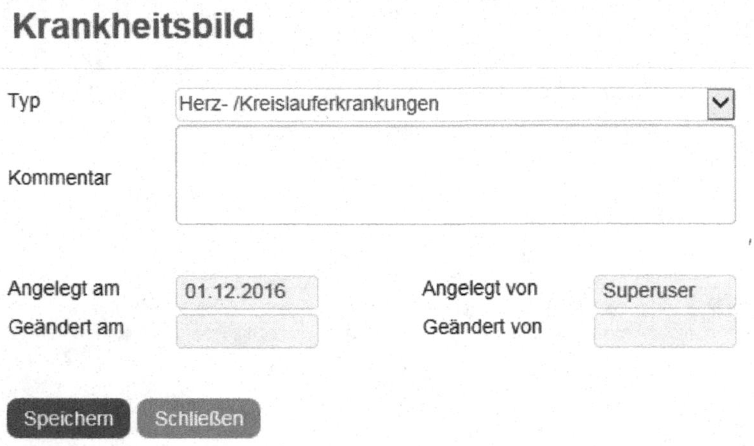

Krankheitsbild

Typ | Herz- /Kreislauferkrankungen   ▼ |

Kommentar

Angelegt am   01.12.2016   Angelegt von   Superuser
Geändert am   Geändert von

[Speichern]   [Schließen]

Abb. 43.4 Krankheitsbilder

den BEM-Anspruchsberechtigten an: Das Schreiben sollte nicht über die Hauspost verschickt werden – evtl. ist der Mitarbeiter zurzeit gar nicht im Unternehmen oder es ist
nicht gewünscht, dass sein sonstiges Arbeitsumfeld etwas davon erfährt. Die Schreiben
sollten natürlich vollautomatisch aus dem IT-System erstellt werden können – typische
Beispiele sind:

- Einladungs- und Informationsschreiben zum Thema BEM
- Erklärungen zum Datenschutz im Rahmen von BEM
- Zusammenfassungen und Datenblätter zum konkreten BEM-Fall
- Schreiben zur Beendigung des BEM-Falls

Findet die Kommunikation zudem via E-Mail statt, tauchen neue Herausforderungen
auf. Zwar können dem BEM-Anspruchsberechtigen auf diesem Wege sehr einfach Unterlagen zu den vereinbarten Maßnahmen zugestellt werden, die Zusendung rechtsverbind-
licher Schreiben gestaltet sich jedoch schon wesentlich schwieriger. Die Einhaltung von
Datenschutzbestimmungen, eine sichere Verschlüsselung und die Verwendung von Emp-
fangsbestätigungen sind hier unerlässlich. Aus Dokumentationsgründen sollte auch sämtlicher E-Mail-Verkehr in der BEM-Akte abgelegt werden. Das Gleiche gilt für die Rückmeldung vom BEM-Anspruchsberechtigten, in welcher Form auch immer. Eine schriftliche Rückmeldung beispielsweise muss der elektronischen BEM-Akte einfach hinzugefügt
werden können. Eine IT-gestützte Lösung erzeugt Schreiben mit Barcode, sodass dieser
Vorgang automatisiert erfolgen kann.

Eine besondere Herausforderung bei der Bearbeitung eines BEM-Falls stellen die zahlreichen internen und externen Beteiligten und deren Einbindung in die Kommunikation
dar. Von der Vertrauensperson des Anspruchsberechtigten über Werksarzt und Integrati-
onsamt bis zum Betriebs- bzw. Personalrat: Sie alle können an den Gesprächen teilnehmen

und erhalten evtl. Protokolle oder Unterlagen zu dem bisher Besprochenen. Als Teilnehmer am laufenden Prozess sind sie beispielsweise für die Durchführung von Maßnahmen
oder die werksärztliche Untersuchung bei stufenweiser Wiedereingliederung zuständig.

43.3.6   Digital gestützte Auswertung der vorliegenden Daten

Erkenntnisse aus vorhandenem Zahlenmaterial können oft nur anhand entsprechender
Auswertungen gewonnen werden. Durch die Digitalisierung von BEM-Prozessen und
deren digitale Dokumentation liegen sämtliche Informationen im Optimalfall in struk-
turierter und auswertbarer Form vor. Grundsätzlich muss dabei zwischen statistischen und
personenbezogenen Auswertungen unterschieden werden – in beiden Fällen sollte auf den
Datenschutz ein besonderes Augenmerk gelegt werden.

Statistische Auswertungen
Mit statistischen Auswertungen ist hier eine Datenanalyse gemeint, die keinen Rück-
schluss auf einen Einzelfall oder auf einzelne Personen zulässt, sondern übergreifenden
Erkenntnisse liefert (Abb. 43.5). Typische Beispiele sind:

- Die Häufigkeit von Krankheitsbildern – grundsätzlich, im Vergleich zu den Vorjahren
  und im Vergleich zwischen Abteilungen bzw. Geschäftsbereichen.
- Die generelle BEM-Quote, die Teilnahme-Quote am BEM-Verfahren und die Beendi-
  gungsursachen – ebenfalls im Vergleich zwischen den Abteilungen und gegenüber den
  Vorjahren.
- Die Häufigkeit von BEM-Maßnahmen und deren Kostenentwicklung – wieder im Kontext von Abteilung und Vergangenheit.

Ziel ist es zudem, aus dem vorhandenen Datenmaterial Erkenntnisse über den Erfolg
der bisherigen Maßnahmen zu gewinnen und eine mögliche Einschätzung bezüglich der
weiteren Entwicklung (von Fehlzeiten und BEM-Quote) liefern zu können. Um sicherzustellen, dass keine Rückschlüsse auf einzelne Personen gezogen werden können, muss
hier immer eine entsprechend große Datenmenge für den jeweiligen auswertbaren Bereich
vorliegen.

Personenbezogene Auswertungen
Die Auswertung von personenbezogenen Informationen dient in der Regel nur der Unter-
stützung des BEM-Beauftragten bei der täglichen Arbeit. Informationen dieser Art dürfen
aufgrund von Datenschutzbestimmungen nur von freigegebenen Personenkreisen (z. B.
Mitgliedern des BEM-Teams) eingesehen und genutzt werden. Typische Beispiele aus der
Praxis sind:

BEM-Verfahrensübersicht

von 01. Januar 2016   bis 31. Dezember 2016

BEM-Fälle statistischer Verlauf

Abteilung	Gesamtanzahl Mitarbeiter	Ab. Anzahl und %		Ab. - nach Bereinigung	Zusagen	Absagen	keine Rückmeldung	Beendet	erfolgreich Beendet
FB 1	57	4	7,02 %	3	2	1	0	1	1
FB 2	12	2	16,67 %	1	0	1	0	1	0
FB 3	16	1	6,25 %	0	0	0	0	0	0
FB 4	340	30	8,82 %	17	10	7	0	14	2
FB 5	60	6	10,00 %	3	2	0	1	3	0
FB 7	32	3	9,38 %	2	0	1	1	1	0
FB 8	216	20	9,26 %	11	0	1	10	11	0
FB 9	133	11	8,27 %	6	2	4	0	4	2
FB 10	141	14	9,93 %	7	4	0	3	3	2
FB 20	80	6	7,50 %	3	3	0	0	3	0
FB 30	333	23	6,91 %	11	7	4	0	4	3
FB 40	63	5	7,94 %	0	0	0	5	5	0
FB 50	103	10	9,71 %	7	4	3	0	3	2
FB 60	412	33	8,01 %	25	10	10	5	15	5
FB 70	5	0	0,00 %	0	0	0	0	0	0
FB 80	180	14	7,78 %	9	6	3	0	3	2

Ab. = Anspruchsberechtigte

Donnerstag, 01. Dezember 2016

Seite 1

Abb. 43.5 Auswertungen

- Eine Übersicht sämtlicher Gesprächstermine, die ein BEM-Verantwortlicher in den nächsten vier Wochen durchzuführen hat.
- Eine Liste mit allen BEM-Fällen, zu denen ein BEM-Team am Standort X im letzten Jahr Einladungen verschickt, aber keine Rückmeldung bekommen hat.

Summenbildungen, die keine Rückschlüsse auf Einzelfälle möglich machen, können auch außerhalb des BEM-Teams verwendet werden. Auswertungen mit personenbezogenen Daten und einer Reihenfolgenbildung innerhalb dieser Daten – z. B. eine Liste mit den zehn Mitarbeitern, die die meisten BEM-Gespräche und auch Kosten verursacht haben – sind zwar möglich, aber aus Datenschutzgründen problematisch und gefährden zudem die positive Wahrnehmung des BEM-Verfahrens.

43.3.7   Vorteile und Risiken der Digitalisierung von BEM

Die bisherigen Ausführungen liefern einen sehr guten Überblick über den Einsatz von digitalen Lösungen bei der Bearbeitung von BEM-Fällen. Zusammenfassen lassen sich die Vorteile der Digitalisierung von BEM wie folgt:

- Die Bearbeitung von BEM-Fällen erfolgt effizient und rechtssicher.
- Der BEM-Beauftragte kann sich auf das Wesentliche konzentrieren: Die administrativen Tätigkeiten reduzieren sich auf ein Minimum, es bleibt mehr Zeit für Gespräche.
- Die erhobenen Daten können zweckmäßig ausgewertet und dadurch neue Erkenntnisse bezüglich Erfolg oder Verbesserungsmöglichkeiten gewonnen werden.
- Mit diesen Informationen lässt sich die Arbeit des BGMs hervorragend unterstützen.

Selbstverständlich birgt der Einsatz von digitalen Lösungen im BEM-Verfahren auch Risiken. Alle Anwender sollten für folgende Punkte sensibilisiert sein:

- Die Datenschutzbestimmungen müssen berücksichtig werden: Personenbezogene Daten sollten verschlüsselt, Zugriffsumfänge mit einem umfangreichen Berechtigungssystem geregelt und die Verteilung von personenbezogenen Informationen auf ein notwendiges Minimum reduziert werden.
- Eine Betriebsvereinbarung zum Thema BEM inkl. Berücksichtigung einer IT-Unterstützung ist oft hilfreich, damit ein sinnvoller Rahmen für die Digitalisierung des Prozesses und der Dokumentation geschaffen wird.

43.3.8 Zusammenfassung

1. Die Digitalisierung des Prozesses erleichtert die Durchführung und Dokumentation von BEM-Fällen erheblich.
2. Ab einer gewissen Unternehmensgröße ist eine rechtssichere Abwicklung von BEM-Fällen ohne IT-Unterstützung überhaupt nicht mehr zu leisten.
3. Die aus einem IT-gestützten BEM-Management resultierenden Daten und Auswertungen liefern wertvolle Hinweise für Unternehmensführung, Personalmanagement und BGM.

Literatur

Christoph Beyer, Christina Wieland, Petra Wallmann (2015), Handlungsempfehlungen zum Betrieblichen Eingliederungsmanagement, 5. Auflage

www.bmas.de, Bundesamt für Arbeit und Soziales

Hendrik Faßmann, Martin Emmert (2010). Betriebliches Eingliederungsmanagement – Anreizmöglichkeiten und ökonomische Nutzenbewertung. Nürnberg: Institut für empirische Soziologie an der Friedrich-Alexander-Universität Erlangen-Nürnberg

Andrea Lange (2014). Eingliedern mit dem Werkzeugkasten: Gute Praxis gestalten, die Akzeptanz fördern. In: gute Arbeit. Gesundheitsschutz und Arbeitsgestaltung. 26. Jahrg. Ausgabe 3/2014

www.lwl-integrationsamt.de/praevention, LWL-Integrationsamt Westfalen, Münster: Handlungsempfehlung zum Betrieblichen Eingliederungsmanagement

www.mybem.de, IT-System zur digitalen Abwicklung des BEM-Verfahrens

Sozialgesetzbuch IX, § 84, Abs. 2

Thorsten Uhle, Michael Treier (2015). Betriebliches Gesundheitsmanagement – Gesundheitsförderung in der Arbeitswelt – Mitarbeiter einbinden, Prozesse gestalten, Erfolge messen, 3. Auflage

Frank Schlinkheider ist Geschäftsführer der ITSD Consulting GmbH mit Sitz in Minden. In dieser Funktion unterstützt der Diplom-Informatiker Unternehmen und Kommunen bei der Planung und Durchführung anspruchsvoller IT-Projekte für den Personalbereich. Das hauseigene BEM-ExpertenSystem kommt seit 2012 bei Verwaltungen, mittelständischen Unternehmen und Konzernen zum Einsatz.

Teil V
Diskussion und Fazit

Beschäftigtenorientiertes BGM auf dem Weg zur Arbeit 4.0. Motivationen und Hemmnisse in der digitalisierten Arbeitswelt

44

Annett Schulze und Thorsten Schäfer

Zusammenfassung

Dieser Beitrag fokussiert die (digitalen) Nutzungspraxen von Beschäftigten und deren Kenntnisse über Maßnahmen und Angebote innerhalb des Betrieblichen Gesundheitsmanagements (BGM). Ziele des BGMs sind es unter anderem, die Beschäftigten zu erreichen und den Arbeits- und Gesundheitsschutz im Betrieb zu gewährleisten. Im Rahmen der Digitalisierung der Erwerbsarbeit nehmen digitale Angebote zum BGM in den Unternehmen zu. Welche Formen des digitalen BGMs bereits bestehen, wurde in einer qualitativen Studie mittels narrativer Interviews innerhalb ausgewählter Betriebseinheiten von Verkehrs- und Kommunikationsunternehmen, dem öffentlichen Entsorgungsbereich und der Arbeitsvermittlung erhoben. Inwiefern die Beschäftigten selbst Chancen, Motivationen, Hemmnisse und Risiken digitaler bzw. digital kommunizierter BGM-Maßnahmen perspektivieren, ist das Erkenntnisinteresse dieser Untersuchung. Aus den Ergebnissen leiten sich Voraussetzungen und Qualifikationen ab, die einen barrierefreien Zugang ermöglichen.

44.1 Einleitung

Das Betriebliche Gesundheitsmanagement (BGM) umfasst mehr als Maßnahmen zur betrieblichen Gesundheitsförderung. Von einem ganzheitlichen Gesundheitsbegriff gemäß der WHO-Ottawa-Charta (1986) ausgehend, lässt sich das BGM definieren als „Risikomanagement" (Tautz 2016), verstanden als systematisch angelegte und nachhaltig wirkende Maßnahmen seitens der Unternehmen, um die Beschäftigten gesund zu erhalten und damit von ihrer Leistungsfähigkeit, ihrem Wissen und ihren erworbenen Fertigkeiten zu

A. Schulze (✉) · T. Schäfer
Berlin, Deutschland
E-Mail: annett_schulze@aol.de

© Springer Fachmedien Wiesbaden GmbH 2018
D. Matusiewicz und L. Kaiser (Hrsg.), *Digitales Betriebliches Gesundheitsmanagement*,
FOM-Edition, https://doi.org/10.1007/978-3-658-14550-7_44

profitieren. Risikomanagement wiederum erfordert eine spezifische Kommunikation, insbesondere wenn die Digitalisierung im betrieblichen Alltag auf dem Weg zur Arbeit 4.0 in den Blick genommen wird. Uhle und Treier verstehen das BGM zudem als Changemanagement, das das Gesundheitsbewusstsein im Unternehmen erhöhen solle (Uhle und Treier 2015[3]).

Bei einem BGM gehen wir von folgenden drei Säulen aus: 1. von der Gefährdungsbeurteilung, 2. vom Betrieblichen Eingliederungsmanagement (BEM) und 3. von der betrieblichen Gesundheitsförderung (BGF). Während die ersten beiden Säulen hauptsächlich auf die Veränderung von betrieblichen Verhältnissen zielen, setzt Letztere bei der Verhaltensprävention an. Wir weichen damit von der etablierten Dreiteilung Arbeits- und Gesundheitsschutz, Betriebliche Gesundheitsförderung und Integriertes Management ab (siehe unter anderem Badura et al. 2010[2]; Oppolzer 2010[2]), um das BGM noch kleinteiliger fassen zu können. Die Betriebliche Gesundheitsförderung ließe sich auch als Teil des Arbeits- und Gesundheitsschutzes fassen, das Integrierte Management sehen wir als Querschnittsaufgabe innerhalb der Dimensionen des Arbeits- und Gesundheitsschutzes.

Wir fokussieren den digitalen Zugang der Beschäftigten zu den Maßnahmen, zu den Angeboten und zur Beratung durch die unterschiedlichen Betriebsparteien und deren Kommunizierbarkeit auf digitalem Wege: Hierzu zählen mittlerweile im Bereich der Gefährdungsbeurteilung unter anderem 1. Onlineverfahren zur Datenerhebung (z. B. BASA II), und 2. bezogen auf die ermittelten Gefährdungen digital kommunizierte Unterweisungen seitens des Arbeitgebers wie E-Learning-Formate, 3. Apps, die es den Beschäftigten beispielsweise ermöglichen, betriebliche Vorsorge durch den betriebsärztlichen Dienst in Anspruch zu nehmen, 4. das digitale Melden von Arbeitsunfällen und Mängeln bei der Arbeit oder 5. die Angebote im Social Intranet.

Alle drei Säulen dienen dazu, die Gesundheit der Beschäftigten zu erhalten. Dabei nehmen die Gefährdungsbeurteilung und das BEM eine besondere Rolle ein: Sie bieten präventive Ansätze, eine Arbeitsunfähigkeit möglichst zu überwinden, erneute Arbeitsunfähigkeit vorzubeugen, den Arbeitsplatz zu erhalten und Leistungen sowie Maßnahmen zu evaluieren, die diesen Zielen dienlich sind. Im Zuge des Wandels der Erwerbsarbeit, und insbesondere in Zeiten der Digitalisierung, muss dabei neuen betrieblichen Strukturen und Prozessen Rechnung getragen werden. Die Studie nimmt deshalb folgende Dimensionierung in den Blick: Welche Bedeutung hat digitale Kommunikation im BGM aus Sicht der Beschäftigten und deren Interessenvertretungen?

Der Beitrag geht dabei von den Thesen aus, dass die Möglichkeiten der digitalen betrieblichen Kommunikation einerseits weder von den Beschäftigten noch von deren Interessenvertretungen adäquat genutzt werden. Andererseits fehlen Kommunikationsstrukturen und -inhalte, die beispielsweise eine Suche im Intranet auch erfolgreich werden lassen. Daraus folgt, dass es eines konzeptionellen und praktischen Einbindens der Informationen zum betrieblichen Arbeits- und Gesundheitsschutz im Informationsraum Inter- bzw. Intranet bedarf, welches das strategische wie flankierende Einbeziehen relevanter Akteur/-innen wie betriebsärztliche Dienste oder gemeinsame örtliche Servicestellen berücksichtigt sowie deren Beitrag zur Maßnahmenentwicklung zum Wohle der Beschäftigten. Gegenstand der Untersuchung ist somit das Kommunikationshandeln, insbesondere die Nutzungs- und Produktionspraxen, der Akteur/-innen in der internen betrieblichen Öffentlichkeit. Die Studie leistet damit einen Beitrag zur Transparenz von Kommunikationsprozessen zwischen den diversen Akteur/-innen im BGM.

44.2   Theoretische Zugänge

Im Mittelpunkt dieses Beitrags steht die interne betriebliche Öffentlichkeit zum Themenfeld Arbeits- und Gesundheitsschutz. Teil dessen ist das Betriebliche Gesundheitsmanagement. Der Blick richtet sich auf die Beschäftigten als eine wesentliche Anspruchsgruppe der Unternehmenskommunikation – dementsprechend rezipieren die Beschäftigten Kommunikationsangebote durch den Arbeitgeber oder durch die Interessenvertretungen. Die Entwicklung externer Kommunikationswege und damit externer Stakeholder bleibt in den folgenden Betrachtungen außen vor. Interdisziplinär interessieren drei Zugänge zum Forschungsgegenstand digitales BGM aus Rezipierendensicht. Zunächst werden wir uns mit politisch-rechtlichen Rahmenbedingungen zum BGM und mit arbeitssoziologischen Untersuchungen auseinandersetzen. Diese kombinieren wir mit kommunikationswissenschaftlichen Annahmen und Ergebnissen zur Gesundheitskommunikation in Unternehmen unter dem Fokus auf strategische Onlinekommunikation und Risikokommunikationsaspekten. Methodologisch gehen wir mit dem Uses- and Gratification-Ansatz aus der Medienrezeptionsforschung der Frage nach, welche Motivationen und Ziele Beschäftigte verfolgen, wenn es um die Inanspruchnahme von Angeboten und Maßnahmen im Arbeits- und Gesundheitsschutz geht.

44.2.1   Politische und rechtliche Rahmungen zum BGM

Das BGM ist nicht nur auf der Mikroebene für die einzelnen Betroffenen von zentraler Bedeutung, um den eigenen Lebensstandard zu erhalten. Es ist zudem auf der Mesoebene ausschlaggebend für die Auftragslage von Unternehmen des Mittelstandes und von Konzernen. Tautz argumentiert, dass ein ausschlaggebendes Kriterium für das Erteilen eines Auftrages die Termineinhaltung bei Lieferzeiten sei (Tautz 2016). Insofern jedoch häufige Ausfälle aufgrund von Krankheit diese Zuverlässigkeit verhinderten, seien auch Aufträge und damit Umsätze gefährdet. Mittlerweile gelten „Occupational Health and Safety Issues" eines Unternehmens in der sozialen Dimension als ein Aspekt von Nachhaltigkeitsbewertungen (siehe Dow Jones Sustainability Index-Messungen durch RobecoSAM AG 2016).

Auf der Makroebene sind Maßnahmen zu Förderung der Gesunderhaltung von Beschäftigten immer auch als „Investitionen in die Gesamtgesellschaft" (Tautz 2016) zu betrachten. Insofern keine sinnvollen Maßnahmen entwickelt würden, stiegen die Kosten für die Sozialsysteme. So lagen bereits im Jahr 2008 die volkswirtschaftlichen Kosten allein bei neun Mrd. Euro, die dadurch entstanden, dass an Depression erkrankte Menschen infolge von Präsentismuszwängen trotzdem zur Arbeit gingen, aber durch die Erkrankung nur vermindert ihre Leistungen abrufen konnten (Allianz Deutschland AG und Rheinisch-Westfälisches Institut für Wirtschaftsforschung RWI 2011).

Ebenfalls in den 2000er-Jahren hält die Bundesregierung (Bundesministerium für Arbeit und Soziales 2007) fest, dass die demografische Entwicklung in Deutschland Maßnahmen zum Erhalt der Gesundheit Erwerbstätiger fordere: Menschen, die in der Lohnarbeit erkranken, könnten voll arbeitsfähig bleiben, müssten aber andere Tätigkeiten im Unternehmen ausführen oder technische Möglichkeiten bekommen, die sie unterstützen. Es bedürfe eines betrieblichen und sozialstaatlichen Politikwechsels – weg von der Prämisse zu entlassen oder zu verrenten, hin zur Rehabilitation (§ 8 SGB IX). Ohne diesen Wechsel sei das Wachstum der Volkswirtschaft und seien die sozialen Sicherungssysteme gefährdet.

Aktuelle Studien belegen, dass der Anteil an Langzeiterkrankungen im Arbeitsleben steigt. Dass es vornehmlich zu einem Anstieg psychischer Erkrankungen und Erkrankungen am Muskel-Skelett-System kommt, zeigt beispielsweise die zweite Europäische Unternehmensbefragung über neue und aufkommende Risiken der Europäischen Agentur für Sicherheit und Gesundheitsschutz am Arbeitsplatz (EU-OSHA 2015). Diese Gefährdungen der Beschäftigten bewerten Arbeitgeber als ein besonders hohes Risiko. Die Bundesanstalt für Arbeitsschutz und Arbeitsmedizin (BAuA) rechnete für das Jahr 2014 aus, dass durch Produktionsausfälle von Muskel-Skelett-Erkrankungen und des Bindegewebes 20,8 Mrd. Euro Verlust zu verzeichnen waren. Bei psychischen Erkrankungen betrug der Ausfall an der Bruttowertschöpfung 13,1 Mrd. Euro im Jahr 2014 (BAuA 2015). Der Gesundheitsreport der Deutschen Angestellten Krankenkasse (DAK) aus dem Jahr 2015 empfiehlt, die Gesundheitspolitik in Betrieben und Unternehmen maßgeblich auf den Abbau psychosozialer Belastungen auszurichten (DAK 2015). Eine Studie, die Einstellungen von Beschäftigten in den Blick nimmt, ist die repräsentative Befragung im Auftrag des Deutschen Gewerkschaftsbundes (DGB) aus dem Jahr 2012 (DBG 2013). Aus den Ergebnissen geht hervor, dass in der Wahrnehmung der Beschäftigten die Gefährdungsbeurteilung als eines der wesentlichen Instrumente des gesetzlich verpflichtenden Arbeitsschutzes selten und meist lückenhaft durchgeführt wurde (DGB 2013).

Die Regelungen im SGB IX haben historisch eine europäische Dimension, die durch die Europäische Kommission und deren Beschäftigungsstrategie getragen wird (Kommission der Europäischen Gemeinschaften 1998). Bereits Ende der 1990er-Jahre stellten politisch Verantwortliche in Europa fest, dass Sorge dafür zu tragen sei, Menschen, unabhängig von ihren gesundheitlichen Einschränkungen, am Arbeitsleben teilhaben zu lassen (siehe Kommission der Europäischen Gemeinschaften 1998). Sowohl die deutsche Bundesregierung als auch Sozialversicherungsträger vertreten die Ansicht, dass es weniger koste, effiziente Maßnahmen zur Prävention und dem Erhalt des Arbeitsplatzes durchzuführen, als Menschen allein staatlich zu unterstützen. Die Änderungen im SGB IX sind da konsequent: Ziel sei, den Arbeitsplatz der erkrankten Beschäftigten durch die Mitwirkung unterschiedlicher betrieblicher Akteur/-innen mit allen zumutbaren Mitteln zu erhalten (Schäfer und Schulze 2015). Damit verlagere sich ein „Teil der gesellschaftlichen Verantwortung für Erkrankungen im Arbeitsleben von der makropolitischen auf die mesopolitische Ebene der Betriebe und damit zurück zur Quelle" (Schäfer und Schulze 2015).

Neben den Regelungen im SGB IX, die sich auf das BEM und damit die zweite Säule des BGMs beziehen, ist auch das Arbeitsschutzgesetz maßgeblich für die Gestaltung des BGMs: So hat der Arbeitgeber Maßnahmen des Arbeitsschutzes zur Verbesserung der Sicherheit und des Gesundheitsschutzes der Beschäftigten bei der Arbeit durchzuführen. Es regelt Rechte und Pflichten der Beschäftigten und setzt eine Wirksamkeitsprüfung der Maßnahmen voraus. Sowohl die Gefährdungsbeurteilung als auch das Melden von Arbeitsmängeln fußen auf diesem Gesetz. Im Rahmen der Prüfsysteme zum Arbeits- und Gesundheitsschutz gibt der Kenntnisstand weitere wichtige Indizien für unsere Untersuchung. So charakterisiert Van de Kerckhove ein erfolgreiches Auditsystem wie folgt: Neben den sichtbaren Maßnahmen sind auch Werte, Einstellungen, ein eingeübtes Verhalten im Gefahrenfall, inklusive der Kalkulation von unvorhergesehen Risiken, und betriebliche Normen einer Unternehmenskultur ausschlaggebend (Van de Kerckhove 1998[4]). Die Beschäftigten sollten motiviert sein, die Gefährdungen in der Erwerbsarbeit zu minimieren und somit die Chance auf Gesunderhaltung zu erhöhen. Letztlich gehe es, so Van de Kerckhove, um einen kreativen und anhaltenden Prozess des Austausches, der im Betrieb zu etablieren sei (Stichwort Lernende Organisation) (Van de Kerckhove 1998[4]).

Der Aspekt einer kontinuierlichen Auseinandersetzung mit BGM-Maßnahmen und einer entsprechenden Kultur im Unternehmen trägt auch dem Umstand Rechnung, dass sich bisherige betriebliche Praxen im Zuge des Wandels der Erwerbsarbeit verändern. Welche Rolle dabei Digitalität und digitale Kommunikation spielen, wird aus Sicht des Forschungsstandes in den folgenden beiden Abschnitten skizziert.

44.2.2 Digitalisierung der Erwerbsarbeit – Digitalisierung des BGMs

Durch Digitalisierungsprozesse verändern sich sowohl betriebliche Organisationsstrukturen (neue Arbeitsräume und -orte, neue Zeitabläufe, erhöhte Erreichbarkeit etc.) als auch Kommunikationsstrukturen wesentlich (unter anderem Boes et al. 2014; Scholz 2013; Kratzer und Sauer 2007). Entgrenzung, Informatisierung, Flexibilisierung/Deregulierung und Subjektivierung sind Aspekte, die den Wandel der Erwerbsarbeit mithin charakterisieren. Krisenerscheinungen folgen: So steht das Normalarbeitsverhältnis zur Disposition (unter anderem Kocher et al. 2013), die kollektive, gesetzlich verankerte Interessenvertretung vor deutlichen Herausforderungen (z. B. hinsichtlich der Arbeitsbedingungen bei der Teleheimarbeit siehe unter anderem Kleemann 2005).

In der Arbeitssoziologie wurde Digitalisierung zunächst hinsichtlich der Effekte auf die Organisationstrukturen (unter anderem Funken und Schulz-Schaeffer 2008) untersucht. Neben dem derzeitigen Forschungsschwerpunkt auf der Rolle von Digitalisierung in der Industriearbeit im Zuge der Diskussion um die Arbeit 4.0 (siehe unter anderem Hirsch-

Kreinsen et al. 2015; Pfeiffer et al. 2016; zur veränderten Rolle von Industrieangestellten siehe Haipeter 2016) stehen in der internen Unternehmenskommunikation und im Zuge des Wandels der Erwerbsarbeit in den letzten Jahren Enterprise 2.0-Plattformen auf der Forschungsagenda (Boes et al. 2014; Pfeiffer 2014; Carstensen 2016). Zunehmend interessieren Sichtweisen von Beschäftigten auf betriebliche Social-Media-Angebote: Carstensen kommt zu dem Ergebnis, dass Social Media durchaus Arbeitsprozesse intensiviere und damit auch zu mehr Arbeitsaufwand führe, da diese Kommunikationsplattformen eine Erweiterung der tradierten Kommunikationswege seien (Carstensen 2016). Demnach nähmen die Informationskanäle zu „und damit die Menge und Dichte von Informationen" (Carstensen 2016). Sie schlussfolgert, dass die Nutzung digitaler Informationsräume mit permanenter Erreichbarkeit, also mit Arbeitsunterbrechungen und Multitasking, verbunden sei (Carstensen 2016). Darüber hinaus entstünde bei den Beschäftigten der Eindruck, dass erwartet werde, sich an der betrieblichen Öffentlichkeit zu beteiligen, was als Belastung empfunden werde. Das BGM wird bei Carstensen als ein Regulierungsmoment dieser Belastungen in die Diskussion der Ergebnisse eingebracht (Carstensen 2016).

Wir wollen hier einen Perspektivwechsel vornehmen und fragen, inwiefern über das Social Intranet Gesundheitsangebote und Maßnahmen des betrieblichen Arbeits- und Gesundheitsschutzes für die Beschäftigten und aus deren Sicht sinnvoll kommuniziert werden. Uns geht es demnach nicht um die Regulierungsweisen der Arbeitspraktiken in digitalen Informationsräumen, sondern vielmehr interessiert uns, wie Beschäftigte, Interessenvertretungen und Arbeitgeber eben diese Räume zum Erhalt der eigenen Gesundheit oder aber als Schutzangebot nutzen. Explorativ tragen wir dazu bei, Fragen nach der kommunikativen Gestaltung des Arbeits- und Gesundheitsschutzes zu beantworten.

44.2.3   Gesundheitskommunikation: Strategien und Risikomanagement

Ganz allgemein lässt sich unter Gesundheitskommunikation jedwede Form von Kommunikation über Gesundheit und Krankheit in unterschiedlichen soziopolitischen Zusammenhängen verstehen. Wir fokussieren drei Formen der Kommunikation: 1. Die Face-to-Face-Kommunikation, 2. die klassische Onlinekommunikation und 3. das Web 2.0 mit den entsprechenden Social-Media-Anwendungen.

Die deutsche Kommunikationswissenschaft hat ihre Themenfelder erst vor gut einem Jahrzehnt um den Bereich der Gesundheitskommunikation erweitert. Notwendig wurde dies 1. mit dem Einzug des Massenmediums Internet in die Betriebe. 2. erweiterte sich der Forschungsschwerpunkt der Rolle von Massenmedien um die nicht-massenmedial vermittelte Kommunikation (eine Übersicht zu dieser Entwicklung in: Spatzier 2015). Eine organisationsbezogene Perspektive einzunehmen, bot nicht nur Antworten auf Fragen der strategischen Kommunikation nach außen (im Bereich der Public Relations und im Verhältnis zwischen Unternehmen und Journalismus). Diese Forschungsperspektiven dominieren allerdings derzeit (unter anderem zum Gesundheitswesen und zielgruppengerechter Ansprache Roski 2009; zur Verhaltensprävention, Beratung und Kampagnenführung

Schnabel und Bödeker 2012; zur medialen Nutzung im Bereich der Gesundheitskommunikation aus medienpsychologischer Sicht unter anderem Fromm et al. 2011; einen Überblick aktueller Forschungsgegenstände bieten die Sammelbände von Schäfer et al. 2015 und Hurrelmann und Baumann 2014).

Vielmehr kann jetzt auch ein betriebsinterner Blick auf Kommunikationsprozesse und betriebliche Teilöffentlichkeiten eingenommen werden. Diese Perspektive ist deutlich ausbaufähig (zumindest benannt wird diese von Schäfer et al. 2015). Jedoch betonen sowohl die Arbeitssoziologie als auch die Organisationspsychologie die Bedeutung von Gesundheitskommunikation. Uhle und Treier zählen als wesentliche Dimensionen von Gesundheitskommunikation: Aufklärung, Information und Überzeugung sowie das „Anregen gesundheitsfördernder Verhaltensweisen" (Uhle und Treier 2015[3]). Dazu bedürfe es spezifischer Kommunikationsmaßnahmen (Uhle und Treier 2015[3]), die Gesundheit als ein Thema im betrieblichen Alltag etablierten (Gurt 2015[3]). Neben dem Einsatz tradierter Medien und den Möglichkeiten des Web 2.0 sei eine direkte Kommunikation zwischen den Beschäftigten und zwischen den Beschäftigten und Vorgesetzten unerlässlich (siehe die Erkenntnisse aus der sozialkognitiven Theorie). Ob beispielsweise Führungskräfte sich als aktive Mitgestalter/-innen im BGM verstünden (Gurt 2015[3], S. 202; Elke 2015[3]), ob emotionales Storytelling genutzt werde oder inwiefern die Beschäftigten von der Ernsthaftigkeit des Themas überzeugt seien und damit für eine gewisse Viralität sorgten, seien wesentliche Aspekte für ein erfolgreiches BGM. Mitzudenken ist die intervenierende Variable der je individuellen Wahrnehmung der Person und von dem Unternehmen, für das man tätig ist. Sollte die Authentizität der Botschaft und des Botschafters bezweifelt werden, ist z. B. eine Inanspruchnahme der angebotenen Leistungen unwahrscheinlich. Gurt stellt die These auf, dass die Optionen des Web 2.0 als Chance auf einen „echten Dialog über Abteilungs- und Hierarchiegrenzen hinweg" zu sehen sind (Gurt 2015[3]). Wie das Beschäftigte wahrnehmen, wird in dieser Studie überprüft. Zu den Merkmalen eines erfolgreichen BGMs gehören unter anderem das Festlegen von Dialog- und Zielgruppen und das Definieren der einzelnen Kommunikationsschritte, inklusive der Maßnahmen, Ziele, Inhalte und auch der Medien, die genutzt werden sollen (Uhle und Treier 2015[3]). Elke hält fest, dass auch ein „systematisches Controlling aller Maßnahmen" unerlässlich sei (Elke 2015[3]).

Liebrich konstatiert Ähnliches für das BEM: So seien eine IST-Analyse und damit das Erfassen der Ausgangssituation für die Einführung oder aber die Verbesserung von BEM-Prozessen unerlässlich, um interne Unternehmenskommunikation planbar zu machen (Liebrich 2015). Es gelte, sowohl Zielgruppen und deren Bedürfnisse als auch Medien und deren Nutzen zu ermitteln. Nur darüber könne ein erfolgreicher Informationsfluss gesichert werden. Geschlussfolgert werden kann, dass für erkrankte Beschäftigte Kommunikation gewährleistet werden sollte, sodass diese nicht aus dem sozialen Netzwerkbetrieb ausgeschlossen werden. Um ein BGM erfolgreich auf alle drei Säulen zu stellen, ist es essenziell, die Betroffenen und deren Perspektiven auf den BEM-Prozess, auf die Gefährdungsbeurteilung und auch hinsichtlich individueller Maßnahmen einzubeziehen. Die Beratungspraxis zeigt, dass betroffene erkrankte Erwerbstätige, insbesondere wenn diese ausgesteuert werden, ohne dass ihnen gekündigt wurde, auch den Interessenvertretungen verloren gehen. Strategisch wäre also zu berücksichtigen, dass Informationsfluss und Dialog auch soziale Inklusion sichern.

Ist diese Kommunikation digitalisiert, umfasst also die Umwandlung von analogen Informationen in digitale Daten und damit eine Multimedialisierung in Ton, Bild, Text, Grafik und Film, dann sind einerseits Produktions-, Verbreitungs- und Vermittlungsprozesse vereinfacht (Kleinsteuber 2013[2]). Andererseits müssen die Möglichkeiten der Aneignung entsprechenden Wissens berücksichtigt werden. So stellt sich die Frage nach dem „Umgang mit Information, Präsentation und Kommunikation" (Carstensen et al. 2014). Hinsichtlich der Gestaltung von Arbeitsbeziehungen lassen sich „nahe soziale Beziehungen unter den Bedingungen einer zunehmenden Mediatisierung der kommunikativen Infrastrukturen moderner Gesellschaften" und damit auch in der Arbeitswelt und den betrieblichen Öffentlichkeiten in den Blick nehmen (vgl. Begriff der „technogenen Nähe" Beck 2000). Man könnte dieses als Entgrenzung des Privaten durch die modernen Technologien verstehen. So erheben wir ebenfalls Daten zu privaten Nutzungspraxen von Social Media und zu Erfahrungen im betrieblichen Arbeits- und Gesundheitsschutz der Beschäftigten oder aber zum Knüpfen von sozialen Beziehungen über die Arbeitswelt hinaus durch Social Media. Carstensen konstatiert, dass dabei auch die Vorgaben des Mediums und damit die technische Strukturierung von Informationsangeboten sowie deren Logik eine wesentliche Rolle hinsichtlich der Nutzungs- und Interaktionsweisen sowie der Weiterverarbeitungsoptionen spielen (siehe auch die Akteur-Netzwerk-Theorie der Science and Technology Studies im historischen Überblick beispielsweise bei Lengersdorf und Wieser 2014).

Beschäftigte in größeren Unternehmen können mittlerweile häufig das Social Intranet zur Mitarbeiter/-innenverständigung nutzen (zur BWL-Perspektive, insbesondere mit Blick auf die Unternehmenskultur, siehe unter anderem Grossmann und Slotosch 2015). Damit halten Social-Media-Kanäle Einzug in die Betriebe. Social Media definieren Zerfaß und Sandhu als alle offenen, interaktiven und partizipativen Plattformen im Internet (Zerfaß und Sandhu 2008). Im Unternehmen sind diese dann wiederum Teil des Corporate Intranets, das wiederum als abgeschlossenes System nach außen den Schutz betrieblicher Daten gewähren soll.

danah boyd charakterisiert soziale Medien als beständig, sichtbar, verbreitbar und durchsuchbar (boyd 2014). Diese Eigenschaften erweisen sich als durchaus ambivalent, insofern als dass sie ohne die entsprechende Aufbereitung der Inhalte einerseits und dem Wissen der Beschäftigten zum Suchen und Navigieren beispielsweise im Social Intranet andererseits durchaus zum Hindernis für das erfolgreiche Filtern des Informationsangebotes oder der schnellen Pfadverfolgung werden können.

Der Einsatz digitaler Kanäle in der internen Kommunikation von Unternehmen als Organisationen wurde in den letzten Jahren zunehmend zum Untersuchungsgegenstand. So charakterisieren Brandstädter et al. das Corporate Intranet als ein Pull-Medium, das vornehmlich der Aktivierung der Rezipierenden gilt (Brandstädter et al. 2016). Notwendig sei eine „positive Unternehmens- und Kommunikationskultur" für die effiziente

Nutzung des Mediums (Brandtstädter et al. 2016; unter Verweis auf Escribano 2012). Ob Beschäftigte oder auch Führungskräfte die Dialogmöglichkeit im Social Web oder andere Produktionspraxen nutzen, hänge von dem „Hierarchiegefälle" ab. Weitaus häufiger wird das Social Web im Unternehmen genutzt, um etwas bekanntzumachen, Verhalten zu beeinflussen oder auch das Image zu fördern. Bewertungsdimensionen des Corporate Intranets seien eine „zielgruppengerechte Navigationsstruktur", die Wahrnehmung als eine Kommunikationsplattform und als ein Arbeitsmedium (Brandtstädter et al. 2016; unter Verweis auf Escribano 2012).

Eine Studie der T-Systems Multimedia Solutions erfasste die Erfahrungen und Meinungen der Beschäftigten im betrieblichen Alltag zum Umgang mit dem Intranet. Zusammenfassend lässt sich dies beschreiben als „einseitig[er] [...] Kommunikationskanal und Mittel für die Informationsvermittlung" (Langkamp und Köplin 2014). Und dennoch sehen Langkamp und Köplin das Social Intranet durchweg positiv – als transparent, offen, hierarchiearm, nachhaltig (im Sinne eines Wissensspeichers), die tägliche Kommunikation, Kooperation und das Networking über geografische Grenzen innerhalb des Unternehmens hinaus fördernd (Langkamp und Köplin 2014). Auch die Bitkom-Studie aus dem Jahr 2012 betont vornehmlich die positiven Aspekte des Einsatzes von Enterprise 2.0-Anwendungen. Simone Huck-Sandhu sieht neben den Vorteilen von Social Media auch die Herausforderungen in der internen Kommunikation: So seien einerseits nicht alle Mitarbeitenden im Unternehmen in den freiwillig nutzbaren Social-Media-Anwendungen aktiv (Huck-Sandhu 2016). Zudem sei auch das Steuern der Kommunikation innerhalb der Organisation schwieriger.

Welche Veränderungen Social Media im Kommunikationsmanagement und damit der strategischen Onlinekommunikation von Unternehmen hervorrufen, untersucht Anne Linke. Sie fokussiert den Beruf des Kommunikationsmanagers und strukturelle Rahmenbedingungen, die sich bedingt durch das Medium in einer Netzwerkgesellschaft behaupten müssen (Linke 2015). Für die Unternehmen bedeute dieses Umfeld, hochkomplexe Kommunikationsbeziehungen, Transparenz und die Geschwindigkeit der Kommunikation zu berücksichtigen, um Social Media effektiv zu nutzen. Linke schlussfolgert, dass ausreichend personelle Ressourcen dafür bereitgestellt werden müssten (Linke 2015, S. 303) – ein Aspekt, den wir erweiternd auch auf die Verantwortung der Interessenvertretungen und deren Arbeitsteilung im Gremium untersuchen wollen. Sie hält ebenfalls fest, dass das Potenzial von Social Media noch immer nicht erschöpfend genutzt werde (z. B. wegen fehlender Eigenanalysen des Kommunikationsraumes Linke 2015, S. 290). Das bestätigt auch Semle, der wiederum auf die fehlende Nutzung des Social Intranets durch die Beschäftigten selbst verweist (Semle 2012).

Wie Kommunikationsverantwortliche digitale Instrumente in der Organisationskommunikation im Kontext der Diskussion um Innovationspotenziale einsetzen, untersuchten zudem Müller et al. am Beispiel von Pinterest (Müller et al. 2015). Auch hier wird empirisch nachgewiesen, dass die hervorgehobene Bedeutung von Social Media in der Unternehmenskommunikation und die tatsächliche Nutzung deutlich auseinanderklaffen.

Während Linkes Forschungsinteresse auf die Rahmenbedingungen von Social-Media-Kommunikation zielt (Linke 2015), fokussieren wir in unserer Studie die Rezeption der digitalen Angebote im BGM von Beschäftigten. Mit Röttger et al. verstehen wir strategische Kommunikation als mit einer Absicht und damit einem konkreten Zweck verbunden (Röttger et al. 2013). Diese Art der Kommunikation will überzeugen und findet durch Akteur/-innen in Organisationen statt. Im Kontext des bereits thematisierten Risikomanagements steht die strategische Kommunikation, die uns interessiert, im Zusammenhang mit einer spezifischen Form der Risikokommunikation, die innerhalb der Gesundheitskommunikation im Betrieb neben einem präventiven Charakter (der „Vorsorgekommunikation", Brauweiler 2015) auch einen legitimierenden Charakter aufweisen muss. Inwiefern die Beschäftigten in den untersuchten Betrieben BGM-Kommunikation als Vorsorgekommunikation wahrnehmen, strategisch angelegt oder aber abhängig von unterschiedlichen Faktoren, ist Teil dieser Untersuchung. Aus den gewonnenen Daten werden Erkenntnisse und Empfehlungen abgeleitet, die die Kommunikatoren im Betrieb, einerseits des Arbeitgebers und andererseits die Interessenvertretungen, nutzen können, um ihre gesetzmäßigen Aufgaben im BGM effizient zu erfüllen.

Zusammenfassend lässt sich an dieser Stelle festhalten, dass in der Studie auf der Ebene der Organisationskommunikation Aspekte der (strategischen) Gesundheitskommunikation innerhalb interner betrieblicher Öffentlichkeit(en) und in der Wahrnehmung der Beschäftigten und der Interessenvertretungen erfasst werden.

44.3   Vorgehen

In der qualitativ angelegten Studie haben wir mit Beschäftigten unterschiedlicher Unternehmen, in unterschiedlichen Funktionen und Erfahrungen narrative Interviews geführt, um deren Motive, Motivationen, Bedenken zur digitalen Kommunikation im betrieblichen BGM zu erfassen. Wir befragten Betriebs- und Personalräte, Teamleiter, Vorsitzende sowie Mitarbeiter/-innen ohne Funktion. Einige waren an Gefährdungsbeurteilungen beteiligt, andere im BEM-Verfahren. Alle Namen der Interviewpartner/-innen sind anonymisiert.

Der Leitfragebogen enthält fünf große Komplexe, die einerseits die drei Säulen abdecken. Andererseits wurden auch Fragen gestellt zum Verhältnis der privaten und beruflichen Nutzung von Social-Web-Anwendungen und zur Wahrnehmung der Kommunikationsstrukturen im Unternehmen sowohl zwischen den Hierarchieebenen und Abteilungen als auch zwischen diesen und externen Leistungsträgern im BGM. Zwei Perspektiven richten wir auf den Untersuchungsgegenstand: Erstens die Zugangsmöglichkeiten und die Nutzungspraxen von (digitalisierter) Gesundheitskommunikation innerhalb des BGMs. Der Forschungsstand indiziert hier verschiedene Dimensionen, die wir tabellarisch skizzieren (Tab. 44.1).

Zweitens bietet sich methodologisch der kommunikationstheoretische Uses- and Gratification-Ansatz (siehe auch unter anderem Spatzier 2015; Rühl und Ingenhoff 2015) an,

Tab. 44.1 Zugangsmöglichkeiten und Nutzungspraxen betrieblicher Gesundheitskommunikation aus Sicht der Beschäftigten

Dimension	Kategorien
Direkte, persönliche Kommunikation	Wahrnehmen der Führungskräfte in ihrer jeweiligen Rolle innerhalb von BGM-Maßnahmen: informierend, überzeugend, aufklärend, anregend hinsichtlich gesundheitsfördernder Verhaltensweisen Wahrnehmen des BR/PR: siehe zuvor Nutzen zum eigenen Arbeits- und Gesundheitsschutz Nutzen zum AuG von Kollegen Informationsraum: Arbeitsgruppen, Personal-/Betriebsversammlungen, Schulungen, Personal-/Betriebsrat, Workshops per Telefon
Schriftliche Kommunikation in Print	Informationsbriefe Einladungen Mängelanzeigen
Kommunikationsmanagement	Vorhalten personeller Ressourcen Transparenz Kontrolle Geschwindigkeit der Kommunikation (auch Bereitstellen der Information) positive Unternehmens- und Kommunikationskultur Grad der Informiertheit Begleitung Erkrankter Kooperation mit Außenstellen
Digitalisierte Kommunikation im Corporate Intranet (Wahrnehmung durch die Beschäftigten)	E-Mail-Account: Zugangsmöglichkeit; Zugangsnutzung: Arbeitsmedium, Kommunikationsplattform, zielgerechte Navigationsstruktur, Imageförderung, Verhaltensbeeinflussung, Informationen bekanntmachen (Wissensvermittlung), aktive Informationssuche, Arbeits- und Gesundheitsschutz
	Social Intranet: Zugangsmöglichkeit; Zugangsnutzung: Aktiviert Beschäftigte (Pull-Medium), dialogorientiert, hierarchiearm, nachhaltig (Wissensspeicher), offen, transparent, kooperationsfördernd, kommunikationsfördernd, netzwerkend
	Aneignungspraxen: Umgang mit Informationen, Präsentation, Kommunikation
Nutzen von Social Media und Internetangeboten im Privaten zu Arbeitsthemen	Entgrenzung soziale Nähe Informationssuche Austausch Datenschutz
Vorgaben des Mediums	Suchmöglichkeiten Informationsstrukturierung

Tab. 44.2 Anreizdimensionen. (Nach Rühl und Ingenhoff 2015)

Anreizdimensionen	Kategorien
Aktivitätsanreize	Ereignisse, die als angenehm beschrieben werden Aktivitäten, die einen Unterhaltungswert haben
Monetäre Anreize	Geld sparen Geldwerte Vorteile
Neuigkeitsanreize	Sich neues Wissen zu suchen eigenen Kenntnisstand erweitern
Soziale Anreize	Sich mit anderen Personen austauschen Mit anderen Personen Ansichten diskutieren
Selbstbezogene Anreize	Eigene Stimmung beeinflussen Stress abbauen
Statusanreize	Anstreben sozialer Macht Selbstdarstellung
Ideologische Anreize	Persönliche Ideale Eigene Werte
Praktische Anreize	Katalysatoren: unter anderem Bequemlichkeit (Aufwandsreduktion), Flexibilität

um die Motive und Bedürfnisse der Beschäftigten und damit ihre Erwartungen an die Angebote im BGM zu erfassen. Zudem sollen mit der Kritik an den kommunikativen Praxen in der internen Kommunikation und der alltäglichen betrieblichen Öffentlichkeit auch die Lücken zwischen Erwartung und der realen Befriedigung der Bedürfnisse aufgezeigt werden (Rühl und Ingenhoff 2015). In Kombination mit der sozial-kognitiven Theorie Banduras (1986) und den Ausführungen von Rühl und Ingenhoff (Rühl und Ingenhoff 2015; unter Bezug auf Jers 2012) folgend, werden acht Anreizdimensionen festgelegt, die dem Begriff des Motives entsprechen und den Aspekt der Ergebniserwartung beinhalten (Tab. 44.2).

Die Dimensionen mit den entsprechenden Kategorien wurden deduktiv auf das Datenmaterial angewandt. Zu welchen Ergebnissen diese Auswertung führte, zeigt der Abschn. 44.4.

44.4 Ergebnisse

44.4.1 Aktueller Zustand BGM und vorhandene digitale Zugänge von Beschäftigten

In den untersuchten Betriebseinheiten wird deutlich, dass Teile des BGMs bereits digitalisiert sind. Der Zugang zu digitalen Angeboten und Informationen ist jedoch abhängig von den Arbeitsmitteln, die den Beschäftigten zur Verfügung stehen. Ohne eine betriebliche

Mailadresse war beispielsweise in einem Betrieb ein Zugang zum Corporate Intranet gar nicht erst möglich.

Auf die drei Säulen bezogen, lässt sich festhalten:

Gefährdungsbeurteilung, Unterweisungen, Arbeitsschutzmängel

Die physikalisch-technische Gefährdungsbeurteilung findet zumeist und notwendigerweise vor Ort und analog statt. Die psychische-soziale Gefährdungsbeurteilung findet in der Wahrnehmung der Beschäftigten entweder a) gar nicht statt, b) als Teil von Arbeitsstättenbegehungen durch den Arbeitsschutzausschuss (ASA) oder c) als Teil von personifizierten Onlinefragebögen, die zumeist von externen Instituten gemailt wurden oder auf externen Webseiten zur Verfügung gestellt werden. Informationen zu psychischen Belastungen am Arbeitsplatz wiederum sind in einer Betriebseinheit digital in der Wiki-Datenbank nicht zu finden: „Da ist zwar eine Überschrift, aber darunter steht leider noch nichts" (Interview Person N). Was sich finden ließ, sind Protokolle vom ASA zur psychischen Gefährdung, die wiederum in der Wiki-Datenbank hinterlegt worden waren. Zu neuen Betriebsmitteln gibt es in einer Betriebseinheit Onlinefragebögen für die Mitarbeiter/-innen.

Die aus den Gefährdungsbeurteilungen resultierenden Unterweisungen finden sowohl direkt und von Angesicht zu Angesicht statt als auch digital. So nutzen alle Führungskräfte, bis auf eine Betriebseinheit, einen der folgenden digitalen Kommunikationswege um zu unterweisen. Es gibt E-Learning-Programme, die im Corporate Intranet, sprich im Intranet des Arbeitgebers, als webbased training angekündigt werden. Einige Beschäftigte nehmen auch Onlineschulungen per Dialogabfrage mit personifiziertem Zertifikat als Unterweisung wahr. In einer Betriebseinheit gibt es zudem WebX-Konferenzen, in denen die präsentierende Führungskraft mit PowerPoint-Präsentationen arbeitet. Zu erwähnen ist, dass dort nicht alle Rechner mit einer Kamera ausgestattet sind, sodass einige Beschäftigte nur hören und die PowerPoint-Präsentation auf ihrem Arbeitsbildschirm nicht sehen können. Die Folien der PowerPoint-Präsentationen finden die Führungskräfte in den vom Arbeitgeber bereitgestellten Datenbanken (z. B. Sicherheitsdatenbank).

Möglich sind auch Mails, in denen die Unterweisung als PowerPoint-Präsentation mitgeschickt wird – inklusive der Aufforderung, im entsprechenden Sekretariat nach dem Durchklicken der Präsentation die Unterschrift zu leisten. Genutzt werden zudem Wiki-Datenbanken (Navigator), in denen die PowerPoint-Präsentationen hinterlegt und downloadfähig sind. Auch hier wird anschließend eine Unterschrift erwartet.

Arbeitsschutzmängel können in allen Betriebseinheiten digital gemeldet werden. Während einige bereits digitale Störungstoolmelder eingerichtet haben, sind bei anderen vor allem E-Mails der Weg der Benachrichtigung. Ein Betrieb ist dabei, ein elektronisches Meldesystem einzuführen. Die Interviewten nutzen unterschiedliche Wege – abhängig vom Verhältnis zur Führungskraft: Mal reicht ein Anruf, mal ist ein schriftlicher Nachweis des Meldens notwendig. Dabei beschränken sich die angezeigten Mängel aus Sicht der Beschäftigten auf physikalisch-technische, also beispielsweise ein kaputtes Fenster.

BEM

Am wenigsten digitalisiert ist der Bereich zum BEM. Vom Arbeitgeber beauftragt verschickt ein Personalservice E-Mails, in denen er die Interessenvertretung darüber informiert, wer zu einem BEM eingeladen wird, welche Maßnahmen bzw. Regelungen aus bereits stattgefundenen BEM-Gesprächen resultieren oder eine entsprechende BEM-Liste. Alle anderen Befragten wünschten sich dahingehend ein transparenteres Vorgehen. Ein Betrieb stellt digital einen internen Stellenmarkt zur Verfügung, der es wiederum den Interessenvertretungen und den erkrankten Beschäftigten erleichtert, alternative Tätigkeiten im Betrieb zu finden und in die BEM-Gespräche einzubringen. Interviewte eines Betriebes nannten den Newsletter der Interessenvertretung, in dem Informationen zum BEM nachzulesen seien. Alle Interviewten verneinten, dass sie digital über externe Unterstützungsangebote in BEM-Verfahren informiert worden wären. Demnach wussten sie nichts von den gesetzlich verpflichtenden Beratungsleistungen der gemeinsamen örtlichen Servicestellen oder von den Leistungsspektren der Rehabilitationsträger.

BGF

Die dritte Säule, die vor allem die Verhaltensprävention fokussiert, bietet die meisten digitalen Nutzungsoptionen. Auch hier gibt es vom Arbeitgeber zur Verfügung gestellte E-Learning-Programme, die in einer Betriebseinheit beispielsweise als Tool eine Selbsteinschätzung zur Arbeitsbelastung oder ein Tool, das als Trinkuhr die Überwachung des eigenen Trinkverhaltens ermöglicht. In allen Betrieben finden sich vergünstigte Angebote, um Sport zu machen. Diese werden per Rundmail mit den entsprechenden Links oder im Newsletter beworben. Zudem informieren alle ebenfalls über Rundmail und auf der ersten Seite des Corporate Intranets über die jährlich stattfindenden Gesundheitstage oder über die neuen Angeboten der Betriebe. Die Führungskräfte werden in einem Betrieb zielgruppenspezifisch informiert, sodass diese auch mündlich in den entsprechenden Teammeetings die Informationen weitergeben oder in eigenen Rundmails erneut darüber berichten. Verantwortet werden die Rundmails zum Thema Gesundheit passenderweise von den Gesundheitsmanagementabteilungen der Betriebe. In einem Betrieb übernimmt das zum Teil das Büro der Geschäftsführung.

Vorsorgeangebote, Terminanfragen oder Anmeldungen, z. B. für Grippeschutzimpfungen oder zur Stressbewältigung, können Beschäftigte einerseits im sozialen Netzwerk des Arbeitgebers vornehmen – allerdings hat solch' ein soziales Netzwerk, das bereits genutzt werden kann, bisher nur einer der Betriebe – oder aber im Corporate Intranet. Oder Mails des internen Service verweisen auf die Vorsorgeangebote und weiterführende Links. Terminabsprachen bzw. -anfragen schicken Beschäftigte in drei Betrieben ebenfalls per Mail, z. B. an den betriebsärztlichen Dienst. Der Betrieb mit der Wiki-Datenbank stellt über dieses Tool auch Wunschvorsorgeangebote zur Verfügung.

In einem Betrieb nutzen Beschäftigte häufig die Intranetseiten der Human-Ressources-Abteilung, in zwei anderen Betrieben ist es der Intranetauftritt des internen Gesundheitsmanagements. Auch das Personalportal eines Betriebes ermöglicht es, digital Anträge zu stellen, um vorzusorgen.

In einem Betrieb richtete der Arbeitgeber eine Mitarbeiterbefragung ein, um die Zufriedenheit der Beschäftigten digital in Form eines Fragebogens zu ermitteln. Die Ergebnisse veröffentlicht er im Intranet, in dem es für alle Mitarbeiter/-innen einsehbar ist.

Interessant ist die Tatsache, dass vor allem Interessenvertretungen zusätzlich externe digitale Informationsquellen über Berater oder Seminarverantwortliche zu allen drei Säulen nutzen. Darunter fallen z. B. selbst erstellte Newsletter oder Rundmails.

44.4.2 Hemmnisse und Problemfelder im BGM

Nachdem geklärt wurde, was aus Sicht der Beschäftigten im Betrieb digital vorhanden ist, stehen nun die Daten zu den Nutzungspraxen im Fokus. Ein Problemfeld sehen wir in den Kenntnissen der Beschäftigten. Diese unterscheiden sich von Säule zu Säule: So sind im BGF-Bereich Informationen präsent, im BEM fast gar nicht und zur Gefährdungsbeurteilung ist das Wissen gering, begrenzt auf den Bereich der Unterweisungen. Konkrete Wege und Verantwortlichkeiten im BGM zu kennen, ist die Ausnahme. Aussagen wie „Es ist im Grunde recht unbekannt, muss ich gestehen." oder „Habe ich mich heute Morgen auch gefragt: Wen müsstest Du da ansprechen?" fielen häufig. Ebenso oft wurde die Sorge um den Datenschutz und um die Verschmelzung von Berufs- und Privatleben formuliert.

Die Pflicht des Arbeitgebers, Beschäftigte zu unterweisen oder über Änderungen beim BGF zu informieren, so die Einschätzung vieler Interviewter, würde insbesondere bei Beschäftigten, die länger am Arbeitsplatz fehlten, verletzt. In einem Betrieb äußerte das auch ein Beschäftigter, der neu anfing und auch nach eineinhalb Jahren noch keine Belehrung zum Brandschutz erhalten hat. Hier bemängelten die Interviewten immer wieder, dass die vom Arbeitgeber beauftragten Führungskräfte meist selbst nicht davon überzeugt schienen, dass Gefährdungsbeurteilungen oder BEM-Gespräche im Sinne einer Prävention und eines Arbeitsplatzerhaltes sinnvolle Instrumente des BGMs seien.

Allerdings, und das ergänzt die Informationspflicht, bedarf es auch eines Interesses am BGM seitens der Beschäftigten, damit dieses erfolgreich im Betrieb etabliert werden kann. Ohne die Motivation der Beschäftigten, sich mit BGM-Maßnahmen etc. auseinanderzusetzen, Prozessabläufe zu kennen, Verantwortliche zu benennen, das heißt, Informationen aktiv zu suchen oder E-Mails (aufmerksam) zu lesen, haben es Verantwortliche im BGM ungleich schwerer, Maßnahmen und Prozesse zu leben. Manchmal entscheidet hier auch die persönliche Betroffenheit. Einige der Interviewten setzten sich erst nach eigener Erkrankung mit den entsprechenden Abläufen auseinander.

Das individuelle Interesse der Beschäftigten und das Interesse der Führungskräfte hängt jedoch mitunter vom Zeitfaktor ab: Zeitressourcen bedingen die Inanspruchnahme von BGM-Maßnahmen, die konkrete Suche nach alternativen Beschäftigungen, den Zeitrahmen für BEM-Gespräche oder die Informationsrecherche. Häufig genannte Gründe waren z. B., dass die Zeiträume von BGF-Angeboten für Teilzeitkräfte nicht passen, da am Nachmittag die Familienarbeit zu leisten ist. Es fehle damit die zeitliche Flexibilität auf beiden Seiten. Bei Vollzeitarbeitskräften wiederum waren die Orte, an denen z. B. ein

Sportkurs stattfand, zu weit vom Arbeits- und/oder Wohnort entfernt, sodass nach acht Stunden Arbeitszeit die damit verbundenen zeitlichen Anforderungen zu hoch waren.

Inwieweit jemand informiert ist, hängt zudem von den Informationsräumen ab, in denen er sich aufhält. Ist die Person z. B. Mitglied im ASA, in der Interessenvertretung, im Arbeitskreis Gesundheit, dann verfügt sie meist über mehr Informationen als Beschäftigte ohne diesen Zugang.

Wichtig, und in Abschn. 44.4.1 bereits erwähnt, ist der fehlende Zugang zu digitalen Informationen für einige Betriebseinheiten, die keine betriebseigene Intranetadresse besitzen. Damit können Beschäftigte am digitalen BGM nicht partizipieren.

Bemängelt wurde die Pflege der Datenbanken bzw. der digitalen Angebote: So würden Wissensspeicher nicht angemessen aktuell gehalten, was wiederum auch mit dem Vorhalten personeller Ressourcen und entsprechender Verantwortlichkeiten zusammenhänge. Archive seien nur unzureichend sortiert. Digitale Kommunikationswege seien nicht strategisch angelegt. Der Navigationsstruktur im Corporate Intranet fehle eine Übersichtlichkeit, die schnelle Zugriffe erlaube: Zu viele Klicks, lange Wege, zu zeitaufwendig, undurchsichtige Strukturen und damit Intransparenz waren die Charakteristika, die genannt wurden.

Wenn neue digitale Kommunikationstools eingeführt würden, sei mitunter nicht sichergestellt, dass länger abwesende Beschäftigte bei ihrer Rückkehr eine Einführung über einen persönlichen Dialog erhalten, der wiederum Rückfragen ermögliche. Eine digitale Anleitung reichte einigen nicht aus.

Grundsätzlich nahmen alle ein überhöhtes Mailaufkommen wahr, das ein angemessenes Informationsmanagement erschwere.

Alle Interviewten kritisierten, dass der Arbeitgeber und dessen Vertretungen zu wenig innerhalb des BGMs informierten. Eines der Interessenvertretungsmitglieder bemängelte, dass man den Informationen zum Arbeitsschutz hinterherlaufen müsse. Die Unterweisungen fänden teilweise zu wenig in persönlichem Dialog und zeitlich angemessen statt. Die hinterlegten PowerPoint-Präsentationen reichten nicht aus, da ein zeitgleiches und direktes Nachfragen nicht möglich sei. Die elektronischen Meldesysteme von Arbeitsschutzmängeln bedeuteten nicht, dass diese behoben werden. Zudem seien das weitere Vorgehen und eventuelle Ergebnisse für die Beschäftigten nicht transparent – Interaktivität fehle.

Bemängelt wird auch ein Verschwinden von Informationen zwischen den unterschiedlichen Zuständigkeiten. In zwei Betriebseinheiten würden bestimmte Führungskräfte Mails nicht weiterleiten, wenn es um Arbeitsschutzmängel gehe. So nutzten Führungskräfte keine digitalen Rückmeldungsmöglichkeiten in Bezug auf die Kontrolle von Unterweisungsbüchern. In und nach Bedrohungssituationen am Arbeitsplatz würden die Angestellten weder digital noch analog ausreichend informiert. Es gibt keine systematisierte Verschickung von BEM-Anschreiben, die Fristen wahren könnte. Auch wenn hier immer der postalische Weg gewählt wird, böte beispielsweise ein SAP-Programm, wie es in einem der untersuchten Betriebe genutzt wurde, die Möglichkeit, diese Systematisierung zu leisten.

Das Kommunikationsmanagement innerhalb des BGMs wird vor allem hinsichtlich der BEM-Gespräche thematisiert. Einerseits ziehe sich der Prozess für alle Beteiligten aufgrund der Terminierungsschwierigkeiten unnötig in die Länge. Andererseits verlangsame sich ein BEM durch Hierarchie (z. B. mangelnde Ressourcen aufseiten der Führungskräfte) und Administration (beispielsweise outgesourcter betriebsärztlicher Dienst) – alles Vorgänge, die digital aktiviert werden (können). Diese Aspekte verbindet ein Teil der Interviewten mit der Unternehmenskultur sowie dem (geschulten) Blick/der Einstellung der Führungskräfte auf den Arbeits- und Gesundheitsschutz. So fehlt vielen eine wertschätzende Kommunikation in BEM-Gesprächen mit den erkrankten Beschäftigten. Sowohl die Interessenvertretungen als auch Betroffene selbst erzählten von Erfahrungen, in denen Führungskräfte aussagten, dass die Erkrankten ja jederzeit gehen könnten, wenn es ihnen im Betrieb nicht passe (Interview Person A), davon dass ein BEM eher als Disziplinargespräch denn als Präventionsmaßnahme gesehen werde (Interview Person J), ja sogar davon, dass Führungskräfte vom Arbeitgeber aufgefordert worden seien, mit Hausbesuchen zu überprüfen, ob der Beschäftigte auch wirklich krank sei (Interview Person E). Einige Führungskräfte schlossen BEM-Fälle ab, die noch nicht abzuschließen waren (Interview Person E). Andere ließen den Eindruck entstehen, dass ein BEM vor allem Kosten verursache (Interview Person J, A, L, P, Q), Mehrarbeit bedeute (Interview Person J) oder eine Pflichtveranstaltung sei (Interview Person K). Aussagen an Betroffene, dass ihre Vorschläge wie etwa ein Teleheimarbeitsmodell nur Begehrlichkeiten schaffe, rückt die derzeitigen Diskussionen um Präsentismus und den Abbau von festen Arbeitsplätzen durch Konzernhäuser in ein durchaus anderes Licht (Interview Person D, L). Die Unternehmenskultur, die authentisch gelebt werden müsse, um ein erfolgreiches BGM zu etablieren, im Forschungsstand als unerlässlich charakterisiert wurde, scheint hier Dreh- und Angelpunkt zu sein. Ein Vorsitzender einer Interessenvertretung hielt fest, dass der Arbeitgeber nicht an den betrieblichen Verhältnissen ansetze (Interview Person P).

Alle Interviewten wünschten sich, dass die Führungskräfte sensibler (es fehle die Zeit bei Führungskräften, Interview Person L, M) und kenntnisreicher mit Erkrankten umgingen (entsprechende Schulungen und Qualifikationen, Interview Person L, M, P, D, A, E, I). Eine interviewte Person war der Ansicht, dass „alle im gleichen Boot" säßen (Interview Person J). Je gesünder die Beschäftigten seien, desto produktiver wäre der Betrieb, desto erfolgreicher könnten Führungskräfte sein. Diese Einstellung helfe, BGM-Maßnahmen tatsächlich zu leben. Alle Interviewten schilderten, dass sie ihre Führungskräfte nicht überzeugt von dem Sinn eines BEMs oder einer Gefährdungsbeurteilung, von Unterweisungen oder dem Melden von Arbeitsschutzmängeln sähen. Einer beschrieb die Führungskräfte in seiner Betriebseinheit als „überfordert" (Interview Person M). Im Gegenteil: Einige der Führungskräfte interpretierten die Gesetze in eine Richtung, die nichts mit dem Präventionsgedanken gemein habe. Vielmehr kämen Aussagen wie: „Der kann nicht mehr, dann muss er weg" (Interview Person M). Häufig würde aufgrund mangelnder Fantasie und Kreativität der Führungskräfte schnell geschlussfolgert, dass es keinen Alternativarbeitsplatz gäbe. Einige Führungskräfte gingen kein Risiko ein, um befördert zu werden. Ohne die entsprechende Unternehmenskultur, so lässt sich an dieser Stelle resümieren, helfen alle digitalen Kommunikationswege nur bedingt.

Wenn die Interviewten die Kommunikation der Interessenvertretung in den Blick nehmen, dann nutzt keine die Kommunikationswege des Arbeitgebers wie z. B. das Corporate Intranet oder die entsprechenden Newsletter. Ein Interessenvertreter verbindet dies mit einem fehlenden Vertrauensverhältnis. Obwohl laut Rechtsprechung Interessenvertretungen die Kommunikationsmittel des Arbeitgebers ebenfalls nutzen können, sieht die Praxis anders aus. Festzuhalten ist, dass auch in den Interessenvertretungen der Bedarf einer adäquaten digitalen Kommunikation an und mit Beschäftigte/n besteht. Die Mehrheit der Gremienmitglieder beschreibt, dass in den Gremien Kommunikationsaspekten nur wenig Aufmerksamkeit geschenkt wird. Ursache dafür seien einerseits fehlende Ressourcen und Kompetenzen. Andererseits seien die Arbeitsteilung und damit ein strategisches Vorgehen in den Interessenvertretungen ausbaufähig. In einem Gremium würde der Arbeits- und Gesundheitsschutz zugunsten anderer Themenfelder zurückgestellt. Vielen Interessenvertreter/-innen fehle es zudem an Zeit, Kontakt zu den erkrankten Betroffenen zu halten, selbst Seminare zu BEM etc. zu besuchen und damit ihr eigenes Fachwissen zu erweitern. In einem Betrieb wünschten sich die Interessenvertreter von ihrem eigenen Gremium, dass diese aktiver in ihrer Informationspolitik seien. Wenige leiteten bereits digital Infos aus Newslettern etc. an ihre Kolleg/-innen und an Interessenvertretungsmitglieder weiter. Die regelmäßige Thematisierung von BGM oder AuG nahmen die Befragten unterschiedlich wahr. Während die Interessenvertretungen mehrheitlich betonten, dass sie regelmäßig darüber informierten, nahmen Beschäftigte ohne Funktion und drei Interessenvertretungsmitglieder die Informationspolitik der Interessenvertretung als verbesserungswürdig wahr. Wie die Beschäftigten ihre eigenen Nutzungspraxen darstellen und reflektieren, wird im Folgenden dargestellt.

44.4.3 Motivationen und Bedürfnisse der Beschäftigten im digitalen BGM

Ja, aber: Apps und Buttons zum betrieblichen Arbeits- und Gesundheitsschutz

Auf die Frage, ob eine App oder ein Button zum Arbeits- und Gesundheitsschutz eine Option wäre, sich mit der Thematik auseinanderzusetzen, antworteten alle mit einem: *ja*. Manche mit einem: *ja, aber*. Das *ja* umfasst Aspekte wie einen direkten Zugang über die Arbeitsgeräte, die sowieso täglich genutzt würden – Smartphone, Tablet oder/und Computer. Zudem seien die Informationen dann gebündelt und übersichtlich. Das gelte auch für die Menüführung, die angepasst an die Bedürfnisse an die Beschäftigten sein müsse: interessant gestaltet bzw. aufgearbeitet. Interessant wiederum definierten die Befragten als optisch klar dargestellt, als informativ und leicht erfassbar. Das *ja, aber* stand für unterschiedliche Meinungen. Einige waren der Ansicht, dass ohne ein entsprechendes Interesse für betriebliche Gesundheitsfragen auch eine App nichts brächte. Andere betonten, dass die App nicht den persönlichen Dialog ersetzen dürfe. Es brauche bei einer App auch eine dialogorientierte Einführung zu den Nutzungsmöglichkeiten des Buttons oder der App.

Motivieren würde auch ein digital kommuniziertes Lob bzw. eine Wertschätzung, wenn eine BGM-Maßnahme erfolgreich war. Das hoben vor allem Interessenvertretungen hervor, die ihre Rolle beispielsweise im BEM oder bei Betriebs- und Dienstvereinbarungen zu Sicherheitsaspekten gewürdigt sehen wollten. Wenn BGF-Angebote digital kommuniziert werden, würden diese eher angenommen werden können, wenn bei der Planung die Bedürfnisse (sowohl zeitlich als auch örtlich siehe Abschn. 44.4.2) der Beschäftigten berücksichtigt würden.

Das digitale Melden von Arbeitsschutzmängeln sehen viele der Befragten als schnelle Möglichkeit, deren Effizienz durch transparente Kommunikationswege erhöht würde. Hilfreich seien zeitnahe Rückmeldungen nach den digitalen Eingaben, die neben den bereits üblichen Eingangsbestätigungen auch Informationen zum weiteren Verlauf enthielten.

Uses and Gratification: Motive, Motivationen und Nutzungspraxen der Beschäftigten im digitalen BGM

Das Auswerten der Dimensionen des Nutzen-Ansatzes (Uses- and Gratification-Ansatz) und damit der Frage danach, wie und aus welchen Motiven heraus die Beschäftigten digitale Kommunikationsangebote des Arbeitgebers im BGM nutzen, ergibt folgendes Bild:

Der Statusanreiz spielt ausschließlich für Interessenvertretungsmitglieder eine Rolle. Sie sehen sich in der Pflicht, informiert zu sein, um ihrer Rolle als Betriebs- oder Personalrat gerecht zu werden, Auskunft geben zu können und nutzen dazu das Internet oder Intranet.

Auf Aktivitätsanreize verweisen Aussagen wie, dass es zum eigenen Nutzungsverhalten passen müsse. Insofern die App zum AuG sichtbar auf der Bildschirmmaske platziert sei, fordere sie zum Anklicken auf.

Die selbstbezogenen Anreize umfassten Aspekte wie, dass Gesundheit für die befragte Person selbst zum Thema werden musste, z. B. aufgrund des Alters oder weil die Person unter Stress litt oder BEM-berechtigt wurde. Wenige benannten ein persönliches Interesse. Nur einer ärgerte sich über Kommentare im Corporate Social Intranet und wollte darauf reagieren. Eine schätzte ihre Kollegen so ein, dass diese, um ihren Frust schnell loszuwerden, E-Mails schrieben.

Soziale Anreize bot das Corporate Social Intranet eines Arbeitgebers, wenn sich die Befragten über Erfahrungen im BGM austauschen, mit Kollegen diskutieren oder aber Ansichten widersprechen wollten. Soziale Netzwerke oder Messenger-Dienste nutzten bis auf zwei der Befragten keiner, um über Arbeitsbedingungen oder Arbeits- und Gesundheitsschutz zu sprechen. Aber dennoch gab es Berührungen zwischen dem Arbeits- und dem Privatleben – und zwar durch den Messenger-Dienst WhatsApp, der von der Mehrheit der Interviewten gebraucht wird. Über WhatsApp gaben einige der Interviewten Informationen über ihr Fehlen oder die Anwesenheit im Büro weiter. Interessenvertretungen nutzten WhatsApp, um über arbeitsrechtliche Fragen zu informieren. Über diesen Dienst erhielten sie auch Anfragen von Beschäftigten zum Arbeits- und Gesundheitsschutz. Ein Vorsitzender einer Interessenvertretung strebt einen Austausch mit anderen Vorsitzenden über WhatsApp an. Einige verknüpften über WhatsApp Berufs- und Privatleben, indem sie auch in ihrer Freizeit Kontakt zu Arbeitskolleg/innen über WhatsApp-Gruppen hielten.

Zwei der Interessenvertretungen verbanden diese sozialen Anreize auch mit praktischen Anreizen: WhatsApp sei ein Medium zum Austauschen und um erreichbar zu bleiben. Sowohl schnelle Rückmeldungen und damit unmittelbares Reagieren als auch Flexibilität seien möglich. Gleiches galt für Meldungen über das Corporate Social Intranet. Andere wiederum wollten die Grenzen zwischen Beruf und Privatem nicht verwischen, fühlten sich eher verpflichtet, unmittelbar reagieren zu müssen und waren der Ansicht, dass ein E-Mail-Postfach genug sei, um in Kontakt zu bleiben. Der Verpflichtungsgedanke tauchte auch bei zwei der Befragten auf, als diese sich zum Social Intranet des Arbeitgebers äußerten. Das müsse genutzt werden, auch wenn man sonst eher gegen die für alle einsehbare eigene Meinung über soziale Netzwerke sei. Motivationen, die in dieser Dimension des Praktischen zu verorten sind, umfassen kurze Wege, einfache Navigation und Transparenz, eine Struktur, die ein schnelles Finden gesuchter Informationen ermöglicht. Eine weitere Kategorie der Dimension praktische Anreize war schlicht die Tatsache, dass wenn ein Medium präsent sei, dann werde es genutzt. Als praktisch kann auch der Aspekt des Alters gesehen werden. Viele der Interviewten vermuteten, dass jüngere Beschäftigte eher digitale Medien im Job nutzen würden, weil diese ihnen bekannt und vertraut seien (Digital-Natives-Theorie). Da die meisten der Befragten sowieso mit einem Rechner arbeiteten, war für sie genau das ausschlaggebend, um auch eine App oder Ähnliches zu nutzen. Einzig Pop-ups wurden als „nervig" charakterisiert.

Das am häufigsten genannte Motiv war das der Wissenserweiterung und damit die Dimension Neuigkeitsanreize. Während einige sich eine Grundlage per Internetrecherche oder per Corporate-Intranet-Nutzung verschaffen wollten, gaben andere an, sich mit einem Thema tiefer auseinandersetzen zu wollen. Newsletter-Abonnements nutzten die Befragten, um sich zu informieren und Anregungen zu erhalten. Auch in dieser Dimension spielt das Alter eine Rolle: Da Jüngere, so die Ansicht einiger Befragter, neugieriger seien, würden sie eher mehr wissen wollen und dementsprechend auch digital nach Informationen suchen.

Thematisiert man die Nutzungspraxen der Beschäftigten, so stellten zwei der Interessenvertreter die These auf, dass grundsätzlich die Beschäftigten weniger das Angebot nutzten, denn dass zu wenig kommuniziert würde. Monetäre oder ideologische Anreize thematisierten die Befragten nicht im Zusammenhang mit der Nutzung digitaler Medien im BGM.

44.5 Ableitungen

Digitalisierte Kommunikation im BGM ist in der Wahrnehmung der Beschäftigten deutlich verbesserungswürdig. Als strategisch angelegt wird die Gesundheitskommunikation im Betrieb weder für wahr noch in Anspruch genommen. Das betrifft einerseits die Strukturen der Informationsangebote. So wünschten sich alle, dass sie Informationen innerhalb des digitalen BGMs erfolgreicher filtern könnten. Zudem sahen sie, dass Organisationskompetenzen ausbaufähig seien, die eine Aneignung qualifizierten Wissens über Prozesse innerhalb des BGMs ermöglichen. Diese Aneignung ist verbunden mit den Nutzungspraxen der Beschäftigten. Sowohl Motive des alltäglichen Klickens als auch der Verweigerung, selbst aktiv Informationen zu suchen, geben Aufschluss darüber, wie kommunikative Handlungskonzepte im Betrieb verändert werden müssten. Das erfordert klare Zuständigkeiten im Bereich der internen Kommunikation. Und das gilt auch für die Aufgabenverteilung in den Interessenvertretungen. Die interne Kommunikation umfasst mehr als nur zu informieren: Es geht hier auch darum, Mitarbeitende partizipieren zu lassen und eine höhere Nutzungsrate von BGM-Maßnahmen zu ermöglichen, das wiederum für eine Nachhaltigkeit bei der Gesunderhaltung der Arbeitskraft sorgen kann.

Thematisiert werden müssten aufseiten des betrieblichen Kommunikationsmanagements Fragen der Akzeptanz von digitalen Kommunikationswegen. Dabei geht es um die Sorge, dass die eigenen Daten nicht ausreichend geschützt seien. Adressiert werden müssen zudem Entgrenzungstendenzen des beruflichen Alltags. Das betrifft Fragen der Erreichbarkeit außerhalb der Arbeitszeit und damit der Befürchtung, dass das Privatleben sich auflöse, das Stresslevel zunähme.

Zu überlegen ist, warum in Anbetracht aller Informationen, die die unterschiedlichen Befragten zu den BGM-Maßnahmen gaben, die Wahrnehmung der Interviewpartner/innen und das Angebot der Arbeitgeber zu den BGM-Maßnahmen differieren. Dies gilt ebenfalls für die Informationen, die die Interessenvertretungen bereitstellten. Mitglieder von Interessenvertretungen benannten mehr Informationskanäle und Themen, über die informiert wurde, als die Beschäftigten erinnerten. Hier wäre eine Erweiterung des Untersuchungsdesigns angebracht, das systematisch neben einer Angebotsanalyse des Arbeitgebers und der Interessenvertretungen in narrativen Interviews die Sicht der Arbeitgebervertretungen erfasst und abgleicht.

Da ausnahmslos alle eine App zum Arbeits- und Gesundheitsschutz nutzen würden, könnte auf Arbeitgeberseite darüber nachgedacht werden, wie die Informationen gebündelt und visualisiert werden sollten – in Zusammenarbeit mit den entsprechenden Fachkräften wie Digital Designern und entsprechend der Vorstellungen zu attraktiver Präsenz und zu praktischer Nutzbarkeit seitens der Beschäftigten. Zu berücksichtigen sind hier die Variable Alter und die „technogene Nähe" der divers orientierten Angestellten.

Beschäftigte verstärkt in das Kommunikationsmanagement eines Unternehmens einzubinden und diese sowohl als Peer Group (Zielgruppe) als auch als Stakeholder (Interessengruppe) zu definieren, würde bedeuten, entsprechende Interaktionsplattformen zu etablieren, zu pflegen und den Dialog zu suchen. Das Melden von Arbeitsschutzmängeln könnte neben dem Meldevorgang die Kommunikation bis zum Beseitigen des Mangels beinhalten.

Erfolgreiche BGM-Maßnahmen würden wahrnehmbarer werden, wenn diese in der betrieblichen Öffentlichkeit wertschätzend und auf unterschiedlichen Kommunikationswegen veröffentlicht würden. Das wiederum wäre ein Faktor, der zur Umsetzung der Forderung, BGM zu leben und damit Arbeits- und Gesundheitsschutz zu einem Teil der Unternehmenskultur werden zu lassen, beitrüge. Vermutlich, so unsere These, würde es auch Beschäftigte motivieren, ihr Engagement in diesem Themenfeld aufrechtzuerhalten oder damit zu beginnen. Das Thema zu leben, heißt letztlich auch, ausreichend personelle und technische Ressourcen bereitzustellen. Möglicherweise ist es zu wenig, eine Assistenz der Geschäftsleitung zusätzlich mit der Pflege der Daten im Intranet zu versorgen. Publik zu machen, wer für welche Kommunikation wie verantwortlich ist, trägt außerdem zu klareren Kommunikationsstrukturen bei.

Zu bedenken ist im Zuge des Wandels der Erwerbsarbeit und damit der Digitalisierung, wie Beschäftigte im Homeoffice oder mit Telearbeitsplätzen zu erreichen sind. Ein Interviewpartner problematisierte die Frage, wie Unterweisungen bei Fremdfirmen sichergestellt werden: nämlich in seinem Betrieb gar nicht. Hier kann der/die interne Kommunikationszuständige Soloselbständige wie Crowdworker berücksichtigen. Personell wäre das Aufgabe einer betrieblichen Fremdfirmenkoordination, die wiederum beispielsweise sowohl die Unterweisungen Face-to-Face als auch die digitalen Dialogunterweisungen zu berücksichtigen hätte. Es empfiehlt sich daher, die entsprechenden personellen und damit zeitlichen Ressourcen für eine interne Gesundheitskommunikation, die für eine betriebliche Öffentlichkeit zum BGM sorgt, bereitzustellen. Es gilt für eine erfolgreiche Gesundheitskommunikation im Betrieb, ob digital oder/und analog, was im Forschungsstand bereits für erfolgreiche Prüfsysteme im Arbeits- und Gesundheitsschutz ausgeführt wurde. Neben dem Vorhandensein von Maßnahmen wie einer Brandschutzverordnung oder einer Dienstvereinbarung zur Sicherheit im Betrieb sowie einem kontinuierlichen Controlling-Verfahren sind, und das zeigten die Interviews, die Einstellungen und das Wissen der Beschäftigten und der Führungskräfte entscheidend. Eine offene und wertschätzende betriebliche Atmosphäre, die Teilhabe an den Maßnahmen und deren Ausgestaltung ermöglicht, sowie eine Kultur des Mängelmeldens tragen ebenfalls zum Gelingen eines BGMs bei. Das zeigt wiederum, dass allein digitale Kommunikation nicht ausreicht, um erfolgreich über Arbeits- und Gesundheitsschutz zu kommunizieren.

Und so schließt sich der Kreis: Soll Gesundheitskommunikation im Unternehmen erfolgreich die Unternehmenskultur bereichern und umgekehrt, dann ist der Aspekt des Risikomanagements verstanden, als Vorsorgekommunikation zu berücksichtigen.

Literatur

Allianz Deutschland AG/Rheinisch-Westfälisches Institut für Wirtschaftsforschung/RWI (2011). Depression. Wie die Krankheit unsere Seele belastet. URL: http://www.rwi-essen.de/media/content/pages/publikationen/sonstige/Allianz-Report-Depression.pdf (31.08.2016)

Badura, B./Walter, U./Hehlmann, T. (2010²). Betriebliche Gesundheitspolitik. Der Weg zur gesunden Organisation. Wiesbaden: VS Springer

Bandura, A. (1986). Social foundations of thought and action. A social-cognitive theory. Englewood Cliffs: Prentice Hall

Beck, S. (2000).media. practices@culture. Perspektiven einer Kulturanthropologie der Mediennutzung. In: Ders. (Hg.). Technogene Nähe. Ethnographische Studien zur Mediennutzung im Alltag. Münster/Hamburg/London: LIT Verlag. S. 9–17

Boes, A./Kämpf, T./Langes, B. (2014). Informatisierung und neue Entwicklungstendenzen von Arbeit. In: Arbeits- und Industriesoziologische Studien 7(1). S. 5–23

boyd, d. (2014). It's Complicated. New Haven/London: Yale University Press

Brandstädter, M./Grootz, S./Ullrich, T. W. (2016). Interne Kommunikation im Krankenhaus. Heidelberg: Springer

Brauweiler, C. (2015). Risikomanagement in unternehmen. Ein grundlegender Überblick für die Management-Praxis. Wiesbaden: Springer VS

Bundesanstalt für Arbeitsschutz und Arbeitsmedizin (BAuA; 2015). Volkswirtschaftliche Kosten durch Arbeitsunfähigkeit 2014. URL: http://www.baua.de/de/Informationen-fuer-die-Praxis/Statistiken/Arbeitsunfaehigkeit/pdf/Kosten-2014.pdf?__blob=publicationFile&v=4 (27.08.2016)

Bundesministerium für Arbeit und Soziales (2007). Bericht der Bundesregierung über die Wirkungen der Instrumente zur Sicherung von Beschäftigung und zur betrieblichen Prävention. URL: http://www.bmas.de/SharedDocs/Downloads/DE/bericht-instrumente-beschaeftigungssicherung-und-betriebliche-praevention.pdf?__blob=publicationFile (31.08.2016)

Carstensen, T./Schachtner, C./Schelhowe, H. et al. (2014). Subjektkonstruktionen im Kontext Digitaler Medien. In: Dies. (Hg.). digitale Subjekte. Praktiken der Subjektivierung im Medienumbruch der Gegenwart. Bielefeld: transcript. S. 9–27

Carstensen, T. (2016). Social Media in der Arbeitswelt. Herausforderungen für Beschäftigte und Mitbestimmung. Bielefeld: transcript

DAK Forschung (2015). DAK-Gesundheitsreport 2015. URL: https://www.dak.de/dak/download/Vollstaendiger_bundesweiter_Gesundheitsreport_2015-1585948.pdf (31.08.2016)

Deutscher Gewerkschaftsbund (DGB; 2013). DGB-Index „Gute Arbeit". Wachsender Psycho-Stress, wenig Prävention – wie halten die Betriebe es mit dem Arbeitsschutzgesetz? So beurteilen die Beschäftigten die Lage. URL: index-gute-arbeit.dgb.de/veroeffentlichungen/sonderauswertungen/++co++d01de4e0-36a3-11e4-8d09-52540023ef1a (31.08.2016)

Elke, G. (2015³). Interview. In: Uhle, T./Treier, M. (Hg.). Betriebliches Gesundheitsmanagement. Gesundheitsförderung in der Arbeitswelt – Mitarbeiter einbinden, Prozesse gestalten, Erfolge messen. Berlin/Heidelberg: Springer. S. 206–212

Escribano, F. (2012): Interne Kommunikation auf der Suche nach dem Unternehmenswissen. In: Dörfel, L./Schulz, T. (Hg.). Social Media in der internen Kommunikation. Berlin: SCM. Kap. 2.2

Europäische Agentur für Sicherheit und Gesundheitsschutz am Arbeitsplatz (EU-OSHA; 2015). Zweite Europäische Unternehmensbefragung über neue und aufkommende Risiken – ESENER-2. Zusammenfassung. URL: https://osha.europa.eu/sites/default/files/publications/documents/esener-ii-summary-de.pdf (31.08.2016)

Fromm, B./Baumann, E./Lampert, C. (2011). Gesundheitskommunikation und Medien. Ein Lehrbuch. Stuttgart: Kohlhammer

Funken, C./Schulz-Schaeffer, I. (2008; Hg.). Digitalisierung der Arbeitswelt. Zur Neuordnung formaler und informeller Prozesse in Unternehmen. Wiesbaden: Springer VS

Gurt, J. (2015³). Interview In: Uhle, T./Treier, M. (Hg.). Betriebliches Gesundheitsmanagement. Gesundheitsförderung in der Arbeitswelt – Mitarbeiter einbinden, Prozesse gestalten, Erfolge messen. Berlin/Heidelberg: Springer. S. 198–204

Grossmann, C./Slotosch, A. (2015). Die Unternehmenskultur in Startups – ideale Voraussetzung für den Einsatz von Social Media im Intranet? In: Widuckel, W./Molina, K. de/Ringelstetter, M./Frey, D. (Hg.). Arbeitskultur 2020. Herausforderungen und Best Practices der Arbeitswelt der Zukunft. Wiesbaden: Springer Gabler. S. 239–252

Haipeter, T. (Hg.; 2016). Angestellte Revisited. Arbeit, Interessen und Herausforderungen für Interessenvertretungen. Wiesbaden: Springer VS

Hirsch-Kreinsen, H./Ittermann, P./Niehaus, J. (2015; Hg.). Digitalisierung industrieller Arbeit. Die Vision 4.0 und ihre sozialen Herausforderungen. Baden-Baden: Nomos.

Huck-Sandhu, S. (2016). Interne Kommunikation im Wandel: Entwicklungslinien, Status Quo und Ansatzpunkte für die Forschung. In: Interne Kommunikation im Wandel. Theoretische Konzepte und empirische Befunde. Dies. (Hg.). Wiesbaden: Springer VS. S. 1–19

Hurrelmann, K./Baumann, E. (2014). Handbuch Gesundheitskommunikation. Bern: Verlag Hans Huber

Jers, C. (2012). Konsumieren, partizipieren und produzieren im Web 2.0. Ein sozial-kognitives Modell zur Erklärung der Nutzeraktivität. Köln: Herbert von Halem Verlag

Kleemann, F. (2005). Die Wirklichkeit der Teleheimarbeit. Eine arbeitssoziologische Untersuchung. Berlin: edition sigma

Kleinsteuber, H. J. (2013²). Digitalisierung. In: Bentele, G. et al. (Hg.): Lexikon Kommunikations- und Medienwissenschaft. Wiesbaden: Springer VS. S. 62

Kocher, E./Groskreutz, H./Nassibi, G. et al. (2013). Das Recht auf eine selbstbestimmte Erwerbsbiographie. Arbeits- und sozialrechtliche Regulierung für Übergänge im Lebenslauf: Ein Beitrag zu einem Sozialen Recht der Arbeit, Baden-Baden: Nomos

Kommission der Europäischen Gemeinschaft (1998). Das Beschäftigungsniveau von Menschen mit Behinderungen anheben – eine gemeinsame Herausforderung. Arbeitspapier der Kommissionsdienststellen. Brüssel: 22.09.1998. URL: http://ec.europa.eu/employment_social/soc-prot/disable/sec1550/sec155de.pdf (31.08.2016)

Kratzer, N./Sauer, D. (2007). Entgrenzte Arbeit – gefährdete Reproduktion – Genderfragen in der Arbeitsforschung. In: Aulenbacher, B./Funder, M./Jacobson, H. et al. (Hg.). Arbeit und Geschlecht im Umbruch der modernen Gesellschaft. Forschung im Dialog. Wiesbaden: Springer VS. S. 235–249

Langkamp, K./Köplin, T. (2014). Social Media im Unternehmen – Man muss es wollen. In: Rogge, C./Karabasz, R. (Hg.). Social Media im Unternehmen – Ruhm oder Ruin. Erfahrungslandkarte einer Expedition in die Social-Media-Welt. Wiesbaden: Springer Vieweg. S. 67–75

Lengersdorf, D./Wieser, M. (2014; Hg.): Schlüsselwerke der Science&Technology Studies. Wiesbaden: Springer VS

Liebrich, A. (2015). Gut geplant ist halb gewonnen – Kommunikation und Information zum BEM. In: Prümper, J./Reuter, T./Sporbert, A. (Hg.). Betriebliches Eingliederungsmanagement erfolgreich umsetzen. Ergebnisse aus einem transnationalen Projekt. Berlin: HTW. S. 59–62

Linke, A. (2015). Management der Online-Kommunikation von Unternehmen. Steuerungsprozesse, Multi-Loop-Prozesse und Governance. Wiesbaden: Springer VS

Müller, P./Schmidt, K./Schweiger, W. (2015). Adoption kommunikativer Innovationen in der Organisationskommunikation. Eine qualitative Studie am Beispiel des Social Media-Dienstes Pinterest. In: Hoffjahn, O./Pleil, T. (Hg.). Strategische Online-Kommunikation. Theoretische Konzepte und empirische Befunde. Wiesbaden: Springer VS. S. 209–234

Oppolzer, Alfred (2010²). Gesundheitsmanagement im Betrieb. Integration und Koordination menschengerechter Gestaltung der Arbeit. Hamburg: VSA

Pfeiffer, S./Lee, H./Ziernig, C. et al. (2016). Industrie 4.0 – Qualifizierung 2025. Frankfurt am Main: VDMA

Pfeiffer, S. (2014). Social Media in Organizations: Fostering Creativity and Communication – Changing Culture in the Process. In: Knoblauch, H./Jacobs, M./Tuma, R. (Hg.). Communication, Culture and Creativity. Reframing the Relations of Media, Knowledge, and Innovation in Society. Frankfurt am Main/Berlin/New York: PL Academic Research. S. 247–266

RobecoSAM AG. RobecoSAM's Corporate Sustainability Assessment Methodology. Zürich. URL: http://www.robecosam.com/images/Measuring_Intangibles_CSA_methodology.pdf (01.09.2016)

Röttger, U./Gehrau, V./Preusse, J. (2013; Hg.). Strategische Kommunikation. Umrisse und Perspektiven eines Forschungsfeldes. Wiesbaden: Springer VS

Roski, R. (2009; Hg.). Zielgruppengerechte Gesundheitskommunikation. Akteure – Audience Segmentation – Anwendungsfelder. Wiesbaden: VS Springer

Rühl, C./Ingenhoff, D. (2015). Kommunikationsmanagement und Social Media: Motive und Nutzungsformen von Unternehmensprofilseiten auf Facebook, Twitter und YouTube. In: Hoffjahn, O./Pleil, T. (Hg.). Strategische Onlinekommunikation. Theoretische Konzepte und empirische Befunde. Wiesbaden: Springer VS. S. 259–290

Schäfer, M./Quiring, O./Rossmann, C. et al. (2015; Hg.). Gesundheitskommunikation im gesellschaftlichen Wandel. Baden-Baden: Nomos

Schäfer, T./Schulze, A. (2015). Krankheitsbedingter Arbeitsplatzverlust ohne Kündigung. Vom Umgang mit Erkrankten im Betrieblichen Eingliederungsmanagement. In: Kritische Justiz 4/2015. S. 475–488

Schnabel, P. E./Bödeker, M. (2012). Gesundheitskommunikation. Mehr als das Reden über Krankheit. Weinheim/Basel: Beltz Juventa

Scholz, T. (2013; Hg.). Digital Labor. The Internet as Playground and Factory. New York: Routledge

Semle, F. (2012). Enterprise 2.0: Mitarbeitermotivation für vernetztes Arbeiten. In: Lembke, G./Soyez, N. (Hg.). Digitale Medien im Unternehmen. Perspektiven des betrieblichen Einsatzes von neuen Medien. Berlin/Heidelberg: Springer Gabler. S. 177–195

Spatzier, A. (2015). Überlegungen zur kommunikationswissenschaftlichen Sichtweise von Gesundheitskommunikation. In: Schäfer, M./Quiring, O./Rossmann, C. (Hg.). Gesundheitskommunikation im gesellschaftlichen Wandel. Baden-Baden: Nomos. S. 15–24

Tautz, A. (2016). Betriebliches Gesundheitsmanagement: Bedeutung von Primär-/Sekundär-/Tertiärprävention. In: Rieger M. A./Hildenbrand, S./Nesseler, T. et al. (Hg.). Prävention und Gesundheitsförderung an der Schnittstelle zwischen kurativer Medizin und Arbeitsmedizin. Ein Kompendium für das Betriebliche Gesundheitsmanagement. Landsberg am Lech: ecomed Medizin. S. 23–34

Uhle, T./Treier, M. (2015[3]). Betriebliches Gesundheitsmanagement. Gesundheitsförderung in der Arbeitswelt – Mitarbeiter einbinden, Prozesse gestalten, Erfolge messen. Berlin/Heidelberg: Springer

Van de Kerckhove, J. (1998[4]). Safety Audits and Management Audits. In: Stellman, J. M. (Hg.). Encyclopedia of Occupational Health and Safety. Band 2. Genf: International Labour Office. Kap. 57

Zerfaß, A./Sandhu, S. (2008). Interaktive Kommunikation, Social Web und Open Innovation: Herausforderungen und Wirkungen im Unternehmenskontext. In: Zerfaß, A./Welker, M./Schmidt, J. (Hg.). Kommunikation, Partizipation und Wirkungen im Social Web. Strategien und Anwendungen: Perspektiven für Wirtschaft, Politik und Publizistik. Köln: Herbert von Halem Verlag. S. 283–310

Annett Schulze ist Kommunikationswissenschaftlerin. Derzeit hat sie eine Professur für Kommunikationswissenschaft an der DEKRA Hochschule für Medien inne. Zudem ist sie wissenschaftliche Mitarbeiterin im Forschungsprojekt „Neue Allianzen für ‚Gute Arbeit' bei bedingter Gesundheit" am Institut für Rehabilitationswissenschaften an der Humboldt-Universität zu Berlin. Sie arbeitet und berät zu Themen der betrieblichen Gesundheitskommunikation, insbesondere zum Themengebiet Arbeit 4.0. In ihrem Promotionsprojekt forschte sie zu Raumkonzepten, Vergeschlechtlichungsprozessen und Arbeitspraxen an kollektiven Erinnerungsorten. Annett Schulze ist Alumna im Graduiertenkolleg „Geschlecht als Wissenskategorie". In ihrem Habilitationsprojekt setzt sie sich mit gesundheitskommunikativen Aspekten im Wandel der Erwerbsarbeit und den entsprechenden Digitalisierungsprozessen auseinander. Dabei spielen Konzepte der Risikokommunikation innerhalb von CSR- und Risikomanagementansätzen eine zentrale Rolle.

Thorsten Schäfer ist systemischer betrieblicher Prozess- und Organisationsberater zum Betrieblichen Gesundheitsmanagement. Seine Schwerpunkte sind Gefährdungsbeurteilungen und BEM. Er studierte Politikwissenschaft an der Hochschule für Politik in München. Danach qualifizierte er sich auf dem Gebiet der Gesundheitspsychologie. Er hat weitreichende Erfahrungen mit der betrieblichen Implementierung von Prozessen zum Arbeits- und Gesundheitsschutz und war viele Jahre Interessensvertreter. Seit einigen Jahren beschäftigt er sich im Rahmen seiner Tätigkeit in der Beratungsstelle Arbeit & Gesundheit in Hamburg mit Berufskrankheiten und Arbeitsunfällen.

Persönliche vs. digitale Gesundheitsberatung

45

Thomas Kirchner, Ralf Mackrodt und Sergio Serralta Velasco

Zusammenfassung

Die Anzahl digitaler Angebote zum Erhalt und zur Verbesserung der Gesundheit wächst und das ist auch nicht verwunderlich. Immerhin treffen digitale Angebote genau den Zahn der Zeit. Egal ob Laptop, Tablet oder Smartphone – das passende Gerät, über das digitale Programme konsumiert werden können, ist schnell griffbereit. In diesem Zusammenhang wächst auch die Anzahl der digitalen Lösungen für betriebliche Gesundheitsmanagementprogramme. Es gibt mittlerweile einige Anbieter, die digitale Lösungen in ihr Angebot einbinden, bisher fehlen jedoch noch wissenschaftliche Untersuchungen, welche eindeutige Effekte von digitalen Angeboten auf die Mitarbeitergesundheit nachweisen. Was es aber gibt, sind Praxiserfahrungen aus zahlreichen interessanten Projekten. Eines dieser Projekte wird in diesem Artikel genauer vorgestellt. Gegenstand der Betrachtung sind zwei Standorte mit knapp 200 Mitarbeitern, bei denen zeitgleich systematisch ein betriebliches Gesundheitsprogramm eingeführt wurde. Beide Standorte starteten mit einer kleinen Informationskampagne und einer Auftaktveranstaltung. Am ersten Standort hatten die Mitarbeiter nach der Auftaktveranstaltung die Möglichkeit, sich einen Zugang zu einem Online-Gesundheitsprogramm zu holen. Am zweiten Standort hatten die Mitarbeiter nach der Auftaktveranstaltung neben dem Zugang zum Online-Gesundheitsprogramm zudem auch die Möglichkeit, an persönlichen Gesundheitsberatungen und themenspezifischen Gruppenkursen teil-

T. Kirchner (✉)
München, Deutschland
E-Mail: thomas.kirchner@senseble.de

R. Mackrodt
München, Deutschland

S. S. Velasco
München, Deutschland

© Springer Fachmedien Wiesbaden GmbH 2018
D. Matusiewicz und L. Kaiser (Hrsg.), *Digitales Betriebliches Gesundheitsmanagement*,
FOM-Edition, https://doi.org/10.1007/978-3-658-14550-7_45

zunehmen. Die Gegenüberstellung der beiden Standorte wird zeigen, welche Vorteile digitale Gesundheitsinhalte bieten, wo ihnen vielleicht aber auch Grenzen gesetzt sind.

45.1   Einleitung

In diesem Artikel stellen wir uns die Frage, welchen Mehrwert ein digitales Onlineportal mit gesundheitsrelevanten Inhalten für ein betriebliches Gesundheitsmanagement bieten kann. Zu Beginn des Artikels wird zunächst grundsätzlich erklärt, warum das Thema Gesundheitsberatung heute so wichtig ist und wie es in den Kontext des betrieblichen Gesundheitsmanagements einzuordnen ist. Anschließend werden die Merkmale unseres digitalen Gesundheitsportals etwas genauer dargestellt. Anhand eines Praxisbeispiels erfolgt schließlich eine Gegenüberstellung von persönlicher Gesundheitsberatung und digitalem Gesundheitsportal im beruflichen Alltag. Diese Gegenüberstellung wird aufzeigen, welche Vorteile digitale Gesundheitsinhalte bieten, wo ihnen vielleicht aber auch Grenzen gesetzt sind. Wie digital kann ein betriebliches Gesundheitsmanagement sein?

45.2   Vorstellung des digitalen Ansatzes

Wir haben uns mit unserem digitalen Ansatz ganz bewusst auf ein spezielles Anwendungsgebiet konzentriert. Von Anfang an war es unser klar kommuniziertes Ziel, Teile unserer persönlichen Gesundheitsberatungsleistungen zu digitalisieren, um diese online für die Mitarbeiter unserer Kunden in einem Gesundheitsportal zur Verfügung zu stellen. Bevor wir nun die genauen Merkmale und Ziele des Gesundheitsportals beleuchten, wollen wir uns zunächst anschauen, warum das Thema Gesundheitsberatung heute überhaupt so wichtig ist.

45.2.1   Relevanz der Gesundheitsberatung

Unser Lebensstil hat sich im Vergleich zu dem unserer Vorfahren stark verändert. In den westlichen, hochentwickelten Ländern haben wir uns heute eine Lebenswelt geschaffen, die sehr viele Vorteile mit sich bringt. Wir können nahezu jeden Ort der Welt bereisen, ohne dass wir uns selbst groß dazu bewegen müssen. Wir haben zudem Autos, Busse, Züge und Aufzüge, die uns auch die Mobilität im Alltag stark erleichtern. Essen steht überall und zu jeder Zeit bereit. Unsere Kühlschränke sind voll und einen Imbiss finden wir an jeder Ecke. Hungern müssen wir in unserem Wohlstand deshalb heute nicht mehr. Wir sind ständig mit energiereichen Nahrungsmitteln versorgt.

Neben diesen Vorteilen birgt das Leben in dieser modernen Welt für unsere Gesundheit aber auch einige durch unseren Lebensstil bedingte Gefahren. Eines der Hauptprobleme sehen wir in der starken Veränderung unseres Körperbaus. Während unsere Urahnen eher muskulös waren und weniger Körperfett hatten, spielt das Thema Körperfett heute eine dominierende Rolle. Und das sich immer weiter ausbreitende übermäßige Körperfett steht dabei in engem Zusammenhang mit Krankheiten des Herz-Kreislauf-Systems, Diabetes, Bluthochdruck, Krebs und weiteren.

Betrachtet man unseren Körperbau genauer, dann rücken neben der veränderten Körperzusammensetzung auch der Rücken und die Gelenke in den Fokus. Ein Mangel an Bewegung und eine einseitige Körperhaltung (besonders im Büroalltag) führen häufig zu Schmerzen im Rücken und an anderen Teilen des Bewegungsapparats.

Ein anderes weit verbreitetes Problem der heutigen Zeit ist, dass viele Menschen einen sehr hektischen Alltag erleben und sich einem privaten und/oder beruflichen Dauerstress ausgesetzt sehen. Wir wissen, dass Stressreize den Körper in einen Alarmzustand versetzen. Durchblutung, Herzschlag und Atemfrequenz steigen an, um die Muskeln optimal mit Sauerstoff und Energie zu versorgen, sodass sie bereit sind, um schnell auf Stresssituationen reagieren zu können. Diese Alarmbereitschaft war für unsere Urahnen überlebenswichtig, denn so war der Körper bei möglichen Gefahren besser in der Lage zu kämpfen oder zu fliehen. Sehen wir uns allerdings in unserem heutigen privaten und beruflichen Alltag über einen langen Zeitraum immer wieder zahlreichen Stressreizen ausgesetzt, führt dies nicht selten zu einer Daueranspannung, durch die das natürliche Verteidigungssystem des Körpers außer Kontrolle gerät. Dies kann Erschöpfungssymptome hervorrufen und auch andere Krankheiten begünstigen.

Aufgrund dieser durch unseren Lebensstil bedingte Gesundheitsprobleme werden gesundheitsfördernde Beratungsleistungen für viele Menschen immer wichtiger. Mit Hilfe der Gesundheitsberatung soll der Wissensstand über die Zusammenhänge zwischen Lebensweise und Gesundheit verbessert werden. Dies ist Voraussetzung dafür, dass Verantwortung für die eigene Gesundheit übernommen werden kann. Ein weiteres Ziel der Gesundheitsberatung ist die Erarbeitung individueller Ziele und der passenden Strategien, mit denen die individuellen Gesundheitsziele erreicht werden können. In Summe sollen diese Aspekte zu einem gesundheitsfördernden Lebensstil beitragen und damit die Gesundheit positiv beeinflussen.

45.2.2 Gesundheitsberatung im betrieblichen Gesundheitsmanagement

Versucht man die betrieblichen Gesundheitsmanagementprogramme von verschiedenen Unternehmen zu vergleichen, dann fällt recht schnell auf, dass sie von Unternehmen zu Unternehmen sehr stark variieren können. Die Gründe dafür sind vielfältiger Natur. Der wohl wichtigste Grund dafür ist, dass jedes Unternehmen auf seine eigene Art und Weise einzigartig ist. Unternehmen unterscheiden sich in der Anzahl der Mitarbeiter, in der Altersstruktur, dem Bildungsniveau und der Herkunft der Mitarbeiter und vielen weiteren Faktoren. Hinzu kommt, dass jedes Unternehmen seine ganz eigenen Prozessabläufe hat, die häufig über viele Standorte und mit vielen Partnern koordiniert werden müssen und so zu einem hochindividuellen Arbeitsalltag führen. Es leuchtet schnell ein, dass ein Gesundheitsmanagement, das zu einem Unternehmen passt, nicht automatisch auch für ein anderes Unternehmen mit anderer Belegschaft und anderen Strukturen geeignet ist.

Ein Merkmal ist trotz der starken Individualisierung der Gesundheitsmanagementsysteme aber auffällig. Obwohl jedes Gesundheitsmanagement seine individuellen Ausprägungen hat, gibt es eigentlich immer das eine Element, das jedes Programm beinhaltet: die Gesundheitsberatung. In irgendeiner Form gibt es für die Mitarbeiter in nahezu jedem betrieblichen Gesundheitsmanagement Angebote, mit denen sie sich zu einem gesunden Lebensstil beraten lassen können. Wie wir zuvor im Text bereits gesehen haben, ist diese gesundheitsfördernde Beratung auch absolut notwendig. Wir haben uns deshalb ganz bewusst auf das Thema Gesundheitsberatung spezialisiert. Hierfür haben wir vorab vier Themen definiert, die aus unserer Sicht stark mit einem gesundheitsfördernden Lebensstil in Verbindung stehen:

- Körperliche Fitness: Hier haben wir zahlreiche Übungen und Trainingspläne definiert, mit denen die Mitarbeiter abhängig von ihrem persönlichen Leistungsniveau an der Verbesserung ihrer Fitness arbeiten können.
- Rücken und Gelenke: In diesem Bereich gehen wir speziell auf das Thema Beweglichkeit und die stabilisierende Muskulatur der Wirbelsäule ein. Die Übungen fördern dadurch eine stabile und schmerzfreie Körperhaltung.
- Ernährung: Wir sehen uns heute in der westlichen Welt mit einem Überangebot an Nahrungsmitteln konfrontiert. Deshalb geben wir Tipps, wie man hier den Überblick behält und sich bewusst ernährt.
- Stressbewältigung: In diesem Bereich haben wir uns aus einigen Bereichen des Kampfsports inspirieren lassen. Es geht um einfache Techniken, welche die mentale Stärke fördern und für einen achtsamen Umgang mit uns selbst und mit unserer Umgebung stehen.

45.2.3   Ziele unserer digitalen Gesundheitsberatung

Die moderne Arbeitswelt befindet sich in einem digitalen Wandel. Ohne Computer und Internet würde die Arbeit heute bereits in vielen Betrieben stillstehen. Immer mehr digitale Programme erleichtern Arbeitsabläufe und die Kommunikation untereinander. Arbeitnehmer sind im Zuge dessen immer unabhängiger von festen Arbeitszeiten und -orten. Mit der Digitalisierung großer Teile des Arbeitsalltags schreitet das Thema auch im betrieblichen Gesundheitsmanagement immer weiter voran. Zahlreiche Gesundheits-Apps und andere Onlineportale sind bereits am Markt und versuchen, sich dort zu etablieren.

Auch wir wollen uns die Vorteile der digitalen Medien für unsere Gesundheitsberatung zunutze machen. Deshalb haben wir zu allen vier Schwerpunktthemen digitale Inhalte produziert. In den Bereichen „Körperliche Fitness" und „Rücken und Gelenke" haben wir Videos von Trainingsübungen aufgenommen. Diese haben wir zu verschiedenen Trainingseinheiten zusammengefügt und damit Trainingsvideos mit unterschiedlichen Schwierigkeits-Leveln erstellt. Im Bereich „Ernährung" haben wir kurze Kochvideos aufgenommen, in denen wir einfache und gesunde Rezepte vorgekocht haben. Und im Bereich „Stressbewältigung" haben wir im Tonstudio Kursserien zum Thema „Stressbewältigung durch die Übung der Achtsamkeit" eingesprochen. In allen vier Schwerpunkten wurden während der Anleitungen immer auch einige Hintergrundinformationen zu den Themen angesprochen. Alle Übungsserien stellen wir über eine eigens programmierte Gesundheitsplattform online zur Nutzung für die Mitarbeiter bereit. Neben fachlich einwandfreien Inhalten legen wir dabei zudem auf einige weitere Aspekte großen Wert. Diese werden nachfolgend vorgestellt.

Zeitlich und örtlich flexibel nutzbar

Zunächst ist es für uns sehr wichtig, dass die Mitarbeiter schnell und unkompliziert Zugang zu unserem Onlineportal bekommen. Dadurch wollen wir die Eingangshürde möglichst weit herabsetzen und den Mitarbeitern einen niederschwelligen Zugang zu Gesundheitswissen, Übungsanleitungen und weitere Infos gewähren. Zudem sollten sie die Freiheit haben, an jedem Ort und zu jeder Zeit auf die Inhalte zugreifen zu können. Besonders dem bereits angesprochenen Umstand, dass Arbeit heute immer dezentraler wird, kann man mit digitalen Gesundheitsprogrammen gut begegnen. Denn es ist egal, ob die Mitarbeiter über viele Standorte verteilt sind, ob sie viel von zu Hause aus arbeiten oder, ob sie viel auf geschäftlichen Reisen unterwegs sind – das Gesundheitsprogramm ist auf diese Weise immer dabei.

Motivationsfördernde Effekte

Digitale Medien haben an sich bereits eine besondere Anziehungskraft – und zwar nicht nur auf Kinder, sondern auch auf Erwachsene. Und diese Anziehungskraft lässt sich durch das gezielte Einbinden von spielerischen Elementen noch weiter steigern. Dazu zählt beispielsweise das Sammeln von Bonuspunkten und das Aufsteigen in höhere Level. Gleichzeitig kann man diese aufgezeichneten Fortschritte beispielsweise mit speziellen Belohnungen oder Prämien verbinden. Deshalb haben wir ein spezielles Punktesystem entwickelt, das die Motivation der Nutzer erhöhen soll. Dabei haben wir jedoch immer auch darauf geachtet, dass Unterhaltungs- und Wettkampfcharakter nicht zu sehr in den Vordergrund rücken und dadurch die gesundheitsrelevanten Inhalte in den Hintergrund drängen.

Effektive Betreuung der Mitarbeiter

Bei genauerer Betrachtung der persönlichen Gesundheitsberatung fällt auf, dass bei jeder Veranstaltungsform persönlicher Beratungsaufwand durch einen Gesundheitsspezialisten nötig ist. Folglich ist klar, dass deutlich steigende Teilnehmerzahlen immer auch mit einem steigenden Betreuungsaufwand der Gesundheitsberater einhergehen. Dieser steigende zeitliche Aufwand für uns bedeutet in der Regel auch einen steigenden finanziellen

Aufwand für unsere Kunden. Die Kosten für das Gesundheitsmanagement erhöhen sich also. Falls das budgettechnisch für den Betrieb nicht möglich ist, bleibt dadurch die Anzahl der zu erreichenden Mitarbeiter häufig leider begrenzt. Und genau hier bieten digitale Gesundheitsprogramme auch aus Sicht der Unternehmen einen enormen Vorteil. Für digitale Gesundheitsprogramme fallen nämlich je nach Preismodell in der Regel deutlich geringere Kosten von oft nur wenigen Euro pro Mitarbeiter an. So können wir durch das digitale Gesundheitsprogramm grundsätzlich die Möglichkeit anbieten, große Teile der Belegschaft bei gleichzeitig überschaubaren Kosten zu erreichen.

Kurzer Weg zu belastbaren Kennzahlen

In den letzten Jahren wurde der Ruf nach belastbaren Kennzahlen im betrieblichen Gesundheitsmanagement immer lauter. Verständlich, immerhin werden nicht selten hohe Investitionen in die Gesundheit der Mitarbeiter getätigt. An einer belastbaren Auswertung der Ergebnisse wird im betrieblichen Gesundheitsmanagement deshalb wohl kein Weg mehr vorbeigehen. Viele Unternehmen fragen sich nun, mit welchen Kennzahlen sie Rückschlüsse auf den Erfolg der Investitionen im Gesundheitsmanagement ziehen können. Grundsätzlich sind diese Kennzahlen in der betrieblichen Praxis so einzigartig wie das jeweilige Gesundheitsmanagement eines Unternehmens selbst, denn sie sind stark abhängig von den individuellen Gesundheitszielen jedes Unternehmens. Trotzdem kommen alle Unternehmen unweigerlich zu der Frage, über welchen Weg man diese Kennzahlen genau erheben soll. Hier bieten digitale Lösungen im betrieblichen Gesundheitsmanagement in der Regel den Vorteil, dass über die Nutzung der digitalen Angebote ohne besonderen Aufwand bereits große Mengen an Daten erhoben werden können. Und eben diese Daten können verwendet werden, um verschiedene Kennzahlen zu bilden und Rückschlüsse auf die Ergebnisse zu ziehen. Deshalb haben wir früh darauf geachtet, dass wir aus dem Verhalten der Nutzer möglichst auch relevante Informationen gewinnen. An dieser Stelle darf jedoch auch nicht unerwähnt bleiben, dass der Umgang mit sensiblen Daten der Mitarbeiter eine ganz spezielle Beachtung erfahren muss. In jedem Fall sollte bereits bei den ersten Planungen zu einer digitalen Gesundheitslösung ein speziell ausgebildeter Datenschutzbeauftragter beteiligt sein, der den besonderen datenschutzrechtlichen Belangen die nötige Aufmerksamkeit schenkt.

Die Potenziale digitaler Gesundheitsprogramme liegen auf der Hand. Dies haben wir nun in einem Praxisprojekt genauer untersucht. Die Ergebnisse des Projekts werden im Folgenden vorgestellt.

45.3   Auswirkungen auf das BGM

In den Jahren 2013 und 2014 haben wir bei Senseble nur persönliche Gesundheitsberatungen angeboten und die Mitarbeiter zu unseren sich ergänzenden Themenschwerpunkten beraten (körperliche Fitness, Rücken und Gelenke, Ernährung, Stressbewältigung). Durch unsere Gesundheitsberatung zu diesen vier Themenschwerpunkten wurden in den ersten beiden Jahren knapp zehn Unternehmen betreut.

Während anfänglichen Feedbackgesprächen mit den Mitarbeitern unserer ersten Kunden, wurde recht schnell klar, dass ein riesiger Mehrwert für unsere persönliche Gesundheitsberatung entstehen würde, wenn diese mit digitalen Elementen unterstützt würden. Noch im ersten Jahr der Unternehmensgründung haben wir deshalb die Weichen für eine teilweise Digitalisierung der Gesundheitsberatung gestellt. Wo diese Entscheidung genau hinführen sollte, war damals noch überhaupt nicht klar. Würde das digitale Programm die persönliche Gesundheitsberatung ersetzen? Würden sie sich ergänzen? Oder würden die Kunden das digitale Gesundheitsprogramm am Ende sogar doch ablehnen?

Anfang 2015 starteten wir dann erstmals mit dem Einsatz von unserem digitalen Gesundheitsangebot. Vor dem Start haben wir mit einem unserer bestehenden Kunden der persönlichen Gesundheitsberatung die Rahmenbedingungen für ein Testprojekt abgesteckt. Wir wollten herausfinden, wie das digitale Gesundheitsangebot im Vergleich zur persönlichen Beratung abschneiden würde. Hierfür haben wir zwei Standorte des Kunden in Deutschland ausgewählt. Beide Standorte haben zwischen 150 und 200 Mitarbeiter. Zudem haben sie eine ähnliche Altersstruktur, liegen beide im Umland einer Großstadt und haben bisher nur vereinzelt kleine Gesundheitsmaßnahmen unternommen. Beide Standorte starteten mit einer kleinen Informationskampagne und einer Auftaktveranstaltung.

45.3.1 Standort 1 – Nur digitales Gesundheitsprogramm

Am ersten Standort haben die Mitarbeiter nach der Auftaktveranstaltung die Möglichkeit bekommen, sich ihre Zugangsdaten für das Online-Gesundheitsprogramm geben zu lassen. Mit den Login-Daten konnten sie auf die digitalen Gesundheitsinhalte zugreifen. Wie bereits beschrieben, gab es hier zu den vier Themenschwerpunkten digitale Kurseinheiten, welche die Mitarbeiter ganz einfach zu Hause oder unterwegs mit einem mobilen Endgerät (Computer, Tablet, Smartphone etc.) durchführen konnten. Zudem hatten die Mitarbeiter die Möglichkeit, über ein spezielles Chatfenster Fragen an unsere Gesundheitsberater zu stellen. Es standen zwei Gesundheitsberater für die Fragen zu Verfügung.

45.3.2 Standort 2 – Persönliche Gesundheitsberatung und digitales Gesundheitsprogramm

Am zweiten Standort haben die Mitarbeiter nach der Auftaktveranstaltung neben dem Zugang zum Online-Gesundheitsprogramm zudem auch die Möglichkeit bekommen, an persönlichen Gesundheitsveranstaltungen vor Ort teilzunehmen. Konkret sah das so aus, dass die Mitarbeiter sich zu den vier Schwerpunktthemen für individuelle Einzelberatungen bei einem Gesundheitsberater anmelden konnten. Zu allen vier Schwerpunktthemen konnten in den Einzelberatungen zudem spezielle Standortanalysen durchgeführt werden. Im Bereich „Körperliche Fitness" konnte man mittels Bio-Impedanz-Analyse die Körperzusammensetzung messen lassen. Dadurch konnten die Mitarbeiter sehen, aus wie viel Kilogramm Fett und Muskulatur ihr Körper aktuell aufgebaut war. Zum Thema „Rücken und Gelenke" konnten die Mitarbeiter die Haltung und Beweglichkeit ihrer Wirbelsäule untersuchen lassen. Im Bereich „Ernährung" hatten die Mitarbeiter die Möglichkeit ein eigens ausgefülltes Ernährungsprotokoll analysieren und bewerten zu lassen. Und im Bereich „Stressbewältigung" wurde über eine Messung der Herzratenvariabilität die Erholungsfähigkeit des Körpers untersucht. Anhand der Messungen kannten die Mitarbeiter ihre aktuellen Startwerte und hatten damit auch einen guten Anhaltspunkt zum Vergleich für spätere Messungen. Neben den persönlichen Einzelberatungen gab es zu allen vier Themenschwerpunkten immer wieder auch Gruppenkurse, in denen die Mitarbeiter gemeinsam mit Kollegen mehr über die Hintergründe der Themen lernten und mit themenspezifischen Übungen und Aufgabenstellungen auch gleich in die Tat umsetzten. Neben den persönlichen Gesundheitsveranstaltungen konnten sich die Mitarbeiter zudem auch wie die Mitarbeiter an Standort 1 mit ihren persönlichen Login-Daten zur Onlineplattform mit den digitalen Gesundheitsinhalten anmelden. Hier konnten sie wieder verschiedene Übungseinheiten durchführen und zudem über ein Chatfenster Fragen an unsere Gesundheitsberater stellen. An Standort 2 wurde den Mitarbeitern also ein sich gegenseitig ergänzendes Programm aus persönlichen Gesundheitsveranstaltungen und digitalen Übungsprogrammen zur Verfügung gestellt.

45.3.3 Vergleich der Ergebnisse

An beiden Standorten haben wir Daten erfasst, mit denen wir Aussagen über das Nutzungsverhalten der Mitarbeiter treffen können. Der Betrachtungszeitraum startete mit der Auftaktveranstaltung und erstreckt sich dann über die folgenden zwölf Monate.

Erreichte Mitarbeiter
Der erste von uns erfasste Wert gibt an, wie viel Prozent der Mitarbeiter mindestens einmal eine Leistung des Gesundheitsprogramms in Anspruch genommen haben. Für Standort 1 bedeutete dies mindestens einen Login in das Onlineportal. An Standort 2 zählte neben einem Login in das digitale Programm auch eine Teilnahme an einem Gruppenkurs oder einer individuellen Einzelberatung. Während wir an Standort 1 bei 52 % der Mitarbeiter mindestens einen Login in das Gesundheitsportal verzeichnen konnten, waren es an Standort 2 sogar 74 % der Mitarbeiter, die in den ersten zwölf Monaten mindestens eine Leistung des Gesundheitsprogramms in Anspruch genommen haben.

Regelmäßige Nutzer
Neben der Anzahl der erreichten Mitarbeiter war es für uns natürlich mindestens genauso interessant zu erfahren, wie viele Mitarbeiter das betriebliche Gesundheitsangebot

regelmäßig nutzten. Wir haben „regelmäßige Nutzung" für uns so definiert, dass ein Mitarbeiter als regelmäßiger Nutzer zählt, wenn er mindestens vier Mal pro Monat einen Kontaktpunkt mit dem Gesundheitsprogramm hat, also Login in das Onlineportal oder an Standort 2 auch Teilnahme an einem Kurs oder einer Einzelberatung. Während an Standort 1 nur 21 % der Mitarbeiter zu den regelmäßigen Nutzern des Gesundheitsprogramms zählten, konnten wir an Standort 2 ganze 46 % der Belegschaft zu den regelmäßigen Nutzern des Gesundheitsprogramms zählen. Es scheint, als würde der persönliche Kontakt zwischen Gesundheitsberater und Mitarbeiter zu einer nachhaltigen Bindung an das Gesundheitsprogramm beitragen. Auffällig war in diesem Zusammenhang zudem, dass gut 80 % der Mitarbeiter, die sich zum Onlineportal angemeldet hatten, vorher bereits einen Termin bei ihrem persönlichen Gesundheitsberater hatten. Die individuellen Gesundheitsberatungen eignen sich also offensichtlich sehr gut, um die Mitarbeiter in das digitale Programm einzuführen.

Demografische Merkmale

Um die Nutzer des Programms etwas genauer einschätzen zu können, haben wir einige demografische Merkmale der Mitarbeiter erfasst. Hier ist bei der Auswertung der Ergebnisse ein Merkmal besonders ins Auge gestochen – und zwar das Alter der Nutzer. Während nämlich an Standort 1 die Nutzer überwiegend jünger als 40 Jahre alt waren (70 % jünger, 30 % älter), waren an Standort 2 mit 54 % deutlich mehr Nutzer über 40 Jahre alt. Wir erinnern uns daran: Die Altersstruktur der Mitarbeiter der beiden Standorte war sich sehr ähnlich. Vor diesem Hintergrund wird die Deutlichkeit der demografischen Verteilung sichtbar, auf deren Interpretation wir später noch eingehen.

Chat mit dem Gesundheitsberater

Sehr auffällig waren auch die Unterschiede bei der Nutzung des Chats mit dem Gesundheitsberater. An Standort 1 hatten die Nutzer den Gesundheitsberater nie persönlich vor Ort, sondern nur über ein kurzes Vorstellungsvideo im Onlineportal gesehen. Hier haben nur acht Prozent aller Nutzer im Laufe des ersten Jahres eine Nachricht an den Gesundheitsberater geschrieben. An Standort 2 zeigt sich hier ein gänzlich anderes Bild. Hier wurde der Chat mit dem Gesundheitsberater deutlich öfter aufgerufen. Die Mitarbeiter hatten hier die Möglichkeit, zwei unserer Gesundheitsberater anzuschreiben. Es waren die selben Gesundheitsberater, die auch für die persönliche Gesundheitsberatung im Unternehmen vor Ort waren. Insgesamt haben 62 % der Nutzer des Onlineportals von Standort 2 in den ersten zwölf Monaten mindestens eine Nachricht an einen der beiden Gesundheitsberater geschickt. Es sieht auch hier so aus, als würde die persönliche Anwesenheit des Gesundheitsberaters die Nutzung des Onlineportals deutlich befördern.

45.4   Zusammenfassung und Ausblick

Die erste, wichtige Erkenntnis ist: Digitale Gesundheitsinhalte bieten aus unserer Sicht einen riesigen Mehrwert für ein betriebliches Gesundheitsmanagement. Das deuten die Zahlen bereits an. An Standort 2 wurde das betriebliche Gesundheitsprogramm sogar von 46 % der Mitarbeiter regelmäßig genutzt. Persönliche Gesundheitsberatungen und digitale Gesundheitsinhalte haben gleichermaßen zu diesem überzeugenden Ergebnis beigetragen. Das wird besonders deutlich, wenn man die regelmäßige Teilnehmerquote von 46 % mit den Werten vergleicht, die wir in den Vorjahren an Standorten erfasst haben, die wir nur mit unserer persönlichen Gesundheitsberatung betreut wurden. Hier lag der Wert der regelmäßigen Teilnehmer an Standorten ähnlicher Größe maximal bei 30 % der Belegschaft. Dank der Verbindung von persönlichem und digitalem Angebot konnte dieser Wert deutlich erhöht werden. Neben den reinen Zahlen wirkte das qualitative Feedback der Mitarbeiter aber noch überzeugender auf uns. Viele äußerten sich nämlich voll des Lobes für das digitale Gesundheitsportal und wollen dieses in ihrem privaten und beruflichen Alltag nicht mehr missen.

Unsere zweite Erkenntnis ist, dass ein rein digitales Programm wohl nur sehr schwer komplett den persönlichen und direkten Kontakt mit einem Gesundheitsberater ersetzen kann. Auch wenn gut 20 % regelmäßige Teilnehmer an Standort 1 aus unserer Sicht eine beachtliche Quote für den alleinigen Einsatz des Gesundheitsportals ist, geben die Zahlen doch einen recht eindeutigen Hinweis darauf, dass der persönliche Kontakt zu einem Gesundheitsberater die Durchdringung in der Belegschaft deutlich erhöht. Und auch hier decken sich unsere persönlichen Eindrücke und Erfahrungen wieder mit den Zahlen. Besonders die etwas älteren Mitarbeiter schätzen den persönlichen Austausch und haben mehr Vertrauen in einen persönlichen Gesundheitsberater.

Wie bereits erwähnt, wussten wir zum Start unseres digitalen Gesundheitsprogramms noch nicht so recht, wo uns die Arbeit mit den digitalen Inhalten hinführen würde. Würde das digitale Programm die persönliche Gesundheitsberatung ersetzen? Würden sie sich ergänzen? Oder würden die Kunden das digitale Gesundheitsprogramm am Ende sogar doch ablehnen? Nach zwei Jahren intensiver Arbeit mit persönlichen und digitalen Elementen der Gesundheitsberatung können wir für uns eindeutig feststellen, dass wir die Kombination aus persönlicher Gesundheitsberatung und einem ergänzenden digitalen Gesundheitsprogramm auch in Zukunft weiterführen und weiter ausbauen und verbessern werden.

Thomas Kirchner ist vor vielen Jahren aus dem Allgäu nach München gezogen, um hier sein Sportstudium zu absolvieren. Nach dem Studium der Sportwissenschaften hat Thomas zudem noch Wirtschaftswissenschaften studiert. Bei der Firma Senseble ist er für alles zuständig, was mit Zahlen und Struktur zu tun hat.

Ralf Mackrodt hat in München und Köln sein Studium der Sportwissenschaften absolviert. Er betrieb zudem viele Jahre Leistungssport im Bereich Kung-Fu und ist im Ausbilderteam des deutschen Skilehrerverbands. Bei Senseble arbeitet er als Gesundheitsberater und ist für die fachlichen Inhalte verantwortlich.

Sergio Velasco kam bereits früh zum Taekwondo und brachte es dabei bis zum spanischen Meister. Dank der ersten seiner drei Töchter kam er bereits vor vielen Jahren nach Deutschland. Hier absolvierte er sein Sportstudium, arbeitete danach viele Jahre als medizinischer Trainingstherapeut und ist heute Gesundheitsberater bei Senseble.

Möglichkeiten und Grenzen im digitalen BGM aus Unternehmenssicht

Nina M. Junker und Antonia J. Kaluza

Zusammenfassung

Digitales Betriebliches Gesundheitsmanagement (BGM) wird zurzeit häufig als neuer Weg und Zukunft des BGMs beschrieben. Dabei kursiert nach wie vor eine ganze Vielzahl an Definitionen bei Anbietern wie Anwendern, was BGM eigentlich ist. In diesem Beitrag wird BGM als systematischer Change-Prozess mit dem Ziel, eine gesündere Organisation zu entwickeln, verstanden. Auf Basis dieser Definition werden sowohl Möglichkeiten als auch Grenzen eines digitalen BGMs für Unternehmen dargestellt. Wir betrachten unter anderem die Zielgruppen eines (digitalen) BGMs sowie die Prozessschritte innerhalb des BGM-Zyklus. Der Beitrag schließt mit der Identifikation von Rahmenbedingungen, wann ein digitales BGM gelingen kann.

46.1 Übersicht

Digitales Betriebliches Gesundheitsmanagement (digitales BGM) gilt als Weiterentwicklung eines klassischen BGMs. Aber was bedeutet BGM überhaupt? Es existiert eine Vielzahl unterschiedlicher Auffassungen bei Anbietern wie Anwender darüber, was BGM eigentlich ist. Fragt man das Internet nach einer Definition von (digitalem) BGM, findet man keine eindeutige Antwort.

Wir definieren BGM in Anlehnung an Badura et al. (2010) als systematisches Changemanagement mit dem Ziel, die Gesundheit aller Mitarbeiter sowie die des Unternehmens zu erhalten und zu verbessern. Hierzu ist es notwendig den „Ist-Zustand" (Wo stehen wir

N. M. Junker (✉) · A. J. Kaluza
Frankfurt, Deutschland
E-Mail: junker@psych.uni-frankfurt.de

A. J. Kaluza
E-Mail: kaluza@psych.uni-frankfurt.de

© Springer Fachmedien Wiesbaden GmbH 2018
D. Matusiewicz und L. Kaiser (Hrsg.), *Digitales Betriebliches Gesundheitsmanagement*,
FOM-Edition, https://doi.org/10.1007/978-3-658-14550-7_46

aktuell in Bezug auf Gesundheit?) zu erfassen sowie den Zielzustand zu definieren, auf Basis der Ergebnisse unternehmensspezifische Maßnahmen abzuleiten, umzusetzen und auf ihre Wirksamkeit hin zu überprüfen. Diese Maßnahmen umfassen sowohl Aspekte der Verhaltens- wie der Verhältnisprävention.

Zentral sind in dieser Definition aus unserer Sicht vier Punkte:

1. Ein BGM richtet sich an **alle Mitarbeiter**, nicht an einzelne Zielgruppen („nur die Kranken", „nur der Innendienst" . . .).
2. Ein BGM ist ein **Managementsystem**, das fest in die Unternehmensstruktur integriert ist und in dem Kennzahlen ermittelt, überprüft und nachgefasst werden. Nur mit Hilfe fest definierter Kennzahlen kann der Erfolg eines BGMs erfasst und können Maßnahmen gegebenenfalls angepasst werden.
3. Ein BGM ist ein **Changemanagement**, das alle Unternehmenshierarchien betrifft und dazu dient, **systematische** Organisationsveränderungen in Gang zu setzen und am Leben zu erhalten. Wie bei jedem Veränderungsprozess ist hierbei die Kombination aus Top-down- und Bottom-up-Vorgehen am erfolgversprechendsten.
4. Angebote und Maßnahmen richten sich **sowohl an die einzelnen Mitarbeiter**, in Form von beispielsweise Kursangeboten, Vergünstigungen in Fitnessstudios oder auch gesundem Kantinenessen, wie **auch an das Unternehmen selbst**. Umstrukturierungen, Einstellung neuer Mitarbeiter, Neuorganisation des Vorschlagswesens oder auch Führungskräfte-Schulungen sind nur einige Beispiele.

Mit dieser Definition im Hinterkopf schauen wir uns an, wo bzw. wann genau digitale Unterstützung hilfreich ist.

46.2 Alle Mitarbeiter erreichen

Einer der größten Vorteile eines digital unterstützen BGMs ist sicherlich, dass hiermit Mitarbeitergruppen erreicht werden können, die von einem klassischen BGM nur schwer erfasst werden konnten. So konnten Vertrieb und Außendienst, aber auch kleinere Standorte in der Vergangenheit nur selten an einem BGM teilnehmen. Zahlreiche Unternehmen fokussieren ihr BGM auf die Zentrale und lassen die Außenstellen sprichwörtlich „außen vor". Aber auch andere Berufsgruppen, wie Consultants, Steuerprüfer oder externe Projektmanager, die die meiste Zeit beim Kunden vor Ort sind, hatten nur wenig Gelegenheit, von einem BGM in ihrem Unternehmen zu profitieren. Diese Hürde nimmt die Digitalisierung, denn durch sie kann jeder Mitarbeiter zeit- und ortsunabhängig per Smartphone, Notebook oder PC auf das Angebot zugreifen. Die Reichweite wird so deutlich erhöht, wovon insbesondere Unternehmen im derzeit wichtigsten Wirtschaftssektor, dem tertiären Sektor, profitieren. Bei der zu erwartenden Verschiebung in den quartären Sektor wird die Bedeutung von Lösungen, auf die Mitarbeiter überall und zu jeder Zeit zugreifen können, weiter steigen.

Gleichzeitig werden aber auch bestimmte Anforderungen an die Mitarbeiter gestellt, zum Beispiel der Umgang mit digitalen Medien, wie z. B. dem Smartphone. Ältere Mitarbeiter, denen die Erfahrung in diesem Bereich fehlt, müssen die Handhabung solcher Tools erst lernen, was eine zusätzliche Herausforderung bedeutet und die Gefahr der Überforderung durch die Technik birgt (siehe z. B. Walter und Mess 2015). Auch die Verfügbarkeit digitaler Medien ist nicht bei allen Mitarbeitern gewährleistet. So können soziale Ungleichheiten entstehen, z. B. wenn die Anschaffung eines Smartphones aufgrund finanzieller Gründe nicht machbar ist. Hier ist eine Klärung der Frage, wer die Kosten trägt, essenziell. Damit erschließt das digitale BGM zusammenfassend neue Zielgruppen, könnte jedoch auch die Gefahr bergen, gleichzeitig andere Zielgruppen auszuschließen.

Nicht oder nur sehr schwer können Mitarbeiter im produzierenden Gewerbe an einer digitalen Umsetzung des BGMs teilnehmen. Während Smartphone und Co. zur Standardausstattung im Dienstleistungssektor gehören, haben Mitarbeiter des primären und sekundären Sektors, die zusammen immer noch 25 % der Arbeitnehmer ausmachen (destatis 2016), häufig aus betrieblichen Gründen, wie beispielsweise Hygienevorschriften, keinen Zugriff auf mobile Devices während der Arbeitszeit. In dieser Gruppe ist die Nutzung auf die Pausen oder die Zeit nach Arbeitsende beschränkt, was in scharfem Kontrast zu einem *Betrieblichen* Gesundheitsmanagement steht. Alternative Lösungen, wie PC-Pools, sind häufig nur mit hohem Aufwand und unter eingeschränkter Anonymität der Teilnehmenden realisierbar, weshalb sie wenig Zuspruch erfahren.

Digitale Tools für die Gesundheit haben den Vorteil, dass sie portabel und somit nicht nur auf das Arbeitsleben beschränkt sind. Auch im privaten Bereich können diese genutzt werden. Durch die Option, z. B. Trainingserfolge über soziale Netzwerke zu kommunizieren, können solche digitalen Gesundheitstools über den reinen Gesundheitsaspekt hinausgehen und einen Einfluss auf das soziale wie auch das Familienleben haben. Durch Gamification-Elemente (z. B. Wettbewerb zwischen Kollegen, Erwerb von digitalen Pokalen bei bestimmten sportlichen Leistungen) wird eine Kombination aus „fun and fitness" (Lupton 2015, S. 177) geschaffen, was die Motivation von Mitarbeitern steigern kann (Walter und Mess 2015). Durch eine entsprechende Darstellung kann ein Anreiz zur Teilnahme geschaffen werden und somit werden im besten Falle mehr Mitarbeiter motiviert, an dem BGM teilzunehmen.

Gleichzeitig birgt die Digitalisierung auch das Risiko, dass die Grenzen zwischen betrieblicher Gesundheitsförderung und individuellem Gesundheitsmanagement verwischen und Mitarbeiter immer mehr die Verantwortung übertragen bzw. aufgedrückt bekommen. Können digitale Gesundheitsmaßnahmen auch von zu Hause aus wahrgenommen werden, ist dies zum einen positiv, da die Angebote dann nicht nur auf den Arbeitskontext beschränkt sind. Gleichzeitig muss darauf geachtet werden, dass betriebliches Gesundheitsmanagement weiterhin die Aufgabe des Unternehmens bleibt.

Auch kann schnell der Eindruck bei Mitarbeitern entstehen, dass das Thema Gesundheit im Unternehmen auf Computer und Maschinen „abgeschoben" wird. Online-Fitnesskurse anstatt Sportkurse vor Ort können den Anschein erwecken, dass die Mitarbeiter es nicht mehr „wert" sind, dass „echte" Menschen sich um ihre Gesundheit kümmern. Durch eine Darstellung der Onlinemaßnahmen als besonderes, innovatives Angebot des Unternehmens kann die Wertschätzung der Mitarbeiter betont werden. Laut einer aktuellen Studie von Bitkom Research nutzen zurzeit fast 75 % der Deutschen hin und wieder ihr Smartphone (Bitkom Research 2016). Hiervon haben acht Prozent ihr Smartphone mindestens einmal mit einem Fitnessarmband verbunden.

Zwar kann diese Zahl nur als grober Indikator für die Bereitschaft der Mitarbeiter ein vom Unternehmen gestütztes, digitales Gesundheitsprogramm zu nutzen interpretiert werden, jedoch wird daran deutlich, dass ein erfolgreiches Programm, das regelmäßig genutzt werden soll, um eine Verbesserung der Gesundheit zu erzielen, vor hohe Herausforderungen bezüglich der Inhalte und deren Aufbereitung gestellt wird.

46.3   Ein Managementsystem implementieren

Zentrale Erfolgsfaktoren im BGM sind aus unserer Beratungserfahrung eine feste Integration in die Aufbau- und Ablauforganisation des Unternehmens mit klaren Verantwortlichkeiten, einem festen Budget und der Unterstützung der Geschäftsführung. Kennzahlen müssen definiert und deren Erreichung überprüft werden. Das bedeutet zusammengefasst, dass ein BGM ein System ist und kein Projekt. Digitale Softwarelösungen, die es den BGM-Verantwortlichen ermöglichen, beispielsweise Gesundheitsaktivitäten oder eine (Gesundheits-)Kommunikationskampagne zu planen und durchzuführen, können hier die Arbeit sinnvoll erleichtern. In jedem Fall braucht ein Unternehmen Experten – innerhalb des Unternehmens oder von extern –, die den Aufbau der Strukturen unterstützen und die Entscheidungsträger mit an Bord holen.

Zur Implementierung eines Managementsystems gehört ebenfalls die Schaffung der notwendigen Infrastruktur. Gerade im digitalen BGM steht dabei die IT-Infrastruktur besonders im Fokus. Soll es Schnittstellen zwischen Gesundheitsprogramm und Personaldaten geben und wenn ja, welche Daten sollen und dürfen in welche Richtung übertragen werden? Sollen Schnittstellen zur Personalentwicklung und insbesondere zu bereits existierenden E-Learning-Plattformen geschaffen werden? Werden Schnittstellen individuell entwickelt, geht dies mit teils hohen Entwicklungskosten einher.

46.4   Einen systematischen Change vollziehen

Ein Change-Projekt orientiert sich meist am sogenannten PDCA-Zyklus mit den Schritten Plan (P), Do (D), Check (C) und Act (A).

Ziele müssen identifiziert und Maßnahmen geplant werden (Plan). Diese Maßnahmen werden im nächsten Schritt umgesetzt (Do) und auf ihre Wirksamkeit bezüglich der angestrebten Ziele hin überprüft werden (Check). Je nach Evaluationsergebnis gilt es im nächsten Schritt weitere Maßnahmen zur Erreichung der Ziele abzuleiten (Act).

Die Ziel-Situation identifizieren

Bevor mit der Analyse oder gar der Umsetzung in einem BGM begonnen wird, steht die Zieldefinition und die Beantwortung der Frage, was mit dem BGM erreicht werden soll, an. Unsere Erfahrung zeigt, wie wertvoll die gemeinsame Diskussion und wie essenziell für den Erfolg des BGMs das gemeinsame Commitment auf diese Ziele ist. Die Verbindlichkeit der einzelnen Teilnehmer ist bei persönlicher Anwesenheit deutlich höher als wenn ein solcher Zielfindungs-Workshop telefonisch oder per Videokonferenz durchgeführt wird. Auch zeigt die Präsenz vor Ort, dass das Thema einen hohen Stellenwert bei den Teilnehmenden wie bei der Geschäftsführung hat.

Die Ist-Situation analysieren

Um in einem BGM-Projekt passende Maßnahmen planen zu können, ist es notwendig, zunächst eine Analyse der Ist-Situation vorzunehmen und zu prüfen, wo das Unternehmen aktuell in Bezug auf die Gesundheit steht. Hierzu eignen sich ganz unterschiedliche Methoden, wie Arbeitssituationsanalysen, Interviews mit Schlüsselpersonen oder auch Mitarbeiterbefragungen. Letztere sind insbesondere in größeren Unternehmen eine gute Möglichkeit, die Einschätzung vieler Mitarbeiter effizient einzuholen. Und gerade hier liegt eine Stärke digitaler Unterstützung. Um eine Mitarbeiterbefragung online durchzuführen, müssen keine Räume blockiert werden, keine Lösungen gefunden werden, wie die Fragebögen ausgegeben und auch wieder eingesammelt werden können und hierbei die Anonymität der Mitarbeiter sichergestellt werden kann. Die wichtigsten Fragen, die im Vorfeld einer Onlinebefragung geklärt sein müssen sind:

- Wie kann die Datensicherheit gewährleistet werden? Gesundheitsdaten sind mit die sensibelsten Daten eines Mitarbeiters und es muss sichergestellt werden, dass diese weder von außerhalb noch von innerhalb des Unternehmens unbefugt eingesehen werden können.
- Wie können auch Mitarbeiter, die die offizielle Sprache des Unternehmens (Deutsch, Englisch ...) nicht oder nur unzureichend sprechen, an der Befragung teilnehmen? Kann der Fragebogen beispielsweise auch in den jeweiligen Muttersprachen zur Verfügung gestellt werden?

Wichtige Fragen, die unabhängig von einer Online- oder Offlinedurchführung vorab geklärt werden müssen sind:

- Wem „gehören" die Daten (Daten Ownership)?
- Wie wird die Anonymität der Daten gewährleistet?

Im Gegensatz zu einer Offlinebefragung liegt der Vorteil bei einer Onlinedurchführung darin, dass den Mitarbeitern zeitnah und idealerweise direkt nach Absenden ihrer Antworten eine Auswertung in Form eines persönlichen Gesundheitsberichtes zur Verfügung gestellt werden kann. Hierdurch erhalten die Mitarbeiter direkt eine Rückmeldung zu ihrem individuellen Gesundheitszustand und bestenfalls auch erste Impulse, wie sie ihre Gesundheit erhalten und verbessern können. Der Nutzen der Teilnahme an einer Befragung wird dadurch deutlich erhöht. Eine solche Auswertung kann den Mitarbeitern offline nur schwer zur Verfügung gestellt werden, da auch hier die Anonymität gewährleistet werden muss. Zur Durchführung von Onlinebefragungen stehen den Unternehmen zahlreiche Anbieter mit festen Gesundheitsbefragungen, wie beispielsweise das Health Risk Assessment von Wellness Checkpoint, oder auch standardisierte Fragebögen wie den Copenhagen Psychosocial Questionnaire (COPSOQ; Kristensen et al. 2005), die in Tools zur Erstellung eigener Onlinebefragungen eingefügt werden können, zur Verfügung. Grundsätzlich ist wichtig darauf zu achten, valide und reliable Instrumente einzusetzen, das heißt Instrumente, in denen die Fragen zur Erfassung der einzelnen Themen tatsächlich dieses Thema erfassen und dass Unterschiede in der Beantwortung der Fragen auf tatsächliche Unterschiede zwischen den Teilnehmenden zurückgeführt werden können.

Auswertung und Identifikation von Maßnahmen, um vom Ist zum Ziel zu kommen sowie deren Umsetzung

Nach der Erhebung folgt die Auswertung der Daten, die von Experten auf diesem Feld durchgeführt werden sollte. Auf Basis der Ergebnisse werden die Gesundheitsmaßnahmen abgeleitet und schließlich umgesetzt. Hierbei ist die Kombination aus verhältnis- und verhaltensbezogenen Maßnahmen von großer Bedeutung, worauf wir im Abschn. 46.5 separat eingehen.

Erfolgskontrolle

Die Erfolgskontrolle ist ein zentrales Element innerhalb des BGMs. Nur wenn die Umsetzung der abgeleiteten Maßnahmen auf ihre Wirksamkeit hin überprüft wird, kann innerhalb des Unternehmens ein Lernprozess in Gang gesetzt werden und können auf Basis der Ergebnisse die nächsten Schritte geplant werden. Auch für die Entscheider ist die Antwort auf die Frage „Was hat's gebracht?" essenziell. Und hier liegt ein großer Vorteil des digitalen BGMs. Liegen die Daten der Ist-Analyse online vor, können zu einem zweiten Zeitpunkt leicht erneut Daten erhoben und – idealerweise automatisiert – Vergleiche gezogen werden. Auch die Teilnehmerquoten an Seminaren und Trainings, die online durchgeführt wurden, können leicht digital evaluiert und mit den Gesundheitsdaten verknüpft werden. Veränderungen lassen (zu einem bestimmten Grad) auf den Erfolg des BGMs schließen. Die Erfolgskontrolle ist ohne digitale Unterstützung ebenfalls möglich, jedoch deutlich aufwendiger.

Über das BGM kommunizieren und rechtzeitig informieren

Die Information der Mitarbeiter und die Kommunikation im Rahmen des BGMs ist ein weiterer wichtiger Erfolgsfaktor für dessen Gelingen. Denn allzu häufig fragen sich die Mitarbeiter „Was passiert jetzt mit den Ergebnissen?", „Was ist das jetzt schon wieder?" oder auch „Warum soll ich da teilnehmen?" Die Mitarbeiter müssen transparent informiert und kontinuierlich über den aktuellen Stand des BGMs auf dem Laufenden gehalten werden. Wichtig ist dabei vor allem die deutliche Kommunikation, was sich alles durch das BGM verändert, denn sehr häufig sind die Unternehmen aktiv, aber die Mitarbeiter sehen den Zusammenhang zwischen beispielsweise neuangeschafften Geräten oder einem veränderten Schichtsystem und dem BGM nicht. Grundsätzlich lässt sich festhalten, dass die Kommunikation und der Informationsfluss innerhalb des BGMs genauso gut (oder auch schlecht) sind wie die allgemeine Unternehmenskommunikation. Eine digitale Plattform bietet dabei eine gute Möglichkeit. Sie muss jedoch unbedingt ergänzt werden um Offlinekommunikation, da sonst nur diejenigen Mitarbeiter erreicht werden, die diese Plattform nutzen, nicht aber alle anderen Mitarbeiter.

Neben Informationen zum BGM und dessen Ergebnissen ist insbesondere die Kommunikation über die Nutzung und Sicherung der erhobenen Gesundheitsdaten der Mitarbeiter essentiell. Gesundheitsdaten sind sehr sensible Informationen, dementsprechend muss ein Missbrauch durch entsprechende Datenschutzrichtlinien verhindert werden. Vor dem Hintergrund der aktuellen Diskussion über die Sicherheit von digitalen Daten, müssen hier die Skepsis und mögliche Bedenken der Mitarbeiter ernst genommen werden. Die Speicherung und Verwendung der Daten muss transparent kommuniziert und erklärt werden, um eine eventuelle Reaktanz gegenüber digitalen Gesundheitsangeboten vorzubeugen. Evaluierungen und Onlineumfragen müssen so konzipiert sein, dass Mitarbeiter diese anonymisiert ausfüllen können und keine Rückschlüsse auf einzelne Personen möglich sind.

46.5 Unternehmens- und individuumsbezogene Maßnahmen umsetzen

Anhand der zentralen Handlungsfelder eines BGMs sowie der psychischen Gefährdungsbeurteilung (Arbeitsorganisation, Arbeitstätigkeit, Arbeitsumgebung, Unternehmensklima sowie Führungsverhalten; siehe auch DIN EN ISO 10075 z. B. in Demerouti et al. 2012) werden auch bereits die größten Grenzen eines rein digitalen BGMs sichtbar: Wie kann eine Neuorganisation der Arbeit online durchgeführt werden? Wie können Umgebungsfaktoren wie Nässe, Kälte oder auch Lärm in Großraumbüros online verbessert werden? Wie kann das Führungsverhalten online gesundheitsorientierter werden? Wie kann die Kommunikation zwischen den Abteilungen innerhalb eines Online-Tools verbessert werden? Wie kann ich das Unternehmensklima rein online verbessern? Dies sind nur einige Beispiele, die verdeutlichen sollen, dass insbesondere im Bereich der Maßnahmenableitung und -umsetzung eine rein digitale Durchführung des BGMs wenig erfolgversprechend ist. Auch wenn die Schwerpunkte der Maßnahmen je nach Unternehmen variieren, sind doch gerade die Felder Arbeitsorganisation, Führung und Unternehmensklima in fast allen Unternehmen unserer Erfahrung nach wichtige Themen. Und hierzu ist es essenziell, sich mit den Mitarbeitern (aller Hierarchiestufen) zusammenzusetzen, gemeinsam zu überlegen, wie diese Themen angepackt werden können und Umsetzungspläne zu entwickeln und durchzuführen. Diese Veränderungen gehen in der Regel mit Widerständen auf unterschiedlichen Unternehmensebenen einher: Sei es der Mitarbeiter, der seine Arbeit „schon immer so macht" und nicht verstehen kann, weshalb er sie jetzt anders machen soll; sei es die Führungskraft, die mit ihrem Führungsstil doch immer ihre Ziele erreicht hat oder die Geschäftsführung, die selbst doch am besten weiß, wie das Unternehmen aufzubauen ist. Diesen Widerständen muss sensibel begegnet und sie müssen professionell aufgefangen werden, was fundierte Beratungserfahrung erfordert und ein Onlineprogramm nicht leisten kann. Aber genau das sind die Punkte, bei denen „der Schuh am meisten drückt" und deren Lösung die größten mittel- und langfristigen Effekte hat und sich entsprechend in einem hohen Return on Investment (ROI), also einem positiven Verhältnis von Investitionen in das BGM zum Nutzen aus dem BGM, niederschlagen. All diese Felder umfassen die Verhältnisprävention.

Die Verbesserung individueller Gesundheitsthemen, wie die im Leitfaden Prävention (GKV Spitzenverband 2014) festgehaltenen Felder Bewegung, Ernährung, Stressmanagement und Suchtmittelkonsum, eignen sich hingegen grundsätzlich für eine onlinegestützte Umsetzung. Hier bewegen wir uns im Bereich der Verhaltensprävention. Das ist der Bereich, an dem die meisten Unternehmen derzeit ansetzen und hierfür auch Gelder zur Verfügung stellen. Digitale Unterstützung hilft hier, Maßnahmen zielgruppengerecht zu platzieren und den Mitarbeitern genau die Maßnahmen anzubieten, die zu ihrer individuellen Gesundheitssituation am besten passen. Dabei können online deutlich mehr Teilnehmer orts- und zeitunabhängig an einem Training teilnehmen, was die Kosten für die Unternehmen teils deutlich reduziert. Besondere Anforderungen werden hier an die digitalen Programme gelegt, denn diese müssen einen Seminarleiter und Coach, der vor Ort zu einer bestimmten Uhrzeit mit einer Gruppe von Teilnehmern Themen wie beispielsweise Zeitmanagement oder gesündere Ernährung trainiert, ersetzen. Während ein Trainer im persönlichen Gespräch individuelle Schwerpunkte setzen, auf Probleme, Fragen und eventuell auch Widerstände eingehen und die Sprache an die Zielgruppe anpassen kann, muss all dies ein onlinebasiertes Programm leisten. Ebenso muss der wichtige Part der Motivation eine Verhaltensänderung zu beginnen und diese mindestens so lange durchzuhalten, bis sie fest in den Alltag integriert ist (was mindestens sechs Wochen dauert), online umgesetzt werden. Nicht vergessen werden darf der hohe Grad der Eigenorganisation und Selbstdisziplin, den ein Onlineprogramm fordert. Ein Vor-Ort-Seminar ist fest im Kalender eingetragen, die Führungskraft hat der Teilnahme zugestimmt und an diesem Termin kann nicht mehr gerüttelt werden. Das Onlineprogramm hingegen ist flexibel verschiebbar und die Frage, ob es überhaupt während der Arbeitszeit genutzt werden darf, ist in vielen Unternehmen ungeklärt. Hinzu kommt, dass bei dem hohen Grad der nötigen Selbstorganisation insbesondere Mitarbeiter mit einem hohen Leidensdruck, das heißt, bereits erkrankte Mitarbeiter und solche, die extrem gesund sind, die größten Teilnehmergruppen in einem Onlineprogramm ausmachen. Die breite Masse, die eigentlich erreicht werden soll, wird mit den derzeit auf dem Markt befindlichen Angeboten tatsächlich kaum erreicht.

Bei dem starken Fokus, den viele Unternehmen auf die Verhaltens- statt auf die Verhältnisprävention setzen, wird häufig vergessen, dass das individuelle Mitarbeiterverhalten nur einen kleinen Hebel im Vergleich zu System- und Organisationsveränderungen hin zu einem gesünderen Unternehmen darstellen. Unterstützt wird der Eindruck, dass es reicht, Angebote zur individuellen Gesundheitsförderung zu machen von den Versprechen zahlreicher Anbieter, dass sich das Unternehmen um nichts kümmern muss und es suggeriert, dass die Gesundheit einzig in der Verantwortung der Mitarbeiter liegt. Das ist schlichtweg falsch. Sie liegt sowohl in den Händen der Mitarbeiter als auch in den Händen der Unternehmen.

Wann also hilft die digitale Unterstützung? Das in Abb. 46.1 dargestellte Rahmenmodell unterstützt bei der Beantwortung dieser Frage. Angelehnt an die zuvor abgeleitete Definition von BGM finden sich darin die zentralen Fragen, um beantworten zu können, ob eine digitale Unterstützung zum jetzigen Zeitpunkt im Unternehmen sinnvoll sein kann.

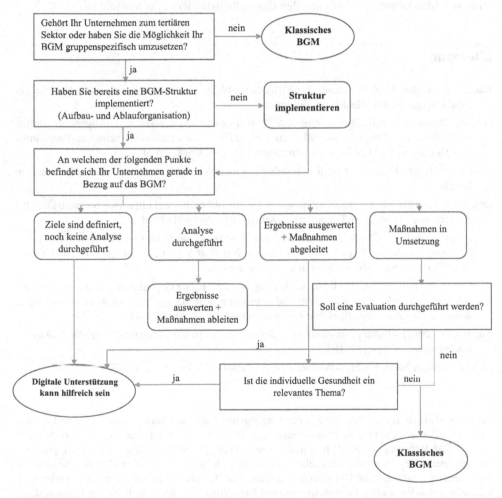

Abb. 46.1 Rahmenmodell für den sinnvollen Einsatz einer digitalen Unterstützung innerhalb des BGMs

46.6   Fazit

Aus Unternehmens- und Mitarbeitersicht kann ein digitales BGM ein klassisches BGM nicht ersetzen. Es kann dieses jedoch unter bestimmten Voraussetzungen sinnvoll ergänzen und somit den Erfolg des BGMs erhöhen. Das ist insbesondere in der Phase der Ist-Analyse, der Umsetzung von individuellen Gesundheitsangeboten sowie bei der Evaluation des BGMs der Fall. Ein angemessenes Verhältnis von bewährten BGM-Strategien und neuen Onlineangeboten kann den Aufwand und die Kosten für Arbeitgeber reduzieren und gleichzeitig die Motivation und Teilnahme der Mitarbeiter erhöhen. Viel wichtiger jedoch als die Form des BGMs ist dessen Einbettung in die Unternehmensstruktur, das Commitment der Geschäftsführung, eine transparente Kommunikation gegenüber den Mitarbeitern sowie eine gesundheitsorientierte Unternehmenskultur, in der die Nutzung von Maßnahmen zur individuellen Gesundheitsförderung erwünscht ist.

Literatur

Badura, B., Walter, U. & Hehlmann, T. (2010). *Betriebliche Gesundheitspolitik – Der Weg zur gesunden Organisation.* Heidelberg: Springer.

Bitkom Research (09.02.2016). *Fast ein Drittel nutzt Fitness-Tracker.* Abgerufen online am 14.06.2016 auf https://www.bitkom.org/Presse/Presseinformation/Gemeinsame-Presseinfo-von-Bitkom-und-BMJV-Fast-ein-Drittel-nutzt-Fitness-Tracker.html

Demerouti, E. et al. (2012). *Psychische Belastung und Beanspruchung am Arbeitsplatz.* Berlin: Beuth.

Destatis.de (2016). Arbeitsmarkt. Online abgerufen am 14.06.2016 auf https://www.destatis.de/DE/ZahlenFakten/Indikatoren/LangeReihen/Arbeitsmarkt/lrerw014.html

GKV Spitzenverband (2014). *Leitfaden Prävention – Handlungsfelder und Kriterien des GKV-Spitzenverbandes zur Umsetzung des §§20 und 20a SGB V vom 21. Juni 2000 in der Fassung vom 10. Dezember 2014.* Berlin: GKV Spitzenverband.

Kristensen, T. S., Hannerz, H., Hogh, A., & Borg, V. (2005). The Copenhagen Psychosocial Questionnaire – a tool for the assessment and improvement of the psychosocial work environment. *Scandinavian Journal of Work and Environment Health, 31 (6),* 438–449.

Lupton, D. (2015). Health promotion in the digital era: A critical commentary. *Health Promotion International, 30* (1), 174–183.

Walter, U. N., & Mess, F. (2015). Virtuelle Gesundheitshelfer. *Personalmagazin, 09/15,* 48–50.

Dr. Nina Mareen Junker begleitete in der Vergangenheit diverse Führungsfunktionen im Feld des (digitalen) Betrieblichen Gesundheitsmanagements (BGM). Sie verfügt über fundierte Erfahrungen in der BGM-Beratung von KMU bis zum Konzern. Frau Dr. Junker ist Diplom-Psychologin, promovierte berufsbegleitend und wechselte mit dem Abschluss ihrer Promotion als wissenschaftliche Mitarbeiterin an die Goethe-Universität Frankfurt. Dort forscht sie zurzeit in internationalen Projekten insbesondere zu den Themen Karriere mit Kind, Burn-out sowie der Rolle der Führungskraft im BGM. Sie ist Autorin diverser Publikationen zu diesen Themen. Frau Dr. Junker ist Betriebliche Gesundheitsmanagerin (IHK) und verfügt über die Train-the-Trainer Ausbildung „gelassen und sicher im Stress". Freiberuflich berät sie Unternehmen zu BGM und der Vereinbarkeit von Familie und Beruf.

Antonia J. Kaluza studierte im Masterstudiengang Psychologie mit Schwerpunkt Arbeits- und Organisationspsychologie sowie Klinische Psychologie an der Goethe-Universität Frankfurt. Sie promoviert zum Thema Führung und Gesundheit. Ihre Forschungsschwerpunkte liegen unter anderem in den Bereichen der gesundheitsförderlichen Führung und des Gesundheitsklimas. Begleitend absolviert Frau Kaluza die Ausbildung zur Psychologischen Psychotherapeutin. In ihrer Tätigkeit als psychologische Beraterin bei einem EAP-Anbieter unterstützte Frau Kaluza Mitarbeiter und Führungskräfte im Rahmen des BGMs.

Hier studiere ich.

Das Bachelor- oder Master-Hochschulstudium neben dem Beruf.

Alle Studiengänge, alle Infos unter: **fom.de**

0800 195 95 95 | **studienberatung@fom.de** | fom.de

Printed in the United States
By Bookmasters